目次 Contents

テーマ⑩…テーマ
交…交流史、地…地域史、他…その他
地・風…地理・風土
文化…文化
資料…資料にチャレンジ
＊各特集の特徴は**本書の構成と利用方法**を参照

2 学びを深めるための知識と用語(1)

年代・時代区分

西暦・世紀・千年紀とは

年代の数え方や暦は、それぞれの国や文化によって多様である(**➡P.72)****。時代区分も一定のものではなく、学問的な立場などにより、異なったり変更されたりする場合も多い。**

ローマ教会がキリスト生誕年を紀元元年としたことから、**紀元前をB.C.**(Before Christ)、**紀元後をA.D.**(AnnoDomini、ラテン語で「主の年」)で表す。100年単位を**世紀**century、1000年単位を**千年紀**millenniumという。21世紀は2001年～2100年、前4千年紀は紀元前4000年～紀元前3001年となる。なお、現在使用している西暦は、6世紀半ば、年代学者ディオニュシウスがディオクレティアヌス帝の即位の年(284)から279年目をキリスト生誕563年と換算したことから生まれた。後世、彼の計算に4年の誤差があることが指摘されたが、変更されることなく今日まで引き継がれている。

年	世紀	
前200～前101	前2世紀	紀元前
前100～前1	前1世紀	紀元前
1～100	1世紀	紀元後
101～200	2世紀	紀元後
⋮		
2001～2100	21世紀	紀元後

高校世界史における時代区分(目安)

ア…諸地域の歴史的特質が形成された時代
イ…諸地域の交流が広がり、交易の進展とヨーロッパの進出による再編が始まる時代
ウ…アジアとヨーロッパにおいて特色ある社会や文化を持つ諸国家が形成され、地球規模での交易が拡大する時代
エ…地球規模での一体化と相互依存がさらに強まり、諸地域が結合・変容していく時代
オ…多元的な相互依存関係を深める地球世界の時代

ヨーロッパ史における時代区分の一例

先史(prehistory)…エーゲ文明の成立(紀元前2500年頃)以前
古代(ancient times)…西ローマ帝国崩壊(476)まで
中世(middle ages)…ビザンツ帝国が滅亡し、百年戦争の終結(ともに1453)に伴い封建社会の崩壊が始まる15世紀中頃まで
近世(early modern)…フランス革命・産業革命の始まる18世紀末頃まで
近代(modern)…東欧革命(1989)まで* ＊冷戦を基軸とした一例
現代(contemporary history)…西欧中心の欧州連合(EU)に東欧諸国も次々加盟し「一つのヨーロッパ」として再び歩み出した時代

人名・称号

世界史上の称号

皇帝…**ヨーロッパ** 古代ローマの君主を原型とする称号。
中国 最高君主を示す正式称号。秦王政が初めて使用。
教皇…カトリック教会の最高首長であるローマ司教の称号。
ツァーリ…ロシアにおける君主号。「カエサル」が語源。神意による地上の最高・絶対の統治者。
単于…匈奴・鮮卑・羌などで使われた最高権力者の称号。
ハン(汗)…内陸アジアのトルコ・モンゴル系の遊牧民の間で使われた君主の称号。
カリフ…預言者ムハンマドの後継者の意。イスラーム王朝における政治的・社会的指導者。
スルタン…イスラーム王朝における支配者の称号。
シャー…「王」を意味するイラン語。サファヴィー朝以後、常用された称号。

中国における人名

諡号…おくり名。皇帝の生前の功績によって贈った称号。次第に諡号が長大化していったため、唐代以後は廟号で呼ばれることが多い。
例 武帝、光武帝、文帝、文武大聖大広孝皇帝(唐太宗李世民)
廟号…皇帝の死後、その霊が祀られるときに贈られる名前。功績ある者は「〜祖」、有徳者は「〜宗」とされ、かつ廟号は二字である。
例 高祖、太祖、太宗、玄宗、神宗
字…男子が元服したときにつけられる通称。
例 諸葛亮…諸葛が姓、亮は名、字が孔明
劉備…劉が姓、備が名、字が玄徳
号…ペンネーム。
例 蘇軾…東坡、王守仁…陽明

⬇ⓐ人名対照表

人名や地名は、現地音に近い表記を基本とするが、ペテロのように慣用的な表記の場合もある。ヨーロッパの海洋進出で活躍した航海者マゼラン(英)やコロンブス(慣)は、一時世界史の教科書でポルトガル語のマガリャンイス、スペイン語のコロンと表記されたが定着せず、マゼラン・コロンブスに戻った。

人名	その他の言語
アレクサンドロス(希)	アレクサンドル(露・仏)・アレクサンダー(独)
ウィリアム(英)	ヴィルヘルム(独)・ウィレム(蘭)・ギヨーム(仏)
エウクレイデス(希)	ユークリッド(英・仏)
エカチェリーナ(露)	キャサリン(英)・カトリーヌ(仏)
カエサル(羅)	シーザー(英)・カイザー(独)・セザール(仏)
カール(独)	チャールズ(英)・シャルル(仏)・カルロス(西)
ジョン(英)	ジャン(仏)・イヴァン(露)・ジョアン(ポ)・ヨハネ(慣)
ダヴィデ(慣)	ダヴィド(仏)・デイヴィッド(英)
テレサ(羅)	テレジア(独)・テレーズ(仏)
フィリッポス(希)	フィリップ(英・仏)・フェリペ(西)
フランソワ(仏)	フランシスコ(西)・フランチェスコ(伊)・フランツ(独)
ヘンリ(英)	ハインリヒ(独)・アンリ(仏)・エンリケ(西)
ペテロ(慣)	ピョートル(露)・ピエール(仏)・ピーター(英)・ペーター(独)・ピエトロ(伊)
マリア(羅・独)	メアリ(英)・マリ(仏)
マルグレーテ(デ)	マルガリータ(伊)・マルグリート(仏)・マーガレット(英)
ヨーゼフ(独)	ジョゼフ(英・仏)・ホセ(西)
ルイ(仏)	ルイス(英)・ルートヴィッヒ(独)・ラヨシュ(ハ)
ロレンツォ(伊)	ローレンス(英)・ロラン(仏)・ローレンツ(独)

希：ギリシア語　デ：デンマーク語　ハ：ハンガリー語
ポ：ポルトガル語　羅：ラテン語　慣：慣用

⬇ⓑ人名の由来

ヨーロッパ	宗教	①**ギリシア神話** ●ガイア(大地の神) …ジョージ(英)・ゲオルク(独)・ジョルジュ(仏) ●ニケ(勝利の神)…ニコラス(英)・クラウス(独)・ニコライ(露) ●アレス(軍神、ローマではマルス) …マーク(英)・マルコ(伊)・マルクス(独) ②**キリスト教** ●ヤコブ(旧約聖書・イエスの12使徒) …ジェームズ(英)・ジャック(仏) ●ペテロ(イエスの12使徒) …ピョートル(露)・ピエール(仏)・ピーター(英) ●パウロ(異邦人の使徒)…ポール(英)・パウル(独)・パブロ(西)
ヨーロッパ	職業	●サッチャー…屋根ふき職人　●サルトル…仕立屋 ●ワーグナー…四輪大型荷馬車の御者
ヨーロッパ	地理	●バッハ…小川　●チャーチル…教会の丘　●フォード…川の渡し場の人
イスラーム		●アフマド・アフムード・メフメト…ムハンマド　●スレイマン…ソロモン　●イブラヒム…アブラハム(アラブ人の祖)
中国の姓	自然崇拝	●牛・馬・羊・熊(動物)　●金・鉄・石・玉(鉱物)　●楊・柳・柏・花(植物)　●米・麦・苗・麻(農作物)　●黄・白・藍(色)
中国の姓	職業・官名	●司空(技術を掌る官名)　●司馬(軍事を掌る官名)　●司徒(教化を掌る官名) ●王・侯・公…爵号　●巫・陶・冶・卜・裘…職業
中国の姓	地理	●蔡・斉・魯・趙…国名　●屈・単・知・卞…地名 ●東郭・西門・柳下…居住地
中国の姓	異民族	●宇文…鮮卑　●史(原姓：阿史那)…突厥　●羅(原姓：愛新覚羅)…満洲(女真)

歴史のスパイス 西暦の宗教性を消し去るため、A.D.をC.E.(Common Era＝共通紀年)、B.C.をB.C.E(Before Common Era＝共通紀年以前)とする場合もある。

ロ シ ア
中華人民共和国
日本
モンゴル
カザフスタン
インド
インドネシア
オーストラリア
ニュージーランド
フィリピン
大韓民国
朝鮮民主主義人民共和国
イラン
サウジアラビア
エジプト
トルコ
1：88000000
赤道
ヨーロッパ
中 東

❺砂漠の船ラクダ（中国） ラクダは乾燥地帯で移動・輸送手段として使用された。

世界遺産 ❻山岳地帯の棚田（フィリピン） 急斜面を開墾してつくられた棚田群。

本書の構成と利用方法

●本編ページ

ページタイトル
テーマごとに基本的に見開きで構成しました。ページタイトル右の二次元コードから、学習内容に関連する情報やコンテンツを参照することができます。

ページの随所に関連するページを示す参照ページを入れました。◀は以前のページ、▶は以後のページを示しています。

テーマで扱われている年代がわかります。日本の時代との対応も示しました。

テーマで扱われている地域が一目でわかります。

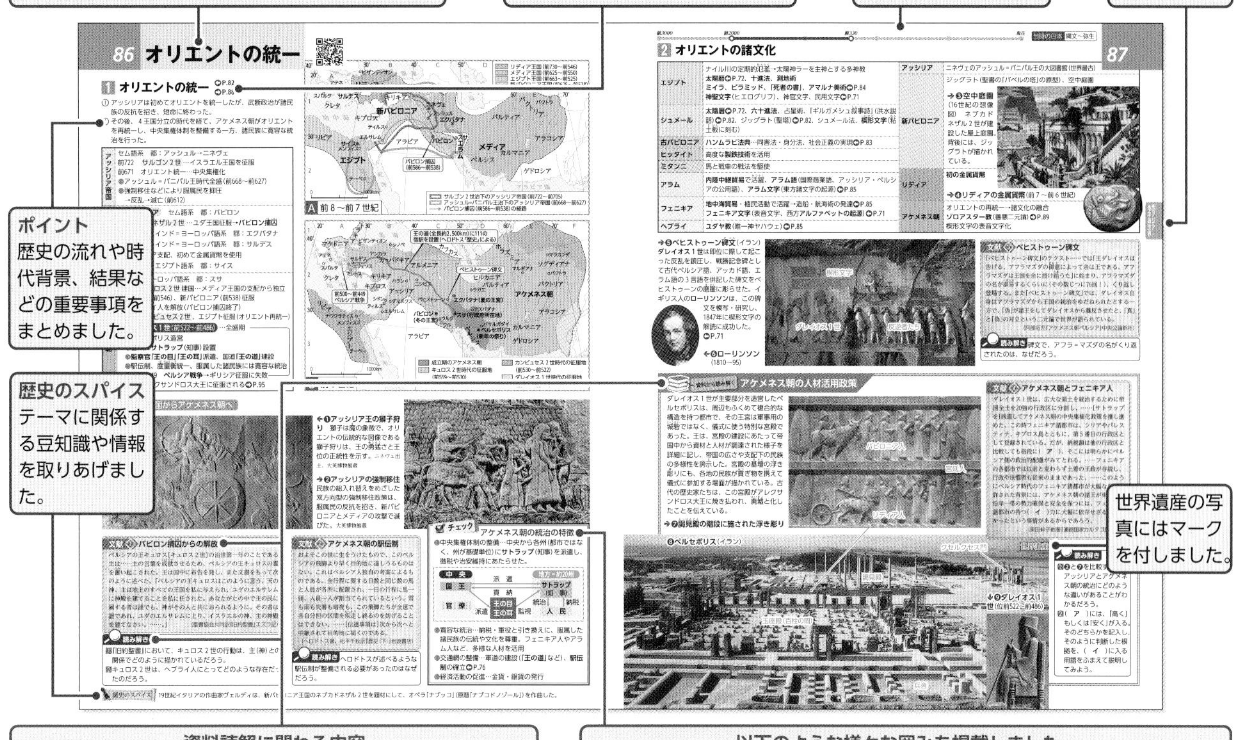

86 オリエントの統一
1 オリエントの統一
2 オリエントの諸文化
87
ポイント
歴史の流れや時代背景、結果などの重要事項をまとめました。
歴史のスパイス
テーマに関係する豆知識や情報を取りあげました。
世界遺産の写真にはマークを付しました。

資料読解に関わる内容

同時代の文献や研究文献などを取りあげました*。

文献などのそばに考察のポイントとなる問いを掲載しました。

複数の資料をもとに学習を深められるようにしました。

※資料読解は特集「資料にチャレンジ」でも取りあげています

以下のような様々な囲みを掲載しました。

コラム　興味深い話題を取りあげました。

人物コラム　重要な人物や話題の人物を取りあげました。

解説　理解しにくい内容を丁寧に解説しました。

チェック　重要項目やキーワードなどを簡潔に解説しました。

日本と世界　全体地図のページ(P.12〜57)で、日本と世界のつながりをまとめました。

＊文献中の(　)は出典記載の補足、[　]は本書での補足を示します。また、一部の文献は出典をもとにした現代語訳(通釈)を掲載しました。

●主な特集ページ

世紀ごとの世界の動きを地図で確認できるようにしました。巻頭にまとめて掲載しています。

諸地域の地理的な特徴や、歴史との関連について整理しました。

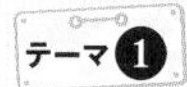
地域史や交流史など、幅広い内容を取りあげました。

地域史　各国・地域別に世界史の流れを整理しました。
各国・地域別の世界史については、巻末の欧米文化史のまとめ、欧米政治史のまとめ、中国史のまとめ、中国王朝の変遷でも確認できます。

交流史　各国・地域間の交流に焦点を絞ってまとめました。

そのほか、宗教や通信・交通、動植物、女性など、テーマ別のページも掲載しています。

資料にチャレンジ　本編ページでの読み解きやコラム「資料から読み解く」をふまえ、さらに発展的な資料読解に挑戦できるページです。

各地域・時代ごとの文化についてまとめました。

紙面中の二次元コードのご案内

ページタイトルの右に掲載した二次元コードから、本書専用サイト「グローバルワイド最新世界史図表　プラスウェブ」にアクセスできます。学習内容に関連する情報やコンテンツを参照することができます。

- **●世界史年表**
- **●リンク集**…学習内容に関わる様々なウェブサイトを紹介します。
- **●コンテンツ集**…世界史に関連する書籍やマンガ、映画、アニメ、ドラマなど、様々なコンテンツを紹介します。
- **●一問一答問題**…穴埋めによる学習内容の振り返りが行えます。

二次元コードをスマートフォンやタブレットのバーコードリーダで読み取るか、裏表紙掲載のURLにアクセスして内容を選択してください。
＊利用の際の通信料は、一般に利用者の負担となります。

国名などの略称

英…イギリス　**仏**…フランス　**独**…ドイツ　**伊**…イタリア　**墺**…オーストリア　**蘭**…オランダ　**西**…スペイン　**普**…プロイセン　**豪**…オーストラリア　**米**…アメリカ　**中**…中国　**土**…トルコ　**印**…インド　**露(ロ)**…ロシア　**欧**…ヨーロッパ　**ソ**…ソヴィエト社会主義共和国連邦

世界の自然環境と人々の暮らし

❶**極寒の地の住居**（カナダ） イヌイットが冬季に使用する一時的な住居（イグルー）。

❷**高地での牧畜**（ペルー） アンデス高地ではアルパカを放牧し、体毛を利用した。

❸**海で漁をする人々**（マダガスカル） 豊かな海で、カヌーを使った漁が行われてきた。

❹**ナイル川の灌漑**（エジプト） エジプトは水資源のほとんどをナイル川に依存している。

国のかたち

用語	解説
遊牧国家	遊牧民による部族制国家。オアシス都市などに侵入して東西交易路を支配し、それを利用する隊商などに交通の安全を保障する代償として税を納めさせて利益を得た。人々は定住せずに季節的移動を行うことが多い。 例 匈奴、突厥、ウイグル、モンゴル帝国
都市国家	神殿などを中心とする都市とその周辺地域が、独立した政体として一つにまとまって形成される小国家。主に文明発生期に現れる、国家の初期形態。 例 シュメールのウル、古代ギリシアのポリス
港市国家 ➡P.117	中継港・内陸物産の積出港として、海岸部や河川沿いなどに発展した港市(港町)を中心とする国家。周辺の海岸や河川の交易ルートをネットワーク化し、その海域を管理・支配して栄えた。東南アジアに多い。 例 シュリーヴィジャヤ王国、マラッカ王国
主権国家 ➡P.218	一定の領域を統治する単独の政権を有することによって、独立した主権を持つようになった近代国家。領主間の重層的な支配・被支配関係の存在した封建国家を解消し、近代ヨーロッパで成立した。
覇権国家 ➡P.219	近代世界システムの「中心」として繁栄した地域の中でも、特に豊かな資本や高い技術を持ち、圧倒的な優位にあった国。 例 17世紀中頃のオランダ、19世紀のイギリス(パクス＝ブリタニカ)、20世紀後半のアメリカ(パクス＝アメリカーナ)
世界帝国	ある特定の民族を中心に、広範囲に及ぶ領土を征服して、他の文明を巻きこみ、様々な民族を抱えながらも、強力な支配を保った国家。 例 アッシリア、アケメネス朝、ローマ帝国など

↓❻地名対照表 人名由来の地名(カンダハール[アレクサンドロス]、モンロヴィア[モンロー])、自然由来の地名(ナイロビ[冷たい海の場所]、ドーハ[大きな木])、動物由来の地名(シンガポール[ライオンの街]、ハルツーム[象の鼻])など、地名にも様々な由来がある。

本書で使用の地名	各国語
アウシュヴィッツ[独]	[ポーランド]オシフィエンツィム
アテネ[慣]	[希]アテナイ
アドリアノープル[慣]	[トルコ]エディルネ
アルザス[仏]	[独]エルザス
アントウェルペン[フラマン]	[英]アントワープ
ウェストファリア[英]	[独]ヴェストファーレン
ガン[仏]	[蘭]ヘント
コンスタンティノープル[英]	[羅]コンスタンティノポリス
ザクセン[独]	[英]サクソニア
シュレジエン[独]	[英]シレジア
ストラスブール[仏]	[独]シュトラスブルク
ダンツィヒ[独]	[ポーランド]グダンスク
トロイア[希・独]	[独]トロヤ
バイエルン[独]	[英]バヴァリア
フィレンツェ[伊]	[英]フローレンス
フランドル[仏]	[英]フランダース
ブルゴーニュ[仏]	[独]ブルグンド
ベーメン[独]	[慣]ボヘミア
マラッカ[英]	[マレー]ムラカ
メッカ[英]	[アラビア]マッカ
メディナ[英]	[アラビア]マディーナ
モルッカ諸島[英]	[インドネシア]マルク諸島
ロレーヌ[仏]	[独]ロートリンゲン

帝国とは

一般的な意味の帝国

皇帝の支配する国、あるいは支配が広域に及び、民族など複数の政治単位を中央集権的に統治する国家をさす場合が多い。

例 アケメネス朝、秦に始まる中国諸王朝、ローマ帝国、モンゴル帝国

➔❶ローマ皇帝トラヤヌスの肖像が刻まれた金貨 カエサルやアウグストゥスが用いたインペラトル(最高軍司令官)の称号は、後の皇帝に受け継がれ、Emperor(皇帝)やEmpire(帝国)の語源となった。写真の金貨下部に刻まれたIMPの文字はインペラトルを表す。

中世ヨーロッパの帝国

東西ローマ分裂後、西ヨーロッパでは、西ローマ帝国の権威を受け継ぐ帝国ができた。皇帝はローマ皇帝の理念的継承者となったが、名目的称号に過ぎず、実際の支配領域は西ヨーロッパの一部にとどまった(カール大帝期のフランク王国、神聖ローマ帝国など)。東ヨーロッパでは東ローマ帝国がそのまま存続し(ビザンツ帝国、➡P.147)、その伝統はロシア帝国に引き継がれた(➡P.149)

➔❷デューラー「二皇帝像」 左にカール大帝(位768～814)、右に神聖ローマ皇帝ジギスムント(位1433～37)が描かれている。二人とも帝冠をかぶり、左手に宝珠を持っている。

ゲルマン国立博物館蔵

近代の帝国

植民地を領有する国民国家。ヨーロッパ列強による世界分割の動きは、帝国主義と呼ばれる。

例 イギリス帝国、ドイツ帝国

➔❸イギリス植民地の兵士たち

様々な意味を持つ帝国

現代のアメリカは、冷戦中には資本主義陣営の中心として、冷戦後には唯一の超大国として、政治や経済、軍事などの分野で多大な影響力を保持している。こうしたアメリカの地位をさして、比喩的に帝国の語が使われることがある。

そのほかの使用例…北海帝国(➡P.154)、アンジュー帝国(➡P.169)、ハプスブルク帝国(➡P.224)、赤い帝国(社会主義国家＝ソヴィエト連邦・中華人民共和国)、規制帝国(EU)

王朝とは

君主の位を世襲して国を治める一族のことをいう。ヨーロッパの場合には、王朝が変わっても国の名称が変わらないことが多いが、中国の場合には、王朝が代わると国の名称も変わることが多い。

例 フランス王国…カペー朝→ヴァロワ朝→ブルボン朝
中国王朝…漢(劉氏)、唐(李氏)、明(朱氏)

封建国家と中央集権国家

封建国家

王領地
封建領主

- **契約**に基づく個人の人的結合
- 土地の授受を媒介とする
- 明確な国境・国家主権を持たない
- 統一的な国家機構は持たず**分権的**

中央集権国家

国王・中央政府

- 国王や中央政府が国家権力(**主権**)を掌握
- 明確な**国境(領域)**を持ち、領域内の人々(**国民**)を統治
- 中央から地方に派遣された官僚が統治

4 学びを深めるための知識と用語(2)

1 政治

<table>
<tr><th>用語</th><th colspan="2">解説</th></tr>
<tr><td rowspan="3">君主政(制)</td><td colspan="2">君主が政治を行う政治体制。君主が皇帝の場合は帝政、国王の場合は王政と呼ばれる。君主の権限の強さに応じて、専制君主政と立憲君主政に分類できる。君主の地位は多くの場合世襲されたが、一時期の神聖ローマ帝国やポーランド王国のように、選挙で君主が選ばれる場合もあった。
帝政の例 ローマ帝国、秦以降の中国諸王朝など多数
王政の例 イングランド王国、タイ王国など多数</td></tr>
<tr><td>専制君主政(制)
絶対王政</td><td>君主が主権を持ち、絶対的な権力を有する。近世ヨーロッパで生まれた、国王が官僚制と常備軍を用いて統治する強力な統一国家は、絶対王政と呼ばれる。
専制君主政の例 ディオクレティアヌス帝以後のローマ帝国
絶対王政の例 フランス王国</td></tr>
<tr><td>立憲君主政(制)</td><td>君主の権限が憲法などによって制限される政治体制。制限君主政などともいわれる。
例 現在のイギリス、オランダ、スウェーデンなど多数</td></tr>
<tr><td rowspan="3">共和政(制)</td><td colspan="2">君主を置かない政治体制。貴族など、少数の特権階級が政治を行う寡頭政(制)や、人々が自ら政治に参加する民主政(制)がある。民主政は、人々の政治への参加方法によって、直接民主政と間接民主政に分かれる。</td></tr>
<tr><td>直接民主政(制)</td><td>人々が直接政治の運営に参加する。
例 古代ギリシアのアテネ、現代日本の国民投票</td></tr>
<tr><td>間接民主政(制)</td><td>人々が選挙で代表者を選出し、権力の行使を信託することで間接的に政治に参加する。現代のほとんどの国家が採用。</td></tr>
<tr><td>元　首</td><td colspan="2">国家の代表者。君主政の国家の場合は、皇帝や国王が元首に相当する。共和政の国家の場合は、大統領や、最高統治機関の長が元首となる。元首はもともと「国家権力の全能者」をさしたが、今日では単に対外的に国家を代表する地位にある人物や国家機関をさすことが多い。</td></tr>
<tr><td>内　閣</td><td colspan="2">複数の大臣により組織され、行政権を行使する機関。内閣を主宰する大臣を首相(総理大臣)と呼ぶ。大臣の全員または多数が議会内から選ばれ、議会の監視のもとに政治を行い、議会に対して責任を負うものを、特に議院内閣制(責任内閣制)という。</td></tr>
<tr><td>議　会</td><td colspan="2">法律の制定や予算の決定、条約の締結など、内政や外交について議員が合議し決定する機関。近世までは、貴族(諸侯・騎士)や平民(市民・農民)などの身分ごとに選ばれた議員で構成される身分制議会があった。近代以降は、異なる原理で選ばれた議員で構成される二院制議会が一般的である。</td></tr>
</table>

Column 用語の定義は様々

世界史を学ぶ上で様々な用語が出てくるが、それらを一言で定義するのは難しい。なぜなら、その用語を使用する学者によって、あるいは国や学問分野によって定義が異なる場合も多いからである。しかし、その違いに着目すると歴史の見方が広がる。惑わされずに学びを深めよう。

例1 **ヘレニズム**…19世紀独の歴史家ドロイゼンにより普及
狭義…オリエントの影響を受けたギリシア風文化・時代
　→ヘレネスの文化・時代と区別
広義…ヨーロッパ文化の根底をなすギリシア精神
　→ユダヤ教・キリスト教思想の源泉であるヘブライ精神(ヘブライズム)と対置

例2 **文化**…ラテン語cultura(耕作・育成を意味する)に由来する英語culture、フランス語culture、ドイツ語Kulturの訳語
①学問・芸術・宗教など主として精神的活動から直接生み出されたもの→技術・機械の発達や社会制度の整備など物質的な文明と対置←ドイツ哲学(新カント派)の影響
②あらゆる人間集団がそれぞれ持っている生活様式の総称←文化人類学の影響

例3 **ナショナリズム**…日本語での訳語
①国民主義…自由主義と結合、専制政治・外国支配からの解放、民族の統一と独立と自由、主権在民に基づく自由主義的憲法の制定を要求
②国家主義…自由主義を抑圧、国威発揚、他民族への侵略などを特徴とする
③民族主義…非抑圧民族の解放・独立・発展をめざす運動、自由主義や社会主義と結合、民族の伝統を尊重→時に保守的・復古的性格
※近年では訳し分けずに、自らの民族的立場を強調する主義として「ナショナリズム」と表記されることが多い。

2 外交・国際関係

用語	解説
植民地	移住・開拓や、武力的占領、条約締結などを通じて、ある国(**宗主国**)が内政や軍事、外交などの権限を行使し、土地と住民を支配する領域。徴税や徴兵などを通して宗主国による直接的な収奪が行われたほか、近代では宗主国への経済的従属も進んだ。
植民市	古代ギリシア 都市国家(ポリス)の人口増加に伴い、余剰人口を移出して建設された都市。母都市からは独立した都市となったが、その後も通商などを通じて関係は続いた。 古代ローマ ローマ市民が要地に入植して成立した都市。自治権に加え、ローマと同等の完全市民権を与えられたほか、納税・軍役の義務を課された。
宗主国・保護国(領)	2つの主権国家の間で、条約の締結などにより主従関係が成立している場合、「主」側を**宗主国**、「従」側を**保護国**(属国)という。多くの場合、保護国では、宗主国がその軍事・外交の権限を代行した。保護国の内政の権限は維持されたが、宗主国が干渉を行うことも多かった。 例 エジプト(イギリスの保護国)、大韓帝国(日本の保護国)
自治領	ある国の領土でありながら、広範囲の内政・外交権限を独自に行使することが認められた地域。 例 カナダ・オーストラリア(イギリスの自治領)
委任統治領	第一次世界大戦後、国際連盟から委任を受けたイギリスやフランス、日本などといった国々が統治を行った地域。敗戦国ドイツ・オスマン帝国の領土であったアフリカ・中東・太平洋地域に設けられた。これら地域の植民地化防止や、将来の自治・独立の援助を名目としたが、実質的には戦勝国による領土再分割であった。
租借地	条約に基づいて、ある国が他国に一定期間貸し与えた地域。借り受けた(租借した)国は、租借地の行政・立法・司法権を行使し、軍隊を駐留させることもあった。 例 清末以降の旅順や膠州湾、九竜半島など(ヨーロッパ列強・日本が租借)、パナマ運河(アメリカ合衆国が租借)
租　界	条約に基づいて、ある国が他国に一定期間貸し与えた区域。租借地に比べ面積が小さく、都市内の一区画であることが多い。借り受けた国は、租界内で行政・司法権を行使した。**外国人居留地**とも呼ばれる。アヘン戦争後の1845年、イギリスが上海に設けたのが始まり。 例 上海、天津、幕末・明治維新期の横浜や神戸、長崎
条　約	国家間または国家と国際機関が文書の形式で取り交わす合意。条約という名称のもの(狭義の条約)だけではなく、協約や憲章、議定書、宣言、規程、規約などといった名称のものをふくめる場合もある(広義の条約)。
同　盟	第三国との武力紛争が発生した場合、これに共同で対応することを国家間で公式に取り決めたもの(攻守同盟)。
協　商	特定の事項に関する協力を、国家間で非公式に取り決めたもの。同盟のような軍事的な援助義務を持たない。
治外法権(領事裁判権)	外国人が滞在国の法律や裁判権に服することを免れる権利。治外法権が認められている場合、犯罪を犯した外国人は、その出身国から派遣された領事によって、出身国の法律にしたがって裁かれた。
関税自主権	貿易において、輸入品に対する関税率を、輸入国自ら決定する権利。関税自主権がないと、関税による国内産業の保護が難しくなる。
最恵国待遇	二国間で取り決めを結び、いずれかの当事国が第三国に新たに特権や利益を認めた場合、同様の待遇をもう一方の当事国に与えることを約束すること。双方がこの義務を負う場合は**双務的最恵国待遇**、一方のみがこの義務を負う場合は**片務的最恵国待遇**と呼ばれる。

3 経済

用語	解説
重商主義	貴金属や貨幣の量こそ国家の富（国富）の源泉であるとの前提に基づき、国家が積極的に経済に介入することでその増大をめざす経済政策・経済思想。16～18世紀にヨーロッパの絶対王政国家の多くが採用した。金銀の獲得を重視する**重金主義**として現れ、後に輸出促進・輸入抑制による貿易黒字を重視する**貿易差額主義**に移行した。
自由貿易主義	国家による貿易統制を排除しようとする経済政策・経済思想。重商主義に対する批判として登場し、産業革命を経た19世紀以降のイギリスで台頭したほか、南北戦争以前のアメリカ南部諸州でも主張された。
保護貿易主義	国内産業の保護・育成を目的として、関税などといった国家による貿易制限を重視する経済思想・経済理論。イギリス経済に対抗して工業化を進めようとする、19世紀のヨーロッパ各国が採用した（**ドイツ関税同盟**など）。重商主義や、世界恐慌後に形成された**ブロック経済**は、保護貿易主義の一形態と考えることができる。
プランテーション	16世紀以降、ヨーロッパの進出によってラテンアメリカや東南アジアなどに形成された、商品作物生産のための大規模農場制。 例 ブラジルのコーヒー、マレーシアの天然ゴムなど
モノカルチャー	特定の輸出用商品作物のみを栽培する農業。**プランテーション**はその典型。石油など、特定の鉱物資源開発をさす場合もある。こうした一次産品の生産に依存する経済体制は**モノカルチャー経済**と呼ばれ、開発途上国を中心に現代にもみられるが、国際価格や気候の変動による影響が非常に大きく、経済停滞の原因となっている。
資本主義	生産手段を財産として私有する資本家が、労働者を雇い、商品を生産して利潤を得る経済システム。**産業革命**を経て確立された。
社会主義	生産手段の社会的共有・管理によって平等な社会を実現しようとする思想・運動。**資本主義**が生み出す経済的・社会的諸矛盾を解消しようとする中で登場した。
ブロック経済	1929年の世界恐慌に直面した諸国がとった自衛策。自国の決済通貨を軸としてそれぞれ経済圏（ブロック）をつくり、グループ内の関税を軽減して域内通商を確保するとともに、域外からの輸入には高関税をかけて自国産業を保護した。
混合経済	資本主義における自由な経済活動を前提としつつ、社会保障や公共投資を通じて、政府が市場介入する経済体制。

ⓐ資本主義の誕生と発達

商業資本主義
時期…16～18世紀前半
担い手…交易活動を行う商人（商業資本家）
政策…重商主義的
特徴…問屋制家内工業から工場制手工業（マニュファクチュア）へ

▶ 18世紀、産業革命始まる ▶

産業資本主義
時期…18世紀中頃～19世紀
担い手…製造業を中心とした工場経営者（産業資本家）
政策…自由放任主義的
特徴…資本家と労働者の階級が成立。工場制手工業から工場制機械工業へ

▶

独占資本主義
時期…19世紀後半
担い手…巨大企業と銀行が結合して成立した金融資本
政策…帝国主義的
特徴…少数の企業による寡占・独占。失業や恐慌が発生し、資本家と労働者との階級対立が先鋭化

ⓑ資本主義と社会主義

資本主義		社会主義
土地や工場、機械、原材料などの生産手段は私的に所有される（**私有財産制度**）。	生産手段	生産手段の私有は認められず、国営企業や協同組合が生産の中心となる（**生産手段の社会的所有**）。
生産手段を保有する**資本家**（**ブルジョワジー**）と、賃金と引き換えに資本家に対して労働力を提供する**労働者**（**プロレタリアート**）に分かれている。	階級	生産手段の私有が廃止されているため、資本家や地主が存在せず、階級はない。
利潤追求を目的とした市場での自由な取引が行われ、価格や生産量は市場における需要と供給の関係（価格機構）で決定される（**市場経済**）。	価格	個人の利潤追求は排除され、社会的利益のために国家が生産量や価格を計画する（**計画経済**）。
生産手段を持つ資本家や地主に多くの所得が配分され、貧富の差が大きい。	分配	労働者は能力に応じて働き、受け取るので、貧富の差が小さい。
不況と好況をくり返す景気循環がみられ、不況期には失業が生じやすい。	景気変動 失業	理論上景気変動は起こらず、国営企業の倒産はないため失業は存在しない。

Column これからの通貨の行方（電子マネーと暗号資産）

電子マネーとは、従来からある硬貨や紙幣という物理的な「通貨」ではなく、ネットワークやICカードなどを使って電子的に通貨に相当する機能を事業者が提供する**私製貨幣**（**代用貨幣**）である。これに対し**暗号資産**とは、インターネット上で決済や送金の手段として利用できる特別の財産的価値のことで、2008年につくられた。電子マネーと違い法定通貨に依存しないお金であり、**仮想通貨**ともいう。また、法定通貨と違って管理する国や機関がなく、2012年のキプロス財政危機により法定通貨への信用が揺らいだことをきっかけに普及した。

4 軍事

用語	解説
志願兵制	自由意志に基づいて志願する者の中から適格者を選別して兵士とする制度。近代国家においては最も一般的。
徴兵制	国が法律によって人々に兵役の義務を課し、各人の意志によらずに兵役に適する者を強制的に徴集して兵士とする制度。いわゆる国民皆兵による近代的徴兵制は、**フランス革命**以降、フランスやプロイセンで採用され、世界中へと広まった。 例 古代ギリシアのポリス、共和政ローマ、唐の府兵制
傭兵制	金銭など報酬を条件に人を雇い、兵士とする制度。 例 ペロポネソス戦争期のギリシア、帝政ローマ後期、中世後半から近世の西ヨーロッパ、唐の募兵制 著名な傭兵隊長 オドアケル、ヴァレンシュタイン、安禄山（節度使＝募兵軍団の長）など
民兵制	平時には各々の職業についている人々を緊急時に招集し、短期間の軍事訓練を行った上で、兵士とする制度。 例 アメリカ合衆国独立前の植民地軍（ミニットマン）
義勇兵	戦時に自発的に戦闘に参加する、正規軍に属さない兵士。 例 ガリバルディの赤シャツ隊、スペイン内戦における国際義勇兵

ⓒ西ヨーロッパの兵制の変遷

古代ギリシア・共和政ローマ
貴族の騎兵中心
→市民皆兵の原則に基づく**重装歩兵**
→傭兵制

↓

帝政ローマ
志願兵による軍団
→ゲルマン人などの傭兵による軍団

↓

中世
封建関係に基づく**騎士**団
→傭兵制へ移行

↓

絶対王政期
職業軍人と徴集された兵士によって構成される**常備軍**（傭兵制も残存）

↓

フランス革命～ナポレオン時代
徴兵制による国民軍

❶**明治時代の日本の屯田兵**（北海道）　兵士を平時には農耕に従事させ、戦時には軍務に従事させる制度を屯田兵制という。屯田兵制は、ビザンツ帝国（**テマ制**）や三国時代の魏などでもみられる。高村真夫「北海道巡幸屯田兵御覧」、聖徳記念絵画館蔵

6 資料読解のヒント

＊「資料」と「史料」では意味する範囲が異なる。人々の営みを文書などで記録したものを史料といい、発掘された遺物、統計や書籍、論文などもふくめた場合は資料と呼ぶ。どちらも読み解きの作業は必須である。

なぜ資料を読解するのか？

私たちは、様々な出来事を理解・解釈しながら日常を送っている。出来事を切り取った写真や動画も、それを受け止める理解者がいないと単なるデータに過ぎない。そこに「ある」ことと、それを「認識する」ことは別のことで、歴史学も世界史探究も、認識の仕方を追究する学問といえる。歴史を実践するための最初の行程は、史料を批判して、復元して、解釈することである。これによって、どのようなことが起こっていたのかという事実を復元したり推測したりすることが可能になる。その上にみなさんの問いが生まれ、因果関係やつながりを考えたり、仮説を立てたりすることができるようになる。つまり史料を批判したり読解したりする作業が、探究の基礎になるのである。この、史料を検討すること(歴史実証)や関係性の追究(歴史解釈)が、資料読解という作業になる。文字資料、統計資料、画像(風刺画、写真)を例に、資料の読解の方法を体験してみよう。

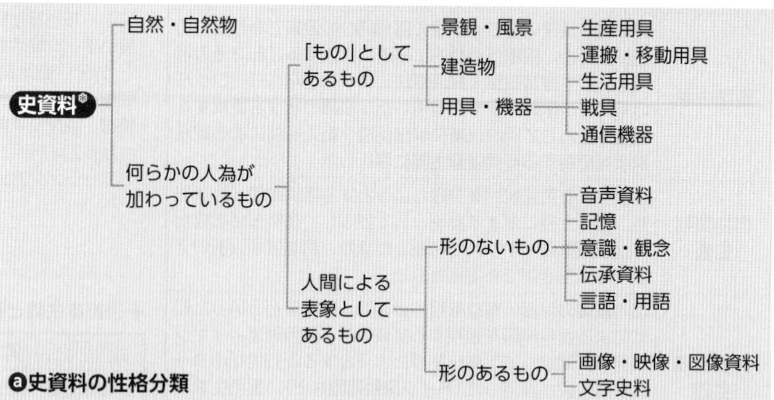

ⓐ史資料の性格分類

歴史学の様々な方法

古くから歴史を記した人々はいたが、近代的な学問として歴史学が出発したのは19世紀である。ドイツのランケ(➡P.267)は、史料批判を行って原典を直接研究する方法を導入したことで近代歴史学の父といわれている。ランケに続く歴史学を実証主義という。一次史料の重視と史料批判が、他の学問や隣接領域から歴史学を分ける特徴だった。

↑❶ランケ

↑❷学術雑誌『アナール』第１号(1929)

20世紀になると、アナール学派(➡P.353)と呼ばれる学派が生まれた。これは、口承伝承や数値など文字資料以外の様々な素材も史料として活用しながら、死や子ども、家族など歴史学では取り扱われにくかった素材を使い、人々の心性を明らかにしながら社会構造を分析する立場であった。これにより、史料として分析される素材は大きく広がった。

史料を読み解こう

文献❶ 男女の生来の相違

家政術には三つの部分がある……一つは主人の支配で……他の一つは父の支配、第三は夫の支配である。……夫が妻子を支配するのは、男性は自然的に女性よりも指導的であり……また年長で完成した者は、年少で未完成な者よりも指導的だからである。……男の女に対する関係は(一時的にではなくて)恒常的にこの政治家的支配のようなものである。他方、父の子供に対する支配は王的である、何故ならば生んだものは愛情と老齢とによって支配するものだからである。……魂においては或る部分は本性上支配するものであり、或る部分は支配されるものであり、そしてそれらの徳は互に別である……奴隷は熟慮的部分を全く持たないが、しかし女性は持っている、けれどもそれは権威を持たない……。

(アリストテレス著、山本光雄訳『政治学』岩波書店)

文献❷ 宗教分野における女性の活躍

リュシマケ　ドラコンディデスを父とする生まれにして　88年の生涯であった。４人の子供をもうけた後、都合64年にわたり女神アテナに奉仕した。フリュア区の……エオスの母リュシマケ

(三成美保他編『ジェンダーから見た世界史』大月書店)

史料に出会ったら、まず、いつ頃・誰によってつくられたのかを確認しよう。

アリストテレスということは紀元前４世紀のギリシア時代の作品だね。男性は本性上、女性や子どもよりもすぐれていたのだね。

ちょっと待って、確かにこの本にはそう書いてあるけれど、本当にそうか、考える必要があるよ。

書いてあることをそのまま使っちゃだめなの？

家庭のあり方から始まって各国の国政について言及している『政治学』という本だよ。アリストテレスの「こうあるべき」という理想像が反映している可能性もある。**書かれた状況を確認するのは資料読解の大前提**だよ。他の史料や訳文なども手に入れれば、**比較しながら考察するといいね**。比較材料として文献❷をあげるよ。これはお墓に刻まれた文章なんだ。どんな人のお墓かな？

アリストテレスは男性が女性を支配するという前提で論を進めていたけれど、支配されるだけが女性の姿ではないということかな？でも父親の情報だけが残っているあたりは父権の強さが感じられるから、文献❶を違った側面から理解する材料になりそうだ。

グラフを読み解こう

グラフを読み解く際は、数値が大きく変化しているところに着目するとともに、その時期に何があったかを考え、グラフとの関連を見出そう。また、グラフが複数ある場合は数値を比較して、相違点や類似点を探してみよう。

(ペーター＝ガイス他監修、福井憲彦他訳『ドイツ・フランス共通歴史教科書【近現代史】』明石書店)

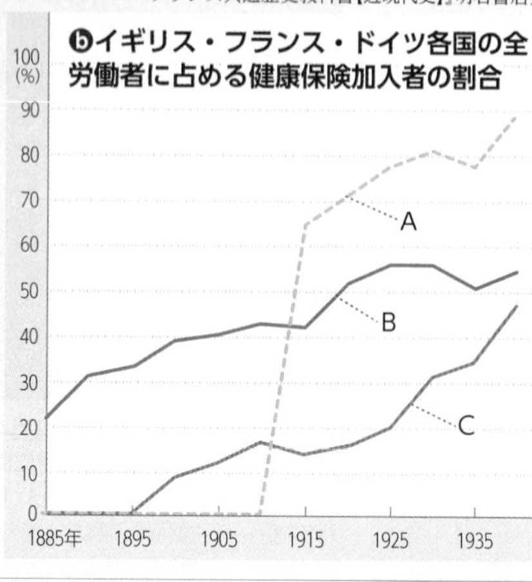

ⓑイギリス・フランス・ドイツ各国の全労働者に占める健康保険加入者の割合

TRY

(1)出典を確認しよう。
(2)A～Cの国の、健康保険加入者の推移の特徴をそれぞれ説明しよう。
(3)P.255を参照して、ドイツにあたるものを選び、判断の理由を説明しよう。
(4)ヨーロッパ各国では1900年前後以降健康保険加入者が増加している。その背景を考察しよう。

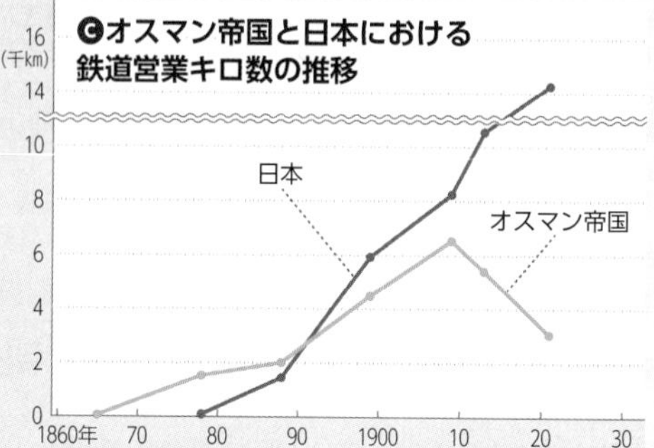

ⓒオスマン帝国と日本における鉄道営業キロ数の推移

(ブライアン＝R＝ミッチェル編著、北村甫監訳『マクミラン新編世界歴史統計 2　アジア・アフリカ・大洋州歴史統計：1750～1993』東洋書林)＊

TRY

(1)出典を確認しよう。
(2)日本＊＊とオスマン帝国の鉄道営業キロ数の推移を、それぞれ説明しよう。
(3)オスマン帝国における1913年と1921年の減少には共通した理由が考えられる。それは何か説明しよう。

＊18～20世紀の各国のデータが掲載された歴史統計
＊＊日本には台湾と朝鮮半島をふくまない。

絵画・写真を読み解こう

➔❸20世紀のアメリカの風刺画(日刊紙『コロンバス＝ディスパッチ』、1930年代)

TRY

(1)出典を確認しよう。

▶いつ頃、どこで公にされた風刺画だろう。また、風刺画という表現は、主にどのような場面で使われていただろう。

(2)描かれている情報を抽出しよう。

▶ポンプの名前は「ニューディール＝ポンプ」で、ポンプを押している人物の胸にある「F．D．R」とはフランクリン＝デラノ＝ローズヴェルトの略称である。もれた水には何と書いてあるか、ローズヴェルトの後に控えているのは誰か、彼が頭に乗せているバケツや、ポンプから流れ出す水には何と書いてあるか、確認しよう。

(3)作者の描かれている政策に対する考え方を明らかにしよう。

▶ニューディール政策で実際に行われたことを、調べてみよう。(2)の情報から、作者はこの政策に対してどのような立場で描いているのかを考えてみよう。

↑❹ドイツにおける商店のボイコット

TRY

(1)いつ、どこで撮影された写真か確認しよう。

▶人物の左腕に注目しよう。このマークをシンボルとした政党がドイツの政治を担っていた時期を特定しよう。

(2)写真に収められた情報を抽出しよう。

▶看板にはどんな文字が書いてあるだろう。この人物が立っていることで商店は入りやすくなっているか、入りにくくなっているか考えてみよう。

(3)(2)と既存の知識を結びつけて、何年頃の、どのような政策の一場面であるかを話し合おう。

▶(1)から、その時代のドイツの歴史を思い出してみよう。(2)の情報と結びつく政策は何か、考えてみよう。

文献③ 歴史研究にとっての資料

文学においては、たとえそれが歴史に素材をとった作品であろうとも、史資料には登場しない、つまり実在の確認されない人物や出来事を、作者が考え出して挿入することは、作者の自由に任されている。……しかし歴史学の場合には、それは許されない。架空の存在を挿入してはならないし、存在の確証がとれないものは、推定であることが明示されなければならない。つまり、みずからの叙述、自分の議論を成り立たせている史資料が、虚構ではなく実在しなければならないし、それを示すことができなければならない。もちろん推論をする、推理してみるということはありうる。ありうるというよりも、情報源としての史資料にはつねに限界があり、しかもその扱いには解釈が不可欠につきまとう以上、推論できる力がなければ、歴史像を描くこともむずかしい。……史資料とは、手がかりであると同時に、証拠でもある。

(福井憲彦『歴史学入門　新版』岩波書店)

資料は批判しよう

資料は、誰が、いつ、どのような目的で書いたものか明確にはわからないことがある。また、書いてあることをそのまま受け取ることができない場合もある。資料を読むために必要な作業が資料批判である。資料批判は、資料が書かれた特定の歴史的・社会的な背景を確認し、どのような意図でその資料が作成されたのかを類推する作業である。

1 出典の確認

出典を確認することで、何がわかるだろう。資料の中にはつくられたままで加工がされていないもの(原典)から、それらを引用・加工して読みやすくしたもの(二次資料や引用文献)など様々な形がある。一般的に、オリジナルから遠ざかるほど、間違いが生じる可能性が高くなる。また、翻訳が複数ある場合もある。可能な範囲で原典にあたることを心がけよう。資料が書かれた年代を特定するのは大切な作業である。同じ事件を扱った資料でも、同時代に書かれたものと後の時代に書かれたものでは印象が異なる場合がある。このように、誰が、どのような場面で記したかは吟味の対象にすべきである。また、一般的に日記やメモなどの個人の記録には、誤認識などがそのまま表現されていることがある。

作業

①出典を確認し、どのような書籍やウェブサイトから引用されたものか、どれだけ原典に近いかを明らかにしよう(書誌情報)。
②それぞれの資料には原本があるが、それらがどこで所蔵されているのか確認しよう(所蔵情報)。
③資料がどこで(制作地)、誰が(制作者)、いつ頃(制作年代)作成されたかを明らかにしよう(制作情報)。

2 資料の解釈―文字の場合

文字資料だからといって、簡単に読めるわけではない。異なる言語の場合や手書き文書の場合は、私たちが読める形に整える必要がある。ただし、教科書や資料集に掲載される多くの資料は、この作業を終えた形で提示されている。

作業

①どのような素材に、どのような表現で描かれているだろう(表現技法や素材など外観に関わること)。
②何が書かれているのか、情報を抽出しよう(内容に関わること)。
③書き手の意図を類推し、何が書いてあるか(なぜ書かれていないか)、どのように表現しているか解釈を加えよう(内容の解釈に関わること)。
④テキストに書かれていることを既存の知識や考え方、経験と結びつけて考えを深めよう(熟考・評価・機能分析)。

3 資料の解釈―絵画の場合

絵画であっても、解釈の順番は文字資料と変わらないが、絵画の方がより作者の意図を忠実に反映しているため、作者の意図を理解しながら解釈を加える必要がある。また、絵画には、いくつかの固有表現がある。例えば、１枚の絵画に異なる時期や時代を同時に書きこむ手法を採用していることがある(異時同図法)。その場合は、時間構成などにも注意して読解しよう。さらに人物などについて定型表現を行う場合があり、事件や出来事を忠実に描写していない可能性もある。

4 資料の解釈―写真の場合

写真は実物を切り取っているため、しばしば信頼性の高い画像であると考えられている。しかし、アングルや構図によって、メッセージ性は大きく変わる可能性がある。さらに、写真は加工もできる。絵画と同様に自己表現の媒体である以上、写真もまた資料批判をしつつ受容することが必要である。同じことは、映像(動画)についてもいえる。

作業

①どのような素材に、どのような表現で描かれているだろう(表現技法や素材など外観に関わること)。
②描かれていることを文字に置き換えて、絵画や写真(画像)から情報を抽出する(内容に関わること)。
③②で抽出された情報を使い、作者がどのような主題を、どのように表現しようとしているかを考えよう(内容の解釈に関わること)。
④テキストに書かれていることを既存の知識や考え方、経験と結びつける。例えば描かれた当時にその絵画が担った役割などを、当時の時代背景と結びつけて考えを深めよう(熟考・評価・機能分析)。

8 探究学習のヒント

「世界史探究」では、これまでの中学校社会科や「歴史総合」の学習をふまえ、自分が興味・関心を持ったことや疑問に思ったこと、追究したいことなど自分で課題(問い)を設定し、探究学習を通じて、表現することが求められる。探究学習はどのような流れで行われるのか、その軸となる探究学習のプロセスを理解しておこう。

探究学習のプロセス

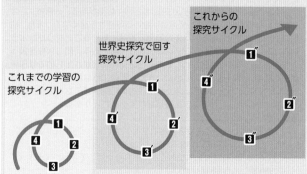

これまでの学習の探究サイクル　1 2 3 4
世界史探究で回す探究サイクル　1′ 2′ 3′ 4′
これからの探究サイクル　1″ 2″ 3″ 4″

1 課題の設定	疑問や問題意識をもったことに関して、探究したい問いを見つける
2 情報の収集	問いに答えるために必要な情報を集める
3 整理・分析	収集した情報を整理し、様々な視点で分析する
4 まとめ・表現	分析した結果をまとめ、読み手・聞き手の立場に立って他者に伝えたり、議論したりする

上の1～4のプロセスをくり返すことで、問いを考える力やそれを解決する力がより深く育まれ、着実に身についていく。

探究学習における振り返りのポイント

探究学習に際しては、それぞれの学習課程で絶えず省察(振り返り)を行うことが重要である。下の表は、探究学習のサイクルにおける振り返りのポイントである。教員からアドバイスを受けたり生徒同士でフィードバックしあったりすることも忘れずに学習を進めていこう。

探究のサイクル	振り返りのポイント
1 課題の設定	●課題意識を持って取り組み、問いと、問いに対する仮説を立てることができているか
2 情報の収集	●必要な先行論文・関連論文・資料を、図書館やインターネット、フィールドワークを活用して調べることができているか
3 整理・分析	●妥当かつ実現可能で科学的な検証を計画・実施できているか ●他者との意見交換・相互理解・助言ができているか
4 まとめ・表現	●ポスターセッションやプレゼンテーションなどの発表や論文・報告書・レポートなどの制作物で、自身の考えや主張を表現できているか ●調査(学習)前後で、仮説の質的・量的変容があり、調査(学習)事項を活かした意見が加わっているか ●結論を「新たな知見」として構築するとともに、そこから新たな問いに目を向けることができているか

＊授業者から学習者への評価だけでなく、学習者自身が自己評価を行うことも大切である。また、学習者同士の相互評価(ピア＝レビュー)も途中に入れるとよい。

1 課題の設定

そもそも課題とは何だろうか。そして問いをどのような視点で立てていけばよいのだろうか。最初から自分自身で問いを立てていくことはなかなか難しいことである。まずは下に示したいくつかの「問いの型」を参考にしてみよう。問いの立て方に慣れたら、自分なりの問い立てに挑戦してみよう。

あるべき姿　創りたい未来や世界のあるべき姿　　例 人権が守られる社会をつくるには何が必要か？

↕ ここにあるギャップが課題

現状　今置かれている世界　　例 人権の抑圧(新疆ウイグル族・香港など)

問いの型　①5W1H　②前提・枠組みの再定義　③比較　④推移　⑤関連づけ　⑥当事者視点

←❶北陸三県合同で行われた原子力平和利用大博覧会のポスター　高岡市立博物館蔵

↓ⓐ5W1H思考

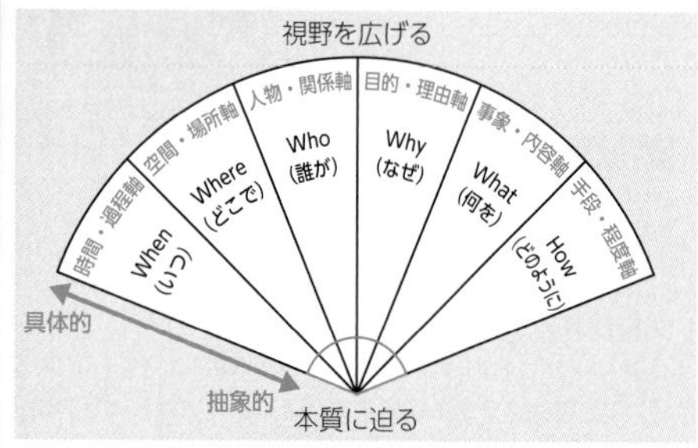

例 アメリカは第二次世界大戦後もソ連に対抗して核兵器の開発を行う一方、「原子力の平和利用」として原子力発電を推進した。【核の技術の歴史について】➡P.351	
①5W1H	Why…なぜアメリカ政府は「原子力の平和利用」を推進したのだろう What…アメリカは「原子力の平和利用」を通して何をめざしたのだろう When…アメリカが原子力発電を推進したのはいつ頃だろう Where…原子力発電の技術はどのような地域に広がったのだろう Who…「原子力の平和利用」をした人物は誰だろう How…アメリカはどのようにして「原子力の平和利用」を推進したのだろう
②前提、枠組みの再定義	●そもそも米ソ両国は人類を破滅に追いこむ危険性を知りながら軍拡競争を続けたのだろうか ●冷戦対立の中で、核兵器の開発と「原子力の平和利用」が同時に進められたことにはどのような意味があるのだろう
③比較	●ヨーロッパでは核の技術はどのように利用されたのだろう ●人類が開発した技術の中で使用が禁止された技術はあっただろうか
④推移	●「原子力の平和利用」はどのような経緯で行われたのだろう
⑤関連づけ	●唯一の被爆国である日本は、「原子力の平和利用」をどのように受けとめたのだろう
⑥当事者視点	●もし自分が原爆の被爆者だったら、アメリカによる「原子力の平和利用」を受け入れることができただろうか ●もし自分が福島第一原子力発電所の事故で故郷に帰れない住民だったら、これからのエネルギーのあり方をどう考えるべきだろう

「課題設定」のポイントー拡散的思考と収束的思考

よい問いを考えるためには、ある程度トレーニングが必要になる。まずは既知の情報を活用しながらも固定概念にとらわれず、自由な発想で数多くの問いを出して、思考を広げてみよう(**拡散的思考**)。次に、これまで出した問いをより価値あるものにするために、5W1H思考を活用しながら、問いの具体度・抽象度を変えて、様々なレベルの問いに絞りこんでみよう(**収束的思考**)。

STEP 1　思いつくままに問いをつくってみる
STEP 2　調査することで答えを導き出せるような問いを拾い集める
STEP 3　問いを絞りこむ

問いを絞りこんで課題を設定し、探究を始めるためのポイント
①具体的に調べて結論までまとめることができるか(事実立脚性・論理整合性)
②その探究をすることでどのようなことが明らかになるのか(貢献性)
③熱意を持って探究することができるか(ワクワク感)

2 情報の収集

探究したい問いに答えるための情報を収集していこう。情報収集には、**図書館**などで文献を調べたり、**インターネット**で検索したり、**博物館・資料館**に足を運んだりと様々な方法がある。ただし、その中で得た情報は、全て鵜呑みにするのではなく、信用性の高い情報かどうかを吟味することが大切である。

①図書館(学校図書館・地域の図書館)の活用
図書館では、レファレンスサービス(相談窓口)が利用できる。目的の資料が見つからない場合は、図書館の職員(司書)に相談してみよう。また、地域の図書館では、その地域に関連した本をまとめている場合が多いので、地域の歴史を調べる場合はとても便利である。

②聞き取り調査で資料にふれる(オーラル＝ヒストリー)
ある出来事の体験談を直接経験者に語ってもらうなどの聞き取り調査がある。人々の記憶を歴史として記録する営みを、**オーラル＝ヒストリー**という。体験者の「生の声」を聞くことで、資料だけではわからない情報を手に入れることができる。

③専門的な論文を読む
専門性の高い探究にチャレンジするならば、研究論文を読んでみよう。比較的、論文を手にしれやすい方法であれば、以下のものがオススメである。
● **Google scholar**…Google社が提供する論文検索サイト
● **CiNii**…国立情報学研究所が運営する論文データベース

④インターネットで資料にふれる
インターネットを活用すれば、自宅等にいながら歴史資料を目にすることができる。国立国会図書館のデジタルコレクションでは、議会資料や官報などがデジタル化され公開されており、情報収集に役立てられる。そのほかにも、国立公文書館のアジア歴史資料センターやルーヴル美術館のバーチャルツアーなど、インターネットを通して資料を公開している機関・施設がある。
● **JAPAN SEARCH**
…国立国会図書館が運営するデジタルアーカイブサイト

↑❷国立国会図書館デジタルコレクションの検索画面 様々なデジタル資料を検索・閲覧することができる。

3 整理・分析

情報がそろったら、それらを分析したり、わかりやすいように整理したりして、そこからどのようなことがいえるのかを検討していこう。問いに対する自分なりの答え、そしてその根拠としてどのようなことがあるのか、それらを説得力を持って説明できるかを意識して整理・分析をしてみよう。

探究のポイント！ 世界史探究を単なる「調べ学習」にしないために

自分が興味・興味を持ったことを文献で調べてまとめるだけではせっかくの「探究」科目としてはもったいない。以下のポイントを意識しながら探究を楽しもう。

①課題の設定の時にはあなたの問いとそれに対する「仮説」のレベルまで引き上げよう。仮説ができあがると、それを検証するプロセスが明確になる。問い一問いに対する仮説ー検証プロセスーまとめが一体化することですぐれた探究となる。

②文献を調べてまとめることも重要だが、あなた独自の視点＝「新規性」が必要になる。新しい研究は歴史の研究者がやることで、高校生の自分にはできないと思うかも知れないが、難しく考える必要はない。先行研究に依拠しつつ、あなたの発見した課題意識(問い)を重ねたとき、あなたの「仮説」と「まとめ」が浮かび上がってくるはず。それが「新規性」となる。

「私が他の誰よりも遠くの方を見ることができるとしたら、それは背の高い巨人の肩の上に立っているからだ(先人の積み重ねた発見・業績の上に立っているから、新たな発見がある)」

↑❸ニュートン

学び方／考え方を助けてくれるシンキングツール

机に向かって黙々と作業するだけが学びの形ではない。特に探究学習の際には、個人やグループなどの規模、調査内容に応じて、アイデアを可視化して考えを生み出したり、整理して共有することを助けたりするシンキングツールが有効である。ビジネスの場面で広く使われるツールであるが、授業の中やその他の場面でも活用できる。

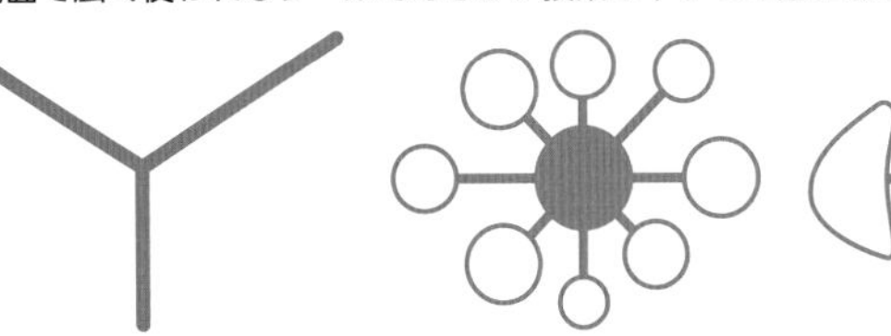

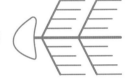

↑ⓑY／X／Wチャート 1つの事象を「多面的に見る」「分類する」ときに役立つ。Yチャートは3つ、Xチャートは4つ、Wチャートは5つの視点がある。上の図はYチャート。

↑ⓒマインドマップ テーマや問題を中央に配置し、そこから連想するアイディアを並べていくことで、枝葉のようにアイディアを広げていく手法。

↑ⓓフィッシュボーン＝ダイアグラム 魚の頭の部分に問題点を書き、尻尾に向けて問題の要因を書き込んでいく。要因を定量的に可視化し、問題の解決策を探る。

歴史の教科書や資料集に載っている図や年表、グラフや地図なども思考の整理に役立つ「思考ツール」としても活用できる
●**図**…複数の関係性や流れを整理する方法して活用できる
例 ⇔…対立関係 ＝…同盟関係
●**年表**…時間的な流れの把握に活用できる
●**グラフ**…数値の変化を表す場合に活用できる
●**地図**…空間的な把握に活用できる

4 まとめ・表現

情報を整理・分析したら、自分自身が探究した成果を他者に伝えていこう。伝える方法は、ポスターセッション、プレゼンテーション、ロールプレイなどの寸劇、レポート、論文など様々な方法がある。どのような方法でも読み手や聞き手の立場になって伝えること、表現することが大切である。そして表現が終わった後は、先生や生徒からのフィードバックをもらおう。そこから生まれた疑問や受けた質問にはどのようなことがあるか、情報収集や整理・分析などが正しく行えていたのか、などを丁寧に省察し、次の探究活動につなげよう。

↓❹ポスターセッションの様子 **➔ⓔ成果物のまとめ方の例**

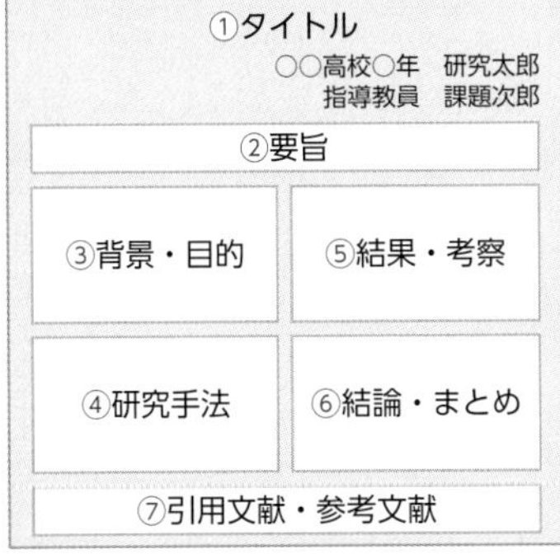

Column Doing History（私たちの歴史実践）

歴史の探究は歴史学者だけが行うものではない。高校生が授業で過去の事実について学ぶこと以外にも、日常生活の中で、史跡を訪れたり、歴史を題材にしたドラマやゲームに触れることも，広い意味では歴史の探究にふくまれる。近年は、人々が広く歴史的な何かに関わっていくことを「歴史実践」と表現する研究者が増えてきている。文化人類学者の保苅実は著書『ラディカル・オーラル・ヒストリー』で「歴史実践」を「日常的実践において歴史と関わりを持つ諸行為」と定義した。私たちは日々の歴史実践で一人ひとりが多様な歴史実践を生み出している。その上で、教室の中での「世界史探究」の学びは、対話を通じてお互いの歴史実践を認め合い、「自分と世界とのつながり」や「これからの世界との向き合い方」について考えたり、自分たちが生きる世界をどうつくっていくかを模索することが大切なのではないだろうか。

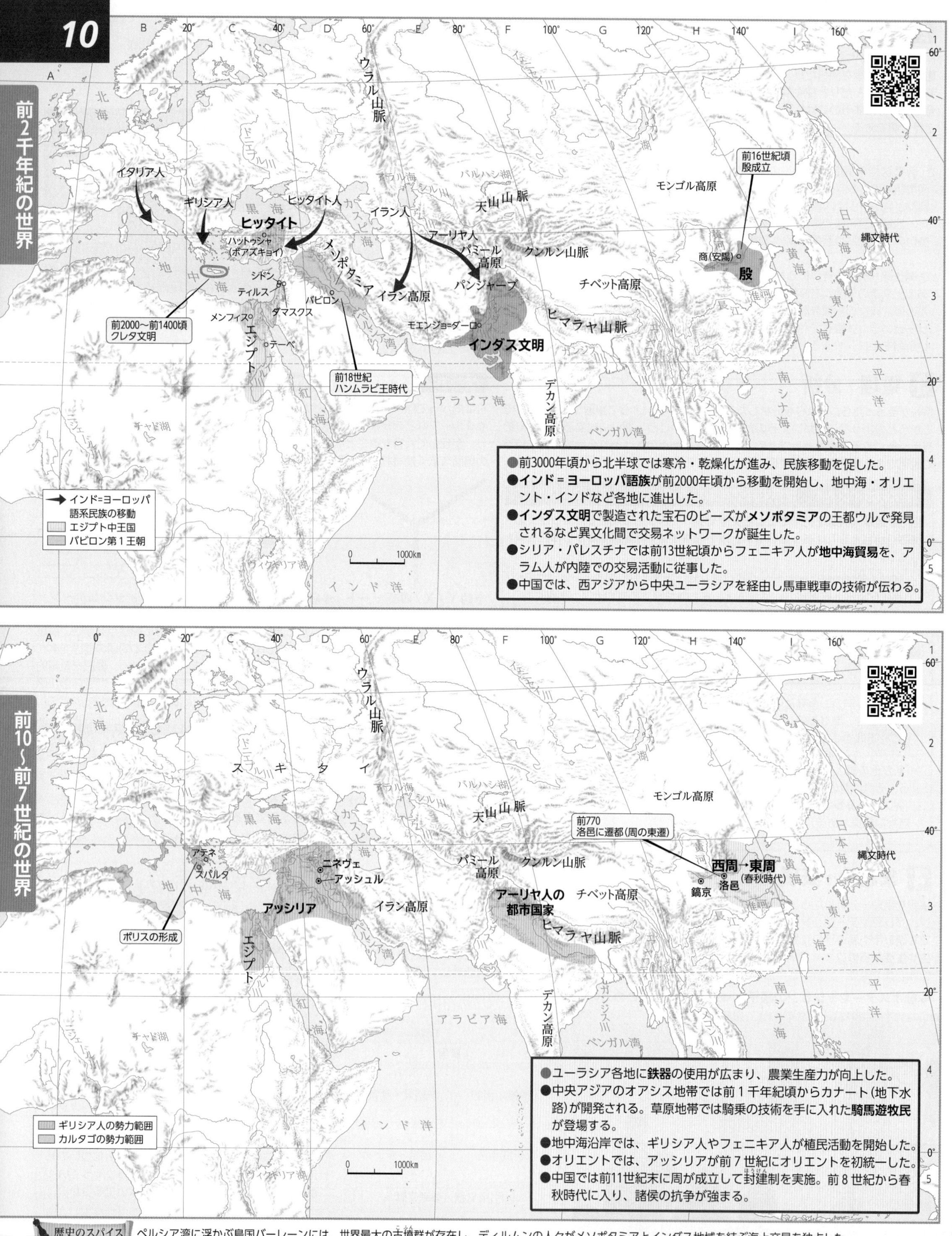
前2千年紀の世界
ウラル山脈
北海
ドニエプル川
イタリア人
ギリシア人
ヒッタイト人
黒海
カスピ海
アラル海
バルハシ湖
モンゴル高原
前16世紀頃
殷成立
ヒッタイト
ハットゥシャ
(ボアズキョイ)
イラン人
アーリヤ人
天山山脈
パミール高原
クンルン山脈
メソポタミア
地中海
シドン
ティルス
ダマスクス
バビロン
イラン高原
パンジャーブ
チベット高原
商(安陽)
殷
日本海
縄文時代
黄海
東シナ海
前2000～前1400頃
クレタ文明
メンフィス
エジプト
テーベ
モエンジョ=ダーロ
インダス文明
ヒマラヤ山脈
ガンジス川
前18世紀
ハンムラビ王時代
紅海
アラビア海
デカン高原
ベンガル湾
南シナ海
太平洋
チャド湖
ヴィクトリア湖
インド洋
インド=ヨーロッパ語系民族の移動
エジプト中王国
バビロン第1王朝
0 1000km
●前3000年頃から北半球では寒冷・乾燥化が進み、民族移動を促した。
●インド＝ヨーロッパ語族が前2000年頃から移動を開始し、地中海・オリエント・インドなど各地に進出した。
●インダス文明で製造された宝石のビーズがメソポタミアの王都ウルで発見されるなど異文化間で交易ネットワークが誕生した。
●シリア・パレスチナでは前13世紀頃からフェニキア人が地中海貿易を、アラム人が内陸での交易活動に従事した。
●中国では、西アジアから中央ユーラシアを経由し馬車戦車の技術が伝わる。
前10～前7世紀の世界
ウラル山脈
北海
スキタイ
黒海
カスピ海
アラル海
バルハシ湖
モンゴル高原
天山山脈
前770
洛邑に遷都(周の東遷)
アテネ
スパルタ
ニネヴェ
アッシュル
パミール高原
クンルン山脈
西周→東周
(春秋時代)
鎬京
洛邑
日本海
縄文時代
地中海
アッシリア
イラン高原
アーリヤ人の都市国家
チベット高原
ヒマラヤ山脈
黄海
東シナ海
ポリスの形成
エジプト
紅海
アラビア海
デカン高原
ガンジス川
ベンガル湾
南シナ海
太平洋
チャド湖
インド洋
ギリシア人の勢力範囲
カルタゴの勢力範囲
ヴィクトリア湖
0 1000km
●ユーラシア各地に鉄器の使用が広まり、農業生産力が向上した。
●中央アジアのオアシス地帯では前1千年紀頃からカナート(地下水路)が開発される。草原地帯では騎乗の技術を手に入れた騎馬遊牧民が登場する。
●地中海沿岸では、ギリシア人やフェニキア人が植民活動を開始した。
●オリエントでは、アッシリアが前7世紀にオリエントを初統一した。
●中国では前11世紀末に周が成立して封建制を実施。前8世紀から春秋時代に入り、諸侯の抗争が強まる。

歴史のスパイス　ペルシア湾に浮かぶ島国バーレーンには、世界最大の古墳群が存在し、ディルムンの人々がメソポタミアとインダス地域を結ぶ海上交易を独占した。

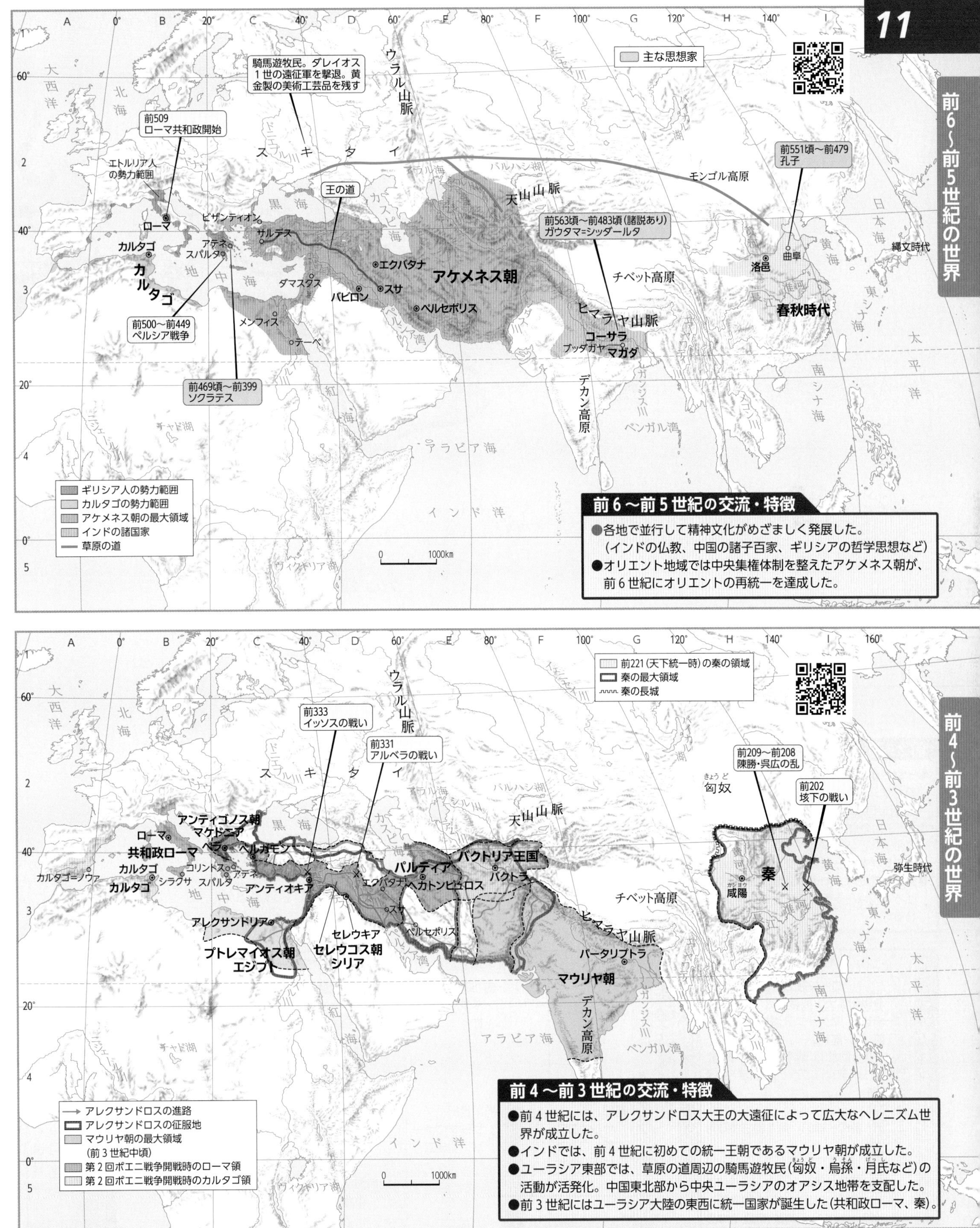
前6～前5世紀の世界
主な思想家
騎馬遊牧民。ダレイオス1世の遠征軍を撃退。黄金製の美術工芸品を残す
前509
ローマ共和政開始
エトルリア人の勢力範囲
スキタイ
ウラル山脈
王の道
天山山脈
モンゴル高原
前551頃～前479
孔子
前563頃～前483頃（諸説あり）
ガウタマ=シッダールタ
ローマ
カルタゴ
ビザンティオン
サルデス
アテネ
スパルタ
エクバタナ
アケメネス朝
スサ
バビロン
ダマスクス
ペルセポリス
メンフィス
テーベ
チベット高原
ヒマラヤ山脈
コーサラ
マガダ
ブッダガヤ
洛邑
曲阜
春秋時代
縄文時代
前500～前449
ペルシア戦争
前469頃～前399
ソクラテス
デカン高原
ベンガル湾
アラビア海
インド洋
ギリシア人の勢力範囲
カルタゴの勢力範囲
アケメネス朝の最大領域
インドの諸国家
草原の道
前6～前5世紀の交流・特徴
●各地で並行して精神文化がめざましく発展した。（インドの仏教、中国の諸子百家、ギリシアの哲学思想など）
●オリエント地域では中央集権体制を整えたアケメネス朝が、前6世紀にオリエントの再統一を達成した。
前4～前3世紀の世界
前221（天下統一時）の秦の領域
秦の最大領域
秦の長城
前333
イッソスの戦い
前331
アルベラの戦い
前209～前208
陳勝・呉広の乱
前202
垓下の戦い
匈奴
アンティゴノス朝マケドニア
ローマ
共和政ローマ
ペラ
ペルガモン
カルタゴ=ノヴァ
カルタゴ
シラクサ
コリントス
スパルタ
アテネ
アンティオキア
パルティア
バクトリア王国
バクトラ
ヘカトンピュロス
エクバタナ
スサ
セレウキア
セレウコス朝シリア
アレクサンドリア
プトレマイオス朝エジプト
ペルセポリス
パータリプトラ
マウリヤ朝
秦
咸陽
弥生時代
チベット高原
ヒマラヤ山脈
アレクサンドロスの進路
アレクサンドロスの征服地
マウリヤ朝の最大領域（前3世紀中頃）
第2回ポエニ戦争開戦時のローマ領
第2回ポエニ戦争開戦時のカルタゴ領
前4～前3世紀の交流・特徴
●前4世紀には、アレクサンドロス大王の大遠征によって広大なヘレニズム世界が成立した。
●インドでは、前4世紀に初めての統一王朝であるマウリヤ朝が成立した。
●ユーラシア東部では、草原の道周辺の騎馬遊牧民（匈奴・烏孫・月氏など）の活動が活発化。中国東北部から中央ユーラシアのオアシス地帯を支配した。
●前3世紀にはユーラシア大陸の東西に統一国家が誕生した（共和政ローマ、秦）。

歴史のスパイス　アレクサンドロス大王は「ディオゲネスになりたい」と語ったが、哲学者ディオゲネスには多くの奇行や言動にまつわる逸話が残される。

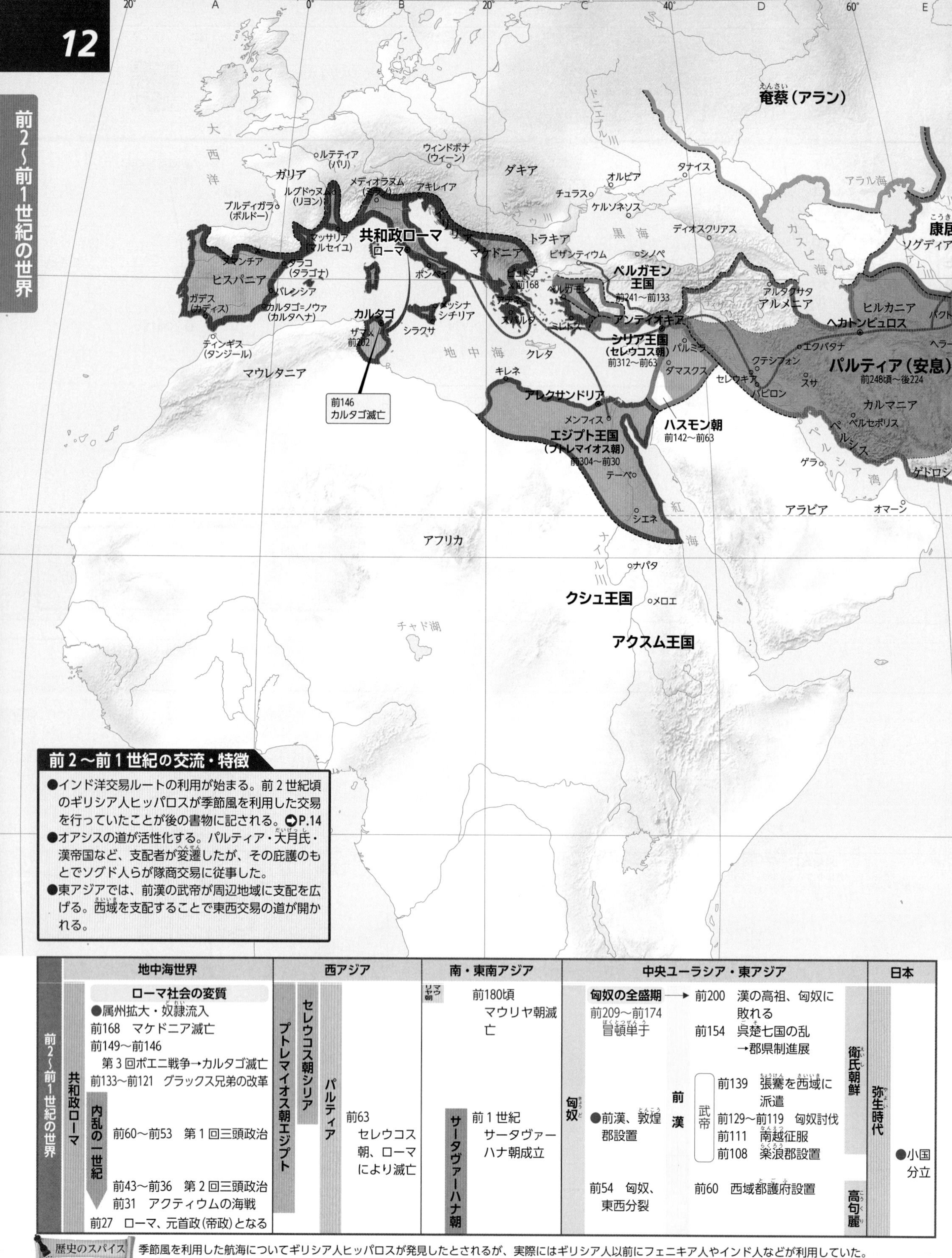

前２～前１世紀の交流・特徴

- ●インド洋交易ルートの利用が始まる。前２世紀頃のギリシア人ヒッパロスが季節風を利用した交易を行っていたことが後の書物に記される。➲P.14
- ●オアシスの道が活性化する。パルティア・大月氏・漢帝国など、支配者が変遷したが、その庇護のもとでソグド人らが隊商交易に従事した。
- ●東アジアでは、前漢の武帝が周辺地域に支配を広げる。西域を支配することで東西交易の道が開かれる。

前2～前1世紀の世界	地中海世界	西アジア	南・東南アジア	中央ユーラシア・東アジア	日本
	共和政ローマ ローマ社会の変質 ●属州拡大・奴隷流入 前168　マケドニア滅亡 前149～前146　第３回ポエニ戦争→カルタゴ滅亡 前133～前121　グラックス兄弟の改革 内乱の一世紀 前60～前53　第１回三頭政治 前43～前36　第２回三頭政治 前31　アクティウムの海戦 前27　ローマ、元首政（帝政）となる	プトレマイオス朝エジプト セレウコス朝シリア パルティア 前63　セレウコス朝、ローマにより滅亡	マウリヤ朝 前180頃　マウリヤ朝滅亡 サータヴァーハナ朝 前１世紀　サータヴァーハナ朝成立	匈奴 匈奴の全盛期→ 前209～前174　冒頓単于 ●前漢、敦煌郡設置 前54　匈奴、東西分裂 前漢 前200　漢の高祖、匈奴に敗れる 前154　呉楚七国の乱→郡県制進展 武帝 前139　張騫を西域に派遣 前129～前119　匈奴討伐 前111　南越征服 前108　楽浪郡設置 前60　西域都護府設置 衛氏朝鮮 高句麗	弥生時代 ●小国分立

歴史のスパイス　季節風を利用した航海についてギリシア人ヒッパロスが発見したとされるが、実際にはギリシア人以前にフェニキア人やインド人などが利用していた。

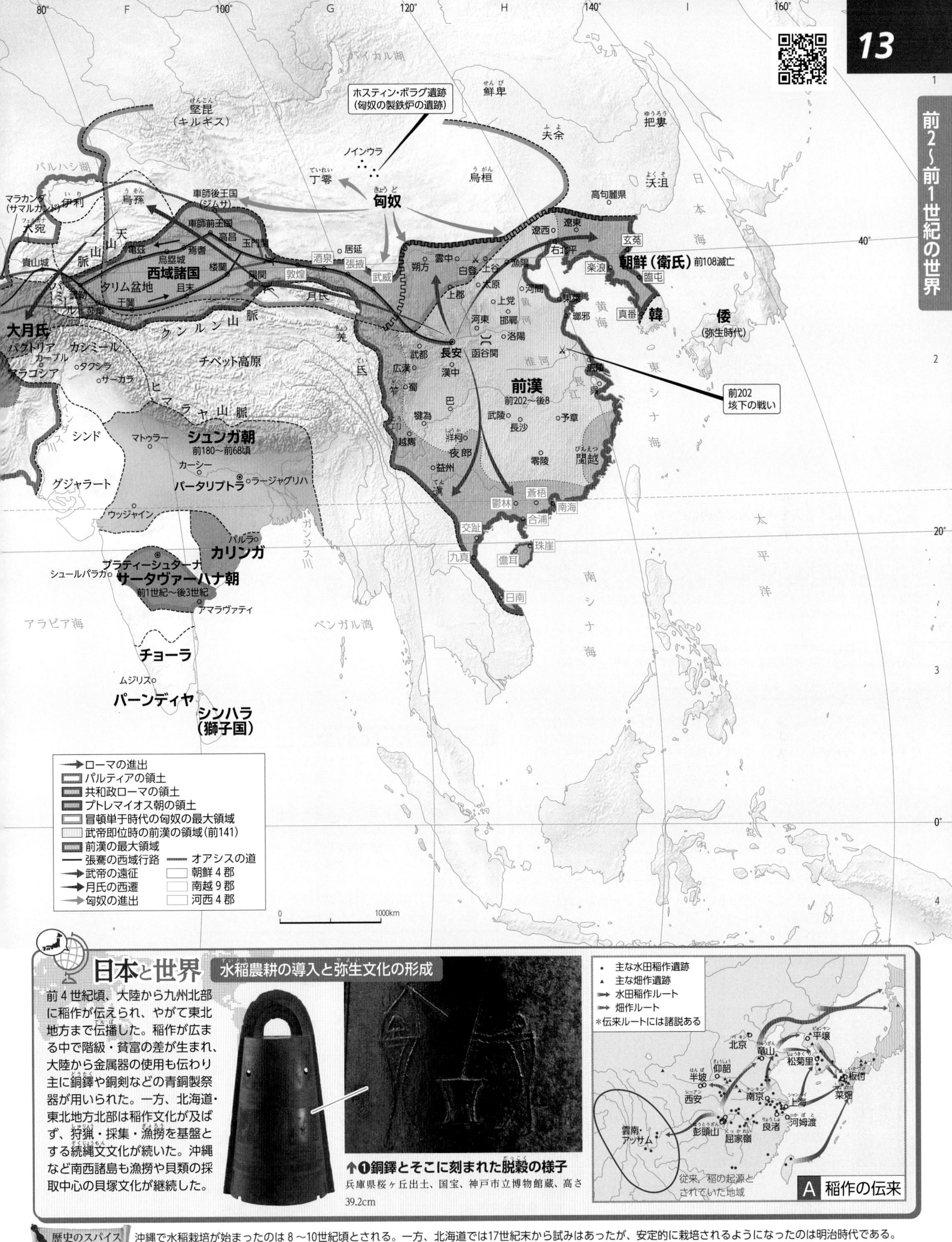

日本と世界　水稲農耕の導入と弥生文化の形成

前4世紀頃、大陸から九州北部に稲作が伝えられ、やがて東北地方まで伝播した。稲作が広まる中で階級・貧富の差が生まれ、大陸から金属器の使用も伝わり主に銅鐸や銅剣などの青銅製祭器が用いられた。一方、北海道・東北地方北部は稲作文化が及ばず、狩猟・採集・漁撈を基盤とする縄文文化が続いた。沖縄など南西諸島も漁撈や貝類の採取中心の貝塚文化が継続した。

↑❶銅鐸とそこに刻まれた脱穀の様子
兵庫県桜ヶ丘出土、国宝、神戸市立博物館蔵、高さ39.2cm

A 稲作の伝来

歴史のスパイス　沖縄で水稲栽培が始まったのは8～10世紀頃とされる。一方、北海道では17世紀末から試みはあったが、安定的に栽培されるようになったのは明治時代である。

9 トイトブルクの戦い

96〜180 五賢帝時代

97 甘英，シリアに至る

30頃 イエス刑死

文献① 班超，甘英を大秦国に派遣 ➡P.139

和帝の永元９(97)年、(西域)都護の班超が甘英を大秦国に使いとして行かせた。条支国に到着すると、大海を前にして渡ろうとしたが、安息国の西辺の船人が甘英に、「海水は広大です。往来する者は善風に出逢えば３カ月で渡ることができますが、もし遅風(凪)に遭えば、２年かかることもあります。……海ではよく人に郷土を思い出して恋慕させ(てホームシックにかけ)、しばしば死亡する者がおります」と言った。甘英はこれを聞いて(海を渡ることを)やめた。

(范曄著、渡邉義浩他編『全訳後漢書　列伝８』汲古書院)

読み解き 文献中の「条支」や「安息」が示す場所を地図上で確認しよう。

文献② 『エリュトゥラー海案内記』

カネーとエウダイモーン・アラビアーからの上述の全周航路を、(かつては)今よりも小さな船で湾に沿いつつ航海していたものだが、初めて航海長のヒッパロスが、交易地の位置と海の形状とを勘案して、外海を横断する航法を発見した。それ以来我々のところのエテーシアイ［夏季に地中海で吹く季節風］の季節に、大洋から局地的に(いくつかの)風が吹くが、インド洋では南西風が起こり、(その風は)横断航路を最初に発見した人の名に因んで(ヒッパロスと)呼ばれる。

(蔀勇造訳注『エリュトゥラー海案内記２』平凡社)

↑『エリュトゥラー海案内記』は紀元１世紀頃成立し、著者は不明だがエジプトに住むギリシア人だと推定されている。インド洋に吹く季節風を利用してローマ帝国とサータヴァーハナ朝との間で貿易がなされていたことや、航海の状況や各地の貿易品などの様子が記されている。１世紀頃のインド洋海域の様子を示す貴重な資料である。

後１世紀の交流・特徴

●ユーラシア大陸の東西に大帝国が成立し、海の道を利用した交易が盛んになる。(紅海―ペルシア湾―インド洋・中国)
●ローマ帝国は地中海沿岸の貿易を独占した。
●西アジアでは、パルティアがローマと抗争した。
●南アジアでは、北部の陸路をクシャーナ朝が、南部の海路をサータヴァーハナ朝がおさえ、東西交易で繁栄した。
●東アジアでは後漢が西域に進出する。朝貢外交を展開し、中国皇帝を中心とした**冊封体制**を形成する。

― 主な海上交通路
→ 季節風
― 主な陸上交通路

	地中海世界	西アジア	南・東南アジア	中央ユーラシア・東アジア	日本
後1世紀の世界	ローマ帝国／ローマの平和 30頃　イエス刑死 →キリスト教成立 64　ネロ帝、キリスト教徒迫害(〜67) 96〜180 五賢帝時代	パルティア ●中継貿易での繁栄(オアシスの道) ●ローマとの抗争 97　後漢の甘英、シリアに至る	クシャーナ朝／サータヴァーハナ朝 ●サータヴァーハナ朝とローマ帝国の交易盛ん ●クシャーナ朝成立 ●扶南成立	匈奴 48　匈奴、南北分裂 前漢／新／後漢 8　王莽が新を建国 25　光武帝、漢を再興(後漢) ●班超、西域都護として西域50余国を平定 97　班超、甘英を大秦に派遣 高句麗	弥生時代 57　奴国が後漢に朝貢

歴史のスパイス 文献①の「海ではよく人に郷土を思い出して恋慕させ」の記述は、ギリシア神話のセイレーン(女性の姿の海の怪物)ではないかという説もある。

日本と世界 朝貢と冊封による東アジア世界と日本

弥生時代中期に入った日本では、小国が形成された。『漢書』地理志には、「夫れ楽浪海中に倭人有り、分れて百余国と為る。歳時を以て来り献見すと云ふ」とあり、まだ大規模な「クニ」は形成されず、小国が分立し争っていた様子が記されている。有力者たちは、先進地域である中国や朝鮮半島との交流を深め、大陸の技術や知識を取り入れたり、中国の皇帝から支配を認めてもらったりすることで、自らの権威向上や、勢力の維持・拡大を図った。

(実物大)

蛇

↑❶「漢委奴国王」と刻まれた金印　後漢の光武帝は、周辺民族に対する権威回復に努め、韓や高句麗といった諸民族が帰属した。写真は、1784年、福岡県志賀島で発見された金印。**光武帝に朝貢した倭の奴国の王に授けられたものと考えられている。** 国宝、福岡市美術館蔵、重さ109g

Column 漢の外交政策と印章

写真❶~❸の1辺の長さはいずれも2.3cm(漢代の1寸にあたる)。

漢の皇帝は、**自らの支配の及ばない地域の首長を名目上の臣下として任命**し、彼らの支配を承認した証として**官爵と印綬(印章)を与えた。**

ラクダ

↑❷匈奴に贈られた銅印「漢匈奴悪適尸逐王」大谷大学博物館蔵

↓❸羌に贈られた銅印「漢帰義羌長」新疆ウイグル博物館蔵

羊

歴史のスパイス　漢の印綬は、地位によって材質(玉、金、銀、銅)や紐の色(萌黄、紫、青、黒、黄)が細かく決められ、鈕にその民族を象徴する動物の造形が施された。

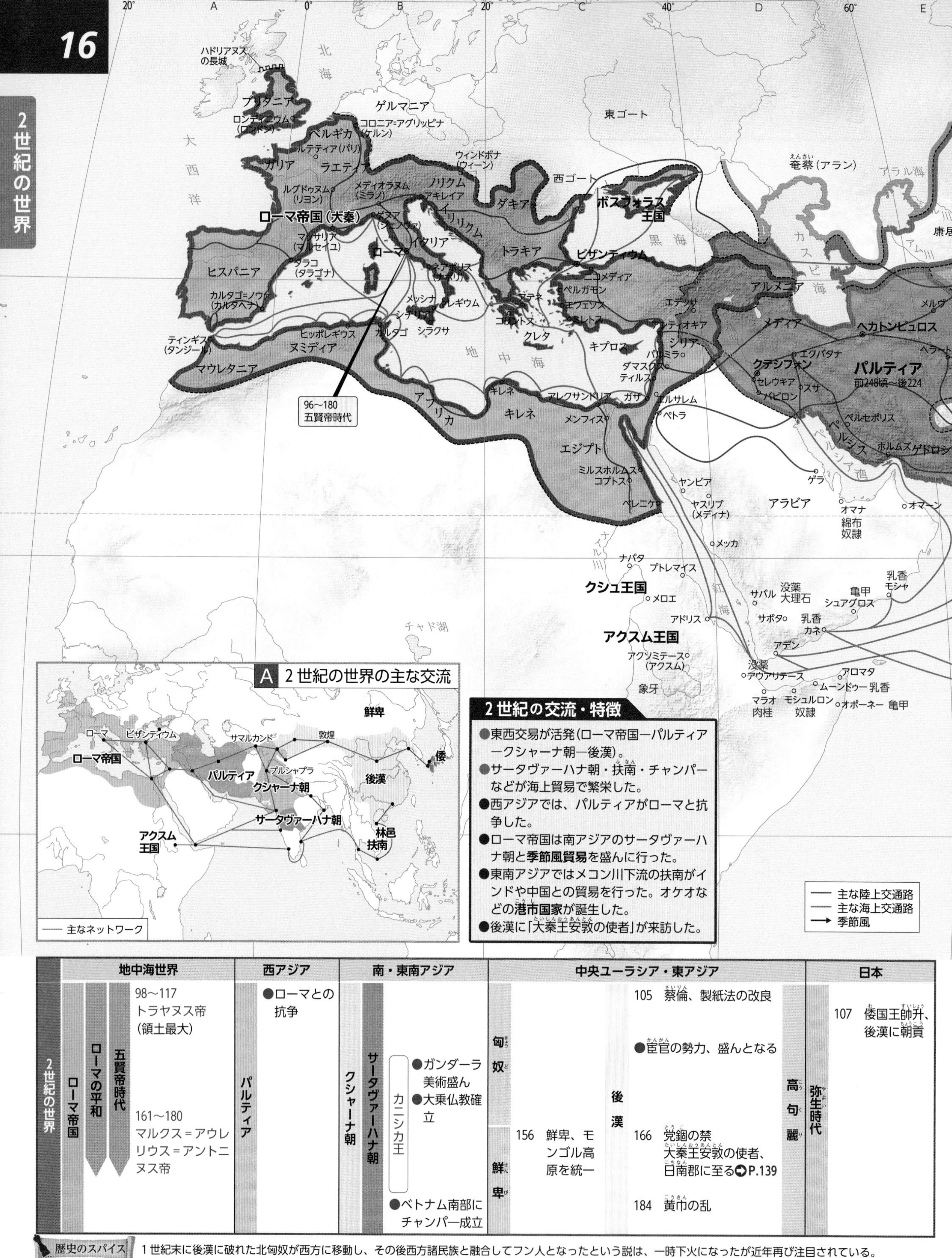

2世紀の交流・特徴

- 東西交易が活発（ローマ帝国―パルティア―クシャーナ朝―後漢）。
- サータヴァーハナ朝・扶南・チャンパーなどが海上貿易で繁栄した。
- 西アジアでは、パルティアがローマと抗争した。
- ローマ帝国は南アジアのサータヴァーハナ朝と**季節風貿易**を盛んに行った。
- 東南アジアではメコン川下流の扶南がインドや中国との貿易を行った。オケオなどの**港市国家**が誕生した。
- 後漢に「大秦王安敦の使者」が来訪した。

	地中海世界	西アジア	南・東南アジア	中央ユーラシア・東アジア	日本
2世紀の世界	ローマ帝国 ローマの平和 五賢帝時代 98～117 トラヤヌス帝（領土最大） 161～180 マルクス＝アウレリウス＝アントニヌス帝	パルティア ●ローマとの抗争	クシャーナ朝 サータヴァーハナ朝 カニシカ王 ●ガンダーラ美術盛ん ●大乗仏教確立 ●ベトナム南部にチャンパー成立	匈奴 鮮卑 156 鮮卑、モンゴル高原を統一 後漢 105 蔡倫、製紙法の改良 ●宦官の勢力、盛んとなる 166 党錮の禁 大秦王安敦の使者、日南郡に至る➡P.139 184 黄巾の乱 高句麗	弥生時代 107 倭国王帥升、後漢に朝貢

歴史のスパイス　1世紀末に後漢に破れた北匈奴が西方に移動し、その後西方諸民族と融合してフン人となったという説は、一時下火になったが近年再び注目されている。

文献 ① 倭国大いに乱れる

安帝の永初元(107)年，倭国の王帥升たちが奴隷160人を献上し，拝謁を願いでた。桓帝・霊帝の間［2世紀後半］，倭国は大いに乱れ，互いに攻撃しあい，長年主君がいなかった。

（范曄著，渡邊義浩他編『全訳後漢書　列伝8』汲古書院）

読み解き 当時の日本は小国が分立していたが，倭の国王が後漢の皇帝に貢物を贈ったことにはどのような意図があるのだろう。

↑❶オケオで出土したローマ金貨

↑❷中国の銅鏡

日本と世界　倭国大いに乱れる－小国分立の時代

弥生時代後期の日本では、抗争が続く中で小国の統一が進んだ。また、この頃には石器に代わって鉄製工具が普及し、鉄資源をいかに確保するかという問題が、政治や抗争に大きな影響を与えるようになった。中国や朝鮮半島との交流は引き続き活発に行われていたことが、中国の歴史書である『後漢書』東夷伝からうかがい知ることができる。

←❸吉野ヶ里遺跡（復元集落） 弥生時代全期を通して営まれた日本最大級の環濠集落。佐賀県提供

→❹吉野ヶ里遺跡で発見された鉄製品 朝鮮半島や中国からの鉄板を加熱加工したものであることがわかっている。佐賀県提供

歴史のスパイス 「ササン朝」は始祖アルダシールの祖父の名に由来する。彼はゾロアスター教の祭司の家柄であった。

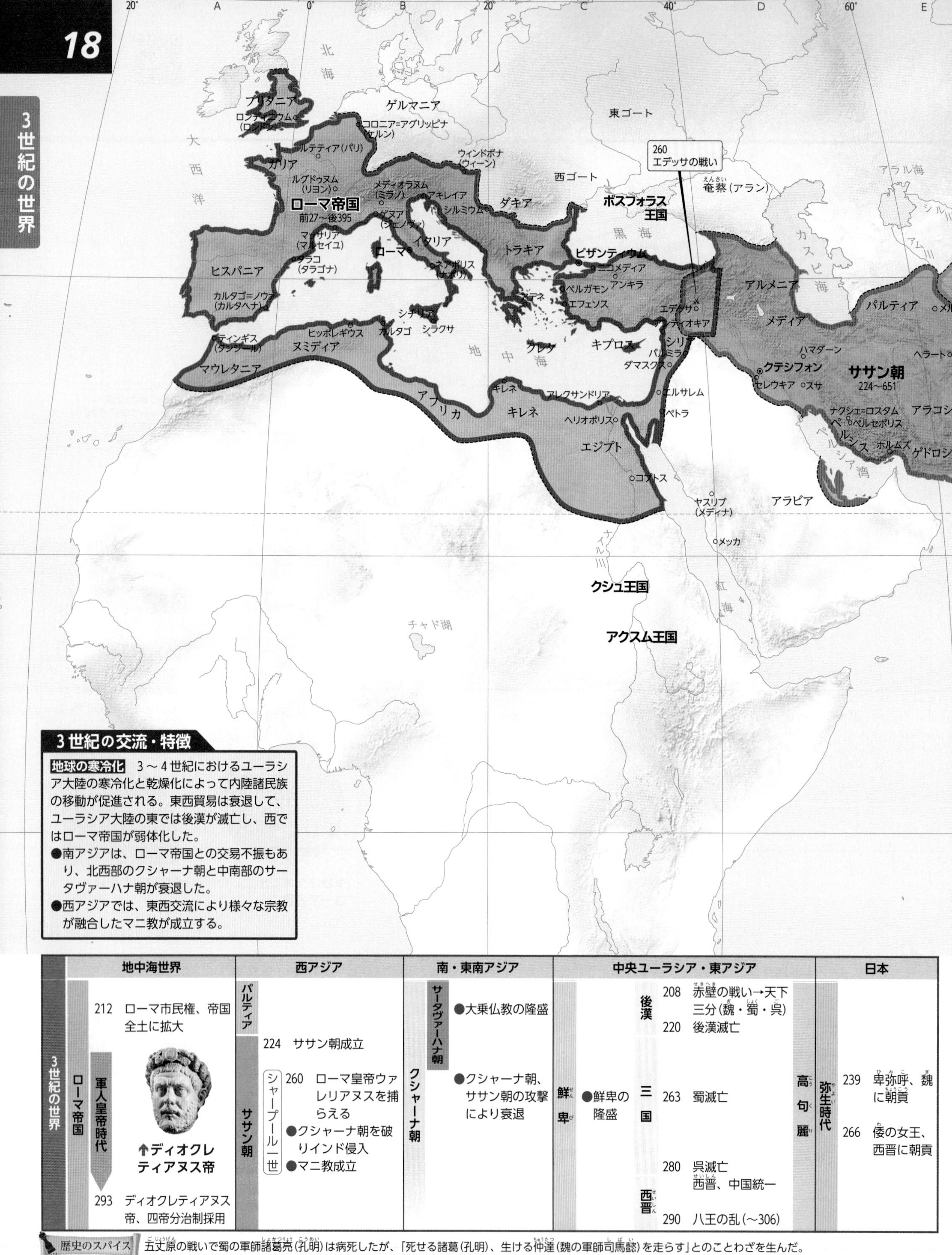

3世紀の交流・特徴

地球の寒冷化 3～4世紀におけるユーラシア大陸の寒冷化と乾燥化によって内陸諸民族の移動が促進される。東西貿易は衰退して、ユーラシア大陸の東では後漢が滅亡し、西ではローマ帝国が弱体化した。

● 南アジアは、ローマ帝国との交易不振もあり、北西部のクシャーナ朝と中南部のサータヴァーハナ朝が衰退した。

● 西アジアでは、東西交流により様々な宗教が融合したマニ教が成立する。

3世紀の世界	地中海世界	西アジア	南・東南アジア	中央ユーラシア・東アジア	日本
	ローマ帝国／軍人皇帝時代 212 ローマ市民権、帝国全土に拡大 ↑ディオクレティアヌス帝 293 ディオクレティアヌス帝、四帝分治制採用	パルティア ササン朝 224 ササン朝成立 シャープール一世 260 ローマ皇帝ヴァレリアヌスを捕らえる ● クシャーナ朝を破りインド侵入 ● マニ教成立	サータヴァーハナ朝 ● 大乗仏教の隆盛 クシャーナ朝 ● クシャーナ朝、ササン朝の攻撃により衰退	鮮卑 ● 鮮卑の隆盛 後漢 208 赤壁の戦い→天下三分(魏・蜀・呉) 220 後漢滅亡 三国 263 蜀滅亡 280 呉滅亡 西晋、中国統一 西晋 290 八王の乱(～306) 高句麗	弥生時代 239 卑弥呼、魏に朝貢 266 倭の女王、西晋に朝貢

歴史のスパイス 五丈原の戦いで蜀の軍師諸葛亮(孔明)は病死したが、「死せる諸葛(孔明)、生ける仲達(魏の軍師司馬懿)を走らす」とのことわざを生んだ。

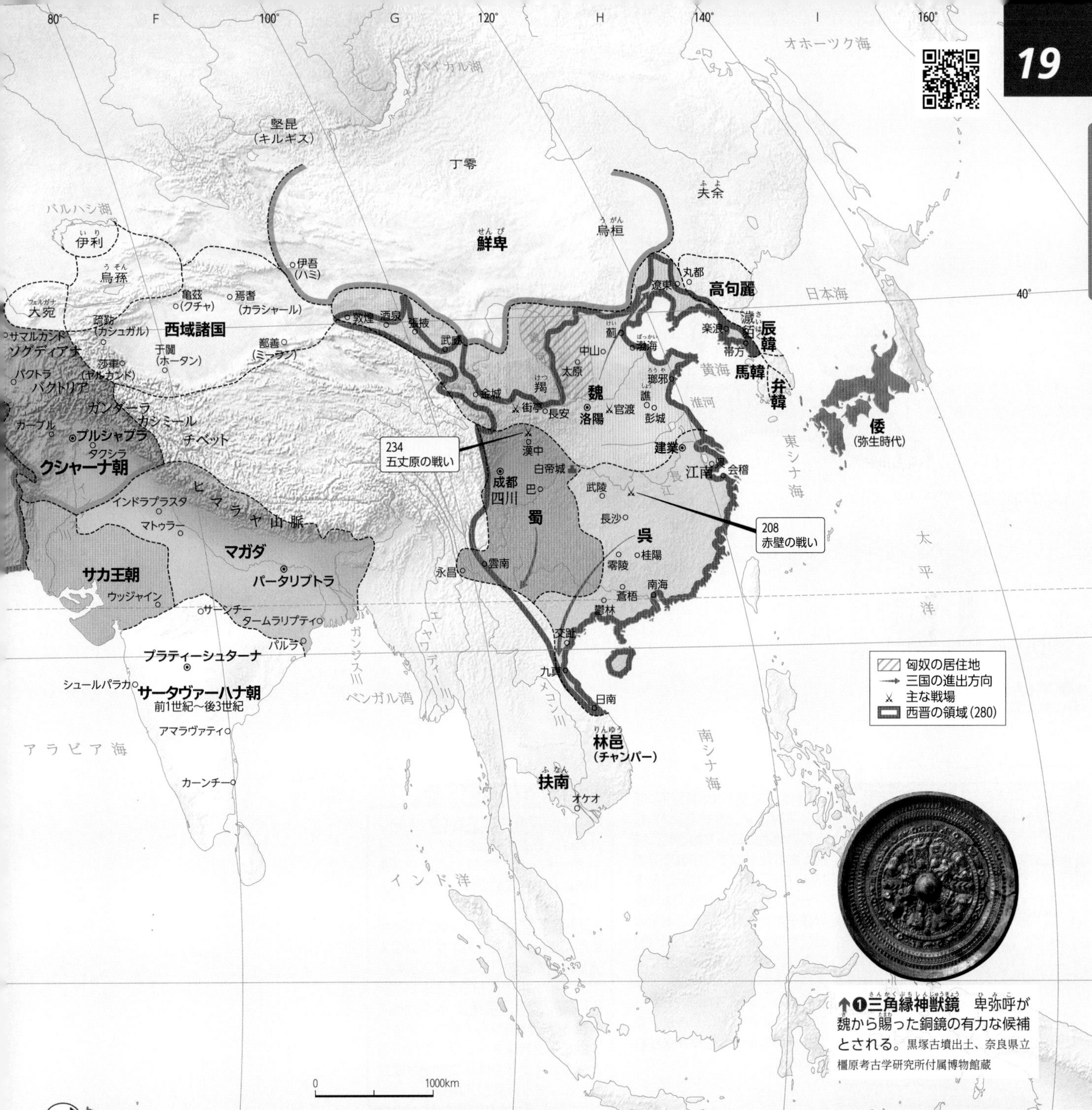

234
五丈原の戦い

208
赤壁の戦い

匈奴の居住地
三国の進出方向
主な戦場
西晋の領域(280)

0　1000km

↑❶三角縁神獣鏡　卑弥呼が魏から賜った銅鏡の有力な候補とされる。黒塚古墳出土、奈良県立橿原考古学研究所付属博物館蔵

日本と世界　東アジア世界の動乱と諸国家の成立

3世紀の日本の様子は、『魏志』倭人伝(『三国志』魏書東夷伝倭人の条)に詳しい。同文献によれば、当時の日本には、邪馬台国を中心とする30ばかりの小国連合が存在した。239年には、邪馬台国の女王卑弥呼が魏に朝貢し、「親魏倭王」の称号と多数の銅鏡などを贈られたという。卑弥呼の死後には、壱与(台与)が女王となった。266年には、倭の女王が西晋に朝貢した記録が残っている。

大阪府立弥生文化博物館蔵

←❷卑弥呼(服装復元)　『魏志』倭人伝には、「鬼道(呪術)」によって人々を従わせたとあり、宗教的権威を利用して政治を運営していたと考えられる。

文献 ① 魏との交渉

同じ年(238年)の12月、[魏の]明帝は詔書を下して倭の女王に報じていうには、「……今、あなたを『親魏倭王』とし、金印紫綬をさずけ、封をして帯方郡の長官にことづける。……また特にあなたに銅鏡百枚、真珠……を与える。」　(『魏志』倭人伝)

読み解き 卑弥呼が魏から「親魏倭王」の称号を贈られたことは、日本国内の小国に対してどのような影響をもたらしたのだろう。

↑❸箸墓古墳(奈良県)　卑弥呼の墓との説がある。古墳は、3世紀中頃から近畿や瀬戸内を中心に造営された。

歴史のスパイス　邪馬台国の位置をめぐる論争は、江戸時代中期から始まり新井白石や本居宣長も解釈を試みている。現在では「畿内説」「九州説」が有力だがまだ決着していない。

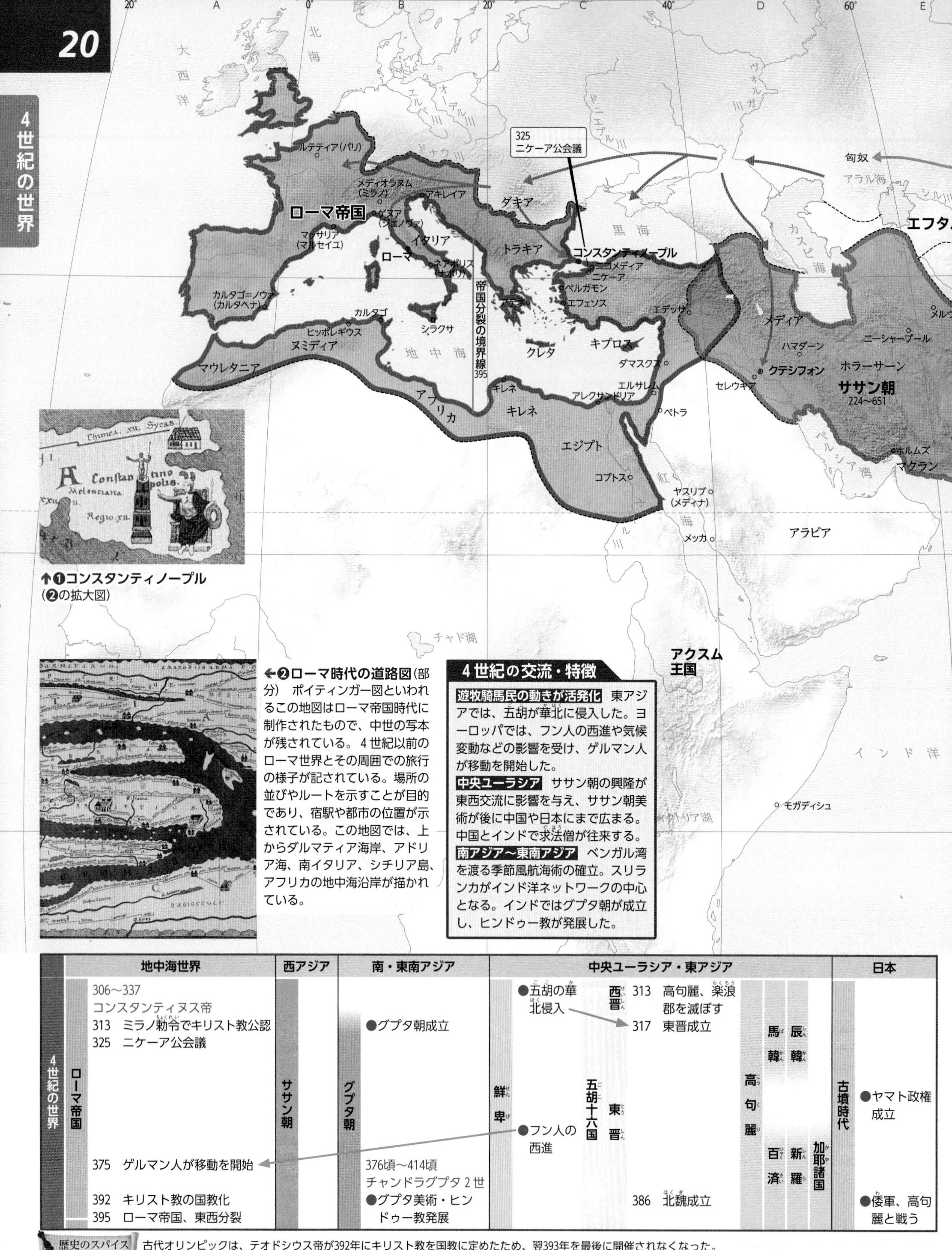

↑❶コンスタンティノープル(❷の拡大図)

←❷ローマ時代の道路図(部分) ポイティンガー図といわれるこの地図はローマ帝国時代に制作されたもので、中世の写本が残されている。4世紀以前のローマ世界とその周囲での旅行の様子が記されている。場所の並びやルートを示すことが目的であり、宿駅や都市の位置が示されている。この地図では、上からダルマティア海岸、アドリア海、南イタリア、シチリア島、アフリカの地中海沿岸が描かれている。

4世紀の交流・特徴

遊牧騎馬民の動きが活発化 東アジアでは、五胡が華北に侵入した。ヨーロッパでは、フン人の西進や気候変動などの影響を受け、ゲルマン人が移動を開始した。

中央ユーラシア ササン朝の興隆が東西交流に影響を与え、ササン朝美術が後に中国や日本にまで広まる。中国とインドで求法僧が往来する。

南アジア～東南アジア ベンガル湾を渡る季節風航海術の確立。スリランカがインド洋ネットワークの中心となる。インドではグプタ朝が成立し、ヒンドゥー教が発展した。

4世紀の世界	地中海世界	西アジア	南・東南アジア	中央ユーラシア・東アジア	日本
	ローマ帝国 306～337 コンスタンティヌス帝 313 ミラノ勅令でキリスト教公認 325 ニケーア公会議 375 ゲルマン人が移動を開始 392 キリスト教の国教化 395 ローマ帝国、東西分裂	ササン朝	グプタ朝 ●グプタ朝成立 376頃～414頃 チャンドラグプタ2世 ●グプタ美術・ヒンドゥー教発展	鮮卑 ●五胡の華北侵入 ●フン人の西進 五胡十六国 西晋 313 高句麗、楽浪郡を滅ぼす 317 東晋成立 東晋 386 北魏成立 高句麗 馬韓 辰韓 百済 新羅 加耶諸国	古墳時代 ●ヤマト政権成立 ●倭軍、高句麗と戦う

歴史のスパイス 古代オリンピックは、テオドシウス帝が392年にキリスト教を国教に定めたため、翌393年を最後に開催されなくなった。

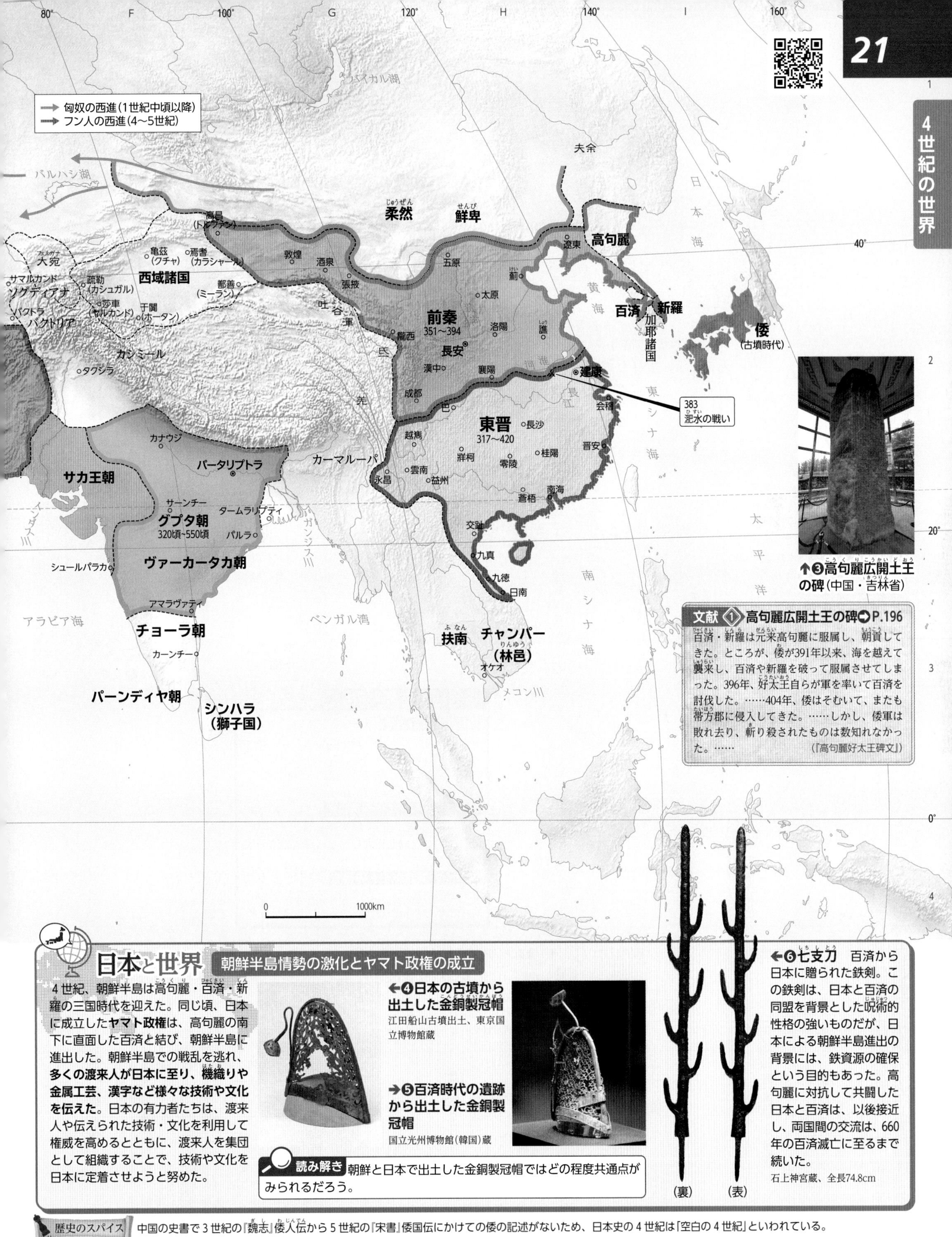

↑❸高句麗広開土王の碑(中国・吉林省)

文献 ① 高句麗広開土王の碑➡P.196

百済・新羅は元来高句麗に服属し、朝貢してきた。ところが、倭が391年以来、海を越えて襲来し、百済や新羅を破って服属させてしまった。396年、好太王自らが軍を率いて百済を討伐した。……404年、倭はそむいて、またも帯方郡に侵入してきた。……しかし、倭軍は敗れ去り、斬り殺されたものは数知れなかった。……

(『高句麗好太王碑文』)

日本と世界 朝鮮半島情勢の激化とヤマト政権の成立

4世紀、朝鮮半島は高句麗・百済・新羅の三国時代を迎えた。同じ頃、日本に成立した**ヤマト政権**は、高句麗の南下に直面した百済と結び、朝鮮半島に進出した。朝鮮半島での戦乱を逃れ、**多くの渡来人が日本に至り、機織りや金属工芸、漢字など様々な技術や文化を伝えた**。日本の有力者たちは、渡来人や伝えられた技術・文化を利用して権威を高めるとともに、渡来人を集団として組織することで、技術や文化を日本に定着させようと努めた。

←❹日本の古墳から出土した金銅製冠帽
江田船山古墳出土、東京国立博物館蔵

➔❺百済時代の遺跡から出土した金銅製冠帽
国立光州博物館(韓国)蔵

読み解き 朝鮮と日本で出土した金銅製冠帽ではどの程度共通点がみられるだろう。

(裏) (表)

←❻七支刀 百済から日本に贈られた鉄剣。この鉄剣は、日本と百済の同盟を背景とした呪術的性格の強いものだが、日本による朝鮮半島進出の背景には、鉄資源の確保という目的もあった。高句麗に対抗して共闘した日本と百済は、以後接近し、両国間の交流は、660年の百済滅亡に至るまで続いた。
石上神宮蔵、全長74.8cm

歴史のスパイス　中国の史書で3世紀の『魏志』倭人伝から5世紀の『宋書』倭国伝にかけての倭の記述がないため、日本史の4世紀は「空白の4世紀」といわれている。

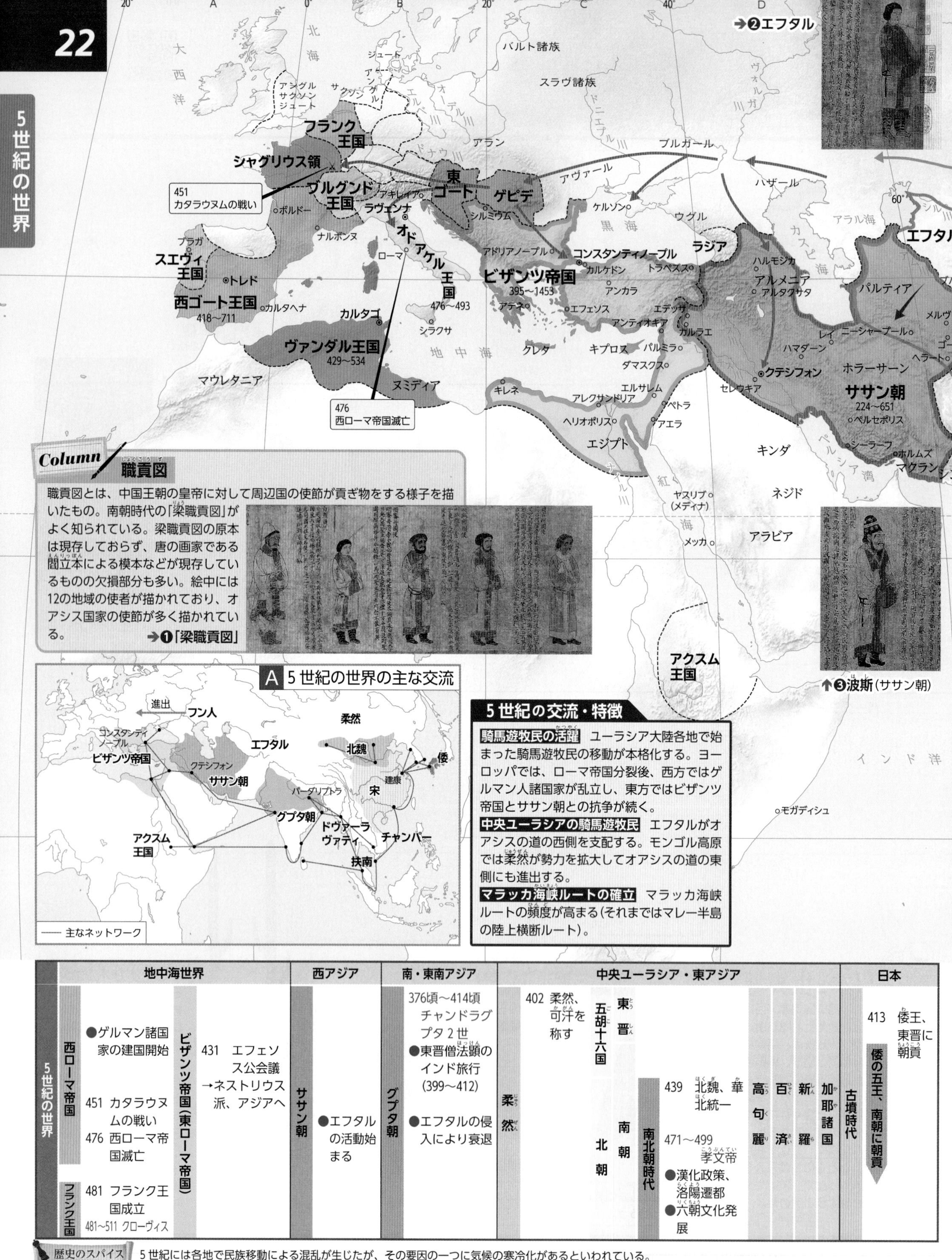

Column 職貢図

職貢図とは、中国王朝の皇帝に対して周辺国の使節が貢ぎ物をする様子を描いたもの。南朝時代の「梁職貢図」がよく知られている。梁職貢図の原本は現存しておらず、唐の画家である閻立本による模本などが現存しているものの欠損部分も多い。絵中には12の地域の使者が描かれており、オアシス国家の使節が多く描かれている。

→❶「梁職貢図」

A 5世紀の世界の主な交流

5世紀の交流・特徴

騎馬遊牧民の活躍 ユーラシア大陸各地で始まった騎馬遊牧民の移動が本格化する。ヨーロッパでは、ローマ帝国分裂後、西方ではゲルマン人諸国家が乱立し、東方ではビザンツ帝国とササン朝との抗争が続く。

中央ユーラシアの騎馬遊牧民 エフタルがオアシスの道の西側を支配する。モンゴル高原では柔然が勢力を拡大してオアシスの道の東側にも進出する。

マラッカ海峡ルートの確立 マラッカ海峡ルートの頻度が高まる(それまではマレー半島の陸上横断ルート)。

5世紀の世界	地中海世界	西アジア	南・東南アジア	中央ユーラシア・東アジア	日本
西ローマ帝国	●ゲルマン諸国家の建国開始 451 カタラウヌムの戦い 476 西ローマ帝国滅亡				
フランク王国	481 フランク王国成立 481～511 クローヴィス				
ビザンツ帝国(東ローマ帝国)	431 エフェソス公会議→ネストリウス派、アジアへ				
ササン朝		●エフタルの活動始まる			
グプタ朝			376頃～414頃 チャンドラグプタ2世 ●東晋僧法顕のインド旅行(399～412) ●エフタルの侵入により衰退		
柔然				402 柔然、可汗を称す	
五胡十六国 / 北朝					
東晋 / 南朝					
南北朝時代				439 北魏、華北統一 471～499 孝文帝 ●漢化政策、洛陽遷都 ●六朝文化発展	
高句麗 / 百済 / 新羅 / 加耶諸国					
古墳時代					413 倭王、東晋に朝貢 倭の五王、南朝に朝貢

歴史のスパイス 5世紀には各地で民族移動による混乱が生じたが、その要因の一つに気候の寒冷化があるといわれている。

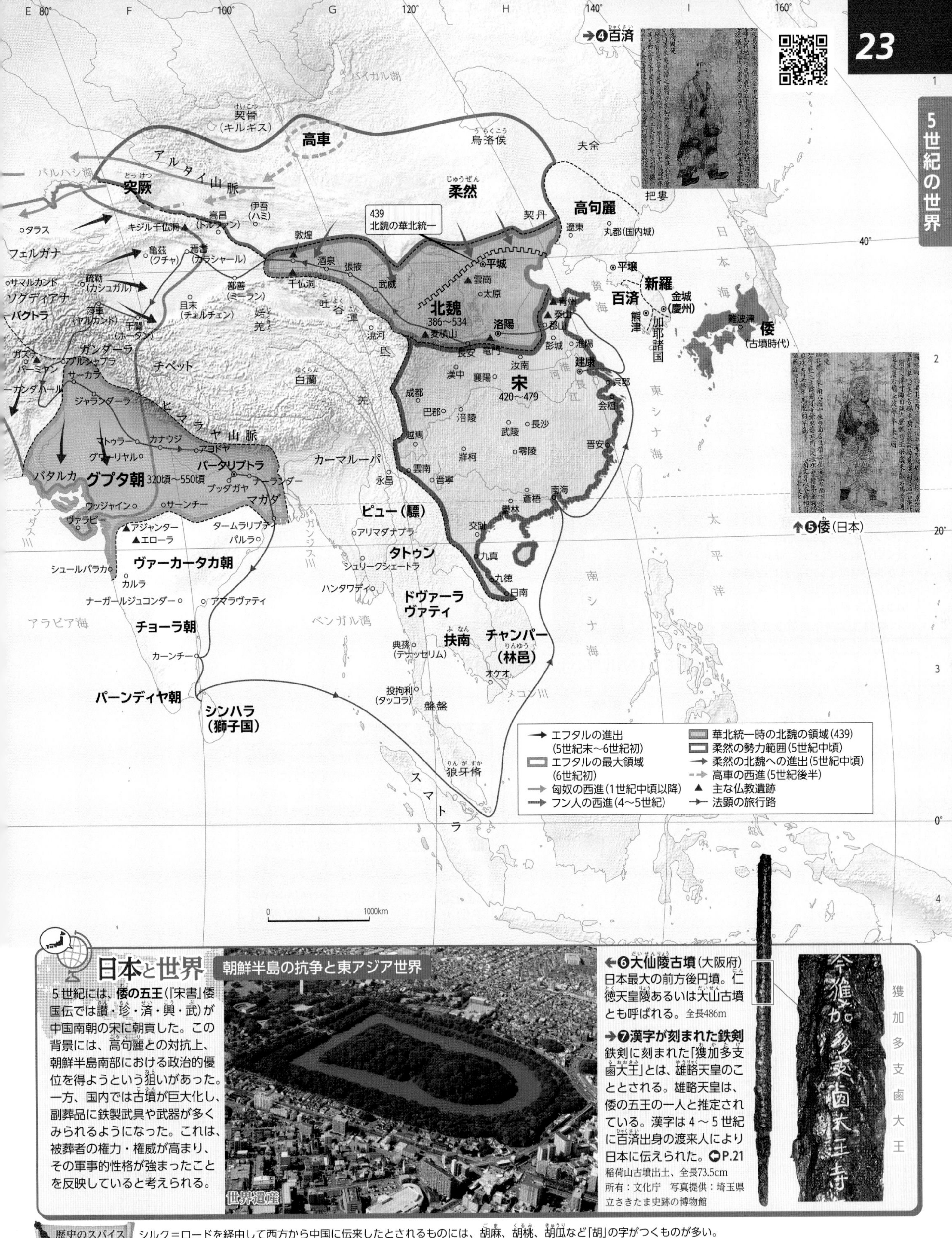

→❹百済

↑❺倭（日本）

日本と世界　朝鮮半島の抗争と東アジア世界

5世紀には、**倭の五王**（『宋書』倭国伝では讃・珍・済・興・武）が中国南朝の宋に朝貢した。この背景には、高句麗との対抗上、朝鮮半島南部における政治的優位を得ようという狙いがあった。一方、国内では古墳が巨大化し、副葬品に鉄製武具や武器が多くみられるようになった。これは、被葬者の権力・権威が高まり、その軍事的性格が強まったことを反映していると考えられる。

←❻**大仙陵古墳**（大阪府）
日本最大の前方後円墳。仁徳天皇陵あるいは大山古墳とも呼ばれる。全長486m

→❼**漢字が刻まれた鉄剣**
鉄剣に刻まれた「獲加多支鹵大王」とは、雄略天皇のこととされる。雄略天皇は、倭の五王の一人と推定されている。漢字は4～5世紀に百済出身の渡来人により日本に伝えられた。➡P.21
稲荷山古墳出土、全長73.5cm
所有：文化庁　写真提供：埼玉県立さきたま史跡の博物館

歴史のスパイス　シルク＝ロードを経由して西方から中国に伝来したとされるものには、胡麻、胡桃、胡瓜など「胡」の字がつくものが多い。

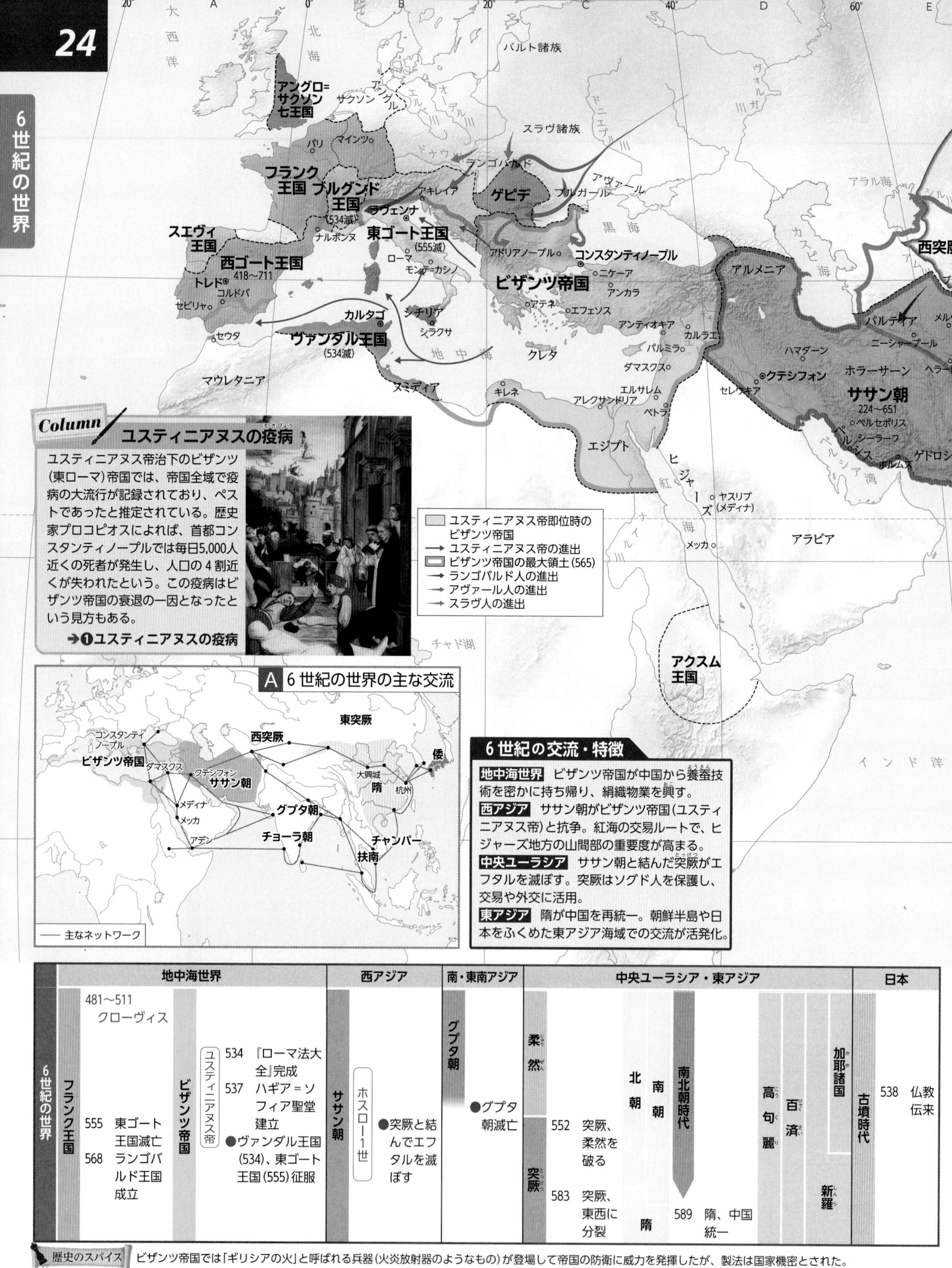

Column ユスティニアヌスの疫病

ユスティニアヌス帝治下のビザンツ(東ローマ)帝国では、帝国全域で疫病の大流行が記録されており、ペストであったと推定されている。歴史家プロコピオスによれば、首都コンスタンティノープルでは毎日5,000人近くの死者が発生し、人口の4割近くが失われたという。この疫病はビザンツ帝国の衰退の一因となったという見方もある。

➔❶ユスティニアヌスの疫病

6世紀の交流・特徴

地中海世界 ビザンツ帝国が中国から養蚕技術を密かに持ち帰り、絹織物業を興す。

西アジア ササン朝がビザンツ帝国(ユスティニアヌス帝)と抗争。紅海の交易ルートで、ヒジャーズ地方の山間部の重要度が高まる。

中央ユーラシア ササン朝と結んだ突厥がエフタルを滅ぼす。突厥はソグド人を保護し、交易や外交に活用。

東アジア 隋が中国を再統一。朝鮮半島や日本をふくめた東アジア海域での交流が活発化。

6世紀の世界	地中海世界	西アジア	南・東南アジア	中央ユーラシア・東アジア	日本
	フランク王国：481〜511 クローヴィス／555 東ゴート王国滅亡／568 ランゴバルド王国成立 ビザンツ帝国（ユスティニアヌス帝）：534 『ローマ法大全』完成／537 ハギア=ソフィア聖堂建立／●ヴァンダル王国(534)、東ゴート王国(555)征服	ササン朝（ホスロー1世）：●突厥と結んでエフタルを滅ぼす	グプタ朝：●グプタ朝滅亡	柔然→突厥：552 突厥、柔然を破る／583 突厥、東西に分裂 北朝→隋／南朝（南北朝時代）：589 隋、中国統一 高句麗／百済／加耶諸国→新羅	古墳時代：538 仏教伝来

歴史のスパイス　ビザンツ帝国では「ギリシアの火」と呼ばれる兵器(火炎放射器のようなもの)が登場して帝国の防衛に威力を発揮したが、製法は国家機密とされた。

Column 日本と天然痘

日本では、6世紀半ばの仏教の伝来と同じ頃より、天然痘が大陸から流入した。『日本書紀』にも天然痘の症状についての記録が残っている。当時の敏達天皇も天然痘で亡くなっており、「日本古来の神々をないがしろにした天罰」と考えられていた。その後も断続的に流行し、8世紀前半の奈良時代の大流行時には、藤原四子(藤原鎌足の孫)も相次いで天然痘で亡くなった。

文献① 『日本書紀』における天然痘[1]の記述(6世紀)

疱瘡で死ぬ者が国に満ちた。その瘡を病む者が「体が焼かれ、打たれくだかれるように苦しい」といって泣き叫びながら死んでいった。

[1] 麻疹とする説もある

(宇治谷孟『全現代語訳 日本書紀(下)』講談社)

日本と世界 東アジア文化圏と一体化する「日本」

日本による中国への朝貢は、478年の倭王武によるものを最後に途絶する。以後、日本では、武の死後の混乱期を経て、**大王**を中心とする独自の支配体制が形成された。一方、6世紀には、**百済から仏教が伝えられた**。その導入をめぐって有力豪族である蘇我氏と物部氏の争いも生じたが、仏教は次第に受け入れられ、6世紀末以降は仏寺の建立が進められるなど、東アジア共通の文化圏の下地ができた。

↑❷**飛鳥寺**(復元・奈良県) 596年、蘇我馬子によって建立された。

➔❸**飛鳥寺釈迦如来像** 飛鳥寺の本尊。日本最古の仏像で、飛鳥大仏ともいわれる。鞍作鳥の作。

7世紀初頭、高さ275cm、金銅製

歴史のスパイス 敏達天皇が天然痘で亡くなると、物部氏はこれを蘇我氏による仏教信仰が原因として、大規模な廃仏毀釈を実施したが、物部氏は蘇我氏に滅ぼされた。

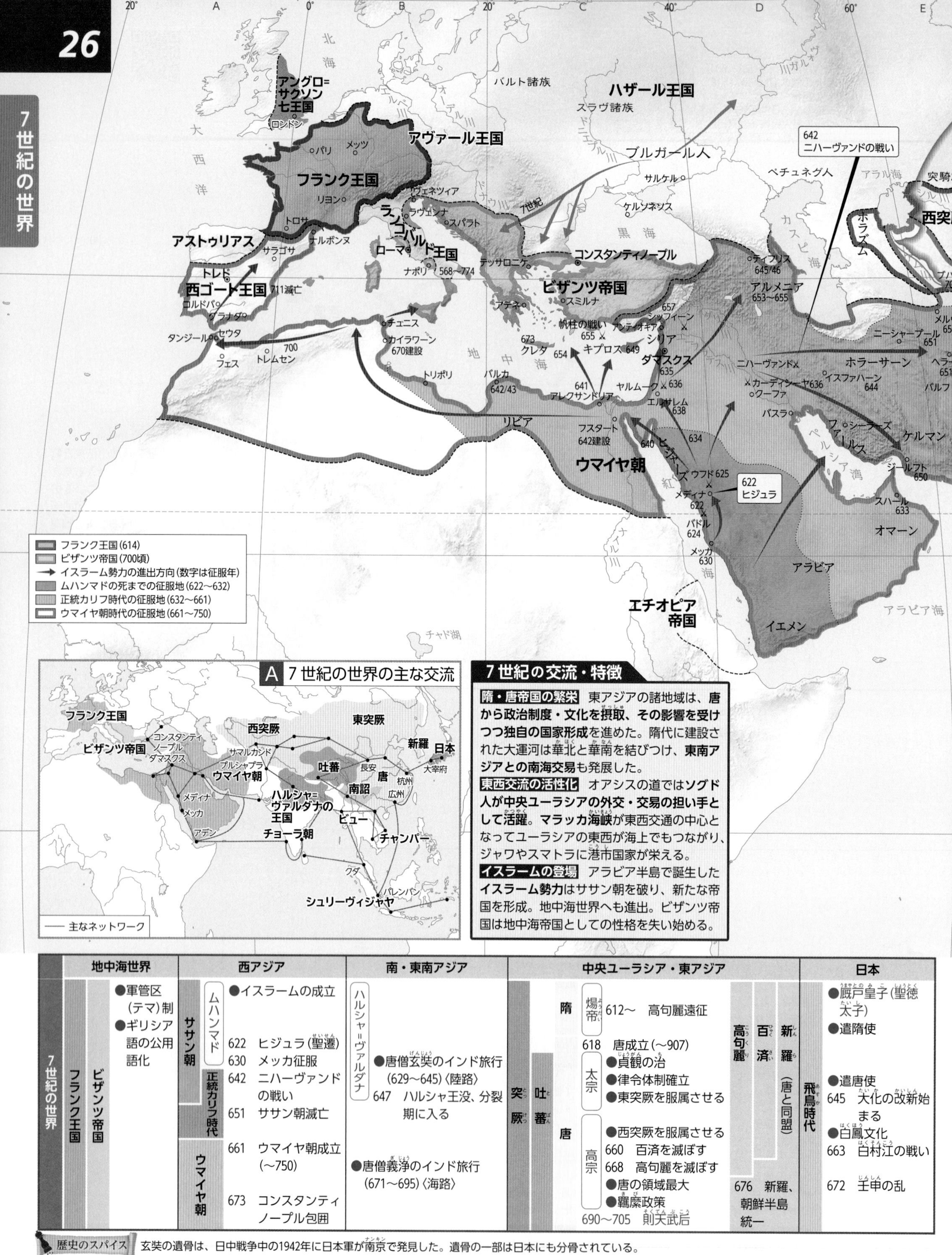

7世紀の交流・特徴

隋・唐帝国の繁栄 東アジアの諸地域は、唐から政治制度・文化を摂取、その影響を受けつつ独自の国家形成を進めた。隋代に建設された大運河は華北と華南を結びつけ、東南アジアとの南海交易も発展した。

東西交流の活性化 オアシスの道ではソグド人が中央ユーラシアの外交・交易の担い手として活躍。マラッカ海峡が東西交通の中心となってユーラシアの東西が海上でもつながり、ジャワやスマトラに港市国家が栄える。

イスラームの登場 アラビア半島で誕生したイスラーム勢力はササン朝を破り、新たな帝国を形成。地中海世界へも進出。ビザンツ帝国は地中海帝国としての性格を失い始める。

7世紀の世界	地中海世界	西アジア	南・東南アジア	中央ユーラシア・東アジア	日本
	フランク王国 ビザンツ帝国 ●軍管区(テマ)制 ●ギリシア語の公用語化	ササン朝 ムハンマド ●イスラームの成立 622 ヒジュラ(聖遷) 630 メッカ征服 正統カリフ時代 642 ニハーヴァンドの戦い 651 ササン朝滅亡 ウマイヤ朝 661 ウマイヤ朝成立(〜750) 673 コンスタンティノープル包囲	ハルシャ=ヴァルダナ ●唐僧玄奘のインド旅行(629〜645)〈陸路〉 647 ハルシャ王没、分裂期に入る ●唐僧義浄のインド旅行(671〜695)〈海路〉	突厥 吐蕃 隋 煬帝 612〜 高句麗遠征 唐 618 唐成立(〜907) 太宗 ●貞観の治 ●律令体制確立 ●東突厥を服属させる 高宗 ●西突厥を服属させる 660 百済を滅ぼす 668 高句麗を滅ぼす ●唐の領域最大 ●羈縻政策 690〜705 則天武后 高句麗 百済 新羅(唐と同盟) 676 新羅、朝鮮半島統一	飛鳥時代 ●厩戸皇子(聖徳太子) ●遣隋使 ●遣唐使 645 大化の改新始まる ●白鳳文化 663 白村江の戦い 672 壬申の乱

歴史のスパイス 玄奘の遺骨は、日中戦争中の1942年に日本軍が南京で発見した。遺骨の一部は日本にも分骨されている。

読み解き パレンバンやクダはなぜ栄えたのだろう。

日本と世界 大陸への進出と撤退

中国に**隋・唐**という中央集権国家が成立すると、対応を迫られた日本は**遣隋使・遣唐使**を派遣し、中国文化の輸入に努めるとともに、**大化の改新**を経て天皇中心の国づくりを進めた。朝鮮半島では、唐と結んだ**新羅**が**百済**を滅ぼした。朝鮮半島進出を狙う日本は百済復興を支援するために大軍を派遣したが、**白村江の戦い**(➡P.196)で敗れた。半島進出をあきらめた日本は大陸から制度・文化を導入しつつ、律令国家形成を進めた。

↑❶**水城跡**(福岡・太宰府市)　白村江の戦いの後、唐・新羅の侵攻を警戒し、大宰府に水城と呼ばれる防塁と朝鮮式山城を築いた。

↓❷**法隆寺**(奈良・斑鳩町)　607年完成。世界最古の木造建築といわれる。仏教美術だけでなく、西アジアやインドの文化的影響を受けた文物も納められ、当時の日本の国際性も感じられる。

世界遺産

↑❸**法隆寺金堂釈迦三尊像**　渡来人系の鞍作鳥の作。国宝、右脇侍(薬上菩薩)93.9cm、中尊(釈迦如来)87.5cm、左脇侍(薬王菩薩)92.3cm、金剛像

歴史のスパイス 隋の煬帝は、遣隋使の国書「日出づる処の天子、書を日没する処の天子に致す、恙なきや、云々」を見て不愉快になり、無礼な蛮夷の書は二度と見せるなと部下に命じた。

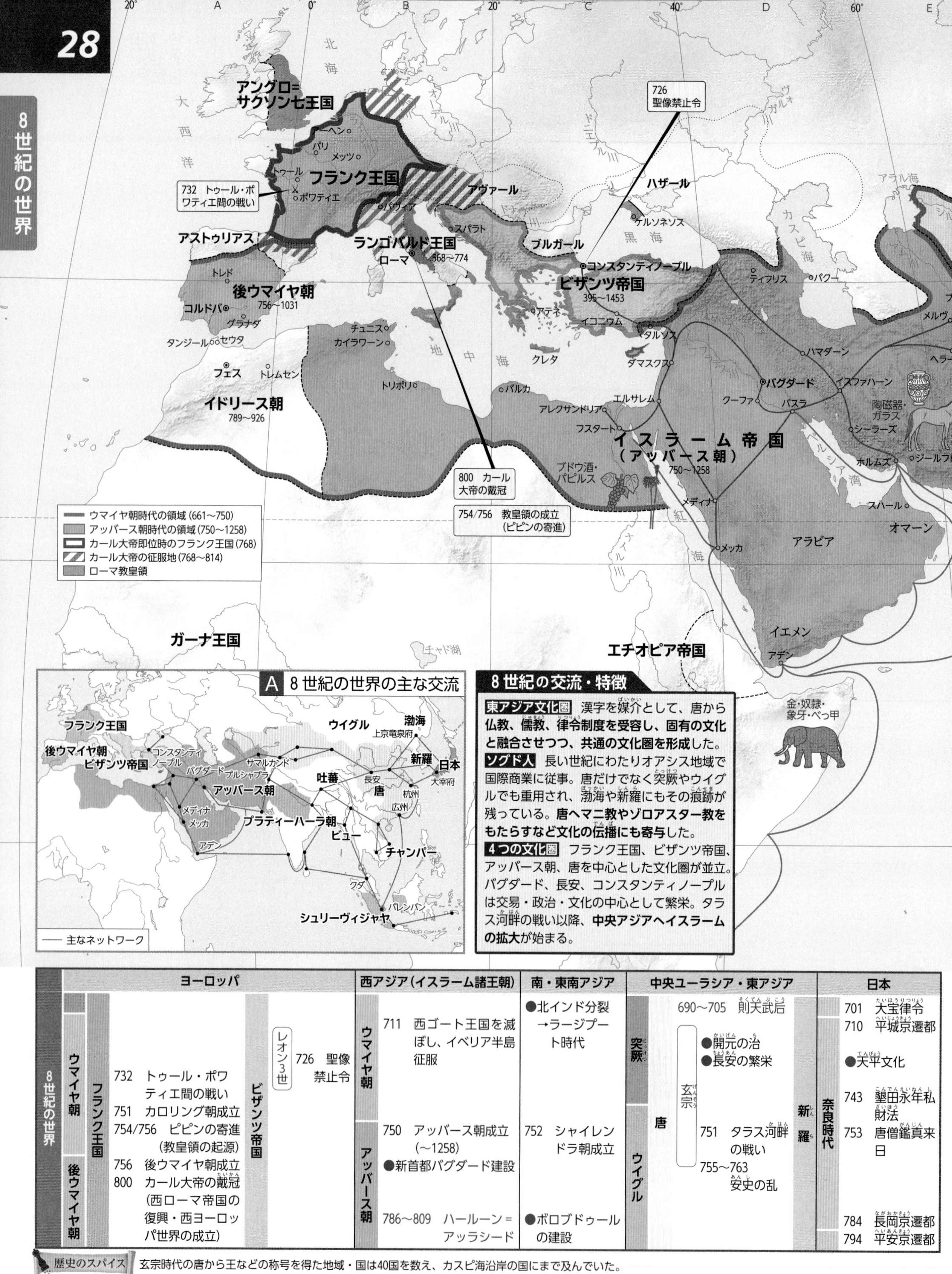

8世紀の交流・特徴

東アジア文化圏 漢字を媒介として、唐から**仏教、儒教、律令制度を受容し、固有の文化と融合させつつ、共通の文化圏を形成した。**

ソグド人 長い世紀にわたりオアシス地域で国際商業に従事。唐だけでなく突厥やウイグルでも重用され、渤海や新羅にもその痕跡が残っている。**唐へマニ教やゾロアスター教をもたらすなど文化の伝播にも寄与した。**

4つの文化圏 フランク王国、ビザンツ帝国、アッバース朝、唐を中心とした文化圏が並立。バグダード、長安、コンスタンティノープルは交易・政治・文化の中心として繁栄。タラス河畔の戦い以降、**中央アジアへイスラームの拡大**が始まる。

8世紀の世界	ヨーロッパ	西アジア（イスラーム諸王朝）	南・東南アジア	中央ユーラシア・東アジア	日本
ウマイヤ朝／後ウマイヤ朝・フランク王国・ビザンツ帝国	732 トゥール・ポワティエ間の戦い 751 カロリング朝成立 754/756 ピピンの寄進（教皇領の起源） 756 後ウマイヤ朝成立 800 カール大帝の戴冠（西ローマ帝国の復興・西ヨーロッパ世界の成立） 〔ビザンツ帝国〕（レオン3世）726 聖像禁止令	〔ウマイヤ朝〕711 西ゴート王国を滅ぼし、イベリア半島征服 〔アッバース朝〕750 アッバース朝成立（～1258） ●新首都バグダード建設 786～809 ハールーン=アッラシード	●北インド分裂→ラージプート時代 752 シャイレンドラ朝成立 ●ボロブドゥールの建設	〔突厥／ウイグル・唐・新羅〕690～705 則天武后 （玄宗）●開元の治 ●長安の繁栄 751 タラス河畔の戦い 755～763 安史の乱	701 大宝律令 〔奈良時代〕710 平城京遷都 ●天平文化 743 墾田永年私財法 753 唐僧鑑真来日 784 長岡京遷都 794 平安京遷都

歴史のスパイス 玄宗時代の唐から王などの称号を得た地域・国は40国を数え、カスピ海沿岸の国にまで及んでいた。

読み解き なぜ、遣唐使のルートが変更されたのだろう。

❶復元された遣唐使船
呉市提供

ムスリム商人はダウ船を使って、イスラーム都市で作られた商品と、インド洋各地の産品を交換した。その拠点としての港市が発達し、港市を結びつける海のネットワークが形成されていった。

日本と世界 アジア諸地域とのつながり

唐の影響を受けた日本では701年に**大宝律令**がつくられ、律令体制が整えられた。**班田収授**実施のため、墾田永年私財法などで土地私有を一部容認して、開墾・水田開発が促進されたが、これにより初期荘園が生まれた。一方、**遣唐使**は唐をはじめとした大陸の文物をもたらし、国際色豊かで仏教的性格の強い**天平文化**が栄えた。

↓❷**伎楽面酔胡王**　西アジアの人物を著した伎楽面。伎楽は、中国由来の音楽劇で飛鳥時代に朝鮮半島の百済から伝えられた。この面は西アジアの王が登場する演目に使われた。

正倉院宝物

↓❸**蘭奢待**(沈香)　正倉院に納められた東南アジア由来の香木。鑑真とともに安如宝というソグド人も来日しており、当時の国際商業ネットワークは日本ともつながっていたことがわかる。

正倉院宝物

失明を乗り越え日本に渡来 鑑真(688~763)

唐の僧であった鑑真は、日本からの留学僧の招請により来日を決意したが、暴風雨などにより5度にわたって渡航に失敗した。失明という苦難を乗り越え、753年、6度目の渡航で来日して日本に戒律を伝えた。彼はまた、聖武太上天皇や孝謙天皇に正式に授戒した。

→❹**鑑真像**　唐招提寺蔵、国宝、高さ80.1cm

歴史のスパイス　遣唐使が約20年に一度だったのに対し、新羅使は8世紀だけで20回も来日しており、長屋王は使節と饗宴を開き漢詩を読み交わした。

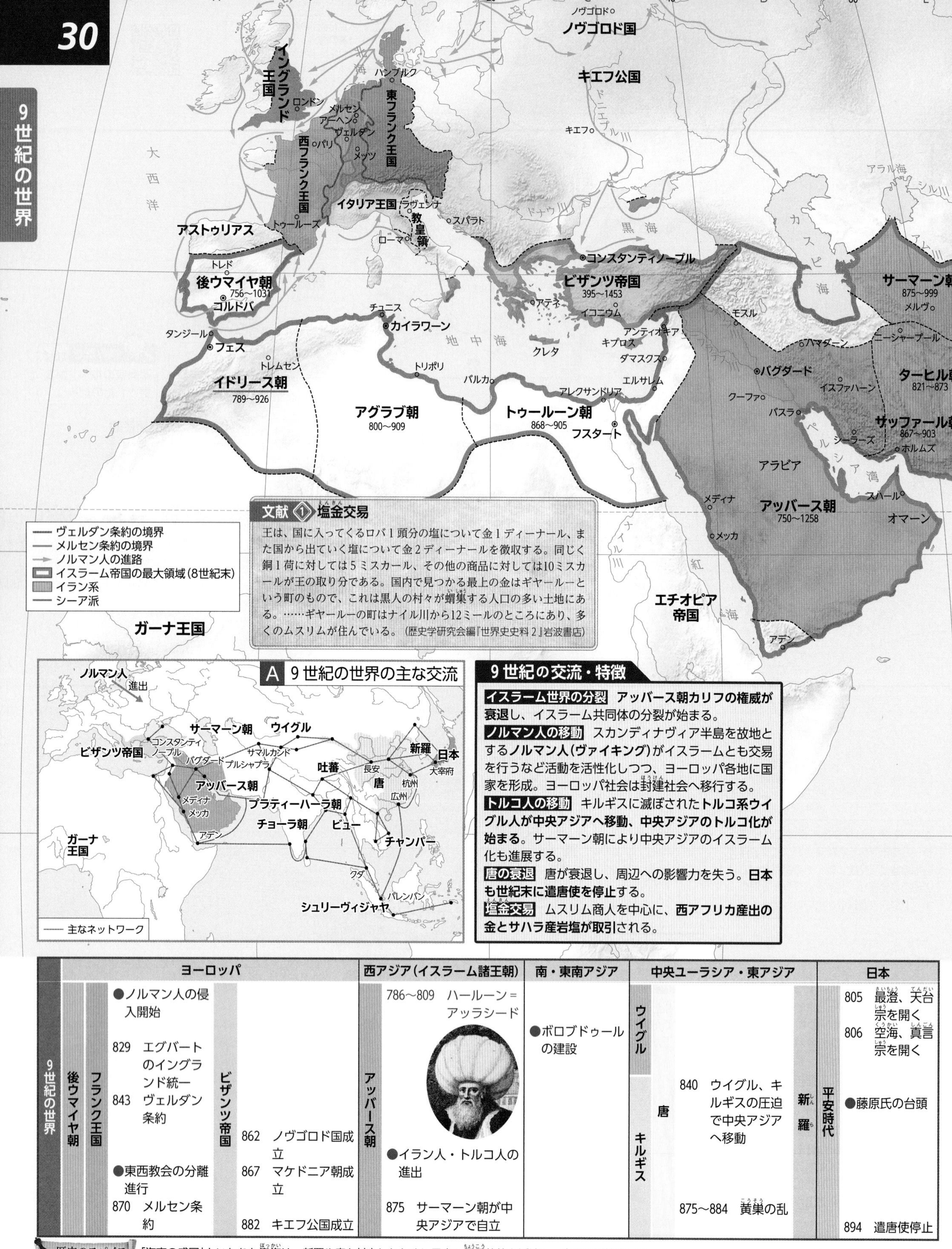

文献①　塩金交易

王は、国に入ってくるロバ1頭分の塩について金1ディーナール、また国から出ていく塩について金2ディーナールを徴収する。同じく銅1荷に対しては5ミスカール、その他の商品に対しては10ミスカールが王の取り分である。国内で見つかる最上の金はギヤールーという町のもので、これは黒人の村々が蝟集する人口の多い土地にある。……ギヤールーの町はナイル川から12ミールのところにあり、多くのムスリムが住んでいる。（歴史学研究会編『世界史史料2』岩波書店）

A　9世紀の世界の主な交流

9世紀の交流・特徴

イスラーム世界の分裂　**アッバース朝カリフの権威が**衰退し、イスラーム共同体の分裂が始まる。

ノルマン人の移動　スカンディナヴィア半島を故地とする**ノルマン人(ヴァイキング)**がイスラームとも交易を行うなど活動を活性化しつつ、ヨーロッパ各地に国家を形成。ヨーロッパ社会は封建社会へ移行する。

トルコ人の移動　キルギスに滅ぼされた**トルコ系ウイグル人が中央アジアへ移動、中央アジアのトルコ化が始まる。**サーマーン朝により中央アジアのイスラーム化も進展する。

唐の衰退　唐が衰退し、周辺への影響力を失う。**日本も世紀末に遣唐使を停止**する。

塩金交易　ムスリム商人を中心に、**西アフリカ産出の金とサハラ産岩塩が取引**される。

9世紀の世界	ヨーロッパ	西アジア（イスラーム諸王朝）	南・東南アジア	中央ユーラシア・東アジア	日本
	後ウマイヤ朝／フランク王国：●ノルマン人の侵入開始 829　エグバートのイングランド統一 843　ヴェルダン条約 ●東西教会の分離進行 870　メルセン条約	アッバース朝：786～809　ハールーン＝アッラシード ●イラン人・トルコ人の進出 875　サーマーン朝が中央アジアで自立	●ボロブドゥールの建設	ウイグル／キルギス／唐／新羅：840　ウイグル、キルギスの圧迫で中央アジアへ移動 875～884　黄巣の乱	平安時代：805　最澄、天台宗を開く 806　空海、真言宗を開く ●藤原氏の台頭 894　遣唐使停止
	ビザンツ帝国：862　ノヴゴロド国成立 867　マケドニア朝成立 882　キエフ公国成立				

歴史のスパイス　「海東の盛国」といわれた渤海は、新羅や唐と対立したために日本へ朝貢使節を派遣し、交易も活性化した。

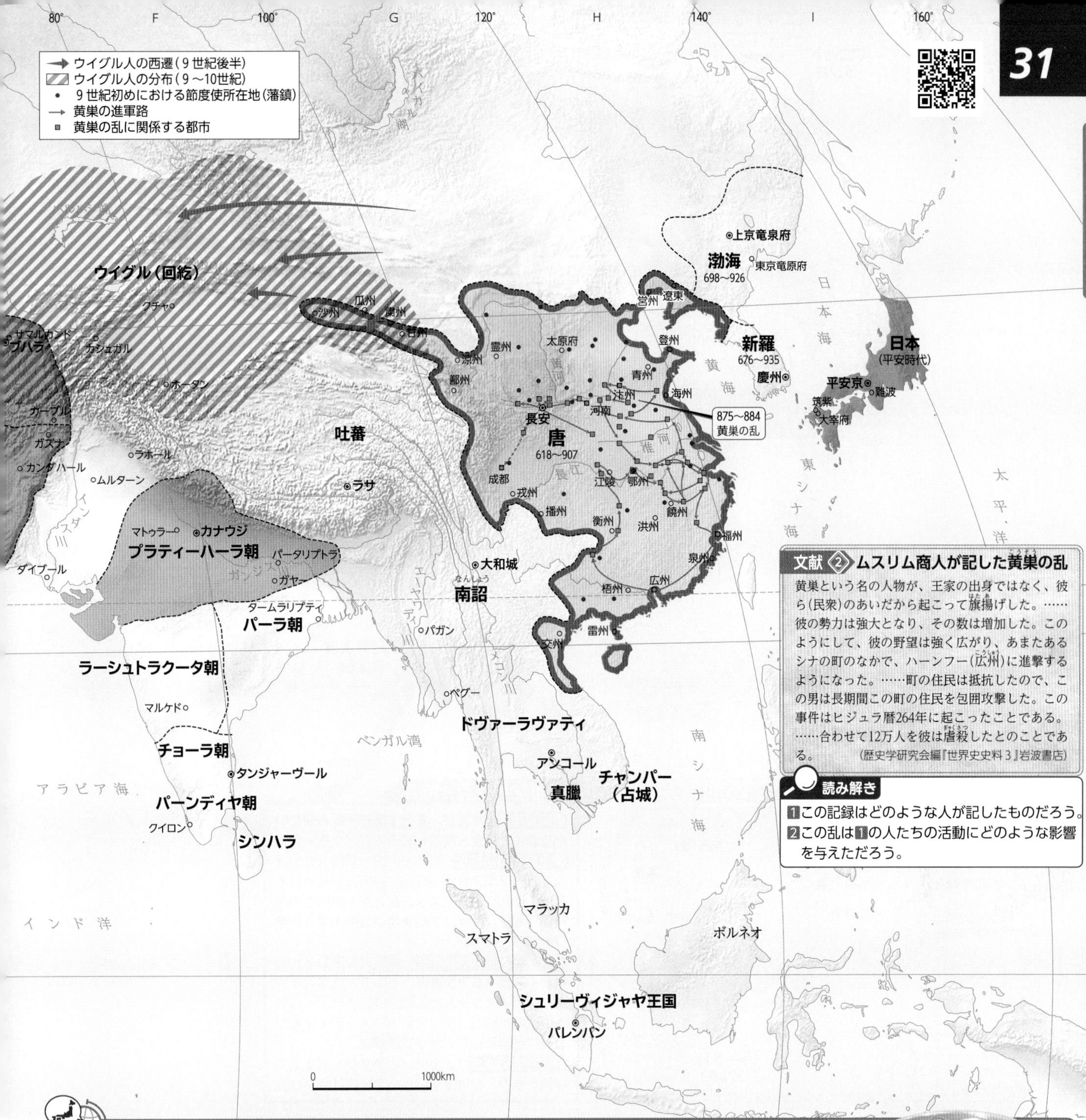

➡ ウイグル人の西遷（9世紀後半）
▨ ウイグル人の分布（9～10世紀）
• 9世紀初めにおける節度使所在地（藩鎮）
→ 黄巣の進軍路
▪ 黄巣の乱に関係する都市

ウイグル（回紇）　クチャ　サマルカンド　ブハラ　カシュガル　ホータン　カーブル　ガズナ　ラホール　カンダハール　ムルターン　吐蕃　ラサ　沙州　瓜州　粛州　甘州　涼州　霊州　鄯州　太原府　長安　唐 618～907　成都　戎州　播州　衡州　江陵　鄂州　洪州　饒州　福州　泉州　広州　梧州　雷州　交州　汴州　河南　青州　登州　海州　営州　遼東　渤海 698～926　上京竜泉府　東京竜原府　新羅 676～935　慶州　日本（平安時代）　平安京　難波　筑紫　大宰府　日本海　黄海　東シナ海　太平洋　875～884 黄巣の乱

プラティーハーラ朝　マトゥラー　カナウジ　パータリプトラ　ガヤー　ダイブール　タームラリプティ　パーラ朝　ラーシュトラクータ朝　マルケド　チョーラ朝　タンジャーヴール　パーンディヤ朝　クイロン　シンハラ　アラビア海　インド洋　ベンガル湾　大和城　南詔　パガン　ペグー　ドヴァーラヴァティ　アンコール　真臘　チャンパー（占城）　南シナ海　マラッカ　スマトラ　ボルネオ　シュリーヴィジャヤ王国　パレンバン　0　1000km

文献 ② ムスリム商人が記した黄巣の乱

黄巣という名の人物が、王家の出身ではなく、彼ら（民衆）のあいだから起こって旗揚げした。……彼の勢力は強大となり、その数は増加した。このようにして、彼の野望は強く広がり、あまたあるシナの町のなかで、ハーンフー（広州）に進撃するようになった。……町の住民は抵抗したので、この男は長期間この町の住民を包囲攻撃した。この事件はヒジュラ暦264年に起こったことである。……合わせて12万人を彼は虐殺したとのことである。（歴史学研究会編『世界史史料3』岩波書店）

読み解き

1 この記録はどのような人が記したものだろう。
2 この乱は1の人たちの活動にどのような影響を与えただろう。

日本と世界　大陸との交易を行う日本

9世紀後半になると天皇家の内紛などを契機に藤原氏が権力を拡大した。**遣唐使**は9世紀にも派遣され、**最澄**や**空海**が渡航したが、唐の疲弊と航路の危険を理由に、894年に**菅原道真**の建議で停止された。一方、**渤海**との交流は8世紀以来継続し、渤海使は10世紀までで34回を数えた。渤海からは薬用人参や毛皮がもたらされ、日本からは絹や綿が贈られた。新羅とも交戦期を除き交流が行われたが、国際関係における上下関係をめぐり、しばしば関係が悪化した。

↓❶最澄（767～822）**と❷空海**（774～835）　ともに804年に遣唐使船で唐に渡った。最澄は天台山で学び、805年帰国。天台宗を開き、後の比叡山延暦寺で僧侶の育成に努めた。空海は、青竜寺の恵果に学び、806年帰国。日本に真言密教を伝え、高野山に金剛峯寺を建てた。

↓❸薬用人参　朝鮮人参、高麗人参ともいわれる薬草の一種。古くから滋養強壮など幅広い効能が知られて貴重な品だった。普段我々が食べる野菜の人参とは別種の植物である。

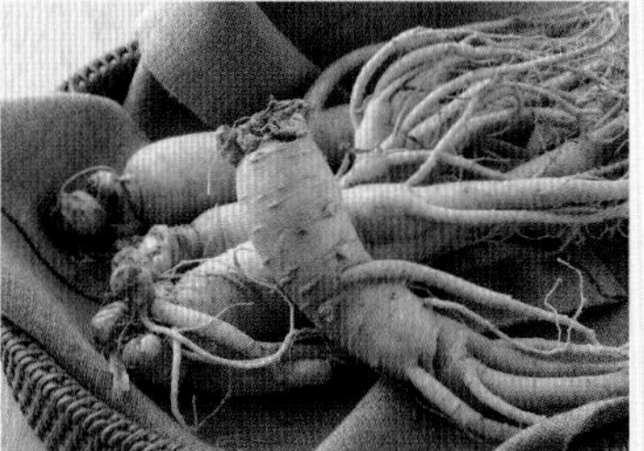

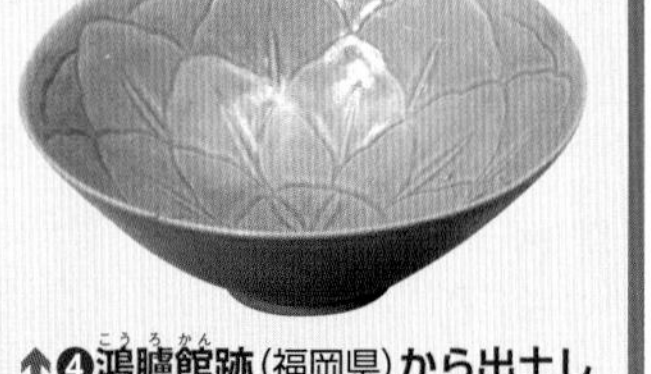

↑❹鴻臚館跡（福岡県）**から出土した青磁椀**　平安時代に外国使節の受け入れや交易が行われた鴻臚館の遺跡から出土。同種の青磁椀は、エジプトのフスタートでも出土しており、中国陶磁に関わる広範なネットワークが成立していたことがわかる。
福岡市埋蔵文化財センター所蔵

歴史のスパイス　中国より伝来した仏教と日本古来の神祇信仰は共存し、次第に神仏習合と呼ばれるように相互に影響しあった。

❶「重要文化財　傳教大師坐像」（滋賀県・観音寺蔵）

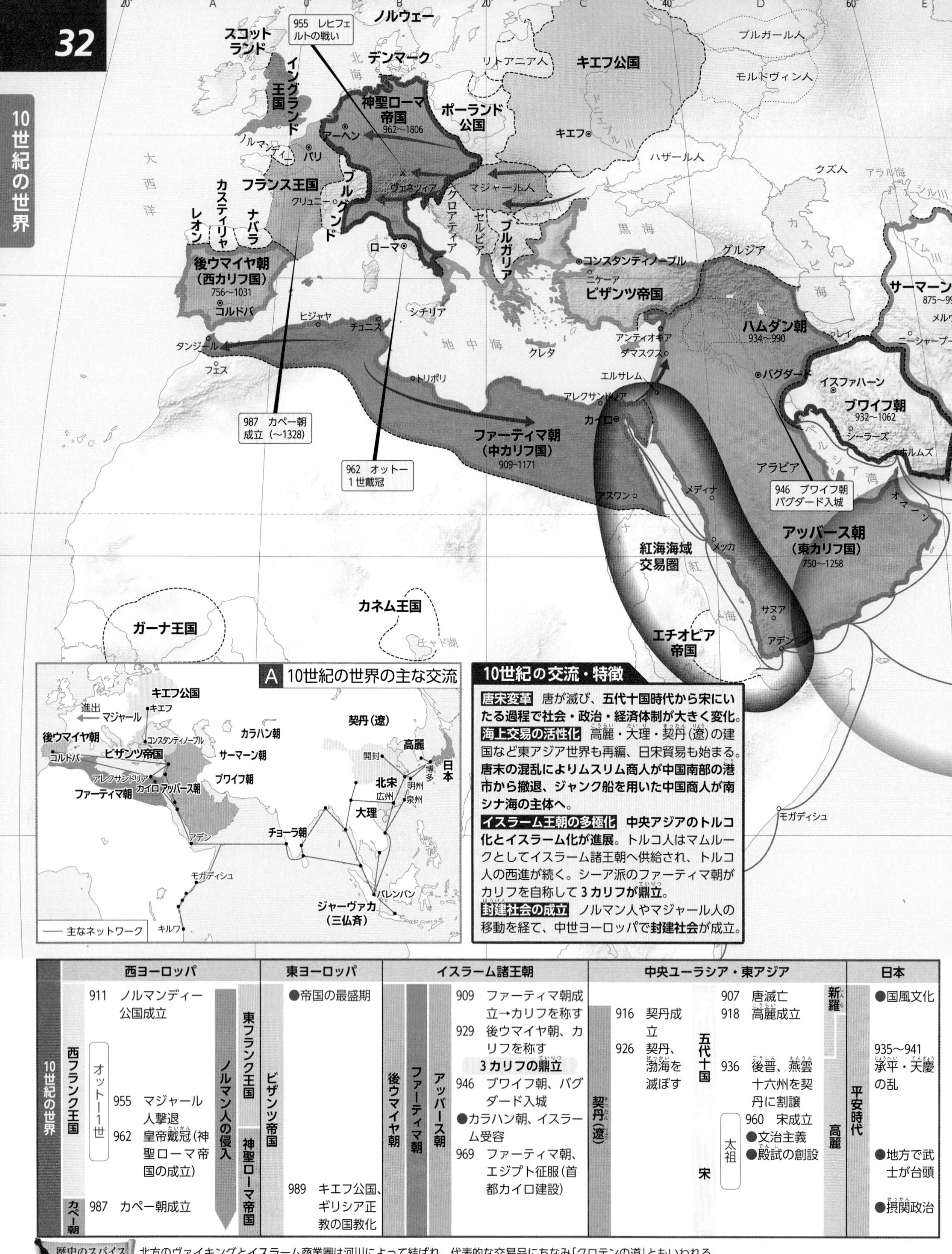

10世紀の交流・特徴

唐宋変革 唐が滅び、**五代十国時代から宋にいたる過程で社会・政治・経済体制が大きく変化**。

海上交易の活性化 高麗・大理・契丹（遼）の建国など東アジア世界も再編、日宋貿易も始まる。**唐末の混乱によりムスリム商人が中国南部の港市から撤退、ジャンク船を用いた中国商人が南シナ海の主体へ**。

イスラーム王朝の多極化 **中央アジアのトルコ化とイスラーム化が進展**。トルコ人はマムルークとしてイスラーム諸王朝へ供給され、トルコ人の西進が続く。シーア派のファーティマ朝がカリフを自称して**3カリフが鼎立**。

封建社会の成立 ノルマン人やマジャール人の移動を経て、中世ヨーロッパで**封建社会**が成立。

10世紀の世界	西ヨーロッパ	東ヨーロッパ	イスラーム諸王朝	中央ユーラシア・東アジア	日本
	西フランク王国（911 ノルマンディー公国成立） カペー朝（987 カペー朝成立） ノルマン人の侵入 東フランク王国／神聖ローマ帝国（オットー1世：955 マジャール人撃退、962 皇帝戴冠（神聖ローマ帝国の成立））	ビザンツ帝国 ●帝国の最盛期 989 キエフ公国、ギリシア正教の国教化	後ウマイヤ朝・ファーティマ朝・アッバース朝 909 ファーティマ朝成立→カリフを称す 929 後ウマイヤ朝、カリフを称す **3カリフの鼎立** 946 ブワイフ朝、バグダード入城 ●カラハン朝、イスラーム受容 969 ファーティマ朝、エジプト征服（首都カイロ建設）	契丹（遼） 916 契丹成立 926 契丹、渤海を滅ぼす 五代十国 907 唐滅亡 918 高麗成立 936 後晋、燕雲十六州を契丹に割譲 宋（太祖） 960 宋成立 ●文治主義 ●殿試の創設 新羅／高麗	平安時代 ●国風文化 935～941 承平・天慶の乱 ●地方で武士が台頭 ●摂関政治

歴史のスパイス　北方のヴァイキングとイスラーム商業圏は河川によって結ばれ、代表的な交易品にちなみ「クロテンの道」ともいわれる。

日本と世界 摂関政治と武士の登場

世紀前半には天皇による親政も行われたが、世紀後半には天皇の外戚である藤原氏が摂政や関白として政治の実権を握る**摂関政治**を展開した。一方、地方では貴族や大寺社の荘園が拡大した。また、各地の豪族などが武装し、武士として台頭し始め、平将門の乱なども発生した。同時代の世界でもマムルーク、ヨーロッパの騎士階級など武人階級が台頭し始めていた。

↑❶門番をする武士

➔❷宋船の復元模型

10世紀には、唐や渤海、新羅など周辺諸国が相次いで滅亡し、高麗や宋が建国された。高麗や宋は、日本に書状や使者を送って外交関係の構築を求めたが、日本はそのいずれをも受け入れなかった。一方、周辺国との交流や交易は、民間商人を中心にその後も活発に続けられた。

➲P.37

福岡市博物館蔵
制作者：蓮尾正博

歴史のスパイス　最も高級な毛皮はクロテンであり、ヨーロッパでは宝石と同様の価値があったとされ、日本の平安貴族も渤海から輸入されたものを競って求めた。

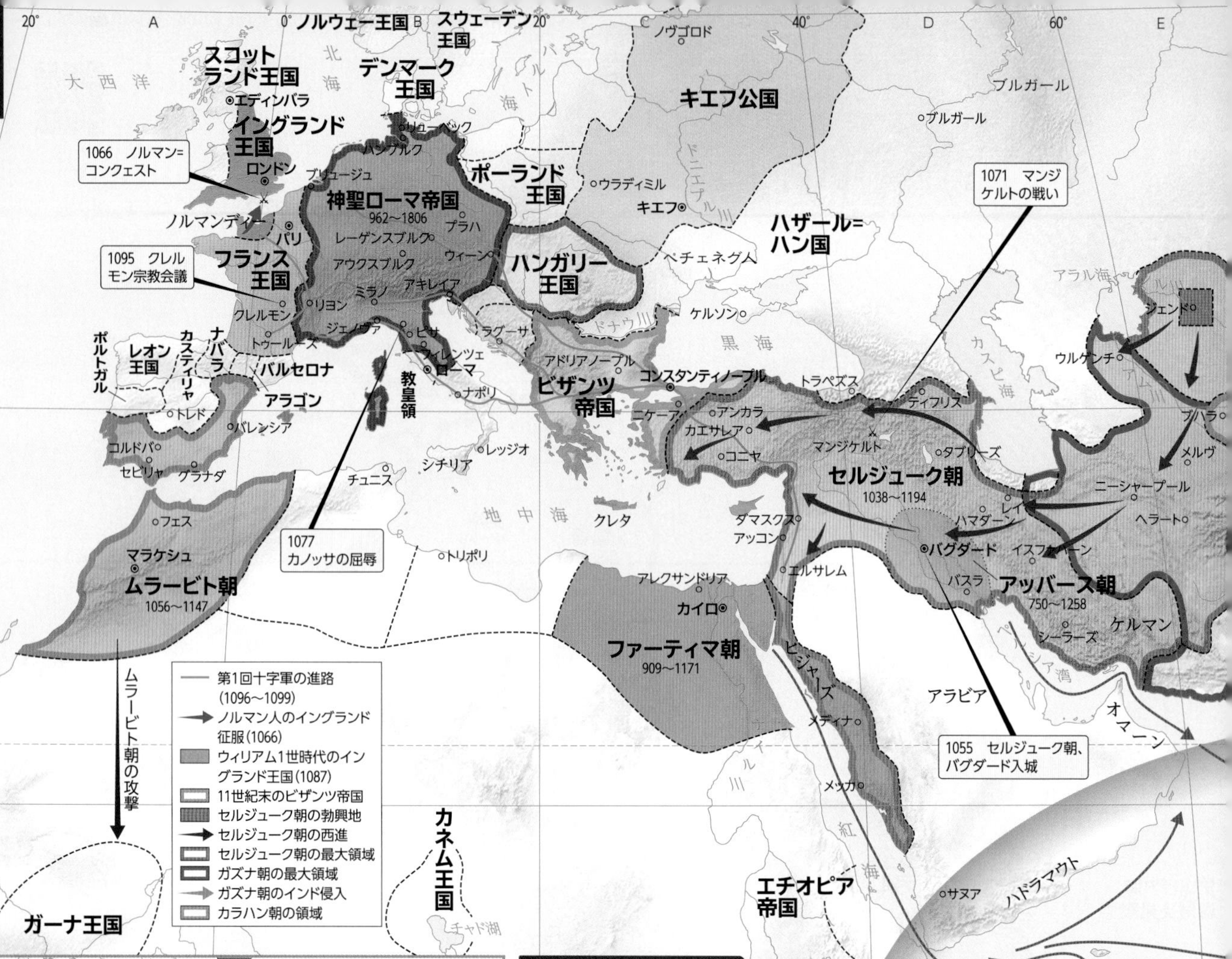

1066 ノルマン=コンクェスト

1095 クレルモン宗教会議

1077 カノッサの屈辱

1071 マンジケルトの戦い

1055 セルジューク朝、バグダード入城

ムラービト朝の攻撃

ダウ船（➡P.139）

第1回十字軍の進路（1096〜1099）
ノルマン人のイングランド征服（1066）
ウィリアム1世時代のイングランド王国（1087）
11世紀末のビザンツ帝国
セルジューク朝の勃興地
セルジューク朝の西進
セルジューク朝の最大領域
ガズナ朝の最大領域
ガズナ朝のインド侵入
カラハン朝の領域

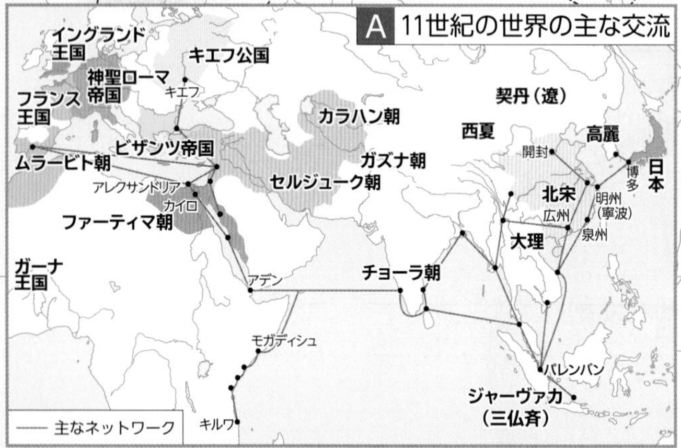

A 11世紀の世界の主な交流

―― 主なネットワーク

11世紀の交流・特徴

宋と北方民族 契丹や西夏は東西交通路をおさえて勢力を拡大。陸上交易路をおさえられた**北宋は江南開発と南海交易を行う**。日本とも民間での交易は継続する。

南海交易 インド洋交易と南シナ海交易が接続する東南アジアの港市や国家が繁栄。南インドのチョーラ朝は東南アジアまで進出する。

キリスト教世界とイスラーム諸王朝の再編と交流 東西両教会が分裂してキリスト教世界が分割。**紅海経由で地中海とイスラーム諸王朝をつなぐ交易でカイロが繁栄**。セルジューク朝が勢力拡大してビザンツ帝国を圧迫し、西ヨーロッパでは**十字軍**が組織され、**イタリア商人の地中海進出**が本格化する。

	西ヨーロッパ	東ヨーロッパ	イスラーム諸王朝	南・東南アジア	中央ユーラシア・東アジア	日本
11世紀の世界	1016 デンマーク王子クヌート、イングランド征服 1054 東西教会完全分離→ 1066 ノルマンディー公ウィリアム、イングランド征服（ノルマン=コンクェスト） ●叙任権闘争 ↓ 1077 カノッサの屈辱 1095 クレルモン宗教会議 1096〜99 第1回十字軍	ビザンツ帝国 1054 ギリシア正教会成立 1095 アレクシオス1世、十字軍を要請	後ウマイヤ朝 / ファーティマ朝（シーア派） / セルジューク朝 / ムラービト朝 / ガズナ朝 トルコ人の活躍 1038 セルジューク朝成立（〜1194） 1055 セルジューク朝、バグダード入城 スルタン制の成立 1071 セルジューク軍、エルサレム占領 1099 エルサレム王国建設	1009 李朝成立（ベトナム） ●チョーラ朝の東南アジア進出 1044 パガン朝成立（ビルマ）、上座仏教浸透	契丹（遼） / 西夏 / 宋 / 高麗 1004 澶淵の盟（契丹と講和） 1044 慶暦の和約（西夏と講和） 1069 王安石の改革始まる ●旧法党と新法党の党争	平安時代 1016 藤原道長、摂政となる 1086 院政始まる

歴史のスパイス 西夏がおさえた河西回廊は、北を砂漠、南を山脈に挟まれた、シルクロードと中国を結ぶ狭い交通路であり、古来より東西交通の重要な場所であった。

日本と世界　国風文化の成立

世紀前半には藤原氏による**摂関政治**が全盛期を迎えた。世紀後半には**院政**が始まるとともに、各地で武士団が勢力を拡大した。

9世紀末に遣唐使は停止されたが、大陸への関心や民間レベルでの交易は継続した。11世紀にはそれまでの中国文化を摂取・消化して日本の風土にあった**国風文化**が発展、日本固有の文字（「**かな文字**」）が生まれ、漢字とともに使用された。また、唐代に確立した**浄土教**もこの時代の日本で普及した。一方、女真の一派とみられる集団が対馬・壱岐・北九州を襲撃するという事件（「刀伊の入寇」）も発生した。

世界遺産

↑❶**平等院鳳凰堂**（京都・宇治）　藤原頼通が建立した阿弥陀堂。阿弥陀仏を信じ、極楽浄土に往生することを説く浄土教の普及とともに、各地に阿弥陀堂が建立された。©平等院

↓❷**源氏物語絵色紙帖**（若紫）　「かな文字」の発達により細やかな文章表現が可能となり、『源氏物語』をはじめとする古典文学が生み出された。一方、物語には工芸品や香木など「唐物」を好む貴族が描かれ、大陸への関心が変わらず高かったこともうかがえる。
京都国立博物館蔵

歴史のスパイス　「刀伊の入寇」では50隻の船団が襲来し、日本側は死者365人、連行された人は1,289人に上った。「トイ」とは朝鮮語で夷狄の意味である。

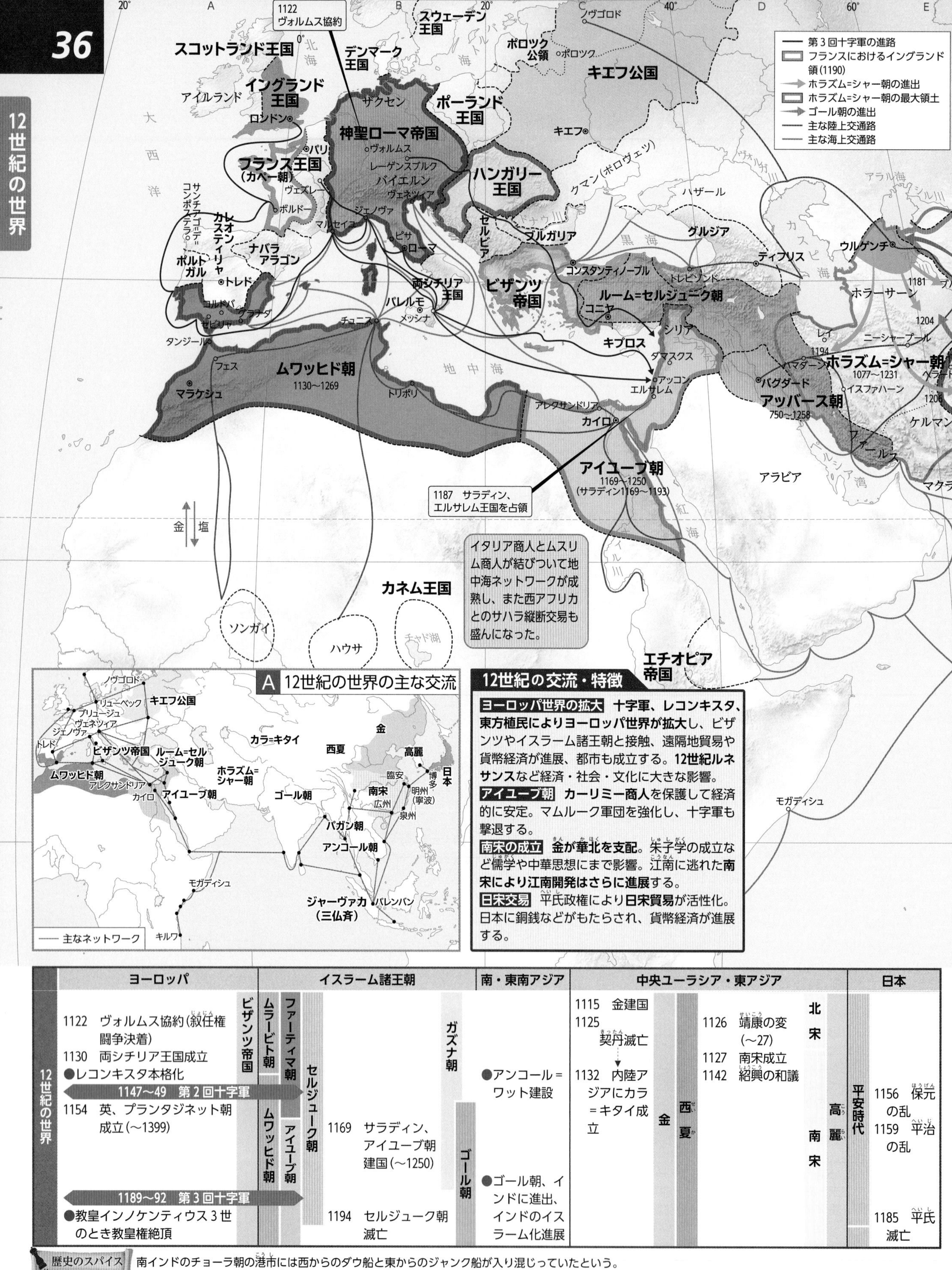

12世紀の交流・特徴

ヨーロッパ世界の拡大 **十字軍、レコンキスタ、東方植民によりヨーロッパ世界が拡大**し、ビザンツやイスラーム諸王朝と接触、遠隔地貿易や貨幣経済が進展、都市も成立する。**12世紀ルネサンス**など経済・社会・文化に大きな影響。

アイユーブ朝 **カーリミー商人**を保護して経済的に安定。マムルーク軍団を強化し、十字軍も撃退する。

南宋の成立 **金が華北を支配**。朱子学の成立など儒学や中華思想にまで影響。江南に逃れた**南宋により江南開発はさらに進展**する。

日宋交易 平氏政権により**日宋貿易**が活性化。日本に銅銭などがもたらされ、貨幣経済が進展する。

12世紀の世界	ヨーロッパ	イスラーム諸王朝	南・東南アジア	中央ユーラシア・東アジア	日本
	1122 ヴォルムス協約(叙任権闘争決着)			1115 金建国	
	1130 両シチリア王国成立			1125 契丹滅亡	
	●レコンキスタ本格化		●アンコール=ワット建設	1126 靖康の変(～27)	
	1147～49 第2回十字軍			1127 南宋成立	
	1154 英、プランタジネット朝成立(～1399)			1132 内陸アジアにカラ=キタイ成立	1156 保元の乱
		1169 サラディン、アイユーブ朝建国(～1250)		1142 紹興の和議	1159 平治の乱
	1189～92 第3回十字軍		●ゴール朝、インドに進出、インドのイスラーム化進展		1185 平氏滅亡
	●教皇インノケンティウス3世のとき教皇権絶頂	1194 セルジューク朝滅亡			
	ビザンツ帝国	ムラービト朝／ムワッヒド朝、ファーティマ朝／アイユーブ朝、セルジューク朝、ガズナ朝／ゴール朝		金、西夏、北宋／南宋、高麗	平安時代

歴史のスパイス 南インドのチョーラ朝の港市には西からのダウ船と東からのジャンク船が入り混じっていたという。

ユーラシア大陸の政治的混乱もあって海域を結ぶ交易規模は陸路より大きくなった。中国人によるジャンク船は東南アジアより西の南インド海域まで活動範囲を広げ、ムスリム商人の活動範囲と重なりあうようになる。

日本と世界

12世紀半ばには武士団の中から平氏が台頭し、**平清盛**が朝廷の実権を握った。11世紀以来**日宋貿易**は盛んであったが、南宋が成立してからはさらに通商が拡大した。平氏政権は大輪田泊(兵庫)を修築、海上交通をおさえ、日宋貿易で富を得た。宋からは**宋銭**や陶磁器、東南アジア由来の香木、書籍などがもたらされ、日本からは金や硫黄(火薬の原料)などが輸出された。　➔❶**硫黄**

日宋貿易の活性化　世界遺産

↑❷**厳島神社**(広島・宮島)　古くから航海の神として信仰されていたが、平清盛によって平氏の氏神となり、尊崇を集めた。

世界遺産

←❸**中尊寺金色堂**(岩手・平泉)　金を基調とした華麗な装飾が施されており、陸奥国(福島、宮城、岩手、青森各県と秋田県の一部)における豊かな金の産出を背景としている。**日宋貿易の決済品としても奥州産の金が使用された**。また、東南アジア産の紫檀やアフリカ産の象牙、南洋産の夜光貝も装飾品として使用され、国際交易を象徴する一面もある。中尊寺蔵

歴史のスパイス　瀬戸内海は大陸の窓口である北九州と京都を結ぶ海上交通の大動脈であり、多くの勢力が争う中、これを制した平家が経済的基盤を確保した。

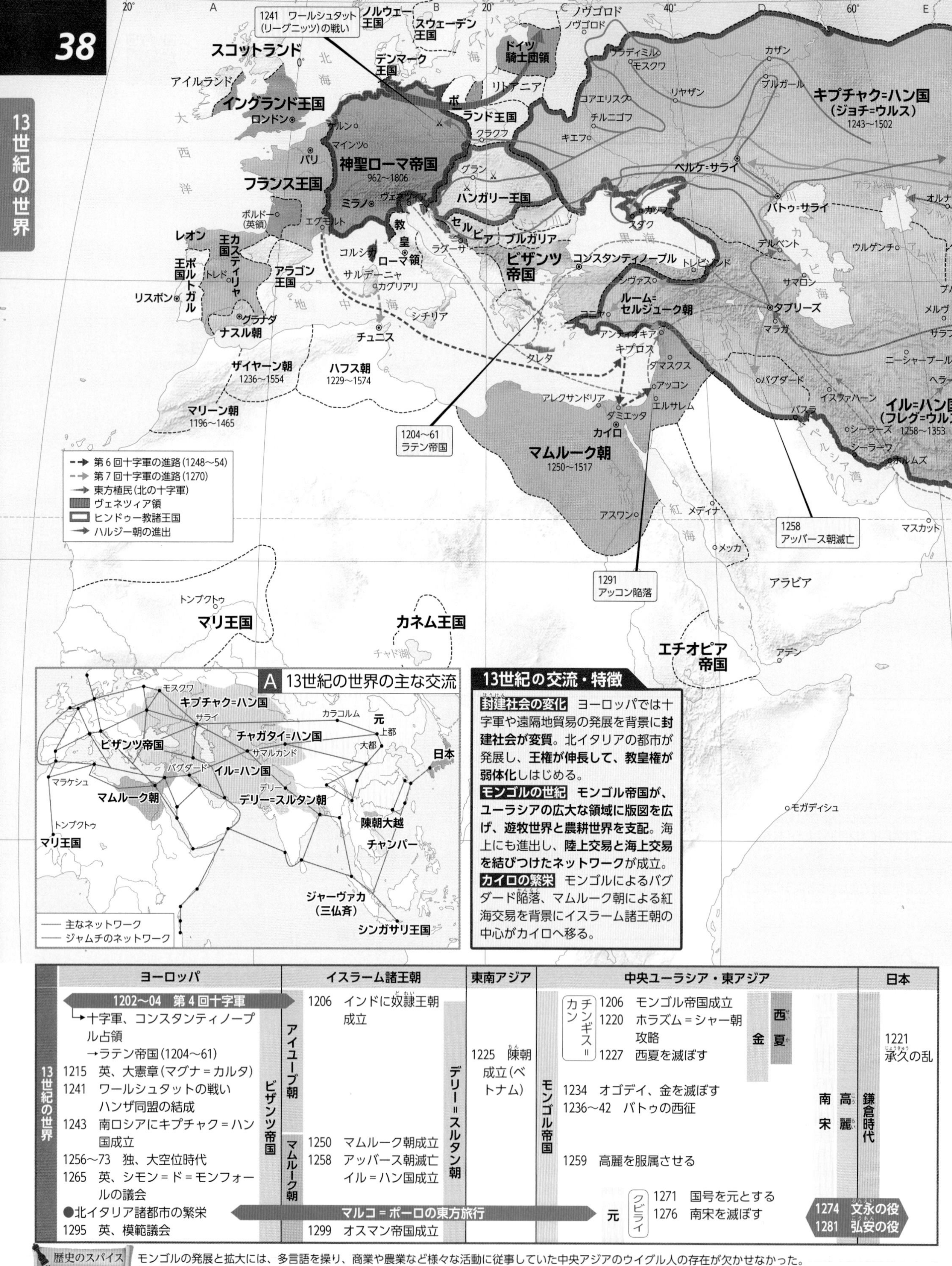

13世紀の交流・特徴

封建社会の変化 ヨーロッパでは十字軍や遠隔地貿易の発展を背景に**封建社会が変質**。北イタリアの都市が発展し、**王権が伸長して、教皇権が弱体化**しはじめる。

モンゴルの世紀 **モンゴル帝国が、ユーラシアの広大な領域に版図を広げ、遊牧世界と農耕世界を支配**。海上にも進出し、**陸上交易と海上交易を結びつけたネットワーク**が成立。

カイロの繁栄 モンゴルによるバグダード陥落、マムルーク朝による紅海交易を背景にイスラーム諸王朝の中心がカイロへ移る。

	ヨーロッパ		イスラーム諸王朝		東南アジア	中央ユーラシア・東アジア		日本
13世紀の世界	1202～04 第4回十字軍 →十字軍、コンスタンティノープル占領 →ラテン帝国(1204～61) 1215 英、大憲章(マグナ=カルタ) 1241 ワールシュタットの戦い ハンザ同盟の結成 1243 南ロシアにキプチャク=ハン国成立 1256～73 独、大空位時代 1265 英、シモン=ド=モンフォールの議会 ●北イタリア諸都市の繁栄 1295 英、模範議会	ビザンツ帝国	アイユーブ朝 マムルーク朝	1206 インドに奴隷王朝成立 1250 マムルーク朝成立 1258 アッバース朝滅亡 イル=ハン国成立 1299 オスマン帝国成立 (デリー=スルタン朝)	1225 陳朝成立(ベトナム)	モンゴル帝国 (チンギス=カン) 1206 モンゴル帝国成立 1220 ホラズム=シャー朝攻略 1227 西夏を滅ぼす 1234 オゴデイ、金を滅ぼす 1236～42 バトゥの西征 1259 高麗を服属させる 元 (クビライ) 1271 国号を元とする 1276 南宋を滅ぼす	金　西夏 南宋　高麗	鎌倉時代 1221 承久の乱 1274 文永の役 1281 弘安の役

マルコ=ポーロの東方旅行

歴史のスパイス モンゴルの発展と拡大には、多言語を操り、商業や農業など様々な活動に従事していた中央アジアのウイグル人の存在が欠かせなかった。

読み解き 遠征軍のルートが1回目と2回目で異なるのはなぜだろう。

クビライは、ムスリム商人を利用して海の交易を活発にするとともに、ユーラシア大陸の東西を結ぶ陸のネットワークを結びつけた。マルコ=ポーロの旅行はこの円環ネットワークを利用して可能となった。

日本と世界　文永・弘安の役

平氏政権に代わって12世紀末に**鎌倉幕府**を開いた源氏の将軍は3代で絶えた。北条氏が執権として幕府の実権を握り、朝廷との承久の乱を制して、武家政治を確立した。世紀後半、元のクビライが、朝貢の要求に応じず南宋と交易で結びついていた日本に攻撃を加えた。南宋滅亡後にも再び軍隊を送ったが、二度とも日本側の抵抗や折からの暴風などにより撤退した。

↑❶**文永の役**(1274)　朝貢を拒否した日本に対して、モンゴル・高麗連合軍が侵攻してきた。一騎打ち戦法をとる日本軍は、モンゴル軍の集団で弓を射る戦法や火器に苦戦した。『蒙古襲来絵詞』、宮内庁蔵

↑❷**出土した「てつはう」**　モンゴル襲来の際、モンゴル軍は火薬をつめた弾丸の「てつはう」を使用した。

歴史のスパイス　モンゴルの日本遠征当時、博多には1,000人を超す中国商人が居留地を築いていた。

1339～1453
百年戦争

1309～77
教皇のバビロン捕囚

1324～25
マンサ=ムーサの
メッカ巡礼

- イブン=バットゥータの旅行路
- ヴェネツィア領
- ビザンツ帝国領
- オスマン帝国の領域(1360)
- オスマン帝国の領域(14世紀末)

14世紀前半の交流・特徴

イブン＝バットゥータが14世紀に世界を広く旅することができたのは、モンゴル帝国やイスラーム商人によってはりめぐらされたネットワークのたまものであった。一方、アジア起源の**ペストは商業ネットワークに乗ってヨーロッパなどユーラシア各地に瞬く間に拡大**した。

14世紀後半の交流・特徴

14世紀の危機を背景に**モンゴル帝国が解体**し、**倭寇**の活動に代表されるように、交易ネットワークも混乱した。モンゴルの後継国家である**ティムール帝国**が勢力を拡大、危機に陥った大陸ネットワークの克服を試みた。**オスマン帝国**も成立し、明とともにアジアで巨大な帝国が相次いで成立した。明は倭寇対策として**海禁を実施、厳しい交易統制により朝貢と冊封を中心とした国際秩序の再建**を図る。

解説 14世紀の危機

14世紀の北半球は、**気候の寒冷化により食糧生産が減少し、飢饉や戦乱が相次いだ**。飢饉の増加やペストの流行はモンゴル帝国を弱体化させ、西ヨーロッパでは百年戦争や農民反乱を背景に封建社会が解体するなどユーラシア各地に大きな変化をもたらした。➔P.68

14世紀の世界	ヨーロッパ	イスラーム諸王朝	南・東南アジア	中央ユーラシア・東アジア	日本
	教皇権衰退・封建社会変質 / 英仏王権の強化へ / ビザンツ帝国(衰退) / キプチャク＝ハン国	マムルーク朝 / オスマン帝国 / イル＝ハン国 / チャガタイ＝ハン国 / ティムール帝国		元 / 北元 / 明 / 高麗 / 朝鮮	鎌倉時代 / 室町時代
	1302　三部会招集 1303　アナーニ事件 1309～77　教皇のバビロン捕囚 (仏王フィリップ4世) 1339～1453　百年戦争 (英王エドワード3世) ●黒死病(ペスト)の流行 1356　金印勅書発布 1358　ジャックリーの乱 1378～1417　教会大分裂 1381　ワット＝タイラーの乱 ●教会改革運動(ウィクリフ)	イブン＝バットゥータの旅行 圧迫 ●オスマン帝国、バルカン半島支配へ (ティムール) 1370　ティムール帝国成立 1398　インド侵入	1336　ヴィジャヤナガル王国成立 ●マラッカ王国、イスラームに改宗	1346　イブン＝バットゥータ来訪 1351～66　紅巾の乱 前期倭寇 (洪武帝) 1368　明成立 ●海禁政策 1388 1392　李成桂、朝鮮建国 1399～1402　靖難の役	1333　鎌倉幕府滅亡 1338　足利尊氏、征夷大将軍に就任 1392　南北朝の合一

歴史のスパイス　ペストの流行はヨーロッパ以外のシリアやエジプトでも多くの被害を出し、カイロでは1日1,000人以上が亡くなったという。

日本と世界　日元交易と倭寇

日本と元との間に正式な国交はなかったが、博多を中心とした民間による日元貿易は活発に行われた。元からは陶磁器や宋代以来の**銅銭**が日本にもたらされ、貨幣経済の発達をさらに促した。元が衰退し、日本も鎌倉幕府の滅亡と南北朝の動乱により海上の統制が緩むと、九州北部や瀬戸内、対馬などを根拠地とした武装集団が朝鮮半島や中国沿岸部で略奪などの海賊行為を行った(**前期倭寇**)。

↑❶新安沖沈没船の積荷　1976年、韓国の新安沖(朝鮮半島南西部沿岸)で、莫大な量の中国産の陶磁器や銅銭を積んだ沈没船が引き揚げられた。この船は、14世紀前半に、寧波から日本に向かった貿易船とみられている。

↓❷略奪・放火をする倭寇　実際には後期倭寇の図を描いたとされるが、中国による倭寇のイメージが垣間見える(➲P.191)。『倭寇図巻』東京大学史料編纂所蔵

歴史のスパイス　発見された沈没船は全長28m、幅約9mであり、中国製や高麗製の磁器1万8,600点、銅銭800万枚、香辛料などが積載されていた。

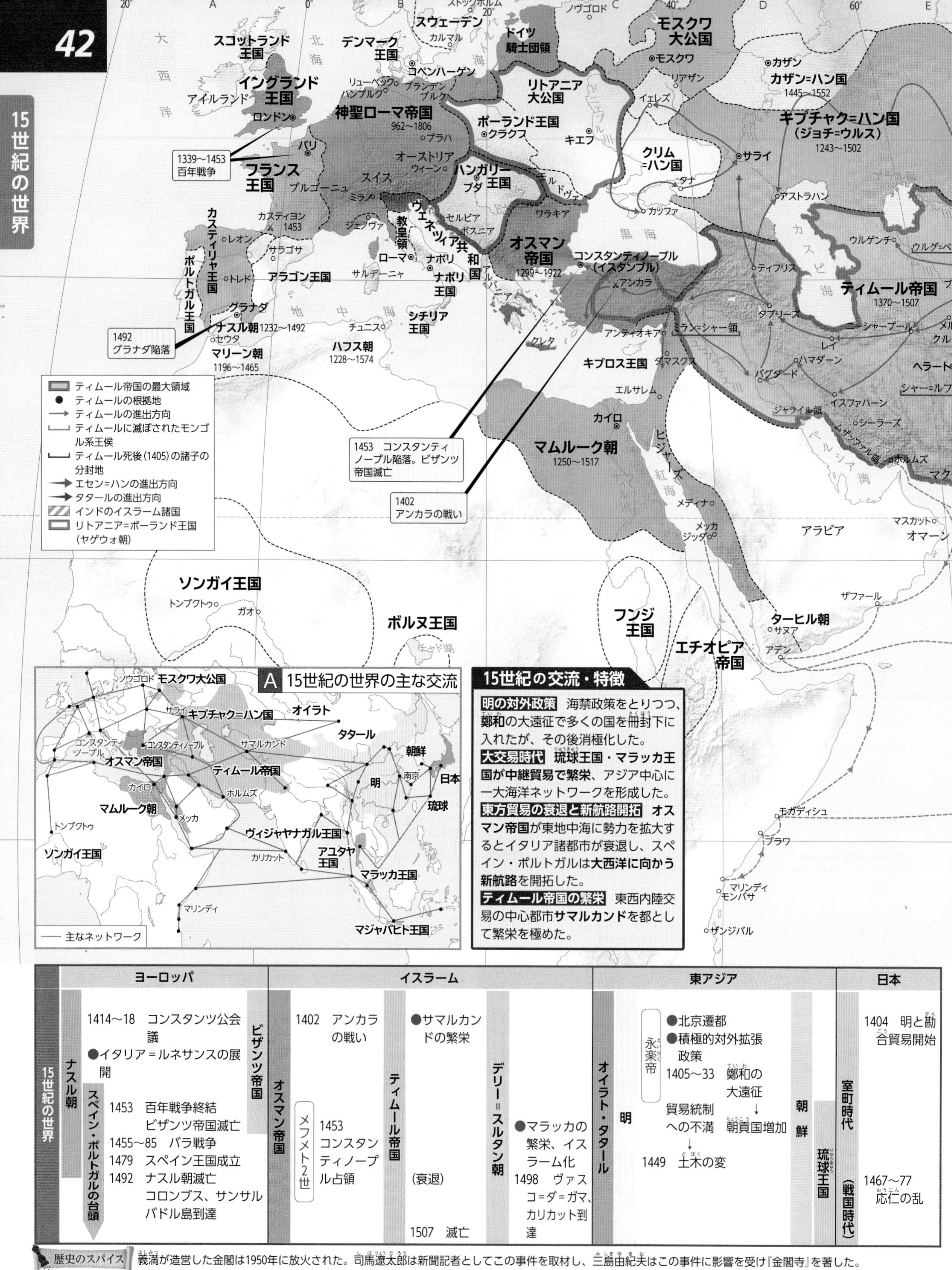

15世紀の交流・特徴

明の対外政策 海禁政策をとりつつ、**鄭和**の大遠征で多くの国を冊封下に入れたが、その後消極化した。

大交易時代 **琉球王国・マラッカ王国が中継貿易で繁栄**、アジア中心に一大海洋ネットワークを形成した。

東方貿易の衰退と新航路開拓 **オスマン帝国**が東地中海に勢力を拡大するとイタリア諸都市が衰退し、スペイン・ポルトガルは**大西洋に向かう新航路**を開拓した。

ティムール帝国の繁栄 東西内陸交易の中心都市**サマルカンド**を都として繁栄を極めた。

15世紀の世界	ヨーロッパ	イスラーム	東アジア	日本
	ナスル朝 / スペイン・ポルトガルの台頭 / ビザンツ帝国 1414～18 コンスタンツ公会議 ●イタリア＝ルネサンスの展開 1453 百年戦争終結 ビザンツ帝国滅亡 1455～85 バラ戦争 1479 スペイン王国成立 1492 ナスル朝滅亡 コロンブス、サンサルバドル島到達	オスマン帝国 / メフメト2世 / ティムール帝国 / デリー＝スルタン朝 1402 アンカラの戦い 1453 コンスタンティノープル占領 ●サマルカンドの繁栄 (衰退) 1507 滅亡 ●マラッカの繁栄、イスラーム化 1498 ヴァスコ＝ダ＝ガマ、カリカット到達	オイラト・タタール / 明 / 朝鮮 / 琉球王国 永楽帝 ●北京遷都 ●積極的対外拡張政策 1405～33 鄭和の大遠征 ↓ 朝貢国増加 貿易統制への不満 ↓ 1449 土木の変	室町時代 (戦国時代) 1404 明と勘合貿易開始 1467～77 応仁の乱

歴史のスパイス 義満が造営した金閣は1950年に放火された。司馬遼太郎は新聞記者としてこの事件を取材し、三島由紀夫はこの事件に影響を受け『金閣寺』を著した。

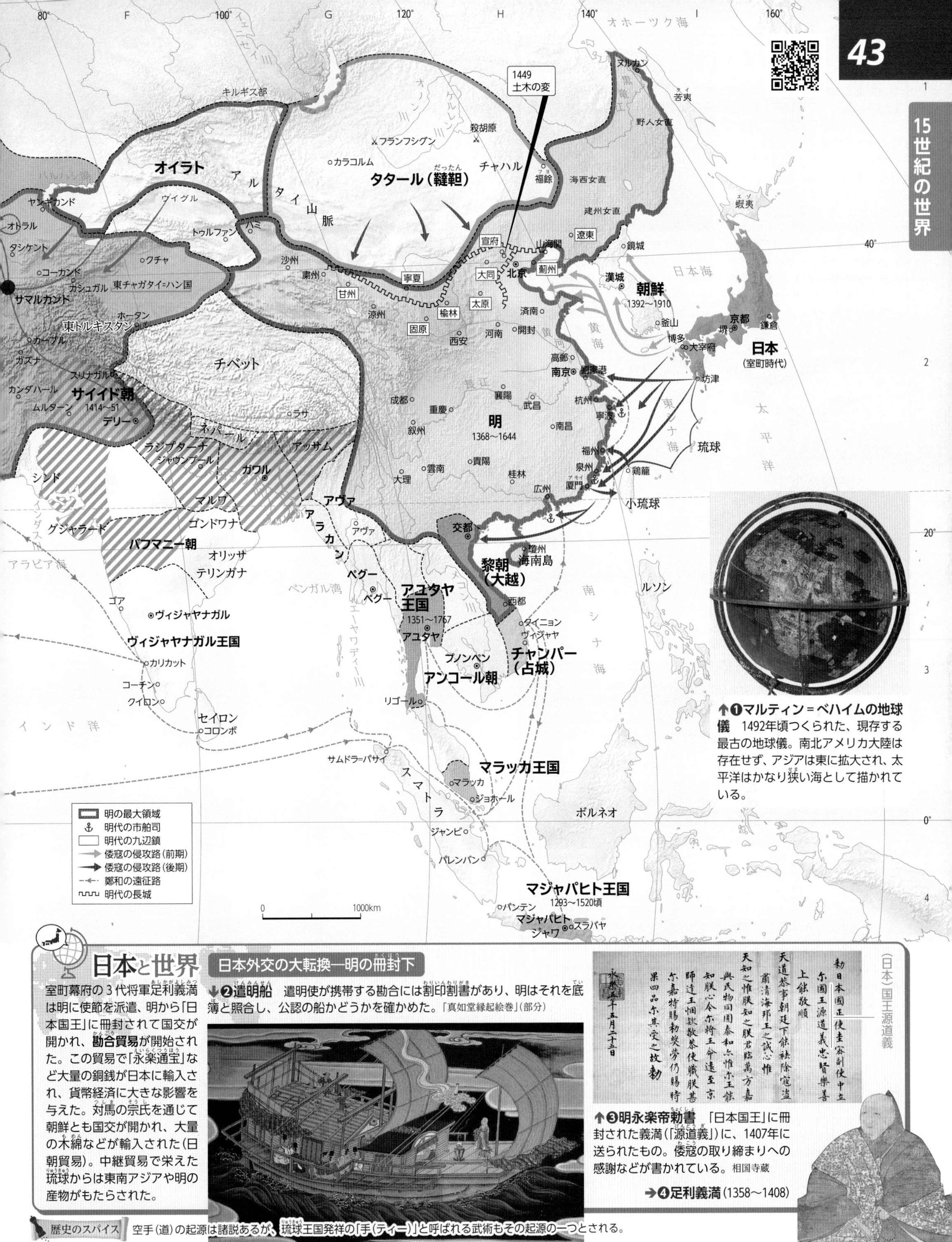

↑❶**マルティン＝ベハイムの地球儀**　1492年頃つくられた、現存する最古の地球儀。南北アメリカ大陸は存在せず、アジアは東に拡大され、太平洋はかなり狭い海として描かれている。

日本と世界

室町幕府の３代将軍足利義満は明に使節を派遣し、明から「日本国王」に冊封されて国交が開かれ、**勘合貿易**が開始された。この貿易で「永楽通宝」など大量の銅銭が日本に輸入され、貨幣経済に大きな影響を与えた。対馬の宗氏を通じて朝鮮とも国交が開かれ、大量の木綿などが輸入された（日朝貿易）。中継貿易で栄えた琉球からは東南アジアや明の産物がもたらされた。

日本外交の大転換―明の冊封下

↓❷**遣明船**　遣明使が携帯する勘合には割印割書があり、明はそれを底簿と照合し、公認の船かどうかを確かめた。「真如堂縁起絵巻」（部分）

勅日本國正使圭密副使中立
尓國王源道義忠賢樂善
上能敬順
天道恭事朝廷下能袪除寇盗
肅清海邦王之誠心惟
天知之惟朕知之朕君臨萬方嘉
與民物同囿泰和亦惟尓王能
知朕心今尓將王命遠至京
師達王悃款敬恭使職朕甚
尓嘉特賜勅奬勞仍賜時
果四品尓其受之故勅
永樂五年五月二十五日

（日本）国王源道義

↑❸**明永楽帝勅書**　「日本国王」に冊封された義満（「源道義」）に、1407年に送られたもの。倭寇の取り締まりへの感謝などが書かれている。相国寺蔵

→❹**足利義満**（1358～1408）

歴史のスパイス　空手（道）の起源は諸説あるが、琉球王国発祥の「手（ティー）」と呼ばれる武術もその起源の一つとされる。

日本と世界 ヨーロッパとの出会い

群雄割拠の戦国時代、**織田信長**は**鉄砲**を導入して天下統一を狙うとともに南蛮貿易を奨励し、異国情緒あふれる南蛮文化が広まった。貿易の利益を求めた西国大名らは次々に**キリスト教**に改宗、九州北部を中心にキリスト教が広まった。信長の後を継いだ**豊臣秀吉**は、キリスト教の布教を禁じたが、貿易は奨励したため、禁教は不徹底に終わった。全国統一を成し遂げた秀吉が**朝鮮侵略**を行った際には多くの陶工が日本に連行され、各地で磁器が生産されるようになった。

神戸市立博物館蔵

↑❶聖フランシスコ＝ザビエル像(部分) 1549年、マラッカで日本人ヤジロウ(アンジロー)と出会い鹿児島へ上陸したイエズス会宣教師。膨大な書簡を残し、日本が「銀の島」と呼ばれていることなども記している。

↑❷南蛮屛風 南蛮船が入港した先でバテレン(イエズス会宣教師、フランチェスコ会修道士ら)が船員らを出迎える様子。店で毛皮や絹織物、陶磁器などの貿易品が扱われる様子が描かれ、**貿易とキリスト教布教が一体**であったことがわかる。また、既存の仏教寺院を転用した南蛮寺(教会堂)や、秀吉らも好んで身につけたという独特な南蛮人の服装などもうかがうことができる。神戸市立博物館蔵

←❸長篠合戦(部分, 1575) ポルトガル人が伝え、日本で改良された鉄砲はその後の戦術に大きな変化をもたらした。東京国立博物館蔵

←❹キリシタン版『平家物語』 天正遣欧使節に同行した宣教師ヴァリニャーニが**活版印刷機**を日本に持ち帰り、それを用いて、長崎などで印刷された出版物。その後の禁教令により出版が中止される。一方、秀吉の朝鮮侵略により、朝鮮から導入した**銅活字**の技術は、その後の日本の出版物に影響を与えた。➲P.189 大英図書館蔵

↓堺は鉄砲の産地として、また勘合貿易の港として繁栄し、莫大な富を蓄えた会合衆と呼ばれる人々が市政を運営していた。

読み解き ヴィレラは堺のどのような点をヴェネツィアのようだととらえているだろう。

文献① 堺の繁栄(ガスパル＝ヴィレラの書簡より)

ここ堺の市は非常に大きく、有力な商人を多数擁し、ヴェネツィアと同様、執政官が治める共和国のような所である。……日本全国において、この堺の市ほど安全な場所はなく、他の国々にどれほど騒乱が起きようとも、当地においては皆無である。……市自体がいとも強固であり、その西側は海に、また東側は常に満々と水をたたえる深い堀によって囲まれている。……

(松田毅一監訳『16・7世紀イエズス会日本報告集第Ⅲ期1・2』同朋舎出版)

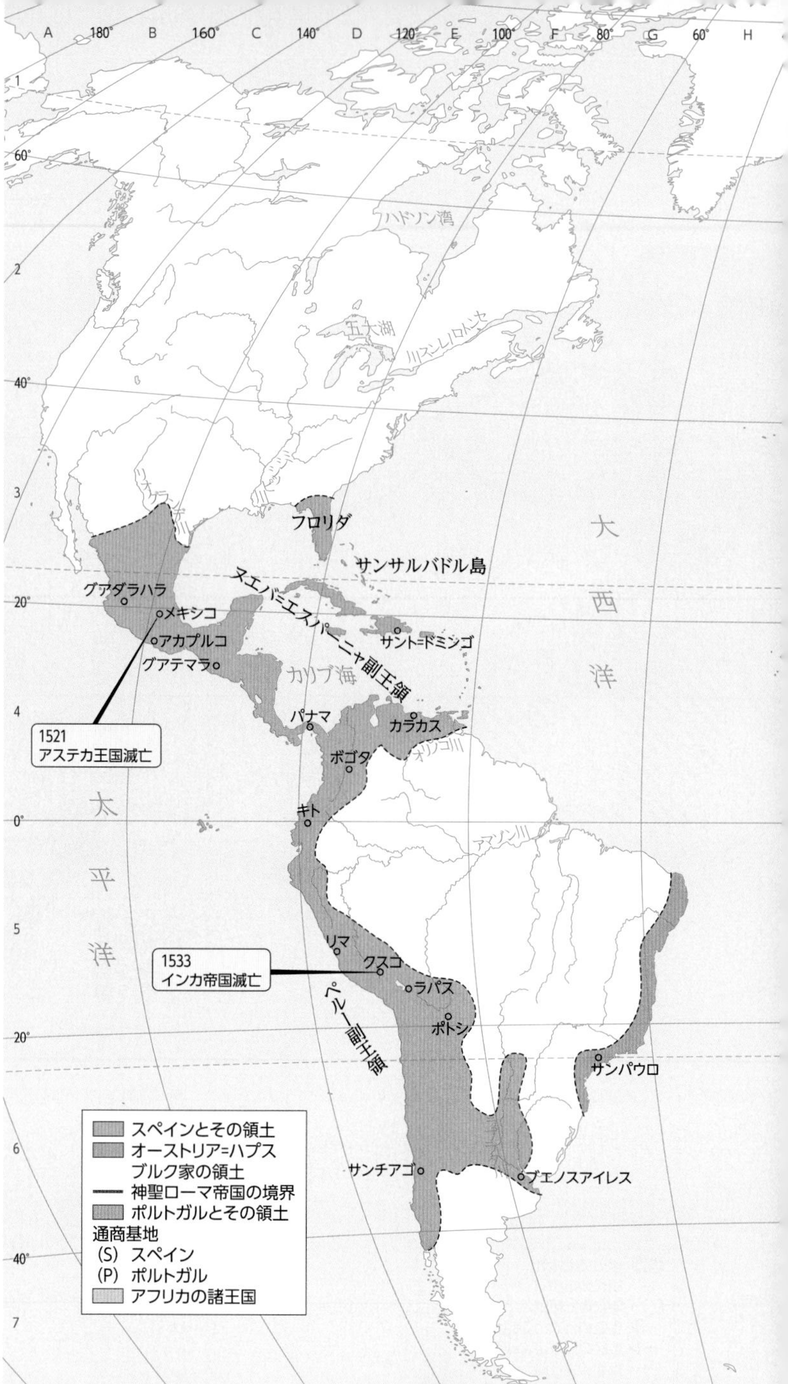

ハドソン湾　五大湖　ミシシッピ川　フロリダ　サンサルバドル島　大西洋　グアダラハラ　メキシコ　アカプルコ　グアテマラ　ヌエバ＝エスパーニャ副王領　サント＝ドミンゴ　カリブ海　パナマ　カラカス　オリノコ川　ボゴタ　キト　アマゾン川　太平洋　リマ　クスコ　ラパス　ポトシ　ペルー副王領　サンパウロ　サンチアゴ　ブエノスアイレス

1521 アステカ王国滅亡

1533 インカ帝国滅亡

凡例: スペインとその領土／オーストリア＝ハプスブルク家の領土／神聖ローマ帝国の境界／ポルトガルとその領土／通商基地 (S) スペイン (P) ポルトガル／アフリカの諸王国

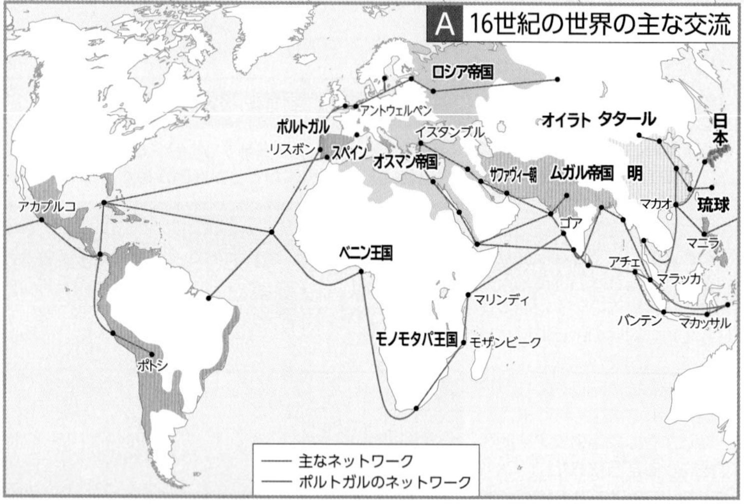

A 16世紀の世界の主な交流

ロシア帝国　アントウェルペン　ポルトガル　リスボン　スペイン　イスタンブル　オスマン帝国　サファヴィー朝　ムガル帝国　明　オイラト　タタール　日本　琉球　マカオ　ゴア　マニラ　アチェ　マラッカ　バンテン　マカッサル　マリンディ　モザンビーク　モノモタパ王国　ベニン王国　アカプルコ　ポトシ

―― 主なネットワーク　―― ポルトガルのネットワーク

歴史のスパイス パンやカステラ、コンペイトウ、カッパなどは、室町～安土桃山時代の日本にヨーロッパから伝わり、そのまま日本語となったものである。

1555 アウクスブルクの和議

1517 ルターの宗教改革始まる

1588 スペイン無敵艦隊の敗北

1581 イェルマークのシベリア遠征

1514 チャルディランの戦い

1529 第1次ウィーン包囲

1571 レパントの海戦

1517 オスマン帝国、マムルーク朝を滅ぼす

1526 バーブル、ムガル帝国建国

ポルトガル人、種子島に漂着

ロシア帝国　スウェーデン　ノルウェー　デンマーク　スコットランド　イングランド　アイルランド　ロンドン　ドイツ騎士団領　モスクワ　カザン　トボリスク　プロイセン公国　神聖ローマ帝国　パリ　ナント　フランス　クリム=ハン国　アストラハン　ポルトガル　マドリード　リスボン　スペイン　イスタンブル　オスマン帝国　サード朝モロッコ　チュニス　地中海　黒海　ダマスクス　エルサレム　カイロ　エジプト　ヒジャーズ　メディナ　メッカ　タブリーズ　バグダード　イスファハーン　サファヴィー朝　バスラ　ホルムズ島(1507P)　マスカット(1507P)　オマーン　アデン　ヒヴァ=ハン国　ヒヴァ　シャイバーン朝　サマルカンド　カシュガル　カシュガル=ハン国　ガズナ　パーニーパット　デリー　ラージプート　シンド　アグラ　ムガル帝国　アラビア海　ゴア(1510P)　ヴィジャヤナガル　カリカット(P)　ヴィジャヤナガル王国　コロンボ(1518P)　セイロン(1506P)　ベンガル湾　オイラト　ビシュバリク　トゥルファン　カラコルム　タタール(韃靼)　女真(女直)　帰化城　北京　甘州　寧夏　太原　青海　チベット　ラサ　開封　西安　明　南京　成都　杭州　福州　泉州　雲南　広州　マカオ(1557P)　朝鮮　漢城　釜山　日本　京都　堺　長崎　種子島　琉球　台湾　黄海　東シナ海　南シナ海　日本海　オホーツク海　アラカン　タウングー朝　ラオス　黎朝(大越)　ペグー　アユタヤ王国　アユタヤ　広南　チャンパー　カンボジア　ルソン　マニラ(1571S)　ブルネイ(1521S)　ミンダナオ　マラッカ王国　マラッカ(1511P)　アチェ王国　スマトラ　ボルネオ　メナド(1540P)　テルナテ(1522P)　モルッカ諸島　スラウェシ　アンボイナ(1511P)　マカッサル(1525P)　バンテン　ジャワ　バンテン王国　マタラム　マタラム王国　ティモール　インド洋　太平洋　トンブクトゥ　ガオ　ソンガイ王国　ジェンネ　ハウサ諸国　ボルヌ王国　ワダイ王国　ベニン王国　ベニン　エチオピア帝国　モガディシュ　マリンディ　モンバサ　ザンジバル　キルワ　コンゴ王国　ルンダ王国　ルバ王国　モザンビーク　モノモタパ王国　ジンバブエ　ソファーラ　ヴィクトリア湖

0　3000km

16世紀の交流・特徴

世界の一体化　マニラ拠点の**スペイン**、**マラッカ**や**マカオ**拠点の**ポルトガル**がアジア交易に参入し、**「大航海時代」**が本格化。アメリカ大陸ではアステカ王国やインカ帝国が滅亡した。メキシコ銀や日本銀は世界で流通し、明の税制や、ヨーロッパの価格革命にも影響を及ぼした。

北虜南倭と銀　明周辺では後期倭寇が増加、北方からはモンゴル勢力が侵入をくり返した(**北虜南倭**)。その軍事費は**銀**でまかなわれたため、明の財政は逼迫した。

海外布教と貿易　対抗宗教改革の先頭に立った**イエズス会**は、カトリック布教のため海外に宣教師を派遣、ヨーロッパのアジア貿易参入とともに布教を拡大させた。

イスラーム帝国鼎立　**オスマン帝国・サファヴィー朝・ムガル帝国**のイスラーム3帝国が鼎立。互いに争いながらも東西交易の拠点として**イスタンブル**などの都市が大いに繁栄した。

	アメリカ	ヨーロッパ	西アジア	南・東南アジア	東アジア	日本
16世紀の世界	1521　コルテス、アステカ王国征服 1533　ピサロ、インカ帝国征服 1545　ポトシ銀山の採掘開始 ●イエズス会による布教(カトリック)	スペインの盛期(フェリペ2世) **宗教改革の時代** 1517　ルター、九十五カ条の論題発表 1534　英、国王至上法　イエズス会創設 1536　カルヴァン『キリスト教綱要』 1555　アウクスブルクの和議 1562～98　ユグノー戦争 1568～1609　オランダ独立戦争 1571　レパントの海戦 1588　スペイン無敵艦隊、英に敗北	オスマン帝国(スレイマン1世)／サファヴィー朝(アッバース1世) 1514　チャルディランの戦い 1517　マムルーク朝滅亡 1529　第1次ウィーン包囲 1538　プレヴェザの海戦 ●地中海支配 敗北 1598　サファヴィー朝、イスファハーン遷都	**ポルトガルの進出** 1510　ゴア占領 1511　マラッカ占領 ムガル帝国(アクバル) 1526　ムガル帝国成立。バーブル即位 1558　アグラに遷都 ●ジズヤ廃止 1571　スペイン人、マニラ建設	明(万暦帝)／朝鮮(両班の台頭→党争) **明の衰退** 1517　ポルトガルの使節来航 ●北虜南倭 **後期倭寇** 1550　タタール、北京占領 1557　ポルトガルにマカオ居住権 ●メキシコ銀・日本銀の流入→一条鞭法	室町時代(戦国時代) 1526　石見銀山採掘開始 ●鉄砲伝来 1547　最後の遣明船 1549　ザビエル、キリスト教布教 1575　長篠合戦 安土桃山時代 1592～93 1597～98　豊臣秀吉、朝鮮侵略

歴史のスパイス　太平洋(Pacific Ocean)の由来は、マゼランがラテン語でMare Pacificum(「平穏な海」の意味)と名づけたことによる。

日本と世界 朱印船貿易から「4つの口」へ

戦国の動乱を収め、**江戸幕府**を開いた**徳川家康**は、海外貿易を推進し、豊臣秀吉から続く**朱印船貿易**(➡P.187)を発展させた。やがて幕藩体制を確立させた幕府は、キリスト教禁止などの理由で「鎖国」とも呼ばれる対外貿易独占体制に移行していった。世紀後半には政治の安定と経済の発展を背景に、商業の盛んな大坂を中心に元禄文化が花開いた。

文献① オランダ商館長カロンの見た日本(1645)

皇帝[将軍]は日本臣民たる者外国に行くべからずと命ずるに至った。その理由としては……皇帝の名誉は高大で外国人によって寸毫なりと傷つけられるを欲せざること……他の理由は武器の外国に輸出せられざるためである。……最後のそうして最も主な理由は、外国へ行く臣民が耶蘇教[キリスト教]の信仰に染まぬためであり、また帰朝[帰国]してこれを伝播せぬためである。 (カロン著、幸田成友訳『日本大王国志』平凡社)

読み解き カロンは、江戸幕府が日本人の海外渡航を禁じた主な理由をどのように述べているだろう。

A 4つの外交窓口

←国交回復した**朝鮮**、薩摩支配下の**琉球**からは通信使や使節が派遣されるなど、各国王と徳川将軍との関係は強かった。**中国・オランダ**とは、相手君主と将軍間に直接の関係はないものの、特に中国とは16世紀に国交が途絶えた後も通商が継続された。**蝦夷地(アイヌ)**との関係は政治権力を持たない人々を相手とした。朝鮮や琉球は中国に朝貢し、オランダは世界にネットワークを広げ、アイヌは広く北方地域とつながっていた。「鎖国」により、世界と遮断されたわけではなかった。

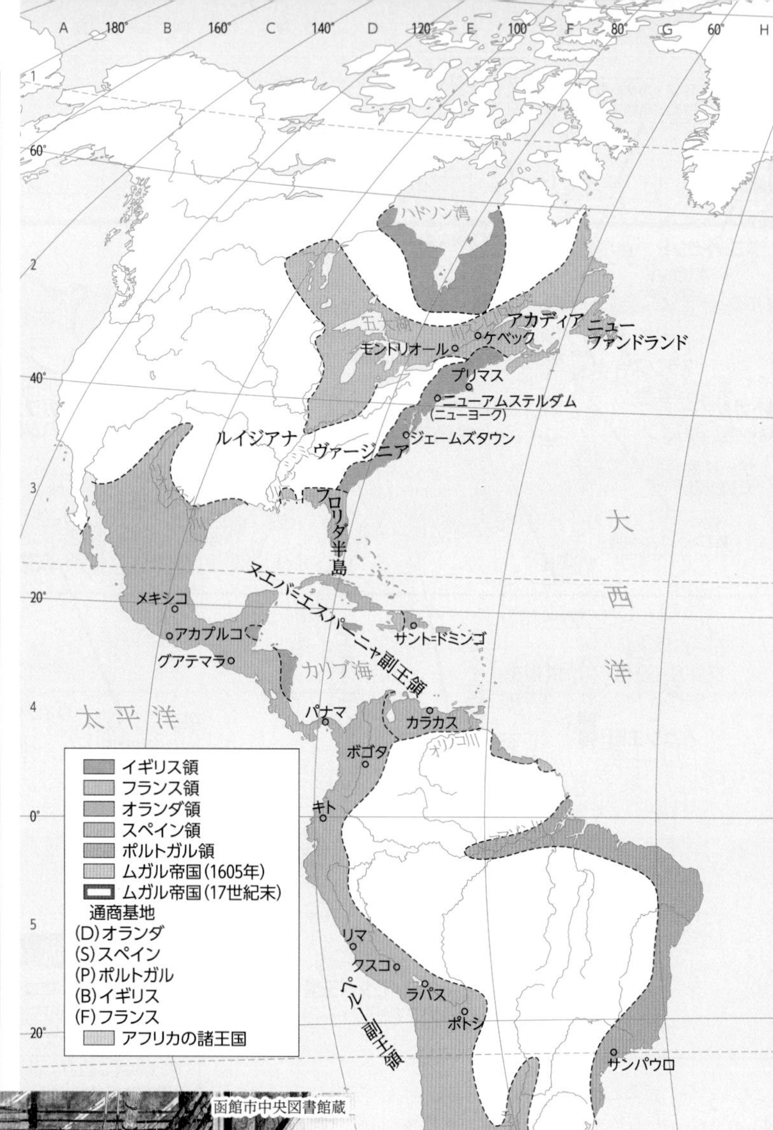

↓❶**アイヌのウイマム(謁見儀礼)**(「蝦夷国風図絵」) アイヌは、千島列島やサハリン、アムール川下流域の人々と交易を行い、ラッコの毛皮や蝦夷錦(中国産錦織)などの産物をもたらした。幕府から交易の独占権を認められた松前藩はアイヌに不当な交易を押しつけ、政治的支配を強めた。

読み解き アイヌは誰に対し、どのような立場でウイマムを行っているだろう。

函館市中央図書館蔵

↓❷「**長崎港図**」(部分) 神戸市立博物館蔵

A 17世紀の世界の主な交流

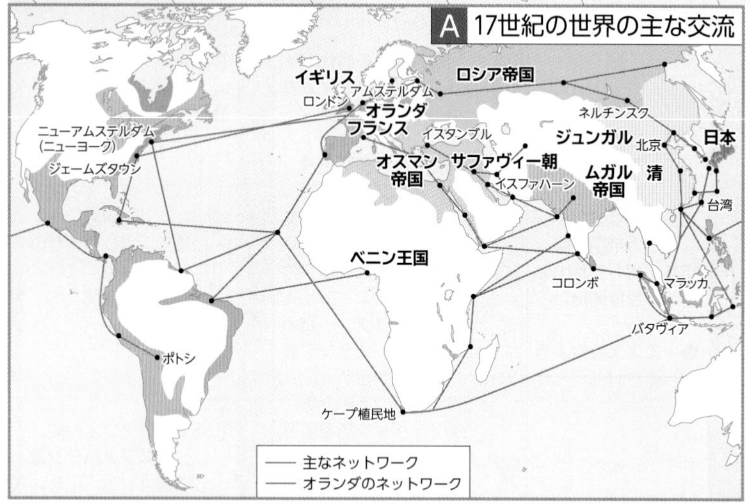

17世紀の交流・特徴

オランダの覇権 造船・海運業で栄え、**東インド会社**によるアジア交易や大西洋貿易、バルト海貿易の中心となる。イギリスは東南アジアから駆逐され、インド方面へ進出を図った。

大交易時代の終焉 禁教・金銀流出などを理由に「鎖国」に向かった**日本**と、明清交替の混乱を経て海禁を強化した**清**が、自由なアジア海洋ネットワークから離脱し、中国への銀の流入も減少した。

植民地獲得競争開始 立憲王政を確立した**イギリス**、絶対王政最盛期の**フランス**が、重商主義を背景に植民地を拡大し、**北米やインドにおける対立**に発展。ラテンアメリカではプランテーションを拡大した。

イスファハーンの繁栄 東西の陸上・海上交易の結節点として世界中の商人・旅人が集結し、「**世界の半分**」と称され、繁栄した。

社会不安の拡大 気候寒冷化や飢饉、疫病の蔓延、三十年戦争など戦乱の多発が社会不安を生んだ(**17世紀の危機**)。

九州国立博物館蔵

↑❸朱印状(渡航許可証) 幕府は海外へ渡航して貿易を行う商人らに朱印状を与えた。海外に移住する日本人が増えると南方各地に**日本町**が形成され、山田長政らが活躍した。

17世紀の世界	アメリカ	ヨーロッパ	西アジア	南・東南アジア	東アジア	日本
	1607 英、ヴァージニア植民 1620 ピューリタン、プリマス上陸 1664 英、ニューアムステルダム獲得 1682 仏、ルイジアナ植民 1689～97 ウィリアム王戦争	オランダの繁栄 1602 蘭、東インド会社設立 1618～48 三十年戦争 17世紀の危機 1642～49 英、ピューリタン革命 1648 ウェストファリア条約 1648～53 フロンドの乱 1651 航海法→イギリス=オランダ(英蘭)戦争(1652～54) フランスの栄光 ルイ14世 ●コルベールの重商主義 ●ヴェルサイユ宮殿造営 1688～89 英、名誉革命 ロシアの拡大 ピョートル1世	オスマン帝国 / サファヴィー朝 ●地中海の覇権失う ●イェニチェリの横暴 ●封建勢力割拠→オスマン帝国衰退へ 1683 第2次ウィーン包囲(失敗) 1699 カルロヴィッツ条約	ムガル帝国 1619 バタヴィア建設 1623 アンボイナ事件 ●タージ=マハル廟造営 アウラングゼーブ ●ジズヤ復活 ●ヒンドゥー教徒抑圧 ●英、マドラス・ボンベイ・カルカッタ進出	明 1616 ヌルハチ、後金建国 1631～45 李自成の乱 1644 李自成、北京入城。明滅亡 清 康熙帝 1673 三藩の乱 1683 台湾の鄭氏降伏 1689 ネルチンスク条約(露清国境画定) 朝鮮(37～清に服属)	江戸時代 1603 江戸幕府成立 1639 ポルトガル船来航禁止 ●元禄文化

歴史のスパイス 唐人屋敷も外界と遮断されていたものの、出島に比べ比較的出入りが容易で、今も続くペーロン(船競漕の行事)や蛇踊りにその名残がみられる。

日本と世界 「鎖国」下の貿易と蘭学

「鎖国」下の貿易における金銀流出を懸念した幕府は、長崎での清・オランダとの貿易制限政策をとった。生糸や絹織物などの輸入が減る一方**国産化**が進み、商品作物の生産や農閑期の副業が発展し、発達した交通網を通じて日本各地に広がった。一方、窮乏した財政再建をめざし、8代将軍**徳川吉宗**による**享保の改革などの幕政改革**が行われた。吉宗による漢訳洋書の輸入制限緩和は、ヨーロッパの学問への関心を高め、**洋学**(**蘭学**)が発達した。ヨーロッパでも日本から帰国した人々によって日本の様子が伝えられ、ドイツ人医師ケンペルの著した『日本誌』は、18世紀のヨーロッパの日本観に大きな影響を及ぼした。

	船数制限	貿易額の制限	支払い額の制限
清船	年30隻	銀6,000貫	銅300万斤
オランダ船	年2隻	銀3,000貫	銅150万斤

読み解き 貿易を制限したのはなぜだろう。

↑ⓐ **海舶互市新例**(1715)**による貿易制限** 清船の長崎入港数を信牌(貿易許可証)を与えて制限した。決済は、銅や海産物を詰めた**俵物**で行われた。貨幣鋳造のための銅、高級食材としての俵物は、いずれも清で需要が高かった。

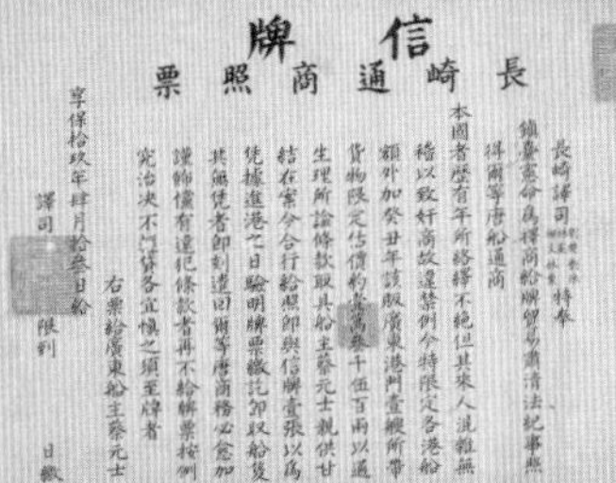
信牌
長崎通商照票

→❶**清船に与えた信牌**(1734[享保19]年のもの) 東京大学史料編纂所蔵

↓❷**長崎での輸入品計量**(『唐蘭館絵巻』) 荷揚げされた砂糖などの輸入品を天秤で計量する様子。台湾や東南アジア産の砂糖がオランダや清から輸入されるだけでなく、薩摩藩を通じ琉球・奄美群島からも流入し、過酷な搾取による黒糖生産が、拡大する砂糖消費を支えた。

長崎歴史文化博物館蔵

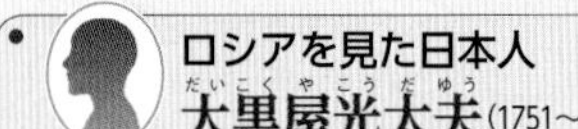

→❸**杉田玄白**(1733～1817) 西洋医学の解剖書『ターヘル＝アナトミア』の正確さに驚き、前野良沢らとともに翻訳し、漢文で『解体新書』を著した。その過程で神経、軟骨などの訳語が生み出された。

ロシアを見た日本人
大黒屋光太夫(1751～1828)

伊勢から江戸に向かった船頭の大黒屋光太夫は、1783年にアリューシャン列島に漂着した。光太夫は植物学者エリク＝ラクスマンの勧めでシベリアを横断。ロシア皇帝**エカチェリーナ2世**に謁見して帰国の許可を得た。帰国にはラクスマンの次男アダムが同行し、1792年、一行は北海道の根室に到着した。帰国後は江戸で11代将軍家斉に謁見し、生涯江戸で暮らした。

↓❹**根室に到着した一行** 光太夫送還・**ラクスマン**来航の背景の一つに、東方進出によって獲得したクロテンやラッコなどの高級毛皮資源の市場開拓という目的があった。しかし、**19世紀以降乱獲などが原因で北太平洋の毛皮争奪戦は終焉**を迎え、ロシアによるアメリカへのアラスカ売却(1867)につながっていく。

ハドソン湾
アカディア
ニューファンドランド
モントリオール
ケベック
ボストン
ニューヨーク
フィラデルフィア
セントルイス
ルイジアナ
1776 アメリカ独立宣言
ニューオーリンズ
フロリダ
大西洋
グアダラハラ
メキシコ
ヌエバ=エスパーニャ副王領
サン=ドマング(ハイチ)
サントドミンゴ
ジャマイカ
グアテマラ
カリブ海
パナマ
カラカス
ギアナ
ボゴタ
ヌエバ=グラナダ副王領
キト
太平洋
ペルー副王領
リマ
クスコ
ラパス
ブラジル
リオ=デ=ラプラタ副王領
リオデジャネイロ
サンパウロ
サンチアゴ
ブエノスアイレス

- イギリス領
- フランス領
- オランダ領
- スペイン領
- ポルトガル領
- 1776年に独立した13州
- 神聖ローマ帝国の境界(1763)
- アフリカの諸王国

A 18世紀の世界の主な交流

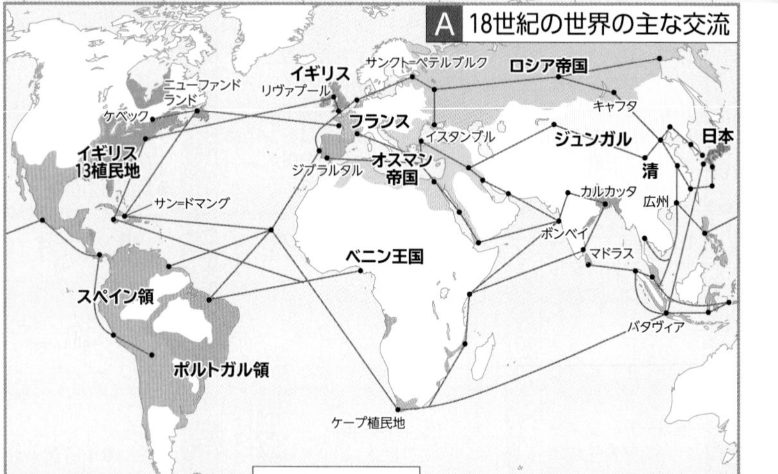

ニューファンドランド
ケベック
イギリス13植民地
サン=ドマング
イギリス
リヴァプール
サンクト=ペテルブルク
ロシア帝国
キャフタ
フランス
イスタンブル
ジブラルタル
オスマン帝国
ジュンガル
日本
清
広州
カルカッタ
ボンベイ
マドラス
バタヴィア
ベニン王国
スペイン領
ポルトガル領
ケープ植民地
―― 主なネットワーク

18世紀の交流・特徴

大西洋三角貿易 **英仏植民地戦争**に勝利したイギリスは奴隷貿易中心の貿易網を拡大し、アフリカの人口減・経済停滞を誘発した。

国際商品と生活革命 ヨーロッパで砂糖やコーヒー、綿織物、茶など**国際商品**への需要が高まり、生活全般に変化をもたらした。

産業革命 大西洋三角貿易を背景に綿製品国産化（**輸入代替**）の過程でイギリスから展開し、社会に大きな変容をもたらした。

イスラーム諸帝国の衰退 ヨーロッパ諸国の外圧によって、オスマン帝国の領土が縮小し、インドではイギリス支配が確立した。

環大西洋革命 経済的結びつきや啓蒙思想の広まりを背景として、産業革命、アメリカ独立革命、フランス革命、ハイチの黒人奴隷蜂起などが**大西洋を挟んで発生**した。

ロシアの大陸ネットワーク 黒海・バルト海・極東方面に領土を拡大。西方では台頭する普墺の啓蒙専制君主らとポーランドを分割し、東方では最盛期の清との間で国境を画定させた。

	アメリカ	ヨーロッパ	西アジア	南・東南アジア	東アジア	日本
18世紀の世界	英仏植民地争奪 アン女王戦争（1702～13） ジョージ王戦争（1744～48） フレンチ＝インディアン戦争（1755～63） →英の勝利 1775～83 独立戦争 1776 独立宣言 1783 パリ条約 1787 憲法制定	主権国家体制の展開 1700～21 北方戦争 1701～13 スペイン継承戦争 1740～48 オーストリア継承戦争（普、シュレジエン領有） 1756～63 七年戦争（墺と仏が同盟） 1763 パリ条約 ●イギリス産業革命始まる 1789～99 フランス革命 ●人権宣言 ●ナポレオンのエジプト遠征 啓蒙専制主義（フリードリヒ2世・エカチェリーナ2世）	オスマン帝国（動揺） ●チューリップ時代 ●アラビア半島でワッハーブ運動 ●ロシアの黒海進出 1796 イランにガージャール朝成立 サファヴィー朝→アフガン人の支配	ムガル帝国 ●シク教徒の反乱 ●マラーター同盟拡大 ●英仏の対立 ↓ 1757 プラッシーの戦い →英の覇権 1765 英、ベンガル地方の徴税権獲得	清（清の繁栄） 康熙帝 1713 盛世滋生人丁施行 ●地丁銀 雍正帝 ●キリスト教禁止 1727 キャフタ条約 乾隆帝 1757 ヨーロッパ貿易を広州に限定 1758 ジュンガルを平定 1793 マカートニー（英）来航 朝鮮（清に服属）	江戸時代 1715 海舶互市新例 1716～45 享保の改革 1787～93 寛政の改革 1792 ラクスマン（露）来航

歴史のスパイス 18世紀半ばにイギリスのハリソンが航海用の携帯時計（クロノメーター）を発明し、太平洋探検を行ったクックもこれを携行した。

日本と世界 「鎖国」の動揺

日本近海にヨーロッパ諸国の船舶が頻繁に来航する中、江戸幕府は強硬策に転換(**異国船打払令**)し、幕府の対外政策を批判する者らを処分した(蛮社の獄)。しかし、直後の**アヘン戦争**の衝撃は大きく、再び融和策に転じたが(**天保の薪水給与令**)、オランダ国王の開国勧告には応じなかった。国内でも深刻な飢饉により百姓一揆や打ちこわしが相次ぎ、天保の改革を行うも失敗した。一方、薩摩藩や長州藩といった西国の雄藩は、**藩政改革**を行って財政再建に成功した。

➔❶**レザノフ**(1764〜1807) ラクスマンに交付された信牌を持って1804年に長崎に来航したロシア使節。日本との通商を要求するも幕府はこれを拒否。レザノフは部下に命じて、樺太・択捉を襲撃させた(文化露寇)。

➔❷**フェートン号** 1808年、イギリス船フェートン号がオランダ国旗を掲げて長崎に入港し、オランダ商館員を人質に薪水・食料を得た後、退去した。**ナポレオン戦争中**の当時、オランダはフランスの衛星国とされており、その海外拠点や船舶を、敵対するイギリスが攻撃していたことから、この事件が起きた。

長崎歴史文化博物館蔵

←❸**ハワイ諸島沖でのアメリカ捕鯨船**

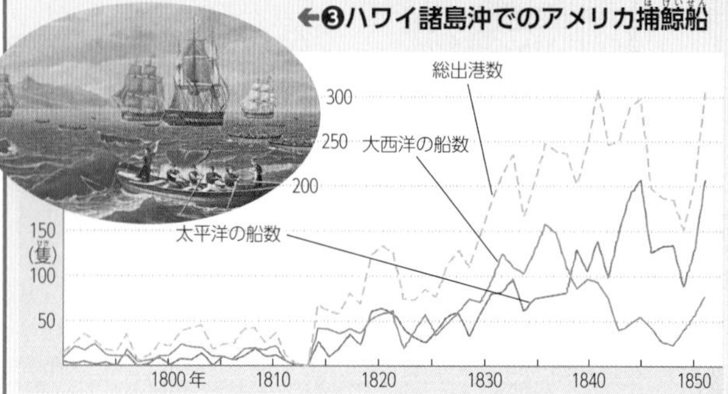

↑ⓐ**アメリカの捕鯨船数の変化** 19世紀、欧米では捕鯨業が黄金時代にあり、産業革命期の機械の潤滑油や灯油・ロウソクの原料などに**鯨油**が使われていた。特に、欧米各国の捕鯨船が、日本列島・小笠原諸島・ハワイ諸島に囲まれた**ジャパングラウンド**と呼ばれる鯨の豊富な地域に集中し始めたことで、日本の沿岸にも出没するようになった。

読み解き 太平洋の船数が大西洋の船数を上回る時期は、江戸幕府のどのような対外政策の時期と重なるだろう。

日本をヨーロッパに紹介した医師 シーボルト(1796〜1866)

長崎歴史文化博物館蔵

オランダ商館付のドイツ人医師。医学以外にも幅広い興味と知識を持ち、日本に関する様々な資料・情報収集にあたるとともに、鳴滝塾を開き、高野長英ら多くの人材を育成した。1828年、帰国する際に禁制の日本地図の持ち出しが発覚し、翌年追放された。帰国後は『日本』などの著書で日本を紹介し、オランダの開国勧告も提言した。日本滞在中に生まれた娘(楠本いね)は、医師として活躍した。

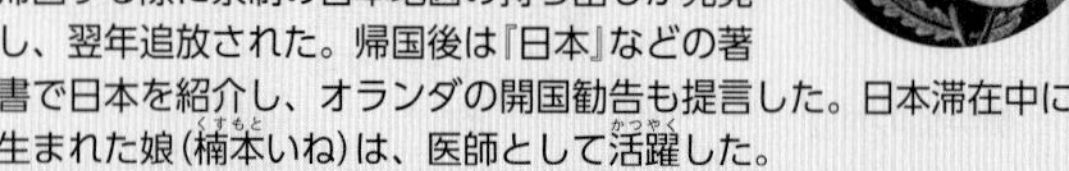

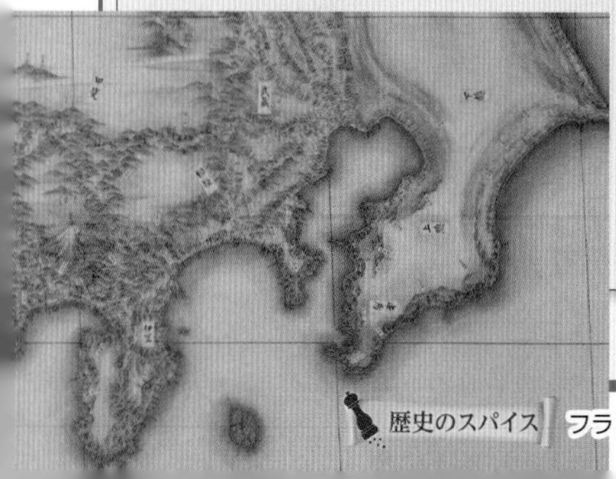

←❹**大日本沿海輿地全図** 伊能忠敬(1745〜1818)が全国の沿岸部を測量して作成した日本最初の実測地図。彼の没後の1821年に高橋景保が完成させた。東京国立博物館蔵

1812〜14 アメリカ=イギリス戦争

1810〜20年代 ラテンアメリカ諸国の独立

大コロンビア共和国 1819〜30

- イギリスとその領土(英)
- フランスとその領土(仏)
- スペインとその領土
- ポルトガルとその領土(ポ)
- オランダとその領土
- ドイツ連邦
- アフリカの諸王国
- 数字 国家の独立年
- → ナポレオンのロシア遠征
- → ナポレオンのセントヘレナ配流

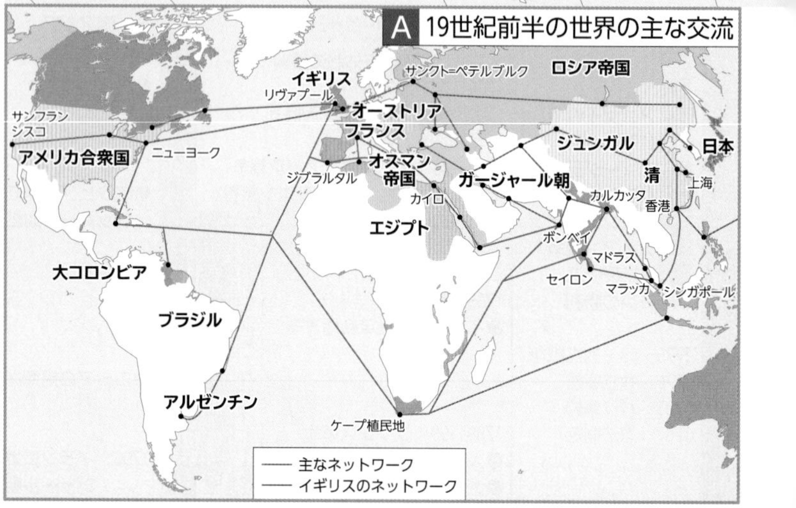

A 19世紀前半の世界の主な交流

- 主なネットワーク
- イギリスのネットワーク

歴史のスパイス フランスの仕立て職人が現在のミシンの原型となる機械を発明したが、失業を恐れた他の仕立て屋から目の敵にされ、彼の店は打ち壊された。

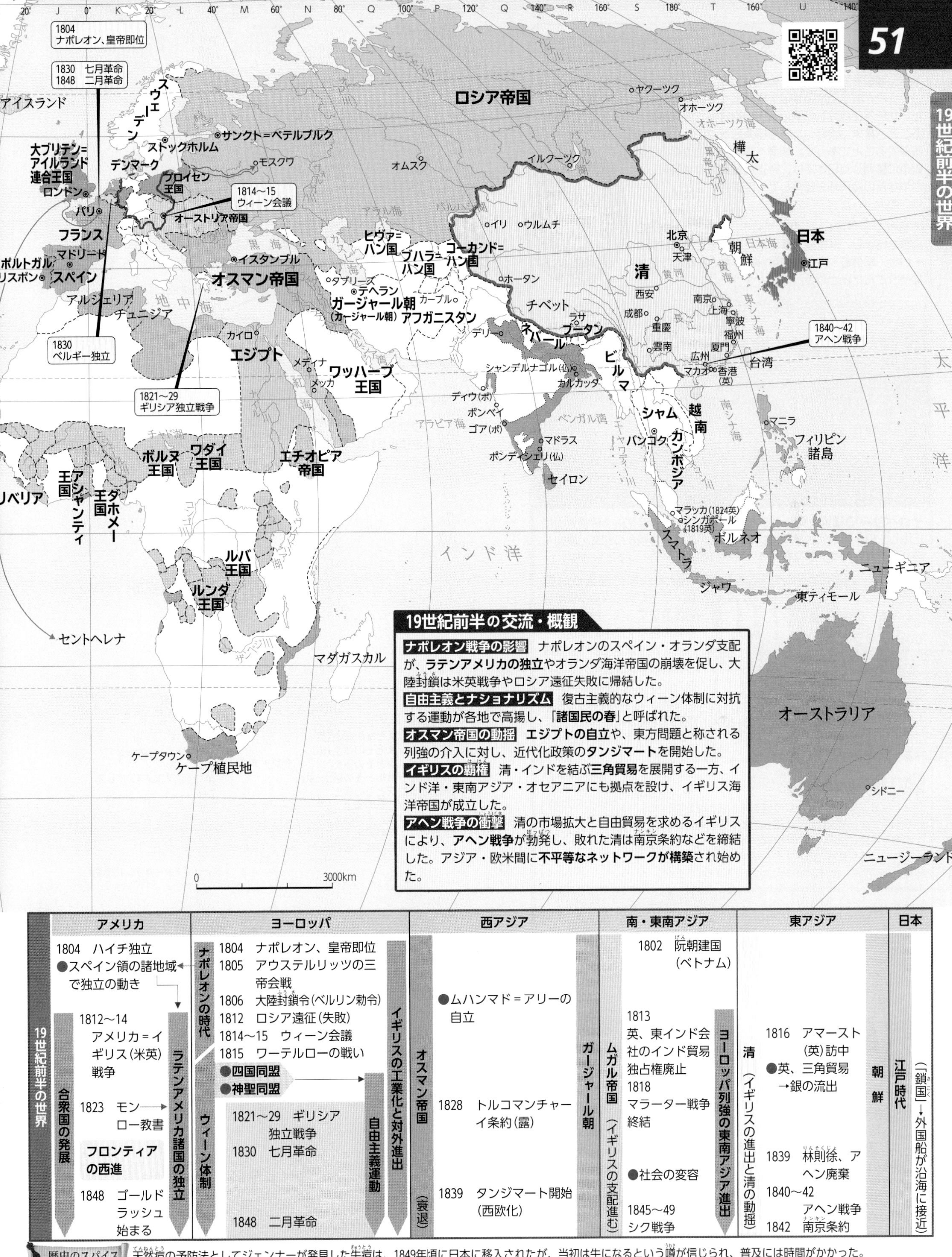

19世紀前半の交流・概観

ナポレオン戦争の影響 ナポレオンのスペイン・オランダ支配が、**ラテンアメリカの独立**やオランダ海洋帝国の崩壊を促し、大陸封鎖は米英戦争やロシア遠征失敗に帰結した。

自由主義とナショナリズム 復古主義的なウィーン体制に対抗する運動が各地で高揚し、「**諸国民の春**」と呼ばれた。

オスマン帝国の動揺 **エジプトの自立**や、東方問題と称される列強の介入に対し、近代化政策の**タンジマート**を開始した。

イギリスの覇権 清・インドを結ぶ**三角貿易**を展開する一方、インド洋・東南アジア・オセアニアにも拠点を設け、イギリス海洋帝国が成立した。

アヘン戦争の衝撃 清の市場拡大と自由貿易を求めるイギリスにより、**アヘン戦争**が勃発し、敗れた清は南京条約などを締結した。アジア・欧米間に**不平等なネットワークが構築**され始めた。

19世紀前半の世界	アメリカ	ヨーロッパ	西アジア	南・東南アジア	東アジア	日本
	1804 ハイチ独立 ●スペイン領の諸地域で独立の動き 【ラテンアメリカ諸国の独立】 【合衆国の発展】 1812～14 アメリカ＝イギリス（米英）戦争 1823 モンロー教書 フロンティアの西進 1848 ゴールドラッシュ始まる	【ナポレオンの時代】 1804 ナポレオン、皇帝即位 1805 アウステルリッツの三帝会戦 1806 大陸封鎖令（ベルリン勅令） 1812 ロシア遠征（失敗） 1814～15 ウィーン会議 1815 ワーテルローの戦い 【ウィーン体制】 ●四国同盟 ●神聖同盟 1821～29 ギリシア独立戦争 1830 七月革命 1848 二月革命 【自由主義運動】 【イギリスの工業化と対外進出】	【オスマン帝国（衰退）】 【ガージャール朝】 ●ムハンマド＝アリーの自立 1828 トルコマンチャーイ条約（露） 1839 タンジマート開始（西欧化）	1802 阮朝建国（ベトナム） 【ムガル帝国（イギリスの支配進む）】 1813 英、東インド会社のインド貿易独占権廃止 1818 マラーター戦争終結 ●社会の変容 1845～49 シク戦争 【ヨーロッパ列強の東南アジア進出】	【清（イギリスの進出と清の動揺）】 1816 アマースト（英）訪中 ●英、三角貿易→銀の流出 1839 林則徐、アヘン廃棄 1840～42 アヘン戦争 1842 南京条約 【朝鮮】	【江戸時代】 （「鎖国」→外国船が沿海に接近）

歴史のスパイス 天然痘の予防法としてジェンナーが発見した牛痘は、1849年頃に日本に移入されたが、当初は牛になるという噂が信じられ、普及には時間がかかった。

日本と世界　日本の開国と近代化

幕府に開国を迫ったペリーの来航以降、開国か攘夷かをめぐって国論は二分され、**薩摩藩や長州藩を中心とする討幕運動により江戸幕府は倒れた**。1868年に成立した明治政府の課題は、周辺諸国との**国境を画定させる**こと、幕末に締結した**不平等条約を改正**し、欧米諸国と対等の地位を確保することであった。朝鮮への影響力をめぐる日清戦争に勝利した日本では、急速に**産業革命**が振興し、台湾などの植民地も領有して、帝国主義国としての一歩を踏み出した。

➔❶**ペリー**（1794〜1858）　1853年、アメリカ大統領の国書を持参し、蒸気船２隻をふくむ４隻で来航した。その後、電信機や蒸気機関車（模型）などを初めて日本に持ちこんだとされる。

↑❷**ペリーの横浜上陸**　1854年３月、ペリーは神奈川近くの横浜村に上陸し、日米和親条約が締結された。使用言語の事情から和文・漢文・蘭文・英文での条文が存在する。横浜美術館蔵（原範行氏、原會津子氏寄贈）

←❸**大日本帝国憲法の発布**　明治政府による不平等条約の改正交渉は、日本の法典整備の遅れを理由に難航していた。憲法制定による立憲政の実現は条約改正の大きな推進力となり、英露間の緊張なども背景に、1894年に日英通商航海条約が結ばれた。
安達吟光筆「新皇居於テ正殿憲法発布式之図」、メトロポリタン美術館蔵

文献 ① ベルツの日記

２月９日　東京全市は11日の憲法発布をひかえてその準備のため、言語に絶した騒ぎを演じている。到るところ奉祝門、照明、行列の計画。だが、こっけいなことには、誰も憲法の内容をご存じないのだ。

（ベルツ著、菅沼竜太郎訳『ベルツの日記（上）』岩波書店）

読み解き　人々は大日本帝国憲法の発布をどのようにとらえていたのだろう。

日本郵船歴史博物館蔵

↑❹**ボンベイ航路に就役した日本郵船「三池丸」**＊　1893年、日本郵船会社は日印間の航路を独占していたイギリスＰ＆Ｏ汽船とその同盟に対抗し、日本とインドのボンベイ（現ムンバイ）を結ぶ航路を開設した。これにより**安価なインド綿花の輸入が実現して紡績業が発展し、綿糸輸出が急伸した**。また、外貨獲得のための主力輸出品であった**生糸**は、アメリカでの需要が特に高く、日本郵船は1896年に北米西海岸への航路も開設。大陸横断鉄道を通じて東海岸に向かうネットワーク構築も始まった。

＊ボンベイ航路に就役した第一船は廣島丸。三池丸は後に就役した。

アラスカ　グリーンランド　1869 大陸横断鉄道開通　カナダ連邦（英自治領）　ハドソン湾　ポートランド　ダルース　五大湖　オタワ　ニューファンドランド　シカゴ　ニューヨーク　サンフランシスコ　アメリカ合衆国　ワシントン　ノーフォーク ペリー出発1852.11　ロサンゼルス　ミシシッピ川　1861〜65 南北戦争　ニューオーリンズ　大西洋　メキシコ　バハマ諸島　キューバ　メキシコシティ　ハイチ　ドミニカ　ジャマイカ　プエルトリコ　グアテマラ　ホンジュラス　エルサルバドル　ニカラグア　カリブ海　コスタリカ　ベネズエラ　パナマ　オリノコ川　ギアナ　コロンビア　太平洋　エクアドル　アマゾン川　ブラジル　ペルー　リマ　ボリビア　パラグアイ　リオデジャネイロ　チリ　アルゼンチン　ラプラタ川　ウルグアイ　サンチアゴ　ブエノスアイレス　フォークランド諸島

- イギリスとその領土（英）
- フランスとその領土（仏）
- スペインとその領土
- ポルトガルとその領土（ポ）
- オランダとその領土
- ドイツとその領土
- アメリカとその領土
- 日本とその領土
- アフリカの諸王国（1884）

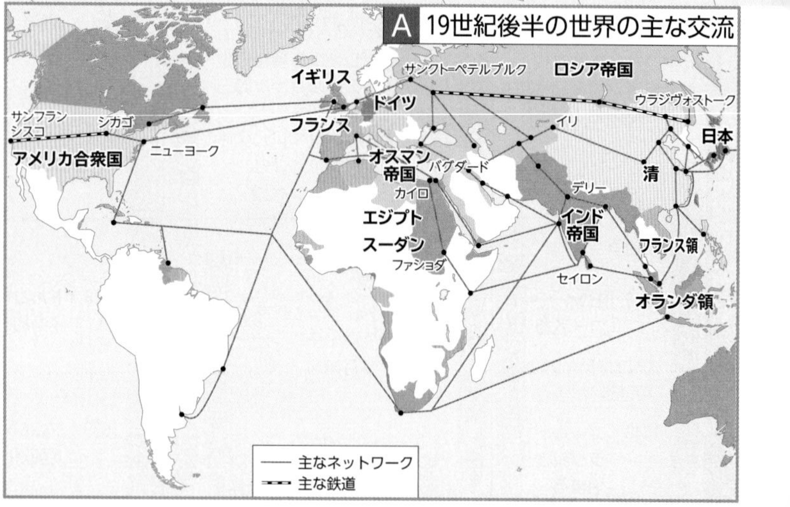

A　19世紀後半の世界の主な交流

イギリス　サンクト＝ペテルブルク　ロシア帝国　ドイツ　ウラジヴォストーク　サンフランシスコ　シカゴ　フランス　イリ　日本　アメリカ合衆国　ニューヨーク　オスマン帝国　バグダード　清　カイロ　デリー　エジプト　インド帝国　スーダン　フランス領　ファショダ　セイロン　オランダ領

―― 主なネットワーク
-+-+- 主な鉄道

 ゴールドラッシュの最中、移民としてアメリカに渡ったリーバイ＝ストラウスが鉱夫らの仕事着として売り出したパンツがジーンズの原型となった。

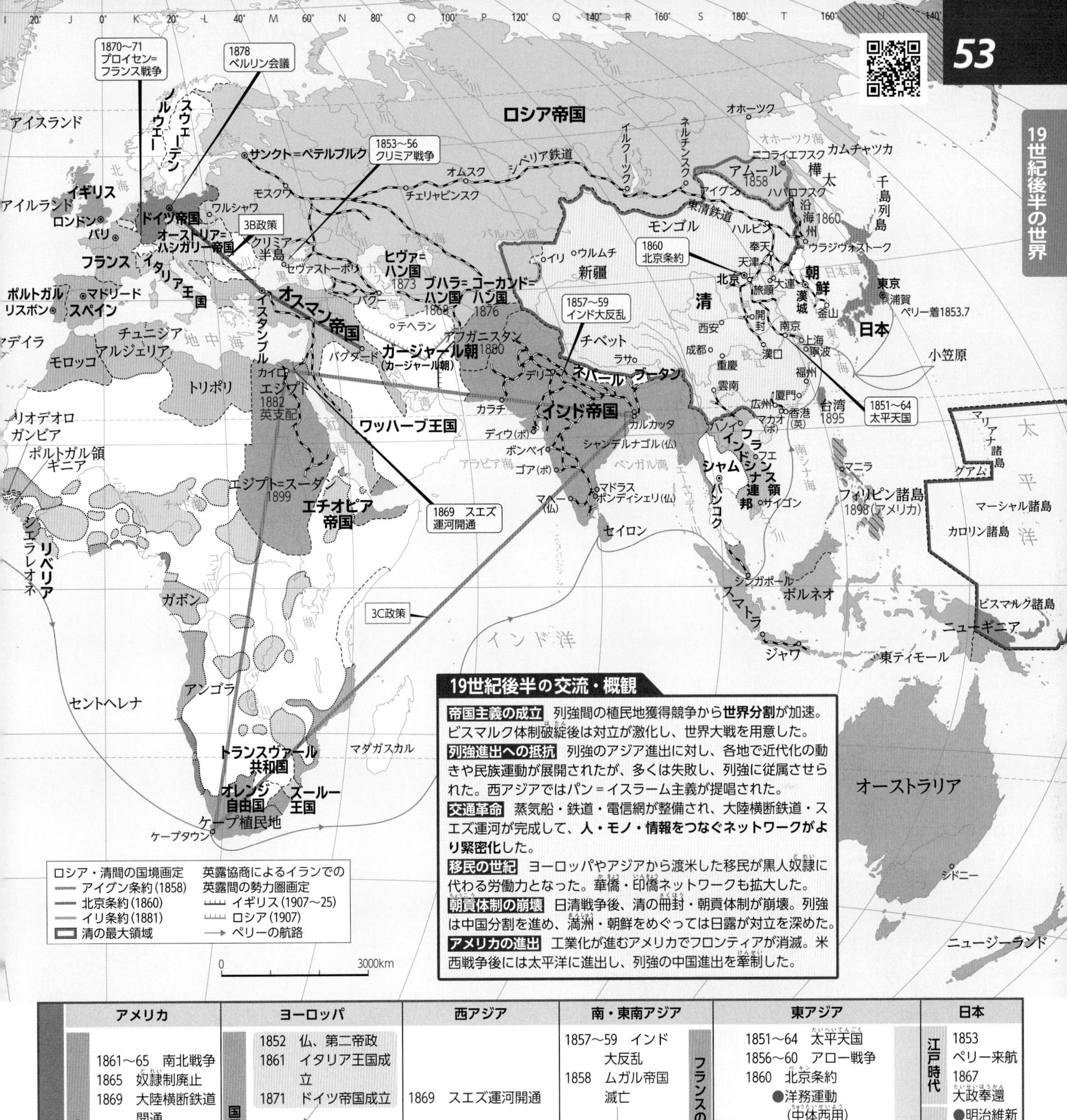

19世紀後半の交流・概観

帝国主義の成立 列強間の植民地獲得競争から**世界分割**が加速。ビスマルク体制破綻後は対立が激化し、世界大戦を用意した。

列強進出への抵抗 列強のアジア進出に対し、各地で近代化の動きや民族運動が展開されたが、多くは失敗し、列強に従属させられた。西アジアではパン=イスラーム主義が提唱された。

交通革命 蒸気船・鉄道・電信網が整備され、大陸横断鉄道・スエズ運河が完成して、**人・モノ・情報をつなぐネットワークがより緊密化**した。

移民の世紀 ヨーロッパやアジアから渡米した移民が黒人奴隷に代わる労働力となった。華僑・印僑ネットワークも拡大した。

朝貢体制の崩壊 日清戦争後、清の冊封・朝貢体制が崩壊。列強は中国分割を進め、満洲・朝鮮をめぐっては日露が対立を深めた。

アメリカの進出 工業化が進むアメリカでフロンティアが消滅。米西戦争後には太平洋に進出し、列強の中国進出を牽制した。

19世紀後半の世界	アメリカ	ヨーロッパ	西アジア	南・東南アジア	東アジア	日本
	合衆国の成長→海外進出 1861～65 南北戦争 1865 奴隷制廃止 1869 大陸横断鉄道開通 ●スタンダード石油トラスト結成 **1890年代 フロンティアの消滅** 1898 アメリカ=スペイン(米西)戦争	国民主義の時代→列強対立へ 1852 仏、第二帝政 1861 イタリア王国成立 1871 ドイツ帝国成立 (ビスマルク外交) 1878 ベルリン会議 1882 三国同盟 1887 独露再保障条約 1890 ビスマルク辞任 1891 露仏同盟	1869 スエズ運河開通 1875 英、スエズ運河会社株を買収 1876 オスマン帝国、ミドハト憲法制定 1877～78 ロシア=トルコ(露土)戦争 1881～82 エジプト、ウラービー運動 1891 イラン、タバコ=ボイコット運動	1857～59 インド大反乱 1858 ムガル帝国滅亡 1877 インド帝国成立(ヴィクトリア女王) フランスのインドシナ進出 1887 仏領インドシナ連邦成立 1896 英、連合マレー諸州結成	清 1851～64 太平天国 1856～60 アロー戦争 1860 北京条約 ●洋務運動(中体西用) 1884～85 清仏戦争 1894 朝鮮で甲午農民戦争→日清戦争 **中国分割の危機** 1900～01 義和団事件 朝鮮	江戸時代 1853 ペリー来航 1867 大政奉還 明治時代 ●明治維新 1871 岩倉使節団出発 1876 日朝修好条規 1889 大日本帝国憲法発布 1895 下関条約

帝国主義時代の開幕(欧米列強の侵略と民族運動)

歴史のスパイス 北海とバルト海をつなぐキール運河(19世紀末完成)は、スエズ・パナマと並び世界三大運河に数えられる。キールはドイツの軍港としても知られる。

日本と世界 太平洋戦争への道

日本は、日露戦争を経て、朝鮮や満洲への進出を進めた。第一次世界大戦はヨーロッパが主戦場となったが、日本も**ドイツ領南洋群島や中国の青島を占領**し、袁世凱政権に対しては、**二十一カ条要求**を突きつけた。1917年にロシア革命が起こると、日本は欧米列強とともに対ソ干渉戦争に乗り出し、長期にわたる**シベリア出兵**を開始した。1929年に世界恐慌が起きると、日本では軍部が台頭し、積極的な海外進出によって事態の打開をめざしたが、これによりアメリカやイギリスとの対立が深まり、**太平洋戦争**につながった。

↑❶シベリア出兵 ウラジヴォストークから上陸した日本軍は、鉄道沿いに内陸部へ進んだ。当初、干渉戦争のための日米の兵力は、ウラジヴォストーク地域に7,000人を派遣するものとされたが、日本は約7万3,000人をシベリア・北満洲に派遣した。➲P.295

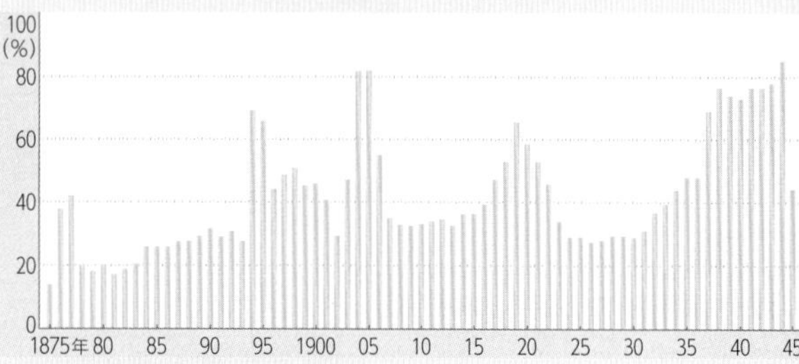

↑ⓐ日本の財政に占める軍事費の割合

読み解き

1 軍事費の割合が急増するのはどんな時だろう。
2 1920年代に軍事費が減少している背景について考えよう。

↑❷日本占領下のパラオ・コロール島の街並み 1922年、日本は占領した南洋群島に南洋庁を設置。多くの移民を送りこみ、道路・水道の整備や開拓を進めた。現地の人々に対しては、日本語による学校教育などの同化政策がとられた。デンワ、ウドン、センキョといった日本語は、現在もパラオ語として使われている。

文献① インドネシア国民にとっての日本占領の影響

一般的に日本のインドネシア支配は受け入れられなかった。……帝国主義国として日本民族が行ったインドネシアの占領は、ほかの帝国主義の国々が行ったことと大きな違いはなかった。……日本占領時代、人々の社会生活は不安に満ちたものであった。人々のあらゆる活動が、日本が敵と戦う上で必要なものを満たすために振り向けられたので、人民の苦しみは増す一方であった。労務者[日本軍による強制労働に従事した現地の人々]になった人たちは特に苦しんだ。多くの人が空腹と病気のために犠牲者となった。 (イ＝ワヤン＝バドリカ著、石井和子監訳『インドネシアの歴史』明石書店)

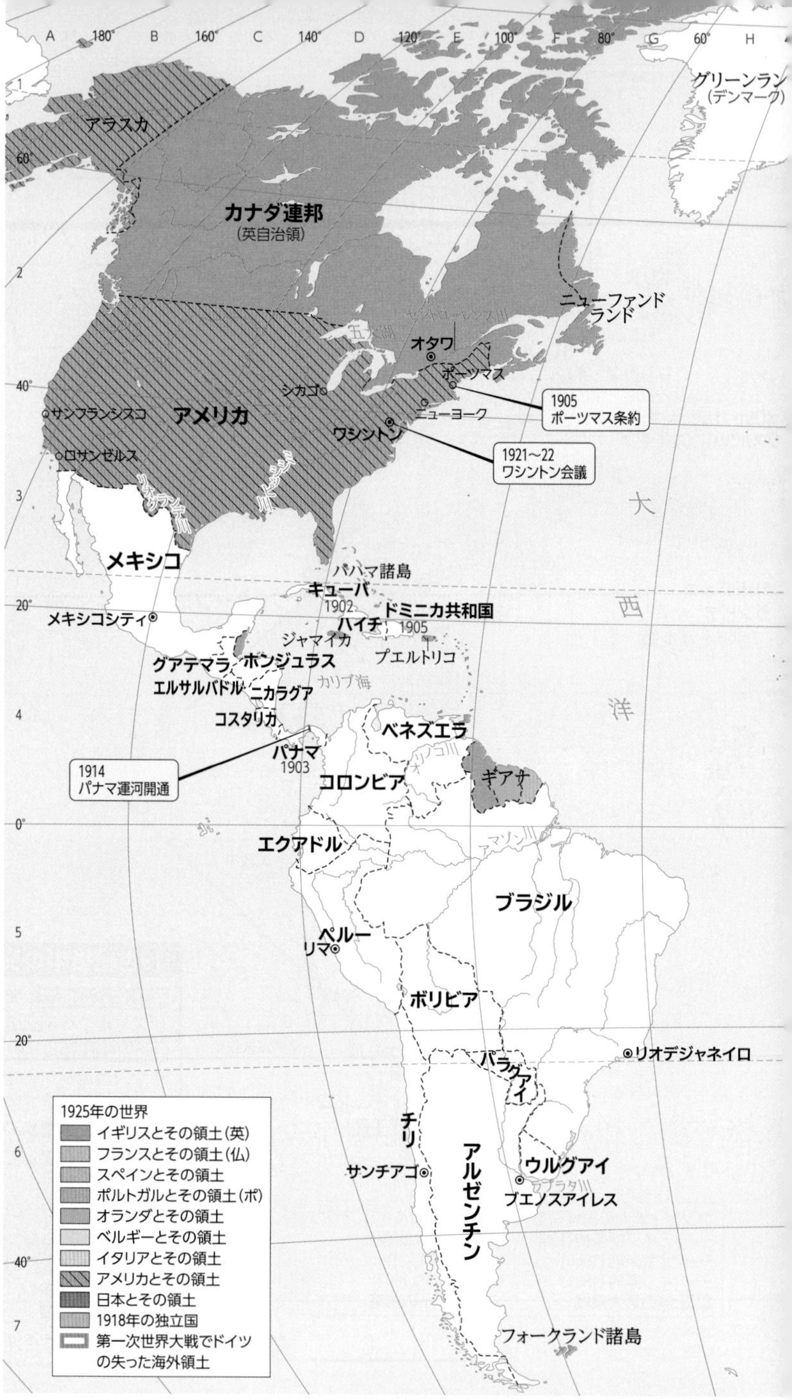

1925年の世界
- イギリスとその領土(英)
- フランスとその領土(仏)
- スペインとその領土
- ポルトガルとその領土(ポ)
- オランダとその領土
- ベルギーとその領土
- イタリアとその領土
- アメリカとその領土
- 日本とその領土
- 1918年の独立国
- 第一次世界大戦でドイツの失った海外領土

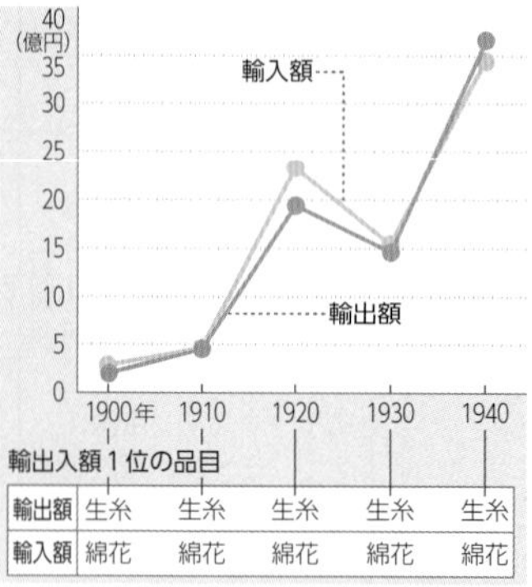

1905 ポーツマス条約
1921～22 ワシントン会議
1914 パナマ運河開通

↑ⓑ20世紀前半の日本の貿易額の推移(グラフ)と輸出入額1位の品目(表)の推移

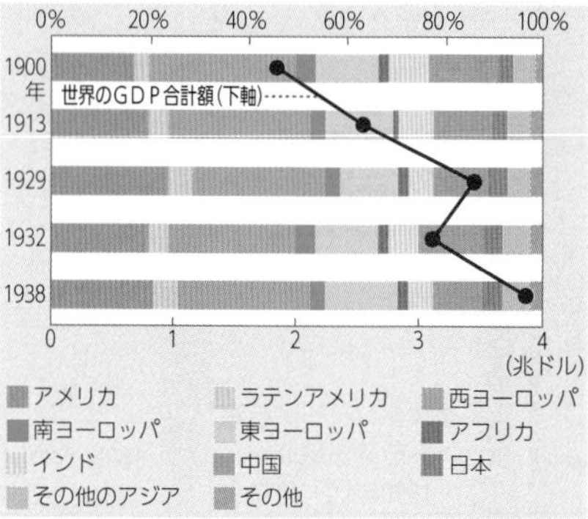

輸出入額1位の品目	1900年	1910	1920	1930	1940
輸出額	生糸	生糸	生糸	生糸	生糸
輸入額	綿花	綿花	綿花	綿花	綿花

アメリカ　ラテンアメリカ　西ヨーロッパ　南ヨーロッパ　東ヨーロッパ　アフリカ　インド　中国　日本　その他のアジア　その他

↑ⓒ20世紀前半の地域別GDP*と世界のGDP合計額の推移

* GDPの値は、地域・時代別の人口と一人当たりGDPの推計に基づき、1990年時点での国際ドルに換算する形で算出したもので、必ずしも正確な数値ではないことに注意。

歴史のスパイス 二・二六事件で岡田啓介首相は殺害を免れ、容姿の似た秘書官が殺された。襲撃した将校らは、テレビ普及前で岡田の顔をよく知らなかったとされる。

20世紀前半の交流・概観

世界大戦へ 帝国主義諸国間の対立から**第一次世界大戦**が勃発し、国民全体・植民地を巻きこむ**総力戦**となった。長期化する中、パンデミック(**スペイン風邪**)も発生した。

社会主義国家の誕生 ロシア革命が勃発し、各国の共産党を指導するコミンテルンが結成された。その後、**ソ連**が誕生した。

民族主義の拡大と抑圧 ヴェルサイユ条約で掲げられた民族自決の原則の影響を受け、各地で民族独立運動が高揚した。

平和と協調の模索 国際連盟が発足し、ヴェルサイユ＝ワシントン体制下に国際協調が進展した。

アメリカの台頭と世界恐慌 大量消費社会が到来していたアメリカ発の**世界恐慌**は、資本主義世界全域に動揺をもたらした。

再び世界大戦へ 世界恐慌後、ドイツ・イタリアなどでファシズムが、日本では軍部が台頭して再び世界が対立し、**第二次世界大戦・太平洋戦争**が起こった。甚大な犠牲を出し終戦を迎えた。

20世紀前半の世界

国際関係	アメリカ	ヨーロッパ・ロシア		西アジア・アフリカ	南・東南アジア	東アジア	日本
	1914 パナマ運河完成	1914 サライェヴォ事件	1905 第１次ロシア革命	1905 イラン立憲革命	1905 ベンガル分割令 1906 国民会議カルカッタ大会	1911 辛亥革命 1912 中華民国成立	1904～05 日露戦争 1910 韓国併合
1914～18 第一次世界大戦	1918 ウィルソン、十四カ条発表		1917 ロシア革命	●イギリスの秘密外交		●軍閥割拠	1918～22 シベリア出兵
1919 ヴェルサイユ条約 1920 国際連盟成立 1929 世界恐慌	1921～22 ワシントン会議 1933 ニューディール	1925 ロカルノ条約 ●ドイツの不満 ●英仏ブロック経済 1933 独、ヒトラー政権 1936～39 スペイン内戦	1922 ソ連成立 ●スターリン独裁	1923 トルコ共和国成立 1925 イラン、パフレヴィー朝成立	●ガンディー、非暴力の抵抗運動 ●ネルー、完全独立(プールナ＝スワラージ)を要求	1919 五・四運動 1924 第１次国共合作→北伐 1927 上海クーデタ 1934～36 長征 1936 西安事件→第２次国共合作	1931 満洲事変 1937～45 日中戦争
1939～45 第二次世界大戦						**1941～45**	**太平洋戦争**
1945 国際連合発足	1947 マーシャル＝プラン	1948 ベルリン封鎖 1949 ドイツ分断 1949 NATO **冷戦** コメコン		1948 第１次中東戦争(パレスチナ戦争)	1947 インド・パキスタン分離独立	1949 中華人民共和国成立。主席に毛沢東	●ＧＨＱの占領

歴史のスパイス　戦時色の強まる日本では英語などが敵性語とされ、1943年には野球用語が日本語化された。ストライクは「よし一本」、ファウルは「だめ」といいかえられた。

日本と世界 経済発展と世界の中の日本

日本は、1951年に**サンフランシスコ平和条約**を結んで、翌年主権を回復し、1956年の**日ソ共同宣言後に国際連合に加盟して国際社会に復帰**した。一方、経済面では、朝鮮戦争による特需を契機として、1960年代末までに**高度経済成長**を達成した。1970年代に入るとドル＝ショックや石油危機の影響を受けて一時的に停滞したが、1980年代半ばには「経済大国」としての地位を確立した。バブル経済崩壊後は景気が長く低迷した（「平成不況」）。グローバル化・高度情報社会への移行が進行する中、安全保障や外交、エネルギー、環境など様々な課題への対応を迫られた。

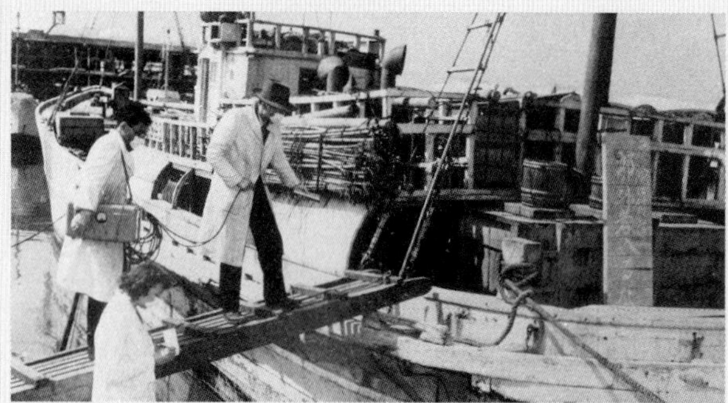

↑❶**放射線の計測を受ける第五福竜丸**　冷戦下の各国（米・ソ・英・仏・中・インド）は、相次いで核実験を行った。核保有国は、軍事的優位に立つため、**核兵器開発競争**をエスカレートさせたが、度重なる核実験は深刻な環境汚染や人的被害をもたらした。1954年、アメリカがマーシャル諸島ビキニ環礁で行った水爆実験では、米軍の設定した危険区域外で操業していた日本の第五福竜丸をはじめ、数百隻の漁船が「死の灰」を浴びた。

文献①　経済の復興（1956年経済白書）

いまや経済の回復による浮揚力はほぼ使い尽くされた。なるほど、貧乏な日本のこと故、世界の国々にくらべれば、消費や投資の潜在需要はまだ高いかもしれないが、戦後の一時期にくらべれば、その欲望の熾烈さは明かに減少した。もはや（　ア　）ではない。われわれはいまや異つた事態に当面しようとしている。回復を通じての成長は終つた。今後の成長は近代化によつて支えられる。そして近代化の進歩も速やかにしてかつ安定的な経済の成長によつて初めて可能となるのである。

（経済企画庁編『昭和31年度経済白書』）

読み解き　（　ア　）に入る語句を考えよう。

UN

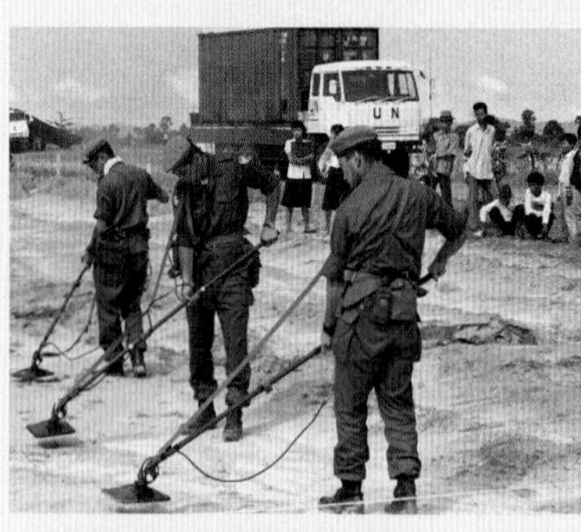

←❷**カンボジアに派遣された自衛隊**（1992）　湾岸戦争後に成立した**PKO協力法**により、自衛隊の海外派遣が認められた。同年のカンボジア派遣以降、モザンビークやルワンダなど世界各地に派遣されている。

↓❸**沖縄県民総決起大会**（1995）　1972年、沖縄返還協定の発効により沖縄の日本復帰が実現したが、広大な**米軍基地**は存続した。1995年に発生した米兵による少女暴行事件に抗議し、日米地位協定の見直しを要求する集会が宜野湾市で開かれ、約８万5,000名が参加した。1996年には普天間基地の移設計画が持ち上がったが、いまだ実現していない。

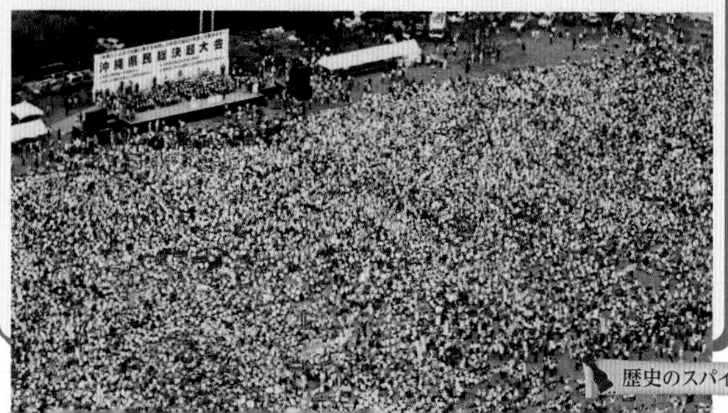

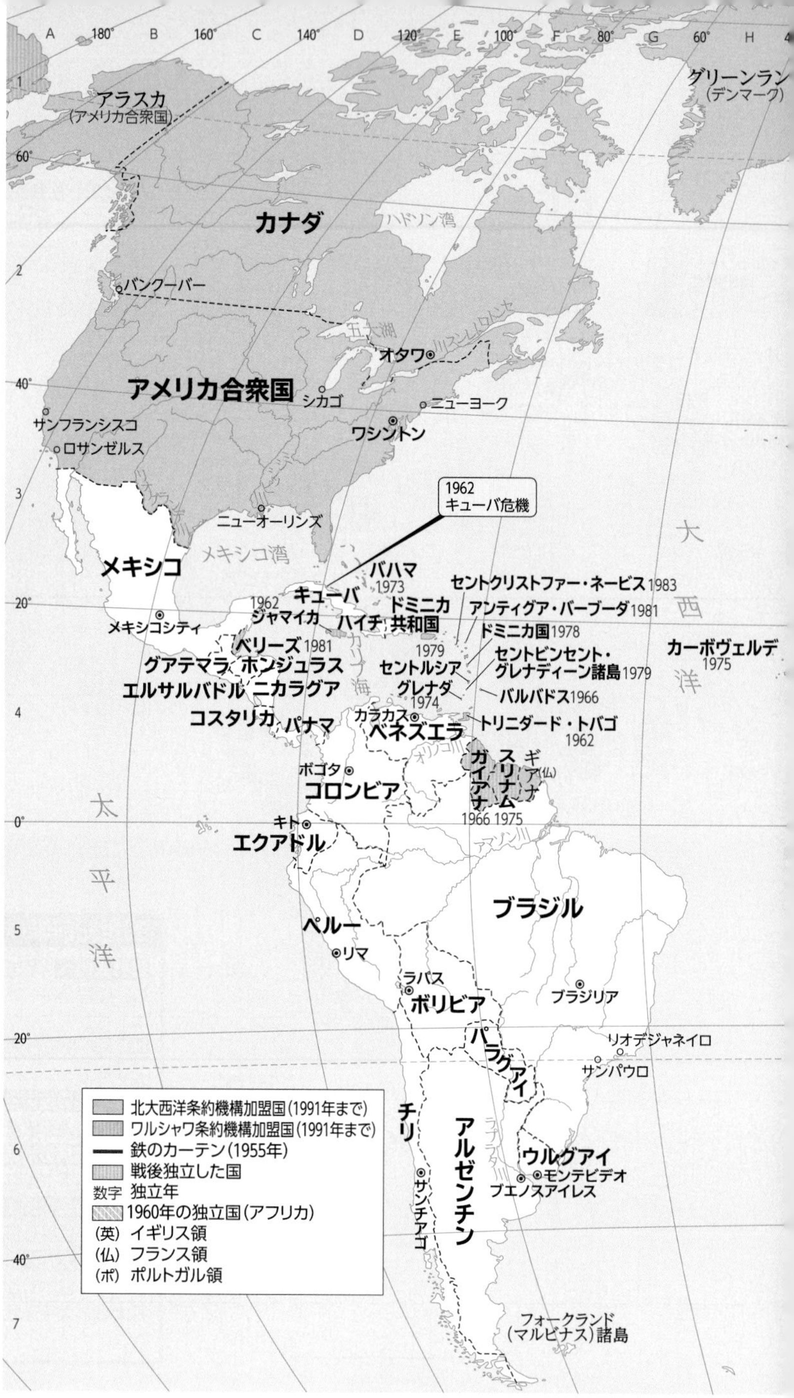

沖縄県民総決起大会

A B C D E F G H
180° 160° 140° 120° 100° 80° 60°
60° 40° 20° 0° 20° 40°
アラスカ（アメリカ合衆国）
グリーンランド（デンマーク）
カナダ
ハドソン湾
バンクーバー
五大湖
オタワ
セントローレンス川
アメリカ合衆国
シカゴ
ニューヨーク
サンフランシスコ
ロサンゼルス
ワシントン
1962 キューバ危機
ニューオーリンズ
メキシコ湾
大西洋
メキシコ
バハマ 1973
セントクリストファー・ネービス 1983
キューバ
1962 ジャマイカ
ハイチ
ドミニカ共和国
アンティグア・バーブーダ 1981
メキシコシティ
ベリーズ 1981
ドミニカ国 1978
カーボヴェルデ 1975
グアテマラ
ホンジュラス
1979 セントルシア
セントビンセント・グレナディーン諸島 1979
カリブ海
エルサルバドル
ニカラグア
グレナダ 1974
バルバドス 1966
コスタリカ
パナマ
カラカス
ベネズエラ
トリニダード・トバゴ 1962
オリノコ川
ボゴタ
コロンビア
ガイアナ 1966
スリナム 1975
ギアナ（仏）
太平洋
キト
エクアドル
アマゾン川
ブラジル
ペルー
リマ
ラパス
ボリビア
ブラジリア
パラグアイ
リオデジャネイロ
サンパウロ
チリ
アルゼンチン
ラプラタ川
ウルグアイ
モンテビデオ
ブエノスアイレス
サンチアゴ
フォークランド（マルビナス）諸島
北大西洋条約機構加盟国（1991年まで）
ワルシャワ条約機構加盟国（1991年まで）
鉄のカーテン（1955年）
戦後独立した国
数字 独立年
1960年の独立国（アフリカ）
（英） イギリス領
（仏） フランス領
（ポ） ポルトガル領

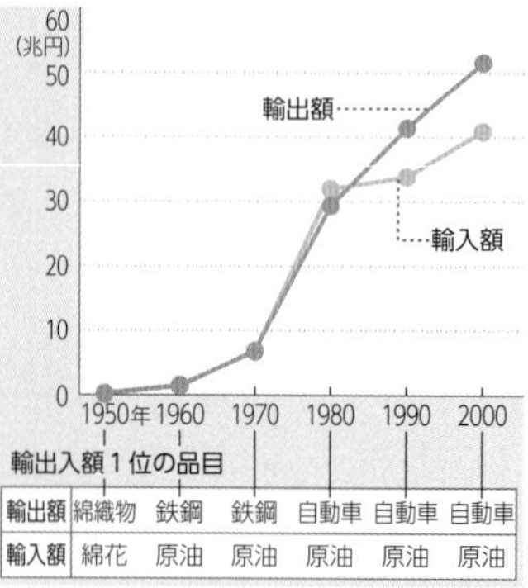

60（兆円）
50
40
30
20
10
0
輸出額
輸入額
1950年 1960 1970 1980 1990 2000

輸出入額１位の品目

	1950年	1960	1970	1980	1990	2000
輸出額	綿織物	鉄鋼	鉄鋼	自動車	自動車	自動車
輸入額	綿花	原油	原油	原油	原油	原油

↑ⓐ**20世紀後半の日本の貿易額の推移**（グラフ）**と輸出入額１位の品目**（表）**の推移**

0% 20% 40% 60% 80% 100%
1950年
1960
1970
1980
1990
世界のＧＤＰ合計額（下軸）
0 5 10 15 20 25 30（兆ドル）
アメリカ
ラテンアメリカ
西ヨーロッパ
南ヨーロッパ
東ヨーロッパ
アフリカ
インド
中国
日本
その他のアジア
その他

↑ⓑ**20世紀後半の地域別GDP＊と世界のGDP合計額の推移**

＊GDPの値は、地域・時代別の人口と一人当たりGDPの推計に基づき、1990年時点での国際ドルに換算する形で算出したもので、必ずしも正確な数値ではないことに注意。

歴史のスパイス　アメリカが核実験をくり返し行ったビキニ環礁は、2010年、負の遺産として世界遺産に登録された。

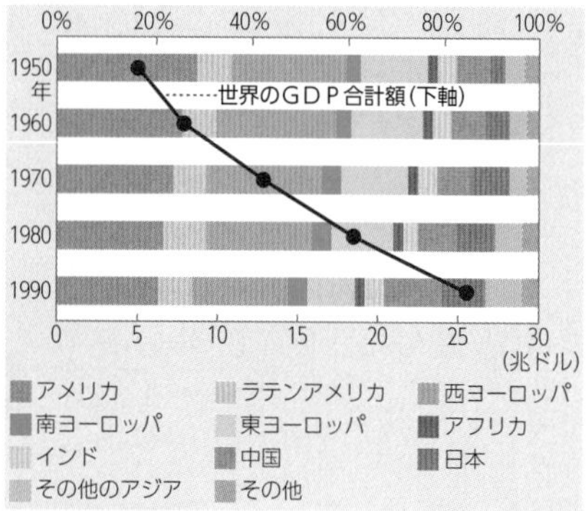

20世紀後半の交流・概観

冷戦の開始 第二次世界大戦末期より**米ソが対立**し、軍事や経済、文化、スポーツなど各分野で競争が激化した。ヨーロッパは東西に分断され、アジアでも朝鮮戦争が勃発した。

核の脅威 **キューバ危機**後の核軍縮の動きは不徹底に終わった。

第三世界の台頭 アジア・アフリカで独立国が次々に誕生し、東西両陣営とは一線を画する姿勢を明確にした。

世界の多極化 泥沼化するベトナム戦争や日本・西ヨーロッパの台頭、中ソ対立などにより冷戦構造が複雑となった。

冷戦終結へ 米ソ関係は緊張と緩和をくり返したが、**マルタ会談で冷戦が終結**。東西ドイツは統一され、ソ連は崩壊した。

統合と分断 グローバリゼーションや、EUなどの地域的経済統合が進展する一方、地域間経済格差、民族・宗教問題、環境問題などが各地で表面化している。

20世紀後半の世界	アメリカ	西ヨーロッパ	東ヨーロッパ・ロシア	西アジア・アフリカ	南・東南アジア	東アジア	日本
冷戦→(平和共存)→終結	資本主義陣営		社会主義陣営	アジア諸国の独立→第三世界		1950～53 朝鮮戦争	1951 サンフランシスコ平和条約、日米安全保障条約調印
	支援→			1952 エジプト革命	1954 周恩来・ネルー会談→「平和五原則」		
			1955 ワルシャワ条約機構結成	1955 アジア＝アフリカ(バンドン)会議			
	1959 キューバ革命	1958 EEC発足					
	1962 キューバ危機		1961 ベルリンの壁構築	1956 第2次中東戦争	1962 中印国境紛争		
	——1963 部分的核実験禁止条約——			1960「アフリカの年」	1965 ベトナム戦争本格化(75終結)	1966 文化大革命開始	1956 国連加盟
	1971 ドル＝ショック	1967 EC発足	(停滞)			1969 中ソ国境紛争	●高度経済成長
	——1972 SALT I 調印——			1967 第3次中東戦争		1971 中国、国連代表権獲得	
	石油危機			1973 第4次中東戦争	1967 ASEAN発足		石油危機
	財政危機	1975 第1回サミット		1979 イラン革命		1977 鄧小平復活	
	——1987 INF全廃条約——		1979 ソ連、アフガニスタン侵攻	1980～88 イラン＝イラク戦争		1978 日中平和友好条約	
	——1989 マルタ会談——		1986 ペレストロイカ		1986 フィリピン政変	●改革・開放	●安定成長→経済大国化
		1990 ドイツ統一	1989 東欧の民主化		1993 カンボジア王国再建	1989 第2次天安門事件	1992 PKO協力法
ポスト冷戦		1993 EU発足	1991 ソ連解体	1991 湾岸戦争			
	グローバリゼーションの時代						

歴史のスパイス マルタ会談の行われたマルタ島は、1530年、神聖ローマ皇帝カール5世がヨハネ騎士団に与えた島である。

女性史・ジェンダー史

為政者や権力闘争、社会構造を中心とする1970年以前の歴史叙述には、女性は一部を除いて登場しなかった。その後のフェミニズム・ジェンダー概念の登場は、いかに男性が普遍的な人間一般とみなされてきたかを明らかにした。女性・男性の二性にとらわれないジェンダー主流化に向けて、改めて歴史を読み直してみよう。

1 構築された女性像

ヨーロッパで構築された女性像

文献① 教父テルトゥリアヌスの女性嫌悪言説(3世紀)

汝[女]は、汝もまたイヴであることを知らないのか？神の判決は、いまなおこの性に対して効力をもっており、したがって女の罪もまたなお存在している。汝は悪魔への入り口であり、悪魔の木の誘いに和して、神の法を棄てた最初のものである。

(クリスティアーヌ＝クラピシュ-ズュベール編、杉村和子他監訳『女の歴史Ⅱ』藤原書店)

文献② 魔女の鉄槌(1487)

女性は死よりも、悪魔よりも不気味である。……女性の心は四方に張りめぐらされた網であり、そこには底の知れない意地悪さがひそんでいる。……すべては飽くことを知らぬ女性の肉欲に発する。だから女性はその肉欲を鎮めるために、デーモンたちとも関わりをもつのだ。……魔女という異端に陥りやすいのは、当然のことながら男性よりも女性の方が多いのだ。

(高橋義人『魔女とヨーロッパ』岩波書店)

読み解き

1 ヨーロッパにおける魔女狩り(➡P.217)はなぜ引き起こされたのだろう。
2 世界史を読み直し、このような女性像とは異なる事例をあげてみよう。

	男性	女性
役割	公的生活	私的生活
行動様式	能動的	受動的
特性	理性的	感情的
美徳	威厳	純潔・美・羞恥心

←ⓐ**啓蒙期に成立した性別役割規範** 啓蒙思想が文芸から社会改革へ拡大すると、「男性＝公／女性＝私」という公私二元的ジェンダー秩序が、新興市民の価値観に適合し、新しい規範として人々に共有されていった。

文献③ ルソー『エミール』(1762) ➡P.233

そういう習慣的な強制から、一生を通じて女性に必要な従順な性質ができあがる。……女性の基本的な、そしてもっともたいせつな美点は、やさしくするということだ。男性という不完全な存在、しばしば多くの不徳をもち、いつも欠点だらけの存在に服従するように生まれついている女性は、正しくないことにさえがまんをし、夫が悪いときでも不平を言わずに耐え忍ぶことをはやくから学ばなければならない。

(ルソー著、今野一雄訳『エミール(下)』岩波書店)

中国女性の教育と解放

文献④ 宋若華・若昭姉妹『女論語』(唐)

およそ女に生まれたからは　身の立て方をまず学ぶこと　身の立て方のその法とは　清と貞とを守ることのみ　清を守れば身は潔らかに　貞を守れば身は栄えましょう　道ゆくときはあたりを見ずに　お話しするとき口をすぼめて　坐っている時膝動かさず　立ちあがるとき裾ゆるがさず　うれしいときも高笑いせず　怒った時も声荒げるな　……身の立て方が正しくきまれば　りっぱな人になることでしょう

(山崎純一『教育からみた中国女性史資料の研究』明治書院)

↑女性が娘・妻・嫁・母としてどうあるべきかを教えるための家庭教育の書、女訓書の一つ。男尊女卑や三従(父、夫、子に従うべきとの教え)、守るべき道徳、貞節などを唱えている。明代、朱子学が国家の中心思想となり庶民にまで浸透するようになると、「女子の才なきはすなわち是れ徳」といわれた。

↑❶**女性の仕事を描いた新年に飾る清代初期の版画** 糸紡ぎや織物、食事の仕度などが描かれている。

中国女性解放の先駆者 秋瑾(1875〜1907)

官僚の娘であったが、政治に関心を持ち、家族を置いて単身日本に留学した。孫文(➡P.290)率いる中国同盟会に参加するなど革命運動に奔走し、『中国女報』を創刊して女性たちの啓蒙に努めた。1907年、蜂起計画が発覚して捕らえられ、32歳で刑死した。

文献⑤「敬んで姉妹に告げる」(1907)

2億の男性は文明の新世界に入っているのに、わが2億の女性同胞は、依然として一八重地獄の暗黒に沈んでいて、その一重でも向上しようとしていません。足は小さく纏足し、……生涯知っていることは、ただ男性によりかかり、衣食を専ら依存することばかり。……けれども一人の人間として、意気地のないのは恐ろしいことです。意気地があれば、自立の基礎、自活の技能を求められるはずです。

(西順蔵他編『中国古典文学大系58』平凡社)

イスラームにおける女性

文献⑥『コーラン(クルアーン)』 ➡P.150

第4章　第3節　もしおまえたちが孤児を公正にあつかいかねることを心配するなら、気に入った女を2人なり3人なり、あるいは4人なり娶れ。……

第4章　第34節　男は女より優位にある。というのは、神がおたがいのあいだに優劣をつけたもうたからであり、また男が自分の金を出すからである。……

第16章　第97節　男でも女でも、信じて善を行なう者には、われらはよき生涯を送らせ、その行なった最善のものに応じて報酬を与えてやる。

(藤本勝次他訳『世界の名著15　コーラン』中央公論社)

↑『コーラン』には、ジェンダー不平等と解される言葉も示されている一方、男女に等しく語りかける章句も多い(➡P.153)。イスラームが拡大する中で、各章句は多様な解釈を施されるようになった。

文献⑦ 英大使夫人モンタギューの見たオスマン社会(1717)

トルコの女性たちはどんな身分の女性も、通りに出る際には、必ず顔や頭を隠す2枚のモスリンと身体全体を覆うコートを身につけなければならないために、私たち以上に自由であるのは明らかです。この服装はとてもうまく身分を隠してくれます。……さらに、女性たちは、夫の怒りなどあまり気にする必要はありません。なぜなら自分自身が財産を持っていますし、離婚の際には、さらに夫から妻へ支払わねばならないお金もあるのです。

(林佳世子『オスマン帝国500年の平和』講談社)

↑オスマン帝国でも、**女性はイスラーム法のもとで男性より限定的な行動規範を定められたが、財産権は認められ**、相続した財産や婚資金(夫から妻への支払金)を妻が自分の財産として所有することができた。女性たちは家に閉じこもっていたわけではなく、ヴェールを厳重に着用し、外出も楽しんだ。一方、本来は女性隔離の制度である**ハレム**は、ヨーロッパ人によって魅惑的で官能的な女性の秘密の居所として描かれることもあった。

↑❷**トルコ革命後のトルコの女子大学生**(1938)

読み解き トルコ革命は、女性にどのような影響を及ぼしただろう。

Column 日本の女性解放運動

1911年の**平塚らいてう**らによる青鞜社の結成、『青鞜』の創刊は女性が主体となる社会運動の幕開けであった。ここに集う書き手たちは日本女性の生と性を社会問題として広げる役割を果たした。その後設立された新婦人協会は**「婦選」獲得運動**を推進したが、実際の婦選獲得は大戦後であった。

➡❸『青鞜』(創刊号) 雑誌名は18世紀イギリスの教養ある女性たちが集ったブルーストッキングズに由来する。ミュシャ(➡P.148)風の表紙を描いたのは長沼(高村)智恵子。1916年廃刊。

文献⑧『青鞜』発刊に際して(1911)

原始時代、女性は太陽であり、本当の人間であった。今の時代の女性は月である。男性によって生き、太陽の光によって輝く病人のような青白い顔の月である。(『青鞜』創刊号をもとに作成)

➡❹**市川房枝**(1893〜1981)　平塚らいてうらとともに新婦人協会を設立、婦人参政権運動を指導した。1953年から理想選挙を掲げて5回参議院議員になった。特に1980年には、全国で278万票を集め、1位当選を果たした。

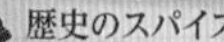

歴史のスパイス　ウクライナ出身のアレクシェーヴィチ(1948〜)は第二次世界大戦中に従軍したソ連の女性たちの証言を集め、『戦争は女の顔をしていない』を出版した。

2 女性の権利獲得へ

↑❺女性たちの政治クラブ　フランス革命期には女性たちも議会を傍聴(ぼうちょう)したり活発に議論したりしたが、国民公会によってクラブは解散させられた。

文献⑨ グージュ①『女性および女性市民の権利宣言』(1791)

第1条　女性は、自由なものとして生まれ、かつ、権利において男性と平等なものとして生存する。……

第10条　何人も、自分の意見について、たとえそれが根源的なものであっても、不安をもたらされることがあってはならない。女性は、処刑台にのぼる権利をもつ。同時に 女性は、その意見の表明が法律によって定められた公の秩序を乱さない限りにおいて、演壇(えんだん)にのぼる権利をもたなければならない。

①フランス革命期に活躍した女性解放の先駆者(1748～93)

(歴史学研究会編『世界史史料６』岩波書店)

読み解き グージュは1789年に発布された人権宣言(➲P.239, 242)のどのような問題点を訴えているだろう。

文献⑩ ウルストンクラフト『女性の権利の擁護』(1792)

これは確かに知性のかけらもない、肉体を動かすだけの教育である。……そこで、容姿をか弱く見せるために、美しいといわれるようになるために、知性は無視されるのだ。そして、少女は、おとなしく坐(すわ)って人形と遊び、愚かな会話に耳を傾けるように強いられる。――習慣によって生まれた結果が、まぎれもなく自然の指示するところのものだ、と強調されるのだ。

(メアリ＝ウルストンクラーフト著、白井堯子訳『女性の権利の擁護』未来社)

読み解き ウルストンクラフトはルソー(➲P.58)のどのような点を批判しているだろう。

←❻セネカ＝フォールズ会議(アメリカ、1848)　女性であるがゆえの奴隷(どれい)制反対集会への参加拒否を発端に約300名の男女が集まり、開かれた会議。独立宣言をもじって起草された『所感の宣言』には、歴史が男性による女性抑圧の歴史であったことが記された。

➔❼ウーマン＝リブ(アメリカ、1970)　1960年代後半のアメリカから広まった運動。ベトナム反戦運動・公民権運動と連動しながらつくられた「女らしさ」を批判し、その解決のための女性の連帯を呼びかけた。

Column 女性の社会進出とファッション

年代	国
1869	アメリカ(一部)
1893	ニュージーランド
1902	オーストラリア
1906	フィンランド
1917	ソ連①
1918	カナダ、ドイツ、イギリス(３カ国とも女性は制限選挙)②
1920	アメリカ
1930	南アフリカ(白人のみ)
1934	トルコ、キューバ
1944	フランス
1945	イタリア、日本

↑❻各国の女性参政権獲得年

①すぐに停止され、1936年のスターリン憲法で認められた

②完全平等となった年は、カナダが1920年、ドイツが1919年、イギリスが1928年

第一次世界大戦中に貴重な労働力として貢献した女性(➲P.294)は、新しい意識や自覚を持ち、大戦後、社会に進出するようになった。**女性参政権も欧米各国で認められるようになり**、女性の地位が向上した。社会風俗の面では、洋服のデザインが実用的になり、髪型もショートカットが好まれた。

➔❽シャネル＝スーツ　フランスのデザイナー、ココ＝シャネル(1883～1971)は、**社会進出著しい女性**のために、機能的・活動的なデザインを多く手がけた。

チェック 女性史を理解するためのキーワード

家父長制…**男性が女性より優位な立場**に立って物事を決定し、それを権力により女性に強制する構造のこと。狭義には夫婦間、広義には男系国家権力による支配にもみられる概念。

ジェンダーとセックス…生物学的な男女の性(セックス)に対して、男らしさや女らしさに結びつけられ、**社会的・文化的に構築された性差**のことをジェンダーという。

文献⑪ ボーヴォワール『第二の性』(1949)

人は女に生まれるのではない。女になるのだ。社会において人間の雌(めす)がとっている形態を定めているのは生理的宿命、心理的宿命、経済的宿命のどれでもない。文明全体が男と去勢者の中間物、つまり女と呼ばれるものを作りあげるのである。

(ボーヴォワール著、中嶋公子他監訳『第二の性Ⅱ』新潮社)

フェミニズム…女性の社会的・政治的・経済的地位の向上と性差別の払拭(ふっしょく)を主張する論や運動の総称。1848年ごろからの女性参政権獲得をめざす動きを第１波、1960年代からの女性解放運動を第２波とすることが多い。

ジェンダー主流化…21世紀の国際社会を展望した国連の方針。ジェンダー平等を実現するために、政治・経済・社会の**あらゆる分野でジェンダーの視点を積極的に取り入れること**。

3 ジェンダー主流化へ

➔❻ジェンダーギャップ指数(2024)　ジェンダーギャップ指数とは、経済・政治・教育・健康の４分野、14項目のデータから、国別の男女平等度合いを測る指数。数は０から１の数値で表され、０が完全不平等、１が完全平等を意味する。＊()内は2023年の順位

順位＊	得点	国名
1(1)	0.935	アイスランド
2(3)	0.875	フィンランド
3(2)	0.875	ノルウェー
4(4)	0.835	ニュージーランド
43(43)	0.747	アメリカ
118(125)	0.663	日本

←❿リーマ＝ボウイー(1972～)　内戦が激化するリベリアで、女性たちによる「平和への大衆運動」を立ち上げ、停戦実現への大きな役割を果たす。2011年ノーベル平和賞受賞。総選挙によるアフリカ初の女性大統領**エレン＝サーリーフ**の登場の背後には、リーマを中心とした女性たちの努力や支援があった。

文献⑫ マララ＝ユスフザイの国連本部でのスピーチ(2013)

私はきょう、女性の権利と女児の権利を中心にお話ししています。それは女性が最も大きな苦しみを抱えているからです。……１人の子ども、１人の教師、１冊の本、そして１本のペンが、世界を変えられるのです。教育以外に解決策はありません。教育こそ最優先です。

(国際連合広報センターウェブページ)

➔⓫マララ＝ユスフザイ(1997～)　パキスタン生まれ。女子教育を禁じるタリバン支配下で育つ。2014年ノーベル平和賞受賞。

←❾ヘルシンキ＝プライド(フィンランド、2019)　「プライド＝パレード」は世界中で開催されている性の多様性を訴える社会運動の一つ。レインボーフラッグは、そのシンボルとされており、LGBTコミュニティの多様性を表している。

←⓬ヒラリー＝クリントン(1947～)　2016年、アメリカ初の女性大統領をめざしたが、共和党のトランプ(➲P.343)に敗れた。

文献⑬ 大統領選敗北に際してのヒラリー＝クリントンのスピーチ(2016)

I know we have still not shattered that highest and hardest <u>glass ceiling</u>, but some day someone will and hopefully sooner than we might think right now.

読み解き 下線部はどのような状況をさしているだろう。

歴史のスパイス　LGBTとは広い意味で性的少数者(セクシャルマイノリティ)をさし、多様な性のあり方の総称でもある。LGBTQなどの表現もある。

60 諸地域の歴史的特質への問い

第2章(P.80〜153)では、世界の諸地域で自然環境などに根差して生まれた古代文明や、それぞれの地域の歴史的特質の多様性について学習する。中学校での学習や歴史総合での学習の成果を活用しながら、P.60〜61に掲載された複数の資料を組み合わせたり比較したりして、「諸地域の歴史的特質への問い」を表現してみよう。また、表現した問いをふまえ、どのような答えが得られそうか予想してみよう。

諸地域の歴史的特質への問いのキーワード

Ⓐ生業、Ⓑ身分・階級、Ⓒ王権、Ⓓ宗教、Ⓔ文化・思想

第2章をつらぬく問い

- 古代文明に共通する歴史的特質は何だろう。また、古代文明にみられる相違点は何だろう。
- 宗教や文化はどのように成立し、それらを特徴とする地域はどのように生まれただろう。

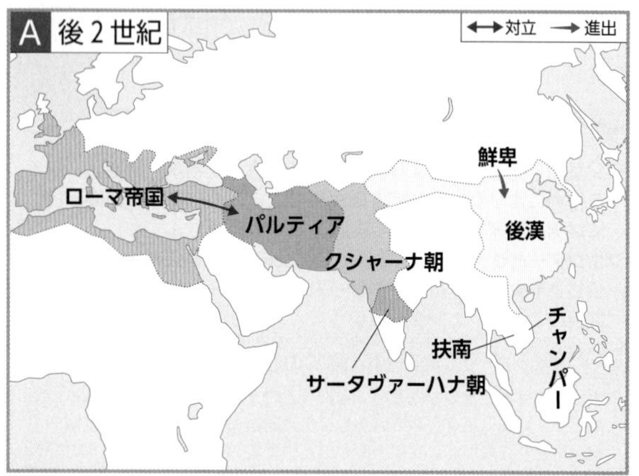

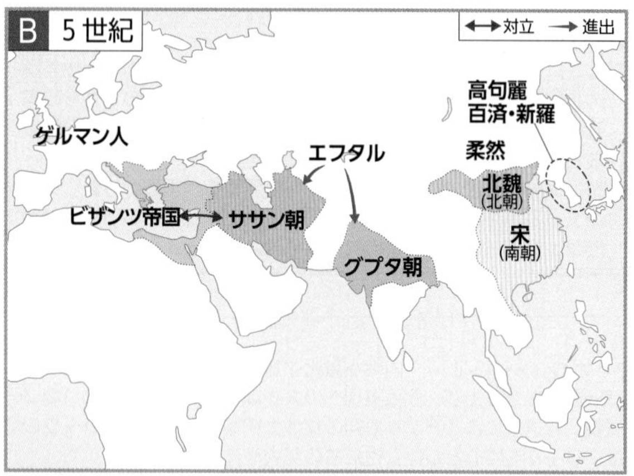

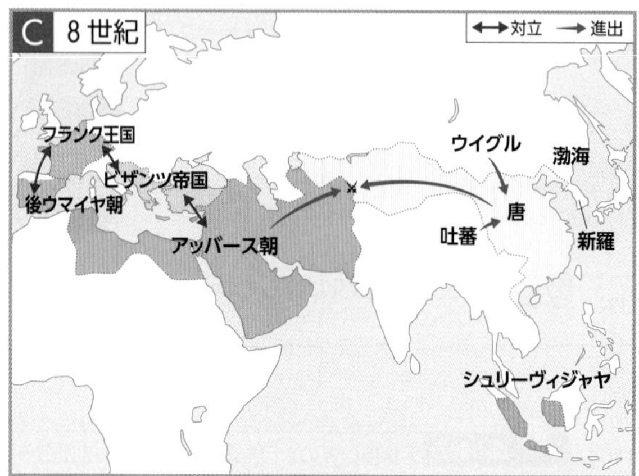

A 後2世紀

↔対立 →進出
ローマ帝国
パルティア
クシャーナ朝
鮮卑
後漢
チャンパー
扶南
サータヴァーハナ朝

B 5世紀

↔対立 →進出
ゲルマン人
エフタル
高句麗
百済・新羅
柔然
北魏
(北朝)
宋
(南朝)
ビザンツ帝国
ササン朝
グプタ朝

C 8世紀

↔対立 →進出
フランク王国
ビザンツ帝国
後ウマイヤ朝
アッバース朝
ウイグル
渤海
唐
吐蕃
新羅
シュリーヴィジャヤ

アメリカ
ヨーロッパ
アフリカ
西アジア
南アジア
東南アジア
中央ユーラシア
東アジア
日本
前800
後1
500
1000
1200
草原の道の形成
オアシスの道の形成
海の道の繁栄
ムスリム・中国商人の交易ネットワークの活発化
古代文明の形成・発展
ポリス発展
都市国家ローマ成立
ペルシア戦争
アケメネス朝成立
仏教成立
共和政・帝政
ローマの拡大
キリスト教の成立・拡大
港市の発展開始
ローマとの盛んな季節風交易
ガンダーラ美術の隆盛
ササン朝成立
ヒンドゥー教発展
西ローマ帝国滅亡
ユスティニアヌス帝、地中海の統一回復
イスラーム成立
イスラームの拡大
東西キリスト教世界の形成・分離
カールの戴冠
レコンキスタ
十字軍
遊牧国家の発展
春秋・戦国時代
秦・漢帝国
魏晋南北朝時代
隋・唐帝国
宋成立
縄文時代
弥生時代
卑弥呼、魏に遣使
ヤマト政権成立
遣隋使・遣唐使の派遣
鎌倉幕府成立

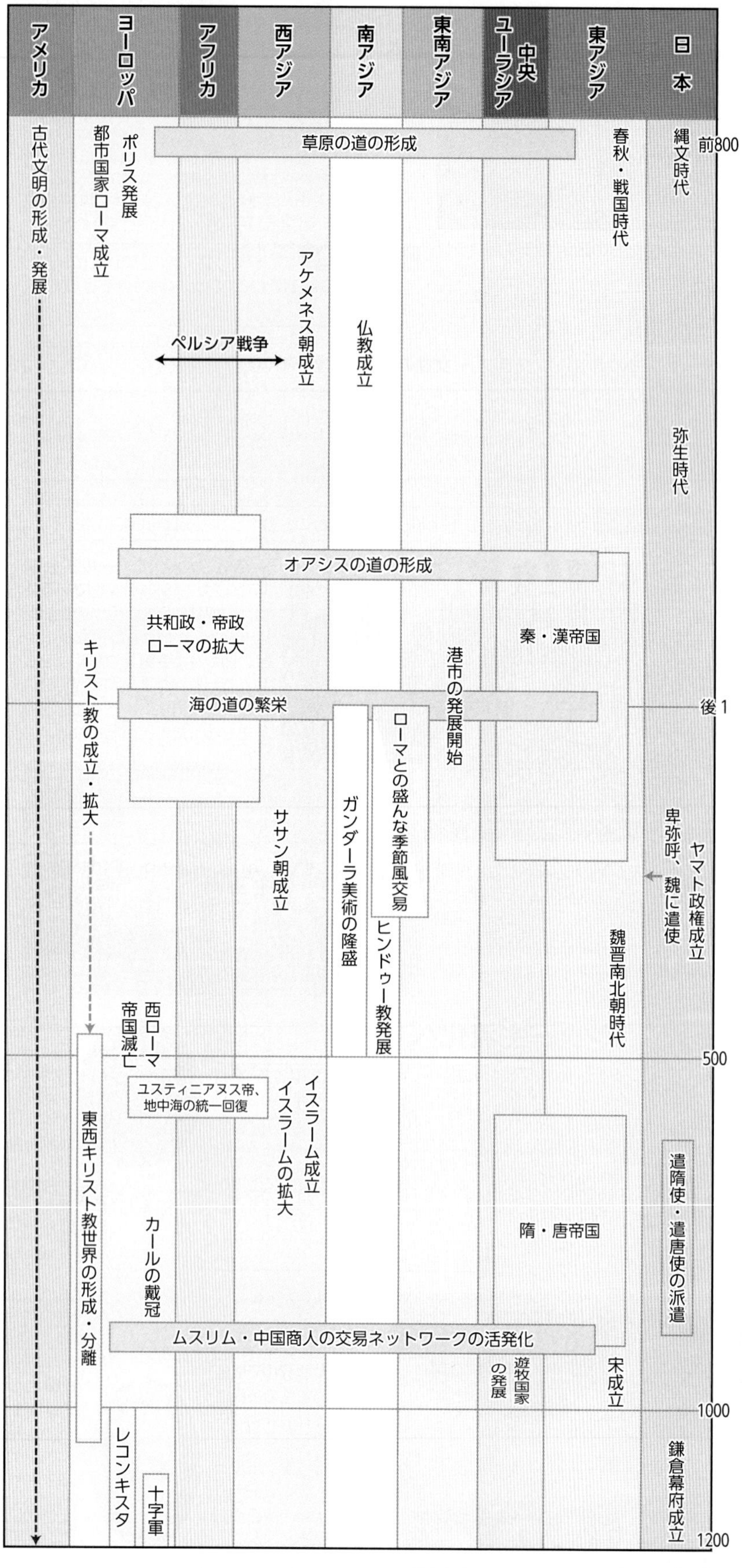

ⓐ地域別GDPの歴史的推移

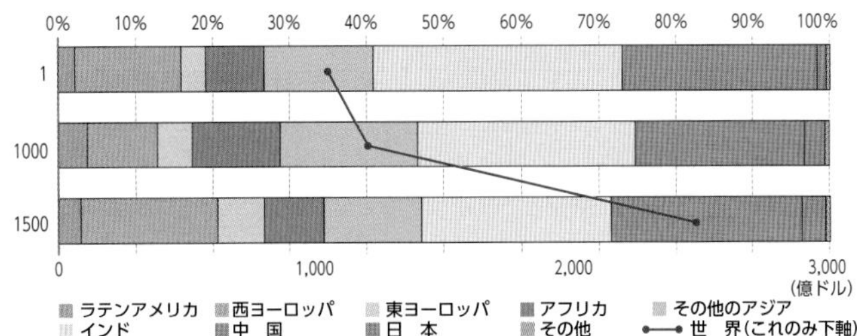

（アンガス＝マディソン著、政治経済研究所訳『世界経済史概観 紀元１年-2030年』岩波書店）

＊GDPの値は、地域・時代別の人口と１人当たりGDPの推計に基づき、国際ドル（1990年時点）に換算する形で算出したもので、必ずしも正確な数値ではないことに注意。

ⓑ地域別人口の歴史的推移

300(百万人) 250 200 150 100 50 0
400(百万人) 350 300 250 200 150 100 50 0
世界（右軸）
アジア（左軸）
ヨーロッパ（左軸）
アフリカ（左軸）
アメリカ（左軸）
前200 1 500 1000年

この時期の世界ではGDPや人口の大半を中国やインドなどのアジア地域が占めた。その理由として、肥沃な農耕地帯がアジアに集中していたこと、南アジア・東南アジア・東アジアで栽培されていた米は、麦よりも面積当たりの収穫率が高く農業生産力が高かったことなどがあげられる。10世紀までは各地の人口増加は停滞していたが、11世紀以降の温暖化と耕作地の開発の進展、農業技術の改良などによって、農業生産力が上昇し、大きく人口が増加した。

文献①農耕への移行 ➲P.78 Ⓐ

かつて学者たちは、農耕は中東の単一の発祥地から世界各地へ拡がったと考えていた。だが今日では、中東の農耕民が自らの革命を輸出したのではなく、他のさまざまな場所でもそれぞれ完全に独立した形で発生したということで、学者たちの意見は一致している。……１世紀までには、世界の大半の地域で、大多数の人が農耕民になっていた。では、農業革命はなぜオーストラリアやアラスカや南アフリカではなく、中東と中国と中央アメリカで勃発したのか？　その理由は単純で、ほとんどの動植物種は家畜化や栽培化ができないからだ。……私たちの祖先が狩猟採集した何千もの種のうち、農耕や牧畜の候補として適したものはほんのわずかしかなかった。それらは特定の地域に生息しており、そこが農業革命の舞台となったのだ。

（ユヴァル＝ノア＝ハラリ著、柴田裕之訳『サピエンス全史（上）』河出書房新社）

↑❶**馬乳をしぼる遊牧民**（モンゴル）　肉食が中心の遊牧民にとって、家畜の乳を発酵させてつくった酒やチーズは貴重なビタミン・ミネラル源であった。➲P.128

↑❷**ソグド人を描いた壁画**（ウズベキスタン、アフラシアブ遺跡）　ソグディアナのオアシス地域出身のソグド人は、古くからユーラシア規模の国際商人として活躍した。➲P.134

↑❸**古代ローマの奴隷**　古代社会においては、戦争捕虜や債務奴隷など様々な形で隷属的な身分に置かれた人々が存在した。➲P.101

チュニス・バルド国立博物館

↓❹**古代エジプトの神官の墓**　古代エジプトでは、神官が統治において重要な役割を果たした。➲P.84

←❻**パピルス**
古代エジプトでは、情報の記録手段としてパピルスが使用された。
➲P.80

→❼**竹簡**　木簡同様、製紙法普及以前の東アジアで使用された。
➲P.126

←❺**「十字架の顕現」**
古代ローマのコンスタンティヌス帝（➲P.102）のもとに、十字架が現れた場面を描いている。コンスタンティヌス帝は、313年にキリスト教（➲P.106）を公認した。絵画は、ルネサンスの画家であるラファエロ（➲P.213）の弟子らによって16世紀前半に描かれたもの。

ヴァチカン宮殿コンスタンティヌスの間、1520～24年

文献③プラトンの理想の政治（哲人政治）➲P.99 Ⓔ

国事も、個人生活も、およそその正しいありようというものは、哲学からでなくしては見定められるものでないと、正しい意味での哲学をたたえながら、言明せざるをえなくなったのでした。要するに、〈正しい意味において真に哲学しているような部類の人たちが、政治的支配の地位につくか、それとも現に国々において政治的権力をもっているような部類の人たちが、神与の配分とも言うべき条件を得て、真に哲学するようになるかの、いずれかが実現されないかぎりは、人間のもろもろの種族が、禍から免れることはあるまい〉と。

（田中美知太郎編『世界の名著７　プラトンⅡ』中央公論社）

文献②仏教における悟り ➲P.111 Ⓓ

比丘［出家した男性］たち、出家した者はこの二つの極端に近づいてはならない。二つとは何か。第一にさまざまの対象に向かって愛欲快楽を追い求めるということ、これは低劣で、卑しく、世俗の者のしわざであり、とうとい道を求める者のすることではなく、真の目的にかなわない。また、第二には自ら肉体的な疲労消耗を追い求めるということ、これは苦しく、とうとい道を求める者のすることではなく、真の目的にかなわない。比丘たち、如来はそれら両極端を避けた中道をはっきりとさとった。これは、人の眼を開き、理解を生じさせ、心の静けさ・すぐれた知恵・正しいさとり・涅槃のために役だつものである。

（長尾雅人編『世界の名著１　バラモン教典／原始仏典』中央公論社）

文献④孔子の理想の政治（徳治主義）➲P.122 Ⓔ

老先生［孔子］の教え。行政を法制のみに依ったり、治安に刑罰のみを用いたりするのでは、民はその法制や刑罰にひっかかりさえしなければ何をしても大丈夫だとして、そのように振る舞ってなんの恥じることもない。（しかし、その逆に、）行政を道徳に基づき、治世に世の規範を第一とすれば、心から不善を恥じて正しくなる。

（加地伸行『論語』角川書店）

62 諸地域の交流・再編への問い

第３章（P.154〜235）では、第２章で学習した世界の諸地域が交流していく中で、諸地域同士の関係が再編されていく過程について学習する。中学校での学習や歴史総合での学習の成果を活用しながら、P.62〜63に掲載された複数の資料を組み合わせたり比較したりして、「諸地域の交流・再編への問い」を表現してみよう。また、表現した問いをふまえ、どのような答えが得られそうか予想してみよう。

諸地域の交流・再編への問いのキーワード

Ⓐ交易の拡大、Ⓑ都市の発達、Ⓒ国家体制の変化、Ⓓ宗教や科学・技術および文化・思想の伝播

第３章をつらぬく問い

- 陸と海を通じた交流はどのようにして進んでいったのだろう。
- 17世紀から18世紀にかけての諸地域の交流の広がり、深まりを背景に、諸地域はどのように再編されたのだろう。

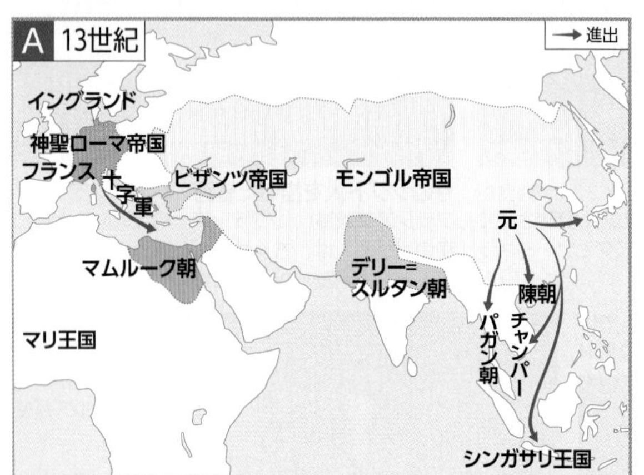

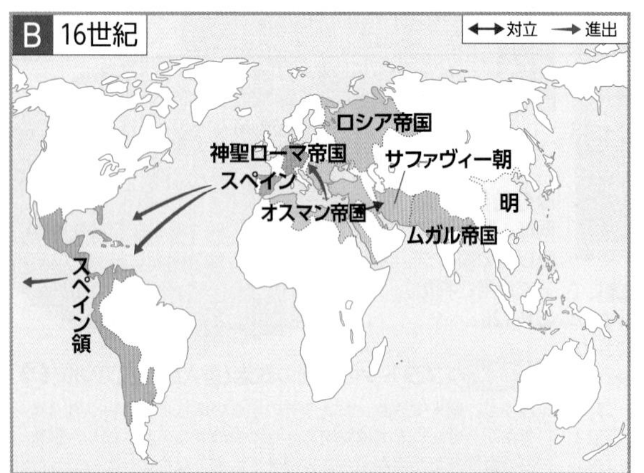

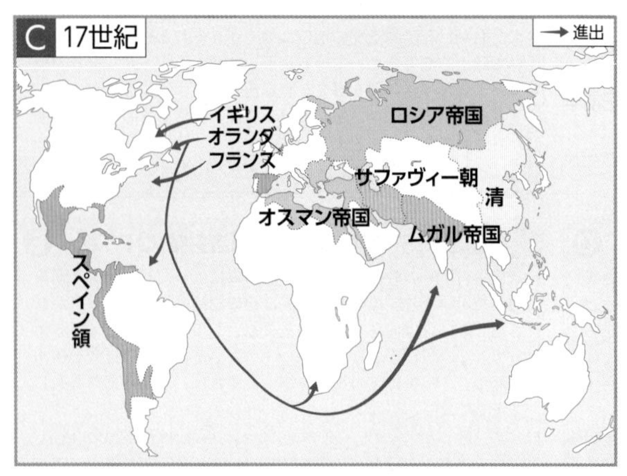

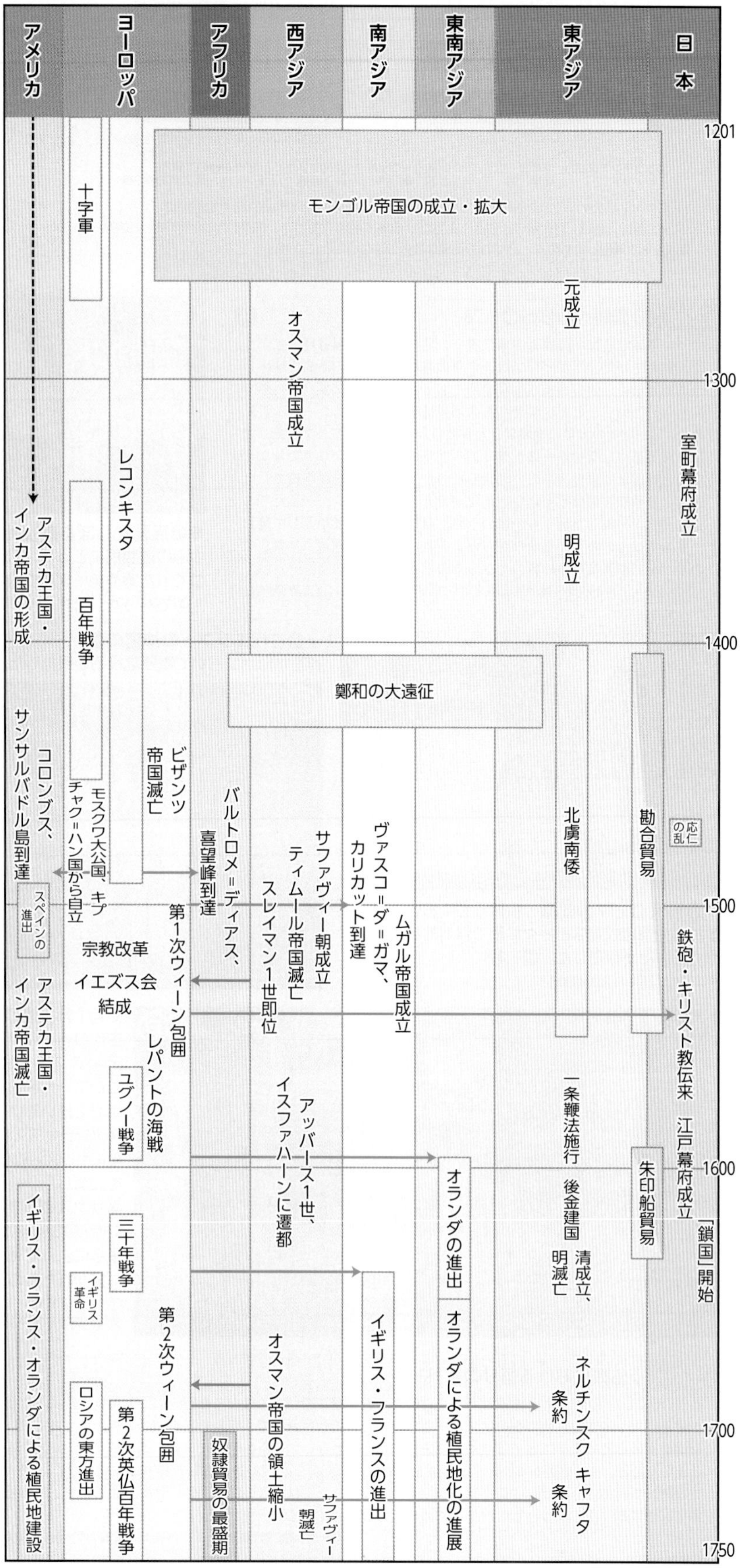

年表（1201〜1750）

地域	出来事
複数地域（ヨーロッパ〜日本）	モンゴル帝国の成立・拡大（1201〜13世紀）
複数地域（アフリカ〜東アジア）	鄭和の大遠征（15世紀前半）
アメリカ	アステカ王国・インカ帝国の形成／コロンブス、サンサルバドル島到達／スペインの進出／アステカ王国・インカ帝国滅亡／イギリス・フランス・オランダによる植民地建設
ヨーロッパ	十字軍／レコンキスタ／百年戦争／ビザンツ帝国滅亡／モスクワ大公国、キプチャク＝ハン国から自立／宗教改革／イエズス会結成／第１次ウィーン包囲／ユグノー戦争／レパントの海戦／三十年戦争／イギリス革命／第２次ウィーン包囲／ロシアの東方進出／第２次英仏百年戦争
アフリカ	バルトロメ＝ディアス、喜望峰到達／奴隷貿易の最盛期
西アジア	オスマン帝国成立／サファヴィー朝成立／ティムール帝国滅亡／スレイマン１世即位／アッバース１世、イスファハーンに遷都／オスマン帝国の領土縮小／サファヴィー朝滅亡
南アジア	ヴァスコ＝ダ＝ガマ、カリカット到達／ムガル帝国成立／イギリス・フランスの進出
東南アジア	オランダの進出／オランダによる植民地化の進展
東アジア	元成立／明成立／北虜南倭／一条鞭法施行／後金建国／清成立、明滅亡／ネルチンスク条約／キャフタ条約
日本	室町幕府成立／勘合貿易／応仁の乱／鉄砲・キリスト教伝来／江戸幕府成立／朱印船貿易／「鎖国」開始

1201 / 1300 / 1400 / 1500 / 1600 / 1700 / 1750

ⓐ地域別GDPの歴史的推移

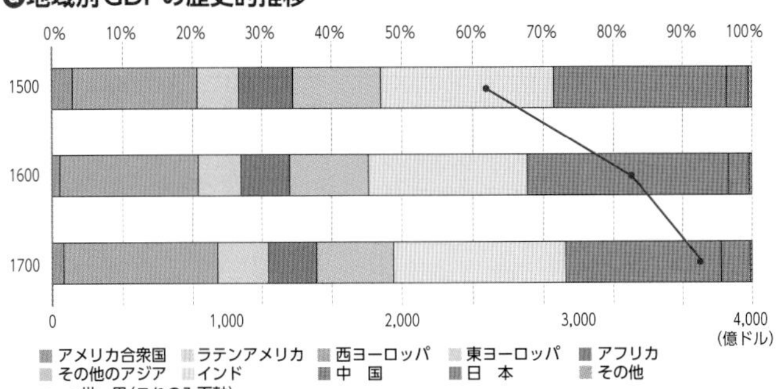

ⓑ地域別人口の歴史的推移

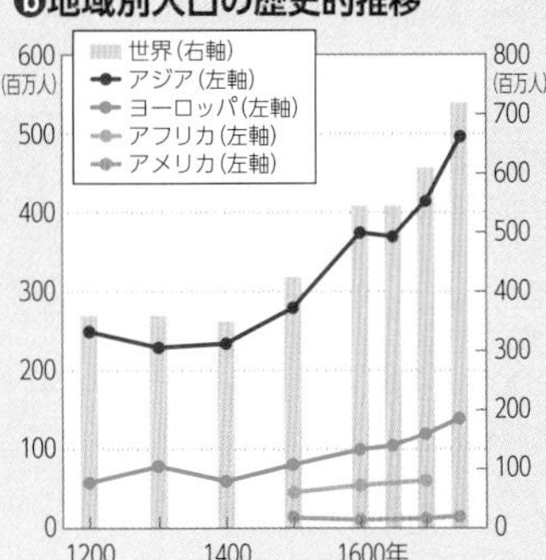

GDP・人口に占めるアジア地域の割合は引き続き高い。特に明・清時代の中国およびムガル帝国時代のインドは、それぞれ単独で世界のGDPの20%ほどの比重を占めた。一方「14世紀の危機」(➲P.68)による人口減少は、この時期の人口増減が、自然環境や農業と密接に関連していたことをうかがわせる。また、16世紀のアメリカ大陸の人口減少からは、ヨーロッパ諸国の海洋進出の活発化を契機とした「世界の一体化」の進行の影響を見てとることができる。

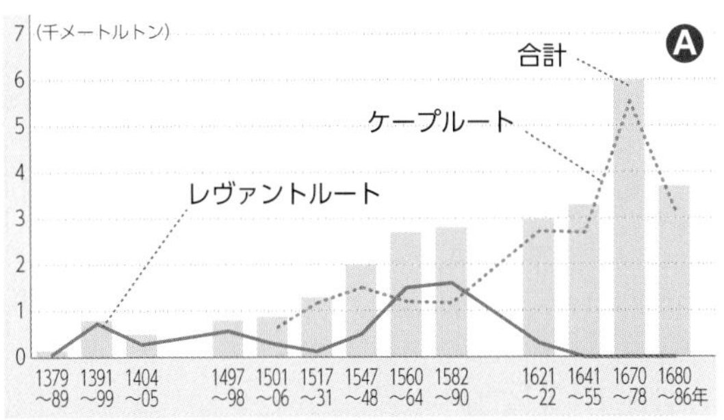

←ⓒ**東南アジアからヨーロッパへのコショウ輸出量と交易ルートの推移**　コショウなどの香辛料は古くから南アジア・東南アジア海域世界の重要な交易品であった。➲P.114

文献①　殿試の制度化(『宋史』選挙志)(1345)➲P.176

[973年、翰林学士の]李昉が[科挙の試験で]11人を選抜したが、……たまたま、李昉は私情をまじえて合否を決定したと訴えるものがいたので、皇帝[太祖]はそこで、最終試験場での不合格者の姓名を名簿に記載したところ、360人にのぼった。皇帝は、そのすべてと召見して、その中から195人を選抜し、……自らが講武殿にお出ましになって紙筆を彼らに与え、とくに詩賦[韻文]の試験を実施された。……その結果、……すべて及第とし、そのうえ彼らに銭20万を与えて宴会を張った。李昉らはまもなく罪に問われた。かくして殿試が通常の制度となった。

(歴史学研究会編『世界史史料４』岩波書店)

文献②　大憲章(マグナ＝カルタ)(1215)➲P.170

1　まず第一に、朕は、イングランド教会は自由であって、その権利を完全に、その自由を侵されることなく有すべきことを、神に許容し、この勅許状により、朕および朕の継嗣らのため永遠に確認した。……

12　軍役代納金または御用金は、朕の王国の全般的諮問によるのでなければ、朕の王国においてこれを課すことはない。……

39　いかなる自由人も、その同身分者の合法的裁判により、または国法によるのほか、逮捕され、または監禁され、または不動産占有を侵奪され、または法の保護を奪われ、または追放され、またはいかなる方法によっても侵害されることなく……また彼に対して軍を遣わすこともない。

(『西洋史料集成』平凡社)

←❶**琉球貿易図屛風**(江戸時代後期の屛風絵)　左側が那覇港、右側の船を係留しているところが泊港。大型の船は中国との交易で使われた進貢船。➲P.188　滋賀大学経済学部附属史料館蔵

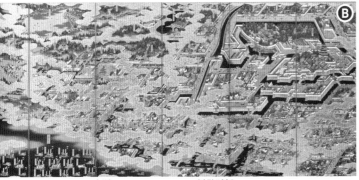

↑❷**江戸図屛風**(左隻)　江戸幕府３代将軍徳川家光の事績が描きこまれている。江戸幕府のもとで、江戸の街は世界有数の大都市に発展した。国立歴史民俗博物館蔵

↑❸**現在のイギリス下院の議場**　内乱や革命を経て議会政治が形成されたイギリス下院では、与党席と野党席の間に剣線が引かれ、発言者はこの線をはみ出すことを禁じられている。これは、議員が帯剣していた時のなごりで、議論が沸騰して剣を抜いても相手に届かないようにしたためである。➲P.227

↓❹**オスマン帝国の御前会議**　大宰相が主催する政策決定の会議。格子窓からスルタンが会議の様子をのぞいている。➲P.200

↓❺**羅針盤**　中国で発明された火薬(火器)、印刷術、羅針盤は西方へ伝播した。➲P.179,189

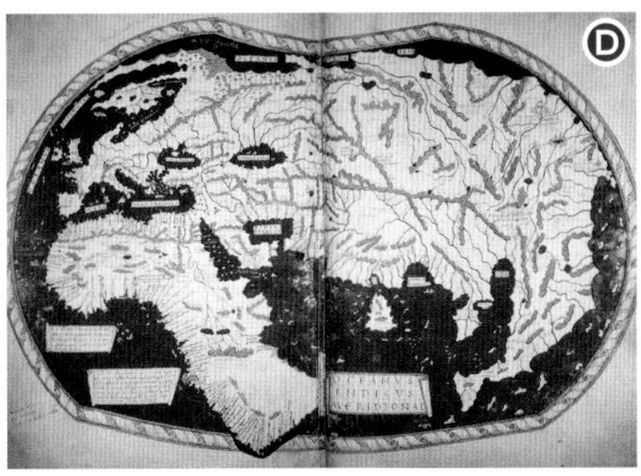

←❻**マルテルスの世界図**(1489)　ドイツで作製された地図。➲P.204

↓❼**喜望峰**(南アフリカ)　1488年、バルトロメウ＝ディアスは、激しい嵐の中、アフリカ大陸の南端を迂回した。彼は「嵐の岬」と名づけたが、ポルトガル王ジョアン２世が「喜望峰」と改名した。➲P.204

64 諸地域の結合・変容への問い

第４章(P.236〜321)では、18世紀から20世紀前半にかけて国民国家や世界市場が形成されるとともに、諸地域が地球規模で一体化し、相互依存が強固なものとなっていく過程を学習する。中学校での学習や歴史総合での学習の成果を活用しながら、P.64〜65に掲載された複数の資料を組み合わせたり比較したりして、「諸地域の結合・変容への問い」を表現してみよう。また、表現した問いをふまえ、どのような答えが得られそうか予想してみよう。

諸地域の結合・変容への問いのキーワード

Ⓐ人々の国際的な移動、Ⓑ国際規範の変容、Ⓒ自由貿易の広がり、Ⓓ文化・思想の展開、Ⓔ科学・技術の発達、Ⓕマスメディアの発達

第４章をつらぬく問い

- 19世紀に世界はどのように一体化していったのだろう。
- なぜアジア・アフリカでナショナリズムが高揚したのだろう。
- 二度の大戦は国際秩序や社会のあり方をどう変えたのだろう。

A 18世紀

B 19世紀後半

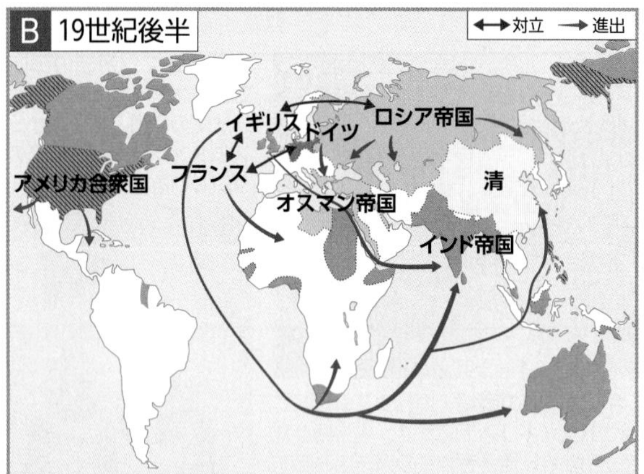

C 20世紀前半

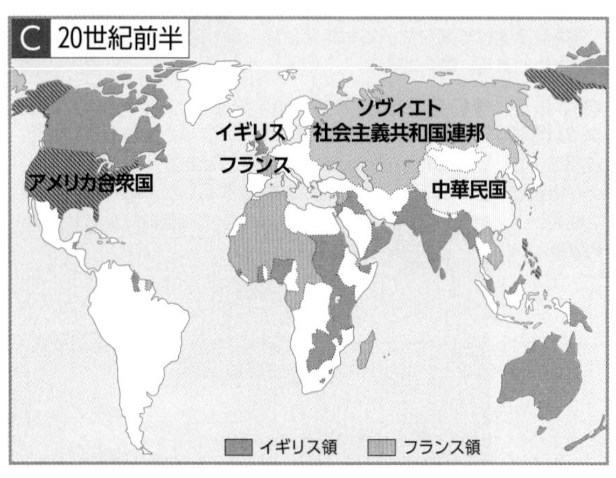

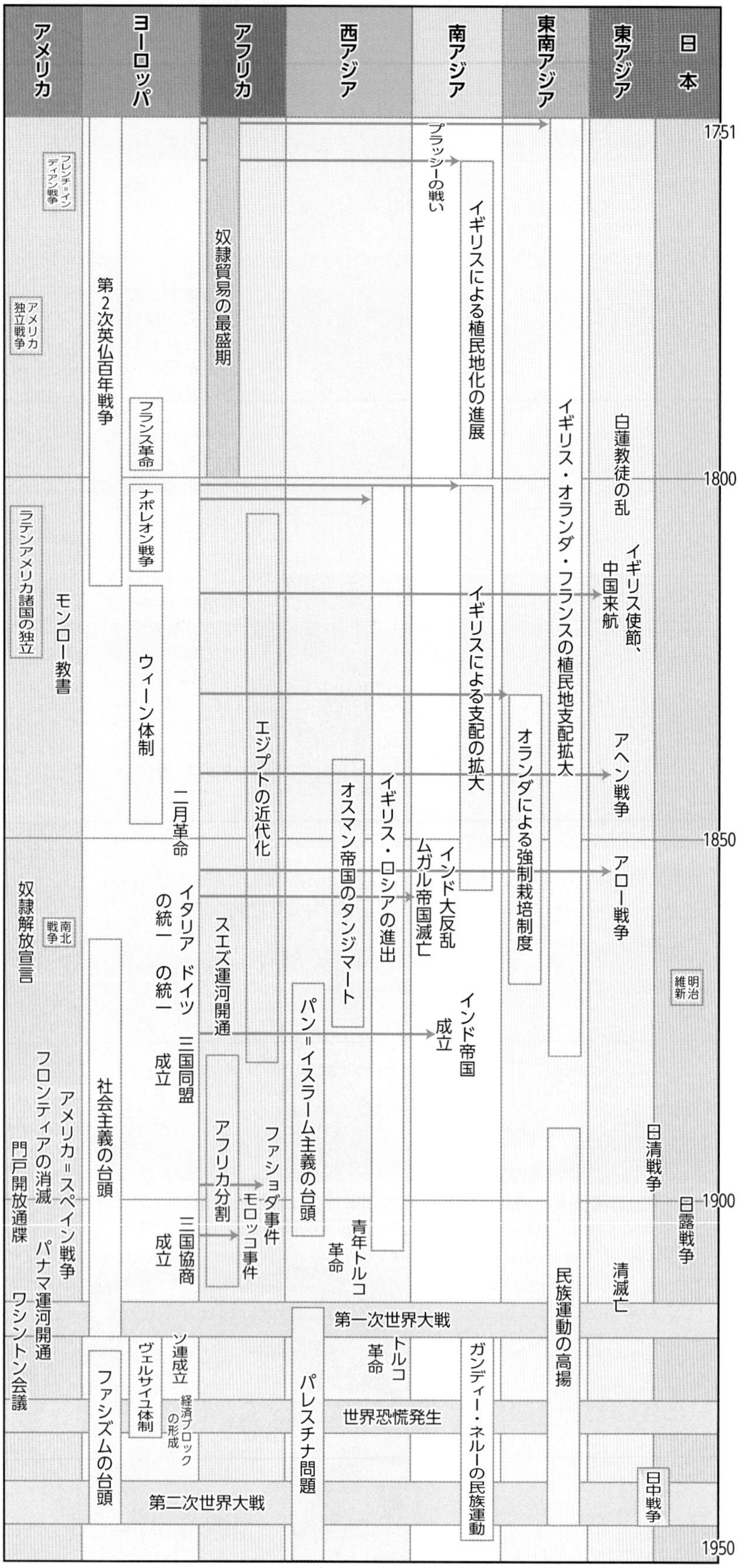

(年表 1751〜1950)

アメリカ
- フレンチ＝インディアン戦争
- アメリカ独立戦争
- ラテンアメリカ諸国の独立
- モンロー教書
- 奴隷解放宣言
- 南北戦争
- アメリカ＝スペイン戦争
- フロンティアの消滅
- 門戸開放通牒
- パナマ運河開通
- ワシントン会議

ヨーロッパ
- 第２次英仏百年戦争
- フランス革命
- ナポレオン戦争
- ウィーン体制
- 二月革命
- イタリアの統一
- ドイツの統一
- 三国同盟成立
- 社会主義の台頭
- 三国協商成立
- ソ連成立
- ヴェルサイユ体制
- 経済ブロックの形成
- ファシズムの台頭

アフリカ
- 奴隷貿易の最盛期
- エジプトの近代化
- スエズ運河開通
- アフリカ分割
- ファショダ事件
- モロッコ事件

西アジア
- オスマン帝国のタンジマート
- イギリス・ロシアの進出
- パン＝イスラーム主義の台頭
- 青年トルコ革命
- トルコ革命
- パレスチナ問題

南アジア
- プラッシーの戦い
- イギリスによる植民地化の進展
- イギリスによる支配の拡大
- インド大反乱
- ムガル帝国滅亡
- インド帝国成立
- ガンディー・ネルーの民族運動

東南アジア
- イギリス・オランダ・フランスの植民地支配拡大
- オランダによる強制栽培制度
- 民族運動の高揚

東アジア
- 白蓮教徒の乱
- イギリス使節、中国来航
- アヘン戦争
- アロー戦争
- 清滅亡

日本
- 明治維新
- 日清戦争
- 日露戦争
- 日中戦争

全地域
- 第一次世界大戦
- 世界恐慌発生
- 第二次世界大戦

1751 / 1800 / 1850 / 1900 / 1950

ⓐ地域別GDPの歴史的推移 ➡P.54, 56

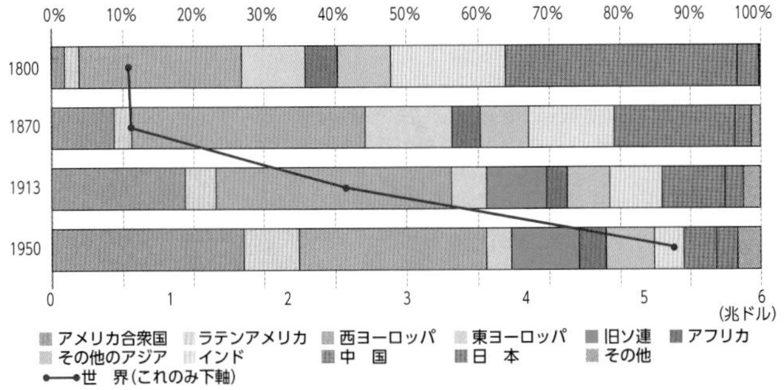

0%　10%　20%　30%　40%　50%　60%　70%　80%　90%　100%

1800　1870　1913　1950

0　1　2　3　4　5　6（兆ドル）

■アメリカ合衆国　■ラテンアメリカ　■西ヨーロッパ　■東ヨーロッパ　■旧ソ連　■アフリカ　■その他のアジア　■インド　■中国　■日本　■その他

●―●世界（これのみ下軸）

ⓑ地域別人口の歴史的推移

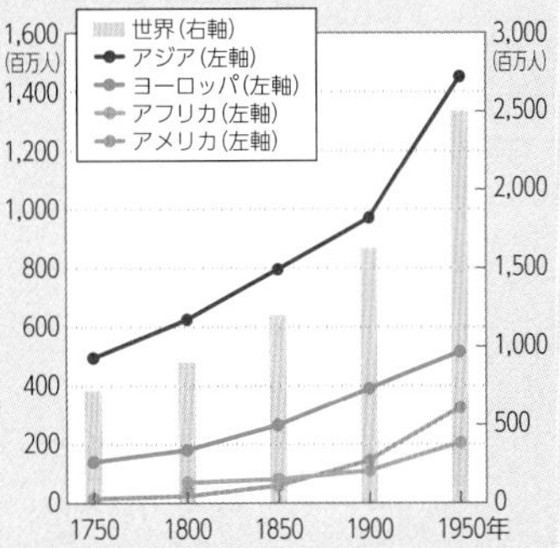

1,600（百万人）　1,400　1,200　1,000　800　600　400　200　0

3,000（百万人）　2,500　2,000　1,500　1,000　500　0

世界（右軸）　アジア（左軸）　ヨーロッパ（左軸）　アフリカ（左軸）　アメリカ（左軸）

1750　1800　1850　1900　1950年

GDPについては、19世紀前半は清（中国）の存在感が大きいものの、産業革命を経験した欧米諸国のGDPは急激に増加し、1870年には世界全体の半分を超えた。アジアはいつの時代も世界人口の大部分を占めているが、産業革命前後からヨーロッパやアメリカ大陸の人口も上昇していることが見てとれる。20世紀には世界各地で人口が急増しており、20世紀後半以降はこの傾向がさらに強まる。世界人口は、1987年には50億人、1998年には60億人、2011年には70億人に達した。

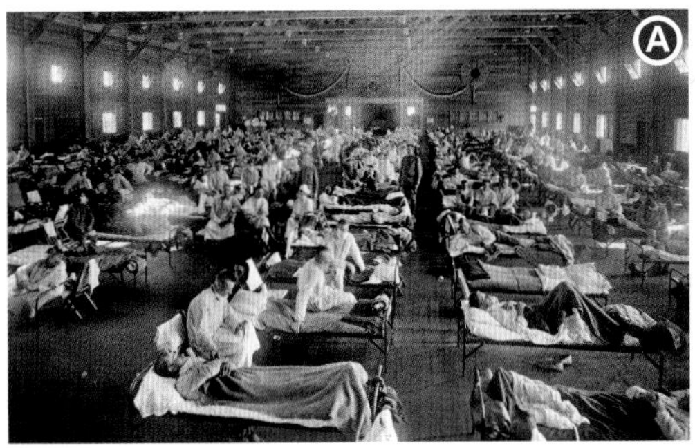

➡❶スペイン風邪の患者であふれるアメリカ軍の野戦病院 Ⓐ 1918年３月にアメリカの兵舎で始まったインフルエンザ（「スペイン風邪」）の流行は急速に世界へと広まり、膨大な死者を出した。 ➡P.295

⬅❷さんとす丸 Ⓐ 日本の南米移民船。1925年完成。7,267総トン、全長136.6m。ディーゼルエンジンを備え、神戸・ブラジル間を南アフリカ経由で47日で結び、蒸気船の65日から大幅に短縮した。 ➡P.263

⬅❹ピカソ筆「アヴィニョンの娘たち」 左側の３人はピカソの故郷スペインのイベリア彫刻の影響を受けた顔である一方、右側２人の顔はアフリカ部族のマスクをモチーフとしている。 ➡P.352 Ⓓ

ニューヨーク近代美術館、1907年、243.9×233.7cm

➡❺セントルイス万博（1904）**で「展示」されたアイヌの人々** Ⓓ 明治政府のもとで北海道開拓が進展する一方、先住民アイヌの生活の基盤は奪われていった。 ➡P.281

➡ⓔアメリカの人口と1,000人当たりの出生率・死亡率の推移 Ⓔ 科学・技術の発展やそれに伴う社会の変化は人々の出生率や死亡率に大きな影響を与えた。 ➡P.352

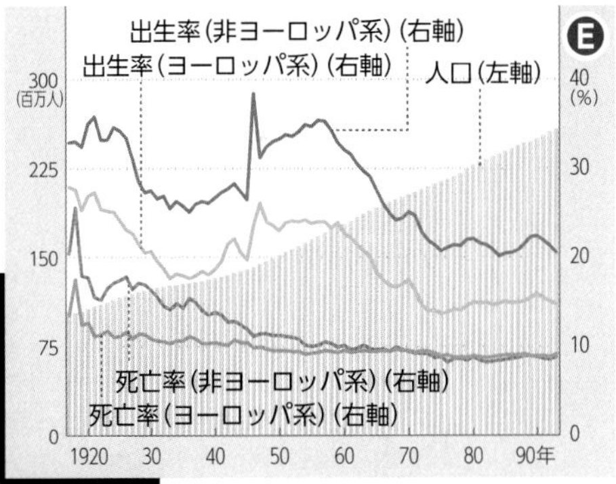

出生率（非ヨーロッパ系）（右軸）　出生率（ヨーロッパ系）（右軸）　人口（左軸）

死亡率（非ヨーロッパ系）（右軸）　死亡率（ヨーロッパ系）（右軸）

300（百万人）　225　150　75　0

40（%）　30　20　10　0

1920　30　40　50　60　70　80　90年

文献①　国際連盟規約（1919年調印） ➡P.299 Ⓑ

締約国は、戦争に訴えないという義務を受諾し、……国際法の原則を確立し、……条約上の義務を尊重することにより、国際協力を各国間の平和と安全を達成することを目的として、この国際連盟規約に合意する。

第８条　連盟加盟国は、平和を維持するためには……その軍備を縮小する必要があることを承認する。

第16条　……［戦争に訴えた連名加盟国に対して］ほかのすべての連名加盟国は、その国とのいっさいの通商上または金融上の関係の断絶、……交通の禁止……をただちに行う。

（歴史学研究会編『世界史史料10』岩波書店）

⬆❸国際連合憲章の調印（1945） Ⓑ ➡P.318, 349

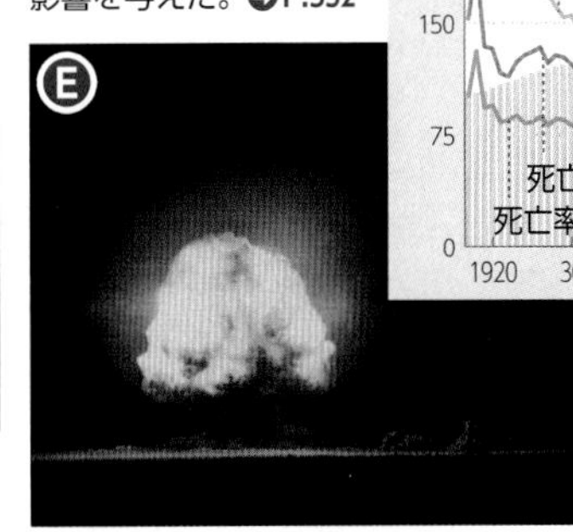

⬅❻トリニティ実験 Ⓔ 1945年７月にアメリカで行われた世界初の核実験。翌月、広島と長崎に原爆が投下された。 ➡P.317, 351

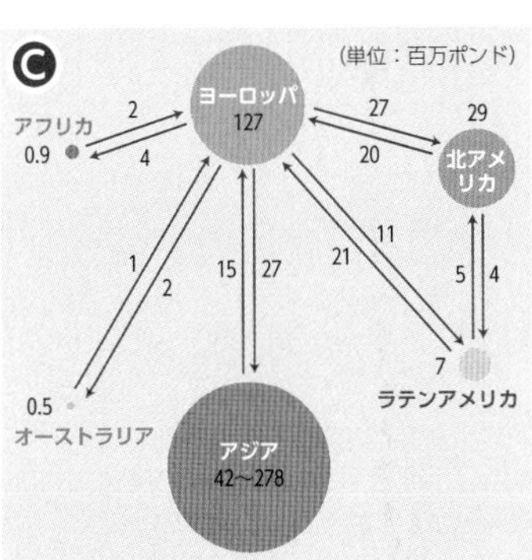

⬆ⓒ世界貿易の構造（1840） Ⓒ ➡P.282

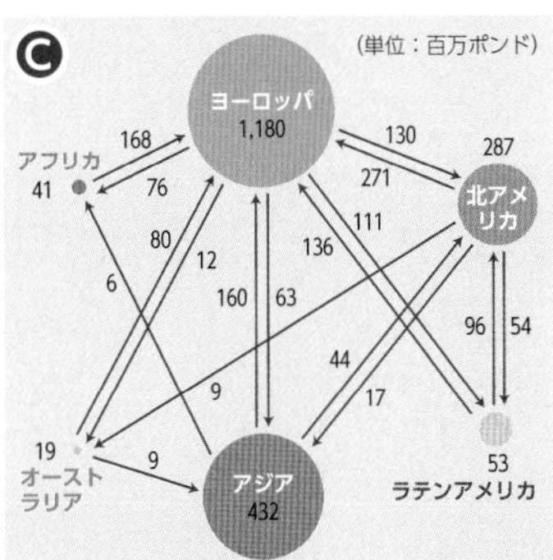

⬆ⓓ世界貿易の構造（1910） Ⓒ

⬅❼アメリカの週刊大衆雑誌『リバティ』（1925） Ⓕ 大衆社会のもとで、印刷技術の向上や輸送コストの低下、教育水準の向上などを背景として、新聞や雑誌が広く普及した。 ➡P.77

➡❽ラジオ放送を行うアメリカ大統領ローズヴェルト Ⓕ 20世紀の政治家は巧みにマスメディアを利用した。政治家はラジオや新聞でわかりやすく政策を伝え、宣伝映画をつくって成果をアピールした。 ➡P.308

先史時代の世界

1 先史時代の変遷

① 現代人に直接つながる人類は、20万年前にアフリカで出現したホモ＝サピエンスである。

実年代	地質時代	化石人類	社会経済	考古年代	
700万年前 258万 240万		**猿人** トゥーマイ猿人、ラミダス猿人、**アウストラロピテクス**	採集・狩猟・漁労（獲得経済） 群（ホルド）・洞穴生活	旧石器時代 / 打製石器	●**礫石器**の使用 （オルドヴァイ文化） ●洞穴居住  ➔❶礫石器
	新生代第四紀 / 更新世（洪積世）〈氷期および間氷期〉	**原人** 〔ホモ＝エレクトゥス〕 **ジャワ原人** **北京原人**			●**ハンドアックス（握斧）**などの石核石器の製作 ●**火の使用** （北京原人） ●洞穴居住  ↑❷ハンドアックス
60万		**旧人** ハイデルベルク人 **ネアンデルタール人**			●**剥片石器**の使用、打製石器の多様化 ●火の使用の一般化、毛皮の衣服 （寒い気候への適応） ●**埋葬の風習**➔P.74 （精神文化の発達） ●顔料による身体装飾 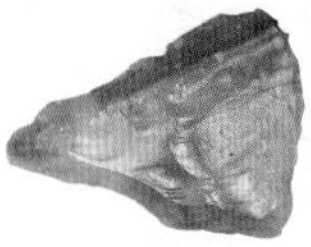 ←❸剥片石器
20万		**新人** **現生人類**〔ホモ＝サピエンス〕 **クロマニョン人**			●**洞穴絵画（アルタミラ〔西〕、ラスコー〔仏〕）** ●**女性裸像** ●屈葬・副葬品 ●装身具（石・貝・牙・角） ●**骨角器**の使用 ●弓矢の考案 ●剥片石器の発達 （石刃技法） 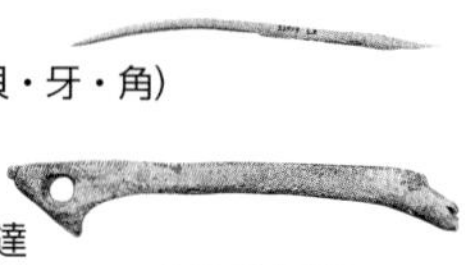 ↑❹骨角器
1.1万	完新世（沖積世）〈後氷期〉	 ↑❻女性裸像 オーストリア出土、前15000～10000年、高さ11.5cm、ウィーン自然史博物館蔵		中石器時代 / 打製石器・磨製石器	●鏃・銛・槍先などに**細石器**（細石刃）使用 ●石斧…樹木の伐採 ●釣針などの骨角器・網・丸木舟（漁業技術の進歩） ●石杵・石臼・石鎌（食用植物の重用） ●犬の家畜化 ●岩絵  ↑❺細石器（細石刃）
		読み解き ❶～❺・❼が利用されることで、何ができるようになっただろう。	農耕・牧畜（生産経済） 定住・氏族社会	新石器時代 / 磨製石器	●**磨製石器**の使用 ●**土器**・織物の製作 ●**農耕・牧畜**の開始 →定住化・階級の発生 ●日干しレンガの家の建造、集落形成 （ジャルモ・イェリコなど） ●家畜の多様化（羊・ヤギ・豚）・畜耕 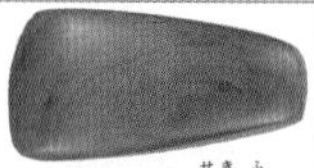 ↑❼磨製石斧
				金属器	●**青銅器**の作製・使用 ●都市国家形成 ●**文字の使用** ●巨石記念物の建設

↓ⓐ人類進化の過程

頭骨写真提供：国立科学博物館

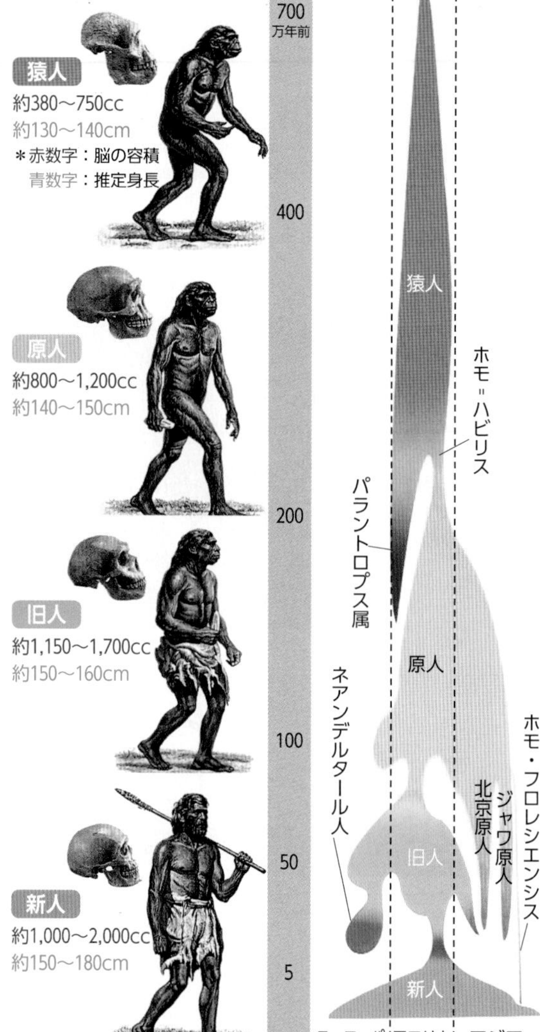

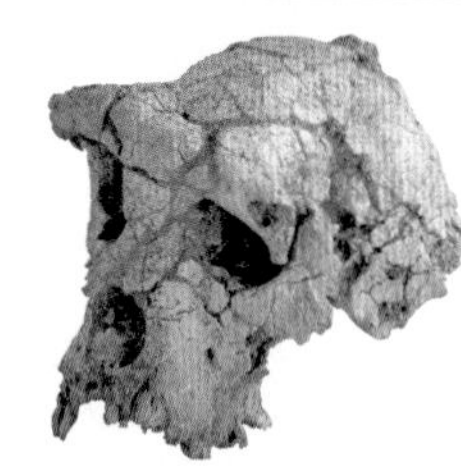

←❽**サヘラントロプス＝チャデンシス（トゥーマイ猿人）の頭骨化石**
2001年、アフリカのチャドで発見された最初期の猿人の化石。推定約700万年前のもので、現在のところ人類最古の化石とされている。

←❾**アファール猿人の足跡化石**
タンザニアで発見された、360万年以上前の人類（アファール猿人）の足跡化石。つま先とかかとの沈みこみのバランスから、現在の人類と同じような二足歩行をしていた可能性が指摘されている。

文献① ネアンデルタール人はなぜ姿を消したのか

ネアンデルタール人とサピエンスの運命を分けるカギとなったのは、集団の規模と交流だった。……ロシア・ウラジミールにある約３万5000年前のスンギール遺跡では、400人に上る大集団が住んでいたことがわかっている。もはや社会と呼べる規模だ。このように、サピエンスは数百人規模の集団を作り、助け合い、協力し合って生活していた。また、集団の暮らしは、石器などの技術の伝達や道具の革新にもつながったと考えられる。
（馬場悠男監修『ＮＨＫスペシャル　人類誕生』学研プラス）

読み解き 人類の進化にはいくつかの推論がある。現生人類だけが残った理由を、文献①の立場から説明してみよう。

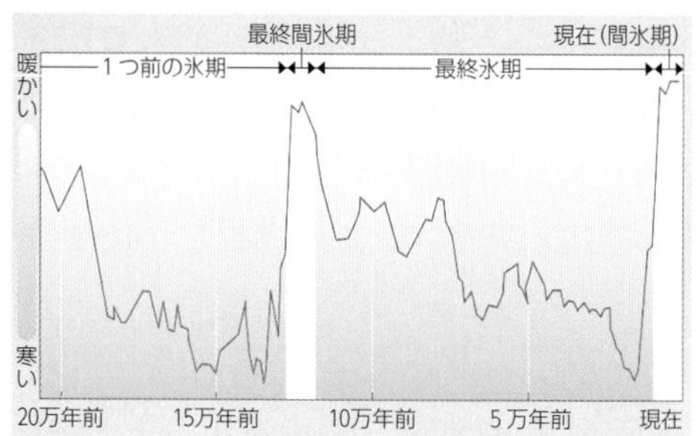

↑ⓑ**過去20万年間の気候変動** 新生代第四紀（260万年前～現在）は寒冷な氷期と温暖な間氷期が交互に訪れた。約１万年前には最後の氷期が終わり、地球は温暖になり、乾燥化して森林が減少したため、農耕や牧畜といった食料の生産が始まった。

歴史のスパイス 人類の歴史を宇宙誕生や生命誕生という長いスパンの中に置いて、相対的に俯瞰する歴史をビッグ＝ヒストリーという。隣接諸科学を統合する新しい学問分野である。

2 先史時代の世界

A 人類の拡散

→ ホモ=サピエンスの拡散ルート(推定)

ネアンデルタール人 ドイツ、1856
ハイデルベルク人* ドイツ、1907
5万年前
ヴィレンドルフ
ラスコー
ショーヴェ
アルタミラ
グリマルディ人 イタリア、1872
クロマニョン人 フランス、1868
タッシリ
エジプト文明
イェリコ
メソポタミア文明
ジャルモ
モエンジョ=ダーロ
ハラッパー
インダス文明
トゥーマイ猿人 チャド、2001
10～20万年前
ラミダス猿人 エチオピア、1992
オルドヴァイ
オロリン猿人 ケニア、2000
アウストラロピテクス=ボイセイ タンザニア、1959、リーキー(英)
アウストラロピテクス=アフリカヌス 南アフリカ共和国、1924、ダート(英)
タウングズ
ヴィクトリア湖
アラビア海
インド洋
ギニア湾
ベンガル湾
ウラル山脈
北京原人 中国 1923
周口店上洞人 1933
中国文明
周口店
仰韶
竜山
河姆渡
ヒマラヤ山脈
長江
ドンソン
ジャワ原人 インドネシア、1891、デュボワ(蘭)
トリニール
5万年前
岩宿
太平洋
1万5000年前
メキシコ湾
マヤ
アステカ王国
カリブ海
大西洋
アンデス山脈
インカ帝国
1万年前
0 4000km

*ハイデルベルク人はこれまで原人に分類されていたが、近年では旧人に分類される。

先史時代の遺跡	農作物の起源	人類の分類
● 旧石器遺跡	⬭ 小麦	猿人
● 中石器遺跡	⬭ 米	原人
● 新石器遺跡	⬭ トウモロコシ	旧人
■ 青銅器遺跡	四大文明の発祥地	新人

世界遺産

←⑩ショーヴェ洞穴絵画(南フランス、1994年発見) 世界最古の洞穴絵画。

↑⑪オルドヴァイ峡谷 タンザニア北部に位置する峡谷。ホモ=ハビリスなど、これまで多数の化石などが発見されている。

←⑫ラスコー洞穴絵画(南フランス、1940年発見) 野牛、馬、トナカイなどの絵が生き生きと描かれている。狩猟の成功を願うために描かれたとも考えられる。壁画を保存するため、1963年に洞穴は閉鎖されたが、今は立体レプリカ「ラスコーⅡ」で見学できる。

↑⑬イェリコ遺跡 死海に注ぐヨルダン川のほとりにある約9000年前の農耕集落遺跡。町の幅は約160m、奥行き約300mで、人口500人以上。厚さ3m、高さ4mの石壁で囲まれていた。

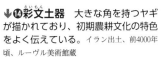

↓⑭彩文土器 大きな角を持つヤギが描かれており、初期農耕文化の特色をよく伝えている。イラン出土、前4000年頃、ルーヴル美術館蔵

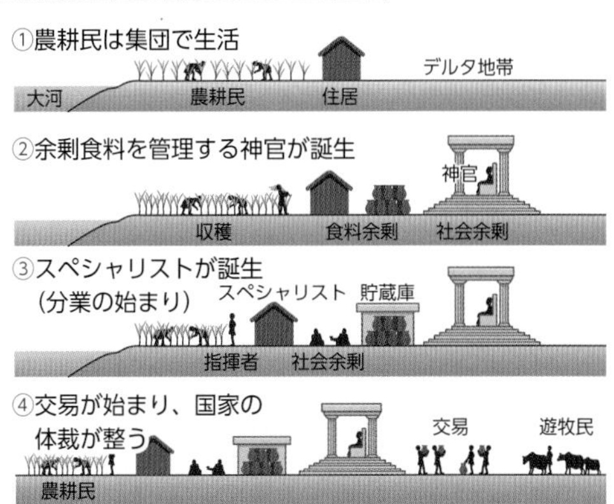

↑Ⓒ国家の誕生(『世界の歴史1』河出書房新社による)
農耕や牧畜によって生産力を向上させた人類は、都市(国家)をつくり、金属器や文字の使用を始めた。都市・金属器・文字は「文明の3要素」と呼ばれる場合もある。

歴史のスパイス アフリカの人々にもヨーロッパ系ネアンデルタール人由来のDNAが確認された。つまり人類は、アフリカから出るだけでなく戻ってきた可能性があるということである。

テーマ② 世界史と地球環境

気温変動（+2 〜 −2）

年代	出来事
前20世紀	インド＝ヨーロッパ系民族移動開始
前12世紀	「海の民」活動
後79	ウェスウィオ火山噴火
184	黄巾の乱
4世紀	ビザンツ帝国でペスト流行
	フン人・ゲルマン人・五胡の活動
7世紀	アラブ人の征服活動
9〜10世紀	ノルマン人の活動
	世界各地で開発進行（大開墾運動・江南）
	中世農業革命
11〜13世紀	西ヨーロッパ世界の拡大（十字軍・レコンキスタ・東方植民）
	各地の経済発展・交易拡大
13世紀	モンゴル人の活動
	ヨーロッパでペスト流行 →14世紀の危機
14世紀	各地で農民反乱（ワット＝タイラーの乱・ジャックリーの乱・紅巾の乱）
15世紀後半	「大航海時代」開始
16世紀	ヨーロッパで人口増加
1556	華県地震（華北で死者83万人以上）
1631	ウェスウィオ火山噴火

寒冷期　高温期　寒冷期　高温期　寒冷期　寒冷期　高温期　高温期　寒冷期　高温期　寒冷期　高温期

1 気候変動と人類の活動

我々の生活は環境の変化に左右されており、長期的な気候変動は、人類の歴史にも影響を及ぼすことがわかってきた。現在では年輪や氷床中の気体から古い時代の大気の組成を再構成する試みがなされている。

14世紀の危機

9～13世紀は、何度か短期間の寒冷期があったものの、全体として気候は温暖であった。しかし13世紀半ばから14世紀にかけて、地球では小氷期と呼ばれる気候寒冷期が訪れた。これは**「14世紀の危機」**と呼ばれる。大気循環が不安定になったことで気候が寒冷化したり、局地的に異常気象が発生したりすることで凶作に見舞われ、経済は混乱した。ヨーロッパでは、寒冷化によって各地で飢饉が発生し、ペストの流行や戦乱が勃発し、百年戦争や農民反乱を背景に封建社会の衰退が進んだ。一方で、元代にはこのような気候の悪化による冷害・旱魃・飢饉などが集中した時期が3期ほど観察され、その最後の時期は紅巾の乱のきっかけになった可能性があることから、気候変動がユーラシア東部でも政治的な変動の原動力になったと考えられる。

気候温暖化
↓ **大開墾運動**
中世農業革命
農業生産増大
↓
人口増加
↓
土地不足
↓
ヨーロッパ世界の拡大
十字軍
レコンキスタ
東方植民

↑ⓐ気候変動とヨーロッパ世界の拡大

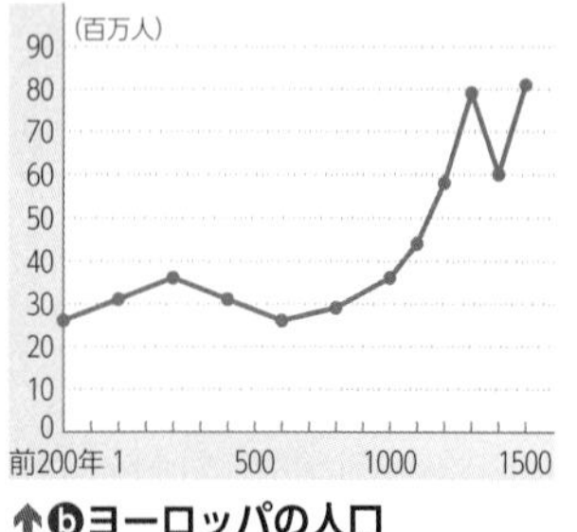

↑ⓑヨーロッパの人口

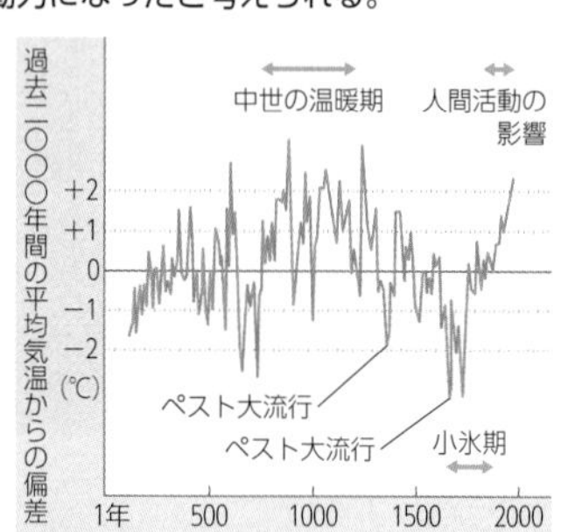

←ⓒ過去2000年間の平均気温からの偏差

17世紀の危機

❶凍結したテムズ川（17世紀）

太陽活動の減退（太陽黒点減少）により、17世紀前半から18世紀初めにかけても地球規模で寒冷化が進んだことが判明している。ヨーロッパではロンドンのテムズ川やアムステルダムの港がしばしば凍結した。穀物生産は低下し、経済活動も停滞した。疫病が流行し、三十年戦争などヨーロッパを巻きこむ戦争もあいまって、社会不安が増大した。近世に魔女狩りが盛んになったのも、社会不安が一因とされている。このような状況は**「17世紀の危機」**と呼ばれる。また、同時期の中国でも自然災害や戦乱が続発したことが記録され、自然災害と重税による明末の困窮は、李自成の乱を引き起こし、明から清への王朝交替をもたらした。しかし一方で、デカルトやフランシス＝ベーコンに代表される近代ヨーロッパの哲学や思想は、人間が自然の猛威に圧倒されたかに見えたこの危機の時代に誕生した。

2 自然災害と歴史

↑❷リスボン地震（1755）　イベリア半島南西部沖を震源とする推定マグニチュード8.5、震度6～7の大地震がリスボンを襲い、街は津波と大火災で壊滅的被害をこうむった。この地震は、アジア交易で一時代を築き、新興国イギリスなどとの競争にさらされていた**ポルトガルの衰退を決定的なものとした。**

Column 火山噴火と気候変動

火山が噴火すると火山灰が空を覆い、日照量が減少し、農作物の成長に影響を与える。1783年、アイスランドのラキ山が噴火すると、世界的な寒波が続いた。日本では同年に浅間山も噴火した。アメリカでは1784年夏、ニューヨーク港が10日間も氷で閉ざされ、人々は氷の上を歩いて移動したといわれる。ヨーロッパでも、1788～89年は特に厳しい冬で、農業生産も落ちこんだ。こうした社会不安がフランス革命の遠因になったともいえる。

❸浅間山の噴火

小諸市美斉津洋夫氏蔵（写真フィルム提供 浅間縄文ミュージアム）

屋久杉の年輪の炭素同位体比から見た気温変動（安田喜憲『気候変動の文明史』NTT出版による）

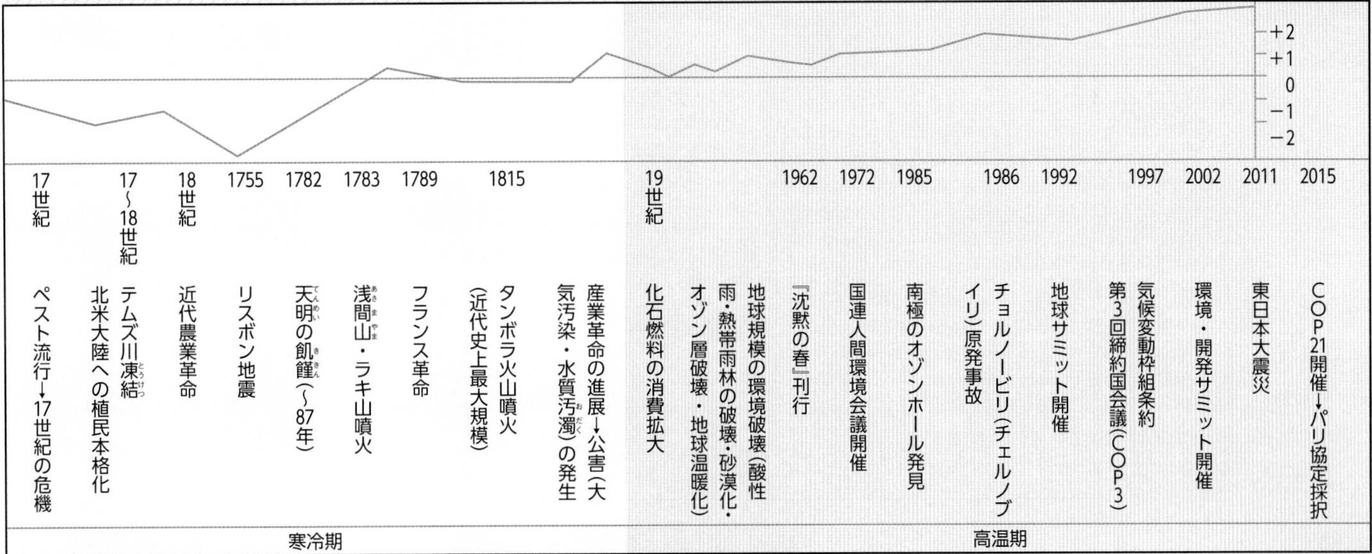

3 現代の環境破壊

←❹**熱帯林の伐採**（ブラジル）　ブラジルでは、1968～74年に国家事業としてアマゾン横断道路を建設し、農民の入植を積極的に進めた。入植者は農地を開拓するために伐採を行い、横断道路の周りに魚の骨のような伐採跡（フィッシュ・ボーン）が形成された。

↑❺**酸性雨の被害を受けた彫刻**　酸性雨とはph5.6以下の雨をいう。金属や建造物を腐食させる作用も強く、アテネのパルテノン神殿など文化財への被害も深刻である。

衝撃を与えた「沈黙の春」
レイチェル＝カーソン
（1907～64）

アメリカの生物学者。1962年、著書『沈黙の春』で、化学物質による生態系の破壊を警告して世界に衝撃を与えた。同書には、当時農薬や殺虫剤などの形で大量に使用されていた化学物質が、食物連鎖を通してやがては人間をも殺し始めるという恐怖のシナリオが描かれている。自然との共存の必要性を説く彼女の活動は、人々が環境問題を考えるきっかけとなった。

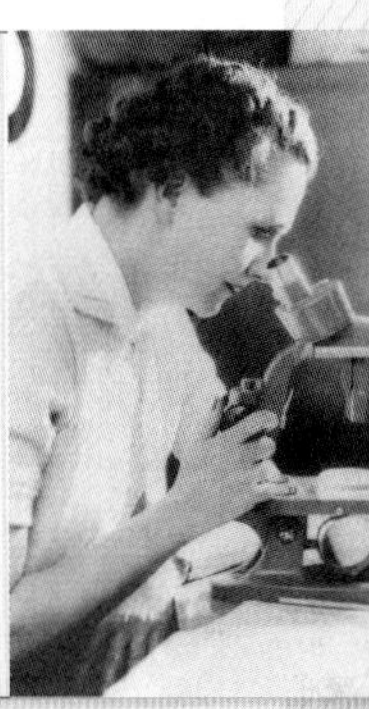

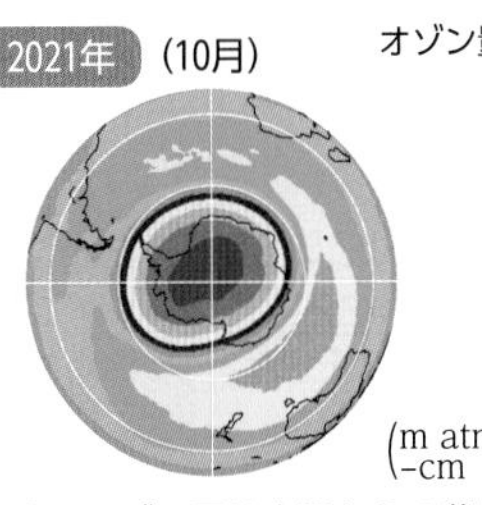

↑ⓓ**南極上空のオゾンホール**　オゾン層は太陽からの紫外線を弱める働きを持っているが、近年、大気中でスプレーやクーラーなどから放出されるフロンガスの濃度が急激に上昇し、オゾン層を破壊していることがわかった。1996年からはフロンガスが全廃され、代替フロンへと切り替えられた。

←❻**国連気候変動枠組条約第26回締約国会議**（COP26）　1997年に日本で開催されたCOP 3（気候変動枠組条約第３回締約国会議）は京都議定書を締結したが、温室効果ガスの最大排出国アメリカの不参加、開発途上国には削減義務がないなどの問題があった。2015年にパリでCOP21が開催され、全ての国に削減目標の設定を義務づけるパリ協定が採択された（2016年発効）が、2017年にはアメリカが同協定からの離脱を表明した。2021年にアメリカが同協定に復帰した後の最初の会議にあたるのがCOP26である。

4 人類の活動と地球環境

読み解き 1750年以降の人類の活動量の増加が地球システムそのものに変化を及ぼすという人新世の立場について、あなたはどの程度妥当だと考えるか。資料を参考にして説明しよう。

産業革命以降の人類の活動量の増加は、将来地質に目に見える形で痕跡を残す可能性があることから、地質年代の新しい時代として人新世（The Anthropocene）と呼ぶこともある。なかでも1950年代以降の急激な変化を大加速（グレート＝アクセラレーション）という。人新世とは、人類が地球システムそのものを変化させつつある新たな時代のことである。

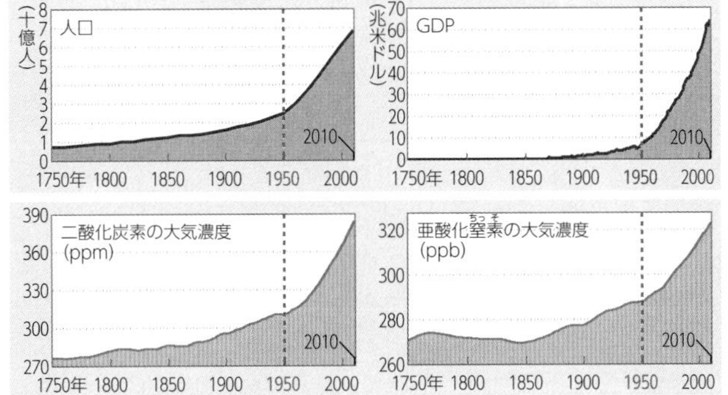

←ⓔ**過去250年間における人間活動指標の変化**

←ⓕ**過去250年間における地球環境指標の変化**

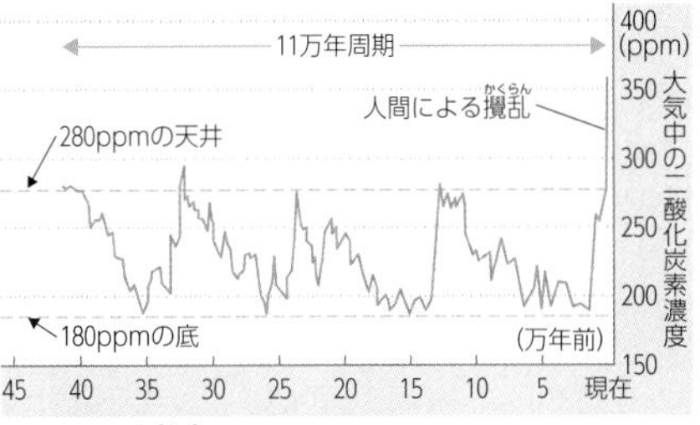

↑❽**南極氷床コアから明らかになった氷期サイクルをふくむ過去40万年の二酸化炭素濃度変化**　産業革命以降、石炭や石油などの化石燃料が利用され、大気中の温室効果ガスは、1850年頃に280ppm程度だったものが現在では400ppmまで上昇している。一方で、過去10万年ほどの二酸化炭素の濃度変化のサイクルは180～280ppm程度である。

歴史のスパイス　レイチェル＝カーソンは『沈黙の春』を「私たちの住んでいる地球は自分たち人間だけのものではない」という呼びかけとともに結んでいる。

テーマ③ 世界の人種・語族

1 人種・民族・語族

人種	人種	ヒトのわずかな身体的特徴の差異をもとにした区分によって生じた集団が「人種」とされる。「人種」概念は欧米の植民地拡大とともに広く用いられるようになったが、現代では**生物学的に支持されない**ことは明確であり、「**社会的に創られた概念**」であるという認識が広がっている。しかし、目に見える／見えない差異に関わらず、「異なるもの」が「人種化」され実体化し、人種主義が見え隠れする言説は現代でもみられる。
人種	従来の「人種」の定義	身体や頭形、皮膚(ひふ)の色、毛髪(もうはつ)などの身体的特徴によって人類をいくつかの集団に便宜(べんぎ)的に分けて使用してきた。ネグロイド、コーカソイド、モンゴロイド、オーストラロイド等と分類されてきたが、**西洋中心主義的な世界観**から生まれてきたものである。
人種	人種主義(レイシズム)	ある特定の集団に対して、その(「劣等な」)集団に属しているという理由で、偏見(へんけん)を抱いたり差別したりすること。
民族	民族	言語や宗教、習俗、生活様式など、文化的・社会的特徴によって区分された集団。
民族	ネーション(nation)	国民。文脈によって民族や国の意味で用いられることもある。
民族	エスニシティ(エスニック集団)	ギリシア語で「民族」を意味する「エトノス」が語源。特定の文化・習慣を共有する人々のことであり、ある時は地域の特定の集団、ある時は同じ集団の構成員である意識を共有する人たち。 ※例えば同じ華人であっても、マレーシアにおける中国系はマレーシア内の一つのエスニック集団であり、カナダ内のエスニック集団としての中国系とは分けて考える。
語族		同一の祖語から分かれ出たと考えられる言語の集まり。同系統の言語を話す人間集団を「～語系」と表現することも多い。

解説 「人種」概念の変化

アフリカから拡散した人類は、やがて各地で集団を形成した。地域集団は、それぞれの環境に適応し、皮膚の色などの身体的特徴に地理的差異が生じた。しかしその後は、地域集団間での接触や交流が盛んになり、人類は分化から一転して融合に向かった。かつては、人種の差が強調されてきた歴史を持つが、そこに文化の優劣は存在せず、多様性を認めることが今日ではより重要である。今日のマスメディアを注視してみると、「人種」や「民族」が混同して使用されていることがあるため、注意が必要である。

文献① 日本人と「人種化」

「人種」は概念であるが、「人種化」によって実態があると錯覚し「人種」になってしまう。……身体的な特徴がなくても人種化は起こる。身体的には差異が見えないはずの人びとや集団を、出身地や戸籍などによって可視化し、「人種化」しようとすることは、現代の人種主義とも言える。……「不可視の差異をも可視化することによって、その空虚(くうきょ)な空洞にあたかも意味があるかのように振る舞う記号表現でもあるにもかかわらず、その実体化によってさらなる永続化を図ろうとする支配集団との関係で、社会や政治を動かす現実の人種主義として被差別集団を人種化し、排除するという過程が見えてきた」

(中山京子他編『「人種」「民族」をどう教えるか』明石書店)

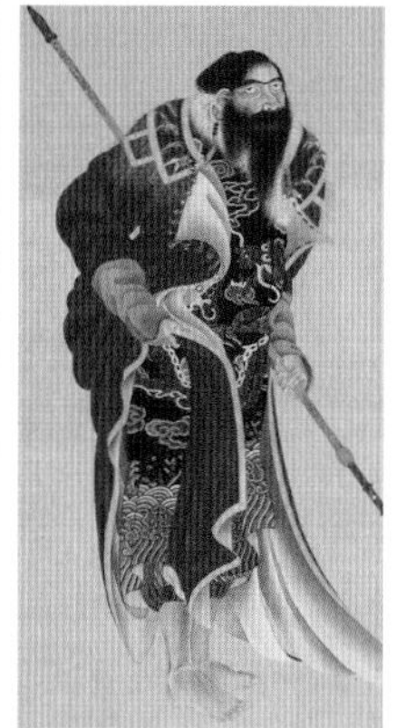

函館市中央図書館蔵

↑❶松前藩家老で画家の蠣崎波響(かきざきはきょう)がアイヌ人を描いた『夷酋列像(いしゅうれつぞう)』

読み解き 蠣崎波響はアイヌ人をどのような存在として描いたのだろう。

Column 人種差別にNOを！

今日では、人種区分に科学的根拠がないという見解が明確となったが、人種概念は、歴史的に差別の根拠となってきた。現在も、オリンピックやサッカーW杯などで、相手チームの選手やファンから人種差別的な言葉を浴びせられる事件がくり返し起きている。こうした差別(レイシズム)への批判から、サッカーW杯では2006年のドイツ大会以降、"Say No to Racism"の標語が掲げられ続けている。

↑❷人種差別反対の横断幕を掲げる選手たちと審判団(2018年、サッカーW杯ロシア大会)

2 世界の諸言語とその分布

インド＝ヨーロッパ語族
- インド語派…サンスクリット語、ヒンディー語、ウルドゥー語
- イラン語派…ペルシア語、ソグド語、クルド語
- スラヴ語派…ロシア語、ウクライナ語、チェコ語、ポーランド語、セルビア語、ブルガリア語
- ヘレニック語派(ギリシア語派)…古代ギリシア語、現代ギリシア語
- イタリック語派(ラテン語派)…ラテン語、イタリア語、フランス語、スペイン語、ポルトガル語、ルーマニア語
- ケルト語派…アイルランド語、ウェールズ語、ブルトン語
- ゲルマン語派…ゴート語、スウェーデン語、デンマーク語、英語、オランダ語、ドイツ語
- バルト語派…ラトヴィア語、リトアニア語
- アナトリア語派…ヒッタイト語、リディア語

アフロ＝アジア語族
- セム語派…ヘブライ語、フェニキア語、アラム語、アラビア語、アッカド語、バビロニア語、アッシリア語
- エジプト語派…古代エジプト語、コプト語

シナ＝チベット語族
中国語、タイ語、チベット語、ビルマ(ミャンマー)語

ウラル語族
フィンランド語、マジャール(ハンガリー)語、エストニア語

アルタイ語族
- テュルク語派…トルコ語、カザフ語、キルギス語、タタール語、ウズベク語、ウイグル語
- モンゴル語派…モンゴル語
- ツングース語派…女真語、満洲語

オーストロネシア語族
マレー語、マオリ語、タヒチ語、ハワイ語、サモア語、トンガ語、タガログ語

オーストロアジア語族
クメール語、ベトナム語、モン語

ドラヴィダ語族
タミル語

アフリカ諸語
バントゥー諸語(スワヒリ語、コンゴ語)、ハウサ語、フラニ語、コイサン語

アメリカ諸語
イヌイット語、ナヴァホ語、ケチュア語

＊日本語・朝鮮語の帰属に関しては定説なし

青字：現在使われていない言語

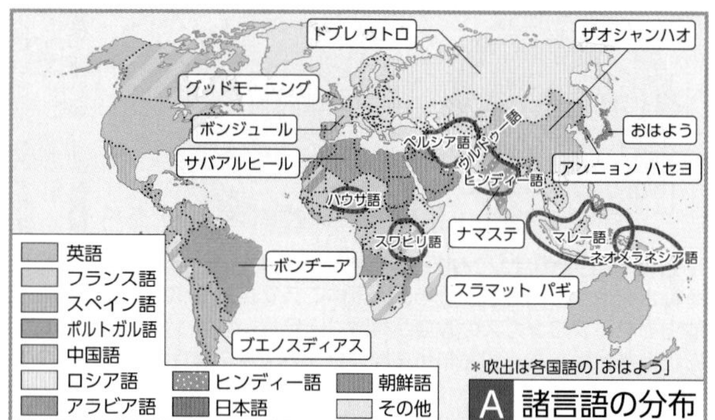

A 諸言語の分布

	サンスクリット語	ギリシア語	ラテン語	英語
父	pitar	patér	pater	father
母	máter	mátér(方言形)	mater	mother
三	traya	treis	tres	three
七	sapta	hepta	septem	seven
ある	asti(三人称単数)	esti	est	is

↑→ⓐインド＝ヨーロッパ語族の対照表(上)と❸ウィリアム＝ジョーンズ(1746～94)(右)　イギリスの言語学者ウィリアム＝ジョーンズは、サンスクリット語を研究しているうちに、それが古代ギリシア語やラテン語と著しい類似性があることに気づいた。彼は「これら3つの言語はある共通の源泉から派生したと信じざるを得ない」と主張し、今日の言語学につながるインド＝ヨーロッパ語族研究のきっかけをつくった。

テーマ4 文字の歴史

1 世界の主な文字

A 文字の伝播と分布

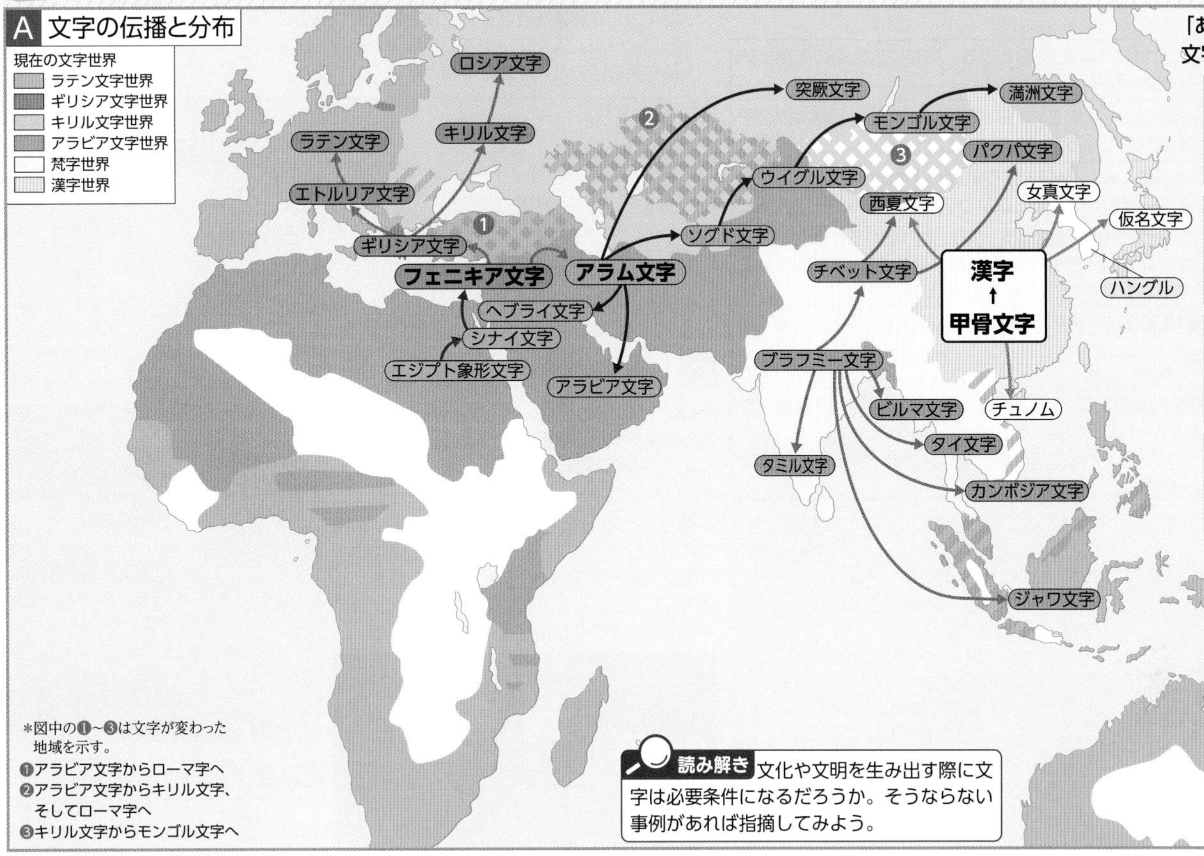

現在の文字世界
- ラテン文字世界
- ギリシア文字世界
- キリル文字世界
- アラビア文字世界
- 梵字世界
- 漢字世界

エジプト象形文字 → シナイ文字 → フェニキア文字 → ギリシア文字 → エトルリア文字 → ラテン文字
ギリシア文字 → キリル文字 → ロシア文字
フェニキア文字 → アラム文字 → ヘブライ文字
アラム文字 → アラビア文字
アラム文字 → 突厥文字
アラム文字 → ソグド文字 → ウイグル文字 → モンゴル文字 → 満洲文字
ブラフミー文字 → チベット文字 → パクパ文字
ブラフミー文字 → ビルマ文字、タイ文字、タミル文字、カンボジア文字、ジャワ文字
甲骨文字 → 漢字 → 西夏文字、女真文字、仮名文字、チュノム
ハングル

＊図中の❶～❸は文字が変わった地域を示す。
❶アラビア文字からローマ字へ
❷アラビア文字からキリル文字、そしてローマ字へ
❸キリル文字からモンゴル文字へ

読み解き 文化や文明を生み出す際に文字は必要条件になるだろうか。そうならない事例があれば指摘してみよう。

「ありがとう」に見る文字の比較

文字	表記	読み	言語
ラテン文字	Grazie.	グラーツィエ	(イタリア語)
ギリシア文字	υχαριστώ.	エフハリスト	(ギリシア語)
ロシア文字	Спасибо.	スパシーバ	(ロシア語)
アラビア文字	شكرا	シュコラン	(アラビア語)
漢字	谢谢	シエシエ	(中国語)
ハングル	감사합니다	カムサハムニダ	(朝鮮語)

➡P.197

2 古代文字の解読

文字	解読者	年代	内容
エジプト文字	シャンポリオン(仏)	1822	ロゼッタ＝ストーンから解読
楔形文字	ローリンソン(英)	1847	ベヒストゥーン碑文から解読➡P.87
線文字B	ヴェントリス(英)	1952	ミケーネ時代の古いギリシア語から解読➡P.90
甲骨文字	羅振玉・王国維(中)	1903	殷墟出土の亀甲・獣骨から解読➡P.120
主な未解読文字	インダス文字(➡P.111)・クレタ文字(線文字A)・エトルリア文字・メロエ文字		

アメリカ大陸の文字

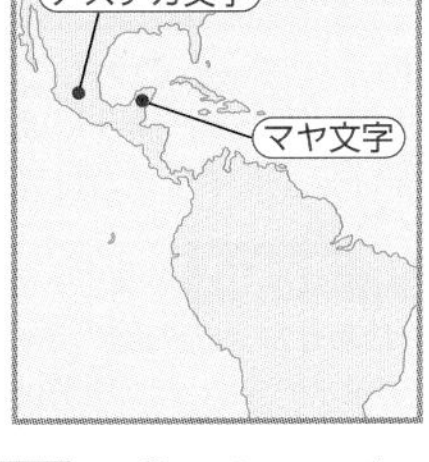

インカは文字を持たなかったが、**マヤやアステカでは象形文字が使用された**。マヤ文字➡は、20世紀半ばまで、暦や天文学、宗教儀礼に関するものしか解読されていなかったが、その後飛躍的に解読が進み、王の偉業や王朝史などが碑文に記されていることが明らかになった。

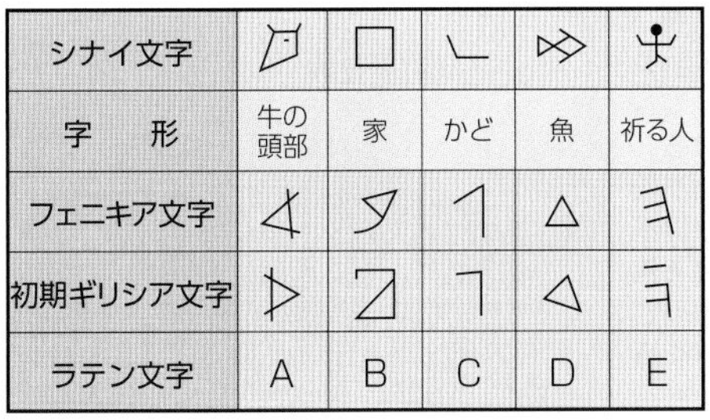

シナイ文字	(図)	(図)	(図)	(図)	(図)
字形	牛の頭部	家	かど	魚	祈る人
フェニキア文字	(図)	(図)	(図)	(図)	(図)
初期ギリシア文字	(図)	(図)	(図)	(図)	(図)
ラテン文字	A	B	C	D	E

←ⓐ**アルファベットの変遷**　**フェニキア人**が、シナイ文字をもとにアルファベットの原型(22字)をつくった。その後、**ギリシア文字**(24字)を経て、ローマ人の手で**ラテン文字**(26字)に発展した。

天才的なひらめきを持った解読者 シャンポリオン(1790～1832)

ロゼッタ＝ストーンに刻まれた**古代エジプト文字「ヒエログリフ」の解読者**。言語的才能に恵まれ、子どもの頃から多くの言語を習得した。解読にあたって彼は、①ロゼッタ＝ストーンに刻まれた3種の文字は同じ内容である、②文字の中でだ円の枠で囲まれた文字は王の名前を示す、③ヒエログリフは表意文字としてだけでなく表音文字としても使用される、と次々に推理を進め、ギリシア文字との比較から1822年に解読に成功した。

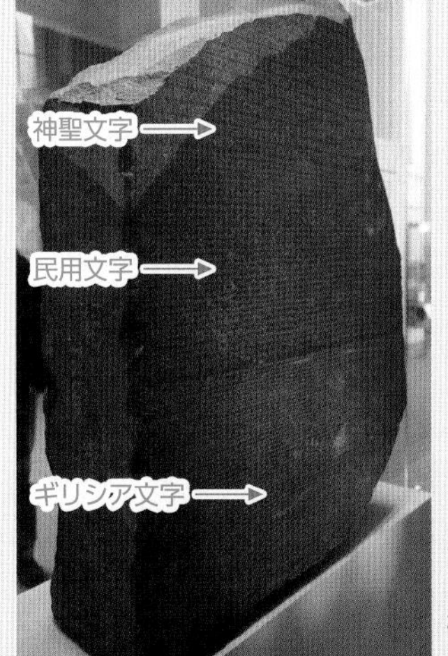

←❶**ロゼッタ＝ストーン**　1799年、ナポレオンのエジプト遠征の際に発見された。黒玄武岩板に、3種類の文字で同じことが刻まれている。
大英博物館蔵、高さ114.4cm、幅72.3cm、厚さ27.9cm

↓❷**神聖文字**(ヒエログリフ)

↓❸**民用文字**(デモティック)

↓❹**ギリシア文字**

テーマ5 暦の歴史

太陽暦	**太陽の動きに合わせ1年を365日とする。**実際には太陽の周期は約365.2422日のため、調整が必要となる。	
	エジプト暦	調整なし。4年で約1日、100年で約24日、暦が実際の季節より先行する。
	ユリウス暦	**4年に1度、366日とする年(閏年)を設けたが、**約130年で1日ずれが生じた。**ユリウス＝カエサルが制定。**
	グレゴリオ暦(1582年)	ユリウス暦に調整を加え、100で割り切れる年は閏年とせず平年とし、そのうち400で割り切れる年は閏年とした。ローマ教皇グレゴリウス13世が制定。
太陰暦	**月の満ち欠けを基準に1年を354日とする。**シュメール人が初めて使用。 ◆主な暦…**イスラーム暦**	
太陰太陽暦	太陰暦と実際の季節のずれを修正するため、主に19年に7回閏月を置く。1年は平均して365日。 ◆主な暦…ユダヤ暦、バビロニア暦、ギリシア暦、中国暦、日本の旧暦など	

Column 月の名前はどこから？

ローマ暦では、6月までは神の名前を用い、7月以降は3月を起点とする番号で呼んだ。7月はユリウス＝カエサル、8月はアウグストゥスを称える月に改められた。なお、6月に結婚すると幸せになるという伝承(「6月の花嫁」)は結婚の神ジュノーにあやかっている。

月の英語名 ( )は名の由来

1月 January…門の神ヤヌス
2月 February…贖罪の神フェブルス
3月 March…軍神マース
4月 April…愛と美の神アフロディテ
5月 May…豊穣の神マイア
6月 June…結婚の神ジュノー
7月 July…ユリウス＝カエサル
8月 August…アウグストゥス
9月 September…ラテン数字の7
10月 October…ラテン数字の8
11月 November…ラテン数字の9
12月 December…ラテン数字の10

1 様々な暦

暦は、歴史上の記録、宗教行事、国家行事、農事などと深い関係にあり、人々の生活に大きな影響を及ぼした。権力者は暦や時間を支配することで権威を高めようとした。一方、人々にとって暦は農業や祭りと密接に関わっており、特に季節は経験的な時の区分として重要であった。

A 世界各地の暦

読み解き 太陽暦や太陰暦などの暦は、生活をする上でどのような必要性から生まれたのだろう。

➜❶ナイル川の氾濫 ナイル川の定期的な氾濫の時期や季節の周期を求める必要から、古代エジプトでは太陽暦が発達した。

前1世紀のモザイク画

➜❷グレゴリオ暦への改暦 現在、多くの国で採用されているグレゴリオ暦は1582年にローマ教皇が対抗宗教改革(P.217)の一環として導入した。カトリックの国ではすぐに、プロテスタントの国では18世紀後半に採用された。

読み解き グレゴリオ暦は、それまでのユリウス暦よりも精度が高い上に移行が容易だったにもかかわらず、プロテスタントの国でなかなか実施されなかったのはなぜだろう。

2 十干十二支

➜ⓐ十干・十二支と五行の対応 十干と十二支を組み合わせて年を表す方法は、中国の漢の時代に成立し、その後朝鮮半島や日本に伝わった。60年周期でくり返し、60年で同じ干支が還ってくるので、60歳を還暦という。干支のつく歴史関連の用語も多い。

五行	十干	十二支
木	①甲(きのえ) ②乙(きのと)	①子(ね) ②丑(うし) ③寅(とら)
火	③丙(ひのえ) ④丁(ひのと)	④卯(う) ⑤辰(たつ)
土	⑤戊(つちのえ) ⑥己(つちのと)	⑥巳(み) ⑦午(うま)
金	⑦庚(かのえ) ⑧辛(かのと)	⑧未(ひつじ) ⑨申(さる) ⑩酉(とり)
水	⑨壬(みずのえ) ⑩癸(みずのと)	⑪戌(いぬ) ⑫亥(い)

➜ⓑ十二支と時刻 日本では日の出と日没を境に、昼と夜を各6等分して時刻を表した。「お八つ」はもともと八つどきの間食を表した。時刻に十二支をあて、さらに各4等分する数え方もある。

＊円内の算用数字は現代の日本における時刻との対応を示す。

➜ⓒ1864〜1927年の干支

西暦	十干	十二支	主な出来事	西暦	十干	十二支	主な出来事	西暦	十干	十二支	主な出来事	西暦	十干	十二支	主な出来事
1864	甲	子		1880	庚	辰		1896	丙	申		1912	壬	子	
1865	乙	丑		1881	辛	巳		1897	丁	酉		1913	癸	丑	
1866	丙	寅		1882	壬	午	**壬午軍乱**	1898	戊	戌	**戊戌の政変**	1914	甲	寅	
1867	丁	卯		1883	癸	未	(朝鮮)	1899	己	亥	(中国)	1915	乙	卯	
1868	戊	辰	**戊辰戦争**	1884	甲	申	**甲申政変**	1900	庚	子		1916	丙	辰	
1869	己	巳	(日本)	1885	乙	酉	(朝鮮)	1901	辛	丑	辛丑和約(**北京**	1917	丁	巳	1864年は「甲子」の年に当たり、その60年後の1924年も「甲子」の年となる。
1870	庚	午		1886	丙	戌		1902	壬	寅	**議定書**)(中国)	1918	戊	午	
1871	辛	未		1887	丁	亥		1903	癸	卯		1919	己	未	
1872	壬	申		1888	戊	子		1904	甲	辰		1920	庚	申	
1873	癸	酉		1889	己	丑		1905	乙	巳		1921	辛	酉	
1874	甲	戌		1890	庚	寅		1906	丙	午		1922	壬	戌	
1875	乙	亥		1891	辛	卯		1907	丁	未		1923	癸	亥	
1876	丙	子		1892	壬	辰		1908	戊	申		1924	甲	子	甲子園球場
1877	丁	丑		1893	癸	巳		1909	己	酉		1925	乙	丑	(日本)
1878	戊	寅		1894	甲	午	**甲午農民戦争**	1910	庚	戌		1926	丙	寅	
1879	己	卯		1895	乙	未	(朝鮮)	1911	辛	亥	**辛亥革命**(中国)	1927	丁	卯	

3 イスラーム暦(ヒジュラ暦)

January ١٩ - ربيع الأول ١٩ صفر

SUN	MON	TUE	WED	THU	FRI	SAT
Safar－Rabiulawwal		1 ١٩	2 ٢٠	3 ٢١	4 ٢٢	5 ٢٣
6 ٢٤	7 ٢٥	8 ٢٦	9 ٢٧	10 ٢٨	11 ٢٩	12 ٣٠
13 ١	14 ٢	15 ٣	16 ٤	17 ٥	18 ٦	19 ٧
20 ٨	21 ٩	22 ١٠	23 ١١	24 ١٢	25 ١٣	26 ١٤
27 ١٥	28 ١٦	29 ١٧	30 ١٨	31 ١٩		

➜❸イスラームのカレンダー 西暦622年7月16日がヒジュラ暦紀元元年1月1日に当たる。第9月はラマダーン(断食月)、第12月はズー＝アルヒッジャ(巡礼月)と呼ばれ、五行(P.152)と結びついている。

➜ⓓイスラーム暦と西暦の対照表

イスラーム暦	西暦
1.1.1	622.7.16
⋮	⋮
1438.1.1	2016.10.3
1439.1.1	2017.9.22
1440.1.1	2018.9.12
1441.1.1	2019.9.1
1442.1.1	2020.8.20

読み解き イスラーム暦は、現在使用されている暦の中で数少ない太陰暦であるが、この暦の短所を補うために太陽暦などの他の暦と併用されることが多かった。その短所とは何だろう。

➜❹断食明けの食事風景 断食月には、子ども・高齢者・病人などを除いて、ムスリムは日中の飲食が禁止される。食事は夕方・夜・明け方直前にとり、断食明けの祭りは盛大に行われる。貧困による飢えの苦しみをともに味わうことによって連帯意識を強く持つようになる。

資料にチャレンジ 通信網と情報

チャレンジする前に！ 古代帝国においては、広大な領土を効率的に結ぶ「皇帝（王）の道」を敷設することが、支配の第一歩であった。そのため、時代や地域を越えて、国内通信網の整備には様々な工夫が凝らされた。近代では、国内だけでなく国家間のつながりについても様々な方法が導入された。現在の世界をめぐる通信網は、このような諸制度の延長線上にある。では、その通信網上を行き交う情報はどのように変化したのだろう。

1 帝国の通信技術

文献① 古代の通信制度 ➲P.86

人民を強制的に動員して、広大な領土に長大な道を敷き、宿駅を作り要員を確保し、駅馬を常時待機させることができたのは、中央集権的な強大な国家だけであろう。古代ペルシアの駅制はその先駆的な例である。聖書やヘロドトスの『歴史』などの中で語られているのが、帝国のスウサ［スサ］から征服したリュディア［リディア］の首都サルディス［サルデス］までの2,500キロに道を敷設し、111の宿駅を整備した。ダリウス［ダレイオス］1世が前6世紀に建設した「王の道」だ。国王の急使は宿場を継ぎながら、二都の間を1週間ほどで走った。一般の旅人なら3ヶ月もかかったことを考えると、急使がいかに早い郵便であったかがわかる。

（南塚信吾編『情報がつなぐ世界史』ミネルヴァ書房）

読み解き 駅伝制はどのような国家で、どのような目的で導入されたのだろう。文献①以外の例も探してみよう。

文献② タクシス郵便

タクシス家は、1489年にマクシミリアン[①]に雇われ、その時からハプスブルク帝国に郵便制度[②]――今日の視点からすれば、ヨーロッパにおける「国際的な郵便制度」――を構築していった。……皇帝が慢性的に支払い不能だったことが、いくつかの結果をもたらした。第一に、タクシス家は皇帝の銀行家、つまりアウクスブルクのフッガー家と早い時期に接触することになった。フッガー家はのちにタクシス郵便の最良の顧客のひとつになる。……第二の結果は、郵便局長職の「封臣化」の傾向であった。……第三の結果は、……具体的には、騎馬郵便配達人が私信を受け取ることによって、タクシス家が郵便を自己資金で調達していくことである。……かつての郵便制度はどれも、支配者たちだけにそれを利用する権利が与えられていた。タクシス郵便は、早くから私信に開かれねばならなかった。

①神聖ローマ皇帝マクシミリアン1世
②神聖ローマ帝国は、15世紀末にブリュッセル・インスブルック間に郵便路線を敷設した。

（ヴォルフガング＝ベーリンガー著、高木葉子訳『トゥルン・ウント・タクシス　その郵便と企業の歴史』三元社）

読み解き タクシス郵便が文献①の通信制度と異なった点は何だろう。

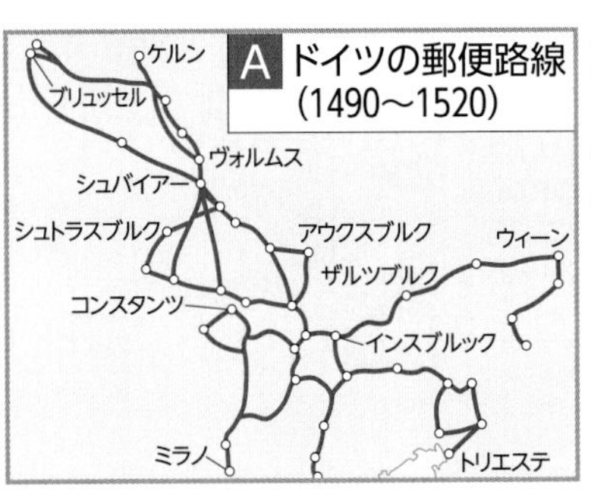

←マクシミリアン1世統治下の郵便路線を示した地図。タクシス家は、神聖ローマ帝国で郵便事業を独占的に担った家系。郵便取り扱いの独占権を付与された代わりに、政府の郵便物の配達料は無料であった。駅ごとに馬車を置き、郵便物をつなぐことで早く届けることを可能にした。

文献③ 電気通信網の確立 ➲P.77

電信が画期的だったのは、情報が物質から分離した点にある。情報の伝達を物の移動に頼る必要がなくなったのである。……電気通信の実用化は、通信を交通から独立させたのである。そして、この「通信」の革命の象徴となったのが海底ケーブル網[①]であった。

①イギリスは、本国と植民地の間に海底ケーブルを敷設した。それにより植民地の情報がほぼ1日以内に本国に送信されるようになった

（大野哲弥『通信の世紀』新潮社）

読み解き

1 電信技術はそれ以前の情報伝達とどのように異なるだろう。
2 1の相違により、帝国のあり方はどう変化したのだろう。

2 情報を発信する

文献④ 通信社の成立

海底電信線は政治・経済・軍事などさまざまな情報のかつてない長距離速報を可能にしたのだが、さらにそれを利用して各地の情報を収集し、流通させる専門的社会組織の発達を促すことにもなった。具体的には新聞社・出版社などだが、中でも世界各地の情報を収集し、各新聞社、出版社企業などに供給する国際通信社の生成が重要である。……それぞれの勢力圏を設定し、独占を認めあう協定を結ぶことで、自己の経済的利益を確保する戦略に転じた。……

アヴァス［仏］…フランス、スイス、イタリア、スペイン、ポルトガル、エジプト、中南米
ロイター［英］…イギリス帝国、エジプト、トルコ、極東
ヴォルフ［独］…ドイツ、オーストリア、オランダ、スカンジナビア、ロシア、バルカン
AP［英］…米国領土

（南塚信吾編『情報がつなぐ世界史』ミネルヴァ書房）

↑❷アヴァス社内の様子（20世紀前半）

読み解き それぞれの通信社の勢力圏はどのような地域に広がっているか、特徴を読み取ろう。

文献⑤ 「アラブの春[①]」とソーシャルメディア

チュニジアで発生した「ジャスミン革命」以降のデモ活動について、……2月4日のシリアでの抗議活動を除き、ソーシャルメディアにおいて参加の呼びかけが行われている。アラブ地域での抗議の呼びかけの多くは、主としてFacebookによりなされており、……［ドバイ政府校[②]］では、「Facebookが、人々が抗議行動を組織した唯一の要因ではないが、それらの呼びかけの主たるプラットフォームとして、運動を動員した要因であることは否定できない。」とし、「Facebookの浸透度が低い国においても、活動の中核にいる人々が他のプラットフォームや伝統的な現実世界の強固なネットワークを通じてより広いネットワークを動員する有益なツールであった。」としている。

①チュニジアのジャスミン革命をきっかけとして、2010年末以降北アフリカ・西アジア諸国に広まった民主化運動の総称 ➲P.339
②ドバイの政府系シンクタンク

（総務省　平成24年版　情報通信白書）

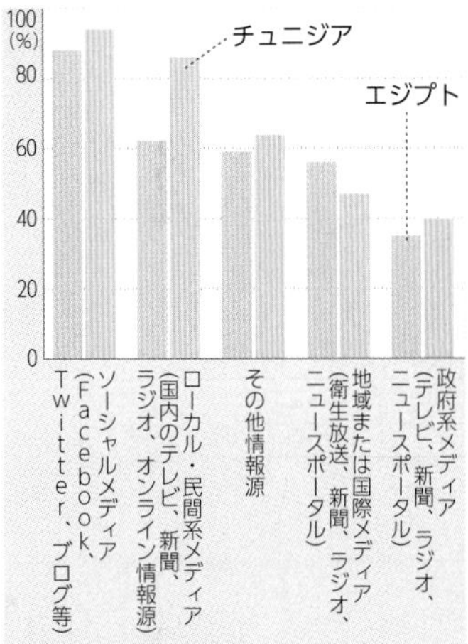

↑ⓐ民主化運動期間中のソーシャルメディアの利用（エジプト・チュニジア）

↓ⓑFacebookによるデモの呼びかけ

Facebookでデモの呼びかけがあった日づけ	国名	デモの有無	Facebook普及率(%)
1/14	チュニジア	○	18.8
1/25	エジプト	○	5.5
2/3、2/10	イエメン	○	0.93
2/4	シリア	×	1.19
2/14	バーレーン	○	32
2/17	リビア	○	4.3
3/3	オマーン	○	7.8
3/15以降	サウジアラビア	○	12.9
3/15以降	シリア	○	1.67
5/15	パレスチナ	○	12.8

読み解き

1 ソーシャルメディアは、既存の通信社などのメディアとどのように異なるのだろう。
2 ジャスミン革命において、ソーシャルメディアはどのように利用されただろう。

まとめの考察

❶通信は、時代によってどのように変化したのだろう。
❷古代と近現代の帝国を比較しよう。情報は帝国のあり方にどのような影響を与えているだろう。

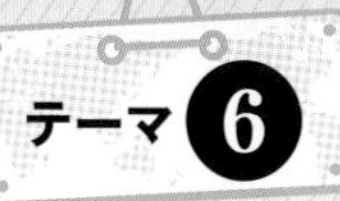

世界の宗教

宗教は、言語や芸術同様、文化を捉える指標の一つであり、その交流と対立は、歴史を見ていく上で重要である。

1 世界の主な宗教*

＊時代に応じて教義の変動あり

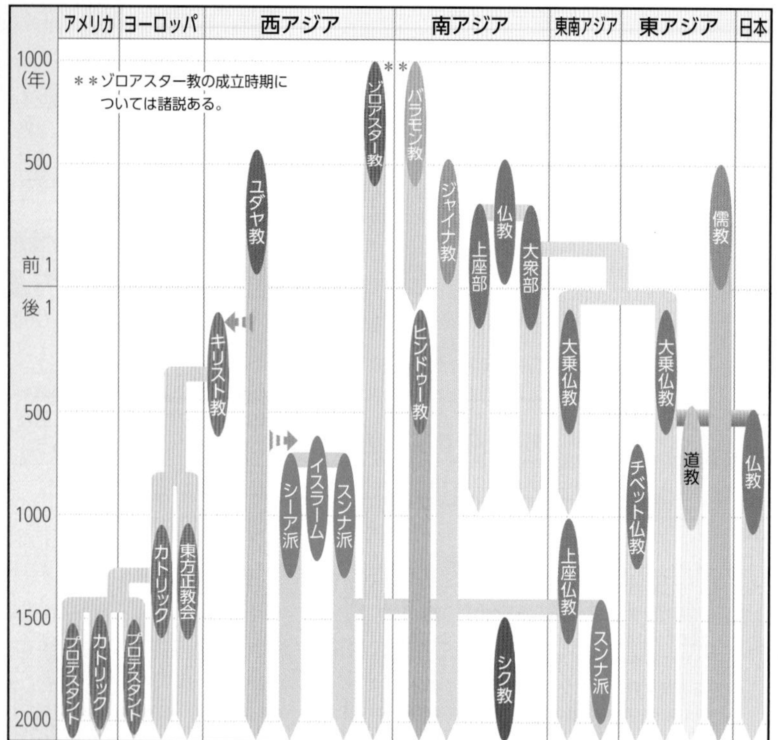

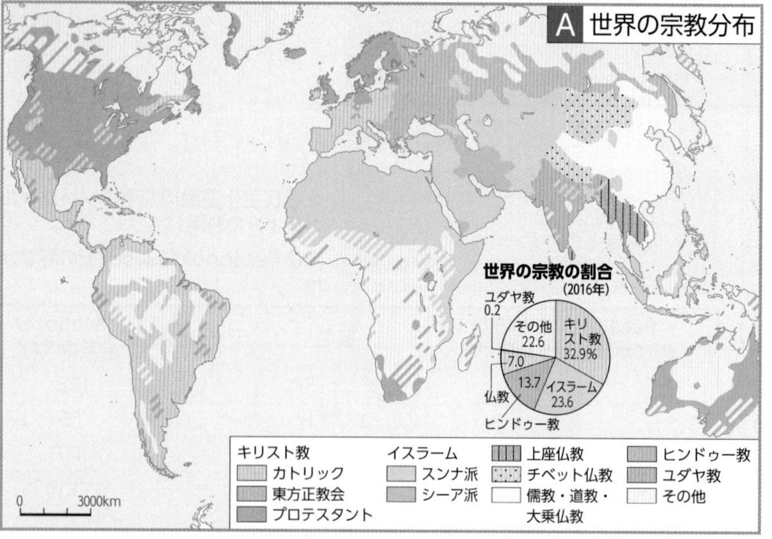

Column 宗教の起源

20世紀を代表する宗教学者であるエリアーデは人間を「ホモ＝レリギオースス(宗教人、Homo Religiosus)」と呼んだ。宗教という営みこそが、人間を人間たらしめているという意味だが、そもそも宗教の起源はどこにあるのだろうか。宗教学者の奥山倫明は、宗教の起源には3つの側面があると述べる(文献①)。

文献 ① 宗教の起源の3つの側面

第一に人間を超えた超越的な存在を想定した時。超越者は必ずしも神とは限らず、仏教のように、"法理"の場合もあります。第二に死を認識したり、死後世界を構想したりする時。また第三の側面として特定の所作や振る舞いが共有され、集団的な儀礼になった時。"宗教は社会的事物である"とは社会学の父の一人、デュルケーム[フランスの社会学者]の言葉ですが、一人の行為だけでは宗教と呼べないのです。

(Pen編集部編『知っておきたい、世界の宗教』CCCメディアハウス)

読み解き 死者の埋葬の風習は最も古い宗教的活動の根拠ともいわれているが、上の文献①中の3つの側面のうち、どの側面に該当すると考えられるだろう。

➔①死者を埋葬し花をささげるネアンデルタール人(想像図)

Column 人類最古の宗教遺跡の可能性 ギョベクリ＝テペ遺跡

2018年に世界遺産に登録されたトルコのギョベクリ＝テペ遺跡は、放射性炭素年代測定による調査の結果、最も古いものは約1万2000年前に建造されたことがわかった。直径15mの巨大なサークル状の構造物が複数見つかっており、神殿遺跡の可能性が高いが、遺跡が巨大なため発掘はほとんど終わっていない。この遺跡からは、大量の石器や沢山の動物の骨が出土したが、その中に家畜種は全く存在しなかった。また、数少ない植物の痕跡からは、周辺で農耕が行われた証拠も見つかっていない。さらに、この遺跡の周辺には、人々の生活の痕跡もみられないことから、これまでの歴史学の解釈が変わる可能性があるとして注目されている。

読み解き これまでの歴史学では、約1万年前以降に人類は農耕・牧畜を開始し、文明化を経て宗教的権威が生まれたとされてきた(➔P.66)。この遺跡の発見によって、どのように歴史学の解釈が変わる可能性があるだろう。

②ギョベクリ＝テペ遺跡

2 諸宗教の主な特徴

一神教　多神教

	ユダヤ教 ➔P.85, 107	キリスト教 ➔P.106	イスラーム ➔P.152	ヒンドゥー教 ➔P.111	仏教 ➔P.111
成立		1世紀	7世紀	紀元前後頃	前6世紀頃
創始者	特定の開祖なし	**イエス**	**ムハンマド**	特定の開祖なし	**ガウタマ＝シッダールタ**
聖典	**『旧約聖書』(『ヘブライ語聖書』)**	**『旧約聖書』『新約聖書』**	**『コーラン(クルアーン)』**	特定の聖典なし	仏典(多数)
教義特色	**選民思想**[1]・メシアの時代を待望・**律法主義**	イエスは救世主(メシア) **神の絶対愛と隣人愛**	**神への絶対的帰依・偶像を厳禁・六信五行**[2]**の実践**	**ヴァルナ制**[3]**を引き継ぐ** 輪廻からの解脱をめざす修行(ヨーガや沐浴など)	**ヴァルナ制否定** 八正道(精神的修養)の実践による解脱
	安息日は土曜日	安息日は日曜日	金曜日は礼拝の日		

①ユダヤ人には神から多くのことが課されたとする思想
②六信…唯一神(アッラー)・天使・啓典・預言者・来世・予定、五行…信仰告白・礼拝・喜捨・断食・巡礼
③古代インドの身分制度

3 宗教と生活

キリスト教

↓❸肉料理とパン＊とワイン　ヨーロッパでは古代から肉が食され、キリスト教成立後もタブー視されることが少なかったため、現在まで食生活の中心となっている。パンとワインはイエスの肉と血を表すとされ、教会の儀式にも使用されるなど宗教的意味を持つ。＊カトリックでは無発酵パンが用いられる

↑❹ヴァチカンにおけるイースター（復活祭）ミサ　イースターは、十字架にかけられたイエスが復活したこと（➔P.106）を祝う祭りで、春に行われる。地域によって異なるが、生命の象徴とされる卵や、ウサギが祝祭のモチーフとして使われることが多い。

↑❺イースター＝エッグ

ユダヤ教

↑❻ユダヤ教の過越しの祭り　出エジプトを記念する祭りで、3月末から4月初めにかけての1週間、イースト（パン種）を入れずに焼いた「マッツァ」と呼ばれるパンが食される。これは、出エジプト時に急いで出発したため、パンを発酵させて焼く時間もなかったとする『旧約聖書』の記述による。

↑❼マッツァ

イスラーム

➔❽喜捨
アッラーの所有する資産を管理することが人間の役割であると考えるイスラームは、利子の禁止や、富裕税の一種ともいえる喜捨（ザカート）といった独特の経済観・制度を生み出した。

↓❾ハラール認証のマーク
イスラーム法において合法であることをハラールという。イスラームでは、特定の儀礼により処理された肉しか食べてはならない。そのため、ハラールに処理された食材にはマークをつけている国もある。写真は日本のNPO法人の認証マーク。

↑❿礼拝　東京・代々木にある東京ジャーミイの礼拝室。亡命トルコ系ムスリムによって1938年に設立された。最前列のイマーム（指導者）の合図に従い、集団で礼拝を行っている。

ヒンドゥー教

←⓫ガネーシャ＝フェスティバル（インド・マハラシュトラ州）　ヒンドゥー教の神であるガネーシャにちなんだ祭り。もとは大きな祭りではなかったが、イギリス統治下のインド独立運動に際し、運動家が集まるための隠れみのとして、大規模なものとなっていった。

➔⓬インドの街中の牛　ヒンドゥー教では、牛は神聖視されており、殺して食用にすることは決してない。

仏教

↓⓭五体投地をして巡礼するチベット仏教徒　チベット仏教の聖地では、両手・両膝・額を地面につけ、礼拝しながら少しずつ前に進んでいく「五体投地」を行いながら巡礼する人々も多い。

↑⓮出家する子どもたち（ミャンマー）　東南アジアにおいては、仏教徒の男子は一度は出家するのが社会的に望ましいとされており、成人通過儀礼として行われることが多い。

Column　仏教が生んだ精進料理

「精進」とは雑念を去り仏道を修めることだが、料理の際に材料を調理すること自体も修行に通じると考えられた。精進料理は、殺生を戒める仏教の教えに由来し、魚介類・肉類を用いず、穀物・豆類・野菜類の食材だけで調理する。近年、健康食としても注目されている。

↓⓯精進料理

テーマ7 通信・交通の歴史

通信技術や交通手段は、人々の生活と結びついて、歴史の流れに大きな影響を与えてきた。通信・交通の発展と世界史の関係を確認してみよう。

のろし

↓❶のろしで合図を送る古代ギリシアの兵士
煙や火によって合図を伝えるのろしは、遠距離の相手に対する最も容易な通信手段で、当事者同士であらかじめ取り決めをしておけば、多様な用途で使用可能であった。

→❷万里の長城ののろし台

読み解き のろし台が辺境地域に多くみられる理由は何だろう。

駅伝制

↑❸馬車に乗るアケメネス朝の役人 駅伝制とは、主要街道の各地に人・馬・車を常備させ、そのリレーによって遠隔地にすばやく情報を伝える制度である。古くはアッシリア帝国やアケメネス朝においてみられたが、特にチンギス＝カンが創設した駅伝制は**ジャムチ**と呼ばれ、ユーラシア規模で整備された。➡P.86,183

←❹駅鈴 律令制下の古代日本では、30里(後の約4里、約16km)ごとに馬を常備した宿駅が設けられ、駅鈴を持った使者が行き来した。

Column 様々な記録媒体

製紙法の普及(➡P.126)以前、人類は様々なモノに情報を記録していた。メソポタミアでは粘土板、エジプトでは**パピルス**、ヨーロッパでは羊皮紙、東アジアでは竹簡や木簡などが記録媒体として用いられた。➡P.61

→❺羊皮紙 羊だけではなく、ヤギや子牛の皮も用いられた。

←❻木簡 長文の場合は、複数の札をひもで横につなぎ、巻いて保存した。

←❼グーテンベルク聖書 ルネサンス期には**活版印刷術**が改良され、ヨーロッパでは紙の普及とあいまって、安価な書籍の大量発行が可能となった。

	1		1000	
通信	のろし・竹簡・紙などの使用 / 駅伝制の整備	製紙法の改良 →	日本最古の木簡 / 製紙法の西伝	活版印刷の改良
交通	馬やラクダ、牛などの利用 / 道路の建設 / いかだや小舟、帆船の利用	海の道による地域間交易の発展		キャラベル船

陸上交通

↑⓬アッピア街道を行く人々 古代以来、道路は軍事的・経済的に非常に重要な役割を果たしてきた。アケメネス朝のもとでの**「王の道」**や、古代ローマの**アッピア街道**(➡P.103)、秦の始皇帝による馳道の建設などが有名である。

↓⓭「輿車図考附図」に描かれた牛車 日本では、徒歩以外の交通手段は、基本的に身分の高い人々のもので、貴族は主に牛車などを、武士は主に馬を使った。庶民が利用できる交通手段は、江戸時代に普及した簡易な駕籠が最初であった。

↑⓮モンゴル帝国の騎兵 19世紀の**交通革命**以前は、馬が最速の移動手段だった。馬は戦争にも大いに活用され、車輪の技術と組み合わせることで戦車(➡P.78)も生まれた。

海上交通

←⓯アウトリガー船 アウトリガーとは、主船体から支柱によって側部につきだされた小船体部分で、細くて不安定な主船体を安定させるために装着する。大昔、この小舟で人々は大洋を渡った。その後、文明が発達し、海の道による東西交易が盛んになると、**ダウ船**や**ジャンク船**(➡P.139)が利用された。

→⓰キャラベル船 ポルトガルやスペインを中心とするヨーロッパ諸国は、操舵性にすぐれるキャラベル船などを利用して、「大航海時代」の探検を進めた。

読み解き 陸上交通と海上交通のメリット・デメリットを移動速度や積載量などの観点から比較してみよう。

新聞

➔❽街中での新聞販売（フランス、19世紀） 新聞は、もともと裕福な市民階級の読み物であったが、19世紀に入ると印刷機の発達や広告の掲載により安価で発行することが可能となり、広く大衆に読まれるようになった。日本でも、明治時代初期以後盛んに新聞が発行された。

←❾「大坂安部之合戦之図」 世界最古の新聞とされるのは、17世紀初頭にドイツで創刊された「レラジオン」という週刊誌であるといわれているが、ほぼ同じ頃の日本でも最古のかわら版が刷られている。これは、1615年の大坂夏の陣について報じており、京都市中で売られたらしい。ただし、現存しているのは後刷りされたもの。
早稲田大学図書館蔵

電信

↑❿ペリーが幕府に献上した電信機 18世紀以来、電気を利用した遠隔地との通信に関する研究が進められ、1837年にアメリカの**モールス**が最初の実用電信機の発明に成功した。1844年には、ワシントン・ボルチモア間（約60km）の電送実験に成功している。日本への電信技術の紹介は、1854年、ペリー2度目の来日時になされた。➲P.52 郵政博物館提供

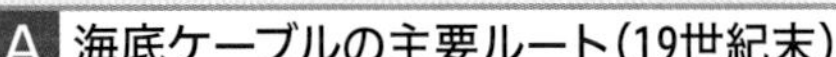

A 海底ケーブルの主要ルート（19世紀末）

読み解き イギリスは19世紀半ば以降、情報通信網形成のために海底ケーブルの敷設を活発化させたが、どのような地域を結んだのだろう。

Column スマホ時代の先の未来

いまやスマートフォン（スマホ）は、現代人の生活必需品となっている。1980年代に世界で初めて登場した携帯電話を経て、2007年に登場したiPhone以降、急速に世界で普及した。第5世代移動通信システム（5G）の登場であらゆるものがインターネットに接続される「IoT（Internet of Things）」の時代が到来し、医療や教育、交通など様々な社会の課題を解決できるようになると期待されている。

↑⓫東京オリンピックで使用された自動運転車（2021） 5Gの大容量データ通信を活用し、無人車両を遠隔操作することで、あらゆる交通機関の自動化や事故・渋滞の予防などが期待されているが、現在では完全な自動運転は実現していない。

	1500 – 1600 – 1700 – 1800 – 1900 – 2000
通信	最古の新聞 / 電信（モールス） / 電話機（ベル） / 無線通信（マルコーニ） / 無線電話 / ラジオ放送 / テレビ放送 / 衛星中継 / インターネットの普及
交通	蒸気自動車 / 鉄道 / 蒸気船 / ガソリン自動車 / 自転車 / 飛行機 / 潜水艦 / V2ロケット / 宇宙開発競争 / 原子力船・原子力潜水艦 / 無人航空機（ドローン）

自動車

↑⓱アウトバーンを走るフォルクスワーゲンの自動車 自動車の性能向上にあわせて道路整備も進んだ。20世紀前半にヒトラーが進めた**アウトバーン**（自動車専用道路）建設が有名である。➲P.310

自転車

↑⓲空気入りタイヤの実験の様子 ダンロップが木枠にゴムを張ったタイヤから空気入りタイヤを製作したことで、自転車が一般的な乗り物となった。空気入りタイヤは自動車にも用いられ、東南アジア産の天然ゴムの需要が急激に高まり、帝国主義の拡大と結びついた。➲P.282

鉄道

↑⓳モネ「サン＝ラザール駅」 **スティーヴンソン**による蒸気機関車の改良（➲P.237）を経て、鉄道網はヨーロッパを中心に急速に拡大し、迅速な旅客・貨物輸送を可能にした。

飛行機

↓⓴世界初の飛行機 ウィルバーとオービルのライト兄弟は鳥の観察から研究を始め、1903年、人類初の有人・動力飛行に成功した。その後飛行機は、第一次世界大戦を経て、わずか20年足らずで実用化された。➲P.294

ロケット

➔㉑ドイツのV2ロケット 20世紀に入ると液体水素などを用いた近代的なロケットが出現した。その技術は、ナチ＝ドイツによって爆薬を積んだ新兵器（ミサイル）「V2」へと軍事転用され、第二次世界大戦後も米ソの間で宇宙開発競争がくり広げられた。

無人航空機（ドローン）

↓㉒無人航空機（ドローン）を活用した医薬品輸送の実証実験 もともと偵察や爆撃など軍事目的で開発されていたが、21世紀に入ると急速に技術革新が進み、戦争でも実戦投入されている。また、民間でも物流分野での利用が期待されている。

テーマ8 植物と動物に見る世界史

各文明を支えた植物・動物は、世界の一体化とともに影響力を拡大した。その様子をのぞいてみよう。

1 主食となった植物

麦(小麦、大麦、ライ麦、えん麦)

小麦の原産地は西アジアで、前8000年頃には肥沃な三日月地帯で栽培されていた。オリエント世界・地中海世界を経由して、中世西ヨーロッパの主食となる。小麦栽培は地力を消耗しやすいため、家畜飼育との混合や農業技術の発展が図られた。

↑❶麦の収穫を描いたエジプトの壁画

↑❷小麦
用途：パン・うどん・ギョーザ

↑❸大麦
用途：ビール

↑❹ライ麦
用途：黒パン

↑❺えん麦
用途：オートミール

読み解き 下線部はどのような意味だろう。

文献 ① 農耕がもたらした繁栄と悲劇➡P.61

かつて学者たちは、農業革命は人類にとって大躍進だったと宣言していた。……人類は農業革命によって、手に入る食糧の総量を確かに増やすことはできたが、食糧の増加は、よりよい食生活やより長い余暇には結びつかなかった。……平均的な狩猟採集民よりも苦労して働いたのに、見返りに得られる食べ物は劣っていた。**農業革命は、史上最大の詐欺だったのだ。**では、それは誰の責任だったのか？ 王のせいでもなければ、聖職者や商人のせいでもない。犯人は、小麦、稲、ジャガイモなどの、一握りの植物種だった。ホモ＝サピエンスがそれらを栽培化したのではなく、逆にホモ＝サピエンスがそれらに家畜化されたのだ。……小麦は自らに有利な形でホモ＝サピエンスを操ることによって、それを成し遂げた。この霊長類は、およそ1万年前までは狩猟採集によってかなり快適な暮らしを送ってきたが、やがて小麦の栽培にしだいに多くの労力を注ぎ込み始めた。2000年ほどのうちに、人類は世界の多くの地域で、朝から晩までほとんど小麦の世話ばかり焼いて過ごすようになっていた。……新しい農業労働にはあまりにも時間がかかるので、人々は小麦畑のそばに定住せざるを得なくなった。そのせいで、彼らの生活様式が完全に変わった。このように、私たちが小麦を栽培化したのではなく、小麦が私たちを家畜化したのだ。栽培化や家畜化を表す「domesticate」という英語は、ラテン語で「家」を意味する「domus」と言う単語に由来する。では、家に住んでいるのは誰か？ 小麦ではない。サピエンスに他ならないではないか。

(ユヴァル＝ノア＝ハラリ著、柴田裕之訳『サピエンス全史(上)』河出書房新社)

米

稲作の起源地は、現在では長江中・下流域とする説が有力である。東南アジアの植民地化でプランテーションが開設される中、独立を守ったタイは米の輸出国の地位を確立していった。

❻稲
❼ルソン島の棚田(フィリピン)

トウモロコシ

前3000年頃からアメリカ大陸の**メキシコ高原およびアンデス高原で栽培**され、主食の一つとしてこの地域で成立した文明を支えた。近年では再生可能な自然エネルギーであるバイオマスエタノールの原材料として活用されるほか、飼料作物としても広く用いられるが、穀物価格の高騰が問題視されている。

➡❽**アステカ王国の都テノチティトラン** いろいろな種類のトウモロコシが売られている。
リベラ筆、メキシコ大統領府内宮殿壁画

➡❾トウモロコシ

ジャガイモ

アメリカ大陸原産で、ヨーロッパ諸国のアメリカ大陸進出を機に世界各地に広まった。寒冷地でも栽培可能なことから**救荒作物として重用**され、アイルランドなどでは主食として受け入れられ、「貧者のパン」とも呼ばれた。

➡❿ジャガイモ栽培を視察するフリードリヒ2世
⓫ジャガイモ

2 家畜として利用された動物

豚

猪を家畜化したもの。中国や西アジア、ヨーロッパなどで主に食用として利用され、保存食としてハムやソーセージなどにも加工される。イスラームやユダヤ教において、豚肉を食べることは宗教的なタブーである。

➡⓬中世における豚の解体

牛

牛は肉や乳が食用とされたほか、農業にも活用された。春秋時代の中国では、**牛耕が拡大**して生産力が高まり、氏族社会の崩壊を促した(➡P.121)。ヨーロッパでも**重量有輪犂を牛に引かせる農法と三圃制の広まりによって、荘園制や領主支配のあり方が大きく変化した**(➡P.145)。

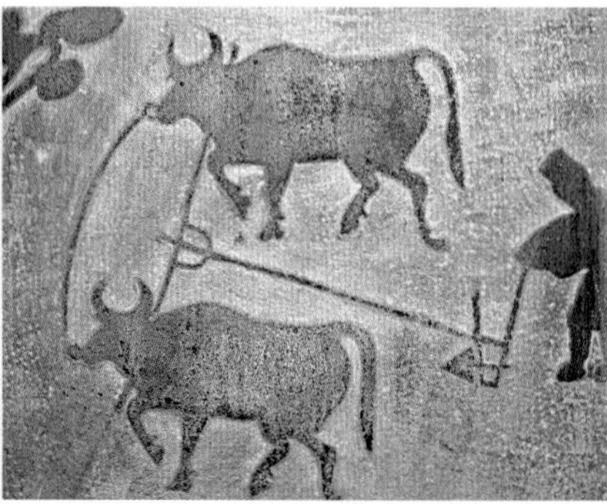

➡⓭牛耕

馬

中央アジアや中東、北アフリカなどで家畜として飼育され、人の移動や荷の運搬、農耕などに利用されてきた。古代より各地域で軍用にも利用され、近代兵器の登場まで重要な役割を果たした。

➡⓮**古代中国の戦車** 戦車は、古代オリエント(➡P.83)やアレクサンドロスの帝国(➡P.95)だけでなく、中国でも用いられた。

馬具の発明

馬具によって、騎兵は高い機動性・攻撃力を兼ね備えた戦力となった。

くつわ 馬を好きな方向に好きな状態で走らせることが可能に

あぶみ 馬上の姿勢が安定し、背後の敵に向き直ることが可能に

蹄鉄 ひづめを保護し、長距離走行が可能に

3 衣装として利用された動植物

蚕

蚕がサナギになる時につくる繭から絹糸がとれる。絹は古代中国で生産が始まり、**シルク＝ロード(絹の道)を通ってインドやペルシア、ローマ帝国へ輸出された**。6世紀にはビザンツ帝国へ製法が伝わり、ヨーロッパでも絹の生産が広がったが、品質では中国のものに劣ったため、ヨーロッパは常に中国産の絹を輸入した。

➔⑮蚕

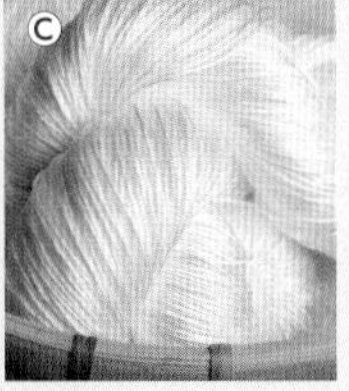

↑**⑯生糸ができるまで** Ⓐ蚕が桑の葉を食べて成長し、糸を吐いて体に巻きつけ繭をつくる。Ⓑ繭を煮て繊維をほぐし、糸を巻き取る。一つの繭から1,500mの糸がとれる。Ⓒ複数の繭の糸を合わせることで生糸となる。これを使って絹織物がつくられる。

クジラ

クジラの活用は鯨油(燃料やマーガリンの原料、石けんなど)・骨・ひげなど欧米でも広くみられた(➲P.50)が食用は日本やノルウェーなど世界的にも少数だった。現代では、捕鯨問題は国際的な倫理問題、社会問題となっている。

➔**⑰コルセットとパニエ** 18世紀ヨーロッパでは、コルセットで上半身を締めつけ、パニエでスカートをふくらませるファッションが流行した。両方ともクジラのひげが使用された。

コルセット(1760～70年代)、パニエ(1775年頃)、シュミーズ(1780年頃)、制作国不詳、京都服飾文化研究財団所蔵、畠山崇撮影

羊

紀元前6000年頃から家畜化され、毛や皮、肉、乳が主に利用される。皮は、紙が普及するまで羊皮紙として重要な文書保存に使用され、保湿性と保温性にすぐれた羊毛は衣類の素材として古代から現代まで活用されてきた。また、「子羊」は原罪の犠牲となったイエスを象徴するなど、キリスト教社会では宗教的な意味もある動物である。

⑱ファン＝アイク兄弟「ヘントの祭壇画」(部分)

綿花

綿花から糸を紡いで織られた綿布は、吸湿性が高く、軽くて丈夫、染色も容易など、すぐれた性質を持つ。主にインドで生産されていた綿布は16～17世紀にヨーロッパに伝えられて大流行した。**イギリスの産業革命は、綿布の国産化を目的に始まり、北アメリカでは需要が増加する綿花のプランテーション栽培で奴隷が酷使された**。

⑲アメリカの綿花プランテーション(19世紀)

⑳綿花

オコジョ・クロテン(毛皮)

←**㉑オコジョの毛皮をまとったナポレオン**

↓㉓クロテン

↑**㉒オコジョ ロシアは16世紀以降、毛皮を求めてシベリア開発を進めた**。オコジョの毛皮は高級品としてもてはやされた。

↑**㉔クロテンの毛皮を清の役人に差し出す先住民** 明代の中国では、服属した女真からの貢ぎ物としてクロテンの毛皮が必須とされた。明の朝貢システムが緩むと、女真は毛皮交易で台頭し、後金(後の清)として中国本土を脅かす新興勢力となった。

4 グローバル商品となった植物

香辛料

中世ヨーロッパでは、豚を越冬させる飼料の確保が難しく、種豚以外は、燻製や塩漬けにして保存された。調味料として、ムスリム商人が仲介していたコショウやクローヴなど香辛料への需要が高まり、15世紀に産地への航路が開拓された(➲P.204)。

←**㉕中世ヨーロッパにおける香辛料の売買**

A 茶とコーヒーの伝播

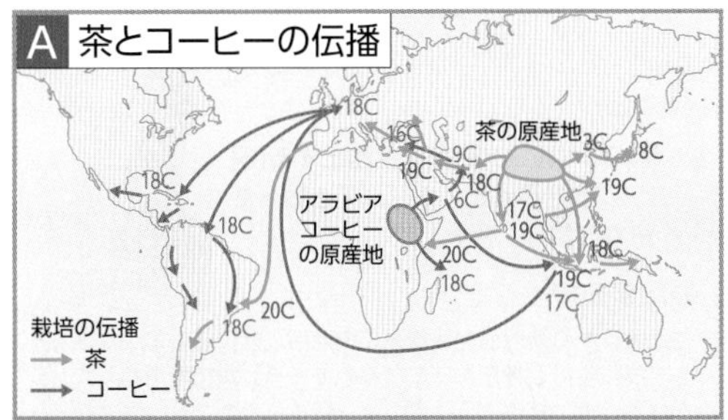

↑中国では漢代に喫茶の習慣が始まり、**ヨーロッパへは17世紀初頭、オランダ東インド会社が日本の緑茶をもたらしたのが最初である**。一方、コーヒーはイスラーム諸王朝からヨーロッパ、アメリカへと伝播した。

茶

茶はツバキ科の常緑樹の幼葉を加工したもの。完全発酵の紅茶、半発酵のウーロン茶、不発酵の緑茶に分かれる。

㉖緑茶

㉗ウーロン茶

㉘紅茶

コーヒー

エチオピア原産で、アラビア半島を経てイスラーム諸王朝に広がり、**飲酒を禁じられたムスリムの間で、コミュニケーションの場の飲料として重宝された**。17世紀以降はヨーロッパに広まり、**コーヒーハウス**が情報交換・商談・政治議論の場として市民文化の発展を支えた(➲P.233)。

㉙コーヒー豆

㉚イスタンブルのコーヒーハウス

砂糖

↑**㉛サトウキビの刈り入れ** ヨーロッパ人はアメリカ大陸にサトウキビプランテーションをつくった。生産拡大とともに広大な**スペイン領への奴隷供給権(アシエント)**が重要となり、イギリスはユトレヒト条約(1713)でこれを獲得した。イギリスはさらに、七年戦争に勝利したことで、フランスからカリブ海の砂糖生産地を獲得するはずであったが、安価な砂糖流入を警戒する既存の砂糖生産者の反対でこれを放棄し、代わりにカナダを得た。

←**㉜サトウキビ** 茎から絞った汁を煮詰めると砂糖ができる。サトウキビはニューギニア原産といわれ、**ムスリム商人により世界に広まった**。

地理風土 オリエントと地中海世界

ポルトガル スペイン フランス ピレネー山脈 イタリア コルシカ島 イタリア半島 ローマ ジブラルタル海峡 サルデーニャ島 モロッコ バルカン半島 ブルガリア 黒海 ギリシア アテネ ミケーネ シチリア島 チュニジア アルジェリア 地中海 ミコノス島 クノッソス クレタ島 ハリカルナッソス キプロス島 トルコ アンカラ ハットゥシャ(ボアズキョイ) アナトリア(小アジア) ロシア カフカス山脈 ジョージア アルメニア アゼルバイジャン カスピ海 カザフスタン シル川 アラル海 ウズベキスタン トルクメニスタン テヘラン アフガニスタン イラン イラン高原 ザグロス山脈 パキスタン シリア レバノン メソポタミア ニネヴェ ジャルモ イラク バグダード バビロン ウルク スサ ウル イスラエル イェリコ パレスチナ エルサレム ヨルダン カイロ メンフィス シナイ半島 リビア エジプト ナイル川 テーベ 紅海 アラビア クウェート バーレーン リヤド カタール ペルシア湾 サウジアラビア アラブ首長国連邦 オマーン アラビア海 0 500km

野生の大麦・小麦の分布* ＊このあたりから南方にかけて、「肥沃な三日月地帯」が広がった。

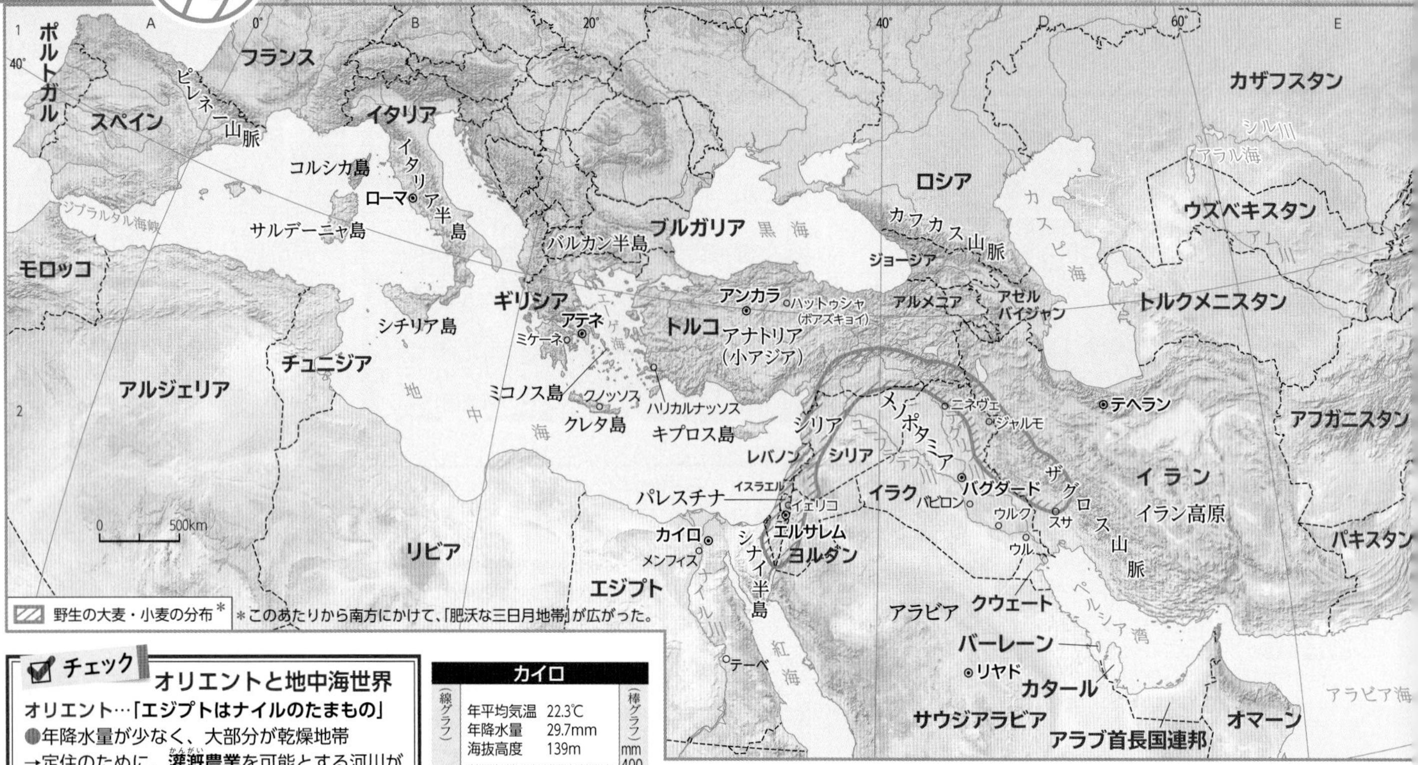

チェック オリエントと地中海世界

オリエント…「**エジプトはナイルのたまもの**」
- 年降水量が少なく、大部分が乾燥地帯
→定住のために、**灌漑農業**を可能とする河川が必要。ナイル川、ティグリス・ユーフラテス川流域に文明が発達

地中海世界…「**貧困はギリシアの伴侶**」
- 石灰岩質のやせ地が多い
→**果樹栽培**(オリーヴ・ブドウ)・**牧畜**が盛ん
→加工品(オリーヴ油・ワイン)の交易が発達
- **都市の分立、海上交通**・交易の発達

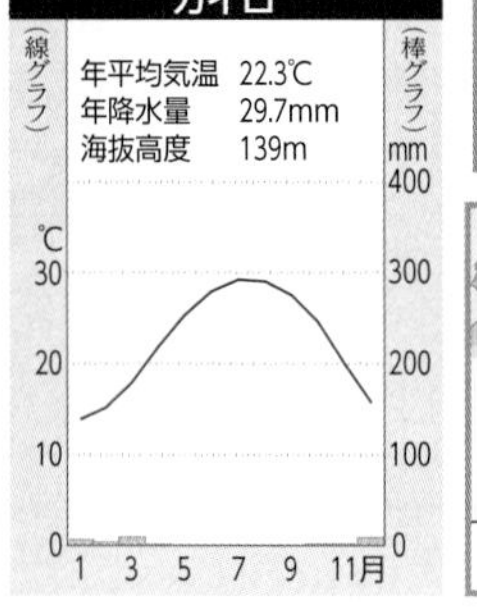

気候区分

宗教分布

1 エジプト

↑❶**雄大なナイル川** 沿岸の緑地で、農業が営まれてきた。

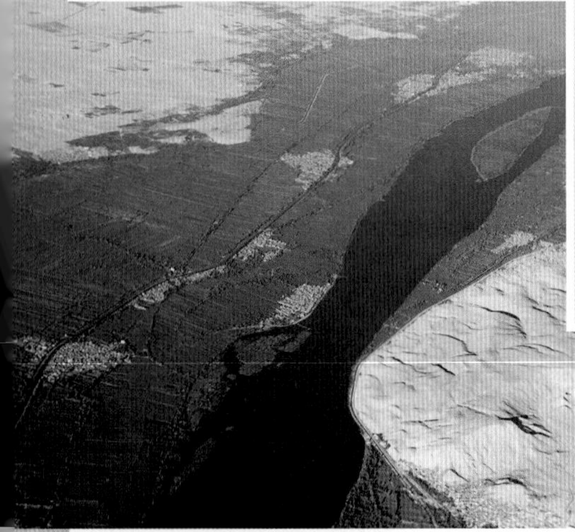

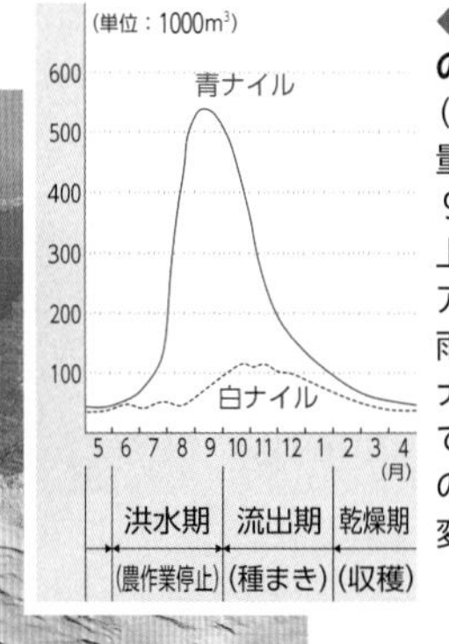

←ⓐ**ナイル川の水量の変化**(1日の平均流量) 雨季(6～9月)になると、上流のエチオピア高原に大量の雨が降るため、ナイル川の支流である青ナイルの水量が大きく変化する。

文献① パピルス ➡P.61

[パピルスに書き記された]作品は、パピルスの耐用年数を越える前に新たなパピルス・シート、もしくはより耐久性にすぐれ、はるかに高価な獣皮に手作業で書き写されなければ、この世から滅失してしまう。ヘロドトスの『歴史』はこの試練を乗り越え……たのである。
(阿部拓児『アケメネス朝ペルシア』中央公論新社)

読み解き パピルスには、書写材料としてどのような弱点があったのだろう。

↑❸**パピルス草** パピルス草はナイル川上流に分布する多年草。エジプトでは文書の用紙として使用され、英語のpaperの語源となった。

「歴史の父」 ヘロドトス(前485頃～前425頃)

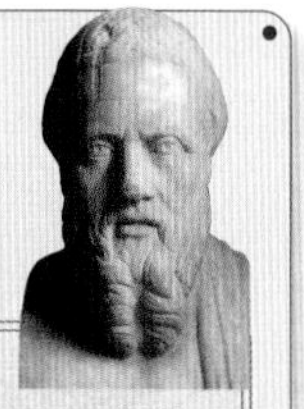

アナトリア出身のギリシア人。前5世紀の**ペルシア戦争を主題とする『歴史』は、物語記述の典型とされる**。エジプトをふくめ、ギリシアと戦ったアケメネス朝統治下の広範な地域を訪れ、調査・探究した。

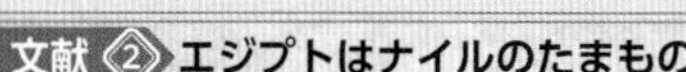

文献② エジプトはナイルのたまもの

実際現在のところは、この地域の住民は、あらゆる他の民族やこの地域以外に住むエジプト人に比して、確かに最も労少なくして農作物の収穫をあげているのである。鋤で畦を起したり、そのほか一般の農民が収穫をあげるために払うような労力は一切払うことなく、河がひとりでに入ってきて彼らの耕地を灌漑してまた引いてゆくと、各自種子をまいて畑に豚を入れ、豚に種子を踏みつけさせると、あとは収穫を待つばかり。それから豚を使って穀物を脱穀し、かくて収穫を終えるのである。
(ヘロドトス著、松平千秋訳『歴史(上)』岩波書店)

←❷**ナイロメーター** 洪水を予測するためにナイル川の水位を計測した。

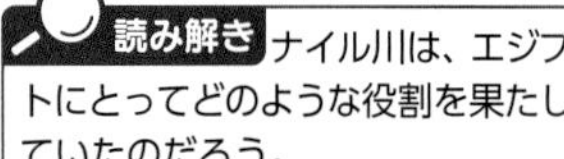
読み解き ナイル川は、エジプトにとってどのような役割を果たしていたのだろう。

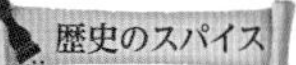
歴史のスパイス オリエントとは、ヨーロッパから見て「東方、東洋」を意味する。対概念は、オクシデント(西方、西洋)である。

2 地中海世界

アテネ

(線グラフ) (棒グラフ)

年平均気温 18.9℃
年降水量 375.9mm
海抜高度 28m

℃ 0 10 20 30 / mm 0 100 200 300 400
1 3 5 7 9 11月

↑❹エーゲ海ミコノス島　青く輝く海に褐色の島の地肌が浮かび、白い家々が島を埋めている。その白さは、石灰を用いた塗料に由来する。

❺オリーヴの実

大英博物館蔵

↑→❻現代のオリーヴの収穫(上)と❼古代ギリシアの壺絵(右)　壺絵には、オリーヴの収穫が描かれている。**オリーヴはアテネの重要な輸出品**で、その実からしぼるオイルは灯火用、化粧用、食用に重宝された。壺はオイルやワインの貯蔵容器となり、輸出の際にも使用された。

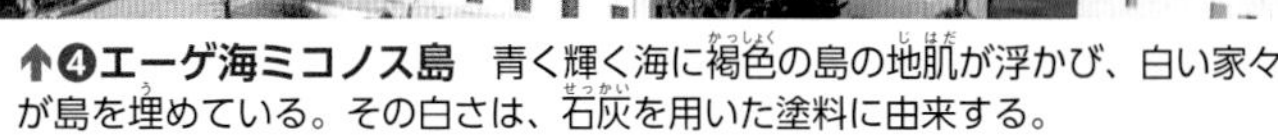

文献 ③ 貧困はギリシアの伴侶

［ペルシア王に対して］デマラトス[①]は次のようにいった。
「……ギリシアの国にとっては昔から貧困は生れながらの伴侶のごときものでありました。しかしながらわれわれは叡智ときびしい法の力によって勇気の徳を身につけたのであります。……。」

①スパルタの王位を追われ、ペルシアに亡命したギリシア人

(ヘロドトス著、松平千秋訳『歴史(下)』岩波書店)

文献 ④ アテネの食料事情(ペリクレスの演説)

また吾々のポリスは大国であるがゆえに、全地上から万物が輸入されており、吾々にとっては他国の産物よりも自国に生じた作物を収穫して味わう方が身近だということは全然なくなっている。

(トゥキュディデス著、藤縄謙三訳『歴史 1』京都大学学術出版会)

読み解き

1 文献③の「貧困」とは、ギリシアのどのような環境をさしているのだろう。
2 文献④やオリーヴの輸出と関連して、アテネはどのような食料を輸入する必要があったのだろう。

3 メソポタミア

↓❽西アジアの農耕地帯(イラク)

ティグリス・ユーフラテス両河流域のメソポタミアでは、早くから農耕社会が発達した。メソポタミア北部では小麦・大麦などが栽培されている。

←❾日干しレンガづくり　**メソポタミアの都市文明は、レンガの文明でもあった。** 粘土と藁を混ぜて型につめ、摂氏50℃に達する日差しの中に置くと日干しレンガができあがる。現在でも西アジアやアフリカで広く行われている。焼きレンガは貴重品で、宮殿や神殿の外壁などに用いられた。➲P.82

←❿ナツメヤシ　西アジアから北アフリカの砂漠のオアシスでは、5000年も前からナツメヤシが栽培された。メソポタミア原産で年2回の収穫が行え、その実は滋養に富む食べ物である。またナツメヤシは万能の樹木であり、葉は屋根ふき、幹は建材、繊維はロープの材料、枝は篭の資材として利用できる。

Column

メソポタミア南部の水上生活—葦の文化

ティグリス・ユーフラテス両河が合流するあたりには葦が茂っており、人々は葦の茎を束ねて家をつくった。シュメールの時代から、楔形文字を刻むペンや、船材、水牛のえさなどにも利用された。

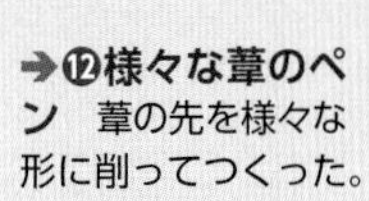

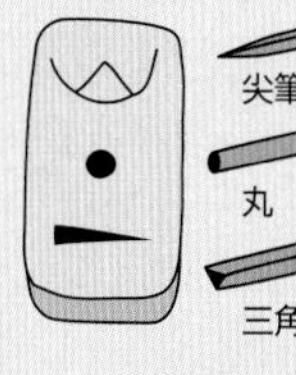

→⓬様々な葦のペン　葦の先を様々な形に削ってつくった。

→⓫葦の家づくり

→⓭葦の家

歴史のスパイス　メソポタミアとは、ギリシア語で「複数の河の間」を意味する。メソは「中間」の意で、音楽で用いるメゾフォルテのメゾ(イタリア語mezzo)も同義である。

1 オリエント諸国の興亡 ➡P.86

① 閉鎖的な地形のエジプトでは、ヒクソスの侵入以外はおおむねエジプト人による王朝が存続した。

① 開放的な地形のメソポタミアでは、セム系やインド＝ヨーロッパ語系など多様な民族が興亡をくり広げた。

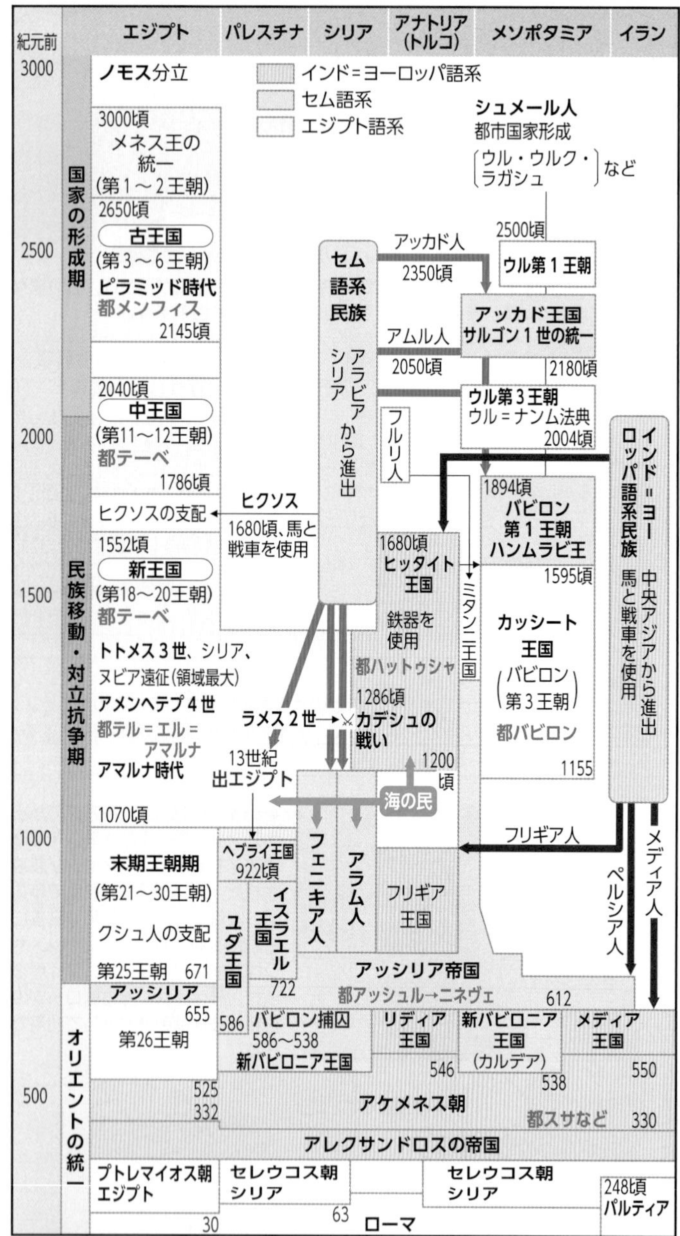

←❶『ギルガメシュ叙事詩』が刻まれた粘土板　古代メソポタミアでは、**シュメール人**の都市国家ウルクの王ギルガメシュを主人公とする物語が、叙事詩として広まった。大英博物館蔵

文献 ① 洪水説話

ウトナピシュティムはギルガメシュにむかって言った／「ギルガメシュよ、お前に秘事を明かしてあげよう／……／シュルッパクの町は、おまえも知っている町だが／エウフラテス[ユーフラテス]（の河岸）に位置している／……／彼らは、大なる神々に洪水を起こさせたのだ／……」（矢島文夫訳『ギルガメシュ叙事詩』筑摩書房）

2 シュメール人の都市国家

❷都市国家ウルの復元CG

↑❸**復元されたジッグラト**（イラク・ウル）　ウルは**シュメール人**が建てた都市国家。都市の中心部には**ジッグラト**（聖塔）が築かれ、塔上には都市の守護神を祀る神殿が建てられた。建築は主に**日干しレンガ**を材料にしていた。➡P.81

文献 ② 古代メソポタミアの王権と神々

古代メソポタミアの王権にとっての最も重要な関心は神との関係だった。……都市国家も領域国家も、……国土・人民の所有者は神だった……王自身が神格化されることはなく、王は、神の委任を受けて国土・人民を統治する代理人に位置づけられた。また、王の最大の責務は……神の「家」たる神殿の保護と援助とされた。（古澤誠一郎監修『論点・東洋史学』ミネルヴァ書房）

読み解き　シュメール人の都市国家において、神殿が重要だったのはなぜだろう。

↓❹**ウルのスタンダード**　王墓から出土した副葬品で、輸入品のラピスラズリなどが使用されている。表裏に饗宴図（上）と戦争図（下）が描かれている。饗宴図上段には王と貴族の宴の場面が、中・下段には人々が王に貢ぎ物を運んでいる様子が描かれている。戦争の場面の上段と下段には、車輪を用いた戦車が描かれている。大英博物館蔵、高さ20.3cm、前2500年頃

読み解き ❹から、ウルにはどのような社会が存在していたことが読み取れるだろう。

上段
中段
下段

上段
中段
下段

3 アッカド王国とバビロン第１王朝

➔❺**アッカド王の肖像**　アッカド王国初代の王サルゴン１世の肖像といわれる。彼はシュメールやシリアの諸都市を征服し、**メソポタミアに最初の領域国家を築いた。**
ニネヴェ出土、イラク博物館蔵、青銅製、高さ36.6cm

文献③ サルゴンの碑文

アッカドの王、イナンナ女神［アッカド語ではイシュタル］の代理者、全土の王……エンリル神のための支配者たるサルゴンは、ウルク市との戦いに勝利し、……。アッカドの王サルゴンは、ウル市との戦いに勝利し、その町を征服し、城壁を破壊した。……。国土の王サルゴンに、エンリル神は敵対するものを与えず、上の海から下の海までを彼に与えた。下の海から上の海まで、アッカドの市民は支配権を持った。
（歴史学研究会編『世界史史料１』岩波書店）

読み解き 文献中の「上の海」、「下の海」は何をさすのだろう。地図Aを参考にして考えよう。

正義の王 ハンムラビ王（前18世紀頃）

全メソポタミアを支配したバビロン第１王朝の王で、シュメール法を集大成した**ハンムラビ法典を制定**した。弱者救済、社会正義の理念が示され、条文には、家族・農耕・商取引などに関する規定がある。

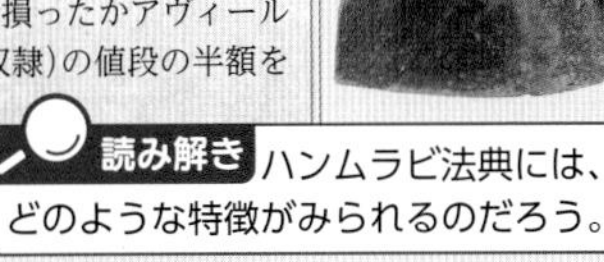

➔❻**ハンムラビ法典碑**　法典碑の柱頭のレリーフでは、王が太陽神シャマシュから輪と棒（王権の象徴）を授かっている。ルーヴル美術館蔵、高さ2.25m

文献④ ハンムラビ法典

128　もし人が妻を娶ったが、彼女に関する契約を結ばなければ、その女性は妻ではない。
138　もし人が彼に息子たちを生まなかった正妻を離婚しようとするなら、彼は彼女に……彼女が自分の父の家（実家）から持参した彼女の持参財を元通りにして返し、彼女を離婚することができる。
196　もしアヴィールム①がアヴィールム仲間の目を損ったなら、彼らは彼の目を損わなければならない。
199　もし彼がアヴィールムの奴隷の目を損ったかアヴィールムの奴隷の骨を折ったなら、彼は彼（奴隷）の値段の半額を支払わなければならない。
①エリート市民
（中田一郎訳『ハンムラビ「法典」』リトン）

読み解き ハンムラビ法典には、どのような特徴がみられるのだろう。

←❼**円筒印章**　オリエントでは粘土板に楔形文字で記録や契約書を記し、その多くに印章を押した。円筒印章は、粘土上に指で転がして帯状の印影を残すもの。写真はバビロン第１王朝時代のもの。
ルーブル美術館蔵

4 諸王国の台頭

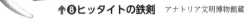

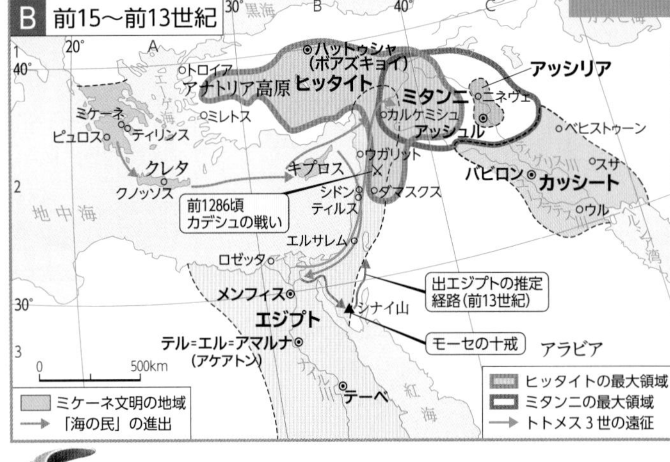

↑❽**ヒッタイトの鉄剣**　アナトリア文明博物館蔵

➔❾**ヒッタイトの都ハットゥシャ**（現ボアズキョイ、➡P.90）　ヒッタイトは、アナトリアの製鉄技術を発展させ、鉄器を活用した。前1200年頃、「海の民」（➡P.85）の侵入や、食料事情の悪化などにより衰亡したとされる。

チェック 金属器の違い

- **青銅器**…青銅とは銅と錫の合金をさす。亜鉛や鉛が加えられることもあった。前3500年頃より世界各地で武器や生活道具として用いられた。
- **鉄器**…製鉄には千数百度の高温を長時間保つ必要があるため、青銅器より遅れて普及した（➡P.90）。古代アナトリアで製鉄が盛んとなったのは、鉄鉱石や燃料資源の木材が入手しやすかったためでもある。

Column 馬と戦車が変えたオリエントの歴史 ➡P.78

シュメールの戦車は、２枚の板を接合した重い車輪を用いた四輪戦車で、儀式の行進や輸送手段として使われた。これに対しヒッタイトの戦車は、６本スポークの車輪を用いた二輪戦車で、強度の向上と軽量化が図られた。ヒッタイトは、二頭立ての馬に引かせたこの戦車を用いて**バビロン第１王朝を征服**した。馬と戦車は**ヒクソス**によりエジプトにもたらされた。後にミタンニから独立した**アッシリア**は、スキタイ人などの遊牧民から騎馬戦術を取り入れて軍事大国となり、前７世紀に**初の「世界帝国」**（➡P.86）を形成した。

↓❿**シュメールの戦車**（ウルのスタンダード、戦争図）

↓⓫**ヒッタイトの戦車**　アナトリア文明博物館蔵

↓⓬**アッシリアの騎馬兵**　ルーヴル美術館蔵

歴史のスパイス　銅のラテン語名cuprum（英語copperの語源）は、古くから銅の産地として知られたキプロスの名称に由来する。銅の元素記号Cuは、このラテン語名による。

古代オリエント(2)

1 古代のエジプト

➡P.83 A B

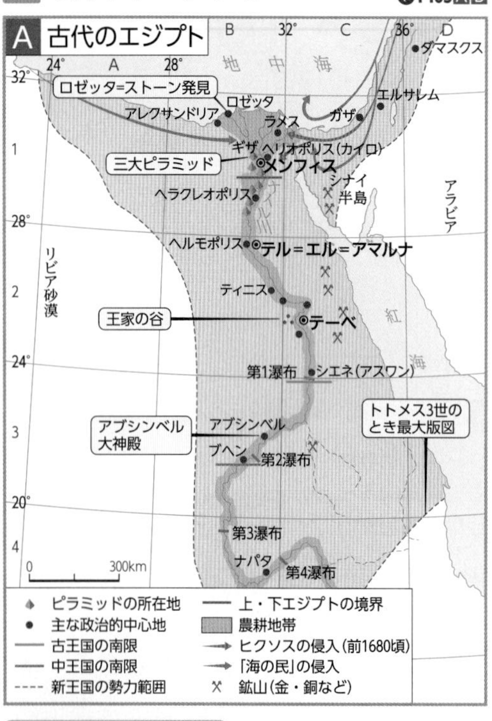

⬆❶**ギザの三大ピラミッド**(エジプト) カイロ郊外のナイル川西岸にあるギザの丘にそびえ立つ。最大の**クフ王**のピラミッドは高さ約137m(創建時は約146m)、底面の一辺の長さ約230mで、平均2.5tの石が230万個使用されている。

➡❷**アブシンベル大神殿**(エジプト) 新王国第19王朝の**ラメス2世**(位前13世紀)が建設。1960年代には、アスワン=ハイダムの建設(➡P.325)でできたナセル湖に水没するのを防ぐため、ユネスコの協力でいったん解体された後、高台へ移され再建された。また、ラメス2世は**ヒッタイトとのカデシュの戦い**で知られる。アッシリアの脅威が高まると、両国は講和条約(現存最古の国際条約)を結んだ。

読み解き ナイル川と農耕地帯は、どのような関係にあったのだろう。

エジプトの来世信仰

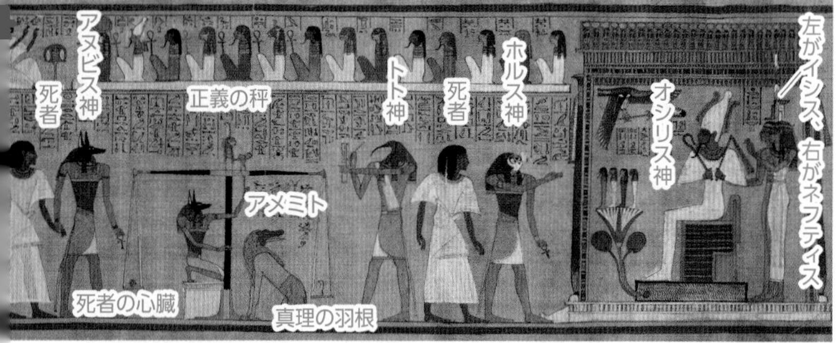

⬆❸**「死者の書」** 左では、動物神のアヌビスが、正義の秤に死者の心臓と真理を表す羽根を載せている。秤が傾けば怪物アメミトに心臓が食われ、死者は再生できない。秤が釣り合うことで審判を終えた死者は、ホルス神に誘導されて、冥界の支配者**オシリス神**の前に進み出る。オシリスの後ろには、イシスらが控えている。大英博物館蔵

文献① 死者の書

私は人びとに対し不正を犯したことはありません。人びとを虐待したことはありません。……神を冒瀆したことはありません。貧しい者の財産を削ったことはありません。……殺したことはありません。殺せと命じたこともありません。……神殿に供えられる食物を減らしたことはありません。

(屋形禎亮『古代オリエントの生活』河出書房新社)

読み解き 死者は、来世に再生するために、何を示す必要があったのだろう。

←❹**ツタンカーメンの黄金のマスク** 1922年、イギリス人カーターによって、王家の谷でツタンカーメンの王墓が発掘された。ミイラのマスクは、魂が帰る場所の目印となった。カイロ・エジプト博物館蔵、高さ54cm

❺**ツタンカーメンのミイラを調べるカーター**

資料から読み解く アメンヘテプ4世の宗教改革

アメンヘテプ4世(位前14世紀)は、新王国第18王朝の王。首都**テーベ**の守護神アメン(アモン)を祀る神官団と対立し、**アテン**(アトン。太陽光線で表現)**を唯一神とする信仰を強行した**。テル=エル=アマルナに遷都し、自ら**アクエンアテン**(イクナートン。アテンに愛される者の意)と改名した。しかし、王の死後、神官団が巻き返し、アテン神殿は解体されてアメン信仰が復活した。アメンヘテプ4世の子は、即位後、ツタンカーメンと改名した(アメン神の生ける似姿の意)。

文献② アテン神と王族

アテン神は王族……と異常なほど密接に結びつくため、太陽円盤アテンと彼らがセットで描かれた……。たとえば「太陽が輝く青空の下、アクエンアテンの後ろに続くネフェルトイティ[ネフェルティティ]と彼らの娘たちという構図」がよく描かれた。この家族の図像は、ツタンカーメンの父アクエンアテンが平和主義者と呼ばれる所以のひとつともなっている。アテン神殿のなかでは、このような家族団欒の場面がしばしばみられたのであろう。アテン神殿とは、アクエンアテン一家のためだけに存在したものであった。

(大城道則『ツタンカーメン』中央公論新社)

読み解き

1 ❻で、王とその家族は、アテン神に何をしているのだろう。
2 この改革において、王と宗教の関係はどのようなものだったのだろう。
3 この改革は、なぜ失敗したのだろう。

❻**アテン神とアメンヘテプ4世の家族**

カイロ・エジプト博物館蔵

Column アマルナ美術

アメンヘテプ4世の時代に生まれた、**エジプトの伝統様式を破る写実的美術**。代表例が❼。本来、美術として対象を描くことは、それらに永遠性を与える意味があり、伝統的には理想主義的な描写スタイルが取られていた。アマルナ美術は、その伝統における例外である。

➡❼**王妃ネフェルティティ** ベルリン美術館蔵、高さ約50cm

2 地中海東岸の諸民族

＊フェニキア人は北アフリカからイベリア半島にかけて多くの**植民市**を建設した。代表的な植民市カルタゴは➲P.91，94，101

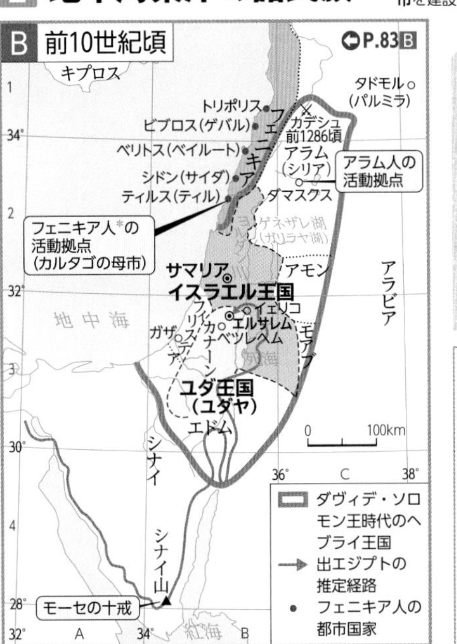

解説 海の民

前13～前12世紀にかけて、バルカン半島・エーゲ海方面から来襲し、東地中海一帯に侵入した諸民族の総称。鉄を武器として用いた彼らは、カデシュの戦いで傭兵としても活動したが、その侵入は**ヒッタイト王国の衰亡を助長し、エジプト新王国も弱体化させた**。また、ミケーネ文明衰亡の一因となったともいわれる。こうした社会の変動を経ながら、**セム系のアラム人・フェニキア人・ヘブライ人**が、それぞれ活動を展開していった。

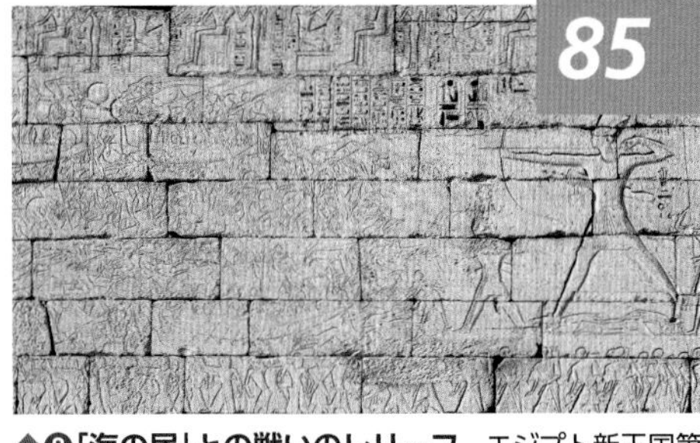

↑❽「海の民」との戦いのレリーフ　エジプト新王国第20王朝のラメス3世（位前12世紀前半）と「海の民」との戦いが描かれている。ラメス3世葬祭殿（メディネト＝ハブ）

↑❾フェニキア文字　22字の子音からなり、**ギリシア＝アルファベットの原型**。

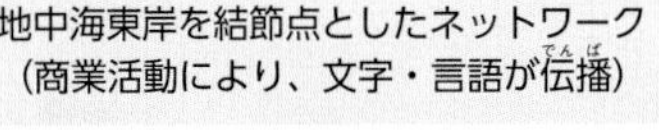

地中海東岸を結節点としたネットワーク
（商業活動により、文字・言語が伝播）

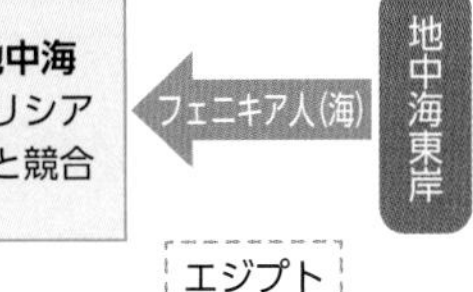

地中海 ギリシア人と競合 ← フェニキア人（海） ← **地中海東岸** → アラム人（陸） → **西アジア** ラクダによる隊商貿易

エジプト　メソポタミア

↑❿アラム文字　アラビア文字やウイグル文字などの母体。

↓⓫レバノン国旗　フェニキア人は特産のレバノン杉を造船や交易に用い、巨万の富を築いた。現在のレバノン国旗にはレバノン杉が描かれている。

↑⓬レバノン杉

⓭フェニキア人の船

読み解き ソロモンは、なぜ自国だけで神殿を建設することができなかったのだろう。

文献③ フェニキア人とヘブライ王国

ソロモンは［ティルスの王］ヒラムに人を遣わして言った。「……父ダビデ［ダヴィデ］は、周りを取り囲む敵との戦いで、その神、主のために神殿を建てることができませんでした。……私は、わが神、主の名のために神殿を建てようと思うのです。……それゆえ、この度、私のためにレバノンから杉を切り出すよう、お命じください。私の家臣は、あなたの家臣と一緒に働きます。あなたの家臣たちへの報酬は、あなたのおっしゃるとおりに支払います。ご存知のように、私たちには、シドン人のように木を切り出すことに熟練した者がいないのです。」　（聖書協会共同訳『旧約聖書』列王記上）

3 ユダヤ教の成立 ➲P.107，309

文献④ モーセの十戒

①あなたには、私をおいてほかに神々があってはならない。
②あなたは自分のために彫像を造ってはならない。……
③あなたは、あなたの神、主の名をみだりに唱えてはならない。……
④安息日を覚えて、これを聖別しなさい。……
⑤あなたの父と母を敬いなさい。……
⑥殺してはならない。
⑦姦淫してはならない。
⑧盗んではならない。
⑨隣人について偽りの証言をしてはならない。
⑩隣人の家を欲してはならない。……

（聖書協会共同訳『旧約聖書』出エジプト記）

読み解き 十戒の①～④と⑤～⑩は、どのように性質が異なるのだろう。

➡⓮モーセ　ヘブライ人は前13世紀頃、モーセに率いられてエジプトを脱出した（出エジプト）。モーセはシナイ山において神ヤハウェから「十戒」を授かった。
ミケランジェロ作、ローマ・サン＝ピエトロ＝イン＝ヴィンコリ聖堂蔵

ヘブライ人の歴史	
前15世紀	ヘブライ人、パレスチナに移住 →一部はエジプトに移住
前13世紀	**モーセ**がヘブライ人を率いてエジプトを脱出（**出エジプト**）
前10世紀	ヘブライ王国の盛期（**ダヴィデ・ソロモン王**の時代）
前922頃	北の**イスラエル王国**と南の**ユダ王国**に分裂
前722	イスラエル王国、アッシリアにより滅亡
前586	ユダ王国、新バビロニアにより滅亡 **→バビロン捕囚**（～前538）、解放後**ユダヤ教の成立**（選民思想、メシア思想、律法主義）

↑ユダヤ教は律法や預言書などからなる教典（『ヘブライ語聖書』）を生み出した。これは後にキリスト教徒の教典にもなり、キリスト教徒から『旧約聖書』と呼ばれた。➲P.107

⓯映画「十戒」（1956年製作・米）

↓⓰ソロモン王の審判　世界一の富と知恵を持ち、シバの女王との会見や、赤子を争った二人の女性の裁きの話が有名。ルーヴル美術館蔵

文献⑤ ソロモンの背信とその結果

［ソロモン王には］多くの妻、すなわち、700人の王妃と300人の側室がいた。この女たちが彼の心を誤らせたのである。ソロモンが年老いたとき、女たちは彼の心を、他の神々へと向けさせた。彼の心は、父ダビデ［ダヴィデ］の心とは異なり、自分の神、主に対して誠実ではなかった。……そこで主はソロモンに言われた。「あなたは……私が命じた契約と掟を守らなかった。それゆえ私は、必ずあなたの王国を引き裂き、あなたの家臣に分け与える。……」

（聖書協会共同訳『旧約聖書』列王記上）

読み解き 聖書によれば、神は、ソロモンのどのような行為に対して怒り、どのような罰を与えたのだろう。

歴史のスパイス　「出エジプト記」によれば、主（神）の指示について、モーセは話し下手だと弁明して断ろうとしたが、主は、雄弁な兄アロンとの協力を説いて、モーセを諭した。

1 オリエントの統一 ➲P.82 ➲P.88

① アッシリアは初めてオリエントを統一したが、武断政治が諸民族の反抗を招き、短命に終わった。
① その後、4王国分立の時代を経て、アケメネス朝がオリエントを再統一し、中央集権体制を整備する一方、諸民族に寛容な統治を行った。

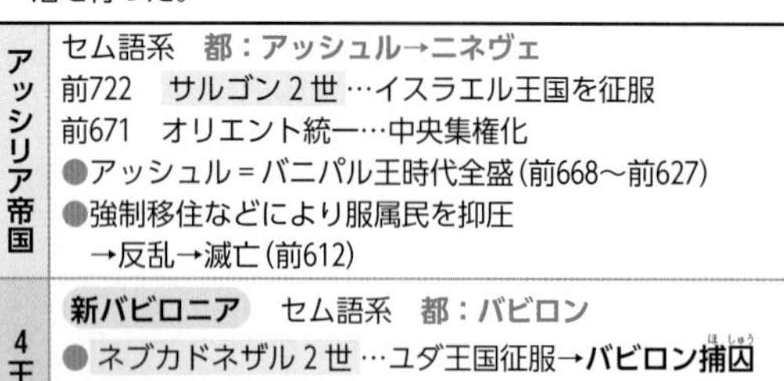

アッシリア帝国	セム語系 都：アッシュル→ニネヴェ 前722 サルゴン2世…イスラエル王国を征服 前671 オリエント統一…中央集権化 ●アッシュル＝バニパル王時代全盛(前668～前627) ●強制移住などにより服属民を抑圧 →反乱→滅亡(前612)
4王国分立時代	**新バビロニア** セム語系 都：バビロン ●ネブカドネザル2世…ユダ王国征服→**バビロン捕囚** **メディア** インド＝ヨーロッパ語系 都：エクバタナ **リディア** インド＝ヨーロッパ語系 都：サルデス ●アナトリア支配、初めて金属貨幣を使用 **エジプト** エジプト語系 都：サイス
アケメネス朝	インド＝ヨーロッパ語系 都：スサ 前550 キュロス2世建国…メディア王国の支配から独立 ●リディア(前546)、新バビロニア(前538)征服 →ヘブライ人を解放(バビロン捕囚終了) 前525 カンビュセス2世、エジプト征服(オリエント再統一) **ダレイオス1世(前522～前486)**…全盛期 ●ペルセポリス造営 ●各州に**サトラップ**(知事)設置 ●**監察官「王の目」「王の耳」**派遣、国道**「王の道」**建設 ●駅伝制、度量衡統一、服属した諸民族には寛容な統治 前500～前449 **ペルシア戦争**→ギリシア征服に失敗 前330 アレクサンドロス大王に征服される➲P.95

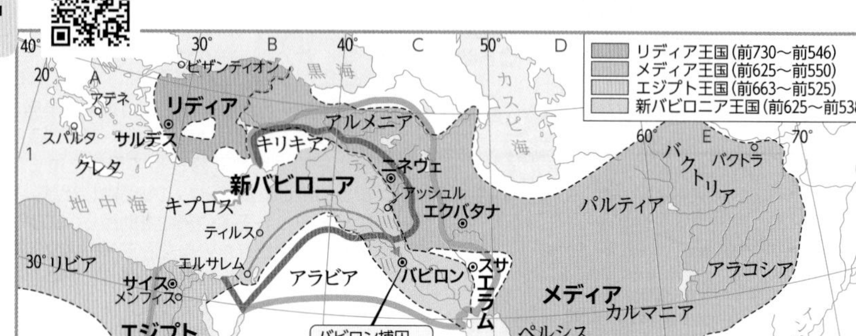

A 前8～前7世紀

B 前6世紀

アッシリア帝国からアケメネス朝へ

←❶**アッシリア王の獅子狩り** 獅子は魔の象徴で、オリエントの伝統的な図像である獅子狩りは、王の勇猛さと王位の正統性を示す。ニネヴェ出土、大英博物館蔵

➔❷**アッシリアの強制移住** 民族の総入れ替えをめざした双方向型の強制移住政策は、服属民の反抗を招き、新バビロニアとメディアの攻撃で滅びた。大英博物館蔵

文献① バビロン捕囚からの解放

ペルシアの王キュロス[キュロス2世]の治世第一年のことである。主は……主の言葉を成就させるため、ペルシアの王キュロスの霊を奮い起こされた。王は国中に布告を発し、また文書をもって次のように述べた。「ペルシアの王キュロスはこのように言う。天の神、主は地上のすべての王国を私に与えられ、ユダのエルサレムに神殿を建てることを私に任された。あなたがたの中で主の民に属する者は誰でも、神がその人と共におられるように。その者は誰であれ、ユダのエルサレムに上り、イスラエルの神、主の神殿を建てなさい。……。」 (聖書協会共同訳『旧約聖書』エズラ記)

読み解き

1 『旧約聖書』において、キュロス2世の行動は、主(神)との関係でどのように描かれているだろう。
2 キュロス2世は、ヘブライ人にとってどのような存在だったのだろう。

文献② アケメネス朝の駅伝制

およそこの世に生をうけたもので、このペルシアの飛脚より早く目的地に達しうるものはない。これはペルシア人独自の考案によるものである。全行程に要する日数と同じ数の馬と人員が各所に配置され、一日の行程に馬一頭、人員一人が割当てられているという。雪も雨も炎暑も暗夜も、この飛脚たちが全速で各自分担の区間を疾走し終るのを妨げることはできない。……[伝達事項は]次から次へと中継されて目的地に届くのである。 (ヘロドトス著、松平千秋訳『歴史(下)』岩波書店)

読み解き ヘロドトスが述べるような駅伝制が整備される必要があったのはなぜだろう。

チェック アケメネス朝の統治の特徴

●中央集権体制の整備…中央から各州(都市ではなく、州が基礎単位)に**サトラップ**(知事)を派遣し、徴税や治安維持にあたらせた。

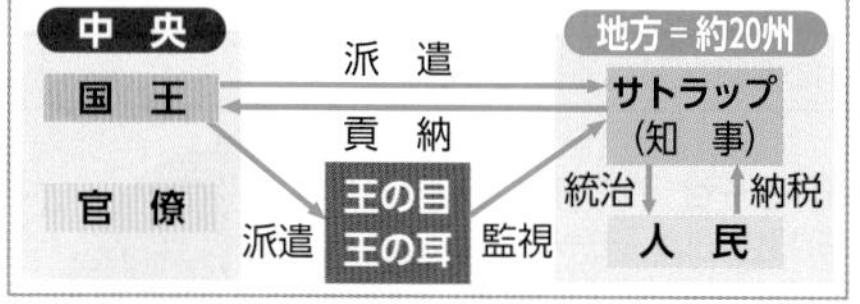

●寛容な統治…納税・軍役と引き換えに、服属した諸民族の伝統や文化を尊重。フェニキア人やアラム人など、多様な人材を活用
●交通網の整備…軍道の建設(**「王の道」**など)、**駅伝制**の確立➲P.76
●経済活動の促進…金貨・銀貨の発行

歴史のスパイス 19世紀イタリアの作曲家ヴェルディは、新バビロニア王国のネブカドネザル2世を題材にして、オペラ「ナブッコ」(原題「ナブコドノゾール」)を作曲した。

2 オリエントの諸文化

エジプト	ナイル川の定期的氾濫→太陽神ラーを主神とする多神教 **太陽暦**◯P.72、**十進法、測地術** **ミイラ、ピラミッド、「死者の書」、アマルナ美術**◯P.84 **神聖文字**（ヒエログリフ）、神官文字、民用文字◯P.71	アッシリア	ニネヴェのアッシュル＝バニパル王の大図書館（世界最古）
シュメール	**太陰暦**◯P.72、**六十進法**、占星術、『ギルガメシュ叙事詩』（洪水説話）◯P.82、ジッグラト（聖塔）◯P.82、シュメール法、**楔形文字**（粘土板に刻む）	新バビロニア	ジッグラト（聖書の「バベルの塔」の原型）、空中庭園 →❸**空中庭園**（16世紀の想像図）　ネブカドネザル2世が建設した屋上庭園。背後には、ジッグラトが描かれている。
古バビロニア	**ハンムラビ法典**…同害法・身分法、社会正義の実現◯P.83		
ヒッタイト	高度な**製鉄技術**を活用		
ミタンニ	馬と戦車の戦法を駆使	リディア	**初の金属貨幣** →❹**リディアの金属貨幣**（前7～前6世紀）
アラム	**内陸中継貿易**で活躍、**アラム語**（国際商業語、アッシリア・ペルシアの公用語）、**アラム文字**（東方諸文字の起源）◯P.85		
フェニキア	**地中海貿易**・植民活動で活躍→造船・航海術の発達◯P.85 **フェニキア文字**（表音文字、西方**アルファベットの起源**）◯P.71	アケメネス朝	オリエントの再統一→諸文化の融合 **ゾロアスター教**（善悪二元論）◯P.89 楔形文字の表音文字化
ヘブライ	**ユダヤ教**（唯一神ヤハウェ）◯P.85		

→❺**ベヒストゥーン碑文**（イラン）　**ダレイオス1世**は即位に際して起こった反乱を鎮圧し、戦勝記念碑として古代ペルシア語、アッカド語、エラム語の3言語を併記した碑文をベヒストゥーンの磨崖に彫らせた。イギリス人の**ローリンソン**は、この碑文を模写・研究し、1847年に楔形文字の解読に成功した。◯P.71

←❻**ローリンソン**（1810～95）

文献③ ベヒストゥーン碑文

「ベヒストゥーン碑文」のテクスト……では「王ダレイオスは告げる、アフラマズダの御意によって余は王である。アフラマズダは王国を余に授け給うた」に始まり、アフラマズダの名が辟易するくらいに（その数じつに76回！）、くり返し登場する。また「ベヒストゥーン碑文」では、ダレイオス自身はアフラマズダから王国の統治をゆだねられたとする一方で、「偽」が諸王をしてダレイオスから離反させたと、「真」と「偽」の対立という二元論で世界が語られている。

（阿部拓児『アケメネス朝ペルシア』中央公論新社）

読み解き 碑文で、アフラ＝マズダの名がくり返されたのは、なぜだろう。

資料から読み解く　アケメネス朝の人材活用政策

ダレイオス1世が主要部分を造営したペルセポリスは、周辺もふくめて複合的な構造を持つ都市で、その王宮は軍事用の城砦ではなく、儀式に使う特別な宮殿であった。王は、宮殿の建設にあたって帝国中から資材と人材が調達された様子を詳細に記し、帝国の広さや支配下の民族の多様性を誇示した。宮殿の基壇の浮き彫りにも、各地の民族が貢ぎ物を携えて儀式に参加する場面が描かれている。古代の歴史家たちは、この宮殿がアレクサンドロス大王に焼き払われ、廃墟と化したことを伝えている。

→❼**謁見殿の階段に施された浮き彫り**

文献④ アケメネス朝とフェニキア人

ダレイオス1世は、広大な領土を統治するために帝国全土を20強の行政区に分割し、……［サトラップを］派遣してアケメネス朝の中央集権化政策を推し進めた。この時フェニキア諸都市は、シリアやパレスティナ、キプロス島とともに、第5番目の行政区として登録されている。だが、納税額は他の行政区と比較しても格段に（　**ア**　）、そこには明らかにペルシア側の政治的配慮がみてとれる。……フェニキアの各都市では以前と変わらず土着の王政が存続し、行政や法慣習も従来のままであった。……このようにペルシア時代のフェニキア諸都市が大幅な自治を許された背景には、アケメネス朝の諸王が東地中海沿岸一帯の勢力確保と安全を保つには、フェニキア諸都市の持つ（　**イ**　）力に大幅に依存せざるをえなかったという事情があるからであろう。

（栗田伸子他著『通商国家カルタゴ』講談社）

❽**ペルセポリス**（イラン）

↓❾**ダレイオス1世**（位前522～前486）

読み解き

1 ❷と❼を比較すると、アッシリアとアケメネス朝の統治にどのような違いがあることがわかるだろう。

2（　**ア**　）には、「高く」もしくは「安く」が入る。そのどちらかを記入し、そのように判断した根拠を、（　**イ**　）に入る用語をふまえて説明してみよう。

88 イラン文明の拡大

1 古代イランの変遷 ➡P.86

① アケメネス朝滅亡後、セレウコス朝シリアの支配を経て、紀元前3世紀にイラン系遊牧民がパルティアを、紀元後3世紀にイラン系農耕民がササン朝を建国した。

地中海世界	イラン	中央アジア
	前312 セレウコス朝シリア（ギリシア系）	
	パルティア（安息） 前248頃 アルサケス建国 都：ヘカトンピュロス	前255頃 バクトリア（ギリシア系）
	〈最盛期（前2世紀～前1世紀前半）〉 ミトラダテス1世（位前171頃～前138頃） セレウキア入城、セレウコス朝から領土を奪う 都：クテシフォン（セレウキアの対岸に建設） ミトラダテス2世（位前123頃～前87頃） メソポタミア征服、アルメニア服属	前145頃 大月氏
前63 共和政ローマ ↔	〈ローマとの抗争と衰退〉 前53 カルラエの戦い（クラッスス敗死） 後97 後漢の甘英到着 ➡P.14	
トラヤヌス帝メソポタミア侵攻 →		後45 クシャーナ朝（イラン系）
ローマ帝国	ササン朝（224～651） アルダシール1世（位224～241） パルティアを滅ぼし建国 都：クテシフォン ●ゾロアスター教を国教化	
←	シャープール1世（位241頃～270頃） 241 メソポタミアを占領 ●クシャーナ朝を破り、インドに侵入 → ●マニ教成立 260 ローマ皇帝ウァレリアヌスを捕らえる	250頃
ビザンツ帝国（東ローマ帝国）	●エフタルの侵入（5世紀後半） ←	エフタル
	ホスロー1世（位531～579）〈最盛期〉 ●ビザンツ帝国（ユスティニアヌス帝）との抗争 ●突厥と結んで、エフタルを挟撃し、滅ぼす → ●神官団による『アヴェスター』の編集 ●ネストリウス派キリスト教広まる	突厥（トルコ系）
	642 ニハーヴァンドの戦い…イスラーム軍に敗北 →651 滅亡	

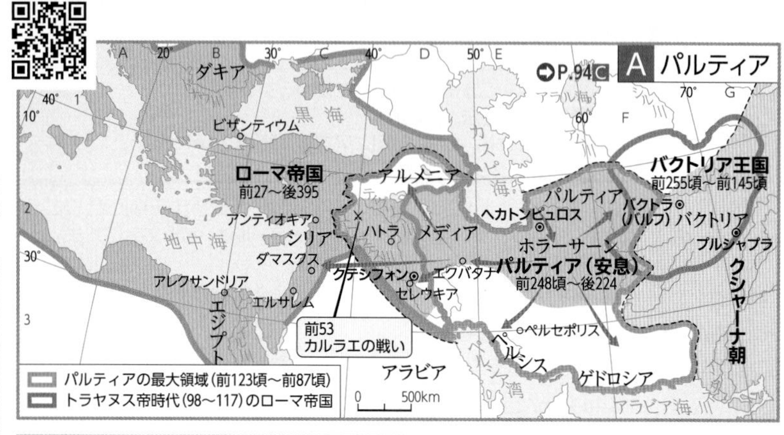

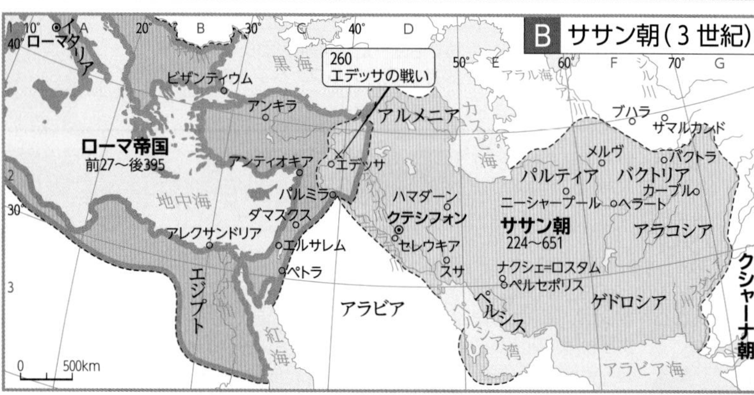

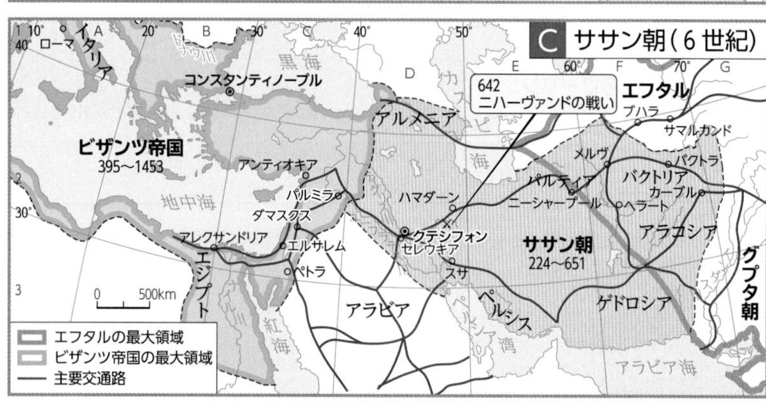

↑❶ハトラ（イラク） もともと交易都市であったが、軍事的な要塞都市となり、ローマとの戦いで活用された。

↑❷ミトラダテス2世 父ミトラダテス1世とともにパルティアの盛期を現出した。両王の名にふくまれるミトラは、ミトラ神に由来する。
平山郁夫シルクロード美術館蔵

読み解き 王名の由来から、パルティアにおける宗教について、どのようなことが考えられるだろう。

ローマ皇帝を捕虜にした諸王の王 シャープール1世（位241頃～270頃）

アルダシール1世の子で、シャープールは「王子」の意。ローマ軍との戦闘をくり返し、**エデッサの戦い**（260）では、皇帝ウァレリアヌスを捕虜にし、その勝利を記念した浮き彫りをつくらせた。王の宗教政策は寛容で、マニの宣教も進んだが、王の死後、ゾロアスター教神官団と対立したマニは処刑された。

➔❸**ナクシェ＝ロスタムの浮き彫り**（イラン）

←❹ホスロー1世 **ビザンツ帝国との抗争**や、**突厥と結んでエフタルを挟撃した**ことで知られる。その治世下で、ゾロアスター教の教典『アヴェスター』が編集され、二元論的教義が完成された。

文献 ① ホスロー1世の税制改革

ホスロー1世時代に、現物徴収する地代に加えて、人間個人に課税して銀貨で徴収する人頭税も導入された。これは、農民以外への課税を狙ったと考えられ、……貨幣経済が浸透したことで初めて可能になった税法である。これら二つの税制は、いずれも一定の成功を収めたようで、……帝国の経済状況が好転するとともに、イスラーム期にもハラージュ（地租）とジズヤ（人頭税）として継承された。 （青木健『ペルシア帝国』講談社）

読み解き ホスロー1世の税制改革は、ササン朝のどのような社会が背景になっているのだろう。

歴史のスパイス イラクのクテシフォンには、「ホスローのアーチ（イーワーン）」と呼ばれるアーチ状の遺構がある。このアーチ設計は、イスラーム建築にもよくみられるようになる。

2 アケメネス朝・パルティア・ササン朝の比較

	アケメネス朝	パルティア	ササン朝
建国	●建国者キュロス2世 ペルシス地方の農耕民がメディアから独立	●建国者アルサケス ホラーサーン地方(カスピ海東南)の遊牧民がセレウコス朝から独立	●建国者アルダシール1世 ペルシス地方の農耕民がパルティアを滅ぼして建国
対外関係	ギリシアと抗争(**ペルシア戦争**)	ローマと抗争	ビザンツ帝国・エフタルと抗争
滅亡	前330年、**アレクサンドロス大王に滅ぼされる**	後224年、**ササン朝に滅ぼされる**	651年、**イスラーム勢力に滅ぼされる**
政治	中央集権的	地方分権的	中央集権的
経済	●金・銀貨を鋳造し貨幣経済が進展 ●フェニキア人・アラム人を保護	東西交易路をおさえ、中継貿易により繁栄(ササン朝は海上貿易も盛ん)	
文化	楔形文字を表音化してペルシア文字をつくるなど、オリエント諸民族の文化を統合	●初期はヘレニズム文化の影響大 ●次第にイランの伝統文化が復興	●イランの伝統文化に様々な要素が融合 ●中国・日本へも伝播
宗教	**ゾロアスター教** ミトラ神信仰	**ゾロアスター教** ミトラ神信仰(ローマ帝国に影響)	**ゾロアスター教の国教化** ネストリウス派キリスト教・ユダヤ教・仏教・**マニ教**

3 ゾロアスター教とマニ教

	ゾロアスター教 ➡P.74	マニ教
創始者	**ゾロアスター** (前1000年前後＊) ＊生没年は諸説あり	**マニ** (216頃〜276/277)
教典	**『アヴェスター』**:古代ペルシア語(アヴェスター語)で書かれ、今日の体裁となったのはササン朝時代	マニ自身の記した教典が存在したが、ササン朝によるマニの処刑後に散逸し、断片的にしか伝わっていない
教義	●**善悪二元論**(善・光明神**アフラ＝マズダ**↔悪・暗黒神**アーリマン**) ●最終戦争における善の勝利 ●「最後の審判」による信徒の救済 ●光の象徴として火を尊ぶ(**拝火教**)	●**ゾロアスター教・キリスト教・仏教などが融合** **→マニ自身も預言者の一人** ●二元論(光・精神↔闇・物質) ●徹底した禁欲
発展と影響	**ササン朝期に国教化**され、東方は中央アジアから中国へ伝わり**祆教**と呼ばれた。西方は地中海方面に伝播し、**「最後の審判」や善悪二神の決定的戦闘をふくむ「終末論」はユダヤ教・キリスト教に影響**を与えた	ササン朝では禁じられたが、東方のソグド人・**ウイグル人**に広まり、西方ではシリアから北アフリカに伝播。**教父アウグスティヌス**(➡P.107)や**キリスト教のカタリ派**(➡P.163)にも**影響**を与えた

D ゾロアスター教とマニ教の伝播

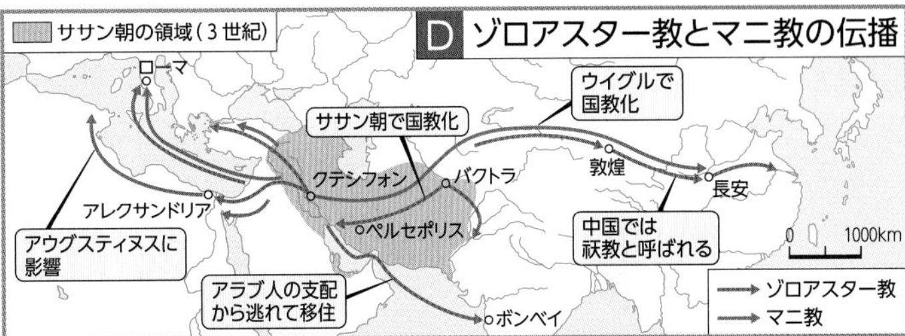

Column イラン文明の伝播とシルク＝ロード

ササン朝のもとでは、ヘレニズム文化の影響を受けつつ、伝統的なペルシア的文化が再確立された。**イラン系のソグド人などが担ったシルク＝ロードにおける交易活動**は、イランの文物を、東は隋・唐時代の中国や、奈良時代の日本、西はビザンツ帝国へと伝えた。

⑤ササン朝の水差し　⑥中国の鳳首瓶　⑦正倉院宝物の漆胡瓶

写真提供／小学館

←⑧ササン朝の獅子狩銀製皿

→⑨法隆寺の獅子狩文錦

王による獅子狩りは、オリエントの伝統的な図像(⬅P.86)。馬上からの振り向きざまの騎射が表現されている。

読み解き ⑧のように、王権の象徴となる図像が、❸のような岩壁の浮き彫りではなく、皿に描かれたことは、シルク＝ロードとの関係でどのような意味を持ったのだろう。

文献② ゾロアスターの思想

ザラスシュトラ[ゾロアスター]によれば、世界は一回性のものであり、果てしない時間の流れの果てに、いつかは始原に始まった善と悪との闘争に決着がつくはずである。彼によれば、それは、この世に救世主が到来し、悪を完全に封印して善に完全無欠の勝利をもたらすことで果たされる。そして、その救世主とは、未来において生まれるであろう彼の分身である息子たちである。これが、個人の死に際していったん下された因果応報が、宇宙的規模で達成される「……復活と最後の審判」である。このとき、すべての悪が撲滅され、地上には善人たちが甦って、至福の王国が成就する。

(青木健『新ゾロアスター教史』刀水書房)

読み解き
1. ゾロアスターの思想は、一神教とどのように異なるのだろう。
2. ゾロアスターの思想は、他の宗教にどのような影響を与えたのだろう。

(表)　(裏)

←⑩**アルダシール1世の銀貨**　表には王がアフラ＝マズダの崇拝者であることが、裏にはゾロアスター教の拝火壇が彫られている。平山郁夫シルクロード美術館蔵

→⑪**ゾロアスター教の儀式**(イラン)　聖火を前に『アヴェスター』の聖句を唱え、アフラ＝マズダに祈りをささげる。現在では、イランやインドのボンベイ(現ムンバイ)などに信徒が十数万人いる程度である。

文献③ アウグスティヌスとマニ教の司教の討論(4世紀末)

[キリスト教の教父アウグスティヌスは]「[マニ教の]最大の誤謬は、……全能なる神が(「闇」というような悪によって)……損なわれたりすることがあると信じている」ことだとして、マニ教の善悪二元論的な世界観を論破しようとしている。アウグスティヌスは一貫して、人間の悪が自由意志の選択に由来すると主張し、一方の……[マニ教の司教]は、神と等しく永遠である実体として悪の本性が存在することを主張する。論争は結局、物別れとなった。

(出村和彦『アウグスティヌス』岩波書店)

読み解き それぞれの立場において、「悪」はどのように位置づけられているのだろう。

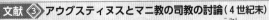

歴史のスパイス 自動車メーカー「マツダ」の社名は、事実上の創業者の姓(松田)からきているが、そのアルファベット表記(Mazda)は、アフラ＝マズダ(Ahura Mazda)に由来する。

ギリシア世界(1)

➔❶「エウロペの略奪」(ティツィアーノ筆) 牛に化けたゼウスが、ティルスの王女エウロペを略奪したギリシア神話の場面。ゼウスと交わったエウロペは、クレタ島でミノスを生んだ。彼女の名は、「ヨーロッパ」の由来ともされる。

1 エーゲ文明 オリエントの影響を受けた青銅器文明

クレタ(ミノス)文明		ミケーネ文明
前2000頃〜前1400年頃	全盛期	前1600頃〜前1200年頃
クレタ人(民族系統不明)	民族	アカイア人(ギリシア人)
クレタ島の**クノッソス**、ファイストス	中心	ギリシア本土の**ミケーネ**、**ティリンス**
強力な王権による支配	政治	小王国の分立、貢納王政
絵文字、**線文字A**(未解読)	文字	**線文字B**(1952年、ヴェントリスの解読)
エヴァンズ(英)が、1900年にクノッソス宮殿を発掘	発掘	シュリーマン(独)が1876年以降、ミケーネなどを発掘
多くの小部屋からなる切り石建築の宮殿 フレスコ壁画(花鳥・海洋動物・宮廷女性) 陶器(幾何学文様・動植物)、石製壺	美術	メガロン式建築(長方形の平面図の様式) 戦士や狩猟などの壁画、陶器(幾何学的・抽象的文様)、黄金のマスク、金銀杯
アカイア人の南下によるとする説のほか、火山の大噴火説など諸説あり	滅亡	貢納王政の衰退、気候変動、「海の民」(➲P.85)の攻撃など複数の要因による

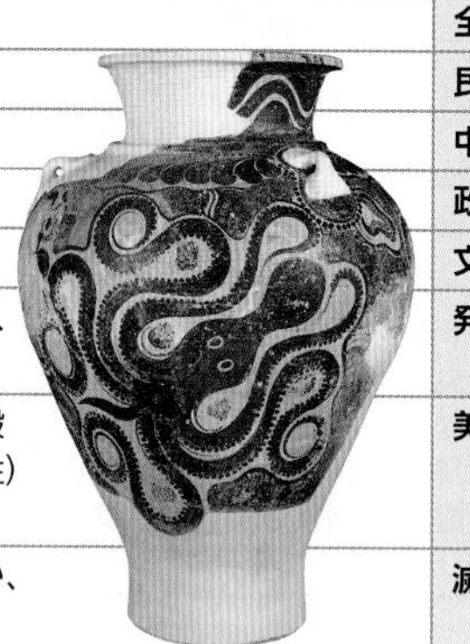

↑❷クレタの壺

➔❸線文字B

↗❹黄金のマスク シュリーマンが発見。アテネ・国立考古博物館蔵、高さ26cm

クレタ文明

↑❺クノッソス宮殿 考古学者**エヴァンズ**が発掘。ギリシア神話によれば、神との約束を破ったクレタ王ミノスの妻が呪いをかけられ、牡牛と交わって牛頭人身の怪物ミノタウロスを生んだ。ミノスは、怪物を閉じこめるために迷宮をつくらせた。宮殿は、その迷宮のモデルとされる。

←❻王妃の間 イルカの絵の断片が見つかり、壁画として復元されている。

読み解き クノッソス宮殿のどのような様子が、ギリシア神話の迷宮と結びつけられたのだろうか。

ミケーネ文明

世界遺産 世界遺産

↑❼ミケーネの獅子門(左)と❽ヒッタイトの城門(ハットゥシャ)(右) ミケーネの王宮は巨石を用いた堅固な城壁によって囲まれた要塞であった。正門上に位置する二頭の獅子の浮き彫りは尚武の気風を象徴し、ヒッタイトの都の城門を守る獅子像を想起させる。ミケーネ文明の担い手は、石を神聖視したヒッタイトの石造建築技術を摂取していた。

少年時代の夢をかなえた努力家 シュリーマン(1822〜90)

自伝によれば、シュリーマンは少年時代に読んだ本で燃えあがるトロイアの挿絵を見て、父に将来のトロイア発掘を宣言した。彼は実業家として成功した後、発掘にあたった。宮殿、城壁や様々な財宝を発見し、トロイア戦争を裏づけた。

←❾トロイアの木馬(トルコ) ホメロスの『イリアス』に続く、一連の叙事詩によれば、トロイアを油断させ、木馬に潜んだギリシア兵は、城内に侵入して火を放ち、トロイアを滅ぼしたという。

資料から読み解く 『イリアス』とトロイアの遺跡

手がかりとなる文字史料が少ないトロイア研究では、遺跡などの考古学的資料も重要である。一方、神話では、騒動の発端は「パリスの審判」である(⓭)。ヘラ・アテナ・アフロディテの美貌争いで、ゼウスから判定を託されたトロイア王子パリスはアフロディテを選び(黄金のリンゴをささげた)、その加護でスパルタ王妃ヘレネを奪った。そのため、ミケーネ王アガメムノン(スパルタ王の兄)や、半神半人の英雄アキレウスらギリシア軍との戦争を招いた。物語が神話と結びついているため、叙事詩の読み解きには注意を要する。

➔❿トロイアの遺跡 写真左の城壁が第7市の遺構、右がローマ時代の遺構。

文献 ① トロイア戦争における攻防

パトロクロス①が槍を縦横に振り廻し、荒れ狂う奮戦ぶりは……凄まじかった。パトロクロスは……城壁の隅に三たび足をかけたが、三たびアポロンは不死の手をのばし、輝く楯を押して突き落す。彼が四たび、鬼神の如き勢いで突きかかってゆくと、神は凄まじい声をあげ……。

①アキレウスの親友

(ホメロス著、松平千秋訳『イリアス(下)』岩波書店)

読み解き

1 『イリアス』に描かれたトロイア戦争において、アポロンは、ギリシア側とトロイア側のどちらに味方しているのだろう。

2 アポロンの行為は、どのような史実を反映した描写だと推測できるか、⓾やトロイアの木馬の逸話もふまえて説明してみよう。

解説 暗黒時代(初期鉄器時代)

ミケーネ文明が崩壊した前12世紀頃から前8世紀頃までの約400年間、エーゲ海では混乱が続いた。この時代は文字史料が乏しいことから「暗黒時代」と呼ばれてきたが、否定的な印象を与えるため、「初期鉄器時代」という名称も使われる。この時代の初期に、製鉄技術を有したヒッタイト王国が滅亡し、やがて各地で鉄器の使用が促進されることになった。鉄器は軍事力に結びつく一方、土地の深耕を可能にするため、農業生産力も向上した。

歴史のスパイス 『イリアス』は、戦争途中から始まり、アキレウスとの一騎討ちで敗れたヘクトル(パリスの兄)の葬儀で幕を閉じる。木馬の計は、別の叙事詩で語られる。

2 ギリシア世界の形成

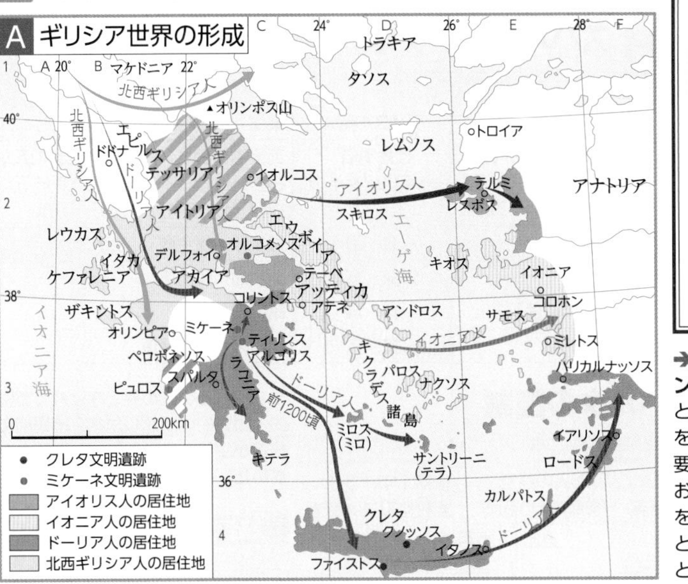

✓チェック ギリシア人の同胞意識

ギリシア人 ヘレネス ⟷ 異民族 バルバロイ

- 共通の言語と神話
- デルフォイの神託
- 隣保同盟
- オリンピアの祭典

➔⑪バルバロイ(劇の仮面)

個々のポリスは政治的には独立していたが、ギリシア人は英雄ヘレンの子孫という同胞意識を持ち、自らを**ヘレネス**、異民族を**バルバロイ**(わけのわからない言葉を話す者。英語のbarbarianの語源)と呼んで区別した。もともと、バルバロイは価値中立的な語だったが、ペルシア戦争を経て差別的な意味合いが助長され、文明の差を強調するイデオロギーとなった。

読み解き 演劇で、バルバロイはどのように表現されたのだろう。

➔⑫**デルフォイのアポロン神殿** アポロンの神託所として、ギリシア人の尊崇を集めた。神託は歴史上重要な場面の背景ともなっており、ソクラテス(➲P.99)をギリシアで一番の知恵者とした神託、ペルシア戦争と関連した神託などが有名。

3 ギリシア人の植民活動

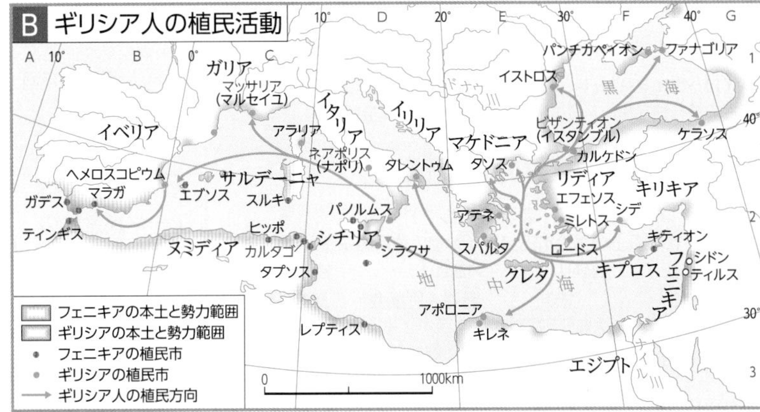

① 前8世紀半ば以降、人口増加に伴う土地不足から植民活動が活発化した。

4 ギリシア神話

赤字は女神
□はオリンポス12神
( )はラテン名の英語読み

- ウラノス 天空の神 ═ ガイア 大地の神
  - クロノス ═ レア
    - ゼウス(ジュピター) 全能神
    - ヘラ(ジュノー) 結婚の神
    - ハデス 冥府の王
    - ポセイドン(ネプチューン) 海神
    - デメテル(セレス) 農業神
    - ヘスティア(ヴェスタ) かまどの神
- アレス(マース) 軍神
- ヘファイストス(ヴァルカン) 火と鍛冶の神
- アテナ(ミネルヴァ) 知恵と戦争の神
- アポロン(アポロ) 太陽・音楽の神
- アルテミス(ダイアナ) 月・狩猟の神
- アフロディテ*(ヴィーナス) 愛と美の神
  - エロス** 愛の神
- ヘルメス(マーキュリー) 商業の神
- ディオニソス 酒の神

*『神統記』ではウラノスの子とされる
**キューピッドとしても知られる

フクロウ
真珠・バラ
リンゴ
パリス
盾・兜
クジャク

←⑬**「パリスの審判」(ルーベンス筆)** ロンドン・ナショナル＝ギャラリー蔵、1632～35年頃、144.8cm×193.7cm

読み解き 持ち物をヒントにすると、どの女神がアテナだろう。

↑ⓐ**オリンポス12神の系譜** ギリシア神話の特徴は、**神々が人間の姿で描かれ、人間と同じ感情や思考を持つ**ことである。神々は人間界に干渉し、多くの伝説を生み出した。ギリシア神話は芸術作品の主題となり、ヨーロッパ内外の文明における創造性の源となった。

資料から読み解く オリンピアの祭典

4年に一度、夏に開催されたオリンピアの祭典は、主神ゼウスにささげる宗教的祭典だった。運動競技を神にささげるというのは、人間が喜ぶものは、神も喜ぶと考えられたためである。文献②では、ギリシア神話の英雄ヘラクレスが創始者とされているが、その起源については諸説ある。名誉をかけて**競技に参加できたのはポリス市民の男性だけ**で(裸で参加した)、原則として女性は観戦も認められなかった。また、祭典の開催を妨げるような戦争は禁止された。最初は1スタディオン(約192m)を走る短距離走1種目のみであったが、その後、レスリングやボクシング、戦車競技なども行われるようになった。**ギリシア文化は優秀性を競うことを好む特質を持っており、運動だけでなく、演劇や弁論、裁判なども競争であった。**

文献② オリンピア演説

市民諸君、ヘラクレスは数多くの偉業ゆえに記憶に留められてしかるべきであるが、なかでも、ギリシア全土のためによかれと考えてこの競技の祭典を創始してギリシア人を一堂に集めた功績はことに大きい。なぜならそれ以前には、ギリシアの諸都市は互いに(　　　)意識をもっていたからである。そこでヘラクレスは、僭主[➲P.92]たちを退けて不法に増長する勢力を阻み、身体の競技と富の名声の誇示と知力の披露とを、ギリシアで最も美しい場所において開催したのである……。かれはこの場所における集いがギリシア人にとって相互の友好の源泉となるであろうと考えたのである。

(リュシアス著、細井敦子他訳『リュシアス弁論集』京都大学学術出版会)

読み解き

1 オリンピアの祭典と近代オリンピックの性格は、どのように異なるのだろう。
2 文献②の(　　　)内に入る語句を考えよう。
3 オリンピアの祭典は、ギリシア人の民族意識にとってどのような意義を持ったのだろう。

↓⑭**短距離走を描いた壺絵** ブダペスト国立博物館蔵

↓⑮**オリンピアのゼウス像**(想像図)

歴史のスパイス ドイツの哲学者ヘーゲルは、『法の哲学』序文で「ミネルヴァのフクロウは迫り来る黄昏に飛び立つ」と述べた。

ギリシア世界(2)

1 アテネ民主政の展開

➡P.94

貴族政

前8世紀　貴族の**集住(シノイキスモス)**により**ポリス**成立
→市民にクレーロス(私有地)分配
植民活動活発化→商工業発展・**重装歩兵**出現
→貴族政治動揺…平民の発言力増大
前620頃　**ドラコンの法**制定(慣習法の成文化)
…貴族の勝手な法解釈を防止

財産政治

ソロンの改革(前594)
貴族と平民の対立を調停(不徹底)
●負債の帳消しと**債務奴隷の禁止**→貧農の救済
●**財産政治**…土地財産の多少に応じて市民を4等級に分け、等級に応じて参政権と兵役義務を定めた

↑❶ソロン

僭主政治

ペイシストラトスの僭主政治(前561)
●亡命貴族の土地財産を貧民に分配→中小農民の保護育成
前510　僭主ヒッピアス追放

民主政

クレイステネスの改革(前508)…**民主政の基礎確立**
●血縁的4部族制→地域別10部族制(デーモス制)
デーモス制をもとに五百人評議会を設置
●**陶片追放(オストラキスモス)**…僭主の出現防止、党争の抑制

ペルシア戦争(前500～前449)
原因：アケメネス朝の圧迫→**イオニア植民市の反乱**
前490　**マラトンの戦い**…アテネ重装歩兵の活躍により勝利
前480　テルモピレーの戦い…スパルタ軍が奮戦するが全滅
前480　**サラミスの海戦**…**テミストクレス**率いるギリシア艦隊の勝利(**無産市民が三段櫂船の漕ぎ手として活躍**)
前479　プラタイアの戦い…アテネ・スパルタ連合軍の勝利

前478　**デロス同盟**成立…当初の目的はアケメネス朝の再襲来への防備
→後に同盟は「アテネ帝国」に変質
前454　デロス同盟の金庫をアテネに移管
前451　市民権法制定…両親ともアテネ出生の者に市民権を付与

ペリクレス時代(前443～前429)…**民主政の完成**
前432　パルテノン神殿再建
…デロス同盟資金を流用
民会…最高議決機関(**直接民主政**)
参政権は成年男性市民、官職は**抽選制**(任期1年)

ペロポネソス戦争(前431～前404)→**スパルタの覇権**
デロス同盟(アテネ) ↔ ペロポネソス同盟(スパルタ)
→アテネでは**デマゴーゴス**(扇動政治家)が続出、敗北

前371　レウクトラの戦い→**テーベの覇権**
テーベのエパメイノンダスがスパルタ軍を撃破
前338　**カイロネイアの戦い**…マケドニアによるギリシア制圧
アテネ・テーベ連合軍がマケドニアに敗北

解説 陶片追放

陶器の破片に人物名を書き(1人1票)、総数6,000票以上になると有効となって、最多得票者が10年間の国外追放とされた。有力者の追放には、僭主の出現防止に加えて、党争の激化や内乱を防ぐ目的もあった。アゴラ博物館には、❷と同じ筆跡のものが、複数展示されている。陶片追放は、弾劾裁判などが展開されるなか、前5世紀末を最後に実施されなくなった。

ΘΕΜΙΣΘΟΚΛΕΣ
テミストクレス

➡❷オストラコン　アゴラ博物館蔵

読み解き 陶片追放には、どのような不正行為がありえたのだろう。

2 スパルタとアテネ

＊人口の数値は伊藤貞夫『古典期アテネの政治と社会』(東京大学出版会)による

スパルタ(ドーリア人)		アテネ(イオニア人)
アカイア人を征服	ポリスの形成	集住(シノイキスモス)
スパルティアタイ(市民) 7,000～9,000人 **ペリオイコイ**(周辺民)　4万～6万人 **ヘイロータイ**(隷属農民) 14万～20万人	**社会構成**＊ (前4世紀前半の推計人口)	アテネ市民　8万5,000～12万人 在留外国人(メトイコイ) 2万5,000～5万人 奴隷(個人所有)　6万～10万人
王政(実質は貴族政)	政　治	貴族政→**民主政**
閉鎖的／陸軍が強大	外交／軍事	開放的／陸海軍
農業中心、貴金属貨幣の使用禁止	経　済	**商工業**発達
文芸は奨励されず	文　化	**学問・文芸が発達**

3 スパルタの国制

長老会(ゲルシア)
2人の王(2王家が世襲)
28人の長老(60歳以上の市民)

監督官(エフォロス)
任期1年、5人
実質的にスパルタを支配

長老会 ↓指揮 → **軍団**：20歳以上の市民
民会 ↓選出 ↑拒否権 ↑選出
民会(アペラ)：30歳以上の全男性市民が参加
↑従軍義務 ↑従軍義務 ↑政治参加
スパルティアタイ(市民)

ペリオイコイ(周辺民)…参政権なし、農業・商工業に従事

ヘイロータイ(ヘロット、隷属農民)…征服された先住民。市民の持分地を耕作。家族生活を営む国有の隷属農民

↙**リュクルゴスの制**と呼ばれる軍国的・鎖国的体制がしかれ、**市民間に格差が生じることを防ぎ、団結力を高めた。**

文献① スパルタの共同食事

リュクルゴスは、……[家での食事が]安楽をむさぼらせると判断し、戸外で会食させるようにした。……このようにすれば命令無視が最も少なくなる……。そして、彼はスパルタ人には多すぎもしなければ不足もしないように食糧を割り当てた。
(クセノポン著、松本仁助訳『小品集』京都大学学術出版会)

4 アテネ民主政の仕組み

民　会(エクレシア)
18歳以上の男性市民全員が参加。最高議決機関

抽選↓	選挙↓	抽選↓	抽選↓
執政官 (アルコン) 9人・任期1年＊ 民会での決定を実行	**将軍** (ストラテゴス) 10の部族から1人ずつ選出、軍隊の指揮・外交・財政	**五百人評議会** 10部族×50人、任期1年＊ 民会のための予備審議・アルコンの監察	**民衆裁判所** 30歳以上の男性市民から選ばれた陪審員が投票で判決

＊権力の独占や僭主の出現を防止するため。

読み解き ほとんどの公職者が「抽選」で選ばれ、どの市民でも務める可能性があることの意義は何だろう。

チェック

アテネ民主政の特徴
●男性市民全員の参加を原則とする**直接民主政**
※ペリクレスは、市民権をアテネ人の両親から生まれた者に限定
●公職者の責任は**弾劾裁判**で追及
●**奴隷、女性、在留外人(メトイコイ)は政治から除外**

アテネ民主政を確立させた政治家 ペリクレス(前495頃～前429)

15年間連続して将軍に選ばれ、海軍を増強するなどアテネの黄金時代を築いた。トゥキディデスは彼の政治を「名は民主政であったが、事実は第一人者による支配」と評した。ただしペリクレスは、あくまで自分が築いた民主政の枠組みの中で行動したのであり、独裁だったわけではない。ペロポネソス戦争でも巧みな演説を披露したが、戦争初期に疫病で倒れた。

文献② ペリクレスの戦没戦士葬送演説

われわれが従う国制は、他国の制度に追随するものではなく、他人をまねするよりむしろわれわれ自身が人の模範なのである。われわれの国制は、少数者のためにではなく、多数者のために統治するがゆえに、その名を民主主義と呼ぶ。個々人の利害が衝突した場合、法律の面ではだれでも平等の権利に与る。だが他方、人の評価という点では、各人が何かに秀でているかぎり、国事への貢献よりも身分家柄で評価されるということなどなく、たとえ貧困であっても、各人が国家に対して何か役立てる能力があれば、国政への参加をさまたげられることはない。
(トゥキュディデス『ペロポネソス戦争史』)(歴史学研究会編『世界史史料1』岩波書店)

読み解き ペリクレスは、アテネ民主政のどのような点を誇っているのだろう。

歴史のスパイス　ギリシア語の「デーモス(民衆)」と「クラティア(支配)」の複合語デモクラティア(democratia、直訳では民衆支配)が、英語のdemocracy(民主主義)の語源である。

5 ペルシア戦争

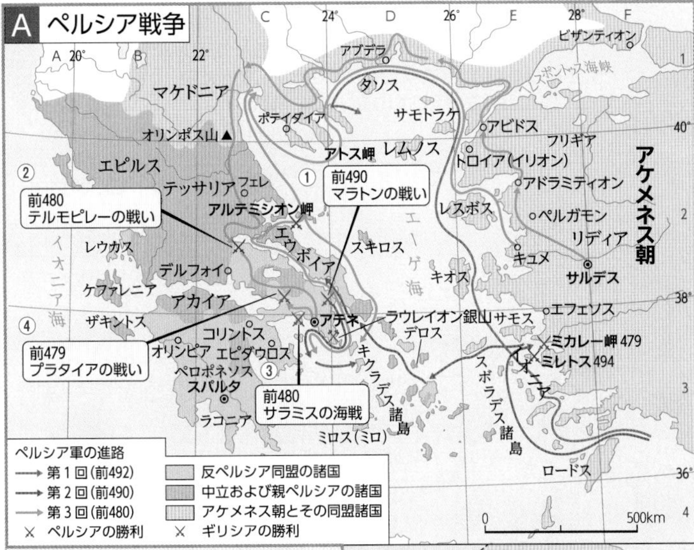

前490
マラトンの戦い
前480
サラミスの海戦
アッティカ
マラトン
約37km
アテネ
ペイライエウス
サラミス
サラミス島
ペルシア軍の進路
ギリシア軍の攻撃
10km

ペルシア戦争の主な戦い

①**マラトンの戦い**　ダレイオス1世の派遣したペルシア軍がマラトンに上陸。重装歩兵の活躍(かつやく)によりアテネが勝利

②**テルモピレーの戦い**　激戦の末、レオニダス王率いる約300人のスパルタ軍はほぼ全滅

③**サラミスの海戦**　アテネでは、ラウレイオン銀山からの資金で海軍力を増強。アテネ海軍を主力とするギリシア連合軍は、**テミストクレス**の作戦のもと、サラミス水道にペルシアの大艦隊を誘いこみ勝利を収めた。**漕ぎ手として活躍した無産市民は政治的地位を高め、アテネ民主政の完成につながった**

④**プラタイアの戦い**　ギリシア連合軍がペルシア陸軍を撃破。ミカレー岬(みさき)沖でもギリシア連合艦隊が勝利を収め、**ペルシア戦争でのギリシアの勝利が確定**

文献③ ギリシア軍にサラミスでの海戦を主張するテミストクレス

私のいうとおりになされるならば、次のような利点のあることに気付かれるであろう。第一には、狭い海域で多数の艦船に少数をもって当る場合には、戦いが自然の経過をたどる限り、わが方が大勝を博すはずである。狭い水域での海戦はわが方に有利であり、広い水域で戦えば敵を利する理であるからだ。

(ヘロドトス著、松平千秋訳『歴史(下)』岩波書店)

↓❸三段櫂船(かいせん)

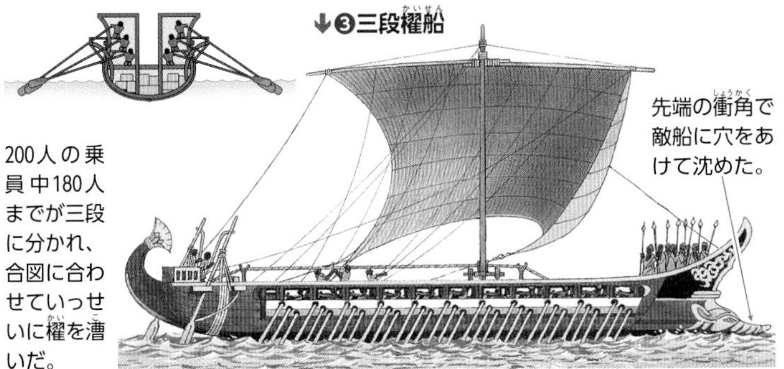

200人の乗員中180人までが三段に分かれ、合図に合わせていっせいに櫂(かい)を漕(こ)いだ。

先端の衝角(しょうかく)で敵船に穴をあけて沈めた。

文献④ 海戦における富裕市民の務め

富裕者が艦隊の一隻(せき)を指揮する三段櫂船奉仕者となって、軍船の艤装(ぎそう)と修理の費用を負担しなければならなかった。原則では、富裕者自らが船長となって乗り組むことになっていたが、他の人物を雇ってその任にあたらせることもあった……しかし、野心的な富裕市民は自ら進んで公共奉仕を務めた。

(髙畠純夫他著『図説 古代ギリシアの暮らし』河出書房新社)

読み解き

1 なぜ、三段櫂船の漕ぎ手は、無産市民だったのだろう。

2 なぜ、自ら進んで三段櫂船奉仕者となる富裕市民がいたのだろう。

6 重装歩兵

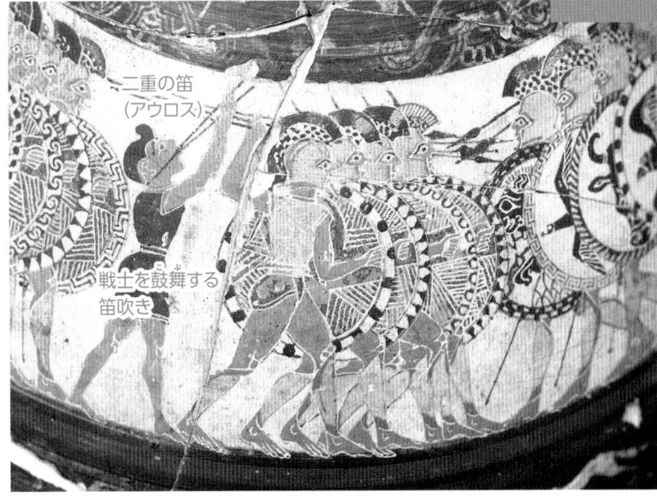

↑❹ギリシアの重装歩兵　**商工業の発達によって富を増し、武器を入手できるようになった平民が、重装歩兵の主力となった。**彼らが得意としたのが**密集隊形(ファランクス)**であった。重装備の象徴が丸盾(まるたて)である。左腕に通した丸盾と、右隣の兵の盾が防御の要(かなめ)であった。

文献⑤ 密集隊形(ファランクス)

隊列の整った軍隊は、味方にとって、見た目にも美しいが、敵にとっては、大変嫌なものだ。味方なら、誰だって、たくさんの重装備兵[重装歩兵]が隊列を組んで進んでゆくのを見て、喜ばないはずはない……。……それにまた、隊列を組んで行進していれば、たとえば何千人もの兵士達であっても、たった一人の時と同様に、皆、粛々(しゅくしゅく)と進んでゆく、なぜなら、後から進む者達は前を行く者達に踵(きびす)を接して歩くからだ。

(クセノフォン著、越前谷悦子訳『オイコノミコス』リーベル出版)

読み解き 重装歩兵の密集隊形とポリス社会のあり方は、どのように関係していたのだろう。

7 ペロポネソス戦争

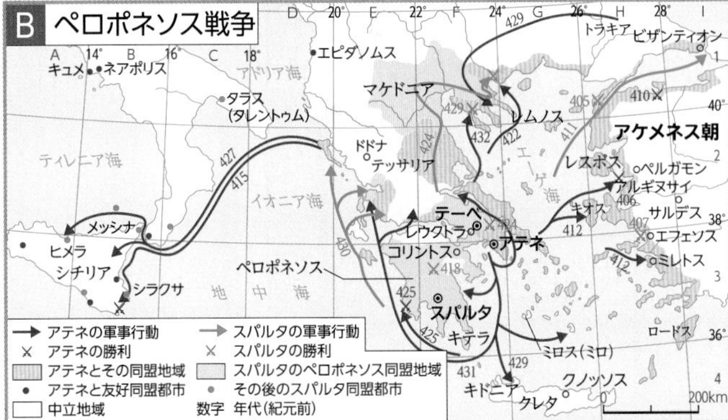

↓ⓐポリスの変質

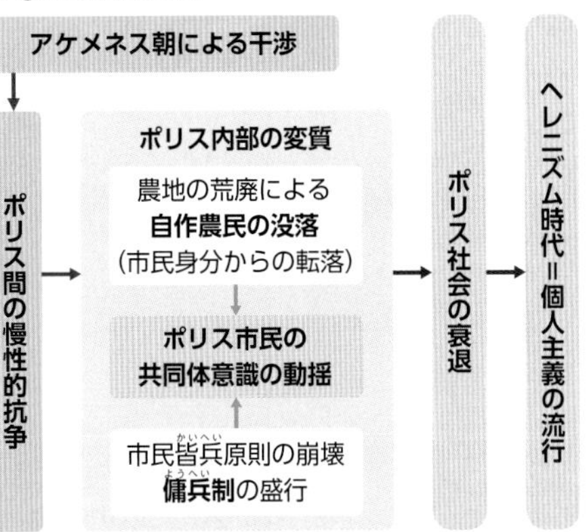

↑アテネは、住民を城壁内に避難させて籠城(ろうじょう)したが、疫病(えきびょう)が流行し、ペリクレスも病死した。また、『**歴史**』で有名となる**トゥキディデス**も将軍として参加したが、作戦失敗を問われて弾劾裁判にかけられたため亡命した。**アケメネス朝**は、スパルタを援助して勝利に導いただけでなく、その後も干渉を続け、**ポリス間の抗争**を助長して漁夫の利を得た。

歴史のスパイス アメリカの政治学者アリソンは、「トゥキディデスの罠(わな)」という造語でアテネ・スパルタ間の抗争を構造的に表現し、この原理を国際緊張・戦争の歴史的分析に用いた。

ヘレニズム世界

➡P.88，92

マケドニア	**フィリッポス2世**（位前359〜前336）
	前338　**カイロネイアの戦い**
	…アテネ・テーベ連合軍を破る
	前337　**コリントス同盟**（ヘラス同盟）結成
	…スパルタを除く全ギリシアのポリスの同盟
アレクサンドロスの帝国の形成と分裂	**アレクサンドロス大王**（位前336〜前323）
	前334　**東方遠征**の開始（〜前324）
	前333　**イッソスの戦い**
	前331　**アルベラ（ガウガメラ）の戦い**
	前330　アケメネス朝滅亡
	前326　インダス川流域に侵入
	大王の死→**ディアドコイ（後継者）戦争**
	前301　イプソスの戦い…帝国の分裂確定
	前255頃　**バクトリア**建国（〜前145頃）（アム川流域のギリシア人が自立）
	前248頃　**パルティア**建国（〜後224）➡P.88（イラン系遊牧民が自立）
ローマの侵攻	前215　マケドニア戦争開始 …東地中海域へのローマの進出
	前168　マケドニア、ローマに敗れ滅亡
	前146　マケドニア・ギリシアがローマの属州となる
	前133　ペルガモン王国がローマ領となる
	前64　ポンペイウスがシリアを征服 →**セレウコス朝の滅亡**（前63）
	前31　**アクティウムの海戦**
	前30　**プトレマイオス朝の滅亡**➡P.100

❶マケドニア軍のファランクス（密集隊形）　フィリッポス2世により新たに編成された。鎧で身を固めた歩兵が盾と長槍を持ち、通常16列からなる厚い隊列を組んだ。前4列の兵士が長槍を水平に持って突撃し、5列目以降の兵士は上方に向けて前進した。

❷フィリッポス2世

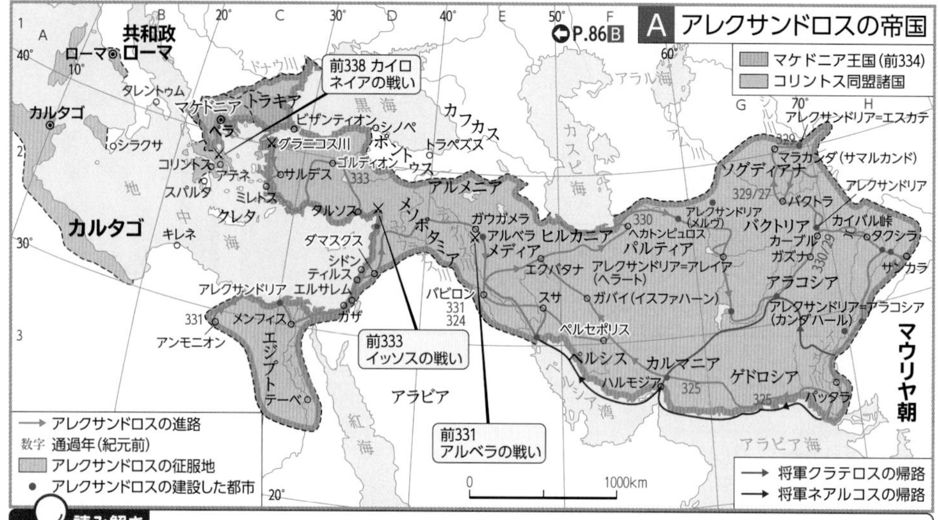

読み解き シル川の南に建設されたアレクサンドリア＝エスカテは、「最果てのアレクサンドリア」という意味である。なぜ、そのように呼ばれたのだろう。

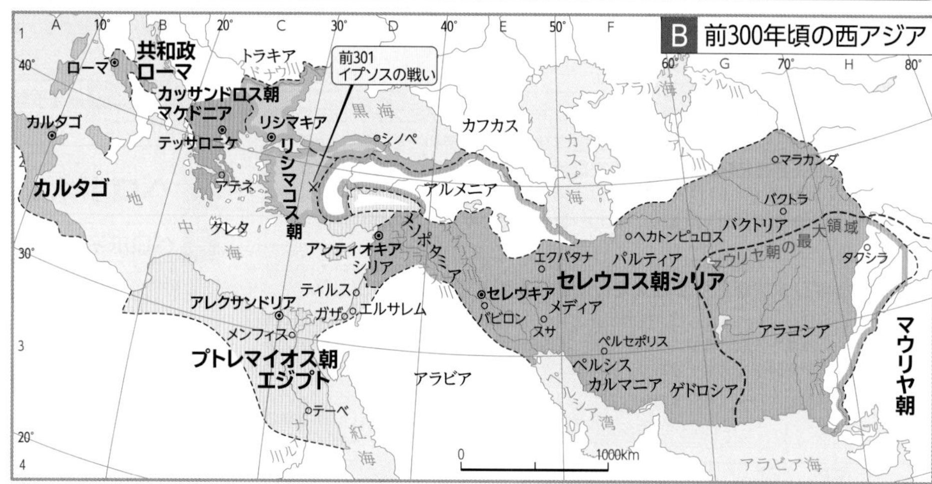

① アレクサンドロス大王の死後、ディアドコイ戦争が起こって帝国は分裂した。

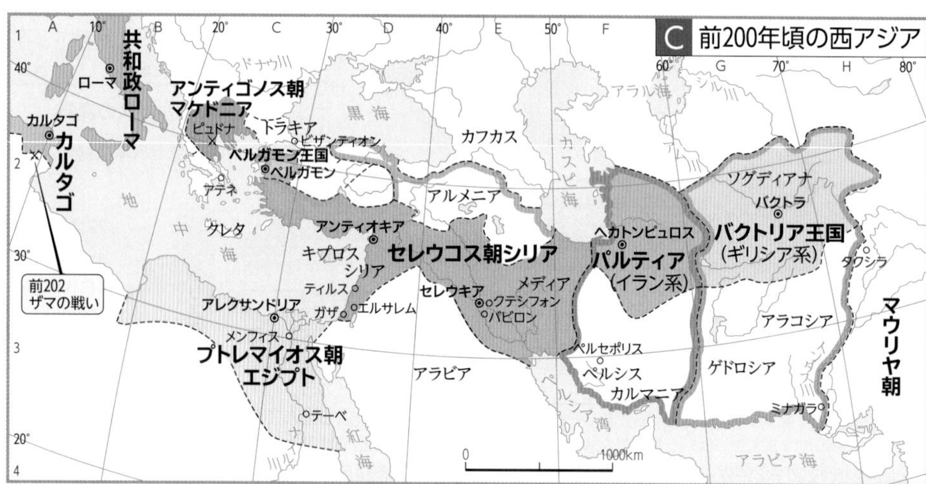

① セレウコス朝東部で諸民族が独立し、ギリシア系のバクトリアとイラン系のパルティアが成立した。➡P.88

ⓐヘレニズム諸国の興亡　東方遠征からローマによる地中海世界統一までの300年間は、**ヘレニズム時代**と呼ばれる。➡P.96

アレクサンドロスの帝国　紀元前330

紀元前							
300	共和政ローマ	プトレマイオス朝エジプト（304〜30）	ギリシア諸ポリス（〜146）	アンティゴノス朝マケドニア（276〜168）→ローマ	ペルガモン王国（241〜133）	セレウコス朝シリア（312〜63）	バクトリア（255〜145頃）→大月氏
250						パルティア（安息）（248〜）	

解説　バクトリアとペルガモン

バクトリアはセレウコス朝のギリシア人サトラップ（➡P.86）がアフガニスタンを中心に建てた王国。交通の要衝に位置し、中継貿易で繁栄した。前2世紀前半にはインドに侵入し、後のガンダーラ美術（➡P.113）に影響を与えた。**ペルガモン**はアナトリア西岸に位置し、セレウコス朝から独立した王国。王が芸術を奨励し、ギリシア人の芸術家を引きつけたため、ヘレニズム文化が繁栄した。さらに、他のヘレニズム王国とは異なり、王国がローマに委譲された経緯から都市が略奪されなかったため、多くの彫刻作品などが今に伝わった。

歴史のスパイス　王子時代のフィリッポス（2世）は、名将エパメイノンダスの指導により台頭したテーベで、人質として過ごした。後に彼は、その経験を自国の改革に役立てた。

読み解き ペルシア軍側の劣勢は、どのようなところにうかがえるだろう。

短い一生を駆け抜けた英雄 アレクサンドロス大王(前356~前323)

0歳	マケドニア王フィリッポス2世の次男として誕生
13歳	アリストテレスが教育係となり、ギリシア的教養を学ぶ
18歳	カイロネイアの戦いで初陣を飾る
20歳	父王の暗殺後、王位を継ぐ
21歳	東方遠征に出発
23歳	イッソスの戦いに勝利
24歳	エジプトをペルシアから解放し、ファラオとして認められる
25歳	アルベラの戦いに勝利、ペルセポリスを略奪・破壊➲P.87
29歳	インダス川を渡り、インドに侵入
31歳	ペルシアの王女2人と結婚
32歳	アラビア遠征計画中にバビロンで病死

↑❸**アレクサンドロスとダレイオスの戦い**(ポンペイ、「ファウヌスの家」の床を飾るモザイク画の部分) 大王とダレイオス3世が直接対決した会戦の場所は、イッソスとアルベラである。この絵は前者のものとされることもあるが、史料では裏づけられず、特定の戦闘場面を切り取ったものではないといえる。古代の歴史家は、ペルシア軍の数を誇張して伝えるが、大王軍は実際に人数で上回る相手に対し、すぐれた戦術で勝利を重ねた。

チェック アレクサンドロスの政策と東西融合

- 通婚政策(ギリシア人将兵に、戦利品としてペルシア人女性をあてがい、集団結婚を演出)
- ペルシア人の言語・衣服を採用
- ペルシアの行政組織を継承、ペルシア貴族も登用
- アッティカ貨幣による幣制の統一
- ギリシア語を共通語(**コイネー**)として使用
- 帝国各地に多くの**アレクサンドリア市**を建設し、ギリシア人を入植させ、軍事拠点とする

ダレイオス3世 イッソスの戦いで敗北を喫したダレイオスは母・妃・王女らを置き去りにして敗走したが、アレクサンドロスは捕虜となった王族たちを身分にふさわしく丁重に扱った。

愛馬に騎乗し、長槍をふるうアレクサンドロス アレクサンドロスは少年時代に、誰もが手こずる荒馬であったブーケファロスを見事に手なずけ、父王からもらいうけた。この愛馬は東方遠征でも活躍した。

資料から読み解く アレクサンドロスの神話

アレクサンドロスは、多くの「神話」に満ちた人物である。「大王」(この呼称も、彼を英雄視する歴史観と結びついている)の東方遠征が、結果的に東西融合を進めて、「ヘレニズム時代」をもたらしたという側面はあるが、その物語は、西洋中心主義もあいまって、美化されている。後の時代のカエサルやナポレオンも、アレクサンドロスに憧れた。彼の神格化は生前から進んでいたが、さらに神話形成を促進したのが、その後継者(**ディアドコイ**)たちである。文献❷で、歴史家プルタルコスは、アレクサンドロスがエジプトにおけるアレクサンドリアの建設を自ら進めたことを伝えている。だが、建設が実際に進んだのはその死後のことで、都市の実質的な創建者は、文献❶の(ア)の人物だとされる。**プトレマイオス朝の首都として繁栄したアレクサンドリア**には、ミュージアムの語源となった**ムセイオン**という王立研究所が創設され、多くの学者を輩出した。また、ギリシアとエジプトの神々が習合した形で、セラピスが神殿に祀られたが、これは東西融合を示す例である。

D アレクサンドリア

文献❷ アレクサンドリアの建設

アレクサンドロスはエジプトを制圧したとき、そこに多くの人口を有する広大なギリシア風都市を建設し、それに自身にちなむ名を付けて残しておきたいと考え、……ある場所をすでに選んで、土地の囲い込みと測量に取りかかろうとしていた。

(プルタルコス著、城江良和訳『英雄伝5』京都大学学術出版会)

文献❶ アレクサンドロスの肖像を刻した貨幣

貨幣の表に神格化されたアレクサンドロスの肖像を最初に表したのがエジプトを掌握した(ア)だったのは、……エジプトに王の(イ)の長い伝統があったことも大きかった……。彼が発行した4ドラクマ銀貨には、牡羊の角を生やしてアイギス[防具の名]を首に巻き、象の皮を頭にかぶったアレクサンドロスの横顔が表されている……牡羊の角はエジプトのアモン[アメン]神のアトリビュート[1]であり、アイギスは……ゼウスのアトリビュートである。

[1] 美術で、特定の神や人と結びつけられた持ち物。

(芳賀京子他著『西洋美術の歴史1』中央公論新社)

↓❹ **4ドラクマ銀貨** デンマーク国立博物館蔵

読み解き

1. 文献❶の(ア)、(イ)に入る用語は何だろう。
2. アの人物がアレクサンドロスを神格化した意図は何だろう。

歴史のスパイス 読書好きのアレクサンドロスは、特に『イリアス』を好み、自身の遠征をトロイア戦争になぞらえていた。

ギリシア・ヘレニズム文化(1)

1 ギリシア文化 (生没年はいずれも紀元前)

特色	●オリエントの先進諸文明を継承 ●合理的・論理的な思考と人間中心的な文化			
文学	叙事詩	ホメロス ヘシオドス	8世紀 700頃	トロイア戦争の口承叙事詩『**イリアス**』『**オデュッセイア**』 叙事詩人『**労働と日々**』『**神統記**』(神々の系譜)
	叙情詩	サッフォー アナクレオン ピンダロス	612頃～? 570頃～? 518～438	女性叙情詩人。情熱的な恋愛詩が多い 機知に富む。酒と恋を歌ったものが多い 競技祝勝歌
	悲劇	アイスキュロス ソフォクレス エウリピデス	525～456 496頃～406 485頃～406頃	『アガメムノン』トロイア戦争にまつわる復讐劇 『オイディプス王』王の数奇な運命と神託の実現 『メデイア』夫に裏切られたメデイアの情念と復讐
	喜劇	アリストファネス	450頃～385頃	『雲』『蜂』『女の平和』『女の議会』 社会や人物(特にデマゴーゴスやソクラテス)を風刺
哲学	自然哲学	タレス ピタゴラス ヘラクレイトス デモクリトス	624頃～546頃 582頃～497頃 544頃～? 460頃～370頃	万物の根源(アルケー)は**水**である。**自然哲学の祖** 万物の根源は**数**である。ピタゴラスの定理 万物の根源は**火**である。「万物は流転する」 万物の根源は**原子(アトム)**である。原子論的唯物論
	ソフィスト	プロタゴラス	485頃～415頃	民会や法廷における修辞や弁論の技術を教える職業教師ソフィストの代表「万物の尺度は人間」
	アテネ哲学	ソクラテス プラトン アリストテレス	469頃～399 427～347 384～322	「**無知の知**」を自覚させ客観的真理の存在を説く **イデア論**。『**国家**』で哲人政治を説く。アカデメイア創設 学問・思想の総合的体系化。『政治学』、『アテナイ人の国制』。アレクサンドロス大王の師
医学		ヒッポクラテス	460頃～375頃	「**医学の父**」。前420年のペスト流行の際、防疫に活躍
歴史学		ヘロドトス トゥキディデス クセノフォン	485頃～425頃 460頃～400頃 428頃～354頃	『**歴史**』(ペルシア戦争を物語風に綴った)、「歴史の父」➲P.80 『**歴史**』(ペロポネソス戦争を史料批判をもとに綴った) 『アナバシス』ペルシアのギリシア人傭兵隊従軍記
美術	古典様式	フェイディアス プラクシテレス	490頃～430頃 390頃～?	パルテノン神殿建立総監督、「アテナ女神像」 「ヘルメス像」「クニドスのアフロディテ」

ギリシアの建築様式

ドーリア式

❶パルテノン神殿

前期の様式(前6～前5世紀) 柱身は太く、上部が細くなる。柱頭も簡素、安定・荘重

イオニア式

❷アテナ＝ニケ神殿

中期の様式(前5～前4世紀) 柱身は細く、柱頭に渦巻装飾を持つ。軽快・優雅

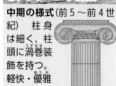

コリント式

❸オリュンピエイオン

後期の様式(前4～前2世紀) 柱身は細長く、柱頭に複雑なアカンサスの葉の装飾

読み解き ❹の柱は、ギリシアの神殿における柱と、どこが似ているのだろう。

←❹**ハトシェプスト女王葬祭殿のアヌビス祭室柱廊**(テーベ[現ルクソール]) 女王は、エジプト新王国のトトメス3世の継母にして叔母。エジプト文明は、ギリシア文化に様々な影響を与えており、建築はその一つである。

2 ヘレニズム文化 (生没年はいずれも紀元前)

特色	●アレクサンドロスの東方遠征に伴うギリシア人の東方移住 →**ギリシア文化とオリエント文化の融合** ●ポリスの衰退→**世界市民主義(コスモポリタニズム)**と個人主義 ●**コイネー**(共通ギリシア語)が広く用いられる ●アレクサンドリアやペルガモンを中心に展開 └**ムセイオン**(王立研究所)では自然科学や文献学が発達		
自然科学	エウクレイデス(ユークリッド) アリスタルコス アルキメデス エラトステネス	300頃 310頃～230頃 287頃～212 275頃～194	平面幾何学の大成者。『幾何学原本』「幾何学に王道なし」 太陽中心の宇宙像、地球の自転と公転を主張 浮体(比重)、テコの原理。円周率(球体の求積法)を発見。シラクサの人➲P.99 子午線の長さを測定(約4万5,000km)
哲学	ゼノン エピクロス	335～263 342頃～271頃	**ストア派**の創始者。欲望を抑え、理性に従って生きることを理想とする(**禁欲主義**)。コスモポリタニズムを反映し、理性は世界に普遍的なものとする **エピクロス派**の創始者。幸福は精神的な快楽により実現するという**快楽主義**を説く。不安や苦痛から解放された心の平静の状態を理想とした
美術	古代ギリシアの調和・均整の美が失われ、**ねじれた構図**の身体表現が好まれ、**感情や性格を明確に表現**する傾向がみられる。 「**ミロのヴィーナス**」(ミロス島)、「**サモトラケのニケ**」(サモトラケ島)、「**ラオコーン**」(ローマ)、「**瀕死のガリア人**」(ペルガモン)		

3 ヘレニズム文化の伝播と受容

読み解き ギリシア彫刻は、仏教にどのような影響を与えたのだろう。

ギリシア

↑❺ギリシア彫刻

中央ユーラシア

↑❻ガンダーラ仏

中国

↑❼雲崗仏

解説 ヘレニズム

「ヘレニズム」とはドイツの歴史家ドロイゼン(1808～84)の造語で、ヘレネスに由来する。アレクサンドロスの東方遠征の後、**ギリシア文化とオリエント文化が融合**してヘレニズム文化が成立したとされるが、西洋中心主義的な歴史解釈であることに注意したい。ヘレニズム文化は、西方ではローマ文化を介してヨーロッパ文明に影響を与えた。東方ではインド・中国を経て、日本まで伝播したが、その際、**仏教がギリシア図像を選択的に受容する**土台となった。

日本

↑❽百済観音像
法隆寺蔵、7世紀、高さ210.9cm

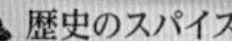

歴史のスパイス ムセイオンの館長を務めたエラトステネスは、表を用いて、ある整数以下の素数を判定する方法を考案したとされる。それを「エラトステネスの篩」と呼ぶ。

4 ギリシア彫刻(ちょうこく)の流れ

①ギリシアでは上質の石材が豊富に産出したため、建築や彫刻においてすぐれた作品が数多く生み出された。

アルカイック様式 前7～前5世紀

両手を脇につけた、同じポーズの立像が多く制作された。

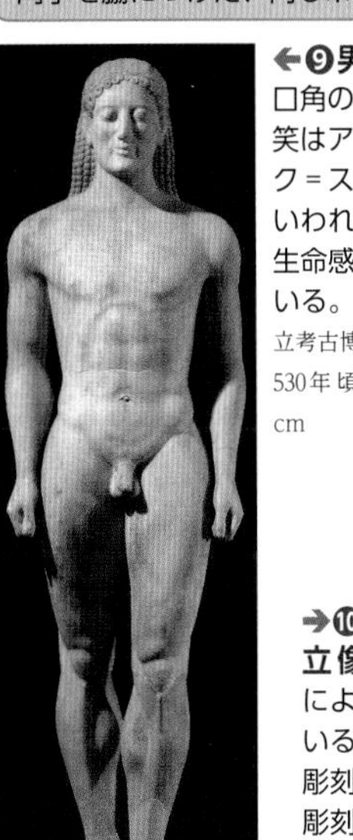

←⑨男性立像 口角の上がる微笑はアルカイック＝スマイルといわれ、彫像に生命感を与えている。アテネ・国立考古博物館蔵、前530年頃、高さ194cm

→⑩ファラオ立像 支え壁によりかかっている。エジプト彫刻はギリシア彫刻に影響を与えた。ルーヴル美術館ランス別館蔵、前590年頃

古典様式 前5～前4世紀

前5世紀に入ると、左右のバランスが不均衡になり、写実的な性格が強まる。

読み解き ⑪の不均衡な身体バランスは、どのように表現されているのだろう。

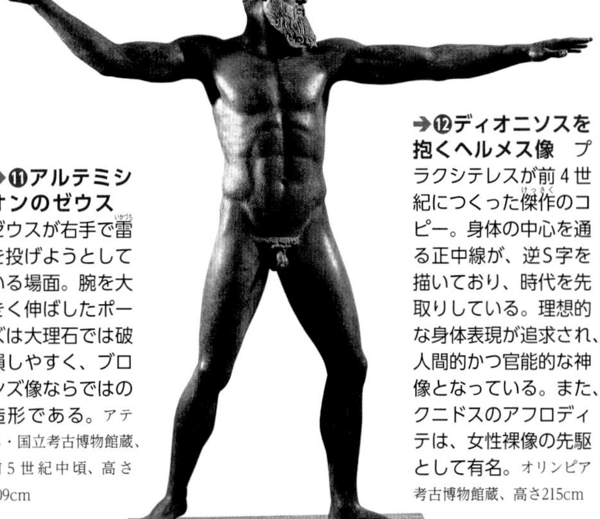

→⑪アルテミシオンのゼウス ゼウスが右手で雷(いかづち)を投げようとしている場面。腕を大きく伸ばしたポーズは大理石では破損しやすく、ブロンズ像ならではの造形である。アテネ・国立考古博物館蔵、前5世紀中頃、高さ209cm

→⑫ディオニソスを抱くヘルメス像 プラクシテレスが前4世紀につくった傑作(けっさく)のコピー。身体の中心を通る正中線が、逆S字を描いており、時代を先取りしている。理想的な身体表現が追求され、人間的かつ官能的な神像となっている。また、クニドスのアフロディテは、女性裸像の先駆として有名。オリンピア考古博物館蔵、高さ215cm

←⑬ミロのヴィーナス 1820年にミロス(ミロ)島で発見された、愛と美の女神アフロディテ(ローマ神話のウェヌス、英語でヴィーナス)の像。その表情は、古典様式の女神像のように威厳に満ちており、官能的な傾向を持つヘレニズム時代の他のヴィーナス像とは異なる。ルーヴル美術館蔵、前2世紀末、高さ204cm

読み解き ⑬は、古典様式の要素も兼ね備えているが、特に身体の動きからヘレニズム様式の像とされる。後者の特徴はどこにみられるのだろう。

ヘレニズム様式 前4～前1世紀

劇的な主題、ねじれた構図が好んで取り上げられ、感情や性格がダイナミックに表現された。

→⑮ラオコーン トロイア戦争中、神官ラオコーンは、ギリシア軍が残した木馬を怪(あや)しみ(ギリシア兵が中に潜んでいた)、神意に背いたために、二人の息子とともに蛇に殺された。ヴァチカン美術館蔵、前1世紀後半、高さ184cm

→⑭サモトラケのニケ サモトラケは、エーゲ海北部に位置する島である。島の神々は、航海の安全に関する信仰を集め、建築物が奉納された。勝利の女神ニケの像も、戦勝記念の奉納物とされる。像は、船首に舞い降りた姿であり、風で衣が身体に張りつき、後ろにひるがえる様子が表現されている。スポーツ用品メーカーの「ナイキ(NIKE)」の社名は、ニケに由来する。ルーヴル美術館蔵、高さ245cm

文献① ラオコーンの最期

アエネーアース[アエネアス]は……語った。「……二匹の蛇は迷わずラーオコオーン[ラオコーン]のところへ向かいました。そしてまずふたりの息子の小さな身体に絡みついて締め上げ、あわれな四肢(しし)を噛みくだいて食べ始めました。槍(やり)をふるって助けに走ったラーオコオーンも、巨大な蛇の身体の旋回に巻きとられました。蛇は彼の腹部を二重に巻き、首にも鱗(うろこ)のある胴体を二重に巻きつけて、鎌首(かまくび)を高々ともたげました。……」

(ウェルギリウス著、杉本正俊訳『アエネーイス』新評論)

文化 ギリシア・ヘレニズム文化(2)

1 アテネの生活

➔❶**アテネのアクロポリス** 守護神を祀るアクロポリスは、外敵の攻撃に備える要塞としても機能した。ペルシア戦争の際、ペルシア兵がアクロポリスに侵略し、パルテノン神殿も破壊されたが、ペリクレスが公共事業として再建した。

➔❷**アテナ女神像** パルテノン神殿内には、**フェイディアス**作の高さ12mもの女神像が祀られていた。木製の骨組みのうえに、着衣の部分は純金、肌の露出部分は象牙をかぶせてつくられた。写真はローマ時代の模作(コピー)。神話では、アテナ女神はアテネにオリーヴの樹を授けたとされている。アテネでは女神をデザインした銀貨も製造された。アテネ・国立考古博物館蔵、高さ129cm

読み解き アテナ女神は、アテネの人々にとって、どのような存在だったのだろう。

読み解き アゴラでは、どのようなことが行われたのだろう。

↑❸**ペリクレス時代のアテネ**(想像図) アクロポリスの麓にはストア(列柱廊)や役所などが立ち並ぶアゴラ(広場)があった。城壁の外には田園地帯が広がっていた。

←❹**民会議場の演壇(プニュクスの丘)** 民会はもともとアゴラで開催されていた。だが、前460年頃の民主政の改革を経て、民会の役割が拡大したため、喧騒に満ちたアゴラから、より広く、静かな場所に移されることになった。プニュクスの丘は、アクロポリスの西に位置している。

男性(平均寿命45歳)	女性(平均寿命35歳)
● 7歳頃から学校に通い、ホメロスの詩や音楽・体育を学ぶ ● 18歳で成人とみなされ、2年間の兵役につく ● 30歳頃、14～15歳の女性と結婚 アゴラで買い物をしたり、政治・哲学についての議論を楽しむ ● 60歳で兵役義務が免除される	● 母親のもとで、家事・裁縫・文字などを学ぶ ● 14～15歳頃、父親が家の釣り合いや持参金を考慮して決めた30歳前後の男性と結婚 めったに外出せず、家事・育児・機織りなどに従事

↑ⓐ**アテネ市民の一生**

Column スパルタ人の一生

年齢	成長の過程(男性の場合)
0歳	部族長の選別により、身体強健な子だけが育てられる
7歳	家庭から離れて集団生活を送る→読み書きなどの集団教育(裸で過ごす習慣)
12歳	本格的な軍事訓練が始まり、尚武と忍耐の精神を学ぶ
18歳	軍隊に編入されて軍事訓練を受ける
20歳	正規兵として兵営に入る(軍隊の主力)
30歳	家庭を持つことが許されるが、兵役と共同食事(夕食)の義務を有する
60歳	兵役を解除され、長老会の被選挙権を獲得

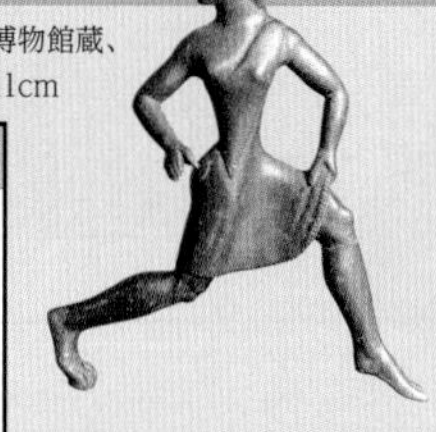

大英博物館蔵、高さ11cm

↑❺**走るスパルタの少女** 健康な子を産むため、女性も男性と同様に競走・格闘・槍投げなど体育訓練を受けた。20歳前後で結婚し、留守がちな夫に代わり家庭を守った。

資料から読み解く 古代ギリシアの女性

文献❶は**アリストファネスの喜劇**。アテネとスパルタの女性たちが協力して性的ストライキでペロポネソス戦争を終わらせたという話で、自己主張する女性が描かれている。文献❷はクセノフォンの家政論で、家政を通した国政論でもある。衣服をつくる仕事は、女性の務めとされた。ホメロス『オデュッセイア』では、機織りが、トロイア戦争から帰還する夫オデュッセウスを待つ妻ペネロペ(ペネロペイア)の貞淑の象徴であり、求婚者との駆け引きの手段となる。いずれの作品の女性たちについても、作者が男性であることには注意したい。**古代ギリシアの女性のあり方は、男性市民中心の社会の産物**であり、掲載文献にもそうした限界がある。また、家政との関係では、女性の最も大事な役割は、夫の後継者となる男子を産むことであった。エウリピデス『メデイア』では、メデイアが戦争と比較しつつ、出産の辛さを訴える場面がある。男性が公共の仕事を担い、外で戦う一方、女性は家で戦っていたのである。

文献① 『女の平和』

カロニーケー もしも、おっしゃるとおりにあのことを控えられるだけ控えれば、……それだけ平和になる度合いが増すという寸法なのね。

リューシストラテー まさにそのとおり。……身につけるのは……下着だけ、裸同然で、……脇を通ってごらんなさい、男たちはみんな、たちまちあそこをおっ立てて、やりたいと思うはず。でもこちらはじっと我慢、身は任せない。そうすればすぐにも講和条約締結。請け合います。

(丹下和彦他訳『ギリシア喜劇全集3』岩波書店)

文献② 夫から妻への言葉

君は家に居て、外で働く召使い達を送り出す一方、家の中で働く者達を働かせて、彼等を監督しなければならないのだ。……それに、羊毛が手に入った時は、衣服を必要としている者達のために、服を作るようにしなければならないし、穀物については、食用として、良い状態で保存されるように注意することが必要だね。

(クセノフォン著、越前谷悦子訳『オイコノミコス』リーベル出版)

読み解き

1 文献❶と文献❷では、女性の描かれ方が異なっている。古代ギリシアの女性の現実の姿に近いのはどちらだろう。

2 1で選択しなかった方の文献では、なぜそのように描かれているのだろう。

3 女性がめったに外出しないというあり方は、家政との関係では、どのような意味があったのだろう。

↓❻**「ペネロペと求婚者たち」**(ウォーターハウス筆) アバディーン美術館蔵、1912年、130×180cm

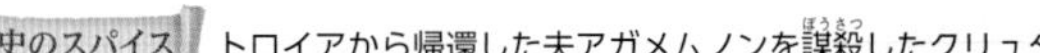

歴史のスパイス トロイアから帰還した夫アガメムノンを謀殺したクリュタイムネストラは、悪女としてペネロペと対比される。

2 ギリシア悲劇

前５世紀の悲劇作家ソフォクレスとエウリピデスは、互いにライバルであった。**ソフォクレス『オイディプス王』**では、出生の秘密を知り、アポロンの神託（父殺し、母との交わり）が実現したことに衝撃を受けた王が自ら目をつぶし、自身を国から追放する。
エウリピデス『メディア』では、メディアが、別の女性（王女）との結婚を決めた不実の夫イアソンに対する復讐として、愛の印であった子どもたちを殺めてしまう。

文献③ 真実を悟ったオイディプス王

こうなったのはアポロンのため、親しき友らよ。それはアポロン――このわしのこんな苦しい受難の運命をもたらしたのは。だが両の眼を突き刺したのは　ほかならぬみじめなわし自身

（ソポクレス著、藤沢令夫訳『オイディプス王』岩波書店）

文献④ 子を手にかける決心をしたメディア

守役　ではなぜ眼を伏せ、涙をこぼされます。
メディア　爺や、泣かずにはいられぬわけがあるのです。これは神さま方とわたくしとが考え出したことだけど、ひどい話ですもの。

（エウリピデス著、丹下和彦訳『悲劇全集１』京都大学学術出版会）

読み解き 神話を前提としつつも、ギリシア文化は人間中心的とされる。人と神の関係について、悲劇からどのようなことがうかがえるだろう。

❼エピダウロス劇場　約１万4,000人の観客を収容でき、音響効果も抜群である。ギリシア悲劇は仮面劇で、舞台において、１人の役者が複数の人物を演じることもある。オルケストラの合唱も見どころで、合唱隊は劇中の登場人物の集団であり、劇の進行にも関与する。

ローマ軍を苦しめた天才科学者 アルキメデス（前287頃～前212）

アレクサンドリアの**ムセイオン**は多くの自然科学者を輩出した。アルキメデスはその一人で、浮体の原理やテコの原理、円周率を発見した。第２回ポエニ戦争（➡P.101）では、すぐれた兵器を開発してローマ軍を苦しめたが、リウィウスによれば、ローマ軍がシチリア島のシラクサを略奪する混乱の中で、塵に描いた図形に夢中になっていたところを、彼が誰かを知らないローマ兵によって殺されたという。

↓❽アルキメデスの最期（モザイク画）

文献⑤ 第２回ポエニ戦争とアルキメデス

［ローマ軍によって］力強く始められたこの作戦は、もしある人物がシュラクサイ［シラクサ］にいなければ、実際きっと成功を収めただろう。その人物とはアルキメデスである。彼は空と天体の比類なき観察者だったが、それ以上に驚くべき弩砲や軍事装置の発明家であり技術者だった。彼はこれらの兵器により、敵が多大な労力の末にやったことをやすやすと弄んだのである。

（リウィウス著、安井萠訳『ローマ建国以来の歴史６』京都大学学術出版会）

3 ギリシア哲学の発展

ソフィスト（弁論術の教師）
民主政が発達したアテネでは、実用的な弁論術や討論法の習得が求められた。その教授にあたったのがソフィストで、人間尺度論を唱えたプロタゴラスなどが知られる。

批判

ソクラテス（前469頃～前399）
アテネの哲学者。ペロポネソス戦争とその後の混乱期に、問答法（対話法）を実践して相手の無知を悟らせ、真の知とは何かを求めた。多くの若者をひきつけたが、民主政に批判的なうえ、不敬神だとして、アテネ市民から糾弾され、民衆裁判で死刑判決を受けた。

「無知の知」（自らの無知を自覚することにより、初めて客観的真理を学ぼうとする姿勢が生まれる）

❾

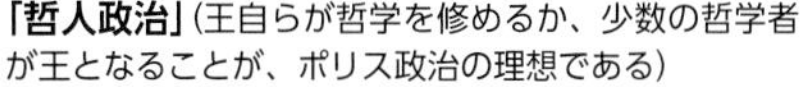
プラトン（前427～前347）➡P.61
ソクラテスの弟子。真に実在する観念（**イデア**）を追い求め、現実世界はイデアの影にすぎないとした。**『国家』**でポリス政治の理想を説き、実際の民主政治に対しては否定的であった。学園アカデメイアを設立して、多くの弟子を育成し、数多くの対話篇を書き残した。

「哲人政治」（王自らが哲学を修めるか、少数の哲学者が王となることが、ポリス政治の理想である）

❿

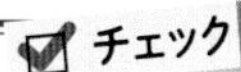
アリストテレス（前384～前322）➡P.95
プラトンの弟子でアレクサンドロス大王の師。アテネに帰還後、学園リュケイオンを開設。中庸の徳を説き、師プラトンのイデア論を批判した。自然哲学の多くは、彼の著作により紹介されて後世に伝わった。

チェック 「万学の祖」
アリストテレスは諸学を集大成したため「万学の祖」と呼ばれ、イスラーム哲学や中世ヨーロッパのスコラ学に多大な影響を及ぼした。

⓫

文献⑥ アリストテレスの奴隷制擁護論

人間でありながら財であるような人間は、他のものの所有物である。……自然によって男性は勝り、女性は劣るからして、前者は支配する者、後者は支配される者である。……同じ関係がすべての人間に当てはまらなければならない。……人間と動物とが区別されるのと、ちょうどそれだけ（自由人から）隔たっている者たち……が自然による奴隷である。……自由人と奴隷が異なる体形に造られているのも自然の意図によるのである。奴隷の体は、欠くべからざる使用に耐えられる屈強なものであるけれども、自由人の体は、……そのような作業にはむかないが、市民としての生には適している。……自由人である人びとと、奴隷である人びとがいることは明らかで……後者にとって、奴隷であることは有益でもあり、正しいことでもある。

（アリストテレス著、牛田徳子訳『政治学』京都大学学術出版会）

Column ギリシアの自由と奴隷

古代ギリシアの奴隷の多くは戦争捕虜や債務奴隷からなり、アリストテレスの論にみられるように、人格を否定された。アリストテレス的な自由と対比される奴隷状態では、自由人の市民生活のために奉仕せざるをえない。裏を返せば、**ギリシア文化は、奴隷がいたからこそ成立した**のである。また、ギリシア人は、ペルシアでは大王ただ一人が自由人で、他は奴隷であるとみなし、みずからの自由を誇った。

読み解き 古代ギリシアの奴隷は、どのような仕事に従事したのだろう。

➡⓬陶器の材料となる粘土を掘り出す奴隷たち　ベルリン美術館蔵

歴史のスパイス　前４世紀のシラクサの僭主ディオニュシオス２世は、栄華の身にも常に迫る危険を説いた故事「ダモクレスの剣」で知られる。

100 共和政ローマ

1 共和政ローマの変遷 ➲P.102

➚❶牝狼に育てられたロムルスとレムス　伝説では、軍神マルスと人間の王女の間に生まれた双子の兄弟のうち、ロムルスが前753年にローマを建設したとされている。コンセルヴァトーリ博物館蔵、高さ75cm

国内情勢

王政

- 前2千年紀末　イタリア人の南下
- 前753　**ラテン人**が都市国家ローマを建設
- 前7世紀末　**エトルリア人**の王が支配
- 前509　エトルリア人の王を追放 →共和政の樹立

共和政の発展と変質

貴族と平民との身分闘争

- 前494　聖山事件 →**平民会**と**護民官**の設置
- 前450頃　**十二表法**(ローマ最古の成文法)
  - 貴族による法知識の独占を打破
- 前445　貴族と平民の通婚が合法化
- 前367　リキニウス・セクスティウス法
  - コンスルの1人を平民から選出
  - 公有地の占有を500ユゲラに制限
  - →新貴族(ノビレス)の台頭
- 前287　**ホルテンシウス法**
  - 平民会の決議が全市民を拘束(貴族と平民が法的に平等に)

内乱の一世紀

- 前133～前121　**グラックス兄弟の改革** 大土地所有の制限と無産市民への土地再分配により自作農創設を図る→失敗
- 前107　マリウスの兵制改革開始
- 前91～前88　**同盟市戦争**→イタリア半島の全自由民にローマ市民権付与
- 前88～前82　平民派と**閥族派**の抗争 平民派(**マリウス**)と閥族派(**スラ**)の対立
- 前82～前79　スラの独裁
- 前73～前71　**スパルタクスの反乱**
- 前60～前53　**第1回三頭政治** **ポンペイウス・クラッスス・カエサル**
- 前46～前44　カエサルの独裁
- 前43～前36　第2回三頭政治 **アントニウス・レピドゥス・オクタウィアヌス**

元首政

- 前27　オクタウィアヌス、元老院よりアウグストゥス(尊厳者)の称号を受ける

対外情勢

イタリア半島の統一

- 前396　ウェイイ攻略→北方への進出
- 前387　ガリア人のローマ劫略
- 前340～前338　ラテン都市同盟との戦争 →分割統治による支配
- 前290　サムニウム戦争終結→中部イタリアを平定
- 前272　**タレントゥム**(ギリシア都市)**占領** → **イタリア半島の統一完成**

地中海世界の統一

- 前264～前241　**第1回ポエニ戦争** シチリア獲得(最初の属州) →サルデーニャ・コルシカも獲得
- 前218～前201　**第2回ポエニ戦争** カンネーの戦い(前216) ザマの戦い(前202) →スキピオがハンニバルに勝利、ヒスパニア獲得
- 前149～前146　**第3回ポエニ戦争** →カルタゴ滅亡
- 前146　マケドニア・ギリシアの属州化
- 前136～前132　シチリアの第1回奴隷反乱
- 前111～前105　ユグルタ戦争(ヌミディア王ユグルタとの戦い) →マリウス・スラの活躍で平定
- 前88～前63　ミトリダテス戦争(ポントゥス王ミトリダテスとの戦い) →スラの活躍
- 前64～前63　ポンペイウスのシリア征服(セレウコス朝滅亡)
- 前58～前51　カエサルのガリア遠征
- 前53　カルラエの戦い(対パルティア) →クラッスス戦死
- 前31　アクティウムの海戦 →オクタウィアヌス、クレオパトラとアントニウスを破り、覇権掌握
- 前30　プトレマイオス朝滅亡

Column ローマの先住民族エトルリア人

ローマに王政がしかれていた時代の歴代の王7人のうち、最後の3人はエトルリア人であったと考えられている。エトルリア人は、早くから活発な交易活動を展開し、前6世紀には地中海全域に進出していた。ローマ人は彼らから文字や土木技術を学び、勢力を伸ばしていった。

A イタリア半島の諸民族

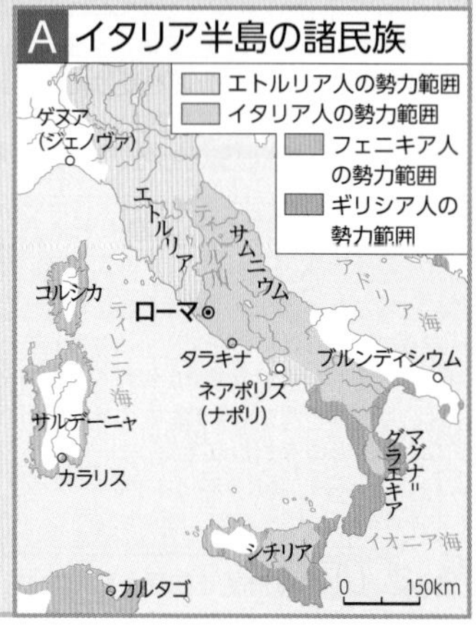

B イタリア半島の統一

➔❷ローマ軍の重装歩兵　ローマの中小農民は征服戦争の担い手であったが、長年の従軍が土地の荒廃を招き、農民が没落する背景となった。

読み解き 身分闘争と征服戦争が並行して展開したのはなぜだろう。ギリシアとの対比で考えてみよう。

文献① ホルテンシウス法

読み解き この法は、貴族と平民の関係性をどのように変えたか。

護民官たちは、パトリキー[パトリキ]たちを招集すること[ができず]、彼らに何事についても諮問することができない。そういう訳で、護民官が提案して可決されたものは厳密には「法」ではなく「平民会決議」と呼ばれる。かつて、独裁官クィントゥス＝ホルテンシウスが平民が制定したところの法律に全てのローマ市民たちが拘束されるとのその法を提案するまでは、それらの法案にパトリキーは拘束されていなかった。

(ガイウス『法学提要』)(歴史学研究会編『世界史史料1』岩波書店)

イタリア半島		市民権	納税	軍役
植民市	ローマ市民が要地に入植して成立した都市	○	○	○
自治市	ローマに征服されたが、自治を認められた都市	△	○	○
同盟市	ローマと同盟を結んで、存続を許された都市	×	×	○

イタリア半島外		納税	軍役
属州	中央から任命された**総督**が統治した徴税請負人(多くは**騎士**身分)による搾取を受けた	○	○
直轄領	帝政期には、要地を皇帝直轄領とし、**代官**を派遣して統治した	○	○

←ⓐローマの分割統治　ローマは、都市の権利や義務に差をつけ、同盟を禁止して反抗を防いだ。**市民権は、同盟市戦争を経てイタリア半島内に拡大した。**

読み解き

1. 市民権の適用範囲は、アテネとローマでどう異なったか。
2. 民主政という点で、アテネとローマはどう異なるか。

↘ⓑローマ共和政の仕組み

- **ディクタトル**(独裁官)　非常時のみ　任期半年、定員1名
- ↓任命
- **元老院**　最高議決機関　任期終身　定員300名　後には平民からも選出 →助言→ **コンスル**(執政官)　最高政務官　任期1年、定員2名
- **護民官**　任期1年　定員2名(後に10名に増加) →拒否権→ コンスル
- **平民会*** →選出→ 護民官
- **兵員会**(貴族の優位) →選出→ コンスル
- **貴族**(パトリキ) ＝ 元老院、兵員会
- **平民**(プレブス) ＝ 平民会、兵員会

*平民会は後に全市民参加のトリブス会となった。

歴史のスパイス 歴史家リウィウスによれば、ローマの王ロムルスが、最初に元老院(senatus)議員を選出した。ラテン語senatusは、英語senate(議会における上院)の語源である。

2 ポエニ*戦争

＊ローマ人はフェニキア人をポエニと呼んだ。

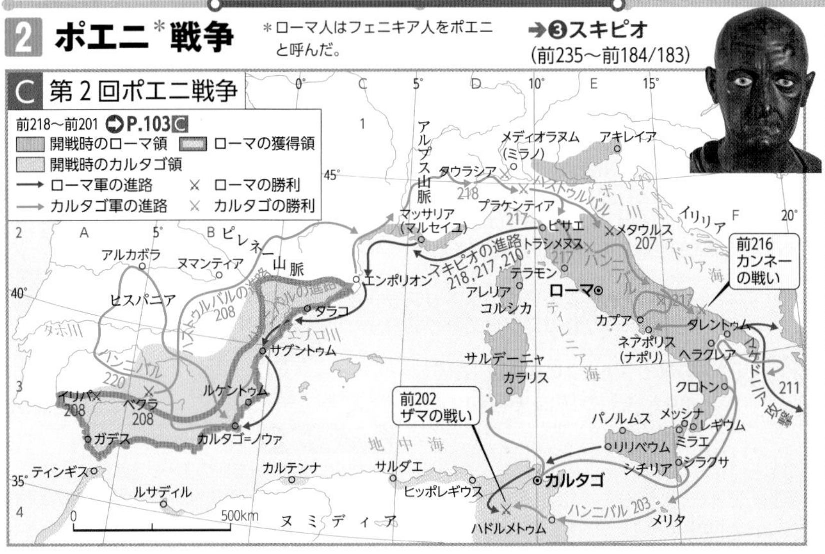

➲❸スキピオ（前235～前184/183）

カルタゴの名将 ハンニバル（前246頃～前183頃）

第２回ポエニ戦争で、ハンニバル軍はイベリア半島を出発し、アルプス山脈を越えてイタリア半島に侵入した。**カンネーの戦い**でローマ軍を壊滅させたが、ほとんどの同盟市はローマから離反せず、転戦を強いられた。その後、カルタゴ本国に召還されたハンニバルが、**ザマの戦い**でローマの将軍**スキピオ**に敗れ、第２回ポエニ戦争におけるカルタゴの敗北が決定的になった。

文献② ハンニバルの誤算

［カンネーの勝利後］騎兵隊長のマハルバルはここで手を緩めてはならないと考えた……［ハンニバルがローマ攻略を即断しないため］マハルバルは言った。「なるほど確かに神々は一人の人間にすべてをあたえはしなかった。ハンニバルよ、あなたは勝つすべは知っているが、勝利をいかに利用すべきかを知らぬ」。この日の遅疑逡巡が首都ローマとその支配を救った……。

（リウィウス著、安井萠訳『ローマ建国以来の歴史５』京都大学学術出版会）

3 共和政の変質と内乱の一世紀

ローマ社会の変化（第２回ポエニ戦争後）

- **属州の拡大** → 有力者の土地買い占めと属州公有地の私有地化 → **ラティフンディア**の発展
- 属州の拡大 → 属州からの奴隷の大量流入 → **ラティフンディア**の発展
- 属州からの**安い**穀物の流入 → **中小農民の没落→無産市民化**
- ラティフンディアの発展 →（貧富の差の拡大）→ **中小農民の没落→無産市民化**

没落した中小農民はローマに流れ込んで無産市民となり、「パンとサーカス」を要求する遊民となった。

↑❹**ラティフンディア**（ラティフンディウム）　第２回ポエニ戦争後、ラティフンディアと呼ばれる大土地所有制が急速に拡大し、征服地の奴隷を労働力として、ブドウなどの商品作物を生産した。

文献③ グラックス兄弟の改革

土地を所有して富を蓄えていた市民たちは、強欲に駆られて法案に怒りをあらわにし、法案起草者に……敵意を向けた。そこで富者は民衆の法案支持を覆すため、ティベリウスが土地分配を断行しようとするのは国家を混乱させ、すべてをひっくり返すのが目的だと喧伝し始めた。……［ティベリウスは］貧民のために弁舌をふるったのである。いわく、イタリアに生きる獣でさえ、一匹一匹に住み処があり、ねぐらもあれば巣穴もあるというのに……他人の贅沢と富貴のために戦場に駆り出されて命を落とし、全世界の領主と謳われながら、ひと握りの土塊も持てない、それがローマ国民なのだ。

（プルタルコス著、城江良和訳『英雄伝５』京都大学学術出版会）

読み解き

1. 富者は、法案のどのような内容に怒っているのだろう。
2. ティベリウス＝グラックスの演説は、ローマ人のどのような状況を訴えているのだろう。

平民派と閥族派の対立

中小農民の没落→徴兵に基づく市民軍団の崩壊
↓
マリウスの兵制改革	無産市民から志願兵を募り職業軍団を編成

↓
有力者による軍隊の私兵化

平民派（ポプラレス）	←対立→	**閥族派**（オプティマテス）
●平民会が支持基盤 ●代表…**マリウス**		●元老院が支持基盤 ●代表…**スラ**

❺マリウス

❻スラ

↓❼**スパルタクスの反乱**　大規模な奴隷反乱は、クラッスス・ポンペイウスにより鎮圧された。

映画「スパルタカス」、1960年製作・アメリカ

カエサル暗殺から内乱の終結まで

文献④ カエサルを暗殺したブルートゥスの正義

ブルトゥス［ブルートゥス］にかんしては、カエサル暗殺の共謀者たちのうちでこの人だけは、ローマ人のために父祖伝来の国制を取り戻すというただひとつの目標を終始一貫して追求した、という声が敵たちからも聞こえたのである。

（プルタルコス著、城江良和訳『英雄伝６』京都大学学術出版会）

読み解き ローマ人にとって、父祖伝来の国制とは何だろう。

文献⑤ アクティウムの海戦

アグリッパ①が敵艦隊を包囲しようと左翼を伸ばしてくると、……中央部の艦列は不安定になり……突然、クレオパトラの60隻の船団が帆を張り、交戦中の艦列の間をすり抜けて外海へ逃げ去ってゆくのが見えた。……船団が風に乗って……走り去るのを、敵軍も呆気に取られてただ眺めるばかりだった。ここにおいて顕わになったのは、アントニウスが……この女に引きずり回されていたという事実である。というのも女の船が走り去るのを目にしたとたんに、アントニウスは何もかも忘れ、自分のために戦いそして死んでゆこうとする者たちを裏切ってさっさと逃げ出したかと思うと、……女の後を追ったのである。こうしてこの女は、自身がすでに破滅していたのみならず、アントニウスをも破滅させることになった。

①オクタウィアヌスの側近で、すぐれた軍人

（プルタルコス著、城江良和訳『英雄伝６』京都大学学術出版会）

愛憎うずまくローマを生きた政治家 カエサル（前100頃～前44）

平民派の政治家として台頭したカエサルは、ポンペイウス、クラッススと**第１回三頭政治**を展開し、**ガリア遠征**により名声を高めた。元老院とポンペイウスが結ぶと、これに対抗するため、国法を犯して軍を率いてルビコン川を渡り、内戦に勝利した。終身独裁官となったものの、王政を危惧するブルートゥスらに暗殺された。➲P.105

➲❽**クレオパトラ**（前69～前30）　**プトレマイオス朝エジプト最後の女王**（クレオパトラ７世）。カエサルの寵愛を得たが、その暗殺後は、部下のアントニウスに接近した。前31年、**アクティウムの海戦**でオクタウィアヌスに敗れ、翌年自殺した。

➲❾**アントニウス**（前82～前30）

読み解き 文献⑤で、プルタルコスはクレオパトラをどのように評価しているだろう。

歴史のスパイス　ダンテ『神曲』地獄篇において、ブルートゥスは、カッシウス、ユダ（➲P.106）とともに、地獄の最下層で堕天使ルチーフェロ（サタン）から罰を受けている。

1 帝政ローマの変遷

➡P.100，➡P.142，147
主なローマ皇帝は➡P.358
赤字：キリスト教関連

元首政（プリンキパトゥス）

オクタウィアヌス（位前27〜後14）

（ローマの平和（パクス＝ロマーナ））

前27　元老院から**アウグストゥス**（尊厳者）の称号を贈られる
後9　トイトブルクの戦い…ゲルマン人に大敗
30頃　イエスの処刑
64　ネロ帝、キリスト教徒迫害（〜67）
79　ウェスウィオ火山の噴火…ポンペイ埋没➡P.104

五賢帝時代（96〜180）
ネルウァ…元老院議員の互選により即位
トラヤヌス…ダキアを征服、帝国領最大となる
ハドリアヌス…属州視察、ブリタニアに城壁を構築
アントニヌス＝ピウス…帝国史上最も平和
マルクス＝アウレリウス＝アントニヌス…パルティアやゲルマン人を撃退、哲人皇帝

●ローマ風都市の建設、**季節風貿易**の盛行
212　アントニヌス勅令…**カラカラ帝が帝国領内の全自由民にローマ市民権を付与**

軍人皇帝時代（235〜284）

（3世紀の危機）

各地の軍団が皇帝の擁立・廃位をくり返す
約半世紀間に26人の皇帝が交替（自然死は2人）
●ゲルマン人（北方）やササン朝（東方）の侵入
260　ウァレリアヌス帝がササン朝に捕らわれる
●ローマ社会の変動→**コロナトゥス**（小作制）へ

専制君主政（ドミナトゥス）

ディオクレティアヌス帝（位284〜305）
293　**四帝分治制**（テトラルキア）採用（帝国を東西に二分し、2人の正帝と2人の副帝が分割統治した）
●オリエント的な専制支配を導入
303　最後のキリスト教徒大迫害（〜304）…皇帝崇拝の強化をめざす

❶ディオクレティアヌス帝

コンスタンティヌス帝（位306〜337）➡P.61
313　ミラノ勅令…キリスト教公認
324　帝国再統一（共同統治者リキニウス帝の廃位）
325　ニケーア公会議主宰…アタナシウス派を正統
330　黒海入口のビザンティウムに遷都→**コンスタンティノープルと改称**…東方の重要性
●巨大な官僚制の整備、ソリドゥス金貨の発行
332　コロヌス土地緊縛勅令…職業と身分の固定化
375　ゲルマン人の移動開始

テオドシウス帝（位379〜395）
380　キリスト教信仰令発布
392　**キリスト教の国教化**（異教信仰の全面的禁止）
395　**ローマ帝国の東西分裂**
410　西ゴート王アラリック、ローマに侵入
476　**西ローマ帝国の滅亡**（ゲルマン人傭兵隊長**オドアケル**が西ローマ皇帝を廃位）

ⓐ元首政と専制君主政

元首政 プリンキパトゥス		専制君主政 ドミナトゥス
オクタウィアヌス	創始者	ディオクレティアヌス
前27〜後284	期間	284〜（ビザンツ帝国に継承）
プリンケプス（市民の第一人者）による統治	由来	ドミヌス（主人）による支配
共和政の伝統尊重（元老院議員との共同統治）→実際にはプリンケプスが権力を掌握	政治	専制支配の強化 ペルシア風の儀礼と皇帝崇拝を導入

資料から読み解く　2つのアウグストゥス像

カエサルの養子オクタウィアヌスは、内乱に勝利し、元老院を尊重しつつも、**事実上の帝政を開始し、元老院からアウグストゥスの称号を贈られた**。❷は、銅鎧を着た像である。❸は、ローマ市民の正装（トーガ）をまとった神官としての像である。どちらの像も顔は青年で、理想主義的に描かれているが、服装から受ける印象は対照的である。その対照性は、彼の複合的な立場を示している。

➡❷軍服姿のアウグストゥス（左）と**❸トーガ姿のアウグストゥス**（右）
ヴァチカン美術館蔵、高さ204cm　ローマ国立博物館蔵、高さ207cm

文献 ①『神アウグストゥスの業績録』（後14）

私は、内乱を根絶し、（市民たち）全員の合意によって政治の全権を掌握していたが、国政を私の（　ア　）から元老院およびローマ市民たちの判断に移管した。この私の功績のために、私は元老院決議によってアウグストゥスと呼ばれることになり、……黄金の盾がユリウス議事堂に安置された。……その時以後、私は、（　イ　）においては万人に勝ったが、一方、（　ア　）に関しては、いかなる公職においても同僚であった者たち以上の何ものも保有しなかった。
（歴史学研究会編『世界史史料1』岩波書店）

読み解き

1 プリンケプス（市民の第一人者）による統治というイメージに近い像は、❷❸のどちらだろう。
2 アウグストゥスの統治の建前と実態に留意して、（　ア　）・（　イ　）に、それぞれ「権限（権力）」もしくは「権威」を入れよう。さらにその二面性を、2つの像と結びつけて考えよう。

➔❹トラヤヌス帝（位98〜117）　自ら兵を率いて遠征をくり返し、帝国の最大領域を実現した。救貧制度の拡充や公共事業の振興に努め、元老院から「最良の元首」の称号を贈られた。

➡❺トラヤヌス帝記念柱の浮き彫り（ダキア遠征の場面）➡P.105

➔❻ハドリアヌスの長城（イギリス）　帝国の最北領をケルト人の侵入から守るために建設された。全長は118kmで、要塞が17カ所に築かれた。要塞には歩兵隊が駐屯し、要塞間には塔が設けられた。

➔❼4皇帝像　ディオクレティアヌス帝は広大な帝国を治めるため、**四帝分治制**（テトラルキア）を採用した。自身は東の正帝としてアナトリアのニコメディアに拠点をおき、**専制君主政**を展開した。これは、帝国の重心が東に移りつつあったことを示している。この像は、第4回十字軍（➡P.162）に出資したヴェネツィアが、コンスタンティノープルから略奪したため、現在もヴェネツィアにある。サン＝マルコ聖堂、高さ130cm

読み解き　4人の皇帝像は、みな似た顔で描かれており、東西の正帝・副帝2人ずつが密着している。これによって、帝国のどのような状態を示そうとしたのだろう。

世界遺産

←❽コンスタンティヌス帝の凱旋門　対立皇帝マクセンティウスへの勝利を記念して315年に造営。浮き彫り彫刻の多くは、五賢帝時代に彫られたものを剥ぎ取り、再利用したもの。過去の皇帝の彫刻がコンスタンティヌスのものに彫り直されたことは、歴史の継承を物語っている。➡P.105　高さ21m、幅25.7m

←❾コンスタンティヌス帝　ディオクレティアヌス帝の退位後に生じた四帝分治制における内乱を収拾し、帝国を再統一した。コンセルヴァトーリ美術館蔵

読み解き ローマの城壁は、特にどのような場所に築かれたのだろう。

Column 全ての道はローマに通ず

総距離8万5,000kmに及ぶ道路のネットワークが、パクス＝ロマーナを支えた。道路は、軍隊の移動、税の運搬、交易、旅行、情報伝達を円滑にし、ローマ文化を各地に伝える役割も果たした。

文献② ガイウス＝グラックスの道路建設

ガイウスの造った道路は国土を突っ切って真っ直ぐに伸び、きれいに削った石を敷いた所と、砂を流し込んで押し固めた所から成っていた。窪んだ場所は埋め立て、渓流や峡谷を横切る地点には橋を渡し、道の両側は等しい高さにして水平を保ったので、均一な美しい景観が道路の端から端まで延びていた。さらにすべての道路を1マイル(約1,480m)ごとに測量し……そこに旅程の目安となる石の標柱[マイル＝ストーン]を立てた。

(プルタルコス著、城江良和訳『英雄伝5』京都大学学術出版会)

読み解き ローマの道路には、どのような特徴があったのだろう。

世界遺産

↑⑩アッピア街道　最古の軍用道路。ローマとカプアを結ぶため、前312年に監察官アッピウスによって建設が始められた。

⑪アッピア街道の構造

↓⑫マイル＝ストーン

3 ローマ社会の変容

読み解き ローマの土地制度の変化は、ローマの軍事にどのような影響を与えたのだろう。

	共和政前期	共和政後期	帝政前期	帝政後期	
土地制度	征服戦争 →領土拡大 →奴隷流入	ラティフンディア 成　立…第2回ポエニ戦争以後 経　営…大土地所有者による直営 労働力…主に奴隷(近隣の自由農民も雇用) 作　物…果樹(オリーヴ・ブドウ)・穀物	「ローマの平和」 →奴隷供給の減少 奴隷制ゆえの低い生産性	コロナトゥス 成　立…軍人皇帝時代以後 経　営…小作人への貸し出し 労働力…コロヌス(隷属的小作人) 作　物…穀物生産中心	自給自足的大所領の発達 帝国の分裂傾向
経済		自作農の没落→軍事費の増大→都市への重税→有産者の没落→都市の没落→商業の衰退			
軍事		傭兵の増加→軍団の質の低下→軍人の横暴→治安の乱れ→属州の反乱・ゲルマン人の流入			

歴史のスパイス　実質的にローマ皇帝の称号の一つとなったラテン語のimperator(インペラトル、軍最高司令官)は、英語のemperor(エンペラー)などの語源となった。

ローマの生活と文化

1 ローマ文化

赤字：ギリシア人

特色	●ギリシア文化の継承　●実用的な学問・文化の発達…法律・土木・建築 ●ローマ字(ラテン文字)の使用→大多数のヨーロッパ言語で使用されるように ●ラテン語の使用…ローマ帝国の共通語(特に西方)、行政や学術、教会に統一性をもたらす		
法律	慣習法 → **市民法**…民法中心 ローマ市民にのみ適用 十二表法(前450)による成文化 → **万民法**…ストア哲学の影響 カラカラ帝によるローマ市民権拡大 →帝国内の全自由民に平等に適用 『**ローマ法大全**』(534年完成)➲P.147 東ローマ帝国の**ユスティニアヌス帝**の命でトリボニアヌスらが編纂、古代ローマ法の集大成		
文学	**キケロ**	前106～前43	散文家・雄弁家。『**国家論**』『友情論』文体は**ラテン文学**の模範
	ウェルギリウス	前70～前19	ローマ最大の詩人。『**アエネイス**』ローマ建国に至る叙事詩
	ホラティウス	前65～前8	アウグストゥスの寵を受けた叙情詩人。『叙情詩集』
	オウィディウス	前43～後17頃	『転身譜』『愛の歌』恋愛詩　アウグストゥスの命で流刑
哲学	**コスモポリタニズム**が広がり、世界帝国の市民としていかに生きるべきかが問われた		
	ルクレティウス	前99～前55頃	『物体の本性』**エピクロス派**の唯物論宇宙観を美しい語句で表現
	セネカ	前4頃～後65	『**幸福論**』道徳論　ネロの師であったが自殺を強要される（ストア派）
	エピクテトス	後55頃～135頃	奴隷出身。『語録』禁欲的生活による魂の解放を主張（ストア派）
	マルクス=アウレリウス=アントニヌス	後121～180	『**自省録**』ギリシア語で書かれた自己反省。五賢帝最後の皇帝(**哲人皇帝**)（ストア派）
歴史・地理学	ポリビオス	前201～前120頃	『**歴史**』政体循環史観に立ったローマ発展の歴史
	カエサル	前100頃～前44	『**ガリア戦記**』ラテン語の名文、原始ゲルマン社会の史料
	ストラボン	前64頃～後21頃	『**地理誌**』地中海世界各地の地誌・史実・伝承を伝える
	リウィウス	前59～後17	『**ローマ建国史**』アウグストゥスの依頼を受けて著す
	プルタルコス	後46頃～120頃	『**対比列伝(英雄伝)**』ギリシア・ローマの英雄の批評的伝記
	タキトゥス	後55頃～120頃	『**ゲルマニア**』ゲルマン人の風俗を記録『年代記』
自然科学	**ユリウス暦**…4年に1回閏年を設ける太陽暦で、ユリウス＝カエサルが従来の太陰太陽暦を廃止して採用。現行のグレゴリオ暦が導入されるまで使用された➲P.72		
	プリニウス	後23～79	『**博物誌**』動物・植物・天文・地理・医学を網羅 ポンペイのウェスウィオ火山の噴火を視察中に殉職
	プトレマイオス	後2世紀	『アルマゲスト(天文学大全)』地球中心の**天動説**を唱える
建築	土木建築技術は高度な水準にあり、実用的で壮大な公共建造物が数多く建設された **コロッセウム**、**凱旋門**(➲P.102)、水道、公共浴場、パンテオン(万神殿)、軍用道路など		
宗教	ギリシア系の神々、信者に死後の救済を示す東方系の諸宗教(イシス教・ミトラ教・マニ教など)が流行 →キリスト教の普及(313年公認、392年国教化)➲P.106 ➔❶**ミトラ教の儀式**　ミトラ神は牛を屠る儀式で全世界に活力を与える神。ミトラ教の信者は、この儀式を再現した密儀に参加することで救済を期待できた。		

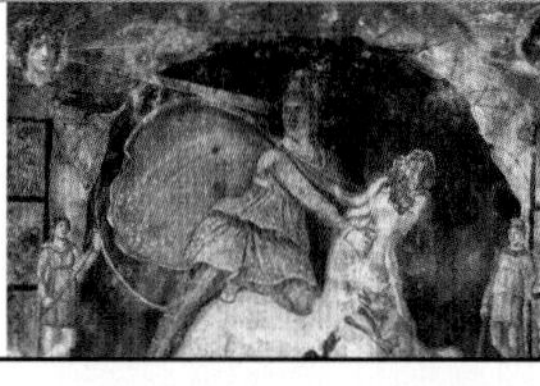

➔❷**パンテオン(万神殿)**　アウグストゥスの側近アグリッパが建立し(AGRIPPAの名は神殿正面碑文で確認できる)、火災を経て、ハドリアヌス帝が再建した。もともと、死後に神格化された皇帝をふくむ神々の像が置かれていたため、キリスト教が国教化されると封鎖された。しかし、その後キリスト教の教会として利用されたため、破壊を免れることとなった。再建から約1900年経過した今も姿を保つドームはコンクリート製で、天井の穴からは太陽光が注ぐ。

Column　灰の中からよみがえった街　ポンペイ

ポンペイは、79年のウェスウィオ火山の噴火により、火山灰に埋没した。18世紀中頃から発掘が始まり、舗装道路や浴場、商店などが当時のままの姿で発見された。『**博物誌**』**の著者プリニウス**は、噴火後に現地の視察に出かけ、命を落とした。

↑❸**発見された肖像画**

↑❹**噴火の犠牲者の石膏像**

❺**ポンペイ**

←❻**キケロ**　共和政末期の政治家。共和派として三頭政治に反対した。アントニウスに対する弾劾演説を展開し、その後暗殺される。ギリシア語にも熟達していたキケロは、自身のラテン語を洗練させ、その文章は模範とされる。ギリシア思想の普及に貢献し、後には、アウグスティヌス(➲P.107)もキケロの文章から学んだ。

文献①　キケロのギリシア語の才

［ギリシア語で］キケロが練習演説を終えたとき、居合わせた者たちはみな驚き、競い合うように演者に称賛を送った……。……アポロニオス[1]はこう答えたという「キケロ、君には感心し、賛辞を呈するしかない。しかしギリシアの運命を思うと、私は哀れみを覚えずにはいられないのだ。われわれに最後まで残されていた宝物である学芸と弁論、それさえもが君の手によってローマ人の中に植え付けられてしまったのだから」。

①ロドス島の弁論家。カエサルもこの人物から教えを受けた。

（プルタルコス著、城江良和訳『英雄伝5』京都大学学術出版会）

資料から読み解く　ポリビオス＊が分析したローマの政体

＊ポリビオスは、ポエニ戦争でカルタゴ滅亡を目撃

文献②　ローマの混合政体

ローマには国家を動かす力として、……三つの部分が存在していた。そしてその三つの部分によって、国家のあらゆる分野がきわめて公正かつ適切に組織し運営されていたため、当の国民自身でさえ……この国が全体として優秀者支配制［貴族政］なのか、それとも民主制［民主政］なのか、はたまた独裁制［王政］なのか、はっきりと断言できなかったのである。……なぜなら執政官［コンスル］の権限に目を向ければ、この国は完全に独裁制であり王制であると思えるのだが、元老院の権限に注目すれば、これが優秀者支配制に見えてくる。ところが民衆の権限に着目すれば、今度は明らかに民主制だと映ったのである。……三つの各部分の力が抑えあったり助けあったりしながらひとつの調和を生み出し、その結果いかなる状況にも適切に対処できる国制を作り上げる。これ以上にすぐれた国家制度を見つけるのは不可能と言ってよい。

（ポリビュオス著、城江良和訳『歴史2』京都大学学術出版会）

アテネ…政体循環

王　政 → 貴族政 → 民主政
「衆愚政」に陥り元に戻る

ローマ…混合政体(各政体の要素が融合)

王　政（コンスル）― 均衡・安定 ― 貴族政（元老院）
民主政（平民会）

読み解き

1. ポリビオスが分析している、ローマの国家を動かす三つの部分とは何だろう。
2. ポリビオスがローマの政体をすぐれていると評価したのはなぜだろう。
3. アテネとローマの政体を比べ、それぞれの特徴について考察を深めよう。

歴史のスパイス　ウェルギリウス『アエネイス』は多神教世界を背景とするが、キリスト教世界でも読み継がれ、そこからダンテが『神曲』(➲P.210)の着想を得ることになる。

2 ローマの町並みと生活

➔❼**フォルム＝ロマヌム(ローマの広場。イタリア語でフォロ＝ロマーノ)** ラテン語フォルムは広場のこと(英語forumの語源)。東西300m、南北100m程度の範囲に、市場や官庁街が集まっていた。他方、北側の隣接地にも、カエサル、アウグストゥス、トラヤヌスらにより広場が新設された。それらを総称してフォラ＝インペラトラム(諸皇帝広場)という。

↑❽**コロッセウム** 1世紀後半に造営されたローマ最大の円形闘技場。剣奴同士の決闘や人間と猛獣との格闘が演じられた。観客席にはランクがあり、第1段目に貴賓席が設けられ、第2段、第3段、第4段までが石造、第5段目の最上段観客席は木造であった。舞台の床板は可動式で、地下から動物が登場する仕掛けがあった。約5万人収容、長径188m、短径156m、周囲527m、外壁48.5m

↑❾**コロッセウム内部(想像図)** 『世界遺産ふしぎ探検大図鑑』(小学館)による

➔ローマには、都市国家の起源と関係した「7つの丘」があり、丘の間の低地は、土木技術によって整備された。例えば、パラティヌス丘(イタリア語でパラティーノ丘)の北にフォルム＝ロマヌム、東にコロッセウム、南に大競技場があった。前4世紀までには、7つの丘を囲む形で城壁ができたが、帝政期には保守されなくなった。3世紀には、さらに外側に城壁が建設された(軍人皇帝時代の皇帝の名を冠して、「アウレリアヌスの城壁」と呼ばれる)。

読み解き 3世紀に、より広い城壁が建設されたのはなぜだろう。

A コンスタンティヌス帝時代のローマ

Column パンとサーカス

戦車競技や剣闘士競技は、共和政末期以来、ローマ市民の人気を集めた。このような興行には巨額の費用が必要なため、皇帝や名士たちが開催することが多く、**市民たちは「パンとサーカス」(小麦の無料配給と娯楽の提供)の主催者に喝采を送った**。そのため、皇帝はしばしば競技場を訪れ、自分が民衆からどれくらい支持されているのかを探ろうとした。

❿**野獣と闘う剣奴**

文献③ カエサルの「パンとサーカス」

支出については、金に糸目はつけないという大尽ぶりを発揮し、莫大な費用を短くはかない名声と取り替えていると評されたけれども、真実を言えば、小をもってとてつもない大をあがなっていたのである。……、造営官として剣闘士320組を用意したほか、演劇や行列や饗宴を催すにあたって、それ以前の在任者の野心を吹き飛ばしてしまうほどの豪勢なものをこしらえた。こうして民衆に取り入り、誰もがカエサルの恩義に報いようと、次々に新しい官位、そして新しい名誉を持参してくれるように仕向けたのである。

(プルタルコス著、城江良和訳『英雄伝5』京都大学学術出版会)

読み解き カエサルにとって、「パンとサーカス」の支出が、「小をもってとてつもない大をあがなっていた」とはどういうことだろう。

3 ローマの水道

➔⓫**ガール水道橋**(フランス) 前1世紀後半に建設された水道橋。水は橋の最上層を流れ、下段は歩行者が通行できるようになっている。ローマの水道は高低差を利用して引かれたため、川や谷間には水道橋が建設された。水源地の水は地下の水道管を通り、浄水槽を通過させてから、水道橋などを経て貯水槽に集められた。そこから庶民の住居や公共浴場、噴水などに供給した。長さ270m、高さ50m

⓬**ローマの水道の構造**

↓⓭**公共浴場**(イギリス) ローマの人々は入浴の習慣を重視し、各地に公共浴場を建設した。サウナや体育場、図書館などを備えたものも多く、人々は多くの時間を浴場で過ごした。

読み解き 遠方の属州にもローマ風の公共浴場が建設されたことは、ローマ文化のどのような特質を示しているだろう。

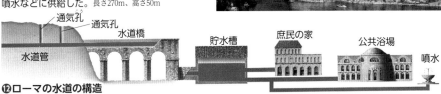

歴史のスパイス ⓭の浴場史跡は、イギリスのバース(Bath)にある。この都市名は浴場・温泉に由来する。

キリスト教の成立と発展

1 キリスト教の成立 ➲P.85 ➲P.146

① パレスチナで誕生したキリスト教は、母体であったユダヤ教の**選民思想**を克服してローマ帝国の各社会階層に広まり、世界宗教へと発展していった。

イエスの時代

前1世紀頃のユダヤ教の状況

サドカイ派
…政治権力と結びついた権威主義的な祭司集団
パリサイ派
…律法の厳格な遵守を主張、サドカイ派と対立
1世紀以降はユダヤ教の主流派となる
エッセネ派
…世俗社会から離れて禁欲的な集団生活を送る

パレスチナの情勢

前63 ポンペイウスによる征服…ローマ支配の始まり
前37 ヘロデ王の即位(～前4)…ローマの傀儡政権
前4頃 **イエスの誕生**(アウグストゥスの治世)
後26 ピラトが属州ユダヤの総督に就任
●ヨハネによる宣教活動…イエスも洗礼を受ける

イエスの布教

●イエスの布教開始(後27頃)…神の絶対愛と隣人愛
①ユダヤ教の**選民思想**を克服…神の前の平等
②ユダヤ教の**形式主義(パリサイ派)を批判**
③心の中に「神の国」の建設を説く…魂の救済を重視

イエスの処刑(後30頃)

ユダヤ教指導層の告発によりローマへの反逆者として捕らえられる→ピラトはイエスに死刑判決→エルサレム郊外で十字架刑に処せられる

原始キリスト教の時代

キリスト教の成立

イエスの復活を信じる人々の間に、彼こそが**救世主**(ギリシア語でクリストス〈キリスト〉)であるという信仰が広まる
→**使徒**を中心に福音を伝える宣教活動が始まる

キリスト教の拡大と弾圧

●**パウロの伝道**(45～61)…民族宗教から世界宗教へ
→はじめ都市の下層民や奴隷を中心に広まる
●**ネロ帝の迫害**(64～67)…**ペテロ・パウロ**の殉教
ローマ大火の罪をキリスト教徒に転嫁
●**新約聖書の成立**(2～4世紀)
●**ディオクレティアヌス帝の大迫害**(303～304)
帝国再建のためローマ諸神への信仰と**皇帝崇拝を強制**

キリスト教会の成立

コンスタンティヌス帝によるキリスト教の公認(313)

313 **ミラノ勅令**…増加し続けるキリスト教徒の支持を集めるため
325 **ニケーア公会議**…コンスタンティヌス帝の開催
正統＝**アタナシウス派→後に三位一体説**に
異端＝**アリウス派**→帝国領外のゲルマン人に布教
●ユリアヌス帝(「背教者」)による伝統宗教復興…失敗

テオドシウス帝によるキリスト教の国教化(392)

キリスト教信仰令(380)→異教信仰の禁止(392)
●**教父の活躍**
エウセビオス…『教会史』『年代記』、神寵帝理念(皇帝位は神の恩寵に基づく)を唱える
アウグスティヌス…『告白録』『神の国』
→カトリック教義の確立＝中世スコラ学に影響

エフェソス公会議(431)

ネストリウス派(キリストの神性と人性を分離)が異端
→ササン朝を経て中国へ伝わる(唐代の景教)
451 カルケドン公会議…キリストに神性のみを認める単性論が異端となる

2 イエスの生涯

A イエス時代のパレスチナ

0歳	ガリラヤのナザレで誕生*(前4頃)❶ ＊イエスの生誕 地には諸説あり
30歳頃	ヨハネから洗礼を受ける→ガリラヤ各地で布教活動
33歳頃	エルサレム入城 →十字架刑❸→死後、イエス復活の信仰❹

↑❶「受胎告知」(エル＝グレコ筆、➲P.234) 大原美術館蔵、1590頃～1603年、109.1×80.2cm

読み解き 文献①によれば、マリアはどのようにして受胎したのだろう。

文献① 受胎告知

天使ガブリエルは、ナザレというガリラヤの町に神から遣わされた。……天使は言った。「マリア、……あなたは神から恵みをいただいた。あなたは身ごもって男の子を産む。その子をイエスと名付けなさい。……聖霊があなたに降り、いと高き方の力があなたを覆う。だから、生まれる子は聖なる者、神の子と呼ばれる。……」。
(聖書協会共同訳『新約聖書』ルカによる福音書)

文献② 最後の晩餐

[イエスは]言われた。「この杯は、あなたがたのために流される、私の血による新しい契約である。しかし、見よ、私を裏切る者が、私と一緒に手を食卓に置いている。……」そこで使徒たちは、自分たちのうち、一体誰がそんなことをしようとしているのかと互いに議論をし始めた。
(聖書協会共同訳『新約聖書』ルカによる福音書)

読み解き 銀貨のために、イエスを裏切る使徒は誰だろう。

➔❷「最後の晩餐」(レオナルド＝ダ＝ヴィンチ筆、➲P.212) イエスが使徒と晩餐をとる場面。遠近法が用いられ、イエスの言葉に驚く使徒たちの動揺が描かれている。ミラノ・サンタ＝マリア＝デレ＝グラツィエ修道院食堂壁画、1495～1498年、420×910cm

↓❸「キリスト昇架」(ルーベンス筆、➲P.234) 総督ピラトにより裁判にかけられたイエスに対し、ユダヤ教徒たちは死刑を求め、「その血は、我々と我々の子らの上にかかってもいい」(マタイによる福音書)と述べた。イエスはエルサレムのゴルゴタの丘で、十字架にかけられた。その死は、ユダヤ教における贖罪論との関係で、原罪を背負う人類が神から許されるための贖罪の死であったと解釈された。アントウェルペン・聖母マリア大聖堂蔵、1610～1611年

読み解き 福音書に基づく❹の逸話は、イエスの位置づけに関するユダヤ教とキリスト教のどのような違いを示しているのだろう。

↗❹「キリストの復活」 イエスは処刑後3日目に復活し、弟子たちに説教した後、昇天したとされる。この話を信じる者たちが集まり、原始キリスト教が成立する。一方、マタイによる福音書によれば、ユダヤ教の祭司長たちは、弟子が夜中にイエスの死体を盗んだことにしようとした。
サンセポルクロ市立美術館蔵、1460年代

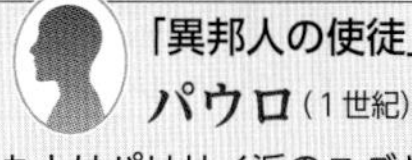

3 キリスト教の拡大と弾圧

＊原始キリスト教と初期キリスト教の時期区分は、一般的に新約聖書の成立が画期とされる。

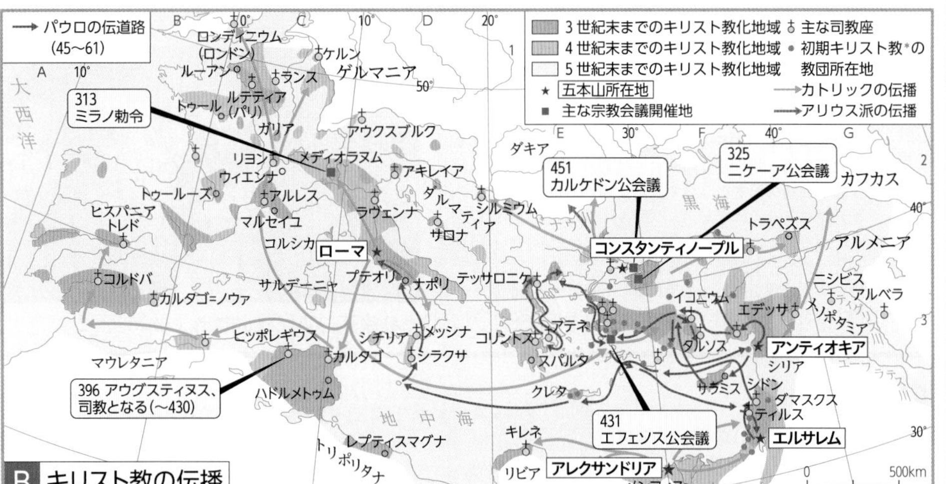

B キリスト教の伝播

「異邦人の使徒」パウロ（1世紀）

もとはパリサイ派のユダヤ教徒でキリスト教徒を迫害していたが、復活したイエスに会って回心した。ローマ市民権を持ち、アナトリア・ギリシアなどに住むユダヤ人と異邦人（非ユダヤ人）を対象として伝道し、**各地の教会に教義に関わる書簡（手紙）を送った（ギリシア語で書かれ、後に新約聖書の正典となる）**。ローマの信徒への手紙では、「人が義とされるのは、律法の行いによるのではなく、信仰による」という信仰義認論を説いた。イエスの十字架上の死については、神が「血による贖い」としたと説き、その意義を整理した。

読み解き なぜ、パウロは書簡をギリシア語で書いたのだろう。

←❺**ペテロ**（？〜64）　ガリラヤ出身の漁師で、イエスの最初の弟子。マタイによる福音書によれば、イエスから「天の国の鍵」を託された。イエス死後、教団の中心となったが、ローマで殉教した。そのため、ローマ教会の権威の土台となり、**初代ローマ教皇**とみなされるようになった。

↑❻**カタコンベ**　ローマ人の地下墓所で、キリスト教徒の集会所・礼拝所としても利用された。天井や壁に描かれた壁画は初期キリスト教美術の重要な遺産である。

キリスト教の教義の確立

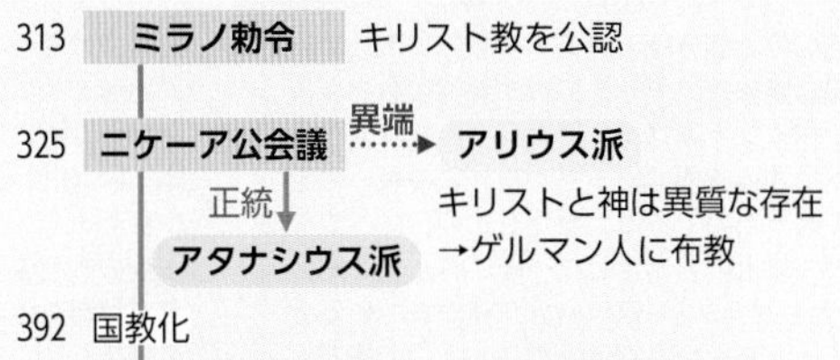

313 **ミラノ勅令**　キリスト教を公認

325 **ニケーア公会議** ―異端→ **アリウス派**　キリストと神は異質な存在 →ゲルマン人に布教
　正統↓ **アタナシウス派**

392 国教化

431 **エフェソス公会議** ―異端→ **ネストリウス派**　キリストの神性と人性を分離 →ペルシア・中国へ（景教）

451 **カルケドン公会議** ―異端→ **単性論（神性のみ）** →エジプト（コプト教会）・シリアなど

三位一体説

文献③ ミラノ勅令（313）

我、皇帝コンスタンティヌス……は、……神格に対する畏敬を堅持するような事柄が規定さるべきと考えた。すなわち、キリスト者に対しても万人に対しても、各人が欲した宗教に従う自由な権能を与えることである。……キリスト者の宗教を遵守するという意志を持つ者各人が、自由にかつ絶対的に、いかなる不安も面倒事もなく、その事を守るべく努めるということである。……彼ら[キリスト教徒]がそこに集うを習わしとしていた場所……[の購入者は]それらの場所を……キリスト者たちに返還すること。

（歴史学研究会編『世界史史料1』岩波書店）

→❼**教父アウグスティヌス**（354〜430）　マニ教に傾倒した後、キリスト教に回心した。パウロの思想を継承しつつ、**ギリシア哲学を通じて教義の研究を深めた**。西ゴート人のローマ略奪（410）の原因を帝国のキリスト教化に求める批判に対しては、**『神の国』**でキリスト教を擁護した。ボッティチェリ筆、オニサンティ聖堂蔵、1480年

↓ⓐ**旧約聖書と新約聖書**

旧約聖書（ヘブライ語聖書）	
1世紀までに成立、**ヘブライ語** 律法（創世記など）、預言書、諸書からなる	
ユダヤ教の特色	①**選民思想**（ユダヤ人の救済） ②**律法主義**（神との契約を遵守） ③**メシア**（救世主）を待望

新約聖書	
2〜4世紀に成立、**ギリシア語**（コイネー） 4福音書（様々な立場から書かれたイエスの言行）、使徒言行録、書簡、黙示録からなる	
イエスの新しい教え	①神の愛により異邦人も救済 ②形式的律法主義（パリサイ派）批判 ③神の絶対愛と**隣人愛**を説く

資料から読み解く　三位一体説

キリスト教の正統教義である三位一体説における三位とは、「父なる神」・「子なるイエス」・「聖霊」という神の3つの位格（ペルソナ）をさし、これらは同質不可分とされる。キリスト教美術においては、立体的な彫刻が偶像崇拝と結びつきやすいとされ、絵画も盛んになったが、三位一体の概念は肉眼でみられないからこそ宗教画の主題となり、視覚的に表現された。聖書の正典には、イエスの幼少期の描写は少ないが、絵画ではしばしば描かれ、イエスの人性が示された。また、聖母マリアは、神から発せられた聖霊によってイエスを宿したため、三位一体の象徴ともみなされ、聖母崇敬（本来、神に対する「崇拝」とは区別される）も発達した。

読み解き

1 ❽で、イエスの神性は、どのように表現されているのだろう。
2 カルケドン公会議の信条から見ると、アリウス派やネストリウス派、単性論派は、それぞれなぜ異端なのだろう。

→❽**「天上と地上の三位一体」**（ムリリョ筆、➲P.234）　バロック期スペインの宗教画。イエス・聖母マリア・養父ヨセフ（聖家族）は、地上の三位一体ともされ、イエスの人性を示唆している。ロンドン・ナショナル＝ギャラリー蔵、1681〜82年頃

文献④ カルケドン公会議の信条（451）

[イエス＝キリストは]神性を完全に所有し、同時に人間性[人性]を完全に所有する。真の神であり、同時に理性的霊魂と肉体とから成る真の人間である。神性において父と同質であるとともに、人間性においてわれわれと同質である。……神性においてはこの世の前に父から生れ、人間性においては終りの時代にわれわれのため、またわれわれの救いのために、神の母[テオトコス]処女マリアから生れた。同じ唯一のキリスト、主なるひとり子であり、二つの本性において混合、変化、分割、分離せずに存在する。

（浜寛五郎訳『カトリック教会文書資料集（改訂版）』エンデルレ書店）

歴史のスパイス　ペテロ（ペトロ）の権威と結びつく「天の国の鍵」は、教皇のシンボルやバチカン市国の国旗・国章のモチーフでもある。

資料にチャレンジ 歴史の見方・考え方を探究する

チャレンジする前に! ❶は、ペルシア戦争におけるテルモピレーの戦い(P.93)を中心に描いた映画「300」で、スパルタ王レオニダス(左)とペルシア王クセルクセス(右)が向かい合っている。作中で、ペルシア側は、西洋の視点による東洋のイメージで描かれる。また、文献①でみられるように、歴史認識はどのような視点に立つかによって変化する。さらに、叙述の根拠となる史資料を批判し、解釈を変えれば、異なる事実も浮かび上がる(P.6,7)。このチャレンジでは、歴史を複眼的にとらえるための訓練として、歴史の見方・考え方を探究しよう。

文献① 歴史の異なる見方

国民のアイデンティティを鼓舞する歴史記述は、国民の帰属意識を強化する肯定的な側面がある。だが、それゆえに対外的な対立が長期化する要因ともなる。……パレスチナ問題の歴史について、パレスチナ人とユダヤ人の記述はまったく異なる。ユダヤ人は長い流浪の時代から筆を起こして、悲劇の後についに実現したユダヤ人国家を守る歴史として描く。対してパレスチナ人には、よそ者に突然故郷を追われた苦しみと、抑圧からの解放への闘いの歴史である。(武井彩佳『歴史修正主義』中央公論新社)

❶映画「300」(2006年製作・米)

1 ペルシアをめぐるギリシアの視点

❷ギリシア重装歩兵とバルバロイ(P.91)の戦い 重装歩兵(右)がバルバロイ(左。おそらくペルシア兵)を追いつめる様子が、壺に描かれている。バルバロイとの対比で、ギリシア兵は裸である。

文献② ペルシア軍が奮戦した精神的理由

サラミスのペルシア軍艦船の大部分は、アテナイ軍……のために破壊され航行不能の状態に陥った。ギリシア軍が整然と戦列もみださず戦ったのに反し、ペルシア軍はすでに戦列もみだれ何一つ計画的に行動することができぬ状態であったから、この戦いの結果は、当然起るべくして起ったのである。ただしこの日のペルシア軍の働きは天晴れで実力以上の力を示した……。ペルシア軍の将兵はいずれも大王[クセルクセス]の目が自分に注がれているものと思い、大王を恐れるあまり大いに戦意を燃やしたのである。(ヘロドトス著、松平千秋訳『歴史(下)』岩波書店)

文献③ アケメネス朝(P.87)にとってのペルシア戦争

ダレイオス・クセルクセス親子が作成した碑文からは、彼らが「真」と「偽」の二元論的な世界観を有しており、ペルシア王が前者を、反乱者は後者を体現していたことが読み取れる。……「真」たるペルシア大王は実際に「偽」を倒すことによって、みずからが「真」たることを立証する必要があった……。
そもそも、ペルシア戦争の勝利者は、本当にギリシア側だったのだろうか。……ひょっとしたら実際のペルシア人もギリシア遠征が成功したと信じていたのではなかろうか。というのも、……[碑文では]クセルクセスの法がおよぶ地域として、「海辺に住んでいるところのギリシア人と海のむこうに住んでいるところの彼ら」との語句が登場し、まるでエーゲ海のむこう側(ギリシア本土)の住民もペルシア帝国の臣民であったかのように読み取れるのである。少なくとも、アテナイ[アテネ]人ら多くのギリシア人(「偽」)を恐怖に陥れ、多数の戦死者を出し、アテナイを筆頭に各地を蹂躙したことで、ペルシア大王が「真」たることの証明という所期の目的は、じゅうぶん果たされたとも言えよう。(阿部拓児『アケメネス朝ペルシア』中央公論新社)

❸ギリシアの女性と日傘

文献④ ギリシア人のペルシア趣味

ギリシア人たちは彼らが打ち負かしたペルシア人を、自らとは正反対の、蔑むべき否定的な存在として作り上げた。その一方で、ペルシア戦争前後を通して、ギリシア人たちはペルシアから影響を受けた、様々な文物を利用していた。例えば、……ペルシアでは大王などの権力者が利用した日傘(本人が差すのではなく、従者に差させる)もアテナイの女性の間で流行した。これらの現象を考古学者のM＝ミラーは「ペルシア趣味(Perserie)」と名づけた。……[バルバロイの問題では]ペルシア戦争はペルシア帝国とギリシア人の関係における「転換点」と位置づけられるが、「ペルシア趣味」の議論はむしろペルシア戦争前後の継続性、あるいは戦争を契機とした現象の加速に着目する。(金澤周作監修『論点・西洋史学』ミネルヴァ書房)

読み解き

1 ❷の壺で、ギリシア人が裸で描かれていることは、ギリシアが誇るどのような理念を象徴していたのだろう。文献②で記述されたペルシア兵の大王に対する姿勢と比較して考えてみよう。
2 文献③をふまえると、ペルシア戦争について、ギリシア側の視点で描くことの問題点は何だろう。
3 バルバロイという差別的概念を発達させたギリシア人が、それと一見矛盾するペルシア趣味を流行させた背景には、どのような心性があったのだろう。

2 キリスト教の視点

(1)ゾロアスター教をめぐる視点 P.89

文献⑤ ゾロアスター教の視点

ゾロアスター教神官団は、教祖の教えを……練りあげて、二元論的な創世記を完成させた。……もし、この世を創った唯一の神が完璧な善であり、その善なる神が単独でこの世を支配しているのならば、この世に蔓延る悪はどう説明できるのであろうか? 善なる神が悪をなすとすれば、彼は善ではない。善なる神以外から悪が到来し、彼がそれを統御できないとすれば、彼は完璧ではない。9世紀のゾロアスター教からの他宗教反駁の書『断疑論』の中では、このようにキリスト教やイスラームに反駁して、彼らの崇める唯一神の欺瞞性を指摘し、この時期のゾロアスター教の正統教義である二元論の優位性を主張している。(青木健『新ゾロアスター教史』刀水書房)

読み解き

1 ❹・❺をふまえると、ゾロアスター教におけるアーリマンと、キリスト教における竜の共通点と相違点は何だろう。
2 文献⑤によれば、ゾロアスター教は、キリスト教やイスラームといった一神教に対して、どのように二元論の優位性を主張したのだろう。
3 キリスト教中心の視点で見た場合、ゾロアスター教については、キリスト教にとってどのような「役割」があったと主張できるのだろう。さらに、そのように「役割」という視点から考えることの問題点は何だろう。文献⑥の指摘をヒントにして考えよう。

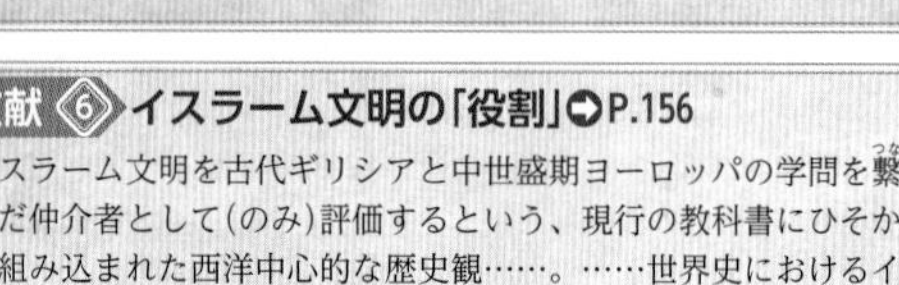

文献⑥ イスラーム文明の「役割」 P.156

イスラーム文明を古代ギリシアと中世盛期ヨーロッパの学問を繋いだ仲介者として(のみ)評価するという、現行の教科書にひそかに組み込まれた西洋中心的な歴史観……。……世界史におけるイスラーム文明の役割とは古代ギリシアの文化を西洋中世に伝えた仲介者としての役割であるとする歴史観……。(長谷川修一他編『歴史学者と読む高校世界史』勁草書房)

❹悪神アーリマンの象徴であるモンスターと戦うペルシア王 王権は善神アフラ＝マズダによって保障された。

❺「聖ミカエルと竜」(ラファエロ筆) 『新約聖書』「ヨハネの黙示録」で、竜は「サタンとも悪魔とも呼ばれる者」とされ、ミカエルとその天使たちに敗れる。ルーヴル美術館蔵、1503~1505年頃、31×26cm

(2)「背教者」ユリアヌスをめぐる視点 ➲P.106

文献⑦ ユリアヌスの信仰

それぞれの人に倫理的な徳とこうした行動の基盤を、神への敬意と、人間への寛大さと、身体の貞潔のうえにつくらしめ、敬虔さと結びあわせなくてはならない。つまり、つねに神々に関して敬虔な考えを持ち、神々の聖域や神像を敬意と尊敬をもってみて、実際に存在する神々を見ているかのように礼拝しなくてはならない。神像と祭壇と絶えることのない燈火を、そして一般にいってこうしたしるしを我々の父祖は神々の臨在のしるしとして建てた、我々がこうしたものを神々と考えないように、けれどもそれをつうじて神々を礼拝するように。

（中西恭子「ユーリアーヌス帝の宗教復興構想のなかの「祭儀」」『東京大学宗教学年報』第17号）

文献⑧ キリスト教側からのユリアヌス評

[ユリアヌスは]キリストの教えを権力ではなく奸計を用いて攻撃し、拷問の恐怖よりも栄誉という誘惑をもってキリストにある信仰をひとびとに断念させて偶像礼拝を受けいれさせようと試みた。……ユリアヌスがパルティア人[ササン朝]との交戦に備えて、……ローマ中から手兵を招集したとき、彼はキリスト教徒の血をおのれの神に捧げて誓った、もし勝利を得たならば教会を公に迫害いたしましょう。じっさい、彼は劇場をエルサレムに建てるように命じた、パルティアから帰還したあかつきには司教たちや修道士たち……をたけだけしい猛獣の群れに投じて引き裂かれるのを見世物にしようとして。……[遠征中、ユリアヌスは]敵方の槍で刺されて死んだ。このように神の憐みは、神をも畏れぬ計画を、神をも畏れぬ者の死によって打ち砕いたのである。

（オロシウス『異教徒論駁のための歴史』）（中西恭子『ユリアヌスの信仰世界』慶應義塾大学出版会）

哲学に親しみ、ギリシア・ローマ風の「伝統宗教」を復興しようとしたユリアヌス帝（位361～363）は、キリスト教史観において「背教者」と呼ばれ、批判されてきた（文献⑧は、アウグスティヌスの弟子オロシウスによって5世紀前半に書かれた）。他方、文献⑦のようなユリアヌス自身の書簡・著作や、伝統宗教の立場から彼を評価する史料も存在する。実際のユリアヌスの政策としては、信仰の自由を認める宗教的寛容策もあれば、キリスト教徒を肉体的に迫害することはなかったものの、ローマ皇帝と結んで一大政治勢力となったキリスト教を牽制しようとするものもみられ、その評価を難しくしている。ユリアヌスは、ササン朝への遠征中に戦死し、その後の諸皇帝は、彼の政策を継承しなかった。

➔❻アフロディテ頭部像

読み解き

1. 文献⑦は、ユリアヌス帝の書簡からの抜粋である。皇帝は、どのような信仰を持っていたのだろう。
2. 文献⑧のどのような描写に、キリスト教史観が見てとれるだろう。
3. ❻は、キリスト教徒によって額に十字架を刻まれ、目を潰されたアフロディテ（➲P.91,97）の像である。なぜ、このようなことが行われたのだろう。
4. ユリアヌスを「背教者」と呼び、記憶することの問題点は何だろう。

(3) 授乳像の変容とキリスト教

「授乳」は母性的行為であり、そこに母が子を想う普遍的な感情を読み取ることができる。そのため、母子像の類型として、授乳像が受け入れられた。ところで、イエスの母マリア（➲P.106,107）は、『新約聖書』の福音書における存在感は大きくないが、各地の女神に対する信仰と結びついたことで、聖母崇敬が強化された（子を産み育てる喜びだけでなく、病気や戦争で子を失う悲しみを味わう親も多く、共感を集めたと考えられる）。ここでは、古代ローマでも流行したイシス教（➲P.104）との関係で、授乳像の観点から聖母マリア、ひいてはキリスト教について再考察しよう。

↑❼イシス（左）とネフティス（右）「死者の書」（➲P.84）で、オシリス神の後ろに立つイシスの頭上には、王権の象徴としての玉座（の神聖文字）が見えるが、❽では異なる飾り（太陽円盤と牛の角）になっている。これは、ハトホルという別の女神と同一視され、描写が変容したためである。

↑❽イシスとホルス ボルティモア・ウォルターズ美術館蔵、前680～640年頃

↑❾ホルスに授乳するイシス女神 ベルリン・ダーレム博物館蔵、4世紀末～5世紀初

↑❿リッタの聖母（レオナルド＝ダ＝ヴィンチ筆） サンクトペテルブルク・エルミタージュ美術館蔵、1490年頃、42×33cm

文献⑨ 授乳像の変容

女神イシスのイメージも、キリスト教世界における聖母マリアへと変容した。エジプト史上きわめて古い女神であるイシスは、早々にギリシア女神たちとも同一視され、古代ローマで信仰を集めたが、その神話において永遠の処女とされ、兄であり夫であったオシリスの死後、処女のままホルス神を身ごもったとされている。彼女の像は、時に息子ホルスに授乳する姿……で表現されたが、それは3世紀後半から5世紀にかけて、幼児キリストに授乳する聖母の像として登場することになった……。椅子にどっしりと腰かけて、……右手で自らの乳房を与える仕草は、女性の生涯をあらわす一場面として葬礼美術にも広く普及していたものであるが、このきわめて母性的な表現に、キリスト教徒たちがイエスに乳を与えるマリアを投影させたのももっともなことであった。

（加藤磨珠枝他著『西洋美術の歴史2』中央公論新社）

読み解き

1. 文献⑨の女神イシスに関する伝承において、キリスト教世界におけるマリアと共通する点は何だろう。
2. マリアの乳*でイエスが養育されたことを示す授乳像は、三位一体説（➲P.107）をはじめ、キリスト教神学の立場からは、どのような意味を持つのだろう。
3. ❽～❿は、多神教がキリスト教に包摂されていった過程を例証しているとも考えられる。なぜ、そういえるのだろう。
4. 多神教が一神教のキリスト教に「包摂」されたことを強調する言説がはらむ問題点は何だろう。

＊聖遺物（➲P.163）とされた

まとめの考察

❶特定の視点・歴史観に偏ることによって、ある事象に関する認識が歪められてしまうことがある。文献❶ではパレスチナ問題について異なる立場が示されているが、その他の事例には、どのようなものがあるだろう。

❷また、そうした認識上の歪みを是正し、公平で包摂的な社会を築くために、歴史学習はどのように役立つのだろう。史料の活用などの点から考えてみよう。

南アジア

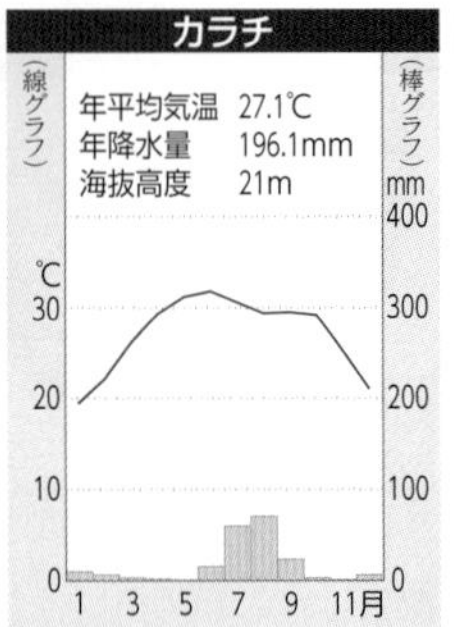

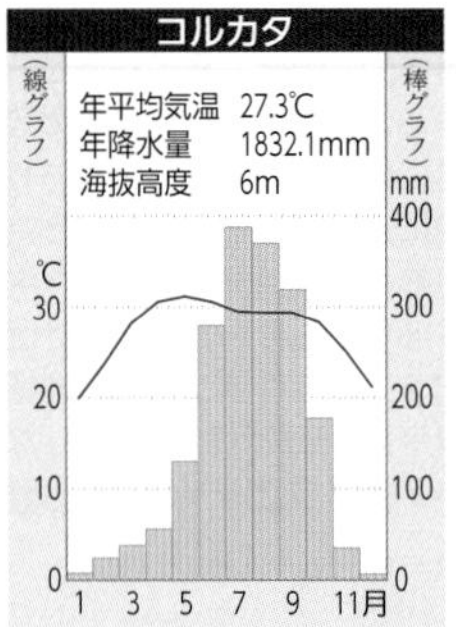

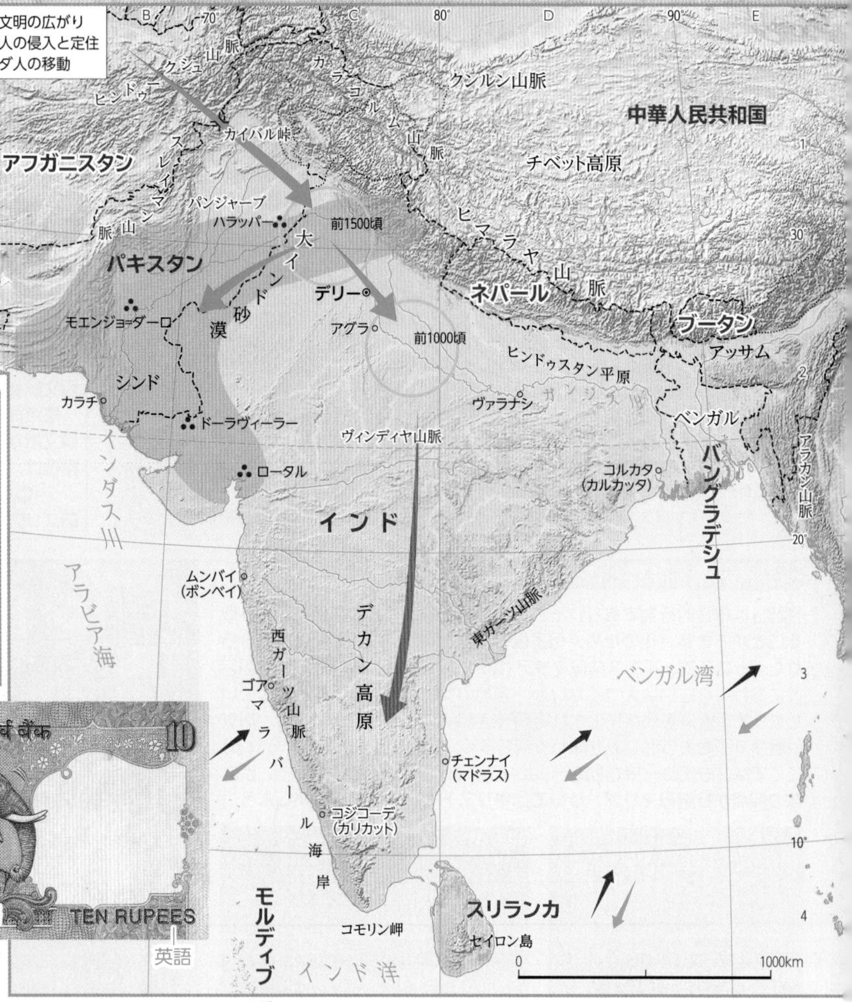

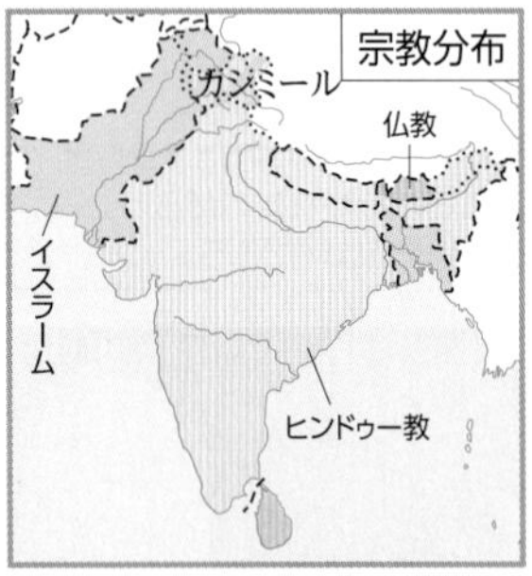

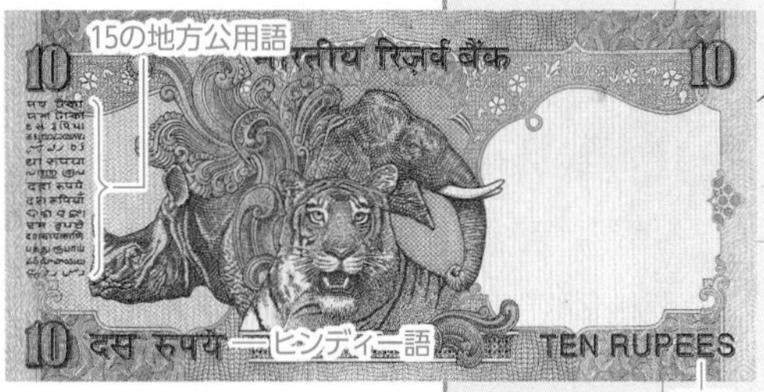

カラチ（線グラフ・棒グラフ）
年平均気温 27.1℃
年降水量 196.1mm
海抜高度 21m

コルカタ（線グラフ・棒グラフ）
年平均気温 27.3℃
年降水量 1832.1mm
海抜高度 6m

インダス文明の広がり
アーリヤ人の侵入と定住
ドラヴィダ人の移動
季節風 1月 7月

中華人民共和国　アフガニスタン　パキスタン　ネパール　ブータン　インド　バングラデシュ　スリランカ　モルディブ
ヒンドゥークシュ山脈　カラコルム山脈　クンルン山脈　チベット高原　ヒマラヤ山脈　スレイマン山脈　カイバル峠　パンジャーブ　ハラッパー　大インド砂漠　デリー　アグラ　前1500頃　前1000頃　モエンジョ＝ダーロ　シンド　カラチ　ドーラヴィーラー　ロータル　ヒンドゥスタン平原　ガンジス川　ヴァラナシ　アッサム　ベンガル　ヴィンディヤ山脈　インダス川　コルカタ（カルカッタ）　アラカン山脈　ムンバイ（ボンベイ）　アラビア海　デカン高原　西ガーツ山脈　東ガーツ山脈　ベンガル湾　ゴア　マラバール海岸　チェンナイ（マドラス）　コジコーデ（カリカット）　コモリン岬　セイロン島　インド洋

宗教分布　カシミール　仏教　イスラーム　ヒンドゥー教

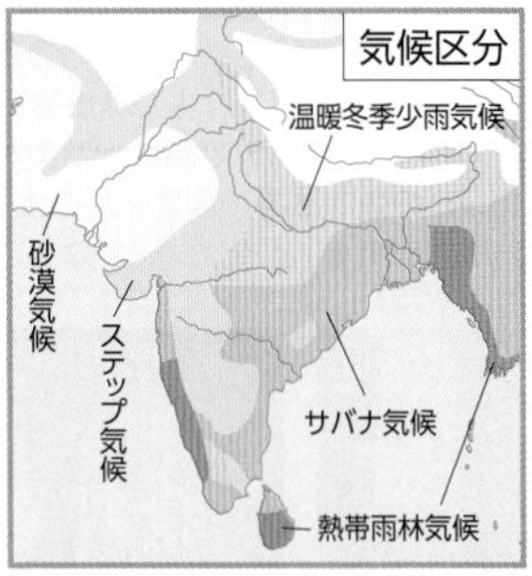

気候区分　温暖冬季少雨気候　砂漠気候　ステップ気候　サバナ気候　熱帯雨林気候

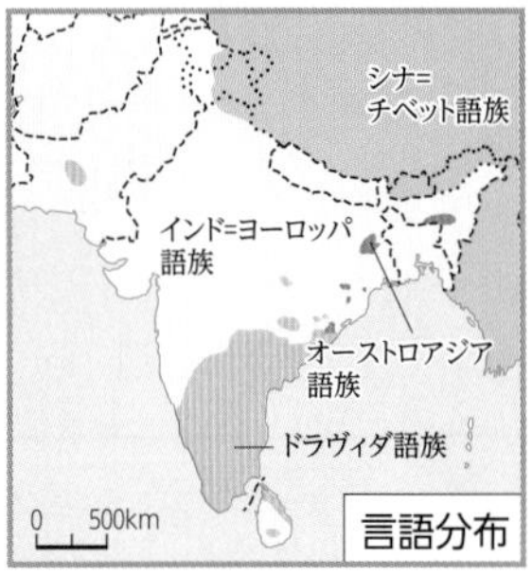

言語分布　シナ＝チベット語族　インド＝ヨーロッパ語族　オーストロアジア語族　ドラヴィダ語族

15の地方公用語　ヒンディー語　英語

↑❶インドの10ルピー紙幣　17の言語で表記されている。

ヒンドゥー教	イスラーム	キリスト教	シク教	仏教	ジャイナ教	その他
79.8%	14.2	2.3	1.7	0.7	0.4	0.9

↑ⓐインドの宗教別人口（2011）　仏教徒は、不可触民解放運動の指導者アンベードカルのもとで、インド独立後に改宗した人々からなる。

ヒンディー語	ベンガル語	テルグ語	マラーティー語	タミル語	ウルドゥー語	その他
41.0%	8.1	7.2	7.0	5.9	5.0	25.8

↑ⓑインドの言語別人口（2001）　インド憲法には22の地方公用語が規定されている。

チェック　南アジアの風土
- 大部分は季節風（モンスーン）の影響を受け、高温で湿潤（雨季と乾季が明確）
- 北インドの平原地帯には、大国が誕生
- 南インドの沿岸地帯では、季節風を利用した海上交易が盛ん
- 民族…ドラヴィダ人、アーリヤ人など
- 宗教…ヒンドゥー教、イスラーム、仏教など

↑❷カイバル峠（パキスタン）　山脈に囲まれたインドは、地形的に孤立してきたが、この峠が西アジアとインドを結ぶ例外的な通路となり、アーリヤ人、アレクサンドロス、モンゴル人、イスラーム勢力などが侵入した。

❸ヒマラヤ山脈

→❹ガンジス川で沐浴するヒンドゥー教徒（ヴァラナシ）　ヒマラヤ山脈を水源とするガンジス川は、ヒンドゥー教徒にとって聖なる川である。ここでの沐浴は罪を洗い浄め、功徳を増すものとされている。

❺デカン高原の綿花畑

❻南インドのコショウ

インド文明(1)

1 インダス文明

←❶モエンジョ＝ダーロ遺跡(パキスタン)　**インダス文明の都市は計画的に設計され、道路や各種施設が整備された。**レンガ造りの沐浴場は、儀礼的な沐浴と関係したとされる。家々には井戸から水が供給され、下水を処理する設備が存在した。計画都市や水利設備の遺跡は中央権力の存在を示すが、強大な王権は存在しなかったとされる。

読み解き インダス文明に強大な王権が存在しなかったとされるのは、なぜだろう。遺跡(考古学的証拠)の観点から考えてみよう。

↓❷インダス文明の印章(左)と❸シヴァ像(右)　❷(モエンジョ＝ダーロ出土)で、4種の動物に囲まれた獣主の像は、ヒンドゥー教のシヴァ神(❸はその坐像)の原型を描いたものとされる。印章の文字は未解読であるが、インダス文明はインドにおける諸文化の基層をなしている。
❷・❸ともに、ニューデリー国立博物館蔵

↘❹踊り子　モエンジョ＝ダーロ出土。ドラヴィダ系の容貌を備える。ニューデリー国立博物館蔵、高さ11.5cm

南アジア

2 インドの宗教と哲学

ヴェーダの成立(紀元前1千年紀前半)

バラモン教
- 成立…前10世紀頃、インドラ神など自然を神格化したアーリヤ人の原始宗教をもとに成立
- 教義…ヴェーダにもとづく祭式・儀礼・神への賛歌などを有する。犠牲獣を用いた**祭式を司るのはバラモン**(ブラーフマンの形容詞形ブラーフマナを音写した「婆羅門」に由来)**であり、神々はその力によって統御される。バラモンの権威が基盤になった宗教**
- 影響…バラモンが特権化し、バラモンを最上位とする**ヴァルナ制**を形成
ウパニシャッド・ヒンドゥー教など、ヴェーダ系統の哲学・宗教・文学の源泉となる

社会の変動(前7世紀頃から農業・商工業の発展　国家形成)

ウパニシャッド哲学
- 教義…ウパニシャッドは「弟子に授ける秘密の教義」の意。宇宙の根本原理・解脱の方法を追究し、**ブラーフマン**(梵)と**アートマン**(我)の一致の必要性を説く(梵我一如)
- 影響…**輪廻と業**の思想は仏教をふくむインド思想・宗教全般に影響を与えた

仏教
- 開祖…**ガウタマ＝シッダールタ**
- 教義…ヴェーダの祭式・バラモンの権威を否定し、修行による解脱を説く。徹底した無常観に立ち、四諦・**八正道**を中心的内容とする
- 影響…**クシャトリヤ階級が支持**。インド以外の地域で信仰される

ジャイナ教
- 開祖…**ヴァルダマーナ**(マハーヴィーラ)
- 教義…ヴェーダの祭式・バラモンの権威を否定。**不殺生などの戒律を守り、苦行による解脱を説く**
- 影響…在家信者でも、不殺生の戒律から生産活動を回避し**商業に従事する者が多い**

ヒンドゥー教
- 成立…紀元前後に**バラモン教に民間信仰や仏教などを吸収して成立**
- 教義…輪廻からの解脱を理想とする。ブラフマー〈創造〉・**ヴィシュヌ**〈維持〉・**シヴァ**〈破壊〉の三神一体を説く。生活とも密着しており、**カースト**を遵守する
- 聖典…諸ヴェーダ・『**マハーバーラタ**』・『**ラーマーヤナ**』・『**マヌ法典**』など
- 影響…諸信仰を融合して成立した包容力の大きさは今でも健在で、多様な宗派をふくみ、インド社会の変容にも柔軟に対応して絶大な影響力を維持している

カースト制度

ヴァルナ制
- バラモン(司祭者)
- クシャトリヤ(王侯・武士)
- ヴァイシャ(庶民→商人)
- シュードラ(隷属民→農牧民・職人)
- 不可触民(アウト＝カースト)

＋ 無数のジャーティの配列

←ⓐカースト制度　**ヴァルナ**(色)**制**は、アーリヤ人が征服した先住民を肌の色で差別化したことに由来する。やがてこれが、**ジャーティ**(職業・内婚集団)と結びつき、複合的なカースト制度が形成された。ただし、カーストという名称は「大航海時代」のポルトガルが用いたカスタ(家柄・血統の意)に由来し、その概念や後進的なイメージは、主としてイギリスの植民地支配下で構築された。

文献1 マヌ法典

9章316条　世界と神々は常に彼ら[バラモン]に依拠している。そして彼らの富はヴェーダである。……

9章334条　ヴェーダを知り、家長で、評判の高いブラーフマナ[バラモン]に仕えることが至福をもたらすシュードラの最高の生き方である。

10章43条　祭式儀礼を欠くことによりまたブラーフマナに相談しないことによって、クシャトリヤの身分[ジャーティ]を有する以下の者たちはこの世で徐々にシュードラとなる。

(渡瀬信之訳注『マヌ法典』平凡社)

←『マヌ法典』は、バラモン教・ヒンドゥー教などにおける人類の始祖マヌが定めたという法典集。

読み解き 文献1によれば、バラモンの特権的地位は、どのような規定で維持されたのだろう。

資料から読み解く　ジャイナ教

ジャイナ教は、ヴェーダの権威やヴァルナ制の序列を認めず、教団を形成した点で、仏教との共通点も持つ。出家者は、苦行・断食もふくむ修行によって輪廻からの解脱をめざす。❺は出家者(裸で過ごす者もいる)で、生産活動に従事せずに遍歴し、在家信者からの托鉢によって食物を得る。不殺生の戒律を守るため、菜食主義が貫かれている。

文献2 業と輪廻

我々が日常的な活動を行うことで、……[微細な物質の「業」が]我々のジーヴァ(霊魂)の中に入り込み付着するという。ジーヴァは一種の生命原理のようなもので、業の一切付着していない本来の状態では上昇する性質を持っている。しかし、これに業が入り込むことによって、その性質が制限され、上昇することなく輪廻の世界をさまようことになるという。……この世の最も高い場所には特別な場所があり、ジーヴァが本来のまっさらな状態になることができればそこへ到達し……それ以後は何者にも生まれ変わることはない。これが輪廻からの解脱である……。

(上田真啓『ジャイナ教とは何か』風響社)

読み解き
1 ❺について、どのようなところが不殺生の戒律と関係しているのだろう。
2 なぜ、ジャイナ教徒は、修行で解脱が達成できると考えるのだろう。

❺ジャイナ教徒(出家者)

仏教の開祖　ガウタマ＝シッダールタ

＊生没年は諸説あり

(前563頃～前483頃)＊

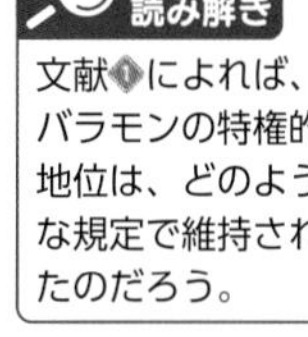

シャカ族の王子としてルンビニーで生まれたが、富を放棄し、出家。苦行では悟り(➡P.61)を開けなかったが、ブッダガヤの菩提樹の下で悟り、**ブッダ**(覚者)となった。サールナートで四諦・八正道に関わる初説法を行い、祇園精舎などで布教活動を展開した後、クシナガラの沙羅双樹の下で入滅した。

文献3 苦行に否定的だったブッダ

裸かの行も、髻に結うのも、身が泥にまみれるのも、断食も、露地に臥すのも、塵や泥を身に塗るのも、蹲って動かないのも、――疑いを離れていない人を浄めることはできない。

(中村元訳『ブッダの真理のことば 感興のことば』岩波書店)

インド文明(2)

1 古代インドの変遷 ➲P.202

① インド最初の統一国家マウリヤ朝以後、統一国家の形成と分裂がくり返され、ハルシャ＝ヴァルダナの王国滅亡後、13世紀まで分裂時代が続いた。

西方より**ドラヴィダ人**到来(前3500頃)

インダス文明(前2300頃〜前1800頃)
- インダス川中・下流域に**ハラッパー**、**モエンジョ＝ダーロ**、**ドーラヴィーラー**などの都市文明発達➲P.110
- 青銅器、彩文土器、**インダス文字**(未解読)を刻んだ印章

アーリヤ人、インダス川流域に進出(前1500頃)

ヴェーダ時代(前1500〜前600頃)

アーリヤ人、パンジャーブ地方に侵入…定住
- **ヴェーダ**成立…『**リグ＝ヴェーダ**』(最古の聖典、神々への賛歌)
- **ヴァルナ制**の成立　●**バラモン教**➲P.111
- 鉄器の使用

前1000頃　**ガンジス川流域へ進出**→都市国家の形成

都市国家の成長と社会の変動(前7〜前6世紀頃)

農業・商工業の発達、コーサラ国・マガダ国の台頭
→ヴァルナ制のバラモン支配、祭式主義への不満
→**ウパニシャッド哲学・仏教・ジャイナ教の出現**➲P.111

マガダ国、ガンジス川流域を統一(前5世紀前半)
アレクサンドロス大王のインド侵入(前326〜前325)

マウリヤ朝(マガダ国)(前317頃〜前180頃)　都：パータリプトラ

チャンドラグプタ王(位前317頃〜前296頃)、北インド統一

アショーカ王(阿育王)(位前268頃〜前232頃)
- 仏教に帰依、ダルマ(法)による統治、第3回仏典結集
- 王子マヒンダによる**スリランカ(セイロン)布教**(前250頃)

クシャーナ朝(1〜3世紀)
都：プルシャプラ

カニシカ王(2世紀頃)
- 第4回仏典結集
- **ローマとの交易盛ん**
- **ガンダーラ美術**

ササン朝の攻撃により衰退
インド分裂状態となる

サータヴァーハナ朝(アーンドラ朝)(前1〜後3世紀)
都：プラティーシュターナ
- **ローマとの交易盛ん**
←ヒッパロス、アラビア海の季節風発見➲P.14
- **ナーガールジュナ**(竜樹)、大乗仏教の理論確立

グプタ朝(320頃〜550頃)　都：パータリプトラ

チャンドラグプタ1世(位320〜335頃)、ガンジス川中流域統一

チャンドラグプタ2世(超日王)(位376頃〜414頃)　全盛期
- **サンスクリット文学**…**カーリダーサ**『**シャクンタラー**』
- 叙事詩『**マハーバーラタ**』『**ラーマーヤナ**』の完成
- **グプタ美術**…**アジャンター石窟寺院**
- ゼロの概念　●東晋の僧**法顕**来印➲P.134
- 『**マヌ法典**』完成、**ヒンドゥー教**発展

ナーランダー僧院で仏教教義研究
エフタルの侵入により衰退(460頃〜)

ハルシャ＝ヴァルダナの王国(ヴァルダナ朝)(7世紀前半)
都：カナウジ

ハルシャ＝ヴァルダナ(ハルシャ王、戒日王)(位606〜647)
- 唐の僧**玄奘**来印➲P.134
- 唐に使節を派遣(641)

ハルシャ＝ヴァルダナ没し(647)、インドは分裂割拠の時代へ

●唐の僧**義浄**来印(7世紀後半)➲P.134

←❶**サーンチーのストゥーパ**　ストゥーパは、仏舎利(ブッダの遺骨)を納めた塔。このストゥーパの原塔はアショーカ王が造立し、後に装飾的な門が建てられた。

←❷**アショーカ王石柱碑頭部**　ブッダの象徴でもある獅子の下には、**ダルマ(法)**を表す法輪が刻まれている。インドの国旗に使用されている法輪は、これに由来する。発見地のサールナートは、ブッダの初説法の場所。サールナート考古博物館、高さ213.5cm

読み解き
アショーカ王にとって、ダルマとはどのような概念だったのだろう。

文献① アショーカ王の碑文(摩崖法勅)

[アショーカ王の]即位8年に、カリンガ国が征服された。このカリンガでの戦争において、15万人がそこから(捕虜として)移送され、10万人がそこで殺され、またその幾倍かが死んだ。それ以後、今やカリンガ国は領有されているのであるから、……[アショーカ王は]ダルマの遵奉、ダルマへの愛慕、および(人民への)ダルマの教導(に専念している)。これは……[アショーカ王が]カリンガ国を征服したことに対する後悔なのである。

(歴史学研究会編『世界史史料2』岩波書店)

←❸**カニシカ王の像**　外套とズボン、長靴は中央アジアの伝統的スタイルで、威厳ある姿となっている。カニシカ王は仏教を保護し、**第4回仏典結集**を行ったが、イラン系のクシャーナ朝は宗教的に寛容で、仏教以外の諸宗教も尊重された。こうした寛容さは、交易が発達する背景ともなった。マトゥラー博物館蔵、高さ163cm

↑❹**クシャーナ朝の金貨**　表面(左)の像はカニシカ王。裏面(右)の像はブッダだが、インドやギリシアの神々が描かれた金貨も発見されており、クシャーナ朝の宗教的寛容さが推し量れる。大英博物館蔵

読み解き
1 玄奘はどのような目的でインドに来たのだろう。
2 文献②❸❺と関連して、玄奘、法顕、義浄はどのような順でインドに来たのだろう。

文献② ハルシャ王(戒日王)と玄奘の会見

[ハルシャ王(戒日王)は、玄奘に対して]「何れの国よりやって来られたのですか。何をしようとてか」と尋ねた。「大唐国よりやって来ました。仏法を請来しようとしてです」と答えた。……[玄奘が、唐の太宗の善政について説明すると]戒日王は、「実にりっぱなことです。かの国の人民たちは聖王を戴くことを幸福に思っているでしょう」と言った。

(玄奘著、水谷真成訳注『大唐西域記』平凡社)

歴史のスパイス　チャンドラグプタ王は、セレウコスと戦って講和を結び、象を贈った。戦象は、ディアドコイ戦争でも活躍した。

2 南インドの諸王朝

	300 200 前後 200 400 600 800 1000 1200
北インド	マウリヤ朝 / クシャーナ朝 / グプタ朝 / ハルシャ＝ヴァルダナの王国 / ガズナ朝 / ゴール朝
南インド	サータヴァーハナ朝 / (古代チョーラ国) / パッラヴァ朝 / 対立 / チャールキヤ朝 / 侵攻 / チョーラ朝 / 支配 / 侵攻 / パーンディヤ朝

文献③ スリランカの仏伝

仏はこの国にやってきて悪竜を帰依させたいと思い、神足の力をもって、片方の足は王城の北を踏み、他の足は山頂を踏んだ(という)。
(長澤和俊訳注『法顕伝・宋雲行記』平凡社)

↑スリランカは、前3世紀、アショーカ王の王子マヒンダによって仏教が布教された地で、**上座仏教**の源流となった。5世紀、グプタ朝期のインドを経て来島した中国僧**法顕**の『**仏国記**』では獅子国と記され、仏伝も知られる。また、スリランカは上座仏教が東南アジアへ伝播する際の橋渡し役も担った。

↓❺踊るシヴァ神 チョーラ朝で制作された像。破壊者かつ創造者であるシヴァは、ヴィシュヌとともに帰依の対象となり、**バクティ信仰**が広まった。ニューデリー国立博物館蔵、12世紀、高さ84.5cm

チェック
南インド諸王朝の特色
- **ドラヴィダ系** **タミル語**
- 北インドからサンスクリット文化を受容しつつ、文化形成
- **東西交易で繁栄**
→東南アジアの「インド化」を促進

サータヴァーハナ朝	デカン地方最初の大国
チョーラ朝➡P.202	スリランカなどに遠征⬅P.35 バクティ信仰広まる
チャールキヤ朝	ハルシャ王の侵入阻止
パーンディヤ朝	『エリュトゥラー海案内記』に登場
パッラヴァ朝	バクティ信仰広まる

3 インドの仏教美術

↑❻ガンダーラ様式(左)と❼グプタ様式の仏像(右) ❻がギリシア彫刻の影響をはじめ、国際色豊かであるのに対し、❼は純インド的。

読み解き 頭髪と衣服の表現について、❻と❼を比較しよう。

➡❽アジャンター石窟寺院(第1窟の内部) **サータヴァーハナ朝時代から栄えたアジャンター**には、仏塔を祀り、僧が居住する石窟寺院が造立された。5世紀後半からは、**グプタ様式の影響**を受けたインド風の仏像・絵画が多数つくられた。

文献④ 石窟寺院の経済的背景

紀元前1世紀になると、「ヒッパロスの風」と呼ばれた季節風の発見により、インド西岸部とローマとを結ぶ海上交易が隆盛した。そして、……莫大な富を得た商人階級の台頭を背景として、仏教の出家教団は変容していった。西岸部にあった交易港とガンジス川流域とを結ぶ通商路には、名高いアジャンター……などの石窟寺院が建てられた。これら石窟寺院への寄付者として、さまざまな商人や金融業者の名が碑文に刻まれている。
(馬場紀寿『初期仏教』岩波書店)

➡❾アジャンター壁画(左)と❿法隆寺金堂壁画(右) 蓮華の花を手に持つアジャンターの菩薩像は、インド的な官能さを漂わせる。法隆寺金堂の菩薩像は、シルク＝ロードを経て中性化し、宗教性が強められている。

4 仏教の伝播

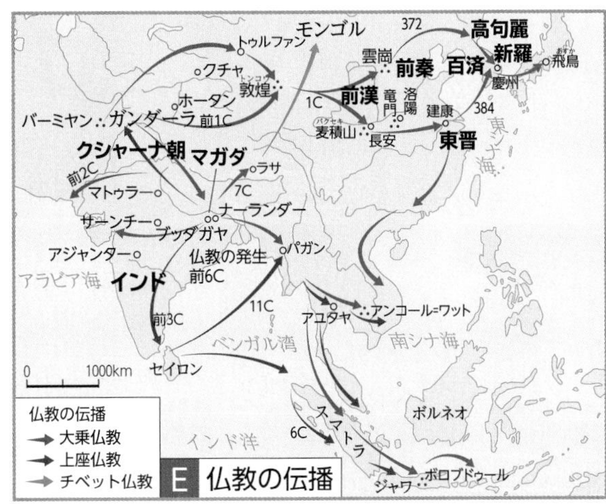

E 仏教の伝播

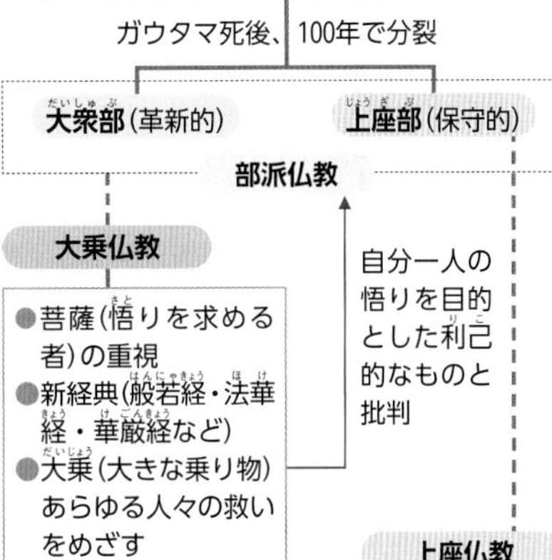

文献⑤ ナーランダー僧院の繁栄

那爛陀(Nālandā)寺の法(式)は……厳しい。[ナーランダー僧院は]僧徒の数は3,000を出、封邑(領地)は村(の数にして)200余(もあるのだ。これらは)、……君主の奉施(、奉納)する所であり、……[これがために僧院は栄え]絶えることがなかったのである。
(義浄撰、宮林昭彦他訳『現代語訳 南海寄帰内法伝』法藏館)

読み解き 文献④・⑤によれば、アジャンター石窟寺院やナーランダー僧院が栄えた理由の共通点は何だろう。

⬅ⓐ仏教の発展 インド仏教はナーランダー僧院などにおける研究で発達したが、民衆の信仰はヒンドゥー教に包摂されていった(例えば、ブッダはヴィシュヌ神の化身とされた)。イスラーム勢力の進出も、インドにおける仏教衰退を助長した。

歴史のスパイス 日常生活に取り入れられた仏教用語は多い。例えば、寿司のご飯をさすシャリは仏舎利、故人を供養するために用いる板の卒塔婆はストゥーパに由来する。

東南アジア

1 東南アジアの風土

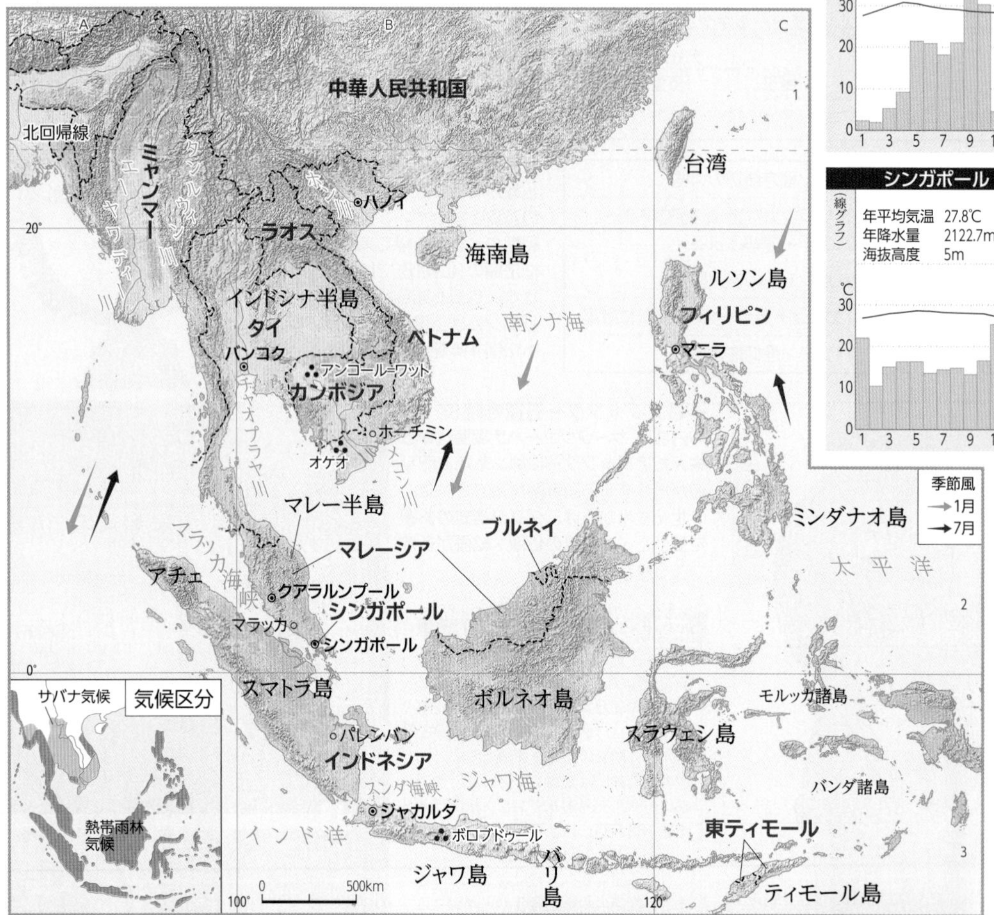

バンコク
年平均気温 29.1℃
年降水量 1717.7mm
海抜高度 3m

シンガポール
年平均気温 27.8℃
年降水量 2122.7mm
海抜高度 5m

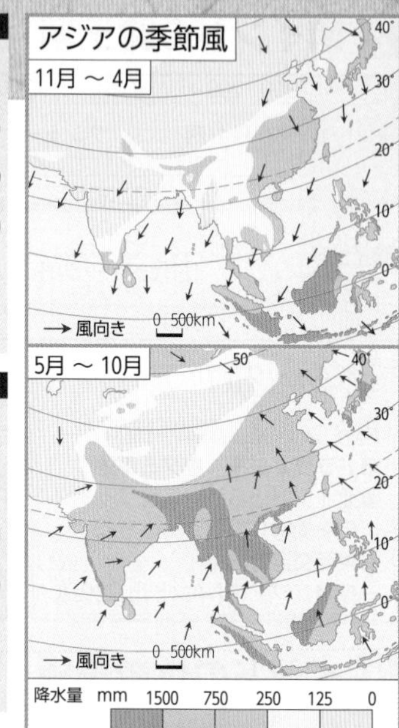

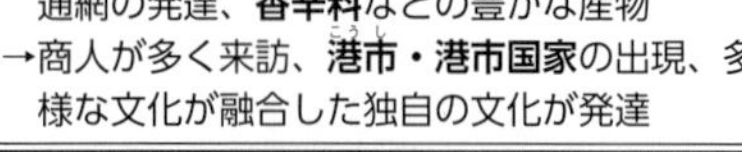

チェック 東南アジアの風土
- 季節風(モンスーン)の影響大
- 大陸部…大小の河川→下流のデルタで稲作が発展
- 島嶼部…熱帯雨林の発達、海や河川を利用した水上交通網の発達、**香辛料**などの豊かな産物
  →商人が多く来訪、**港市・港市国家**の出現、多様な文化が融合した独自の文化が発達

❷水牛を用いた稲作(ベトナム)

↑❶**ナツメグの加工**(インドネシア) 香辛料は南・東南アジアの重要な交易品である。コショウは南インドやスマトラ島が主産地で、クローブ(丁子)はモルッカ諸島、ナツメグ(ニクズク)はバンダ諸島でのみ産出された。**ヨーロッパ人にとって、香辛料は肉食を促進する調味料で、奢侈品だったために、社会的地位の象徴として高値で取引された。**➲P.63

読み解き バリ島のヒンドゥー文化は、東南アジアのどのような歴史に由来するのだろう。P.116を見て考えよう。

2 東南アジアの宗教

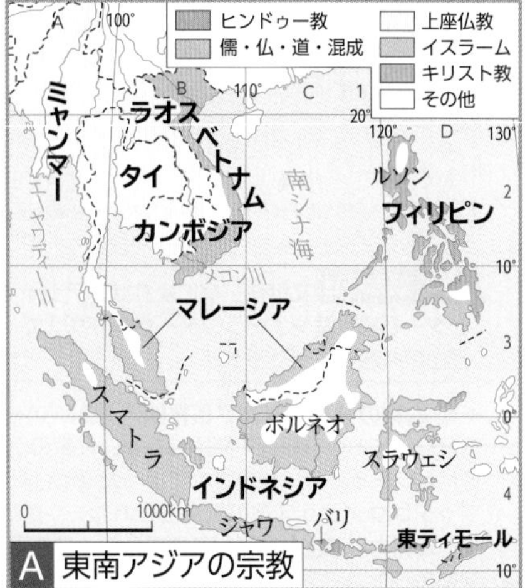

A 東南アジアの宗教

→❸**イスラームと❹ヒンドゥー教 島嶼部はイスラーム化**し、インドネシアは世界で最もムスリムが多い国である(左)。バリ島にはヒンドゥー教徒が多く、『マハーバーラタ』、『ラーマーヤナ』を題材とした**ワヤン**(影絵芝居)の伝統が残る(右)。

ヒンドゥー教

←❺**仏教と❻キリスト教 大陸部には上座仏教が広まり**、現在でも托鉢を行う僧侶の姿がよくみられる(左)。島嶼部の中でフィリピンは、スペイン植民地時代が長かったため、住民の多数がキリスト教徒である(右)。

歴史のスパイス ワヤンは多様な行事、宗教儀礼などの際に上演されてきた。結婚式で『ラーマーヤナ』が披露される場合、新郎・新婦はラーマとシーターになぞらえられる。

テーマ9 アンコール遺跡群とボロブドゥール

1 アンコール＝ワットとアンコール＝トム

→❶カンボジアの国旗　アンコール＝ワットが中央に描かれている。

↑❷アンコール＝ワット（カンボジア）　クメール語で「寺院町」を意味する。**12世紀前半、アンコール朝のスールヤヴァルマン2世が創建したヒンドゥー教寺院で、後に仏教寺院に転じた。** 4kmに及ぶ回廊には、ヒンドゥー教の神話や『**ラーマーヤナ**』、『**マハーバーラタ**』にまつわる場面が浮き彫りにされている。15世紀以来密林の奥に眠っていた大寺院は、フランスのインドシナ進出が続く1860年、博物学者アンリ＝ムオによって再発見された。

❸最盛期のアンコール地域

↑❹アンコール＝ワットの回廊の浮き彫り（上）と❺アンコール＝トムの城門前の様子（下）　両者に共通したモチーフは、ヒンドゥー教の天地創造神話「乳海攪拌」で、神々と阿修羅が大蛇で綱引きをしながら海をかき回すうち、海から天女や神の妃が誕生したという。文献②は、元朝使節の通辞である中国人による13世紀末の記録。

↑❻アンコール＝トムの彫像（バイヨン寺院の仏顔）

文献① 乳海攪拌

［❹のような］乳海攪拌の場面は反復と繰り返しが多い画面の構成であり、描出図像が単調でもある。しかし、繰り返しは生きとし生けるものが生死を繰り返す(　　　)転生を表現している。……これらの場面はクメール人彫工が好んだ題材であり、図柄の中にインド版では見られないカンボジア版の想像上の図像が描かれている。これこそ原カンボジア文化を絵図にした乳海攪拌と見るべきであろう。
（石澤良昭『アンコール王朝興亡史』NHK出版）

読み解き 文献①の空欄に入る用語は何だろう。

文献② アンコール＝トムの城門前

［城門前では、神々が］みな手で蛇を抱きかかえ、それが走りにげるのをゆるさない姿勢である。
（周達観著、和田久徳訳注『真臘風土記』平凡社）

2 ボロブドゥール

↑❼ボロブドゥールの大乗仏教遺跡（インドネシア）　方形の6段と、円形の3段からなる仏塔。**ジャワ島を中心に栄えたシャイレンドラ朝**によって、8世紀後半から9世紀前半にかけて造立された。階段や回廊の仏像、ガウタマ＝シッダールタの生涯を描いた浮き彫りなどを参りながら登っていくと、中心の大ストゥーパと、それぞれに仏像の入った小ストゥーパ（❾）が見えてくる。

↑❽両界曼荼羅図（胎蔵界）　曼荼羅はサンスクリット語で「最高の悟りを得る」という意味で、仏・菩薩が配された図は仏教的な宇宙観を表現したもの。京都・教王護国寺蔵

❾小ストゥーパ内の仏像

読み解き
1 ❼と❽の構図上の共通点は何だろう。
2 その共通点をふまえると、❼はどのような理念の下に設計された寺院なのだろう。

歴史のスパイス　朱印船を用いた近世の日本人もアンコール＝ワットに参詣しており、柱に墨書を残した者もいる。当時、この寺院はインドの「祇園精舎」と誤認されていた。

テーマ⑩ 東南アジアの歴史

➡P.188
➡P.272

1 東南アジアの変遷(1)

ヒンドゥー・大乗仏教　上座仏教　イスラーム　儒教

世紀	スマトラ・マレー	ジャワ	ビルマ	タイ	カンボジア	ベトナム南部	ベトナム北部	中国
4					扶南	チャンパー(林邑)	中国の支配(秦～唐)	魏晋南北朝
5			ピュー(驃)					
6								
7				ドヴァーラヴァティ	真臘			隋
8	シュリーヴィジャヤ王国	シャイレンドラ朝			陸真臘／水真臘			唐
9					802	(環王)		
10	ジャーヴァカ(三仏斉)	クディリ朝			アンコール朝			五代十国
11			1044 パガン朝				李朝(大越)	北宋
12						(占城)		南宋
13		シンガサリ王国		1257 スコータイ朝			陳朝(大越)	
14		マジャパヒト王国	1299 ペグー朝	1351 アユタヤ王国				元
15	マラッカ王国						黎朝(大越)	明
16			1531 タウングー朝		タイソン朝			
17	アチェ王国	バンテン王国／マタラム王国				広南	黎朝(大越)	
18			コンバウン朝	ラタナコーシン朝				清
19		オランダ領			1863 フランス領	阮朝(越南)		
	イギリス	オランダ	イギリス		フランス領			

東南アジア史の構造と「インド化」

基層文化：根栽農耕と稲作農耕、水牛耕作、アニミズム(精霊信仰)、銅鼓の分布

↓ 紀元前後から港市国家の発達←インド・中国間の交易

「**インド化**」(グプタ朝の隆盛、南インドとの交流を背景とし、4世紀以降)
- 東南アジアの諸国家が、インド的な王権概念を導入し、現地化
- →ヒンドゥー教・大乗仏教、サンスクリット語なども統治に利用
- 基層文化が混在した、**東南アジア独自の重層的な文化**が形成される

(例) 大陸部のチャンパー、アンコール朝、島嶼部のシュリーヴィジャヤ

中国との関係・影響(特にベトナム。諸国による朝貢)

各地でインド文明の影響が後退

島嶼部のイスラーム化(特に15世紀以降)
※スマトラ島が先駆

大陸部の上座仏教化(特に13世紀以降)
※先に、スリランカ経由でモン人が受容し、伝播

ヨーロッパ勢力の進出(特に16世紀以降)
- 既存の商業ネットワークに参入し、現地社会の実情に応じてシステムを再編
- →やがて、領土支配とプランテーション開発が進展
- スペインは、フィリピンをアメリカ大陸と結びつけて支配し、カトリックを布教

文献① 東南アジアの「インド化」再考

かつて……インド的な姿の国家を「インド化された国家」と捉える、いわゆるインド化論が一般的であった。極端にはインド文化の移植があって初めて東南アジアに国家が成立したと見る。これは東南アジア側の主体性を顧慮しない植民地主義的発想によるもので……今日ではあまり受け入れられない。筆者[深見純生]は、交易活動の活性化によって多数の交易国家が生まれるという国家形成の動きがあり、その新たに登場した支配者たちが内にあっては支配の正統化のために、外に対しては文明国の印として、またライバルとの競争、覇権争いに勝つための道具立てとしてインドの高度な文明を摂取したのだと考える。つまりインド的な姿は国家形成に伴う付随物として考えるのである。したがって**インドの影響は支配階級の間に濃厚であっても社会一般には、とくに社会の構造には影響しなかったと考えられる**。

(池端雪浦他編『岩波講座 東南アジア史1』岩波書店)

読み解き
1. 「インド化」において、東南アジア側の主体性は、どのような点にみられるのだろう。
2. 文献の下線部と関連して、インドの社会構造のうち、東南アジアの社会構造として実際に普及しなかったものは何だろう。

東南アジアの歴史　赤字の国は港市国家

読み解き ジャワ島における支配的な宗教は、どのように推移したのだろう。

島嶼部：マレー・スマトラ	島嶼部：ジャワ	大陸部：ビルマ	大陸部：タイ	大陸部：カンボジア	大陸部：ベトナム南部	大陸部：ベトナム北部	
～マレー人の港市の発達～		～モン人の港市の発達～		扶南(1c末) ・海上交易で繁栄	チャンパー(林邑)(2c末) ・後漢から自立 ・**チャム人** ・海上交易で繁栄 ・インド文化受容	ドンソン文化(前4c～) 中国の支配 ・**秦始皇帝**が南海など**3郡**を設置(前214) ・前漢**武帝**が日南など**9郡**を設置(前111) ・**徴姉妹の蜂起**(40～43) ・唐が安南都護府(679)	4c～ インド化
シュリーヴィジャヤ王国(室利仏逝)(670頃) ・**義浄**来訪(672)『南海寄帰内法伝』➡P.113, ➡P.134	**シャイレンドラ朝**(752) ・**ボロブドゥール**造営←**大乗仏教**	ピュー(驃) ・綿布生産で栄える ・南詔による侵攻	ドヴァーラヴァティ(7c初) ・モン人 ・上座仏教	**真臘**(6c) ・クメール人 ・**ヒンドゥー教**国教化 水真臘・陸真臘に分裂(8c初) 真臘再統一(802)	チャンパー(環王)(8c) チャンパー(占城)(9c)	**李朝**(1009) 国号…**大越**	
ジャーヴァカ*(三仏斉)(10～14c頃) *港市国家群の総称	クディリ朝(928) シンガサリ王国(1222)	ビルマ人の南下 **パガン朝**(1044) ・ビルマ人・ビルマ文字 ・**上座仏教**国教化 ・元への朝貢を拒否 ・元の侵攻とシャン人の台頭により滅亡(1299)	タイ人の南下(11c以降) **スコータイ朝**(1257) ・タイ人 ・上座仏教国教化 ・タイ文字	**アンコール朝** ・首都アンコール＝トム ・スールヤヴァルマン2世(12c前半)の時代に全盛 ↓ ・**アンコール＝ワット**造営		**陳朝**(1225) ➡P.188 ・**チュノム**(字喃)形成 ・モンゴル軍を撃退 ・元軍を撃退	13c 元軍の侵攻
サムドラ＝パサイ王国(13c後半) ・**イスラーム**国家	(元軍のジャワ遠征) **マジャパヒト王国**(1293)				・陳朝に侵入(14c) →	(衰退)	
マラッカ王国(14c末) ・**イスラーム**国家 ・海上交易で繁栄	・バリ島に侵攻し、支配(バリ島はヒンドゥー文化を継承)	ペグー朝(1287) ・モン人	**アユタヤ王国**(1351) ・**上座仏教**国教化 ・カンボジア侵入→	(アンコール朝衰退)		明の支配(1407～27) **黎朝**(1428)	15c 鄭和の南海遠征
アチェ王国(15c末)	バンテン王国(16c) マタラム王国(16c末)	**タウングー朝**(1531) ・ビルマ人とモン人の連合 ・アユタヤ王国に侵入→	(アユタヤ王国衰退) 日本町形成(17c) 1767滅亡		(17c滅亡) ←	・チャンパー攻撃(1471)	
イスラーム化が完成		上座仏教の優位確立			・北部の鄭氏と南部の阮氏の対立(17～18c) ・**タイソン(西山)の反乱**(1771～1802)→阮氏の支配へ(黎朝滅亡 1789)		
ヨーロッパ諸国の商業網参入(16c～)		**コンバウン朝**(アラウンパヤー朝)(1752) ・ビルマ人 ・アユタヤ王国征服	**ラタナコーシン朝**(チャクリ朝)(1782)		**阮朝**(1802) ・阮福暎、建国 ・国号…越南国 ・清が宗主国		
ヨーロッパ諸国の領土支配(18c～)							

歴史のスパイス 現在のベトナムには、民族英雄としての徴姉妹(ハイバーチュン)に由来するハイバーチュン区、ハイバーチュン通り、姉妹を祀った寺院などがある。

2 東南アジアの変遷(2)

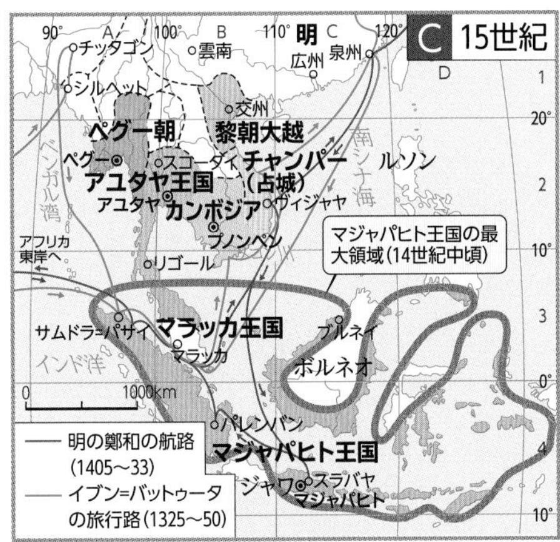

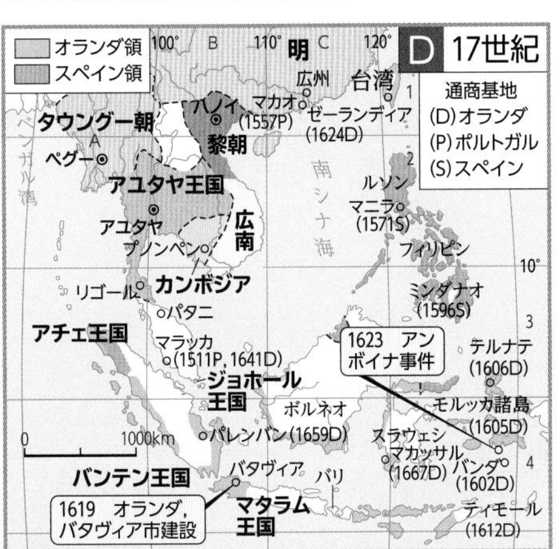

解説 ドンソン文化

ベトナム北部に発展した青銅器・鉄器文化。発掘される遺物により、**中国の戦国時代から後漢の時期に該当**すると考えられる。墓地の副葬品には銅鼓のほか、中国製の武器・食器・**五銖銭**などがある。銅鼓の分布は東南アジア全域にみられ、ドンソン文化が海域世界と結びついていたことを想像させる。

←❶銅鼓

E 港市国家

川
内陸勢力との物資の交換
B
海
交易活動・宗教の伝播
A
中国・インド・イスラーム
ヨーロッパ世界など
● 港市
■ 内陸勢力
港市国家

↑港市（港町）を中心に成立した国家を港市国家と呼ぶ。こうした国家の成立は全世界でみられた。港市国家には、交易船から得た外来品を他の地域で売るタイプ（図中A）や、外来品を内陸の産物と交換し、それを交易船に売るタイプ（図中B）などがあった。

F マレー半島横断ルートとオケオ

頓遜
扶南
オケオ
チャイヤー
盤盤
ナコンシータマラート
狼牙脩
パタニ
サムドラ=パサイ
クダ（ルンバ=ブジャン）
マラッカ
500km
交易ルート

←破線で示されているのは3～5世紀頃の交易ルート。**マラッカ海峡が東西交通の中心となるのは7世紀以降**のことで、それまではマレー半島を陸路で横断するルートも盛んだった（盤盤などの国家が、陸路を管理した）。7世紀以降、シュリーヴィジャヤ王国などが海峡の治安を安定化させ、中国まで渡るアラブ商人などもいっそう増えていった。

読み解き マレー半島横断ルートが活発に使われたことは、オケオを外港とする扶南の繁栄とどのように関係したのだろう。

資料から読み解く 東南アジアを訪れた人々

東南アジアには、各地から様々な人々が訪れた。7世紀後半、**義浄**は、インド留学の前後に、スマトラ島のパレンバンなどに滞在し、『南海寄帰内法伝』を執筆した。13世紀には、**マルコ=ポーロ**もスマトラ島を訪れ、『世界の記述』でその地のムスリムについてふれている。また、14世紀のイスラーム知識人で、各地を旅行した**イブン=バットゥータ**は、イスラーム国家サムドラ=パサイ王国のスルタンと交流した。

読み解き

1 文献❷の外道とは、どのような意味だろう。
2 文献❸の異教徒の宗教は何だろう。
3 外来宗教は、東南アジアの歴史にどのような影響をもたらしたのだろう。

文献❷ 義浄がとらえた東南アジア

[かつての扶南では]人は多く天[サンスクリット語のデーヴァの訳。ヒンドゥー教の神をさす]に事えていた。後には仏法が盛んに流(布)したのだが、悪王が(出たため、仏教は)今では並除かれ滅ぼされてしまい、……外道が雑居しているだけである。
（義浄撰、宮林昭彦他訳『現代語訳 南海寄帰内法伝』法藏館）

文献❸ スマトラ島のスルタン

[スルタンは]法学者たちを寵愛した。……スルタンは(異教徒たちに対する)数多くの聖戦……を行い、(神の前で自らを蔑む)謙虚な態度を持ち……
（イブン=バットゥータ著、家島彦一訳注『大旅行記6』平凡社）

Column マラッカの遺産が物語る歴史

15世紀前半、マラッカ王国は、鄭和の遠征を受け、明の朝貢国として興隆した（➡P.186）。明の対外政策が消極化して民間交易が活発化すると、マラッカはムスリム商人との結びつきを強め、王もイスラームに改宗し、東西交易の中心地となった（マラッカの台頭は、マジャパヒト王国の勢力後退を助長した）。海峡に面し、また国家の経済的基盤を外国人に依存するマラッカは、軍事的には攻められやすく、アジア交易に参入した**ポルトガル**に、1511年占領された（❷、➡P.188）。さらに、アジア交易でポルトガルに対抗する**オランダ**が、ジョホール王国の支援も得て、1641年にマラッカを占領した。19世紀には、**イギリス**がマラッカを獲得し、植民地支配の手を広げた（❸）。

↑❷ザビエル像とポルトガル時代のセントポール教会史跡

↓❸オランダ広場の教会と噴水　教会はオランダ時代に建設されたもので、噴水はイギリスのヴィクトリア女王（位1837～1901）没後に、市民が彼女を偲んで造営したものである。

歴史のスパイス　マレーシアには「ブルーモスク」「ピンクモスク」や、「水上モスク」（マラッカ海峡モスクなど）と呼ばれるモスクがある。

東アジア

読み解き　中国の風土が歴史に与えた影響は何だろうか。

北京

年平均気温 13.3℃
年降水量 530.8mm
海抜高度 32m

（線グラフ）℃ 30, 20, 10, 0, −10
（棒グラフ）mm 400, 300, 200, 100, 0
1 3 5 7 9 11月

上海

年平均気温 17.2℃
年降水量 1211.9mm
海抜高度 9m

（線グラフ）℃ 30, 20, 10, 0, −10
（棒グラフ）mm 400, 300, 200, 100, 0
1 3 5 7 9 11月

チェック

東アジアの風土

- **モンゴル高原以西**
  乾燥した草原・砂漠地帯、遊牧民が活躍
- **中国東北部**
  森林地帯、狩猟民が活躍
- **中国東部・朝鮮半島・日本列島・ベトナム北部**
  温暖湿潤なモンスーン地帯、農耕民が活躍

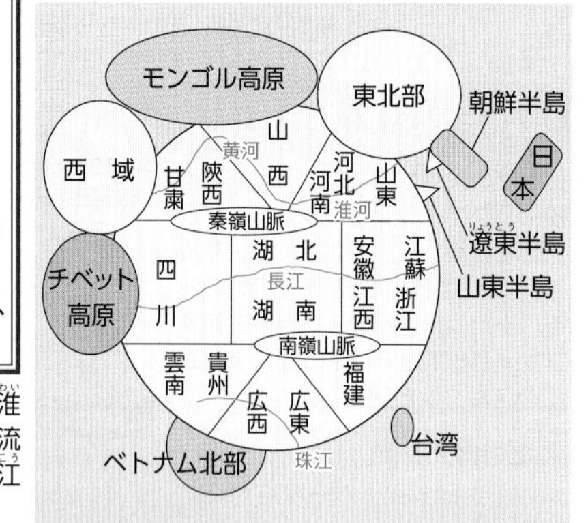

→ⓐ**東アジア概念図**　中国は淮河と秦嶺山脈を境に**華北**(黄河流域)と華中(長江流域)・華南(珠江流域)に大きく分けられる。

❶**黄河**　青海省に源を発し、渤海に注ぐ全長5,464kmの中国第二の大河。流域には**黄土**地帯が広がり、豊かな養分をふくむため、古代より**アワ**や**キビ**が栽培された。

→黄河は下流域では天井川となるため、堤防が決壊すれば本来の河道から低地に水が流れ出し、河道が大きく変わる。

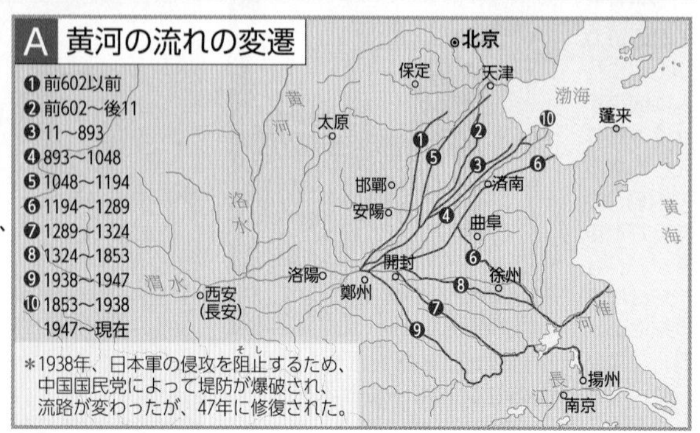

＊1938年、日本軍の侵攻を阻止するため、中国国民党によって堤防が爆破され、流路が変わったが、47年に修復された。

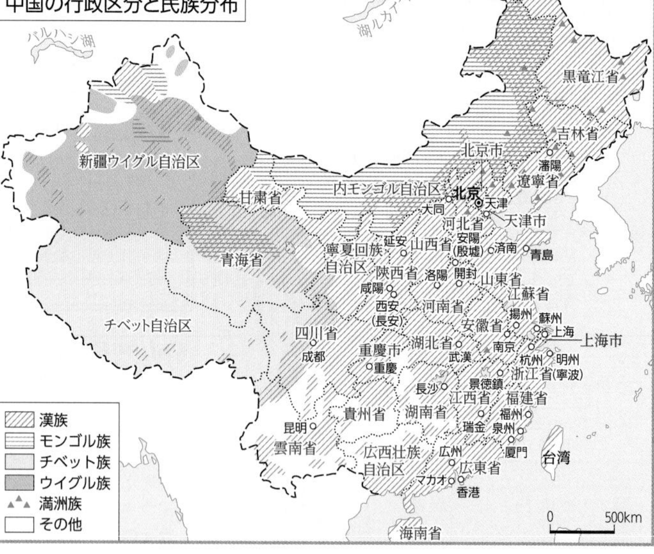

➋**長江**　青海省に源を発し、東シナ海に注ぐ全長6,380kmの中国第一の大河。

歴史のスパイス　中国が南北に分断されるときは秦嶺・淮河付近が国境になることが多い。

中国文明の誕生

1 中国文明の歩み

A 黄河文明と長江文明

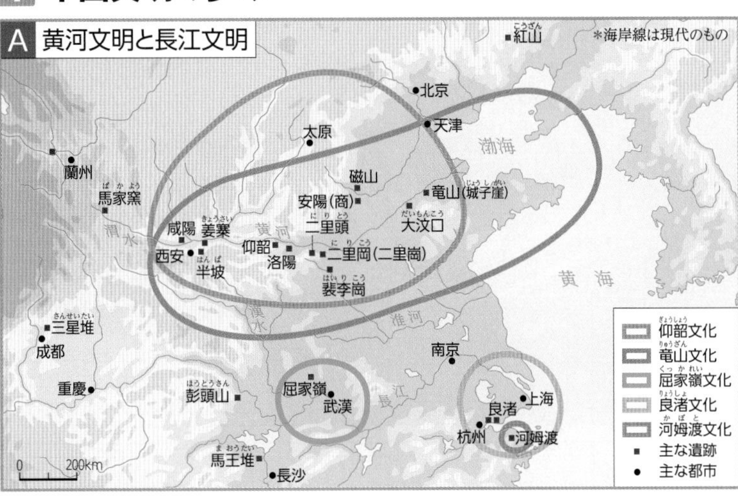

↓ⓐ中国文明の諸文化 中国大陸各地で生まれた諸文化が、相互に影響を与えながら中国文明を形成した。

紀元前	遼河流域	黄河上流	黄河中流	黄河下流	長江中流	長江下流	長江上流
6000	興隆窪	老官台	裴里崗／磁山	後李	彭頭山／城背渓		
5000	趙宝溝	仰韶	仰韶・半坡	北辛	彭頭山／城背渓	河姆渡／馬家浜	
4000	紅山	仰韶	半坡	大汶口	大渓	崧沢	
3000	小河沿	馬家窯	竜山諸文化	竜山諸文化	屈家嶺	良渚	宝墩
2000	夏家店下層	斉家	二里頭	岳石	石家河	馬橋	三星堆
	老虎山	辛店	二里岡(二里崗)／殷墟	二里岡(二里崗)／殷墟	二里岡(二里崗)／殷墟	馬橋	三星堆
1000	魏営子	寺窪	西周	西周	西周	湖熟	

2 黄河文明 ➡P.120

	仰韶文化	竜山文化	二里頭文化
時代	前5000頃～前3000年頃	前3000頃～前2000頃	前1800頃～前1500頃
地域	黄河中流域 仰韶遺跡・半坡遺跡など	黄河下流域 竜山(城子崖遺跡)など	黄河中流域 二里頭遺跡など
特色	●アワ・キビの栽培 ●豚・犬の飼育 ●彩文土器(彩陶)の使用 ●環濠集落の形成	●アワ・キビの栽培 ●牛・馬の飼育、養蚕の開始 ●黒色土器(黒陶)・灰陶の使用 ●邑の原型が成立	●竜山文化を継承 ●青銅器の製作・使用 ●宮殿遺跡の発掘

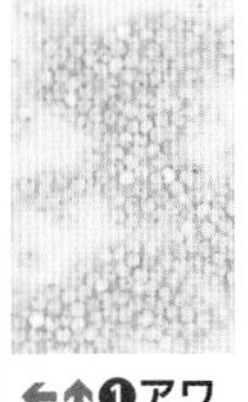

←↑❶アワ

←↑❷キビ

中国の農耕文化は、**アワ**や**キビ**、稲の栽培と豚の飼育から始まり、後に西方より小麦と大麦が伝わった。

読み解き アワ・キビをどのように料理したのだろう。

陝西省出土、高さ17.5cm

↑❸**彩陶**(彩文土器)

↑❹**黒陶**(黒色土器)

↑❺**灰陶**

黒陶は彩陶より薄手で光沢がある。鬲や鼎などの**三足土器**は中国特有の形で、殷周時代の青銅器に継承された。鬲は穀物を蒸す、鼎は肉を煮るための三足土器。黒陶：山東省出土　灰陶：河南省出土

↑❻**動物文飾板** 二里頭遺跡で出土したトルコ石の小片で装飾された青銅製の板。権威を象徴する装身具であったと考えられる。洛陽博物館蔵、長さ16.5cm

Column 幻の夏王朝―二里頭遺跡の発見

1959年、河南省の二里頭で殷墟(➡P.120)以前の土器が発見された。これをきっかけに二里頭遺跡の発掘調査が行われ、宮殿の跡や青銅器などが発見された。当初、遺跡は殷代前期のものと考えられていた。1983年に二里頭から東へ約6km離れた場所で二里頭文化末期と同時代ながらも二里頭文化とは別系統の文化を持つ遺跡が発見され、これが殷の最初の都であることが判明した。このことは、二里頭遺跡が殷に先立つ政権の中心地であったことを物語る。『史記』によれば、殷に先立つ王朝として「夏」の歴史が記述されているが、現時点においては、後世の文献にいう「夏」に相当する王朝が存在したとみられている。

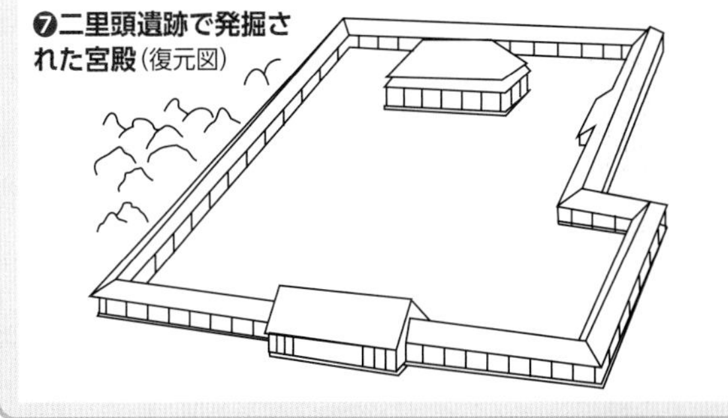

❼**二里頭遺跡で発掘された宮殿**(復元図)

文献① 夏の建国(『史記』夏本紀)

帝舜[1]は禹を天にすすめて後継者とした。17年で帝舜が崩じ、3年の喪が終わると、禹は辞退して舜の子の商均に譲り、都を避けて陽城[今の山西・陽城地方]に移った。しかし天下の諸侯は、みな商均を離れ禹のところに来たので、ついに禹は天子の位につき、南面して天下を率いた。国号を夏后といい、姓は姒氏であった。

① 堯から位を譲られた伝説的帝王。堯舜の時代は儒教で理想とされた。

(司馬遷著、小竹文夫他訳『史記1 本紀』筑摩書房)

読み解き 文字の存在という点に着目した時、『史記』にも言及されている夏が、現在確認されている最古の王朝とされていないのはなぜだろう。

3 長江文明 ➡P.120

	河姆渡文化	良渚文化	三星堆文化
時代	前5000頃～前3000頃	前3300頃～前2200頃	前2000頃～
地域	長江下流域	長江下流域	長江上流域
特色	●稲作を行う ●牛・豚・馬の飼育 ●木製家屋・骨製農具の出土	●稲作を行う ●祭祀用の玉器の制作 ●権力者の出現	●黄河流域とは異なる独特な青銅器文化 ●各地との交易

↑❽**稲**

←❾**三星堆遺跡出土の縦目仮面** 四川盆地の三星堆文化では黄河流域とは異なる独特な青銅器が出土する。三星堆博物館蔵、高さ65cm、幅137cm

歴史のスパイス 竜山文化の黒陶には「卵殻陶」と呼ばれる器の厚みを0.5～1mmにまで薄くしたものがあり、高い技術を有していたことをうかがわせる。

中華世界の拡大と興亡

1 殷(商)・周時代 ➡P.119 ➡P.121

夏?	夏 ●禹が建国した伝説的王朝 ➡P.119
殷(商)	殷(商)(前16～前11世紀頃) ●邑の連合体、神権政治 ●殷墟(都の遺跡) ●甲骨文字、青銅器
西周	周(西周)(前11世紀～前771) ●渭水流域に興り、殷を滅ぼす 都：鎬京 ●封建制の実施(～前256) 前771 遊牧民犬戎の鎬京侵入→西周滅亡 前770 洛邑に遷都(周の東遷) →東周(～前256)

➡❶鉞 鉞は大型の斧で、刑罰などの際の首切りの道具として発展したものと思われ、そこから転じて、これを手にする者は権力を有することを示した。「王」という文字はこの鉞の形に由来するともいわれる。湖北省博物館蔵、40.7cm×25.5cm

➡❸殷王の墓(想像図) 殷墟で発見された陵墓の想像図。殷墟は河南省安陽市にある殷後期の都城遺跡。陵墓からは数多くの殉死者の骨や青銅器などが発見された。

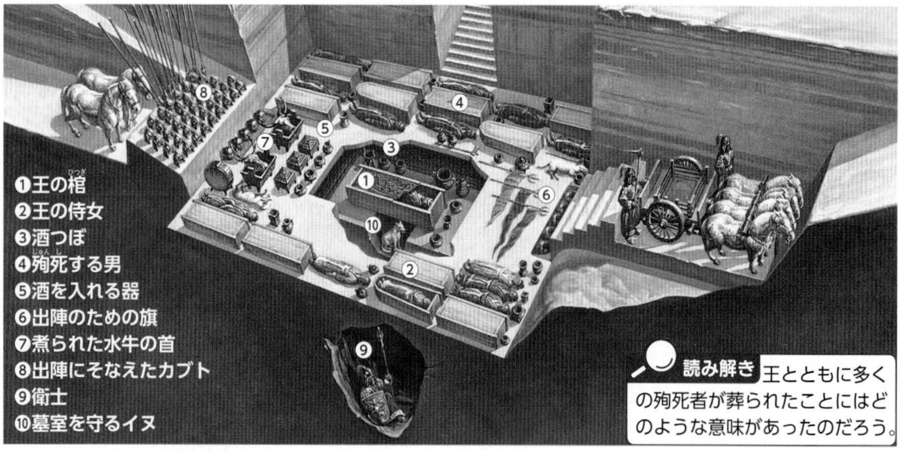

①王の棺
②王の侍女
③酒つぼ
④殉死する男
⑤酒を入れる器
⑥出陣のための旗
⑦煮られた水牛の首
⑧出陣にそなえたカブト
⑨衛士
⑩墓室を守るイヌ

読み解き 王とともに多くの殉死者が葬られたことにはどのような意味があったのだろう。

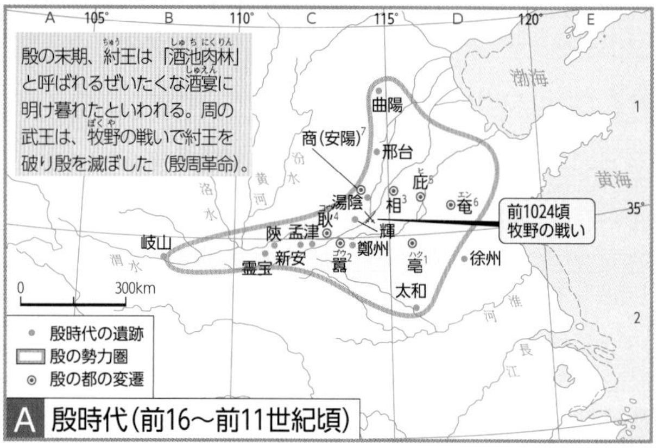

白鶴美術館蔵、高さ29.1cm

➡❷殷の青銅器(犠首饕餮文尊) 殷では、祖先や神々の祭祀のために**様々な形と用途の青銅器が製作された**。「尊」とは酒器のこと。「犠首」とは動物の首、「饕餮文」とは魔除けのための目を見開いた獣の文様をさす。

殷の末期、紂王は「酒池肉林」と呼ばれるぜいたくな酒宴に明け暮れたといわれる。周の武王は、牧野の戦いで紂王を破り殷を滅ぼした(殷周革命)。

A 105° B 110° C 115° D 120° E
渤海 黄海 曲阜 商(安陽)7 邢台 庇5 奄6 湯陰 相3 耿4 輝 孟津 陝 鄭州 隞2 亳1 新安 霊宝 岐山 徐州 太和
前1024頃 牧野の戦い
0 300km
● 殷時代の遺跡
□ 殷の勢力圏
⊙ 殷の都の変遷

A 殷時代(前16～前11世紀頃)

Column 甲骨文字の発見

甲骨文字は占いの結果(卜辞)を記すために使用された文字。1899年に発見され、20世紀初頭に羅振玉と王国維が解読した。1911年から殷墟の発掘が開始され、大量の甲骨文字が刻まれた獣骨が発見された。解読の結果、甲骨文中に登場する王名のほとんどが『史記』の「殷本紀」のものと一致したことから、**殷が実在の王朝であることが立証された**。

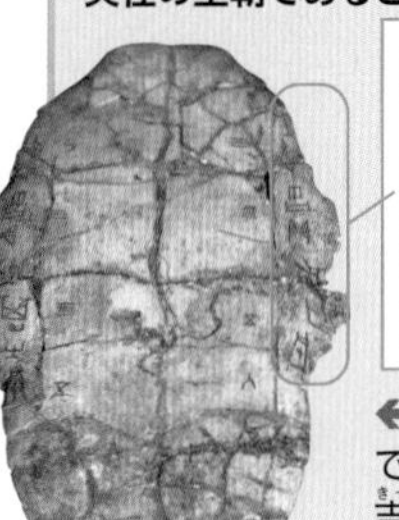

(訳)戊午、卜して古貞う般卜なきか

＊般という人物(22代目の王の重臣)に災いがあるかどうかを占ったことを記す。裏面には「吉」つまり災いがないことが刻まれている。

⬅❹甲骨文字 亀甲や獣骨を火であぶることで亀裂を生じさせ、吉凶を占い、国事を定めた。漢字の「卜」は、この占いでできたひび割れの形からきたものとされる。

チェック 殷・周の国家構造

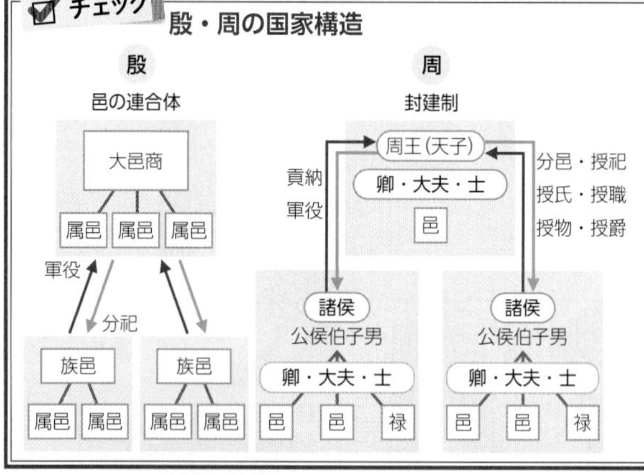

殷
邑の連合体
大邑商
属邑 属邑 属邑
軍役 分祀
族邑 族邑
属邑 属邑 属邑 属邑

周
封建制
周王(天子)
卿・大夫・士
邑
貢納 軍役
分邑・授祀 授氏・授職 授物・授爵
諸侯 公侯伯子男 諸侯 公侯伯子男
卿・大夫・士 卿・大夫・士
邑 邑 禄 邑 邑 禄

●殷・周はいずれも**邑制国家**
…有力な邑(大邑)が他の邑を従える

殷の特徴
●帝(最高神)と王の祖先を崇拝し、宗教的権威によって多くの邑を支配(神権政治)
●王は祭祀を行い、神意を占って国事を決定した

周の特徴
●**封建**に基づく統治
…一族・功臣を諸侯に封じて封土を与え、貢納や軍役を義務づける
●礼による秩序維持
…父系同族集団(宗族)を律する一連の規定(**宗法**)を規範とする

文献① 周の封建(青銅器の銘文)

周王は、武王・成王が征伐された商(殷)の版図を視察され、さらに東国の版図を視察されていた。(その途中、)王は宜……において、南に面して立たれた。王は、虞侯(虞という地の大名)であった夨に命じて以下のようにいわれた。「夨よ、宜の侯としよう。……[酒、青銅器、]丹塗りの弓一張、丹塗りの矢百、……土地を与える。……」と。

(貝塚茂樹他『古代中国』講談社)

読み解き 王が弓矢を与えたことは何を象徴しているのだろう。

⬆❺周の青銅器(左、大克鼎)と❻金文(右) 内側には克という人物が周王から褒美を与えられた内容の銘文(金文)が記されている。上海博物館蔵、高さ91.3cm、重さ201.5kg

B 西周時代(前11世紀末～前771)

歴史のスパイス 『史記』では殷の国名を後期の都に由来する「殷」としたが、殷末期の人々は自らの邑を「商」と称したので、中国では殷のことを商と呼ぶ。

2 春秋・戦国*時代 ➲P.120 ➲P.123

＊春秋と戦国という呼称は、魯国の年代記『春秋』と、戦国時代の各国の事績を記した『戦国策』に由来する。

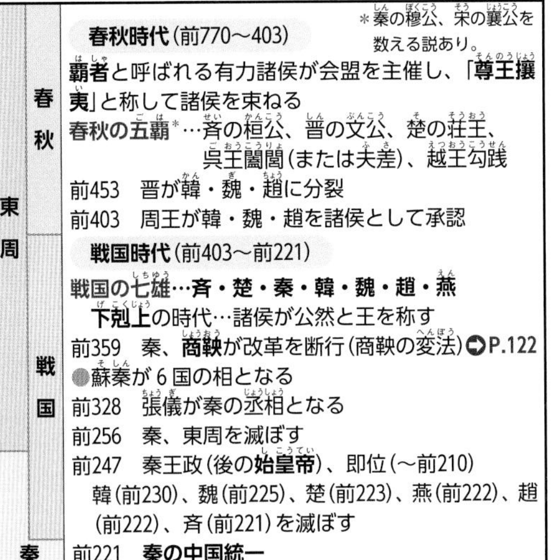

東周	春秋	**春秋時代**(前770～403) ＊秦の穆公、宋の襄公を数える説あり。 **覇者**と呼ばれる有力諸侯が会盟を主催し、「**尊王攘夷**」と称して諸侯を束ねる **春秋の五覇**＊…斉の桓公、晋の文公、楚の荘王、呉王闔閭(または夫差)、越王勾践 前453 晋が韓・魏・趙に分裂 前403 周王が韓・魏・趙を諸侯として承認
	戦国	**戦国時代**(前403～前221) **戦国の七雄…斉・楚・秦・韓・魏・趙・燕** **下剋上**の時代…諸侯が公然と王を称す 前359 秦、**商鞅**が改革を断行(商鞅の変法)➲P.122 ●蘇秦が6国の相となる 前328 張儀が秦の丞相となる 前256 秦、東周を滅ぼす 前247 秦王政(後の**始皇帝**)、即位(～前210) 韓(前230)、魏(前225)、楚(前223)、燕(前222)、趙(前222)、斉(前221)を滅ぼす
秦		前221 **秦の中国統一**

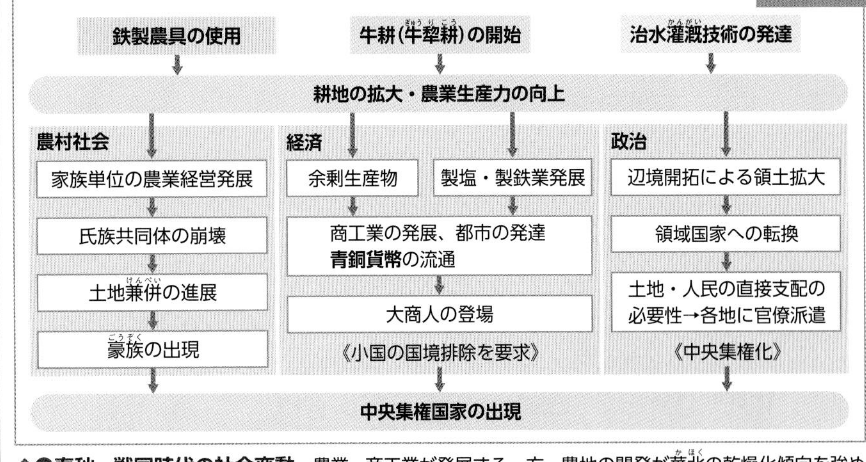

↑ⓐ**春秋・戦国時代の社会変動** 農業・商工業が発展する一方、農地の開発が華北の乾燥化傾向を強めたり、世襲的な身分制が崩壊して個人の能力が重視されるようになるなど、様々な影響をもたらした。

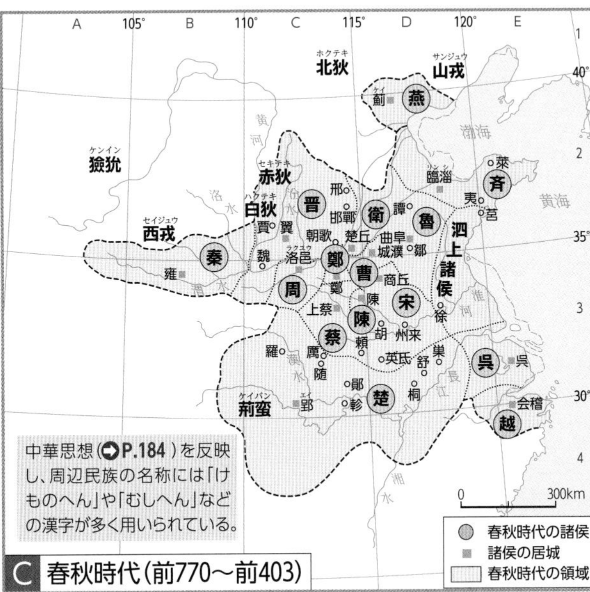

中華思想(➲P.184)を反映し、周辺民族の名称には「けものへん」や「むしへん」などの漢字が多く用いられている。

C 春秋時代(前770～前403)

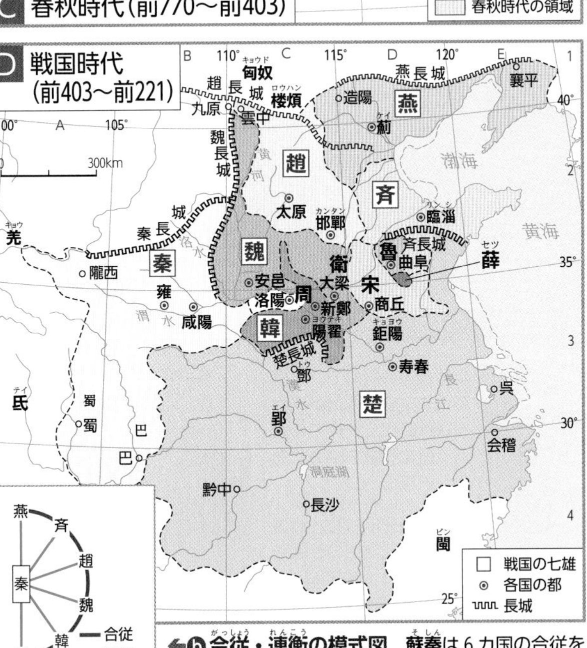

←ⓑ**合従・連衡の模式図** **蘇秦**は6カ国の合従を説いて秦に対抗し、**張儀**は諸国と秦の連衡を説いた。

↑⑦**牛耕**(犂耕図壁画磚) 魏晋南北朝時代(➲P.130)の墓室を飾るレンガ(磚)。2頭の牛が犂を引いている。
甘粛省博物館蔵、高さ17cm

読み解き 農業の変化はどのような影響をもたらしたのだろう。

↓⑫**鉄製農具**(左)と⑬**鋳型**(右) 青銅は貴重であったため、農具は石器や木器が使用されていたが、**鉄製農具**が春秋時代後期に登場した。

↑⑧**円銭** 径3.8cm

↑⑨**蟻鼻銭** 長さ2.0cm

↓⑩**布銭** 長さ8.4cm

↑⑪**刀銭** 長さ16.5cm

0 1 2cm

↑**青銅貨幣** 春秋時代末期から諸侯・商人らが**青銅貨幣**を発行した。
●円銭…主に秦で流通
●蟻鼻銭…楚で流通
●刀銭…主に燕・斉で流通
●布銭…鋤を模したもの。韓・魏・趙で流通

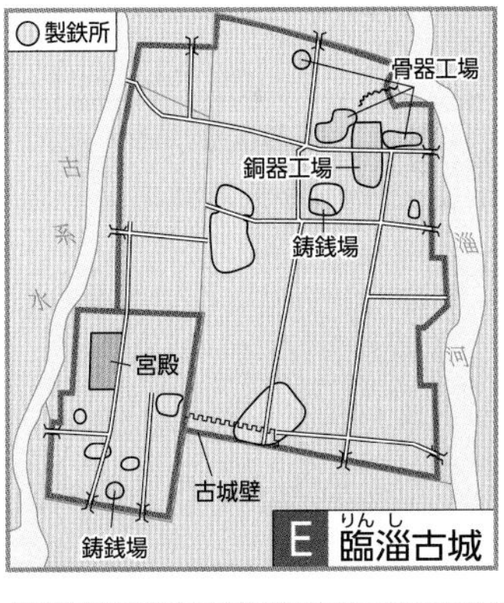

←**戦国時代の都市** 臨淄は斉の国都。『戦国策』によれば人口7万戸(40万人程度)であったとされ、製塩・製鉄が盛んで、商工業が発達していた。斉王は城門の一つ稷門の近くに遠方より孟子や荀子などの学者・思想家を招いて住まわせたという。

文献② 商鞅の変法(『史記』商君列伝)➲P.122

[秦の孝公は]鞅[商鞅]を左庶長[爵位の一つ]とし、ついに変法の令を定めた。民間に五家十家ごとの隣組制をつくり、たがいに監視して連坐することとし、違法を申告しない者は、腰斬の刑に処し、申告した者には、敵の首を打ち取ったと同じい[同様の]賞を与え、隠蔽する者は敵に降ると同じい罪にした。……軍功ある者は、おのおの差等によって上級の爵を授け、私闘する者は、それぞれ軽重に応じて処罰された。大人も子供も力をあわせて耕織を本業とし、粟[アワ]や帛を多く納めるものには夫役を免除し、末利(商業)に従う者や怠けて貧しい者は、糾して奴役[奴隷]に当てた。宗室の一族[王族]でも、軍功がなければ、調べて公族の籍を除き、尊卑俸禄の等級を明らかにし、おのおの差等をつけた。
(司馬遷著、小竹文夫他訳『史記5 列伝1』筑摩書房)

読み解き 商鞅の変法とはどのような性格のものであっただろう。

歴史のスパイス 覇者が行った会盟の儀礼で牛の耳の血をすすって誓い合ったことから「牛耳を執る(牛耳る)」の言葉が生まれた。

春秋・戦国時代の思想・文化

↑❶孔子　春秋後期の魯国に生まれ、幼くして両親と死別した。礼楽（儀礼と音楽）を学んだ後、52歳で魯に仕え司法長官となったが、数年で退き諸国を遊説して徳治主義を説いた。69歳で故国に帰り、以後弟子たちの育成に力を注いだ。

諸子百家

学派	人物（生没年）	主張など	主な書物
儒家	**孔子**（前551頃～前479）	名は丘。家族道徳（孝・悌）を基礎として各自に備わる他者への愛情（**仁**）と、西周の時代から伝わる行動規範の体系（**礼**）の統合による社会秩序の回復を唱えた。君主が徳をもって民衆を導く**徳治主義**を理想とした	**『論語』**『春秋』
	孟子（前372頃～前289頃）	名は軻。孔子の「仁」を受け継ぎ、仁義や人間の本性を善とする**性善説**を唱えた。武力による政治（覇道）を否定して徳治主義に基づく**王道政治**を理想とし、天命による王朝交替（**易姓革命**）を肯定した	『孟子』
	荀子（前298頃～前235頃）	名は況。性善説を批判して人間の本性は悪であるという**性悪説**を主張した。欲に従う人民の行動を礼によって規制し矯正する必要があると説き、君主の礼による統治（**礼治主義**）を唱えて**法家に影響を与えた**	『荀子』
道家	**老子**（生没年不詳）	宇宙の根本原理を道と呼び、人為的な道徳や価値観を排除し、自然の道と天命に従う**無為自然**に生きることを理想とした	『老子』
	荘子（前４世紀頃）	名は周。老子の思想を継承、発展させた。無為自然の世界は一切の物が等しい価値を持つ絶対無差別の世界であるとした（万物斉同）。後に道家の思想（**老荘思想**）は、神仙思想や民間信仰と結びついて**道教**となった	『荘子』
法家	**商鞅**（？～前338）	秦の孝公に仕えて法家思想に基づき、什伍の制、郡県制、軍功による授爵などの富国強兵改革（**変法**）を実施、秦の強大化に貢献した➡P.121	
	韓非（？～前233）	荀子に学び法家思想を大成。儒家の徳治主義に対し、**法治**（法や刑罰による社会秩序の維持）を唱え、中央集権体制の構築を論じた	『韓非子』
	李斯（？～前210/前208）	荀子に学び、秦の始皇帝に仕えて法家思想に基づく中央集権政策を実施した	
墨家	**墨子**（前480頃～前390頃）	名は翟。儒家の「仁」を血縁のみを愛する差別愛と批判、無差別な愛（**兼愛**）を主張。侵略戦争否定（**非攻**）・相互扶助（交利）や賢者の登用（尚賢）も主張。秦漢以降は衰退した	『墨子』
縦横家	**蘇秦**（？～前317） **張儀**（？～前310）	弁舌でもって外交手腕を発揮した戦略家。蘇秦は秦に対抗して６国の連合を説く**合従**を主張し、張儀は６国がそれぞれ秦と結ぶという**連衡**を主張した➡P.121	『戦国策』
陰陽家	鄒衍（前305～前240）	自然と社会の現象を陰・陽二原理で説明する陰陽説を唱えた。後に五行説（木・火・土・金・水）と結びついて陰陽五行説となった➡P.127	
兵家	孫子（生没年不明） 呉子（前440頃～前381頃）	兵法・戦略および国家経営を論じた。孫子は春秋時代の孫武と戦国時代の孫臏が存在。呉子（呉起）は魯・魏・楚に仕えて内政改革を行った政治家・戦略家	『孫子』 『呉子』
名家	公孫竜（前４～前３世紀）	概念（名）と実体（実）の関係を探究する論理哲学を展開。「白馬は馬にあらず」	『公孫竜子』
農家	許行（前４～前３世紀）	農業の重要性を説き、農業に基づく平等社会の実現を主張した	

↑❷墨子　戦国時代初期の魯国に生まれた。儒家の形式的な礼楽主義や貴族の世襲制を批判したため、手工業者や農民などの庶民層に支持された。

資料から読み解く　諸子百家の思想

＊文献の出典はいずれも歴史学研究会編『世界史史料３』岩波書店

文献①『孟子』告子章句上（前４世紀頃）

惻隠の心[他者の苦難を放置できない同情心]、人、皆之れ有り。羞悪の心[悪を恥じる心]、人、皆之れ有り。恭敬の心[尊敬の念]、人、皆之れ有り。是非の心[善悪を見分ける心]、人、皆之れ有り。惻隠の心は仁なり。羞悪の心は義なり。恭敬の心は礼なり、是非の心は智なり。仁・義・礼・智は、外由り我を鑠する[磨き上げられる]に非ざるなり。我、之れを固有するなり。

文献②『荀子』性悪篇（前３世紀）

人の性は悪なり。その善なる者は偽[後天的につくられたもの]なり。今、人の性、生まれて利を好むこと有り。是れに順う。故に争奪生じて辞譲[互いに譲る]亡ぶ。生まれて疾悪[憎む心]有り。是れに順う。故に残賊[傷つけ合う]生じて忠信亡ぶ。……故に必ず将に師法の化[教師によって教化され]、礼義の道有りて、然る後に辞譲に出で、文理に合して[道徳や秩序にかない]、治に帰せんとす[世の中は平和に治まる]。

文献③『老子』下篇（前４～前３世紀）

学を為せば、日に益す（日々知が増す）。道を為せば日に損す（知欲は日々損せられる）。之れを損して又た之れを損し（損に損を重ね）以て為すこと無き（無為）に至る。為すこと無くして、為さずということ無し。故に天下を取るには、常に事無きを以てす（無為をもってする）。其の事有るに及びては（人為をもって有意であると）、以て天下を取るに足りず。

文献④『韓非子』二柄（前３世紀）

明主の導りて其の臣の制する所の者は二柄のみ[賢明な君主が臣下を制御する拠り所は二つの権力だけである]。二柄とは、刑・徳なり。何をか刑・徳と謂う。曰く、「殺戮を之れ刑と謂い、慶賞[褒美を与えること]を之れ徳と謂う」、と。人臣為る者は、誅罰を畏れて慶賞を利[喜ぶ]とす。故に人主[君主]、自らその刑徳を用いば、則ち群臣其の威を畏れて其の利に帰す。

読み解き

1 各文献は、それぞれの思想家のどのような概念に関係するものだろう。
2 諸子百家が登場した時代背景は何だろう。

儒家と法家・墨家・道家

儒家（徳治主義）
家族道徳を基礎とした秩序

↑ 儒家を批判 ↑

法家（法治主義）	墨家（兼愛）	道家（無為自然）
儒家の仁を非現実的とする	儒家の仁を差別愛とする	儒家の仁を人為的とする

チェック　易姓革命

天命が革まることで、姓が易わる（王朝が交替する）こと。**禅譲**と**放伐**の二つの方式がある。

禅譲	有徳者へ平和的に政権を譲る 例 堯→舜→禹➡P.119 ※禅譲の形式をとりつつも実態は放伐であることも多い（後漢→魏など）。
放伐	武力により政権を奪取 例 殷の紂王→周の武王

戦国時代の文化

『詩経』➡P.126	中国最古の詩集で、戦国時代に成立。西周時代から春秋時代にかけての黄河流域の詩歌を集めたもの。五経の一つ。
『楚辞』	楚の屈原をはじめ、戦国時代の長江流域の歌謡を集めたもの。漢代に編纂されたといわれる。

↓❸屈原（前340頃～前278頃）戦国時代楚の王族。斉と結んで秦に対抗することを主張したが追放され、諸国を放浪した後に入水自殺した。

歴史のスパイス　『孫子』では、戦争は国家の命運を決する重大事であるとして、安易に戦争を起こすことを諫めている。

秦の中国統一

1 秦の統一 ➲P.121 ➲P.124

中国国内

春秋時代
- 秦成立→穆公が領土を拡大し覇を唱える

戦国時代
- **秦**、戦国の七雄の一つに数えられる

前359 **商鞅の変法**
前256 秦、東周を滅ぼす

秦王政(始皇帝)(位前247〜前210)
- **李斯**を登用→法家思想の採用

前221 **中国を統一** 都:**咸陽**
- **皇帝**の称号を創設 ●**郡県制**拡大
- 貨幣(**半両銭**)・**度量衡**・**文字**(小篆)など統一
- 思想統制(**焚書・坑儒**)

前209 **陳勝・呉広の乱**(〜前208)→**項羽**・**劉邦**の挙兵
前206 秦の滅亡
前202 垓下の戦い…項羽、劉邦に敗北

←秦は、史上初めて中国を統一した。統一後は、始皇帝のもとで中央集権体制が確立し、長城により中華世界が明確化した。しかし、外征や土木事業、急激な改革で国は疲弊し、陳勝・呉広の乱を経て滅亡した。

対外関係

前215	蒙恬、オルドスの匈奴攻撃開始
前214	華南を征服し、南海郡など設置
前214	**万里の長城**の修築始まる
前209	匈奴、**冒頓単于**即位(〜前174)➲P.125 東胡・月氏を討ち、内外モンゴル支配

A 秦の統一

凡例:前247(秦王政元年)の秦の領域/前221(天下統一時)の秦の領域/秦の最大領域/秦の長城/諸郡/馳道

前215 蒙恬の遠征 前209〜前208 陳勝・呉広の乱

文献① 皇帝号の採用(『史記』秦始皇本紀)

廷尉斯(李斯)らはみな、「……今、陛下は義兵を興して残賊を誅し、天下を平定して海内[国内]を郡県とし、法令を一途に出るようにされました。上古より以来、このようなことはいまだかつてないことで、五帝も及ばないところです。わたくしらは謹んで博士と相談し、『いにしえ、天皇があり地皇があり、泰皇があって、泰皇がもっともたっとかった。それで、わたくしらはあえて尊号をたてまつり、王を泰皇とし、命を制、令を詔、天子の自称を朕としたい』と申し合わせた次第です」と言った。王が言うよう、「泰皇の泰を去り、上古の帝位の号を採って皇帝と号し、その他は議のとおりにしよう」と。(司馬遷著、小竹文夫他訳『史記1 本紀』筑摩書房)

読み解き 秦王政は、なぜ従来の「王」の称号を使わず、「皇帝」という称号を新たにつくったのだろう。

←❶**始皇帝** 即位から26年で天下を統一した。『史記』は「虎狼のような残忍な心の持ち主」と記している。

歴史のスパイス 「皇帝」とは、「煌々たる上帝」(光輝く絶対神)という意味である(諸説あり)。

2 始皇帝の統一政策

政治	●**郡県制**の全国拡大(36郡、後に48郡) ●法家の登用→法家思想の採用 ●大土木事業(長城の修築、阿房宮建設)
経済	●貨幣の統一→**半両銭** ●**度**(長さ)・**量**(容積)・**衡**(重さ)**の統一** ●交通網の整備(馳道の建設) ●車軌(荷車の車軸の幅)の統一 ●富豪を咸陽に強制移住
文化 思想	●**文字の統一**→小篆 ●思想統制(**焚書・坑儒**)

貨幣の統一

➔❷**半両銭** 直径3.4cm、重さ8g(1両が16g)。円形方孔の形式は以後2000年間踏襲された。
(実物大)

度量衡の統一

↑❸**銅量**(ます) 全長30.3cm、高さ9.85cm 口長16.4cm、容量2,050ml

←❹**銅権**(分銅) 高さ7.4cm、底径5.4cm、重さ250g

文字の統一

例:馬
(秦) (楚) (燕) (斉) (韓・魏・趙) → (小篆)

思想の統制

↑❺**焚書・坑儒**(想像図) 丞相の李斯の意見により、医薬・農業・占い以外の書が焼かれ(焚書)、儒者を生き埋め(坑儒)にした。

3 秦の衰退

↓❻**兵馬俑坑**(1号坑) 1974年、始皇帝陵の東1.5km地点で、等身大の兵士や馬の塑(俑)が発見された。約8,000体ある俑は全て容貌が異なっている。

読み解き 俑が全て東を向いているのはなぜだろう。

↓❼**秦代の長城** 始皇帝は戦国諸国によって築かれた長城を修築・連結・延長して匈奴の侵入に備えた。➲P.191

読み解き 反乱の背景は何だろう。

↑❽**陳勝・呉広の乱**(想像図) 陳勝は「**王侯将相いずくんぞ種あらんや**」と唱え、呉広とともに挙兵した。

漢の盛衰

1 漢帝国の変遷

➡P.123 ➡P.127

① 劉邦が建国した漢(前漢)は、武帝の時代に最盛期を迎え中央集権化が完成した。
① 王莽による新建国を経て、光武帝が漢を再興したが、黄巾の乱をきっかけに滅亡した。

	中国国内	対外関係	周辺地域
前漢	**高祖(劉邦)(位前202～前195)** 前202 項羽を倒し**漢(前漢)**建国 **都：長安** ●**郡国制**の実施…郡県制と封建制を併用	前209 **匈奴、冒頓単于**即位(～前174) 前200 高祖、白登山の戦いで匈奴に敗れる	匈奴
	景帝(位前157～前141) 前154 **呉楚七国の乱**	前176 月氏、匈奴に追われ西遷→大月氏	
	武帝(位前141～前87) ●中央集権体制確立　郡県制に移行 ●**董仲舒**の献策で**五経博士**設置 ●**郷挙里選**の創始 ●**塩・鉄・酒の専売**、五銖銭の発行 ●**均輸・平準法**の実施 ◆**司馬遷『史記』**完成	前139 **張騫**を**大月氏**に派遣(～前126)→失敗 西域の事情が中国に伝わる 前129 **匈奴**討伐(～前119)…衛青・霍去病の活躍→**敦煌郡**など4郡設置 前111 **南越**を征服→南海郡など9郡設置 前108 **衛氏朝鮮**を征服→**楽浪郡**など4郡設置 前104 李広利、大宛(フェルガナ)遠征(～前102)	
	前7 限田策…大土地所有制限令 前2 仏教の伝来(一説に後67) ●**宦官・外戚**(➡P.127)の抗争→衰退	前60 西域都護府を設置 前54 匈奴の東西分裂 東匈奴…前漢に服属、西匈奴…滅亡 前33 王昭君、東匈奴の呼韓邪単于へ降嫁➡P.185	西匈奴
新	後8 外戚の**王莽**の簒奪→**新**建国 **都：長安** ●周を理想とする政治→社会混乱 18 **赤眉の乱**(～27)		東匈奴
後漢	**光武帝(劉秀)(位25～57)** 25 漢を復興(**後漢**) **都：洛陽** ●豪族連合政権 27 赤眉の乱を平定 37 中国を統一	32 高句麗、後漢に朝貢 40 交趾で徴姉妹の反乱 48 東匈奴、南北に分裂 南匈奴…後漢に服属、北匈奴…西進 57 倭の奴国王、光武帝より印綬を授かる➡P.15	北匈奴
	82 班固『漢書』ほぼ完成 ●宦官・外戚の専横始まる 105 **蔡倫**、紙をつくって和帝に献上 166/169 **党錮の禁**…儒学派官僚と宦官の対立 184 **黄巾の乱**起こる…**太平道**の張角が指導➡P.127 群雄の台頭	●西域都護の**班超**、西域50余国を平定 97 班超、**甘英**を大秦に派遣➡P.14 107 倭国王帥升、後漢に朝貢➡P.17 156 鮮卑、モンゴル高原を統一 166 大秦王安敦の使者、日南郡に至る➡P.139 204 朝鮮に帯方郡を設置	南匈奴 鮮卑

↑❶光武帝

資料から読み解く 漢代の経済論争―『塩鉄論』

➡P.126

『塩鉄論』は前漢昭帝の時代(前81)に、専売制の存廃などについて、政府側と地方有力者出身の賢良・文学(知識人)との間で行われた論争を桓寛が編集・記録したものである。

文献① 賢良・文学の意見

「……今日、郡国で塩・鉄・酒の専売・均輸の制度が行われ、人民と利益を争っているので、人情に厚い素朴な気風が失われ、貪欲で心が卑しくなってきています。そこで人民の農業をやるものが少なくなり、商業にはしるものが多くなっております。……塩・鉄・酒の専売、均輸の制度を廃止されるよう願います。それは人民に農業をすすめ、商業から身をひかせることになるわけで、ひいては国家……に役立つものです」

読み解き

1 知識人らが専売制停止を求める理由は何だろう。
2 専売制などが行われている理由は何だろう。

↑❸**武帝** 前漢の最大領土を実現した一方、軍事費捻出のため均輸・平準法や塩・鉄・酒の専売を始めた。

文献② 政府側・桑弘羊の意見

「匈奴はわが国にそむいて臣従せず、しばしば辺境に侵入しては荒らしまわっています。かれらに備えをすると、わが国の兵士を疲らせ、備えをしないと、かれらの侵略はやみません。先帝(武帝)は……烽燧[のろし台]をととのえ、兵士を駐屯させて、匈奴に対する備えとされました。ところが経費が不足し、そこで塩・鉄・酒の専売を行ない、均輸の制度を設け、物資が増し、財政がゆたかになるようにして、辺境防備の費用を助けられました。今、論者(文学)はこれらを廃止するようのぞんでいます。……塞を守り城壁をのぼる兵士を辺境で飢えこごえさせることになります。……塩・鉄・酒の専売、均輸の制度を廃止するのは、得策ではありません」

＊文献はいずれも桓寛著、佐藤武敏訳注『塩鉄論』平凡社

2 漢の統治体制

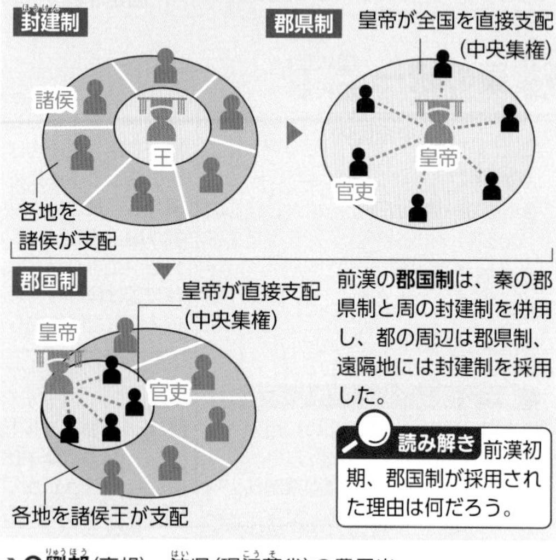

前漢の**郡国制**は、秦の郡県制と周の封建制を併用し、都の周辺は郡県制、遠隔地には封建制を採用した。

読み解き 前漢初期、郡国制が採用された理由は何だろう。

➡❷**劉邦**(高祖) 沛県(現江蘇省)の農民出身。**秦を滅ぼし、項羽を破って天下を統一**した。秦の法律を緩め、郡国制を導入するなど、漢の基礎を築いた。

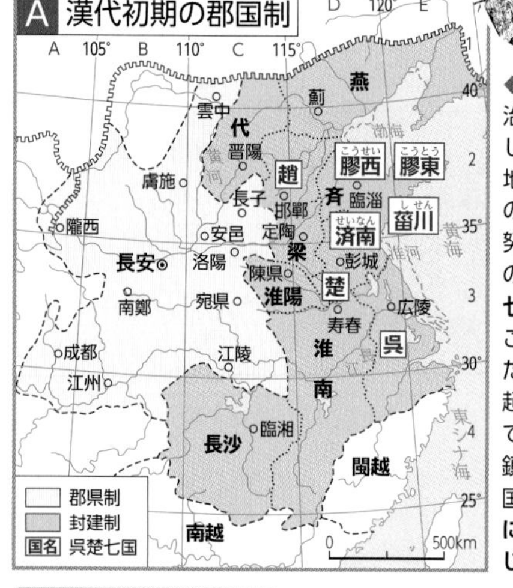

←前漢は、統治体制が安定してくると、地方の諸侯王の領土削減に努めた。景帝の時代の**呉楚七国の乱**は、これに反発した諸侯王らが起こした反乱である。反乱鎮圧後には郡国制は**実質的に郡県制と同じ**となった。

秦・前漢初期の官制

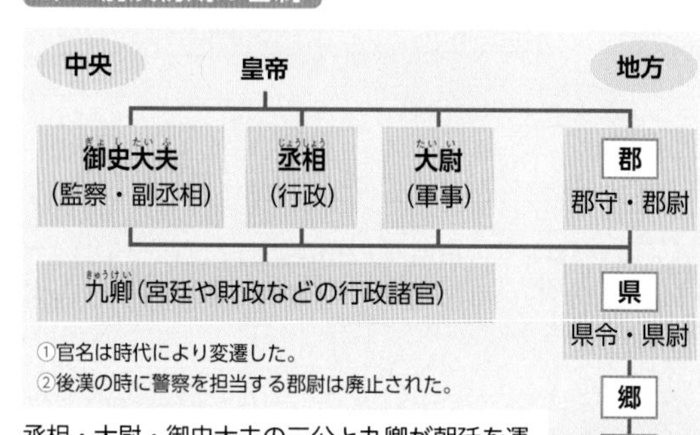

丞相・大尉・御史大夫の三公と九卿が朝廷を運営した。郡や県には中央から官吏を派遣した。

チェック 武帝の経済政策

●五銖銭の発行
●**均輸・平準法**の実施
均輸…物価調整策、特産物を貢納させて不足地に輸送・転売
平準…物価安定策、物価低落時に購入・貯蔵、物価高騰時に安価で販売
●**塩・鉄・酒の専売**

(実物大)
↑❹**五銖銭** 重さ約3g、直径2.5cm

歴史のスパイス 漢の武帝は、最初の元号である「建元」を制定した。元号の制定は、皇帝が時間を支配することを示す。

3 前漢・後漢の対外政策

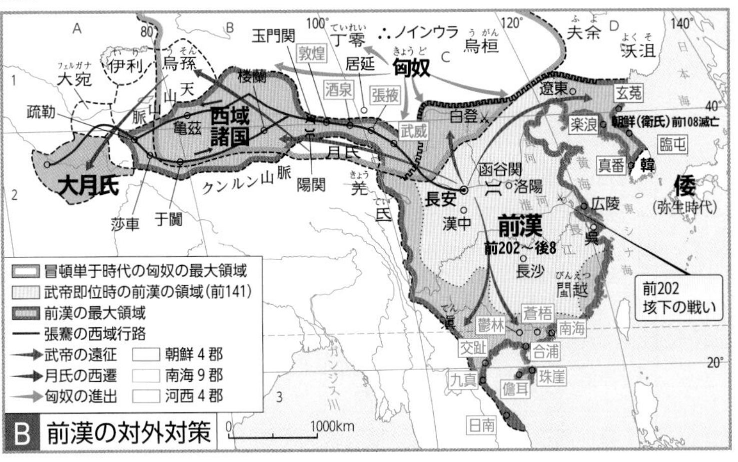

B 前漢の対外対策

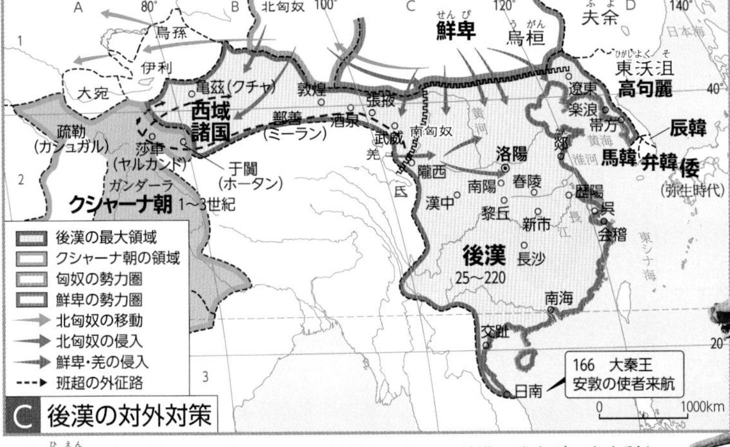

C 後漢の対外対策

➔❼飛燕を踏む馬　張騫がもたらした情報をもとに、前漢の武帝が、李広利を大宛(フェルガナ)に遠征させ、手に入れた汗血馬がモデルとされる。中国では、西域の馬は一日に千里(約420km)を走り、血のような汗を流すと考えられており、汗血馬と呼ばれた。甘粛省博物館蔵

武帝時代に対匈奴和親策から積極策に転換し、**張騫**の派遣や対匈奴戦争が行われた。さらに、李広利の大宛(フェルガナ)遠征を行い、南越を滅ぼして南海9郡を設置、衛氏朝鮮を滅ぼして朝鮮4郡を設置するなど、領土拡大を積極的に展開した。

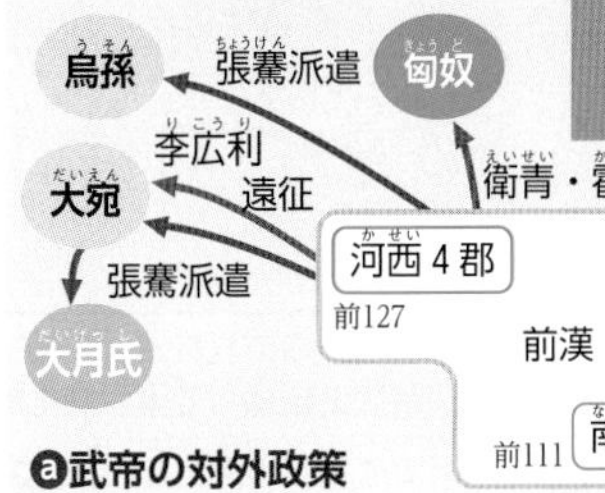

ⓐ武帝の対外政策

解説 匈奴

匈奴は、前3世紀末から1世紀末まで中国北方で活動した騎馬遊牧民で、前3世紀末に**冒頓単于**(位前209～前174)の時代に周辺部族を支配下に収めて大勢力を築いた。前200年には前漢の劉邦を破り、漢と盟約を結んで毎年絹などを匈奴に納めさせた。武帝との戦争に敗れた匈奴は、本拠をゴビの北に移し、前1世紀半ばには東西に分裂した。西匈奴は、前36年に前漢に滅ぼされ、残った東匈奴も後1世紀半ばに南北に分裂した。北匈奴は後漢の攻撃で西方へ移住し、南匈奴は後漢に服属した。

↑❺胡人の像　洛陽金村出土　高さ9cm

➔❻武帝の命で西域へ出発する張騫(敦煌莫高窟第323窟の壁画)

張騫は、**大月氏**と匈奴を挟撃するために派遣されたが、同盟は成立しなかった。しかし、彼により**西域**の情報が漢にもたらされた。

4 漢代の社会

←❽後漢の豪族の邸宅をかたどった陶俑　陶俑は陶器でできた副葬品。塀で囲まれた四層の建物で、1層・2層が穀物倉庫、3層・4層が楼閣になっている。大土地所有が進展すると各地で**豪族**が出現した。豪族は奴婢や小作人を使用して荘園を経営し、私兵をも養って、地域社会に確固たる勢力を築いた。

解説 郷挙里選

前漢武帝の頃から実施された官吏登用法。郡の太守(長官)が徳のある有能な人材を中央に推薦し、官僚として採用した。しかし、次第に地方豪族の子弟が推薦されるようになった。

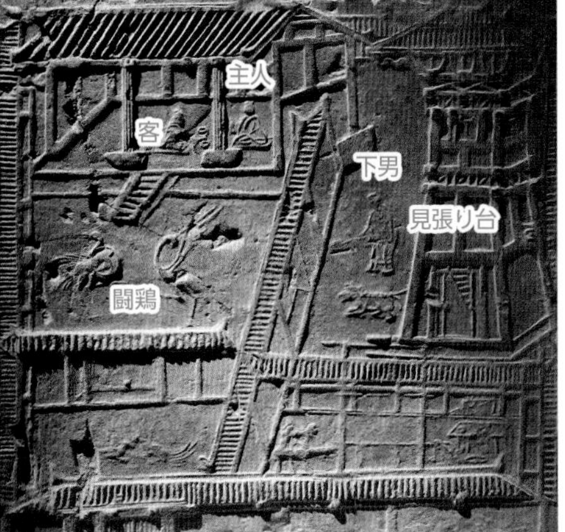

←❾豪族の屋敷　漢代の画像磚に描かれた豪族の邸宅。屋敷では主人が闘鶏を眺めながら酒を飲んでいる。磚(レンガ)は、墳墓などに使われた建築資材。四川省博物館蔵

読み解き

1 経済面・政治面から見て豪族とはどのような人々だろう。また、豪族と郷挙里選とはどのような関係にあっただろう。
2 漢代の農民の生活はどのようなものだっただろう。
3 ⓑから何が読み取れるだろう。

文献③ 農民の生活(『漢書』食貨志)

いま5人家族の農家では、少なくとも2人が夫役に服さねばなりません。農民一人あたりの耕作能力は、せいぜい100畝で、100畝の収穫は、100石に過ぎません。春の耕作、夏の草とり、秋の取り入れ、冬の貯蔵、また薪樵の伐採、役所の修繕、其の他の徴用などがあり、春には風塵、夏には酷暑、秋には長雨、冬には厳寒を避けることができず、一年を通じてまったく身体の休まる日はありません。……さらにその上に、洪水やひでりの天災を被ります。おかみの急で時を定めぬ税の取り立て、……そのため田畑、家屋敷を売り払い、子や孫をも売って借金の穴うめをする者さえあります。(班固著、永田英正他訳『漢書　食貨・地理・溝洫志』平凡社)

↓ⓑ歴代王朝の戸口数変動

王朝	皇帝	年代	戸数	人口	一戸当たり人口
前漢		2	12,233,062	59,594,978	4.87
後漢	光武帝	57	4,271,634	21,007,820	4.92
		156	10,670,906	50,066,856	4.69
魏		263	663,423	4,432,861	6.68
蜀		263	280,000	940,000	3.36
呉		242	523,000	2,300,000	4.40
(三国計)			1,466,423	7,672,881	5.23
西晋	武帝	280	2,459,840	16,163,863	6.57

歴史のスパイス　張騫は漢を出発した後、匈奴の捕虜となり約10年抑留されたが、その間使節の証(符節)を手放さず、その後脱出に成功して大月氏に至った。

漢代の文化

1 漢代の文化

特色	●儒学の定着や正史の成立など、中国古典文化が確立 ●漢字が周辺諸国に伝播して**漢字文化圏**が形成された	
儒学	**董仲舒**の献策により**五経博士**を設置(➡P.124)。 以後、儒学が人民統治の基本理念に。前漢末頃〜後漢初め頃に国家の正統教学としての儒教が成立	
儒学	**訓詁学**	経典の注釈・字句解釈を研究。後漢の馬融・**鄭玄が大成**。教義の固定化も招く
宗教	**太平道**	後漢末に張角が創始。呪符や呪文で病気を治療するとし、**黄巾の乱**(➡P.127)を起こす
宗教	**五斗米道**(天師道)	後漢末に張陵が創始。祈禱によって病気を治療し、謝礼として五斗(約5升)の米を出させた
宗教	**仏　教**	前漢末から後漢初めに伝来
歴史書	『**史　記**』	**司馬遷**(前漢)。武帝時代までの歴史を**紀伝体**(本紀と列伝を中心とする記述方法)で記す。後世、正史の模範とされる
歴史書	『**漢　書**』	**班固**(後漢)。前漢の歴史を紀伝体で記す。班固の死後は妹の班昭が完成
学問	『塩鉄論』	桓寛(前漢)。専売制や均輸・平準の是非をめぐる学者と官僚の議論を記録➡P.124
学問	『説文解字』	許慎(後漢)。中国最古の字書
その他	技　術	**蔡倫**(後漢)**が製紙法を改良**、張衡(後漢)が天球儀・地震計を発明
その他	工　芸	銅鏡・漆器・絹織物などが発達、周辺諸国に伝播

四書五経

	五　経	四　書
成立	漢代に定められる	南宋の朱子(➡P.179)によって重視される
内容	『**易経**』…占いの書 『**書経**』…歴代帝王の言行録 『**詩経**』…民謡や儀礼歌 『**礼記**』…礼の解説書 『**春秋**』…魯の年代記	『**大学**』…『礼記』の一篇 『**中庸**』…『礼記』の一篇 『**論語**』…孔子の言行録 『**孟子**』…孟子の言行録
注釈書	『五経正義』(孔穎達、唐代)➡P.135 『五経大全』(明代)➡P.195	『四書集注』(朱子、南宋)➡P.179 『四書大全』(明代)➡P.195

↓❶**司馬遷**(前145頃〜前86)　匈奴に敗れた李陵を弁護して武帝の怒りに触れ、宮刑(去勢)を受けた。

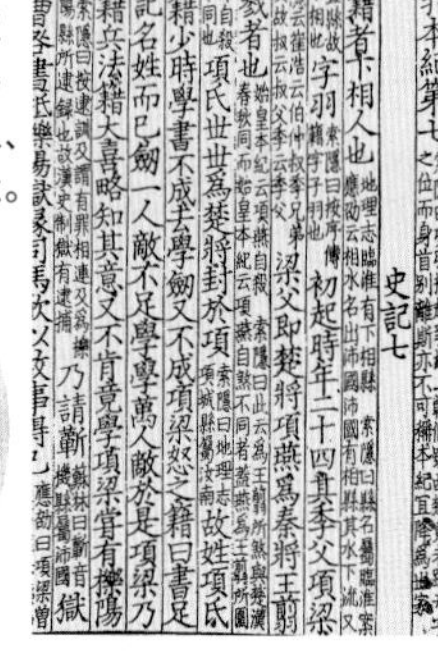

←❷『**史記**』(項羽本紀)　**史記**は全130巻。「本紀(帝王の伝記)」、「書(制度史)」、「表(年表)」、「世家(諸侯国の歴史)」、「列伝(重要人物の伝記)」などで構成されている。

読み解き
1 司馬遷が皇帝ではない項羽を本紀で取り上げたのはなぜだろう。
2 紀伝体で歴史を記すことの長所は何だろう。

文献 1 紙の改良(『後漢書』宦者列伝)

古来より文字記録は多く竹簡を編んで作り、縑帛を用いるものは紙といった。縑帛は高価で竹簡は重く、どちらも人にとって不便であった。そこで蔡倫は工夫を凝らして、樹皮・麻屑・ぼろ布・魚網を用いて紙を作った。元興元(105)年、これを奏上した。……以後(紙を)用いぬ者はいなかった。このため天下の人々はみな「蔡侯紙」と称した。

(范曄著、渡邉義浩他編『全訳後漢書　列伝7』汲古書院)

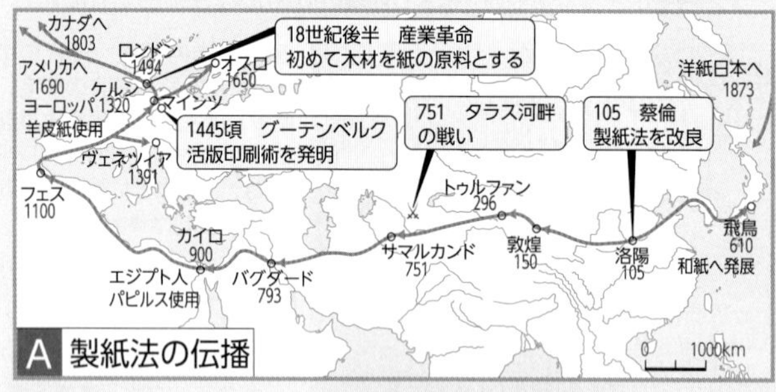

A 製紙法の伝播

←❸**蔡倫**(?〜121頃)　後漢の宦官。**紙**の製造法を改良して和帝に献上した。紙は、すでに戦国時代に出現したことが明らかとなっている。

読み解き それまで使われてきた絹や竹簡の欠点は何だろう。

↑❹**漢代の木簡**(居延漢簡)　内モンゴル自治区・甘粛省で発見された漢代の**木簡**。内容は辺境防衛に関する文書。

読み解き ❹の木簡に書かれている文字の書体は何だろう。

↑ⓐ**製紙過程**　麻くずを水につけて柔らかくし(①)、それを煮てパルプにするためにたたきつぶし(②)、目の細かい簀の子で漉いて、最後に簀の子からはがして乾かした(③)。

漢代の生活

←❺**玉蟬**　「玉」は中国で珍重された鉱石。再生などの呪力があると信じられた。玉蟬は再生を願い死者の口に入れられた。

➡❻**馬王堆漢墓出土の帛画**　前漢初期の諸侯国で丞相を務めた人物の妻の墓から出土。天界・人間界・黄泉が描かれており、当時の人々の死生観がわかる。
湖南省博物館蔵

➡ⓑ**漢字の変化**　殷代の甲骨文字に始まり、金文、篆書、隷書を経て、今日の楷書・行書・草書が形成された。

殷	周	秦	漢			
甲骨文字	金　文	篆　書	隷　書*	楷　書	行　書	草　書
上	上	上	上	上	上	上
山	山	山	山	山	山	山
魚	魚	魚	魚	魚	魚	魚

*秦代につくられ漢代に普及した。

↓❼**金縷玉衣**　1968年に河北省満城県で発掘された中山王劉勝(武帝の異母兄)の墓から出土した、遺体を覆っていた衣。小さな玉片を金の糸でつづり合わせている。当時の人々は玉が死体を腐敗から守ると信じていた。

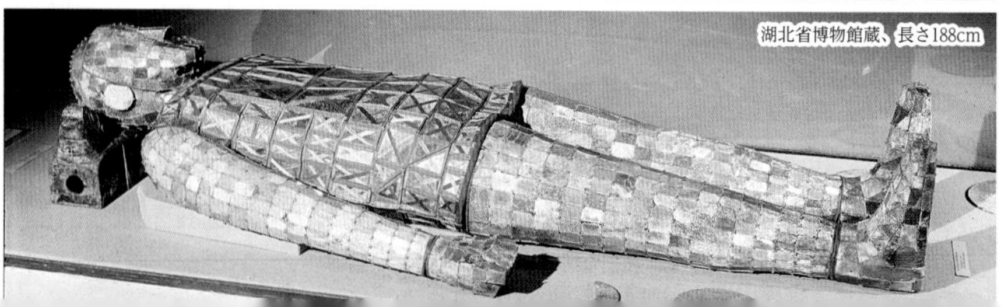
湖北省博物館蔵、長さ188cm

漢の滅亡と群雄割拠

1 漢代の社会変化

➡P.124 ➡P.130

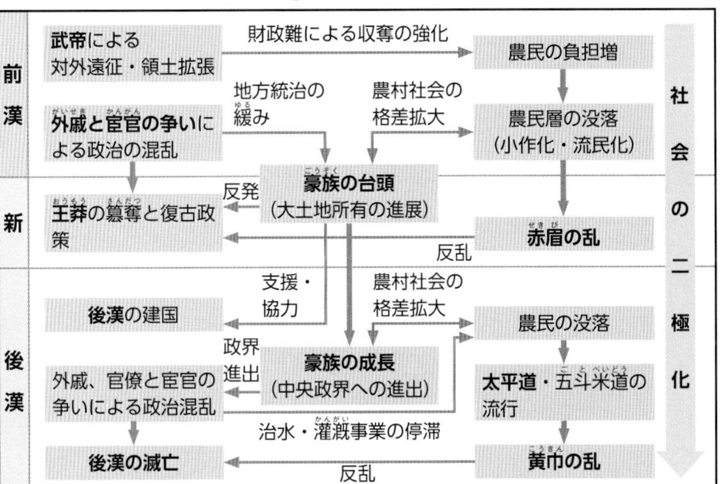

Column 外戚と宦官

外戚とは皇后や妃の一族であり、特に一族の血を引く皇帝が即位すれば皇后を通じて政治に介入し、前漢末の外戚**王莽**のように、時には皇位を奪うこともある。このような外戚に対抗するために皇帝がしばしば頼ったのが**宦官**であった。宦官は皇帝や皇后などが暮らす後宮に仕える去勢された男性で、皇帝との関係を背景に政治に介入することもあった。そのため、宦官と外戚、あるいは宦官の政治介入を嫌う官僚との対立もしばしば起こった。

↓ⓐ王氏の系図

＊●数字は前漢皇帝の代数

王禁 ― 王曼・王鳳・政君 ＝ ⑪元帝 ＝ ○
王曼 ― 王莽
⑪元帝 ― ⑫成帝・定陶王・中山王
定陶王 ― ⑬哀帝
中山王 ― ⑭平帝
王莽 ― ○ ＝ ⑭平帝

◆**著名な外戚**…霍光（前漢）、王莽（前漢）、楊堅（北周）　ほか
◆**著名な宦官**…趙高（秦）、司馬遷（前漢、➡P.126）、蔡倫（後漢、➡P.126）、鄭和（明、➡P.185）、魏忠賢（明）　ほか

➡❶**清末の宦官**　宦官は刑罰による者や奴隷であったが、中には自ら志願する者もいた。後漢・唐・明など、宦官の専横が衰退の遠因となった王朝もあった。

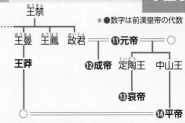

東アジア

2 後漢の衰退

↑❷**黄巾の乱**（想像図）　張角が創始した**太平道**は重税と豪族の圧迫に苦しむ農民の間に広がり、184年に**黄巾の乱**を起こした。

文献 ① 黄巾の乱（『後漢書』皇甫嵩列伝）

張角、自ら大賢良師と称し、黄老の道を奉事して弟子を畜養す。跪拝首過①、符水呪説②もて、以て病を療す。……十余年間に、衆徒数十万、郡国に連結す。……訛言すらく（うわさを流す）、「ア蒼天已に死す、イ黄天当に立つべし。歳は甲子③に在り、天下大吉ならん」、と。

①跪いて懺悔すること　②お札と水による呪術
③甲子の年は「天意が改まり徳を備えた人に天命が下る」年とされていた

（歴史学研究会編『世界史史料3』岩波書店）

読み解き 下線部アとイは、それぞれ何をさしているのだろう。

五行説は、万物の変化を木・火・土・金・水の五要素の相生と相剋で説明するもので、順送りに相手を生み出す相生説と、相手を打ち滅ぼす相剋説がある。各王朝は五行の一つの徳を備えているとされた。

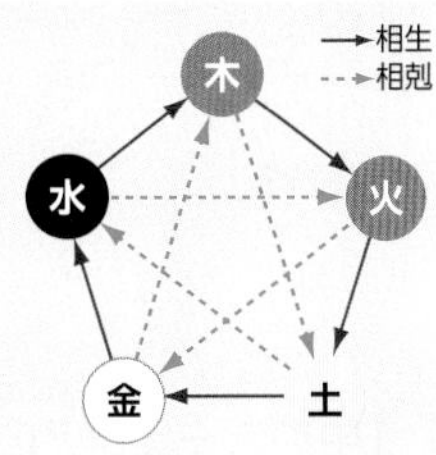

↑ⓑ**五行説**

A 後漢末期の群雄割拠

➡P.130A

凡例：黄巾軍の活動地域／主な農民蜂起／主な群雄／群雄の勢力範囲

遼東　公孫度　薊　幽州　公孫瓚　渤海　東萊　并州　袁紹　青州　匈奴　晋陽　平原　臨淄　韓遂　鄴　冀州　陶謙　兗州　黄海　馬騰　河東　下邳　劉備　氐　長安　洛陽　許　徐州　呂布　漢中　曹操　予州　張魯　南陽　寿春　襄陽　荊州　袁術　呉郡　成都　劉璋　益州　江夏　巴郡　劉表　赤壁　会稽　武陵　豫章　孫策　孫権　長沙　0　500km

↑黄巾の乱の鎮圧に活躍した地方官など実力者が群雄として各地に割拠して天下を争った。

Column 三国志の世界

西晋の陳寿が編纂した『三国志』は、魏を正統とする正史である。『三国志演義』は、正史『三国志』と後世の書物や講談などをもとに、元末明初に羅貫中が編纂した壮大な歴史小説で、蜀を正統としている。演義は、劉備を主人公、曹操を敵役とし、劉備の部下の関羽・張飛らの武勇伝や諸葛亮（孔明）の知略を描いているが、多くの脚色・誇張がふくまれている。日本でも古くから人気があり、マンガやアニメ・ゲームなどの様々な媒体の作品が出されている。

文献 ② 赤壁の戦い

（呉の武将黄蓋は）まず書面を曹操に送って、偽って降伏したいと申し出た。ちょうどそのとき、東南の風が激しく吹いた。［黄］蓋は準備した10艘を先頭に置き、長江の中程（まで進んだとき一斉）に帆を揚げ、その他の船はそれに続いて同時に進んでいった。……［曹操の］軍では、皆指して「［黄］蓋が降参してきた」と言い合っていた。［曹］操軍までの距離が2里余りに迫ったとき、各艦同時に火を放った。……みるみる曹操の北船を焼き尽くし、煙や炎は天にみなぎった。人も馬も溺れたり焼かれたりし、死者は数知れぬほどであった。……曹操の北軍は大敗北し、［曹］操は命からがら逃げ帰った。

（林秀一『十八史略』明治書院）

↑❸**曹操**（魏）

↑❹**劉備**（蜀）

↑❺**孫権**（呉）

➡❼**小説『三国志』**（吉川英治著、新潮文庫）

↑❻**赤壁**（湖北省）　曹操が劉備・孫権連合軍に敗れ、結果、天下三分の形勢がほぼ定まった。

↓❽**映画『レッドクリフ』**（2008年製作・中）

歴史のスパイス　赤壁の戦いでは、黄蓋の投降を曹操軍に信じこませるため、呉の総大将周瑜が黄蓋を鞭打つ「苦肉の策」を用いたことが『三国志演義』に登場する。

地理風土 中央ユーラシア

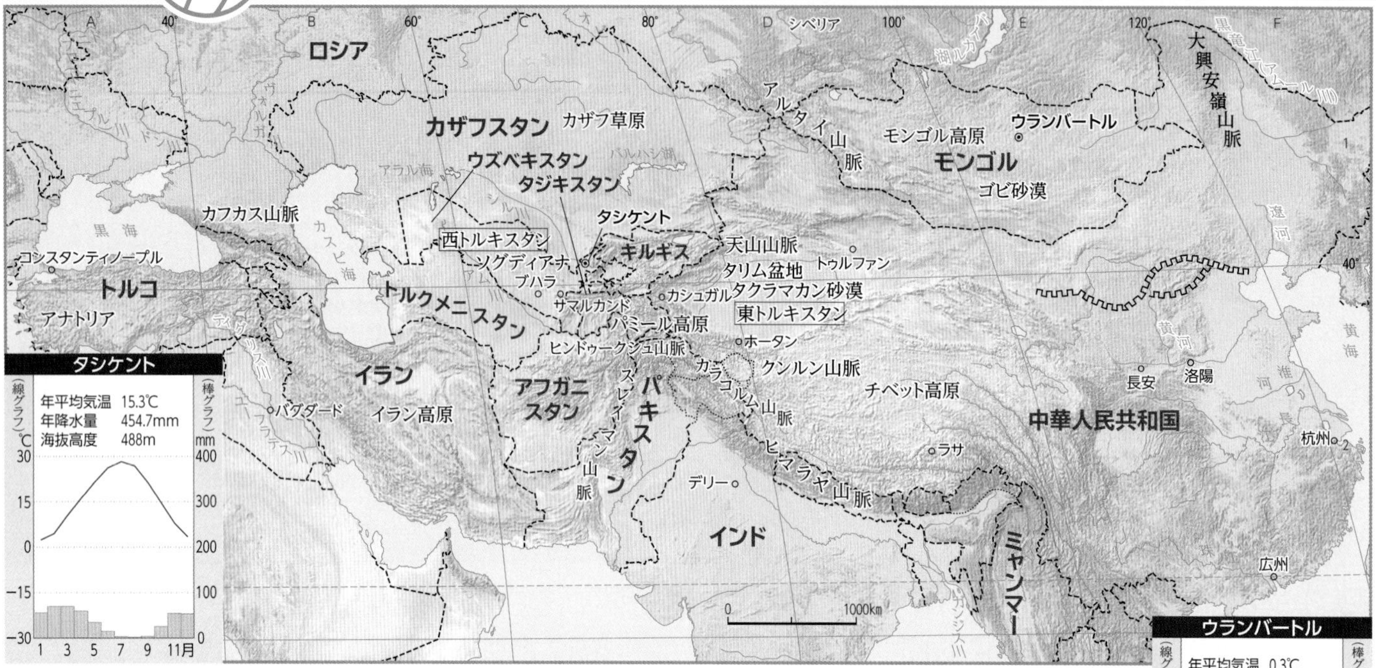

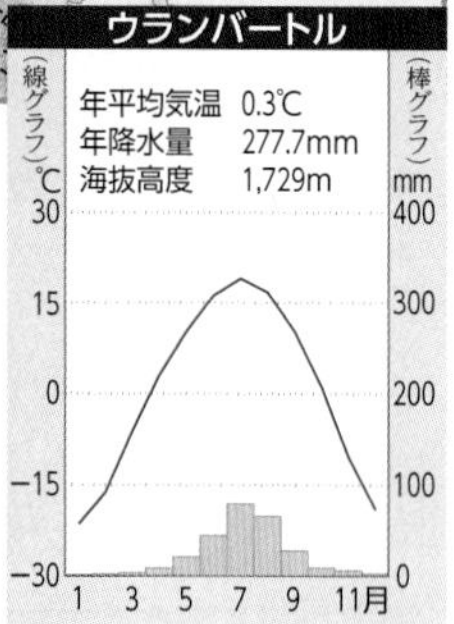

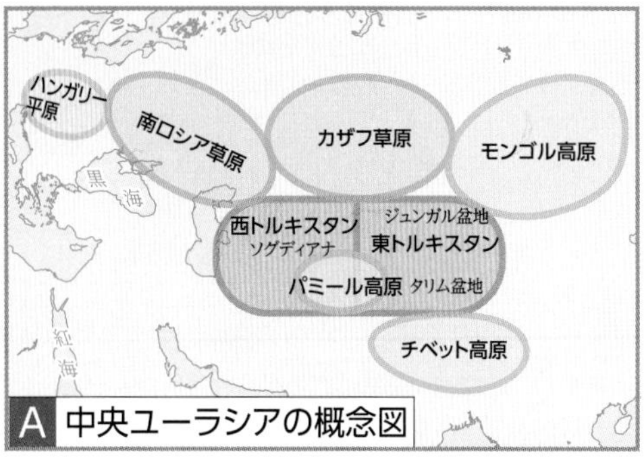

A 中央ユーラシアの概念図

中央ユーラシアはモンゴル高原と東西トルキスタンを中心にユーラシア内陸部に広がる地域。東・西・南アジア、東ヨーロッパに接し、隣接諸地域をつなぐ役割も果たした。

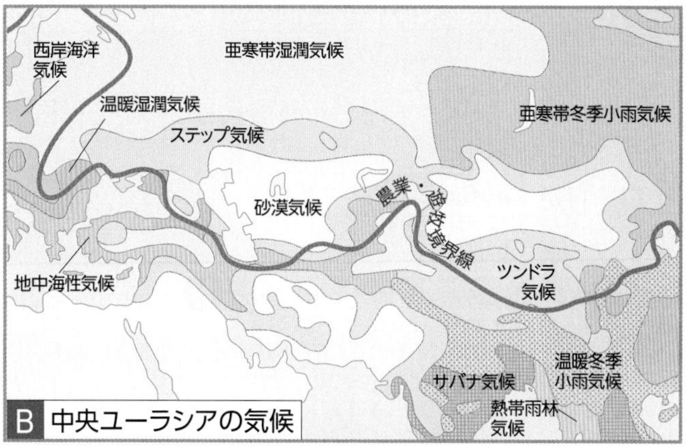

B 中央ユーラシアの気候

←中央ユーラシアは広大な乾燥地帯だが、高緯度帯と低緯度帯で降水量が異なっているため、北から森林・草原・オアシスの3つの帯が東西に広がっている。

↓❶草原地帯の風景(モンゴル高原)
中央ユーラシアの草原地帯は、東はモンゴル高原東部の大興安嶺(だいこうあんれい)から西はハンガリー平原まで約8,000kmにわたって広がっている。草原地帯の人々は、羊やヤギ、馬などを連れて水や草を求めて移動する遊牧生活を送ってきた。

↓❷カザフ草原(カザフスタン)

読み解き 中央ユーラシアの気候と人々の生活にはどのような関係があるだろう。

↑→❸オアシス地帯の風景(上)と**❹街中の水路**(右)(トゥルファン) オアシスは、雪どけ水による河川や地下水を利用して人工的に形成された耕地・集落。オアシスの人々は農業や交易に従事した。

テーマ11 遊牧国家の興亡

1 遊牧国家の興亡

凡例：トルコ系／モンゴル系／ツングース系(女真)／イスラーム王朝

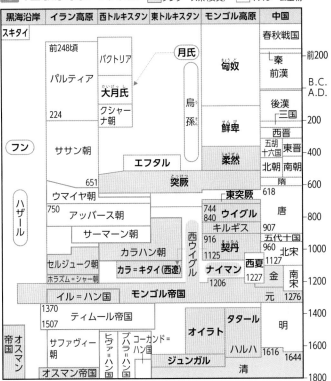

黒海沿岸	イラン高原	西トルキスタン	東トルキスタン	モンゴル高原	中国
スキタイ	前248頃 パルティア	バクトリア	烏孫	月氏	春秋戦国
フン	224 ササン朝	大月氏		匈奴	秦
ハザール	651	クシャーナ朝		鮮卑	前漢
オスマン帝国	ウマイヤ朝	エフタル		柔然	後漢
	750 アッバース朝	突厥		東突厥	三国
	サーマーン朝	カラハン朝	西ウイグル	744 840 ウイグル	西晋
	セルジューク朝	カラ=キタイ(西遼)		キルギス	五胡十六国
	ホラズム=シャー朝	ヒヴァ=ハン国		916 契丹 1125	東晋
	イル=ハン国	ブハラ=ハン国		ナイマン	北朝
	1370 ティムール帝国 1507	コーカンド=ハン国		1206 モンゴル帝国	南朝
	サファヴィー朝			オイラト	隋
	オスマン帝国			タタール	618 唐
				ハルハ	907 五代十国
				ジュンガル	960 北宋
					西夏
					1127 金 1227
					南宋
					元 1276
					明
					1616 1644 清

年代：前200／B.C. A.D.／200／400／600／800／1000／1200／1400／1600／1800

騎馬遊牧民とオアシス都市民の交流

騎馬遊牧民

①万里の長城—天山山脈—シル川を結ぶ線より北の草原・山間牧地に生活
②夏営地と冬営地を定期的に移動する遊牧生活
③群れ生活を習性とする有蹄類家畜(羊・馬・ヤギ・牛・ラクダ)を放牧
④穀物や手工業製品を定住民に依存、自給自足困難
⑤騎馬技術を用いた強力な軍事力により、**遊牧国家**を形成

↓ 略奪(非常時)　乳製品・肉・毛皮　隊商路の警備・情報提供 ↓　↑ 穀物・手工業製品　貢納・通行税

オアシス都市民

①万里の長城—天山山脈—シル川を結ぶ線より南のオアシスで生活
②河川・泉・カナートを利用した農耕生活
③小麦やキビ、瓜、ナシ、ブドウ、ザクロ、リンゴなどを栽培
④手工業や商業にも従事、自給自足が可能
⑤オアシスごとに孤立し、強力な都市国家連合が成立することはまれ

読み解き 騎馬遊牧民とオアシス都市民が共生関係を築いたのはなぜだろう。

2 北方民族の歴史

- **匈奴**
  - ●モンゴル高原で活躍した最初の騎馬遊牧民。戦国時代以降中国に侵入し遊牧国家形成
  - ●**冒頓単于**時代全盛 ➡P.125
  - ●前1世紀中頃、東西分裂
  - ●後1世紀中頃、南北分裂
- **月氏**
  - ●モンゴル高原西・南部支配
  - ●前2世紀、匈奴・烏孫に追われ、バクトリア地方に移動・建国
- **烏孫**
  - ●天山山脈北方にいたトルコ系遊牧民、月氏を駆逐
- **鮮卑**
  - ●五胡十六国時代、華北に建国
  - ●**拓跋氏**、華北を統一(**北魏**)
- **柔然**
  - ●モンゴル系遊牧民。可汗と称す
- **突厥**
  - ●トルコ系遊牧民
  - ●柔然を破って建国(552) →東西分裂(583) ➡P.136
- **ウイグル**
  - ●トルコ系遊牧民
  - ●東突厥を滅ぼして建国(744) ➡P.136
- **契丹**
  - ●**耶律阿保機**、**契丹(遼)**建国(916)
  - ●**燕雲十六州**支配
- **タングート**
  - ●李元昊、**西夏**建国(1038)
- **女真**
  - ●**完顔阿骨打**、**金**建国(1115)
  - ●北宋を滅ぼし、淮河以北支配
- **モンゴル**
  - ●**チンギス=カン**統一(1206)
  - ●**クビライ**、**元**建国(1271)
- **オイラト(瓦剌)**
  - ●**エセン=ハン**、正統帝を捕らえる(1449)
- **タタール(韃靼)**
  - ●アルタン=ハーンの北京包囲(1550)
- **女真**
  - ●**ヌルハチ**、**後金**建国(1616)
  - ●**ホンタイジ**、**清**と改称(1636)
  - ●**李自成**を破り、中国支配(1644)
- **ジュンガル**
  - ●北アジア最後の遊牧帝国
  - ●17世紀後半、ガルダン=ハン、清の康熙帝と抗争

中国の王朝：戦国時代／秦／漢／三国／晋／南北朝／隋／唐／五代／北宋／南宋／元／明／清

関係：蒙恬／衛青・霍去病／和蕃公主(王昭君)／永嘉の乱／張騫派遣／張騫(同盟)／華北支配／和蕃公主／安史の乱鎮圧に援軍／澶淵の盟／慶暦の和約／靖康の変／紹興の和議／厓山の戦い／土木の変

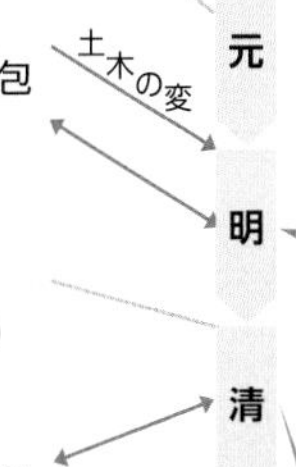

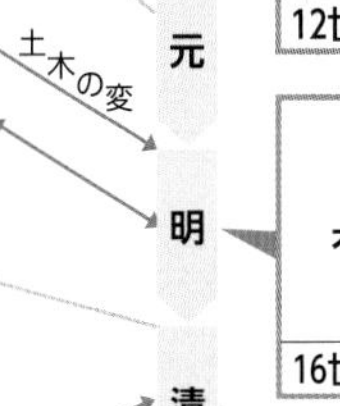

地図：
- 前2世紀：烏孫、匈奴、月氏、前漢、弥生
- 後2世紀：鮮卑、高句麗、後漢、弥生
- 5世紀：高句麗、柔然、新羅、北魏(北朝)、古墳、宋(南朝)、百済
- 8世紀：ウイグル、渤海、吐蕃、唐、奈良、新羅、南詔
- 11世紀：遼(契丹)、西夏、吐蕃、平安、宋(北宋)、高麗、大理
- 12世紀：西遼、金(女真)、西夏、平安、吐蕃、鎌倉、南宋、高麗、大理
- 16世紀：女真(女直)、タタール、オイラト、朝鮮、室町、明

① 北方民族が根拠地を保持しながら中国の一部または全部を支配した王朝(契丹・金・元・清)は、征服王朝と呼ばれる。

↓❶スキタイ人がかたどられた金属製のくしの装飾　イラン系の**スキタイ**は、南ロシアの草原地帯で騎馬遊牧文化を発展させ、前6世紀頃から強大な**遊牧国家**を形成した。写真は、服装や武具、馬具などから、3人のスキタイ人戦士であると考えられている。

資料から読み解く 定住民から見た騎馬遊牧民

＊文献の出典はいずれも林俊雄『スキタイと匈奴』講談社。

文献① スキタイについての記述(ヘロドトス『歴史』)

「町も城壁も築いておらず」
「その一人残らずが家を運んでは移動してゆく」
「騎馬の弓使いで」
「種も蒔かねば耕す術も知らない」
「生活は……家畜に頼り」
「ペルシア王が……向かってきた場合には……逃れつつ……撤収し、ペルシア王が退けば追跡して攻める」

文献② 匈奴についての記述(司馬遷『史記』)

「城郭や定住地……はない」
「水と草を求めて移動し」
「壮年になると力強く弓を引いて、みな甲冑をつけて騎兵となる」
「耕田の作業はない」
「牧畜の便にしたがって転移する」
「有利と見れば進み、不利と見れば退き、遁走を恥としない」

読み解き

1 スキタイと匈奴に関する記述で両者の共通点をまとめよう。
2 彼ら自身による記録がないのはなぜだろう。
3 このような定住民による記録は正確といえるだろうか。

魏晋南北朝

1 魏晋南北朝の変遷

P.127 P.132

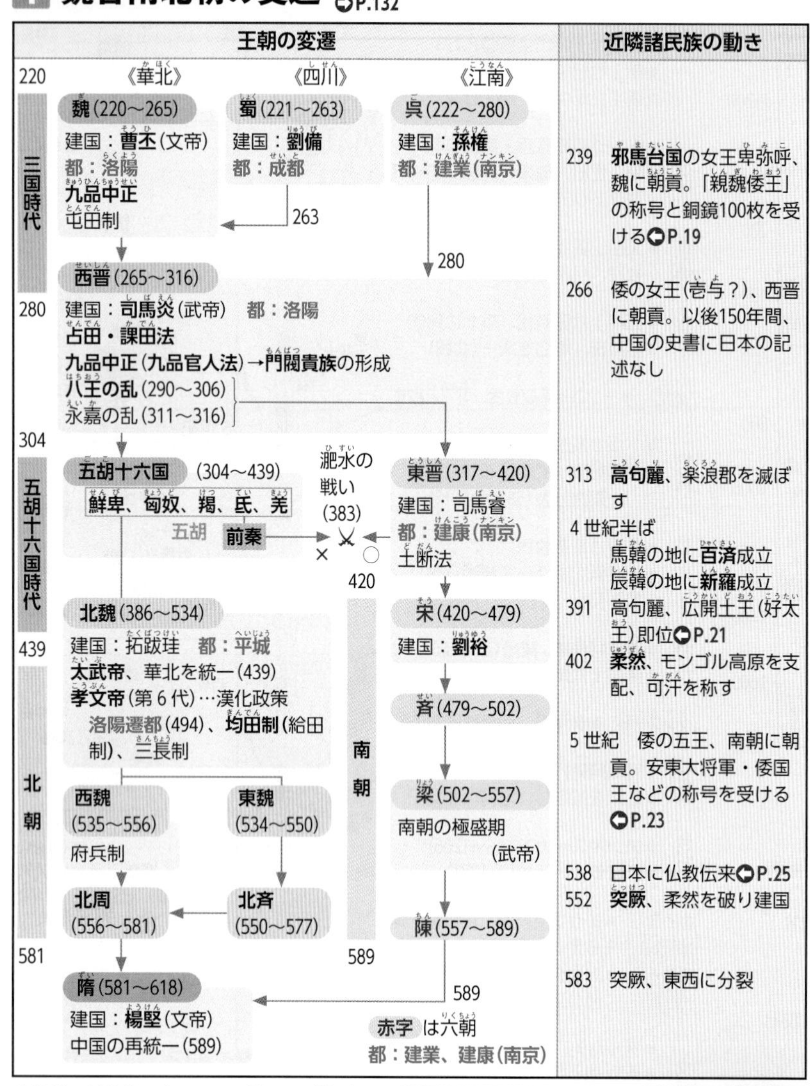

王朝の変遷
近隣諸民族の動き
220
《華北》 《四川》 《江南》
三国時代
魏(220～265)
建国：曹丕(文帝)
都：洛陽
九品中正
屯田制
蜀(221～263)
建国：劉備
都：成都
263
呉(222～280)
建国：孫権
都：建業(南京)
280
西晋(265～316)
280
建国：司馬炎(武帝) 都：洛陽
占田・課田法
九品中正(九品官人法)→門閥貴族の形成
八王の乱(290～306)
永嘉の乱(311～316)
304
五胡十六国時代
五胡十六国 (304～439)
鮮卑、匈奴、羯、氐、羌
五胡 前秦
淝水の戦い(383)
東晋(317～420)
建国：司馬睿
都：建康(南京)
土断法
420
北魏(386～534)
439
建国：拓跋珪 都：平城
太武帝、華北を統一(439)
孝文帝(第6代)…漢化政策
洛陽遷都(494)、均田制(給田制)、三長制
北朝
宋(420～479)
建国：劉裕
斉(479～502)
南朝
梁(502～557)
南朝の極盛期
(武帝)
西魏(535～556)
府兵制
東魏(534～550)
北周(556～581)
北斉(550～577)
陳(557～589)
581
589
隋(581～618)
589
建国：楊堅(文帝)
中国の再統一(589)
赤字は六朝
都：建業、建康(南京)
239 邪馬台国の女王卑弥呼、魏に朝貢。「親魏倭王」の称号と銅鏡100枚を受ける P.19
266 倭の女王(壱与？)、西晋に朝貢。以後150年間、中国の史書に日本の記述なし
313 高句麗、楽浪郡を滅ぼす
4世紀半ば
馬韓の地に百済成立
辰韓の地に新羅成立
391 高句麗、広開土王(好太王)即位 P.21
402 柔然、モンゴル高原を支配、可汗を称す
5世紀 倭の五王、南朝に朝貢。安東大将軍・倭国王などの称号を受ける P.23
538 日本に仏教伝来 P.25
552 突厥、柔然を破り建国
583 突厥、東西に分裂

↑後漢の滅亡後の中国は、長期に及ぶ分裂と混乱の時代を迎えた。**華北には北方民族が進出**し、遊牧社会の要素を取り入れた新たな制度や文化が生まれた。漢人の江南移住が行われ、江南開発の進展や**六朝文化の興隆**につながった。

→❶**江南の風景** 華北から移ってきた漢人貴族・豪族・農民らは水田開発を進め、**貴族**らは大規模な農園(**荘園**)を経営した。

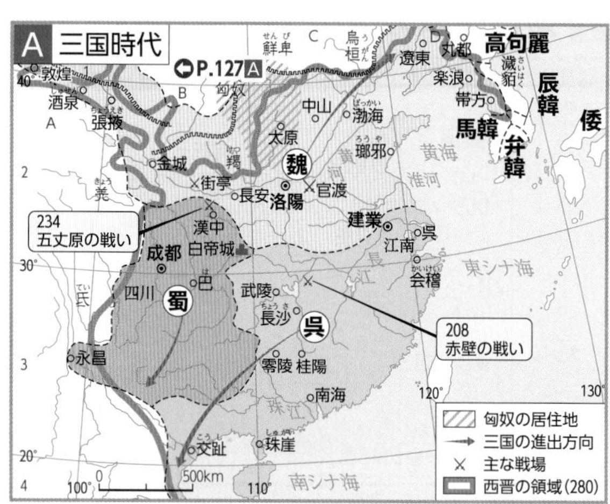

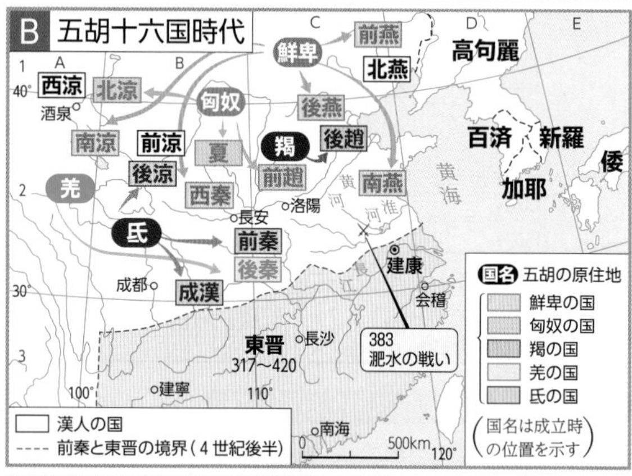

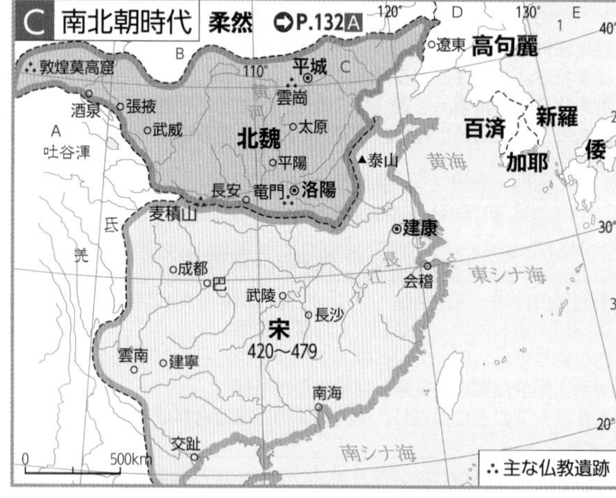

資料から読み解く 北魏孝文帝の改革

魏晋南北朝の分裂時代は、一方で胡漢(遊牧民と漢民族)の融合が進んだ時代でもあった。特に北魏の孝文帝は漢化政策を推進したが、改革は北方に残った同族の反発を招き、長城周辺の軍隊の反乱(六鎮の乱)をきっかけに北魏は東西に分裂した。

文献 ① 魏の孝文、洛に遷る(趙翼[①]『二十二史箚記』)

魏の孝文帝は国俗の上世の陋に沿うを以て[国の習俗が昔から卑しいので]、洛(洛陽)に遷りて以て旧風を変えんと欲す。……帝は朝臣を引見するに[朝臣の前で]、詔して北語を断ち、一に正音に従わしむ。年30以上は習性已に久しく、或いは革むべからざるも、30以下の見[現]に朝(朝廷)に在るの人の語言は、旧に仍るを許さず。違う者は居る所の官を免ず。又た詔して衣服の制を革む。……又た詔して国姓を改めて元氏と為す。蓋し[思うに]帝は文学に優れ、本俗(遊牧民の習俗)の陋なるを悪み、華風を以て之れに変えんと欲す。 ①趙翼(1727～1814)は清代前期の考証学者。P.195

(歴史学研究会編『世界史史料3』岩波書店)

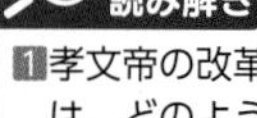

読み解き

1 孝文帝の改革は、どのような内容か、まとめてみよう。

2 趙翼が考えた改革の背景は正しいのだろうか。

→ⓐ**服飾の漢化**

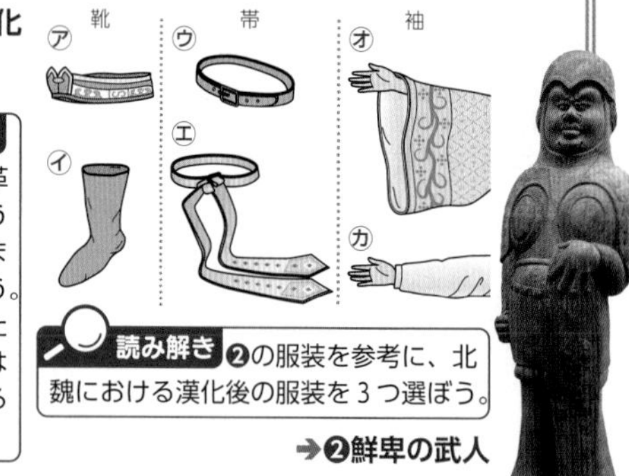

読み解き ❷の服装を参考に、北魏における漢化後の服装を3つ選ぼう。

→❷**鮮卑の武人**

歴史のスパイス 南朝梁の武帝は、仏教に傾倒し、何度も出家して仏寺に入った。そのたびに朝廷が寺に莫大な金銭を支払って「買い戻し」、梁の財政難の一端となった。

2 魏晋南北朝の社会と文化

＊五胡十六国時代に渡来

		江南(南朝の領域)	華北(北朝の領域)
特色	政治	漢民族の諸王朝が興亡(**六朝**) 皇帝権が弱く、**門閥貴族**が有力	北方民族の諸王朝が興亡 皇帝権力は比較的強大
	社会	江南開発の進展→経済発展 大土地所有の進展 豪族の台頭と門閥貴族化	北方民族の流入と定着 漢人貴族と北方系武人貴族の融合 門閥主義より賢才主義重視
	文化	漢民族固有の貴族文化(**六朝文化**) 文芸・書・絵画の発展	北方民族の要素を加えた質実剛健な文化
文芸	散文	劉義慶(宋)…『世説新語』(後漢末～東晋の逸話集)	顔之推(北斉)…『顔氏家訓』(子孫に対する訓戒)
	詩文	**四六駢儷体**の流行 昭明太子(梁)…『**文選**』(詩文の選集)	帰りなんいざ 田園まさに蕪れなんとす なんぞ帰らざる 「帰去来辞」 ↑❸陶淵明(陶潜)
	詩	**陶淵明**(東晋)…『帰去来辞』、『桃花源記』 謝霊運(宋)…山水詩	
	歴史	陳寿(西晋)…『三国志』➡P.127 范曄(宋)…『後漢書』	
芸術	書道	**王羲之**(東晋)…書聖、楷書・行書・草書を完成、「蘭亭序」、「喪乱帖」 王献之(東晋)…王羲之の子	
	絵画	**顧愷之**(東晋)…画聖、「女史箴図」	
宗教・思想	仏教	貴族仏教的性格 慧遠(東晋)…白蓮社結成、浄土宗の祖 渡印僧：**法顕**(東晋)『仏国記』 グプタ朝時代のインドへ ➡P.113, ➡P.134	国家仏教的性格 渡来僧：**仏図澄**＊(亀茲)…寺院建立 **鳩摩羅什**＊(亀茲)…仏典漢訳 達磨(インド)…禅宗の祖 **石窟寺院**…**敦煌**・**雲崗**・**竜門**・麦積山 北魏太武帝の廃仏
	道教他	**清談**の流行…竹林の七賢(魏・西晋) 神仙思想…葛洪(東晋)『抱朴子』	**寇謙之**(北魏)…新天師道を創始して道教教団確立、北魏太武帝の保護を受ける
その他	実学	王叔和(西晋)…『傷寒論』(後漢時代の医学書を整理) 宗懍(梁)…『荊楚歳時記』(長江中流域の年中行事記)	酈道元(北魏)…『**水経注**』(河川を中心とした地理書) 賈思勰(北魏)…『**斉民要術**』(中国最古の農業書)

読み解き
1 □部分はどのような意味だろう。
2 この言葉から、この「女史箴図」はどのような内容の作品と考えられるだろう。

「人咸知脩其容、莫知飾其性」(人咸其の容を脩むるを知れども、其の性を飾るを知る莫し)

↑❹**顧愷之「女史箴図」** 東晋の顧愷之の作と伝えられる画。西晋の張華が書いた『女史箴』という文書に挿絵を入れたもの。当時の宮廷生活の様子を伝えている。現存するものは模写。人物画・山水画にすぐれた顧愷之は「**画聖**」と称された。大英博物館蔵

←❺**王羲之「蘭亭序」** 作品は王羲之が客を招いて開いた宴でつくられた27編の詩の序文として書かれたもの。唐の太宗が王羲之の作品を熱愛し、手に入れた「蘭亭序」を自らの陵に副葬させた。現存する王羲之の作品はほとんどが後世の写しだが、そのすぐれた作品は後世に大きな影響を与え、「書聖」と称された。北京・故宮博物院蔵

←❻**竹林の七賢** 南朝時代の墓に描かれた七賢図の一部。嵆康・阮籍・山濤・王戎の4人が描かれている。

Column 道教の成立

道教は、後漢末の**五斗米道**などが起源とされ、北魏の**寇謙之**が新天師道を創始した。不老長寿の神仙思想と道家の思想(**老荘思想**)に民間信仰が結合した現世利益的な宗教で、北魏では一時国教となり、唐代には帝室の保護を受けて盛んとなった。日本にもお守り、お札、お中元などに道教の文化が残る。

❼**道教の聖地・泰山**(山東省)

世界遺産

文献 ② 九品中正の弊害(『晋書』)

劉毅は、魏の九品制は……8つの欠点があるとして上奏した。「臣の聞くところでは、政治の確立には、官僚にふさわしい才能を登用することが基本であるという。しかし、それを選ぶには三難があり、興廃の因となっている。人物を知り難いのがその一。愛憎を防ぎ難いのが、その二。情偽を明らかにし難いのが、その三である。今、中正を立て、九品を定めているが、その高下は意のままであり、栄辱はその手中にあって、君主の権威をあやつり、国家の権力を奪っている。……このため、上品に寒門なく、下品に勢族なしという実状である。……」

(野口鐵郎編『資料中国史 前近代編』白帝社)

読み解き 下線部はどのような意味だろう。

中国の三大石窟寺院

↓❽**雲崗石窟**(第20窟) 平城の西に造営された。ガンダーラ美術・グプタ様式の流れをくむ。仏像は北魏の皇帝の容貌に似せてつくられたといわれる。高さ約14m

世界遺産

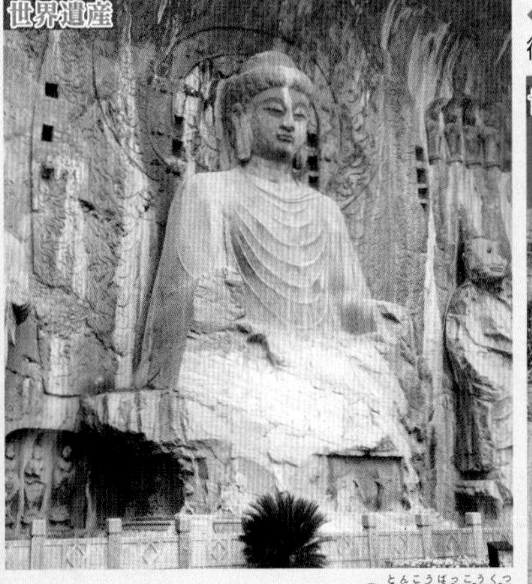

世界遺産

←❾**竜門石窟** 北魏の洛陽遷都後より洛陽の南に造営。高さ約17m

世界遺産

➔❿**敦煌莫高窟**

隋唐帝国

1 隋唐の変遷

➡P.130 ➡P.137

① 中華世界の農耕地帯を統一した秦漢帝国に対し、隋唐帝国は、北朝系の隋が農耕地帯を統一した後、唐代には北方の東突厥なども服属させ、中華世界と北方世界双方の統一に成功した。

隋

文帝(楊堅)(位581～604)

581 隋を建国　都：大興城
584 大運河の建設開始
…広通渠(584)、山陽瀆(587)
589 陳を滅ぼして、中国を再統一
●律令国家体制の基礎確立
●均田制・府兵制・租調庸制・科挙(選挙)の実施

↑❶文帝

煬帝(楊広)(位604～618)

605 大運河完成(～610)＝華北と江南を結ぶ大動脈
通済渠(605)、永済渠(608)、江南河(610)
612 高句麗遠征〈3回〉(612、613、614)の失敗
●各地で反乱、群雄の台頭
→煬帝の殺害、隋滅亡(618)

唐〈初唐〉

高祖(李淵)(位618～626)

618 唐を建国　都：長安
●律令制定
●均田制・租調庸制施行

➡❷開元通宝　直径2.4cm

太宗(李世民)(位626～649)

626 李世民、兄弟を殺害して即位(玄武門の変)
●貞観の治(627～649)…律令国家体制の確立
629 玄奘、インドへ(～645)➡P.134

高宗(位649～683)

660 新羅と結び、百済を滅ぼす
663 白村江の戦い(➡P.196)で倭軍を破る
668 新羅と結び、高句麗を滅ぼす
671 義浄、インドへ(～695)
●唐の最大領域を形成
●羈縻政策(都護府による統轄)

中断〈周〉

則天武后(武則天)(位690～705)

690 則天武后、周を建国(～705)
710 韋后、中宗を殺害
節度使が初めて設置される

武韋の禍(690～710)

〈盛唐〉

玄宗(李隆基)(位712～756)

712 韋后一派を排除
●開元の治(712～741)…国内秩序の回復、律令体制の再整備
721 十節度使の成立
722 募兵制を採用
751 タラス河畔の戦いでアッバース朝に敗北(高仙芝敗北)
755 安史の乱(～763)…安禄山・史思明が指導
756 安禄山、皇帝を称して国号を大燕とする
763 唐、ウイグルの援助で安史の乱を鎮圧

↑❸玄宗

〈中唐〉

徳宗(位779～805)

780 両税法施行(宰相楊炎の建議)➡P.137
●律令国家体制の崩壊、節度使の藩鎮化、宦官の横暴

〈晩唐〉

845 会昌の廃仏(武宗)…三武一宗の法難の一つ
875 黄巣の乱(～884)…王仙芝・黄巣が指導
894 日本、遣唐使を停止
907 朱全忠、唐を滅ぼし帝位につく(後梁の建国)

中国東北・朝鮮半島			日本
高句麗	新羅	百済	古墳
			飛鳥
			遣隋使派遣
			遣唐使派遣
渤海			奈良
			平安

2 隋の統一と滅亡

A 隋の領域

西突厥 583～657　東突厥 583～630　高句麗　新羅　百済　日本　高昌　敦煌　鄯善　張掖　吐谷渾　武威　遼東　平壌　涿郡(北京)　太原　上郡　洛陽　泰山　大興城(長安)　江都(揚州)　余杭(杭州)　南郡　武陵　眉山　隋 581～618　番禺夷　南海(広州)　南寧蛮　交趾　日南　林邑　真臘　チャンパー(林邑)　ドヴァーラヴァティ　チベット　流求　飛鳥　日本海　東シナ海

□ 文帝時代の領域(581～604)
□ 煬帝時代の領域(604～618)
→ 煬帝の高句麗遠征(612～614)
— 遣隋使の路程

B 隋の大運河

584 広通渠　608 永済渠　605 通済渠　587 山陽瀆　610 江南河
涿郡(北京)　三門峡　大興城(長安)　潼関　洛陽　汴州(開封)　泗州　淮陰　江都(揚州)　余杭(杭州)

文献 ① 高句麗遠征の失敗(『三国史記』)

隋の開皇年間①、煬帝は詔を出して高句麗を征伐した。……全軍とともに鴨淥水(鴨緑江)に至った。……隋の将軍宇文述は、兵士が疲弊して戦うことが出来ず、また平壌城が堅固ですぐに攻め落とすことが難しい様子を見て、……隊列を四角に組んで引き上げた。(高句麗の)乙支文徳は軍を4方向から出して隋軍を襲撃した。……こうして隋軍は全軍総崩れとなり、兵士が逃げ出すのを止められなかった。全軍の将士は走り帰り、一日一夜で鴨淥水に至った。その距離450里(約240km)、最初、遼(遼水)を渡った全軍は30万5,000人だったが、遼東城にたどり着いたのは、ただ2,700人のみであった

①開皇年間(581～600)は煬帝の父文帝の時代。煬帝の高句麗遠征は大業8～10(612～14)年。

(歴史学研究会編『世界史史料3』岩波書店)

読み解き

1 大運河建設の目的は何だろう。
2 隋が短期間で滅亡したのはなぜだろう。

➡❹大運河を船でめぐる煬帝　運河建設にあたっては数百万の農民が酷使され、特別の重税が課された。煬帝は竜船と呼ばれる巨大艦船に乗って江南に行幸したが、煬帝と官僚らの船団は100kmに及んだという。

隋の煬帝と唐の太宗

(569～618)　(598～649)

北周・隋・唐の三王朝は、いずれも鮮卑系の軍事支配者集団出身者によって建国された。隋の楊氏、唐の李氏は北周の皇帝と姻戚関係にあり、煬帝と李淵はいとこの関係にあたる。李淵の子・李世民は名君、対する煬帝は暴君であったと評価されるが、李世民の時代に成立した『隋書』で煬帝の暴政が強調されている点に注意しなければならない。

❺煬帝

❻太宗

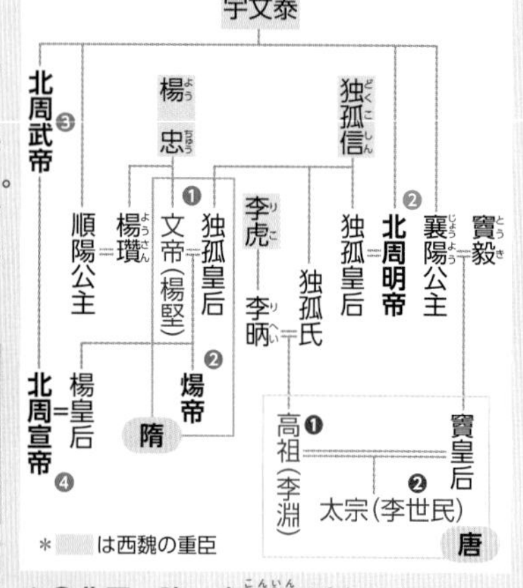

↑❼北周・隋・唐婚姻関係

歴史のスパイス　「煬帝」の諡号(死後のおくり名、➡P.2)は、「天に逆らい民を虐ぐ」などの意味があるとされる。

3 唐の律令体制

唐代律令体制の諸制度

目 的	①自作農に土地を与えて国家が直接統治 ②広大な領土と多様な民族を統合する必要性
法 令	**律**(刑法)・**令**(行政法・民法)・**格**(臨時法)・**式**(施行細則)
官 制	**三省・六部**(中央)、州県制(地方)
土 地	**均田制**(丁男に均等な土地を支給)
税 制	**租調庸制**(均田制に基づき丁男に均等課税)
兵 役	**府兵制**(均田制に基づいて丁男を徴兵)

兵役
- 3人に1人、租調庸は免除
- 折衝府で農閑期に訓練、辺境防備(3年)・都の警備
- 武器や衣食は自弁

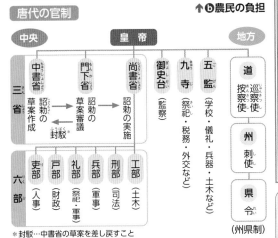

租 穀物2石(120ℓ)
調 絹2丈(6m) 綿3両(120g)
労役 年間20日の労働(中央)と、地方での労役(雑徭、年40～50日)

農民

↑ⓑ農民の負担

唐代の官制

中央　皇帝　地方

- 三省
  - 中書省：詔勅の草案作成
  - 門下省：詔勅の草案審議（封駁*）
  - 尚書省：詔勅の実施
- 六部（尚書省のもと）
  - 吏部(人事)
  - 戸部(財政)
  - 礼部(祭祀・軍事)
  - 兵部(軍事)
  - 刑部(司法)
  - 工部(土木)
- 御史台(監察)
- 九寺(祭祀・税務・外交など)
- 五監(学校・儀礼・兵器・土木など)
- 地方(州県制)
  - 道：巡察使・按察使
  - 州：刺史
  - 県：令

＊封駁…中書省の草案を差し戻すこと

単独の宰相は置かれず三省の長官らの合議制だった。詔勅は、尚書省の実務官庁の六部に回されると、九寺や五監で必要な行政処理が行われた。詔勅の審査を行う門下省は貴族勢力の牙城となった。

資料から読み解く 均田制の実態

↓ⓒ均田制の比較　1畝＝5.5a(唐代)

	対象者	還受地(国に返還)	世襲地	特色
北魏	男(15～69歳)	露田80畝 麻田10畝*1	桑田20畝	奴婢・耕牛(4頭まで)にも給田 ●奴婢に良民と同額の露田・麻田、奴のみに桑田20畝 ●耕牛1頭につき露田30畝
	女(既婚者)	露田40畝 麻田5畝*1		
隋	丁男(18～59歳)	露田80畝	永業田20畝	①奴婢・耕牛への支給廃止 ②煬帝以降は丁女への支給廃止
	丁女(18～59歳)	露田40畝		
唐	丁男(21～59歳*2)(23～59歳*3)(25～54歳*4)	口分田80畝	永業田20畝	①女性への支給廃止(寡婦を除く) ②官僚に対して官人永業田・職分田の支給
日本	男(6歳～終身)	口分田2段		①家人・私奴婢に良民の3分の1を給田 ②身分・官位に応じて職分田などを支給
	女(6歳～終身)	口分田1段120歩		

＊1　絹の生産地以外の地域など桑田が支給されない場合
＊2　737年　＊3　744年　＊4　763年

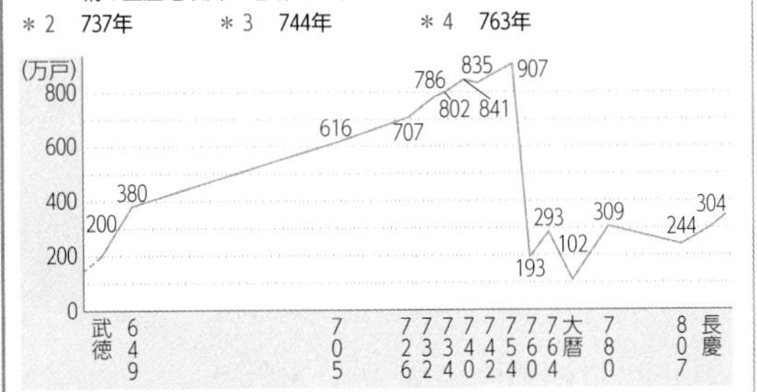

↑ⓓ唐代の戸数変動

開元四(七一六)年沙州敦煌県慈恵郷の戸籍
戸主楊法子年齢三十九歳　衛士　下中戸①　現在非課税
妻陰某(なにがし)年齢三十六歳　衛士妻
男乾昱　年齢八歳　小男
女娘子　年齢十二歳　小女
合　受給すべき田　一頃②一畝
三十九畝すでに受給　永業田　二十畝
　　　　　　　　　　口分田　十九畝
六十二畝はいまだ支給されず
①戸の等級　②一頃＝百畝
(歴史学研究会編『世界史史料3』岩波書店をもとに作成)

➔ⓔ唐代の戸籍

読み解き
1 歴代の均田制の特徴は何だろう。
2 唐代前期の戸数増加が均田制に与えた影響は何だろう。

中国史上唯一の女帝　則天武后(武則天)(624/628～705)

本名は武照。14歳の時に太宗の後宮に入り、太宗の死後は高宗の妃となり、王皇后らを陥れて皇后となった。高宗の在位中より政治の実権を握り、高宗の死後、子の中宗・睿宗を廃して自ら聖神皇帝と称して皇帝に即位し、国号を周に改めた。則天武后は反対勢力を弾圧する一方で、仏教を保護し、則天文字を制定、科挙を通じて有能な人材を積極的に登用した。

中国国家博物館蔵

4 唐と周辺諸国

① 唐の太宗は、630年に東突厥を滅ぼした際、遊牧諸部族の首長たちから可汗の上に立つ君主を意味する「天可汗」という称号を受けた。

読み解き 「天可汗」という称号は、唐がどのような性格の国家であることを意味するのだろう。

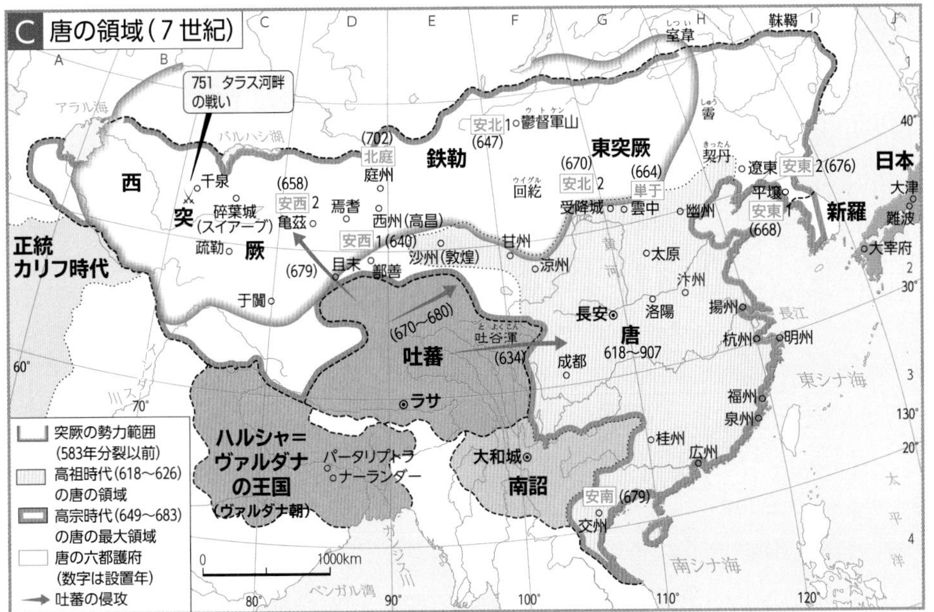

解説 羈縻政策

唐による間接統治策。唐は、服属した諸民族の地に6つの**都護府**を設置し、現地の首長を都督府・州・県の長官に任命して実際の統治を委ね、中央から都護を派遣して全体を監督させた。

↓⑦長安を訪れた外国使節*　唐は周辺諸国を積極的に**冊封体制**(➔P.184)に組みこみ、都の長安には各国から使節が訪れた。章懐太子墓壁画

＊図版中の人物の詳細は諸説あり

歴史のスパイス　徳川光圀(水戸黄門)の「圀」の字は則天文字である。

唐代の文化

1 国際都市 長安(ちょうあん)

唐代の長安

商業活動は東市と西市でのみ行われ、営業時間は正午から日没前までとされていた。

大秦寺 宮城 大明宮 西市 皇城 明代の城壁(現存) 小雁塔 薦福寺 朱雀大路 東市 興慶宮 大雁塔 大慈恩寺 北

A 長安周辺図

秦の咸陽城 渭水 0 20km 漢の長安城 咸陽 豊橋 三橋鎮 未央宮 大明宮 滻水 灞水 灞橋 豊水 阿房宮 西安 曲江 滻橋 半坡村 隋・唐の長安城 韋曲

↑秦の都咸陽(かんよう)も長安近郊にある。

→❹**井真成(せいしんせい)墓誌(ぼし)** 2004年、西安市で遣唐使として派遣された留学生の墓誌が発見された。

(大意)姓は井、字(あざな)は真成。国は日本と号す。天賦の才能が認められ、選ばれて国命で遠国の日本から唐にやってきた。衣冠束帯(いかんそくたい)を着けて朝廷に上った様子は堂々としていた。ところが思わぬことに、一生懸命勉学に励み、学業がまだ終わらない中で急病となり、開元二十二年一月に亡くなった。三十六歳だった。皇帝は大変残念に思い、詔(しょう)を出して尚衣奉御(しょういほうぎょ)を追贈し公葬にした。二月四日万年県の郊外滻水(さんすい)東岸の原に埋葬した。遺体は異土に埋葬されたが、魂は故郷に帰るにちがいない。

読み解き 井真成が唐に渡った時期を推測してみよう。

高さ110cm、新疆ウイグル自治区博物館蔵

←❶**ソグド人**➡P.61
中央ユーラシアのソグド地方出身のイラン系民族。商業民として活躍(かつやく)し、長安にも多数訪れた。

↑❷**ポロをする女性** ポロは西アジア起源の競技で、騎馬遊牧民を通じて中国に伝わり、唐で流行した。写真はズボンをはいた女性がポロをする様子を表現したもの。

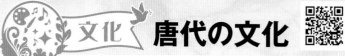

←❸**ポロ競技**

2 外来宗教の伝播(でんぱ)と渡印僧

唐代の外来宗教

三夷教	祆(けん)教(ゾロアスター教)	北魏時代に伝来(6世紀初め)、長安に祆教寺院建立(631)
	景(けい)教(ネストリウス派)	唐太宗時代にイラン人阿羅本(あらほん)が伝える(635)、長安に波斯(ペルシア)寺を建立(後の大秦(たいしん)寺)(638)、「大秦景教流行中国碑」建立(781)
	摩尼教(マニ教)	則天武后時代に伝来、主にソグド人・ウイグル人が信奉
回教(イスラーム)		高宗の時代に伝来、広州(こうしゅう)・揚州(ようしゅう)などのムスリム商人が信奉、清真(せいしん)教ともいう

→❼**清真寺**(西安大清真寺) 「大食(タージー)」と呼ばれたアラビア半島出身の**ムスリム商人**が海路、**広州**などに来航した。都の長安や広州などに清真寺と呼ばれるモスクが建立された。

←❺**大秦景教流行中国碑(たいしんけいきょうりゅうこうちゅうごくひ)** 中国に伝来した景教と景教会の歴史、沿革、中国における盛衰が漢字とシリア文字で記されている。西安碑林博物館蔵、高さ276cm

↓❻**ソグド文字で記されたマニ教教典**

主な渡印僧

僧侶	期間	行路	当時のインド	旅行記
法顕(東晋)	399～412	(往)陸路 (復)海路	チャンドラグプタ2世(超日王)の時代	『仏国記(ぶっこくき)』➡P.113
玄奘(唐)	629～645	(往)陸路 (復)陸路	ハルシャ王(戒日王)の時代	『大唐西域記(だいとうさいいきき)』➡P.112
義浄(唐)	671～695	(往)海路 (復)海路	分裂時代	『南海寄帰内法伝(なんかいききないほうでん)』➡P.113,117

↑❽**大雁塔(だいがんとう)** 玄奘が持ち帰った経典を保管するために大慈恩寺(だいじおんじ)に建てられた。玄奘はこの寺で経典の翻訳に従事した。

→❾**玄奘三蔵図** 東京国立博物館蔵

歴史のスパイス ソグド人は、生まれた子どもの口に蜜をふくませ、手に膠(にかわ)を握らせて、将来甘言(かんげん)を操り、利を手離さないことを願った。

3 唐代の文化

特色	●江南の優雅な文化と華北の質実な文化が融合した貴族文化 ●東西交易を通じて外国文化が流入した国際色豊かな文化
儒学	訓詁学（➲P.126）の整理・統一 **孔穎達**『**五経正義**』 科挙のテキストとなるも学問的発達はなし
文学	唐詩（律詩・絶句） 盛唐（玄宗時代） **王維**…自然詩人、「元二の安西に使いするを送る」 **李白**…詩仙、「静夜思」 **杜甫**…詩聖、「春望」 中唐（憲宗時代） **白居易**…「長恨歌」『白氏文集』 散文（古文復興） **韓愈**…唐宋八大家の一人、四六駢儷体を批判し、古文復興を唱える **柳宗元**…唐宋八大家の一人
宗教・仏教	宮廷・貴族の保護で繁栄 会昌の廃仏（武宗の弾圧）（845） ●中国仏教の確立 智顗…天台宗　吉蔵…三論宗 善導…浄土宗　道宣…律宗 ●渡印僧➲P.134 **玄奘**…『大唐西域記』➲P.112 **義浄**…『南海寄帰内法伝』➲P.113,117 ●来日僧 鑑真…唐招提寺建立
宗教・道教	歴代皇帝の保護により発展 老子廟・道観の建立
宗教・外来宗教	**ゾロアスター教（祆教）**➲P.134 **ネストリウス派（景教）**➲P.134 マニ教（摩尼教）➲P.134 イスラーム（回教）➲P.134
歴史学	劉知幾…『史通』　体系的歴史理論 杜佑…『通典』　中国初の制度史
絵画	閻立本…「歴代帝王図巻」 呉道玄…画法の改良 李思訓…山水画、北宗画の祖
書道	初唐三大家 欧陽詢…「九成宮醴泉銘」 虞世南…「孔子廟堂碑」 褚遂良…「雁塔聖教序」 盛唐 **顔真卿**…力強い書風を確立 「多宝塔碑」「祭姪文稿」
工芸	**唐三彩**…緑・褐色・白を基調

文献① 杜甫「兵車行」

車轔轔　馬蕭蕭
行人の弓箭　各腰に在り
耶娘妻子　走りて相い送る
塵埃に見えず　咸陽橋
衣を牽き足を頓し道を攔りて哭す
哭声直に上りて雲霄を干す
……
長者問う有りと雖も
役夫敢へて恨みを申べんや
且つ今年の冬の如きは
未だ関西の卒を休せず
県官　租を索むるに急なるも
租税　何くより出ださん
信に知る　男を生むは悪しく
反つて是れ女を生むは好きを
女を生めば猶ほ比隣に嫁がしむるを得るも
男を生めば埋没して百草に随う

（川合康三「新釈漢文大系　杜甫上」明治書院）

↑⑩「兵車行図」結城素明筆、東京藝術大学蔵

↑⑪**杜甫**（712～770）盛唐の詩人。李白と並び称され「詩聖」と呼ばれる。人生の苦悩や社会の矛盾を表現した詩を多く詠んだ。

←⑫**李白**（701～762）盛唐の詩人。天才的な詩才をたたえられて「詩仙」と称される。酒を愛し、自由奔放な詩を詠んだ。

←⑬**王維**（701頃～761）盛唐の自然詩人。仏教に深く帰依し「詩仏」と称される。山水画にもすぐれ、後世、南宗画の祖と呼ばれた。

玄宗を虜にした美女
楊貴妃（719～756）

楊貴妃は、玄宗の息子の妃であったが、玄宗がその美貌を見初めて自分の妃として寵愛した。楊国忠をはじめとする彼女の一族は、みな高位高官となり、政治の実権を握った。楊貴妃一族の専横は安史の乱（➲P.137）を招き、玄宗と四川に逃避の途中、乱を誘発した元凶として、馬嵬駅で殺害された。松伯美術館蔵

文献② 白居易「長恨歌」

一朝選ばれて君王の側に在り
眸を廻らして一笑すれば百媚生じ
六宮の粉黛顔色無し
春寒くして浴を給う華清の池
温泉水滑らかにして凝脂を洗う
侍児扶け起こせば嬌として力無し

↓⑭**顔真卿の書**　顔真卿は唐中期の政治家・書家。安史の乱では、義勇軍を率いて抵抗した。その力強い書風は後世に影響を与えた。

大唐西京千福寺多寶佛
塔感應碑文
南陽岑勛撰　朝議郎
判尚書武部員外郎琅
邪顔眞卿書　朝散大

↑⑮**唐三彩**　緑・褐色・白の釉薬で彩色した陶器で、多くは副葬品として用いられた。北京・中国社会科学院考古研究所蔵、高さ66.5cm

→⑯**閻立本「職貢図」**　貢ぎ物の珊瑚、香木、孔雀の羽、象牙を持参した使節の様子を描いている。

読み解き　この使節はどのあたりから来たのだろう。

Column　8世紀の都市比較

唐の都長安は、東西約9.7km、南北約8.7kmで城壁に囲まれており、内部は東西南北に大道が通じ碁盤目状の構造であった。玄宗の治世には、人口100万人を数えた。アッバース朝のバグダードは、三重の城壁に囲まれた円形都市で、最盛期には人口100万人を超えた。

アーヘン（フランク王国）

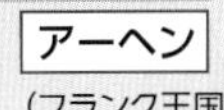

コンスタンティノープル（ビザンツ帝国）➲P.199,200

バグダード ➲P.151

1. マンスールのモスク　2. 黄金門宮

長安（唐）

△塔　卍仏教寺院　▲道教寺院（道観）　†景教寺院　■祆教寺院

上京竜泉府（渤海）

平城京（日本）

＊唐代の長安城は東西約9,720m、南北約8,650mで、約110の坊（街区）に仕切られていた。
＊日本の平城京は東西約4,000m、南北約5,000m。

歴史のスパイス　杜甫から「酒一斗、詩百編」と称された李白は、晩年、酒に酔って水面に映る月をとらえようとして船から落ち、溺死したといわれる。

東アジア文化圏の形成

1 東アジア文化圏

チベット・雲南・東南アジア	トルキスタン・北アジア	中国	中国東北部・朝鮮➡P.196	日本
	583 突厥、隋の攻撃を受け東西に分裂	隋	612 隋の煬帝の**高句麗遠征**(~614)	604 十七条憲法発布 607 小野妹子を隋に派遣(**遣隋使**) 608 隋の裴世清、来日
629 **ソンツェン=ガンポ**、**吐蕃**統一、チベット文字作成 641 唐の文成公主、吐蕃に嫁ぐ 7世紀後半 シュリーヴィジャヤ王国成立➡P.116 663 吐蕃、吐谷渾を滅ぼす 679 唐、ベトナム北部に**安南都護府**を設置	630 東突厥、唐に服属 657 西突厥、唐に滅ぼされる 682 東突厥、唐より再独立	唐	624 唐が高句麗・新羅・百済を冊封 645 唐太宗の高句麗遠征 660 新羅、唐と結び**百済**を滅ぼす 663 **白村江の戦い** 668 新羅、唐と結び**高句麗**を滅ぼす 676 **新羅**、朝鮮半島を統一 698 **大祚栄**、**渤海**建国	630 **遣唐使**始まる➡P.29 645 大化の改新 663 **白村江の戦い** 672 壬申の乱 694 藤原京遷都
8世紀前半 **南詔**、雲南に建国 738 南詔、唐より雲南国王に冊封 763 吐蕃、唐の長安を一時占領 770年代 吐蕃、仏教導入	744 **ウイグル**建国 745 ウイグル、東突厥を滅ぼす 751 アッバース朝、**タラス河畔の戦い**で唐軍を破る 763 ウイグル、**安史の乱**で唐に援軍送る➡P.137		713 唐、渤海を冊封 727 渤海使、日本へ派遣	701 大宝律令制定 710 平城京に遷都 752 大仏開眼 753 唐から鑑真来日➡P.29 794 平安京に遷都
821 吐蕃、唐と会盟 823 唐蕃会盟碑建立 843 吐蕃、分裂し衰退	840 ウイグル、キルギスの侵入で滅亡			804 最澄・空海の入唐 838 最後の遣唐使派遣 894 遣唐使を停止
902 南詔、滅亡	916 **耶律阿保機**、**契丹**建国➡P.176		926 渤海、契丹に滅ぼされる 935 新羅滅亡	

➡❶**渤海の石灯幢** 渤海は中国から仏教や都城制を取り入れた(➡P.135)。写真は上京竜泉府に建てられた興隆寺に残る石灯籠。高さ約6m

玄宗に仕えた日本人 阿倍仲麻呂 (701~770)

遣唐使の留学生として、717年に唐に渡り、玄宗に仕えた。帰国の際、仲麻呂の乗る船は難破し、ベトナム北部に漂着、日本への帰国は叶わなかった。玄宗・粛宗・代宗に仕え、安南都護府の長官(都護)も一時務めた。770年、唐で没した。

⬇❷**阿倍仲麻呂像** 安倍文殊院蔵

チェック 君臣の礼・家人の礼

- 唐は力関係や国際情勢に応じて多様な関係を展開
- 君臣の礼…相手国に対し唐が優位、唐を君、相手国を臣とする
  新羅・渤海・東南アジア諸国など
- 家人の礼…相手国が唐と対等または優位の時は家父長制的関係(父・子、兄・弟)とする

チェック 東アジア文化圏の形成

唐	周辺国と**冊封・朝貢関係**を結び世界帝国としてふるまう
	↓ 漢字を媒介(**漢字文化圏**) ↑
周辺国	律令・都城制・漢訳仏教を受容

⬆❻**ウイグルの貴族** ベゼクリク千仏洞の壁画

➡❼**突厥碑文**(モンゴル) **突厥文字**は、アラム文字に由来する騎馬遊牧民初の文字。19世紀末にデンマークのトムセンが解読した。写真はレプリカ。

➡❽**突厥文字**

⬆❾**石窟庵の釈迦如来像** 石窟庵は新羅の都である金城につくられた石窟寺院。仏国寺(➡P.196)とともに新羅美術を代表する。

文献 ① 『隋書』東夷伝倭国の条

隋文帝の開皇20(600)年、倭王で、姓は阿毎、字は多利思比孤、<u>阿輩雞弥</u>と号している者が、都に使者を派遣してきた。文帝は担当の役人に倭国の風俗を尋ねさせた。使者はこう言った。「倭王は天を兄とし、太陽を弟としている。……」文帝は、「それははなはだ道理のないことだ」と言った。……煬帝の大業3(607)年、倭国の王の多利思比孤が使者を派遣して朝貢してきた。……そして倭国の国書にはこうあった。「日出ずる処の天子、書を日没する処の天子に致す。恙無きや……」と。煬帝はこの国書を見て不機嫌になり、鴻臚(使節応接を司る長)にこう言った。「蛮夷からの手紙のくせに礼儀をわきまえておらぬ。二度と奏上させることのないように」

(藤堂明保『倭国伝』講談社をもとに作成)

読み解き

1 下線部は、何という君主号を表していると考えられるだろう。
2 煬帝が国書を無礼とした理由は何だろう。また、国書から日本はどのような関係を中国と結ぼうとしたのだろう。

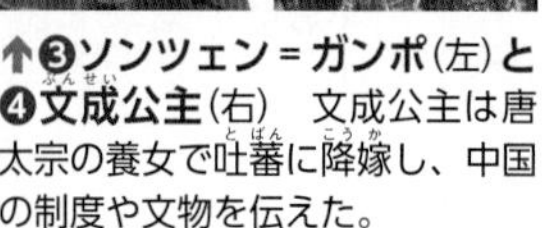

⬆❸**ソンツェン=ガンポ**(左)と❹**文成公主**(右) 文成公主は唐太宗の養女で吐蕃に降嫁し、中国の制度や文物を伝えた。

⬅❺**唐蕃会盟碑** 821年に唐と吐蕃との間で結ばれた講和条約の内容などを記した石碑。碑文では二国間関係を対等に表現している。
高さ276cm

A 唐代の国際関係

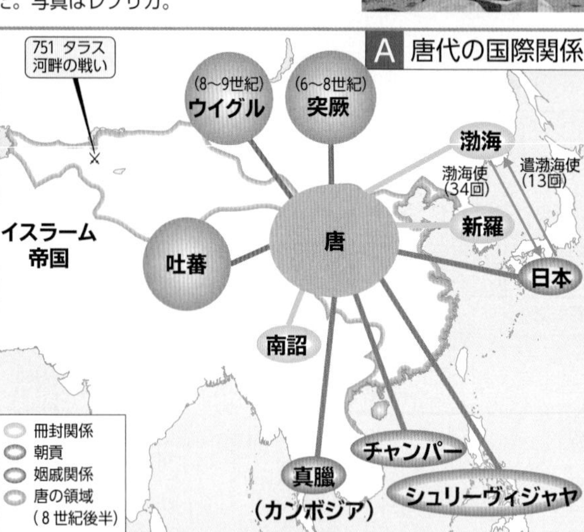

歴史のスパイス 開皇20年(600年)の第1回遣隋使は、『隋書』倭国伝に記録が残るが、『日本書紀』には記録が残っていない。

唐の動揺と五代の分裂

1 唐末五代の社会変動

➡P.132 ➡P.176

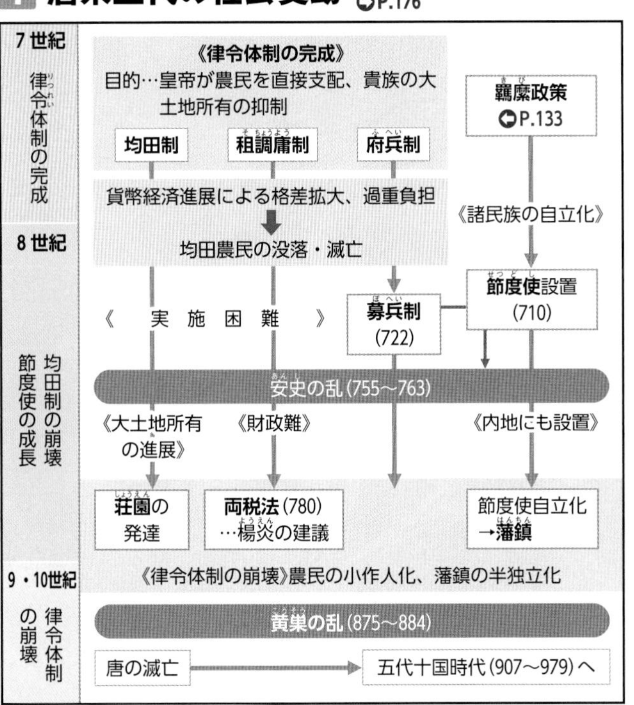

両税法の導入

租調庸制		両税法
丁男(個人)に対し本籍地で課す	課税対象	各戸に対し現住地で課す
均等課税	課税基準	資産や土地の大小に応じて課税
秋年1回	課税時期	夏(6月)・秋(11月)の年2回(**麦栽培の普及**に対応)
租…粟(籾米)2石(約120ℓ) 調…絹布・綿または麻布 庸…年間20日の労役(絹布・麻布で代納可) 雑徭…地方官庁での労役	課税内容	戸税…資産額に応じて貨幣で徴収 地税…耕地面積に対して穀物で徴収 商税…売上に応じて課税
税の収入に応じて支出を定める(量入制出)	財政原則	政府の支出額をもとに税を割りつける(量出制入)

⬆大土地所有を事実上容認し、律令的人民支配が崩壊した。

2 安史の乱と黄巣の乱

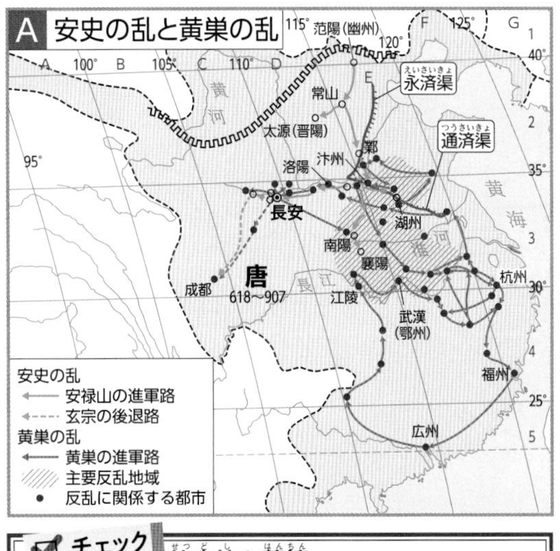

読み解き 2つの反乱が展開された地域の違い、そのことが唐の衰退に与えた影響はどのようなものだろう。

⬆❶**安禄山** ソグド人出身の**安禄山**は玄宗の信任を得て河東・范陽・平盧の3節度使を兼任した。755年に部下の史思明とともに挙兵した。一時は洛陽・長安を占領したが、息子に殺された。

チェック 節度使と藩鎮

●**節度使**…辺境防衛のために設けられた募兵軍団の指揮官。安史の乱後は内地にも設置された。

●**藩鎮**…唐の後半、軍事権だけでなく、民政・財政権を握って自立化した軍閥勢力。

文献 ①『二十二史劄記』唐節度使の禍 ➡P.130

唐の官制では節度使よりよくないものはない。……安史の乱が平定された後、武将たちでその功によって王侯となるものはみな節度使に除せられ[任命され]、大きいものは州の10余りを連ね[統括し]、小さなものでも3つ、4つを連ねた。配下の文武の官はすべて自ら任じ、朝廷の許しを得たりすることはなかった。勢力はますます盛んになり、とうとう**「尾大不掉」の状況**になった。父が死ぬとその子が兵を握って代わろうとせず、もしくは士卒[士官と兵卒]の中から後継者を選んだりする。往々にして自ら将吏を選んで「留後[留守役]」と称し、朝廷から追認されるように求める。天子はこれを統制する力がなく、恥を忍んでこれを許す。

(野口鐵郎編『資料中国史 前近代編』白帝社)

読み解き 下線部は、唐がどのような状況に陥っていることを表しているだろう。

➡❷**黄巣の乱**(想像図) 安史の乱後、財政難となった唐は**塩の専売制**を始めた。結果、密売商人が出現し、私兵を率いて官軍に抵抗した。反乱を起こした王仙芝・**黄巣**も塩の密売商人であった。

3 五代十国

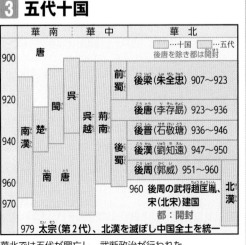

	華南					華中			華北
900									唐
	南漢	楚	閩	呉 → 南唐	呉越	荊南	前蜀 → 後蜀		後梁(朱全忠) 907～923
920									後唐(李存勗) 923～936
									後晋(石敬瑭) 936～946
940									後漢(劉知遠) 947～950
									後周(郭威) 951～960
960								北漢	960 後周の武将趙匡胤、宋(北宋)建国 都:開封
970									
									979 太宗(第2代)、北漢を滅ぼし中国全土を統一

…十国 …五代 後唐を除き都は開封

華北では五代が興亡し、武断政治が行われた。

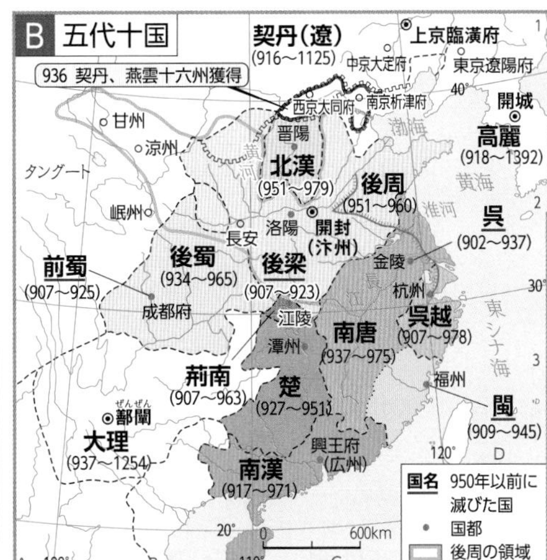

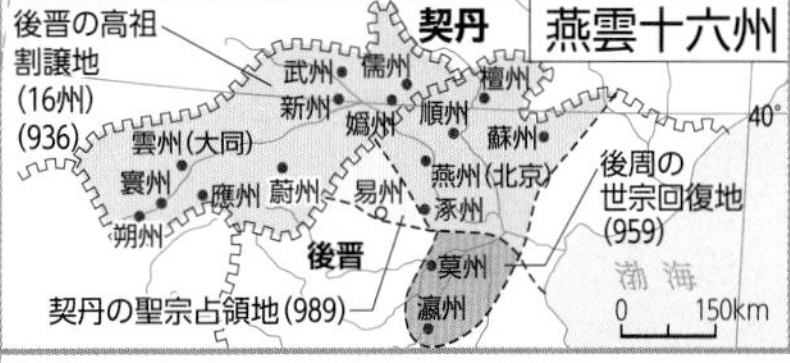

⬆**燕雲十六州**は、石敬瑭が後晋建国の支援の代償として契丹(遼)に割譲した。➡P.176

⬇❸**南唐の貴族の宴** 「韓熙載夜宴図」北京・故宮博物院蔵

歴史のスパイス 専売制により、塩は原価の数10倍の値となり、民衆を苦しめた。そのため、安価な非合法の塩(私塩)が出回った。

テーマ12 東西文化の交流(1)

1 東西を結ぶ3つの道

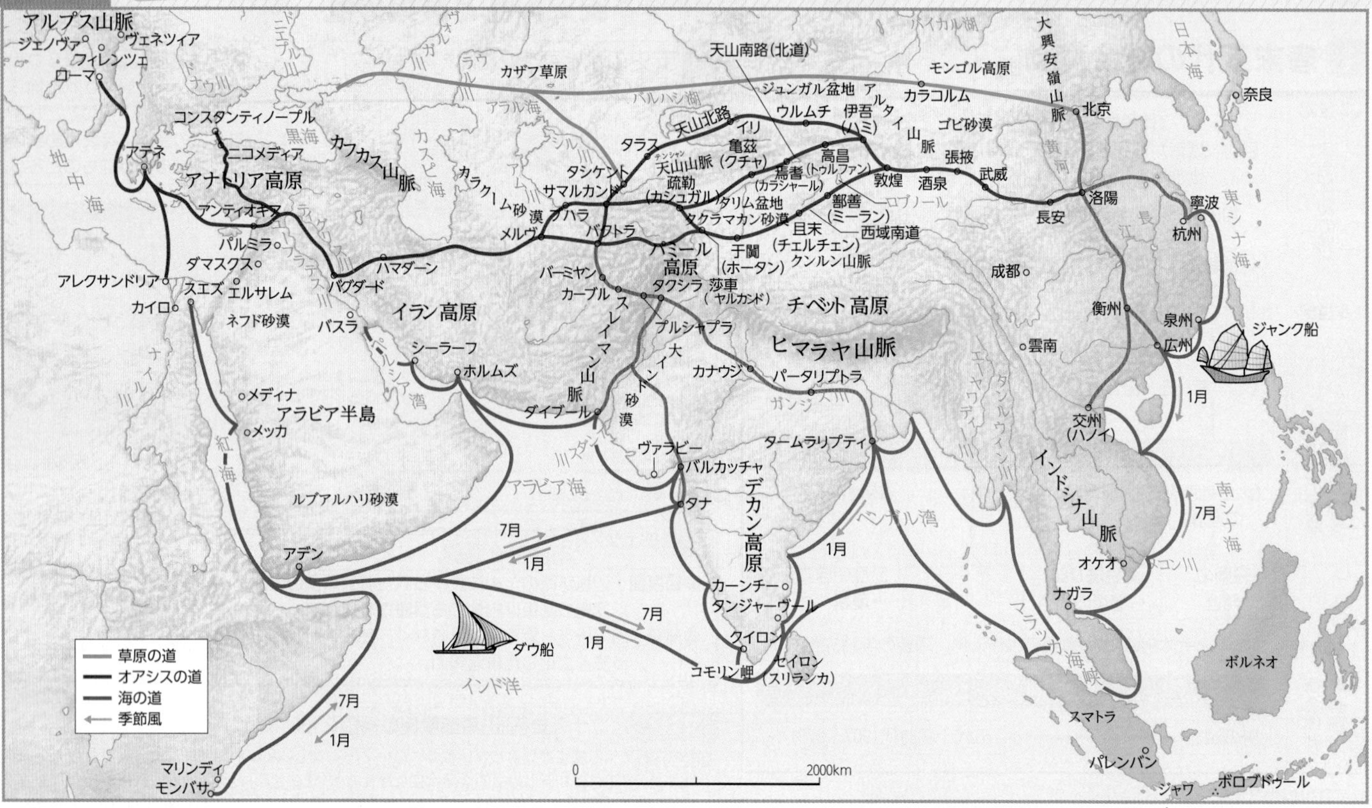

アルプス山脈 ジェノヴァ ヴェネツィア フィレンツェ ローマ アテネ コンスタンティノープル ニコメディア アナトリア高原 アンティオキア パルミラ ダマスクス アレクサンドリア スエズ エルサレム カイロ ネフド砂漠 メディナ メッカ アラビア半島 紅海 ルブアルハリ砂漠 アデン マリンディ モンバサ 地中海 黒海 カフカス山脈 カスピ海 アラル海 カザフ草原 バルハシ湖 バグダード ハマダーン バスラ シーラーフ ホルムズ イラン高原 カラクーム砂漠 メルヴ ブハラ サマルカンド タシケント タラス バクトラ バーミヤン カーブル タクシラ パミール高原 スレイマン山脈 インダス川 ダイブール 大インド砂漠 ヴァラビー バルカッチャ タナ アラビア海 デカン高原 カーンチー タンジャーヴール クイロン コモリン岬 セイロン(スリランカ) インド洋 ダウ船 天山南路(北道) 天山北路 ジュンガル盆地 アルタイ山脈 カラコルム モンゴル高原 ゴビ砂漠 イリ ウルムチ 伊吾(ハミ) 高昌(トゥルファン) 亀茲(クチャ) 焉耆(カラシャール) 天山山脈 疏勒(カシュガル) タリム盆地 タクラマカン砂漠 鄯善(ミーラン) ロプノール 且末(チェルチェン) 西域南道 于闐(ホータン) 莎車(ヤルカンド) クンルン山脈 敦煌 酒泉 張掖 武威 チベット高原 ヒマラヤ山脈 プルシャプラ カナウジ パータリプトラ ガンジス川 タームラリプティ ベンガル湾 大興安嶺山脈 北京 黄河 長安 洛陽 成都 雲南 長江 寧波 杭州 東シナ海 衡州 泉州 広州 ジャンク船 交州(ハノイ) インドシナ山脈 メコン川 オケオ 南シナ海 ナガラ マラッカ海峡 スマトラ パレンバン ジャワ ボロブドゥール ボルネオ 日本海 奈良 7月 1月 0 2000km

草原の道 / オアシスの道 / 海の道 / 季節風

2 東西交流史

① 各地域に並び立つ世界帝国を、「草原の道」「オアシスの道」「海の道」が結びつけていた。

草原の道・オアシスの道(シルク＝ロード)	海の道
前7世紀 **スキタイ**、南ロシアで活動、騎馬文化を形成➡P.129 ●**スキタイ文化** 前334 アレクサンドロス大王、東方遠征開始➡P.94 ●**ヘレニズム文化**の東伝 前176 匈奴の冒頓単于、月氏をイリ川流域へ追う 前139 **張騫**、匈奴挟撃のため**大月氏**へ派遣される 前129 前漢**武帝**、**匈奴**攻撃、河西4郡を設置➡P.125 前104 李広利、大宛(フェルガナ)遠征(～前102) 後 91 **班超**、西域都護となる(～102) 97 **甘英**、班超により大秦(ローマ)に派遣され、条支国(シリア)に至る➡P.14 4世紀 **フン人**が草原地帯からヨーロッパへ西進➡P.142 553 東ローマ帝国に養蚕技術が伝播 **ソグド人の活躍**➡P.134 ●ゾロアスター教、マニ教を唐に伝える ●文字を突厥・ウイグルにもたらす 751 **タラス河畔の戦い** ●製紙法の西伝➡P.132 840 ウイグル、キルギスの圧迫で西に移動 →トルコ化の進展(**トルキスタン**の成立へ) 1219 **チンギス＝カン**の西征(～25)➡P.180 1236 **バトゥ**の西征(～42) 1258 **フレグ**、バグダードを占領 1275 **マルコ＝ポーロ**、大都に至る➡P.181	前214 始皇帝、南海・桂林・象の3郡設置➡P.123 前111 前漢**武帝**、**南越**征服、南海・交趾・日南など9郡設置➡P.124 後1世紀 季節風の発見で海上交易の発展 『エリュトゥラー海案内記』➡P.14 ●ローマ帝国と**サータヴァーハナ朝**との交易が盛んになる ●東南アジアに**港市国家**出現➡P.117 166 大秦王安敦の使者、日南郡に至る➡P.139 7世紀 マラッカ海峡の航路の通行盛んに➡P.117 ●**ムスリム商人**がインド洋に進出 8世紀 唐が広州に**市舶司**設置 **広州**や揚州に**ムスリム商人**が来訪、蕃坊(外国人居留区)に居住 10～11世紀 宋が広州・泉州・明州(寧波)に**市舶司**を設置➡P.178 **青磁・白磁**の輸出、中国商人の海上進出の活発化 12世紀 **羅針盤**の実用化 1295 マルコ＝ポーロ、海路にて帰国 1346 **イブン＝バットゥータ**、大都に至る 1405 **鄭和の大遠征**(～33)➡P.190 1498 **ヴァスコ＝ダ＝ガマ**、インドのカリカットに到着➡P.204

3 宗教・文化の伝播

宗教	大乗仏教	前2 中国に伝来(一説に後67) 310 **仏図澄**、亀茲より洛陽へ 399 東晋の僧**法顕**、陸路でインド(グプタ朝)へ出発(海路で帰国) 401 **鳩摩羅什**、亀茲より長安へ 629 唐の僧**玄奘**、陸路インド(ハルシャ王の時代)へ(陸路で帰国) 671 唐の僧**義浄**、海路インドへ
	ゾロアスター教	中央ユーラシアに伝播 北魏時代の中国にも伝播(**祆教**)
	マニ教	中央ユーラシアに伝播 唐代の中国にも伝播(摩尼教)
	イスラーム	中央ユーラシアに伝播 唐代の中国にも伝播(後に**回教**)
	ネストリウス派キリスト教	中央ユーラシアに伝播 唐代の中国にも伝播(**景教**)
	カトリック	1246 ローマ教皇の使節**プラノ＝カルピニ**、モンゴルのカラコルムに至る 1254 フランス王ルイ9世の使節**ルブルック**、カラコルムに至る 1294 **モンテ＝コルヴィノ**、元の大都で布教
暦学・天文学		1280 イスラーム天文学の影響を受け、元で**授時暦**作成
数学		ゼロの概念がインドからユーラシア東西に広がる
美術		1～3世紀 ヘレニズム文化の影響を受けた**ガンダーラ美術**が開花 3～7世紀 ササン朝美術が東伝 13世紀 中国絵画の影響を受け、イランで**ミニアチュール**が発達

歴史のスパイス 「シルク＝ロード」の名は、19世紀末の地理学者リヒトホーフェンの命名であり、実際に道路があるわけではなくオアシス都市を結ぶネットワークをさす。

4 草原の道とオアシスの道

←❶馬に乗るスキタイ人　草原の道では、スキタイ・匈奴以来、イラン系・トルコ系・モンゴル系の遊牧民が活躍した。彼らは騎馬の機動力を生かして交通を担うだけでなく、自ら**遊牧国家**(➲P.129)を建設して国際貿易を握った。写真は南シベリアのパジリク古墳群で出土した毛織物の壁掛け。

チェック
草原の道・オアシスの道
● **草原の道・オアシスの道**
…草原地帯や砂漠・オアシス地帯を東西に貫く交易路。中央ユーラシア各地だけでなく東アジアから地中海世界までを結んだ。
●商品…中国の生糸・絹織物、シベリアなどの毛皮など。

文献①『後漢書』に記されたオアシスの道
鄯善国から葱嶺山[パミール高原]を越えて西の諸国に出るには、**二つの道**がある。南山の北に沿って、タリム河に順って西行して莎車[ヤルカンド]国に到達するのが、南道である。南道から西の葱領山を越えれば、大月氏・安息に出る。車師の前王国[トゥルファン]の庭より北山に順い、タリム河沿い西行して疏勒[カシュガル]に到達するのが北道である。　(渡邉義浩他編『全訳後漢書 列伝8』汲古書院)

読み解き 下線部はどこをさしているのだろう。

読み解き
ラクダのどのような生態が砂漠の往来に適しているのだろう。

↑❷**砂漠を行く隊商**(モンゴル)　過酷な環境の砂漠の往来に適した生態を持つラクダは、「砂漠の船」と呼ばれ、他の動物では越えられない乾燥地域を移動する輸送手段となった。オアシス都市は、主にラクダを使った隊(キャラバン)の中継貿易によって結ばれ、貿易の利益で繁栄した。

←❸**盗賊に襲われるソグド商人**(敦煌莫高窟第45窟壁画)　貿易路の往来では、盗賊に襲われ、荷物や命を奪われることもあった。図は、刀を抜いた盗賊に対し商人らが手を合わせて助けを求めている。

5 トルコ化とイスラーム化

トルコ化　➲P.155	イスラーム化
840　**ウイグル**、滅亡 →タリム盆地に移住(東トルキスタンのトルコ化進行)	751　**タラス河畔の戦い**
940　**カラハン朝**成立	875　**サーマーン朝**成立(中央ユーラシアのイスラーム化進展)
999　カラハン朝、サーマーン朝滅ぼす(西トルキスタンのトルコ化進行)	10世紀半ば　**カラハン朝**がイスラーム受容(トルコ人のイスラーム化進展)
1038　**セルジューク朝**成立	

解説 トルキスタン
9世紀にウイグルが中央ユーラシアに移住すると、それまでモンゴル・イラン系言語を話すオアシスの人々の間でトルコ語が広がり、パミール高原の東西に広がる地域は「**トルキスタン**」(トルコ人の土地)と呼ばれた。

A トルコ化とイスラーム化

6 海の道

↑❹**港町アデン**(イエメン)　紅海とインド洋を結ぶ、古代ギリシア以来の交易の要衝。アイユーブ朝やオスマン帝国などのイスラーム王朝のほか、イギリス東インド会社の支配を受けた。

→❺**ダウ船**(上)**と❻ジャンク船**(下)　**ダウ船**は、アラビア海・紅海・インド洋で活躍した木造帆船。風をとらえやすい三角帆が特徴。**ジャンク船**は、中国伝統的な木造帆船で、蛇腹式に折りたためる帆が特徴的である。

文献② 大秦王安敦の遣使(『後漢書』西域伝)
[大秦国では]およそ外国の諸々の珍品はどれも産出する。……その王[大秦王]は常に使者を漢に送ろうとしたが、安息国は漢の繒綵[色のついた絹]で大秦国と交易したがったので、そのため(大秦国の使者を)邪魔して到達できないようにした。桓帝の延熹9年(166年)になると、ア**大秦王の安敦**が使者を派遣して、日南郡の塞外より象牙・犀角・瑇瑁[ウミガメの一種、べっこう細工の材料]を献上し、初めてようやく一度だけ通交した。その上表文とともに献上されたものは、どれも珍しいものではなく、イ**おそらく(大秦国の情報が)過大に伝えられたようである**。
(范曄著、渡邉義浩他編『全訳後漢書 列伝8』汲古書院)

読み解き
1 下線部**ア**は誰のことだろう。
2 この文献の筆者が下線部**イ**のように判断した理由は何だろう。

チェック　海の道
●海の道…季節風を利用して帆船航海する交易路。地中海から東アジア海域までを結びつけた。
●商品…中国の**陶磁器**、東南アジアの**香辛料**。

歴史のスパイス　海の道は、中国の陶磁器を運んだ交易路であったため、別名「陶磁の道」ともいう。一方、草原地帯北方の森林地帯を通る交易路は「毛皮の道」と呼ばれた。

地理風土 ヨーロッパ

ロンドン

年平均気温 11.8℃
年降水量 633.4mm
海抜高度 24m

リスボン

年平均気温 17.2℃
年降水量 762.6mm
海抜高度 77m

モスクワ

年平均気温 6.3℃
年降水量 713.0mm
海抜高度 147m

気候区分

ツンドラ気候
西岸海洋性気候
亜寒帯湿潤気候
温暖湿潤気候
地中海性気候

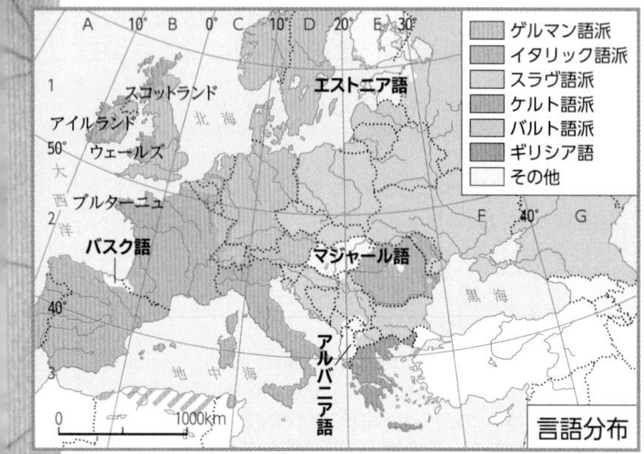

言語分布

ゲルマン語派
イタリック語派
スラヴ語派
ケルト語派
バルト語派
ギリシア語
その他

宗教分布

カトリック
プロテスタント
東方正教会
イスラーム
その他

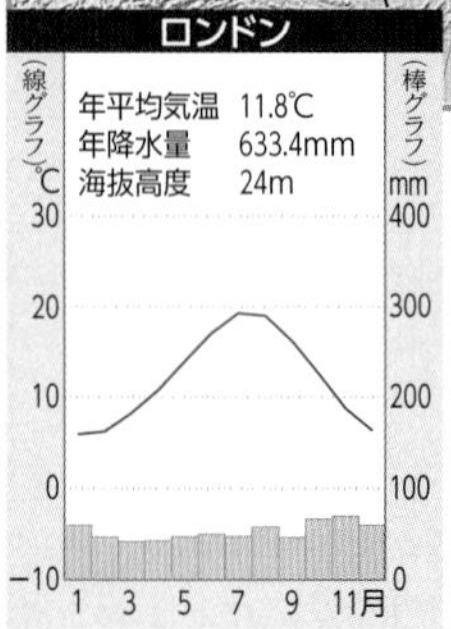

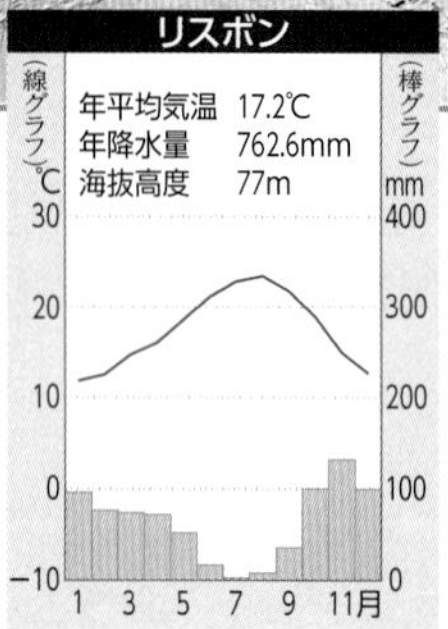

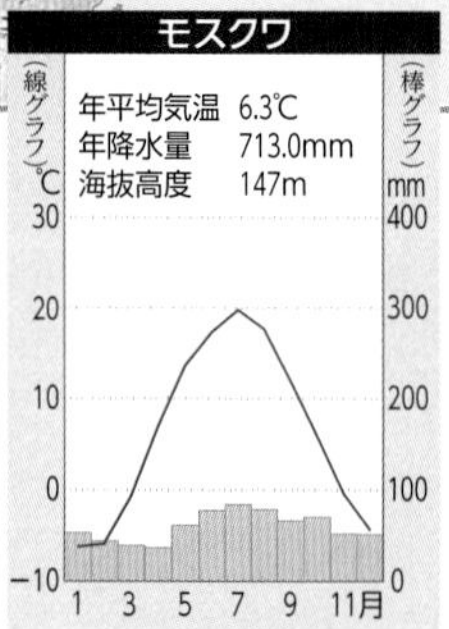

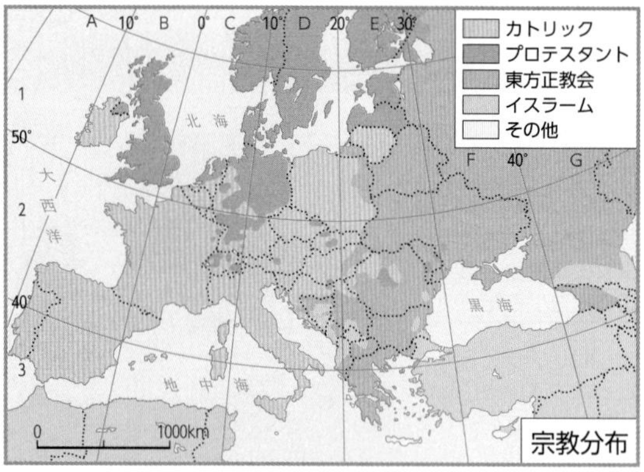

✓チェック ヨーロッパの風土

西ヨーロッパ
- 適度な雨量と温暖な気候
- 肥沃な土壌と森林
  →中世以降、開墾が進む
- 河川流域を中心に都市が発達

東ヨーロッパ
- 大陸性気候で、雨が少なく寒暖の差が大きい
- 平野部が広がるが、東方から様々な民族が侵入し、文化形成に影響

＊西欧・東欧の区分は歴史的に形成された認識。冷戦の影響も大きい

地中海沿岸地域➡P.80
- 夏は暑く乾燥
- 交易上の重要地域

＊各地域で**キリスト教の受容**
→共通の文化的基盤を持つ**ヨーロッパ世界**の形成

読み解き 言語分布と宗教分布の間には、概してどのような関係がみられるだろう。

歴史のスパイス ヨーロッパに北マケドニア共和国という国家があるが、現代のマケドニア人はスラヴ系民族であり、古代のマケドニア人とはルーツの異なる別の民族である。

↑❶**シュヴァルツヴァルト** ドイツ語で「黒い(シュヴァルツ)森(ヴァルト)」の意。かつての西ヨーロッパはうっそうとした森に覆われていたが、**中世以降、開墾が進み(大開墾時代)、森林は減少していった。**現在は酸性雨等による環境被害が問題となっている。

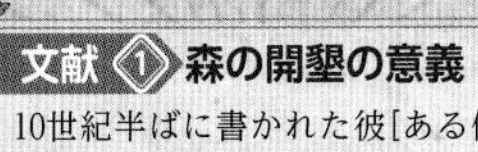

➔❷**森の開墾を行う修道士**(写本の挿絵)

文献①森の開墾の意義

10世紀半ばに書かれた彼[ある修道士]の伝記は、修道士たちが森の樹木を切りたおして耕地や牧場に変えていったことを誇らしげに記している。……森林を開墾して耕地に変えることは、異教が跋扈する野蛮の地をキリスト教化(文明化)することと同義とされた。……伝記は、まさにこうした言説を下敷きにしている。

(堀越宏一・甚野尚志編『15のテーマで学ぶ中世ヨーロッパ史』ミネルヴァ書房)

読み解き 修道士が開墾を進めた背景には、どのような言説があったのだろう。

↑❸**「赤ずきん」の絵本の挿絵** 森は木材や薪、豚などの家畜の飼料となる木の実を提供した。一方、「赤ずきん」や「ヘンゼルとグレーテル」の童話に描かれるように、森は畏怖の対象でもあった。

↑❹**ライン川** アルプス山中から**ドイツ・フランス国境を流れ**、北海に至る全長約1,320kmの**国際河川**。ヨーロッパの南北を結ぶ水運の大動脈として歴史上大きな役割を果たし、**流域には多くの都市が建設された。**

↑❺**バルト海に面した港**(ポーランド) スカンディナヴィア半島とユトランド半島に囲まれたバルト海は、古くから重要な交易ルートとして栄えた。ノルマン人やハンザ同盟、オランダはバルト海貿易を掌握することで繁栄し、ロシアやスウェーデン、デンマーク、ドイツなどの沿岸国はその支配権をめぐって争った。

ケルト人の歴史

スコットランド
アイルランド
ウェールズ
ブルターニュ
北海
ゲルマン人
大西洋
前5世紀
ラ=テーヌ
前4世紀
ハルシュタット
サルマティア人
スキタイ人
ダキア人
ドナウ川
黒海
リグリア人
前6～前3世紀
エトルリア人
前386年
ローマ
イリュリア人
トラキア人
地中海
イベリア人
前279年
前280年
ガラティア人
0 1000km

ケルト人の原住地
ケルト人の占領地
ケルト人の進出経路

A ケルト世界の広がり

↑❻**アルプス山脈** ハンニバルやカール大帝、ナポレオンの「アルプス越え」は歴史を動かした。

文献②カール大帝のアルプス越え

[ランゴバルド人を征討するために]カロルス[カール]がイタリアに侵入するとき、アルプス越えでどんなに困難をきわめたか、フランキ[フランク]族がいかなる苦心を払って道なき山頂や天に聳える絶壁や尖った危険な岩壁を越えたか、その状況をここで話してみたい……。

(エインハルドゥス著、國原吉之介訳・註『カロルス大帝伝』筑摩書房)

↑❼**ウクライナの小麦畑と民族衣装を着た少女** ドニプロ(ドニエプル)川流域のキーウ(キエフ)を首都とするウクライナは、ヨーロッパの穀倉地帯。2022年、ロシアによるウクライナ侵攻(➡P.348)の際には、穀物などの商品相場が大幅上昇し、日本にも影響を与えた。

Column ケルト文化

ケルト人は、ローマ人やゲルマン人より早い段階で、ドナウ川やライン川流域を中心とした地帯に定住した民族で、ラ=テーヌ文化に代表される鉄器文化を築いた。元来の宗教としては、祭司(ドルイド)による自然崇拝を行っていた。民族的には、ローマ帝国やゲルマン人に征服され、同化していったが、ケルト人の文化や言語的痕跡は、スコットランド、ウェールズ、アイルランド、ブルターニュなどに残る。**ウェールズ語などのケルト諸語は、各地域のアイデンティティ、ナショナリズムとも結びついてきた。**

↑⓫**バタシーの盾** ラ=テーヌ様式の渦巻き文様が美しい。大英博物館蔵

文献③ケルト美術の位置づけ

古代ケルト美術は、本来であれば、古代ギリシア・ローマ美術とともに、ヨーロッパ美術の基層をなすものとして、……紹介されるべきであるが、地中海文化の古典美を評価してきた西洋の美術史観においては、北方の異質の存在として見過ごされてきたといってよい。そのため、美術の概説書でケルトの名が登場するのは、本書のように初期中世美術の巻がほとんどである。なぜなら、キリスト教という精神的支柱によってヨーロッパ全体が統一されることによって、古代ケルトの異教美術が新たなキリスト教美術のなかで再生された結果、初めて西洋美術史の表舞台に迎え入れられたからである。

(加藤磨珠枝他著『西洋美術の歴史2』中央公論新社)

読み解き ケルト美術は、キリスト教とどのような関係にあるのだろう。

民族の特徴* ➡P.70

ヨーロッパの民族は、地中海地域のラテン系、アルプス以北の西ヨーロッパ地域のゲルマン系、東ヨーロッパ地域のスラヴ系に大別される。

ゲルマン系…高い背、金髪、青い目、高い鼻
ラテン系…黒髪、黒い目、少し褐色がかった肌
スラヴ系…暗褐色系の髪、灰色がかった目

＊民族は、生物学的特徴とは関連しない場合も多い。

↓❽**ゲルマン系** ↓❾**ラテン系** ↓❿**スラヴ系**

歴史のスパイス ウクライナの首都は、日本でキエフと呼ばれてきたが、これがロシア語読みによることから、2022年、日本政府はウクライナ語読みによるキーウに改めた。

ヨーロッパ世界の形成

1 ゲルマン人の移動

↑❶家族とともに移動するゲルマン人　武力を用いた侵入だけでなく、家財を伴う平和的移住も多かった。写真は、トラヤヌス帝記念柱の浮き彫り（◯P.102）。

↓ⓐゲルマン諸国の興亡

世紀＼地域	イベリア半島	イングランド	フランス	ドイツ	イタリア	北アフリカ	アナトリア
5	西ローマ帝国／418 西ゴート王国	449 アングロ＝サクソン人の侵入	443 ブルグンド王国／481 フランク王国（メロヴィング朝）		476 オドアケルの王国／493 東ゴート王国	429 ヴァンダル王国	ビザンツ帝国
6	西ゴート王国	アングロ＝サクソン人の侵入	534（ブルグンド王国）／フランク王国（メロヴィング朝）		555（東ゴート王国）／568 ランゴバルド王国	534（ヴァンダル王国）	ビザンツ帝国
7	西ゴート王国	七王国（ヘプターキー）時代	フランク王国（メロヴィング朝）		ランゴバルド王国	639／661 ウマイヤ朝	ビザンツ帝国
8	711／ウマイヤ朝／750／756 後ウマイヤ朝	七王国（ヘプターキー）時代	751（カロリング朝）		774	750 アッバース朝	ビザンツ帝国
9	後ウマイヤ朝	829 イングランド王国	843 ヴェルダン条約／西フランク王国	東フランク王国	中部フランク／870 イタリア王国	アッバース朝	ビザンツ帝国

➔❷アッティラ（位433～453）　フン人の王。パンノニアに帝国を築いた。叙事詩『ニーベルンゲンの歌』には彼をモデルとした人物も登場する。

読み解き ❸は、16世紀初頭、教皇の注文で制作された。その注文の意図は何だろう。

➔❸ローマ教皇レオ１世とアッティラの会見　451年、フン人は、**カタラウヌムの戦い**で、西ローマ・ゲルマンの連合軍に敗北した。翌年には北イタリアに侵攻したが、レオ１世はアッティラを説得して退却させ、ローマを救ったと喧伝された。

ラファエロ筆、ヴァチカン宮殿蔵

① フン人の西進によりゲルマン人がヨーロッパ内に移動し、部族国家を建設した。ゲルマン人との争いや相次ぐ帝位交代などで西ローマ帝国・皇帝権は弱体化し、オドアケルが皇帝を廃位して**西ローマ帝国が消滅**した。

文献① ローマ皇帝と東ゴート王

読み解き 皇帝は、東ゴート王テオドリックをどのように利用したのだろう。

トラキアに住んでいたゴート人もローマ人に向けて武器を取ったのはおよそこの頃（476年）であったが、指揮を執ったのは……テオドリック［東ゴート人の王］であった。しかし自身のいかなる状況にあっても事を有利にすることを心得ていた皇帝ゼノンがテオドリックに勧めたのは、イタリアに進軍して、オドアケルを攻撃し、そして（テオドリック）自身とゴート人として領土の西部を支配することであった。……テオドリックは……皇帝と事を起こして抜き差しならぬ争いで多大なる危険を招くよりも、（王位）簒奪者を除去してローマ人とイタリア人のすべての統治者となるほうが賢明なのだ、と。さてテオドリックはこの提案に喜び、イタリアへ行った。……テオドリックは、……オドアケルを捕らえ、欺瞞の下心を秘めて正餐に招待し、彼を殺害した。

（歴史学研究会編『世界史史料５』岩波書店）

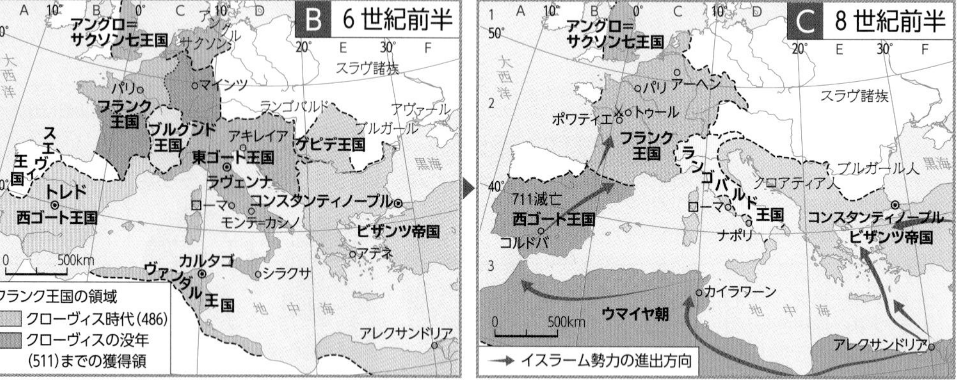

チェック　ヨーロッパに侵入した遊牧民族

- フン人…パンノニアを支配。カタラウヌムの戦いで敗れ、アッティラ死後、衰退。
- アヴァール人…カール大帝が撃退。
- マジャール人…オットー１世にレヒフェルトで敗れた後、パンノニア（ハンガリー）に定住し、キリスト教化。

＊遊牧民との接触で、ヨーロッパの騎馬技術が向上した。

歴史のスパイス　英語の曜日名はゲルマンの神々に由来。例えば、Wednesday（水曜日）はWoden's day（オーディンの日）、Thursday（木曜日）はThor's day（トールの日）にちなむ。

2 フランク王国の興亡 ⊂P.142 ⊃P.170

476 西ローマ帝国滅亡。オドアケルの王国(～493)
→東ゴートの**テオドリック大王**、オドアケルの王国を倒し、東ゴート王国建国(493～555)

クローヴィス(位481～511)

481 全フランク人を統一(**メロヴィング朝**成立)
496 **カトリック(アタナシウス派)に改宗**
507 西ゴート王国を破り、全ガリアを支配
732 **トゥール・ポワティエ間の戦い**…宮宰(きゅうさい)**カール＝マルテル**(カロリング家)が、ウマイヤ朝軍に勝利
→同家がフランク王国の実権を掌握(しょうあく)

ピピン(3世)(位751～768)

751 カール＝マルテルの子ピピン、**カロリング朝**創始
754/756 ランゴバルド王国を破り、ラヴェンナ地方などを教皇に寄進(**教皇領**の起源)

カール大帝(シャルルマーニュ)(位768～814) D

774 **ランゴバルド王国を滅ぼす**
791 **アヴァール人**(モンゴル系遊牧民)を撃退
800 教皇**レオ3世よりローマ皇帝の帝冠を授けられる**(西ローマ帝国の復興)
804 ザクセン人を討ち、エルベ川下流域を併合

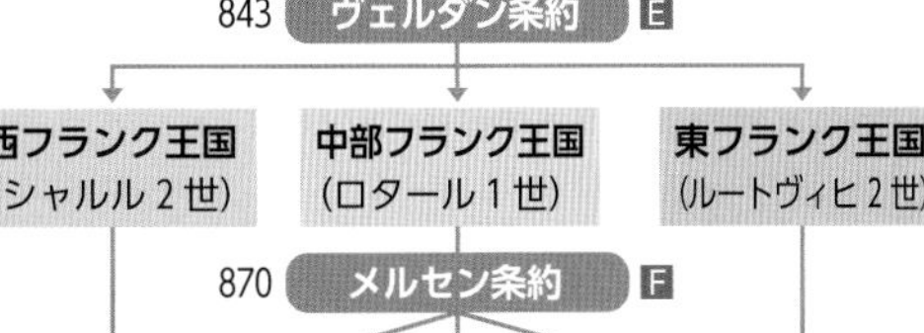

843 **ヴェルダン条約** E

西フランク王国	中部フランク王国	東フランク王国
(シャルル2世)	(ロタール1世)	(ルートヴィヒ2世)

870 **メルセン条約** F

西フランク王国	イタリア王国	東フランク王国
(～987)	(～875)	(～911)

カロリング朝の断絶

〈フランス〉	〈イタリア〉	〈ドイツ〉
カペー朝(ユーグ＝カペー)(987～1328)	分裂状態	一時王は諸侯の選挙で選出 **ザクセン朝**(ザクセン家ハインリヒ1世)

神聖ローマ帝国(962～1806)

オットー1世(位936～973)
955 **レヒフェルトの戦い**
→マジャール人撃退
962 **教皇ヨハネス12世より帝冠を授けられる(神聖ローマ帝国の成立)**

↑④**オットー1世**

D カロリング朝時代のヨーロッパ

読み解き ラヴェンナにはビザンツ帝国の総督府が置かれていた。なぜ、ピピンはこの地をビザンツ皇帝ではなく、教皇に寄進したのだろう。

① カール大帝が西ヨーロッパをほぼ統一し、西ヨーロッパ中世世界が形成された。

E ヴェルダン条約(843)　F メルセン条約(870)

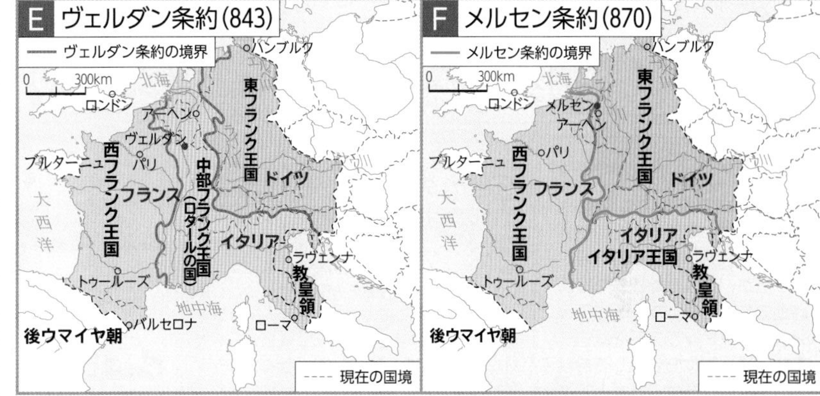

① カール大帝が死んでその権威が失われると、分割相続というゲルマン人の伝統もあってフランク王国は分裂し、ヴェルダン条約・メルセン条約によって、今日のフランス・イタリア・ドイツの原型が形成された。**境界線は言語境界線とほぼ一致していた。**

資料から読み解く 中世ヨーロッパの聖と俗

中世ヨーロッパでは、聖と俗の関係が重要であった。メロヴィング朝を創始したクローヴィスは、ランス司教からカトリック(アタナシウス派)の洗礼を受けた。⑤は800年、ローマのサン＝ピエトロ大聖堂で教皇レオ3世がカールに加冠する場面で、**古典文化、ゲルマン人、キリスト教が融合した西ヨーロッパ中世世界**を象徴している。王国では、伯(はく)(地方の有力者を任命)と教会によって、複合的な地方統治が行われた。また、イングランドから神学者アルクインが招かれ、古典作品や教父の著作が筆写されるなど、ラテン語文化が発展した(**カロリング＝ルネサンス**、⊃P.172)。

文献② 改宗後のクローヴィスの戦い

クロドヴェクス[クローヴィス]は配下の諸兵に告げた。「アリウス派の者がこのガリアの地を領しているのは誠に耐えがたい。いざ、神の援助を得て、敵の領土をわれらの支配に加えようぞ」

(トゥールのグレゴリウス著、杉本正俊訳『新訂 フランク史』新評論)

文献③ カール大帝のランゴバルド王国征討

[カールは]ローマの教皇ハドリアヌスの懇請(こんせい)と祈願に心を動かされて、ランゴバルディ[ランゴバルド]族に対する戦争を引き受けた。この戦いは以前にもカロルス[カール]の父王[ピピン3世]が教皇ステファヌスの要請に応じて引き受け、大変苦労したことがあった。……[カールは、ランゴバルド王を]長期の包囲戦で疲労困憊(こんぱい)させ、降伏者として受けとるまでは、自分から仕かけた戦争を放棄しなかった……その王国からばかりでなく、イタリアからも立ち退くように強制した。ローマ人から奪っていたものはすべて返却させ、……。

(エインハルドゥス著、國原吉之介訳・註『カロルス大帝伝』岩波書店)

読み解き

1 クローヴィスの改宗は、フランク王国台頭の背景となった。それはなぜだろう。
2 ⑤において、儀式を主導したのは聖職者と世俗君主のどちらだろう。
3 中世ヨーロッパにおいて、どのような聖俗の役割分担があったのだろう。

⑤カールの戴冠(たいかん)

歴史のスパイス カール大帝は外国語の勉強に精を出した。特にラテン語は、母国語と同じように話せるほどに修得したという。

1 ノルマン人の移動

A ノルマン・マジャール・イスラーム勢力の侵入

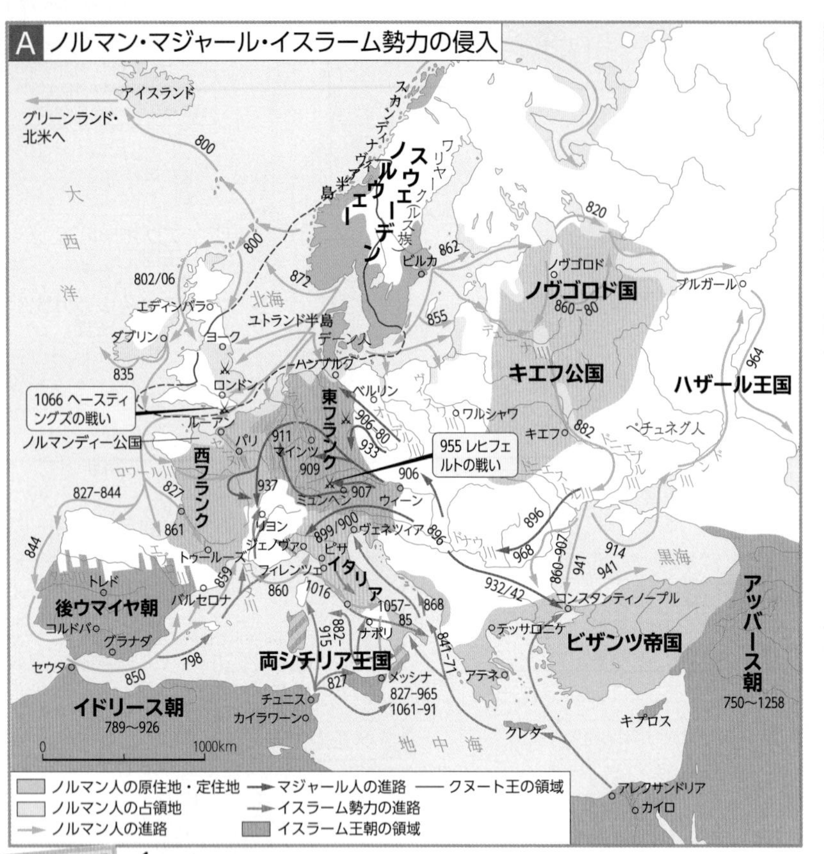

【原住地】スカンディナヴィア半島・ユトランド半島

デンマーク王国（8世紀末）、**ノルウェー王国**（9世紀末）、**スウェーデン王国**（10世紀末）

→ アイスランド → グリーンランド・北アメリカ

イングランド	北フランス	北西ロシア
9世紀末 **アルフレッド大王がデーン人撃退**	911 **ノルマンディー公国** ロロ	862 **ノヴゴロド国*** リューリク
1016 **デーン朝** クヌート 「北海帝国」築く	⚔ビザンツ・イスラーム ↓ **南イタリア** 1130 **両シチリア王国** ルッジェーロ2世	882 **キエフ公国** オレーグ ↓ **スラヴ化**
1066 **ノルマン朝** ノルマンディー公ウィリアム（ウィリアム1世）		

＊ノヴゴロド国は、キエフ公国などと異なり、実質的には共和政国家だった。

ⓐノルマン人の諸国家　青字：建国者

文献①ビザンツ帝国との戦争➲P.147

ローマ人の軍勢の残りは勇敢に敵に抗戦していた。しかしロベルトス［ノルマン人の指導者］は残りの軍勢を率いて、あたかも翼を持つ騎士のようにローマ人の軍勢に突き進み、撃破し、多数の部分に分断した。……皇帝アレクシオスは揺るぎない塔のように戦場にとどまっていた、しかし家柄においても戦争経験においても傑出した多くの側近者たちを失ったのである。

（アンナ＝コムニニ著、相野洋三訳『アレクシアス』悠書館）

Column ヴァイキング

ヴァイキングはノルマン人の別名。**銀**を用いて毛皮などの交易に携わる一方、教会や修道院を襲ったが、こうした略奪も経済活動の一環であった。アイスランド、グリーンランドを経由して北アメリカにも到達しており、その探検の様子は、サガと呼ばれる物語に記録されている。

文献②グリーンランドの発見

エイリークは海に船を出し、……グリンランド［グリーンランド］……の氷河の下に到着した。……エイリークは自分が発見し、グリンランドと名づけた土地を植民地化するために、その夏、出港した。その理由は、……その土地に魅力的な呼称をつければ、人はいっそう訪れて見たいという気分が強くなるだろうからというものであった。

（山元正憲訳『赤毛のエイリークのサガ』プレスポート）

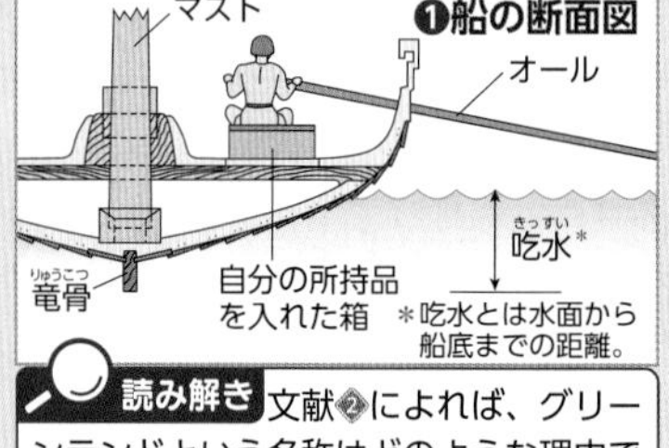

❶船の断面図

読み解き 文献②によれば、グリーンランドという名称はどのような理由でつけられたのだろう。

↘❷ヴァイキング船（復元）　数十人が乗りこめる頑丈な船で、帆と櫂で外洋航行も可能であった。**吃水が浅く、河川を遡って内陸部にも侵入できた。**

オスロ・ヴァイキング船博物館蔵

2 イングランドの成立と展開 ➲P.170

前7世紀～　**ケルト人**の移住➲P.141

ローマの侵入

前1世紀　**カエサル**の侵入
後1世紀　ローマの属州ブリタニア成立（5世紀初頭に放棄）

アングロ＝サクソン人の侵入（5世紀～）

449　**アングロ＝サクソン七王国**（ヘプターキー）成立
829　ウェセックス王**エグバート**のイングランド統一
　　→**イングランド王国**成立

デーン人（ノルマン人）の侵入（9世紀～）

9世紀末　**アルフレッド大王**、デーン人を撃退
1016　デンマーク王子**クヌート（カヌート）**のイングランド征服（～42）
1042　アングロ＝サクソン王家復活

ノルマン＝コンクェスト（1066） ➲P.175

1066　**ノルマンディー公ウィリアム**のイングランド征服
　　（ヘースティングズの戦い）
　　ウィリアム1世即位→**ノルマン朝成立**（～1154）

↑❸アルフレッド大王（ウィンチェスター大聖堂のステンドグラス）

←❹ウィリアム1世

↑❺海峡を渡るノルマンディー公ウィリアムの軍（➲P.175）
ロロの子孫ノルマンディー公ウィリアム（フランス語読みではギヨーム）は、王位継承権を主張してイングランドに上陸した（❺はその途上の様子）。**ヘースティングズの戦い**では騎兵を活用してアングロ＝サクソン系の王ハロルドを破り、ウィリアム1世として即位した（**ノルマン＝コンクェスト**）。こうして、フランスの諸侯がイングランドを支配下に置くことになった。複合的な英仏関係の歴史は、ブリテン諸島とヨーロッパ大陸を取り巻く、海のネットワークの産物でもある。バイユーのタピスリー（部分）、バイユー美術館蔵、0.5×70m

歴史のスパイス ノルマン＝コンクェストは、英語にフランス語起源の言葉が流入した契機。なお、百年戦争の後期には、英語を積極的に使用するイングランド王が登場した。

3 封建社会の成立 ➡P.168

＊国王やその役人による領地立ち入り、課税、裁判などを拒否できる権利。封建社会の分権化の一因となった。

ローマの恩貸地制 / **ゲルマンの従士制**
↓
8世紀 **カール＝マルテル、騎士軍創設**

9～10世紀
- ノルマン・マジャール・イスラーム勢力の侵入
- **フランク王国の解体**（王権の弱体化、領主権の発達）
- 貨幣経済の衰退

↓

11世紀
封建的主従関係（狭義の封建制）の成立
- 封土世襲化
- 複数臣従制
- **不輸不入権**（インムニテート）＊

封建社会の成立

ローマのコロナトゥス / **ゲルマンの大土地所有**
↓
荘園制

7～8世紀 **古典荘園**
- **領主直営地と農民保有地**
- **賦役・貢納、領主裁判権**

▼

11世紀後半
中世農業革命（**重量有輪犂・三圃制**）
→人口増・開墾の進展

▼

12～13世紀 **地代(純粋)荘園**
- 直営地減少→賦役が減少、領主収入は生産物地代・貨幣地代中心へ
- **農村共同体**の成立

↓ⓑ封建社会の構造＊

＊聖職者の領地は俗界から、位は教皇から授与される。
＊＊諸侯（貴族）の爵位として、公爵・侯爵・伯爵・子爵・男爵の序列があった。

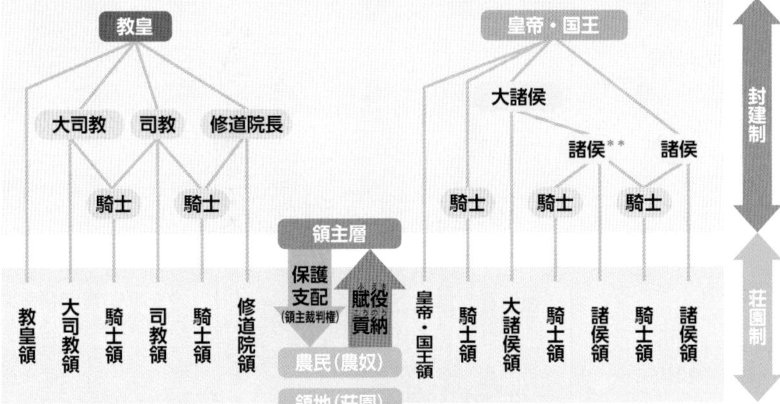

4 荘園制

耕地は、**生垣や石垣で区切られることなく**、幅20m、長さ200mほどの地条をなしていた（開放耕地制）

Ⓑ休耕地
Ⓒ秋耕地
Ⓐ春耕地
領主の館
パン焼きかまど
教会
教会の裏には墓地が付属した
牧草地
水車小屋（麦の製粉所）

荘園の特徴

- **古典荘園**期には、領主直営地と農民保有地が存在し、農奴は賦役（週2日程度領主直営地を耕作）と貢納（生産物地代）を課された。
- **地代（純粋）荘園**期になると、領主直営地の減少に伴い、賦役より貢納が重視されるようになった。また、地代の金納化も進んだ。
- **牧草地や森林**は、農民が入会権を持ち、共同で利用された。水車小屋やパン焼きかまどなどの施設を使用する際には、領主に使用料を払う必要があった。
- 農奴は**領主裁判権に服し**、結婚税・死亡税・教会への**十分の一税**などを負担した。**移動の自由もなかった。**

（○播種→△収穫）

年次	1年次		2年次	3年次	
耕地Ⓐ	春耕地 大麦・えん麦 3月○→8月△		休耕地	秋耕地 小麦・ライ麦 10月○→7月△	犂耕
耕地Ⓑ	休耕地		秋耕地	犂耕	春耕地
耕地Ⓒ	秋耕地	犂耕	春耕地	休耕地	

↑ⓒ**三圃制**　耕地を三分し、3年間で2回耕作する輪作。休耕地には家畜を放ち、その糞を肥料として地力を回復させた。

Column 騎士になるには？

騎士になるには7歳頃から訓練を行い、18～20歳頃に**騎士叙任式**を行う必要があった。もともと、ゲルマン的慣習に由来する世俗的な式だったが、十字軍の頃からキリスト教色が強まり、聖職者から騎士の象徴となる剣を受け取るようになった。騎士は教会を助け、女性や弱者を守るなど、騎士道に従うことを求められた。他方、**臣従礼**では、騎士は家臣として主君に忠誠を誓い、契約を結んだ。

➔ⓖ**映画「エクスカリバー」**（1981年製作・英米）「アーサー王物語」（➡P.172）をもとにした作品で、神や聖ミカエルらの名の下に、騎士が叙任される場面が登場する。

文献③ 騎士に対する修道士の呼びかけ（12世紀前半）

騎士たちよ躊躇うことなく前進せよ、そして大胆不敵な気持ちで「キリストの十字架の敵」を撃退せよ。君たちはよく知っていよう、「死も生も、君たちをイエス・キリストのなかにおられる神への愛から切り離すことはできないだろう」ということを。

（池上俊一『図説 騎士の世界』河出書房新社）

←シトー会の修道士がテンプル騎士団（➡P.163）について語ったもの。騎士道の理念は、十字軍を通じて洗練され、説教でくり返された。

読み解き 騎士とキリスト教は、どのような関係にあったのだろう。

チェック 中世ヨーロッパの封建制の特色と具体例

- **双務的契約関係**…主君が臣下に、**封土**と保護を与える代わりに、臣下は軍役と金銭の提供を約束
- 主君、臣下のどちらからでも契約解除が可能
- 臣下が複数の主君に仕えることが可能（複数臣従制）
  ※ある土地と別の土地で、主君・臣下の関係が逆になる場合も
- 一定の義務を果たせば、戦場でも自由に離脱可能
  ※軍役奉仕の義務は、年に40日から60日程度

＊上記の点で、血縁に基づく中国の封建制と異なる➡P.124

農民の四季 『ベリー公の時祷書』（15世紀の絵暦）より

3月 種まきに備え、**牛に重量有輪犂を引かせて畑を耕す。**ブドウの樹を手入れする。羊を放牧する。

11月 冬が来る前に、森で豚にドングリの実を食べさせ、肥えさせる（塩漬けの保存食に）。

文献④ 農奴の生活――農夫ボド

シャルルマーニュの治世の終りに近いある晴れた春の日、ボドは早朝に起床した。……その日は彼の賦役日であったから、自分で飼っている大きな牛と、突き棒でこの牛をそばで追う幼いウィドを……連れだって出かけた。……ボドの妻エルマントリュードの仕事ぶりを見よう。彼女もまた忙しい。この日は地代の鶏を納める日である。――肥えた若鶏と卵を全部で五箇。……彼女は自分の畑に戻ると、せまい葡萄畑で働く。

（アイリーン＝パウア著、三好洋子訳『中世に生きる人々』東京大学出版会）

読み解き
1. 文献④は、何世紀の出来事を述べたものだろう。
2. ボドの働く荘園は、古典荘園もしくは地代荘園のどちらだろう。

歴史のスパイス アーサー王の家臣団である円卓の騎士の一人ランスロットは、武勇にすぐれていたが、王妃と不義の関係を結んだ。騎士道と宮廷愛を象徴する騎士である。

ローマ＝カトリック教会

A 11世紀末の宗教分布と教皇領の変遷

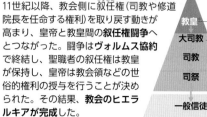

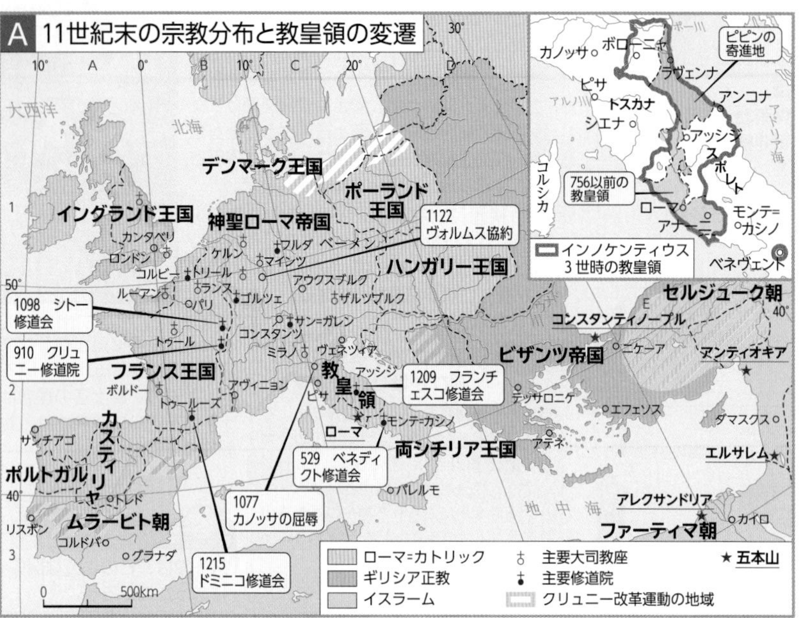

➡ⓐ**教会ヒエラルキア**（聖職位階制度）
11世紀以降、教会側に叙任権（司教や修道院長を任命する権利）を取り戻す動きが高まり、皇帝と教皇間の**叙任権闘争**へとつながった。闘争は**ヴォルムス協約**で終結し、聖職者の叙任権は教皇が保持し、皇帝は教会領などの世俗的権利の授与を行うことが決められた。その結果、**教会のヒエラルキアが完成**した。

教皇*	枢機卿団が教皇を補佐
大司教	大司教区
司教	司教区
司祭	小教区
一般信徒	

＊教皇とは、ペテロの後継者を自任するローマ司教が、カトリック教会の首長として独占的に使用するようになった称号（ラテン語「パパ［Papa］」の訳語）

文献① 叙任権闘争

「教皇［グレゴリウス7世］はローマで開かれた［1075年の］教会会議において、王（ハインリヒ4世）が今後司教職を授ける権利をもつことをおおやけに禁じ、すべての俗人から教会の叙任権をとりあげた。さらに王のすべての顧問にアナテマを宣告し、もしも王がただちに本規定に従わなければ、彼もアナテマに処すると脅かした」……。
（ミラノの年代記作家アルヌルフによる）（関口武彦「教皇改革」『山形大学紀要（社会科学）』）

読み解き
1 アナテマとは何のことだろう。
2 なぜ、アナテマは脅しになるのだろう。

➡❹**グレゴリウス7世**

⬅❺**カノッサの屈辱**
1077年、**ハインリヒ4世**は、カノッサに滞在する**教皇グレゴリウス7世**を訪問し、破門解除を求めた。図は、カノッサ城主の女伯に仲介を頼んでいる場面。なお、文献❶にも王とあるように、当時、ハインリヒ4世は正式な皇帝ではなく、ドイツ王（➡P.171）であった。

➡文献②は、**インノケンティウス3世**の手紙で、教皇と皇帝の関係を比喩によって表現している。教皇は、王・皇帝を破門したり、第4回十字軍を呼びかけ、教皇権全盛期を体現した。

文献② 地上における二つの権威

全宇宙の創造主である神は、天の大空に二つの大きな発光体を置いた。大きな光［太陽］に昼を支配させ、小さな光［月］に夜を支配させた。これと同じように、天と呼ばれる普遍的な教会の大空にも、神は二つの大きな栄誉ある職位を制定した。……この二つの位とは教皇の権威と王［皇帝］の権力である。月はその光を太陽から受け、……地位も効力も太陽に劣るものである。それと同じように……。
（浜寛五郎訳『カトリック教会文書資料集（改訂版）』エンデルレ書店）

➡❻**インノケンティウス3世**

読み解き
文献②の「それと同じように」の後には、どのような主張が続くだろう。

ローマ＝カトリック教会の盛衰

◆異端関連の動き

	ローマ教皇・教皇庁	修道院
教皇権成立期	**レオ1世**（位440〜461） 452 アッティラからローマ防衛、首位権主張➡P.142 **グレゴリウス1世**（位590〜604） ●ゲルマン人の改宗を進める ●教皇権の確立 ●聖アウグスティヌスをイングランド伝道に派遣	529 **ベネディクトゥス**、モンテ＝カシノに修道院を設立 →修道院改革運動の中心へ →**服従・清貧・貞潔**がモットー
皇帝権と教皇権の提携期	754/756 **ピピンの寄進**（ラヴェンナ地方などを教皇領として寄進） **レオ3世**（位795〜816） 800 **カール1世に加冠**（西ローマ帝国復興）➡P.143 **ヨハネス12世**（位955〜964） 962 **オットー1世に加冠（神聖ローマ帝国の成立）** ●ハンガリー、ベーメン、ポーランドで改宗 1054 **東西教会の分裂**（ローマ教皇とコンスタンティノープル総主教が相互破門）	⬅❶**レオ3世** 910 **クリュニー修道院**設立 ●修道士の働きかけにより**民衆の信仰心が高揚**し、聖遺物崇敬や聖地巡礼が盛んになる
教皇権全盛（教皇庁も発展）	**グレゴリウス7世**（位1073〜85） 1075 教会改革運動開始→**叙任権闘争**へ 1076 **ハインリヒ4世**を破門 1077 **カノッサの屈辱** **ウルバヌス2世**（位1088〜99） 1095 **クレルモン宗教会議**で十字軍提唱➡P.162 1096 **十字軍開始**（〜1270） 1122 **ヴォルムス協約**により叙任権闘争が決着 **インノケンティウス3世**（位1198〜1216） ●第4回十字軍提唱 ●仏王フィリップ2世・英王ジョン・神聖ローマ皇帝オットー4世を破門 教皇権の絶頂期	⬅❷**フランチェスコ**（1182〜1226） フランチェスコ修道会の創設者。托鉢修道会は、徹底した清貧を掲げ、施しを受けつつ主に都市で説教を行った。 1098 **シトー修道会**創立 ●森林・荒れ地の開墾➡P.141 ◆異端（ワルド派、カタリ派〈アルビジョワ派〉）が活発化 ●**托鉢修道会**成立 **フランチェスコ修道会**（1209） **ドミニコ修道会**（1215） ◆アルビジョワ十字軍（1209〜29）
衰退期	**ボニファティウス8世**（位1294〜1303） 1303 仏王フィリップ4世に捕らえられる（**アナーニ事件**）➡P.168 1309 **教皇のバビロン捕囚**（〜77） （教皇庁がアヴィニョンへ）➡P.168 1378 **教会大分裂（大シスマ）**（〜1417） ●**ウィクリフやフスが教会を批判** 1414 **コンスタンツ公会議**（〜18）（ローマ教皇の正統性を確認）	⬅❸**ボニファティウス8世** **読み解き** 14世紀後半からのもの以外では、どのようなシスマが生じたか、年表から探してみよう。

修道院の生活

時刻	2	3	4	5	6	7〜9	9〜14	14	15	16	17	18
日課	起床（2：00）	朝課	読書	讃課	読書		労働（10分間の中断3回あり）	昼食	読書	晩課	軽い夕食／終課	就寝（17：15）

⬆ⓑ**ベネディクト修道会の聖務日課**（冬期） 修道士は、「聖ベネディクト会則」にある「**祈り、かつ働け**」をモットーに、写本制作などの知的活動を担いつつ、開墾も進め、経済的に自立した共同生活を送った。厳格な戒律を志向した**シトー修道会**は、寄進を受け、華美に走った**クリュニー修道会**を批判した。

歴史のスパイス　レオ1世とともに、「大教皇」と呼ばれるグレゴリウス1世は、教会音楽であるグレゴリオ聖歌の創始者とされ、グレゴリオ礼典の制定などにも貢献した。

ビザンツ帝国

＊「ビザンツ」はコンスタンティノープルの古名ビザンティウムにちなむ

イタリア	時代区分	ビザンツ帝国*(東ローマ帝国)	西アジア
西ローマ帝国 476	初期 ローマ的伝統	395 ローマ帝国の東西分裂	ササン朝
493 東ゴート王国 555		**ユスティニアヌス帝(位527〜565)** ●『**ローマ法大全**』完成(トリボニアヌスが編纂) ●**ハギア＝ソフィア聖堂建立** ●**中国から養蚕技術導入** ●ヴァンダル王国(534)、東ゴート王国(555)征服	ホスロー1世(位531〜579)
568 ランゴバルド王国		584 ラヴェンナに総督府を設置(751年に陥落) **ヘラクレイオス1世(位610〜641)** ●軍管区(テマ)が拡大(後に**軍管区制[テマ制]**が確立) ●**ギリシア語を公用語化**	632 正統カリフ
	中期 ギリシア的社会の形成	673 ウマイヤ朝、コンスタンティノープル包囲← **レオン3世(位717〜741)** 726 **聖像禁止令**→聖像崇拝論争	661 ウマイヤ朝
774 フランク王国 875		843 聖像崇敬復活(ギリシア正教ではイコンを崇敬) 867 コンスタンティノープル総主教、ローマ教皇を破門 **バシレイオス1世(位867〜886)** 875 南イタリアを再征服	750 アッバース朝
(北)諸都市の割拠 / (南)ビザンツ		**バシレイオス2世(位976〜1025)** ●妹が、キエフ公ウラディミル1世に降嫁➲P.149 ●ブルガリア遠征(第1次ブルガリア帝国崩壊) 1054 **東西教会の相互破門**→分裂(シスマ) ●**セルジューク朝**の侵入→マンジケルトの戦い(1071)	1038 セルジューク朝
ノルマン人の支配	後期 封建化・分権化	**アレクシオス1世(位1081〜1118)** ●ノルマン人との戦争➲P.144 ●**プロノイア制導入**→封建的・貴族連合政権的国家に 1095 教皇ウルバヌス2世に救援要請(→**十字軍**)➲P.162	1194
両シチリア王国		1204 **第4回十字軍、コンスタンティノープルを占領**し、**ラテン帝国**建設(←**ニケーア帝国**が対抗) 1261 ビザンツ帝国再興(コンスタンティノープル奪回) **1453** **オスマン帝国**のメフメト2世によりコンスタンティノープル陥落→**ビザンツ帝国滅亡**	1299 オスマン帝国

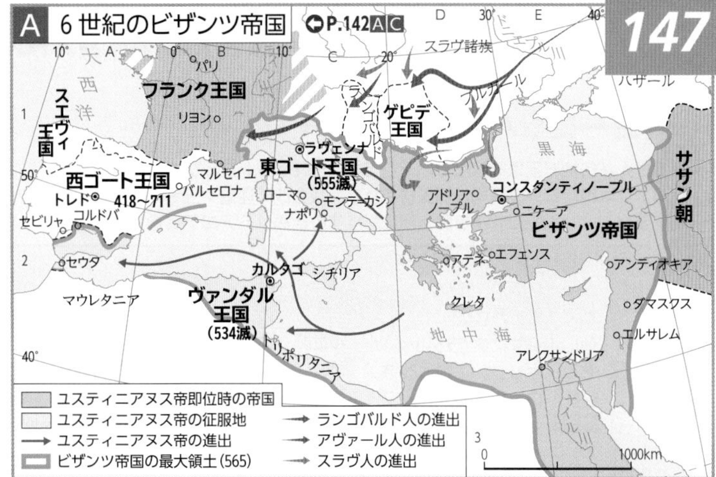

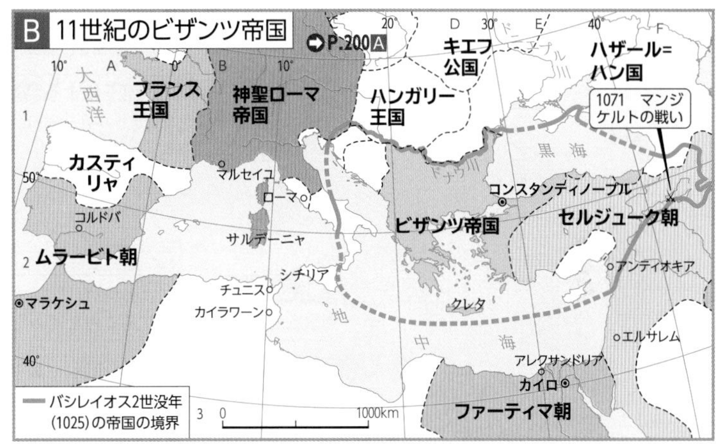

西ヨーロッパとビザンツ帝国

西ヨーロッパ		ビザンツ帝国
世俗権力と教皇の二元的支配* ＊国家統治に聖職者・教会が利用されたり、教皇が皇帝位・国王位に関与するなど、聖俗は相互に影響 重層的な封建制度	政治	皇帝が聖俗の両面で実権を握る体制、官僚制、**軍管区制(テマ制)**。各地の司令官に軍事・行政権を付与) →**プロノイア制**(軍役奉仕する貴族に土地管理権を付与)による封建化へ
荘園制による農村の自給的体制	経済	国家統制による商工業の発達
領主と農民の関係の固定化	社会	自由農民の存在、屯田兵制
ギリシア・ローマ文化(古典文化)、ゲルマン文化、キリスト教の融合	文化	ギリシア・ローマ文化と東方文化の融合、**古典文化の保存・継承**
ローマ＝カトリック	宗教	**ギリシア正教**

ローマ＝カトリック		ギリシア正教
ローマ教皇* ＊現在、法王という訳語は推奨されない。	指導者	コンスタンティノープル総主教* ＊実権を握る皇帝が、人事にも影響を与えた。
信仰のため、聖像の使用を容認(ゲルマン人への布教にも利用)	聖像の扱い	**聖像禁止令**(726〜843) **イコン**(イコンを通じ、神を崇拝)
思弁的な神学(スコラ学が、神の存在や信仰と理性の問題を理論化)	教義	思弁性よりも、信仰体験を重視 復活祭が最大の祝祭

文献① 教皇から皇帝レオン3世への手紙(聖像崇拝論争)

あなたは、われわれが石や壁や石板を礼拝していると言う。しかし、……心を天上に向けるため、聖人たちの名を呼び、その画像を置くのであって、……神々として崇敬しているのではない。……主の画像に向って、われわれは、神の子である主イエズス・キリストよ、われわれを助け、救ってください、と言うのである。

(浜寛五郎訳『カトリック教会文書資料集(改訂版)』エンデルレ書店)

読み解き この論争で、教皇はどのように反論しているのだろう。

➔❶**ユスティニアヌス帝**(483〜565) 西地中海をゲルマン人から奪回し、地中海帝国を再現した。写真は**ラヴェンナのサン＝ヴィターレ聖堂のモザイク壁画**。モザイクは、大理石・ガラス・貝殻などを砕いて漆喰に埋めこむ技法。「神の代理人」とされた皇帝の頭部には光輪が描かれ、神聖性が強調されている。

←❷**ハギア＝ソフィア聖堂**(トルコ) ユスティニアヌス帝がコンスタンティノープルに建設(再建)した、**ビザンツ様式**の聖堂。オスマン帝国によるビザンツ帝国滅亡後、モスクに改修され、4本のミナレット(光塔)が建てられた。

文献② 皇帝位をめぐる論争

私は、陛下[オットー1世]の皇帝位の名称について大議論を行い、疲れました。と申しますのも、彼[ビザンツ皇帝の弟]は陛下のことを皇帝、つまり彼らの言葉でバシレウスとは呼ばずに、不本意なレクス[王]……と呼んだからです。

(リウトプランド著、大月康弘訳『コンスタンティノープル使節記』知泉書館)

←リウトプランドは10世紀の司教。皇帝オットー1世(➲P.143)の使節として、コンスタンティノープルを訪問し、ビザンツ帝国と外交交渉を行った。カールの戴冠以来、東西の皇帝位をめぐる論争が続いたが、多くのビザンツ皇帝は、ローマに対する普遍的な支配権を主張し、西方の皇帝位を認めなかった。

読み解き リウトプランドは、どのようなことについて、「不本意」だと感じたのだろう。

歴史のスパイス マケドニア朝のバシレイオス2世には、「ブルガリア人殺し」というあだ名がつけられた。

ヨーロッパ

東ヨーロッパ諸国の形成

「東ヨーロッパ」がさす範囲は、「ヨーロッパ世界」それ自体と同様に、歴史的には流動的である。また、西欧の先進性に対する東欧の後進性という対照的な認識枠組みは、特に近世以降の西欧主導で生み出され、20世紀の東西冷戦を経て強化された。

1 東ヨーロッパ諸国の興亡

① スラヴ人が各地で国家を建設し、それぞれローマ＝カトリックまたはギリシア正教を受容した。
① ベーメンは神聖ローマ帝国に編入されたが、教会改革運動や三十年戦争などで皇帝（ハプスブルク家）と諸侯の宗教的・政治的対立が続いた。
① ポーランドは14世紀にドイツ騎士団に対抗するためリトアニアと合併し、ヤゲウォ朝のもとで強大化したが、その断絶後は衰退し、ポーランド分割へ向かった。

系統	非スラヴ系	南スラヴ		非スラヴ系	東スラヴ
地域	ブルガリア	セルビア	クロアティア	ハンガリー	ロシア
7c末	ブルガール人（トルコ系）建国（スラヴ化）				
9	893 第一次ブルガリア帝国			（マジャール人）	862 ノヴゴロド国 / 882 キエフ公国
10–11	1018		クロアティア王国	ハンガリー王国	キエフ公国
12	1187 第二次ブルガリア帝国	1168 セルビア王国			
13–14	1393	1389（ハプスブルク家の王）	コソヴォの戦い		1328 モスクワ大公国 / キプチャク＝ハン国
15–16	1396 ニコポリスの戦い / オスマン帝国		1526		1502

他にルーマニア（ラテン系）があり、ギリシア正教に改宗
（凡例）ローマ＝カトリック／ギリシア正教／イスラーム

西スラヴ

ポーランド ➡P.225

ポーランド王国

10世紀 建国
966 ミェシュコ1世 **カトリックに改宗**
1241 **ワールシュタットの戦い**
→**バトゥ**率いるモンゴル軍に敗れる
13世紀 **ドイツ騎士団**領成立
14世紀 **カジミェシュ3世（大王）**の治世で栄える
1364 **クラクフ大学創設**
1374 ルドヴィク1世による特許状➡文献①

文献① ポーランド国王による特許状

大貴族および貴人たちに対し、……個々の租税および貢納を廃止し、免除する。……ただし、所有されている土地……から、……通常の貨幣で……余および余の相続人たちに対して……ポーランド王国王冠の承認のしるしとして、支払われることを望む。
（歴史学研究会編『世界史史料5』岩波書店）

読み解き 国王による特許状は、ポーランド貴族をどのように処遇することを定めたのだろう。

リトアニア＝ポーランド王国（ヤゲウォ朝）

1386 ポーランド女王ヤドヴィガとリトアニア大公ヤゲウォの結婚による連合国家成立
1410 **タンネンベルク**の戦い…ドイツ騎士団を破る
1543 コペルニクス、地動説を発表
1572 ヤゲウォ朝断絶→選挙王制（貴族の台頭）
●18世紀後半、**ポーランド分割**で王国滅亡

ベーメン（ボヘミア）

モラヴィア王国（9～10世紀初頭）

ベーメン（ボヘミア）王国

10世紀 チェック人が建国（プシェミスル朝）
11世紀 **カトリックに改宗**
●**東方植民**によりドイツ化し、神聖ローマ帝国に編入される
1306 プシェミスル家断絶、ルクセンブルク家の支配

ルクセンブルク朝

カレル1世（位1346～78）
1348 **プラハ大学創設**
1355 **神聖ローマ皇帝（カール4世）**となる
→金印勅書発布（1356）➡P.171
●**15世紀初頭 フス**（1370頃～1415）の**教会改革運動**
教会の世俗化を批判→教皇により破門される
コンスタンツ公会議で異端とされ（1414）、火刑に（1415）➡P.168
→フス戦争（1419～36）…チェック人の抵抗運動

ハプスブルク朝

1515 ベーメン王ラヨシュとハプスブルク家のマリア、ハプスブルク家のフェルディナント1世とベーメン王女アンナがそれぞれ結婚
1608 プロテスタント諸侯同盟（ユニオン）…ハプスブルク家に対抗して設立
1609 カトリック諸侯連盟（リガ）…ユニオンに対抗
1618 **三十年戦争**（～48）
フェルディナント2世のプロテスタント弾圧に対する反乱が、ユニオンとリガの対立に発展
1648 **ウェストファリア条約**で戦争終結➡P.222

2 スラヴ人の移動と定住

A スラヴ人の移動

カトリックの範囲／ギリシア正教の範囲
1054年　ロシア人　リトアニア人　バルト海　1054年　ポーランド人　スラヴ人　キエフ　ドニエプル川　チェック人　スロヴェニア人　カルパティア山脈　マジャール人　クロアティア人　900年　黒海　ブルガール人（スラヴ化）　700年　セルビア人　バルカン半島　アトス山　アナトリア
→スラヴ人の移動　南スラヴ人　西スラヴ人　東スラヴ人　0　500km

↑カルパティア山脈の北側（ドニエプル川およびヴィスワ川の中流域）を原住地とするスラヴ人は、6世紀以降、各地に広がった。

読み解き スラヴ人の移動は、ヨーロッパ諸国の形成にとって、どのような意味を持ったのだろう。

3 ギリシア正教

↑①**イコン**（ウラディミルの聖母） 正教会では、聖母子などを描いたイコンが崇敬を集めた。この作品でマリアが憂いの表情を浮かべるのは、イエスの受難を知っているため。モスクワ・トレチャコフ美術館蔵、78×55cm

解説 キリル文字とギリシア正教

ビザンツ皇帝は、スラヴ人地域にギリシア正教を布教するため、宣教師を派遣した。彼らは聖書や典礼書をスラヴ語に翻訳するため、ギリシア文字をもとにした文字を考案した。こうして成立したキリル文字は、ギリシア正教の拡大とともにスラヴ人地域に広がり、ロシア文字などの原型となった。「キリル」という名は、キリル文字のもととなるグラゴール文字を考案した宣教師キュリロスの名にちなむ。

ⓐロシア文字の誕生

ギリシア文字 → （エトルリア文字） → ラテン文字
ギリシア文字 → キリル文字 → ロシア文字

ギリシア文字	Α	Δ	Φ
キリル文字	Λ	Δ	Φ
ロシア文字	А	Д	Ф

←②「**聖アトス山**」（ミュシャ筆） アトス山は、正教会の聖地。この作品は、チェコ出身の画家ミュシャ（1860～1939）がスラヴ人の伝承や歴史を描いた「スラヴ叙事詩」の一作で、アトス山の修道院への巡礼を寓意的に表現している。
1926年、405×480cm

歴史のスパイス　ミュシャ（仏語読み。チェコ語読みではムハ）による「スラヴ叙事詩」制作の契機の一つは、スメタナ（➡P.256）の交響詩「わが祖国」を聴いたこととされる。

4 東ヨーロッパ諸国の変遷

B 11〜12世紀の東ヨーロッパ

C 14世紀の東ヨーロッパ

①オスマン帝国がバルカン半島に進出した。
①リトアニアとポーランドが合併し、強大化した。

中世セルビアの皇帝 ステファン＝ドゥシャン(1308〜55)

ビザンツ帝国の内紛に乗じて、アルバニア、マケドニアを奪い、セルビアの領土を拡大し、「セルビア人とローマ人の皇帝」を名のった。また、ローマ法の影響を受けた法典を編纂させた(『ドゥシャン法典』)。

文献② ドゥシャン法典

第172条　すべての裁判官は、法典に従い、法典の規定どおり公正に裁判を行うこと。裁くときに皇帝を恐れてはならない。
(歴史学研究会編『世界史史料5』岩波書店)

➔③「東ローマ皇帝として戴冠するセルビア皇帝ステファン＝ドゥシャン」(部分)(ミュシャ筆)

5 ロシアの起源・発展

P.144 P.226

①13〜15世紀までモンゴル人に服属したが、モスクワ大公国がモンゴルから自立すると、領土拡大や皇帝権の強化を進め、後のロシア帝国へと発展した。

ノルマン人の侵入・国家建設

↓

ノヴゴロド国

862　ルーシ(ルス)の族長**リューリク**が建国

↓

キエフ公国(9〜13世紀)

882　ルーシのオレーグがキエフに南進して建国

ウラディミル1世(位980頃〜1015)

989　**ギリシア正教に改宗し、国教化**(ビザンツ皇帝の妹アンナとの結婚の条件)

13世紀　**バトゥ**の侵入により衰退

スラヴ化

↓

キプチャク＝ハン国の支配(タタールのくびき)

1243　モンゴルのバトゥが建国　都：サライ

●イスラーム化の進展、14世紀が全盛期

↓

モスクワ大公国(1328〜1613)

1328　イヴァン1世がキプチャク＝ハン国から大公位を認められる

1380　クリコヴォの戦い
→モスクワ大公ドミトリー＝ドンスコイがキプチャク軍を破る

イヴァン3世(位1462〜1505)

1472　ビザンツ最後の皇帝の姪と結婚、ビザンツの継承者として「**ツァーリ**」を自称

1480　**キプチャク＝ハン国から自立**→諸侯国を併合

イヴァン4世(雷帝)(位1533〜1584)

1547　親政開始、正式に「ツァーリ」の称号を使用

1565　恐怖政治を開始(〜72)
大貴族の弾圧を目的とする特別領(オプリチニナ)を創設

1581　**コサックの首長イェルマークによるシベリア遠征**、シビル＝ハン国の首都を占領

世界遺産

↑④**ハギア＝ソフィア聖堂**(ウクライナ・キーウ[キエフ])　ロシア発展の土台を築いたキエフ公国のウラディミル1世は、ビザンツ皇帝バシレイオス2世(P.147)に援軍を出したことが縁になり、ギリシア正教に改宗したうえで、皇帝の妹と結婚した。その後の時代に建てられたこの聖堂は、ビザンツ形式だが、ロシア特有の玉ねぎ頭型の屋根を備える。

D ロシアの拡大

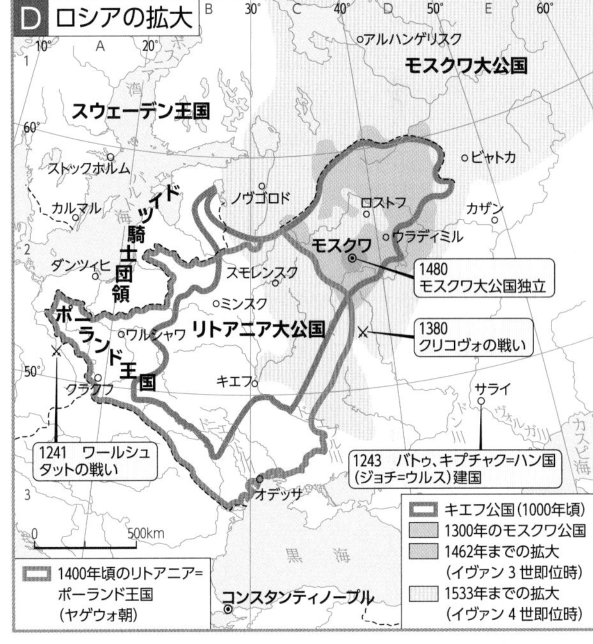

資料から読み解く モスクワ大公国の発展

13世紀以来、ロシアの諸侯国は、モンゴルの支配下に置かれたが(タタールのくびき)、モスクワ大公国はヴォルガ川などの水運を利用して発展し、クリコヴォにおける戦勝で自立性を高めた。イヴァン3世は、ビザンツ最後の皇帝の姪と結婚して威信を高め、「**ツァーリ**」(カエサルのロシア語読み)の称号を用いた。彼は、1480年にはモンゴル軍を撃退し(文献③はキプチャク＝ハン国の首領から届いた手紙)、「くびき」から脱却した。また、正教会の中心として発展したモスクワは、「第3のローマ」であるとの主張が生まれていく。

➔⑤**双頭の鷲**(ビザンツ皇帝の紋章)

文献③ イヴァン3世への手紙

そなたにとって、余はサイン帝[バトゥ]以来剣の刃先を[ロシアに対して]振るう君主である。そなたは余のために40日のうちに税を徴収するがよい。……[臣従し]帽子の天辺を窪ませて歩むがよい。そなたは不恰好な雑草なのだから。
(小澤実他編著『北西ユーラシアの歴史空間』北海道大学出版会)

読み解き

1 ロシアが「くびき」から脱却したとする条件はどのようなことだろう。文献③を手がかりにして考えよう。

2 「第3のローマ」論では、「第2のローマ」は何という都市であるとされたのだろう。

3 イヴァン3世は、⑤の紋章を転用した。そこには、どのような意図があったのだろう。

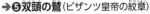

歴史のスパイス　ワラキア公ヴラド3世は吸血鬼ドラキュラのモデル。ドラキュラ(竜の子)は、オスマン帝国に対抗するドラゴン騎士団に属した父の通称ドラクル(竜公)に由来。

イスラーム王朝の形成

1 イスラーム成立の背景

ビザンツ帝国とササン朝の争い
↓
交易路がアラビア半島西海岸経由に変化
↓
商業都市**メッカ**の繁栄
↓
アラブ社会の貧富の格差拡大と相互扶助の伝統の喪失
↓
ユダヤ教やキリスト教の影響 → 新しい宗教や社会秩序を求める声

↑❶**ベドウィン**　アラビアの砂漠では、約5000年前からラクダを家畜化した遊牧民が生活している。彼らは家畜の放牧や売買のほか、商業や輸送業、護衛任務などによって生計を立ててきた。時には砂漠を旅する人々に略奪を働くこともあった。

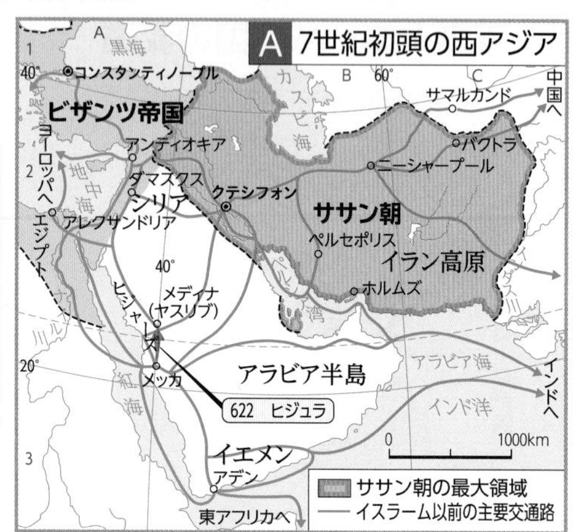

2 イスラーム王朝の展開

➲P.88 ➲P.198

赤字：シーア派

アラビア半島の統一	ムハンマド時代		**ムハンマド**（570頃～632）
		570頃	メッカに生まれる（クライシュ族ハーシム家）
		610頃	**アッラーの啓示を受け、預言者としての自覚**を持つ
		622	信者を率いてメディナに移住＝**ヒジュラ**（聖遷） ＊この年の7月16日がイスラーム暦の紀元元年元日
		630	メッカ征服…アラビア半島の諸部族の統一 ➲P.72
		632	メディナで病死
アラブ帝国（アラブ人に免税特権）	正統カリフ時代		**正統カリフ時代**（632～661）　都：メディナ
		632	アブー＝バクルが初代**カリフ**に選出される（位～634）
		642	**ニハーヴァンドの戦い**…ササン朝を撃破 ➲P.88
		●	『**コーラン（クルアーン）**』が現在の形にまとめられる
		651	ササン朝滅亡
		661	第4代カリフの**アリー**がハワーリジュ派に暗殺される
	ウマイヤ朝		**ウマイヤ朝**（661～750）　都：ダマスクス
		661	シリア総督**ムアーウィヤ**がカリフに就任（位～680）
		680	アリーの子フサインがウマイヤ朝軍に殺害される →**シーア派の形成**
		711	西ゴート王国を滅ぼし、イベリア半島を征服
		732	**トゥール・ポワティエ間の戦い**…フランク王国の宮宰カール＝マルテルに敗北 ➲P.143
イスラーム帝国（ムスリムのジズヤ免除）	アッバース朝		**アッバース朝**（750～1258）
		750	**アブー＝アルアッバース**がカリフに就任（位～754）
		751	タラス河畔の戦い…アッバース朝軍が唐軍に大勝 →製紙法の西伝 ➲P.126
	後ウマイヤ朝	756	ウマイヤ家のアブド＝アッラフマーン1世がイベリア半島に逃れる→ **後ウマイヤ朝**（～1031）　都：コルドバ
		762	アッバース朝、**新都バグダードの建設を開始**
		786	**ハールーン＝アッラシード**がカリフに就任（位～809） …アッバース朝の黄金時代
	（帝国の分裂）	875	**サーマーン朝**が中央アジアで自立（～999、都：ブハラ）
		909	**ファーティマ朝**がチュニジアに建国（～1171） …**シーア派を国教として、カリフを自称する**
		929	後ウマイヤ朝のアブド＝アッラフマーン3世がカリフを自称（3カリフの鼎立）
		932	**ブワイフ朝**が興る（シーア派）（～1062）
		946	ブワイフ朝がバグダードに入城 …アッバース朝カリフから大アミールの称号を得る
		969	ファーティマ朝が**新都カイロを建設**
	（軍人支配体制）	1038	**トゥグリル＝ベク**が**セルジューク朝**を建国（～1194）
		1055	セルジューク朝がバグダードに入城…トゥグリル＝ベク、アッバース朝カリフから**スルタン**の称号を得る
		1056	**ムラービト朝**がモロッコに建国（～1147）
		1130	**ムワッヒド朝**がモロッコに建国（～1269）
		1169	**サラディン**（サラーフ＝アッディーン）が**アイユーブ朝**を建国（～1250、都：カイロ）
		1250	アイユーブ朝に代わり、**マムルーク朝**が興る（～1517）
		1258	**フレグ**がバグダードを占領 →**アッバース朝の滅亡**

3 イスラームの成立

←❷**ヒラー山の洞窟**（サウジアラビア）　ムハンマドが、神の啓示を受けたといわれる洞窟。メッカに生まれたムハンマド（570頃～632）は、少年時代から隊商に加わって各地を旅し、ユダヤ教やキリスト教と接する機会を多く持った。25歳で裕福な寡婦ハディージャと結婚し、平穏な生活を送っていたが、40歳頃にメッカ近郊のこの洞窟で、大天使ジブリール（ガブリエル、➲P.106）を介し神（アッラー）の最初の啓示を受け、自らを神の使徒と自覚した。

↓❸『**コーラン（クルアーン）**』　イスラームの聖典。ムハンマドに下された啓示の集成で、**アラビア語で記されている**。第3代カリフのウスマーンの時代に編纂された。アラビア語以外への翻訳は禁止されているため、各国語に翻訳されているものは、聖典そのものではなく、コーランの解説書という扱いになる。

文献 ①『コーラン（クルアーン）』

慈悲ぶかく慈愛あつき神の御名において。
神に讃えあれ、万有の主、
慈悲ぶかく慈愛あつきお方、
審判の日の主宰者に。
あなたをこそわれわれは崇めまつる、あなたにこそ助けを求めまつる。
われわれを正しい道に導きたまえ、あなたがみ恵みをお下しになった人々の道に、
お怒りにふれた者やさまよう者のではなくて。
（藤本勝次他訳『世界の名著15コーラン』中央公論社）

読み解き ユダヤ教やキリスト教の影響と思われる部分を探そう。

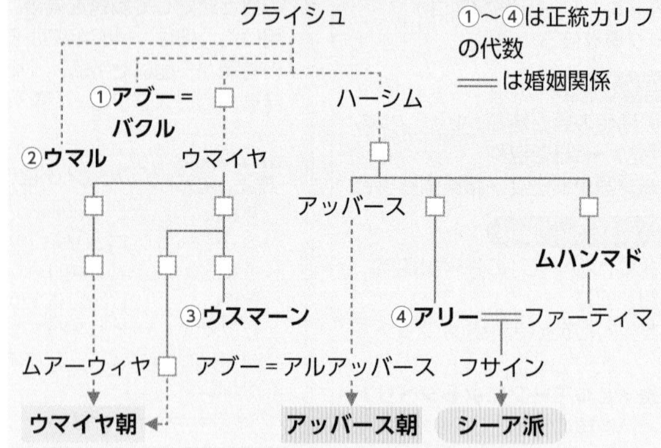

←ⓐ**ムハンマドと正統カリフの系図**　ムハンマドの死後、**ムスリムの合意でカリフ（神の使徒の代理人・後継者）が選ばれた**。第4代のアリーまでの4人（**正統カリフ**）は、預言者ではないが、政治的・軍事的な指導者としてムスリムの共同体（ウンマ）を一つにまとめた。

歴史のスパイス　イスラーム国家は必ずしも異教徒に改宗を強制しなかったため、中東地域でムスリムが多数派となるのは13世紀以降ともいわれる。

4 イスラーム帝国の発展

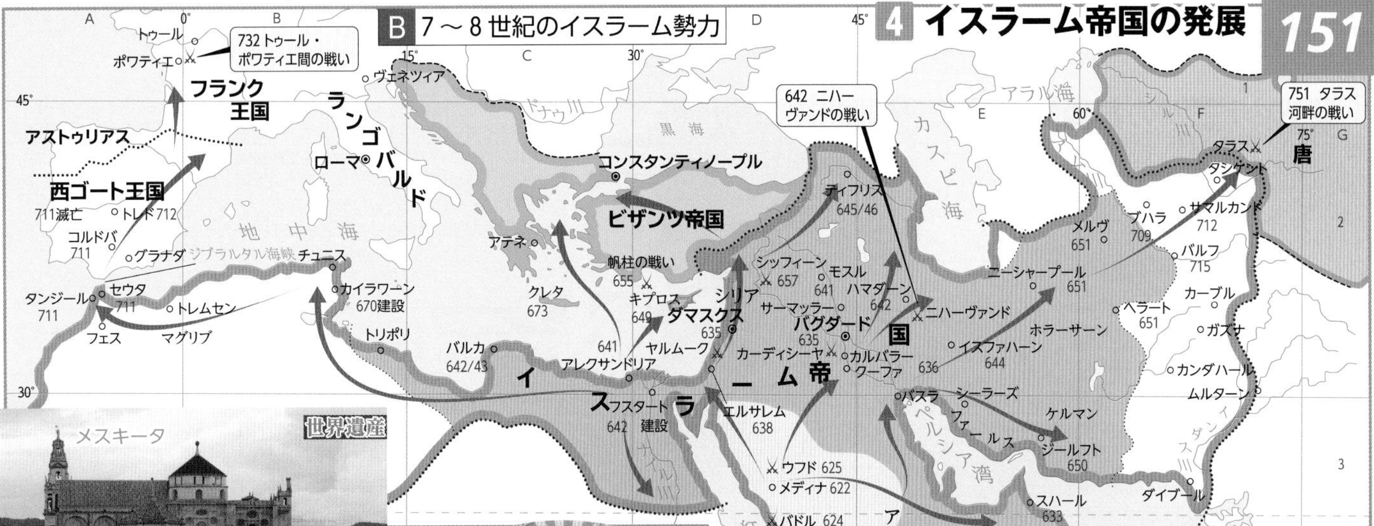

B 7〜8世紀のイスラーム勢力

732 トゥール・ポワティエ間の戦い　642 ニハーヴァンドの戦い　751 タラス河畔の戦い

フランク王国　ランゴバルド　アストゥリアス　西ゴート王国　ビザンツ帝国　イスラーム帝国　唐

トゥール　ポワティエ　ヴェネツィア　ローマ　コンスタンティノープル　トレド 712　711滅亡　コルドバ 711　グラナダ　ジブラルタル海峡　チュニス　タンジール 711　セウタ 711　トレムセン　フェス　マグリブ　カイラワーン 670建設　トリポリ　バルカ 642/43　アテネ　クレタ 673　帆柱の戦い 655　キプロス 649　アレクサンドリア 641　ヤルムーク　ダマスクス 635　シリア　シッフィーン 657　モスル 641　ハマダーン 642　サーマッラー　バグダード 635　カーディシーヤ 636　カルバラー　クーファ　ニハーヴァンド　イスファハーン 644　ティフリス 645/46　フスタート 642 建設　イェルサレム 638　ウフド 625　メディナ 622　バドル 624　メッカ 630　アラビア　バスラ　シーラーズ　ファールス　ケルマン　ジーロフト 650　スハール 633　ダイブール　ニーシャープール 651　ホラーサーン　メルヴ 651　ブハラ 709　サマルカンド 712　バルフ 715　ヘラート 651　カーブル　ガズナ　カンダハール　ムルターン　タラス　タシケント

地中海　黒海　カスピ海　アラル海　紅海　ペルシア湾　アラビア海　ドナウ川　インダス川

→ イスラーム勢力の進出方向
ムハンマドの死までの領域（622〜632）
正統カリフ時代の領域（632〜661）
ウマイヤ朝時代の領域（661〜750）
アッバース朝時代の領域（750〜1258）
数字 征服年

メスキータ　世界遺産　ローマ橋

↑❹**コルドバ**（スペイン）　後ウマイヤ朝の都。10世紀の**アブド＝アッラフマーン3世は、アッバース朝やファーティマ朝に対抗してカリフを名のった。**彼の時代にコルドバの人口は50万を超え、1,600のモスク、300の浴場、70の図書館があったという。

↑❺**メスキータの内部**　8〜10世紀にかけて建立された大モスク。レコンキスタによりイスラーム勢力を駆逐したキリスト教徒が教会に転用したが、内部にある「円柱の森」は大半が残された。

文献② ウマイヤ朝の支配

ウマイヤ朝は形成期のイスラーム帝国として、正統カリフ時代の征服事業を引き継ぎ、また国家の諸制度を整備した。……正統カリフ時代の後半は、拡大する版図、それが生み出す新しい状況を包摂しえないような社会的・政治的状況が生じて、危機に陥っていた。……ウマイヤ朝がその混乱を収拾し、安定した時代を作り出したことは疑いを入れないであろう。それは、共同体のコンセンサスに基づく統治が不可能な時代に対応するものであった。……それを一言で言えば、都市国家から帝国への変容であり、ウマイヤ朝はまさに帝国的な支配を可能ならしめるものであった。その特徴として、4つの重要なポイントをあげることができる。それは、宗教の共存の実現、**アラブ的支配**、征服事業の継続、国家機構の整備である。

（小杉泰『イスラーム帝国のジハード』講談社）

読み解き 下線部にある、ウマイヤ朝の「アラブ的支配」について説明しよう。

↓❻**イスラーム国家の支配体制の変化**

	アラブ帝国（アラブ人優位の体制）	➡	イスラーム帝国（ムスリムの平等を達成）
税制	**アラブ人**：免税特権…ザカート（救貧税）のみを負担 **異民族改宗者（マワーリー）**・**非改宗者（ジンミー）**：ともに、**ジズヤ（人頭税）とハラージュ（地租）**を納入 イスラームに改宗しても免税されず、マワーリーの不満が募った		**アラブ人**：土地を所有する者はハラージュ（地租）を納入 **異民族改宗者（マワーリー）**：ハラージュのみを納入 **非改宗者（ジンミー）**：ハラージュとジズヤをともに納入
政治	カリフは預言者の代理人 ●アラビア語の公用語化		カリフは神の代理人（神格化） ●官僚制の整備…宰相の設置

資料から読み解く バグダードの造営

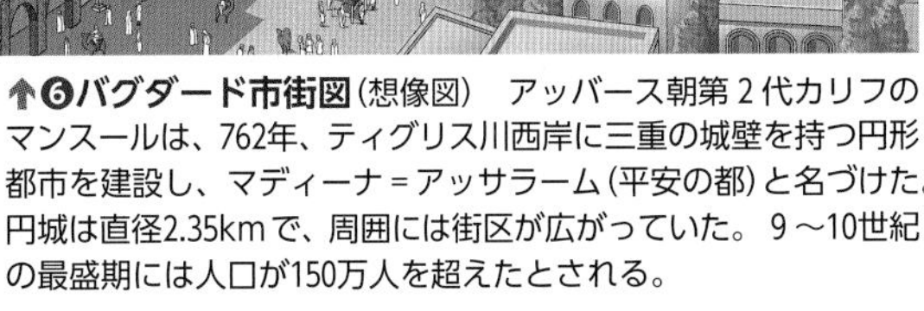

↑❻**バグダード市街図**（想像図）　アッバース朝第2代カリフのマンスールは、762年、ティグリス川西岸に三重の城壁を持つ円形都市を建設し、マディーナ＝アッサラーム（平安の都）と名づけた。円城は直径2.35kmで、周囲には街区が広がっていた。9〜10世紀の最盛期には人口が150万人を超えたとされる。

文献③ バグダードの造営

伝えられるところによれば、彼はそれゆえに自ら出ていって、自分と軍隊の居所とし、都を建てる場所を選びに赴こうとした。……そして言うには「ここ〔バグダード〕は軍営地に相応しい場所である。このティグリス川は我々と中国との隔てをなくし、これによって海（インド洋）からの物品全てが我々のもとに、またジャジーラ[1]やアルメニア[2]またはその周辺から食料が至る。このユーフラテス川からは、それによってシリアやラッカ[3]またはその周辺からのあらゆるものが到着する」。……都は円形に形作られた。……都の門は、戦時における軍の編成に従って4カ所におかれた。都の周囲には二重の城壁が築かれ、内側の城壁が外側の城壁よりも厚かった。彼の宮殿がその中央に、また金曜モスクが宮殿の周辺に設置された。

①イラク北部、ティグリス川とユーフラテス川の間の高原　②黒海とカスピ海の間の地　③現在のシリア内陸部の都市

（歴史学研究会編『世界史史料2』岩波書店）

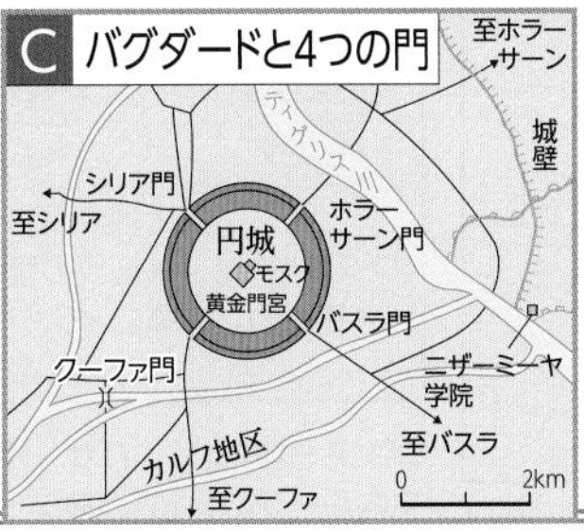

C バグダードと4つの門

至ホラーサーン　ティグリス川　城壁　シリア門　至シリア　円城　モスク　黄金門宮　ホラーサーン門　バスラ門　クーファ門　ニザーミーヤ学院　至バスラ　カルフ地区　至クーファ　0 2km

読み解き

1 文中下線部の「彼」はバグダードをつくった人物である。誰だろう。
2 バグダードはクテシフォンの北西にほぼ隣接して新たに建設された都市であった。P.150の地図Aを参考に、4つの門はそれぞれどの方面につながっていたか、考えよう。
3 以上のことから、「彼」がバグダードを都として選定した理由を考えよう。

歴史のスパイス ジブラルタル海峡の名前は、この地を占領したムスリムの将軍ターリク＝イブン＝ズィヤードにちなみジャバル＝アル＝タリク（タリクの山）と呼ばれたことに由来する。

西アジア　アフリカ

イスラームとは

1 イスラームの基礎知識

↑❶メッカ巡礼(カーバ神殿)　カーバ神殿は、旧約聖書に登場する預言者アブラハム(イブラヒム)がその子と協力して建てた方形の神殿が由来とされており、長さ12m、奥行10m、高さ15mの石造の建物である。**イスラーム暦の12月8日〜10日を中心にこの地を巡礼に訪れる**ムスリムは、縫い目のない2枚の白布をまとい、カーバの東隅にはめこまれた黒石に接吻し、カーバを7回回る。

←❷黒石

↘ⓐ東京の礼拝時間(7月21日)

夜明け

正午

午後

日没

夜半

文献 ① ヒジュラの捉え方

ヒジュラがおこなわれたのは、622年9月22日のことであるが、ムスリムはのちに、このできごとを記念して、当時の暦でその年の年初であった7月16日を1年1月1日とする新しい暦を採用した。……キリスト教は、神の子イエスが十字架にかかって全人類の罪をあがなってくださったと信ずるからこそ、そのイエスの生誕年を元年とする暦を制定した。……これにたいしてイスラームは、地上における共同体(ウンマ)の誕生こそが、人びとの救いのために重要だと考えるといってよかろう(人びとはこのウンマの構成員になることで救われる)。だからこそ、一見屈辱的なヒジュラが、イスラームの暦の起源となりうるのだ。

(東長靖『イスラームのとらえ方』山川出版社)

読み解き メディナへの移住は、ムスリムにとってどのような意味がある出来事として認識されているだろう。

↑❸モスクの内部　広い礼拝室に祭壇はなく、メッカの方角にあたる壁にタイルなどで装飾されくぼみ(ミフラーブ)がある。礼拝はこのミフラーブを向いて行われる。ミフラーブの脇にはミンバルと呼ばれる説教壇があり、会衆礼拝の際はイマームが登壇し説教を行う。

↑❹サウジアラビアの国旗　信仰告白の言葉が書かれている。

六信五行とイスラームの行動規範

イスラームとは「アッラーへの絶対的帰依」の意味		
六信	●神(アッラー)	唯一絶対の神。万物の創始者
	●天使(マラク)	神のメッセージを信徒(ムスリム)に伝える存在
	●啓典(キターブ)	神が天使を通じて人類に下した啓示の書。**コーラン(クルアーン)**こそが最も完全なもの
	●預言者(ナビー)	神意を人類に伝える人。モーセやイエスもふくむが、**ムハンマドを最後で最大の預言者**とする
	●来世(アーヒラ)	終末の後、復活した人間は神の審判を受け、天国と地獄に分かれる
	●予定(カダル)	人類の諸行為はアッラーの意志により生ずる
五行	●信仰告白(シャハーダ)	「アッラーの他に神はなく、ムハンマドはアラーの使徒である」と**アラビア語**で唱える
	●礼拝(サラート)	夜明け、正午、午後、日没、夜半の1日5回、**メッカ**に向けて行う
	●喜捨(ザカート)	毎年の終わりに各人の収入資産と貯蓄の双方に課せられる**救貧税**
	●断食(サウム)	イスラーム暦第9月(**ラマダーン**)の1カ月間、日の出から日没まで一切の飲食を断つ
	●巡礼(ハッジ)	一生に一度は、イスラーム暦12月にメッカのカーバ神殿に巡礼することが望ましい
行動の規範	食生活	食べてよいもの(ハラール)と、食べてはいけないもの(ハラーム)を定める。豚肉や血液、アルコールは口にしない。
	商取引	利子をとることは禁止。契約を守る。
	女性の服装	素肌を夫以外の男性に見せることは好ましくないとされ、顔や髪、体を覆うような服装が求められる。
	結婚	男は平等に愛せるなら4人まで妻を持てる。実際に2人以上持つことはまれ。結婚や離婚の条件は契約により決められる。
	弱者の権利	病人、貧しい人、高齢者に対し、無条件で手をさしのべる。

イスラームを読み解くキーワード

シーア派	シーア=アリー(アリーを支持する党派)に由来。イスマーイール派や十二イマーム派などに分かれる。アリー以外の3代の正統カリフとウマイヤ朝を認めず、アリーの子孫をイマーム(指導者)と考える。今日、ムスリムの約1割を占める。
スンナ派	預言者ムハンマドのスンナ(慣行)に従う人々。アリーをふくむ歴代カリフを正統と認める。今日、ムスリムの約9割を占める。
ウラマー(知識人)	イスラーム諸学に通じた知識人。官僚や裁判官、モスクの導師などとして活躍し、イスラーム社会において必要不可欠な役割を果たした。
ウンマ	ムスリムの共同体。部族や血族によらず、信仰のみをよりどころとする。
キャラバンサライ(隊商宿)	隊商(キャラバン)の宿泊施設。街道沿いや都市に設置された。市場に隣接して建てられたものは、商品の取引場や倉庫としての役割も担った。
啓典の民	神が授けた啓示の書物(啓典)を持つ異教徒。具体的にはユダヤ教徒やキリスト教徒をさす。アラブ人は征服の際、異教徒に対し「コーラン(クルアーン)か剣か(改宗せねば命を奪うぞ)」と二者択一を迫ったといわれてきたが、**実際には強制的な改宗は行われず、わずかな人頭税を納めれば生命・財産と従来の信仰は保障された。剣は抵抗者への最後の手段であった。**
ジハード(聖戦)	イスラーム世界の防衛・拡大のための戦い。ジハードでの戦死者には殉教者として天国が約束された。ただし本来は、個人の心の中に生じる不正や欲望との戦いを意味する言葉であって、侵略行為は厳しく戒められている。
シャリーア(イスラーム法)	宗教的儀礼だけでなく、婚姻や相続、契約や売買、訴訟や刑罰、戦争などに関する内容をもふくむ包括的な法体系。法学者による合意や類推によって、**『コーラン(クルアーン)』やハディースから導き出される。**
ハディース(伝承)	預言者ムハンマドの言行に関する伝承。『コーラン(クルアーン)』に次ぐ権威が認められ、ともにシャリーアの根拠とされる。
ミスル(軍営都市)	イスラーム勢力が征服活動を進める中で各地に築いた拠点。
ムスリム	イスラームの信徒。もとはアラビア語で「(神に)帰依する者」をさす。
モスク	イスラームの礼拝所。スペイン語ではメスキータと呼ばれる。⊃P.151
ワクフ(寄進/寄進財)	土地や建物を所有する富裕者が自らの権利を放棄し、そこから得られる収益を公共施設の管理運営に充てること。寄進された財産やその運営組織をさす場合もある。イスラーム世界では、この制度を利用してモスクやマドラサ、病院や隊商宿などの社会基盤が整備された。

ジンミー⊃P.151、バザール/スーク⊃P.153、ハラール⊃P.75、マドラサ⊃P.153、マムルーク⊃P.155、マワーリー⊃P.151、ミッレト⊃P.201

歴史のスパイス　『コーラン(クルアーン)』全114章は、神が1人称で語った言葉を内容としている。政治・経済・社会的な問題や、法・道徳などにも言及している。

2 ムスリムの生活

➔❺**町に到着したムスリム商人**　イスラームの都市には大商人の**ワクフ**により運営されるキャラバンサライがあり、商人たちが自由に利用できた。都市の中心の**バザール(市場)**では、自由に取引が行われた。
パリ・国立図書館蔵

←❻**バザール**　市場のことをアラビア語で**スーク**、ペルシア語で**バザール**という。市場には世界中から商品が集められた。定期市からやがて常設店舗や露店が連なる市へと発展していった。

↑❼**マドラサ**　ウラマー養成のための高等教育機関のこと。11世紀後半には、セルジューク朝の宰相ニザーム＝アルムルクがスンナ派神学を振興させるため、各地に設置した(ニザーミーヤ学院)。モスクに併設されることが多く、ワクフにより運営されることが多かった。現代では、対象年齢や教育内容、規模など多種多様になっている。

Column イスラームの女性

イスラーム法では、男性は平等に愛せるなら4人まで妻を持つことができるが、実際は複数の妻を持つことはまれである。結婚前に作成する契約文書では、男性が支払う結納金を、あらかじめ離婚料までふくめて決めておく。現代のトルコでは法律で一夫一婦制を定めている。➲P.58

↑❽**女性の服装の多様性**　既婚女性は『コーラン』の教えに従い、髪と素肌を隠す。西アジア地域に多いチャドル(左)には、西アジアの厳しい日差しと乾燥した気候から肌を守るという役割もある。他にも髪を覆うだけのシャイラや髪と首を隠すヒジャブ(右)など、どの程度隠す服装が好ましいかについては、地域差がある。

チェック 商業の発達を助けたイスラーム

①**商業の肯定**…公正な取引実現のため、細かい法規制が整備された。
②**ムスリムのネットワーク**…キャラバンや海運による交易路の整備と並行して、都市や港をつなぐ**商人やウラマーのネットワーク**が成立し、活発な情報交換が行われた。
③**旅と移動の文明**…人々には移動の自由が保障され、特にムスリムの義務である**巡礼**は、国や民族の枠を越えて多くの人々が出会う機会となった。為政者は交易ルートと重なる巡礼路の安全確保に努めた。
④**貨幣経済の発達**…金を主要貨幣とする地中海世界と銀を主要貨幣とするイラク・イラン地域が統合され、金銀複本位制が発達した。アッバース朝の初期まで、官僚や軍人には俸給(**アター**)が現金で支払われた。➲P.154

➔❾**ディナール金貨**(左)と❿**ディルハム銀貨**(右)　ウマイヤ朝のもとでは、イスラーム世界初の統一貨幣が鋳造された。

解説 スーフィズム

清貧と禁欲の生活を送り、瞑想や唱和による布教活動を行おうとする思想・運動。イスラーム神学・法学の専門化・形式化に対する反発から生まれた。活動に従事した人々は「スーフィー」と呼ばれた。聖者崇拝と結びついて民衆の間に広まり、各地の伝統的な習俗や信仰を取り入れながら、**インドや東南アジア、アフリカなどにイスラームの信仰を広めていった。**

←⓫**スーフィーの旋舞**　トルコのメヴレヴィー教団は、旋舞の中で神との合一をめざしている。

3 イスラームの広がり

文献② シーア派とスンナ派の形成

シーア派という名称は、「アリーの党」という意味の「シーア・アリー」に由来する。……教義においてシーア派とスンナ派がもっとも異なる点は、預言者ムハンマドの後継者を誰にするかという点である。スンナ派では、イスラーム共同体の政治的および宗教的権威は信者の意のもとに選ばれる最高指導者イマームに委ねられるとされ、預言者の後継者を意味するカリフをイマームとして認めてきた。……シーア派では、イマームはムハンマドの血統である「聖家族」によって継承され、それぞれの時代に一人しか現れない、神聖で絶対的な無謬の救世主であり、かつ宗教的にも政治的にも最高指導者である。
(塩尻和子「なぜスンナ派とシーア派は争うのか？」『季刊アラブ　特集「イスラーム国」の衝撃』No.150、日本アラブ協会)

読み解き シーア派とスンナ派は、教義の点でどのような違いがあるのだろう。

↑⓬**カルバラーのモスク**(イラク)　第4代カリフであったアリーの子フサインは、約70名の同志とともに蜂起したが、ウマイヤ朝軍に鎮圧され、バグダード南方のカルバラーで戦死した。フサインが葬られたこの地は、シーア派の聖地となった。

読み解き ムスリムは主にどのような地域に分布しているだろう。

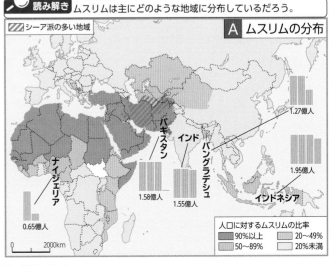

A ムスリムの分布

シーア派の多い地域
パキスタン　1.58億人
インド　1.55億人
バングラデシュ　1.27億人
インドネシア　1.95億人
ナイジェリア　0.65億人
人口に対するムスリムの比率
90%以上　50～89%　20～49%　20%未満
0　2000km

イスラーム王朝の発展

1 イスラーム王朝の発展 ➡P.151 B

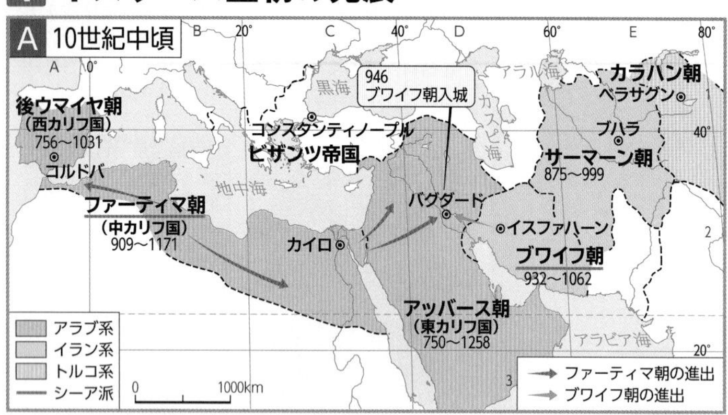

① ファーティマ朝などシーア派の王朝が台頭した。

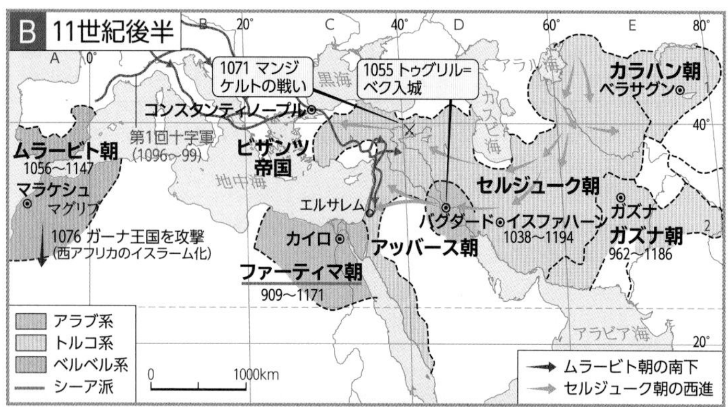

① ベルベル人・トルコ人が活躍する一方、スルタン制が成立した。

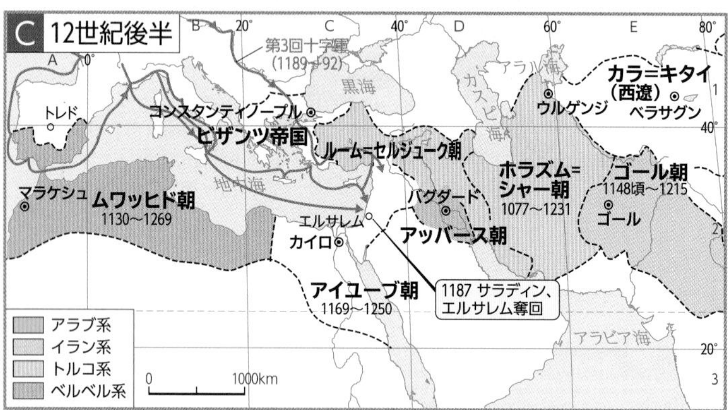

① 十字軍との戦いで、アイユーブ朝のサラディンが活躍した。

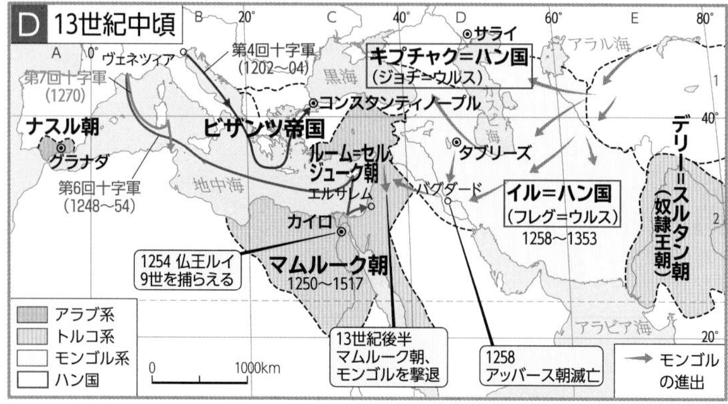

① モンゴル系王朝が成立し(後にイスラーム化)、インドがイスラーム化した。

歴史のスパイス　カイロという名称は、「カーヒラ(勝利の都)」から転訛したものである。

2 イスラーム王朝の諸制度

⬇ⓐスルタン制の成立

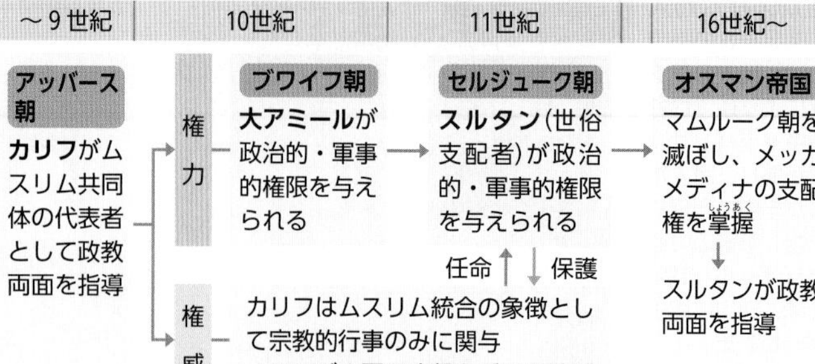

～9世紀
10世紀
11世紀
16世紀～
アッバース朝
カリフがムスリム共同体の代表者として政教両面を指導
権力
権威
ブワイフ朝
大アミールが政治的・軍事的権限を与えられる
セルジューク朝
スルタン(世俗支配者)が政治的・軍事的権限を与えられる
任命
保護
オスマン帝国
マムルーク朝を滅ぼし、メッカ・メディナの支配権を掌握
スルタンが政教両面を指導
カリフはムスリム統合の象徴として宗教的行事のみに関与
→モンゴル軍の攻撃を受けて消滅

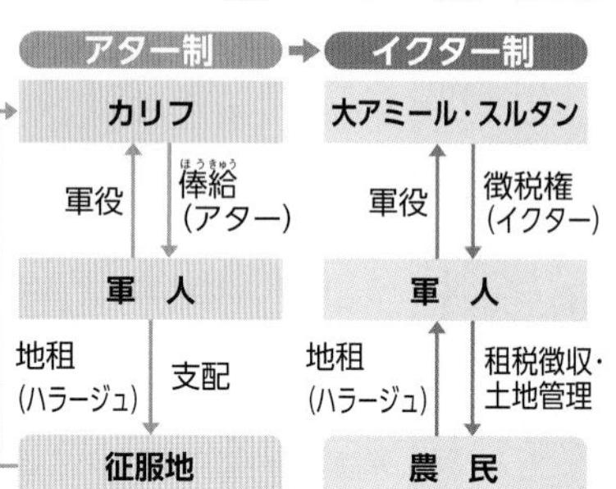

⬅ⓑアター制とイクター制　9世紀半ば以降、アッバース朝の衰退に伴い、農地からの税収不足が深刻になった。そのため、ブワイフ朝では軍人への俸給(アター)に代わって、俸給額に見合った収入を徴税できる土地の管理権と徴税権を軍人に与えた。イクター制は、セルジューク朝のもとで一般化し、アイユーブ朝やイル=ハン国などに継承された。

3 シーア派の台頭

文献① アブド=アッラフマーン3世の書簡[①] (929)

我らは以下のように決めた。我らに対する呼びかけは、アミール=アルムウミニーン[②]とすべきこと、そして我らから発する書簡や我らに届く書簡も、同様にすべきこと。なぜなら、我ら以外にこの名で呼ばれる者どもはすべて、不当にそれを名乗っているのであり、その名を侵害しているのであり、自分にふさわしくないものでもって自らを形容しているからである。

①後ウマイヤ朝のアブド=アッラフマーン3世が各地の代官に発した書簡。
②信徒たちの長、つまりカリフのこと

(歴史学研究会編『世界史史料2』岩波書店)

読み解き カリフを名のることをあえて周知したのは、どのような歴史的事実があったからだろう。

文献② ファーティマ朝の成立

10世紀初め以来、イスラム世界の各地で急激な盛り上がりをみせていたイスマーイール派運動の支援を受けて成立したファーティマ朝は、強力な神聖権をもつカリフを頂点として結集されたシーア派政権であって……その成立はイスラム史における「シーア派の時代」の幕開けを告げるにふさわしかった。……ファーティマ朝によるエジプト征服と都市カイロの造営は、のちの時代につぎの二つの重要な結果を残した点で、とくに注目すべきであろう。その第一は、バグダードをセンターとするイラク・ペルシア湾軸ネットワークに対抗するエジプト・紅海軸ネットワークの新しい展開であり、第二は、ファーティマ朝の東進にともなって、地中海の中央部、イフリーキーヤ地方[①]から軍事的・政治的権力が消失し、力の空白地帯が形成されたことである。……

①北アフリカ中西部

(家島彦一『イスラム世界の成立と国際商業』岩波書店)

読み解き ファーティマ朝の成立は、イスラーム諸王朝にとってどのような意義があったのだろう。

十字軍と戦った「英雄」 ➡P.162

サラディン(サラーフ=アッディーン) (1138～93)

クルド人の武将で、十字軍の侵攻に苦しむエジプトに派遣された。1169年に宰相に就任すると、すぐに実権を掌握してアイユーブ朝を建てた。彼はエジプトにスンナ派信仰を復活させ、アッバース朝カリフの権威を高めた。またイクター制を組織的に実施して、十字軍に対抗した。異教徒に寛大なイメージが強いが、それはムハンマド以来の慣行をよく守ったからである。

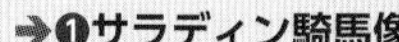

➔❶サラディン騎馬像

4 イスラーム王朝の変遷

赤字：シーア派
＊ゴール朝はトルコ系の説もある

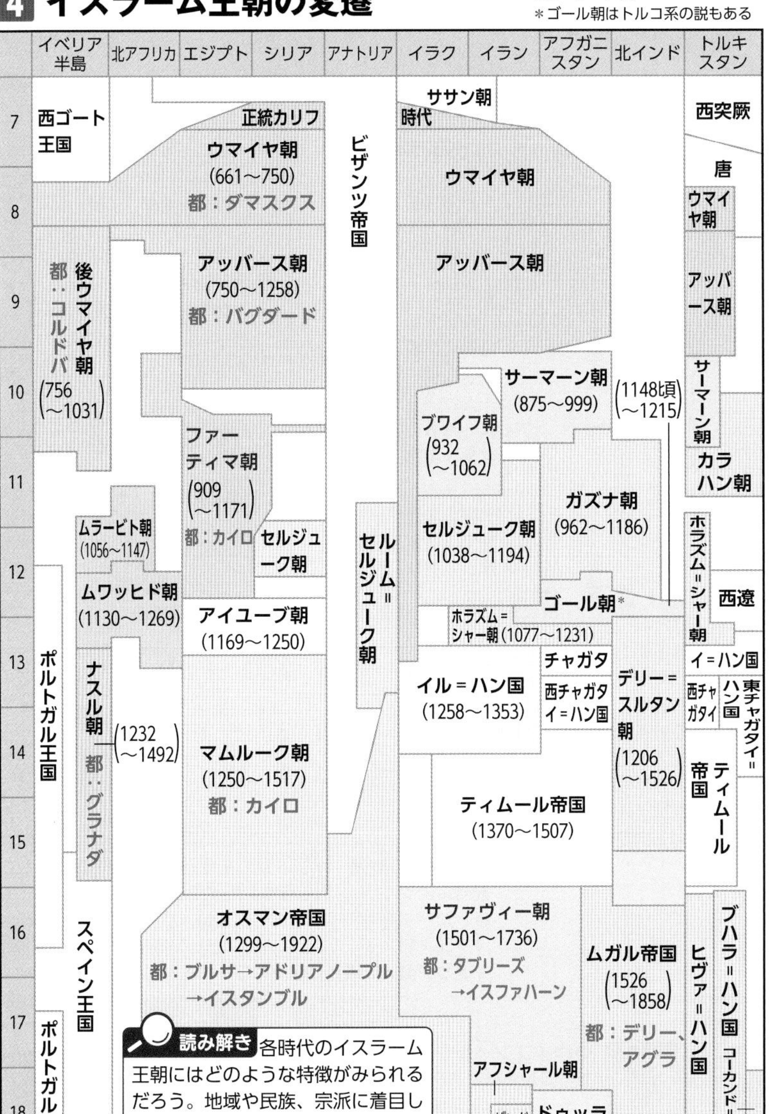

アラブ系　トルコ系　ベルベル系　イラン系　モンゴル系　アフガン系

トルコ人の西進

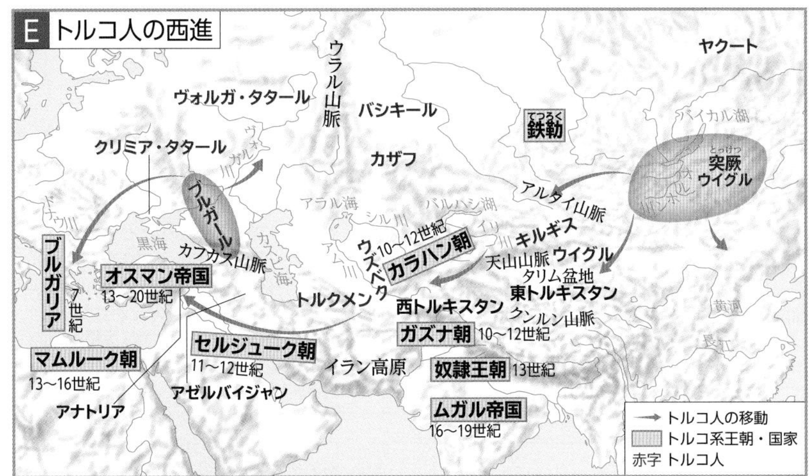

① トルコ人はモンゴル高原を故地とする遊牧民で、10世紀中頃に成立した**カラハン朝のもと、イスラームに改宗した**。さらに西へ進出したトルコ人は、セルジューク朝以後はアナトリアに定住し、オスマン帝国を建設した。➲P.200

ベルベル人のイスラーム化

➔❷**マラケシュ旧市街**(モロッコ) ベルベル系のムラービト朝・ムワッヒド朝の都。

解説 ベルベル人

11世紀にイスラームへの改宗が進んだ、北西アフリカ(マグリブ)の先住民。異邦人への蔑称バルバルスに由来するが、自称はイマジゲン。スペイン人からはムーア人と呼ばれた。

モンゴル人の西進(イル＝ハン国)

文献③ トゥーシー[①]『バグダードの災難の詳細』

帝王[フレグ]はカリフの館を調査しに行き、あらゆる場所を歩き回った。……カリフは(配下の者に)贈り物を差し出すよう命じた。帝王は……金の皿をカリフの前に置いて、「食べろ」と(命じた)。カリフは「食べられません」と答えた。フラグ[フレグ]は言った。「ではどうして汝は(こうした財宝を)とっておいたのか。……どうしてこれらの(バグダードの)鉄の扉で矢じりを作らなかったのか。どうしてアム川岸まで来なかったのか。そうしておけば、私は渡河することができなかったであろうに」と。カリフが「それが神の定めだったからです」と答えると、帝王は「汝の身にこれから起こることもまた神の定めである」といって(その日の)夜(宿営地に)帰還した。……(2月20日)、帝王は町の門から出発し、カリフを召喚した。……その日、その村(ワカフ村)でカリフは真ん中の息子とともに死に至った。

① フラグの政治顧問として仕えた、シーア派の神学者・哲学者・天文学者(1201〜74)。バグダードの陥落を勧めた。　(歴史学研究会編『世界史史料 2』岩波書店)

読み解き シーア派ムスリムにとって、アッバース朝カリフが殺害されたことはどの程度重要であっただろう。

⬅❸**ガザン＝ハン**(位1295〜1304)　イル＝ハン国の第7代ハン、即位後、住民の多くが信仰するイスラームに改宗して、それを国教とした。イラン人宰相ラシード＝アッディーン(1247〜1318)を登用し、内政の安定に努めた。結果、モンゴル軍人・イラン人官僚・ムスリム知識人を基盤とする国家体制が成立した。➲P.181

Column 奴隷が国王となれた社会

イスラーム社会の奴隷は結婚や信仰の自由があり、身分が解放されれば自由人とほぼ同じ権利が認められた。マムルークとは、白人の奴隷を意味するが、その中心は**優秀な騎馬戦士であるトルコ人**であった。彼らは君主や将軍の親衛隊から軍司令官に昇進し、王朝を樹立することもあった。このほかにも、東アフリカから購入された黒人奴隷である**ザンジュ**が、アッバース朝時代の南イラクで使用された。

⬇❹**マムルーク騎士**

歴史のスパイス トルキスタンなどの「〜スタン」はペルシア・トルコ系の地名接尾辞で、「〜の国(土地)」を意味する。

イスラーム文明

赤字：イラン人

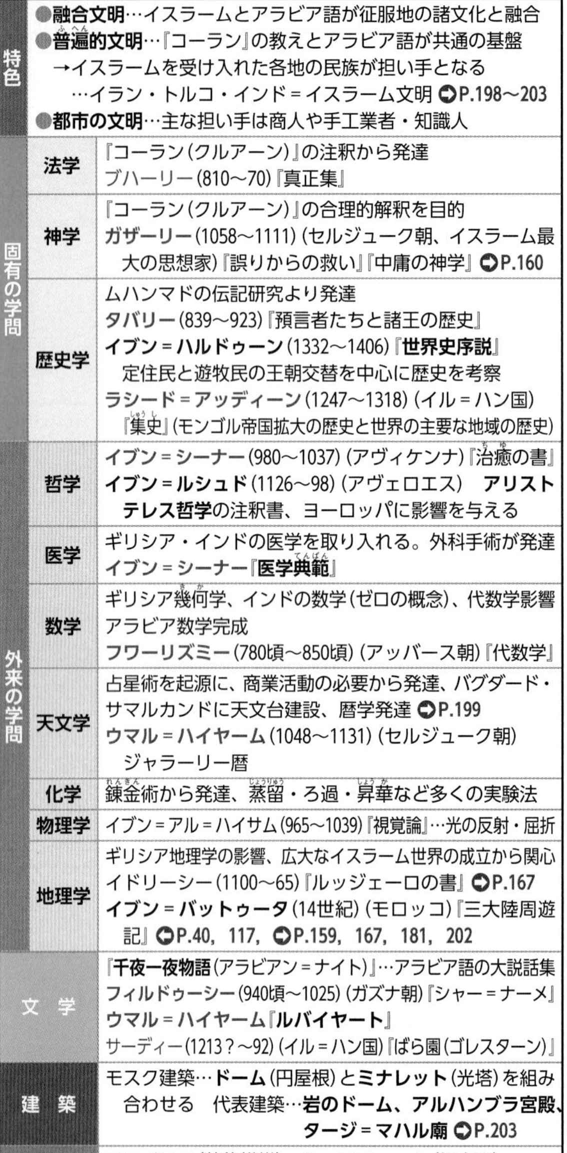

特色		●**融合文明**…イスラームとアラビア語が征服地の諸文化と融合 ●**普遍的文明**…『コーラン』の教えとアラビア語が共通の基盤 →イスラームを受け入れた各地の民族が担い手となる …イラン・トルコ・インド＝イスラーム文明 ➲P.198～203 ●**都市の文明**…主な担い手は商人や手工業者・知識人
固有の学問	法学	『コーラン（クルアーン）』の注釈から発達 ブハーリー（810～70）『真正集』
	神学	『コーラン（クルアーン）』の合理的解釈を目的 **ガザーリー**（1058～1111）（セルジューク朝、イスラーム最大の思想家）『誤りからの救い』『中庸の神学』➲P.160
	歴史学	ムハンマドの伝記研究より発達 タバリー（839～923）『預言者たちと諸王の歴史』 **イブン＝ハルドゥーン**（1332～1406）『**世界史序説**』 定住民と遊牧民の王朝交替を中心に歴史を考察 ラシード＝アッディーン（1247～1318）（イル＝ハン国）『集史』（モンゴル帝国拡大の歴史と世界の主要な地域の歴史）
外来の学問	哲学	イブン＝シーナー（980～1037）（アヴィケンナ）『治癒の書』 **イブン＝ルシュド**（1126～98）（アヴェロエス） **アリストテレス哲学**の注釈書、ヨーロッパに影響を与える
	医学	ギリシア・インドの医学を取り入れる。外科手術が発達 イブン＝シーナー『**医学典範**』
	数学	ギリシア幾何学、インドの数学（ゼロの概念）、代数学影響 アラビア数学完成 フワーリズミー（780頃～850頃）（アッバース朝）『代数学』
	天文学	占星術を起源に、商業活動の必要から発達、バグダード・サマルカンドに天文台建設、暦学発達 ➲P.199 **ウマル＝ハイヤーム**（1048～1131）（セルジューク朝） ジャラーリー暦
	化学	錬金術から発達、蒸留・ろ過・昇華など多くの実験法
	物理学	イブン＝アル＝ハイサム（965～1039）『視覚論』…光の反射・屈折
	地理学	ギリシア地理学の影響、広大なイスラーム世界の成立から関心 イドリーシー（1100～65）『ルッジェーロの書』➲P.167 **イブン＝バットゥータ**（14世紀）（モロッコ）『三大陸周遊記』➲P.40，117，➲P.159，167，181，202
文学		『**千夜一夜物語**（アラビアン＝ナイト）』…アラビア語の大説話集 フィルドゥーシー（940頃～1025）（ガズナ朝）『シャー＝ナーメ』 **ウマル＝ハイヤーム**『**ルバイヤート**』 サーディー（1213？～92）（イル＝ハン国）『ばら園（ゴレスターン）』
建築		モスク建築…**ドーム**（円屋根）と**ミナレット**（光塔）を組み合わせる 代表建築…**岩のドーム、アルハンブラ宮殿、タージ＝マハル廟** ➲P.203
美術		**アラベスク**（装飾模様）、**ミニアチュール**（細密画） 偶像崇拝禁止のため、肖像画や人物彫刻は発達せず

イスラーム文明の形成とそのヨーロッパへの影響

ヨーロッパ
ルネサンス
12世紀ルネサンス
← **イベリア半島**　**シチリア島**（ラテン語への翻訳）← イスラームの支配
← **イタリア**　**ビザンツ帝国**（ラテン語への翻訳）← イスラームの支配・東方貿易

イスラーム文明（アラビア語）
コーラン／ハディース／詩・散文
↓
固有の学問
法学・神学・歴史学など
イスラームとアラビア語を中心に、征服地の先進文明を継承・融合

外来の学問
哲学、医学、数学、天文学、化学、物理学、地理学など

オリエント →
ギリシア文明（ギリシア語）哲学、医学、地理
↓ シリア語
イラン文明（中世ペルシア語）錬金術、占星術、文学
↓
インド文明（サンスクリット語）数学 **（ゼロの概念、十進法）**

中国 火薬、羅針盤、製紙法

イスラーム諸王朝では、オリエントやインド、ギリシアの文明がイスラームと融合し、アラビア語を共通語とする普遍的な文明が生み出された。イスラーム諸王朝に蓄積された文化や学術は、シチリア島などでの翻訳を経てヨーロッパに伝えられ、12世紀ルネサンス（➲P.167）やイタリア＝ルネサンス（➲P.210）につながった。

ローマ（ゼロの概念なし）	I 1	V 5	X 10	L 50	C 100	D 500	M 1000	CCIↃↃ 10000		
インド	१	२	३	४	५	६	७	८	९	०
アラビア	١	٢	٣	٤	٥	٦	٧	٨	٩	٠
現代	1	2	3	4	5	6	7	8	9	0

↑ⓐ**数字の変遷**　インドから伝えられた**9個の数字**と**ゼロ記号**によってどんな数も簡単に表すことができる。例えば1985は、ローマ数字では、MDCCCCLXXXV（1000＋500＋100×4＋50＋10×3＋5）となる。アラビア数字は、11世紀以降、**イタリア商人を通じて徐々にヨーロッパに普及した。**

哲学

←❶**イブン＝ルシュド**　コルドバ生まれのアラブ人で、**ムワッヒド朝に仕えた。**コルドバがキリスト教に奪還された13世紀以降、**彼によるアリストテレスの注釈がラテン語に翻訳され、中世西ヨーロッパに大きな影響を与えた。**

天文学

→❷**イスタンブルの天文台**（16世紀のミニアチュール）
インドから伝えられた天文学は、アラビアで実証的な学問として発展し、多くの観測機器が改良された。

医学

↓❸**アラビアの医学**（イブン＝シーナーが著した『医学典範』の翻訳書挿絵）　病院での患者の治療の場面が描かれている。『**医学典範**』**は16世紀頃まで、ヨーロッパの医科大学の教科書として使用**された。

歴史学

文献①　世界史序説（歴史序説）

哲学者は、このことを「**人間は本性上社会的存在**①**である**」という言葉で説明した。言いかえれば、人間は社会的結合なしには過ごしえないということである。そして社会的結合とは、彼らの術語でいえば都市であり、文明という言葉も同じ概念を持つものである。……すべての事柄には、人間同士の相互扶助がどうしても必要である。この相互扶助がなくては、食物や糧すら手に入れることもできず、したがって生命をまっとうすることも不可能である。
①ギリシアでは、これはポリスで行われた民主政治をさす。
（イブン＝ハルドゥーン著、森本公誠訳『歴史序説（1）』岩波書店）

読み解き
1 イブン＝ハルドゥーンが引用した下線部を主張した（ギリシアの）哲学者は誰だろう。
2 イスラーム都市における相互扶助の形を具体的に考えてみよう。

イスラーム世界最高の歴史家
イブン＝ハルドゥーン
（1332～1406）
歴史を英雄たちの活躍ととらえるのではなく、社会的結合のあり方から分析して『世界史序説』を著した。人類には「都市の文明」と「砂漠の文明」があり、砂漠の民（遊牧民）が強固な連帯意識のもと王朝を建設するが、3世代120年の周期をもって王朝は興亡をくり返すと考えた。マムルーク朝のもとで教授や裁判官として活躍したほか、ティムール（➲P.198）とも会見している。

歴史のスパイス　代数（algebra）、アルコール（alcohol）、錬金術（alchemy）など、化学・数学・天文学用語にはアラビア語起源が多い。

研究

➔④**アズハル学院**（エジプト・カイロ）　カイロはファーティマ朝時代に建設されて以来、エジプトの首都となった。マムルーク朝時代には、紅海貿易の利を得て繁栄し、バグダードに代わってイスラーム諸王朝の政治・経済・文化の中心となった。14世紀初めの最盛期には、人口約50万人を擁したという。10世紀に創設されたアズハル学院は、現存するイスラーム最古の最高学府であり、現在でも多くの外国人留学生が学ぶ総合大学である。

世界遺産

建築

➔⑤**岩のドーム**
ウマイヤ朝の第5代カリフが7世紀末にエルサレムに建設。ムハンマドが天界に旅立ったとされる岩を覆って建てられている。ドームを持つイスラーム建築の例である。

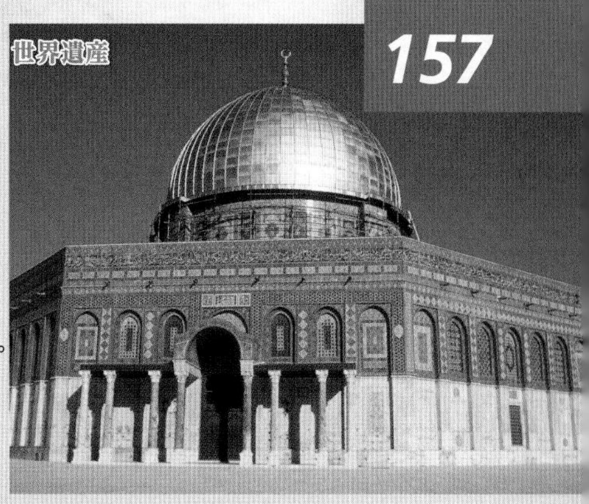
世界遺産

スペインのグラナダにあるアルハンブラ宮殿は、イベリア半島最後のイスラーム王朝ナスル朝の宮殿。多くの部屋にはイスラーム建築の粋といえる繊細優雅なアラベスク模様が施されている。また、シエラネバダ山脈から引かれた水路が宮殿内に張りめぐらされている。

←⑥**アラベスク**　様式化されたつる草やアラビア文字・幾何学模様などから構成された装飾模様。

読み解き なぜイスラーム美術ではアラベスクが発達したのだろう。

⑦**アルハンブラ宮殿「獅子の中庭」**　世界遺産

読み解き 宮殿内部には、噴水などの水を使った造形が施されている。イスラーム建築における水の使われ方を考えてみよう。

⑧**アルハンブラ宮殿「二姉妹の間」の天井の鍾乳石飾り**

美術

➔⑨**ミニアチュール（細密画）**　装飾画や手写本の挿絵をいう。中国絵画の影響を受け、イランやインドで盛んに描かれた。写真はイラン民族叙事詩『シャー＝ナーメ』の挿絵。

資料から読み解く　イスラーム美術

文献② イスラーム美術の特徴

美術史学において、「イスラーム美術」という言葉は包括的な意味で使われる。つまり、ある美術作品があって、それを注文した人物、それを制作(製作)した人物、それを受け入れた人物のいずれかがムスリムであれば、それを「イスラーム美術」と呼ぶのである。……したがって、「イスラーム」という宗教名を冠してはいるが、……世俗的な美術品も含むことになる。……コーランには「偶像」を崇拝してはならないことが厳しく述べられている。……ハディースにおいては、動物の絵を描くことが神の創造に挑戦する罪深い行為だとして非難されている。……モスク建築の壁面装飾や神の言葉を伝えるコーランの写本の装飾において、徹底して神の表現および人物・動物表現が避けられるのには、このような宗教的背景がある。

（桝屋友子『すぐわかるイスラームの美術　建築・写本芸術・工芸』東京美術）

←⑩**ムハンマドの名をモチーフにしたドアの装飾**

読み解き
1. イスラーム美術はどのような特徴を持つだろう。
2. ムハンマドの名前が装飾として使われるのは、イスラームのどのような特徴からだろう。

文学

↙⑪**『千夜一夜物語』を王に語るシェヘラザード**
「千夜一夜物語」は宰相の娘シェヘラザードが王の枕元で千と一夜にわたって物語るという形式をとる。アッバース朝の第5代カリフ、ハールーン＝アッラシードもしばしば登場する。18世紀初頭にフランス人のガランがアラビア語の写本を翻訳したことで、ヨーロッパにも広まった。

文献③ 千夜一夜物語

ある夜、カリフのハールーン・アッラシードはひどい不眠に襲われました。そこでマスルールを呼び、彼が伺候すると、「ジャウファルを即刻召し出せ」と命じました。……「……そちが世から不眠の種を除く手だてを講じなければ、必ずやそちの首をはねると誓って申しつける」と命じました。ジャウファルは……「……私たちと小舟に乗ってチグリス河を下り、カルヌ・アッラシード（道の角）と申す場所へまいることです。そうすればいまだかつて聞いた事もないことをお聞きになり、また見た事もないこともごらんになれるでしょう。……」と勧めました。……シャハラザード［シェヘラザード］は夜の明けそめたのに気づき、お許しを得ていた物語をやめた。

（池田修訳『アラビアン・ナイト18』平凡社）

←⑫**ウマル＝ハイヤーム**
セルジューク朝スルタン、マリク＝シャーに仕えた科学者。正確なジャラーリー暦（太陽暦）の作成にも関わった。刹那的な快楽主義や宿命観を四行詩に詠み、詩集『ルバイヤート』を残した。

歴史のスパイス　最初にフランス語に訳された『千夜一夜物語』では、アラジンは中国の町に暮らす少年として登場する。

アフリカの歴史

→ⓑ諸王朝の変遷

↓ⓐアフリカの歴史➡P.285

アトラス山脈
地中海
サハラ砂漠
ナイル川
カイロ
メッカ
トンブクトゥ
メロエ
ニジェール川
チャド湖
エチオピア高原
大西洋
ギニア湾
コンゴ盆地
モガディシュ
ヴィクトリア湖
マリンディ
モンバサ
ザンジバル
タンガニーカ湖
コンゴ川
キルワ
マラウイ湖
ザンベジ川
マダガスカル島
ソファーラ
ジンバブエ
カラハリ砂漠
喜望峰
インド洋
マグリブ
北アフリカ
西アフリカ
東アフリカ
中部アフリカ
南部アフリカ
地域区分

700万年前	**トゥーマイ猿人**出現（チャド）➡P.66
前6000年	タッシリ＝ナジェールの岩壁画（〜前1000頃）
4400年	ナイル川流域で農耕開始
3000年	エジプトに統一国家成立…ファラオによる統一
2700年	エジプト古王国最盛期…ピラミッド建設➡P.84
前10世紀	**クシュ王国**成立…最古の黒人王国
前8世紀	クシュ王国がエジプト征服→第25王朝建設
前4世紀	クシュ王国が**メロエに遷都**（メロエ王国）
	●メロエでの鉄の生産…アッシリアから製鉄技術輸入
紀元前後	アクスム王国成立…エチオピア帝国の前身
後333頃	エチオピアにキリスト教伝来
4世紀	アクスム王国がクシュ王国征服
7世紀	アフリカ東海岸のイスラーム化進展（〜11世紀）
7世紀頃	**ガーナ王国**成立
	→**サハラ縦断交易**の興隆（9世紀）
10世紀	東部海岸都市の繁栄→**スワヒリ文化**の形成
1076	**ムラービト朝によるガーナ王国攻撃**
11世紀	カネム＝ボルヌ王国のイスラーム化
1240	**マリ王国**建国…**トンブクトゥ**の繁栄（13世紀）
1324	マリ王国のマンサ＝ムーサがメッカ巡礼に出発（〜1325）
1352	**イブン＝バットゥータ**がトンブクトゥ訪問➡P.197
1417	明の**鄭和**艦隊がマリンディ訪問➡P.190
1464	**ソンガイ王国**成立
1488	**バルトロメウ＝ディアスが喜望峰到達**➡P.63
	●**モノモタパ王国**（ジンバブエ）の繁栄
1498	**ヴァスコ＝ダ＝ガマ**が東部海岸都市訪問
16世紀前半	**大西洋奴隷貿易**の本格的開始➡P.230
	●**ベニン王国**の強国化…対ポルトガル交易
16世紀	ポルトガルによる東海岸諸都市の攻略
1593年	ポルトガルがモンバサ島にフォート・ジーザス（要塞）を建設
17世紀末	オマーンが東海岸からポルトガル勢力を駆逐

ⓑ諸王朝の変遷

年代	ザンベジ川流域	コンゴ川流域	ニジェール川流域	マグリブ（北西アフリカ）	ナイル川上流	エジプト
前1000〜B.C./A.D.					クシュ王国・メロエ王国	
A.D.〜500					アクスム王国	ローマ帝国
500〜1000			ガーナ王国		エチオピア帝国	ビザンツ帝国
1000〜1500	モノモタパ王国		マリ王国・ソンガイ王国	ムラービト朝・ムワッヒド朝	アイユーブ朝	ファーティマ朝・マムルーク朝
1500〜1800		コンゴ王国				オスマン帝国

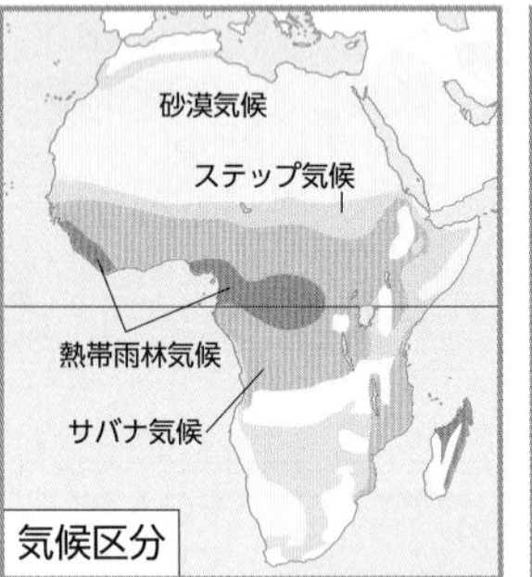

気候区分

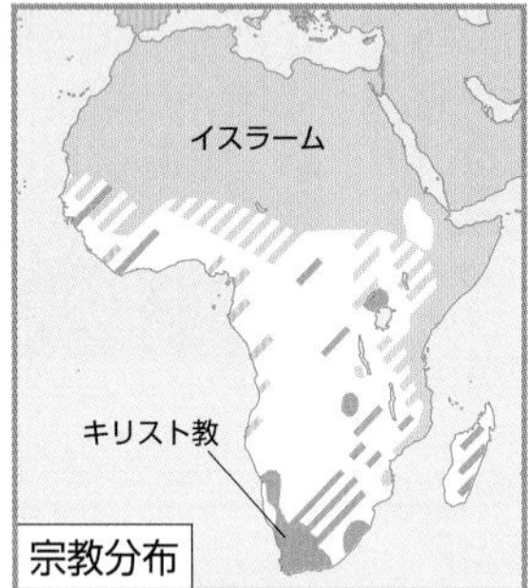

宗教分布

➔❶サハラ砂漠の岩塩
サハラ砂漠では、砂漠を南北に縦断する交易が行われてきた。現在でもラクダのキャラバン（隊商）がサハラ以南に貴重な塩を供給している。

Column 緑に覆われていたサハラ砂漠

サハラ砂漠中央部のタッシリ＝ナジェールには何千もの岩壁画が分布し、人々の生活の様子や動物が生き生きと描かれている。今では砂漠に覆われたサハラだが、前8000〜前2000年頃には川や湖があり、草木が生えていた。5000年前頃の壁画には家畜化されていた牛も描かれており、アフリカの牧畜の起源はそのころまで遡るといわれる。

世界遺産 ❷タッシリ＝ナジェールの岩壁画

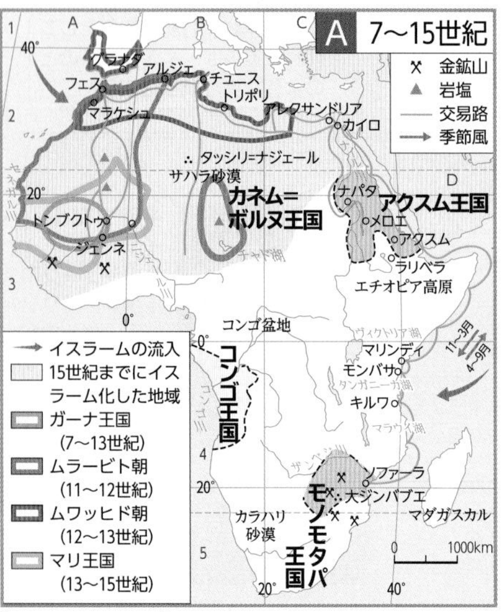

歴史のスパイス　エチオピアの建国神話によれば、エチオピアの女王とイスラエルのソロモン王の子が神の意思により聖櫃をエチオピアに移したとされる。

1 ナイル川上流の諸王国

クシュ王国（メロエ王国）
（前10世紀～後4世紀）

- 首都：ナパタ→**メロエ**
- エジプトに第25王朝建設
  →約100年間支配
- 最初の黒人王国
- 製鉄業
- メロエ文字（未解読）

↓

アクスム王国（エチオピア）
（紀元前後頃～12世紀）

- エチオピア高原北部に建国
- 首都：アクスム
- メロエ王国を征服
- 4世紀に**キリスト教**受容
- インド洋世界と交易

↑❸**クシュ王国の遺跡**（スーダン）　クシュ王国の都メロエの遺跡には、宮殿やアメン神にささげられた神殿、数多くの墳墓やピラミッドが残されている。

→❹**アクスムの巨石柱**（エチオピア）　表面に三日月と太陽が刻まれており、アクスム王国がキリスト教を受容する4世紀以前に建てられたものと考えられている。

↑❺**ラリベラの岩窟教会**（エチオピア）　アクスム王国の後にエチオピアを支配したザグウェ朝期の建築。エチオピアやエジプトには、現在でもコプト派やエチオピア正教会などのキリスト教系の信徒がいる。

2 ニジェール川流域の諸王国

ガーナ王国
（7世紀頃～13世紀半ば頃）

- 金や象牙をサハラの**岩塩**と交換するサハラ縦断交易
- **ムラービト朝の攻撃で衰退**

↓

マリ王国（13～15世紀）

- **トンブクトゥ**はイスラーム文化の中心地として繁栄
- サハラ縦断交易
- 国王**マンサ＝ムーサ**によるメッカ巡礼

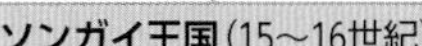

↓

ソンガイ王国（15～16世紀）

- 首都：ガオ
- **トンブクトゥ**は宗教と交易の中心として繁栄
- サード朝モロッコにより滅亡

↑❻**ジェンネの日干しレンガ製モスク**（マリ）　サハラ以南のイスラーム化は、8世紀以降、商業活動を通じて平和的に進められた。商業の中心地ジェンネも、14～16世紀にかけてマリ王国・ソンガイ王国のもとで繁栄した。

黄金伝説をつくった王
マンサ＝ムーサ（別名カンカン＝ムーサ）（位1312～37）

マリ王国第9代の王。メッカ巡礼の際には、500人もの奴隷を引き連れ、大量の金を運んだ。道中のカイロで気前よく金を喜捨したため、カイロの金相場が下落したといわれる。トンブクトゥに多くのモスクを建て、学問を奨励した。

文献 ① マリ王国の記録

彼らの美徳とすべき行為として、（まず第一に）不正行為が少ない点がある。つまりスーダーン人［黒人］……のスルタンは、誰一人として、不正行為を犯すことを許さない。次には、彼らの地方で安全の保障が行き届いている点であり、従って、その地方を旅行する者は何の心配事もなく、（長く）滞在する者でも強盗や追剥に遭うことがない。……彼らの美徳の他の一つとして、彼らが［イスラームの］礼拝を厳守し、それを社会集団のなかでの彼らの義務的行為としていること、……金曜日には、一般の人々は早朝モスクに行かないと、あまりの混雑のため、どこで礼拝してよいのか分からなくなってしまうほどである。

（イブン＝バットゥータ著、家島彦一訳注『大旅行記8』平凡社）

読み解き イブン＝バットゥータはスーダーン人の美徳としてどのようなことを取りあげているだろう。

3 南部の王国と東部海岸都市

東部海岸都市（10世紀～）

- **マリンディ・モンバサ**・ザンジバル・キルワなどのソマリア南部からモザンビーク北部にかけての地域
- イスラーム文化の流入・定期的な交易の発達
  →スワヒリ文化の形成
- アラビア・インド・東南アジア・中国との貿易が活性化（ダウ船貿易）
- **鄭和・ヴァスコ＝ダ＝ガマ**来航

ザンベジ川流域　↕ 交易

モノモタパ王国（11～19世紀）

- 首都：ジンバブエ
- バントゥー語系のショナ人やロズウィ人
- 東部海岸都市と交易

文献 ② クルワー（キルワ）の繁栄

クルワーは、海岸に沿った規模の大きな町で、そこの住民の多くは漆黒のザンジュ人たちである。……ある商人が私に語ったところによると、スファーラの町はクルワーの町から半月行程のところにあり、ユーフィーからは金地金がスファーラに運ばれるとのことである[1]。クルワーの町は、諸都市の中でも最も華麗な町の一つであり、最も完璧な造りである。……彼らの大部分は（イスラムの）信仰に忠実な善行に勤しむ人たちであり、シャーフィイー派[2]法学に従っている。

①スファーラ・ユーフィーはザンジュ地方の南限地域。ユーフィーはアフリカ内陸地域を示し、イブン＝バットゥータはガーナとアフリカ南部の金を同一産地のものと誤解していた。
②スンナ派を構成する法学派の一つ

（イブン＝バットゥータ著、家島彦一訳注『大旅行記3』平凡社）

読み解き
1 クルワー周辺でどのような商品が取り扱われていただろう。
2 当時この地域に浸透していた宗教は何だろう。

→❼**大ジンバブエ遺跡**　1868年に巨大な石造建築群が発見された。ジンバブエとは「石の家」という意味。11世紀から約400年以上にわたり建設された王宮の遺跡と考えられている。

バントゥー語
（文法・発音）
＋
アラビア語
（語彙）
＝
スワヒリ語

↑❻**スワヒリ語の成立**　アフリカ大陸の中央部以南で使われていたバントゥー語に、交易で来航するアラブ商人が持ちこんだアラビア語が融合して、スワヒリ語が生まれた。17世紀に入って内陸部との貿易をムスリム商人が独占するようになると、商業用語として東アフリカ一帯に広まった。

4 大西洋沿岸諸国

ベニン王国（13～18世紀）

- ナイジェリア西部
- 16世紀以降、ヨーロッパと交易
- 象牙やコショウ、奴隷などを輸出し銃器を購入
- 銃器を用いて周辺部族を攻撃し、捕虜を奴隷としてヨーロッパ商人に売却
  →人口減少、伝統的な社会構造の崩壊
- アシャンティやダホメーなどが同様に奴隷貿易で繁栄

→❽**ベニン王国の青銅像**　ベニン王国は、写実的で洗練された象牙彫刻や青銅像を数多く残した。写真は16・17世紀につくられたポルトガル兵士の像。大英博物館蔵

読み解き この像が手に持っているものは何だろう。また、この像はポルトガル人がベニン王国の人々の目にどのように映ったことを示しているだろう。

資料にチャレンジ イスラームであること

チャレンジする前に！ イスラームのあり方は多様である。イスラーム自体は、神への絶対的な服従を求める宗教であるが、イスラームを信奉する国であっても、その社会の中には多様な宗教を抱えこんでいた。また、イスラームが拡大する過程で、各地の伝統や文化と融合し、様々に変容を重ねたため、地域の個性が強いのも特徴であろう。イスラームであることについて、ムスリム自身はどのような自認があったのだろうか。また、イスラーム社会における多様性の受容の方法について、考えてみよう。

1 イスラーム諸国家による非ムスリムとの共存

文献① ウマル協約

- 私たちの都市や近隣に、新しい修道院、教会、女子修道院、修道院の宿坊を建てません。また、ムスリムの街区にあるそれら施設が廃墟になっても、一切、修繕しません。
- 私たちはコーランを子供達に教えません。
- 私たちは私たちの宗旨を明示したり、私たちの宗教に改心させたりしません。ムスリムに入信したい親戚がいる場合は、それを妨げません。
- ムスリムには敬意を払います。ムスリムが座りたいと思ったときには、席を譲ります（ムスリムを優先します）。
- 私たちは酒を売りません。
- 私たちは聖書や十字架をムスリムの市場や道路に掲げることをしません。

（フォーダム大学ウェブページをもとに作成）

読み解き これは、７世紀にシリアの非ムスリムに対して締結された協約である。イスラーム社会の非ムスリムは、どのような立場を約束されていたのだろう。

文献② ペルシアではどの宗教が迫害されているか

第４部の最後の章「ペルシアではどの宗教が迫害されているか」では、当時のペルシアには少数派の宗教としてどのようなものがあったのかが列挙、解説されている。面白いことに、題名は「どの宗教が迫害されているか」だが、その言葉とは裏腹にこの章は次のような文章で始まる。

> マホメット［ムハンマド］の宗教の行動基準の一つは、貢物と引き換えにあらゆる宗教に寛容である、ということである。したがって、キリスト教徒であれ、ユダヤ教徒であれ、偶像教徒であれ、職業の自由、信仰の実践は保障されている。

イスラーム以外の宗教の信者は、貢物を差し出さねばならないという点でムスリムと平等だとはいえず、その意味では「迫害されている」わけだが、それは当時のヨーロッパで少数派宗教を信じる人々が置かれた状況とは比較にならないほど恵まれたものだった。ペルシアでは少数派の人々は、少なくともそこに住み、自分たちの宗教儀礼を実践することができたからである。

①17世紀にサファヴィー朝を旅行したフランスの商人。現地についての覚え書きを残した。

（羽田正『冒険商人シャルダン①』講談社）

文献③ オスマン帝国の共存政策

オスマン帝国における非ムスリムの処遇は、かつてミッレト制と呼ばれる分析枠組みを用いて説明されてきた。この枠組みによれば、オスマン帝国は、統治下の非ムスリムを正教、アルメニア、ユダヤという３つの、ミッレトと呼ばれる宗派共同体に分類し、……それぞれに聖職者の首長を任命し、宗派共同体ごとの自治を認めてきたとされる。……近年の研究者は、帝国政府とキリスト教徒聖職者の関係が徴税請負制に基づくものだったとする見方を提示している。すなわち、帝国政府は高位聖職者に対し、貢納金の支払いと引き替えに、信徒から徴税し、教会財産を保持し、下位の聖職者を任免するなどといった権限を認めてきた。帝国政府から見れば、……高位聖職者層は徴税請負人にすぎなかったとされる。

（吉澤誠一郎監修『論点・東洋史学』ミネルヴァ書房）

読み解き オスマン帝国の共存政策の本質を、P.151ⓑの文脈で説明してみよう。

2 「正統」とは

文献④ 人々の中からのイマーム①の選出について

君たちはこう言わないのか。預言者からの指名が義務である、と。そうすれば、イマーム派②の一部が主張しているように、対立の根を絶つことができるのに。彼らはそれが義務と主張しているのである。……もしそれが義務であれば、神の使徒はそうしたであろう。ところが彼③はそうしなかったし、またウマルもそうしなかった。むしろ、アブー＝バクル、ウマル、ウスマーン、アリーのイマーム位は委託によって決まったのである。……至高なる神の宗教において、いかなる目的であれ、彼らの間に裏切りは考えられない。このことで彼らが合意していることは、徳における彼らの序列を最もよく示すものである。以上のことから正統派の人々は、徳の順序をそのように信じるのである。

①カリフと同義　②シーア派のこと　③神の使徒、ムハンマド

（ガザーリー著、中村廣治郎訳『中庸の神学』平凡社）

文献⑤ 正統カリフとは

「正統カリフ」とは、「正しく導かれたカリフたち」を意味し、預言者ムハンマドの死後にイスラーム共同体（ウンマ）の指導者に選ばれたアブー・バクル、ウマル、ウスマーン、アリーの４人を指す。……スンナ派神学の主流を占めるアシュアリー学派の祖アシュアリーは……タフディール①に関しては一歩踏み込み、４人のカリフすべての有徳性を確認している。彼によって４人のカリフは歴史的な就任順で、その有徳性の序列が定められることになる。……「……そして我々は承認する、その４人のイマーム［正統カリフのこと］は正道を外れず、正しい導きを受け、有徳なカリフたちであって、徳に関して彼ら以外の者が彼らと比肩することはない、ということを。」……以降、ガザーリーにまでいたるアシュアリー学派のイマーム論では、……４人のカリフの有徳性とカリフ就任順を歴史的な順序で認め、彼らを「正統カリフ」と評価する議論をおこなっていく。

①ムハンマドと接触の機会があった指導者たちの徳に、順位をつける作業

（橋爪烈「『正統カリフ』概念の淵源としてのタフディール―スンナ派政治思想の発生」『世界史の研究』248）

読み解き 文献④・⑤より、スンナ派の人々は、アリーまでの歴代カリフをどのようにとらえているだろう。

3 ウンマについて

文献⑥ シーア派とは

「アリーとその子孫を、自分たちの指導者（イマーム①）と考え、それに従う人びと」ということになろう。……カリフをウンマの指導者として認めず、独自の指導者を立てるのがシーア派である。……だれをイマームに立てるか、何代までイマームを認めるかによって、シーア派内に対立が生じ、シーア派はさらに細かく枝分かれしていくことになる。……スンナ派では、アッラーと交信できる存在はムハンマドが最後だという考えにもとづき、カリフはただ、ウンマの指導者としての側面を受け継いだのだと考えた。これにたいしてシーア派は、……アッラーと交信する能力をもつ人はとだえていないとして、イマームにその能力を認めている。もちろん、同時にイマームはウンマの指導者でもあるのである。……イマームは、アッラーの声を聞くことができるのだから誤りを決して犯さない（無謬）存在だと考えられた。スンナ派の場合、ウンマ全体は誤らないと考えたので、万一カリフ個人が誤りを犯したならば、ウンマがこれを廃位し、新しいカリフを立てることができると考えた。他方、シーア派では、無謬のイマームに導かれているのだから、ウンマが無謬である必要はなかった。

①シーア派にとっては無謬（間違いのないこと）の指導者、スンナ派にとってはカリフと同義

（東長靖『イスラームのとらえ方』山川出版社）

読み解き シーア派の考えるウンマは、スンナ派のウンマとどのように異なるのだろう。

文献⑦ ウラマーについて

イスラームは「命令の体系」であるから、信徒たちはその体系が法として示されれば、国家や権力の介入もなしに、法に従う。ウンマは、法によって自立的に運営される、というのが、その原則であった。……ムハンマドの直弟子たち、そのまた弟子たちは、自分たちこそがウンマの指導者であると認識した。……しかし、彼ら［権力者］は統治権においてウンマを代表しているものの、法の知識においてウンマを代表するものではない。法の知識を継承する者たちは、そう理解した。……これらの知的な指導者たちは、法学者を中心として「ウラマー（イスラーム学者）」という社会集団として姿を現すことになるが、重要なことは、彼らが王朝権力とは無縁の「私人」だったことであろう。

（小杉泰『イスラーム帝国のジハード』講談社）

A
剣の民（統治者・軍人）　筆の民（ウラマー）　商と工の民 農と牧の民（一般信徒）

B
国家　統治者
社会　ウラマー
被統治者（一般信徒）

←ⓐバランサーとしてのウラマー（A）と相互の仲介者としてのウラマー（B）

読み解き ウラマーとはどのような役割を果たす人々のことだろう。

まとめの考察

❶イスラームは、どのような形で異教徒との共存を図ったのだろう。
❷スンナ派とシーア派は自らの立場をどのように認識している人々のことだろう。
❸どのような特徴を持つ社会が、「イスラーム社会」であるといえるだろう。

イブン＝ジュバイルが出会った世界

チャレンジする前に！

イブン＝ジュバイル(1145～1217)は、12世紀にイスラーム支配下のイベリア半島、ヴァレンシアで生まれ、ムワッヒド朝のアミールのもとで宮廷付の書記として働いていた。彼は、1183年から1185年にかけてメッカ巡礼を果たした。その記録が『メッカ巡礼記』である。この書はその後の巡礼文学(リフラ)の手本とされ、イブン＝バットゥータも参照している。12世紀の地中海は、ムスリムやキリスト教徒が共存する多様な世界であった。当時の諸都市の様子を探ってみよう。

文献①パレルモ

このシチリア島の全長は7日行程、幅は5日行程である。島には前述の火山があり、あまりに高いので雲に包まれ、夏でも冬でも常に雪を戴いている。……シチリアで最も美しく、王権の所在する町は、ムスリムたちがマディーナと呼び、キリスト教徒たちがバラールマ(パレルモ)と呼ぶ町である。そこにはムスリムの市民も暮らしており、いくつかのモスクがあるし、郊外には彼ら専用の市場がたくさんある。……彼らのこの王ギルヤーム(ウィリアム①)は、その善行と、ムスリムを雇用したり宦官の小姓たちを抱えていることで賞讃に値する。

①グリエルモ2世(在位1172～89)

文献②アッコン

この町はシリアにおけるフランク人の町々の基幹をなしており、「海上を山のように聳えながら進む船」(コーラン55章24)の停泊地であり、あらゆる船の港である。またこの町の巨大さに比べうるものはコンスタンティノープルのそれである。アッカは船舶と隊商の集結地であり、あらゆる遠隔の地からやってくるムスリムとキリスト教徒の商人の出会い場所でもある。この町の道路や街路は人で混雑していて、息が詰まるほどであり、足の踏み場もない。……フランク人は、この町を(ヒジュラ暦)600年代の最初の10年のうちに①ムスリムの手から強奪した。

①西暦1104年3月24日、正しくはヒジュラ暦5世紀後半

文献③ダマスクス

- [ダマスクスの]町……の状態について述べる。この町には8つの門がある。シャルキー門(東門)は東にあり、その門には、イエス――彼に平安あれ――が、ダマスクスの東側にある白いミナレットに降臨したと伝承にいわれているところの白いミナレットがある。……会衆モスク①は、その町の北部に寄って位置している。……町自体は法外に大きくはなく、やや縦長となっている。……家屋は泥と葦でできており、互いに重なって3階建てとなっている……町にはおよそ20の学院と新旧二つの病院がある。
- ムスリムとキリスト教徒の両派の間には戦火が燃え上がっており、双方の軍隊は遭遇戦を交えたり、戦闘隊形を保って対峙したりしているが、ムスリムやキリスト教徒の仲間たちは、何の妨害も受けずに両軍の間を往来できる。……隊商は何の妨害も受けずフランク軍の土地を通って、ダマスクスからミスルまで連続して通過した。同じようにムスリムたちはダマスクスからアッカまで(フランク人の土地を通って)しばしば往来している。……キリスト教徒は彼らの土地ではムスリムに課税する。それがまったく申し分のない安全を与えてくれる。同様にキリスト教徒の商人はムスリムの土地で彼らの商品に対して課税される。……平時であろうと戦時であろうと、どんな状況でも人々の安全は保たれている。

①ウマイヤ＝モスクのこと

文献④カイロ

カイロは広大で盛大なスルターンの都市である。そこから、神の加護の下にあるミスル(フスタート)に向かった。……われわれはまた、城砦の建物も見たが、それは、カイロの街と隣接している堅固不抜な砦で、スルターンはこれを居城とし、城壁を延ばしてミスル(フスタート)とカイロの両方の町をつなぐ意向である。……このスルターンの功績でムスリムにとって有益で恒久的な偉業のひとつに石橋がある。……この新しい石橋の付近に、古代のピラミッドがある。それは建造物の奇跡であり、驚異的な光景であり、正方形で、張られた天幕の天空に聳え立っているようである。

文献⑤アレクサンドリア

われわれが見た最も驚異的なもののひとつに灯台がある。それは力強く高貴なる神が迷える者たちへの印とし、旅行者への導きとするために、この作業に従事させられた者の手でお作りになったものである。もしそれがなかったら、人々はアレクサンドリアの陸に首尾よく導かれることはないであろう。この灯台は海上70ミール以上も離れたところから見える。……またスルターン①の最も高貴な行いのひとつに、外国人の旅行者に対して毎日2個のパンを支給するということがある。……このすべては、現金ザカート(宗教税)以外に、このために定められたワクフ(宗教寄進財)から財源を得ていた。スルターンはこれらの監督者に、規定の日当料が足りなくなったときにはスルターンの金を使うように指示した。この町の住民にはまったく課税がなく、非常に楽で豊かな生活をしている。スルターンはこの町から何の利益も得ないが、この目的のために指示した遺贈不可能のワクフと、ユダヤ教徒およびキリスト教徒の人頭税と、特に現金ザカートの収益……があるだけである。

①サラーフ＝アッディーン

文献⑥バグダード

(この町①の)東部と西部の両者にあるモスクについては正確な数を数えられてもいないし、概数も知られていない。学院(マドラサ)は約30あり、すべては東部にある。そして例外なくどの学院も最も素晴らしい宮殿に比べて見劣りするものはない。それらのうち最も偉大で有名なものはニザーミーヤ学院であり、それはニザーム＝アルムルクにより建設されたもので、504年(西暦1110年)に修復されたものであった。これらの学院は多くのワクフ物件ならびに特定の不動産をもっており、それによってそこで教えている法学者に生計をたてさせるとともに、そこに居住している学生たちの必要を充たしている。この土地②に偉大な栄誉と恒久的な栄光を与えているのは、これらの学院や病院があるためである。

①②バグダード

まとめの考察

❶それぞれの都市について、イブン＝ジュバイルはどのように説明しているか、確認しよう。

❷この時代に、フランク人(ヨーロッパ人)とムスリムがどのように共存していたか、文献から探ってみよう。

❸どこかの都市を例として、イスラーム的な慣習やイスラーム法に則った特徴を見つけ、イスラーム社会の特徴を説明してみよう。

文献の出典はいずれも藤本勝次『イブン・ジュバイルの旅行記』講談社

十字軍とキリスト教世界の拡大

➔①ウルバヌス２世(位1088～99)

1 十字軍の遠征

A 第１回

十字軍開始時の宗教分布
ローマ=カトリック
ギリシア正教
イスラーム
十字軍の行路
→ 第１回(1096～1099)

1095 クレルモン宗教会議

1099 エルサレム王国成立

イングランド王国　ロンドン　パリ　フランス王国　ヴェズレー　クレルモン　リヨン　神聖ローマ帝国　ポーランド王国　リューベック　ケルン　マインツ　ナイヨン　クラクフ　レーゲンスブルク　ウィーン　ハンガリー王国　ヴェネツィア　アキレイア　ジェノヴァ　マルセイユ　エグモルト　トゥールーズ　アラゴン　カスティリャ　サンチアゴ=デ=コンポステラ　リスボン　トレド　コルドバ　グラナダ　タンジール　ムラービト朝 1056～1147　ベオグラード　ニーシュ　セルビア　フィリッポポリス　アドリアノープル　コンスタンティノープル　ニコメディア　コルシカ　ローマ　サルデーニャ　カリアーリ　バーリ　ブリンディジ　ドゥラッツォ　テッサロニケ　ビザンツ帝国　セルジューク朝　エデッサ　アンティオキア　メッシナ　パレルモ　レッジオ　シチリア　チュニス　カイラワーン　マルタ　カンディア　クレタ　キプロス　ダマスクス　アッコン　エルサレム　ダミエッタ　アレクサンドリア　ファーティマ朝 909～1171　カイロ　大西洋　地中海　黒海

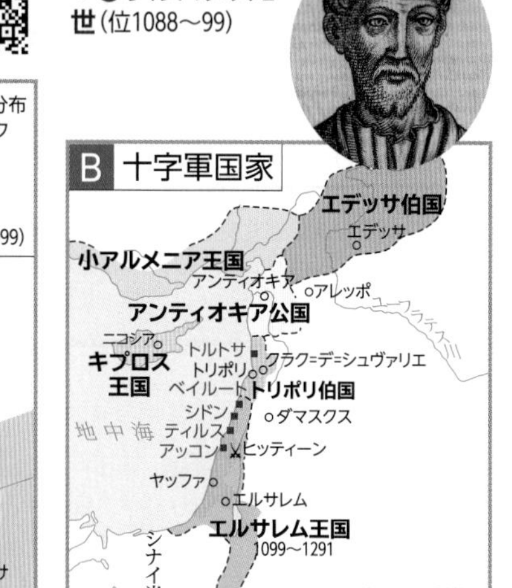

B 十字軍国家

エデッサ伯国　エデッサ　小アルメニア王国　アンティオキア　アレッポ　アンティオキア公国　ニコシア　キプロス王国　トルトサ　トリポリ　クラク=デ=シュヴァリエ　トリポリ伯国　ベイルート　シドン　ティルス　ダマスクス　アッコン　ヒッティーン　ヤッファ　エルサレム　エルサレム王国 1099～1291　シナイ半島　アカバ　地中海

赤字　キリスト教徒の最終領地(～1291)

読み解き

1 東方の地に住むあなたたちの兄弟とは、どこの国のことだろう。
2 誰に対して、呼びかけているだろう。
3 救援に向かった代償として、得られるものは何だろう。

文献① 教皇ウルバヌス２世の呼びかけ

東方に住み、絶えずあなたたちの助力を求めて叫んでいるあなたたちの兄弟のもとに駆けつけて援助することが必要である。なぜならばあなたたちの多くがすでに承知しているように、トルコ人とアラブ人が地中海にまで、すなわちルームの境界の〈聖ゲオルギウスの腕〉①に達し、あなたたちの兄弟たちを攻撃したからである。……あなたたちがかれらの自由勝手を許すなら、かれらはキリスト教徒たちを広く迫害するであろう。このことに関してわたしは切にあなたたちを鼓舞するのである。いやわたしではなく、主がである。あなたたちがキリストの先触れとして階級にかかわらずすべての歩兵に、騎兵に、貧乏人に、金持ちに多くの布告によって説得しなくてはならない。あの碌でもない族をわれわれの土地から追い出し、キリスト教徒をただちに救うよう努めることを。……陸路か海路で彼の地に赴き、異教徒と戦い、生命を終える者はすべて、罪が許されるのである。

①ボスフォラス・ダーダネルス海峡のこと

(レーモン＝ダジール他著、丑田弘忍訳『フランク人の事績』鳥影社)

十字軍の経過

要因	背景	**封建社会の安定**　…農業生産力の向上→人口増加・土地不足 **宗教的情熱の高揚**…巡礼熱、聖者・聖遺物崇敬、異教への敵対心 **カトリック教会の思惑**…東西教会の対立をローマ＝カトリック教会の優位に、叙任権闘争下でローマ教皇が優越の獲得をめざす
	契機	**セルジューク朝のアナトリア侵入**、エルサレム占領 →ビザンツ皇帝が教皇ウルバヌス２世に救援要請 →**クレルモン宗教会議**(1095)で十字軍を提唱
	参加者の狙い	**教皇**…東西教会の統一　**国王・諸侯・騎士**…領地や戦利品の獲得 **農民**…農奴身分からの解放　**イタリア商人**　…東方貿易への欲求
		十字軍遠征(狭義の十字軍) ↕相互に影響 **広義の十字軍…レコンキスタ、ドイツ騎士団による東方植民、アルビジョワ十字軍**

	回(期間)	参加者	契機	結果
経過	1 (1096～99)	仏・南伊の諸侯や騎士約4,500人	セルジューク朝の聖地占領	聖地を回復、**エルサレム王国**など十字軍国家を建設
	2 (1147～49)	皇帝コンラート３世、仏王ルイ７世ら	セルジューク朝の勢力回復	ダマスクス攻撃に失敗、内部対立のため帰国
	3 (1189～92)	皇帝フリードリヒ１世、英王**リチャード１世**、仏王フィリップ２世ら	アイユーブ朝の**サラディン**による聖地の占領	聖地回復には失敗したが、**英王がサラディンと講和**し、巡礼の安全を確保。皇帝は途上で水死
	4 (1202～04)	フランドル伯ボードゥワンら北仏諸侯を中心に騎士約１万3,500人	教皇**インノケンティウス３**世の提唱	**ヴェネツィア商人**に操られ、ザラを占領後、1204年**コンスタンティノープルを占領し、ラテン帝国を建設**
	5 (1228～29)	皇帝フリードリヒ２世ら		アイユーブ朝との外交交渉により一時的に聖地を回復
	6 (1248～54)	仏王ルイ９世(聖ルイ)ら	トルコ人による聖地の占領	エジプトを攻撃するも、ルイ９世自身が捕虜となる
	7 (1270)	仏王ルイ９世ら		チュニスを攻撃、ルイ９世は病死

	政治・社会	経済	文化
影響	**教皇権**…高揚→失敗で失墜 **王権**…十字軍指揮で伸張 **諸侯・騎士**…没落 **封建社会の動揺→中央集権化**	**東方貿易・貨幣経済発展** →北イタリア都市の繁栄 ＝**商業の復活(商業ルネサンス)**	ビザンツ文化・イスラーム文化の流入 →**12世紀ルネサンス** ➲P.167

C 第２・３回

第２回(1147～49)
第３回(1189～92)
イスラームの勢力圏

イングランド王国　ロンドン　東方植民　マルボルク　パリ　フランス王国　神聖ローマ帝国　ポーランド王国　レーゲンスブルク　ウィーン　ハンガリー王国　リヨン　ジェノヴァ　マルセイユ　ベオグラード　アドリアノープル　コンスタンティノープル　レコンキスタ　コルドバ　グラナダ　タンジール　ムワッヒド朝 1130～1269　チュニス　カイラワーン　パレルモ　シチリア　レッジオ　ビザンツ帝国　ルーム＝セルジューク朝　アンティオキア　ダマスクス　クレタ　エルサレム　アイユーブ朝 1169～1250　カイロ

D 第４～７回

第４回(1202～04)
第５回(1228～29)
第６回(1248～54)
第７回(1270)
ヴェネツィア領

1204 ラテン帝国成立

エグモルト　ヴェネツィア　教皇領　ハンガリー王国　ザラ　ピサ　ラグーサ　セルビア　ブルガリア帝国　ローマ　コンスタンティノープル　ブリンディジ　両シチリア王国　パレルモ　シチリア　チュニス　ラテン帝国　ニケーア帝国　アンカラ　ルーム＝セルジューク朝　アテネ　スミルナ　ムワッヒド朝　アンティオキア　キプロス王国　トリポリ　クレタ　アッコン　エルサレム　アイユーブ朝　マムルーク朝　地中海　黒海

歴史のスパイス　マルタ騎士団は18世紀にマルタ島を追われたが、現在もローマに事務局を置いて存続し、切手やコインも発行している。

資料から読み解く 十字軍の実態

＊12～13世紀のザンギー朝の歴史家
＊＊第１回十字軍に参加したフランスの聖職者

リチャード１世

↑❷第３回十字軍によるムスリムの処刑　英王リチャード１世の命令により、ムスリムの捕虜が処刑される場面。「神の欲する戦い」という宗教的動機により十字軍に参加した騎士たちは、異教徒であるムスリムを殺害し、略奪を重ねた。一方サラディン（➡P.154）らはキリスト教徒を「啓典の民」とみなして無用な殺害を避けた。

読み解き

1. 文献❸と❹は、それぞれどちらの立場からの記述だろう。
2. エルサレムを攻撃したキリスト教徒たちは、どのような理念に突き動かされていたのだろう。

文献❷「聖戦」のための軍事的「巡礼」

十字軍運動において大きな役割を果たした精神的要素は、「巡礼の思想」と「聖戦の思想」である。言い換えると、「聖戦」のための軍事的「巡礼」が十字軍であった。このことは、当時のラテン語で巡礼を意味する「ペレグリナチオ」という用語が十字軍の意味でも用いられたことからも明らかであろう。……十字軍とは何よりも異教徒に対する宗教的戦争であり、排他的なキリスト教ヨーロッパを防衛するための軍事的な運動であった。

（山内進『北の十字軍』講談社）

文献❸イブン＝アルアシール＊『完史』（13世紀初め）

ヒジュラ暦492年（1099年）シャーバーン月末日から数えて７日前の金曜日の昼近く、エルサレムは北側から陥落したのである。住民はフランク①の刃にかけられた。フランクは１週間市街地に留まりムスリムを殺害した。ダヴィデの塔にたてこもって３日間抵抗したムスリムは、降伏勧告をのんだため、安全保障を得て夜中にアスカラーンに向けて出立することを認められたが、アクサー・モスクではフランクは７万人以上のムスリムを殺害した。①ゲルマン人、つまり十字軍を示す（歴史学研究会編『世界史史料２』岩波書店）

文献❹フーシェ＝ド＝シャルトル＊＊『エルサレムへの巡礼者の物語』

その後フランク兵たちは金曜の正午［1099年６月15日］に市内に侵入した。……すべての者は鬨の声をあげ、勇ましく突進し、「神よ、助け給え」と叫び、ただちに城壁の上に軍旗を一竿立てた……逃れてソロモンの宮殿の屋根に上った者の多くは、弓で射られて、死に至らしめられ下に落ちた、その宮殿で約１万人が首を切られた。……敵の誰も命の助かった者はいなかった。女や子供も容赦されなかった。……全てのカトリック教徒が心の底から憧れ、実に望んだ場所。……この地は元の権威に戻された。

（レーモン＝ダジール著、丑田弘忍訳『フランク人の事績』鳥影社）

Column 聖地巡礼と十字軍

ヨーロッパでは、12世紀までにキリスト教の信仰がすみずみにまで及んだ。人々は贖罪のため、各教会に安置されている諸聖人の聖遺物を求めて、聖地を巡礼した。当時の三大巡礼地は、エルサレム・ローマ・サンチアゴ＝デ＝コンポステラで、巡礼者たちはそれぞれ頭陀袋に、十字架、鍵、ホタテ貝を目印としてつけた。十字軍遠征もまた聖地巡礼の一種であった。

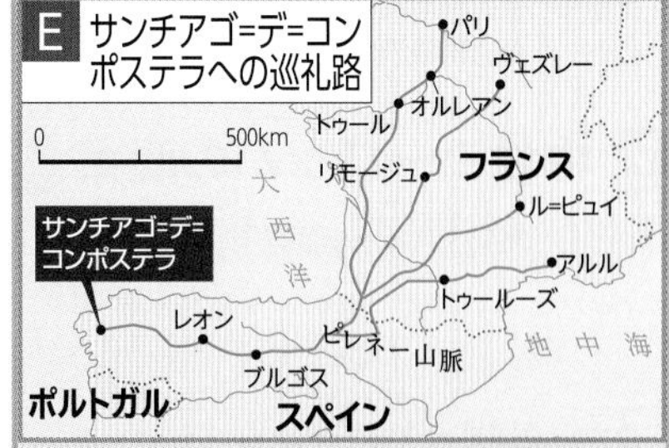

➡❸サンチアゴ＝デ＝コンポステラ（スペイン）　スペインに伝道した使徒ヤコブの遺骸が発見されたところとされる。

ヨーロッパ

2 キリスト教世界の拡大

世界遺産

↑❹クラク＝デ＝シュヴァリエ（騎士の城）（シリア）　1142年にヨハネ騎士団によって建てられた。1271年に陥落するまで12回のイスラーム軍の攻撃に耐えた堅固な城である。

主な宗教騎士団

- **ヨハネ騎士団**…第１回十字軍で設立。16世紀にマルタ島に移ったため、マルタ騎士団とも呼ばれる。
- **テンプル騎士団**…1119年に設立。その財産を狙った仏王フィリップ４世の陰謀で14世紀に解散。
- **ドイツ騎士団**…第３回十字軍の時設立。バルト海方面へ移り、13世紀半ばから東方植民を開始、ドイツ騎士団領を形成。

特徴

◆聖地守護と巡礼者保護のために結成
◆寄進により所領を獲得
◆十字軍国家消滅後は各地へ移動

東方植民

12世紀以降、エルベ川以東のスラヴ人地域への入植運動（東方植民）が始まり、エルベ川以東のキリスト教化が進んだ。ドイツ騎士団はその主力となり、バルト海南岸にドイツ騎士団領（➡P.171）を形成した。

文献❺13世紀のエストニア

年代記の著者ハインリヒによれば、攻撃の６日目に、ドイツ人が声をかけた。「お前たちはまだ抵抗し、我々の創造者を拒絶するのか」。エストニア人は、こう答えたという。「われわれは、お前たちの神が、われわれの神よりも偉大であることが分かった。お前たちの神は、われわれに打ち勝ったので、われわれの心はそれを崇拝することに傾いてしまった。だから、われわれはお願いする。お前たちがわれわれの命を救い、お前たちがリーヴ人やレット人①たちにしたように、キリスト教の軛をわれわれに慈悲深くかけるように」と。

①ラトビア・リトアニア地域の人々

（山内進『北の十字軍』講談社）

読み解き　東方植民の最前線では、どのようなことが起きていたのだろう。

アルビジョワ十字軍

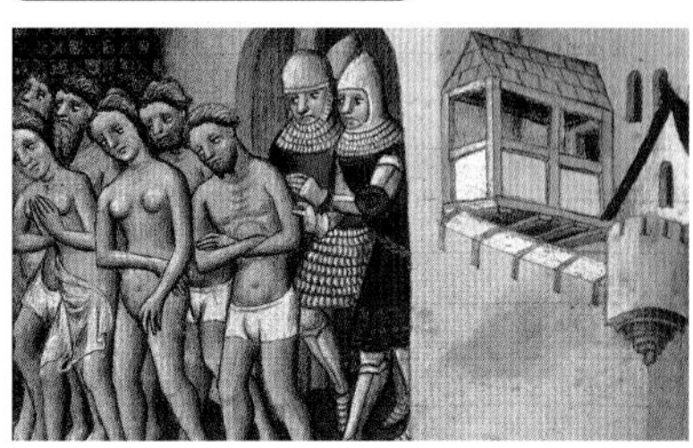

↑❺追放されるアルビジョワ派　インノケンティウス３世は、異端のアルビジョワ派（カタリ派＊の南仏における呼称）に対する十字軍を提唱し、仏王ルイ８世・ルイ９世が討伐軍を派遣した。結果、南仏に王権が拡大した。＊マニ教の影響を受け、カトリック教会の権威を否定した。

レコンキスタ（国土回復運動）

① レコンキスタとは、イベリア半島からイスラーム勢力を駆逐しようとする、キリスト教徒の運動をさす。イスラーム勢力侵入後の８世紀より始まり、11世紀にカスティリャ王国・アラゴン王国による本格的展開を経て、**スペイン王国（➡P.171）成立後の1492年にグラナダが陥落して完了**した。この運動は、広い意味での十字軍の一種である。

歴史のスパイス　宗教騎士団は、巡礼者を保護するだけでなく、巡礼に関わる資金の移送なども取り扱い、金融機関のような役割も担っていた。

中世都市の繁栄

1 中世都市の発展

＊神聖ローマ皇帝フリードリヒ１世のイタリア政策に対抗して12世紀に結成

背景

十字軍の影響	農業生産の増大→余剰生産物の増加
商業の復活	●遠隔地貿易の発展 ●貨幣経済の発達

→ 影響 →

中世都市の核

古くからの都市
- ●ローマ時代からの都市
- ●司教座都市

新たな都市
- ●封建領主による居城建設
- ●定期市の発達

→ 発展 →

中世都市の繁栄
- ●**自治都市**（都市共和国、イタリア）・**自由都市**（帝国都市、ドイツ）の形成
- ●都市同盟の結成
  ハンザ同盟（北ドイツの都市、盟主リューベック）
  ロンバルディア同盟＊（北イタリアの都市、ミラノなど）

都市の名の由来

ヨーロッパの都市は、成立状況や場所の特徴から名づけられたところが多く、共通の語尾を持つ名前も多い。

- **アウクスブルク**…ローマ皇帝アウグストゥスにちなむ
- **ケルン**……………ローマの植民市を表すコロニアから
- **ザルツブルク**……「塩の城（burg〈ドイツ語〉）」の意。近くで岩塩が採れたため
- **ニュルンベルク**…「岩の山」の意。山上に築かれたため
- **ケンブリッジ**……「ケム川の橋bridge（英語）」
- **オクスフォード**…「雄牛が渡る浅瀬ford（英語）」

2 中世ヨーロッパの商業

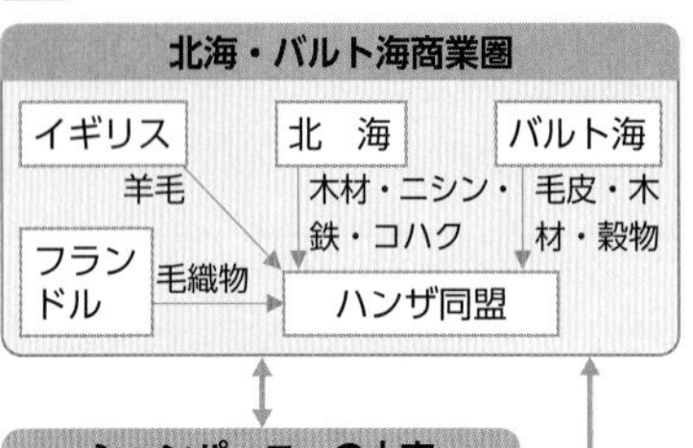

シャンパーニュの大市

南北二大商業圏を結ぶ内陸交通路の集まるところに、**物資の一大集散地**として発展。大市はプロヴァンやトロワなど、都市ごとに順次６週間ずつ開催

南ドイツ諸都市

中継貿易や鉱山資源をもとに発展。特に、大量の銀を産出した**アウクスブルクのフッガー家**が繁栄

地中海商業圏

北イタリア諸都市 ヴェネツィア（ガラス） ジェノヴァ（武器） フィレンツェ（毛織物）	レヴァント貿易 香辛料・染料・宝石・絹織物	**東方**

↑ 象牙・金・砂糖

アフリカ

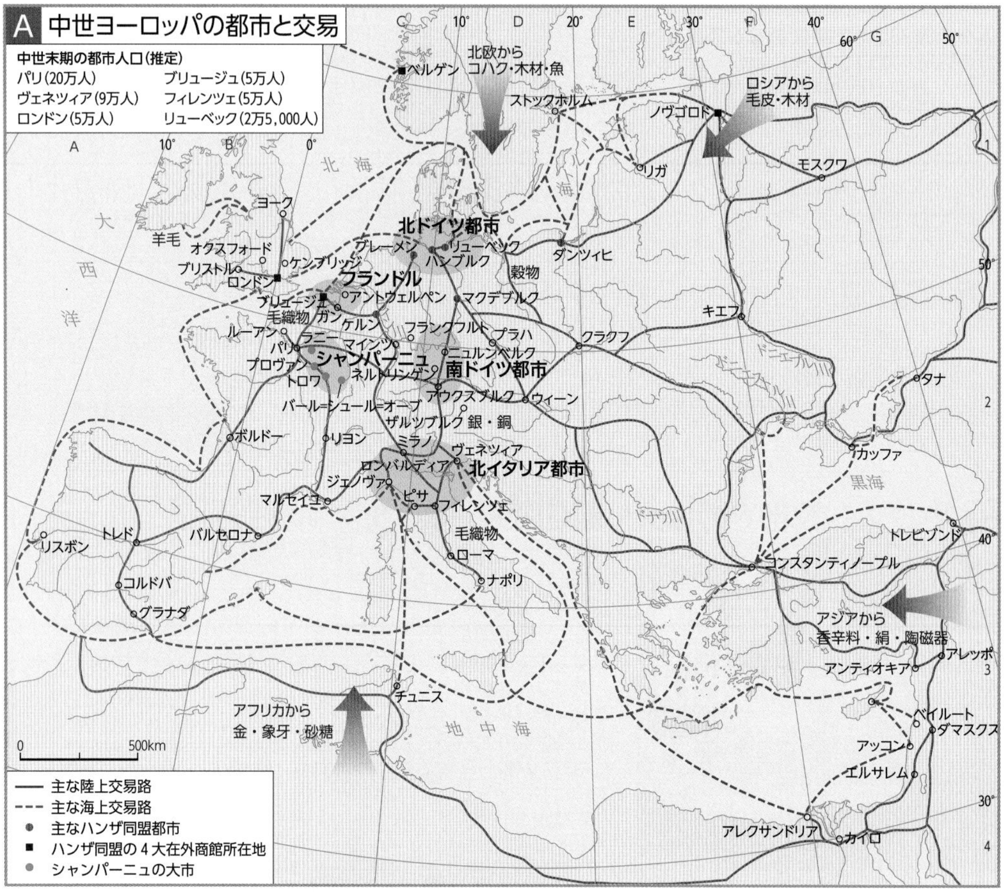

3 都市の自由

神聖ローマ皇帝
保護↓　↑税
自由都市（帝国都市）↔封建領主

ドイツでは「**都市の空気は自由にする**」という言葉があった。例えば、**周囲の農村に住む農奴が帝国都市に逃げ込み“１年と１日”以上住めば自由になれた**。これは都市が領主権から自立していたことを意味する。帝国都市になるには神聖ローマ皇帝に直属する必要があった。

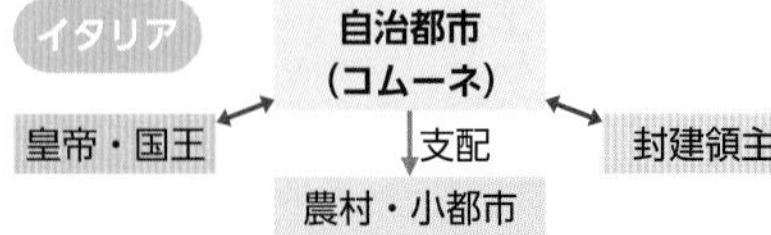

イタリアでは、有力都市が周辺の農村や小都市を支配することで都市共和国が形成され、市民による自治が行われた。

資料から読み解く 都市が自由であること

文献① 皇帝フリードリヒ２世の特許状（1226年）

都市リューベックは常に自由であること、すなわち、特別の都市であって帝国の地であり、特別に帝国領に属し、いかなる時にも決してその特別の領域から分離されてはならない。……当市において彼らは余[1]の名前の文字を刻んで貨幣を鋳造すべく、その貨幣は余と余の親愛なる息子にしてローマの王であるハインリヒの存命中を通じて等しく通用し、その代価として毎年銀60マルクを余の宮廷に彼等は納めるべきものとする。

①フリードリヒ２世（➡P.167）

（歴史学研究会編『世界史史料５』岩波書店）

文献② イタリア諸都市の繁栄

（ロンバルディーア諸都市は）自由を渇望するあまり、権力の突出を避けようとして、命令者よりも執政官（コンスル）の意見によって統治されている。彼ら（市民）の間には３つの身分すなわち領主、陪臣、平民があることが知られているが、横暴を抑えるため、上記コンスルは一身分からではなく各身分から選ばれている。また支配欲が増大せぬよう、コンスルはほぼ毎年交代する。その結果、かの地（ロンバルディーア）全体がほとんど都市によって分割され、……都市の命令に従わぬほど尊大な貴族や有力者はほとんどみられない。……さらに、近隣者を抑圧する手段を確保するため、卑しい身分の若者や、唾棄すべき手仕事の職人たち……が騎士の剣帯や高い地位を受けるのを恥としていない。その結果（ロンバルディーア諸都市は）富と権力において他の地の都市に優るようになったのである。

（オットー＝フォン＝フライジング『フリードリヒ１世事績録』［1157・58年］）

（歴史学研究会編『世界史史料５』岩波書店）

読み解き

1 文献②では、北イタリア諸都市の繁栄の要因は何とされているだろう。
2 中世都市の「自由」とは、どのような自由を意味しているだろう。

歴史のスパイス 自治権を得た都市では、独自の都市法の下、市参事会による政治が行われ、裁判権、貨幣鋳造権、関税徴収権なども都市に属した。

4 ギルドの変遷

11～12世紀　商人ギルドの形成
遠隔地商業に携わる大商人のもとに商工業者が集結
↓
大商人の都市貴族化
市参事会員として大商人が市政を独占
↓
13世紀　同職ギルドの組織
手工業者が職種別に同職ギルド(ツンフト)を組織
●相互扶助組織
●親方・職人・徒弟の数や資格の規制
●原料の買入れ、製品の質・価格などの統制
↓
13世紀頃～　ツンフト闘争
同職ギルドが都市貴族による市政独占を攻撃
→同職ギルドが市政への参加権を獲得
↓
15～16世紀　ギルドによる規制強化
商工業の発達を阻害し、親方になれない職人が増加

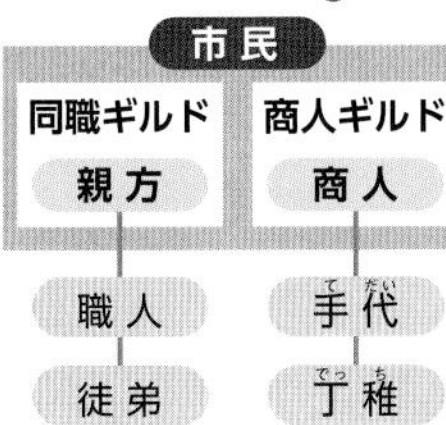

←**ギルドの構成と市民　同職ギルドは親方のみによって構成**された。ツンフト闘争の結果、**市民として市政への参加を認められたのも親方のみ**で、職人や徒弟は市民とはみなされなかった。

→❶**石工と大工**　親方になるためには、徒弟から職人へと厳しい修行を積み、提出した作品が「親方作品(マスターピース)」として認められる必要があった。

Column　ベギン会と女性の自立

結婚や修道女になる以外の女性の生き方の選択肢として、在俗の出家集団に所属する可能性があった。このような組織は教会の管理外だったが、世俗の世界からも一定の距離を置いていた。オランダやベルギー、フランスや西部ドイツにみられたこのような会をベギン会という。ここに所属する女性は、写本や様々な専門技術を身につけて、集団生活を営んでおり、市民の側もこのような活動に一定の理解を示して共存していた。

→❷**クリスティーヌ＝ド＝ピザン『女の都の書』の挿絵**

5 中世都市の風景

中世都市の特徴

●城壁や濠によって周囲の農村と区切られ、出入りのための市門が設けられた。→城壁には平和と自由を守る機能があり、市民にはその修築が義務づけられた。
●市内は建物が密集していた。
→大都市は敷石で舗装されていたが、住民が生ごみや汚物を通りに投げ捨てたため、不衛生であった。
●市内中心部には教会や市庁舎が設けられた。

→❸**中世のパリ市民の家**

→❹**ネルトリンゲン**(ドイツ)　教会を中心に円形の城壁が市街を取り囲むなど、中世都市の形態がほぼ完璧に保存されている。

読み解き　なぜこの場所に広場があるのだろう。

↑❺**リューベック**(ドイツ)　市門は、都市防衛のため大砲や警備の兵で守られるとともに、日没から翌朝までは出入りが禁じられた。リューベックは、12世紀に帝国都市となり、**ハンザ同盟**の盟主として13～16世紀に栄えた。

←❻**ブレーメンの音楽隊**(ドイツ)　グリム童話の『ブレーメンの音楽隊』に登場するロバ、イヌ、ネコ、ニワトリは、農村では仕事がなく、成功を求めて都市へ流入した人々を意味するという解釈もある。

←❼**ブリュージュのマルクト広場**(ベルギー)　広場は市民が集まる公共の場としての機能を持ち、市も開かれた。ブリュージュは中世を通じて、アルプス以北では最大の商業都市として栄えた。「マルクト」とはドイツ語で「市場」の意。

→❽**ヴェネツィア**(イタリア)　アドリア海のラグーナ(浅瀬の潟)の島に築かれた港湾都市。本格的な都市建設は9世紀頃始まった。中世末期には、東方貿易をほぼ独占し、陸側の農村も支配した都市共和国となり、繁栄を極めた。

歴史のスパイス　現代のドイツでも一部の職業では国家資格(マイスター資格)が残る。

1 交易ネットワークと海域世界

➔モンゴル帝国による大征服活動により、交通路が整備され長距離商業が保護された。これによって、人的交流も盛んになった。ユーラシア大陸東部の中国では大都まで運河が延ばされたことで、大運河で海上・陸上ルートが結合された。13世紀にフレグ(➲P.180)により陥落したバグダードの代わりに、カイロやアレクサンドリアが繁栄し、カーリミー商人が紅海で活躍した。ユーラシア大陸のネットワークには、ウイグル商人やムスリム商人が参入した。ムスリム商人のネットワークは広がり、東南アジアにもイスラームがもたらされた。イタリア商人は東地中海から黒海にかけて交易圏を拡大し、ユーラシア大陸西部のヨーロッパでも、シャンパーニュの大市により南北の交易圏がつながった。このように13世紀にはユーラシア大陸を覆う円環ネットワークが形成された。このネットワークは、アフリカ大陸にも到達した。

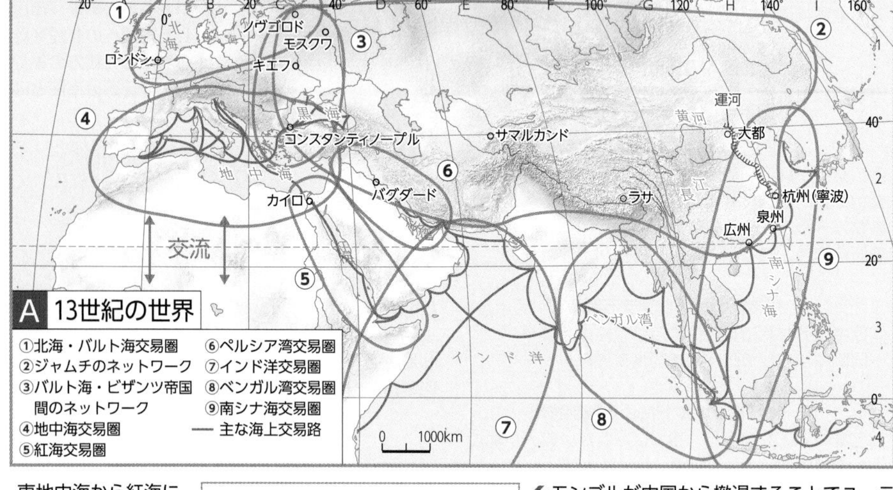

A 13世紀の世界

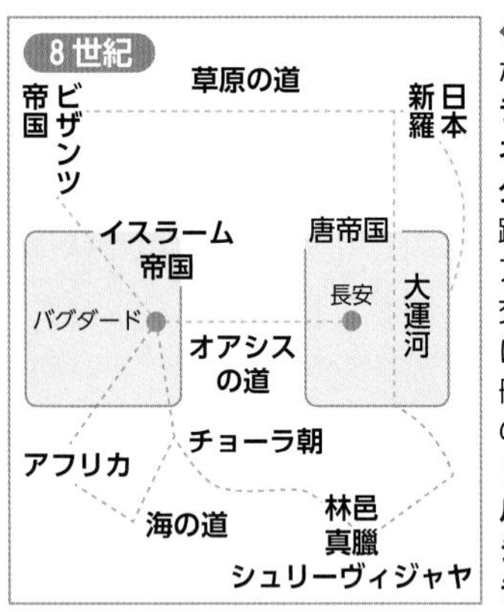

⬅ビザンツ帝国は、東地中海から紅海にかけての海上覇権を失い、代わって**イスラーム帝国が成立して、ムスリム商人のネットワークが形成**された。**長安**と**バグダード**を結ぶルートではソグド人らが活躍した。バグダードからは、シリア、オアシスの道、海の道、メッカへの4つの交易ルートが延びていた。唐は冊封体制により東アジアの国際秩序を形成したが、冊封体制は国際関係であると同時に交易の関係でもあった。**マレー半島横断ルートが衰退し、マラッカ海峡ルートが主要ルートになった**ことにより、**扶南**が衰退し、**シュリーヴィジャヤ王国、シャイレンドラ朝**が海の道の要衝をおさえ繁栄した。

⬅モンゴルが中国から撤退することでユーラシア大陸を覆う円環ネットワークが崩れると、内陸交易は衰退した。一方、明は海禁＝朝貢体制をしき、その秩序の中で貿易を行い、アジアは大交易の時代を迎えた。中国・東南アジアの結節点として琉球、ムスリムのインド洋交易圏と明の朝貢貿易圏を結ぶ国際的中継港としてマラッカ王国が繁栄した。オスマン帝国は、黒海のネットワークを手に入れ、東地中海を征服した。このため、ヨーロッパでは大西洋を経由して北海と結びつく遠隔地交易が、ジェノヴァ商人を中心に形成された。さらに、東地中海に代わる新たな海洋ネットワークでアジアと結びつく必要が生じ、大西洋進出の契機となった。

様々な海域世界

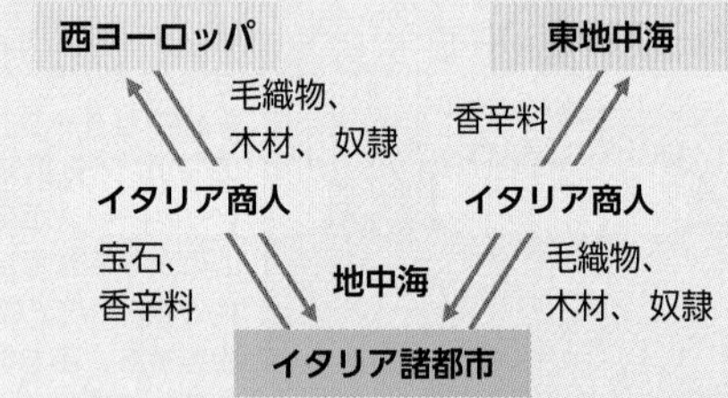

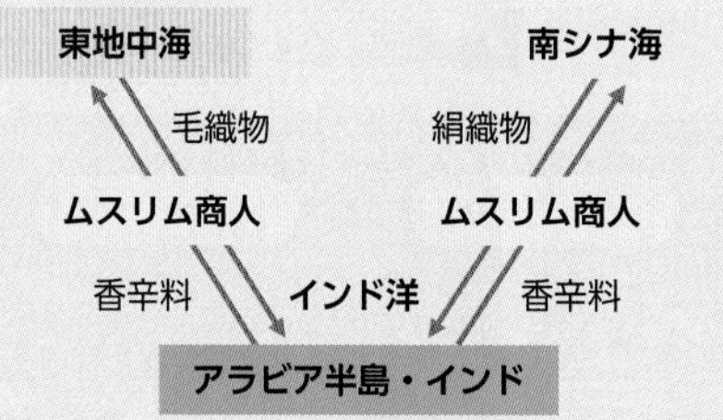

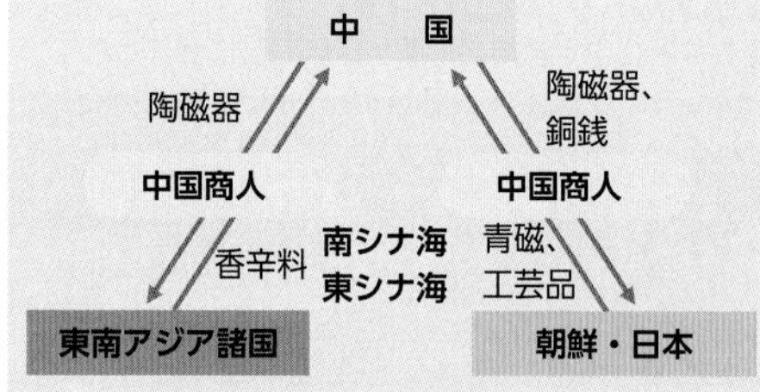

資料から読み解く イスラームと紙 ➲P.126

製紙法がイスラームに伝わり、その利用は瞬く間に拡大し、行政文書を記録する媒体として10世紀にはパピルスに取って代わった。製紙法の伝播について、それぞれの記録を読み比べよう。

文献① 『道程と諸国の書』

ニシャプール生まれの文人サアーリビー(961～1038)の『めずらしい情報』にはつぎのように記されている。

『道程と諸国の書』[1]の著者は述べる。「ズィヤードが捕虜にしてサマルカンドに連行した中国人捕虜のなかに何人かの紙漉き工がおり、彼らはサマルカンドで紙[カーギド、ペルシア語カーガズからのアラビア語転訛。ワラカともいう。]を生産した」。

この記事によれば、サマルカンドでイスラーム世界初の製紙工場が建設されたのは8世紀半ば過ぎのことであった。これに続いてアッバース朝の首都バグダード(794年)、シリアのダマスクス、エジプトのフスタート(800年)、マグリブのファース(1100年)、アンダルシアのコルドバ(1187年)などに同種の工場が次々と建設された。

①交易路などを紹介する旅行案内書のようなもの。同名の書籍が数多くあり、ここでは10世紀に成立した、ホラーサーン総督の宰相アフマド＝アルジャイハーニーの書をさす。現在は散逸。

(佐藤次高『イスラーム　知の営み』山川出版社)

文献② ソグド人による紙の利用

サマルカンドのソグド人がタラス河畔の戦い以前に紙を用いていたこと自体は、敦煌から発見された西暦4世紀から6世紀にかけてのものとみられるソグド語の紙製文書や、ムグ山[1]で発見された西暦722年頃の紙製の文書からすでに明らかである。

①サマルカンド東方の山。現タジキスタン

(清水和裕「紙の伝播と使用をめぐる諸問題」『史淵』149)

文献③ 製紙場の広がり

990年以降に死去した地理学者ムカッダスィーは、シリアのダマスカスとタバリーヤの「商品」として「紙」を挙げている。おそらくこれらの地には製紙場が存在したのであろう。また、……995年死去のイブン・ナディームは、自らの体験として、ある人物が「中国紙」「ティハーマ紙」「ホラーサーン紙」[を]所有しているのをみたという。ここからアラビア半島のティハーマでも紙が生産されていたことがわかる。

(清水和裕「紙の伝播と使用をめぐる諸問題」『史淵』149)

読み解き

1 製紙法が伝わる以前に商品としての紙を広めたのはどのような人々であっただろう。

2 交流のネットワークに乗ってある技術が広がる様子を、紙を例にして説明してみよう。

2 ヨーロッパとイスラーム勢力の交流

B 12世紀前半の地中海世界

ギリシア・東方正教文化圏
神聖ローマ帝国
ラテン・カトリック文化圏
ビザンツ帝国
トレド
ローマ
コンスタンティノープル
パレルモ
両シチリア王国
ムラービト朝
アラブ・イスラーム文化圏
カイロ
ファーティマ朝

➔❶トレド(スペイン)　十字軍遠征を契機として、東方との交流が活発化すると、シチリア島のパレルモとスペインのトレドでは、**アラビア語やギリシア語の文献がラテン語に翻訳**され、イスラーム勢力に継承されていた**アリストテレス哲学**などのギリシアの学問や、イスラームの哲学・自然科学などの多くの学術が、西ヨーロッパに伝えられた。これを契機とする西ヨーロッパの文化革新は**12世紀ルネサンス**(➔P.172)と呼ばれ、14世紀以降の**イタリア＝ルネサンス**(➔P.210)へつながっていった。

➔❷**イドリーシーの世界図**　12世紀にアラブ人地理学者**イドリーシーが、シチリア王ルッジェーロ2世の命を受けて作成**した。この地図は、2世紀のプトレマイオスの世界図に、イスラームの世界認識を加味して描かれている(地図は南を上にして描かれている)。

ギリシア語文献のアラビア語への翻訳(9世紀)

イスラーム文明 ← **ギリシア・ヘレニズム文化**

- イスラームの支配 → **イベリア半島**：トレドやパレルモでのラテン語への翻訳活動
- 東方貿易 → **イタリア半島**
- 継承 → **ビザンツ帝国**：帝国滅亡(1453)知識人の亡命

西ヨーロッパ

12世紀ルネサンス スコラ学大成・大学創設 → **ルネサンス**

↑ⓐ12世紀ルネサンスの流れ

解説 カーリミー商人

ファーティマ朝の頃からマムルーク朝中期にかけて、紅海付近で活躍した。彼らは、アデンで買いつけた**コショウや香料**、**砂糖**をカイロやアレクサンドリアに運び、**ヴェネツィアやジェノヴァの商人**に売った。エジプトのイスラーム王朝は、その商取引に課税して国庫を潤わせた。

Column 多文化共生の島シチリア

シチリアでは、様々な勢力による侵入・支配がくり返されたため、この島には**カトリック系のラテン文化、ギリシア正教系のビザンツ文化、イスラーム系のアラブ文化が共存**するようになった。1130年に成立したノルマン系の**両シチリア王国**では、ラテン・ビザンツ・アラブの各勢力2名ずつ、計6名の書記官が宮廷で働いていた。また、シチリアのパレルモで育った神聖ローマ皇帝フリードリヒ2世は、アラビア語に堪能で、イスラーム文化への理解が深い教養人であった。

➔❸**フリードリヒ2世**(1194〜1250)　第5回十字軍の際、アイユーブ朝との交渉で一時的にエルサレムを回復することに成功した。➔P.162

↓ⓑ**イブン＝バットゥータの生涯**

1304	モロッコのタンジールに生まれる
1325	メッカ巡礼に出発
1326	ダマスクスからメッカへ
1328〜30	メッカに滞在
1333	南ロシア・バルカンを経てインドへ
1334〜40	デリーに滞在、法官としてトゥグルク朝の王に仕える
1342	中国への使節を命じられて出発
1343	カリカットで遭難、モルディブ諸島へ
1344	セイロン島からアッサムへ
1345	スマトラ島経由で広州・杭州・北京へ
1346	南海を経由してインドへ戻る
1348	アレッポで黒死病の惨禍を見る
1349	フェスに戻る
1350	故郷のタンジールに帰還
1351	スペインに行き、ジハードに参加
1352	サハラ奥地(ニジェール川上流)へ
1354	フェスに住む、翌年旅行記を口述
1377	モロッコで死去？(死去は1368ないし69年との説も)

➔❹**イブン＝バットゥータ**　三大陸を駆けめぐって知識を求め、『三大陸周遊記』を残した。➔P.40, 117, 156, 159, ➔P.181, 202

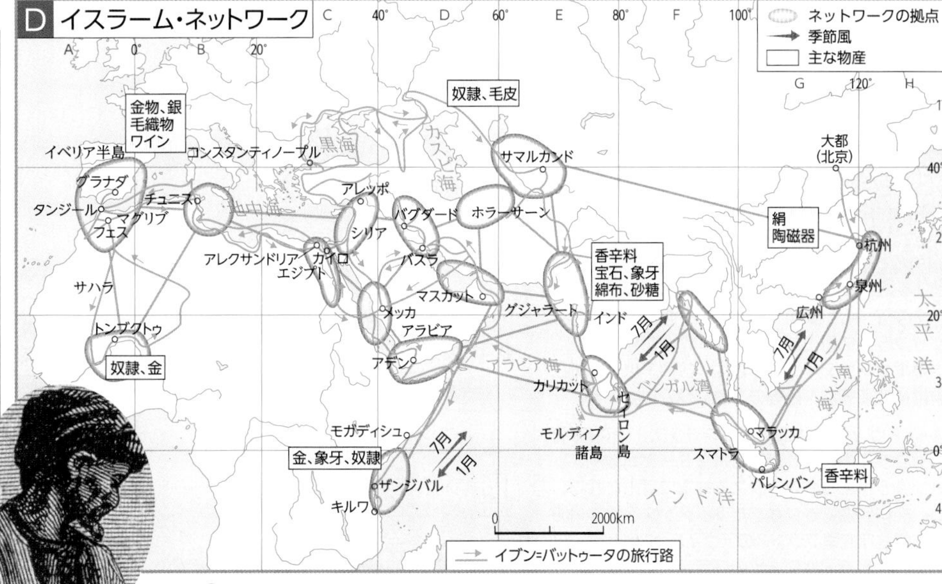

① 大旅行はインドや東南アジア、中国など、各地にいるムスリムのネットワークを利用することで可能になった。総渡航距離は12万km(地球3周分)に及ぶ。

歴史のスパイス　フリードリヒ2世は芸術と学術を好み、様々な実験を行うなど進歩的な君主であった。19世紀の歴史家ブルクハルトは彼を「玉座上の最初の近代人」と評した。

封建社会の変質と百年戦争

1 封建社会の変質

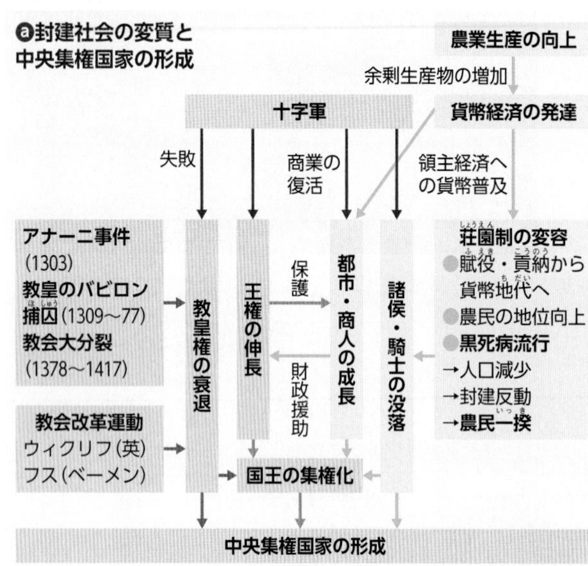

↓1381年、下級聖職者のジョン＝ボールは、「アダムが耕し、イヴが紡いだとき、だれが領主であったか」と唱えて農民の士気を鼓舞した。1358年にはフランスでも農民によるジャックリーの乱が起こった。

文献 ① ワット＝タイラーの乱の際のジョン＝ボールの説教

善良なる民衆諸君よ、……われわれが領主様とよんでいる人びとは、一体どういうわけでわれわれより偉い主人なのか。彼らは誰に害を与えているか。彼らはなんの理由があってわれわれを隷属させているのか。もしわれわれがみな一人の父と一人の母、アダムとイヴから生れたものならば、どうして彼らは、自分たちがわれわれより偉い領主様であるといったり、それを証明したりすることができようか……彼らには邸や見事な荘園があるが、われわれは辛苦と労働に明け暮れ、畑で雨風にさらされる。そして彼らは、われわれから取立てるもの、われわれの労働で、生活している。 (『西洋史料集成』平凡社)

読み解き ジョン＝ボールは何を批判しているのだろう。

2 黒死病の流行 ➲P.68

死神 教皇 皇帝 皇妃 王
公妃 伯 修道院長 騎士 法律家

↑❶「バーゼルの死の舞踏」 1347～50年に流行した**ペスト**によって、ヨーロッパの総人口1億人のうち2,500万人が死亡したといわれる。死期が迫ると患者の皮膚の色が黒ずむことから**黒死病**とも呼ばれた。ペストの流行を受け、「死」をイメージした絵が多数描かれた。

読み解き 様々な職業や地位の人々を描くことで、何を表現しようとしたのだろう。

A 黒死病の流行した地域

① モンゴル帝国の支配下でユーラシア大陸の東西交易が活発になり、交易ルートを伝って中央アジアからペスト菌がもたらされたことが流行の背景とされる。

3 教皇権の衰退 ➲P.146

↑❷**アナーニ事件** 1303年、教会への課税をめぐりフランス国王フィリップ4世と対立していた教皇**ボニファティウス8世**は、故郷アナーニ滞在中に捕らえられ、屈辱のうちに没した。

➔❸**アヴィニョン教皇庁**(フランス) 枢機卿団が対立する中で、1305年にボルドー大司教がクレメンス5世としてフランスで教皇に選出された。ローマに到達できなかったクレメンス5世は1309年に教皇庁を南フランスのアヴィニョンに定め、以降1377年まで同地に7代のフランス人教皇が居住した。古代のバビロン捕囚になぞらえ、この出来事は「教皇のバビロン捕囚」と呼ばれる。

↓ⓑ**教会大分裂**(大シスマ、1378～1417)

1309～77 **教皇のバビロン捕囚**
教皇庁が南フランスのアヴィニョンへ
↓
1377 教皇グレゴリウス11世、ローマに帰還
↓
1378 ウルバヌス6世、教皇に選出
→フランス人枢機卿が教皇に反発し、アヴィニョンで独自に教皇を選出

アヴィニョン教皇 ↔ 教会大分裂(大シスマ) ↔ **ローマ教皇**

1414～18 **コンスタンツ公会議**(皇帝ジギスムントが招集)
マルティヌス5世を唯一の教皇として選出(1417)
→教会大分裂終了(1417)

世界遺産

4 教会改革運動 ➲P.216

文献 ② ウィクリフ『世俗君主の鑑』(14世紀後半)

一般信徒は神の法を知る必要はなく、聖職者や説教師たちが生の声で述べた知識だけで彼らには十分だと、囁く異端者に耳を傾けるべきではない。なぜなら、聖書が教会の信じるところであり、正しい信仰の意味でそれがはっきりと知られれば知られるほど、良いことだからである。それゆえ、一般信徒が信仰を知らねばならないのだから、もっともよく知られた言語で教えられねばならない。 (歴史学研究会編『世界史史料5』岩波書店)

↓❹**ウィクリフ**(1320頃～84)(左)と❺**フスの火刑**(右) ウィクリフはイギリスにおける教会改革の先駆者。オクスフォード大学教授。聖書中心主義の立場をとり聖書の英訳を行い、教会の財産保有などを非難して、国王・貴族層に支持された。ウィクリフの立場は、ベーメン(ボヘミア)の教会改革者でプラハ大学教授のフス(コンスタンツ公会議で異端として火刑)にも影響を与えた。

5 百年戦争(1339～1453)

イギリス(イングランド)	フランス
ノルマン人の侵入 ➡P.144	
イングランド国王としてはフランス王と対等だが、公・伯としてフランス王への臣従義務を負った。	**ノルマンディー公国**成立(911、ノルマンディー公はフランス王の臣下)
ノルマン＝コンクェスト	
ノルマンディー公ウィリアム即位(1066)→**ノルマン朝**成立	**カペー朝**成立(987) 王領拡大をめざす
アンジュー伯アンリ即位(1154) →**プランタジネット朝**(アンジュー帝国)成立	
英仏の領土争い	
ジョン王敗北 →大陸領の多くを喪失	フィリップ2世勝利 →英の大陸領を獲得
フィリップ4世の孫で、シャルル4世の姉を母に持つ**エドワード3世**即位、フランス王位継承を主張	フィリップ6世即位(1328) →**ヴァロワ朝**成立
英仏百年戦争へ	

☑チェック 百年戦争の背景
- フランスの王位継承問題
- 大陸の英領アキテーヌ(ギエンヌ)をめぐる英仏の対立
- ヨーロッパ有数の毛織物工業地帯フランドルをめぐる英仏の対立

↑⑥クレシーの戦い(1346)

読み解き フランス軍とイギリス軍の武器の違いは何だろう。

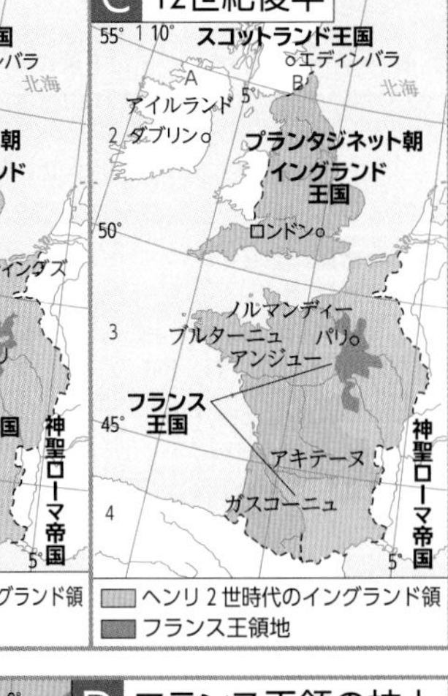

B: ウィリアム1世時代のイングランド領 / フランス王領地
C: ヘンリ2世時代のイングランド領 / フランス王領地

神聖ローマ帝国の国境 / プランタジネット朝成立時のイングランド領(1154) / 百年戦争勃発時のイングランド領(1339) / カペー朝の領土拡大 / 1180年のフランス王領 / フィリップ2世の獲得領(1180～1223) / ルイ8世・ルイ9世・フィリップ3世の獲得領(1223～85) / フィリップ4世の獲得領(1285～1314) / シャルル4世(カペー朝最後の王)の獲得領(1314～28)

百年戦争勃発時のイングランド領 / ブレティニーの和(1360)以後のイングランド領 / 1429年のイングランド領 / 1430年のブルゴーニュ公領 / 百年戦争終了時(1453)のイングランド領 / →エドワード3世の進路 / →エドワード黒太子の進路 / →ジャンヌ＝ダルクの進路

資料から読み解く ジャンヌ＝ダルク

❼：アングル筆、ルーヴル美術館蔵、1851～54年

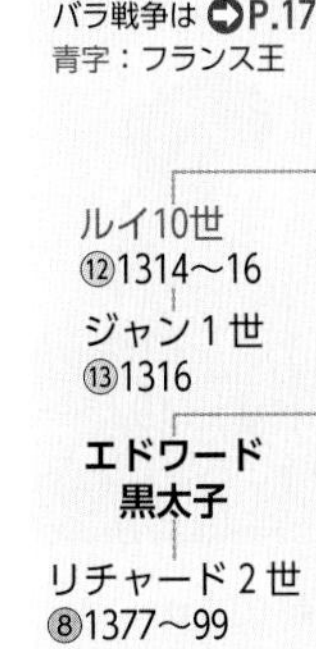
←❼「シャルル7世の戴冠式のジャンヌ」 1429年、イギリス軍に追いつめられたシャルル7世のもとに、「フランスを救え」という神の声を聞いたという少女ジャンヌが現れた。彼女はオルレアンの包囲を破り、ランスでシャルル7世の戴冠式を実現したが、まもなくイギリス軍に捕らえられ、異端として火刑に処せられた。

文献③ 再評価され続けるジャンヌ
異端裁判は教会による裁判であり……英王ヘンリ6世の管理下のルーアン城内で開催された。……裁判官たちは、ジャンヌが神の使いではなく悪魔に唆された異端者であると示すことで、彼女の助けで成聖式[①]を実現したシャルル7世の王位の正統性を否定しようとした。……無効裁判[②]も、異端裁判で毀損されたシャルル自身の名誉回復を目的としていた。……無効裁判から数世紀後、ジャンヌはナポレオンによって忘却の淵から救い出された。……ジャンヌは、ミシュレのような19世紀の共和主義者にとっては「民衆の代表」、カトリック教会においては「聖女」(1920年……列聖)、排外主義を掲げる政党である今日の国民連合(旧・国民戦線)を支持する民族主義者にとっては「祖国の乙女」であった。

①戴冠式
②異端裁判の有効性を審理した1456年の裁判

(金澤周作監修『論点西洋史学』ミネルヴァ書房)

読み解き
1. それぞれの時代によってジャンヌ＝ダルクはどのように評価されているだろう。
2. ❼は、その作成年代から、ジャンヌ＝ダルクをどのように描こうとしていると考えられるだろう。

百年戦争とバラ戦争の関係図

バラ戦争は ➡P.170
青字：フランス王

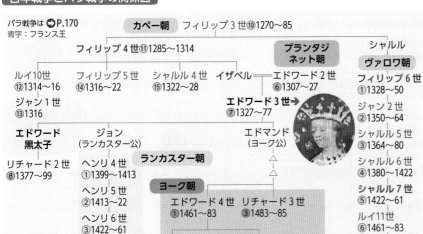

- **カペー朝** フィリップ3世⑩1270～85
  - フィリップ4世⑪1285～1314
    - ルイ10世⑫1314～16
      - ジャン1世⑬1316
    - フィリップ5世⑭1316～22
    - シャルル4世⑮1322～28
    - イザベル＝エドワード2世⑥1307～27(**プランタジネット朝**)
      - エドワード3世➡ ⑦1327～77
        - エドワード黒太子
          - リチャード2世⑧1377～99
        - ジョン(ランカスター公)
          - **ランカスター朝** ヘンリ4世①1399～1413
            - ヘンリ5世②1413～22
              - ヘンリ6世③1422～61
        - エドマンド(ヨーク公)
          - **ヨーク朝** エドワード4世①1461～83、リチャード3世③1483～85
            - エドワード5世②1483
  - シャルル
    - **ヴァロワ朝** フィリップ6世①1328～50
      - ジャン2世②1350～64
        - シャルル5世③1364～80
          - シャルル6世④1380～1422
            - シャルル7世⑤1422～61
              - ルイ11世⑥1461～83
                - シャルル8世⑦1483～98

テューダー朝 ヘンリ7世①1485～1509＝エリザベス

11～15世紀のヨーロッパ諸国

1 西ヨーロッパ諸国の動向

イギリス	フランス	ドイツ	イタリア	イベリア半島
ノルマン朝(1066～1154) 1066 **ノルマン＝コンクェスト**➲P.144 ウィリアム1世(位1066～87)、王朝創始 1086 ドゥームズデイ＝ブック完成 **プランタジネット朝**(1154～1399) ヘンリ2世(位1154～89) リチャード1世(位1189～99) ●第3回十字軍参加 ジョン王(位1199～1216) ●仏王フィリップ2世に敗北 →仏国内の領土を失う 1209 教皇から破門される 1215 **大憲章(マグナ＝カルタ)**承認➲P.63 ヘンリ3世(位1216～72) 1258 シモン＝ド＝モンフォールの反乱 1265 **シモン＝ド＝モンフォールの議会**を承認 エドワード1世(位1272～1307) 1295 **模範議会**を招集 エドワード3世(位1327～77)➲P.169 1337 フランス王位継承権を主張	**カペー朝**(987～1328) 987 ユーグ＝カペー(位987～996)、王朝創始 ●王領地はパリ盆地周辺のみで、王権は弱く、封建諸侯の力が強い フィリップ2世(位1180～1223) 1189 第3回十字軍に参加 ●ジョン王より仏国内の英領を奪う→王権拡大 1209 **アルビジョワ十字軍**(～29)➲P.163 ルイ9世(位1226～70) 1229 **アルビジョワ派を平定** 1248 第6回十字軍に参加 1270 第7回十字軍に参加→戦没 フィリップ4世(位1285～1314) 1302 **三部会**招集 1303 **アナーニ事件**➲P.168 1309 **教皇のバビロン捕囚**(～77) **ヴァロワ朝**(1328～1589) 1328 フィリップ6世即位	962 **オットー1世戴冠**➲P.143 ●**聖職叙任権闘争**の開始 1077 **カノッサの屈辱**➲P.146 1122 ヴォルムス協約…叙任権闘争終結 ●**東方植民**開始→ブランデンブルク辺境伯領成立(1134) フリードリヒ1世(位1152～90) ●北イタリア諸都市(**ロンバルディア同盟**)と抗争し敗れる 1189 第3回十字軍に参加 ●ドイツ騎士団設立(1190) 1241 ワールシュタットの戦い➲P.180 **ハンザ同盟**の結成 1254 シュタウフェン朝断絶 1256 **大空位時代**(～73) 1273 ルドルフ1世即位(～91) …ハプスブルク家初のドイツ王 1291 スイス誓約同盟(3州)成立、独立闘争開始	●歴代の神聖ローマ皇帝、イタリア政策に注力 1130 両シチリア王国成立 ●**教皇党(ゲルフ)と皇帝党(ギベリン)の抗争**(12世紀～) ●教皇権の絶頂期 ●東方貿易の発展 ●北イタリア諸都市の発展 1303 **アナーニ事件** 1309 **教皇のバビロン捕囚**(～77)	(北) (南) アラゴン レオン カスティリャ ムラービト朝 1056～1147 1134 ナバラ 1143 ポルトガル ムワッヒド朝 1130～1269 1230 ナスル朝 1232～1492
百年戦争(1339～1453)➲P.169 1346 クレシーの戦い				
黒死病(ペスト)の流行(1347～50)				
1381 **ワット＝タイラーの乱**➲P.168 **ランカスター朝**(1399～1461) 1399 ヘンリ4世即位 1453 カレーを除いてフランスより撤退 **バラ戦争**(1455～85) **ヨーク朝**(1461～85) エドワード4世(位1461～83) **テューダー朝**(1485～1603) ヘンリ7世(位1485～1509) ＊星室庁裁判所はヘンリ8世の時代に整備➲P.220	1358 **ジャックリーの乱** シャルル7世(位1422～61)➲P.169 1429 **ジャンヌ＝ダルク**の出現 1453 百年戦争に勝利 1477 ナンシーの戦い →ブルゴーニュ併合 シャルル8世(位1483～98)	1356 **カール4世**、**金印勅書**(黄金文書)発布→領邦国家の形成 1403 フスによる教会批判 1414 **コンスタンツ公会議**(～18) 1415 フスの火刑➲P.168 **→フス戦争**(1419～36) 1438 ハプスブルク家、帝位世襲開始 1499 バーゼルの和約(**スイス、事実上独立**)	1378 **教会大分裂(大シスマ)**(～1417)➲P.168 1434 メディチ家のフィレンツェ支配➲P.211 1494 **イタリア戦争**(～1559)	1415 エンリケ航海王子、セウタ攻略 合邦 1479 **スペイン** 1492 グラナダ陥落

2 議会の成立と国家体制の変化

文献① 議会の登場と税制の確立

イングランドでは13世紀から議会が登場し、国を動かす主要機関へと成長していく。フランスでは12世紀あたりから国王が、地方で独自の支配を展開していた貴族たちを、自らの統制下に収めていく。中世の時代に中央集権化が進められた両国は、その後、主権国家へと姿を変え、近代国家を代表する国として位置づけられるようになる。……例えばフランスでは、13世紀末にイングランドに対する……戦争が起き、戦費調達のために財政改革が必要となった。また14世紀の初頭に国王課税に対する臣民の承認を得るべく、三部会が開催された。税制の確立に伴って中央集権化は進み、国の一体性は増した。税制に注目すると、……英仏百年戦争が続く中で、これまで不定期でしか徴収されてこなかった税が、恒常的に徴収されるようになる。会計検査院から租税院が分離したのも百年戦争の過程においてであった。その他、この戦争中には勅令隊[1]も創設され、軍制改革も進んだ。

[1]シャルル7世により創設された常備軍

(金澤周作監修『論点西洋史学』ミネルヴァ書房)

読み解き この時代に、イングランドやフランスではどのような国制上の変化が生じただろう。

イギリス議会の成立

＊当時の議会は身分ごとに招集される身分制議会であった。

大憲章(マグナ＝カルタ、1215) ➲P.63

(背景)**ジョン王の失政に対し、貴族が王権の制限を要求**して反乱 **➔❶ジョン王**

(内容)課税には貴族の会議による承認が必要
逮捕・監禁には貴族の会議による裁判が必要

シモン＝ド＝モンフォールの議会(1265)

(背景)ヘンリ3世がマグナ＝カルタを無視して専制政治
→シモン＝ド＝モンフォールを中心とする貴族が反乱

(内容)高位聖職者・貴族の会議に州代表の騎士と市民代表を加えた諮問議会が招集(**イギリス議会の起源**)

模範議会(1295)

(背景)エドワード1世がスコットランド遠征費調達のため招集

(内容)**高位聖職者・貴族の会議に、州代表の騎士(各2名)と都市代表の市民(各2名)・下級聖職者が参加**

二院制議会(14世紀中頃)

(背景)エドワード3世の時代に高位聖職者・貴族と、騎士・市民がそれぞれ会議を開催

(内容)高位聖職者・貴族の会議＝**貴族院**(House of Lords)、騎士と市民の会議＝**庶民院**(House of Commons)の呼称が定着

Column テューダー＝ローズ

ヘンリ7世は、ランカスター・ヨーク両家の合同を象徴するものとして、赤バラと白バラを組み合わせた図案(テューダー＝ローズ)の徽章(バッジ)をつくった。この徽章は現在もイギリス王室の紋章の一部に使用されている。

➔❷ヘンリ7世 貴族の勢力をそぎ、王権の強化に努めた。

↑白バラ
＋

↑赤バラ
＝

↑テューダー＝ローズ

アザミ↓ カタバミ↓

←ⓐ現在のイギリス連合王国の徽章 アザミとカタバミはそれぞれスコットランド、アイルランドのシンボルである。

歴史のスパイス 2012年、バラ戦争の激戦地ボズワース近くのレスターで、リチャード3世の遺骨が発掘された。頭部などに大きな傷を負ったことがわかっている。

3 その他のヨーロッパ諸国の動向

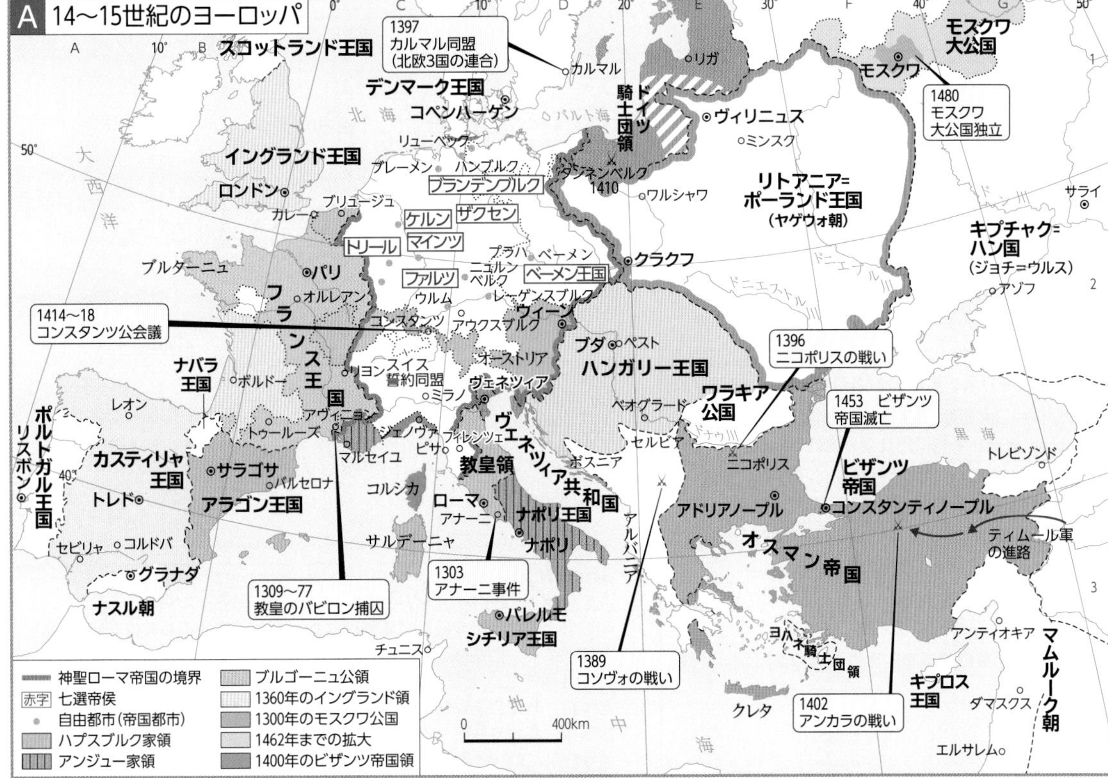

北欧

↑❸**デンマーク王女マルグレーテ**（1353〜1412）　ノルウェー王と結婚後、父と夫の死を受けてデンマーク・ノルウェー両国の摂政となった。彼女は後にスウェーデン王も破って、1397年に北欧３国の同君連合（**カルマル同盟**）を成立させ、事実上の女王として実権を握った。カルマル同盟は1523年まで継続した。

ポーランド

↑❺**カジミェシュ３世**（大王）（1310〜70）　10世紀頃に建国されたポーランド王国は、14世紀前半、カジミェシュ（カシミール）大王の時代に繁栄した。その後、14世紀末にはリトアニアと連合が成立し、**リトアニア＝ポーランド王国（ヤゲウォ朝）**が誕生した。➡P.148

スペイン

←❹**カスティリャ女王イサベル**（右、1451〜1504）**とアラゴン王子フェルナンド**（左、1452〜1516）　両者の結婚を経て、1479年にカスティリャとアラゴンが統合され、**スペイン王国**が成立した。➡P.204

文献 ② ムスリムの追放（1502）

14歳以上のすべてのモーロ人①男性と12歳以上のすべてのモーロ人女性に対し、……退去するよう命ずる。……余らはアフリカのモーロ人およびトルコ人と戦争中であるため、アフリカの諸地域やトルコ人の土地へも行くことはできない……。

①スペインにおけるムスリムのこと

（歴史学研究会編『世界史史料５』岩波書店）

読み解き 当時スペインはどのような勢力と交戦していただろう。

イタリア

↓❻**イタリアの分裂**

地中海貿易の発展→**都市共和国分立**（フィレンツェ、ヴェネツィア、ジェノヴァ、ミラノなど）

↓

教皇党（**ゲルフ**）と**皇帝党**（**ギベリン**）に分かれ都市内部・都市間で激しく抗争→国内統一困難

↑

神聖ローマ皇帝の**イタリア政策**

神聖ローマ帝国

解説 神聖ローマ帝国

オットー１世以降、ドイツ王に選ばれた者はローマ教皇から戴冠されて皇帝になる必要があった。歴代のドイツ王は、遠征を行ってイタリアの支配をめざした（**イタリア政策**）ため、ドイツ統治に専念できず、ドイツ国内が分裂する原因となった。オットー１世自身は「尊厳なる皇帝」と称し、「神聖ローマ帝国」の名称は13世紀から使用された。

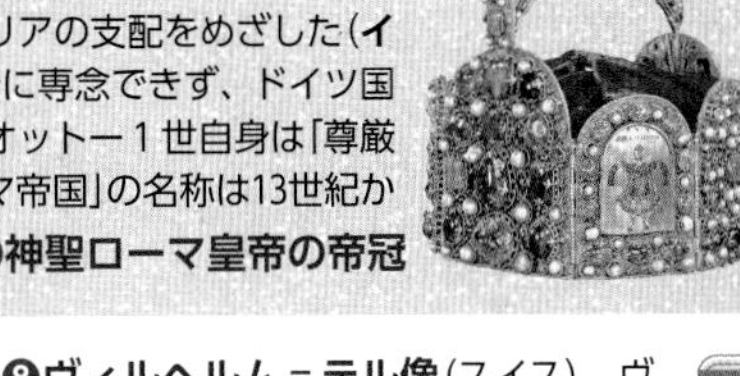

→❻**神聖ローマ皇帝の帝冠**

←❼**七選帝侯**　金印勅書により、７人の選帝侯の多数決で神聖ローマ皇帝が選ばれることが明文化された。この結果、皇帝権は弱体化し、神聖ローマ帝国では約300の領邦による分裂状態が続くことになった。

読み解き 皇帝の選挙権以外に、選帝侯に与えられた権限は何だろう。

←❽**ヴィルヘルム＝テル像**（スイス）　ヴィルヘルム＝テルは、シラーの戯曲やロッシーニのオペラに登場する伝説上の人物で、圧政に対する抵抗運動の中心となった。スイスは、15世紀以降に神聖ローマ皇帝位を世襲するハプスブルク家発祥の地であったが、13世紀にはスイス誓約同盟が結成され独立運動が展開された。ヴィルヘルム＝テルは、ハプスブルク家から独立を勝ち取ったスイス農民の誇りが生んだ英雄といえる。

文献 ③ 金印勅書（1350）

もしも神聖帝国が空位になった場合には、……ライン宮中伯①が……、ライン地方、シュヴァーベン地方、そしてフランケン法（の地域）において、諸侯としての資格により、あるいは宮中伯としての権利により、この帝国の代理となり、裁判を開催し、聖職禄②（の候補者）を推薦し、収入や収益を徴収し、封を授与し、そして神聖帝国の名において誠実宣誓を代行して受ける権限をもつべきである。ただしこれらはすべて、後に選出されるローマ人たちの王③により、……更新されるべきであり、彼に改めて宣誓が行われるべきである。……ザクセン大公が、ザクセン法が行われている地域において、上に明記したあらゆる方法と条件のもとで、同じ代理の権利を行使するように望む。

①選帝侯の一人。ファルツ伯のこと　②教会の財産から得る収入　③ドイツ王

（ヨーロッパ中世史研究会編『西洋中世史料集』東京大学出版会）

歴史のスパイス ハプスブルク家は、スイス北東部のハビヒツブルク城（鷹の城の意）が発祥とされる。

ヨーロッパ中世文化

特色		●キリスト教の強い影響、**聖職者**が中心、**ラテン語**(聖書の言葉)が共通語 →神学・スコラ学、教会建築の発達　＊スコラ学とは、キリスト教神学にギリシア哲学が融合したもの。 ●自然科学の芽生え ●大学の発達 ●アラビア語文献がラテン語に翻訳(大翻訳時代) →イスラーム、ビザンツ文化の影響→**12世紀ルネサンス**➲P.167
神学	ヒエロニムス (342頃～420)	アンティオキアの司祭で、聖書のラテン語訳(中世以降カトリックの公式聖書となる)を著した教父
神学	**アウグスティヌス** (354～430)	北アフリカの司教で、キリスト教カトリック神学の基礎を固めた教父。『告白録』、**『神の国』**➲P.107
神学・スコラ学	アルクイン (735頃～804)	イギリス出身の神学者。カール大帝の宮廷に招かれ古典学とキリスト教を融合(カロリング＝ルネサンス)
神学・スコラ学	**アンセルムス** (1033～1109)	カンタベリ大司教。「スコラ学の父」 **実在論**(普遍が事物に先立つ→信仰を重視)
神学・スコラ学	**アベラール** (1079～1142)	フランスの学者、愛人エロイーズとの往復書簡 **唯名論**(実在するのは事物のみ→理性を重視)
神学・スコラ学	**トマス＝アクィナス** (1225頃～74)	ドミニコ修道会士。アリストテレス哲学を導入して、信仰と理性を調和。**『神学大全』**
神学・スコラ学	**ロジャー＝ベーコン** (1214頃～94)	イギリス出身の哲学者。イスラーム科学の影響で経験を重視。自然科学の先駆者
神学・スコラ学	ウィリアム＝オブ＝オッカム (1290頃～1349頃)	イギリス出身の神学者。理性と信仰を区別。(唯名論の台頭)
文学	特色	●騎士道を題材にした**騎士道物語**の流行 ●各国語による文学
文学		**騎士道物語**…題材・物語とも自由で人間的(教会の制約なし) **『ローランの歌』**(仏)…カール大帝の甥である騎士ローランの武功と死が題材 **『アーサー王物語』**(英)…ケルトの伝説的英雄アーサーと円卓の騎士の武勇
文学		**民族叙事詩**…キリスト教布教以前の北方民族の神話や伝承 **『ニーベルンゲンの歌』**(独)…ゲルマン(ブルグンド人)の古伝説が素材。英雄ジークフリートの活躍と死、妻クリームヒルトの復讐物語 『エッダ』(北欧)…古代アイスランドの神話や英雄伝説の集大成
文学		**吟遊詩人**…各地の宮廷を遍歴し、主に騎士の恋愛詩を歌った。 南仏ではトゥルバドゥール、独ではミンネジンガーと呼ばれた

スコラ学の大成者 トマス＝アクィナス(1225頃～74)

南イタリアの貴族の子として生まれ、家族の反対を押し切りドミニコ修道会士となる。不眠不休の勉学の末、パリ大学教授となり、**『神学大全』**を著した。信仰(超自然)と理性(自然)のどちらを優先させるかという**普遍論争をアリストテレスの哲学を用いて調和させ、「スコラ学の大成者」と呼ばれる。**

←❶**ロジャー＝ベーコン**　イスラーム科学の影響を受けて数学・光学・天文学・錬金術の研究や実験に没頭した。諸学に通じ「驚異博士」と呼ばれたが、異端の嫌疑を受け、監禁されたこともあった。

文献① ロジャー＝ベーコン『大著作』

さて、認識の様態には２つある。すなわち、論議によるものと経験によるものとである。論議は結論し、われわれに結論を容認させるが、それを経験の方法によって見いだすのでなければ確証もしないし、また魂が真理の直観に思うほどには疑惑を除去しもしない。……たとえば、「ダイヤモンドは山羊の血によらなければ砕かれない」ことが万人の間に広まっており、哲学者達も神学者達もこの判断を濫用している。しかし、……こうした血による破砕についてはいまだに確証されていない。そしてダイヤモンドは血によらなくても容易に砕かれうるのである。実際、私はこの目でそれを見たし、この宝石の破片によらなければ種々の宝石は形づくられえないのだから。

(伊東俊太郎責任編集『ロジャー＝ベイコン』朝日出版社)

読み解き ダイヤモンドと山羊の血を例にして、ベーコンは何を伝えたいのだろう。

Column 勉強熱心だった!? 中世の大学生

中世の大学は年齢や経歴に制限はなかったが、学生の多くは聖職者や領主の子弟で、授業は**ラテン語**で行われた。教会の付属学校が発展したもの(**コレギウム**＊)と、学生組合から発展したもの(**ウニヴェルシタス**＊)があった。教壇の上から教授が講義し、学生がノートをとるという形式で、授業中、私語や居眠りをする学生もいた。一方、ボローニャ大学では学生が教師に対して「学生の許可なしに講義を休まない」「難問を説明せずに退出しない」などの要求を行い、要求が満たされないと講義をボイコットし、学生からの謝礼で生計を立てる教師を苦しめたという。

↓ⓐ大学のカリキュラム

大学のカリキュラム	
専門学部	
神学　法学　医学	
↑進学	
学芸学部(教養課程)	
哲学	
上級４科	自由7科
算術・天文・幾何・音楽	自由7科
下級３科	自由7科
文法・修辞・論理	自由7科

❷大学の授業風景

読み解き 大学ではどのような学問が学ばれていたのだろう。現在の大学と比較してみよう。

＊Colleguimは College(大学)の、Universitasは University(大学)の語源

中世の建築様式

建築様式	特色	代表的建築物
バシリカ様式	ローマの公共建築を継承 長方形の平面、列柱、高窓	サンタ＝マリア＝マジョーレ聖堂(ローマ)
ビザンツ様式	４～８世紀、東欧中心 ギリシア十字形(正十字)または方形の平面と**ドーム**、八角屋根 聖堂内部には**宗教画モザイク**	**ハギア＝ソフィア聖堂**(トルコ) サン＝マルコ聖堂(ヴェネツィア) サン＝ヴィターレ聖堂(伊、ラヴェンナ)➲P.147
ロマネスク様式	**11～12世紀**、南欧中心 ラテン十字形の平面、石造の**穹窿**、**円頭アーチ**、厚い壁、小さな窓 重厚な安定感は古典的封建秩序を象徴 地域性が強く、一部にイスラームの影響	クリュニー修道院(仏) **ピサ大聖堂**(伊) **マインツ大聖堂**(独) ヴォルムス大聖堂(独)
ゴシック様式	**12～14世紀**、西欧中心 高い穹窿と塔、**尖頭アーチ**、大きな窓、**ステンドグラス**、飛梁 塔や天井の高さは教会権力の隆盛と新興市民の豊富な財力を象徴	**アミアン大聖堂**(仏) **シャルトル大聖堂**(仏) **ケルン大聖堂**(独) ノートルダム大聖堂(仏、パリ) カンタベリ大聖堂(英)

歴史のスパイス　中世では「哲学は神学の婢(はしため)といわれ、神学が最高の学問であった。

文献②中世の美術

中世の美術は、大半が教会か、大聖堂に組み込まれるものとして発達した。絵画はイコン、祭壇画、あるいは教会の壁画の宗教的な情景として描かれた。写本の彩色は、聖書と詩編のためのもの。石の彫刻といえば、大聖堂の正面を飾る像やタブロー[①]、また墓や特別礼拝堂のなかの彫像だったし、木彫といえば、聖歌隊席や会衆席と聖歌隊席の仕切りだった。そして、ゴシック様式の教会の広い窓には、きまってステンドグラスがはめられていた。……しかしながら宗教以外の要素を持った美術も皆無だったわけではなく、着実に進歩していた。諸公や裕福な貴族は、自分自身の肖像画や彫像をつくらせ始めたし、写本の装飾芸術はフランスの武勲詩のほか、時禱書、薬草書、ベスティアリ(動物寓話集)といったものにも応用されている。

①絵画　（ノーマン＝デイヴィス著、別宮貞徳訳『ヨーロッパⅡ　中世』共同通信社）

読み解き 教会建築で培われた技術は教会以外のどのような分野に応用されただろう。

バシリカ様式

➔③サンタ＝マリア＝マジョーレ聖堂(ローマ)　長方形の外壁で囲まれており、堂内は二列ないし四列に並ぶ列柱によって区切られた。

世界遺産

ビザンツ様式

←④サン＝マルコ聖堂(ヴェネツィア)　東方貿易を通じてビザンツ様式の影響を受けた。５つのドームがギリシア十字形(正十字)に並ぶ。教会は「神が空から見るもの」であった。

世界遺産

ロマネスク様式

ロマネスク様式の初期の天井はトンネル式穹窿であったため、天井の石の重みは全て壁にかかり、壁は分厚くなり窓は制限された。後にそれを交差させた交差穹窿が出現し、天井の重みを柱で支えることが可能となり、窓も大きくなっていった。

➔⑤サン＝ピエール聖堂(フランス・オルネー＝スー＝ボワ)

世界遺産

↓⑥ピサ大聖堂(イタリア)　全体がラテン十字形(長十字)になっており、その交差部分にドームがかかっている。斜塔はガリレイが物体の落下実験をしたことで有名。

世界遺産

ゴシック様式

交差穹窿は肋骨で補強され、天井の重みはロマネスク様式よりも柱に集中するようになった。さらに飛梁によって屋根の横圧を支えることで側面の壁に大きな窓をとることが可能になった。そこにはステンドグラスがはめこまれ、高さと光のある聖堂ができあがった。

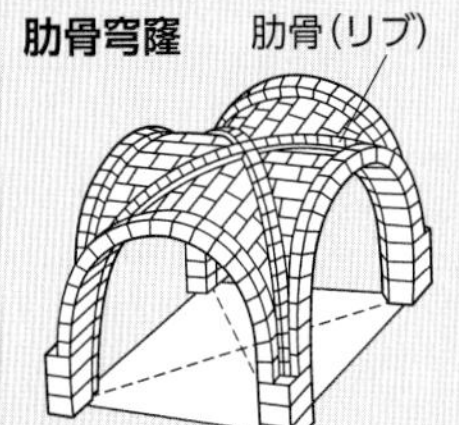

➔⑦サント＝シャペル大聖堂(フランス・パリ)　着色したガラスを鉛の縁でつないで組み合わせたステンドグラスは、信仰を題材としたものが多い。

世界遺産

読み解き ゴシック様式の高い屋根と大きな窓は、教会を訪れる人々にどのような演出効果があったと考えられるだろう。

世界遺産

⑧ケルン大聖堂(ドイツ)　ライン河畔にそびえ立つゴシック式大聖堂。一対の尖塔は高さ157m。
1248年に起工・1560～1842年中断・1880年完成

歴史のスパイス　世界文化遺産第１号のアーヘンの大聖堂はビザンツやロマネスク様式などが融合している。このように、建築・修理の時期によって複数の様式が混在する場合もある。

資料にチャレンジ 一次史料から読み解く中世

1 ヘレフォード図を視覚的に読む

チャレンジする前に! 現存する中世の地図からは、当時の人々が世界をどのようにとらえていたかがわかる。❷は世界の地図と呼ばれる系統の地図で、世界は円状に縁取られた海の内側[①]に描かれている。一次史料を手がかりに、中世の時代性に触れてみよう。

①TO図のこと

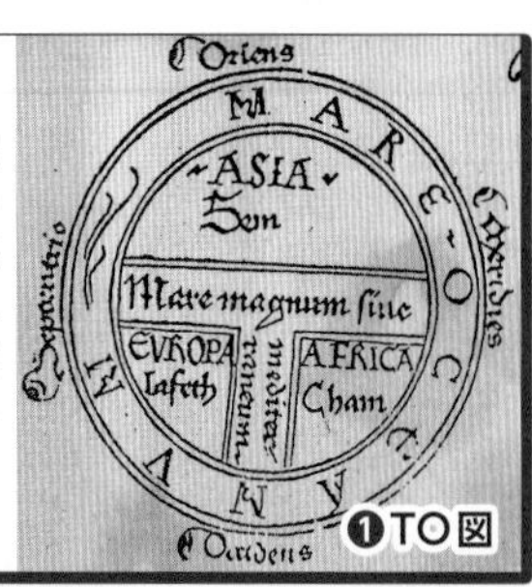

❶TO図

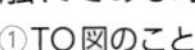

読み解き ❸の地図に描かれたX～Zの地域はどこだろう。❶と対照して考えよう。

❸全体図・縮小

❹部分・拡大①

❺部分・拡大② 「ノアの方舟(はこぶね)はアルメニアの山で止まった」とある。

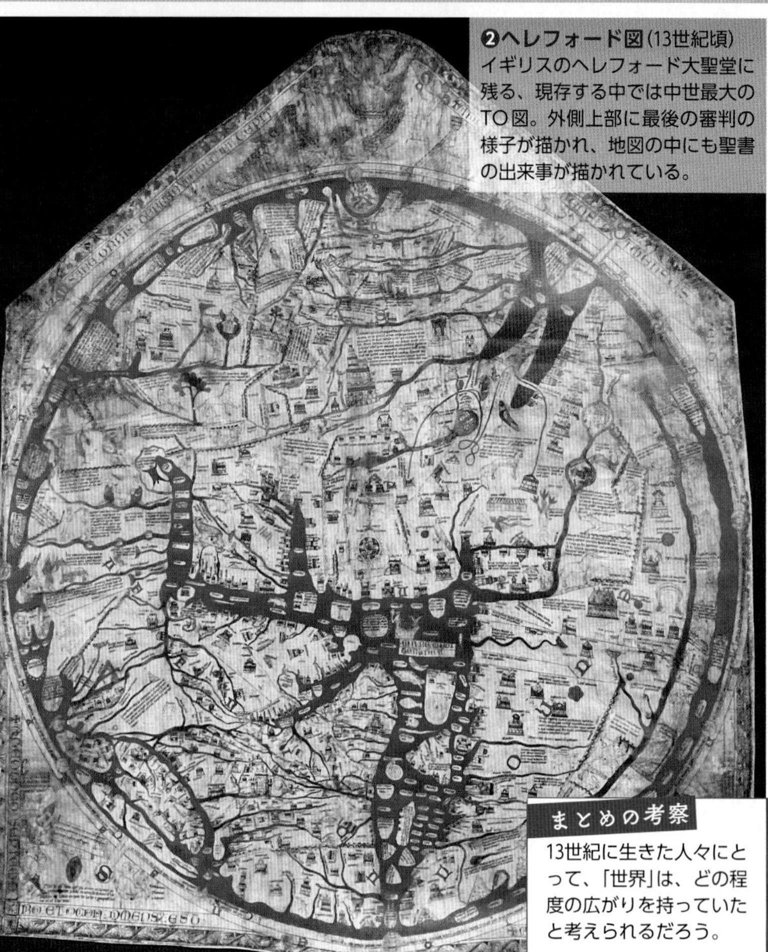

❷ヘレフォード図(13世紀頃) イギリスのヘレフォード大聖堂に残る、現存する中では中世最大のTO図。外側上部に最後の審判の様子が描かれ、地図の中にも聖書の出来事が描かれている。

読み解き

1 ❷は描かれた場所によって情報の質が異なっている。❹のような都市が多く描かれているのは❸のX～Zのどの地域だろう。

2 ❺は、❸のX～Zのどの地域に描かれているだろう。また、同じ地域には他にどのような出来事が描かれているだろう。

まとめの考察

13世紀に生きた人々にとって、「世界」は、どの程度の広がりを持っていたと考えられるだろう。

2 プリュム修道院所領明細帳を丁寧に読む

チャレンジする前に! 荘園(しょうえん)は諸侯や修道院が所有しており、管理のための記録を所領明細帳という。荘園領主は、領地の一部を自立した農民に譲与して経営させ、その代わりに賦役(ふえき)労働や貢租(こうそ)を課していたので、農民保有地や農民の義務を所領明細帳に記載していた。このため、所領明細帳を丁寧に読むことで、**当時の農民の負担や生活の様子を推し量る**ことができる。以下の文献から、農民の生活を読み取ってみよう。

プリュム修道院は、ドイツのコブレンツ西80kmにある都市プリュムに721年に創建され、1802年まで存在した。プリュム修道院所領明細帳は、893年に作成された。現存するのは1222年に作成されたこの原本の写本で、筆写した人物の名前にちなみカエサリウス写本と呼ばれている。カエサリウスは「古い書物にふくまれている以外のことを、この本文に書くつもりはなかった」と述べており、また研究史からはこの写本はほぼ原本に近いものであろうと推察されている。

文献①プリュム修道院所領明細帳

エッテルドルフに教会2があり、そこで馬2頭が調えられねばならない。ここにマンス[①]5単位1/2がある。うちレインゲルスが1単位を持つ。棒材(粗末な棒で、日常語でアスペンと呼ばれる)50本、板材車1台分、鶏4羽、卵20個。5マンスで軍役税の牛1頭。次の年には4デナリウス[②]に価する子豚1頭。重量運搬賦役としてワイン車1台分と木材の代わりに1/2台分を運ぶ。スペルト小麦15モディウス[③]を修道院まで運ぶ。3グラヴィスを囲む(すなわち垣根を作る)。亜麻1リブラ[④]を与える。犂耕賦役2、3度目は施肥に際して、3ユグム[⑤]。修道院まで軸材100本を運ぶ。週に彼に命じられただけ賦役をする。彼の順番に従って森で豚番をする。ドングリを5モディウス。パンとビールを作り、夜警をする。国王の来訪に際して鶏1羽と卵5個。布を作る女たちは、亜麻を集め、水で引いて調える。草刈りと刈り取りとに働き手2人、ブドウの収穫に1人。仕事部屋で、縫い物をする(これは写本の初めで述べてある)。ネギを植える……。

①農地の単位、不定 ②銀貨
③ローマの質量単位、約8.7リットル
④ローマの質量単位、約320グラム
⑤牛が一日に耕作する面積、不定 (森本芳樹『中世農民の世界』岩波書店)

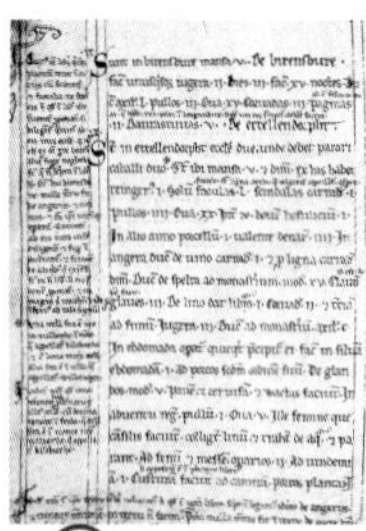

←❻プリュム修道院所領明細帳 広い列には9世紀の所領明細帳のコピーが、狭い列にはカエサリウスによる注釈が書かれている。

読み解き

1 エッテルドルフではどのような賦役・貢納が課されていたのだろう。

2 カエサリウスは、欄外に「この書冊にあることをすぐには彼ら[エッテルドルフの農民たち]に示さず、……諸権利を聞き出す」ようにと書いている。これはどのようなことを想定していると考えられるだろう。

文献②サン＝ジェルマン＝デ＝プレ修道院の所領明細帳

コロヌスにして所領管理人であるテウタルドゥスとその妻ヒルデシンディスはサン＝ジェルマン＝デ＝プレ修道院に所属し、……彼は、耕地10ボニエ[①]と1ジュルナル[②]、葡萄畑0.5アルパン[③]、採草地5アルパンからなる自由民マンス1つを保有している。彼は軍役税として、ある年は3スー[④]、その翌年は1スー、鶏3羽、卵15個を納める。冬に4ペルシュ[⑤]、春に2ペルシュの犂耕を……2頭の動物とともに、あらゆる穀畑で行なう。オルレアン、またはル・マンへの運搬賦役を行なう。農作業を2日、そして賦役を行なわないときは3日行なう。葡萄畑2ペルシュで支柱を立てて垣根を作り、もし近隣に森林が与えられていないときは収穫時に2ペルシュの垣を作る。もし近隣に森林を与えられているときは3ペルシュの垣を作り、採草地で2ペルシュの草刈りを行なう。

①約128アール ②一日で耕せる面積、不定 ③100平方ペルシュ、ただし不定 ④1/20リーブル ⑤約35㎡または6メートル
(ヨーロッパ中世史研究会編『西洋中世史料集』東京大学出版会)

まとめの考察

文献❶と文献❷を比較してみよう。共通する負担にはどのようなものがあるだろう。

資料にチャレンジ バイユーのタピスリーを重層的に読む

チャレンジする前に!

バイユーのタピスリーとは、フランス・ノルマンディー地方のバイユーに伝えられた、長さ70mほどの綴織(タピスリー)のこと。ウィリアムがイングランド王から後継者に指名されるところから、ヘースティングズの戦いまでの出来事が、絵と文字で綴られている。1070年代に、ウィリアムの異母弟であるバイユー司教オドが作成させたのではないかといわれている。**ノルマン=コンクエストを、ノルマンディー公側から記録した資料**である。

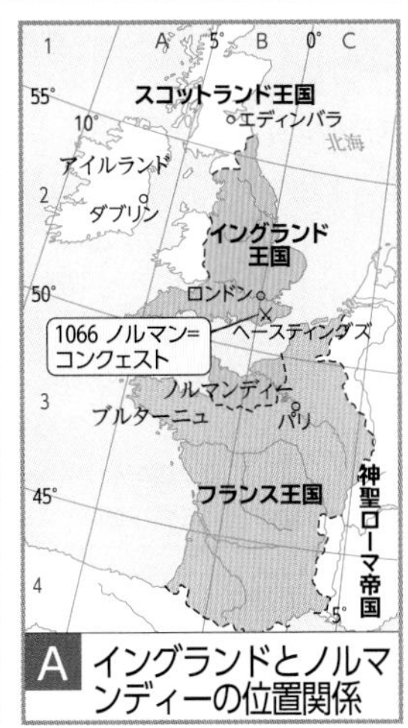

A イングランドとノルマンディーの位置関係

《ノルマン人の公とイングランド人の王》

- リチャード1世 ノルマン人の公(位942〜996)
- エセルレッド2世(位978〜1013、1014〜16)
- ロバート1世 ノルマン人の公(位1027〜35)
- オド バイユー司教(任1049〜97)
- エドワード王(位1042〜66)
- ウィリアム1世* ＊ノルマン人の公(位1035〜87) イングランド人の王(位1066〜87)

《ゴドウィン家》

- ゴドウィン(1000頃〜53)
- ハロルド イングランド人の王(位:1066)

□:男性 ○:女性
青字:アルフレッドの王統

ⓐウィリアム1世の系図

- **エアドマ『イングランドにおける新しい歴史』**(1120年代頃)…エアドマ(1060頃〜1126頃)はカンタベリ大司教聖堂附属修道院の修道士。本書は1066年から1122年のイングランド史を扱う。
- **ウェイス『ロロの物語』**(1155年頃)…ウェイス(1110頃〜74以降)はバイユー司教座教会参事会会員。本書は1155年頃ヘンリ2世の依頼で執筆。文書史料だけでなく自身の家や近隣関係者からの聞き取りによる情報も盛りこんだといわれている。
- **ウィリアム=ポワティエ『ノルマン人の公ウィリアムの事績録』**(1070年代)…ウィリアム=ポワティエは1020年代生まれ、ウィリアム公の礼拝堂司祭。ウィリアム公の「イングランド人の王」位継承の正当性とハロルドの宣誓誓約違反と王位簒奪を基調とする立場。
- **『アングロ=サクソン年代記』**(9世紀後半〜1154年)…9世紀のアルフレッド大王の時代に編纂が始まった、イングランドの視点での記録。

➔ⓑ諸文献の概要

23 ここでハロルドはウィリアムに忠誠を誓う

文献① ハロルドの誓い (鶴島博和『バイユーの綴織を読む』山川出版社)

ハロルドは同意した。それで、ウィリアムは取り決められたことがすべて守られるように、聖人たちの聖遺物を持ち出して、……2人のあいだで同意したことをすべておこなうとハロルドにそれらの上で誓わせた。……ハロルドは甥を連れて国に戻った。

(エアドマ『イングランドにおける新しい歴史』)

一方公はハロルドとエドワード王が崩御ののちには速やかにイングランドを公の手に委ねること……などの合意に至るまで議論を重ねた。……ハロルドの宣誓を受け入れるために、……公はバイユーにおいて会議を召集し……そこにあらゆる聖遺物を集めるように命じ、それらを丸い容器に詰めた。……そして、ハロルドは、第三者が読み上げたテキストに従って、彼の力と知恵を使って、生きている限り、しかも神とここにある聖遺物が彼を真に援助するのだから、公の娘であるアデラを娶り、王国をウィリアムに渡すこと、エドワード王の死後、ハロルドはこの点で最上をつくすこと、を厳かに誓い約束した。

(ウェイス『ロロの物語』)

文献② 誓いの形式

「誓い」は必ず正しき手すなわち右手でなされなければならなかった。それなのにハロルドは左手を二つ目の聖遺物箱の上に置きながら「宣誓を行なった」のである。……もちろん実際にハロルドが二つの聖遺物箱にかけて誓いを立てたはずはない。だが、この出来事ののち製作されたこのタペストリー[タピスリー]を見た人びとは、偽誓を象徴する行為としてこれをすぐさま理解したのだ。

(岩波敦子『誓いの精神史』講談社)

読み解き

1. 文献の著者の立場を考慮しながら、この場面の出来事を整理しよう。
2. 聖遺物に誓うという行為は、当時の人にとってどのような意味を持っているだろう。

30〜32 ここで彼らは王冠をハロルドに与えた/ここにイングランド人の国王ハロルドが座る/大司教スティガンド/ここで人々は星に驚嘆している

文献③ ハロルドの戴冠 (鶴島博和『バイユーの綴織を読む』山川出版社)

この狂ったイングランド人は、民衆の選挙も待たず、最上の人が埋葬され、すべての人々が喪に服しているときに、宣誓を破り、見て見ぬふりをした若干の邪悪な者と、(支持者の)喝采をもって王位を簒奪したのである。ハロルドは不信心なスティガンド(カンタベリ大司教)から聖別を受けた。この者は教皇(レオ9世)から破門され、聖職を解かれた人物であった。

(ウィリアム=ポワティエ『ノルマン人の公ウイリアムの事績録』)

彗星、王たちの恐怖は、汝(ハロルド)の登極のあとに輝き、その末路を予言した。 (ウィリアム=ポワティエ『ノルマン人の公ウイリアムの事績録』)

天使はその御霊を天国の明りへと運んだ。しかし賢者は王国を委ねし者、ハロルドに委ねた。国王にふさわしき伯、言葉においても行いにおいても、つねに亡き王に忠義をつくし、民の王が必要とするものは何も否定しなかった。

(『アングロ=サクソン年代記』)

読み解き

1. 文献の著者の立場を考慮しながらこの場面の出来事を整理しよう。
2. 彗星はどのようなことを暗示して描かれているのだろう。

まとめの考察

それぞれの場面は、どのような立場に近い視点で描かれていたのだろう。また、そのように描くことでどのようなメッセージを伝えようとしていたのだろう。

宋と北方民族

1 宋の変遷

⊂P.137 ⊃P.180

① 唐の滅亡は北方民族の自立を促した。
① 北宋と南宋は、北方民族と和平を結ぶ消極的な外交政策をとった。

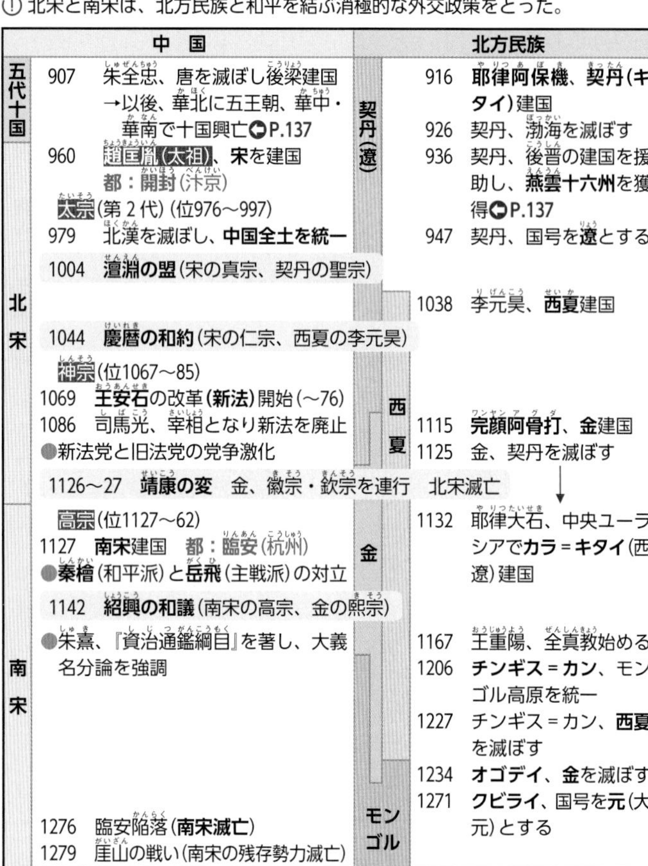

時代	年	中国	北方民族	年	北方民族
五代十国	907	朱全忠、唐を滅ぼし後梁建国 →以後、華北に五王朝、華中・華南で十国興亡⊂P.137	契丹(遼)	916	**耶律阿保機**、**契丹**(キタイ)建国
				926	契丹、渤海を滅ぼす
北宋	960	**趙匡胤**(**太祖**)、**宋**を建国 都：**開封**(汴京)		936	契丹、後晋の建国を援助し、**燕雲十六州**を獲得⊂P.137
		太宗(第2代)(位976～997)			
	979	北漢を滅ぼし、**中国全土を統一**		947	契丹、国号を**遼**とする
	1004	**澶淵の盟**(宋の真宗、契丹の聖宗)			
			西夏	1038	李元昊、**西夏**建国
	1044	**慶暦の和約**(宋の仁宗、西夏の李元昊)			
		神宗(位1067～85)			
	1069	**王安石**の改革(**新法**)開始(～76)			
	1086	司馬光、宰相となり新法を廃止		1115	**完顔阿骨打**、**金**建国
		●新法党と旧法党の党争激化		1125	金、契丹を滅ぼす
	1126～27	**靖康の変** 金、徽宗・欽宗を連行 北宋滅亡			
南宋		**高宗**(位1127～62)	金	1132	耶律大石、中央ユーラシアで**カラ=キタイ**(西遼)建国
	1127	**南宋**建国 都：**臨安**(杭州)			
		●**秦檜**(和平派)と**岳飛**(主戦派)の対立			
	1142	**紹興の和議**(南宋の高宗、金の熙宗)			
		●朱熹、『資治通鑑綱目』を著し、大義名分論を強調		1167	王重陽、全真教始める
				1206	**チンギス=カン**、モンゴル高原を統一
				1227	チンギス=カン、**西夏**を滅ぼす
				1234	**オゴデイ**、**金**を滅ぼす
			モンゴル	1271	**クビライ**、国号を**元**(大元)とする
	1276	臨安陥落(**南宋滅亡**)			
	1279	厓山の戦い(南宋の残存勢力滅亡)			

チェック 宋(太祖・太宗)の文治主義

①中央官制の整備
②節度使の弱体化…権限の大幅削減、欠員が出ると文官をあてる
③皇帝直属の軍隊(**禁軍**)の強化
④**科挙**の拡充 …**殿試**の創設

→❶**趙匡胤**(**太祖**) 後周の武将であったが、960年、部下に推されて帝位につき、**開封**を都として**宋**を**建国**。第2代皇帝には弟の太宗(趙匡義)が即位した。太祖の死には、飲酒による病死説以外に太宗による謀殺説もある。

文献① 趙匡胤の節度使削減

[太祖は]古くからの部下である石守信・王審琦らと酒を飲んでいたが、……[太祖が彼らに言った]「人生は駿馬が少しのすきまを行くようにあっという間に過ぎてしまう。富貴を好むのは、金銀を貯め、自らも楽しみ、子孫にも貧乏をさせまいと願うからだ。君たちはなぜ兵権を手放し、よい田宅を買い求めようとしないのか。そうすれば子孫のために永続きする財産を蓄えられ、自分もまた芸妓を置き、日々酒を飲み、楽しく天寿を全うし、君臣の間にも嫌疑がなく、上下とも安んじていられる。いいことづくめではないか」。……明日になるとみな病と称して、兵権を放棄することを請うた。

(野口鐵郎編『資料中国史 前近代編』白帝社)

宋代の官制

A 北宋と契丹(11世紀後半)

⊂P.137B

■ 宋の四京 ▲ 契丹の五京 ● 宋の市舶司 セルジューク朝の領域 ガズナ朝の領域 カラハン朝の領域

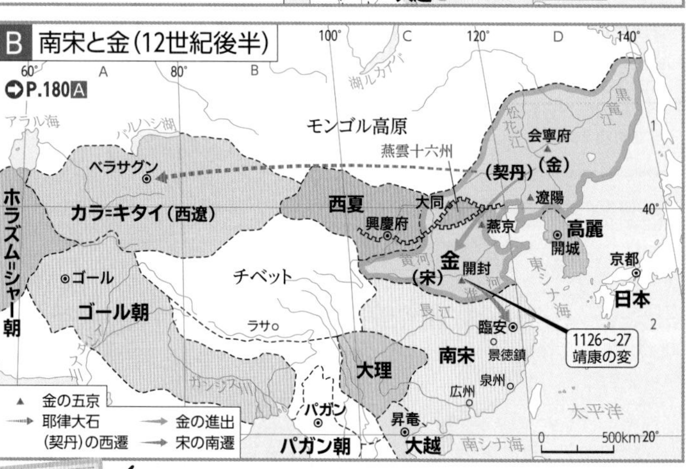

Column 受験地獄で合格天国―科挙

宋代に創始された**殿試**(⊂P.63)は、皇帝に忠実な官僚群を生み出した。科挙に合格して官僚となることは、名誉と財産と権力を同時に手に入れることを意味した。宋代以後、受験生も増え、明清時代には3,000人に1人しか合格しないという激烈な競争になった。

↑❷**殿試の風景**

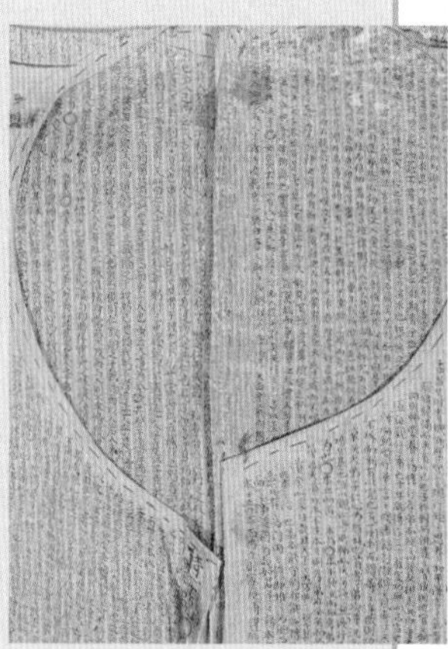

↑❸**カンニング用肌着** 四書五経とその注釈、約62万字が細い楷書で表裏全面に書かれている。

文献② 真宗[1]「勧学文」

家を富ますに良田を買うを用いざれ、
書中自ずから千鍾の粟(非常に多くの俸禄)有り。
居を安んずるに高堂を架する[建てる]を用いざれ、
書中自ずから黄金の屋有り。
門を出づるに人の随う無きことを恨む莫かれ、
書中車馬多くして簇るが如し。
妻を娶るに良媒(良い仲人)無きことを恨む莫かれ、
書中女有り顔玉の如し(容貌の美しい女性)。
男児平生の志を遂げんと欲せば、
六経勤めて窓前に向かって読め。

[1] 北宋の第3代皇帝

(歴史学研究会編『世界史史料4』岩波書店)

◆**著名な落第者**
黄巣(唐末)⊂P.132, 137
洪秀全(清)⊃P.275

読み解き 真宗は科挙に合格すれば何が手に入るといっているのだろう。

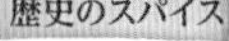

歴史のスパイス 「圧巻」とは科挙に由来する言葉で、科挙の試験官が最もすぐれた答案を一番上に載せたという故事にちなむ。

2 文治主義の矛盾と王安石の改革

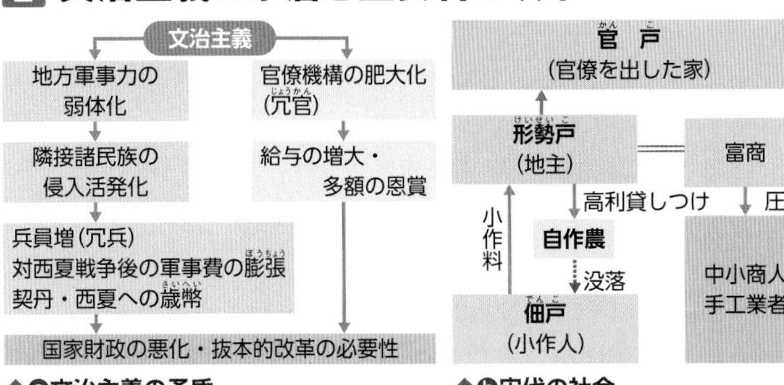

↑ⓐ文治主義の矛盾　↑ⓑ宋代の社会

↑❹王安石
(1021〜86)

文献③ 王安石による改革の献策(『万言の書』)

今、国の財力は日に日に困窮し、風俗は日に日に紊乱して[乱れて]おります……私が改革しようとするところは、……**世の力によって世の財を生みだし、世の財を取って世の必要とする費用に使うのです。**
(野口鐵郎編『資料中国史　前近代編』白帝社)

読み解き 下線部はどういう意味だろう。

↑❺司馬光
(1019〜86)

王安石の新法

改革の狙い			小農民・小商人保護・育成による財政の安定、国防力強化
富国策	商業・流通関係	均輸法(1069〜)	政府が各地の特産物を買い上げ、不足地に転売する。政府主導で民間の需給動向に介入し、開封など大消費地に対する物資供給を合理化・安定化することが目的
富国策	商業・流通関係	市易法(1072〜)	大商人による市場の独占、価格操作を排除して、商品流通を活発化させるための、政府による中小商人への小口融資制度。大商人・高利貸しからの中小商人の保護が目的
富国策	農村社会関係	青苗法(1069〜)	農閑期に困窮する農民に対する政府の低利融資。地主の高利貸しに苦しむ小農民を救済し、かつそれまでの地主の懐に収まっていた利息収入を政府歳入へ転化することが目的
富国策	農村社会関係	募役法(1071〜)	中小地主の義務だった職役(徴税・輸送などの労務)を雇用労働(募役)に転換、職役負担者や官戸から金銭を徴収し、希望者を雇用する。自作農の没落防止が目的
強兵策	農村社会関係	保甲法(1073〜)	農閑期に農民を軍事訓練し、平時には村落の治安維持にあたらせ、戦時には徴発して兵士とする。農村の組織化と民兵制度。軍事力の強化と軍事費の節約が目的
強兵策	農村社会関係	保馬法(1073〜)	農民に馬を貸与して飼育させ、平時には耕作馬とし、戦時には軍馬として徴発する。北方民族との戦いに不可欠な軍馬の常時確保と飼育費の節約が目的
結果			民間経済への政府関与の強化、地主・大商人の利益侵害→地主・大商人らの反対で挫折→**新法党・旧法党**の党争に発展

3 契丹(遼)・西夏・金

契丹(遼)・西夏・金の特色

国号	**契丹(遼)**(916〜1125)	**西夏**(1038〜1227)	**金**(1115〜1234)
民族	**契丹**(キタイ)(モンゴル系)	**タングート**(チベット系)	**女真**(ツングース系)
建国者	**耶律阿保機**	李元昊	**完顔阿骨打**
首都	上京臨潢府	興慶府	会寧府→燕京
支配領域	モンゴル・燕雲十六州	黄河上流域	淮河以北
文字	**契丹文字**	**西夏文字**	**女真文字**
特色・中国文化の受容	●**二重統治体制**(部族制と州県制) ●民族の独自性の維持を図ったが、中国との結びつきが深まると都城制や仏教など中国文化の影響を強く受けた	●内陸貿易の中継で繁栄 ●中国の文物・制度の影響を受けながらも、民族固有の文字をつくるなど、独自の文化を発達させた	●二重統治体制(部族制〈**猛安・謀克**〉と州県制) ●当初は民族意識旺盛であったが、燕京遷都後は次第に中国文化に同化していった

契丹
皇帝
北枢密院　北面官　**部族制**　契丹人(遊牧民)
南枢密院　南面官　**州県制**　漢人・渤海人(農耕民)

金
皇帝
都統司 軍帥司　**部族制**(猛安・謀克)　300戸＝1謀克　10謀克＝1猛安　女真人
三省　**州県制**　漢人・渤海人(農耕民)

←ⓒ**契丹と金の統治体制**　契丹や金は、遊牧民に対しては固有の**部族制**を維持し、漢人など農耕民に対しては中国の**州県制**による支配を行った(**二重統治体制**)。

↑❻**契丹文字**　耶律阿保機が大字をつくり、その子がウイグル文字から小字を作成した。まだ完全には解読されていない。

↑❼**西夏文字**　漢字を模してつくられた複雑な字体で、大部分は表意文字からなる。現在、ほぼ解読できている。

↑❽**女真文字**　漢字と契丹文字をもとにつくられた。表意文字と表音文字からなる。現在、解読が進められている。

読み解き なぜ独自の文字をつくる必要があったのだろう。

宋と北方民族の講和

	澶淵の盟	**慶暦の和約**	**紹興の和議**
年代	1004	1044	1142
締結国	**北宋と契丹(遼)**	**北宋と西夏**	南宋と金
両国の関係	宋を兄、契丹を弟とする	宋を君、西夏を臣とする	南宋は金に臣下の礼をとる
内容	北宋は歳幣として毎年銀10万両、絹20万匹を契丹に贈る	北宋は歳賜として毎年銀7万2,000両、絹15万3,000匹、茶3万斤を西夏に贈る	**淮河**を国境とし、南宋は歳貢(後に歳幣)として毎年銀25万両、絹25万匹を金に贈る
結果	講和が保たれた一方、毎年多額の歳幣・歳賜の費用、100万を超える兵士の軍事費は国家財政を逼迫。王安石の新法の改革実施の背景の一つとなった		南宋にとっては屈辱的講和だが、以後比較的平和が保たれ、経済・文化繁栄の基礎となった

決戦か？和平か？
岳飛(1103〜41)**と秦檜**(1090〜1155)

岳飛は農民の子として生まれ、その背中には母に彫られた「尽忠報国(主君に忠義を尽くし国に報いる)」の入れ墨があったという。一兵卒から昇進を重ねて節度使に任じられ、北宋滅亡に際しては開封と徽宗親子の奪還を主張した。対する**秦檜**は、科挙に合格後、有能な官僚として出世を重ねた。**靖康の変**で金に連行されたが、抑留3年で帰国を許され、南宋の宰相となった。彼は、岳飛ら主戦派の反対を押し切り、1142年、南宋にとって屈辱的な内容である紹興の和議を金と結んだ。獄死した岳飛が忠臣としてあがめられたのに対し、秦檜は史上最悪の売国奴の烙印を押された。しかし、この対金講和によって南宋150年の基礎が築かれたといえる。

↓❾岳飛

↓❿岳飛の墓前に鎖でつながれた秦檜夫妻像

歴史のスパイス　司馬光は神童として知られ、幼少時、甕に落ちた友を石で甕を破り救ったという逸話(「破甕救児」)がある。

宋の社会と文化

1 商業都市 開封

↑❶「清明上河図」 清明節(4月5日頃)の行楽の情景や繁華な様子を描いた絵画。❶❷ともに後世に描かれた模写。伝張択端、模本、北京・故宮博物院蔵、24.8×528.7cm(部分)

読み解き ❶や文献◆からわかる開封の特徴や、唐代の長安(➡P.134)との違いは何だろう。

文献 ① 開封の繁栄

宣徳門から東へ行くと東角楼、そこは皇城の東南隅である。十字街から……まっすぐ旧酸棗門に出るまでの間、最も賑やかな商店街となる。……そこから東へ行く通りの北側が潘楼酒店であって、その下では毎日五更(午前4時ごろ)から、衣類・書画……の売り買いの市が立ち、夜明けまで続いて、羊頭・臓物……蛤蜊といった食物が並ぶ。市がすむと、こんどは色々な細工人が店を張り、こまごました細工物を商う。 (入矢義高他訳注『東京夢華録』平凡社)

2 宋代の経済発展

宋代の貨幣

(万貫) 1年間の平均鋳造量

年	時代	鋳造量
995-97	太宗の時代	80
1007頃	真宗の時代	183
1080	神宗の時代	506
1120	徽宗の時代	300
1156年	高宗の時代	22

↑ⓐ銅銭の鋳造量の変化

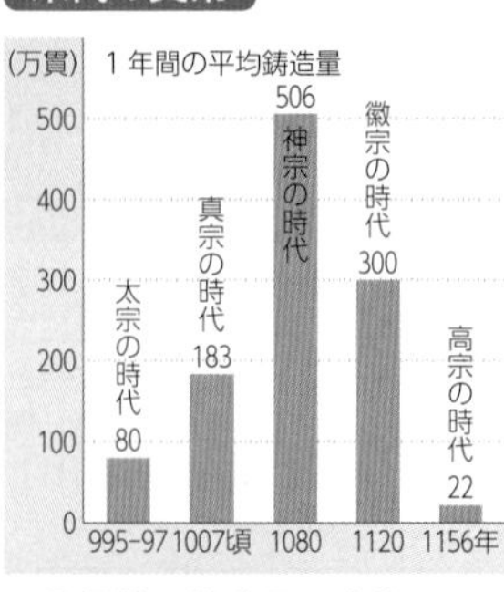

←❹交子 北宋時代に四川で民間業者が発行していた**交子**を、11世紀末より国家が紙幣として発行するようになった。南宋では同じく**会子**が発行された。

(実物大)

←❸宋銭 宋代には、商業の発展に伴って貨幣経済も進展し、**銅銭**(宋銭)が大量に発行された。宋銭は日本や東南アジアでも広く使用された。

読み解き
1 交子や会子が発行されるようになった背景は何だろう。
2 交子や会子の発行を技術面で可能としたものは何だろう。

宋代の産業

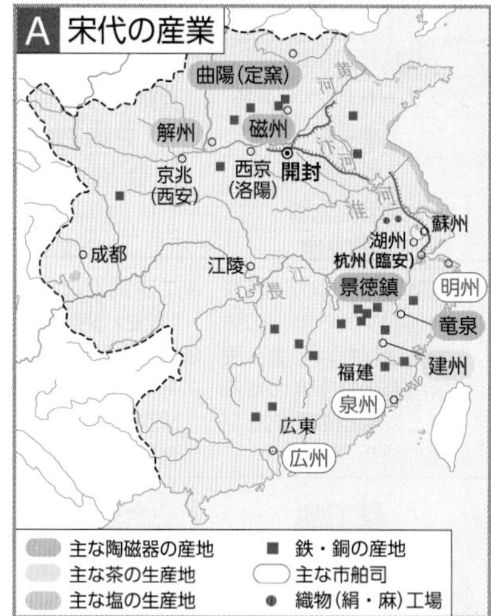

↑**石炭の使用**や江南での桑や**茶**などの商品作物の栽培や**喫茶の普及**は、蘇州の絹織物や**景徳鎮**の陶磁器などの産業の発達をもたらした。

↑❺茶を飲む人々

チェック 宋代の都市経済の発展
- **草市**(州県の城外に設けられた交易場)、**鎮**(交通の要所に生まれた地方の小都市)が出現
- 同業組合の形成
  行…商人の同業組合
  作…手工業者の業種別同業組合

宋代の農業

↓❻囲田 **江南**(長江下流域の三角州地帯)では湿地や沼沢地を堤防で囲って干拓した囲田や圩田、湖田ができ農地面積が拡大した。また、**占城稲**や竜骨車の導入などの技術改良も進み、江南は「**蘇湖熟すれば天下足る**」といわれるほどの穀倉地帯となった。

チェック 宋代の農業発展
- 華北から江南への移住者増加
- **佃戸**を用いた大土地所有の拡大
- 華北の水利・土木技術の導入
- **占城稲**の伝播
- **茶**など商品作物栽培の拡大

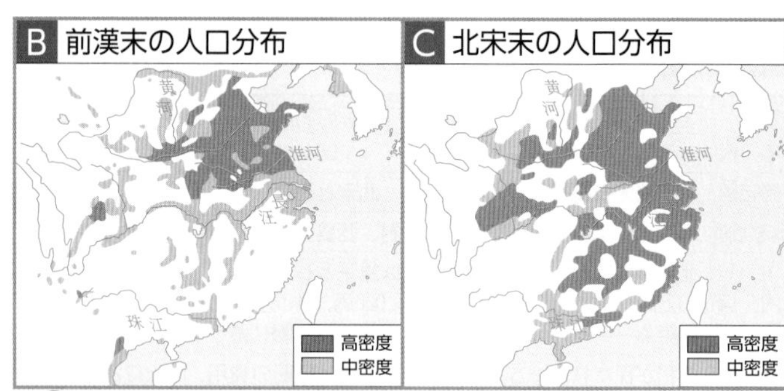

読み解き 人口分布はどのように変化しているだろう。

歴史のスパイス 茶の優劣を競う闘茶が唐代に始まり、日本に闘茶が伝わると、茶を飲んで産地などを当てる競技となった。

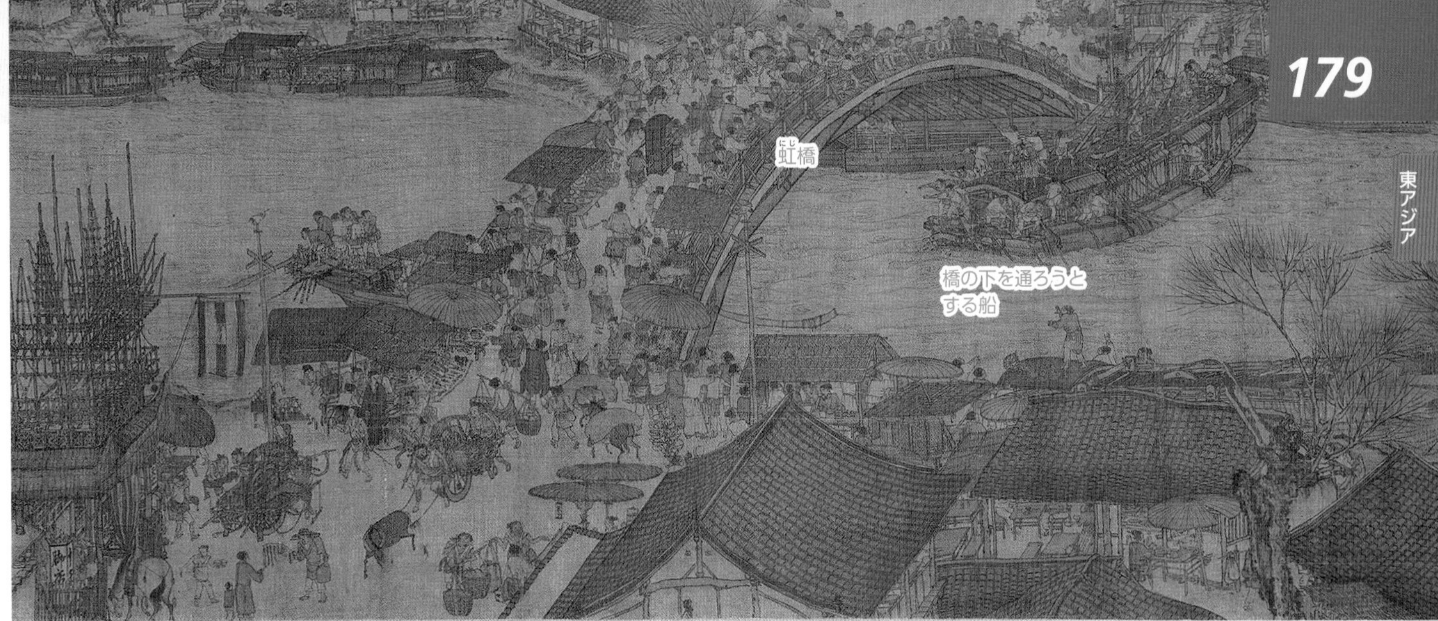

文献②開封の交通

城壁を穿って河すじが4つある。……中央を流れる河を汴河という。西京(洛陽)の洛口から流れを分かって京城に入り、東方泗州[現在の安徽省東北部から江蘇省西部の地]まで行って淮水[淮河]と合流し、東南(江南)地方の穀物を運び込む。すべて東南地方の産物は、この河によって京城に運ばれ、官員も一般人もそれで養われている。

(入矢義高他訳注『東京夢華録』平凡社)

↑❷「清明上河図」(虹橋が描かれた部分)

読み解き

1 ❷に描かれた橋は船の通行のためにある工夫がされている。それは何だろう。

2 ❷に描かれた川は何だろう。文献❷を読んで考えよう。

3 宋代の文化

特色		●貴族層の没落により**士大夫**が文化の担い手 ●商業の発達により庶民文化が発展 ●国粋的・復古的文化
儒学		**宋学**(**朱子学**)の発達…訓詁学(➲P.126)を批判、宇宙の本質(理)・万物の根源を探究 〔北宋〕**周敦頤**…宋学の祖、『太極図説』 程頤・程顥…周敦頤の弟子、宋学の基礎築く 〔南宋〕**朱熹**(**朱子**) …理気二元論、**大義名分論**、華夷の区別、**四書**(➲P.126)を重視、『四書集注』 **陸九淵**…朱子の性即理を批判、「心即理」(唯心論) ➔❼朱熹
歴史学		欧陽脩…『新唐書』『新五代史』 **司馬光**：『**資治通鑑**』…編年体(年代順の編纂形式)による儒教的歴史観に基づく通史(戦国時代～五代) 朱熹：『資治通鑑綱目』…大義名分論、正統論を展開
文学		古文復興…四六駢儷体を排し、漢以前の古文を復興 **唐宋八大家**…韓愈・柳宗元➲P.135・**欧陽脩**・蘇洵・**蘇軾**・蘇轍・王安石・曾鞏 **詞**(楽曲の歌詞)、**雑劇**、小説
宗教	仏教	帝室の保護で復活 **禅宗**…士大夫層で受容 **浄土宗**…庶民層で盛行
	道教	〔宋〕帝室の保護により発展 〔金〕**全真教**…王重陽が華北で創始、儒・仏・道を融合
絵画	院体画	写実性、伝統的手法、装飾性を重んじる **徽宗**「桃鳩図」、馬遠、夏珪
	文人画	士大夫中心、水墨、主観的 米芾、梁楷「六祖截竹図」、牧谿「観音猿鶴図」
工芸		陶磁器(**青磁**・**白磁**)、絹織物
科学		三大発明…**火薬**・**羅針盤**(磁針)・**印刷術**(**木版印刷**の普及、畢昇が膠泥活字発明➲P.189)

↑❽「**桃鳩図**」「風流天子」と呼ばれた**徽宗**の作。宮廷の画院の画家たちによって形成された**院体画**は、写実的で色鮮やかな色彩が特徴。国宝、個人蔵、28.5×26.1cm。

←❿**青磁** 宋代には、高火度で焼いた**青磁**・**白磁**などのすぐれた陶磁器が生産された。特に青磁は「雨上がりの空の青」と形容される複雑な色が特徴である。東京国立博物館蔵、高さ9.6cm

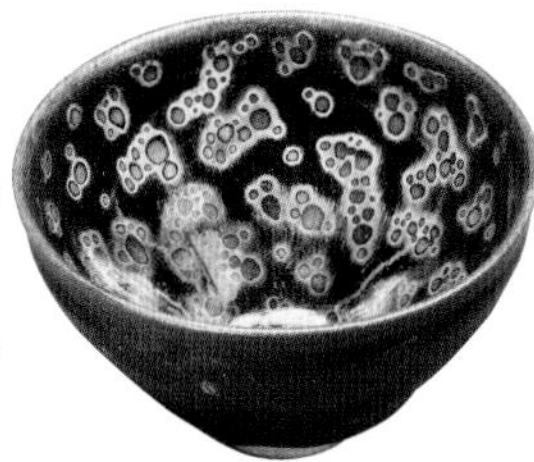

➔⓫**曜変天目茶碗** 天目茶碗は浅いすり鉢形で、黒色釉をかけたもの。宋代には喫茶が普及し、このような茶碗がつくられた。国宝、静嘉堂文庫蔵、高さ7.2cm

↓❾牧谿「**漁村夕照図**」 色彩豊かな院体画に対し墨の濃淡だけで描かれている。**文人画**は、**士大夫**らによって描かれた。国宝、根津美術館蔵、33×112.6cm(部分)

Column 漢民族社会の風習—纏足

五代の頃より、富裕な家庭の少女が幼児期から足に布を巻きつけ、小足にする風習が始まった。激痛、化膿、発熱に2年間ほど苦しむこの風習は、儒教の男尊女卑観を背景に広まった。19世紀の太平天国の乱では、反乱軍が纏足を禁止した。➲P.275

➔⓬**纏足をした女性** 足の親指を除く4指を裏側に曲げて布で緊縛し、発育を止めた。足の大きさは、10cm程度であった。

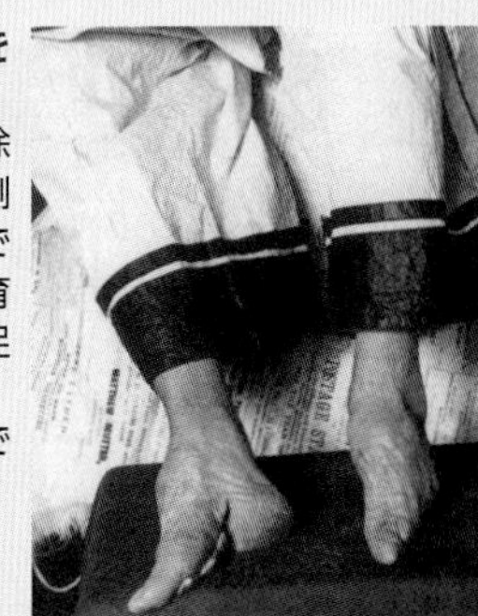

歴史のスパイス 中華料理の「トンポーロー(東坡肉)」(豚の角煮)は、蘇軾が豚肉料理について詠んだ詩から名づけられたという。

1 モンゴル帝国と元の変遷

◆P.176 ➔P.190

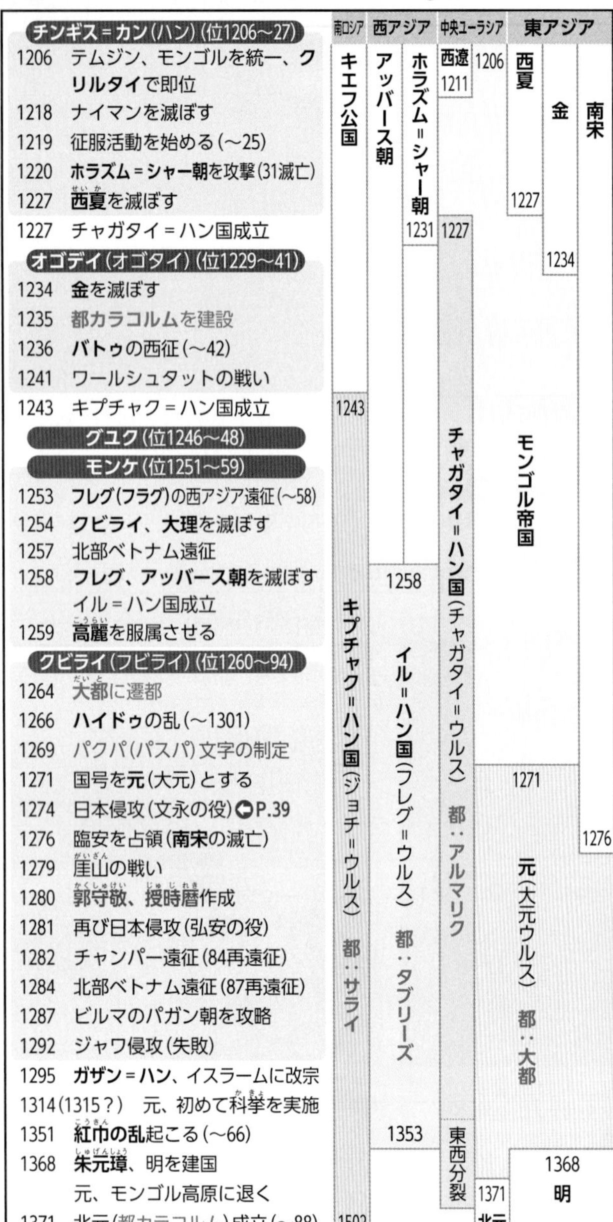

チンギス＝カン(ハン)(位1206〜27)

1206 テムジン、モンゴルを統一、**クリルタイ**で即位
1218 ナイマンを滅ぼす
1219 征服活動を始める(〜25)
1220 **ホラズム＝シャー朝**を攻撃(31滅亡)
1227 **西夏**を滅ぼす
1227 チャガタイ＝ハン国成立

オゴデイ(オゴタイ)(位1229〜41)

1234 **金**を滅ぼす
1235 都**カラコルム**を建設
1236 **バトゥ**の西征(〜42)
1241 ワールシュタットの戦い
1243 キプチャク＝ハン国成立

グユク(位1246〜48)

モンケ(位1251〜59)

1253 **フレグ(フラグ)**の西アジア遠征(〜58)
1254 **クビライ**、**大理**を滅ぼす
1257 北部ベトナム遠征
1258 **フレグ**、**アッバース朝**を滅ぼす イル＝ハン国成立
1259 **高麗**を服属させる

クビライ(フビライ)(位1260〜94)

1264 **大都**に遷都
1266 **ハイドゥ**の乱(〜1301)
1269 パクパ(パスパ)文字の制定
1271 国号を**元**(大元)とする
1274 日本侵攻(文永の役)◆P.39
1276 臨安を占領(**南宋**の滅亡)
1279 厓山の戦い
1280 **郭守敬**、**授時暦**作成
1281 再び日本侵攻(弘安の役)
1282 チャンパー遠征(84再遠征)
1284 北部ベトナム遠征(87再遠征)
1287 ビルマのパガン朝を攻略
1292 ジャワ侵攻(失敗)
1295 **ガザン＝ハン**、イスラームに改宗
1314(1315?) 元、初めて科挙を実施
1351 **紅巾の乱**起こる(〜66)
1368 **朱元璋**、明を建国 元、モンゴル高原に退く
1371 北元(都カラコルム)成立(〜88)

- 南ロシア：キエフ公国 ― 1243 キプチャク＝ハン国(ジョチ＝ウルス) 都：サライ ― 1502
- 西アジア：アッバース朝 ― 1258 イル＝ハン国(フレグ＝ウルス) 都：タブリーズ ― 1353
- 中央ユーラシア：西遼 ― 1211 ホラズム＝シャー朝 ― 1231；1227 チャガタイ＝ハン国(チャガタイ＝ウルス) 都：アルマリク ― 東西分裂
- 東アジア：1206 西夏 ― 1227；金 ― 1234；南宋 ― 1276；モンゴル帝国 ― 1271 元(大元ウルス) 都：大都 ― 1368 明；1371 北元

モンゴル軍の強さの秘密

①**機動性を備えた強力な騎馬軍団(千戸制)**
●替え馬の用意、機動性にすぐれた軽装備、強力な武器
●厳しい軍律(「ヤサ」)
②**周到な計画性(徹底した敵国調査と調略)**
③**ムスリム商人の協力(情報・資金・物資など)**

❶モンゴルの騎馬兵 パリ・国立図書館蔵

文献 ① チンギス＝カンの訓令(『集史』)(14世紀初め)➔P.183

［チンギス＝カンが］言った、「自分の十人隊を整えることができない部将は、彼を妻子とともに有罪とし、彼の十人隊から一人を部将として選ぶ。百人隊、千人隊、万人隊も同様にする」、と。……「万人隊、千人隊、百人隊の部将は、自分の軍隊を整え、準備しなければならず、勅命が届いたときは、昼夜を問わず出馬しなければならない」、と。(歴史学研究会編『世界史史料4』岩波書店)

読み解き 文献から読み取れるモンゴル軍の強さは何だろう。

① モンゴル帝国は、13世紀半ばにはユーラシア大陸の約半分を支配する大帝国となった。

➔❷ワールシュタット(リーグニッツ)の戦い(1241) **バトゥ**の指揮するモンゴル軍が、ドイツ・ポーランド連合軍をリーグニッツの地で撃破。同年、オゴデイの死によりこれ以西への遠征は中止された。

←❸バグダードの陥落(『集史』の挿絵) 1258年、**フレグ**率いるモンゴル軍がバグダードを攻略して**アッバース朝**を滅ぼした。パリ・国立図書館蔵

↓❹チンギス＝カンの即位 テムジンは1206年、クリルタイでモンゴルの君主に推戴され、チンギス＝カンを名のった。

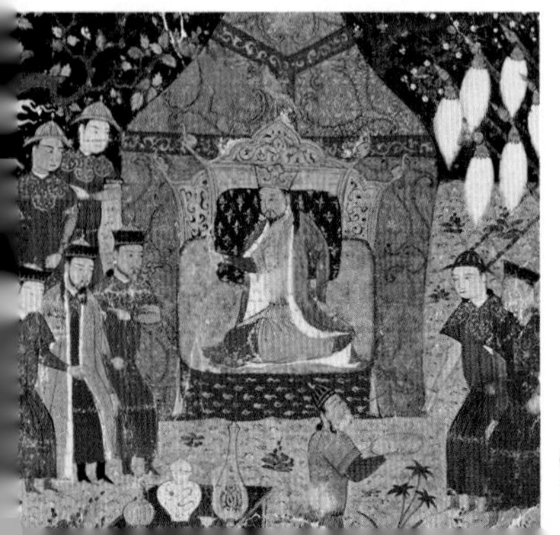

①チンギス＝カン(ハン)
- ジョチ ― **バトゥ** → **キプチャク＝ハン国**(ジョチ＝ウルス)(1243〜1502)
- **チャガタイ** → **チャガタイ＝ハン国**(チャガタイ＝ウルス)(1227〜14世紀後半)
- ②**オゴデイ**(オゴタイ)
  - ③グユク
  - カシ ― ハイドゥ
- トゥルイ
  - ④モンケ
  - ⑤**クビライ**(フビライ) → **元**(大元ウルス)
  - **フレグ**(フラグ) → **イル＝ハン国**◆P.155(フレグ＝ウルス)(1258〜1353)
  - アリク＝ブケ

(クビライとハイドゥ：対立／クビライとアリク＝ブケ：対立)

上から年長順
数字は大ハン位の即位順
■ハン国の建国者

↑❺モンゴル帝国の系図 モンゴル帝国のもとでは、チンギス＝カンの子孫が治める地方政権がつくられ、それが**大ハンのもとで緩やかに統合されていた**。

文献 ② 遊牧民の相続

12〜13世紀モンゴリアの一般の遊牧民における「いえ」は分割相続が一般的であったように伝えられている。……理念型としてのモンゴルの相続は、兄たちから順番に結婚し、それぞれに財産である家畜の群れが分与され、新たな遊牧民の「いえ」をつくり、新たなユルト［宿営地］を得て独立し、最後に残った末の弟が父の「いえ」を引き継ぐ。「いえ」はこのように発展していくべきものなのである。君主や富裕な有力者のあいだでは、隷属的な牧夫や使用人に新たな「いえ」と財産が分与されることもあっただろう。
(川本正知『モンゴル帝国の軍隊と戦争』山川出版社)

読み解き モンゴルのような遊牧民と、農耕民との財産とその相続の違いは何だろう。

歴史のスパイス チンギス＝カンを埋葬した陵墓の場所は現在も不明だが、2004年に日本の調査隊が祭祀を行った霊廟跡を発見した。

2 元と諸ハン国

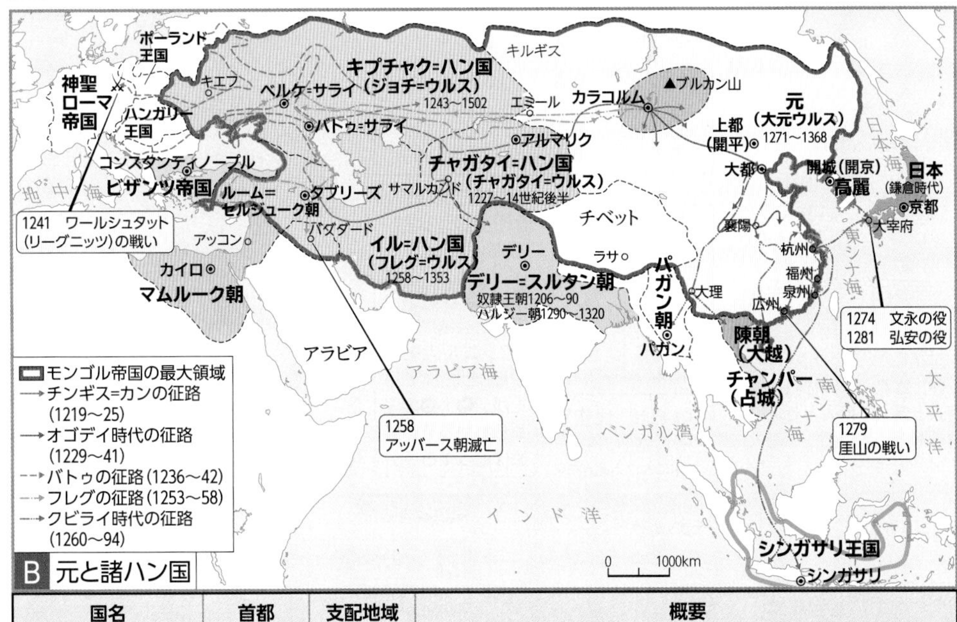
B 元と諸ハン国

解説 ウルス

モンゴル語で遊牧民の共同体、あるいは「くに」をウルスと呼ぶ。領土に主眼を置くのではなく、遊牧民集団の政治的統一体をさし、諸ハン国がそれに相当する。遊牧民共通の覇者として推戴された大ハンを頂点に、有力者による集会(クリルタイ)が組織され、新しい大ハンの選出や遠征の実施、法令の発布など重要事項が決定された。征服の過程で彼らに従った者は、宗教・言語・出自を問わずモンゴル＝ウルスの一員として能力に応じて公平な待遇を受け、固有の社会と文化も保護された。

国名	首都	支配地域	概要
キプチャク＝ハン国(ジョチ＝ウルス)(1243～1502)	サライ	ロシア	ロシア諸侯国を支配し(「タタールのくびき」)、ビザンツ帝国・マムルーク朝とも通交。ティムールの攻撃やモスクワ大公イヴァン3世の自立による衰退後、クリム＝ハン国の攻撃を受け滅亡。
チャガタイ＝ハン国(チャガタイ＝ウルス)(1227～14世紀後半)	アルマリク	中央アジア	東西トルキスタンを領有し、ネストリウス派を信仰するも、早くからイスラーム化。東西分裂後、西チャガタイ＝ハン国から自立したティムールにより滅亡。
イル＝ハン国(フレグ＝ウルス)(1258～1353)➲P.155	タブリーズ	イラン	ビザンツ帝国やヨーロッパ諸国と通交。ネストリウス派を保護。13世紀末、**ガザン＝ハン**の時代に**イスラーム**を国教化。ラシード＝アッディーンがペルシア語で『集史』を編纂。後に分裂。

↑❺**イスラームに改宗するガザン＝ハン** 従兄弟との争いに勝利して即位した**ガザン＝ハン**は、ムスリムであるイラン人への支持拡大を狙って改宗した。図は『集史』に描かれた挿絵。➲P.155

3 モンゴル帝国を訪問した使節・旅行家

プラノ＝カルピニ(1182頃～1252)〈イタリア〉	フランチェスコ会修道士。教皇インノケンティウス4世により派遣。偵察と布教のためカラコルムに至り、グユクに親書を渡す(1246)
ルブルック(1220頃～93頃)〈フランス〉	フランチェスコ会修道士。布教のためフランス王**ルイ9世**により派遣。カラコルムに至り、モンケと会談(1254)
モンテ＝コルヴィノ(1247～1328)〈イタリア〉	フランチェスコ会修道士。教皇ニコラウス4世により派遣(1294)。大都の初代大司教に任命され、中国で初めて**カトリック**を布教
マルコ＝ポーロ(1254～1324)〈イタリア〉	ヴェネツィア出身の商人。大都に至り(1275)、クビライに仕える。帰国後、『**世界の記述**』を口述
イブン＝バットゥータ(1304～68/69または77)〈モロッコ〉	旅行家。アフリカ・アジア・ヨーロッパを旅し、大都に至る(1346)。『**三大陸周遊記**』を口述➲P.167

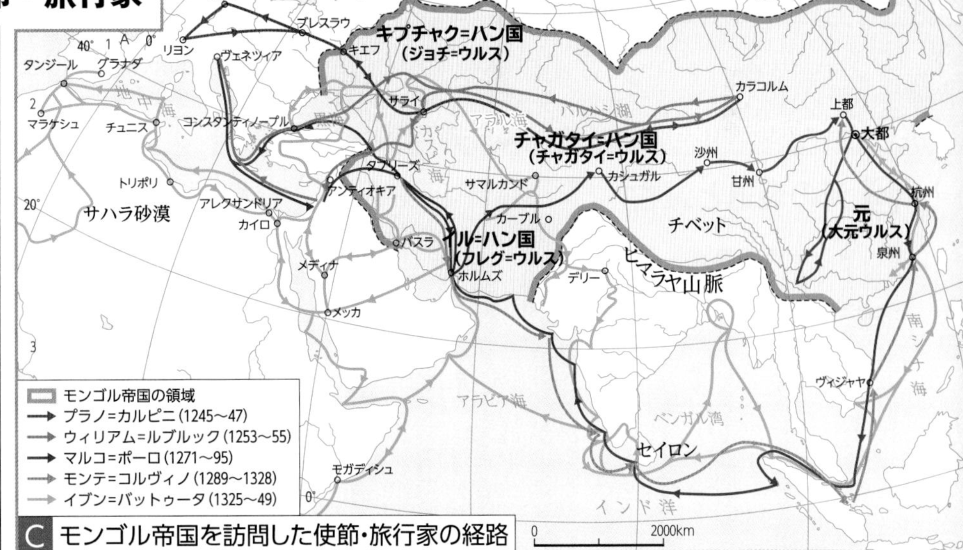
C モンゴル帝国を訪問した使節・旅行家の経路

文献❸ カルピニに渡した教皇への返書(1246)

尊大な教皇たるお前がフランク国王たち全てと共に自ら朕[グユク]のもとへ来い。朕は今あるあらゆる決まりの命令をその時に聞かせよう。また、お前たちは言った、私を洗礼者に(することは)良いことである、と。身のほどを知れ。……神の力によって、太陽が昇る(ところから)、そして、沈む(ところ)まで、全ての国々は朕に確保され、人々は朕が所有している。神の命令によらずして、何人たりとて(このようなことを)どうしておこない得ようか。今、お前たちは、正直な心で「我らは服従者となります。移住します」と言うがよい。お前は自らフランク国王たちの長として、全ての者がひとつとなって、朕のもとに来い。お前たちの服従をその時に認めよう。(歴史学研究会編『世界史史料4』岩波書店)

文献❹ イブン＝バットゥータ『大旅行記』(『三大陸周遊記』)

われわれが海を渡り、最初に到着した町は<u>**ザイトゥーン**</u>の町であった。……そこは壮大にして、規模の大きな町であり、……そこの停泊港は、世界の数ある港のなかでも最大規模の港の一つ、否、間違いなく最大のものであり、私は実際にその港で約100艘の大型ジュンク[ジャンク船]を見た。さらに小型船に至っては、多くて数えきれないほどであった。(イブン＝バットゥータ著、家島彦一訳注『大旅行記7』平凡社)

読み解き

1 文献❸から教皇の要求を推測しよう。
2 文献❹の下線部はどこの港のことだろう。
3 東西交流が盛んになった背景は何だろう。

歴史のスパイス マルコ＝ポーロ『世界の記述』に登場する日本をさす「ジパング」の語は、「日本国」を中国南方の方言で発音した「ジーペングォ」が語源とされる。

モンゴル帝国(2)

1 元の内政と外征

元の中国支配

チェック

元の中国支配
- 交通網の整備(**大運河**修復、**海運**利用)
- 農耕社会内部には深く関与せず
  →佃戸制は維持、庶民文化の隆盛
- 儒教文化を重視せず(実力主義の人材登用)
  →**科挙**の一時停止(1314年に復活)

ⓐ元の社会構造

モンゴル人 1.4%、100万人

実力主義による人材登用

色目人	漢 人	南 人
(西域出身の諸民族) 1.4%、100万人	(金支配下の人々) 13.8%、1,000万人	(南宋支配下の人々) 83.4%、6,000万人
財務官僚として重用		

元は実力・能力を重視した人材登用を行った。**科挙**は1313年まで停止され、再開された後も、モンゴル人・**色目人**と**漢人**・**南人**とで、課される科目数が異なるなど、人口の多い南人に不利であった。

	達魯花赤(監督官)	総管(長官)	同知(次官)
モンゴル	1人	2人	3人
色目人	16人	5人	8人
漢人	3人	12人	7人
南人	0人	1人	0人

ⓑ鎮江路総管府歴代上級官人数(1276〜1333頃)

定員総計	300人
モンゴル	75人
色目人	75人
漢人	75人
南人	75人

ⓒ郷試*民族別合格者数(1314)

*科挙における地方試験

読み解き
元の社会はかつて「モンゴル人第一主義」とされていたが、ⓑ・ⓒの表からわかるその実態はどうだろう。

モンゴル帝国第二の創業者 クビライ(フビライ)(1215〜94)

チンギス＝カンの孫。兄モンケの死後、末弟アリク＝ブケとの帝位継承争いに勝利し、第5代大ハンとなった。即位後は、**大都**を建設して遷都、**南宋**を滅ぼして中国統一を完成させ、中央集権的な統治体制を導入して中国支配を固めた。また、ユーラシア東西を結ぶ陸上交易路と南宋治下で発展した海上交易路を連結し、陸と海を統合するユーラシア規模の巨大国家建設をめざした。

読み解き
1 クビライがカラコルムから大都に遷都した理由は何だろうか。
2 人工の港「積水潭」がつくられた目的は何だろうか。

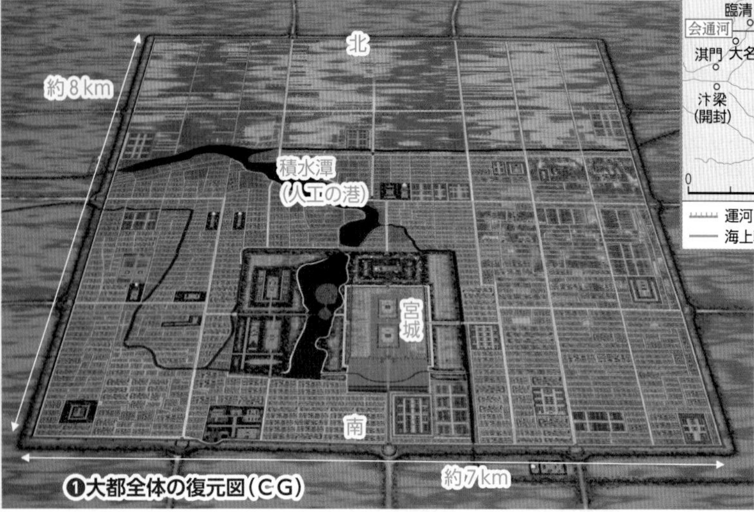

①大都全体の復元図(CG)

元の外征

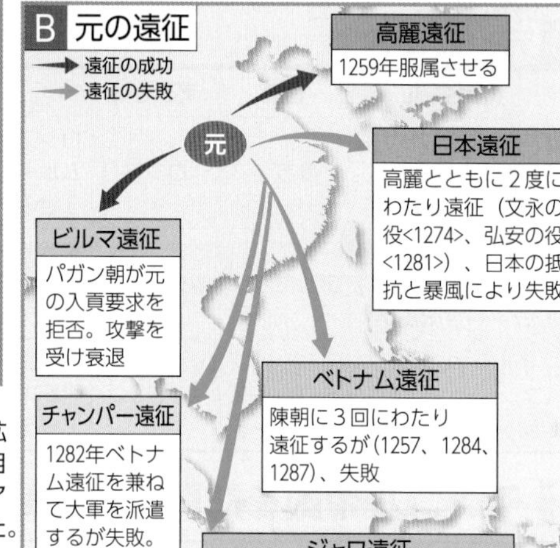

➔クビライは通商の拡大と交易路の確保を目的に東アジア・東南アジアへの進出を図った。南宋を征服した際に、造船・航海技術や知識を吸収したことが、これらの外征に大きく貢献した。

2 元の衰退と滅亡

- ユーラシア規模の天災・飢饉
- **交鈔の濫発・専売制の強化**
- チベット仏教による支出増大
- 帝位継承をめぐる内紛の頻発

↓

財政破綻・民衆の生活窮乏
社会不安の増大・民衆蜂起の頻発

↓

1351 **紅巾の乱**(〜66)
1368 モンゴル高原に後退

- アジアに諸帝国成立
  …明、ティムール帝国、ムガル帝国、ロシア帝国
- 日本・東南アジアでも、国家・社会の変容や再編の動き

ⓓ元の衰亡原因

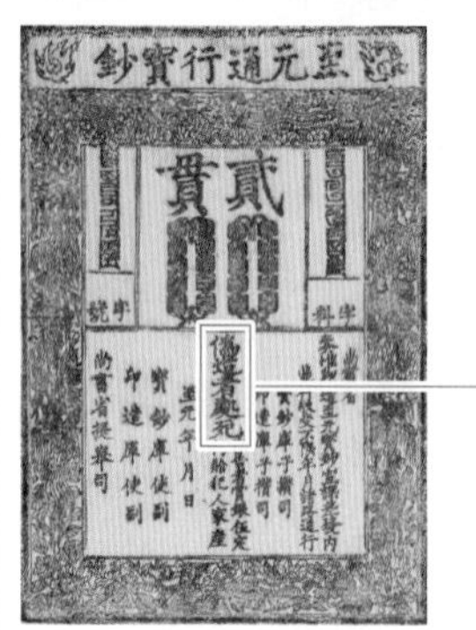

②元代の紙幣(交鈔) 元は**銀**を基本通貨としたが、紙幣として**交鈔**が使用された。銀の兌換が保証された交鈔は西アジアなど広域で使用されたが、やがて銀の準備不足と濫発によって価値が暴落した。至元通行宝鈔、28.3×20.2cm、日本銀行金融研究所貨幣博物館蔵

読み解き 交鈔の濫発は経済にどのような影響を与えただろう。

③妙応寺白塔(北京) モンゴル帝国や元では、**チベット仏教**が信奉され、各地に高い仏塔を持つ寺院が建立された。この白塔はクビライの時代に建てられた。

文献 1 交鈔の濫発(『元史』食貨志)

(至正)11(1351)年、宝泉提挙司を置き、……交鈔を印造するを掌り、民間に通用せしむ。之れを行うこと未だ久しからずして、物価騰踊[高騰]し、価は十倍を逾ゆ。又た海内[国内]の大乱に値い、軍儲[軍備]供給・賞賜犒労[ねぎらい]に、毎日印造すること、数計すべからず[数え切れない]。
(歴史学研究会編『世界史史料4』岩波書店)

④紅巾の乱(想像図) 白蓮教徒の韓山童に率いられた元末の農民反乱。紅色の頭巾をつけたためこの名で呼ばれた。**白蓮教**は、弥勒仏がこの世に現れて衆生を救うという信仰を持つ民間宗教。明を建国した朱元璋(➔P.190)も指導者の一人であった。

歴史のスパイス フビライが派遣した日本遠征の船と兵士は、文永の役では高麗、弘安の役では高麗と旧南宋のものであった。

3 モンゴル・元代の文化

特色	●在来の文化には寛容(多文化・多言語主義) ●中国の伝統的学問・思想の不振 ●東西文化交流の活発化(宗教・染付・暦) ●庶民文化の発達(小説・元曲)
文芸	**元曲**(雑劇)…曲(唱)・科(しぐさ)・白(台詞)からなる 『**西廂記**』(王実甫)…上流社会の圧力に抗した男女の恋愛物語 『**琵琶記**』(高則誠)…貞節な妻と背徳の夫の物語、士大夫階級を批判 『**漢宮秋**』(馬致遠)…匈奴に嫁した王昭君の哀話の劇化➡P.185 小説…『水滸伝』『西遊記』『三国志演義』などの原型 史書…ペルシア語・モンゴル語の史書編纂 『**集史**』(**ラシード=アッディーン**)…イル=ハン国宰相がガザン=ハンの命で編纂 『元朝秘史』…モンゴル民族の開国神話からオゴデイまでの伝説・史実の記録
宗教	キリスト教…カトリックの伝来(フランチェスコ会などによる)、ネストリウス派キリスト教➡P.134 **チベット仏教**…国教的存在、**パクパ(パスパ)**がクビライの信任得る イスラーム…色目人が多い 道教…全真教(道教教団の一派)➡P.179
書画	**趙孟頫**…書画の大家。書では王羲之への復帰を主張、絵画では院体画に反対して文人画を復興➡P.179 元末の四大画家…黄公望・倪瓚・呉鎮・王蒙 **ミニアチュール**…中国画の技法がイル=ハン国に伝来して発達、後世に影響
科学	●イスラーム文化の影響が大きい 天文学…**郭守敬**「**授時暦**」→日本の貞享暦(1685)に影響 兵器…回回砲(投石機)
文字	パクパ(パスパ)文字(公用文字、公用語はモンゴル語) モンゴル文字(ウイグル文字より作成)

⑤永楽宮壁画 永楽宮は山西省にある道観で、モンゴル時代に全真教の本山として朝廷の庇護と援助のもと70年余かけて建立された。

4 モンゴル・元代の東西交流

C 8つの地域交易圏

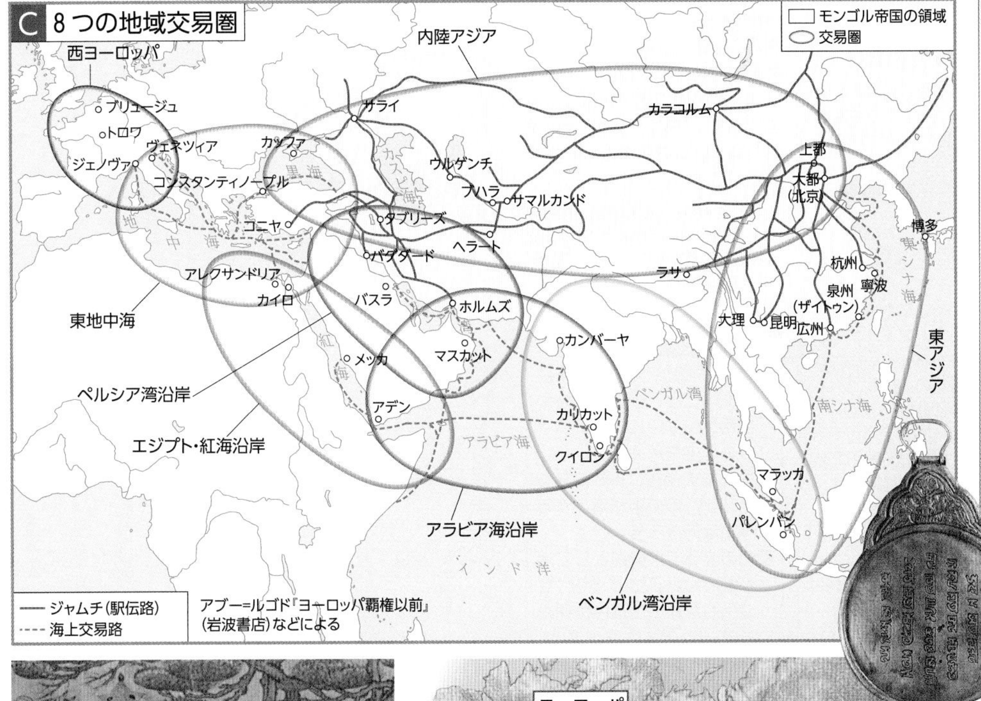

文献② ジャムチ(駅伝制)

カンバルク[大都]の町からは多くの道路や道が出て、さまざまな地方に通じている。……カンバルクを発って25マイル進むとイヤンと呼ばれる宿駅に着く。これは「馬の駅」という意味である。この宿駅には大きく美しい豪華な館があり、大カーン[大ハーン]の使者はそこに宿泊する。……また、宿駅には400頭の馬を備えたところもあれば、200頭のところもあるが、……どこに使者を送るにせよ、つねに馬が準備を調えて待ちかまえているのだ。……どんな道においても宿駅と宿駅のあいだには3マイルごとに40戸ばかりの小さな集落があり、大カーンの使者の役目をはたす飛脚が住んでいる。彼らは皆、……全速力で3マイル離れた次の集落まで走る。次の集落では、飛脚が来るのが聞こえるので、その到着の前に新たな飛脚を準備し、……この新たな飛脚は、前の集落からの飛脚が運んで来たものを受け取り、……新たな3マイルの道のりを走る。……[こうして大カーンは]伝えるのに10日はかかる知らせでも1昼夜で知ることができる。

(月村辰雄他訳『完訳 マルコ・ポーロ 東方見聞録』岩波書店)

⑥ジャムチの牌符(牌子) 使者が携行した通行許可証。パクパ(パスパ)文字が刻まれている。用途に応じて金牌・銀牌などがある。

⑦イル=ハン国版『王書』の挿絵 中国絵画の技法がイル=ハン国を介してイスラーム諸国に伝わった結果、**ミニアチュール**(細密画、➡P.157)がサファヴィー朝やオスマン帝国、ムガル帝国などで発達した。中国絵画を取り入れることで空間的表現も可能となった。

読み解き 中国絵画の影響は、この絵のどの部分に表れているだろうか。

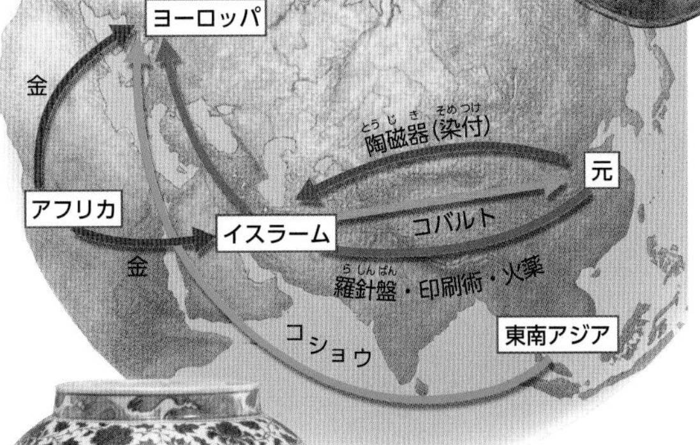

⑧元代の染付(青花) 中国磁器の技術の上に、ペルシア陶器における絵付けの習慣と、モンゴル・イスラームに共通するコバルト=ブルーの愛好という3つの要素が重なってできた。
出光美術館蔵

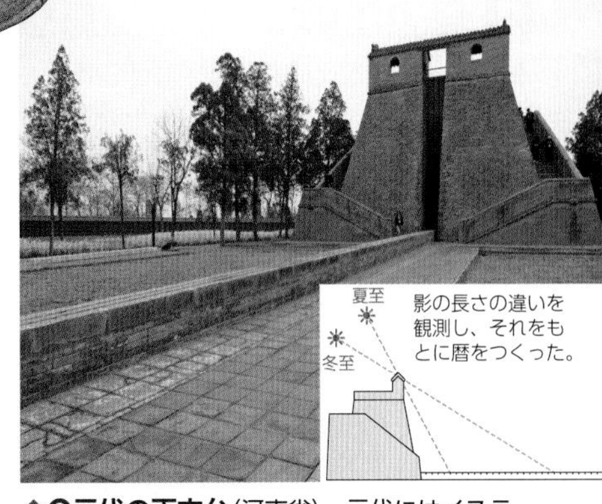

⑨元代の天文台(河南省) 元代にはイスラーム文化が流入し、天文学・暦学・数学が発達した。**郭守敬**は、クビライの命により、この天文台を使用して綿密な観察を行い、グレゴリオ暦(➡P.72)に先駆けて1年を365.2425日とする**授時暦**をつくり上げた。江戸時代の渋川春海は、授時暦をもとに貞享暦をつくった。

歴史のスパイス 『元典章』(元朝の法令・判例集)をはじめとする元代の漢文史料は、口語・俗語・モンゴル語の直訳語をふくむため、大変特殊な文章となっている。

資料にチャレンジ　中華思想と冊封体制

チャレンジする前に！

前近代の中国は、周辺国の君主・首長を朝貢（➡P.187）させ、その一部に官位などを与える「冊封」を通して国際秩序を保つ「冊封体制」と呼ばれる独特な対外関係を展開した。冊封体制は、漢代から徐々に形成され、明清代に最も発達した。この独特な対外関係の基礎となる発想が「中華思想」である。冊封体制や中華思想は、中国のみならず周辺国においても政治・思想面で多大な影響を与えたが、近代化の波に押され、次第に姿を消していく。冊封体制と中華思想について考えてみよう。

1 中華思想（華夷思想）

中華と夷狄

解説　中華・夷狄・華夷秩序

- **中華**…中国文明に属する国や地域、人間をさす様々な呼称（夏、夏華など）の総称。中華は天下（世界）の中心であり、周囲の異民族・異文化よりもすぐれたものと考える。
- **夷狄**…中華思想に基づき、天子が支配する中華と区別された、周辺の諸民族。中華を中心として、四方に存在する夷狄を東夷・南蛮・西戎・北狄と地域的に区別した。中華と夷狄を区別する基準は「礼」であった。
- **華夷秩序**…中国が自らの優越性を誇って「中華」と自称し、周辺諸国を文化的に劣る「夷狄」などと位置づけた上で形成される国際秩序。

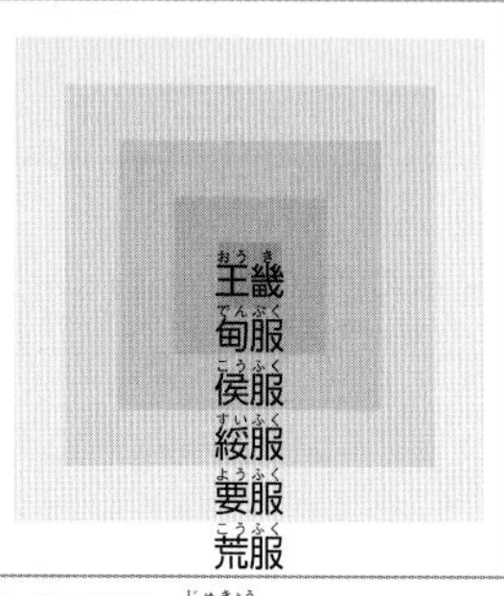

↑ⓐ**五服**　儒教経典や史書に登場する古代中国の世界観。王都（王畿）からの文化距離に応じて５つの地域に分けられた。都からの距離が、文化の高低そのものを示すと観念された。

文献①　華夷秩序の強調

儒教倫理が国家支配に用いられた期間全体を通じ、「華夷秩序」の観念は政治の場において命脈を保ち、東アジア世界の国際関係を大きく左右し続けた。一方で、現実の中国の内政や外交は、常に安定していたわけではない。中華帝国が安定し、周辺国を「華夷秩序」の理念通りに従えられた時期は、実はそれほど長くなかった。しかしむしろ、**漢民族が劣勢に立たされた時期にこそ、この「華夷秩序」が排外主義的に強調された。**

（黒田日出男他編『歴史学事典12』弘文堂）

読み解き　下線部の事柄は、中国の歴史上、いつどのような形で現れただろう。

王朝の正統性

文献②　明の洪武帝（➡P.190）が高麗国王に与えた国書

宋が国家を統御できなくなると、天はその皇統を絶ち切った。元は我が種族ではなかったが、中国に入って主となること百余年、天はまたその無能と不道徳を厭い、その命運を断絶させた。……朕は……北のかた胡君を駆逐し、華夏を粛清し、我が中国のもとの領土を回復した。

（岸本美緒『明末清初中国と東アジア近世』岩波書店）

文献③　反満思想に対する清の雍正帝（➡P.192）の反論

昔から君主のない人民というものはない。……誰が正しい君主かといえばそれは天命を受けた君主である。これも中国聖人の教えた通りである。天命を受けた君主であれば中国人であろうが異民族であろうが問うところではない。否、異民族であるわが朝廷ほど正々堂々と天命を遂行したものはない。……もし異民族だからいけないというならば、経書の中にも、舜は東夷の人なり、と書いてあるではないか。（宮崎市定『雍正帝』中央公論新社）

↑清初の朱子学者呂留良の説く華夷思想に影響を受けた曽静が反満思想を唱えた罪で捕らえられた。曽静への訊問、雍正帝による反満思想への反論などは『大義覚迷録』としてまとめられ出版された。

読み解き

1. 文献②・③に共通してみられる、中国の支配者として必要な要件は何だろう。
2. 文献②にみられる王朝交替の理論を何というだろう。

中華と夷狄の変容

右のⓑ・ⓒは、明清時代の史書の中で使用された自国と外国に関する語の使用状況を示したものである。「夷狄」「外夷」はいずれも中華思想を背景として生まれた語である。

＊グラフの典拠となる『明実録』『清実録』は、次の王朝によって編纂される正史の資料とするために当該王朝自身で編纂した皇帝一代ごとの記録である。

（回）0／10／20／30／40／50／60
■夷狄　■外夷　■外国
洪武（建文ふくむ）　永楽　宣徳　正統　景泰・天順　成化　弘治　正徳　嘉靖　隆慶　万暦　泰昌・天啓

↑ⓑ『明実録』中の「夷狄」「外夷」「外国」の使用状況

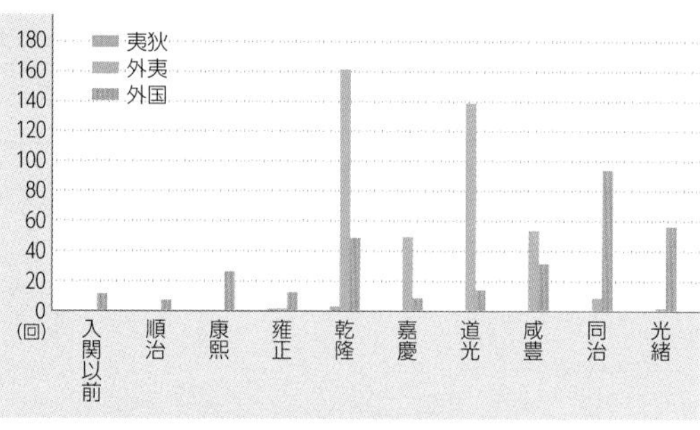

↑ⓒ『清実録』中の「夷狄」「外夷」「外国」の使用状況

読み解き

1. ⓑで「夷狄」や「外夷」の使用が多いこと、ⓒの「夷狄」の使用が少ないこと、それぞれの理由を考えてみよう。
2. ⓒで清末（咸豊以降）になると「外国」の使用が増加する理由は何だろう。
3. ⓑのグラフの典拠として清が編纂した正史の『明史』を使用しなかった理由は何だろう。

2 周辺国における華夷思想

↓❶「混一疆理歴代国都之図」　15世紀初め、モンゴル帝国でつくられた地図をもとに朝鮮で作成された地図。龍谷大学図書館蔵、130×160cm

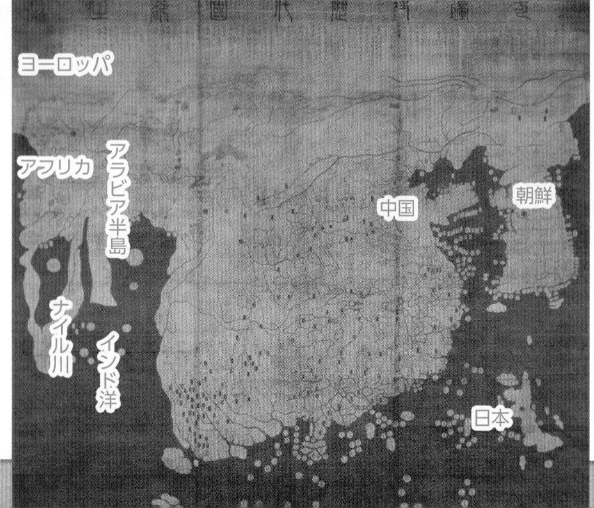

文献④　朝鮮知識人の清に対する認識（朴趾源『熱河日記』）

（日記の年代を）どうして「後三庚子」としたか。……どうして、「後」と称したのか。崇禎紀元の後だからである。どうして「三庚子」なのか。崇禎紀元後から三回目の「庚子」の年にあたるからである。どうして「崇禎」と書かなかったのか。（鴨緑）江を渡るに際し、故にこれにははばかったためである。どうして、はばかったのか。鴨緑江の向こうには清の人々がいるためである。天下はみな、清の定めた暦にしたがっている。したがって、あえて「崇禎」の使用を避けたのである。……崇禎17(1644)年、毅宗烈皇帝（崇禎帝、位1627～44）が社稷（国家）に殉じて、明の帝室が滅亡してから、130年余りになる。

（中國哲學書電子化計劃ウェブページをもとに作成）

↑『熱河日記』は、1780年に北京へ派遣された使節に朴趾源が随行した際の日記。書名は、使節の旅程が北京から離宮の避暑山荘がある熱河（河北省承徳市）にまで及んだことに由来する。

文献⑤　「日本型華夷秩序」

足利義満の冊封（1404年）以後のおよそ150年間、朝貢関係が復活する時期があったものの、……日本の戦国の動乱期をへて出現した織豊政権および徳川幕府は、中華の天下秩序に服順することはなかった。外国との接触を極小化し、対外貿易を厳格な管理のもとに置く1630年代以降の日本は、自国を中心とする「日本型華夷秩序」を作りあげたと言われることがある。

（岩井茂樹『朝貢・海禁・互市』名古屋大学出版会）

読み解き

1. ❶について、朝鮮でつくられたことをふまえた上で、地図に現れた特徴は何だろう。
2. 文献④について、朴趾源の明と清に対する認識はどのようなものだろう。
3. 古代から近世にいたる日本の歴史の中にみられる「日本型華夷秩序」の例をあげてみよう。

3 冊封体制

冊封体制と「内臣」「外臣」

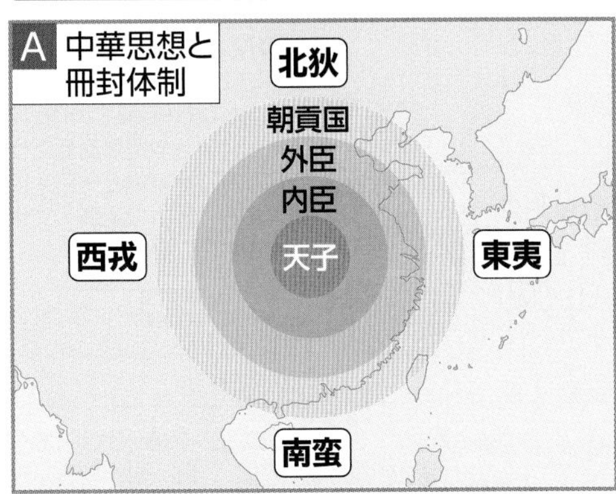

↑「内臣」(国内の官僚・諸侯王)に対して、周辺国君主を「外臣」(中国に服属する異民族の国)として冊書(任命書)をもって封建するのが冊封である。諸侯王は当初「外臣」であったものが、前漢武帝期には「内臣」に位置づけられるようになっていた。

読み解き
1 漢と周辺諸民族の関係は、郡国制の変化とどのように関わっているのだろう。
2 冊封による双方のメリットは何だろう。

↑❷清代の玉璽「天子行宝」(下)と❸印影(上)　乾隆帝(➡P.192)は皇帝が使用する印を整理して25宝璽を定めた。「天子行宝」は外国の冊封に用いた。

↓ⓓ皇帝六璽とその用途(漢代)

「皇帝行璽」…行政一般
「皇帝之璽」…諸侯王への文書発給
「皇帝信璽」…軍隊の動員
「天子行璽」…外国の冊封
「天子之璽」…天地の神を祀る
「天子信璽」…外国への出兵要請

読み解き 中国皇帝が冊封に際して天子の称号の印を用いたのはなぜだろう。

蛇

↑❹滇王之印　滇は現在の雲南省東部にあった国。前109年に前漢武帝が滇王を冊封し、その際に与えたと考えられる金印が1956年に発見された。中国国家博物館蔵

印	綬	爵位・官位(内臣)	冊封国(外臣)
玉	黄赤	皇帝・皇后	
金	赤	皇太子・諸侯王	匈奴・倭・南越・烏孫など
	緑・紫	丞相・将軍	
銀	青	高級官僚	
銅	黒	中級官僚	
	黄	下級官僚	

↑ⓔ漢代の印制　「綬」は印を下げるのに使用する組みひも。奴国王冊封について『後漢書』には「賜うに印綬を以てす」とあるように、印と綬はセットで授けられた*。　*時代・出典により異同あり

ラクダ

←❺「魏率善羌邑長」銅印　福岡市博物館蔵

読み解き
1 冊封国に与えられる印の材質の違いは何を表すのだろう。
2 ❹の蛇、❺のラクダなど、印の鈕(つまみ)の形には何か意味があるのだろうか。

冊封と国号賜与

阮福暎は阮朝(1802〜1945)(➡P.273)を建国し、清朝に対して冊封を請うと同時に国号を「南越」としたい旨を申請して承認を求めた。右の文献は清朝側の対応に関するものである。

読み解き
1 阮福暎に実際に伝えられた内容は、文献⑥と⑦のどちらだろう。
2 阮福暎が求めた「南越」を清が許さなかった理由と、清が与えた国号「越南」との違いは何だろう。

文献⑥ 阮朝の国号に関する記述①
該国(阮朝)は最初に越裳(ベトナム南部にあった古の国名)の旧地にあって、後に安南(ベトナム)を有した。天朝が与えた領国に「越南」の二字を用いるのは、「越」の字を上に冠して昔の領域を示し、「南」の字を下につけて新たに授けた諸侯であることを表す。かつ百越(中国大陸南方に住んでいた諸民族)の南に在って、古の「南越」と称するものと混同しないためである。
(『明実録　仁宗睿皇帝実録』111中華書局をもとに作成)

文献⑦ 阮朝の国号に関する記述②
南越の二字を以て封土を錫うことを要請した一件、断じて行うべきではない。南越の名がさす所は大変広く、昔の史書を調べると今の広東・広西の境界まで含む。阮福映(暎)は辺境の異民族で、既にベトナム全土を領有しているが、交趾(交趾郡＝ベトナム北部)の故地にすぎない。どうして急に南越と称することができようか。(『清実録　仁宗睿皇帝実録』106中華書局をもとに作成)

鄭和の大遠征

➡P.190

↑❻鄭和(1371〜1434頃)　雲南省出身のムスリム。靖難の役(➡P.190)で活躍し、永楽帝に重用された。

↓❼キリン　鄭和は、キリンやライオンなどの珍獣をアフリカから持ち帰った。「キリン」(現地ではジラフ)という呼称は、中国の伝説上の動物「麒麟」にちなむ。

世界遺産

↑❽想像上の麒麟をかたどった像(北京・頤和園)

読み解き
鄭和がジラフを「麒麟」と名づけて永楽帝に献上した理由は何だろう。

4 公主降嫁(和蕃公主)

解説 和蕃公主

皇帝の娘を公主といい(ただし実子とは限らない)、中国古代において近隣諸国を懐柔するためにとられた政策(公主降嫁)で嫁いだ公主を「和蕃公主」という。前漢建国直後、白登で匈奴に包囲され窮地に陥った劉邦(➡P.124)が、匈奴と和親して公主を降嫁したことが、和蕃公主の始まりとされる。公主降嫁は、冊封・羈縻(➡P.133)・互市(➡P.187)とともに中国王朝が展開した外交政策の一つであった。

←❾王昭君　王昭君は前漢の元帝の命で匈奴のもとに嫁がされた。降嫁させる女性を選ぶ際、画家に賄賂を送らなかったため醜く描かれたことで和蕃公主に選ばれたとの話が伝わっている。この説話は元曲『漢宮秋』(➡P.183)の題材にもなった。菱田春草筆「王昭君図」(一部抜粋)、善寶寺蔵

年代	和蕃公主	降嫁先
640	皇族(弘化公主)	吐谷渾
641	皇族(文成公主) ➡P.136	吐蕃
710	皇族(金城公主)	吐蕃
717	皇族(永楽公主)	契丹
722	皇族(燕郡公主)	契丹
726	皇族(東華公主)	契丹
745	皇族(静楽公主)	契丹
758	粛宗娘(寧国公主)	ウイグル
769	家臣娘(崇徽公主)	ウイグル
788	徳宗娘(咸安公主)	ウイグル
821	憲宗娘(太和公主)	ウイグル

↑❶唐代における公主降嫁の一覧(一部)

文献⑧ 公主降嫁の数の推移
前漢に始まった和蕃公主の降嫁は、続く後漢魏晋南北朝の時代になるとその事例を見なくなる。一方、五胡十六国時代から北朝の時代において、和蕃公主の降嫁は漢代よりも盛んに行われるようになる。さらに、隋唐時代へ至るとその流れがより一層強まり、最も盛んに和蕃公主の降嫁が外交の重要な政策として行われた。　(藤野月子『王昭君から文成公主へ』九州大学出版会)

読み解き
1 王昭君の匈奴への降嫁(前33)は、約120年ぶりのことであった。この間の漢・匈奴関係についてまとめてみよう。
2 公主の出自から、唐と降嫁先の国との関係にはどのような傾向があるだろう。
3 唐代に盛んに行われた公主降嫁は、冊封とどのような関係にあっただろう。

まとめの考察
冊封体制は、近現代の欧米諸国を中心に展開された国際秩序とどのような点で異なるだろう。

アジア海域での交易の興隆

1 東アジア・東南アジア海域世界の動向

➡P.116 ➡P.272

	東アジア海域世界	東南アジア海域世界
前期倭寇	●元の衰退による混乱で**倭寇**出没(**前期倭寇**) 1371　明、**海禁政策**(16国が朝貢)➡P.190	1351　タイで**アユタヤ王国**成立 14世紀末　**マラッカ王国**成立
勘合貿易	1404　**勘合貿易**開始(〜1547)➡P.43 1429　**琉球王国**成立 琉球の「大交易時代」➡P.188 1523　寧波の乱(細川氏と大内氏の争い) 1526　日本で石見銀山の採掘開始 ➡P.209 ●ポルトガル人、種子島に漂着	1405　**鄭和の大遠征**(〜33、朝貢国40国以上)➡P.185, ➡P.190 マラッカ、南海交易のセンターとなる 1428　北部ベトナムで**黎朝**成立 1511　ポルトガル、**マラッカ**占領→ジョホール王国成立 1526頃　ジャワ島でバンテン王国成立
後期倭寇	●密貿易や海賊行為が中国東南沿岸を中心に激化(**後期倭寇**)➡P.191 1557　明、ポルトガル人の**マカオ**居住を承認 1567　明、**海禁政策を緩和** ●中国人、日本人、ポルトガル人による密貿易の拡大 1570　ポルトガル船、長崎に初入港→マカオ—長崎間貿易(日本の銀と中国の生糸の交換) 1588　豊臣秀吉、海賊取締令	1531　ビルマで**タウングー朝**成立 ➡❶ガレオン船 ➡P.209  1571　スペイン、**マニラ**占領→マニラ—アカプルコ間のガレオン貿易 1580頃　ジャワでマタラム王国成立
朱印船貿易	1604　**徳川家康**、海外渡航船に朱印状を発給 1609　琉球、薩摩藩(**島津氏**)に支配される　オランダ、平戸に商館設置 1613　イギリス、平戸に商館設置 1624　オランダ、台湾に要塞建設 1635　江戸幕府、日本人の海外渡航・帰国を禁止 1639　江戸幕府、ポルトガル船の来航禁止 1661　**鄭成功**、台湾を占領→清、遷界令(1661) 1683　鄭氏が清に降伏→清、展海令(1684) **遷界令**…鄭氏の抵抗を封じるために発布。広東から山東にかけて海岸線から約17km以内に住む住民を内陸部に移住させ、鄭氏との交通・交易を遮断。 **展海令**…民間の海外貿易を認める。 ●江蘇・浙江・福建・広東の4省に**海関**(貿易と関税徴収)を設置	●各地に**日本町**が形成される➡P.187 1605　オランダ、アンボイナ占領、香辛料貿易独占 1619　オランダ、ジャワの**バタヴィア**を根拠地とする 1623　**アンボイナ事件**➡P.228 1641　オランダ、**マラッカ**を占領 オランダは、東南アジアの熱帯産品、インドの綿織物、中国の生糸や陶磁器、日本の銀や銅をバタヴィアに集め、アジア各地に転売するアジア内交易を行った。
	1704　イギリス、広州での貿易開始 1757　清、ヨーロッパ貿易を広州1港に限定 ●**公行**(特許商人組合、行商)の独占	1752　ビルマでコンバウン朝成立 1777　オランダ、ジャワ全土を支配

2 宋・元時代の貿易

←❷**聖福寺山門**(福岡市博多区)　宋から帰国した栄西が建立した禅宗寺院。宋との貿易は、宋銭や貿易商品だけでなく禅宗や茶なども日本に輸入され、日本の経済・文化に大きな影響を与えた。

読み解き 船に積まれた陶磁器の商品以外の役割は何だろう。

←❸**宋代の沈没船**　泉州沖で発見された貿易船。

➡❹**元代の沈没船から発見された陶磁器**　1975年に韓国新安沖で発見された沈没船からは、大量の陶磁器や銅銭が見つかった。

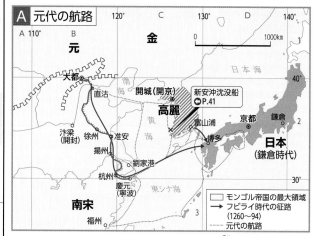

A 元代の航路

元　金　高麗　日本(鎌倉時代)　南宋
大都　直沽　開城(開京)　汴梁(開封)　徐州　淮安　揚州　劉家港　杭州　慶元(寧波)　福州　富山浦　博多　京都　鎌倉
渤海　黄海　日本海　東シナ海
新安沖沈没船 ➡P.41
モンゴル帝国の最大領域
フビライ時代の征路(1260〜94)
元代の航路

↑日元貿易はほぼ毎年貿易船が行き交うほど活況を呈した。

3 朝貢貿易圏の拡大

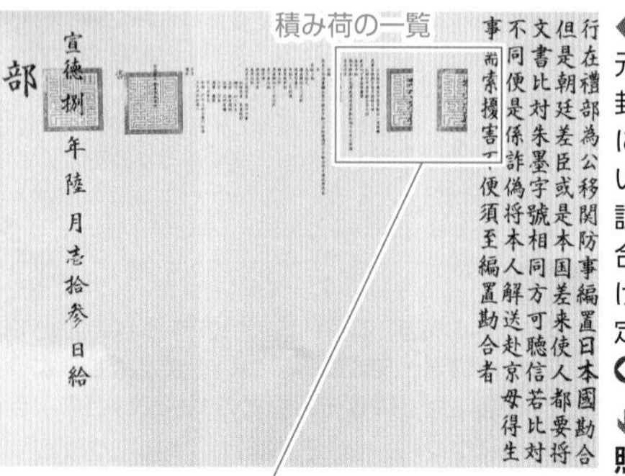

←❺**勘合**(復元)　明は、冊封を受けた国に対し勘合という貿易許可証を与え、勘合のある船だけに交易を限定した。➡P.43

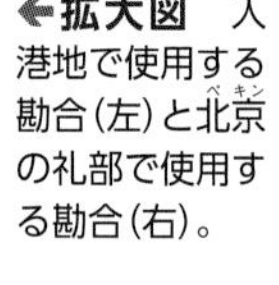

←**拡大図**　入港地で使用する勘合(左)と北京の礼部で使用する勘合(右)。

↓❻**勘合の照合**

ⓐ**琉球の交易**

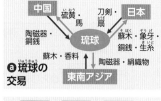

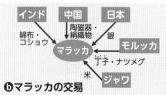

中国 —硫黄・馬→ 琉球 ／ 陶磁器・銅銭
日本 —刀剣・扇→ 琉球 ／ 蘇木・象牙・銅銭・生糸
東南アジア —蘇木・香料→ 琉球 ／ 陶磁器・絹織物

ⓑ**マラッカの交易**

インド —綿布・コショウ→ マラッカ
中国 —陶磁器・絹織物→ マラッカ
日本 —銀→ マラッカ
モルッカ —丁子・ナツメグ→ マラッカ
ジャワ —米→ マラッカ

↑**琉球**は、明との**朝貢貿易**に加えて、東南アジア諸地域と盛んに交易を行い、中国、日本、朝鮮を結ぶ結節点として栄えた。**マラッカ**は、**鄭和**の大遠征(➡P.185, ➡P.190)に協力し、インド洋交易圏と南シナ海交易圏を結ぶ**国際的中継港として繁栄した**。

↓❼**スリランカで出土した石碑**　明は、**海禁**を行う一方、**朝貢貿易**を推進し、**鄭和**に大遠征を行わせた(➡P.185, ➡P.190)。鄭和の艦隊がスリランカに来た経緯や現地での活動について、漢語・タミル語・ペルシア語で記されている。

コロンボ国立博物館蔵

順位	国名	回数
1	琉球	239
2	チャンパー	87
3	シャム	81
4	ジャワ	65
5	マラッカ	32
6	日本	25
7	スマトラ	21
8	クメール	15
9	カリカット	13
10	ベンガル	12
11	ブルネイ	10
12	スリランカ	7
13	パレンバン	5
	ホルムズ	5

↑ⓒ**明に対する海外諸国の朝貢回数***(1368〜1493年)

*「海外諸国」のため、陸路で朝貢した朝鮮やベトナムなどの朝貢回数は示していない。

歴史のスパイス　1241年に宋からその技術が伝わったことにちなみ、承天寺(福岡市)には「饂飩蕎麦発祥之地」の石碑がある。

4 明・清代の貿易

明初～15世紀	明による海禁＝朝貢体制…貿易の管理統制 ●民間商人の海上交易を禁止 ●朝貢形式の貿易のみ許可 （日本との勘合貿易） 倭寇（前期倭寇）の活動 西北辺境の遊牧民の交易拡大要求
16世紀～17世紀前半	**銀の大量流入と交易の活発化** ➔16世紀半ばに東南沿岸で**後期倭寇**が活発化 ➔中国人、日本人、ポルトガル人による密貿易拡大 16世紀後半～：**海禁の緩和**…朝貢と切り離された純粋な交易（**互市**）を認める ●遊牧民との間では、馬市と呼ばれる市場を開設 ●ポルトガルによるマカオ―長崎を結ぶ貿易 ●中国商人による福建―マニラを結ぶ貿易 ●日本は互市から除外（←倭寇、豊臣秀吉の朝鮮侵略） ●**朱印船貿易**、中国と日本の出会い貿易 ●辺境地帯の交易ブームで**女真**のヌルハチと鄭氏政権が成長
17世紀後半～	清による海禁→鄭氏降伏→海禁解除 ●**海関**による海上通交管理 ヨーロッパ貿易を**広州１港**に限定（1757）

↑❽**上海に設けられた海関**（江海関）　**海関**とは、17世紀後半に海禁を解除した清が海外貿易を管理するために開港場に設けた税関。江海関は寧波と並んで対日貿易の中心となった。写真は1857年に建設された江海関の建物。

↑❾**19世紀の広州**　清は1757年、欧米との交易を**広州に限定**し、港に置かれた特許商人（**公行**、行商）を介して、貿易を管理した。これをヨーロッパ人は「カントン・システム」と呼んだ。図は19世紀の広州を描いたもの。

解説　朝貢・互市

●**朝貢**…中国の皇帝と諸外国の統治者との間で行われる外交儀礼。皇帝に対し使節と貢ぎ物をおくっただけでなく、遣使の際の貢ぎ物以外の物品の貿易が許された。

●**互市**…朝貢儀礼を伴わない民間貿易。ただし政府の管理のもとに交易の場所を制限し、徴税や積荷などの検査を行う管理貿易であった。

文献① 欧米貿易港の制限（乾隆帝の上諭①）

（広東省）沿海の住民の大半は外国船（との貿易）に頼って生計を立てており、ただ貿易商人の26家だけでない。……この地（寧波）は元々外国船が集まる所でなければ、今後はただ広東に収泊し交易させるようにして、再び寧波に行かせないようにする。……これ（この処置は）広東住民の生計（に利益があり）、……さらに浙江省の海防も平穏になる。

①皇帝の命令　（『清実録　高宗純皇帝実録』550中華書局をもとに作成）

読み解き 対外貿易港制限の理由は何だろう。

5 16～17世紀前半の東アジア・東南アジア

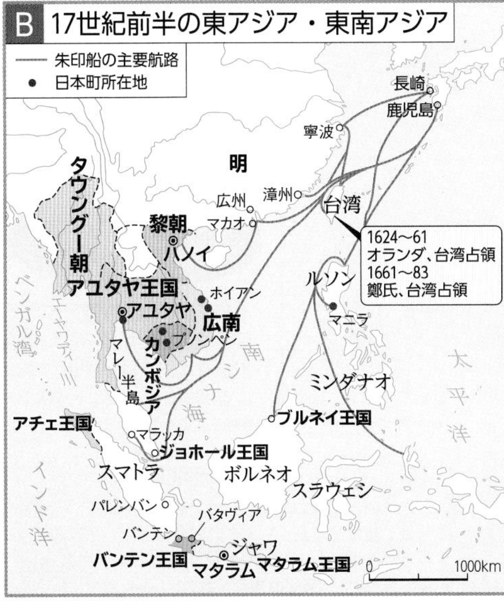

➔❿**朱印船**　徳川家康は、西国大名や商人に**朱印状**（渡航許可証）を交付する貿易制度をつくり、東南アジア各地に船が派遣された。日本からは銀・銅、硫黄・刀などが輸出され、中国の**生糸**・**絹織物**や香木・砂糖などが輸入された。

↑⓫**ホイアンの来遠橋**（ベトナム）
ホイアンはチャンパー時代からの港市で、17世紀前半には多くの日本人も住んでいた。この来遠橋は、ホイアンの日本人が建てたと伝えられている。

Column　東南アジアに進出した日本人

16世紀後半から17世紀にかけて、日本人の東南アジア方面への進出が活発になり、タイやカンボジアなど各地に**日本町**が形成された。アユタヤの日本町の頭領であった山田長政は、国王の信任を得て官位につき、国王が日本との通商を求めるとその実現のため尽力した。しかし、次王の継承争いに巻きこまれ毒殺された。アユタヤの日本町は、長政の死とともに焼き払われ、タイの日本人の勢力は衰退していった。　➔⓬**山田長政が率いた日本人部隊**（想像図）

（上）静岡浅間神社蔵

↑⓭**マラッカ**　マラッカ海峡を望む港市国家として繁栄したマラッカは、1511年に**ポルトガル**に占領された。町には現在も植民地時代の建物が残る。

文献② マラッカを訪れる商人

マラッカには４人のシャーバンダル（港務長官）がいる。……［インドのグジャラート、ベンガル・ペグーなど、ジャワ・モルッカ・バンテンなど、中国・琉球・占城など担当の］それぞれのシャーバンダルたちは各自受け持ちの国籍の人々が商品あるいは贈り物を携えてマラッカに来た時、彼らを供応する。

（歴史学研究会編『世界史史料４』岩波書店）

↓⓮**17世紀後半のアユタヤの地図**　アユタヤは、ヨーロッパ人の進出に伴い港市国家として繁栄した。地図には様々な国の人の居留区が記されている。

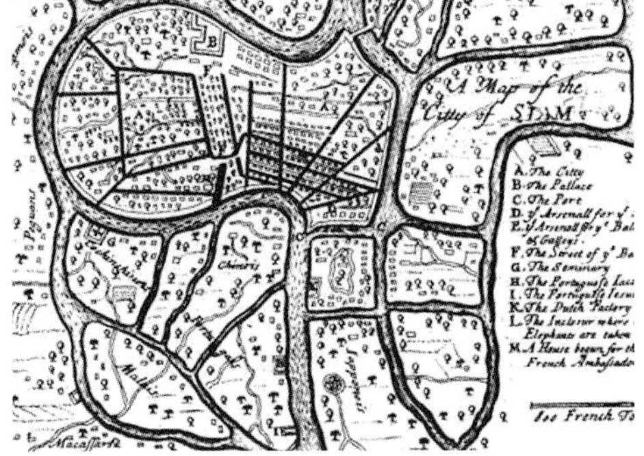

↑⓯**ゼーランディア城**（安平城）　1623年に台湾南部を占領した**オランダ**は、翌年、ゼーランディア城を築城し、中国貿易の拠点とした。1661年に**鄭成功**（➲P.193）の手によって落城し、翌年、オランダは台湾から撤退した。

歴史のスパイス　タイの100バーツ紙幣に印刷されているトンブリー朝のタークシン王は華僑（➲P.263）の出身である。

東アジア・東南アジア世界の動向

1 東アジア・東南アジア世界の動向

（14世紀〜18世紀）

- **フィリピン**：スペイン領
- **ジャワ**：マジャパヒト王国／1520頃／西部：バンテン王国／中部：オランダ領／東部：マタラム王国、1755 オランダ領
- **スマトラ**：アチェ王国
- **マレー南部**：マラッカ王国／1511 ポルトガル領／ジョホール王国／オランダ領
- **ビルマ**（南部・北部）：ペグー朝／1368 アヴァ朝／1539／1531／1555／タウングー朝／1752 コンバウン朝
- **タイ・マレー北部**：スコータイ朝／アユタヤ王国／1767／1782 ラタナコーシン朝
- **カンボジア**：カンボジア（アンコール朝）／1432 アンコール放棄
- **ベトナム**（南部・中部・北部）：チャンパー（占城）／陳朝（大越国）／1400／1428 黎朝（大越国）／1527／1532 黎朝（大越国）／広南（阮氏）／1777／1789 タイソン朝
- **中国**：元／1368 明／永楽帝の支配／1644 清／前期倭寇／後期倭寇
- **中国東北**：1616 後金
- **台湾**：1624 オランダ／1661 鄭氏／1683
- **朝鮮**：高麗／1392 朝鮮／秀吉の侵攻
- **日本**：鎌倉幕府／室町幕府／南北朝の統一／勘合貿易／戦国の動乱／織豊政権／1603 江戸幕府
- **琉球**：1429 琉球王国／1609 薩摩藩の支配。以後、日本と清に両属

日本町の形成

凡例：ヒンドゥー・大乗仏教／上座仏教／イスラーム／儒教

2 琉球の繁栄 ⇦P.63

中国	日本	年	事項
元	鎌倉	12世紀	各地で按司（首長）が登場し、グスク（城）を築き、互いに争う
		14世紀	強力な按司が出現し、「三山」（北山・中山・南山）と呼ばれる
	室町	1372	明の洪武帝、朝貢を促す。中山王、明に入貢
明		1429	中山王尚巴志、三山を統一し、**琉球王国**成立
		1477	尚真王、即位。この頃、琉球の「大交易時代」
	江戸	1609	薩摩藩（島津氏）、琉球王国を支配 以後、日本と中国に両属（両属関係）
		1634	江戸幕府に慶賀使・謝恩使を派遣
清		1663	清の冊封使到来→2年に1度、清に入貢
		1854	アメリカと修好条約を締結
	明治	1872	明治政府、**琉球藩**を設置➡P.281
		1879	琉球藩を廃し、**沖縄県**を設置（＝**琉球処分**）

A 琉球の三山分立

B 15世紀の東アジア・東南アジア

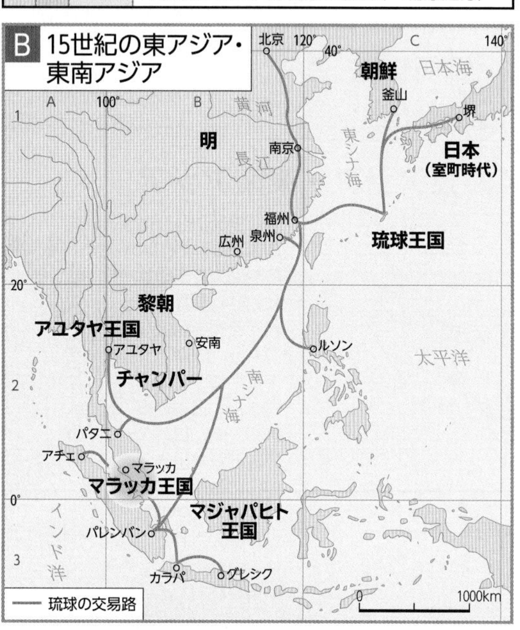

↑❶**万国津梁の鐘**　かつて首里城正殿にかけられた梵鐘。刻まれた銘文は、中継貿易による繁栄を伝える。沖縄県立博物館・美術館蔵、高さ154.5cm

資料から読み解く マラッカの占領

マラッカは、マラッカ海峡に面した港市で、14世紀末には**マラッカ王国**が建国され、**鄭和**の大遠征（⇦P.185, ➡P.190）にも協力して、東南アジアの貿易拠点として繁栄した。

文献① イエズス会宣教師が記したマラッカの様子

マラッカ市は、その昔、広大で富んでいたが、今では非常に小さいものとなっている。……マラッカ市は、小規模とはいえ、ポルトガル国王が（東）インドに有していらっしゃる最良で最重要な拠点の一つである。……しかし、マラッカは難題を抱えている。それは、ポルトガル人の主要な敵であるイスラム教徒の王たちがマラッカの周囲を包囲している、ということである。

（ヴァリニャーノ著、高橋裕史訳『東インド巡察記』平凡社）

文献② 『明史』に書かれたマラッカ

満剌加は……人柄は純朴で、市場の売買は大変公平である。仏郎機に占領されてから、その風俗が急に変わった。商船が至ることが稀になり、（船の）多くは直に蘇門答剌に行くようになった。

（張廷玉他『明史』中華書局をもとに作成）

C マラッカ周辺図

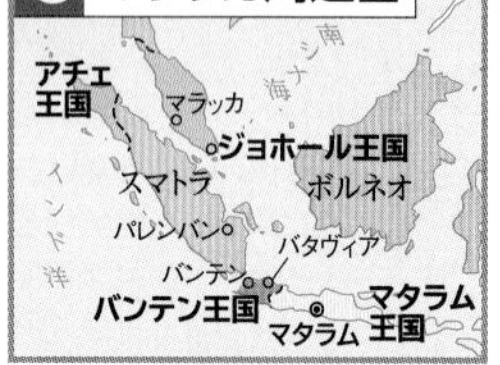

読み解き ポルトガルによる占領は、マラッカとその周辺にどのような影響をもたらしただろう。

文献③ 万国津梁の鐘銘文

琉球国は南海の勝地にして三韓の秀を鍾め、大明を以て輔車となし、日域を以て唇歯となして、此の2つの中間にありて湧出せる蓬莱嶋なり。<u>舟楫（船の舵）を以って万国の津梁となし、</u>……。

（小島瓔禮他著『万国津梁の鐘』沖縄総合図書）

読み解き 下線部はどういう意味だろう。

←❷**進貢船**　中国と冊封・朝貢関係を結んでいた琉球は、頻繁に朝貢（進貢）を行った。中国は、朝貢国の進貢品以上の頒賜品を与えたため、朝貢国は多くの商品を持ちこんだ。朝貢は大いに利益を得る手段でもあった。

「進貢船図」、沖縄県立博物館・美術館蔵

世界遺産

➔❸**守礼門**（復元）　首里城外の門の一つ。中国皇帝の使節団、「冊封使」を迎える時だけ、万暦帝（➡P.190）の勅書の文言に基づく「守礼之邦」の額と掛け替えていたが、1664年から常時掲げられるようになった。

歴史のスパイス 沖縄の三線や泡盛は、その原型や製法が中国や東南アジアから伝来し根づいたものである。

資料にチャレンジ 印刷と火器の中国史

チャレンジする前に！ 1つの発明が世界を大きく変えることもある。中国の宋の時代に生まれた印刷術と火薬について、それぞれが歴史に与えた影響を考えてみよう。

1 印刷術

➔❶**木版印刷で刷られた経典** 1900年に敦煌で発見されたこの経典には唐の咸通9（868）年の年号が印刷されており、現存する中国最古の印刷物である。大英図書館蔵

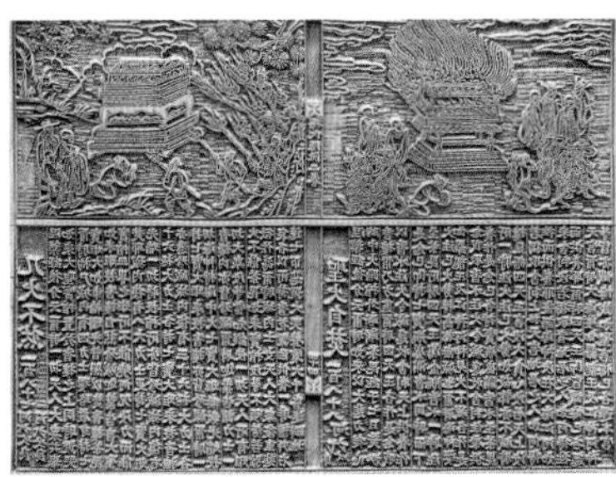

↑❷**木版印刷の版木**

↓❸**膠泥活字** 11世紀の宋で木活字が発明され、その後畢昇が膠泥活字を発明した。

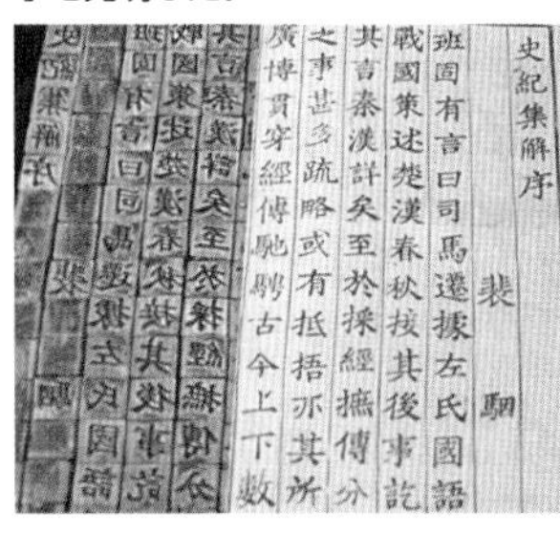

↑❹**駿河版銅活字** 朝鮮半島では、高麗時代に世界最古の金属活字が生まれ、朝鮮時代に銅活字が盛んになった。朝鮮侵略を機に日本にも活字技術が伝わった。

文献① 中国の活字印刷（膠泥活字）

慶暦年間（1041～1048）、民間人の畢昇がさらに活字による印刷をはじめた。その方法は膠泥を使って字を刻み、銅銭の縁のように薄くし、1字ごとに1活字として、火で堅くやいておく。まず鉄板一枚を置き、その上に松脂、臘、紙の灰をまぜあわせておおう。……鉄の範を鉄板の上に置き、それから（範の中に）活字を一面に敷きつめる。鉄範いっぱいを一板とし、そのまま火であぶる。薬（松脂や灰）がとけはじめると、平らな板でその表面をおさえれば、各字は砥石のように平らになる。……何百何千と刷るとなると、驚くほど迅速にできる。……1字ごとに数個の活字があり、「之」や「也」などのような字は、各々20数箇あって、一板の中での重複使用にそなえる。（梅原郁訳注『夢渓筆談2』平凡社）

読み解き

1 木版と活字印刷のそれぞれの長所を考えてみよう。

2 中国では18世紀に西洋式金属活字印刷が紹介されるまで木版印刷が主流であった。その理由は何だろう。

2 火薬・火器

王朝	年代	できごと
唐	800頃	火薬の発明
宋・金	998	日本、太宗に硫黄などを献上
	1132	宋が金との戦いで中国式火器（火槍）を使用
	1232	金が震天雷（てつはう）を使用
	1250年代	モンゴル軍が西アジア遠征でてつはうを使用
元	1274	文永の役 →モンゴル軍がてつはう使用
	●	中国で管型火器が出現
明	1424	永楽帝、火器を扱う神機営を設置
	1522	西洋式大砲（仏郎機砲）が中国に伝来
	●	中国に西洋式鉄砲が伝来
	●	日本（種子島）に鉄砲伝来
	1575	長篠合戦
	1592	豊臣秀吉の朝鮮侵略（文禄の役、～1593）
	1593	明軍が日本軍捕虜から火縄銃（鳥銃）を入手
清	1688	康熙帝、火器営を設立

↑ⓐ**東アジアの火薬・火器の歴史**

文献② 日本からの硫黄輸出

中国にもたらされた日本産硫黄の最古の事例は、中国の歴史書『宋史』巻491・日本国伝に記される、988年に入宋僧奝然が弟子を派遣して北宋の太宗皇帝に献上した約420キロの硫黄であり、この記録以後、日本・朝鮮・中国の諸史料に日本産硫黄の中国への輸出記事が散発的にみえてくる。そうすると、このような関連記録の残りかたからみて、日本産の硫黄が中国に輸出されはじめたのは10世紀末頃であったと推定できる。そして興味深いことに、この時期はまさに日宋貿易が開始された時期と一致するのである。ではなぜ、日宋貿易の開始とともに日本産硫黄の輸出がはじまるのであろうか。（桃木至朗他編『ものがつなぐ世界史』ミネルヴァ書房）

読み解き 宋代の中国は火薬の原料である硫黄を求めた。その背景となる、中国が置かれた国際的な環境は何だろう。

文献③ 火器の伝播

中国で発明された火器がモンゴル時代に西アジアや西洋に伝播し、やがて独自の発展を遂げて中国に逆輸入されたのが16世紀である。もちろん、この間中国でも火器は発展し、明初のモンゴル戦や永楽帝のベトナム出兵時に使用されたばかりか、鄭和艦隊も大量の火器を装備して示威航海を展開した。……当時は依然として、中国は火器の先進国であった。だが、永楽帝以後、明の政策が内向きになると火器の進歩も停滞したのに対し、西洋では新式火器の開発が進んで16世紀には東西の立場が完全に逆転する。……西洋式火器の中で大砲が中国に伝わったのは、明がポルトガル勢力を広州湾から駆逐した嘉靖元年（1522）のことだとされる。……明ではこれを仏郎機砲と呼び、翌年から自前で製造を開始する。（檀上寛『陸海の交錯 明朝の興亡』岩波書店）

A 15世紀における中国式火器の伝播

➔❺**仏郎機砲** 本体の後部に空洞の薬室部があり、そこに火薬と弾丸を装填した子砲を装着して発射する西洋式大砲。

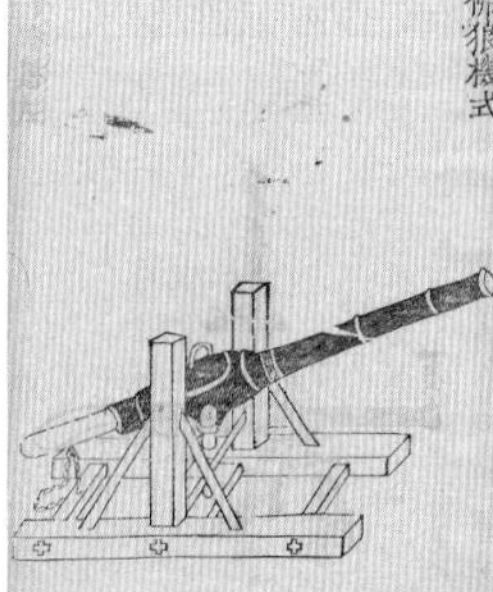

文献④ 16・17世紀における「軍事革命」

ヨーロッパ式火器が東アジアに伝来した16～17世紀は、世界規模で火器技術が飛躍的に進歩した時代であった。近年、ジェフリ・パーカー氏①ら欧米の研究者によって、この16～17世紀がヨーロッパ・非ヨーロッパを問わず世界的な軍事技術の刷新期であったという注目すべき見解が提示されている。すなわち、火器技術の発展や小型火器の普及による歩兵戦術・騎射戦術の導入、大小各種火器の大規模な導入と主要兵器化、およびそれにともなう戦略の広域化・長期化、歩兵の増大など兵力の規模の膨張と軍隊の拡大、築城術の変化などが、ヨーロッパを発信源として、イスラーム諸地域や東南アジア、そして東アジア諸地域において共時的に起きた現象として捉え、こうした軍事的環境の変化が新たな集権的体制確立という16～17世紀における変革に大きな影響を与えたというのである。換言すれば、パーカー氏らの見解は、ルネサンス期以降のヨーロッパの躍進を軍事的環境の変化に求めようとする試みであると言えよう。

①ジェフリ・パーカー『長篠合戦の世界史』同文館出版　（久芳崇『東アジアの兵器革命』吉川弘文館）

読み解き

1 パーカーら欧米の研究者の見解は、イスラーム諸地域や東アジアにもあてはまるだろうか。

2 16世紀以前の中国で「軍事的環境の変化が新たな集権的体制確立」に影響を与えたのは、いつのことだろう。

↓❻**『天工開物』に描かれた鳥銃** 『天工開物』（➲P.195）には鳥鎗も記載されており、これが火縄銃と考えられる。

まとめの考察

❶印刷術の発明は何を変えたのだろう。

❷火薬の発明と火器の発達が世界の歴史に与えた影響は何だろう。

❸火薬・火器の伝播と交易路の関係はどのようなものだろう。

1 明の変遷

➲P.180 ➲P.192

① 明は中期以降、北虜南倭に苦しめられた。

建国期		**洪武帝**(朱元璋・太祖)(位1368〜98)
	1368	**朱元璋、明を建国** 都：**金陵**(南京)
		●明律・明令 ●大明宝鈔発行
		●一世一元の制
		●中書省・丞相の廃止→六部を皇帝直属
		●**賦役黄冊・魚鱗図冊**作成
		●**衛所制**(軍戸を民戸より区別して編成)
		●**里甲制**の実施、**六諭**による民衆教化
		●**海禁政策**→朝貢形式以外の貿易を禁止
	1399	靖難の役(〜1402)…燕王朱棣挙兵、2代**建文帝**より帝位を奪う
全盛期		**永楽帝**(朱棣・成祖)(位1402〜24)
	1404	日明間に**勘合貿易**始まる➲P.43, 186
	1405	**鄭和**の大遠征(7回、〜33)
	1407	北部ベトナム支配開始
	1410	永楽帝のモンゴル遠征(5回、〜24)
	1421	正式に**北京遷都** ●『**永楽大典**』編纂
動揺期	1427	北部ベトナム支配を放棄→1428 黎朝成立
	1448	福建で鄧茂七の乱起こる(〜49)
	1449	**土木の変**…**正統帝**、**オイラト**(瓦剌)の**エセン＝ハン**に捕らえられる（北虜南倭）
	1550	タタール(韃靼)の**アルタン＝ハーン(ハン)**、北京を包囲→1570 和約
		●**後期倭寇**盛んに
	1557	ポルトガル人のマカオ居住を許可
	1567	明、海禁政策を緩和
中興期		**万暦帝**(位1572〜1620)
	1578	**張居正**、全国的土地丈量を始める
	1581	**一条鞭法**、全国的に施行
	1582	マテオ＝リッチ、マカオに到着
	1592	**豊臣秀吉の朝鮮侵略**(壬辰・丁酉の倭乱、92〜93・97〜98)→明、朝鮮に援軍派遣
衰退期	1604	顧憲成、東林書院を再興
	1611	**東林派・非東林派**の党争激化
	1616	**ヌルハチ**、**後金**を建国
	1619	明軍、サルフにてヌルハチに大敗
	1631	**李自成の乱**(〜45)➲P.68
	1636	後金、清と改称 1637 朝鮮、清に服属
	1644	李自成、北京入城。**崇禎帝**自殺(**明、滅亡**)

孤高の独裁者 洪武帝(1328〜98)

貧農出身の**朱元璋**は、**紅巾の乱**(➲P.182)に参加して頭角を現し、江南の地主勢力に支援され1368年に**金陵**(南京)で帝位につき、元をモンゴル高原に駆逐した。彼は政権樹立後、皇帝権力の強化のために高官や功臣を徹底して粛正した。彼には二通りの肖像画が残されており、上の絵は穏和であるのに対し、下の絵は猜疑心の強い印象になっている。

読み解き ❷が実物に近かったといわれるが、なぜ❶が描かれたのだろう。

2 明の統治体制

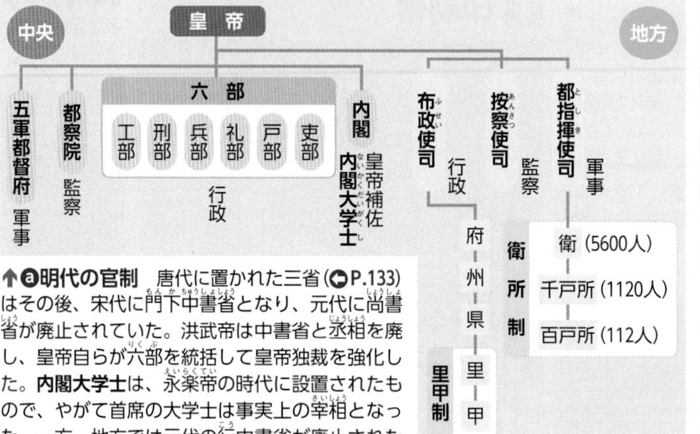

↑ⓐ**明代の官制** 唐代に置かれた三省(➲P.133)はその後、宋代に門下中書省となり、元代に尚書省が廃止されていた。洪武帝は中書省と丞相を廃し、皇帝自らが六部を統括して皇帝独裁を強化した。**内閣大学士**は、永楽帝の時代に設置されたもので、やがて首席の大学士は事実上の宰相となった。一方、地方では元代の行中書省が廃止された。

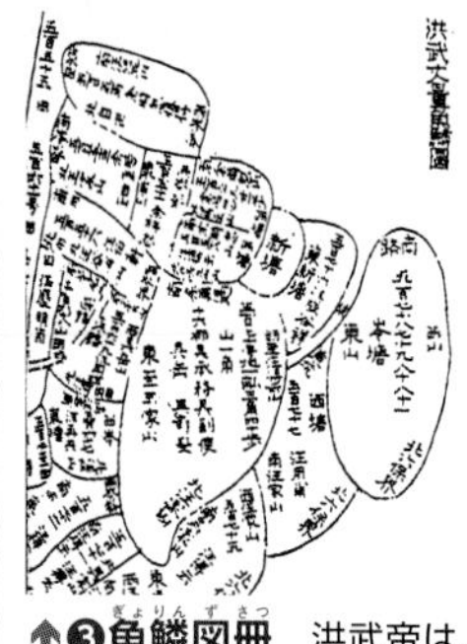

↑❸**魚鱗図冊** 洪武帝は、全国の土地・人口を調査して、土地台帳の**魚鱗図冊**と戸籍・租税台帳の**賦役黄冊**を整備した。賦役黄冊には、各戸の土地所有額と壮丁数も記載されていたため、魚鱗図冊のない地方でも、賦役黄冊の統計により全国の田土統計を算出することができた。

読み解き 魚鱗図冊の名の由来は何だろう。

文献① 民衆の教化(六諭)(「教民榜文」)(1398)

一つ、郷毎に里毎に、各々木鐸1箇を置く。本里内より年老……の者を選び、小児をして牽引せしめ、鐸を持ちて本里を循行させる。……倶に直言叫喚させて衆に聞き知らせ、その善を為すを勧めて、刑憲(刑法)を犯すことのないようにさせる。その詞は、「父母に孝順なれ。長上を尊敬せよ。郷里に和睦せよ。子孫を教訓せよ。各々生理(生業)に安んぜよ。非為(悪事)を作すなかれ」である。このようにすること毎月6次[6回]。
(歴史学研究会編『世界史史料4』岩波書店)

読み解き 六諭はどのような思想に基づくものだろう。

3 永楽帝の時代

文献② 燕王の挙兵(靖難の役)

(燕王が)諸々の将士に対して曰く、「我は太祖高皇帝と孝慈高皇后の嫡子にして、国家の至親[近親]なり。……今幼主(建文帝のこと)が位を嗣いで姦回(奸邪な者)を信任し、横に大禍を起こして我が家を屠戮(虐殺)せんとしている。……祖訓[洪武帝の遺訓]に『朝(朝廷)に正臣無く、内に姦悪あらば、必ず兵に訓えて之れを討ち、以て君側の悪を清めん』とある。今禍いが予の躬に迫っておるから、実に生を求めんと欲するはやむを得ない。……」と。将士はこれを聞くと、皆な感動して涕を流した。(歴史学研究会編『世界史史料4』岩波書店)

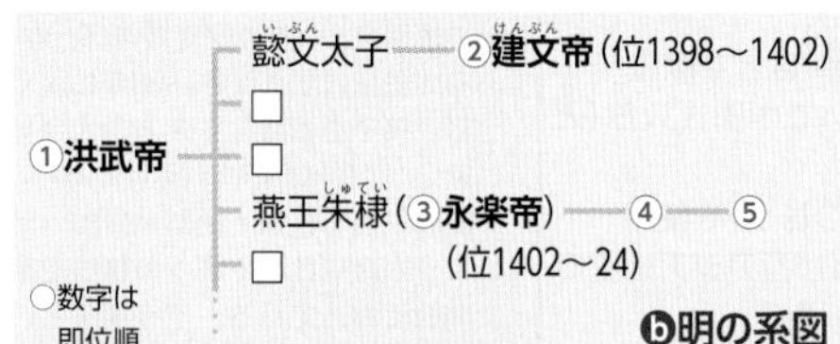

ⓑ**明の系図**

↑❹**永楽帝** 燕王として北辺防備にあたっていたが、**靖難の役**を起こして、帝位を簒奪した。彼は**北京遷都**、モンゴル遠征を行ったほか、**鄭和**に命じて大遠征を行わせた。

←❺**紫禁城** 永楽帝の北京遷都に際して造営され、明清時代の皇帝の居城となった。明末の李自成の乱で焼失し、清代に再建された。現在は故宮博物院となっている。

読み解き 文献②は建文帝・永楽帝どちら側の立場で書かれたものだろう。またその内容は正しいと言えるだろうか。

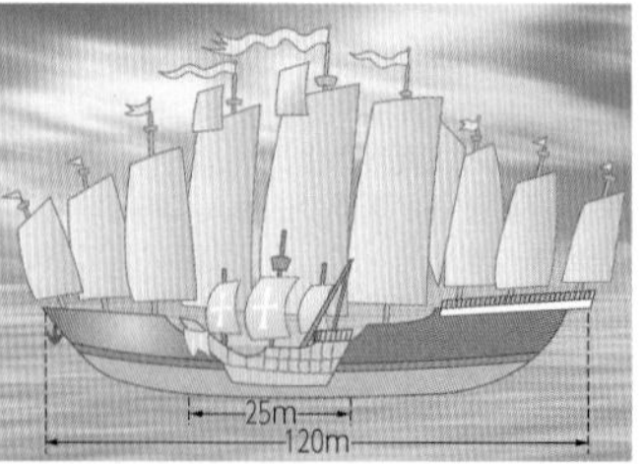

↑❻**鄭和の宝船とコロンブスのサンタ＝マリア号** 鄭和が乗船した宝船は長さ120m、幅62m、重量8,000tで*、コロンブスのサンタ＝マリア号(全長25m)よりもはるかに巨大なものであった。鄭和一行は27,000の人員で構成された。

＊鄭和の宝船の大きさには諸説あり

A 鄭和の遠征路

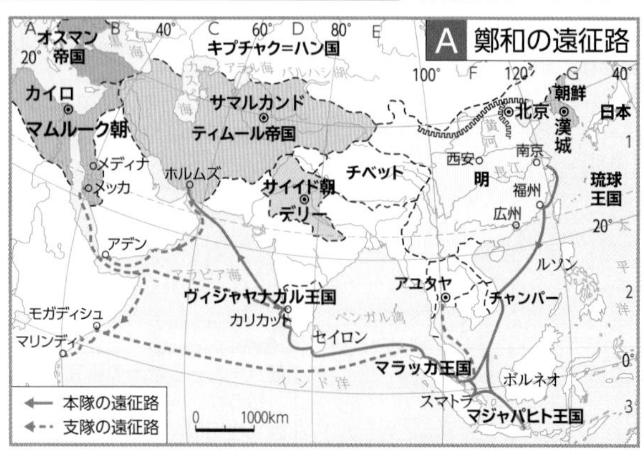

↑鄭和は1405年から1433年にかけて前後7回の大遠征を行った。

歴史のスパイス 明清で行われた「一世一元の制」により一皇帝一元号が原則となったため、明清の皇帝は一般に元号で呼ばれる。

4 明の対外関係

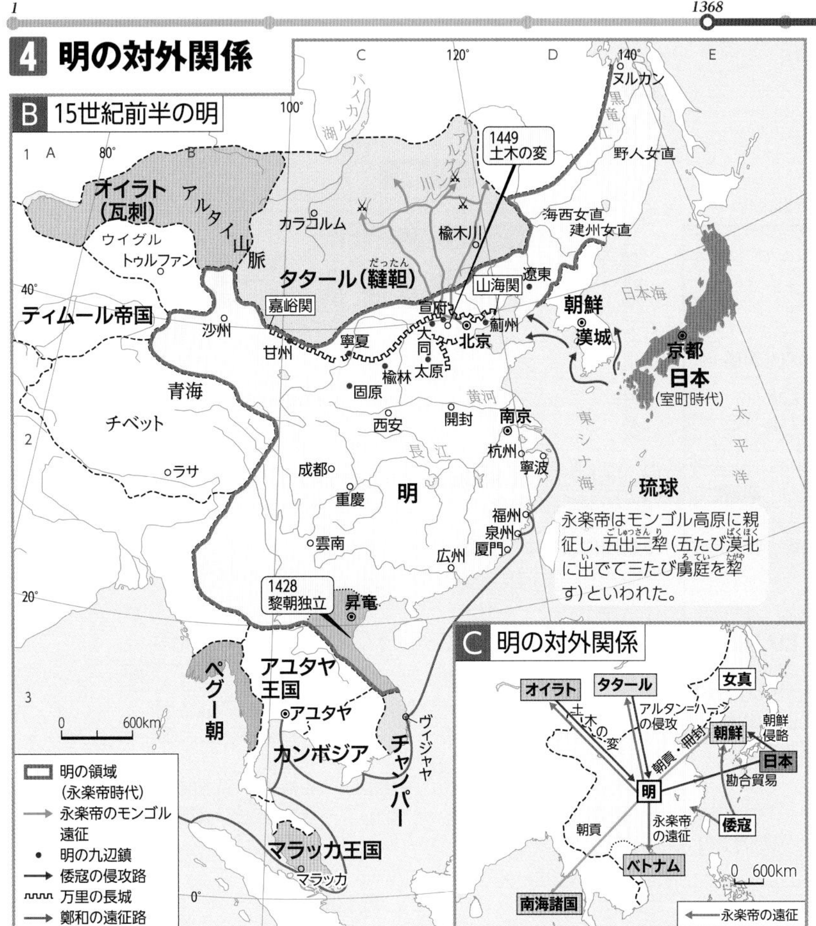

↓Ⓒ元と明の貿易政策

元	東南アジア・東アジア遠征失敗 →従来通り海上交易活況 中国人・高麗人・日本人が東シナ海で活躍 →元衰退で武装（海賊）化（**前期倭寇**）
明	国家による交易の管理（**海禁＝朝貢体制**） 民間の海上交易禁止、交易は**朝貢貿易**に限定 →朝貢貿易から排除された人々が抵抗（**北虜南倭**） 転換（16世紀後半） 交易の管理を緩和、事実上の自由交易を認める **後期倭寇**の活発化に対し海禁を緩和 タタールと和解してモンゴルと交易（**互市**➡P.187）開始

文献③ 海禁（『明実録』洪武23年10月の条）（1390）

中国の金銀銅銭や織物・兵器などの物は、これまでも外国に出すことは許されていなかった。だのに今、広西・広東や浙江・福建の愚かな民はそのことも知らずに、外国と通交して、自分達で勝手に貿易をしている。だからこれを厳禁する。沿岸地帯の軍や民衆、そして官庁で隠れて交易している者があれば、すべて罪におとす。ここに再度、外国との通交の禁令を厳しく行うことにする。（阪倉篤秀『長城の中国史』講談社）

→❼**万里の長城**　北方民族の侵入を防ぐため、歴代王朝が築いた総延長6,000kmを超える防衛ライン。北京近郊には明代に修築された長城が現存している。

5 明の衰退

資料から読み解く 倭寇

倭寇は朝鮮半島や中国東南沿岸を荒らした、出身や民族を異にする海上集団。14世紀の**前期倭寇**と16世紀の**後期倭寇**に分けられる。

ⓓ倭寇襲来数の変遷

（回）0～500　朝鮮　明　1220 1250 1300 1350 1400 1450 1500 1550 1600年

読み解き

1 ⓓから読み取れる地域的特徴は何だろう。
2 文献④と文献⑤より、倭寇に参加した人々はどのような人だろう。また、その動機は何だろう。

文献④『明史』に書かれた倭寇

大抵、真の倭は10の3、倭に従う者、10の7なり。倭、戦うときは、則ち其の掠せし所の人を駆りて軍鋒（先鋒）と為す。（藤堂明保他『倭国伝』講談社）

文献⑤ 明の官僚による倭寇の分析

この連中は皆荒っぽく勇敢な者たちで、もともと出世の手段がなく、また生計を立てる道も乏しいため、かりにも不変の道徳心があるわけでもなければ、どうしてかろうじて生きているだけというような状況に満足するだろうか。欲望のままにふるまおうとすれば、必ず勢力を拡大しようとするものである。そういうわけで、（彼らは）身を隠して故郷を捨て、異民族の側につく。（歴史学研究会編『世界史史料4』岩波書店をもとに作成）

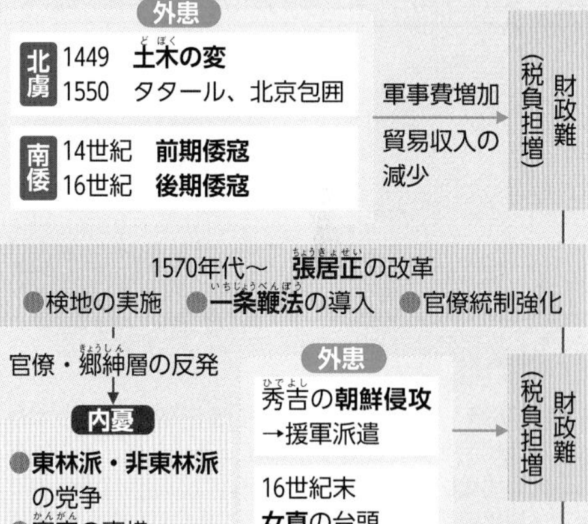

↑Ⓔ明の衰退

↑❾**王直**（?～1559）
後期倭寇の頭目。日本の五島を根拠地とし、平戸に邸宅を構え、部下2,000人を擁した。

↓❽**倭寇図巻**
東京大学史料編纂所

→❿**後金の建国**
16世紀以降における朝鮮人参と毛皮の交易を基盤に台頭した**ヌルハチ**は、**女真**（ジュシェン）の諸部を統一し、1616年に後金を建国した。台頭する女真への対応は明をさらに衰退させた。（公財）東洋文庫蔵

1 清の変遷
P.190 P.274

! 清は巧みな統治で中国を支配し、康熙・雍正・乾隆帝時代に全盛期を迎えた。

	国内状況	対外関係
明	1588/89　ヌルハチ、建州部統一	
後金	ヌルハチ(太祖)(位1616～26) 1616　**後金**(アイシン)建国　都：瀋陽 ●**八旗**創設　●**満洲文字**制定	1619　サルフの戦いで明軍を撃破
清	ホンタイジ(太宗)(位1626～43) 1636　国号を**清**と改める ●**理藩院**(蒙古衙門)の設置	1631　李自成の乱(～45) P.68 1635　内モンゴルの**チャハル**平定 1637　朝鮮を属国とする
	順治帝(世祖)(位1643～61) 1644　**呉三桂**の導きで北京入城→ ●北京に遷都、**辮髪令**を発布 ●チベット仏教保護	1644　李自成が北京に入り、**明滅亡** →李自成軍を駆逐 1659　雲南を平定、中国統一ほぼ完成
	康熙帝(聖祖)(位1661～1722) 1673　**三藩の乱**(呉三桂らの反乱)(～81) ●**典礼問題**→イエズス会以外の布教禁止 1713　盛世滋生人丁施行 ●地丁銀創始、広州の公行承認	1661　**鄭成功**、台湾に拠る 遷界令発布(～84) P.186 1683　台湾の鄭氏降伏 1689　**ネルチンスク条約**(アルグン川とスタノヴォイ山脈を国境に) ●イギリスとの広州貿易始まる
	雍正帝(世宗)(位1722～35) ●**地丁銀**の全国拡大 1724　**キリスト教布教の全面禁止** 1732　**軍機処**の設置	1727　**キャフタ条約**(モンゴル方面の国境画定)
	乾隆帝(高宗)(位1735～95) 1757　ヨーロッパ貿易を**広州1港**に制限	1758　**ジュンガル**平定、**新疆**併合 1793　イギリス使節マカートニー来航

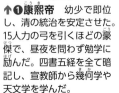

↑❶**康熙帝**　幼少で即位し、清の統治を安定させた。15人力の弓を引くほどの豪傑で、昼夜を問わず勉学に励んだ。四書五経を全て暗記し、宣教師から幾何学や天文学を学んだ。

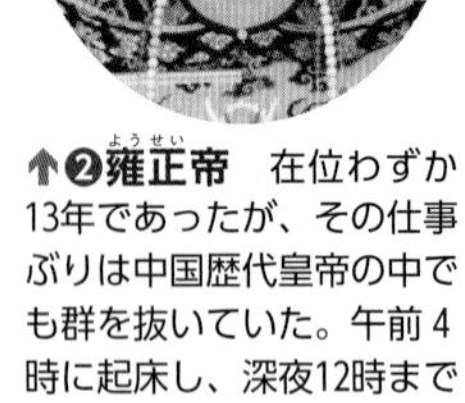

↑❷**雍正帝**　在位わずか13年であったが、その仕事ぶりは中国歴代皇帝の中でも群を抜いていた。午前4時に起床し、深夜12時まで学問や政務に励んだ。その勤勉さは奏摺にうかがえる。

↑❸**乾隆帝**　最大版図を実現する一方、学術を奨励するなど、最盛期を築いたが、度重なる外征は清衰退の原因の一つとなった。祖父康熙帝の治世61年を越えぬよう60年で譲位した。

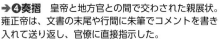

→❹**奏摺**　皇帝と地方官との間で交わされた親展状。雍正帝は、文書の末尾や行間に朱筆でコメントを書き入れて送り返し、官僚に直接指示した。

←❺**乾清宮**　雍正帝は太子密建の制を考案した。これは、皇帝の生前に後継者の名を書いた紙を玉座上の「正大光明」の額の裏に納め、没後開封する方法で、乾隆帝もこの方法で選ばれた。

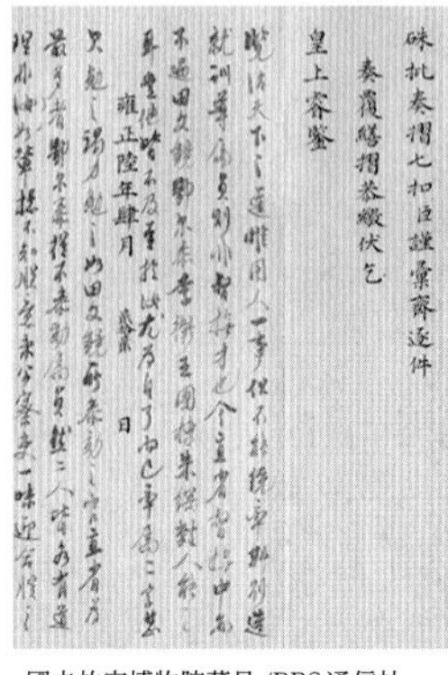

國立故宮博物院蔵品/PPS通信社

歴史のスパイス　乾隆帝は、古典に精通し、難しい古典をふまえた漢詩を生涯に4万2,420首残した。

2 清の内政

↓ⓐ清代の官制

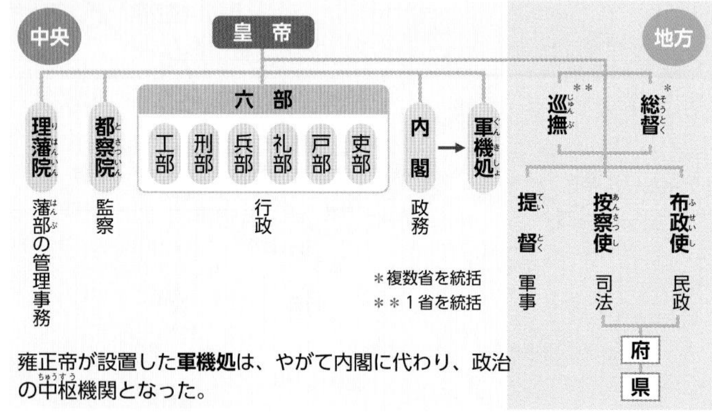

雍正帝が設置した**軍機処**は、やがて内閣に代わり、政治の中枢機関となった。

↓ⓑ清による中国支配

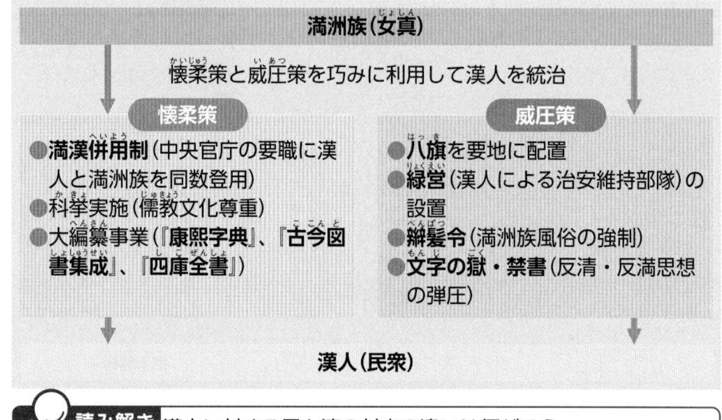

満洲族(女真)
懐柔策と威圧策を巧みに利用して漢人を統治
懐柔策
●満漢併用制(中央官庁の要職に漢人と満洲族を同数登用)
●科挙実施(儒教文化尊重)
●大編纂事業(『康熙字典』、『古今図書集成』、『四庫全書』)
威圧策
●八旗を要地に配置
●緑営(漢人による治安維持部隊)の設置
●辮髪令(満洲族風俗の強制)
●文字の獄・禁書(反清・反満思想の弾圧)
漢人(民衆)

読み解き　漢人に対する元と清の対応の違いは何だろう。

←❻**八旗の軍旗**

正黄旗　正白旗　正紅旗　正藍旗
鑲黄旗　鑲白旗　鑲紅旗　鑲藍旗

❼八旗兵

カスティリオーネ筆、台北・故宮博物院蔵

八旗は、ヌルハチが編成した清独自の軍事制度。黄・白・紅・藍の4旗(正黄・正白・正紅・正藍)と、各色旗に縁(鑲)をつけた4旗(鑲黄・鑲白・鑲紅・鑲藍)の計8旗に分かれる。1旗7,500人の兵で構成され、満洲八旗のほか蒙古八旗・漢軍八旗があった。八旗兵は旗人と呼ばれ、各種特権や土地(旗地)が与えられ、清の支配者層を形成した。

文献① 辮髪令(『清実録』順治2年6月の条)(1645)

今中外一家(中国と外国が統一されて一家となり)、君は猶お父のごときなり、民は猶お子のごときなり。父子一体にして豈に違異あるべけんや。……今布告の後より、京城[北京]内外は旬日(10日)を限り、直隷[河北省と]各省地方は部文(礼部の命令書)の到る日より、亦た旬日を限り、尽く薙髪[髪を剃る]せしめよ。遵依する(従う)者は、我国の民と為し、……仍お明制を存せしめ、本朝[清朝]の制度に随わしめざるを欲す者は、殺して赦すこと無かれ。

(歴史学研究会編『世界史史料4』岩波書店をもとに作成)

読み解き　なぜ辮髪を強制したのだろう。

❽辮髪

3 清の領域

A 18世紀中頃の清

読み解き
1 現在の中国との版図の違いはどこだろう。
2 どのような地域が藩部とされ、どのような統治が行われたのだろう。

ジュンガル	チベット	台湾
17世紀前半　バートゥルが諸部族統一 17世紀後半　族長ガルタンが青海・チベットを支配、外モンゴル侵入、最盛期築く。チベット仏教の保護めぐり清と争う 1696　康熙帝が親征 1758　**乾隆帝**の攻撃により滅亡 →**藩部**となる（**新疆**設置）	15世紀　ツォンカパ、**黄帽派**創始 1578　アルタン＝ハーンが最高権威者に「**ダライ＝ラマ**」の称号贈る 1717　ジュンガルの侵攻 1720　康熙帝、チベット平定 →**藩部**となる	●長い間、中国文化圏外 1624　**オランダ**が占領→ゼーランディア城建設➡P.187 1661　**鄭成功**、オランダを追放 清に抵抗（反清復明） 1683　**康熙帝**、鄭氏降す →清の直轄地に

チェック　清の支配
- **直轄地**…中国内地・東北部・台湾
- **藩　部**…モンゴル・青海・チベットなど **自治を認めるが、理藩院が統轄する間接統治を行う**
- **朝貢国**…朝鮮・大越・シャムなど

◆皇帝の多様な顔
清の皇帝は、漢人にとっては中華皇帝、満洲人にとってはハン、モンゴル人にとっては大ハン、チベット人にとってはチベット仏教の大施主、ムスリムにとってはイスラームの保護者といういくつもの顔を持っていた。

清に抵抗した風雲児
鄭成功（1624～62）
父は鄭芝竜、母は日本人で、平戸で生まれる。父とともに明の復興運動に参加し、南明（華南に逃れた明の残存勢力）から明の朱姓を賜り、国姓爺と呼ばれた。父が清に降った後も抵抗を続け、1661年に**台湾**を占領してオランダ人を追放し、反清復明運動の拠点としたが、翌年急死した。近松門左衛門の『国性（姓）爺合戦』の「和藤内」のモデルとなった。

民	族	人口数（人）
蒙古族	Mongolian	6,290,204
回　族	Hui	11,377,914
蔵　族	Tibetan	7,060,731
維吾爾族	Uygur	11,774,538
苗　族	Miao	11,067,929
彝　族	Yi	9,830,327
壮　族	Zhuang	19,568,546
布依族	Bouyei	3,576,752
朝鮮族	Korean	1,702,479
満　族	Man	10,423,303

↑**C 中華人民共和国の少数民族統計**（一部、2020）

➡**⑨清とジュンガルの戦い**　オイラトの一部族ジュンガルは、天山山脈北部を拠点にタリム盆地・モンゴル高原・チベットに勢力を広げた。1758年、**乾隆帝はジュンガルを平定**し、その地を**新疆**（新たな領土の意）と名づけた。

読み解き チベットにおけるダライ＝ラマはどのような存在だろう。

↑**⑩乾隆帝文殊菩薩画像**　チベット仏教を信仰した女真は、民族名を文殊菩薩にちなみ満洲（マンジュ、文殊の意味）に改めた。北京・故宮博物院蔵

➡**⑪ポタラ宮殿**（中国）　チベットのラサにある、歴代ダライ＝ラマの宮殿。現在の建物は1645年に着工され、以後、増改築された。チベットは清に服属したが、自治が認められ、歴代ダライ＝ラマの支配のもと、独自の文化を守った。

←**⑫五体清文鑑**　清代に編纂された5言語対訳辞典。上から満洲語・チベット語、モンゴル語・ウイグル語・漢語の5言語の単語を記し、チベット語とウイグル語にはその発音を満洲文字で書き加えている。

読み解き
1 五体清文鑑に記された言語を使用したのはCの表のどの民族だろう。
2 清の皇帝が使用した言語は何だろう。

文化 明清の社会・文化

❶徐揚「盛世滋生図」 清代蘇州の繁栄を描いた図巻。遼寧省博物館蔵、36.5×1241cm

1 明清の社会・経済

A 明・清代の産業

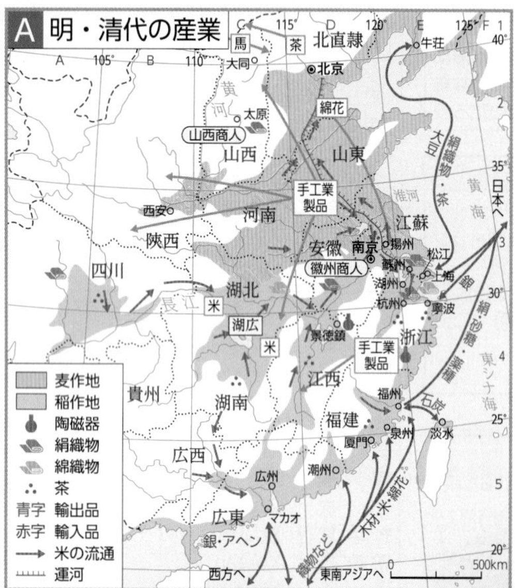

文献① 江南の経済

わが地域の賦税は、天下第一である。蘇州一府で浙江全省に勝る。松江府に属する地方は江蘇省の10分の3(の面積)に過ぎないが、税額は江蘇省の半分である。すなわち、江南の賦税は蘇州・松江より重いところは無く、しかも松江は最も重い。……わが地域の天下第一は賦税だけではない。徭役も同じである。(巻六　賦税・徭役)

わが県では木綿がとれ、浙江西部の諸郡に運ばれ、紡績して布にされ、(その布で作られた)衣は天下に流通する。そのため……(木綿の)栽培面積は、水稲と同等である。(巻七　食貨四)

(葉夢珠『閲世編』中華書局)

読み解き 明清時代、江南はどのような経済的地位を占めていただろう。

❷拡大図

読み解き

1 馬に乗っているのはどのような人物だろう。

2「布行」とは、どのような店だろう。

文献② 明清時代の郷紳

明清時代の中国社会を描写しようとするとき、「郷紳」あるいは「紳士」と呼ばれる人々をぬきにしてその社会像を描くことは不可能である。……地方政治の実態をみてみると、中央から派遣される地方官の威令のもとに整然と地方行政が遂行されていたというよりは、むしろ地方の名士たる「紳士」「郷紳」が地方官と比肩しうる権威をもって地方社会にならびたち、地方官をも含めた彼ら威信のある人物相互の連繫あるいは対立という力のバランスのなかで地方政治が行われていたといえるのである。

(岸本美緒『明清交替と江南社会』東京大学出版会)

読み解き 郷紳とは、どのような人々であっただろう。

←❸**会館**　同郷・同業商人などの団体が情報交換・相互扶助のために**会館**・**公所**と呼ばれる施設を建設した。写真は開封在住の山西・陝西・甘粛の商人らの寄付で建設された山陝甘会館内の建物。

←❹**赤絵**　中国では五彩と呼ばれ、**景徳鎮**などで生産された。明清代の陶磁器はヨーロッパにも輸出された。直径43.2cm、美術の森蔵

チェック 明清時代の商業

●**山西商人・徽州商人**

明清時代の手工業や商業発展を背景に、朝廷と結びつき、全国規模で活躍した特権商人。彼らは塩の販売や金融業で財を成した。

2 銀の流通

読み解き 銀の流入の影響をまとめてみよう。

↓❺**馬蹄銀**(左)と❻**メキシコ銀**(右)　**メキシコ銀**や**日本銀**の流入は、銀による貨幣経済を進展させた。馬蹄銀は秤量貨幣として用いられた。➲P.209

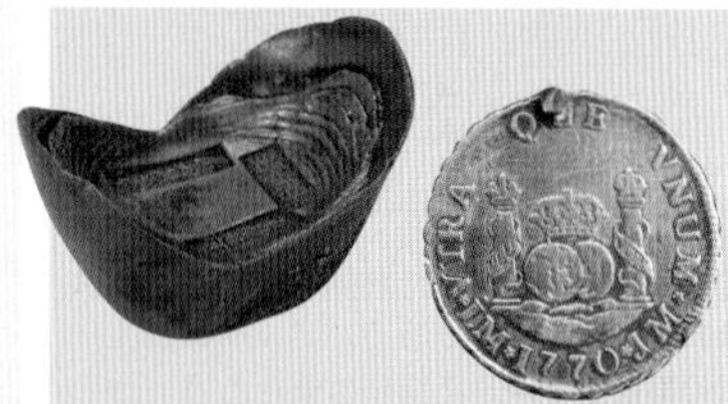

↓ⓐ**一条鞭法と地丁銀**

一条鞭法(明代後期〜清初)		地丁銀(清代中期以降)
16世紀中頃に江南で始まり、万暦帝時代(16世紀末)には全国に普及	実施時期	康熙年間末期に広東で実施。雍正年間を通じて全国へ拡大
両税法の徴税項目(田賦＝土地税・徭役)の複雑化、**メキシコ銀・日本銀の流入**による銀経済の浸透	背景	康熙帝の盛世滋生人丁(1711年以後の増加人口に対する人頭税免除)実施、人丁把握の困難、貧困農民の未納増加による丁銀(人頭税)の徴収困難
土地に対する地税と人丁に対する丁税などを一つにまとめ、一括して銀納	内容	地銀(土地税)の中に(盛世滋生人丁で固定額となっていた)丁銀をくり入れて銀納
銀経済の確立(銀需要のさらなる高まり)	結果	古来続いていた人頭税の廃止、戸籍人口の急増

↓ⓑ**歴代王朝(隋〜清)の人口変遷**

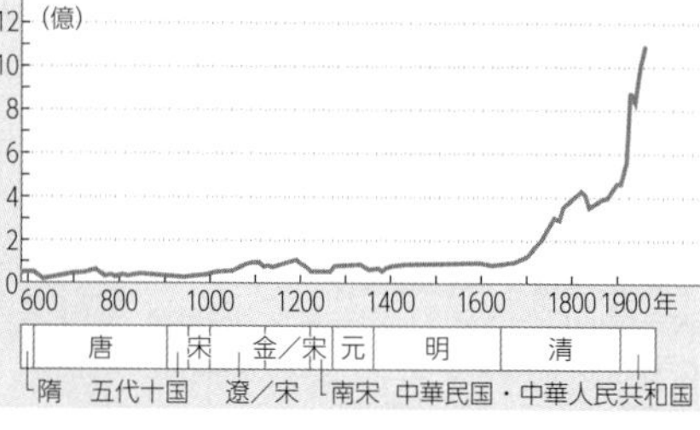

解説 南洋華僑(華僑)

華僑とは海外に移住した中国人のこと。唐代以降に出現したが、清代の人口爆発によって福建・広東の沿岸部を中心とする人々によって東南アジアへの移住が進んだ。➲P.263

歴史のスパイス　19世紀初めメキシコ銀を原型とするドル銀貨を中国では「銀円」と呼んでいた。これが通貨単位の「円」や「元」(中国語では円と同音)の由来となった。

3 明清代の文化

明

特色		●実践・実用を重んじた経世致用の学（実学）の発達 ●国家的大編纂事業の推進　●庶民文芸の発達　●西洋の学問・技術の流入
編纂事業	**『永楽大典』**	最大級の類書（百科事典）。古今の文献から事項を分類（永楽帝の命で編纂）
	『四書大全』	四書の注釈全集（永楽帝の命で編纂）
	『五経大全』	五経の注釈全集（永楽帝の命で編纂）
	『性理大全』	宋・元の性理学説を集録（永楽帝の命で編纂）
儒学	**陽明学**	王守仁（**王陽明**）　官学とされた朱子学の形式化を批判　実践を重視（知行合一）。心即理。致良知。『伝習録』 李贄（李卓吾）　陽明学急進派。欲望を積極的に肯定。『焚書』
	考証学（明末から）	黄宗羲・顧炎武
実学	**『本草綱目』**	**李時珍**　薬物に関する代表的解説書
	『農政全書』	**徐光啓**　農業技術・農業政策の総合書
	『天工開物』	**宋応星**　図版入りの産業技術書
	『崇禎暦書』	**アダム＝シャール**／徐光啓編　西洋暦法を取り入れた暦法書
	『幾何原本』	**マテオ＝リッチ**／徐光啓訳　エウクレイデス幾何学の翻訳書
	「坤輿万国全図」	**マテオ＝リッチ**　中国最初の漢訳世界地図
文芸	**『水滸伝』**	施耐庵　北宋末の豪傑108人の物語（四大奇書*）
	『三国志演義』	羅貫中　三国時代の英雄の物語➲P.127（四大奇書*）
	『西遊記』➲P.134	呉承恩　唐僧玄奘をモデルにした空想小説（四大奇書*）
	『金瓶梅』	作者不詳　商人西門慶の色と欲の行状記（四大奇書*）
	『牡丹亭還魂記』	湯顕祖　恋愛を題材にした長編戯曲
美術	北宗画（院体画）	仇　英　人物・風俗画を得意とする。院派三大家の一人
	南宗画（文人画）	董其昌　南宗画の画法・理論を大成
	陶磁器	**染　付**　コバルト化合物による藍色の模様を描く➲P.183 **赤　絵**　白磁に赤・緑・黄などの色で模様を描く

*明代を代表する4つの長編口語小説の総称

清

特色		●王朝による学術奨励と思想弾圧の結果、大規模な編纂事業と考証学が発達 ●庶民文芸の発達　●西洋の学問・技術の流入
編纂事業	**『康熙字典』**	康熙帝　約4万7000字を収録した漢字の字書
	『古今図書集成』	康熙・雍正帝　現存する中国最大の類書（百科事典）
	『四庫全書』	乾隆帝　古今の書物を経・史・子・集の4部に分類、編纂した叢書
儒学	**考証学**	**儒学の経典の文献学的研究** **黄宗羲**　明末清初の学者。『明夷待訪録』 **顧炎武**　明末清初の学者。実証主義による経世致用の学を重んじ、考証学の基礎を開く。『日知録』 王夫之　明末清初の学者。『読通鑑論』 **銭大昕**　考証学的な史学を確立。『二十二史考異』 戴　震　文字訓詁の学にすぐれる。『孟子字義疏証』 段玉裁　戴震の弟子。『説文解字注』
	❼顧炎武	
	公羊学（『春秋』公羊伝に基づく学派）	考証学にあきたらず、経世致用を主張 魏　源　『海国図志』（世界地理書） 康有為　公羊学による政体変革を企図。『孔子改制考』
文芸	**『紅楼夢』**	曹雪芹　貴族の栄華と没落を描いた自伝的小説
	『儒林外史』	呉敬梓　科挙への不満と官僚の腐敗・堕落を描いた
	『聊斎志異』	蒲松齢　妖怪や精霊が登場する伝奇風の短編小説集
	『長生殿伝奇』	洪　昇　玄宗と楊貴妃の故事が主題。歌曲がすぐれている
	『桃花扇伝奇』	孔尚任　明滅亡を背景とした文人と名妓の悲恋物語
美術	絵　画	南宗画中心に融合。**カスティリオーネ**らにより西洋画の技法導入
	建　築	**円明園**（バロック式の離宮）

←❽**『天工開物』に描かれた糸繰り図**　産業・経済の発展と、宣教師を通じて西洋の科学技術が紹介されたことを背景に、明代、実学が発展した。**『天工開物』**は伝統的な産業の生産工程を図版も用いて解説したもの。図は足踏み式の糸車。

文献③ 明末のメディア革命

明末、およそ嘉靖年間ごろから多くの書物が出版されるようになった。それは……爆発的な分量なのであった。……楊縄信の編んだ『中国版刻綜録』を母集団として、宋元から明末まで、刊行年代のわかるものについて大まかな年代ごとに点数を数えてみた……。これを見ると、宋から明末までの刊行点数3,094点のうち、実に65％を占める2,019点が、嘉靖・万暦から崇禎に至る明末の約100年の間に刊行されていることが確認できる。　（大木康『中国明末のメディア革命』刀水書房）

読み解き　出版文化の隆盛にはどのような背景があるのだろう。

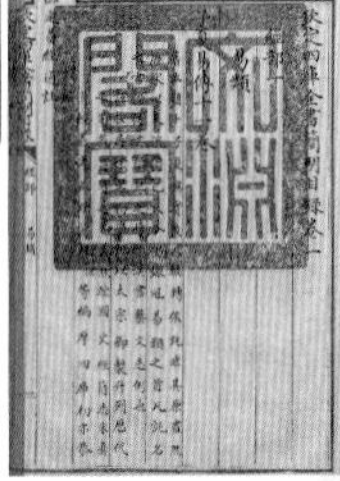

➔❾**『四庫全書』**　約3,460種、79,000巻を収録。正本7部と副本1部がつくられ、4部が現存している。

4 イエズス会宣教師の活動

	名　前	国	来朝	活　動
明	**マテオ＝リッチ**（利瑪竇）	伊	1583	万暦帝に自鳴鐘（時計）献上 **『幾何原本』**、**「坤輿万国全図」**
清	**アダム＝シャール**（湯若望）	独	1622	**『崇禎暦書』**、天文学・暦法紹介 大砲の製造
清	フェルビースト（南懐仁）	ベルギー	1659	「坤輿全図」、大砲の製造
清	ブーヴェ（白進）	仏	1688	天文学者として康熙帝に仕える
清	レジス（雷孝思）	仏	1698	**「皇輿全覧図」**（中国最初の実測地図）
清	**カスティリオーネ**（郎世寧）	伊	1715	雍正帝と乾隆帝に仕え、**西洋画法を紹介。円明園離宮の設計**

（公財）東洋文庫蔵

←⓫**マテオ＝リッチと徐光啓**　マテオ＝リッチは徐光啓らに天文・地理を教え、キリスト教に改宗させた。1601年に万暦帝に謁見し、北京での居住と布教を許された。

文献④ 典礼問題（教皇クレメンス11世の教令）（1715）

至高・最高の神は中国においてヨーロッパ語に相応した訳をすることができないので、……空を意味する天、至高の皇帝を意味する上帝といった名は絶対拒否すべきである。……また、毎年の春分・秋分に孔子と祖先に対して中国人がおこなっている慣習である盛大な犠牲奉献や供物奉納は迷信に汚されており、いかなる理由であれキリスト教信徒はこれを実施したり、主宰したり、出席したりしてはならない。　（歴史学研究会編『世界史史料4』岩波書店）

読み解き
❶教皇は何を問題視しているのだろう。
❷典礼問題とはどのような問題だろう。

↓❿**円明園**　北京郊外の離宮。**カスティリオーネ**がバロック式の洋館や噴水をつくった。アロー戦争時、英仏軍の侵攻で廃墟となった。（公財）東洋文庫蔵

↓⓬**「坤輿万国全図」**　漢訳版世界地図。16世紀までの情報をもとに1602年に作成された。宮城県図書館蔵

朝鮮半島の歴史

1 朝鮮半島の変遷 ➲P.276

① 朝鮮の歴史は中国の動向に大きな影響を受けた。
① 新羅以降の朝鮮は中国文化を摂取しつつも、朝鮮独自の制度・文化を発展させた。

中国	朝鮮半島		日本
秦	古朝鮮	前190頃 衛満、衛氏朝鮮建国(～前108)	弥生
前漢・後漢	中国の支配	前108 前漢の武帝、衛氏朝鮮を滅ぼし、楽浪郡など朝鮮4郡設置	
	高句麗	前1世紀 高句麗建国(～後668)	
		後204 後漢の公孫康、楽浪郡南部に帯方郡設置(～313)	
	三韓	3世紀 朝鮮南部に三韓(馬韓・辰韓・弁韓)成立	
		313 高句麗、楽浪郡を滅ぼす	
魏晋南北朝・隋	百済（三国時代）	4世紀半ば 馬韓の地に百済成立(～660)	古墳
		辰韓の地に新羅成立(～935)	
		●弁韓の地に加耶(加羅)諸国成立(～562)	
		372 高句麗に仏教が伝わる	
		384 百済に仏教が伝わる	
		391 高句麗の広開土王(好太王)即位(～412)	
		●倭が朝鮮の抗争に介入する ➲P.21	
		538 百済、日本に仏教を伝える	
		562 新羅、加耶諸国を滅ぼす	
唐		660 新羅・唐、百済を滅ぼす	飛鳥
		663 白村江の戦い→百済再興を援助した日本軍敗退	
		668 新羅・唐、高句麗を滅ぼす	
	新羅	676 新羅、朝鮮半島統一 都：金城(慶州)	
		698 大祚栄、渤海を建国(～926) 都：上京竜泉府	
		…高句麗人と靺鞨人の国家、日本と盛んに通交	
		751 新羅、金城(慶州)に仏国寺建立	奈良
五代	高麗	918 王建、高麗建国(～1392) 都：開城	平安
		926 渤海、契丹の耶律阿保機に滅ぼされる	
		935 高麗、新羅を滅ぼす→朝鮮半島を統一(936)	
宋		1259 モンゴルに服属 ➲P.180	鎌倉
		1270 三別抄の対モンゴル抗争(～73)	
元		1274 元軍に従い日本遠征(文永の役)	
		1281 再び元軍に従い日本遠征(弘安の役)	
明	朝鮮	1392 李成桂、高麗を倒し朝鮮を建国(～1910) 都：漢城(ソウル)	室町
		1446 世宗、訓民正音(ハングル)公布	
		●両班間の抗争が激化	
		1592 壬辰の倭乱(文禄の役～93) 豊臣秀吉の朝鮮侵略 ➲P.44	安土桃山
		1597 丁酉の倭乱(慶長の役～98)	
		●多くの陶工を日本に連行し、文化財略奪	
		1607 最初の朝鮮通信使	江戸
清		1637 清に服属	
		1801 キリスト教の大弾圧(辛酉の獄)	
		1811 洪景来の乱(～12)	
		1860 崔済愚、東学を興す	
		1875 江華島事件 ➲P.276, 280	明治
		1876 日朝修好条規(江華条約)→朝鮮の開国	
		1894 甲午農民戦争(東学党の乱)	
		1897 国号を大韓帝国と改称 1910 韓国併合	

2 前2世紀～後3世紀

文献① 衛氏朝鮮（『三国志』）

陳勝等起ち、天下は、秦に叛く。燕・斉・趙の民、地を朝鮮に避くるもの数万口(数万人)なり。燕人衛満は、魋結夷服[東夷の髪型・服装]し、復た来たりて之れに王たり。漢の武帝は、伐ちて朝鮮を滅ぼし、其の地を分かちて4郡と為す。（歴史学研究会編『世界史史料3』岩波書店）

読み解き 韓国ではこの国に関して、その位置づけをめぐる論争がある。それは何だろう。

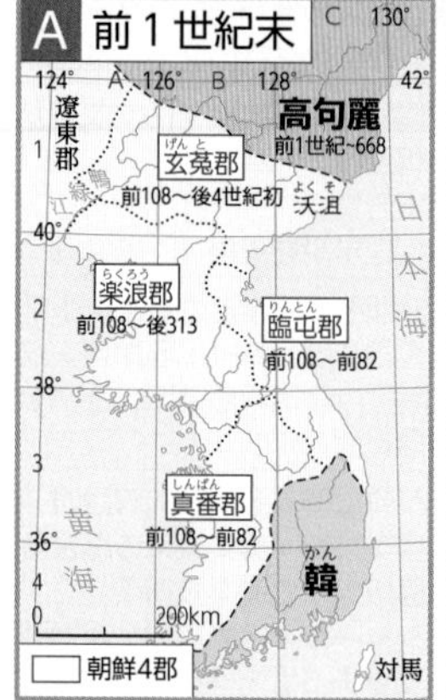

3 4～6世紀(三国時代)

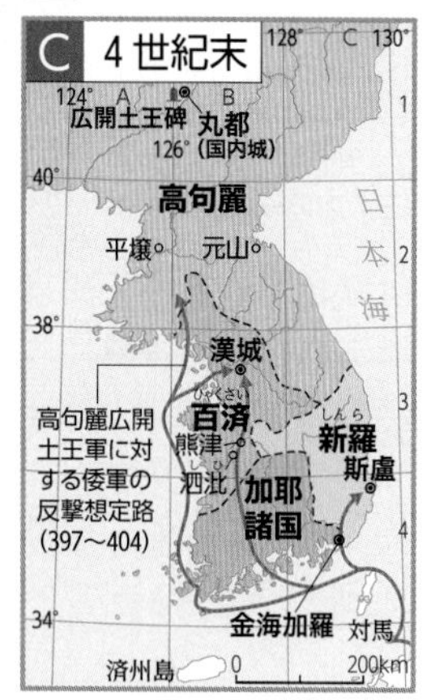

➔❶韓国の金銅弥勒菩薩半跏思惟像(左)と❷弥勒菩薩半跏思惟像(広隆寺)(右) 6世紀の仏教伝来以来、日本の仏教美術は朝鮮半島の影響を強く受けた。日本の半跏思惟像にも三国時代の新羅でつくられた像の影響がうかがえる。

4 新羅

↑❸慶州瞻星台 新羅時代の天文台といわれている。

➔❹仏国寺(釈迦塔・大雄殿) 韓国慶州市郊外にある新羅時代の代表的寺院。寺の大部分は豊臣秀吉の朝鮮侵略の際に焼失したが、釈迦塔や多宝塔などは創建当初からのものである。

Column 朝鮮侵略と日本

秀吉の朝鮮侵略の際に連行された捕虜の中には儒学者や陶工が多くふくまれていた。佐賀県の有田焼は朝鮮の陶工・李参平が始めるなど、朝鮮から来た陶工たちは萩・薩摩など各地に陶芸の技術を伝えた。同じく朝鮮からの儒学者は、朱子学の大家・藤原惺窩に影響を与えた。

←❺李参平顕彰碑(左、有田・陶山神社)と❻有田焼の皿(右、17世紀)

佐賀県立九州陶磁文化館蔵

5 高麗

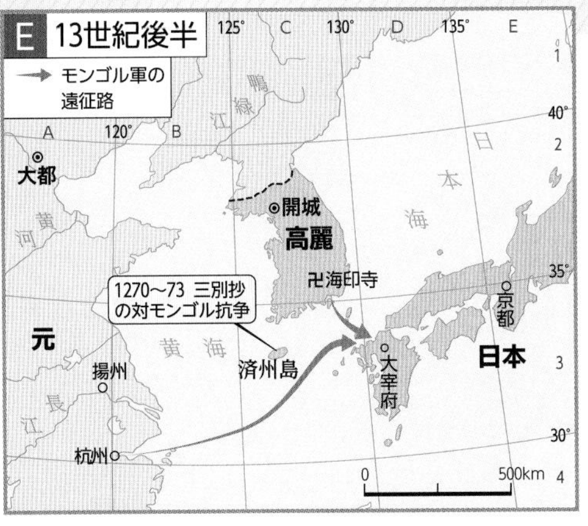

←⑦高麗青磁 9世紀に中国から伝えられた青磁技術は、12世紀に象嵌技法が開発され、独自の発展を見せた。
大阪市立東洋陶磁美術館（住友グループ寄贈／安宅コレクション） 写真：西川茂、12世紀、高さ29.2cm

→⑧高麗版大蔵経 漢訳による仏教経典を集成した叢書を大蔵経という。高麗が契丹軍やモンゴル軍撃退を祈願するためつくった。1251年に完成した8万余の版木は、現在、慶尚南道の海印寺に国宝として保存されている。

→⑨大蔵経の版木

6 朝鮮王朝

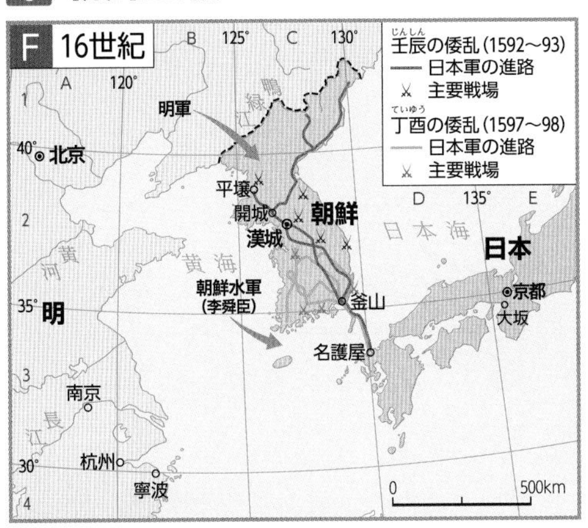

解説 両班

高麗時代は文官（東班）と武官（西班）を合わせた官僚層をさしたが、元属国時代には台頭した地方の中小地主が官職を得て両班と呼ばれた。朝鮮王朝時代には、政治的には官僚・科挙受験有資格者であり、経済的には土地所有者であり、文化的には儒学的教養を身につけた士大夫（知識人）層の、様々な面における支配階級をさし、世襲化した。

→⑩両班 朝鮮時代には、両班などの良民と、奴婢・白丁の賤民を区別する身分制度が形成された。

救国の英雄 李舜臣（1545〜98）

朝鮮水軍の総司令官**李舜臣**は、壬辰の倭乱に際し、陸上で朝鮮軍が日本軍に敗れている間、鉄板で装甲した亀甲船で日本水軍のほとんどを撃沈した。丁酉の倭乱では、12隻の艦船で敵の大半を撃破した。李舜臣はこの戦いで戦死したが、現在でも国民の尊敬を受けており、彼の銅像は今でも日本の方向をじっと見つめている。

新羅・高麗・朝鮮の比較

	新羅	高麗	朝鮮
建国者		王建	**李成桂**
首都	金城（慶州）（統一後〜）	開城	**漢城**（漢陽）
支配体制	●**骨品制**（氏族的身分制） ●律令体制	●**両班** ●律令体制 ●科挙採用	●**両班** ●律令体制 ●『経国大典』
中国関係	●唐の冊封 ●唐と連合し半島統一	●五代・宋・契丹・金の冊封 ●元に服属、属国化	●明・清の冊封 ●壬申・丁酉の倭乱では明から援軍
宗教・文化	●仏教文化の発達 →**仏国寺**建立 ●石窟庵	●仏教文化の発達 →**高麗版大蔵経** ●**金属活字**（世界最古） ●**高麗青磁**	●**朱子学**の官学化 ●**訓民正音**の発布 ●**銅活字**の普及 ●李朝白磁

① 朝鮮では朱子学の官学化に伴い、家族や一族、国家、国際関係における「秩序」が重んじられ、国王と人民の関係は、家庭内の親子関係になぞらえて説かれた。

↑⑬朝鮮通信使（部分） 徳川家康は朝鮮との国交回復を望み、これが1607年から計12回にわたる**朝鮮通信使**として実現した。東京都江戸東京博物館蔵

←⑪世宗（1397〜1450） 第4代国王。『高麗史』を編纂する一方、仏教の統制も行った。

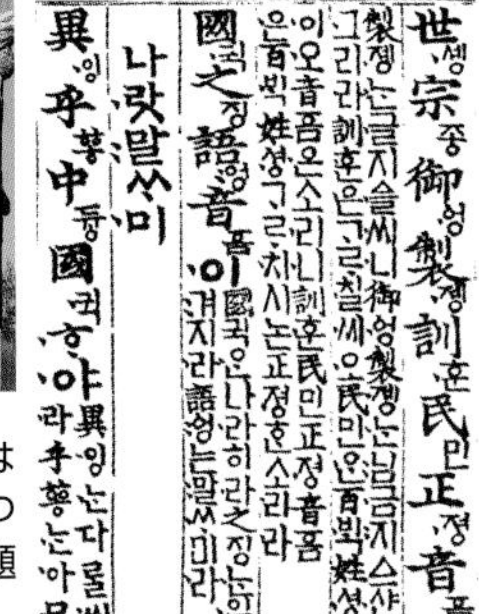

→⑫訓民正音 世宗は**訓民正音（ハングル）**をつくると、『訓民正音』と題する解説書を刊行した。

文献② ハングルの創制（『世宗実録』）（1454）

この月（世宗28〈1446〉年9月）、『訓民正音』が成立した。……礼曹判書の鄭麟趾の序文には、「……癸亥年（1443年）の冬、わが殿下（世宗）は正音28字を創制され、例義を簡略にお示しになり、訓民正音と名付けられた。……簡略にして要を得、精密にして通じる。そのようなわけで、智恵のある者は一朝にしてこれを理解し、愚かな者も10日間で学ぶことができる。……用いていて備わらないところがなく、どこにいっても通じないところはない。……」とあった。
（歴史学研究会『世界史史料4』岩波書店）

読み解き
1 ハングルはなぜつくられたのだろう。
2 ハングルの制定後、漢字は使われなくなったのだろうか。

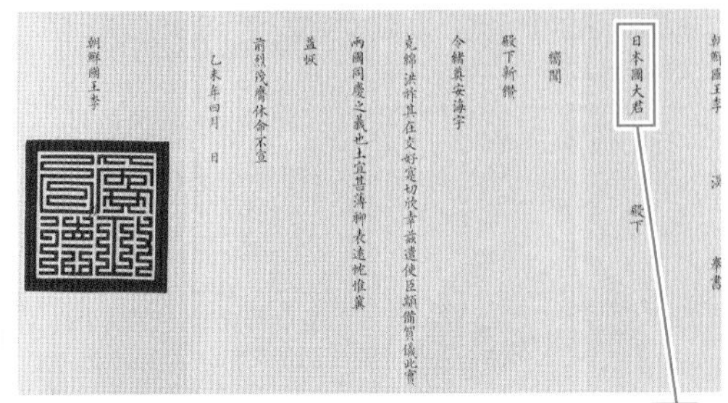

↑⑭朝鮮国王国書（1655） 東京国立博物館蔵

読み解き 宛名が「日本国大君」となっているのはなぜだろう。

歴史のスパイス ハングルの文字の形は、発音のときの音声器官の形をかたどっているので、発音が似ている音は文字の形も似ている。

イランのイスラーム王朝

1 イラン世界の展開 P.150 P.268

① ティムールは中央アジアから西アジアに及ぶ大帝国を建設した。
① スンナ派のオスマン帝国と抗争を続けたサファヴィー朝は、シーア派(十二イマーム派)を国教化して国内統一を図った。
→現代イランでも、シーア派信仰が国民の一体感を醸成している。

ティムール帝国

ティムール(位1370〜1405)
●西チャガタイ＝ハン国から自立　都：サマルカンド
●イル＝ハン国の旧領を併合→キプチャク＝ハン国に侵入
1398　北インド(トゥグルク朝)に侵入→デリーを占領
1402　**アンカラの戦い**…オスマン帝国を破る
1405　明への遠征途上のオトラルで病死

シャー＝ルフ(位1409〜47)
●イランの学芸・美術を奨励
ウルグ＝ベク(位1447〜49)　●天文台を建設
1500　**ウズベク人**(トルコ系)によるサマルカンド占領
1507　ウズベク人によるヘラート占領＝滅亡

サファヴィー朝

イスマーイール1世(位1501〜24)
1501　タブリーズを都として建国
　　　シーア派の国教化、シャー(イランの王号)を称す
1510　ウズベク人を破り、ホラーサーンを占領
1514　チャルディランの戦い…オスマン帝国に敗北

アッバース1世(位1587〜1629)
1590　オスマン帝国にタブリーズなどを割譲
1598　イスファハーンに遷都
1603　オスマン帝国からタブリーズを奪回
1616　イスファハーンにイギリス商館の設置を承認
1622　ホルムズから**ポルトガル人を追放**
●オランダ人・フランス人の来訪
1722　アフガン人にイスファハーンを占領される
1736　ナーディル＝シャーの王位簒奪→アフシャール朝

A ティムール帝国(15世紀)

B サファヴィー朝と周辺諸国(16世紀)

ティムール帝国

モンゴル帝国の再建を夢見た男 ティムール
(1336〜1405)

ティムールは、チャガタイ＝ハンに従って中央アジアに移住したモンゴル系貴族の末裔であった。モンゴルの侵入で荒廃したサマルカンドの街を再建し、帝国の都とした。建国後にチンギス家の女性を妻としたが、生涯ハンと自称することはなかった。トルコ語とペルシア語を自由に話し、特に歴史に関する知識はイブン＝ハルドゥーン(P.156)を驚嘆させるほどであったという。

サファヴィー朝

①アッバース1世(左)
サファヴィー朝の第5代国王。西のオスマン帝国、北のウズベク人から圧迫を受ける危機的状況のもと、中央集権化を進め、新軍を組織することで、王朝の立て直しを図った。対外的にはオスマン帝国からアゼルバイジャンやイラクの一部を奪取、ポルトガル人からホルムズを奪還するとともに、ヨーロッパとの交易を促すなど、王朝の最盛期を築いた。

中央宮廷

行政府	中央軍
●宰相(大宰相)	
↓	↓
国境地域	**王領地、イラン高原**
在地有力者か中央宮廷の実力者が総督や知事に任命された。	文官や武官が中央宮廷の代官として派遣された。

ⓐサファヴィー朝の支配構造図
16世紀末に支配領域を縮小させていたサファヴィー朝は、アッバース1世のもとで順次領域を回復した。国土は王領地と総督・知事に委ねられる国境地域に分けて支配され、王領地が拡大したことで、宮廷の宰相の権限が高まった。

文献① イスファハーンの多様性

イスファハーンでは、言語もまた驚くほどさまざまだった。……インド系、アルメニア系、グルジア系の人々はそれぞれ独自の言語を持っており、……宮廷ではトルコ語が日常的に話されていたし……地元の町の人々はもっぱらペルシア語で意思の疎通を図った。……イスファハーンだけではなく、事情はペルシア全体でも同様だった。……一つの領域国家の中での言語の数の多さは、当時のヨーロッパでも同様で、それ自体は驚くに値しない。……ただ、強調しなければならないことは、……サファヴィー朝ではこのように多様な言語を一つに統一していこうという意志を、王やその周辺の人々が持っていなかったということである。……このような宗教、言語、ひいてはエスニシティーの多様さ、さらにその多様さをそのままにしてあえて統一しないという態度が、当時のペルシア・イスラーム社会の大きな特徴だった。
(羽田正『冒険商人シャルダン』講談社)

読み解き 当時のヨーロッパと比べると、サファヴィー朝にはどのような特徴があるだろう。

Column イスラーム世界の長篠合戦ーチャルディランの戦い

長篠合戦(1575、P.44)で武田の騎馬軍団が織田・徳川の鉄砲隊に撃破される約60年前の1514年、クズルバシュ(「赤い頭」の意。トルコ系遊牧民のトルクメン人による騎兵部隊)を率いて伝統的な騎馬戦術をとるサファヴィー朝軍は、いち早く鉄砲・大砲を取り入れたオスマン帝国にチャルディランの戦いで大敗した。この戦いは、**火器戦力が騎馬軍団を撃破した戦いとして軍事史上の重要な転換点**となった。後に、サファヴィー朝のアッバース1世はトルコ遊牧民に頼らず、火器を中心に据える軍制改革を行った。

読み解き 左右どちらがオスマン帝国だろう。

②チャルディランの戦い

歴史のスパイス　アッバース1世はイスファハーンにアルメニア人居住区を設けた。アルメニア人の商業ネットワークはサファヴィー朝・ムガル帝国・オスマン帝国を結んだ。

テーマ17 イスラーム諸都市の繁栄

イスタンブル

前7世紀	ビザンティオン(ビザンティウム)、ギリシア人の植民により成立
330	コンスタンティヌス帝が遷都し、コンスタンティノープル(コンスタンティノポリス)と改称
1453	メフメト2世がコンスタンティノープル占領、オスマン帝国の都となり、イスタンブルと呼ばれ始める
1923	トルコ共和国成立、首都はアンカラへ

↓ⓐ文明の十字路 イスタンブルは、東西・南北を結ぶ十字路の交点に位置する。

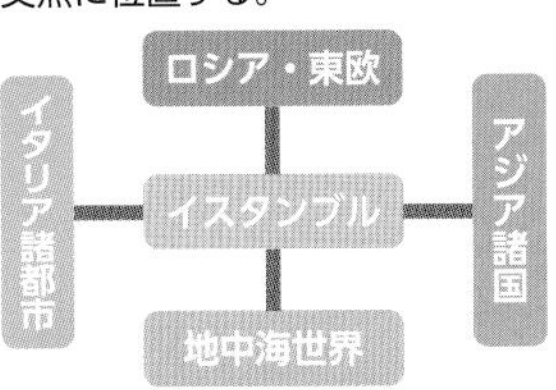

❶トプカプ宮殿挨拶の門

↑❷スレイマン＝モスク スレイマン1世の命を受けミマーリ＝シナンが設計。1550〜57年にかけて建立された。重量感あふれる威容は、最盛期のオスマン帝国の栄華を伝えている。

世界遺産 ❸イスタンブル(トルコ)

イスファハーン

前6世紀	ユダヤ人居住区成立
10世紀頃	現市街地の原型完成
939	ブワイフ朝の首都となる
1244	モンゴル軍が占領
1387	ティムール軍が占領
1598	サファヴィー朝のアッバース1世が遷都
1722	アフガン人の攻撃で荒廃

→❹イスファハーン(イラン) アッバース1世による16世紀末の遷都以降、政治・文化の中心となり、最盛期には人口50万に達した。その繁栄ぶりは「**イスファハーンは世界の半分**」と称された。

イマーム広場
イマーム＝モスク
世界遺産

サマルカンド

→❺レギスタン広場 レギスタンとは「砂地」の意。広場を囲んで3つのマドラサ(学院)が建つ。サマルカンドでは商工業の発展に伴い人口も増加し、最盛期には30〜40万に達したとされる。

→❻天文台跡 ティムールの孫ウルグ＝ベクはこの地に天文台を建設した。

イーワーン
世界遺産

デリー

←❼フマーユーン廟 2代皇帝を祀る。建築様式がタージ＝マハル廟に影響を与えたといわれる。➲P.203

→❽デリー城 ムガル帝国第5代皇帝シャー＝ジャハーンがアグラから再遷都した際に居城として建設。建材に赤砂岩が用いられたため、「赤い城」とも呼ばれる。

資料から読み解く イスラームの都市

文献① 都市の街区

都市は、ハーラ、マハッラ、もしくはフットと呼ばれる街区に分かれていた。これらは居住区であり……都市中心部の主要なバーザールの街区とは隔てられていた。……このように、多くの都市の街区は小規模な、統合された共同体であった。構造上の一定の分離、密接な家族の結び付き、民族的もしくは宗教的な同質性、集団としての強固な連帯意識、経済上・行政上の単位、代表者の役割を果たすエリートの存在によって、<u>**街区は都市という塊の内部に出現した村落のような共同体となっていた。**</u>

(アイラ＝M＝ラピダス著、三浦徹他訳『イスラームの都市社会』岩波書店)

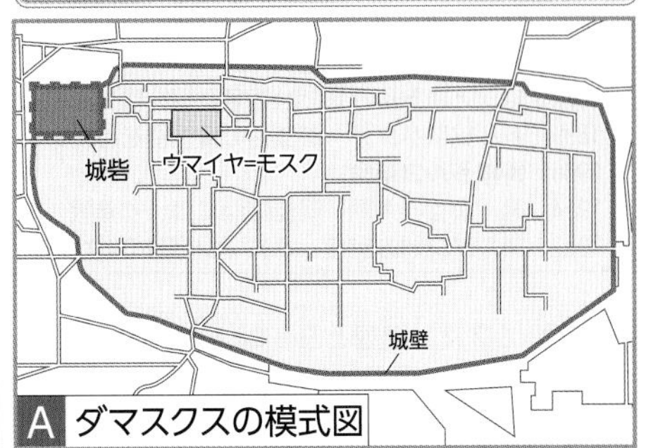

A ダマスクスの模式図

↑イスラーム諸都市は、交易の中継地点としての性格から、共通する特徴がみられる。都市は、城砦(君主や総督の居城)、市内、郊外の三重構造を持っており、宗教・文化施設、市場・隊商宿などの経済施設、広場、住宅などが市壁・城砦に守られていた。生活空間は、街区で区切られ、ウラマーが裁判官(カーディー)として、それぞれの街区の行政の一端を担っていた。

読み解き

1. 地図Aで三重構造を確認しよう。
2. 文献①の下線部はどのような意味だろう。

オスマン帝国

1 オスマン帝国の変遷

➲P.150 ➲P.268 ＊成立年には諸説あり

① 建国以来拡大を続けたオスマン帝国の領土は、17世紀末の第2次ウィーン包囲失敗後に縮小していった。

封建的侯国

1299 **オスマン1世**(位1299～1326)…アナトリア西北部に建国＊
1326 **オルハン**(位1326～60)…ブルサを攻略して都とする

ムラト1世(位1360～89)
●**イェニチェリの創設**
1366 アドリアノープル(エディルネ)に遷都
1389 コソヴォの戦い…セルビアを破ってバルカン半島を支配

バヤジット1世(位1389～1402)
●**スルタンを称する**
1396 **ニコポリスの戦い**…ハンガリー王ジギスムント率いる十字軍(バルカン諸国・フランス・ドイツの連合軍)を撃破
1402 **アンカラの戦い**…**ティムールに敗北**→帝国一時中断(～13)

メフメト2世(位1444～46、51～81)
1453 **コンスタンティノープルを占領し、ビザンツ帝国を滅ぼす**
→コンスタンティノープル(イスタンブル)に遷都
1475 クリム＝ハン国を保護国とする…黒海周辺を支配
1480 南イタリアに遠征…オトラントを占領

集権的帝国

セリム1世(位1512～20)
1514 チャルディランの戦い…サファヴィー朝を撃破➲P.198
1517 **マムルーク朝を滅ぼす…シリア・エジプトを支配**
→聖地メッカ・メディナの庇護者となる

スレイマン1世(位1520～66)
1526 モハーチの戦い…ハンガリー王ラヨシュ2世を破る
1529 **第1次ウィーン包囲**…神聖ローマ皇帝カール5世を圧迫
1538 **プレヴェザの海戦**…スペイン・ヴェネツィア・ローマ教皇の連合艦隊を撃破→**地中海の制海権を獲得**
1569 フランスに**カピチュレーション**を付与
1571 **レパントの海戦**でスペイン・ヴェネツィア・ローマ教皇の連合艦隊に敗北(地中海の航行権は確保する)

分権的帝国

1683 **第2次ウィーン包囲**(失敗)
1699 **カルロヴィッツ条約**…オーストリアにハンガリーを割譲
アフメト3世(位1703～30)…対西ヨーロッパ宥和政策
1718 パッサロヴィッツ条約…オーストリアにセルビア北部を割譲
1774 キュチュク＝カイナルジャ条約…ロシアに黒海北岸を割譲
1805 ムハンマド＝アリーがエジプトの支配者となる➲P.269

近代帝国

1826 イェニチェリの廃止
1839 **タンジマート**(恩恵改革)の開始(～76)➲P.268
1876 **ミドハト憲法**の発布
1877 **ロシア＝トルコ(露土)戦争**(～78)➲P.258
1899 ドイツにバグダード鉄道の敷設権を与える
1908 **青年トルコ革命**
1914 第一次世界大戦…同盟国側について参戦
1922 **スルタン制の廃止＝オスマン帝国の滅亡**➲P.304

文献① オスマン帝国とヨーロッパの力関係の変遷

両者[オスマン帝国とヨーロッパ]の力関係は、①オスマン帝国の絶対的優位の時期(16世紀前半)、②オスマン帝国の優位の喪失期、③優位に立ったヨーロッパのオスマン帝国への進出期、という変遷をたどる。このうち①についてはほぼ議論の余地はないが、②と③の時期をめぐってはいくつかの議論が存在する。かつてのヨーロッパ側の学説の中には、②の時期をほとんど設けず、1571年のレパントの海戦でのヨーロッパ側の勝利を、力関係の逆転とするものも多かった。……近年は②の時期を16世紀後半から18世紀後半まで設定して、17世紀末を一つの区切りとする考え方が一般的であり、前半をオスマンの優位が緩やかに解消されていく時期、後半を両者の力の均衡がかろうじて保たれる時期と考える。また③については18世紀後半を、ヨーロッパ優位が明確になりオスマン帝国への列強の進出が本格化する転機と捉える。(金澤周作監修『論点西洋史学』ミネルヴァ書房)

読み解き 1571年(レパントの海戦)が両者の力関係逆転の転機といえるだろうか。

2 オスマン帝国の台頭

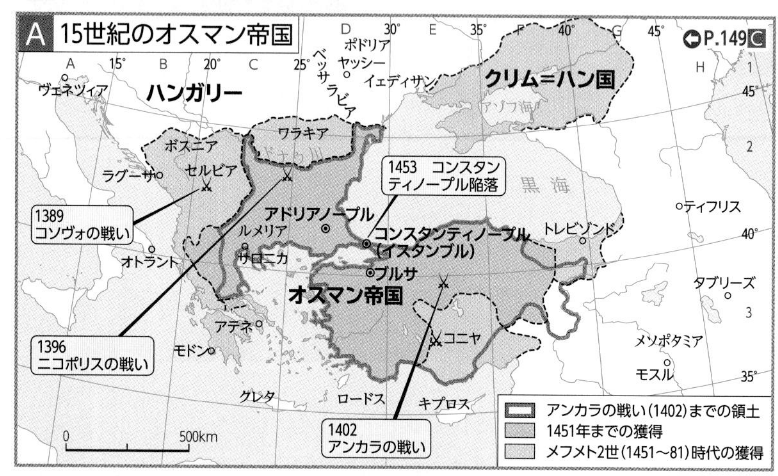

① オスマン帝国は建国当初よりバルカン半島に進出し、ビザンツ帝国はじめ東欧諸国を圧迫した。

コンスタンティノープルの陥落

↑❶**テオドシウスの城壁**(トルコ) 三重の城壁からなっており、難攻不落といわれていた。

↓❷**オスマン艦隊の山越え** メフメト2世はコンスタンティノープルを攻め落とすため、艦隊の一部をボスフォラス海峡からガラタ地区の山を切り開いて金角湾に移し、挟撃体制をつくりあげた。ビザンツ帝国はオスマン軍の猛攻に2カ月も耐えたが、1453年5月29日未明には最後の抵抗も終了し、ここにビザンツ帝国は滅亡した。

セリム1世(1467～1520)

オスマン帝国第9代スルタン。父を退位させて即位した経緯やその激しい気性から、「冷酷者」とあだ名された。チャルディランの戦いでは、大砲や鉄砲を駆使してサファヴィー朝を破った。さらに**マムルーク朝を滅ぼして**イスラーム諸王朝の盟主となり、二大聖地メッカとメディナを保護下に置いた。その後、マムルーク朝滅亡の際にセリムがマムルーク朝保護下のカリフからカリフ位を譲られたという伝説が生まれ、18世紀末にはオスマン帝国のスルタンがカリフを兼ねると主張された(スルタン＝カリフ制)。トプカプ宮殿博物館蔵

歴史のスパイス コンスタンティノープル攻略に際しては、ハンガリー人技術者ウルバンが製造した巨大な大砲が投入された。

3 オスマン帝国の発展

1529 ウィーン包囲

1526 モハーチの戦い

1538 プレヴェザの海戦

1571 レパントの海戦

ローマ帝国の最大領域

B 16〜17世紀のオスマン帝国

- 1481年のオスマン帝国
- セリム１世(1512〜20)時代の獲得
- スレイマン１世(1520〜66)時代の獲得
- 1683年までの獲得
- 数字 獲得年
- サファヴィー朝の最大領域

立法者と呼ばれたスルタン

スレイマン１世(1494〜1566)

歴代スルタンの中でも屈指の端麗な容姿に恵まれ、政治的才能をもあわせ持っていた。国内諸制度の整備に尽力して黄金時代をもたらし、「立法者(カーヌーニー)」と呼ばれた。また、13回の遠征を行って、ハンガリーやロードス島を領有し、**フランスのフランソワ１世と同盟して第１次ウィーン包囲で神聖ローマ皇帝カール５世を脅かした**。さらに1538年には、120隻からなるスペイン・ヴェネツィア・ローマ教皇の連合艦隊をギリシアのプレヴェザ沖で打ち破り、地中海の制海権を得た。

オスマン帝国の統治

＊イスラーム法に基づく統治

スルタン

御前会議➡P.63
国政の最高機関、大宰相らで構成

中央＊：官僚／イェニチェリ

デヴシルメ
徴用したキリスト教徒子弟をイスラームに改宗させ要職に登用

地方

間接統治領
①アラブ地域…伝統的社会体制が存続
②メッカ・メディナ…預言者の血統者による管理
③黒海沿岸…クリム＝ハン国などで従来の支配体制が存続
ティマール制をしかず、納税のみ義務づけ

直轄領
バルカン、アナトリア、シリアなど
行政：州・県・郡で構成。州・県は官僚が、郡はカーディー(イスラーム法裁判官)が行政を担当。
軍事：**ティマール制**…軍事奉仕の代償として騎士が徴税権を保有

帝国領内に居留する非ムスリム外国人
カピチュレーション(領事裁判権や租税免除、身体の安全や財産の保障などの治外法権)が認められる場合があった

ミッレト
キリスト教徒やユダヤ教徒など、非ムスリムによる宗教別共同体
キリスト教徒、ユダヤ教徒など

徴用されたキリスト教徒たち

文献④ デヴシルメ(1686)

宮廷には、あらゆる民族がいるが……一番多いのはオスマンの国のなかのキリスト教徒出身のものたちである。スルタンは、しばしばデヴシルメ・アー(徴用責任者)を送って、キリスト教徒から残酷きわまりない税をとる。すなわち子供三人のうち一人を選んで徴用するのだ。つねにその地方の最も美しくもっとも屈強な体つきの、10から18歳、20歳くらいまでの男子が選ばれる。
(歴史学研究会編『世界史史料２』岩波書店)

メフメト２世の時代には、前述したカプクルたち――元キリスト教徒の改宗者にして奴隷が側近を占めるようになるのである。……こうして君主直属の奴隷、すなわちカプクルを政権運営の主体に据えることで、旧来の有力者の力を削ぎ、君主権力の絶対化を図る中央集権化政策が、メフメト２世のもとで進展した。……原則として君主と国家にのみ仕えるカプクルは、オスマン帝国発展の大きな原動力となった。
(小笠原弘幸『オスマン帝国』中央公論新社)

読み解き
1 デヴシルメにより徴用されたのはどのような人々だろう。
2 カプクルの中には大宰相の地位を占める者も現れるようになった。カプクルが政治の中枢を担うことは、オスマン帝国の集権化にどのような影響を与えただろう。

↑❸**イェニチェリ** ムラト１世の時代に創設された常備歩兵軍団で、「新しい軍隊」を意味する。軽装で鉄砲を操り、主にデヴシルメにより徴用された。

文献② ミッレトについて(18世紀後半)

アレッポのキリスト教徒人口は３万人に達すると言われており、……宗派全体の経済的負担を調整したり、総督府であれこれ交渉を行ったりするために、各宗派は公的な代理人「ワキール」を置いている。これは各宗派の有力者の会合で選ばれ、その名誉ある地位の印として毛皮のコートが総督から与えられて任命される。
(歴史学研究会編『世界史史料２』岩波書店)

文献③ カピチュレーションについて(1569)

９、フランスおよびそれに従属する土地から(来て)朕の神に守られたる諸国土に居住する者たちは、……商売をする者たちにハラージュ①が要求されないように。
12、もしフランス人同士の間で争いがあれば、彼らの大使や領事が、彼らの慣習に従って取り扱い、判決すべし。いかなる者も妨害しないように。
①オスマン朝では、ジズヤと同じように非ムスリムに課せられる人頭税をも意味する。
(歴史学研究会編『世界史史料２』岩波書店)

読み解き フランス人にはどのような特権が与えられていただろう。

←❹**レヴニー筆「踊る少女」** 18世紀前半のアフメト３世は対西欧宥和政策をとったため、宮廷を中心に西欧趣味が流行し、特に美術や工芸の分野ではヨーロッパ的な意匠が取り入れられた。レヴニーの細密画もその一つである。この時代は、チューリップ時代と呼ばれる。しかし、西欧文化の導入は民衆の間には広がらなかった。トプカプ宮殿博物館蔵

➔❺**レパントの海戦**

歴史のスパイス トプカプ宮殿の「帝王の門」には「二つの陸のハーカーン、二つの海のスルタン」という銘文が掲げられている。ハンにしてスルタンである帝王、がオスマン君主の立場であった。

インドのイスラーム化とムガル帝国

1 8～19世紀のインド

⊂P.112 ⊃P.270

① ガズナ・ゴール朝の侵入がインドのイスラーム化を促し、13世紀にイスラーム王朝のデリー＝スルタン朝が成立した。
① 16世紀にはムガル帝国が成立したが、17世紀以降になるとヨーロッパ勢力の進出が強まった。

（南インド：チョーラ朝／ヴィジャヤナガル王国）

ラージプート時代（8～12世紀）
北インドからデカン高原にラージプート諸勢力が割拠

962 **アフガニスタンにガズナ朝成立**（～1186）
●ガズナ朝、北インド遠征…徹底した破壊と略奪
1148頃 **アフガニスタンにゴール朝成立**（～1215）
●ゴール朝、デリー占領、ベンガル地方の征服

デリー＝スルタン朝（1206～1526）

1206 **奴隷王朝**（1206～90） 都：デリー
1206 ゴール朝の武将アイバクが自立
1221 モンゴル軍のインド侵入
ハルジー朝（1290～1320）
地租の金納化、南インドへ遠征軍派遣
トゥグルク朝（1320～1414）
1333 イブン＝バットゥータのデリー来訪
●1336 南インドにヴィジャヤナガル王国成立（～1649）
1398 ティムールのデリー侵入
サイイド朝（1414～51）
ロディー朝＊（1451～1526） ＊ロディー朝はアフガン系
◆1498 ヴァスコ＝ダ＝ガマがカリカットに到達
1500頃 **ナーナクによるシク教の創始**
1526 ◆1510 ポルトガルによるゴア占領

ムガル帝国（1526～1858）

1526 **バーブル**がパーニーパットの戦いにおいてロディー朝を破る
→**ムガル帝国建国**（～1858） 都：デリー
1540 第2代 **フマーユーン** がシェール＝シャーに敗北、イランに亡命
アクバル（第3代、位1556～1605）
1558 アグラに遷都
●**非ムスリムへのジズヤ（人頭税）廃止**
●**ラージプート王国との和解の推進**
●中央集権・地方分権的性格を兼備する統治体制確立
◆1600 イギリス東インド会社設立
1605 第4代 **ジャハーンギール** 即位（～27）
シャー＝ジャハーン（第5代、位1628～58）
1632 **タージ＝マハル廟の造営開始**（～53）
◆1640 イギリスがマドラスに要塞建設
アウラングゼーブ（第6代、位1658～1707）
●**ヒンドゥー教徒抑圧** ●**帝国の最大領土実現**
◆イギリス、ボンベイ獲得（1661）、カルカッタに商館建設（1690）
◆フランス、シャンデルナゴル獲得（1673）、ポンディシェリ獲得（1674）
1674 シヴァージーがデカン高原にマラーター王国建設
●**非ムスリムへのジズヤの復活**
●ラージプート諸王国の離反、**シク教徒の反乱**
1708 **マラーター同盟結成**（～1818）
1739 ナーディル＝シャー（アフシャール朝）、デリー占領
●マラーター同盟がムガル皇帝の保護者となる
1757 **プラッシーの戦い**
（イギリス東インド会社⇔フランス・ベンガル太守）
1857 **インド大反乱**（～59）
1858 →**ムガル帝国滅亡**（1858）
1877 イギリス領インド帝国成立

A インドのイスラーム化

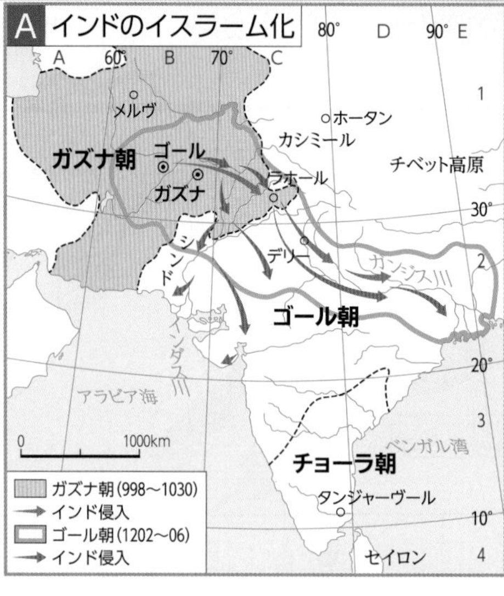

B 13世紀後半のインド

（国名 ヒンドゥー教諸王朝）

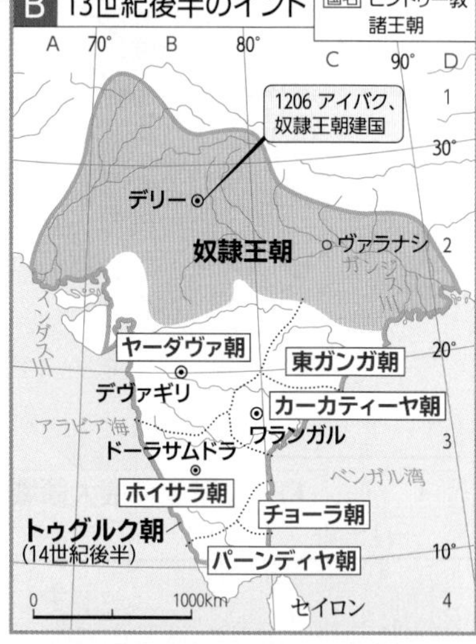

C 16世紀後半のムガル帝国

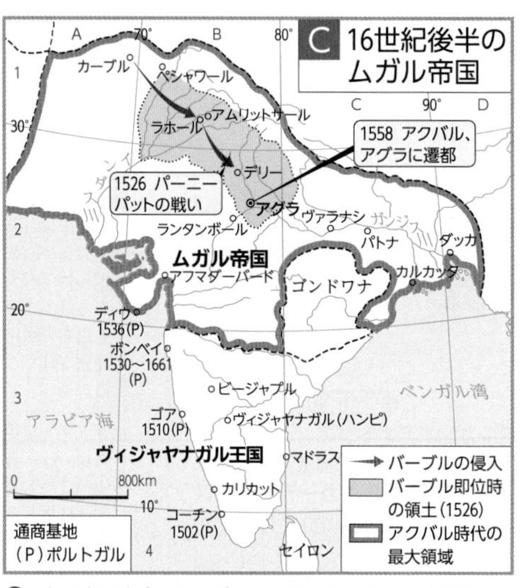

① バーブルがパーニーパットの戦いでロディー朝を破って建国したムガル帝国では、アクバルのもとでムスリムとヒンドゥー教徒の融和が実現した。

D 17～18世紀のムガル帝国

① アウラングゼーブによる他宗教の抑圧や、イギリス・フランスの進出によって、ムガル帝国は衰退し、ラージプートやマラーター同盟などが勢力を拡大した。

資料から読み解く インドのヒンドゥー教勢力

文献① コジコーデの賑わい

われわれはそこを出発して、カーリクートの町[1]に旅した。そこは、ムライバール地方にある大港市[2]の一つで、シナ、ジャーワ［スマトラ島］、スィーラーン［スリランカ］とマハル［モルディブ諸島］の人々、イエメンとファールス［南イラン地方］の人々がそこを目指し、町には遠方の各地から来た商人たちが集まる……その町の君主は〈サーミリー[3]〉の名で知られた異教徒で……われわれは、シナに向けて出帆する時期を待って、3カ月の間ずっと、異教徒の客となっていた。

①コジコーデ（カリカット）。インドのマラバール海岸の港湾都市。
②港、または港に付随する権限
③コジコーデとその周辺を支配するヒンドゥー系の支配者の称号

（イブン＝バットゥータ著、家島彦一訳注『大旅行記6』平凡社）

➔❶**ブリハディーシュヴァラ寺院**（インド） 南インドでは、10～11世紀にチョーラ朝が全盛期を迎えた。

➔❷**ポルトガルの馬商人**（インド） インド洋貿易に参入したポルトガルはヴィジャヤナガル王国とも積極的に交易を行い、インドに軍馬などを供給した。

読み解き インド南部では、どのような勢力がどのような地域と交易していただろう。

歴史のスパイス 「ムガル」とは「モンゴル」のアラビア語訛りであり、建国者バーブルの母親はチンギス＝カンの血を引いていた。

2 ムガル帝国の統治

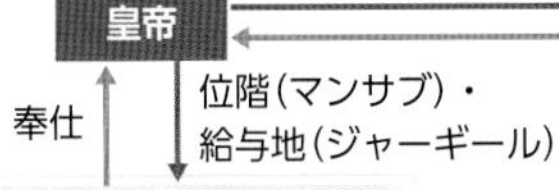

州・県・郡
官僚・軍人(マンサブダール)
皇子の10,000を最高とし、官僚・軍人は5,000～10の数字で表される33位階に分けられる

貢納
所領の承認

ヒンドゥー教諸国
ラージプート諸国
マイソール王国
など

地・区・村
地方豪族(ザミンダール)
ヒンドゥー教徒の在地領主・地方豪族。徴税請負のほか、労働力の徴発も可能であった。

地租
徴税・治安維持

農村共同体

↑ⓐムガル帝国の統治体制

文献② ムガル帝国を支える人々

……上位のマンサブダールは、アクバル時代後期からアウラングゼーブ時代前期まで、トゥーラーン系、イラン系、インド系に分けられる。トゥーラーン系とは中央アジアのトルコ語系地域出身のものであり、ムガル王家やその家系に連なる一族なども含まれる。イラン系とはペルシア語系地域出身のものである。インド系は在来のヒンドゥーやムスリムで、ラージプートやその他のヒンドゥーや北インド在来のアフガン系ムスリムである。

(小名康之『ムガル帝国時代のインド社会』山川出版社)

読み解き ムガル帝国はどのような勢力を取りこんで支配しただろう。

解説 マンサブダール制

ムガル帝国では、支配者層の組織化を図るため、文武の区別なく全ての官僚がマンサブ(位階)を割り当てられ、マンサブ保持者は**マンサブダール**と呼ばれた。彼らは位階に応じて給与の額と保持すべき騎兵・馬などの数が定められ、給与は現金ではなく、給与地(俸給額に見合った土地徴税権)の形で支給された。この給与地のことを**ジャーギール**という。

↓ⓑアクバルとアウラングゼーブの統治

	アクバル(位1556～1605)	アウラングゼーブ(位1658～1707)
領土	北インド統一	インド南端を除く**全インド統一**(最大版図)
政治・経済	●全国を州・郡・県に再編 ●徴税制度・官僚制度(マンサブダール制)確立 ●**アグラ**遷都	●マンサブダール制の動揺(ジャーギール不足) ●度重なる遠征で財政破綻
宗教	●異教徒への寛容策 ・**ジズヤ廃止** ・ヒンドゥー教徒との結婚奨励 ●神聖宗教創始	●異教徒の弾圧 ・**ジズヤ復活** ・ヒンドゥー教寺院の破壊 ・イスラームの強制
結果	中央集権を確立し、帝国繁栄 ➔❸アクバル	**非ムスリム**(ラージプート諸国、マラーター王国、シク教徒)**の反乱を招き**、帝国弱体化 ➔❹アウラングゼーブ

3 ヒンドゥー教とイスラーム

ヒンドゥー教		イスラーム
多神教・偶像崇拝 カースト制度・司祭階級 火葬、沐浴、牛を神聖視	教義対立	**一神教・偶像厳禁** 階級や聖職者は存在せず 土葬、豚は不浄の動物
バクティ信仰 絶対神(特にヴィシュヌ)への帰依→神の恩寵	共通	**スーフィズム** 一心に神の名を唱えて神との合一の境地に至る

15世紀 カビールが神の同一性を説く
↓
16世紀初頭 **ナーナク**による**シク教創始**(パンジャーブ地方)

↑ⓒ**ヒンドゥー教とイスラームの融合** 14～15世紀に北インドに広がった**バクティ信仰**は、**スーフィズム**の影響を受け、神のもとの絶対的平等を説いて、**シク教**創始に影響を与えた。シク教は、17世紀前半に教主がジャハーンギール帝に処刑されると武装化を進め、ムガル帝国と軍事衝突をくり返した。

文献③『ビージャク』[①](15世紀前半)

1 兄弟よ、この二人の世界主(神)はどこから来たのか……。
2 アッラーとラーム、カリームとケーシャヴ、ハリとハズラット[②]という名前を付けて。
6 誰がヒンドゥーで誰がトゥルク[③]と言えるのか、一つの大地に住んでいるのに。
7 ヴェーダとキターブを読む人々は、マウラーナーでありパーンデーである[④]。
8 (彼らが)別々の名前を付けたのだ、一つの土でできた器に。

①民衆の立場からイスラームとヒンドゥー教を批判した宗教者カビールの話集
②カリームとハズラットはアッラーの異名。ラーム、ケーシャヴ、ハリはヴィシュヌの化身・異名
③ムスリムにはトルコ人が多かったことから、ムスリムをさす
④ヴェーダの知識で生計を立てる学僧をパーンデーという。キターブとはコーランの意味、その教学者がマウラーナー

(歴史学研究会編『世界史史料2』岩波書店)

読み解き カビールはイスラームとヒンドゥー教をどのようにとらえていただろう。

4 インド＝イスラーム文化

特色	インド固有のヒンドゥー文化とイスラーム文化の融合
宗教	シク教…ナーナク創始、偶像崇拝やカースト制度の否定、苦行の禁止
言語	公用語はペルシア語 ウルドゥー語…北インドの地方語を文法的基礎とし、ペルシア語やアラビア語の単語を取り入れる。現在のパキスタンの国語
建築	タージ＝マハル廟…イラン＝イスラーム文化＋インド建築
美術	ムガル絵画…イラン細密画の影響 ラージプート絵画…ムガル絵画の影響

↓❺**ムガル絵画**(ガンジス川を渡河するアクバル) 宮廷の保護を受けて発達した。

←❻**ラージプート絵画**
ヒンドゥー王侯の保護を受けて発達。庶民的題材が多い。

↑❼**タージ＝マハル廟** 輪廻思想を持つインドでは墓をつくる習慣はなかったが、ムガル帝国時代には廟建築が発達した。タージ＝マハル廟は皇帝シャー＝ジャハーンが最愛の妻ムムターズ＝マハルの死を悼んで、アグラに建設した。

歴史のスパイス ペルシアでは広場の四隅に設置されたイーワーンだが、インドでは建物の外周を飾ることになった。

ヨーロッパ諸国の海洋進出

＊15世紀末から16世紀にかけて、ヨーロッパ諸国は活発な航海事業を展開した。そのため、この時代は「大航海時代」とも呼ばれてきたが、ヨーロッパ中心の視点に基づくこの呼称に対しては批判もある。

1 スペインとポルトガルの活動

背景
- **香辛料**(コショウなど)の需要増➡P.79
- アジアへの関心←マルコ＝ポーロ『**世界の記述**』
- オスマン帝国の地中海進出に対する危機感
- 宗教的情熱(**レコンキスタ**の延長としての海外発展。プレスター＝ジョンの伝説)
- 科学技術の発達…羅針盤(➡P.63)、造船技術、地球球体説

スペイン・ポルトガルを中心とした航海事業＝「**大航海**」＊
→**世界の一体化**の始まり、ヨーロッパ世界の拡大

アメリカ大陸
- ヨーロッパによる侵略、疫病により**人口減**
- **先住民社会の変容**

➡P.208
食物、動物、技術、疫病など相互に影響

ヨーロッパ
- **商業革命**と**価格革命**
- **生活革命**(アメリカ大陸原産の作物流入)

ポルトガル	スペイン
航海王子エンリケの時代	
1415 北アフリカのセウタ攻略	
1418 サグレス岬に航海研究所設置	1474 **イサベル1世**即位(～1504)
●アフリカ進出を推進	1479 スペイン王国成立
1481 **ジョアン2世**即位(～95)	1492 グラナダ陥落 →レコンキスタ完了
1488 **バルトロメウ＝ディアス**、喜望峰到達➡P.63	1492 **コロンブス**、サンサルバドル島到達
1493 教皇アレクサンデル6世、教皇分界線設定	
	1493 コロンブス、第2回航海(～96)
1494 トルデシリャス条約…教皇分界線の修正	
1498 **ヴァスコ＝ダ＝ガマ**、カリカット到達	1498 コロンブス、第3回航海(～1500)
1500 **カブラル**、ブラジルに漂着	1502 コロンブス、第4回航海(～04) 黒人奴隷貿易始まる
1505 セイロン島を占領	1503 **アメリゴ＝ヴェスプッチ**、『新世界』刊行
1509 ディウ沖の海戦でマムルーク朝海軍を破る	1507 ヴァルトゼーミュラー、「新大陸」をアメリカと命名
1510 インドの**ゴア**を占領	
1511 マレー半島の**マラッカ**占領	1513 バルボア、パナマ地峡を横断、太平洋岸に達す
1511 モルッカ諸島に到達	
1515 ペルシアのホルムズ島占領	1516 **カルロス1世**即位(～56)
1517 中国の広州で通商	1519 **マゼラン一行、世界周航**(～22)
●**リスボン**、世界商業の中心	**征服者(コンキスタドール)**
	1521 **コルテス**、アステカ王国を滅ぼす
1529 サラゴサ条約(アジアにおける領土分割協定) →モルッカ諸島がポルトガル領、フィリピンがスペイン領に	
●ポルトガル人、種子島に漂着	1533 **ピサロ**、インカ帝国を滅ぼす
1549 ザビエル、鹿児島に来航	1545 **ポトシ銀山**の採掘開始 ➡P.209
1550 平戸で通商	
1557 中国の**マカオ**に居住権	1556 **フェリペ2世**即位(～98)
1571 長崎で通商	1571 ルソン島の**マニラ**を占領
ポルトガルの海外活動の特徴 主にアジアに進出し、中継貿易により貿易利潤を追求	**スペインの海外活動の特徴** 主にアメリカ大陸に進出し、土地・財宝を奪い、植民活動を展開

➡❶**プトレマイオスの世界図**(1482) 古代ローマのプトレマイオスが2世紀につくった世界図を復元したもの。

読み解き
1 描かれているのはどの地域だろう。
2 P.205の地図Aで、ディアスとガマは、同じアフリカ南端をめざしたが航路が異なる。その理由を❶を手がかりに考えよう。

文献① 外洋進出の要因とは？

イベリア半島は……ヨーロッパ内で特異的にイスラーム勢力の強い地域であった。それゆえに、文化的には西アジアから地中海のイスラーム文明の恩恵を色濃く受けながらも、それを駆逐(レコンキスタ)した自負のあるキリスト教国の宗教的・政治的反動が、マグレブ地方のイスラーム諸王朝への対抗・報復意識へと強くつながった結果、外洋進出が促進されたとみる傾向もある。さらには大西洋というヨーロッパの「外洋」に面した地理条件の下、15世紀中葉までには、アゾーレス諸島やカナリア諸島といった大西洋の島々を探索する海洋技術を発展させていたことも重要である。しかし、それらの諸条件が下地にあったとしても、外洋進出を具体的かつ強力に後押ししたのは、紛れもなく経済的動機であった。

(秋田茂編『グローバル化の世界史』ミネルヴァ書房)

読み解き この時代の海外進出について、イベリア半島諸国家はどのような社会的・経済的背景を持つようになっていたのだろう。

文献② アレクサンデル6世の「贈与大教書」(1493)

彼(コロンブス)とその一行は……これまで誰にも発見されたことがないいくつかの島々ならびに陸地を見つけた。……余〔アレクサンデル6世〕は……アソーレスおよびヴェルデ岬と呼ばれる諸島のいずれの島から西方並びに南方へ100レグア(約560キロメートル)離れた地点に……一本の線を引き①、その線の西側並びに南側で、インディアの方向、もしくは、いずれの方面であれ、発見されたか、今後発見される島々と陸地をことごとく、……現にキリスト教を奉じる君主が領有していないという条件のもとに……カスティーリャならびにレオンの国王に永久にわたり……賦与する。……前記の陸地ならびに島々へ清廉潔白で、神を畏怖し、学識豊かで、その住民にカトリックの信仰を伝え、よき習慣を教えこむことに熟達した人々を派遣することをくれぐれも怠らないよう命じる。

①1493年の教皇による分界線

(歴史学研究会編『世界史史料7』岩波書店)

読み解き この資料によれば、教皇にとって世界分割の目的は何であったただろう。

大西洋航路の開拓者 コロンブス(1451～1506)

ジェノヴァ生まれ。**トスカネリの説**＊を信じ、1492年、**スペイン女王イサベルの支援を受けて**、サンタ＝マリア号以下3隻の帆船で西回りでインドをめざし、西インド諸島に到達した。この功績により、現地総督に任命されたが、先住民を酷使して反乱を引き起こし、ヨーロッパ人入植者の反乱も収拾できず、統治能力を疑われて本国政府に逮捕された。全ての地位を剝奪され、最後の航海も失敗に終わるなど、不遇の晩年を過ごした。

➡❺**コロンブス**

↑❹**復元されたコロンブスのサンタ＝マリア号**

＊地球は球体で、大西洋を西に航行すれば、「インド」への近道になるという説

←❷**エンリケ航海王子**(1394～1460) ポルトガル王ジョアン1世の第3子。ポルトガルの海外発展の道を開いた。

➡❸**ヴァスコ＝ダ＝ガマ**(1469頃～1524) ポルトガルの航海者。喜望峰を回り、ムスリムの水先案内人を得て、**1498年にカリカットに到達した**。

←❻**マゼラン**(1480頃～1521) スペイン王の支援を受けて南アメリカ南端から太平洋を横断。自身はフィリピンの抗争で死亡したが、**部下が世界周航を成し遂げた**。

➡❼**ラプラプの像**(フィリピン) マゼランを敗死させたフィリピンの首長。この後フィリピンは約330年にわたりスペインに植民地支配される。

歴史のスパイス 当時の航海では嵐や先住民との戦いのほかに、ビタミンC不足による壊血病で多くの船員が死亡した。

2 16世紀の世界

A 航路の開拓とヨーロッパ諸国の進出地

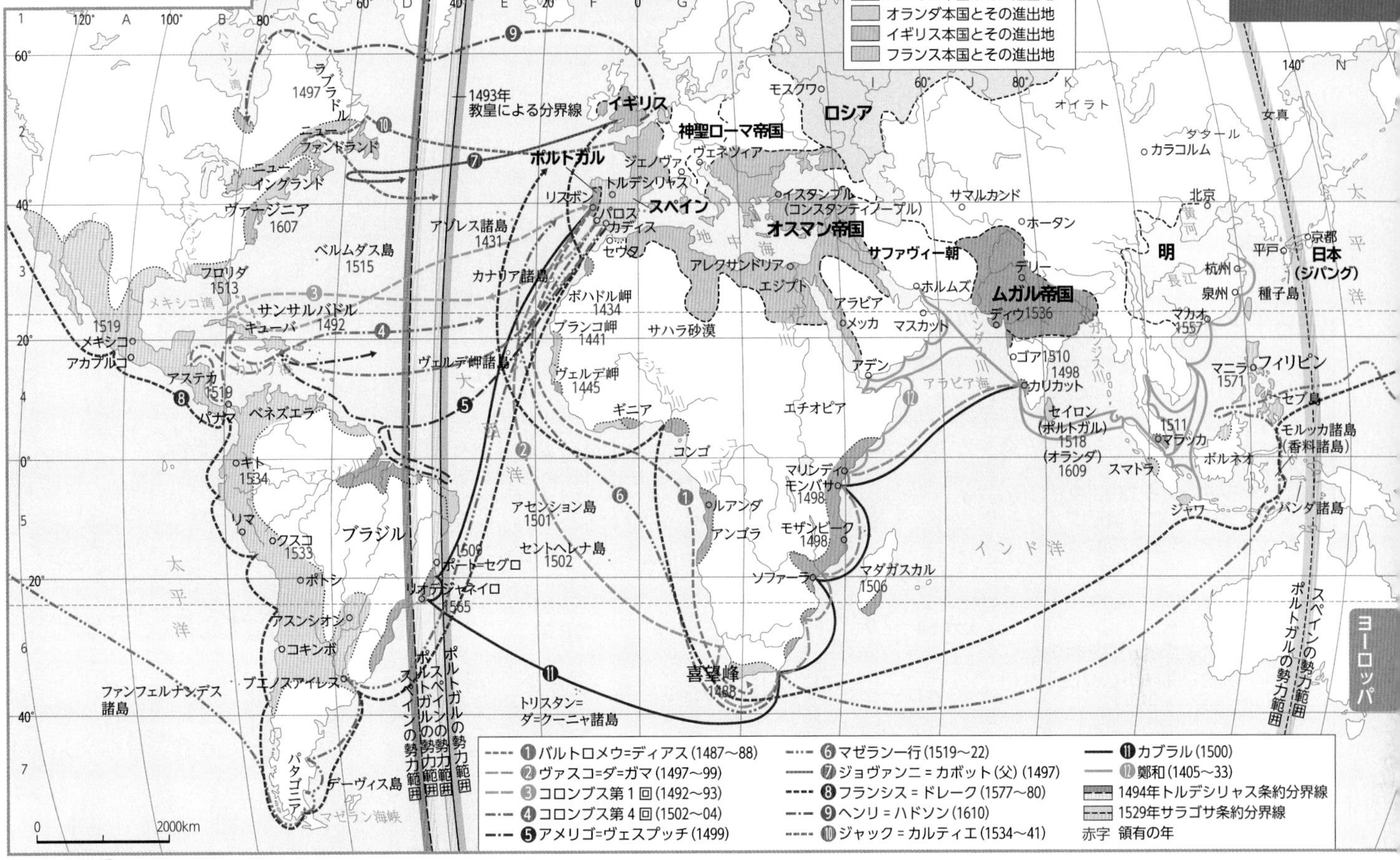

- ポルトガル本国とその進出地
- スペイン本国とその進出地
- オランダ本国とその進出地
- イギリス本国とその進出地
- フランス本国とその進出地

- ❶バルトロメウ=ディアス(1487～88)
- ❷ヴァスコ=ダ=ガマ(1497～99)
- ❸コロンブス第1回(1492～93)
- ❹コロンブス第4回(1502～04)
- ❺アメリゴ=ヴェスプッチ(1499)
- ❻マゼラン一行(1519～22)
- ❼ジョヴァンニ=カボット(父)(1497)
- ❽フランシス=ドレーク(1577～80)
- ❾ヘンリ=ハドソン(1610)
- ❿ジャック=カルティエ(1534～41)
- ⓫カブラル(1500)
- ⓬鄭和(1405～33)
- 1494年トルデシリャス条約分界線
- 1529年サラゴサ条約分界線
- 赤字 領有の年

Column ヨーロッパと香辛料

インド・東南アジアを原産とする香辛料は、肉食中心のヨーロッパ人にとって**調味料として重要であっただけでなく、薬としても用いられ**、非常に高価であった。香辛料を使用することは、王侯・貴族にとって地位の象徴でもあった。そのため、ヨーロッパ人は通行税や手数料などを払って割高になる西アジア経由の貿易に代わって、**直接アジアに達する航路を開拓**しようとした。コショウは南インド原産だが、クローブは**モルッカ(マルク)諸島**、ナツメグ(➲P.114)はバンダ諸島で産出した。➲P.63

↑❽コショウ　↑❾ナツメグ(ニクズク)

↑❿クローブ(丁子)　↑⓫シナモン

商業革命前後の世界商業

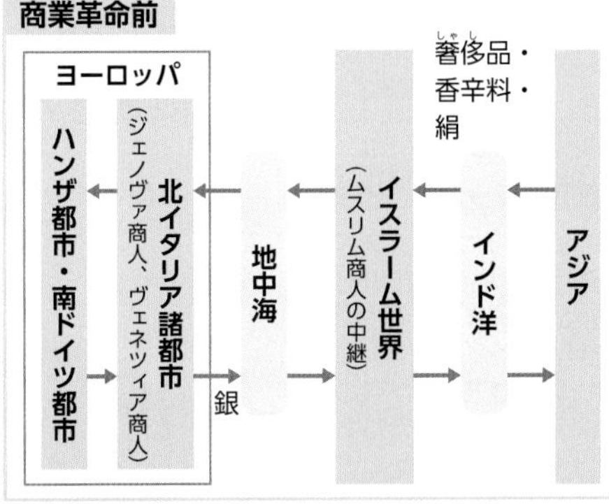

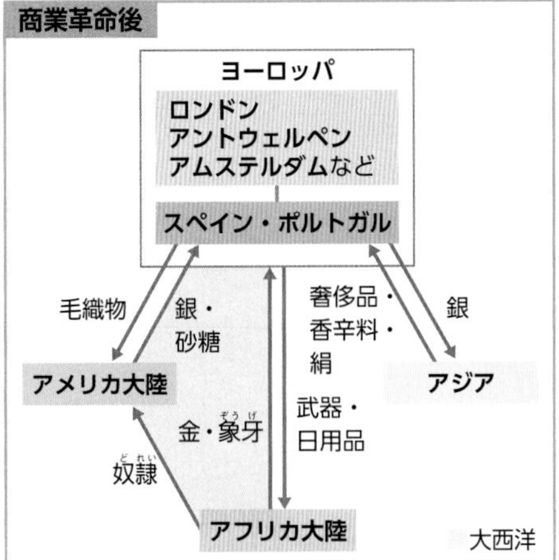

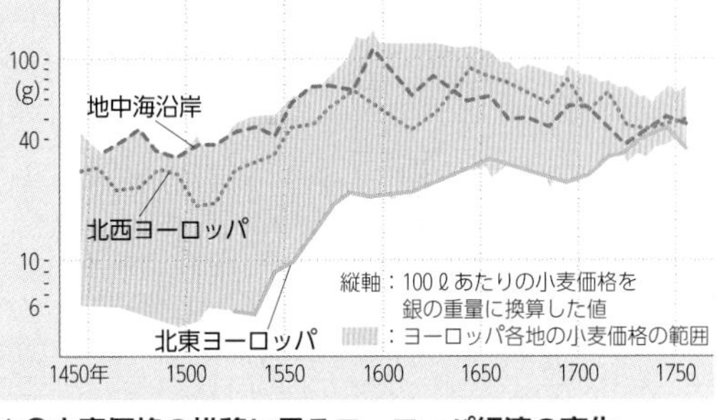

↑ⓐ小麦価格の推移に見るヨーロッパ経済の変化

読み解き

1. 50年単位で区切ったときに、価格が最も上昇しているのはどの時代だろう。
2. 価格が上昇する一般的な原因は貨幣価値の下落である。この時代にはどのような理由で貨幣価値が下落したのか、説明しよう。

チェック 商業革命と価格革命

商業革命
- 商業の中心が**大西洋**に移る
  →イタリア・南ドイツ・ハンザ都市の衰退
- 経済活動の中心が都市から国家へ
- 原料供給地・市場として海外領土を獲得
- エルベ川以東では、西ヨーロッパ向け穀物の需要増を受けて**農奴制が強化**され(再版農奴制)、農場領主制(グーツヘルシャフト)が成立➲P.224

価格革命
- **アメリカ大陸の銀流入による貨幣価値下落・人口増を背景に物価上昇**

歴史のスパイス　アダム=スミスは、『国富論』で「穀物で計った銀の価値が(1570年から1640年の間に)下がったことの唯一の原因はアメリカで豊富な鉱山が発見されたこと」と述べた。

←❶北アメリカの平原(アメリカ) 北アメリカ中央部の平原地帯は、西部は乾燥し、東部は比較的湿潤である。現在は大規模農場や牧場が広がるが、かつては先住民が狩猟採集を中心とした社会を築いていた。

➔❷熱帯雨林(ブラジル) アマゾン川流域には世界最大の熱帯雨林が広がり、多様な動植物が存在する。「地球の肺」とも呼ばれるが、牧場や農地への転換、違法伐採、焼畑などにより、熱帯雨林の消失が続いている。 ➲P.69

↑❸インディヘナ ユーラシア大陸からベーリング海峡を渡り定住したアメリカ大陸の先住民族。インドに到達したと勘違いしたコロンブスの航海以降、ヨーロッパ人により北米では「インディアン」、南米では「インディオ」と呼ばれたが、現在ではインディヘナ(先住民の意)やカンペシーノ(農民の意)などの呼称が使用されることもある。

↑❹リャマ(上)と**❺アルパカ**(下) 南北アメリカで家畜化されたのは、体長2mほどのラクダ科のリャマとアルパカであった。リャマは荷物輸送や食用とされ、アルパカの毛は衣類などに利用された。

読み解き リャマやアルパカは、家畜としてどのように利用されていただろう。ヨーロッパでの牛や馬などの家畜の利用方法と比較しながら考えてみよう。

Column 「空中都市」マチュ＝ピチュ

ペルー南部、標高2,400mの山頂にある。スペインのインカ帝国征服後、「忘れられた都市」となっていたこの遺跡は、アメリカの考古学者によって1911年に発見された。神殿や大邸宅、一般住宅、貯蔵庫、耕地などの跡が残る。四方を絶壁で隔てられた天然の要害の地にあるため、スペイン人による発見を免れた。

↑❼マチュ＝ピチュの太陽神殿の石積み インカ帝国時代の石垣は漆喰を使わずに隙間無く複雑に石を組みあげ、その正確さは「ナイフの刃も入らないほど」といわれている。

➔❽マチュ＝ピチュへと続くインカ道

世界遺産 **❻マチュ＝ピチュ**(ペルー)

歴史のスパイス インカ帝国ではクスコからあらゆる方向に道が整備され、飛脚によって情報が伝達されていた。インカの飛脚は一日に250km走ったともいわれている。

テーマ18 南北アメリカ文明

読み解き 南北アメリカ文明はユーラシア大陸の文明とどの点が類似し、どの点が異なっているだろう。

A アメリカの古代文明

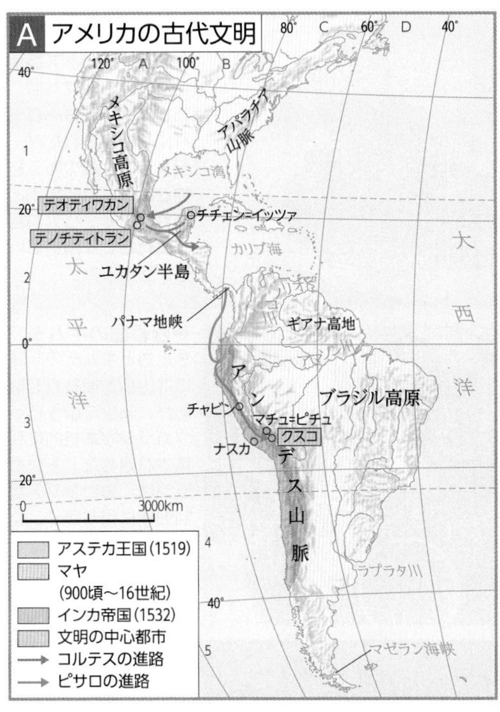

マヤ文明(ユカタン半島・グアテマラ)	●ピラミッド型神殿 ●象形文字(**マヤ文字**) ●**二十進法** ●0の概念 ●都市文明 ●暦法の発達(太陽暦)	
アステカ文明(メキシコ高原) 都:テノチティトラン	●マヤ文明など継承 ●彩文土器 ●ピラミッド型神殿 ●象形文字 ●**コルテスの征服(1521)**	❶マヤ文字
チャビン文明	●アンデス文明の原形 ●神殿遺跡、石塔の主神体	
ナスカ文明	●動物などを模った彩文土器 ●地上絵	
インカ文明(アンデス高地) 都:クスコ	●**石造技術**発達…神殿・道路 ●文字なし。**キープ**(結縄) ●駅伝制度(宿駅や飛脚) ●太陽崇拝(国王は太陽の化身) ●**ピサロの征服(1533)**	

【古代文明の特色】
- トウモロコシ・ジャガイモ栽培中心の農耕
- 米・麦・牛・馬・車輪・鉄器は未知
- 都市文明発達
- 太陽信仰など宗教性の強い神権政治

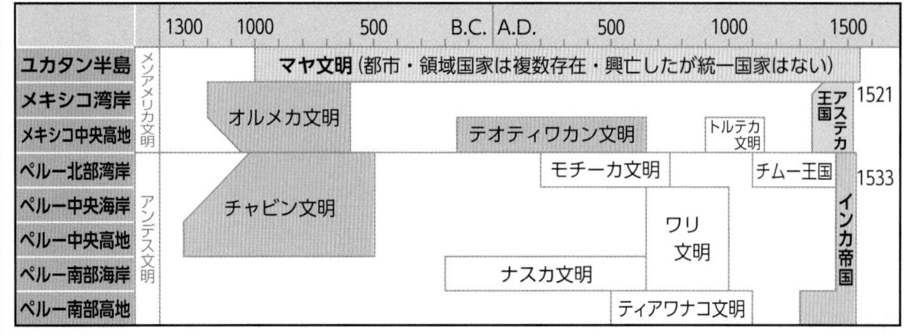

＊オルメカやチャビン、ワリは領域国家ではなく、文化的な広がり(土器などで同じ様式が広範囲にみられる)を意味する。

オルメカ文明

→❷**巨大人面彫刻**(メキシコ) メソアメリカ最古のオルメカ文明では宗教的色彩の強い都市文明が築かれ、周辺諸文明へ影響を与えた。巨大人面彫刻は宗教施設の遺跡で複数発見されている。

マヤ文明

←❸**マヤの神殿**(メキシコ) ユカタン半島には多くの都市国家が分立し、アステカ王国のように**統一王権をつくることはなかった**。大河はないが、セノーテと呼ばれる泉が生活を支えた。

インカ文明

↑❹**キープ** インカの人々は、**縄の結び目の変化で十進法の位を示し**、それを色分けして人口の増減、穀物や貴金属の生産量などを記録した。

Column メキシコ国旗とアステカ王国 アステカ文明

現在のメキシコ国旗は、独立を表す緑、カトリックの白、団結を意味する赤の三色旗に紋章を加えたもので、1824年に制定された。紋章は鷲が蛇を食べている図柄となっているが、これは**アステカ王国の建国伝説にちなんでいる**。アステカ人は神から、鷲が蛇を食べている湖が安住の地だというお告げを受け、見いだした湖の中央に**テノチティトラン**を建設したという。アステカ王国を征服したスペイン人はテノチティトランを破壊し、その上にメキシコシティを建設した。

→❺**「巨大都市テノチティトラン」** リベラ筆、メキシコ大統領府内宮殿壁画

↓❻**メキシコ国旗**

資料から読み解く スペイン人による征服活動

アメリカ大陸を探検・征服したスペイン人を**コンキスタドール**(征服者)という。彼らは財宝や領土の獲得、キリスト教布教などの目的のために、アメリカ大陸を征服していった。コルテスは600名に満たない人員でアステカ王を捕らえてテノチティトランを占領し、ピサロは27頭の馬と180名ほどの兵士でインカ皇帝を捕らえて処刑した。

文献1 コルテスと先住民(16世紀後半)

次いで我々の通訳を従えたコルテース[コルテス]がいかにも怒っている風を装いながら重々しい口調で(トラスカラ①の使者たちに)次のように応えた。「我々はこの地にくるや友好を求める使者を立て、諸君が敵とするメシコ人(アステカ人)に一致して当たろうと申し入れてきたにもかかわらず、諸君は聞き容れようともしなければ、使者を殺そうとまで図った。……これから首長達の居所に赴いて攻撃を掛ける心づもりにしていたが、いまこうやってトラスカーラ国を代表する形で諸君が和議を申し入れにきたからには、我が主君たる国王陛下に代わってこれを受け入れ、持参の食料についてはお礼を申し上げる」。

①アステカ王国の支配に抵抗して独立を保っていた都市国家、トラスカーラと同じ。

(歴史学研究会編『世界史史料7』岩波書店)

→❼**コルテス**(左、1485〜1547)と❽**ピサロ**(右、1478頃〜1541)

読み解き わずかな兵力で征服を可能にした背景には、アメリカ大陸には存在しなかった鉄砲や馬が戦闘に用いられたことがあるとされる。文献から読み取れるそれ以外の要素を考えてみよう。

歴史のスパイス 南北アメリカで栽培された穀類といえばトウモロコシだが、実際はトウモロコシ・マメ類・カボチャが組み合わされて栽培されていた。➲P.78

アメリカ大陸とヨーロッパとの接触

1「コロンブスの交換」

アメリカ大陸にもたらされたもの	ヨーロッパにもたらされたもの
馬・牛・羊・小麦・サトウキビ 車輪・鉄器 伝染病(天然痘・インフルエンザ・ペスト) キリスト教	トウモロコシ・トウガラシ・ジャガイモ・トマト・タバコ・サツマイモ・落花生・カカオ・カボチャ・ピーマン・インゲンマメ・七面鳥・ゴム・伝染病(梅毒)

ヨーロッパとアメリカ大陸の動植物などの交流は「**コロンブスの交換**」といわれ、両大陸のその後の生活に大きな変化を与えた。

読み解き コロンブスの交換は、あなたの生活にどのような影響を及ぼしただろう。

←❶**イタリアのトマト料理**　アンデス高地が原産地のトマトは、16世紀初頭にヨーロッパにもたらされたが、伝来当初は毒のある植物とみなされ観賞用とされた。イタリア料理が食材として用いて用途が広がった。

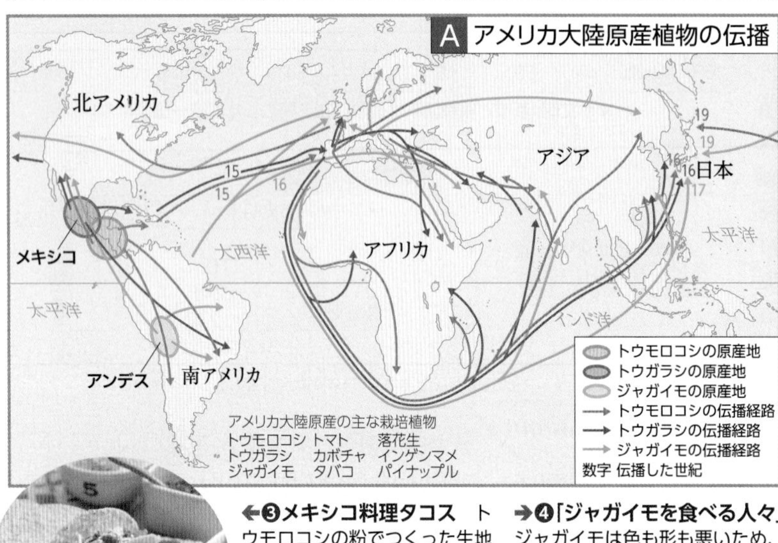

←❷**韓国のキムチ**　もともとキムチの辛味には山椒が使われていたが、18世紀頃からトウガラシが本格的に利用され始めた。トウガラシは、コロンブスが1493年に持ち帰り、世界各地に伝播し「香辛料革命」を引き起こした。

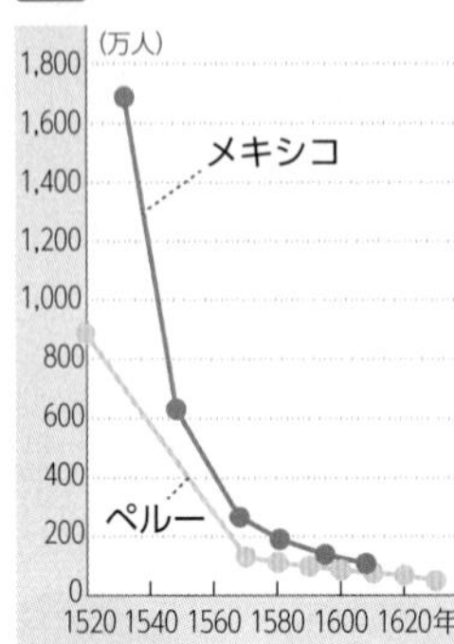

←❸**メキシコ料理タコス**　トウモロコシの粉でつくった生地を薄くクレープ状に焼いたトルティーヤに肉や野菜をはさんで食べる。牛肉や豚肉が使われているので、タコスもコロンブスの交換の副産物といえる。

→❹**「ジャガイモを食べる人々」**　ジャガイモは色も形も悪いため、当初は歓迎されなかったが、寒冷地や痩せた土地でも栽培できることから、イギリス植民地のアイルランドでは主食となっていた。

➲P.250

ゴッホ筆、ゴッホ美術館蔵

2 アメリカ大陸の変貌

年	メキシコ	ペルー

(グラフ: (万人) 0〜1,800; 1520 1540 1560 1580 1600 1620年; メキシコ; ペルー)

↑ⓐ**中部メキシコの先住民人口の推移**

スペイン人は国王が植民者に征服地の土地・先住民を委託するエンコミエンダ制に基づき、先住民を強制的に働かせた。このような**労働**や、ヨーロッパ人が持ちこんだ天然痘などの**疫病によって先住民の人口は著しく減少した。**

文献①ラス＝カサスの告発

したがって、われわれが確信し、正真正銘の事実だと判断しているところでは、この40年間に、男女、子ども合わせて1,200万を超える人たちがキリスト教徒の行った暴虐的かつ極悪無残な所業の犠牲となって残虐非道にも生命を奪われたのである。それどころか、……真実、その数は1,500万を下らないであろう。

(ラス・カサス著、染田秀藤訳『インディアスの破壊についての簡潔な報告』岩波書店)

資料から読み解く ヨーロッパ人の先住民観

文献②征服戦争は是か非か

戦争は説教や改宗化にとって必要であり、……彼ら[インディオ]を征服しなければ、説教や改宗化が正しく、……実行できないからである。……戦争によってその野蛮人[インディオ]たちが受ける損失と恵みを計算すれば、明らかに恵みの方が多く、また、価値も高いので、それに比べれば、彼らの蒙る害は無きに等しい。……いまひとつの不幸は財産の大部分、つまり彼らがさほど高く評価していない金、銀や貴金属を奪われることである。しかし、その代わり、野蛮人はスペイン人から見返りとして鉄という、生活にきわめて有用な、また、断然便利な金属をはじめ、小麦、大麦、豆類、その他、種々様々な果樹、オリーブ、馬、ラバ、ろば、羊、牛、山羊、その他、彼らが目にしたこともないものを数多く手に入れている。……これらの品物がもたらす利益は野蛮人が金や銀から得ていた利益をはるかに上回っている。

①バリャドリード論争でラス＝カサスと争ったアリストテレス(➲P.99)学者

(セプールベダ①著、染田秀藤訳『征服戦争は是か非か』岩波書店)

文献③バルバロ①とは

わたしたちはこれまでくりかえし、数多くの箇所で、バルバロという用語や言葉を使ってきたし、大勢の人がこのインディアスの人々や他の民族をバルバロと呼び、そう見なしている。……どのような民族がバルバロと呼ばれてしかるべきなのか、説明したい。……第二番目の部類、種類のバルバロは……話し言葉に対応する文字言語をもたない人々、つまり文字を使用せず、学ばなかった人々のことである。……そのような人々は、その点を除けば、賢明かつ優れており、……わたしたちがこのインディアスの人たちをバルバロと見なしたのと同様、彼らもまた、わたしたちをバルバロ、つまり、異邦人と見なした。わたしたちの言葉を理解できないからである。……結局のところ、バルバロがすべて、理性を欠いているわけではなく、また、生来の奴隷でもない。したがって、バルバロであるという理由で、彼らを力づくで従わせることはできない。彼らも王制を備えており、自由な人たちだからである。

①ギリシア語のバルバロイ(➲P.91)と同義。知らない言葉を話す人々の意味だったが、転じて野蛮な人々というニュアンスが付加されるようになった。

(ラス＝カサス著、染田秀藤訳『インディオは人間か』岩波書店)

読み解き スペイン人の先住民に対する二つの異なった見解を、それぞれ説明しよう。

→❺**ラス＝カサス**(1474〜1566)　1550年、スペインのバリャドリードで行われた討論会で、**スペインのアメリカ大陸征服の不当性を訴え**、1562年に『インディアスの破壊についての簡潔な報告』を著した。

歴史のスパイス かんずり(新潟)、ジーマーミ豆腐(沖縄)など、日本の郷土料理の中にもコロンブスの交換によってもたらされた食材が根づいている。

チャレンジする前に！ 16世紀半ばに太平洋を横断する航路が開拓され、世界各地をつなぐ商業ネットワークが形成された。南太平洋地域はまだ加わっていないが、**世界が一つの商業ネットワークによって一体化**したのである。銀を仲立ちにして世界はどのようにつながったのだろう。

←❶ガレオン船

A 16世紀の世界貿易

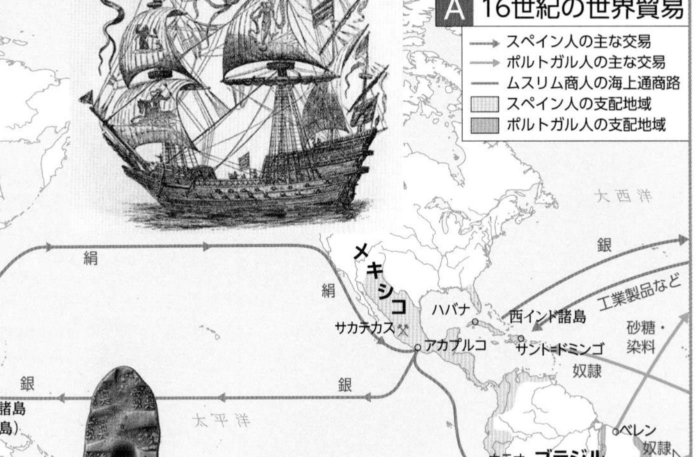

←❷日本の慶長丁銀

ⓐ16〜17世紀初めの銀の流れ

中国	銀流通の増加（特にメキシコ銀）→両税法（銭納）から一条鞭法（銀納）へ
日本	石見銀山など
フィリピン（マニラ）	
メキシコ	
ヨーロッパ	銀の流入→価格革命の一因
南アメリカ*	ポトシ銀山など

- 日本→中国：銀（マカオ・ポルトガルの中継）
- 中国→日本：中国産の生糸・絹織物・鉄砲など
- 日本→フィリピン：銀（スペインの中継）
- フィリピン→日本：中国産の生糸・絹織物など
- フィリピン→中国：銀（中国船）
- 中国→フィリピン：生糸・絹織物・陶磁器
- メキシコ→フィリピン：銀（スペインによるガレオン貿易）
- フィリピン→メキシコ：絹織物・陶磁器
- 南アメリカ→メキシコ：銀
- 南アメリカ→ヨーロッパ：銀
- ヨーロッパ→中国：銀
- 中国→ヨーロッパ：絹織物・綿織物・陶磁器など

＊アメリカ大陸産の銀はメキシコ銀と呼ばれた。

読み解き ⓐから、ヨーロッパ以外にアメリカ大陸の銀がもたらされた場所を探そう。

↓❸**ポトシ銀山**（ボリビア） 1545年に発見された銀山。新しい精錬技術（水銀アマルガム法）と先住民の酷使により産出された大量の銀が、ヨーロッパにもたらされた。ポトシは17世紀半ばには産出量が減少したが、アメリカ大陸全体では銀の産出は衰えなかった。

読み解き 当時貴金属は貨幣として利用された。銀の産出増が、通貨の大量供給と同じ効果をもたらすとすれば、ヨーロッパではどのような経済変化がもたらされただろう。

解説 ガレオン貿易（アカプルコ貿易）

ガレオン船とは16世紀前半にヨーロッパで建造された、櫂を用いない新型帆船のこと。スペイン支配のもと、フィリピンの**マニラ**とメキシコの**アカプルコ**をガレオン船によって結んだ貿易を**ガレオン貿易（アカプルコ貿易）**という。中国産の絹織物や陶磁器、インド産の綿織物がマニラ経由でメキシコに送られ、メキシコからマニラへは銀が運ばれた。

➔❹**スペイン鋳造の銀貨** 中国では洋銀と呼ばれ、清中期以降はそのまま流通することもあった。

文献① 中国の銀需要

中国では……15世紀中葉には明朝の紙幣制度は破綻に追い込まれて、商人、とくに中国沿岸部の商人は決済手段として銀を使うようになっていた。……明朝は、この下部から沸き起こってきた銀決済化の動きに長く反対していたが、抵抗しがたい動きに屈して、1570年代に一条鞭法のかたちで現実に制度化した。……中国経済は極めて巨大であるので、この国が銀を決済手段にしたことで、中国における銀の市場価格がアメリカや日本、それにヨーロッパ等々、他のどこよりもはるかに高く上昇する原因となった。……16世紀初め頃、中国における金銀の交換比率は1対6であった。その頃「ヨーロッパでは1対12、ペルシアでは1対10、インドでは1対8程度で動いていた」。

（デニス＝フリン著、秋田茂他訳『グローバル化と銀』山川出版社）

読み解き この文献では、商品の対価として中国に銀が集まったという見方以外の見解が示されている。それはどのような説だろう。

↓❺**ティセラの日本図**（1595年にポルトガル宣教師が描いた地図） 16世紀以降、日本銀は多いときで年間3万kg〜5万kg産出され、世界の銀生産の3分の1を占めた。その中で産出量、質ともにすぐれていたのが石見銀山である。1530年代に灰吹法（朝鮮伝来の製錬技術）が導入されると、石見銀山の産銀量は大幅に増加し、17世紀初頭に銀の産出はピークに達した。

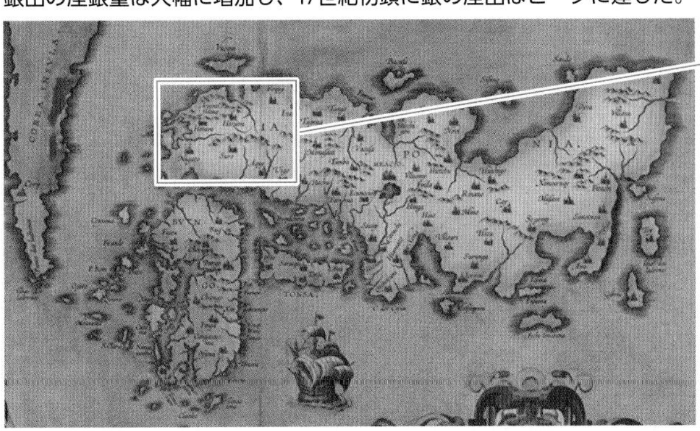

島根県立古代出雲歴史博物館蔵・写真提供

読み解き ティセラが「石見」と地図に記したのはなぜだろう。

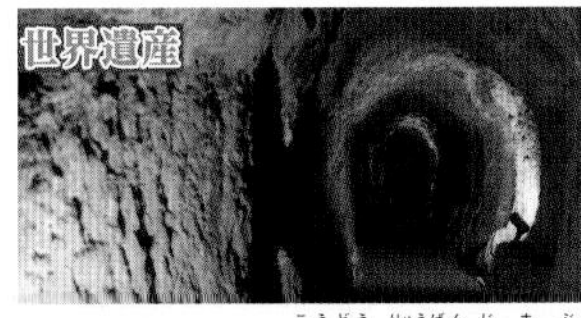

↑❻**石見銀山の坑道（龍源寺間歩）**（島根・大田）

まとめの考察

❶銀は各地でどのような商品の対価として取引されていただろう。

❷決済手段として銀が使われていた地域は、どの程度広がっていただろう。

ルネサンス(1)

1 イタリア=ルネサンス

A ルネサンス期のイタリア

ⓐイタリア=ルネサンスの展開

十字軍に伴うイタリア諸都市の繁栄 P.162

- 地中海貿易の発展 → **都市の繁栄** → 商業の発展 → 有力者による芸術保護
- 都市間の抗争 → 個人の能力重視
- イタリア固有の状況　古代ローマ遺跡の存在 ＋ ギリシア・ローマの古典古代文化を保持していた**ビザンツ・イスラーム文化との接触**
  - ●ビザンツ帝国滅亡により古典学者が西ヨーロッパに亡命
  - ●十字軍遠征からイスラーム文化の刺激を受ける(イベリア半島ではアリストテレスの研究が盛ん)
  - → **古典文化への関心**

イタリア=ルネサンス
- ●人間らしい生き方を追求=**ヒューマニズム**
- ●大商人や教皇などの保護=貴族的性格
- ●当時の社会や教会への批判はあるもののそれを根本的に否定する変革の動きは生まれず

- ●**イタリア戦争**
- ●**「大航海時代」→商業革命** P.205
- → 衰退

影響 → 各国のルネサンス(国民文化の出発点)

Column ルネサンスは近代の始まり？

「ルネサンス」とは、フランス語で「再生」を意味する。19世紀のスイスの歴史家ブルクハルトがその著書で使用したことで普及した。「ルネサンス」は近代的人間性や個人の発見と結びつけられ、中世との断絶性と近代への転換点としてその重要性が強調されてきた。また、14～16世紀の同時代人は、自らの時代とその手本となる古代との間の時代を「古代と当代の中間の時代」とみなし、「中世」という時代区分が生み出された。しかし、近年の歴史研究の成果から、従来の「暗黒の中世」や「進んだ近代」という評価は妥当性を失いつつある。

読み解き ⓐから中世からの連続性を感じられる部分を指摘しよう。

➊ジョット「死せるキリストへの哀悼」 聖書を題材としているが、感情を表情やポーズで表し、立体的に描いていることから、**ジョットはルネサンス絵画の始祖ともいわれる。**
スクロヴェーニ礼拝堂壁画、1304～06年、200×185cm

2 ルネサンス文化

凡例：美術　文学・思想　自然科学

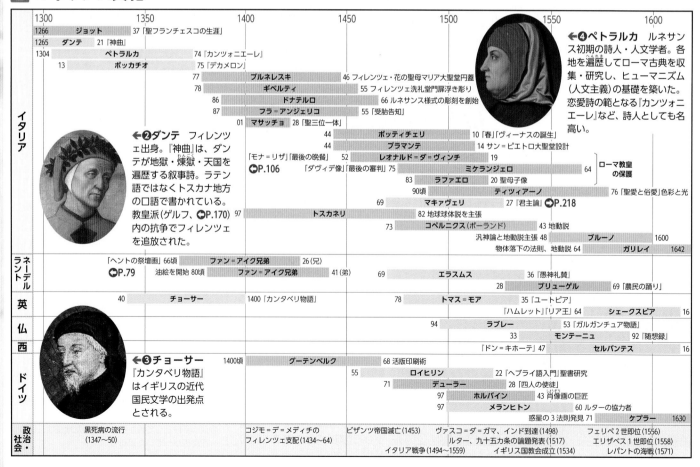

年代目盛：1300　1350　1400　1450　1500　1550　1600

イタリア
- 1266 **ジョット** 37『聖フランチェスコの生涯』
- 1265 **ダンテ** 21『神曲』
- 1304 **ペトラルカ** 74『カンツォニエーレ』
- 13 **ボッカチオ** 75『デカメロン』
- 77 **ブルネレスキ** 46 フィレンツェ・花の聖母マリア大聖堂円蓋
- 78 **ギベルティ** 55 フィレンツェ洗礼堂門扉浮き彫り
- 86 **ドナテルロ** 66 ルネサンス様式の彫刻を創始
- 87 **フラ=アンジェリコ** 55「受胎告知」
- 01 **マサッチョ** 28「聖三位一体」
- 44 **ボッティチェリ** 10「春」「ヴィーナスの誕生」
- 44 **ブラマンテ** 14 サン=ピエトロ大聖堂設計
- 「モナ=リザ」「最後の晩餐」 P.106 52 **レオナルド=ダ=ヴィンチ** 19
- 「ダヴィデ像」「最後の審判」 75 **ミケランジェロ** 64
- 83 **ラファエロ** 20 聖母子像
- （ボッティチェリ～ラファエロ：ローマ教皇の保護）
- 90頃 **ティツィアーノ** 76「聖愛と俗愛」色彩と光
- 69 **マキァヴェリ** 27『君主論』 P.218
- 97 **トスカネリ** 82 地球球体説を主張
- 73 **コペルニクス**(ポーランド) 43 地動説
- 汎神論と地動説主張 48 **ブルーノ** 1600
- 物体落下の法則、地動説 64 **ガリレイ** 1642

➋ダンテ フィレンツェ出身。『神曲』は、ダンテが地獄・煉獄・天国を遍歴する叙事詩。ラテン語ではなくトスカナ地方の口語で書かれている。教皇派(ゲルフ、P.170)内の抗争でフィレンツェを追放された。

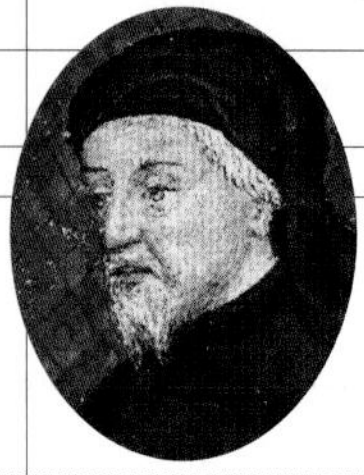

➍ペトラルカ ルネサンス初期の詩人・人文学者。各地を遍歴してローマ古典を収集・研究し、ヒューマニズム(人文主義)の基礎を築いた。恋愛詩の範となる『カンツォニエーレ』など、詩人としても名高い。

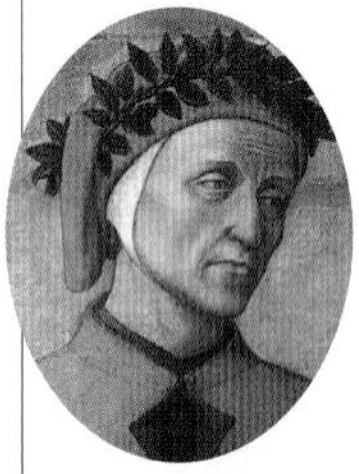

ネーデルラント
- 「ヘントの祭壇画」66頃 **ファン=アイク兄弟** 26(兄)
- P.79 油絵を開始 80頃 **ファン=アイク兄弟** 41(弟)
- 69 **エラスムス** 36『愚神礼賛』
- 28 **ブリューゲル** 69「農民の踊り」

英
- 40 **チョーサー** 1400『カンタベリ物語』
- 78 **トマス=モア** 35『ユートピア』
- 『ハムレット』『リア王』 64 **シェークスピア** 16

仏
- 94 **ラブレー** 53『ガルガンチュア物語』
- 33 **モンテーニュ** 92『随想録』

西
- 『ドン=キホーテ』47 **セルバンテス** 16

ドイツ
- 1400頃 **グーテンベルク** 68 活版印刷術
- 55 **ロイヒリン** 22『ヘブライ語入門』聖書研究
- 71 **デューラー** 28「四人の使徒」
- 97 **ホルバイン** 43 肖像画の巨匠
- 97 **メランヒトン** 60 ルターの協力者
- 惑星の3法則発見 71 **ケプラー** 1630

➌チョーサー 『カンタベリ物語』はイギリスの近代国民文学の出発点とされる。

政治・社会
- 黒死病の流行(1347～50)
- コジモ=デ=メディチのフィレンツェ支配(1434～64)
- ビザンツ帝国滅亡(1453)
- イタリア戦争(1494～1559)
- ヴァスコ=ダ=ガマ、インド到達(1498)
- ルター、九十五カ条の論題発表(1517)
- イギリス国教会成立(1534)
- フェリペ2世即位(1556)
- エリザベス1世即位(1558)
- レパントの海戦(1571)

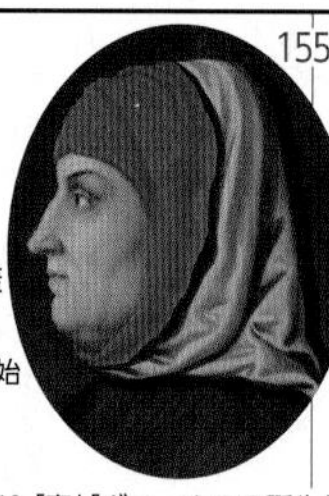

3 ルネサンスの中心フィレンツェ

世界遺産

❺**フィレンツェ** 15世紀初めに10万人以上の人口を抱え、**金融業・毛織物工業**で栄えた。**巨富を蓄えたメディチ家などが学問・芸術を保護**し、フィレンツェはルネサンスの一大中心地となった。フィレンツェとは「花の都」の意。

↑❻**花の聖母マリア大聖堂** 正式名はサンタ＝マリア＝デル＝フィオーレ大聖堂。流麗な姿が目を引くフィレンツェのシンボル。大聖堂は1296年に着工され、600年後に完成した。直径42mの赤褐色の大円蓋は**ブルネレスキの設計**によるもので、その姿はミケランジェロに「これより美しいものはつくれない」といわしめた。

資料から読み解く ミケランジェロの「ダヴィデ」

←❼**ミケランジェロ「ダヴィデ」** フィレンツェ共和国のシンボルとして制作された。ヘブライ王国の少年ダヴィデは、敵対するペリシテ人の巨人ゴリアテに策を講じ、巨人の額に石を命中させ、相手の剣を抜いてその首を切り落とした。王国の危機を救ったダヴィデはその後王となったことが、『旧約聖書』に記されている(P.85)。ダヴィデはイエスの祖先と考えられており、キリスト教では重要な人物である。そのため、ダヴィデは絵画や彫刻で取りあげられたが、多くは英雄の「勝利」を表す図像として描かれてきた。

←❽**「アポロン」をもとにした素描**(ミケランジェロ筆) 大英博物館蔵

←❾**聖書のモチーフ通りに描かれたダヴィデと巨人ゴリアテ** 12世紀、カタルーニャ美術館蔵

読み解き

1 ミケランジェロの「ダヴィデ」は伝統的な図像と異なり、どのような場面を描いたのだろう。

2 「ダヴィデ」がフィレンツェのシンボルとなったのはどのような背景からだろう。当時のイタリア諸都市が抱えていた事情なども参考に考えよう。

解説 メディチ家

メディチ家は最初薬種業を営んでいたとされるが、15世紀にはヨーロッパ屈指の銀行家となった。その頃コジモ(1389～1464)が反対派を弾圧して**フィレンツェの実権を握った**。その孫のロレンツォ(1449～92)は、政治・外交に辣腕をふるい、イタリア半島の安定に寄与した。彼の死後、メディチ家はフィレンツェを二度追放されたが、その後復帰し、一族から**教皇レオ10世**やフランス王妃カトリーヌ＝ド＝メディシスを出し、1737年に断絶した。

←❿**コジモ＝デ＝メディチ**(左)と⓫**ロレンツォ＝デ＝メディチ**(右)

→⓬**メディチ家の紋章** 紋章中の丸い球の由来は、薬屋の丸薬、銀行業の貨幣など諸説ある。

文献 ① 芸術家たちを支えた支援者(パトロネージュたち)

15世紀のメディチ家の人たち、中でもコジモ……とロレンツォ……がフィレンツェと彼らの同時代の人たち全体に影響をおよぼす源となった魅力を分析しようとすると、当時の教養界においてこの二人が指導的立場にあったということが、あらゆる政策とならんでそこにきわめて強い力として関わってくる。商人にして、同時にまた一地方の党首というコジモの地位にあって、……その教養によってもイタリア人中最高の人と目される者、このような人は事実上一人の王侯である。……政治家としてのロレンツォについては、各人の思うように判断するがよい。……だが、最も不当な攻撃は、ロレンツォが精神の領域においてわざわざ凡庸な者たちを庇護したとし、一方、レオナルド＝ダ＝ヴィンチ[など]……が国外に留まり、トスカネッリ、アメリーゴ＝ヴェスプッチなどが少なくても援助を受けずに終わったのもロレンツォのせいであるとして、彼を非難することである。もとより彼は万能な人ではなかったが、かつて才能の士を保護し、援助しようとした全ての有力者のうちで最も多才な人物たちの一人であり、また、おそらくはなににもましてこの人のより深い、内面的な欲求の結果としてこうした保護援助を行なった人であった。

(ブルクハルト著、新井靖一訳『イタリア・ルネサンスの文化』筑摩書房)

読み解き メディチ家に代表される当時の支援者たちは芸術家(この頃は「芸術家」という概念は一般化しておらず、画家や建築家は「職人」と呼ばれた)たちにどのような働きかけをしたのだろう。

歴史のスパイス ダヴィデ像は頭が大きく6頭身しかないが、これは巨大な像を下から見上げると丁度よいバランスに見えるようにミケランジェロが工夫したためである。

ルネサンス(2)

資料から読み解く 三美神に見るルネサンス

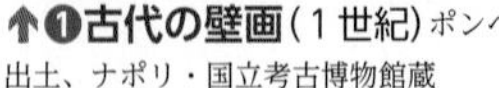

↑❶古代の壁画(1世紀)ポンペイ出土、ナポリ・国立考古博物館蔵

↑❷中世の写本の挿絵(14世紀)大英博物館蔵

➔❸ボッティチェリ「春(プリマヴェーラ)」 古代ギリシアの愛の女神アフロディテ(ヴィーナス)。彼女を取り囲むのは8人の神話的人物。キリスト教から見れば全て異教の神である。ボッティチェリには、神話を題材に描いた作品もある一方で、他の画家同様にキリスト教を主題とした絵も多い。

文献① 古代ローマの哲学者セネカの恩恵論

あのように女神たちが、手をつなぎ合って踊り、輪をなして元の場所に戻っていくのはなぜか。それは、恩恵は手から手へと順番に移り渡っていくが、それでも結局、最初に施す人に戻ってくるからである。……。また、この女神たちには、縛られたり制限されたりすることが何もないのがふさわしい。だから、彼女たちは、ゆるやかな衣を身に着けており、さらにそれが透き通っているのは、恩恵が人に見られることを望むためである。

(小川正廣訳『セネカ哲学全集2』岩波書店)

読み解き ❶・❷・❸の三美神について比較した際、三美神の動作や肉体の描かれ方で共通点がみられるのはどの絵だろう。また、古代ローマの文章(文献①)を参考に絵を描くことは、ルネサンスのどのような性格を表しているだろう。

➔❹ボッティチェリ「ヴィーナスの誕生」 聖書ではなく、**ギリシア神話を題材**としている。春をもたらす西風の神ゼフュロスに風を吹き込まれたヴィーナスを、時の女神ホーラが迎えている。中央のヴィーナスは古代ローマの彫刻「恥じらいのヴィーナス」がモデルとなっている。
ウフィツィ美術館蔵、1485年、172.5×278.5cm

万能の天才 レオナルド=ダ=ヴィンチ(1452～1519)

フィレンツェ近郊のヴィンチ村出身。10代半ばにヴェロッキオの工房で学んだ後、フィレンツェやミラノ、ローマで活躍した。晩年はフランス王**フランソワ1世**に招かれ、その地で客死した。芸術家、科学者、技術者、医者としても超一流であり、空を飛ぶ機械を考案したり、解剖図や人体に関する考察を残すなど活動は多方面にわたる。

↓❺人体解剖図(左)**と❻人体のプロポーション**(右) レオナルドが遺したメモ(手稿)には鏡文字(左右反転した文字)が書かれているが、理由は諸説ある。

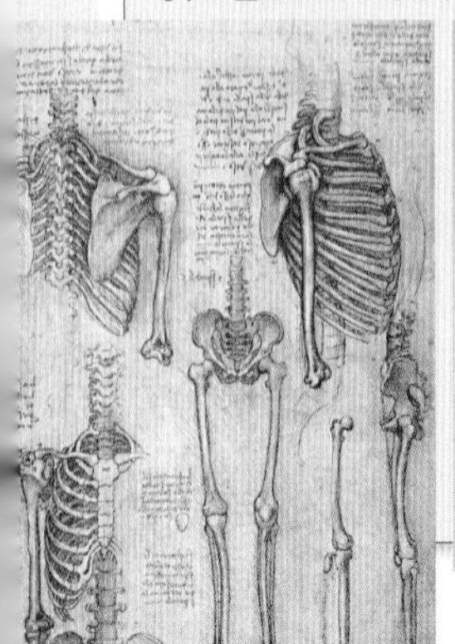

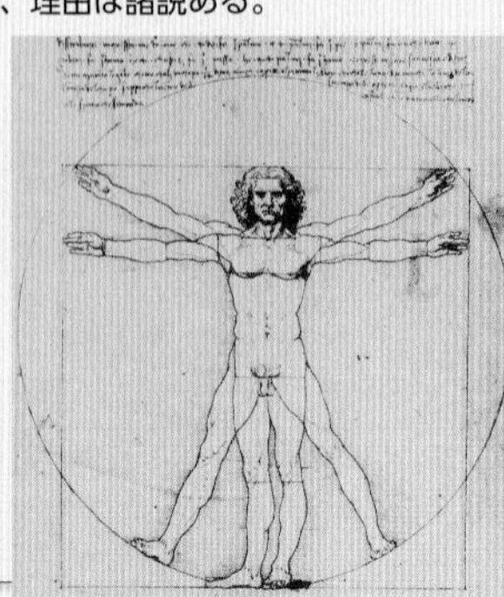

↑❼「モナ=リザ」 謎めいた微笑み、無限を感じさせるその背景が最も理想的な女性像を描き出している。ルーヴル美術館蔵、1500～1506年、77×53cm

文献② ミラノ公に宛ててレオナルドが書いた自己推薦状(1482)

(1)小生、きわめて軽く、頑丈で、携帯容易な橋梁の計画をもっています。それによって敵を追撃することもできれば、時には退却することもできます。

(7)同じく、堅牢で攻撃不可能な覆蓋戦車を制作いたしましょう。それは砲兵をのせて敵軍の間に突入しますが、いかなる大軍といえどもこれに出あって壊滅せざるはありません。

(9)大砲の使用が不可能なところでは、投石機、弩砲、弾石機その他在来の品とことなり、驚くべき効力のある器械を組立てるでしょう。

(10)平和な時代には……建築……に……ご満足をいただけると信じています。同じく、大理石、青銅およびテラコッタの彫刻をいたします。絵も同様……いかなることでも致します。

(杉浦明平訳『レオナルド=ダ=ヴィンチの手記(下)』岩波書店)

読み解き

1 レオナルドは自分のどのような才能を推薦しているだろう。
2 そのような才能が求められた背景は何だろう。

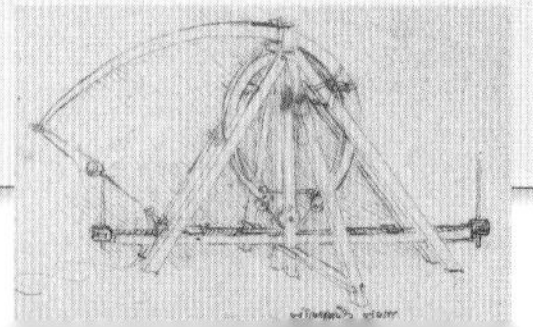

←❽レオナルドが製作した投石器のデッサン

本書掲載のレオナルドの作品 「最後の晩餐」➲P.106

➔❾**ミケランジェロ**(1475～1564)　フィレンツェ出身。「ダヴィデ」で名声を博した。「最後の審判」などの大壁画を描いたが、彼は「私は彫刻家である」と生涯言い続けたといわれる。

本書掲載のミケランジェロの作品
「ピエタ」(25歳) ➡P.215
「ダヴィデ」(29歳) ⬅P.211
「モーセ」(41歳) ⬅P.85
＊(　)は完成時の年齢

➔❿**「最後の審判」**　教皇パウルス３世の要請でシスティナ礼拝堂祭壇後ろを飾るために描かれた壁画。堂々たる体躯のイエスが中央に置かれ、右には地獄へと落ちる罪ある人々が、左にはよみがえり天上へと昇っていく善人たちが描かれている(66歳)。1536～41年、14.5×13m

マリア
イエス
ミケランジェロの自画像

🔍**読み解き** 宗教改革やイタリア戦争に直面した教皇がミケランジェロに「最後の審判」を依頼したのは、カトリックにどのようなメッセージを伝えようとしたためだろう。

➔⓫**「アダムの創造」**(「天地創造」の一部)　システィナ礼拝堂の天井には「創世記」などの場面を描いた(37歳)。

世界遺産
⓬ヴァチカン宮殿システィナ礼拝堂

➔⓭**ラファエロ**(1483～1520)　多くの聖母子像を描いたことで名高い。ユリウス２世・レオ10世の保護下に活躍した。写真は自画像。

⬅⓮**「アテネの学堂」**　**遠近法**を駆使した奥行きのある画面に、プラトンやアリストテレスら古代の著名な哲学者や科学者(➡P.96)を描いた作品。彼らの顔はレオナルドやミケランジェロらルネサンス期の芸術家がモデルになっており、ラファエロ自身も描かれている。ヴァチカン宮殿「署名の間」壁画部分、1509～10年、横幅770cm

🔍**読み解き** 哲学者が自然科学者より上段に描かれているのはなぜだろう。

➔⓯**「椅子のマドンナ」**
フィレンツェ・ピッティ美術館蔵、1514年、直径71cm

ルネサンス(3)

1 諸国のルネサンス

↑❸デューラー「四人の使徒」　ドイツ宗教改革期における芸術の一大記念碑。デューラーは銅版画などに多くの傑作を残した。ミュンヘン・アルテ＝ピナコテーク蔵、1526年、左215.5×76cm、右214.5×76cm

←❶ファン＝アイク(弟)「アルノルフィーニ夫妻の肖像」と❷凸面鏡部分の拡大画像　ファン＝アイク(弟)はネーデルラントの画家(フランドル派)。絵画後方の鏡には夫婦の後姿とともに描いている画家自身が書きこまれるなど、遠くのものまで詳細に描かれ、写実性にすぐれている。ロンドン・ナショナル＝ギャラリー蔵、1434年、81.8×59.7cm

↑❹ブリューゲル「農民の踊り」　フランドルの画家であるブリューゲルは、農民生活を数多く描いた。この作品では、酒や歌、踊りに夢中になっている農民の姿が描かれている。ウィーン美術史美術館蔵、1566～68年、114×163cm

読み解き ブリューゲルは諸聖人の日の祭りの様子を描いた「農民の踊り」の作品にAの教会やBの聖母の絵をあえて描くことで、どのようなことを風刺しているだろう。

2 ルネサンス期の思想・文学

↑❺エラスムス(1469～1536)　ネーデルラントの人文主義者で同時代の最高の神学者としての地位を確立し、『新約聖書』を読むことを説いた。トマス＝モアは彼の友人で、書簡のやりとりをしていた。ホルバイン筆

↑❻トマス＝モア(1478～1535)　イギリスの人文主義者。1516年に『ユートピア』を出版し、当時進行していた囲い込みを批判した。イギリス国教会の成立に反対し、1535年にヘンリ8世に処刑された。

資料から読み解く　エラスムスとトマス＝モアの往復書簡

文献 ①　エラスムス『愚神礼讃』

たしかにキリスト教会は……血潮によって栄えるようになりましたので、こんにちも教皇様たちは事柄を剣によって片づけようとされます。……戦争は神を蔑ろにする行為であって、キリストとは何の関係もないものです。けれども、教皇様たちはそうしたことを一切無視して戦争に走っています。

(歴史学研究会編『世界史史料5』岩波書店)

読み解き

1 エラスムスはキリスト教会に対してどのような立場をとっているだろう。
2 モアはルターの宗教改革(➡P.216)に対し、どのような立場をとっているだろう。

文献 ②　トマス＝モアからエラスムスへの書簡[1]

[エラスムスの]著作を良識ある人々がどれほど強く望んでいることか、貴兄にはおそらく想像できないと思います。反対に、ルターにかぶれるかあるいは貴兄を妬むような不埒な連中は、貴兄の反論が遅いのをこれ幸いと、嬉々としていよいよ増上慢になっているかに見えます。……となれば、筋を通すと公約し実際に難なく筋を通してきた貴兄が神への大義を果たしていないなどと、あのルターが(そう思いたいがゆえに)ほざき、言い張るとしても、およそ戯けにもほどがあるというもの、あまりにも厚顔無恥というものです。例の貴兄宛の彼[ルター]の手紙は、自惚れが過ぎるというか馬鹿げているというか、いったいどう形容すればよいか分かりませんが、彼がかくも尊大で居丈高な態度を装う裏には、とにかく貴兄には沈黙してもらいたいのだという願望があることだけは確かです。

①1527年に書かれたもの。キリスト教新旧両派間の争いが日増しに厳しくなっている。

(沓掛良彦他訳『エラスムス＝トマス・モア往復書簡』岩波書店)

文献 ③　ボッカチオ『デカメロン』[1] (1349～51)

さて、恵み深き神の子の受肉より数えて1348年目にいたったとき、イタリアのすべての都市にまさって麗しき都フィレンツェに、おそるべき悪疫が到来しました。……この悪疫にはどんな知恵も対処も効果がありませんでした。都市ではそのために任命された役人が汚物を取り除き、患者が街中に入るのを禁止し、衛生を保つため多くの助言がなされましたが無駄でした。信心深い人たちが、行列行進や他の方法で神にうやうやしく願をかけるのも一度や二度ではありませんでしたが、これも無駄でした。この年の春初めころには、この病は異様な徴候でそのおそるべき姿を現し始めました。東方では鼻血が出るとそれは当人にとって死の確実なしるしでした。……またこの悪疫がさらに猛威をふるったのは、最初それに罹った人から健康な人へと感染したからでした。それはまるで、乾いたものや油のついたものを火のまぢかに置くと燃え移るようなものでした。

①ペスト(黒死病)を避けるため、10名の男女が10日間にわたりユーモアと艶笑に満ちた恋愛話や失敗談をし続ける物語　(歴史学研究会編『世界史史料5』岩波書店)

読み解き

1 どのようなことがペスト(「悪疫」)の原因ととらえられていただろう。
2 ペストの治療法が確立していない当時の社会において、このような物語は当時の人々のどのような心境を表していると考えられるだろう。

イギリスを代表する劇作家　シェークスピア (1564～1616)

エリザベス1世時代の劇作家・詩人。『ハムレット』・『オセロー』・『マクベス』・『リア王』の四大悲劇で知られる。その他にも、悲劇『ロミオとジュリエット』、喜劇『ヴェニスの商人』、史劇『ジュリアス＝シーザー』『リチャード3世』など数多くの名作を残した。彼の作品は人間と社会への洞察と表現力にあふれ、セルバンテスとともに近代文学の祖とされる。

シェークスピア劇の名台詞

To be,or not to be:that is the question.〈『ハムレット』〉
このままでいいのか、いけないのか、それが問題だ
The worst is not/So long as we can say,"This is the worst".〈『リア王』〉
「今が最悪だ」といえるうちは、まだ最悪ではない

↑❼小説「ドン＝キホーテ」の像　主人公ドン＝キホーテは、自らを伝説の騎士と思いこみ、世の中の不正を正す旅に出るがあちこちでトラブルを引き起こす。セルバンテスは、崩れゆく騎士道精神を題材としてスペインの没落と古い体質を風刺した。

歴史のスパイス　シェークスピアには別人説や「シェークスピア」というペンネームを用いた作家集団説など謎が多くあるが、近年のビッグデータの分析から共作説が有力である。

3 ルネサンス期の科学

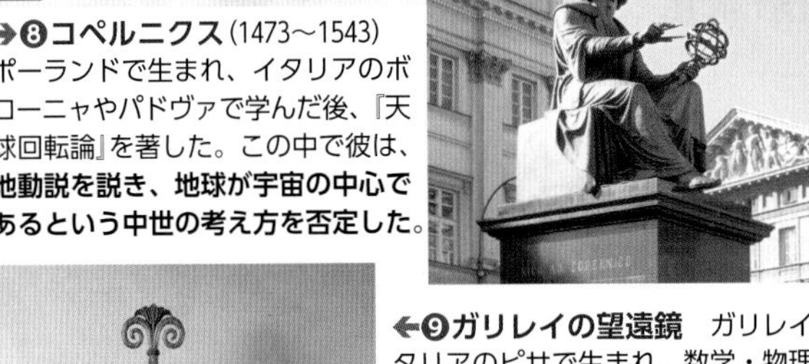

➔❽コペルニクス(1473〜1543) ポーランドで生まれ、イタリアのボローニャやパドヴァで学んだ後、『天球回転論』を著した。この中で彼は、**地動説を説き、地球が宇宙の中心であるという中世の考え方を否定した。**

←❾ガリレイの望遠鏡 ガリレイはイタリアのピサで生まれ、数学・物理学を学んだ。1604年、コペルニクス説の支持を公表し、1609年に望遠鏡をつくった。**この望遠鏡による天体観測で、地動説を裏づける多くの証拠を見いだしたが、天動説の立場をとるローマ教会により自説の取り消しを求められた。**

➔❿ガリレイ(1564〜1642)

それでも地球は動く

ルネサンスの三大改良 ◀P.179

火薬 **宋代の中国で登場**し、13世紀にヨーロッパに伝わった。火砲として初めて戦場で用いたのは**百年戦争**の際のイギリスである。**戦術の変化から騎士の没落を早めた。**

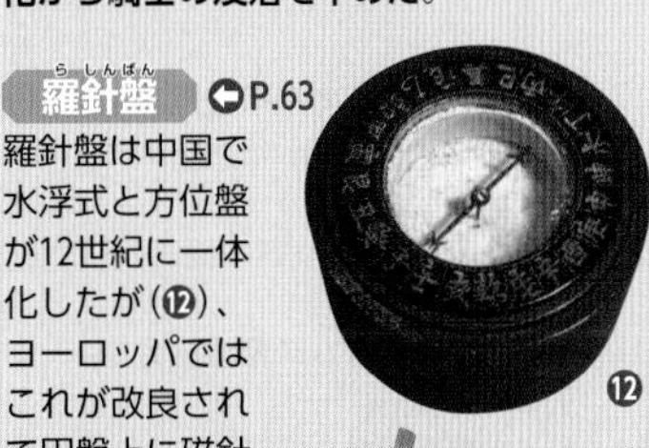

⓫火砲

羅針盤(らしんばん) ◀P.63
羅針盤は中国で水浮式と方位盤が12世紀に一体化したが(⓬)、ヨーロッパではこれが改良されて円盤上に磁針を置くという形態になった(⓭)。

⓬

⓭

活版印刷 **グーテンベルク**(1400頃〜68)が改良した活版印刷と、紙の普及により、本の価格が安くなり、**新しい知識や思想を正確かつ迅速に広める**こととなった。

⓮グーテンベルクの活版印刷機

➘⓯活字

ヨーロッパ

Column ローマ＝カトリックの総本山—サン＝ピエトロ大聖堂

サン＝ピエトロ大聖堂はローマ＝カトリックの主聖堂で、6万人を収容できる。大聖堂は16世紀に**ブラマンテの設計で着工**されたが、ドームは変更され、ミケランジェロが担当した。ドームは高さ132m、直径42mで、1626年に完成。1657年に聖堂正面にベルニーニ設計の広場が加わった。

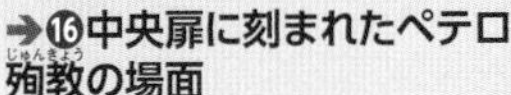

➔⓰中央扉に刻まれたペテロ殉教(じゅんきょう)の場面

↑⓲ミケランジェロ「ピエタ」 十字架から降ろされたイエスを抱く聖母マリア。大聖堂の第一礼拝堂に設置されている。1498〜1500年、高さ174cm

コンクラーベ(教皇選挙)

教皇は終身制で、教皇が死去すると新教皇が枢機卿(すうききょう)の中から選挙で選ばれる(3分の2以上の得票が必要)。選挙は鍵(かぎ)のかけられたシスティナ礼拝堂の中で秘密裏(り)に行われる。投票結果は煙の色で外部に知らされ、白は決定、黒は未決定を表す。2013年には、ベネディクト16世の生前退位を受けてコンクラーベが実施され、新教皇フランシスコが選出された。

⓳ローマ教皇フランシスコ(在位2013〜)

↓⓱ヴァチカン全景 ヴァチカン市国は、ローマ市内にある国土面積0.44㎢の世界最小の国で、ローマ教皇が国家元首。教会や礼拝堂、付属美術館にはラファエロやミケランジェロらルネサンス芸術をはじめとする数多くの芸術作品が展示されている。

↑⓴衛兵 ヴァチカンのスイス衛兵の制服は、ミケランジェロのデザインによるものである。

1 宗教改革の動きと宗派化*

＊宗派化とはそれまでの西欧の「キリスト教共同体」が複数の宗派に分かれていくことをさす。

➔❷ルター（1483～1546） 1521年のヴォルムス帝国議会後、ザクセン選帝侯に保護され、聖書のドイツ語訳を行った。

➔❸ツヴィングリ（1484～1531）

➔❹カルヴァン（1509～64）

	イタリア他	ドイツ	スイス　　はフランス	イングランド
経過	1378 教会大分裂（大シスマ）（～1417）P.168 1414 **コンスタンツ公会議**（～18） 1494 サヴォナローラの教会批判 →1498 火刑 1517 教皇**レオ10世**、サン＝ピエトロ大聖堂（P.215）修築のため**ドイツで贖宥状販売** ➔❶レオ10世（位1513～21） 1521 教皇、ルターを破門 1534 **イグナティウス＝ロヨラ、フランシスコ＝ザビエルらとイエズス会結成** 1540 教皇パウルス3世、イエズス会認可 1545 **トリエント公会議**（～63）…**教皇の至上権とカトリックの教義再確認（対抗宗教改革）** 1559 禁書目録作成	●ベーメンのフス、教会改革主張 →1415 火刑P.168 1419 フス戦争（～36） 1517 **ルター、九十五カ条の論題発表** 1519 ライプツィヒ討論…ルター、教皇の権威を否定 1520 **ルター**、『キリスト者の自由』で信仰義認説を主張 1521 ルター、**ヴォルムス帝国議会**で法律の保護外に 1524 **ドイツ農民戦争**（～25）…**ミュンツァー**の指導 1526 皇帝**カール5世**、シュパイアー帝国議会でルター派黙認 1529 皇帝、同議会でルター派承認取り消し→ルター派の抗議 1530 ルター派、**シュマルカルデン同盟**結成 1546 シュマルカルデン戦争（～47） 1555 **アウクスブルクの和議**…ルター派容認、諸侯・都市はカトリックとルター派のいずれかを選択可能に	1523 **ツヴィングリ**、チューリヒで改革（～31） 1531 ツヴィングリ、カトリック諸州と戦い、戦死 1536 **カルヴァン**、バーゼルで『**キリスト教綱要**』出版 1541 カルヴァン、ジュネーヴで神権政治（～64） 1562 ユグノー戦争（～98） 1572 サンバルテルミの虐殺 1598 ナントの王令	1521 **ヘンリ8世**、ルターに反論し、教皇から「信仰の擁護者」の称号を授かる 1527 ヘンリ8世、王妃キャサリンとの離婚問題で教皇と対立 1534 **国王至上法**（首長法）制定 →**イギリス国教会**成立 1535 トマス＝モア処刑P.214 ●修道院解散・財産没収 1549 エドワード6世、カルヴァン主義に近い一般祈禱書制定 1555 メアリ1世、カトリック復帰 1559 **エリザベス1世、統一法発布 →国教会確立**

	ローマ教会	ルター派	カルヴァン派	イギリス国教会
教え	●秘蹟や聖書解釈の権限を教会と聖職者が独占 ●善行による救い ●教皇至上主義	●聖書主義 ●**信仰義認説**…行為ではなく信仰によって救われる ●万人祭司主義	●徹底した**聖書主義** ●**予定説**…救いは神が予め決めている ●万人祭司主義	●カトリック式の儀式とプロテスタントの教義の折衷
教会組織	●教皇を頂点とする**聖職位階制度** ●超国家的・普遍的な教会組織 ●修道制の存在 ●聖職者は独身 （図：教皇／大司教／司教／司祭／信者）	●領邦教会制度…領邦君主を最高の司教とし、その保護下で牧師が信徒を指導 ●司教制・世俗の身分秩序は維持 ●牧師は妻帯可能 （図：領邦君主／牧師／信者）	●国家権力の介入拒否 ●長老制度…司教制を廃止し、信徒から選ばれる長老と牧師が教会を運営 ●各教会の自立性が強い （図：長老・牧師／監督・選出・教化／信者）	●イギリス国王を首長とする聖職位階制度 ●主教や牧師は妻帯可能 （図：国王／カンタベリ大主教／主教／牧師／信者）
職業観	営利事業を蔑視	世俗の職業を神の召命（**天職**）として肯定	神の救いを信じ、禁欲に努め、職業労働に励む→**営利活動・蓄財の肯定** **→商工業者に受け入れられ、資本主義の形成に影響**	特になし
伝播	ラテンアメリカ・アジア（イエズス会による）	北ドイツ、デンマーク、ノルウェー、スウェーデン	スイス、フランス、オランダ、イングランド、スコットランド、北米	イングランド

資料から読み解く 贖宥状の販売

➔❺**贖宥状の販売** 贖罪の証としてローマ＝カトリック教会が販売した贖宥状は、教皇レオ10世のもとでサン＝ピエトロ大聖堂改修資金を集めるために販売された。特に王権の弱いドイツでは大量に販売され、教会からの搾取を受けた。

文献① 贖宥状販売説教者の言葉

そこに据え付けられた贖宥状箱にお金を投げ入れたものはお金が落ちて、チャリンという音とともに……魂が天国に飛びあがることを知るべきである……。

（森田安一『ルターの首引き猫』山川出版社）

文献② ルター「九十五カ条の論題」

27 箱の中へ投げ入れられたカネがチャリンとなるや否や、魂が煉獄から飛び上がるという人たちは、人間を宣べ伝えているのである。

37 真実のキリスト者なら誰でも、生きている者も死んでいる者も、贖罪の文書がなくても神から彼に与えられたものである、キリストと教会とのすべての宝にあずかっているのである。

（『日本大百科全書』小学館）

読み解き

1 ❺は建物の外と内を対比するように描かれている。それぞれどのような世界観を表しているのだろう。

2 ❺の印刷物は、どのような立場の人々を批判する目的で作成されたのだろう。

歴史のスパイス 宗教改革は「エラスムスが産んだ卵をルターが孵した」といわれる。当初、教会改革で両者の見解は一致していたが、後に意見が分かれて対立した。

2 宗教改革の進展

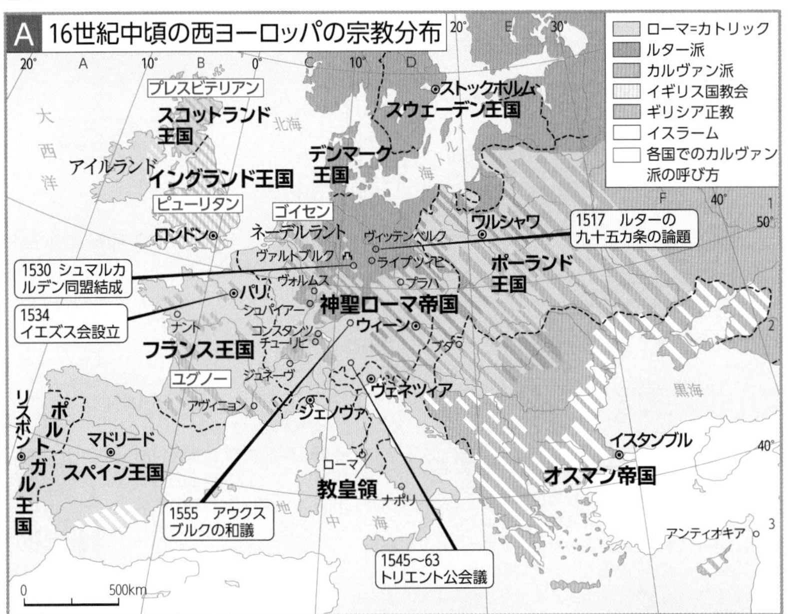

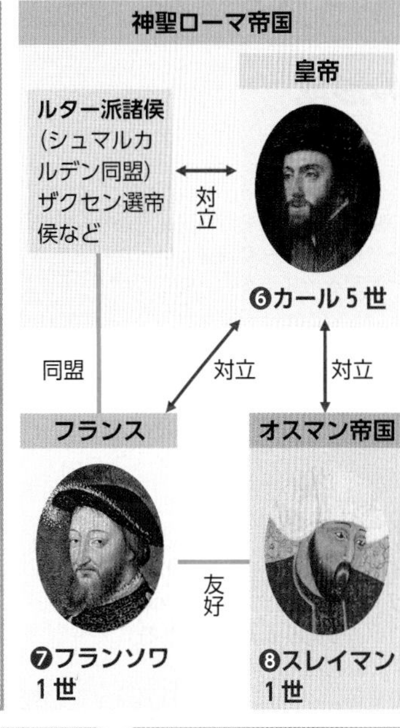

❻カール5世
❼フランソワ1世
❽スレイマン1世

←ⓐ**宗教改革時の国際関係** カール5世は、1526年のシュパイアー帝国議会でいったんルター派を容認したが、この背景には、フランスとのイタリア戦争やオスマン帝国の攻勢といった国際情勢の悪化を受け、国内を安定させようとする思惑があった。その後、戦況が好転した1529年には、ルター派の承認を取り消したが*、シュマルカルデン戦争などで国内の分裂が強まると、カールは**アウクスブルクの和議**でルター派との妥協を余儀なくされた。宗教改革は、信仰上の問題にとどまらず、国内外の情勢変化と連動して推移した。

＊「プロテスタント（抗議する者）」の語はこのときルター派が皇帝に抗議文を出したことに由来。

6人の妻を持ったイギリス王 ヘンリ8世（1491〜1547）

═ ①キャサリン→離婚
(娘)メアリ1世(カトリック)
═ ②アン=ブーリン→処刑
(娘)エリザベス1世(プロテスタント)
═ ③ジェーン=シーモア→死亡
(息子)エドワード6世
═ ④アン→離婚
═ ⑤キャサリン=ハワード→処刑
═ ⑥キャサリン=パー→王が先に死亡

(左)ホルバイン筆、バルベリーニ美術館蔵

↗❾アン=ブーリン

即位後、スペイン出身のキャサリンと結婚したが、男子の後継ぎが生まれなかった。侍女のアン=ブーリンに魅了された王は、教皇に離婚を申請したが認められなかったため、文献③・④の法律を制定した。

文献③ 上訴禁止法（1533）

1532年11月に国王[ヘンリ8世]とアンは「私的に」、つまり立会い人なしに結婚し、翌年1月には妊娠が判明した。公式の離婚、再婚を急がねばならない。疑問の余地のない正嫡の王子とするために、……4月に議会で成立させたのが「上訴禁止法」である。この法律によると、「契約や婚姻などをめぐる係争、訴訟」があったなら、ローマ教皇庁など海外に上訴することなく、国内で解決しなければならない。なぜなら、文献リサーチにより明らかなとおり、古来イングランド王国はインパイアだから、という。インパイアとはラテン語のインペリウム（命令権、至上権力のおよぶ範囲）と近代英語のempireの中間の近世英語である。

（近藤和彦『イギリス史10講』岩波書店）

文献④ 国王至上法（1534）

国王陛下は、まさに押しも押されぬイングランド教会の最高首長であり、……イングランド王国内のキリスト教の徳を増進させ、これまで行われてきたあらゆる誤謬、異端およびその他の不法行為や悪弊を抑止・混雑するために、本議会の権限により以下のように制定する。われらの統治者たる現国王およびその後継者として王位に就く国王たちは、アングリカーナ=エクレシアと呼ばれるイングランド教会の地上における唯一の最高首長と認められるものとする。……王位に就く国王たちは、……必要に応じて巡察、抑止、矯正、改革、規制、訂正、抑制、および修正する十分な機能と権威を有するものとする。そして、宗教上あるいは司法上のどんな権限や司法権を用いてでも……これらのものを合法的に修正さるべきであ……る。

（歴史学研究会編『世界史史料5』岩波書店）

読み解き

1. 文献③・④の法律が制定されたことから、議会とイギリス国王はどのような関係といえるだろう。
2. イギリスの宗教改革の結果、教会と王権の関係はどのように変化しただろう。ドイツの事例と比較しながら考察してみよう。

対抗宗教改革（カトリック改革）

←❿**イグナティウス=ロヨラ**（1491〜1556）（左）と⓫**フランシスコ=ザビエル**（1506〜52）（右） スペインの軍人であったロヨラは、戦闘で重傷を負い、病床で回心した。1534年、彼はパリ大学で知り合ったザビエルと**イエズス会**を結成し、1540年に教皇パウルス3世の認可を受けた。ザビエルは、インド・東南アジアを経て、**1549年に鹿児島に上陸し、日本に初めてキリスト教を伝えた**。P.44

←⓬**「異端審問の法廷」** 正統な教えを外れた人々を裁く異端審問は、宗教改革を機にカトリック・プロテスタント両陣営で強化された。
ゴヤ筆、王立サンフェルナンド美術アカデミー蔵

解説 魔女狩り P.58

中世以来のキリスト教社会における慣行で、「魔女」とされた人々（男性もふくむ）を裁判にかけた上で拷問や火刑などに処することをいう。特に、16〜17世紀に大規模かつ組織的に実施され、多くの無実の人々が犠牲となった。この背景には集団ヒステリーや、封建社会における女性蔑視があるともいわれる。また社会不満のはけ口として魔女狩りが利用されたという側面もあった。**魔女狩りはカトリック・プロテスタント両陣営で実施**され、ルターやツヴィングリも魔女の存在を肯定する文言を残している。

↓⓭魔女狩り

主権国家体制の形成

1 主権国家体制の形成

ⓐ主権国家とは

主権国家

特定の領域において絶対的かつ永続的な主権を持つ国家。16世紀のヨーロッパで、国王が、**神聖ローマ帝国やローマ教皇といった普遍的な権威を否定**し、教会をも従えた国家を形成する中で成立した。

主権国家の形態

絶対王政（16世紀〜）		国民国家（19世紀〜）
国王は、中間団体を通して人民を間接的に支配。国王が持つ主権は王権神授説に立脚	→	社会契約によって、主権を持つ国民と国家が直接的に統合

ⓒ絶対王政の構造（フランスがモデル）

王権神授説
理論的支柱 ↓
国王
免税特権・身分の保障
重商主義政策・特権付与（貿易独占権、自治権など）
官僚・軍人・廷臣化
常備軍　官僚制
納税・特許料
統制強化 ↓
中間団体（社団）
封建領主（貴族・聖職者）
有産市民層（大商人や金融業者）・ギルド・都市
帰属意識 ↑↓ 慣習法による支配や徴税 ↑↓ 帰属意識
領民（農民など）、信徒
各団体の構成員（ギルド加盟者、都市民など）

ⓓ国民国家の構造

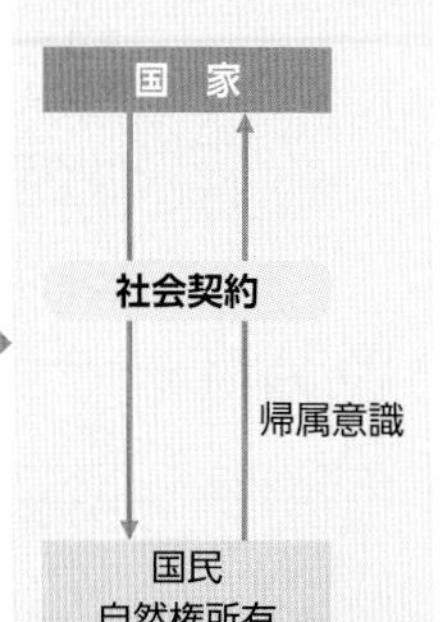

ⓑ主権国家体制登場までの流れ

主権国家体制形成の契機 …**イタリア戦争**（1494〜1559）

イタリアの支配権をめぐり、**ヴァロワ家とハプスブルク家の対立**を中心に展開したヨーロッパの国際戦争。各国が**勢力均衡**の原則に基づき同盟外交を展開。1559年にカトー＝カンブレジ条約が結ばれ、戦争終結。スペインがイタリアの大部分を獲得し、フランスはイタリア進出を断念。

↓

主権国家体制の登場 …**ウェストファリア条約**（1648）

三十年戦争後に結ばれた条約。国家同士が対等な関係を結び、外交使節を常駐。➲P.222

＝法的には対等な主権国家同士が勢力均衡を図りながら競いあう国際秩序が形成されたが、実際は弱肉強食の熾烈な競争システム。

文献① マキァヴェリ『君主論』に見る理想の君主

君主が信義を守り狡猾に立ちまわらずに言行一致を宗とするならば、いかに賛えられるべきか、それぐらいのことは誰にでもわかる。だがしかし、経験によって私たちの世に見てきたのは、偉業を成し遂げた君主が、信義などほとんど考えにも入れないで、人間たちの頭脳を狡猾に欺くすべを知る者たちであったことである。そして結局、彼らが誠意を宗とした者たちに立ち優ったのであった。……闘うには二種類あることを、知らねばならない。一つは法に拠り、いま一つは力に拠るものである。第一は人間に固有のものであり、第二は野獣のものである。……［第一のものでは足りないことがしばしばなので］君主には獣を上手に使いこなす必要がある以上、なかでも、狐と獅子を範とすべきである。なぜならば、獅子は罠から身を守れず、狐は狼から身を守れないがゆえに。したがって、狐となって罠を悟る必要があり、獅子となって狼を驚かす必要がある。（マキアヴェッリ著、河島英昭訳『君主論』岩波書店）

➔❶マキァヴェリ（1469〜1527）　フィレンツェの外交官。当時はイタリア戦争のさなかで、都市や共和国や公国などの小国家が割拠する「ミニ国際社会」だった。そのため、イタリアの諸国家間では利害調整のために外交官が置かれた。

読み解き

1 マキァヴェリが理想とした君主はどのような君主だろう。

2 マキァヴェリがこのような君主を求めた背景について、イタリア戦争当時の国内・国際情勢をふまえて考えよう。

文献② 主権国家体制を批判的に見直す

もともとウェストファリア体制そのものは、17世紀のヨーロッパというローカルな地域の秩序を形成したにすぎません。17世紀のヨーロッパはまだまだ中東やアジアにまでその影響力を直接及ぼせるほどのパワーではなかったからです。ヨーロッパを超えた世界においては、当然ながらそれとは<u>まったく異なる伝統的秩序</u>が存在していました。主権国家の平等からなるヨーロッパの近代秩序は世界の中でも特異なものだったと言えるでしょう。むしろ、アジアにおいても中東においても、帝国的な国家が中心となってそれぞれの部分の地域を形成してきたからです。しかし、この主権国家間の国際関係を基礎とするウェストファリア体制は、ヨーロッパのパワー・プロジェクション能力の拡大とともに世界に拡がっていきます。ヨーロッパが他の地域に対して相対的な力をつけて、はじめてウェストファリアの秩序は世界に拡大しはじめました。（松本太『世界史の逆襲』講談社）

読み解き 下線部にあるように、ヨーロッパ以外ではどのような国際秩序が存在していただろう。

チェック 主権国家体制の思想的背景

- 「主権」という概念が登場する背景
- →頻発する宗教内乱や戦争といった課題に対し、16世紀の思想家が「公共善」を実現するために生み出した概念
- 主権は誰にあるのか？
- →当初は住民統治の意義を国家（君主）に与えてきたが、18世紀に啓蒙思想が広まると、社会契約に基づく人民主権論に変化➲P.232

解説 複合国家・複合君主政・礫岩国家

近世のヨーロッパでは中世以来の伝統的な地域独自の法・権利・行政制度を持つ複数の地域がある君主のもとに連なる国家形態など、複合的な政治秩序が登場した。形態の差異や文脈に応じて、「複合国家」「複合君主政」「礫岩国家」などと呼ぶ。

2 ヨーロッパの国際関係の変化

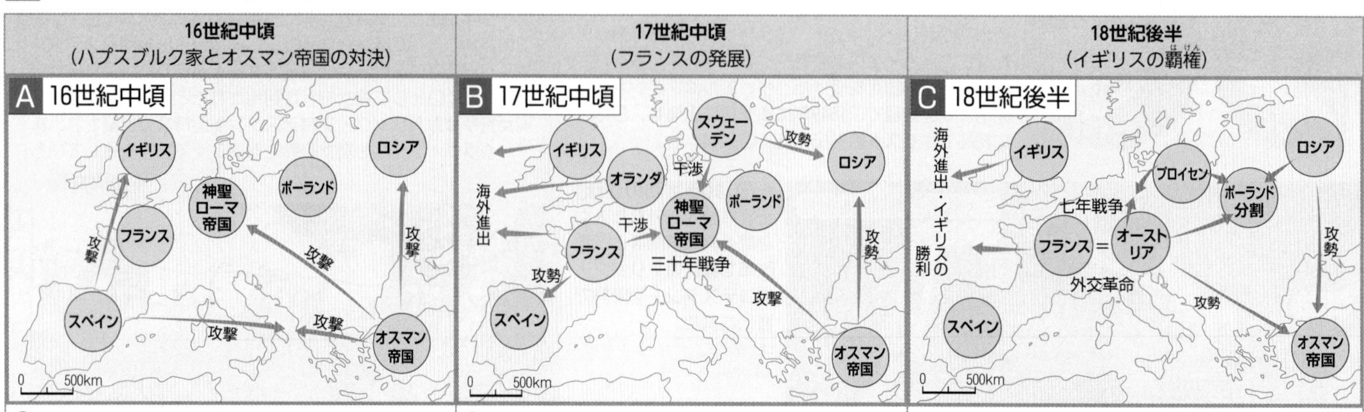

16世紀中頃	17世紀中頃	18世紀後半
① 宗教戦争の激化の中から国家主権や国家と宗教の関係が整う。	① 各国ともに互いに自立して主権を行使し、外交や戦争を行う。	① 議会主導で租税と軍事の一体化を進めたイギリスが覇権確立。

資料にチャレンジ 近代世界システムの形成

チャレンジする前に！ 現代世界はグローバル化の進展で「一体化した世界」と呼ばれることがある。しかし、一方でグローバル化は「豊かな国」と「貧しい国」の格差を生み出した。このような格差はどのようにして生まれたのか、近代世界システム論の視点から考察しよう。

解説 近代世界システム論

アメリカの社会学者・歴史家のウォーラーステインが提唱した、世界史を分析する枠組み。現代の世界経済の起源を16世紀に求め、世界経済を、「中核」・「半周辺」・「周辺」の三層構造からなる地域的分業に基づく経済システムとしてとらえた。この三層構造の変化によって、欧米を中心とした世界経済の発展や、アジア・アフリカの近代化の遅れを説明しようとする。１つのモデルとして注目されている近代世界システム論であるが、21世紀に入りグローバル＝ヒストリーの研究が進展する中、この論の批判的検討が進んでいる。

世界システムの模式図

世界経済の中心で繁栄する地域
中核の中でも、生産・流通・金融で圧倒的な力を持つ国家は、**覇権国家**と呼ばれる

中核と周辺の間で、中間的地位を有する地域

原料や食料、労働力を供給し、中核で生産された製品の市場となる地域→「低開発」の状況となる

中核
半周辺
周辺
原料 食料 労働力
製品

18世紀までの世界システム

●**覇権国家**…**オランダ**（17世紀）
→18世紀後半以降は**イギリス**と**フランス**の覇権争いへ
●**周辺諸国**
東欧…西欧に穀物を供給
西アフリカ…奴隷をラテンアメリカに供給
ラテンアメリカ……奴隷労働によるプランテーション作物を供給

覇権…オランダ
英・仏
スペイン ポルトガル
ラテン アメリカ
東欧
西アフリカ
【外部世界】
アジア
近代世界

19世紀の世界システム

●**覇権国家**…**イギリス**（**「パクス＝ブリタニカ」**）
・イギリスに入ってくる商品…綿花、タバコ、砂糖、茶、羊毛など
・イギリスが利用する労働力…黒人奴隷から**華僑・印僑**へ
・産業革命により、大量に工業製品を生産・輸出＝**「世界の工場」**
●ドイツ・アメリカの経済的台頭
・覇権国家となるには、生産力のみではなく流通・金融も重要
・イギリスは**「世界の銀行」**へ

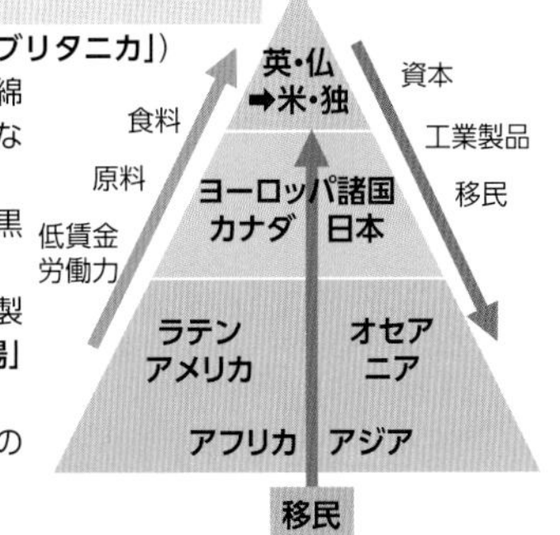

文献① 近代世界システム論への批判（外部世界について）

ウォーラーステインへの批判者であるフランク[①]によれば、そもそも17世紀の世界経済の中心はオランダではなく、中国やインドといったアジアであった。彼は『リオリエント』において、18世紀までの世界貿易史を分析し、18世紀までアジアが世界経済の中心であったと論じた。近代世界システム論的には外部世界と捉える地域を世界経済の中心であったとするのである。さらに、19世紀以降には西洋諸国が世界経済の中心的な地位を占めたが、21世紀には再びアジアが復活し、世界経済の中心となるとフランクは示唆した。その意味で、近代世界システム論は西洋中心主義的な歴史解釈であると批判する。

①ドイツの経済学者（1929～2005）

（島田竜登「世界システム論」金澤周作監修『論点・西洋史学』ミネルヴァ書房）

1 オランダの繁栄

➔❶17世紀のアムステルダム港 オランダは、対アジア貿易やバルト海貿易を事実上支配した。農業は穀物を東欧からの輸入に頼ったものの、漁業ではニシン漁で繁栄した。バルト海貿易で良質な木材資源を確保し、すぐれた造船技術を背景に造船・海運業を発展させた。また、輸入原料を加工して輸出する生産性の高い活動を行った。

←❷アムステルダムの証券取引所 17世紀初頭のアムステルダムでは、貿易の発展とともに為替銀行や商業取引所が次々と設立され、為替レートや商品・保険料の相場などが掲載された経済紙も発刊された。アムステルダムは金融の中心地となり、各地から資金が流れこんだ。

文献② 覇権国家になるための条件

ヘゲモニー［覇権］国家は、農業や工業のような生産の面で圧倒的優位に立ち、ついで、流通面でも世界商業の実権を握る。その結果、金融の側面でも、アムステルダム、ロンドン、ニューヨークが相次いで世界の中心となった。こうして、生産・流通・金融の三層の全てにおいて特定の国の優位が確立していた数十年が「ヘゲモニー」の状態である。優位は生産・流通・金融の順に確立し、その順に崩壊する。

（川北稔編『ウォーラーステイン』講談社）

読み解き
1 オランダが覇権国家となった背景を生産・流通・金融の三層から説明してみよう。
2 オランダは世界各地の「周辺」国家とどのような貿易をしていたのだろう。

2 イギリスの繁栄

➔❸ロンドン王立取引所とイングランド銀行 イギリスの首都ロンドンは19世紀に世界の金融センターとなった。ロンドン市内の「シティ」と呼ばれる地区には、イングランド銀行や王立取引所、1,000を超える海外銀行の支店や代理店、保険業者が集中した。

↓ⓐ世界工場生産に占めるシェア　**↓ⓑ世界貿易に占めるシェア**

1860年
1870年
1880年
1900年
1913年
100 80 60 40 20 0％
0％ 20 40 60 80 100
イギリス　アメリカ　ドイツ　フランス　ロシア　その他

↓ⓒイギリスの国際収支

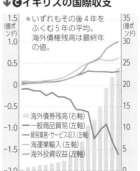

＊いずれもその後４年をふくむ５年の平均。海外債権残高は最終年の値。
（億ポンド）1.5 1.0 0.5 0 −0.5 −1.0 −1.5 −2.0
（億ポンド）35 30 25 20 15 10 5 0
海外債券残高（右軸）
一般商品貿易（左軸）
貿易業務・サービス収入（左軸）
海運業輸入（左軸）
海外投資収益（左軸）
1816＊26 36 46 56 66 76 86 96年

読み解き
1 世界工業生産に占めるシェアで、イギリスとアメリカの地位が入れ替わったのはいつだろう。
2 イギリスは、一般商品貿易の収支が19世紀を通じて一貫して赤字であったにもかかわらず、世界貿易に占めるシェア首位の座を維持し続けたのはなぜだろう。

まとめの考察
近年のBRICS（ブラジル・ロシア・インド・中国・南アフリカ、➲P.329）の台頭について、近代世界システム論で考えると今後はどのような展開が予想できるだろう。

16世紀のヨーロッパ諸国

1 16世紀中頃のヨーロッパ

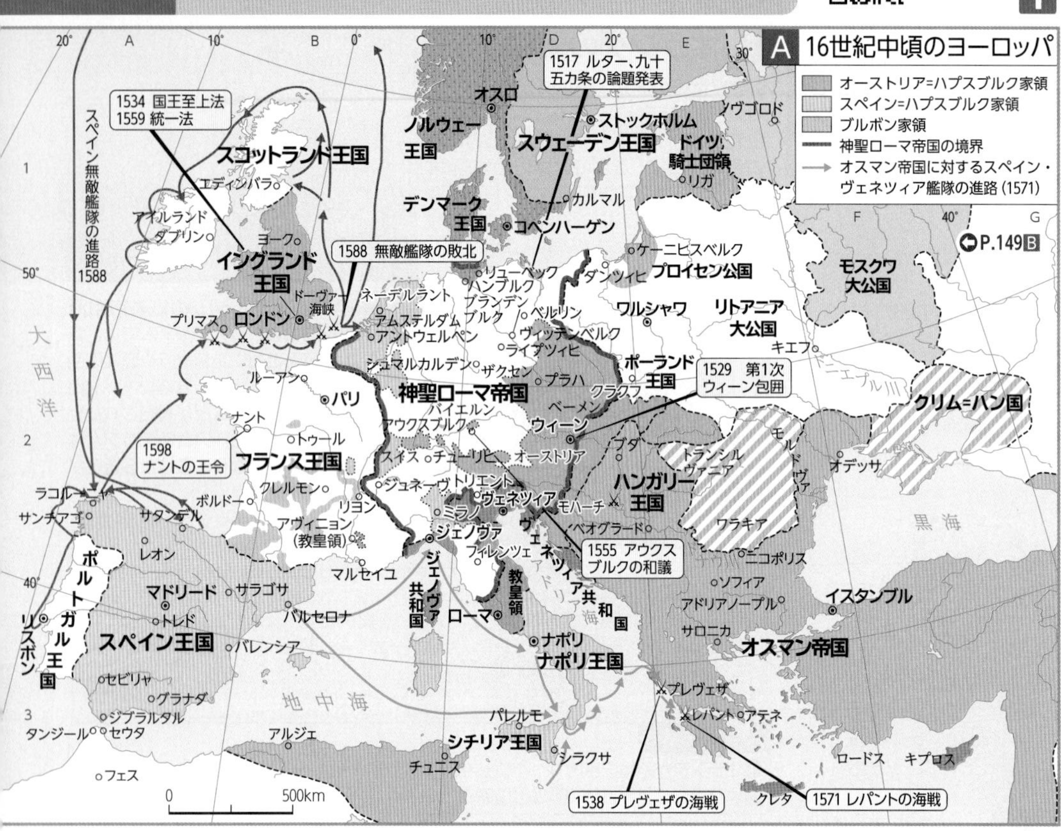

➔❶カルロス1世(神聖ローマ皇帝カール5世) 神聖ローマ皇帝位の他、オーストリア大公、ナポリ王、ネーデルラント17州の君主を兼ねていた。一人の君主のもとで言語も法制度も全く異なる諸王国・諸領邦が凝集しているのが帝国の実態であった。ハプスブルク家の広大な領地を統治するため、君主はカトリックの信仰とともに君主自らの身体も帝国統合に活用した。P.218

文献① 「遍歴の国王」カルロス1世

カルロスは「遍歴の国王」とならざるを得なかった。……カルロスは退位にあたって、「余は各地を点々として戦争と平和の日々を送ることを余儀なくされた。9度ドイツに行き、6度スペインで、7度イタリアで過ごし、10度フランドルへ来て、4度平時と戦時のフランスに、2度イギリスに入国し、2度アフリカに赴いた」と述べている。

(立石博高『スペイン史10講』岩波書店)

読み解き なぜカルロス1世は帝国内の領地を点々とすることを余儀なくされたのだろう。

2 16世紀のスペイン・オランダ・イギリス P.170 P.227

スペイン	ネーデルラント(オランダ)	イギリス
1492 レコンキスタ完了	1477〜 ハプスブルク家領	1485 **テューダー朝**成立
カルロス1世(位1516〜56)		**ヘンリ7世**(位1485〜1509) P.170
1519 **神聖ローマ皇帝**に選出(**カール5世**)		**ヘンリ8世**(位1509〜47) P.217
	●**アントウェルペン**(アントワープ)、16世紀前半に国際商業の中心となる	●**星室庁裁判所**の整備
1538 プレヴェザの海戦でオスマン海軍に敗北 P.201		●**囲い込み**進行←トマス＝モアの批判 1534 国王至上法(首長法)発布
1554 息子のフェリペとイギリス女王メアリ1世の結婚		**メアリ1世**(位1553〜58) ●カトリックに復帰
1556 退位→**ハプスブルク家がスペイン系とオーストリア系に分離**	1555 カール5世、ネーデルラントの統治権をフェリペに譲る	➔❷**メアリ1世**(1516〜58) 多くの宗教改革者を処刑し、「血のメアリ(ブラッディ＝メアリ)」と呼ばれた。
フェリペ2世(位1556〜98)		
●アルバ公を派遣し、ネーデルラントのプロテスタントを弾圧→	1568 **オランダ独立戦争**開始(〜1609)	1558 大陸最後の拠点カレーを失う **エリザベス1世**(位1558〜1603)
	●**オラニエ公ウィレム指導**(→1584年に暗殺)	1558 グレシャム、通貨の改革を提唱「悪貨は良貨を駆逐する」
1571 **レパントの海戦**でオスマン海軍を破る P.200	1572 プロテスタント、ホラント・ゼーラント州を支配	1559 統一法発布(国教会確立)
1580 ポルトガル王位を兼ねる(〜1640)	1579 南部10州(現ベルギー)の離脱。北部7州、**ユトレヒト同盟**結成	1568 メアリ＝ステュアートの亡命→1587年に処刑
	1581 **ネーデルラント連邦共和国(オランダ)**の独立を宣言	1577 ドレークの世界周航(〜80) 1584 ローリ、アメリカ大陸で植民活動
1585 スペイン軍、アントウェルペン占領→	●**アムステルダム**が国際金融の中心	←1585 オランダに援軍を派遣
1588 **無敵艦隊をイギリスに派遣**→敗北		1588 **スペインの無敵艦隊を撃退**
	1590 オランダ、ブレダを占領	
	1602 東インド会社設立	1600 **東インド会社設立**
1609 オランダと休戦条約→	1609 スペインと休戦条約 ●17世紀前半に最盛期迎える	

←❸フェリペ2世(位1556〜98) スペインや海外領土を相続し、ポルトガル王を兼ねたことから、「太陽の沈まぬ国」と呼ばれる大帝国を築いた。しかし、一方でプロテスタントに対する抑圧政策からオランダ独立戦争を招き、王室財政は破綻した。

プラド美術館蔵

↓❹スペイン無敵艦隊の敗北 1588年、フェリペ2世は130隻の大型軍艦からなる「無敵艦隊(アルマダ)」をイギリスに派遣した。エリザベス1世のオランダ独立戦争への援助、メアリ＝ステュアートの処刑、アメリカ大陸から銀を運ぶスペイン船を襲うドレークらイギリスの海賊による私拿捕活動などが理由であった。イギリス海軍は射程の長い軽砲を備えた快速小型船を中心に戦い、これを撃退した。

歴史のスパイス 17世紀のオランダではチューリップが投機対象となって値段が高騰し、球根1個に富裕層の年収を超える値段がつけられたこともあった。

3 オランダ＊の独立

＊日本語のオランダは、ホラントのポルトガル語形からきている

B オランダの独立

1579年のユトレヒト同盟加盟の北部7州
1648年に承認されたネーデルラントの国境
1648年のスペイン領
毛織物工業地帯
スペイン無敵艦隊の進路(1588)

北海　フローニンヘン　フリースラント　オーヴェルアイセル　アムステルダム　ホラント　ユトレヒト　ライデン　ハーグ　ユトレヒト　ヘルデルラント　ロッテルダム　ナイメーヘン　ゼーラント　ブレダ　北ブラバント　リンブルフ　アントウェルペン　カレー　ブリュージュ　ガン　ダンケルク　ブリュッセル　フランドル　ブラバント　司教領リエージュ　アーヘン　ケルン　ナミール　リエージュ　アミアン　フランス王国　スダン　ルクセンブルク　神聖ローマ帝国

ⓐネーデルラントの南北

＊宗教・支配層・産業は当時の状況

	北部7州(現オランダ)	南部10州(現ベルギー)
民族	ゲルマン系	ラテン系
言語	オランダ語(ドイツ語系)	ワロン語(フランス語系) フラマン語(オランダ語系)
宗教＊	カルヴァン派(**ゴイセン**)	**カトリック**
支配層＊	富裕都市市民	土地貴族
産業＊	**造船・中継貿易・農業**	**毛織物工業・牧畜**
独立	1581年に独立宣言 1648年に独立承認	1830年にオランダから独立 ➲P.248

ⓑネーデルラント領の変遷

14世紀～
ブルゴーニュ公領
1477
ハプスブルク家領
1556
スペイン＝ハプスブルク家領
オランダ　1714 オーストリア領　1815
1830
ベルギー

アランソン公フランソワ　フェリペ2世　オラニエ公　牛(ネーデルラント)　エリザベス1世　アルバ公

⑤オランダ独立戦争の風刺画

読み解き

1 フェリペ2世がまたがる牛から、アルバ公(ネーデルラント総督)が乳を搾りとることは何を意味しているだろう。

2 エリザベス1世やアランソン公フランソワ(仏王アンリ3世の弟)、オラニエ公は牛をどのように扱っているだろう。

←⑥レンブラント「布地組合の見本監査官」 スペインから独立を宣言したオランダは、貿易、学問、文化の最先端地域であった。財力を得た商人たちは、自分たちの集団肖像画や、室内に飾る風景画を競って注文した。 アムステルダム国立美術館蔵、1662年、191.5cm×279cm

読み解き 登場人物の顔がほぼ均等な大きさではっきりと描かれているのはなぜだろう。

文献② オランダの宗教的寛容性

ネーデルラント問題は、16世紀後半のヨーロッパ国際政治の一大焦点となったが、……ネーデルラントの独立の過程は、強国スペインに周辺諸国があい拮抗する国際関係のなかでこそ理解されなくてはならないであろう。……以上のように全ヨーロッパ規模の宗教的な分立状況のなかで、中央集権化――カトリック化を強力に推し進めたスペインの政策が、ネーデルラント連邦共和国という一つの新しい国家を析出することになった。それは各州の自由を大幅に認めた州権主義というその国家形態や宗教的な迫害を禁ずる宗教政策など、新しい共和国の基本的特徴を刻み出している。……しかし、1585年を境に南部の多くのカルヴァン派が北部に移動し、南部ははじめてカトリックの統一を回復する。同様に北部もむしろスペインへの抵抗と苦しい独立戦争の過程でカルヴァン派がその数をまし、主流となったのである。……「**宗教は16世紀にはナショナリズムをあらわす言葉であった**」と語ったイギリスの碩学、ネーミアの言葉は、ネーデルラントの状況をも的確にいいあてているであろう。

(高澤紀恵『主権国家体制の成立』山川出版社)

読み解き 下線部はどのような意味だろう。オランダで起こった出来事に即して説明してみよう。

4 イギリスの動向

文献③ 第1次囲い込み

『以上のべたことだけが窃盗の多い唯一の必然的な原因ではありません。私の考えますところではもう一つ、あなた方イギリス人だけに特有な原因があります。』『といわれますと、一体それは何でしょうか』と、ここで枢機卿はいわれました。『他でもありません(と私は答えました)、イギリスの羊です。以前は大変おとなしい、小食の動物だったそうですが、この頃では、なんでも途方もない大喰いで、その上荒々しくなったそうで、そのため人間さえもさかんに喰殺しているとのことです。

(トマス＝モア著、平井正穂訳『ユートピア』岩波書店)

解説 ジェントリ(郷紳)

16世紀以降のイギリスにおいて、貴族とともに支配階層を構成した平民上層に属する人々。もとはヨーマン(独立自営農民)より上の地主層を意味していたが、後に法律家や医師、土地を購入した富裕な商人などをもふくむようになった。ジェントリは、治安判事として地方行政を担う一方、議会にも多くの代表(庶民院[下院])に送った。

↑ⓒ第1次囲い込み 中世に羊毛を輸出したイギリスは、16世紀には毛織物の輸出国となった。こうした毛織物業の繁栄を受け、羊毛の増産を目的として、従来の「開放耕地」を改め、生け垣や塀で囲んで牧羊地に変える囲い込みが起こった。囲い込みによって、農民の一部は浮浪人となったため、社会不安が高まった。➲P.236

二人の女王 エリザベスとメアリ
エリザベス1世(1533～1603)と メアリ＝ステュアート(1542～87)

ヘンリ7世の孫エリザベスは、母の刑死やロンドン塔幽閉などの苦難の末、25歳でイングランド女王となった。一方、生後6日でスコットランド女王となったヘンリ7世の曽孫メアリは、フランス王太子妃として幼時よりフランスで育った。メアリは夫の死により帰国するが、自らの不倫と国内の宗教対立により廃位に追いこまれ、イングランドに逃亡した。しかし、カトリック信徒でイングランド王位継承権を持つメアリは危険な存在だったため、エリザベスによって幽閉され、処刑された。エリザベスは生涯独身のまま没したため、1603年、メアリの遺児であるジェームズ6世がイングランド王ジェームズ1世として即位した。

→⑦エリザベス1世 左窓には無敵艦隊を破ったイギリス艦隊、右窓には沈む無敵艦隊が描かれている。右手の地球儀は海外進出の象徴。ウォバーン修道院蔵

→⑧メアリ＝ステュアート

三十年戦争とフランス絶対王政

1 三十年戦争の経過

ウェストファリア条約

ウェストファリア地方(北ドイツ)の都市(**ミュンスター、オスナブリュック**)で講和会議が開かれ、1648年に調印された。

①宗教上はアウクスブルクの和議の確認とカルヴァン派の承認
②フランスは**アルザス**と**ロレーヌ**の一部を獲得
③スウェーデンは西ポンメルンとブレーメンなどを獲得
④ブランデンブルクは東ポンメルンを獲得
⑤**スイス・オランダ**の独立を正式に承認
⑥ドイツ諸領邦はほぼ独立した主権を獲得

- 神聖ローマ帝国内では神聖ローマ皇帝を頂点とする体制が残り続ける
- ヨーロッパ内では国家の大きさや政治体制、信教も異なる諸国家が並び立つ秩序

＝主権国家体制の登場➲P.218

←❶グロティウス(1583〜1645) オランダの法学者・外交官。三十年戦争や海外貿易の紛争などの経験から『海洋自由論』や『戦争と平和の法』を著し、「国際法の父」と呼ばれた。

文献① グロティウス『戦争と平和の法』

わたしは、……諸国民の間に、戦争(の開始)に対しても、また戦争遂行中にも通用するある種の共通法が存在するということを、完全に確信してはいた……。わたしは、……戦争に関する放縦さをみてきた。すなわち、人々が……いったんこれ[武器]を手にすると、……公然と凶暴さが解き放たれ、あらゆる悪行が許されるかのように、神法および人法に対する尊敬の念が消え失せてしまうのである。
(筒井若水『現代資料国際法』有斐閣)

読み解き グロティウスが『戦争と平和の法』を著した背景には、三十年戦争のどのような性格があると考えられるだろう。

A 三十年戦争後のヨーロッパ

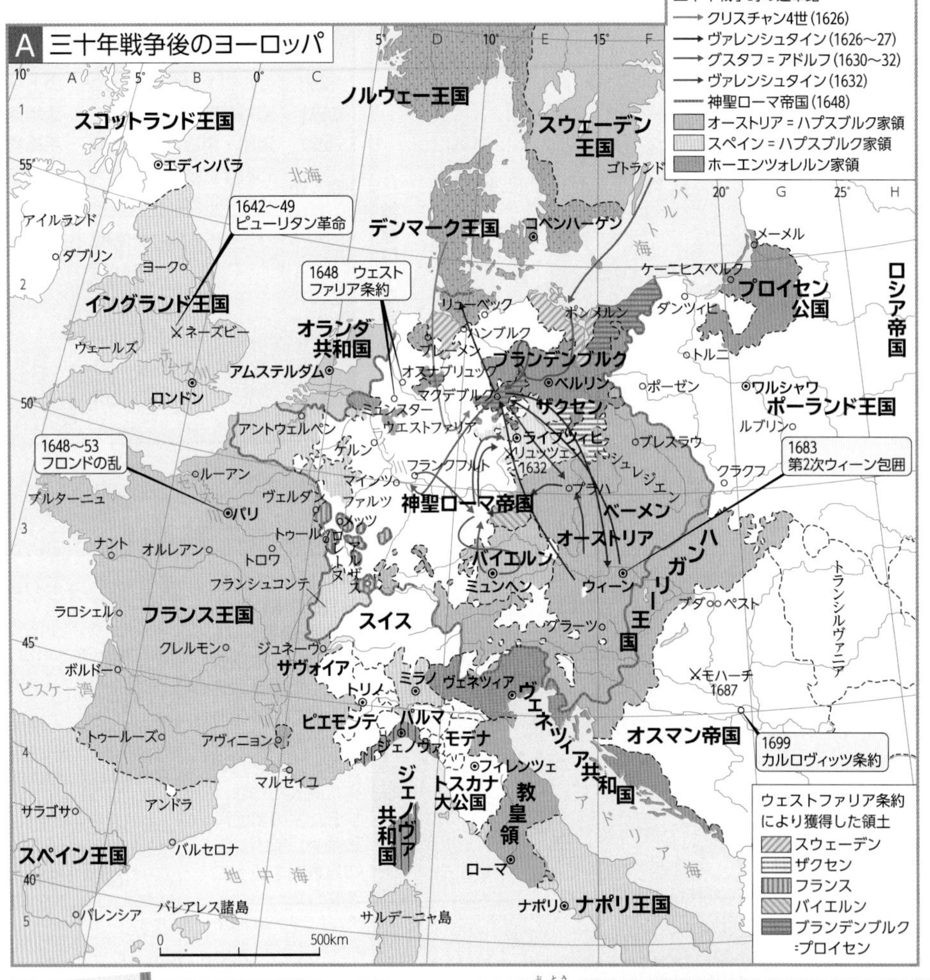

チェック

三十年戦争の契機と結果

- ベーメンのプロテスタントの反乱から周辺諸国の介入(宗教戦争から国益をめぐる戦争へ性格が変化)
- 戦争と「17世紀の危機」(➲P.68)に伴う社会混乱によって、戦場となったドイツが荒廃

→❷「ヨーロッパ大戦舞踏会」 なかなか進展しない外交交渉の中で開かれた舞踏会という設定で、三十年戦争の和平交渉を描いた版画である。

読み解き 三十年戦争の結果、新たに領土を獲得して、国力を増強させた国を確認してみよう。

資料から読み解く ウェストファリア条約をめぐる評価の変化

文献② 従来のウェストファリア条約の評価

ウェストファリア講和は、領土の属する人に宗教も属すの原則を確立した。つまり、それぞれの支配者が自国の宗教を決める権利があるというものである。この条約はその条項を実施するために他国に介入する権利を含むなど、必ずしも今日われわれが知るような国家主権の原則を、完全に支持するものではなかった。だが、……「ヨーロッパの領土的割拠主義を発展させるための法的基盤を提供し、皇帝と教皇に由来する権威によって形成された、それまでの上下関係の痕跡を断絶させることによって、この文書は無政府的な王朝国家間システムとその構成国自らの内的統合に裁可を与えたのである」。
(ナイ他著、田中明彦他訳『国際紛争』有斐閣)

文献③ 近年のウェストファリア条約の評価

1644年から和平交渉が始まり、ようやく48年にウェストファリア地方で複数の和平条約が締結された。それらを合わせて「ウェストファリア条約」と総称する。……結果的に今にいたるドイツ国政における連邦制の伝統が確定し、神聖ローマ皇帝(ハプスブルク家)と教皇の威信は失墜した。皇帝の位はナポレオン期の1806年まで存続するが、実質はオーストリア大公、ボヘミア王、ハンガリー王などをかねる中欧の礫岩①君主に過ぎない。

①多様な法、慣習、特権を持つ諸地域や諸団体が集塊している状態➲P.218
(近藤和彦『近世ヨーロッパ』山川出版社)

読み解き ウェストファリア条約の位置づけとして実情に則しているのは、ドイツ国内における「領邦の主権国家化」と「現状の追認」のどちらだろう。

2 フランスの絶対王政

➡P.170 ➡P.242

① ブルボン朝のもとで王権が強化され、ルイ14世の時代に絶対王政の最盛期を迎えた。
① 対外戦争やユグノーの亡命増加によって財政が悪化し、フランス革命につながった。

中央集権化の進展

ヴァロワ朝(1328〜1589)
シャルル8世(位1483〜98)
1494 イタリア戦争開始(〜1559)
フランソワ1世(位1515〜47)➡P.217
神聖ローマ皇帝カール5世と対立
1558 対イギリス戦争でカレー奪回
シャルル9世(位1560〜74)
1562 **ユグノー戦争**(〜98)
1572 **サンバルテルミの虐殺**
アンリ3世(位1574〜89)

王権の強化期

ブルボン朝(1589〜1792)
アンリ4世(位1589〜1610)
1589 アンリ3世の死去により即位=**ブルボン朝成立**
1593 カトリックに改宗
1598 **ナントの王令**…ユグノーに信仰の自由を認める
→ユグノー戦争終結
1604 東インド会社設立➡P.229

❸アンリ4世

ルイ13世(位1610〜43)
1614 三部会の招集
→1615 **三部会を解散**
(以後1789年まで閉会)
●宰相**リシュリュー**(任1624〜42)
1635 **三十年戦争に介入**
アカデミー=フランセーズ設立

王権の最盛期

ルイ14世(位1643〜1715)
●宰相**マザラン**(任1642〜61)
1648 ウェストファリア条約…アルザスなど獲得
フロンドの乱(〜53)…高等法院や貴族などの反乱
1661 親政開始
ヴェルサイユ宮殿造営開始
1664 東インド会社再興 ➡P.229
1665 財務総監**コルベール**登用(〜83)
1666 **フランス科学アカデミー創設**
1667 南ネーデルラント継承戦争(〜68)
1672 オランダ(侵略)戦争(〜78)
1682 ラサール、ルイジアナ植民地建設
1685 **ナントの王令廃止**
→ユグノーの亡命、商工業者が多く財政難の一因に
1688 ファルツ(継承)戦争(〜97)➡P.229
1701 **スペイン継承戦争**(〜13)
1702 アン女王戦争(〜13)
1713 **ユトレヒト条約**

王権の衰退期

ルイ15世(位1715〜74)
1733 ポーランド継承戦争(〜35)
1740 **オーストリア継承戦争**(〜48)
1744 ジョージ王戦争(〜48)
1755 **フレンチ=インディアン戦争**(〜63)
1756 **七年戦争**(〜63)
1762 ルソー、『社会契約論』刊行 ➡P.233
1763 **パリ条約**
ルイ16世(位1774〜92、93刑死)
1778 アメリカ独立戦争に参戦
1789 **フランス革命の勃発** ➡P.242

←❹**サンバルテルミの虐殺** ユグノーの台頭を恐れた王母**カトリーヌ=ド=メディシス**とギーズ公は、国王シャルル9世にユグノー貴族の皆殺しを承認させ、1572年8月24日、パリだけで数千人のユグノーがカトリックにより虐殺された。各地に広がり泥沼化した宗教戦争は、**アンリ4世のナントの王令発布により終結**した。

文献④ ナントの王令(1598)

第1条 1585年3月の始めより余が即位するまで、さらにこれに先立つ争乱の間に起こったすべての出来事に関する記憶は、双方とも、起こらなかったこととして消し去り、鎮めること。
第27条 ……いわゆる改革派信仰を表明する者は誰でも、これに反するいかなる誓約があろうとも、余の王国、余に服する地方、領地、所領における王、領主、都市のいかなる地位、要職、官職、公務であれ、これを保持し行使し、また差別されることなく受け入れられるものとする。……
(歴史学研究会編『世界史史料5』岩波書店)

読み解き
1 第1条で述べられた争乱の「記憶」とはどのような出来事をさすだろう。
2 この王令の発令によって、争乱はどのような展開となっただろう。

↑❺**リシュリュー** ルイ13世の宰相で、貴族やユグノーをおさえて王権強化に努めた。

↑❻**マザラン** 幼いルイ14世の宰相として、フロンドの乱を鎮圧、中央集権化を進めた。

↑❼**コルベール** ルイ14世の財務総監で、重商主義政策を実施して国庫を充実させた。

文献⑤ プロイセン王による亡命ユグノーの受け入れ

3 余の所領は、生計維持に必要な必需品が揃っているだけではなく、あらゆるマニュファクチュア工場の設立、……、余はここに定住しようとするものに対し、所領内で彼らの職業・生活もっとも適した場所を自由に選ぶことを許す。……
11 余は各都市に上述のフランスの信仰仲間に特別な説教者を持たせ、また適切な場所を提供することを欲する。……
(歴史学研究会編『世界史史料5』岩波書店)

←❽**ルイ14世** 「太陽王」と呼ばれた。フランス絶対王政の最盛期の国王。華やかな宮廷政治を行う一方、重商主義政策の実施や学問や文化・芸術の保護を行った。しかし、晩年は多くの侵略戦争を展開した。

読み解き ナントの王令の廃止や壮麗なヴェルサイユ宮殿の建築、度重なる国内外の侵略戦争によって、国家財政にどのような影響を与えただろう。

↓ⓐルイ14世の侵略戦争

南ネーデルラント継承戦争(1667〜68)
原因 スペイン領ネーデルラントの領有権を主張
(図: ━:同盟関係 フランス ⚔ スペイン ━ オランダ、イギリス、スウェーデン)
結果 アーヘンの和約(1668)
→フランドルの若干の領土獲得

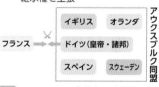

オランダ(侵略)戦争(1672〜78)
原因 南ネーデルラント継承戦争の復讐
(図: イギリス、フランス、スウェーデン ⚔ オランダ、スペイン、ドイツ(皇帝・諸邦)、イギリス 〔オランダと単独講和〕)
結果 ナイメーヘンの和約(1678)
→フランシュコンテ獲得

ファルツ(継承)戦争(1688〜97)
原因 ドイツのファルツ選帝侯領の継承権を主張
(図: フランス ⚔ アウクスブルク同盟〔イギリス、オランダ、ドイツ(皇帝・諸邦)、スペイン、スウェーデン〕)
結果 ライスワイク条約(1697)
→継承権を得られず、ロレーヌ地方を失う
ウィリアム3世のイギリス王位承認

スペイン継承戦争(1701〜13)
原因 スペイン王位の継承権を主張
(図: フランス、スペイン ⚔ オーストリア、イギリス、オランダ、プロイセン)
結果 ユトレヒト条約(1713)➡P.229
ラシュタット条約(1714)➡P.224
→孫である**フェリペ5世**の王位を承認させるが、多くの領土を失う

➡❾**ヴェルサイユ宮殿** パリ南西部に位置する。ルイ13世が狩猟用に館を設け、ルイ14世は1661年から宮殿の造営に着手した。ルイ14世は1682年にパリのルーヴル宮からヴェルサイユ宮殿に移ったが、その後も増改築が続けられた。バロック式を代表するこの壮麗な宮殿は、フランス絶対王政のシンボルとなった。➡P.234

1 プロイセン・オーストリアの動向

➲P.170 ➲P.254

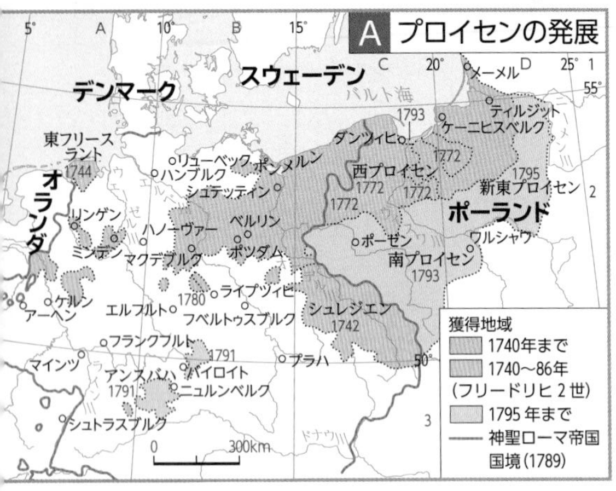

① ブランデンブルク辺境伯領とプロイセン公国が同君連合を形成し、プロイセン王国が成立した。

① オーストリアは、オーストリア継承戦争でシュレジエンを喪失した。

プロイセン

1134 ブランデンブルク辺境伯領

1415 **ホーエンツォレルン家**、辺境伯領と選帝侯位を得る

ドイツ騎士団領

1511 ホーエンツォレルン家、ドイツ騎士団長に

1525 ルター派に改宗し、世俗領邦へ

プロイセン公国

1618 ブランデンブルク選帝侯、プロイセン公国相続

ブランデンブルク＝プロイセン同君連合

1648 **フリードリヒ＝ヴィルヘルム**、**ウェストファリア条約**で東ポンメルン獲得

1701 **フリードリヒ1世**、スペイン継承戦争での武力援助を条件に皇帝より王号獲得

プロイセン王国

1721 **フリードリヒ＝ヴィルヘルム1世**、北方戦争に参加→西ポンメルンを獲得

●軍隊の増強

フリードリヒ2世(位1740～86)

●**啓蒙専制君主**

1740 資源豊富なシュレジエンを要求

オーストリア継承戦争(1740～48)

●サンスーシ宮殿造営➲P.235

1748 アーヘンの和約でシュレジエン獲得

七年戦争(1756～63)

1763 フベルトゥスブルク条約でシュレジエン領有を確定

1772 **第1回ポーランド分割**

1793 **第2回ポーランド分割**

1795 **第3回ポーランド分割**

オーストリア

8世紀末 カール大帝、辺境伯領(オストマルク)設置

10世紀末 マジャール人に備え、辺境伯領再建

1156 オーストリア大公領に昇格

ハプスブルク家の発展

1282 **ルドルフ1世**、オーストリア支配を始める

1438 **ハプスブルク家、神聖ローマ皇帝位を世襲**

1477 **マクシミリアン1世**(位1493～1519)、ブルゴーニュ公領ネーデルラントなどを獲得

カール5世(位1519～56)＝カルロス1世(スペイン王)

1529 オスマン帝国による**第1次ウィーン包囲**

1556 **ハプスブルク家、オーストリア系とスペイン系に分離**➲P.220 ハプスブルク家の分離

1618 ベーメンで**三十年戦争**勃発

1648 **ウェストファリア条約**→皇帝位は名目化

1683 オスマン帝国による**第2次ウィーン包囲**

オーストリアの拡大

1699 **カルロヴィッツ条約**→ハンガリー・クロアティア・スロヴェニアを獲得

1713 **カール6世**(位1711～40)、国事勅書で女子家督相続を宣言

1714 ラシュタット条約→**スペイン領ネーデルラント・ミラノ・ナポリを獲得**

マリア＝テレジア(位1740～80)

1740 ハプスブルク家領を相続

1756 **フランスと同盟(外交革命)**

ヨーゼフ2世(位1765～90)
(マリア＝テレジアとの共同統治)

1772 **第1回ポーランド分割**

●**啓蒙専制君主**

1795 **第3回ポーランド分割**→ポーランド王国消滅

1806 ライン同盟成立→**神聖ローマ帝国の消滅**

❶ヨーゼフ2世

プロイセン

君主は国家第一の僕
ヴォルテール
フリードリヒ2世

←❷**フリードリヒ2世とヴォルテール** フリードリヒ2世は、軍隊・官僚制を整備してプロイセンを強国に導いた。また、啓蒙思想家のヴォルテール(➲P.233)らと親交を持った。

読み解き フリードリヒ2世の「啓蒙的」な部分と「専制的」な部分は反マキァヴェリ論のどのようなところに現れているだろう。

文献① フリードリヒ2世が王太子時代に書いた『反マキァヴェリ論』

君主たちは、人類の破滅に繋がりかねないものを回避するとともに、人類の幸福に繋がる可能性を持った一切のものを、一身よりも、選好しなければならないからである。……我々が述べたばかりの防衛戦と同じくらい正当な攻撃戦がある。それは予防戦であり、ヨーロッパの最強国の過剰な栄光が溢れかえってしまいそうだと思えるとき、そしてその栄光が世界を飲み込んでしまう恐れがあるとき、君主たちにとっては、予防戦を考えることが懸命である。……彼ら[君主たち]は、臣民をけっしてみずからの奴隷とみなしてはならない。彼らを、みずからの同輩と見なければならないし、ある意味では、みずからの主人と見なければならないのである。　(フリードリヒ2世著、大津真作監訳『反マキアヴェッリ論』京都大学学術出版会)

解説 ユンカー

プロイセンの地主貴族を示す通称。16世紀以降には、エルベ川以東で農場領主制(グーツヘルシャフト)が発展し、領主は農民を再び農奴化させ(再版農奴制)、賦役労働でつくらせた穀物を西ヨーロッパに輸出して利益を得た。➲P.205

オーストリア

ヴェルサイユ宮殿蔵

→❸**マリア＝テレジアとその家族** マリア＝テレジアは、夫・長男との共同統治もふくめて40年以上オーストリアを支配した。家庭では16人の子に恵まれた母親でもあり、末娘のフランス王妃マリ＝アントワネットの行く末を案じながら亡くなった。長男のヨーゼフ2世は農奴解放令や宗教寛容令など啓蒙主義的改革を行ったが、貴族などの反発を受けて挫折した。

↓❹**シェーンブルン宮殿**(オーストリア) ハプスブルク家がウィーンに建てた宮殿。外観はバロック式だが、内部はロココ風の装飾である。オーストリア生まれの音楽家モーツァルトは、6歳から演奏旅行を開始し、この宮殿において、マリア＝テレジアの前で演奏会を行った。

↓❺**双頭の鷲** ローマ帝国の権威を象徴する双頭の鷲は、神聖ローマ帝国やハプスブルク家のもとでも用いられた。➲P.149

歴史のスパイス マリア＝テレジアは「女帝」と呼ばれるが、ハプスブルク家のオーストリア大公位を継いだだけで、神聖ローマ皇帝位にはついていない。

2 プロイセン・オーストリアの対立

オーストリア継承戦争(1740～48)

原因 マリア＝テレジアのハプスブルク家領相続

スペイン　フランス　プロイセン
バイエルン選帝侯・ザクセン選帝侯
↕
オーストリア(ハプスブルク家) ― イギリス

結果 **アーヘンの和約**(1748)　― は同盟関係
①オーストリアはプロイセンに**シュレジエンを割譲**
②各国は国事勅書(プラグマティッシェ＝ザンクツィオン)を確認＝マリア＝テレジアの相続を承認

七年戦争(1756～63)

原因 シュレジエンの領有をめぐる争い

プロイセン ― イギリス
↕
オーストリア(ハプスブルク家)
外交革命　1762年脱落
スペイン　フランス　スウェーデン　ロシア

結果 **フベルトゥスブルク条約**(1763)
①プロイセンのシュレジエン領有を再確認

① 七年戦争では、**プロイセンへの対抗からオーストリアがフランスと同盟**し、海外植民地をめぐる対立からイギリスが対フランスの立場で参戦した。

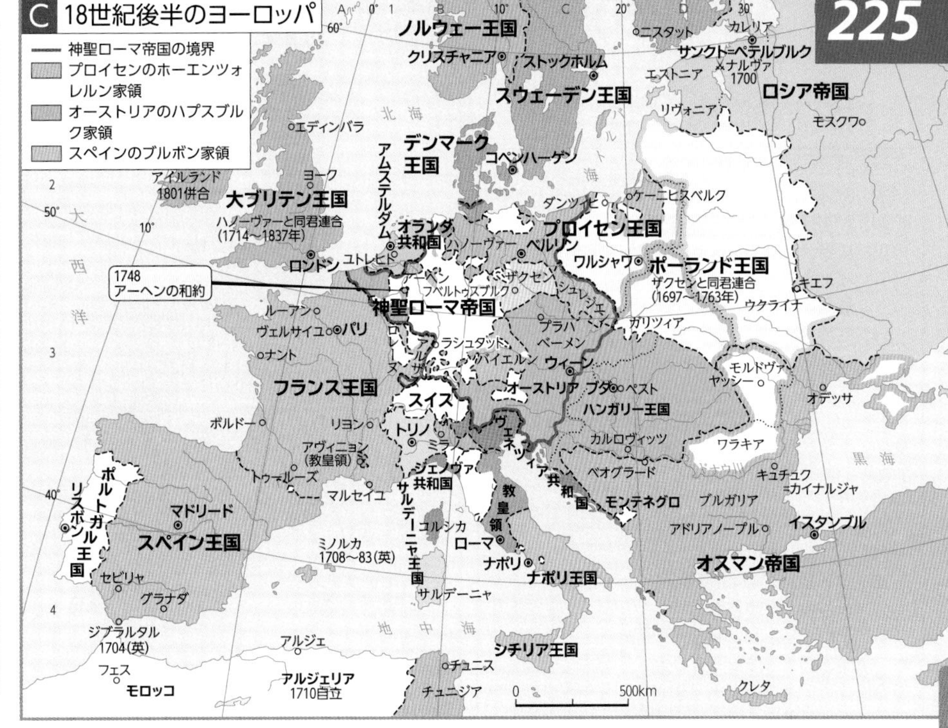

① プロイセンとロシアが戦争やポーランド分割で領土を拡大し、オスマン帝国からハンガリーなどを獲得したオーストリア(ハプスブルク家)、イギリス、フランスなどと並んで大国となった。

3 ポーランドの歴史 P.148

1572 ヤゲウォ朝断絶→選挙王制
農場領主制(P.205)**の拡大**により、西ヨーロッパへの穀物供給地として従属的地位へ
1772 **第1回ポーランド分割**
1793 **第2回ポーランド分割**
1794 **コシューシコの蜂起**
1795 **第3回ポーランド分割**
→ポーランド王国消滅
1807 ワルシャワ大公国(～15、ナポレオン支配下)
1815 ポーランド立憲王国→ロシア皇帝がポーランド王を兼ねる(事実上ロシアの支配)
1830 **ポーランド独立運動**(～31)
1863 **ポーランド独立運動**(一月蜂起)(～64)
→ロシアにより鎮圧
1918 独立(ポーランド共和国)

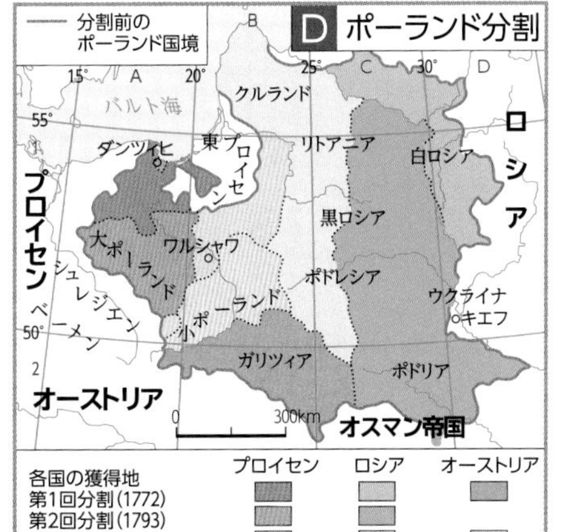

各回の参加者
第1回
墺 ヨーゼフ2世
普 フリードリヒ2世
露 エカチェリーナ2世

第2回
普 フリードリヒ＝ヴィルヘルム2世
露 エカチェリーナ2世

第3回
墺 フランツ2世
普 フリードリヒ＝ヴィルヘルム2世
露 エカチェリーナ2世

祖国の消滅を見た軍人
コシューシコ
(コシチューシコ)(1746～1817)

ポーランドの軍人で、**義勇兵としてアメリカ独立戦争に参加**した。帰国後、第2回・第3回ポーランド分割でロシアと戦ったが、結局敗北し、捕虜となった。

資料から読み解く ポーランド分割

読み解き
1 ポーランドでは、王権と身分制議会のどちらにより強い権限が与えられていただろう。
2 大国にもかかわらず、ポーランドはなぜ周辺諸国の介入に対して対抗できなかったのだろう。

←❻**ポーランドの議会** ヤゲウォ朝断絶後は地方貴族(シュラフタ)が身分制議会を掌握し、選挙で国王を決定した(選挙王制)。しかし、自由拒否権*によって議会政治が機能せず、国王候補に諸外国の君主が選出されることさえあった。

↑❼**ポーランド分割の風刺画**(「国王たちの菓子」) **フリードリヒ2世**はポーランドの改革の動きを阻止し、**エカチェリーナ2世**にポーランド分割を提案した。ロシアは当初ポーランドの保護国化を考えていたが、バルカン半島の状況を有利に運ぶため、プロイセン・オーストリアと同盟し、第1回分割を行った。

文献 2 エカチェリーナ2世、マリア＝テレジア、フリードリヒ2世の宣言(1772)

……(われわれがとった)これらすべての方策が自由で合法的な国王選挙の実施と現国王スタニスワフ・アウグストの選出とを可能にし、また同様に有益ないくつかの改革をもたらした。すべてが、ポーランドとその隣国に将来の恒久的な平和を約束しているかに見えた。しかし、残念ながら、……反目の精神が国民の一部をとらえ、このすべての期待を一瞬にして破壊した。……(われわれは、)現在、この国が荒廃し解体することを防ぐために努力しているが、……同時に共和国のいくつかの領土に対して厳粛な権利を持っている。それらを疎かにして事態の推移に任せることはできない。ゆえに、共和国のそうした領土に対する自分たちの古い権利と正当な権限とを表明することで合意し、決定した。

(歴史学研究会編『世界史史料6』岩波書店)

*議員が一人でも拒否すれば審議を停止させられる権限

ロシアの発展

1 ロシアの動向 ➡P.149 ➡P.258

イヴァン3世(位1462〜1505)
1480 キプチャク＝ハン国から独立

イヴァン4世(雷帝)(位1533〜84)
●**正式にツァーリの称号使用**、農奴制強化
1581 **イェルマーク**(コサックの首長)、**シベリア遠征開始**(シビル＝ハン国征服)

1613 **ミハイル＝ロマノフ** 即位(〜45)
ロマノフ朝(1613〜1917)
1670 **ステンカ＝ラージンの乱**(〜71)

ピョートル1世(大帝)(位1682〜1725)
1689 **ネルチンスク条約**(対清) 1696 アゾフ占領
1700 **北方戦争**(対スウェーデン、〜21)
1703 **サンクト＝ペテルブルク建設開始**
●**西欧の技術・制度導入**
1721 ニスタット条約
1725 **ベーリング**の北太平洋探検(〜30)
1727 **キャフタ条約**(対清)

エカチェリーナ2世(位1762〜96)
1772 **第1回ポーランド分割** ●**啓蒙専制君主**
1773 **プガチョフの乱**(〜75)→農奴制強化
1780 アメリカ独立戦争で**武装中立同盟**提唱➡P.241
1783 クリム＝ハン国(クリミア半島)併合
1792 **ラクスマン**、根室に来航➡P.48
1793 **第2回ポーランド分割**
1795 **第3回ポーランド分割**(ポーランド消滅)

←❶**ピョートル1世**(1672〜1725) 10歳で即位。戦争ごっこを好み、成人してからも、自ら砲手としてアゾフ遠征に加わった。1697年にはオランダやイギリスへの使節団の一員となり、オランダの造船所で自らハンマーをふるったという。北方戦争中にバルト海への出口を確保した彼は、1703年、サンクト＝ペテルブルクの建設を開始し、1712年にモスクワから遷都した。

読み解き ピョートル1世は、なぜモスクワから自然環境が厳しいサンクト＝ペテルブルクに遷都したのだろう。同時代のイタリア人旅行者の言葉「この大きな窓は最近北方に開かれ、それを通してロシアはヨーロッパを見るのである」を参考に考えてみよう。

2 ロシアの拡大

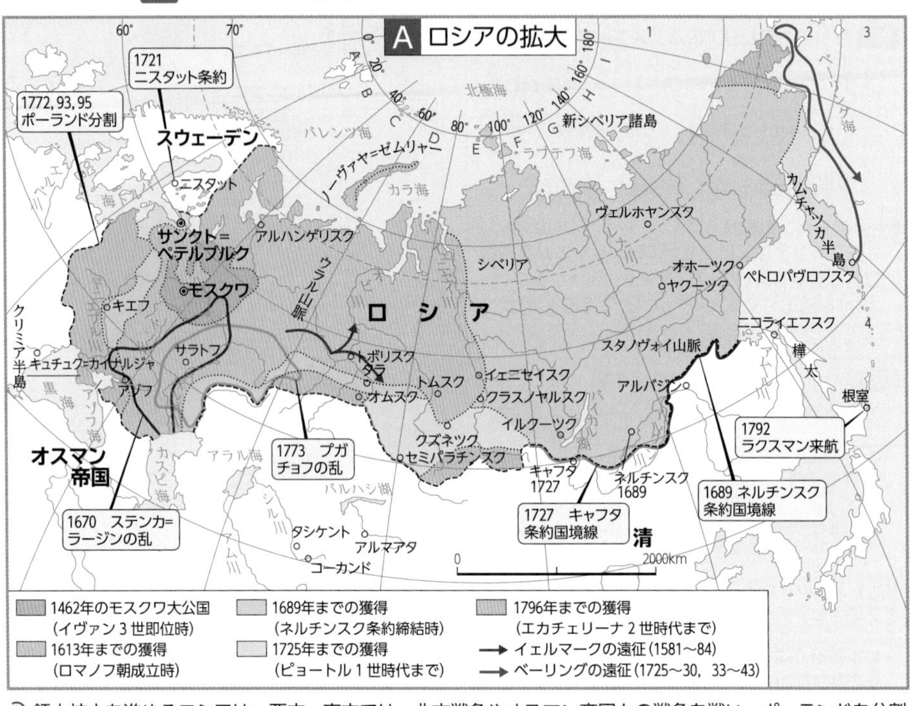

① 領土拡大を進めるロシアは、西方・南方では、北方戦争やオスマン帝国との戦争を戦い、ポーランドを分割する一方、東方では、中国との間に国境・通商条約を締結し、アラスカを領有した。

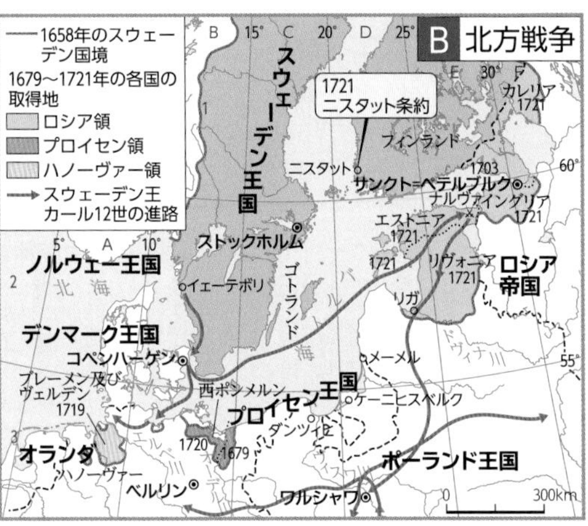

① ピョートル1世とスウェーデンのカール12世は**バルト海をめぐり対立**し、**ニスタット条約**でロシアがバルト海沿岸に領土を得る一方、スウェーデンはフィンランドを回復した。

Column 「ウクライナ」の語源

ウクライナの語源はウクライナ史の学説では単に「国」を意味する普通名詞とされている。一方、ロシア史の学説ではウクライナは「辺境地帯」を意味し、16世紀になると、特定の地域をさす言葉となり、ドニエプル両岸のコサック地帯をさすようになった。コサック*の中にはポーランドやリトアニアとも関係を持つ者が現れ、キリスト教諸国とイスラーム諸王朝との境界線に位置する一つの政治・軍事勢力として独立した地位を確立した。18世紀末からのポーランド分割(➡P.225)以降、ウクライナの大半がロシア領になると、ロシア帝国の公式文書では「小ロシア」と呼ばれるようになった。

＊コサック…15世紀頃からウクライナや南ロシアに存在した自治的な武装組織。

都市名の変遷

サンクト＝ペテルブルク
1703 ピョートル1世が建設
↓
ペトログラード
1914 ロシア語表記に改める
↓
レニングラード
1924 レーニンの死後改名
↓
サンクト＝ペテルブルク
1991 ソ連崩壊で旧名復活

読み解き 1914年にロシア語表記になったのはなぜだろう。

❷**エルミタージュ宮殿**(サンクト＝ペテルブルク) 世界遺産

➔❸**エカチェリーナ2世** ドイツからピョートル3世に嫁ぎ、宮廷クーデタにより帝位についた。ヴォルテールと文通し、**啓蒙専制君主**として法典の編纂などを行ったが、**プガチョフの乱以後は農奴制を強化**した。対外的にはアラスカや千島に進出し、**日本にラクスマンを派遣**した。➡P.48

文献 ① プガチョフの布告(1773)

余の尊顔を姿を拝し、……余を信じる者たちに、余は、土地、水、漁、草刈、耕地、森、火薬、金、弾丸、パン、塩などを与えよう。貴族、将軍、士官など服従せず、抵抗する者の首をはね、領地を奪え。やつらを迎え撃て、首をはねよ、財産あらば皇帝に差し出すように。荷車と馬と武器は皇帝に渡すように。他の家財道具は軍人に与えよ。かつてやつらはあなたがたを食いつくし、わが民の意志と自由を奪った。今度はあなたがたが、服従しないやつらの首をはねるのだ。服従する者は敵ではない、彼らにはかまうな。余を認め、余にしたがう者は、軍務を果たすがよい。敵こそを死刑にしようぞ。苦労を厭うな。信じよ、余こそはピョートル＝フョードロヴィチなり。

(アレクサンドル＝ダニロフ他著、吉田修一他監修『ロシアの歴史(上)』明石書店)

読み解き プガチョフはどのような者たちを「敵」とみなしているだろう。

歴史のスパイス エカチェリーナ2世には多くの愛人がおり(ポーランド王スタニスワフ2世もその一人)、孫のニコライ1世からは「玉座の上の娼婦」と酷評されている。

イギリス憲政の発展

➲P.220　➲P.250

ステュアート朝

王権と議会の対立

1603　スコットランド王ジェームズ6世がイギリス王ジェームズ1世として即位→同君連合

ジェームズ1世(位1603〜25)

●王権神授説を唱え、専制政治→議会と対立

チャールズ1世(位1625〜49、刑死)

1628　議会招集、権利の請願可決
1629　議会解散(〜40、無議会時代)
1637　**スコットランドに国教強制**→反乱
1640　議会を招集→議会、対スコットランド戦の臨時課税に反対→解散(短期議会、4.13〜5.5)
→11.3　議会を再招集(長期議会、〜53)

内乱

1642　アイルランドのカトリック反乱(41)を機にイギリス内乱開始＝ピューリタン革命(〜49)*
●**クロムウェル**の「**鉄騎隊**」活躍　*1640〜60年とすることもある
1645　ネーズビーの戦い
1647　国王の処置をめぐり議会内で対立
1648　クロムウェル、議会から長老派議員追放

共和政

1649　**チャールズ1世処刑**　**水平派の反乱鎮圧**
共和政宣言　アイルランド征服
1650　チャールズ王子、スコットランド上陸
クロムウェル、スコットランド征服(51)
1651　**航海法**発布
1652　**イギリス＝オランダ(英蘭)戦争**(〜54)
1653　長期議会解散
クロムウェル、**護国卿**に就任→軍事独裁
1658　クロムウェル没
1660　ブレダ宣言でチャールズ王子が議会と和解

王政復古

チャールズ2世(位1660〜85)　**王政復古**

1665　第2次イギリス＝オランダ戦争(〜67)
1672　第3次イギリス＝オランダ戦争(〜74)
1673　**審査法**制定…公職は国教徒に限定
1679　**人身保護法**制定…不当逮捕を禁止
●王位継承排除法案をめぐる対立抗争の過程で**ホイッグ・トーリ**両党成立

ジェームズ2世(位1685〜88)

●カトリック復活を企て、議会と対立

議会主権の確立

1688　王子が誕生したため、議会はプロテスタントのメアリと夫のウィレムを招請→ジェームズ2世はフランスに亡命→**名誉革命**(1688〜89)
1689　**ウィリアム3世・メアリ2世**(共同統治)が**権利の章典**制定
→その後も名誉革命の反革命勢力はスコットランドやアイルランドを中心に活動(ジャコバイト)
1694　イングランド銀行設立

アン女王(位1702〜14)

1707　**大ブリテン王国**成立(スコットランドと合同)

ハノーヴァー朝

ジョージ1世(位1714〜27)

1721　**ウォルポール内閣**(〜42)
責任内閣制成立＝「国王は君臨すれども統治せず」

17世紀のイギリス史のポイント

ピューリタン革命期の出来事は、ブリテン諸島における複合国家(➲P.218)の内戦(内乱)という視点で、「三王国戦争」とも呼ばれる。

1王3議会*の時代

国王　―無視→　イングランド議会
王党派　←-反発--　議会派
※王党派と議会派の違いは信教と国家観による

*三王国はそれぞれ別々の議会を持っていた。

↓

権利の請願(議会の同意なき課税は不可)
スコットランドの反乱

↓

ピューリタン革命

→❶**クロムウェル**
(1599〜1658)

クロムウェルの独裁政治
(無王1議会*の時代)

●ジェントリ出身
→ピューリタン中産階級の利益優先
●立憲王政を主張する長老派をおさえる
→**スコットランド征服**
●普通選挙を求める動きを封じる
→水平派の弾圧
●王党派をおさえる
→**アイルランド征服**
●イギリスの商工業を発展させる
→**航海法、オランダとの戦争**

*共和政となり三王国の議会が一つに統合された。

↓

王政復古と名誉革命
(1王3議会の復活)

チャールズ2世即位
●親カトリック・親フランスだが、**議会・国教会を尊重**
●王位継承をめぐる議論から、**トーリ・ホイッグ両党成立**
↓
ジェームズ2世即位
●親カトリック・親フランスで、**議会・国教会を軽視**
→議会は一致してオランダから新国王招聘

↓

オランダと同君連合になる

読み解き 1707年の大ブリテン王国の成立によって、イギリスはいくつの議会を持つことになっただろう。

A ピューリタン革命

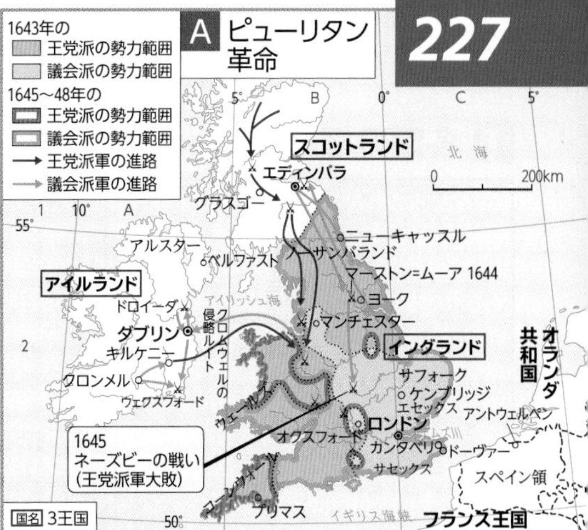

↓ⓐ王党派と議会派

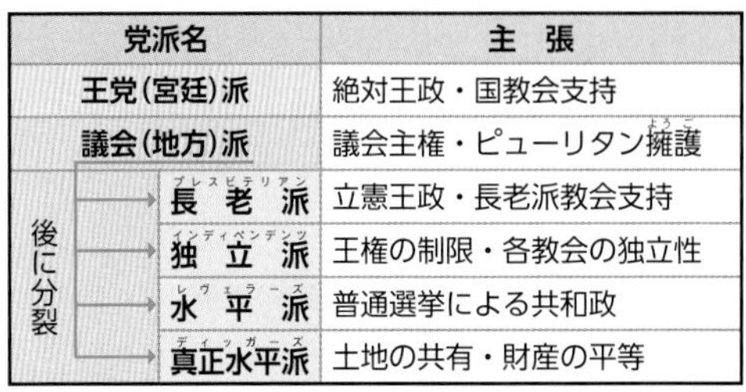

党派名		主　張
王党(宮廷)派		絶対王政・国教会支持
議会(地方)派		議会主権・ピューリタン擁護
後に分裂	長老派	立憲王政・長老派教会支持
	独立派	王権の制限・各教会の独立性
	水平派	普通選挙による共和政
	真正水平派	土地の共有・財産の平等

17世紀のイギリス史と国際関係

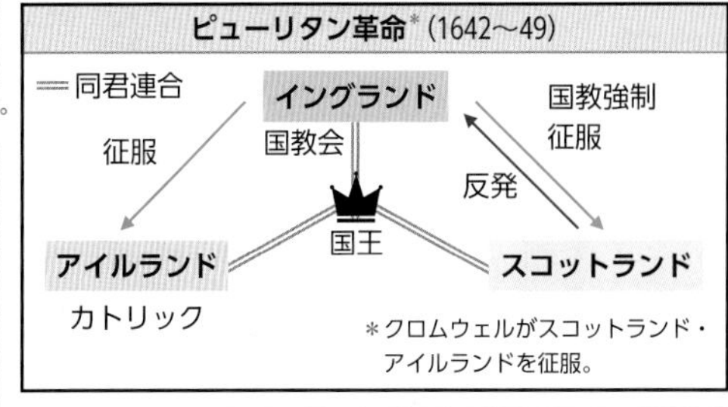

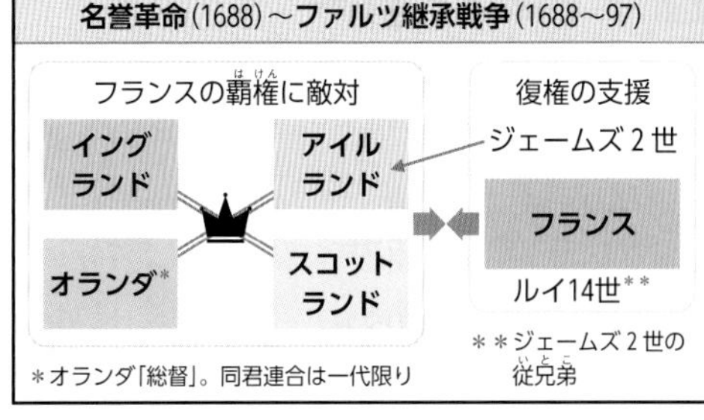

→❸**ジョージ1世**(左)と❹**ウォルポール**(1676〜1745)(右)　英語が苦手で政務を大臣に任せがちな王に代わり、ウォルポールのもとで**責任内閣制**の基礎が築かれた。

ⓑイギリス国旗の由来

読み解き 現在のイギリス国旗のデザインは、どのようにしてできたのだろう。

資料から読み解く「権利の章典」

❷新国王メアリ2世(ジェームズ2世の娘)と夫のウィリアム3世(オランダ総督)

読み解き 国王が議会から提出された「権利の宣言」を認めたことで、国王と議会の関係はどうなったと考えられるだろう。

文献①　権利の章典(1689*)

このようにして前記の僧俗の貴族および庶民は、……彼らの古来の権利および自由を擁護しかつ主張するため、次のように宣示する。
1．国会の承諾なしで、王権により、法律の施行を停止する虚構の権限は違法である。
4．国会の許与なく大権を名として、国会によって許与された、もしくは許与されるべき時期よりも長く、またはこの場合と異なる方法で、国王の使用に供するため金銭を徴収することは違法である。
6．国会の承諾をもってするのでなければ、平時に王国内で常備軍を徴集し、または維持することは法に反することである。(『西洋史料集成』平凡社)

*議会の提出した「権利の宣言」を受け翌年発布

ヨーロッパ

1 各国の植民活動 ➲P.204

南北アメリカ進出 ➲P.240

	1500	ポ **カブラル**がブラジルに漂着
スペイン	1521	西 アステカ王国を滅ぼす
スペイン	1533	西 インカ帝国を滅ぼす
スペイン	1545	西 **ポトシ銀山**採掘開始
イギリス・フランス	1607	英 **ヴァージニア**植民地
イギリス・フランス	1608	仏 ケベック植民地
イギリス・フランス	1620	英 **ニューイングランド**植民地
イギリス・フランス	1621	蘭 西インド会社設立
イギリス・フランス	1625	蘭 **ニューアムステルダム**植民地
イギリス・フランス		**イギリス＝オランダ(英蘭)戦争**(1652～74、3回) 英が奪う
イギリス・フランス	1664	英 **ニューヨーク**と改名
イギリス・フランス	1664	仏 西インド会社設立
イギリス・フランス	1682	仏 **ルイジアナ**植民地
第2次英仏百年戦争	1713	英 **ユトレヒト条約**でスペイン領における特権得る
第2次英仏百年戦争	1763	**パリ条約**→フランスの大陸植民地はほとんどなくなる

アジア進出 ➲P.270, 272, 274

ポルトガル	1505	ポ セイロン占領
ポルトガル	1510	ポ **ゴア**占領
ポルトガル	1511	ポ **マラッカ**占領、モルッカ諸島到達
ポルトガル	1517	ポ 広州で中国と通商
ポルトガル	1550	ポ 平戸で通商(→1571、長崎で通商開始)
ポルトガル	1557	ポ **マカオ**に居住権
スペイン	1571	西 **マニラ**占領
スペイン	1580	ポ スペインに併合される
スペイン	1581	西 オランダの独立宣言
スペイン	1588	西 無敵艦隊の敗北
オランダ	1595	蘭 東インドに商船派遣
オランダ	1602	蘭 **東インド会社**設立
オランダ	1605	蘭 アンボイナ島占領
オランダ	1609	蘭 平戸に商館設置
オランダ	1619	蘭 バタヴィアに商館設置
オランダ	1623	蘭 **アンボイナ事件**
オランダ	1624	蘭 台湾にゼーランディア城建設
オランダ	1641	蘭 ポルトガルからマラッカを奪う
オランダ	1652	蘭 **ケープ植民地**建設
オランダ	1658	蘭 セイロン占領

●オランダ領東インドの基礎

イギリス・フランス	1600	英 **東インド会社**設立
イギリス・フランス	1604	仏 東インド会社設立
イギリス・フランス	1613	英 平戸に商館設置
イギリス・フランス	1640	英 **マドラス**に要塞建設
イギリス・フランス	1661	英 ポルトガルから**ボンベイ**を得る
イギリス・フランス	1664	仏 東インド会社再興
イギリス・フランス	1665	仏 財務総監にコルベール
イギリス・フランス	1673	仏 **シャンデルナゴル**獲得
イギリス・フランス	1674	仏 **ポンディシェリ**獲得
イギリス・フランス	1690	英 **カルカッタ**に商館建設
イギリス・フランス	1744～61	英 カーナティック戦争(3回)
イギリス・フランス	1757	英 **プラッシーの戦い**でフランスに勝利(クライヴの指揮)

ポ ポルトガル
アジア以外での出来事

パリ国立図書館蔵

↑❶**カピタン飲宴図** 長崎出島の管理は厳しく、日本人・オランダ人の自由な出入りは禁じられていた。ただし、遊女などは出島に入ることが許可された。

↓ⓐ**海上権の推移**

中核国家	状況
16世紀前半 **ポルトガル**	**アジア貿易参入**で台頭 スペインに併合され衰退
16世紀後半 **スペイン**	アメリカ大陸の開発と重金主義的政策で台頭 **オランダ独立で衰退**
17世紀前半 **オランダ**	ポルトガルに代わってアジア交易で優位に立つ **対日貿易の「独占」**
18世紀半ばまで **英仏の抗争**	東南アジアではオランダの優位が継続 **北米・インドで英仏対立**
18世紀後半 **イギリス**	イギリスは**産業革命**へ フランスは**市民革命**へ

2 オランダと日本

チェック オランダの覇権の背景

① **毛織物業**・造船業、バルト海貿易
② **アムステルダムの金融**
③ **モルッカ・マラッカ**の支配、**香辛料貿易**
④ 長崎を通じた**日本との交易**(1649年にはオランダ東インド会社の売上の約40%を占めた)

↓ⓑ**17世紀半ばのオランダの貿易**

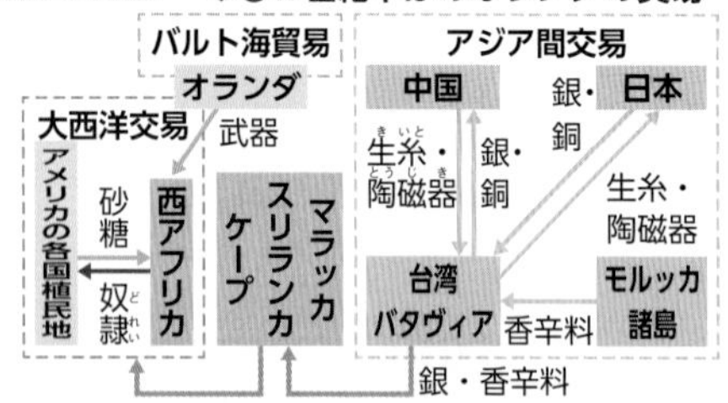

↑❷**VOC(オランダ東インド会社の社章)入りの伊万里焼** 東インド会社が輸入用につくらせたもの。

←❸**コルネリア** バタヴィア・平戸・長崎では、オランダ人と日本人の婚姻が相次いだ。コルネリアの父は平戸の東インド会社商館長、母は日本人であり、同社上級商務員の男性と結婚してバタヴィアで暮らした。

資料から読み解く 日本の「鎖国」化

1604	糸割符制度開始
1609	平戸にオランダ商館開設
1612	天領に禁教令(1613に全国へ)
1613	イギリスが平戸に商館開設(～23)
1624	スペイン船の来航禁止
1629	長崎で踏絵を開始
1633	奉書船以外の渡航禁止
1634	長崎に出島を築く(完成は1636)
1635	日本人の渡航と帰国を全面禁止 外国船の渡来を出島に制限
1637	島原・天草一揆
1639	ポルトガル船の来航を禁止
1641	オランダ商館を出島へ移転

読み解き

1 文献①中の下線部(「皇帝」)は誰のことだろうか。具体的に答えよう。
2 文献①では、天皇ではなく将軍を「皇帝」と表現している。理由・背景を考えよう。
3 オランダが対日貿易を「独占」する過程について、日本の宗教政策との関係から整理してみよう。

文献① 平戸オランダ商館長の日記(1641年5月)

[老中からオランダ商館員への伝達] 「……貴下の船が、マカオ及びマニラから当地に至る間の航路、または沿岸附近で、宣教師を当地に上陸させる目的の、ポルトガルまたはスペインのガレオット船に出逢った場合は、これを敵として攻撃し、占拠し、日本に連れて来てよい。……」
[商館員の返答] 「……我々が平戸から引揚げ、長崎に移らねばならない、という皇帝の命令には、速やかに従うつもりである。また我々の船が、ポルトガル、スペインのガレオット船に出逢った場合には、皇帝の命令に従う用意がある。」 (永積洋子訳『平戸オランダ商館の日記4輯』岩波書店)

歴史のスパイス フランスのルイジアナ植民地はルイ14世にちなんで名づけられた。

3 海外進出の動向

A 17世紀中頃の北米の植民地

ヨーロッパ	ファルツ(継承)戦争 1688～97	スペイン継承戦争 1701～13	オーストリア継承戦争 1740～48	七年戦争 1756～63
	ライスワイク条約 1697	**ユトレヒト条約** 1713	アーヘンの和約 1748	**パリ条約** 1763
北米植民地	ウィリアム王戦争 1689～97	アン女王戦争 1702～13	ジョージ王戦争* 1744～48	フレンチ＝インディアン戦争** 1755～63

インドでは、カーナティック戦争(*)、プラッシーの戦い(**)が起こった。

読み解き

1 ユトレヒト条約とパリ条約で、最も大きな植民地の変動があった大陸はどこだろう。

2 第２次英仏百年戦争でイギリスが勝利を収めた背景の一つに、軍事費の調達方法がある。簡潔に説明してみよう。

←**ⓒ第２次英仏百年戦争** 英仏の対立はこの後もアメリカ独立戦争、ナポレオン戦争と続いた。

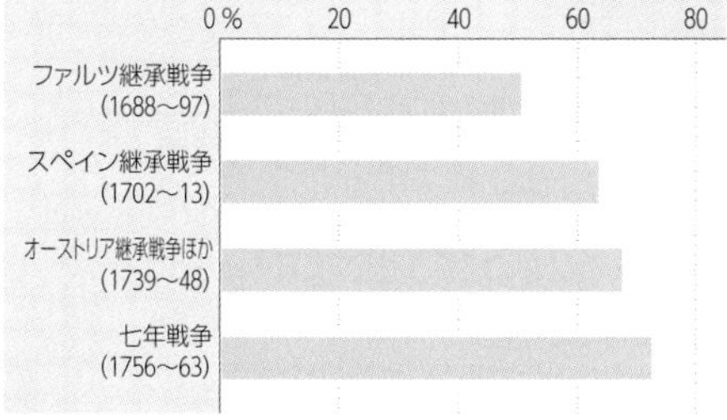

↑**ⓓ17～18世紀半ばのイギリスの主な戦争における国債支払額**(戦費に占める割合) イギリスでは議会政治の発達に伴って徴税効率も上昇し、国債の信用度も高まっていた。このようなシステムを財政軍事国家と呼ぶこともある。

B 18世紀中頃の世界

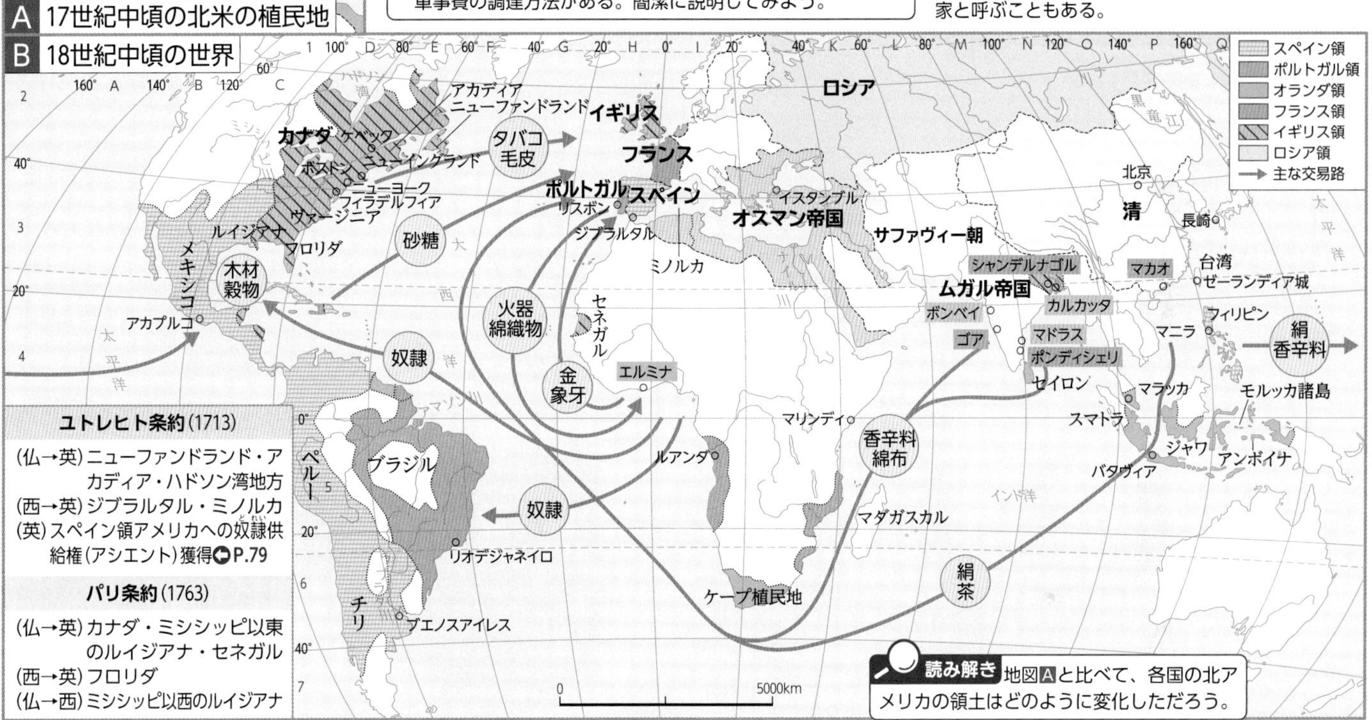

ユトレヒト条約(1713)
(仏→英)ニューファンドランド・アカディア・ハドソン湾地方
(西→英)ジブラルタル・ミノルカ
(英)スペイン領アメリカへの奴隷供給権(アシエント)獲得➡P.79

パリ条約(1763)
(仏→英)カナダ・ミシシッピ以東のルイジアナ・セネガル
(西→英)フロリダ
(仏→西)ミシシッピ以西のルイジアナ

読み解き 地図Aと比べて、各国の北アメリカの領土はどのように変化しただろう。

4 重商主義と東インド会社

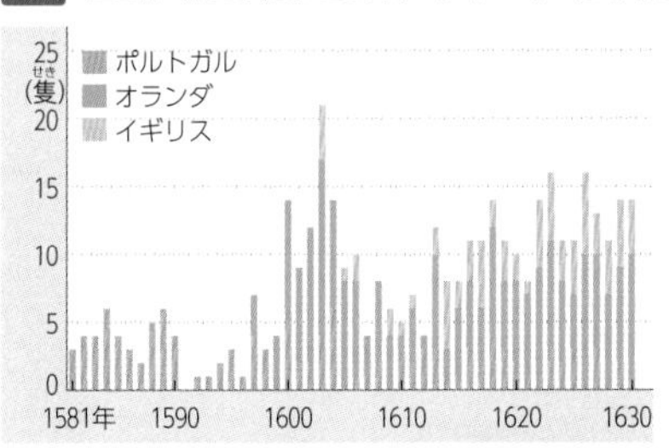

←**ⓔアジアからヨーロッパへの船舶数**(1581～1630) アジアの貿易網に早くから参入したスペイン・ポルトガルに代わって、**重商主義政策をとるイギリス・フランス・オランダ**が覇を競うようになった。

↓**ⓕ各国の東インド会社のヨーロッパでの販売額** ＊いずれもその後４年をふくむ数値

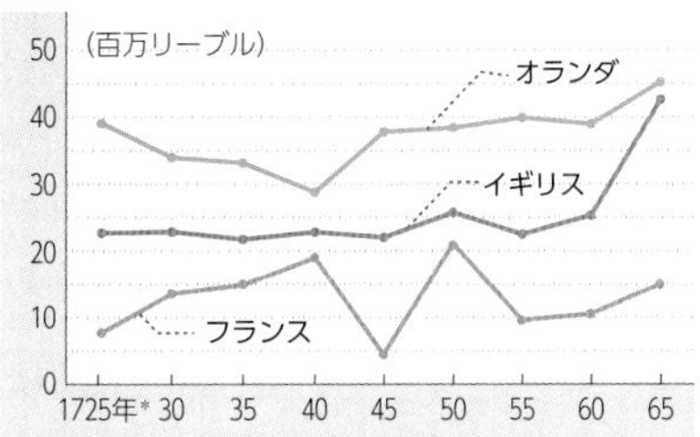

(百万リーブル) オランダ イギリス フランス
1725年* 30 35 40 45 50 55 60 65

→**④アンボイナ事件** 東インド会社が活動するところでは、相互対立も発生した。オランダ商館員がイギリス商館員を拷問したアンボイナ事件が典型である。以降、イギリスはインド経営に重点を置くようになった。

文献②コルベールの重商主義➡P.223

すべて貿易は国内製造工業manufacturesに役立つ商品の入国は(**ア**)し、(国外で)製造されて入国してくる商品には(**イ**)し、国内の工業製品の出国税を(**ウ**)ことが肝要であります。(1664年、国王あて建白書)

国家の偉大さと強さの優劣をつくりだすものは、ただ、国内における銀の豊富ということだけであります。たしかに、諸外国の消費に必要な国産品が毎年1,200～1,800萬リーヴル国外へ出ております。これこそわが王国の鉱山であり、その維持のために熱心に働かねばならないのであります。(1670年、国王あて建白書)

(綿引弘編『世界を変えた100通の手紙』日本実業出版社)

読み解き

1 空欄**ア**、**イ**に該当する語句は「課税」「免税」のどちらだろう。

2 空欄**ウ**に該当する語句は「軽減する」「増大させる」のどちらだろう。

3 コルベールの主張する重商主義政策の要点をまとめてみよう。

チェック 各国の東インド会社

- **イギリス**…1600年、エリザベス１世から独占権を与えられ発足。フランスに対抗してインド経営にあたり、次第に統治機関化。**インド大反乱中の1858年に解散**した。
- **オランダ**…1602年、６つの会社が連合して発足。世界初の株式会社形態と評価される。戦闘行為や条約締結の権限を持ち、**オランダ領東インド**の確立に寄与。1799年解散。
- **フランス**…1604年、アンリ４世が独占権を付与して発足するが、本格的な動きはルイ14世時代の財務総監**コルベールが会社を再興**して以降。イギリスに敗れてインド経営に失敗し、フランス革命中には消滅した。

歴史のスパイス オランダ領東インドからは、同じくオランダ植民地であったスリナム(ラテンアメリカ)にムスリム系労働力が送りこまれた。

1 イギリスの台頭

チェック イギリス台頭の背景

①軍事的な優位
- **イギリス＝オランダ(英蘭)戦争**(3回)と**第2次英仏百年戦争**に勝利

②貿易での優位
- 香辛料の価格下落(オランダの没落)
- **インド産綿織物に対する需要拡大**(インドを支配したイギリスに有利)

③財政的な優位
- **議会政治**の発達、**イングランド銀行**設立
→イギリス国債に対する信用が高い
- **イギリス東インド会社**への海外からの投資

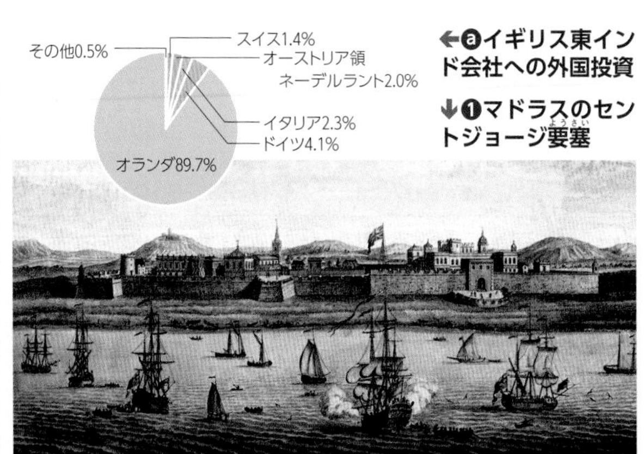

←ⓐ**イギリス東インド会社への外国投資**

↓❶**マドラスのセントジョージ要塞**

↑❷**プラッシーの戦い** 移動式の大砲を駆使するベンガル太守軍。

読み解き 太守軍を支援していた国はどこだろう。

2 大西洋三角貿易

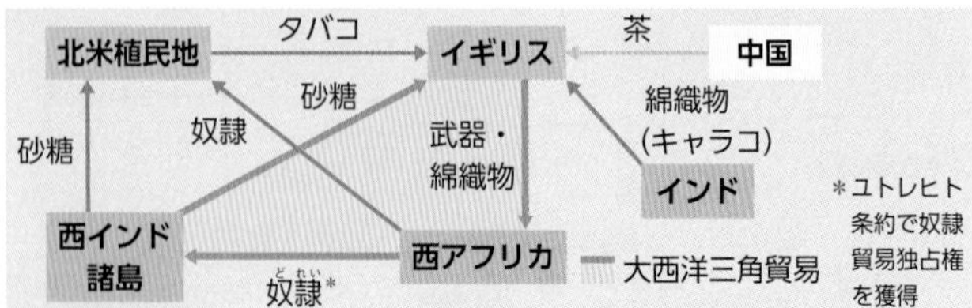

↑ⓑ**産業革命前のイギリスの貿易**

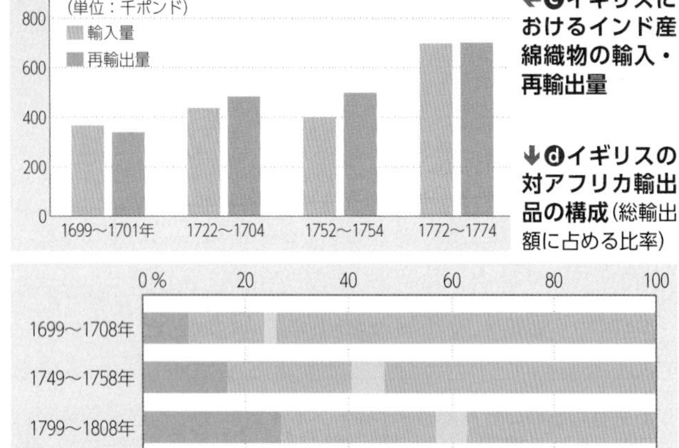

←ⓒ**イギリスにおけるインド産綿織物の輸入・再輸出量**

↓ⓓ**イギリスの対アフリカ輸出品の構成**(総輸出額に占める比率)

読み解き
1 インド産綿織物はなぜ再輸出が多かったのだろう。
2 大西洋三角貿易がイギリスの産業革命に与えた影響について、考えてみよう。

文献① 綿織物の国際商品化

アジアに進出したイギリス東インド会社の当初の目的は、香辛料に加えてインドで産出される綿織物や絹織物をヨーロッパに輸出することであ……る。ポメランツ[①]が述べているように、インドの綿製品は、「世界市場で交換できる最初の工業製品」であり、イギリスの職人たちが、インド産の綿織物をそっくりそのまま模倣できるようになる18世紀末まで、インド産の綿織物は、金や銀とならんで世界のどこでも通用する現金のような役割を果たしていた。……ポメランツは次のように述べている。「18世紀の世界を見回してみて、インドの繊維産業の影響を逃れた唯一の帝国は中国ぐらいであろう。東南アジアからアメリカに至るまで、労働者の誰もが作業着として、インドの安価な綿衣を着ていたし、インド産の綿織物と交換に連れてこられた奴隷たちもそれを着ていた。ヨーロッパ市場でも貴族がまとう美しく繊細な高級衣服から一般大衆の誰もが身に着けていた普段着にいたるまで、インド製の衣服であった。……」

①アメリカの歴史学者

(福田邦夫『貿易の世界史』筑摩書房)

資料から読み解く 茶・砂糖と奴隷貿易

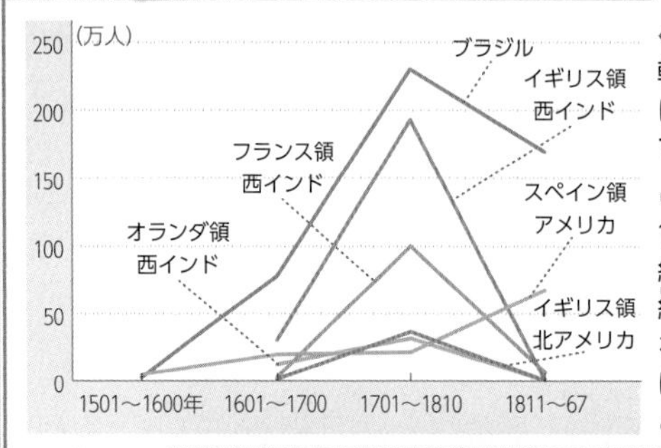

←ⓔ**奴隷貿易**(地域別奴隷輸入数) 奴隷貿易は18世紀に最盛期を迎えた。イギリスでは19世紀初頭に廃止された。

↓❸**ホガース「当世風結婚」** 18世紀にイギリスで描かれた絵。①はチョコレートを飲む紳士、②は砂糖入りの飲み物を差し出す黒人の召使い、③は黒人またはインド人の幼児とされる。

ロンドン・ナショナルギャラリー蔵、70.5×90.8cm

←❹**アフタヌーンティー** イギリスでは、輸入品で高価な砂糖入り紅茶を飲む習慣が貴族から広まり、優雅な「アフタヌーンティー」を主催して交流を深めた。

→❺**工場労働者の昼休み**(イギリス、19世紀後半) マンチェスター近郊で、女性労働者たちが紅茶を入れたポットを持って集まっている。労働者にとってエネルギーを補給する重要な時間であった。

読み解き
1 カリブ海やブラジルで奴隷輸入が増加した背景は何だろう。
2 ❸の絵の①～③の様子から、イギリスの植民地貿易の実態について考えてみよう。
3 イギリスの紅茶を飲む習慣は、貴族と労働者でどのように違っていただろう。

歴史のスパイス 中国から陸路でヨーロッパに伝わった茶は「チャ」「チャイ」と呼ばれ、海路で伝わった場合は「ティー」「テ」などと呼ばれる。

ヨーロッパの進出と奴隷貿易

チャレンジする前に！ 大西洋の奴隷貿易権はスペインから他の西欧諸国を経てイギリスに移り、多くの黒人がアフリカから流出した。奴隷貿易・奴隷制の廃止への道のりや、現代に残る影響について考えてみよう。

1 奴隷貿易の実態

A アフリカ大陸から各地に送られた奴隷

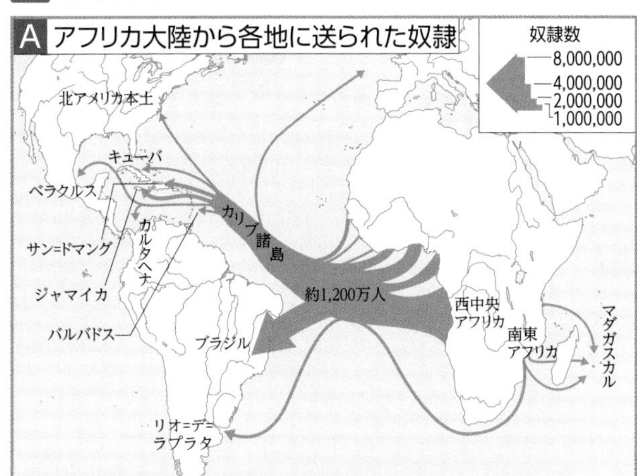

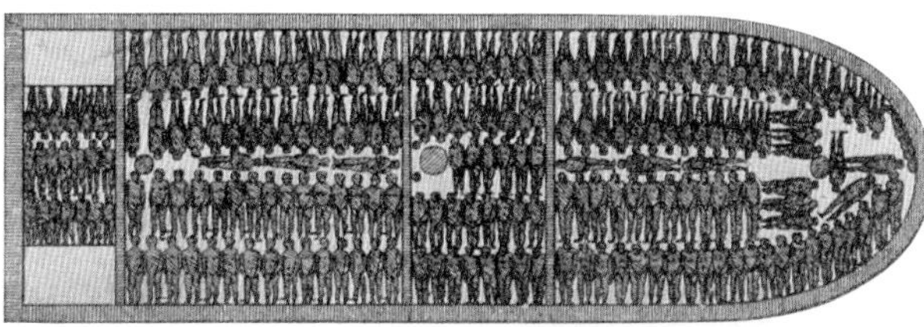

↑❶**奴隷船の「積み荷」** 大西洋を横断する三角貿易の航路は「中間航路」と呼ばれ、死亡率が高く、最も非人道的だった。奴隷船の多くは奴隷輸送専用につくられ、できるかぎり多く積みこめるように設計されていた。

➔❷**奴隷売買** 大西洋三角貿易の成立によって、アフリカは近代世界システムに組みこまれた。アフリカではヨーロッパ製品と引き換えに人間が商品として売買された。

文献 ① 奴隷輸送船の実態

奴隷船のことを、マーカス＝レディカー①は「移動する監獄」あるいは「浮かぶ牢獄」と言ったが、まさに言い得て妙である。奴隷船に囚われの身となった黒人たちは、毎日16時間あるいはそれ以上、身動きひとつできず板のうえに寝かされて、通常２カ月以上も大西洋上を航海するのである。奴隷たちには１日２回食事と水が与えられ、また生きながらえさせるために１日に１回は甲板上で音楽に合わせてダンスを踊らされた。赤痢や天然痘などの伝染病が流行しないよう、航海中何度か海水や酢、タバコの煙などによって洗浄された。「商品」である奴隷の死亡をできるかぎり少なくするという「経済効率」のためであった。

①アメリカの歴史学者（1951〜）　（布留川正博『奴隷船の世界史』岩波書店）

←❸**アミスタッド号事件** 1839年、スペインの奴隷船アミスタッド号で黒人の反乱が起こった。反乱者はアメリカでの裁判を経て、アフリカに戻ることができた。

読み解き イギリスで、奴隷制廃止よりも奴隷貿易の廃止が先行した理由は何だろう。

2 奴隷制の廃止

AM I NOT A MAN AND A BROTHER? ／ EAST INDIA SUGER not made by SLAVES

↑❹**奴隷制反対を訴えた絵**（左）と❺**グラス**（右）

読み解き

1. 東インド産の砂糖消費は推奨されているか、批判されているか。❹・❺を参考に、理由もふくめて考えよう。
2. イギリスの奴隷制廃止決議は、第１回選挙法改正の翌年である。誰がどのような理由で廃止に賛成したのか、P.250も参考に考えよう。
3. フランス人権宣言が奴隷制廃止に直結しなかった理由を、文献②を参考に考えよう。

奴隷制廃止の動き

1807〜08	イギリスとアメリカで**奴隷貿易の禁止**
1833	イギリス議会で**奴隷制廃止**の決議
1848	フランス第二共和政政府が奴隷制廃止
1860年代	ヨーロッパ・植民地のほとんどで奴隷売買禁止
1865	アメリカで憲法修正第13条（奴隷制廃止）➲P.262
1888	ブラジルで奴隷制廃止
1948	**世界人権宣言**第４条（奴隷売買と奴隷制廃止）

文献 ② フランス人権宣言と奴隷 ➲P.239

「人権宣言」はあくまで略称であって、正確には「人の権利と市民の権利の宣言」と訳すべきである。つまり、一方に「人の権利」があり、他方に「市民の権利」があり、両者の違いを明確にすることが重要なのである。……租税拠出やその使途方法を決定する権利、立法に参加する権利、公職に就く権利などは「市民の権利」であって、「人の権利」ではない。それでは誰が「市民の権利」を行使するのか。これについては人権宣言に明文規定がない。ただし、その審議過程でシエイエス［シェイエス］は、「少なくとも現状では、女性、子供、外国人、そして、公的施設の維持に何等貢献しえない者は、公的問題に何等能動的に影響力を行使すべきではない」と表明している。……人権宣言が採択されたとしても、黒人奴隷には何ら関係のないことであった。

（布留川正博『奴隷船の世界史』岩波書店）

3 現代とのつながり

↓ⓐ**奴隷貿易の影響**

イギリス	18世紀半ばに西インド諸島・西アフリカ・北米大陸に植民地帝国を形成。**大西洋三角貿易による莫大な利益が産業革命を支えた**。リヴァプールやブリストルは貿易港として発展した
北アメリカ植民地	植民地の商人が奴隷貿易に加わり、**タバコや綿花のプランテーションに奴隷を供給**した。ラム酒製造も行い、富を蓄積した
西インド諸島	砂糖などヨーロッパ諸国が必要とする農作物栽培を強制される**モノカルチャー経済が広まり、経済的にヨーロッパに従属した**
アフリカ	1,000万人以上の黒人が奴隷としてアメリカ大陸に送られたため、**人口が停滞し、貴重な労働力を失って大きな損害をこうむった**

➔❻ゴレ島の「奴隷の家」にある「帰らずの扉」

←❼**ゴレ島** セネガルの首都ダカールの沖合に浮かぶ島で、奴隷貿易の拠点となり、ヨーロッパ各国が奪い合った。「奴隷の家」の一角には"Door of No Return"と呼ばれる扉がある。ゴレ島は1980年に負の世界遺産に指定された。

まとめの考察

❶奴隷制がアフリカに残した「負の遺産」の例を考えてみよう。

❷現代世界において奴隷に類する境遇に置かれた人々の例をあげてみよう。

17～18世紀のヨーロッパ文化(1)

1 社会の変化と文化

チェック 近代と前近代の並存

- 17～18世紀のヨーロッパでは**自然科学**の発展の一方で、**魔女狩り**(➡P.217)がピークを迎えるなど、一種の「過渡期」であった
- 絶対王政を背景とする宮廷文化の残存
  - バロック(美術・音楽)
  - ロココ(美術)
  - 古典主義(フランスの演劇)
- 議会政治と工業化の早かったイギリス
  - ピューリタン文学
  - 風刺文学
  - 社会契約説
  - 経験論
  - 古典派経済学
- フランスでは旧式の価値観や体制に反発する方向性
  - 社会契約説
  - 大陸合理論
  - 啓蒙思想
  - 重農主義

科学革命

人物	生没年	国	業績
ガリレイ	1564～1642	伊	『天文対話』➡P.215
ケプラー	1571～1630	独	惑星運行の法則
ハーヴェー	1578～1657	英	血液循環の立証
ボイル	1626～91	英	ボイルの法則
ホイヘンス	1629～95	蘭	振り子時計
ニュートン	1642～1727	英	**万有引力の法則** 『プリンキピア』
フランクリン	1706～90	米	避雷針➡P.241
リンネ	1707～78	スウェーデン	植物の分類学
ビュフォン	1707～88	仏	『博物誌』
ラヴォワジェ	1743～94	仏	質量保存の法則
ヴォルタ	1745～1827	伊	電池の発明
ラプラース	1749～1827	仏	『天体力学』
ジェンナー	1749～1823	英	種痘法 ワクチンの先駆け

↑アリストテレスは「石が落下するのは、石の本来あるべき場所が地球の中心だから」と説明した。ニュートンの万有引力の法則は古代以来の思考回路を根本から覆し、文字通りの「革命」であった。

➔❶**牛痘の接種**(風刺画)
ジェンナーは、天然痘の予防に牛痘の接種が有効だと考え、8歳の少年に接種して証明した。

読み解き 19世紀初頭のヨーロッパ人は種痘法に対してどのように感じていただろう。風刺画に描かれた様子から考えてみよう。

文献 ① 啓蒙とは何か

「啓蒙」というのは英語のenlightenment、ドイツ語のAufklärungの訳語なのですが、この英語もドイツ語も「照らし出す」という意味であり、つまりは理性の光によって照らし出すということなのです。……ドイツ啓蒙思想を代表するカントがこの「啓蒙」という概念を定義してこう言っています。「啓蒙とはなにか。それは人間がみずから招いた未成年状態を脱け出すことである。未成年とは、他人の指導がなければ自分の理性を使うことのできない状態である」。つまり、神的理性の後見を排して、自立した人間理性が、これまで自分を支えてくれると思っていた宗教や、さらには形而上学をさえ迷蒙と断じて、その蒙(くらがり・無知)を啓き、それを批判する理性になるということです。
(木田元『反哲学入門』新潮社)

2 17～18世紀の文化の流れ ➡P.210 ➡P.264

(1600 / 1700 / 1800)

12世紀ルネサンス → イタリア＝ルネサンスと宗教改革 →

美術
- **バロック美術** 絶対王政と結合して国家の威信を高める役割も果たした。明と暗など異なる要素を組み合わせることで、力強さ・豪華さ・劇的表現を実現した。カトリック国家のスペインでは対抗宗教改革との結合もみられた
- **ロココ美術** ルイ15世時代のフランスに現れた。洗練された貴族的優美さを特質とし、明確な輪郭よりも流麗な構図、色彩の対比よりも響き合いを多用した

文学
- **ピューリタン文学** 17世紀後半のイギリスに生まれ、ピューリタンの信仰や生き方・心情を主張。ミルトンやバンヤンのように、イギリス革命に関わった文筆家もいた
- **古典主義文学** 絶対王政は国民文学の確立にも影響した。古代ギリシア・ローマ文化の模倣を基調とする宮廷演劇はルイ14世時代に典型的に現れた。イギリスでは早くから上層市民のための演劇がみられる
- **風刺文学** イギリスの海外進出と議会政治の発達を背景とする。スウィフトは架空の国々を、デフォーは無人島への訪問を題材に、社会の現状を鋭く風刺した

音楽
- **バロック音楽** 宮廷や教会による保護のもとで、壮麗・荘厳な音楽が発展。ソリストと合奏など異なる要素を組み合わせることで、協奏曲やフーガの形式が発達した
- **古典音楽** ソナタ形式や交響曲など近代音楽の基礎様式が確立。旋律美は一般市民に訴える力を持ち、ロマン派音楽への橋渡しにもなった

政治・社会
- イギリス議会政治の発展→議会主権→「君臨すれども統治せず」 / 産業革命へ
- スペイン絶対王政 / オランダの独立と繁栄/三十年戦争 / 第2次英仏百年戦争
- ルイ13世 / ルイ14世(絶対王政の全盛期) / ルイ15世 / ルイ16世(革命勃発)

封建国家と荘園制 → 主権国家と絶対主義の芽生え →

政治思想
- **王権神授説** 王の権力は神に由来するとして、教会・神聖ローマ皇帝・国内諸侯に対抗する理論的武器となった
- **自然法思想** いわゆる基本的人権のように、人間が生まれながらに持っている権利を重視する考え方。王権の恣意的統治に対抗する論拠となった
- **社会契約説** 社会規範や国家権力を、自然権を持ちそれを守るための人民相互の契約という観点から説明。民主主義的とは限らない
- **啓蒙思想** 根拠のない権威や無意味な慣習を否定し、合理的説明によって一般市民を教化しようとする思想

啓蒙と中国
布教活動に伴う中国の「再発見」は、遠くヨーロッパの啓蒙思想家にも刺激を与えた。**モンテスキュー**は中国の専制体制に「恐怖の原理」を見いだし、**ヴォルテール**は「儒教には迷信も、愚劣な伝説もない」と儒教を賛美した

哲学*

スコラ学への批判 →
- **イギリス経験論**(F.ベーコン) 4つのイドラの排除 **経験的事実の重視** **「知は力なり」** ＝**帰納法** → ホッブズ、ロック、ヒューム
- **大陸合理論**(デカルト) **方法的懐疑** **理性を認識の根拠** **「我思う、ゆえに我あり」** ＝**演繹法** → スピノザ、ライプニッツ

→ 批判的統合 → **ドイツ観念論**
- カントが祖
- 経験論と合理論の難点を克服するため、理性と経験を切り離して思考(『**純粋理性批判**』)

帰納法：出来事① 出来事② 出来事③ → 結論
演繹法：前提① → 前提② → 結論

経済学
- **重商主義**
  - 絶対主義国家の経済政策
  - 重金主義と貿易差額主義
  - フランス型重商主義の行きづまり(ルイ14世、コルベール)
- → **重農主義**
  - 18世紀後半のフランス(ケネー、テュルゴーら)
  - 経済的**自由放任主義**(経済に対する国家の重商主義的干渉を批判)
  - 農業の生産性を重視
  - マルクス経済学に影響
- → **古典派経済学**
  - アダム＝スミスら
  - **自由放任主義**を継承
  - 富の源泉を労働に求め重農主義を批判
  - 「見えざる手(invisible hand)」→自由な市場参入と私的利益の追求が、社会全体の利益も増幅させる

歴史のスパイス ニュートンは微積分学の発展に貢献した一人である。

＊この時代の哲学者は数学者を兼ねることも多い。

3 哲学・政治・経済思想

知は力なり

哲学	**イギリス経験論**			➔❷F.ベーコン
	F.ベーコン	1561〜1626	英	『新オルガヌム』
	ヒューム	1711〜76	英	経験論から懐疑論へ
	大陸合理論			
	デカルト	1596〜1650	仏	『方法叙説』
	スピノザ	1632〜77	蘭	『倫理学』汎神論
	ライプニッツ	1646〜1716	独	単子論
	モラリスト			
	パスカル	1623〜62	仏	『パンセ』
	ドイツ観念論			
	カント	1724〜1804	独	『純粋理性批判』
政治思想	**王権神授説**			
	ボーダン	1530〜96	仏	『国家論』
	フィルマー	1589〜1653	英	『家父長国家論』
	ボシュエ	1627〜1704	仏	『世界史叙説』
	自然法思想			➔❹グロティウス
	グロティウス	1583〜1645	蘭	『海洋自由論』 **『戦争と平和の法』**
	社会契約説			
	ホッブズ	1588〜1679	英	**『リヴァイアサン』**
	ロック	1632〜1704	英	**『統治二論(市民政府二論)』**➲P.239
	啓蒙思想			
	モンテスキュー	1689〜1755	仏	**『法の精神』**➲P.239
	ヴォルテール	1694〜1778	仏	**『哲学書簡』**➲P.224
	ルソー	1712〜78	仏	**『社会契約論』**➲P.58
	ディドロ	1713〜84	仏	**『百科全書』**
	ダランベール	1717〜83	仏	**『百科全書』**
経済学	**重商主義**			
	コルベール	1619〜83	仏	ルイ14世の財務総監➲P.223
	重農主義			
	ケネー	1694〜1774	仏	**『経済表』**
	テュルゴー	1727〜81	仏	ルイ16世の財務総監
	古典派経済学			➔❻アダム＝スミス➲P.253
	アダム＝スミス	1723〜90	英	**『諸国民の富(国富論)』**

我思う、ゆえに我あり

❸デカルト

❺ヴォルテール

文献② アダム＝スミスの重商主義批判

何人かの商人が協力し、自分たちのリスクと経費で、はるか遠方にある未開の国との貿易を切り開こうとした場合、株式会社の設立を認め、成功した場合にある年数にわたって貿易の独占権を与えるのは、不当だとはいえない。危険で経費のかかる試みによって、後に社会全体が利益を得られるのであれば、国がその試みに報いる方法として、一定期間の独占権を与えるのがもっとも簡単で自然だからだ。……だが、決められた期間がたてば、独占はかならず終了させるべきである。要塞や守備隊が必要だと判断されれば、政府が引き継ぎ、対価を会社に支払い、貿易をすべての国民に開放すべきだ。

(羽田正『東インド会社とアジアの海』講談社)

読み解き
1. 文献中の「株式会社」は、具体的にどのような会社をさすのだろう。
2. 会社の経済活動のあるべき姿について、アダム＝スミスはどう考えているだろう。

4 社会契約説

	ホッブズ	ロック	ルソー
人間観	●人間は利己的動物	●人間は理性的動物	●人間は自然な感情を持つ未発達な存在
自然状態	●**「万人の万人に対する闘争」**	●平和な社会関係 ●自然権の保障は不完全	●完全に自由・平等であるが、文明社会がこれを破壊する
国家観・社会観	●絶対的権力に自然権を譲渡 ●自然状態からの脱却のための国家 ◆**絶対主義を正当化**	●人民が政府に自然権の一部を信託 ●個人相互の契約による共同社会 ●**政府に対する抵抗権** ◆**名誉革命を正当化**	●特殊意志(私利私欲を求める)ではなく、一般意志(共通利益を求める)への服従を相互に契約 ◆**フランス革命に影響**

↑❼『リヴァイアサン』の口絵　『旧約聖書』に登場する怪獣リヴァイアサンが、国土を見下ろす国王として描かれている。巨人の胴や腕には無数の人々が見える。

読み解き
1. 杖と剣は何の象徴だろう。
2. 描かれた無数の人々は、彼らが権力者に「あるもの」を委ねている状態を示す。「あるもの」とは何だろう。

➔❽ホッブズ

5 近代哲学

文献③ デカルトの思想

デカルトは、わたしたちの外的感覚器官の教えてくれること、つまり外的世界が存在することを疑い、次にわたしたちの内的感覚器官の教えてくれること、つまり自分の肉体が存在することを疑います。これらは疑えばいくらでも疑えます。さらに彼は、数学的認識のような理性の教えてくれることも疑っていき、いっさいを懐疑の坩堝に投げこみます。こうして「どんな身体も無く、どんな世界も、自分のいるどんな場所もない」と仮想し、いわば絶望の淵に立たされますが、そのとき一条の光が射してきます。というのも、デカルトは、そんなふうにどれほどいっさいを疑い、「すべてを偽と考えようと」、そうして疑いつつある「私」、「そんなふうに考えているこの私」は「必然的になにものかでなければならない」ということに気づくからです。

(木田元『反哲学入門』新潮社)

文献④ カントの哲学

哲学の起源は古代ギリシアにまで遡ります。哲学が長い間メインテーマとして探究してきたのは、「究極の真理」です。……しかしカントは、宇宙の果てや神の存在などの究極真理の問いは、どんなに考えても答えは出ないといいます。そして、これらの問いについて答えが出せない理由を、『純粋理性批判』で徹底的に論じました。この主張がいかに衝撃的だったかは、カント以後、神の存在証明を試みる哲学者がほとんどいなくなったことからも明らかです。ただしカントは、旧来の哲学の営みを一刀両断にしただけではありません。それと同時に、人間の理性で答えを出しうる領域があることも明らかにしました。

(西研『カント　純粋理性批判(100分de名著)』NHK出版)

Column コーヒーハウスとサロン

↓❾コーヒーハウス　コーヒーハウスは17〜18世紀のイギリスで流行した**喫茶店兼社交場**で、雑誌や新聞が設置されていた。政治的な意見も交換され、革命の思想的源泉でもあった。

読み解き
1. コーヒーハウスとサロンの共通点は何だろう。
2. 2つの絵からわかる、両者の相違点も考えてみよう。

↓❿ジョフラン夫人のサロン(19世紀に描かれた想像図)　17・18世紀のフランスなどでは、アカデミー＝フランセーズ(仏)・王立協会(英)のような団体のほか、**貴族やブルジョワの女性によるサロン(応接間の意味)**に学者や思想家が集まり、**科学精神や啓蒙思想**などの発信源となった。ルーアン美術館蔵

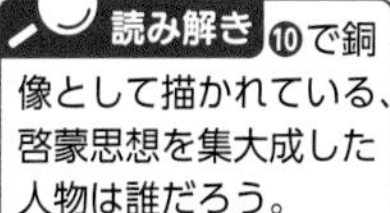

読み解き ❿で銅像として描かれている、啓蒙思想を集大成した人物は誰だろう。

ヨーロッパ

17～18世紀のヨーロッパ文化(2)

1 美術

＊外観はバロック様式。

特色	バロックがくっきり力強いのに対し、ロココは優美で柔らかい。			
バロック美術	エル＝グレコ	1541頃～1614	西	「受胎告知」 ◯P.106「聖三位一体」
	ルーベンス	1577～1640	フランドル	「マリ＝ド＝メディシスの生涯」
	ベルニーニ	1598～1680	伊	「聖女テレジアの法悦」
	ファン＝ダイク	1599～1641	フランドル	「チャールズ１世」
	ベラスケス	1599～1660	西	「女官たち」
	レンブラント	1606～69	蘭	「夜警」 ◯P.221
	ムリリョ	1617～82	西	「キリストとヨハネ」「善き羊飼い」
	フェルメール	1632～75	蘭	「真珠の耳飾りの少女」
	【建築】ヴェルサイユ宮殿（仏）　ルイ14世が建設 ◯P.223			
ロココ美術	**ワトー**	1684～1721	仏	「シテール島の巡礼」
	ブーシェ	1703～70	仏	「ポンパドゥール夫人」
	フラゴナール	1732～1806	仏	「読書する娘」
	ゴヤ ◯P.245	1746～1828	西	「マハ」後にロマン主義的画風へ
	【建築】サンスーシ宮殿（普）　フリードリヒ２世が建設 ◯P.224 シェーンブルン宮殿（墺）＊　マリア＝テレジア時代に完成 ◯P.224			

➔❶**ヴェルサイユ宮殿「鏡の間」** 1686年完成。宮殿の庭園側正面の２階全体を占める全長73m、幅10.4mの大広間で、一方が鏡、他方がガラス戸で造られている。**バロック式の豪壮さをよく表し、ルイ14世の栄光をしのばせる。** ◯P.223

バロック美術

⬆❷**フェルメール「真珠の耳飾りの少女」**
マウリッツハイス美術館蔵、1665年頃、44.5×39cm

読み解き フェルメールやレンブラントの絵画では王侯貴族だけでなく、一般市民が描かれることが多い。その背景となった、オランダの繁栄の要因をあげてみよう。

アムステルダム国立美術館蔵、1642年、363×438cm

⬆❸**レンブラント「夜警」**＊ 人物が様々なポーズをとっており、絵自体から動きやざわめきが感じられる。伝統的な肖像画に慣れた人たちからは非難された。
＊「夜警」とは、黒ずんだニス（後に除去）で絵が汚れていたため、誤解してつけられた題名。実際は昼間の場面。

⬇❹**ベラスケス「女官たち」** ベラスケスは**スペインのバロック様式**を代表する宮廷画家。退屈した王女をなだめる女官たちの背後の鏡には、国王夫妻の姿まで描かれている。プラド美術館蔵、1656年、318×276cm

文献 ① レンブラントの「夜警」について

パスカルはこんな事を言っている、「本物は平凡で、誰も賞めやしないが、その本物を、いかにも本物らしく描くと賞められる、画家とは、何んと空しい詰らぬ職業だろう」。パスカルは、17世紀、レンブラントと同時代の人間だ。そして、確かにレンブラントは、本物をいかにも本物らしく描いていた。……レンブラントに、「夜警」という絵がある。……絵は、アムステルダムの射撃隊の組合員からの註文で描いたものだ。……大いに商売気を出して然るべき処を、レンブラントは、**二人の士官だけは肖像画らしく仕上げたが、あとの人達はみんな暗い背景のなかに押し込んで了って、誰が誰やら、何をしているのやら、わけの解らぬ様なものにして了った。**組合の方では、大金をとられて一っぱい食わされたと思ったから腹を立てた。レンブラントは、忽ち評判が悪くなって、肖像画の注文が、ぱったりと止って了ったそうである。
（小林秀雄『近代絵画』新潮社）

読み解き 下線部を参考にしながら、レンブラント「夜警」（❸）とワトー「シテール島の巡礼」（❽）の画風の違いについて、考えてみよう。

↑❺**サンスーシ宮殿**　1745〜47年にかけて建造された。ドイツのベルリン郊外にある**フリードリヒ2世**の夏の離宮。1階建ての**ロココ式**建築で、階段式の前庭が美しい。サンスーシとは、フランス語で「憂いのない」という意味。**ヴォルテール**らが招かれて滞在した。外観・内装ともに、バロックと異なる優美さが感じられる。P.224

世界遺産

世界遺産

ロココ美術

←❻**シェーンブルン宮殿「青い中国の間」**　ウィーンにあるロココ式の装飾が施された宮殿の一室。18世紀のヨーロッパの中国趣味をよく反映している。中国人の日常生活を描いた壁紙が特徴。P.224

→❼**フラゴナール「読書する娘」**　ロココ式の画家で、官能的で華やかな恋の戯れ、甘美な宮廷生活を描いた。ワシントン・ナショナルギャラリー蔵、1776年頃、81.1×64.8cm

↓❽**ワトー「シテール島の巡礼」**　ワトーはロココ式を代表する画家。柔らかな薄もやのような色彩に包まれた夢幻的な作品で、現実と空想が巧みに融合されている。ルーヴル美術館蔵、1717年、128×194cm

2 音楽・文学

特色　17〜18世紀には、音楽・文学が王侯貴族だけでなく、ブルジョワや一般市民と結びつき始めた。

→❾**モーツァルト**

分野	人物	生没年	国	作品・業績
音楽	**バロック音楽**			
	ヴィヴァルディ	1678〜1741	伊	「四季」
	バッハ	1685〜1750	独	音楽の父 「マタイ受難曲」
	ヘンデル	1685〜1759	独	「水上の音楽」
	古典音楽			
	ハイドン	1732〜1809	墺	交響曲の父　「軍隊」
	モーツァルト	1756〜91	墺	「交響曲第41番(ジュピター)」「魔笛」
	ベートーヴェン	1770〜1827	独	「運命」「英雄」
文学	**ピューリタン文学**			
	ミルトン	1608〜74	英	国王処刑の政策支持　『**失楽園**』
	バンヤン	1628〜88	英	ピューリタン革命に参加 『天路歴程』
	古典主義文学			
	コルネイユ	1606〜84	仏	古典悲劇『ル＝シッド』
	モリエール	1622〜73	仏	古典喜劇『タルチュフ』
	ラシーヌ	1639〜99	仏	古典悲劇『アンドロマク』
	風刺文学			
	デフォー	1660〜1731	英	『**ロビンソン＝クルーソー**』
	スウィフト	1667〜1745	英	『**ガリヴァー旅行記**』

→❿**サンスーシ宮殿「音楽室」**　フリードリヒ2世は少年時代から文芸に親しみ、自らフルートを演奏した。バッハは彼から主題を与えられ、「音楽の捧げ物」を作曲した。

→⓫**バッハ**

←⓬**バッハの自筆譜**(独奏ヴァイオリンのための作品)

文献 ② 『ガリヴァー旅行記』

卵を食べる時には、まずそのア**大きな方の端を割ってから食べる**というのが、昔からの慣習であることは、あまねく認められているところである。ところが現在の皇帝陛下の祖父にあたられる方が、まだ子供の時分に卵を食べようとして、昔ながらの習慣通りに割ろうとしたところ、うっかり一本の指を切ってしまわれた。そこでその方の父であった当時の皇帝が勅命を発して、いやしくもわが臣民たるものは今後よろしく卵を割る時にはイ**小さな端の方を割る**べし、これに背く者には重い処罰をもって臨む、云々という命令を下された。国民はひどくこの法律に憤慨して、その結果、歴史の示すところによれば、実に6度もこれが原因で叛乱が生じた。ある皇帝はそのため命を失い、またある皇帝は王冠を失うという有様であった。

(スウィフト著、平井正穂訳『ガリヴァー旅行記』岩波書店)

読み解き

1 引用部分はイギリスの宗教政策を風刺している。下線部**ア**と**イ**は、それぞれどのような宗派をいっているだろう。

2 「叛乱」で命を失った「皇帝(イギリス国王)」とは誰だろう。

↑『ガリヴァー旅行記』は、当時のイギリスの政治と社会を痛烈に批判している。引用した「リリパット国渡航記」では、17世紀のイギリス・フランスが架空の国として描かれており、宗派対立に起因する両国の交戦が題材となっている。キリスト教では卵が生命の象徴とされ(P.75)、これをふまえた風刺的な描写がみられる。

1 イギリス産業革命の展開

織布関連　紡績関連

【背景】
資本の蓄積
↓
インドから輸入していた綿布の国産化（輸入代替）
↑
- 植民地戦争の勝利→市場の獲得
- 第２次囲い込み・農業革命→賃金労働者の増加
- 豊富な資源（鉄鉱石・石炭）

【経過】
技術革新（綿工業）：インド綿布の需要増大→国産化（輸入代替）の努力

―糸が不足　―糸が余る

- 1733 ジョン＝ケイ（飛び杼）織布速度２倍
- 1764 ハーグリーヴズ（ジェニー紡績機）紡績速度８倍
- 1769 アークライト（水力紡績機）紡績速度800倍
- 1779 クロンプトン（ミュール紡績機）
- 1785 カートライト（力織機）
- 1793 ホイットニー（綿繰り機）（米）
- 1712 ニューコメン（蒸気機関）
- 1769 ワット（蒸気機関の改良完成）
- 鉄・石炭の生産増 → 重工業の発達
- 1709 ダービー父子によるコークス製鉄法開発
- 1804 トレヴィシック（蒸気機関車）
- 1814 スティーヴンソン（蒸気機関車）
- 1807 フルトン（蒸気船）

動力革命　交通革命

【結果】
- 資本主義の確立
- 社会階層の分化（産業資本家・賃金労働者）
- 自由貿易主義の高まり
- 工業都市の発展
- 労働問題・社会問題の発生（低賃金・長時間労働、女性・子どもの労働）
- 労働運動の高まりと社会主義思想の成立➡P.238
- 各国に産業革命が波及➡P.238

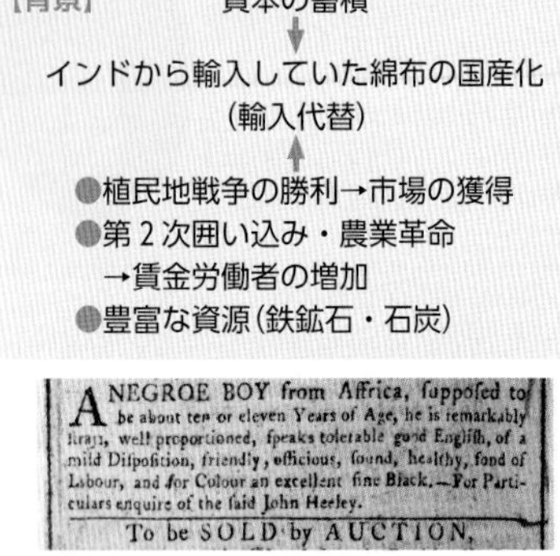

A NEGROE BOY from Affrica, fuppofed to be about ten or eleven Years of Age, he is remarkably ftrait, well proportioned, fpeaks tolerable good Englifh, of a mild Difpofition, friendly, officious, found, healthy, fond of Labour, and for Colour an excellent fine Black.—For Particulars enquire of the faid John Herley.
To be SOLD by AUCTION.

↑❶**奴隷売買の広告**　奴隷貿易により蓄積された資本は綿工業へ投資され、産業革命の要因の一つとなった。⬅P.231

2 囲い込み（エンクロージャー）

	第１次囲い込み	第２次囲い込み
時代	15世紀末〜17世紀中頃	18〜19世紀
目的	**羊毛の増産**⬅P.219	小麦などの**穀物の増産**
推進方法	ジェントリ・富農により非合法的に推進	**議会立法により、合法的に推進**
特色	規模は小さく、共有地の囲い込みなどが多い	大規模で、森林・原野にまで囲い込みが及ぶ
結果	**マニュファクチュア**の賃金労働者を生み、**毛織物工業が発達**	**資本主義的大農経営**が発達し、**工場制機械工業の賃金労働者**を生む

↑←❷**農業革命と牛**（上）と ⓐ**四輪作法**（左）　四輪作法（ノーフォーク農法）は穀物と飼料の増産をもたらした。市場に出された巨大な牛がその成果を象徴的に表している。

ⓑイギリスの人口推移と各国の農業の労働生産性

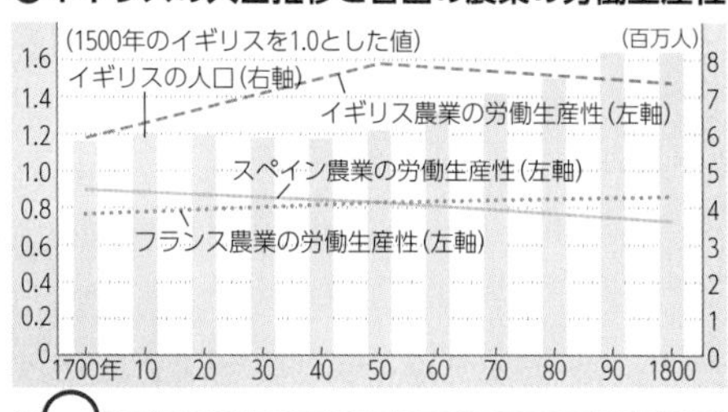

読み解き
1 なぜ人口が増えたのだろう。
2 増えた人口は工業化にどのような影響を及ぼすだろう。

3 綿工業の技術革新

綿繰り　綿花から種子を取り除く

紡績　脱脂した綿花の繊維を束ね合わせ綿糸をつくる

織布　綿糸を緯糸・経糸に使って交互に織り合わせ布をつくる

←❸**産業革命以前の紡績の様子**

↑ⓒ**綿織物ができるまで**　インド産綿布はカリカットが主な積み出し港であったことから、キャラコと呼ばれた。東インド会社が輸入していたキャラコは軽くて吸湿にすぐれ、一大ブームを巻き起こした。イギリスでは綿製品を国内で生産し、キャラコとの価格競争に勝つために機械化が進んだ。

↓❹**ランカシャーの紡績工場**　マンチェスターを中心とするランカシャー地方では1830年代に綿関連の工場が150もあり、うち７つは1,000人以上を雇用する大工場であった。

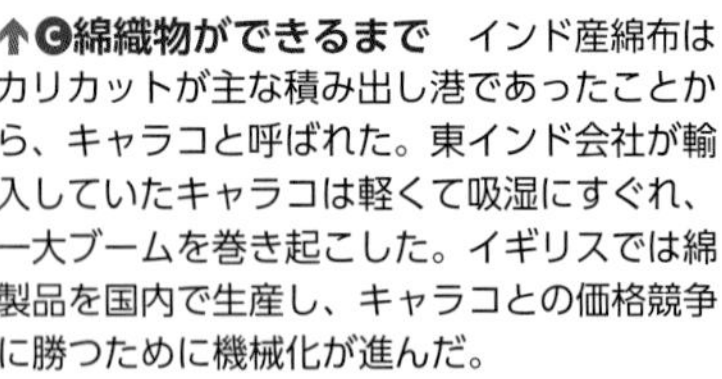

↑❺**飛び杼**

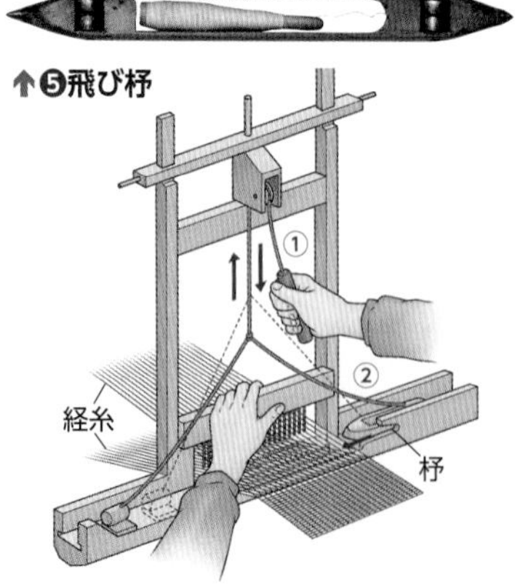

↑ⓓ**飛び杼の仕組み**　①引き綱を引くと、②緯糸の入った杼が左右に移動し、経糸の間に緯糸を通すことができた。これによって作業が片手でできるようになり、織布のスピードが上がった。

→❻**ミュール紡績機**　ジェニー紡績機と水力紡績機の長所を兼ね備えていることから、クロンプトンはこの機械をミュール*と名づけた。インド産の綿糸に匹敵する、細くて丈夫な糸の構造が可能になり、1790年頃からジェニー紡績機に代わり普及した。＊「らば（ロバと馬を交配させたもの）」の意。

文献①　ジェームズ＝オグデンの記録（1783）

この決定的な部門（木綿工業）を獲得したことにより、海外貿易において輸出が大いに増加し、大規模な雇用が創出された。……紡績機械が導入されることがなかったら、製造業者や労働者がいくら努力しても、通商の需要に応えることはできなかっただろう。（歴史学研究会編『世界史史料６』岩波書店）

読み解き　紡績機械の発明や改良は産業革命に何をもたらしただろう。

4 産業革命後のイギリス社会の変化

A 産業革命前後のイギリス

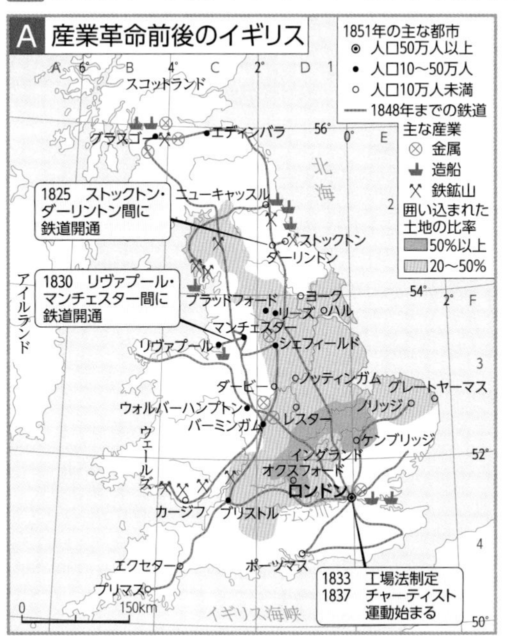

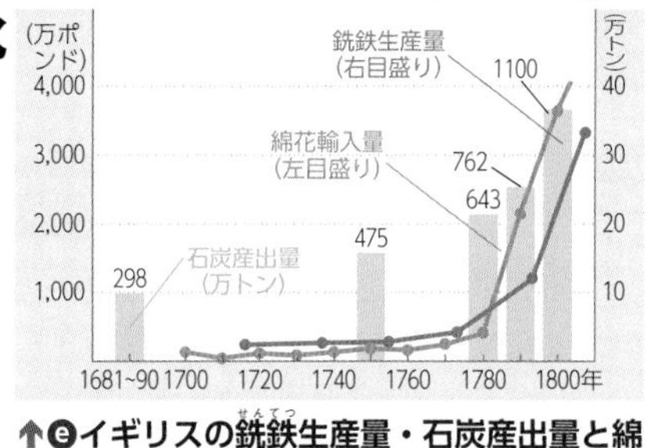

↑**ⓔイギリスの銑鉄生産量・石炭産出量と綿花輸入量の推移** 産業革命によりイギリスの工業化は進み、**ダービー父子**による**コークス**製鉄法開発も背景にしてイギリスの銑鉄生産量は増加した。**アメリカ合衆国では、南部に綿花プランテーション**が成立し、イギリス綿工業の原料供給地となった。

ⓕ製鉄工程

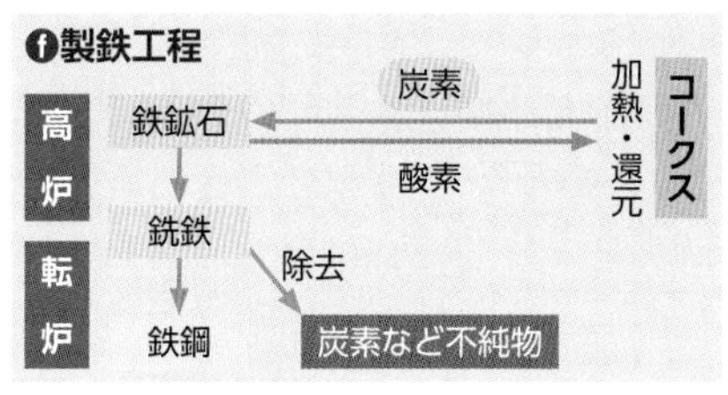

↓**ⓖイギリス主要都市の人口増加**

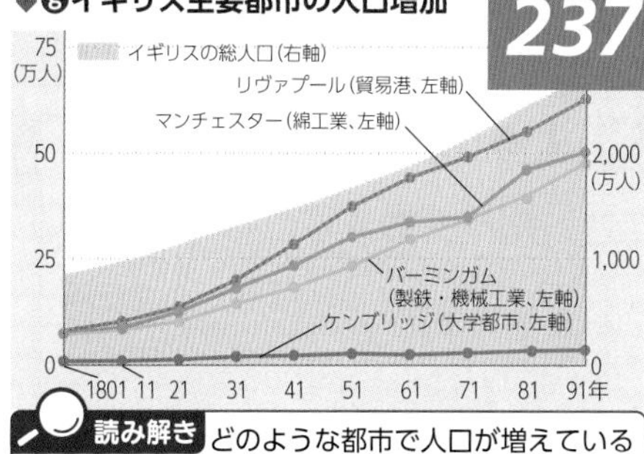

読み解き どのような都市で人口が増えているだろう。

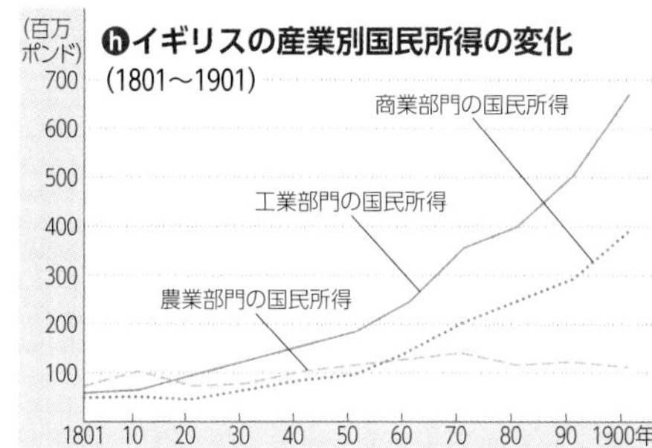

5 動力・交通革命

→**❻ワットの蒸気機関** ①石炭でボイラー内を熱し、②蒸気の圧力でピストンを上下させ、③その上下運動を回転運動に転換する。

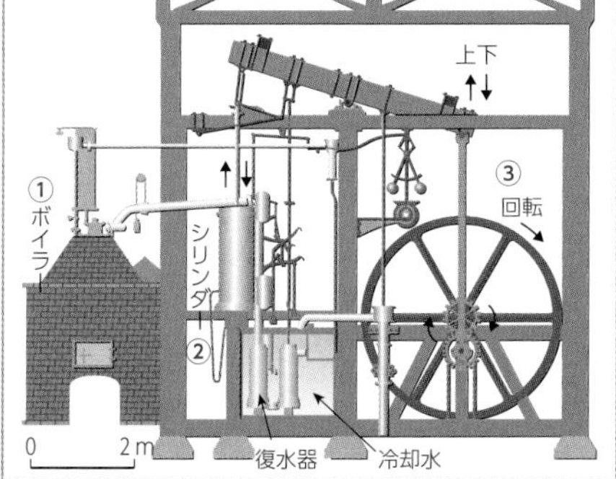

←**❼ワット**(1736〜1819) **ニューコメン**の蒸気機関を改良し、単なる揚水ポンプだった従来の蒸気機関を多様な用途の機械の動力源に変えた。電力の単位W(ワット)は彼の名に由来。

↑**❽世界初の実用蒸気船「クラーモント号」** イギリスの蒸気機関車に感激したアメリカの技術家**フルトン**が1807年に開発。

文献 ② フルトンの手紙

蒸気による船の推進力は今や完全に証明されました。私がニューヨークを出発した朝には、船は1時間に1哩で進むとか、或は多少でも役に立つと信じたものは、街中で恐らく30人もいなかったでしょう。……それはミスシッピー[ミシシッピ]やミズーリやその他の大きな河の流域の商品に低廉且つ迅速な輸送手段を与えるでしょう。これらの諸河は今やわが国の人達の企業の前にかれらの宝庫を開いているのです。……私はわが国が得る測り知れぬ利益を想う時、限りない更に大きな喜びを覚えます。

(木村尚三郎監修『世界史資料(下)』東京法令出版)

読み解き 蒸気機関による交通手段の変化は何をもたらすと期待しているだろう。

鉄道の発達

→**❾ストックトン・ダーリントン間の鉄道開通** 1825年、スティーヴンソン運転の「ロコモーション号」(平均時速15km)は、38両の貨車に600名の乗客を乗せて走った。1830年にはマンチェスター・リヴァプール間が開通し、鉄道はイギリス国内の輸送路として、運河にとってかわった。

→**❿スティーヴンソン**
(1781〜1848)

B 鉄道網の発達

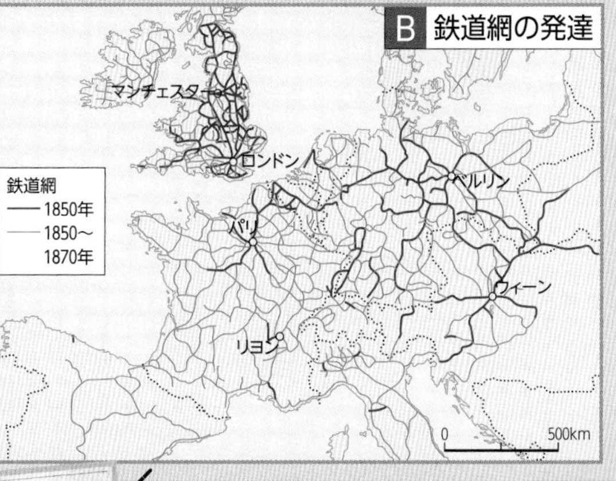

↑**⓫鉄道による旅行** イギリス全土に広がった鉄道網を利用して、旅行などのレジャー(余暇)も生まれた。

Column 時間はなぜ統一されたのか?

イギリスでは、従来、地方ごとに異なった時間が使用されていたが、全国に鉄道網が張りめぐらされるようになると、規則正しい運行のために統一された時間が必要となった。そのため、1848年、グリニッジ天文台での測定時間を鉄道の時刻表の時間として使用するようになり、各駅には時刻を示す大時計が設置された。1880年には、鉄道時間がイギリスの標準時となった。1884年、グリニッジ天文台を通る子午線が経度0度とされ、グリニッジの時刻が世界標準時とされた。

世界遺産

⓬旧グリニッジ天文台(ロンドン)

歴史のスパイス フランスは、イギリスへの対抗からグリニッジを本初子午線とすることを最初は認めず、1911年にようやく同意した。

産業革命(2)

1 人々の生活の変化

↑❶産業革命期のロンドンを表した風刺画
ロンドンを象徴する女神に、右の神(テムズ川を象徴)が紹介する子どもたちはコレラやジフテリアを象徴している。

読み解き この風刺画は何を意味しているだろう。

解説 ラダイト運動

生産の機械化に危機感を抱いた手工業者たちの一部は生産機械の破壊に走った。19世紀初めにイングランド中・北部で発生したラダイト運動はその一つである。

資料から読み解く 産業革命時の労働者

文献① 工場法制定をめぐる特別委員会での報告(1832)

好況時にあなたの娘たちは朝の何時に工場に行きましたか？
――娘たちは朝の3時には工場に行き、仕事を終えるのは夜の10時から10時半近くでした。
19時間の労働の間に休息あるいは休養のためにどれだけの休憩時間が与えられたのですか？
――朝食に15分、昼食に30分、飲料を取るのに15分です。
この過度の労働条件は、さらに多くの残酷な行為を引き起こしましたか？
――はい、とても疲労している時は、鞭打ちが頻繁に行われました。
(歴史学研究会編『世界史史料6』岩波書店)

文献② 工場法(1833)

第1条 ……18歳未満のいかなる者も、夜間の午後8時半から午前5時半にかけて……製造所および工場で働くことを禁ずる。
第2条 18歳未満のいかなる者も、1日12時間以上、週69時間以上、製造所ないし工場で雇用されてはならない。
第8条 ……週48時間以上、1日9時間以上、11歳以下の男女の児童を上述した状況において雇用することを違法とする。
第20条 週48時間労働に従事する児童は、いかなる者も学校へ行かなくてはならない。
(歴史学研究会編『世界史史料6』岩波書店)

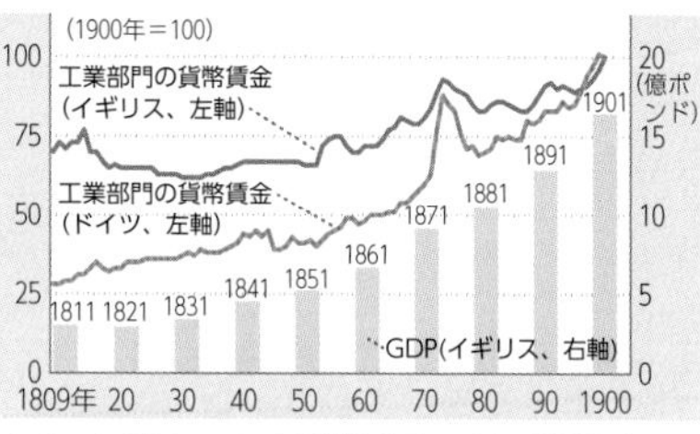

↑❷狭い炭鉱での台車による運搬 高さ50～60cmの狭い炭鉱では子どもが石炭を満載した台車を運搬する労働力として酷使された。命を落としたり、心身の発達が遅れる場合も多く、教育の機会も与えられなかった。

↑ⓐイギリスの実質賃金*と国民総生産
*実際に受け取った名目賃金から、物価変動の影響を差し引いて算出した指数。実際の購買力を表す。

読み解き
1 労働者の年齢や労働環境はどのようなものだっただろう。
2 工場法では何が制限されているだろう。
3 産業革命は人々の生活を豊かにしただろうか。

2 初期社会主義の登場

*「空想的社会主義」という呼称は、自らを「科学的社会主義」と主張したマルクスらが批判的に名づけたもの。

「空想的社会主義*」

◆**ロバート＝オーウェン**(英)…労働者の生活改善
◆**サン＝シモン**(仏)…合理的な産業社会を理想
◆**フーリエ**(仏)…土地や生産手段を共有する理想社会の実現を主張

➔❸**ロバート＝オーウェン**(1771～1858) スコットランドのニューラナーク紡績工場で、福祉の向上による人間性の改善をめざした。その後アメリカで理想的協同社会を建設するが失敗し、帰国後は工場法の制定や協同組合の創設に力を尽くした。

「科学的社会主義」

◆**マルクス**(独)、**エンゲルス**(独)

↘❹**マルクス**(1818～83) 二月革命前夜にロンドンで**エンゲルスと『共産党宣言』を発表**した。ドイツでの三月革命失敗後はイギリスに亡命して、大英博物館で研究に専念した。主著『資本論』において、資本主義の仕組みを明らかにし、階級闘争による社会の発展と、労働者階級による団結の必要性を説いた。

文献③ 共産党宣言(1848)

今日までのあらゆる社会の歴史は、階級闘争の歴史である。……全社会は、敵対する二大陣営、たがいに直接に対立する二大階級――ブルジョア階級とプロレタリア階級に、だんだんとわかれていく。……ブルジョア階級が、すなわち資本が発展するにつれて、同じだけプロレタリア階級、すなわち近代労働者の階級も発展する。……支配階級よ、共産主義革命のまえにおののくがいい。プロレタリアは、革命においてくさりのほか失うべきものをもたない。かれらが獲得するものは世界である。
万国のプロレタリア団結せよ！
(マルクス著、大内兵衛・向坂逸郎訳『共産党宣言』岩波書店)

3 世界の工場

A 「世界の工場」イギリスと世界の一体化

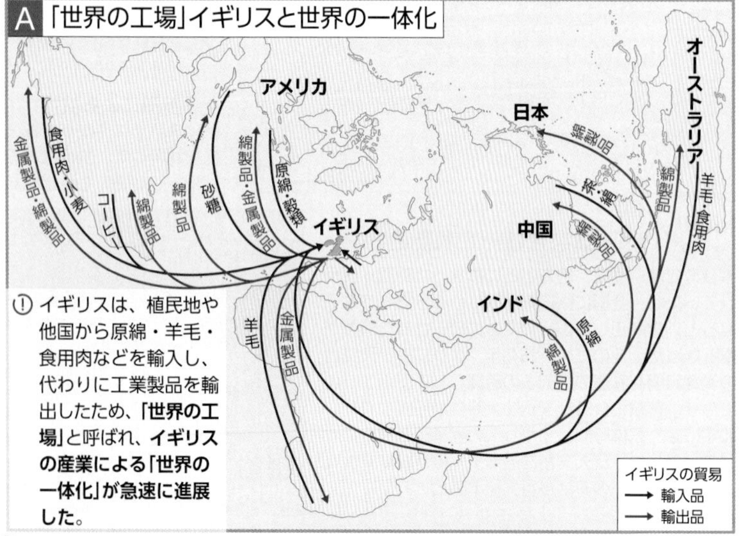

① イギリスは、植民地や他国から原綿・羊毛・食用肉などを輸入し、代わりに工業製品を輸出したため、**「世界の工場」**と呼ばれ、**イギリスの産業による「世界の一体化」が急速に進展した。**

4 各国の産業革命

国名	開始期	特色
イギリス	1760年代	綿工業の紡績・織布両部門が進展し、大量生産体制がつくられ、19世紀半ばには**「世界の工場」**としての地位を確立
ベルギー	1830年代	**オランダからの独立後**、鉄・石炭の資源を活用し、工業化が進展
フランス	1830年代	**七月革命後**、リヨンの絹織物業から始まるが、**フランス革命で小土地所有農民が多数創出**され、労働力の形成と資本の集積が遅れたため、進展は緩やか
アメリカ	1830年代	**アメリカ＝イギリス戦争後**、イギリスから経済的に自立。**南北戦争後**、豊富な資源と広大な国内市場を背景に**世界一の工業国に発展**
ドイツ	1840年代	**関税同盟**で国内市場統一。資本が**ユンカー層**に集積し、統一後は保護政策で**重工業を中心**に飛躍的に発展
ロシア	1890年代	19世紀末に**フランス資本の導入**と保護政策で大工業が発達
日本	1890年代	明治政府の**殖産興業政策**を契機に、**日清戦争の頃、軽工業中心に本格化し、日露戦争前後には重工業が発展**

歴史のスパイス エンゲルスは自著『イギリスにおける労働者階級の状態』において、19世紀中頃のリヴァプールにおける労働者階級の平均寿命を15歳だと報告している。

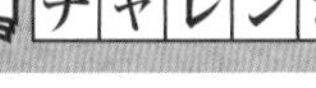

資料にチャレンジ 環大西洋革命

チャレンジする前に! 18世紀後半から19世紀にかけて、ヨーロッパとアメリカ大陸で大きな変革が相次いだ。イギリス産業革命に始まり、アメリカ独立革命、フランス革命、ラテンアメリカ諸国の独立といった大西洋を挟んで起こった変革に関する資料を読み解きながら、それぞれの特徴と相互の影響・関係について考察してみよう。

→❶**リヴァプール国際奴隷制博物館** 大西洋三角貿易によって栄えた港町であり、かつては奴隷貿易の中心地であった。大西洋三角貿易による資本の蓄積は産業革命の要因の一つといわれる。産業革命が起こると、マンチェスターなどで製造された綿布を輸出するための港となった。そのためマンチェスターとリヴァプール間に最初の本格的な鉄道が敷設された。環大西洋革命を象徴する場所の一つである。現在は、負の歴史を見つめ直す場所として国際奴隷制博物館が設立されている。

アメリカ独立革命 ➡P.240

文献①アメリカ独立宣言(1776)

われわれは、次のような真理をごく当たり前のことだと考えている。つまり、すべての人間は神によって平等に造られ、一定の譲り渡すことのできない権利をあたえられており、その権利のなかには生命、自由、幸福の追求が含まれている。またこれらの権利を確保するために、人びとの間に政府をつくり、その政府には被治者の合意の下で正当な権力が授けられる。そして、いかなる政府といえどもその目的を踏みにじるときには、政府を改廃して新たな政府を設立し、人民の安全と幸福を実現するのにもっともふさわしい原理にもとづいて政府の依って立つ基盤を作り直し、またもっともふさわしい形に権力のありかを作り変えるのは、人民の権利である。……大ブリテンの現在の国王の治政は打ち続く危害と略奪の歴史であり、こうしたことから判断してその本当の目的がアメリカの諸州に対して絶対的な専制を樹立することであるのは疑いの余地はない。

(大下尚一他編『史料が語るアメリカ』有斐閣)

文献②ロック『統治二論』(1690) ⬅P.233

彼ら[人間]が立法府を選任し、授権する目的は、こうして作られた法や規制が、社会のすべての成員の所有を保護し、……その社会のどの一部、どの一員といえども、これを支配しようとすれば制約し、その権力に限界をおくということにある。……もし立法府が社会のこの基本的原則を破るならば、……人民の生命、自由および財産に対する絶対権力を、自分の手に握ろうとし、または誰か他の者の手に与えようとするならば、この信任違反によって、彼らは、人民が、それとは全く正反対の目的のために彼らの手中に与えた権力を没収され、それは人民の手に戻るようになる。人民はその本来の自由を回復し……新しい立法府を設置することによって、彼らが社会をつくった目的である自分自身の安全と保障の備えをするのである。

(歴史学研究会編『世界史史料5』岩波書店)

←❷ロック(1632～1704)

読み解き
1. どのような権利が保障されているだろう。
2. ロックの影響がみられるのはどの部分だろう。

↑❸ジェファソン(1743～1826)

文献③ジェファソンによる独立宣言草案

彼[①]は、彼らに何ら危害を加えたことのない遠い地の人間をとらえて、西半球に送って奴隷とし、あるいはその輸送途上において惨めな死に至らしめ、これらの人間にとって最も神聖な権利である生命と自由とを侵害してきたが、これはまさしく人間性自体に対する残虐な戦いというべきである。

①イギリス国王

(明石紀雄『トマス・ジェファソンと「自由の帝国」の理念』ミネルヴァ書房)

読み解き
1. 何に対する批判だろう。
2. この部分は「独立宣言」から削除された。なぜだろう。

←❹**ラ＝ファイエット**(1757～1834) 「両大陸の英雄」といわれたフランスの貴族。アメリカ独立戦争が起こると、海を渡り独立側について戦った。帰国後に勃発したフランス革命でも革命派を支持して人権宣言を起草した。彼自身は穏健な立憲君主主義者だったので、次第に共和派のジャコバン派と対立、亡命して革命からは離れた。しかし、七月革命では再び政治の表舞台に現れるなど、まさに革命の時代を生きた人物であった。

→❺**モンテスキュー**(1689～1755) フランスの啓蒙思想家で、『法の精神』を著す。彼が主張した司法・立法・行政の三権分立は合衆国憲法に影響を与えた。⬅P.233

フランス革命 ➡P.242

文献④フランス人権宣言(1789)

(前文)国民議会として構成されたフランス人民の代表たちは、人の権利に対する無知、忘却、または軽視が、公の不幸と政府の腐敗の唯一の原因であることを考慮し、人の譲りわたすことのできない神聖な自然的権利を、厳粛な宣言において提示することを決意した。……

第1条 人は、自由、かつ、権利において平等なものとして生まれ、生存する。……

第2条 あらゆる政治的結合の目的は、人の、時効によって消滅することのない自然的な諸権利の保全にある。これらの諸権利とは、自由、所有、安全および圧制への抵抗である。

第3条 あらゆる主権の淵源は、本来的に国民にある。いかなる団体も、いかなる個人も、国民から明示的に発しない権威を行使することはできない。

第6条 法律は、一般意思の表明である。すべての市民は、みずから、またはその代表者によって、その形成に参与する権利をもつ。法律は、保護を与える場合にも、処罰を加える場合にも、すべての者に対して同一でなければならない。……

第7条 何人も、法律が定めた場合で、かつ、法律が定めた形式によらなければ、訴追され、逮捕され、または拘禁されない。……

第10条 何人も、その意見の表明が法律によって定められた公の秩序を乱さない限り、たとえ宗教上のものであっても、その意見について不安を持たされることがあってはならない。

第11条 思想および意見の自由な伝達は、人の最も貴重な権利の一つである。したがって、すべての市民は、法律によって定められた場合にその自由の濫用について責任を負うほかは、自由に、話し、書き、印刷することができる。

第16条 権利の保障が確保されず、権力の分立が定められていないすべての社会は、憲法をもたない。

第17条 所有は、神聖かつ不可侵の権利であり、何人も、適法に確認された公の必要が明白にそれを要求する場合で、かつ、正当かつ事前の補償のもとでなければ、これを奪われない。

(『新解説世界憲法集 第3版』三省堂)

読み解き
1. 人権宣言の内容は、私たちの生活のどのような場面で具体的に実感できるだろう。
2. アメリカ独立宣言との共通点と相違点をあげてみよう。

ラテンアメリカの独立 ➡P.246

文献⑤シモン＝ボリバル『ジャマイカの手紙』(1815)

スペインと(アメリカを)結びつけていた紐帯は断ち切られた……。我々がスペイン本国に対して抱く憎しみは、我々をスペインから遠ざける海よりも大きい……。従順という習慣、さまざまな利益・知識、宗教、故郷と父祖の栄光へのささやかな気持ち、つまり、我々の希望を形づくるすべてのものは、かつてスペインからもたらされた……。だがいまや、すべてが逆転したのだ。<u>我々を苦しめるすべてのものが、この無慈悲な継母からもたらされている</u>……。我々は小なりといえども、一つの人種である。我々は一つの独立した世界を有している。……我々はインディオでもヨーロッパ人でもない。我々は、この国の正当な所有者とスペイン人の横領者との間の中間の人種なのだ。つまり、我々は生まれによってはアメリカ人であるが、我々の権利はヨーロッパ人のそれである。我々は、これらの権利をこの国のインディオたちと競わねばならず、侵略者の侵害に対してはこの国を守らねばならない。

(J＝アロステギ＝サンチェス他著、立石博高監訳『スペインの歴史』明石書店)

読み解き
1. 下線部は具体的に何をいっているのだろう。
2. ボリバルは自分たちをどのように位置づけているだろう。

↓❻**リオのカーニバル**
毎年2月頃にブラジルのリオデジャネイロで行われる祝祭。もともとはカトリックの謝肉祭が起源だが、そこに黒人ルーツのサンバというダンスが加わった。

読み解き
なぜブラジルで現在のようなカーニバルが生まれたのだろう。

まとめの考察
❶それぞれの変革はどのように影響し合っているだろう。
❷環大西洋革命が現代にもたらした影響は何だろう。
❸それぞれの変革の限界や課題は何だろう。

アメリカ独立革命

1 独立戦争への過程

P.228 P.260

植民地	イギリス本国
1584 ローリの**ヴァージニア**植民(失敗)	
1604 フランスによるカナダ植民開始	1600 東インド会社設立
13植民地の形成	
1607 ジェームズタウン建設→ヴァージニア植民地→最初の植民地議会(1619)	1642 ピューリタン革命(～49)
1620 ピルグリム＝ファーザーズ(巡礼始祖)、プリマス上陸	1651 航海法…通商制限
1732 **ジョージア**植民地建設→13植民地の成立	1689 名誉革命
	重商主義政策
	1699 羊毛品法 1732 帽子法 ─植民地産業の抑制
	1733 糖蜜法 1750 鉄法 ─他国からの輸入品に高関税

「有益なる怠慢」政策により対立は起こらず

1755～63 フレンチ＝インディアン戦争─七年戦争

パリ条約…英仏植民地戦争終結、フランスの脅威去る

植民地	イギリス本国
本国の統制をめぐり、愛国派(急進派・保守派)・忠誠派・中立派の各派が生まれる	**統制強化**
	1763 「国王の宣言」…アパラチア山脈以西への移住禁止
本国の政策に不満高まる	1764 **砂糖法**
1765 **「代表なくして課税なし」**の決議 ←	1765 **印紙法**(翌年撤回)
	1766 宣言法
1768 タウンゼンド諸法非難 ←	1767 **タウンゼンド**諸法(～70)
1773 **ボストン茶会事件** ←	1773 **茶法**…東インド会社に茶の独占販売権
1774 **第1回大陸会議**(フィラデルフィア) ←	1774 ボストン港封鎖など、懲罰的諸法
1775 パトリック＝ヘンリ、「自由か死か」の演説	

1775～83 独立戦争

1775 **レキシントン**とコンコードで武力衝突＝独立戦争開始
1776 **トマス＝ペイン『コモン＝センス』**発刊→独立に世論傾く
独立宣言(7月4日、ジェファソン起草 P.239)
国内の結束強化と国際社会からの支援獲得をめざす
1777 ラ＝ファイエットのフランス義勇軍、フィラデルフィアに到着
サラトガの戦いに勝利＝戦争の転機
連合規約制定(発効1781)…急進派主導、中央政府権限を制限
1778 米仏同盟締結→フランス参戦(**フランクリン**の尽力)
1779 スペイン、植民地側で参戦
1780 オランダ、植民地側で参戦
ロシアのエカチェリーナ2世の提唱で**武装中立同盟成立**
1781 **ヨークタウンの戦い**で米仏連合軍勝利
1783 **パリ条約**…独立承認、ミシシッピ川以東のルイジアナ獲得

合衆国の成立

1787 **合衆国憲法**制定(発効1788)
…保守派主導、中央政府権限を強化→各州での批准をめぐる**連邦派**(ハミルトンら)と**反連邦派**(ジェファソンら)の対立
1789 初代大統領**ワシントン**(～97)
憲法修正条項(1～10条)追加…人権関連、反連邦派主導

ⓐ独立革命の意義と影響

アメリカ独立革命
①重商主義植民地体制からの独立
→「自由と民主主義」をうたう**共和国**
②社会変革を伴う革命…信仰の自由、自営農民増加、長子相続制廃止など

→ **フランス革命**
●自由主義思想の波及…**ラ＝ファイエット**ら
●参戦による財政難

→ ラテンアメリカ諸国の独立運動
→ ポーランド分割に対する**コシューシコ**の抵抗

2 北米植民地の発展

ⓑ英仏の植民地の比較

	イギリス*	フランス
領域	東部海岸地帯 アパラチア以東	カナダ ルイジアナ
人口	約150万	約10万
職業	定住農民 商工業者	宣教師・狩猟・毛皮商
政治社会	国王の特許状→自治権の発達 大学の設立や新聞の発行	絶対王政のもと官吏による直接的統治

*イギリスは植民地の重要性を理解して、ヨーロッパ大陸の諸戦争には深入りせず→植民地戦争に力を入れる

❶ポカホンタス(1595頃～1617) 英人入植者と結婚後に渡英したアメリカ先住民の女性。実際は誘拐のような形で結婚させられ、インディアンは「従順」で「文明化が可能」であるという見方を植えつけるための象徴的役割を担わされていたとする見方が強い。

北部
●**タウン＝ミーティング**…直接民主政の地方自治制度(住民が年数回集合して地方の予算や公的行事を決定)
●自営農民による農業や**商工業**の発達

↕

南部
●**カウンティ制度**(郡単位の代議制)
●主に**黒人奴隷**を使役して、タバコ・米・藍などを栽培する大農園(**プランテーション**)が発達

ⓒ13植民地の南北比較

文献① 印紙税法会議の宣言(1765)

どのような租税であっても、直接人民自身、またはその代表者による同意を得なければ、これを人民に課してはならないことは、人民の自由にとって、……本質的なことである。これら植民地の人民は大英国の庶民院に代表を送っていないし、また地理的事情によって代表を送ることができないのである。

(大下尚一他編『史料が語るアメリカ』有斐閣)

❷イギリスの収入印紙 イギリスは税収増を目的として、公文書や新聞、雑誌などの出版物やトランプにまで政府発行の印紙を購入して貼ることを義務づけた**印紙法**を制定した。

❸ボストン茶会事件 イギリスが植民地の**茶貿易独占権をイギリス東インド会社に与える茶法**を制定すると、茶貿易商をはじめとする植民地住民は猛反発し、東インド会社船から積み荷の紅茶を海中に投げ捨てた。

読み解き 船上から誰が何を捨てているだろう。

歴史のスパイス フランス植民地時代の影響からカナダではフランス語話者も多く、ケベック州の公用語は現在でもフランス語である。

3 アメリカ独立戦争

C 独立戦争の経過

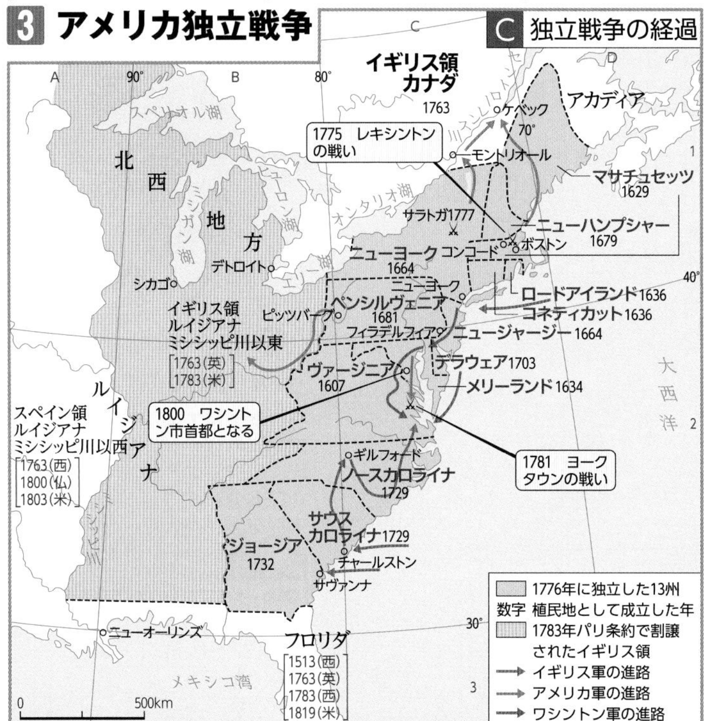

↑❺**独立宣言案の提出** **1776年7月4日**、各植民地の代表は、**フィラデルフィア**において**独立宣言**(➡P.239)を発表した。左の5人が起草委員。独立宣言が採択されたインディペンデンスホールは、今もフィラデルフィアの記念公園に残されている。

建国の父たち
ワシントン(1732～99)とフランクリン(1706～90)

ワシントンは、独立戦争の司令官として人望を集め、**合衆国初代大統領**に選ばれた。**党派対立を調停**して国内政治の安定につとめるなど人気は高かったが、一人の人物への長期間の権力集中を嫌い、大統領の3期目出馬を辞退した。大統領の任期が**2期8年**という慣習(後に憲法修正で法制化)はこれに由来する。フランクリンは、**独立戦争中は駐仏大使としてフランスの参戦を実現**させ、独立戦争を優位に導いた。避雷針などを発明する科学者、印刷業で成功する経済人としての側面もある万能人間であった。

↑❻ワシントン

→❼フランクリン

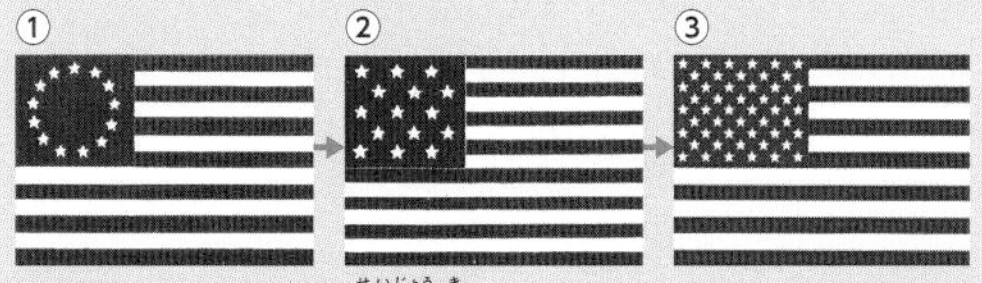

①1777年(最初の国旗)
②1795年(15の星と条)
③1960年(現行の国旗)

↑❺**アメリカ国旗(星条旗 Stars and Stripes)の変遷** 合衆国の国旗は星条旗ともいわれ、13の条は建国当初の13州を表し、白の星は連邦の州の数を表す。星の数は現在まで26回も変更されている。

文献② コモン＝センス(1776)

君主制の仕組みのなかには、きわめて滑稽なものがある。それは、一方では情報を得る手段から国王を遠ざけているのに、他方では、最高度の判断が必要とされる場合にはそのような判断を下す権限を与えている。……かくして各要素が互いに不自然に対立しあい破壊しあっているため、君主制は、全体として馬鹿げた役に立たないものになってしまっている。……最後の手段として武器が抗争を決するだろう。武力に訴えたのは国王の方であり、アメリカ大陸の側は、その挑戦に受けて立った。

(遠藤泰生編『史料で読むアメリカ文化史1』東京大学出版会)

↑❹**トマス＝ペイン** 1774年にイギリスから移住してきた印刷職人。彼が1776年1月に発行した『**コモン＝センス**』は50万部を売り上げ、**独立の機運を高めた**。

読み解き トマス＝ペインは何を否定し、何を主張しているだろう。

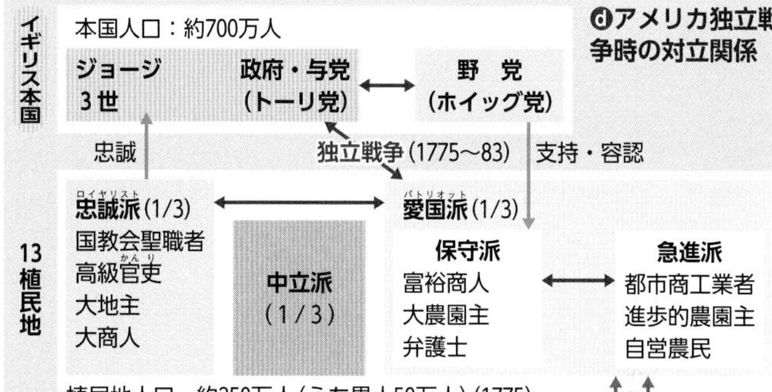

武装中立同盟
ロシア(提唱国)・プロイセン・スウェーデン・デンマーク・ポルトガル

義勇軍
ラ＝ファイエット ➡P.239
サン＝シモン ➡P.238
コシューシコ ➡P.225

フランス(1778)
スペイン(1779)
オランダ(1780)

資料から読み解く アメリカ合衆国憲法

連邦主義 州の自治権と中央政府の権限を折衷
●各州政府…大幅な自治権を保持
●連邦政府…外交・軍事・通商規制・課税などの権限

人民主権 共和政による民主主義

第1条第2節3項 下院議員および直接税は、連邦に加入する各州の人口に比例して、各州の間に配分される。【各州の人口とは、年季契約労役者を含む、自由人の総数をとり、課税されないインディアン[先住民]を除外し、それに自由人以外のすべての人数(すなわち奴隷人口)の5分の3を加えたものとする①。】

①奴隷は5分の3人として計算するという意味 ＊【】内は現在効力を持たない。

(大下尚一他編『史料が語るアメリカ』有斐閣)

三権分立 ●立法…上院(各州に2名の代表、任期6年)
下院(各州の人口に比例して配分、任期2年)
●行政…大統領(国民の間接選挙)
●司法…連邦最高裁判所

文献③ 憲法案への反対(1787)

本憲法の善悪はともかく、条文上憲法が全国政府をめざすものであり、もはや連合を放棄したものであることに間違いはありません。政府全体の性格を何よりもよく示す条文は直接税の課税権です。この権限を独占させることは、とりもなおさず13州の連合を単一の中央集権政府に全面的に変革することです。……単一の全国政府が、数多くの気候帯にまたがり、礼儀や風俗、習慣において多種多様な住民を抱える広大な国に適していると考えられるでしょうか。広大な国を一つの政府が支配すれば必ず人民の自由を滅ぼすことになることを、歴史は明らかにしております。 (歴史学研究会編『世界史史料7』岩波書店)

読み解き
1 独立宣言の理念と異なる点はどこだろう。
2 憲法に反対した人々はどのような点を批判したのだろう。
3 2の反対意見に対して、どのように反論することができるだろう。

歴史のスパイス 合衆国の首都は1790～1800年までがフィラデルフィアで、1800年にどこの州にも属さないワシントンD.C.(コロンビア特別区)に移された。

フランス革命

1 フランス革命の展開 ⊂P.223 ⊃P.244

① 旧制度への第三身分の不満や財政危機、啓蒙思想の広まりを背景として、フランス革命が勃発し、王政は廃止され、自由・平等の精神に基づく国民国家が形成された。

政体	議会	年	月日	事項
絶対王政（ブルボン朝）		1762		ルソー、『社会契約論』刊行 ⊃P.233
		1763		パリ条約…七年戦争の終結
		1774		テュルゴー、財務総監に就任→財政改革(失敗)
		1777		ネッケル、財務総監に就任→財政改革(失敗)
		1786		英仏通商条約の締結
		1787		名士会開催→**三部会**(⊃P.170, 223)招集を要求
		1788		天候不良による全国的凶作
		1789.	1	シェイエス、『第三身分とは何か』刊行
	三部会		5. 5	**三部会**招集(1615、ルイ13世停止以来)
	国民議会		6.17	第三身分 **国民議会** の名称採択
			6.20	**球戯場の誓い**→憲法制定に着手(7.9)
			7.11	ルイ16世、財務総監ネッケルを罷免
			7.14	**バスティーユ牢獄襲撃**→ **革命勃発**
			8. 4	**封建的特権の廃止**宣言(領主裁判権や十分の一税廃止)
			8.26	**人権宣言** ⊃P.239
			10. 5	**ヴェルサイユ行進**(〜10.6)
			11. 2	教会財産の没収・国有化
			12.14	アッシニア(国庫債券)発行
		1790.	7.12	聖職者基本法
		1791.	3	ギルドの廃止　4.2 ミラボー死去
			6.20	**ヴァレンヌ逃亡事件**(国王逃亡未遂)
			7.16	立憲派、フイヤン=クラブ結成
			8.27	ピルニッツ宣言(プロイセン・オーストリア、革命干渉表明)
			9. 3	1791年憲法可決
立憲君主政	立法議会		10. 1	**立法議会** 招集
		1792.	3.23	ジロンド派内閣成立
			4.20	**オーストリアに宣戦** → **革命戦争始まる**
			8.10	**8月10日事件**(王権停止と普通選挙による国民公会の招集を決定)
			9.20	ヴァルミーでフランス軍勝利
第一共和政	国民公会		9.20	**国民公会** 招集
			9.21	王政廃止 →**共和国宣言**(第一共和政)(9.22)
		1793.	1.21	**ルイ16世処刑**
			2.13	**第1回対仏大同盟成立**(ピット提唱)
			2.24	徴兵制採用
			3	ヴァンデの農民反乱
			3.10	革命裁判所設置
			4. 6	公安委員会設置
	ジャコバン派の独裁		6. 2	**ジャコバン派の独裁**(〜94.7)
			6.24	1793年憲法(ジャコバン憲法)可決
			7.17	**封建地代の無償廃止**
			9.29	一般最高価格令
			10. 5	革命暦採用決定
			10.16	マリ=アントワネット処刑
			11.10	理性崇拝の宗教創始
		1794.	4. 5	ダントン処刑
			7.27	**テルミドールのクーデタ**
			7.28	**ロベスピエール処刑**
		1795.	8.22	1795年憲法制定
			10.26	**国民公会解散** → **総裁政府** 成立(10.27)
総裁政府	五百人会・元老会	1796.	5.10	バブーフの政府転覆の計画発覚
		1799.	11. 9	**ブリュメール18日のクーデタ** →ナポレオン、総裁政府倒す

絶対王政派 × 立憲君主派 ／ ジャコバン=クラブ設立 ／ (分裂) ／ フイヤン派 × ジロンド派 ／ ジロンド派 × ジャコバン派 ／ 恐怖政治 ／ テルミドール派

2 革命前夜

＊数値は遅塚忠躬『フランス革命』岩波ジュニア新書による

資料から読み解く 革命前の社会

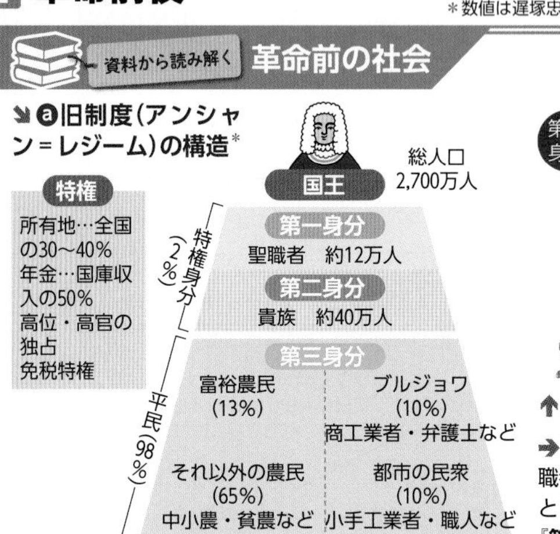

↑❶革命前の風刺画

→❷シェイエス　聖職者だが第三身分代表として三部会に選出。『第三身分とは何か』で革命の口火を切った。

文献① 第三身分とは何か(1789)

1　第三身分とは何か。すべてである。
2　第三身分は、今日まで、政治秩序のなかで何であったか。無である。
3　第三身分は何を要求するのか。そこで、それ相当のものになることを。

(河野健二編『資料フランス革命』岩波書店)

読み解き

1 第一、第二身分はどのような立場だっただろう。
2 第三身分は何に不満を持っていただろう。
3 なぜ旧体制に対する革命が起こったのだろう。

←❸三部会の開会式　ヴェルサイユにおいて開かれた。開会後は従来の**身分別議決を主張する特権身分と一人一票を求める第三身分**が激しく対立した。

←❹ルイ16世(1754〜93)　**ヴァレンヌ逃亡事件**で国民の信頼を失った。

↓❺球戯場の誓い　議場を閉鎖された「**第三身分**」の代表たちは屋内球戯場に移り、**球戯場の誓い**を発表した。

文献② 球戯場の誓い(1789)

この議会の全構成員は、王国の国憲が決定され、確固たる基礎の上に根づくまでは、決して解散せず、事情のおもむくままにいずこにでも集合するという厳粛な宣誓を直に行なうであろう。

(河野健二編『資料フランス革命』岩波書店)

読み解き

1 ここに参加している人たちは何を要求しているのだろう。
2 集まっている人々はどのような身分の人だろう。

A 革命当時のパリ

3 革命の勃発(ぼっぱつ)と進展

↑❻バスティーユ牢獄(ろうごく)襲撃　改革派の財務総監**ネッケル**の罷免に反発し、**パリ民衆**は絶対王政の象徴とみなされていた牢獄を襲撃。この後、全国的に**「大恐怖」と呼ばれる農民反乱**が多発した。

↑❼ヴェルサイユ行進　食料品の値上がりに苦しむ**パリの女性たち**は、ヴェルサイユまで行進して、国王に窮状(きゅうじょう)を訴えた。これを機に、興奮した民衆によって**国王一家はパリへ連行**され、以降テュイルリー宮殿がその居所となった。

B 革命時代のフランス

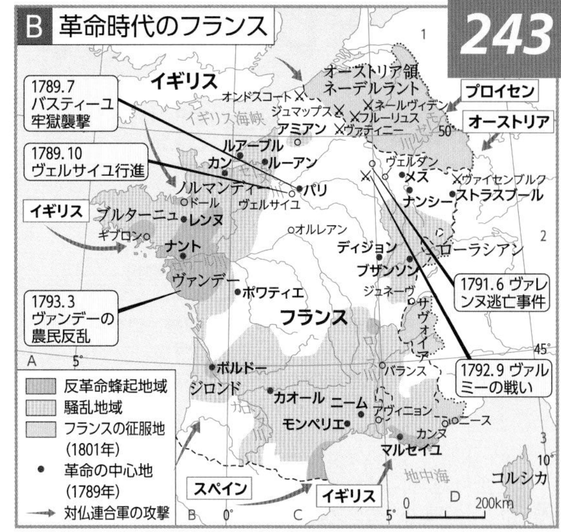

↑❽ヴァレンヌ逃亡事件の風刺画(「小屋に連れ戻されるブタの家族」、18世紀末)

読み解き
1 国王一家はどう描かれているだろう。
2 その理由は何だろう。

←❾処刑されるルイ16世　国民公会で行われた裁判により、ルイ16世はギロチンで処刑された。革命中に反革命罪で処刑された者は1万6,000人に及ぶとされる。

↙❿マリ＝アントワネット　**マリア＝テレジア**の娘で、七年戦争後に**オーストリアとフランスの関係改善のため**にルイ16世に嫁(とつ)いだ。明るく無邪気な性格であったが、外国出身ということやその奔放な言動から、国民には嫌われた。革命期には内乱扇動(せんどう)の罪に問われ、ジャコバン独裁期に処刑された。

ヨーロッパ

革命期の諸派

フイヤン派	ジロンド派
立憲君主主義 人物…ラ＝ファイエット、シェイエス	穏健共和主義 ●ブルジョワの利益優先

ジャコバン派(山岳派)　急進的共和主義
人物…ロベスピエール、ダントン、マラー
●都市の民衆・農民と結んで革命を徹底
マラーがジロンド派支持者に刺殺されると、ダントンとロベスピエールが政府の中心となった。ジロンド派への対応をめぐる対立からダントンが処刑され、**ロベスピエールが独裁的な恐怖政治**を行った。

↓⓫マラーの死(ダヴィド筆)

→⓬ダントン(1759～94)

→⓭ロベスピエール(1758～94)

文献 3 ロベスピエールの思想
●王という名のみが、興奮した国民のうえに戦争の災厄(さいやく)をひきよせる。投獄も追放も、彼の存在を公共の幸福にとってかかわりのないものとはなしえない。……祖国が生きねばならないがゆえにルイは死すべきである。
●平時における人民政府の活力が徳であるとすれば、革命時における人民政府の活力は、徳と恐怖の双方である。徳なくしては恐怖は有害であり、恐怖なくしては徳は無力である。
(河野健二編『資料フランス革命』岩波書店)

読み解き
1 ロベスピエールは国王の何を批判しているだろう。
2 なぜ恐怖政治を行ったのだろう。

革命による社会の変化

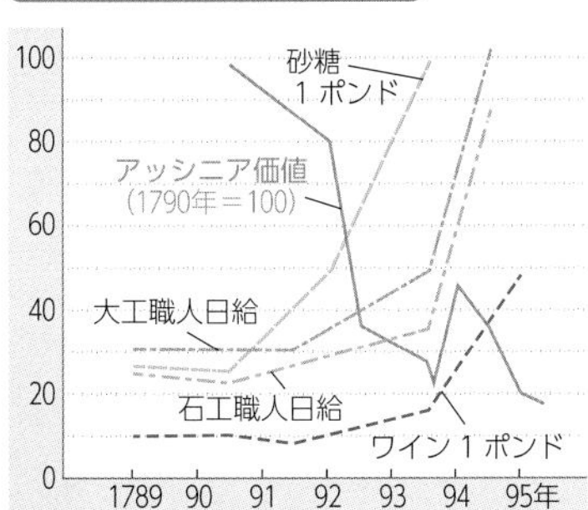

↑ⓑ賃金と物価の推移　革命期に発行された**アッシニア紙幣**の価値暴落とともに物価も上昇した。物価高騰(こうとう)と食糧不足は暴動の要因にもなったが、労働者の賃金が上昇していることから、庶民(しょみん)の生活水準はある程度向上したとも考えられる。

ⓒ革命期の改革

国民国家の形成
●国旗・国歌の制定 ➡P.247
●統一フランス語の普及 ➡P.247
●徴兵制

旧体制の刷新
●ギルドの廃止
●革命暦の導入
●メートル法(度量衡(どりょうこう)の全国統一)
●理性崇拝(すうはい)、最高存在の導入

ヴァンデミエール(葡萄(ぶどう)月)	9月22日～
ブリュメール(霧月)	10月22日～
⋮	
フロレアール(花)	4月20日～
プレリアール(草月)	5月20日～
メッシドール(収穫月)	6月19日～
テルミドール(熱月)	7月19日～
フリュクティドール(実月)	8月18日～

↑ⓓ革命暦の採用(1793.10. 5 ～1806. 1 . 1)　30日×12＋5日(サンキュロットの日)で365日とし、週を廃止して1カ月を三旬とすることで、**キリスト教的時間の撤廃**をはかった。

読み解き
1 なぜ9月22日から始まるのだろう。
2 なぜキリスト教的時間を撤廃したのだろう。

	1791年憲法(1791. 9 . 3)	1793年憲法(1793. 6 .24)	1795年憲法(1795. 8 .22)
制定	国民議会	国民公会	国民公会
政体	**立憲君主政**	**急進的共和政**	**ブルジョワ共和政**
議会	**立法議会**(一院制)	**国民公会**(一院制)	五百人会・元老会(二院制)
選挙	間接・制限選挙	**男性普通選挙**	間接・制限選挙
特徴	自由・所有・圧政への抵抗などを人権宣言などをふくむ	教育権・社会保障・労働権など社会的権利も規定	独裁を排除するため**権力を分散**(5人の総裁)

↑ⓔ革命下の三憲法

歴史のスパイス　革命時の民衆を「サンキュロット」というが、特権身分がはいていたキュロット(半ズボン)をはいていないという意味である。

ナポレオン時代

1 ナポレオン関係年表 ←P.242 →P.251

政体	年齢	主な出来事	
絶対王政・ブルボン朝	0	1769. 8 コルシカ島の貴族の家に生まれる	
	15	1784.10 パリ士官学校に入学	
	16	1785.10 少尉となり、ヴァランスに勤務	
第一共和政	23	1793. 1 ルイ16世処刑 → 第1回対仏大同盟	ナポレオンの台頭
	25	1794. 9 **テルミドールのクーデタ**後、ロベスピエール派として投獄される	
	26	1795.10 王党派の反乱を鎮圧し名声を得る	
総裁政府		1796. 3 ジョゼフィーヌと結婚	
		3 イタリア遠征軍司令官となる →イタリア遠征開始(～1797)	
	28	1797.10 カンポ＝フォルミオ条約(対墺) …解消	
		1798. 5 エジプト遠征(～1799) → 第2回対仏大同盟	
		兵士らよ、このピラミッドの上から4000年の歴史が諸君を見下ろしている	
	29	8 アブキール湾海戦でネルソンに敗れる	
	30	1799.11 **ブリュメール18日のクーデタ** 総裁政府を倒す	権力の掌握
統領政府		12 **統領政府を樹立し、第一統領に就任**	
		1800. 1 フランス銀行設立	
		5 第2次イタリア遠征(～1801)	
		6 マレンゴの戦い(オーストリア軍撃破)	
	31	1801. 7 コンコルダート(宗教協約)を結び、教皇庁と和解	
	32	1802. 3 **アミアンの和約**(対英) …解消	
	33	8 終身統領となる	
	34	1804. 3 **ナポレオン法典発布**	
第一帝政	34	1804. 5 **国民投票で皇帝となる** → 第3回対仏大同盟	ナポレオンの支配全盛
		私は諸君が祖国の栄光のために有用であると信じる称号を受けとろう	
	36	1805.10 **トラファルガーの海戦**でネルソンに敗北	
		12 **アウステルリッツの三帝会戦(対墺・露)** プレスブルク条約(対墺) …解消	
		1806. 3 兄ジョゼフ、ナポリ王となる	
		6 弟ルイ、オランダ王となる	
		7 **ライン同盟結成**	
	37	8 フランツ2世退位→**神聖ローマ帝国消滅**	
		10 イエナ・アウエルシュテットの戦い	
		11 **大陸封鎖令**(ベルリン勅令)	
		1807. 7 **ティルジット条約**(対普・露) ワルシャワ大公国成立	
	38	10 **プロイセン改革**開始(**シュタイン・ハルデンベルク**らによる農民解放など)	
		関 フィヒテ、ベルリンで「ドイツ国民に告ぐ」の連続講演(～1808) →P.247	
		1808. 5 スペインの反乱始まる	
		6 義弟ミュラはナポリ王に、ナポリ王ジョゼフはスペイン王となる	
	40	1809.12 ジョゼフィーヌと離婚	
		1810. 4 ハプスブルク家のマリ＝ルイーズと結婚	
	41	12 ロシア、大陸封鎖令を破棄	
	42	1812. 6 **ロシア遠征**(～1812.12)→失敗 → 第4回対仏大同盟	ナポレオンの没落
	43	1813. 3 ドイツ解放戦争開始	
	44	10 **ライプツィヒの戦い**(諸国民戦争)	
ブルボン朝・復古王政	44	1814. 4 ナポレオン退位 …解消	
		5 エルバ島配流、ルイ18世即位	
	45	9 **ウィーン会議**(～1815.6) →P.248	
		1815. 2 エルバ島を脱出	
		3 復位…百日天下	
		6 **ワーテルローの戦い**→敗北	
	46	10 セントヘレナ島配流	
	51	1821. 5 セントヘレナ島で死去	

2 ナポレオンの台頭

❶：ダヴィド筆、マルメゾン美術館蔵
❷：ドラローシュ筆、ルーヴル美術館蔵

→❶「サン＝ベルナール峠を越えるボナパルト」(左)と❷「アルプスを越えるボナパルト」(右) ❶は第2次イタリア遠征のアルプス越えの様子を画家**ダヴィド**に描かせたもの。❷の方が現実に近いとされている。

読み解き

1 ❶の絵にはなぜハンニバルやカール大帝の名前が描かれているのだろう。
2 なぜ実際とは異なる❶の絵が描かれたのだろう。

ⓐボナパルト家の系図

- レティツィア＝ラモリノ ＝ シャルル＝ボナパルト
  - ジェローム(弟)(ウェストファリア王 1807～13)
  - ジョゼフ(兄)(ナポリ王 1806～08、スペイン王1808～13)
  - **ナポレオン1世**(1804～14) ＝ ジョゼフィーヌ
  - **ナポレオン1世** ＝ マリ＝ルイーズ(ハプスブルク家皇女) → ナポレオン2世(ローマ王 1811)
  - ルイ(弟)(オランダ王 1806～10) ＝ オルタンス＝ド＝ボーアルネ(前夫の子) → **ナポレオン3世**(1852～70)

↑❸**ジョゼフィーヌ**(左、1763～1814)と❹**マリ＝ルイーズ**(右、1791～1847) ナポレオンは戦場からもラブレターを送るほど、ジョゼフィーヌにほれこんで結婚した。しかし、子どもが生まれないこともあって両者は離婚し、ナポレオンは**オーストリア皇女**マリ＝ルイーズと再婚し、世継ぎの男子も誕生した。

↑❺**ナポレオン大陸帝国とイギリス海洋帝国の対立** テーブルの「地球」を英首相**ピット**とナポレオンが取り合っている。ピットは三度にわたり対仏大同盟を組織した。

国(年代)	結成の動機	参加国
第1回(1793～97)	ルイ16世の処刑	英・普・墺・露・西・蘭
第2回(1799～1802)	ナポレオンのエジプト遠征	英・墺・露・オスマン帝国・ポルトガル
第3回(1805)	ナポレオンの皇帝即位	英・墺・露・スウェーデン
第4回(1813)	ナポレオンのロシア遠征失敗	デンマーク以外の全ヨーロッパ

↑ⓑ**対仏大同盟**＊

＊対仏大同盟は上記の4回のほか、1806～07、1809、1815のものを加えて計7回とする数え方もある。その場合、上の第4回は第6回となる。

文献 1 ベルリン勅令(1806)

5 ［イギリスによる］封鎖権の恐るべき弊害は民族間の交通を妨害し、大陸の工業および商業の廃墟の上にイギリスの商業および工業を育成せんとする意図にほかならないこと。

6 イギリスの意図は明らかにかくのごときものであり、大陸においてイギリス商品の取引をおこなおうとするものは、だれでもそこにおいてイギリスの計画を援助し、共謀者となること。

……以上の理由によりイギリスに対して海事法のもとに許された慣習を適用することを決意した。……

1 イギリス諸島を封鎖状態に置くこと……。

(木村尚三郎監修『世界史資料(下)』東京法令出版)

読み解き

1 イギリスとの何を禁止しようとしているのだろう。
2 その目的は何だろう。

→❻**トラファルガー広場のネルソン** イギリスの海軍提督。エジプトでナポレオンを破る。**トラファルガーの海戦**でも勝利したが自身は戦死。戦勝を記念したロンドンのトラファルガー広場には今も彼の像が立っている。

歴史のスパイス セントヘレナ島で死去したナポレオンの遺骸は、七月王政期の1840年にパリへ戻され、盛大な式典の後にアンヴァリッドに安置された。

3 ナポレオンの時代

→❼**「皇帝ナポレオン１世と皇妃ジョゼフィーヌの戴冠」** 1804年12月、パリのノートルダム大聖堂で、ナポレオンの戴冠式が行われた。教皇ピウス７世も招かれていたが、ナポレオンは自らの手で戴冠した後、妻ジョゼフィーヌにも皇妃の冠を授けた。

読み解き 教皇を招待したにもかかわらず、ナポレオンはなぜ自ら戴冠したのだろう。

ダヴィド筆、ルーヴル美術館蔵、1806～07年、621×979cm

ダヴィド
母レティツィア（実際は参加せず）
兄ジョゼフ
弟ルイ
ジョゼフィーヌ
ナポレオン
ピウス７世
タレーラン

文献②ナポレオン法典（1804）

第213条　夫は妻を保護する義務があり、妻は夫に従う義務がある。
第215条　妻は、……夫の許可なく裁判所に訴訟を起こすことはできない。
第371条　子は、いかなる年齢であれ、その父母に対して尊敬と敬意を払わなければならない。
第544条　所有権とは、最も絶対的な方法で物を使用し、処分する権利である。ただし、法律や命令が禁じる方法では行使することができない。
第545条　何人も、公共の利益のためかつ、事前に正当な補償を受けるのでなければ、所有権の譲渡を強制されない。
第1134条　適法に結ばれた合意は、当事者間では法律としての効力を有する。……
第1382条　他人に対して損害を与えた者は、その過失によって生じた損害を賠償する義務を負う。

（フランス国立図書館ウェブページをもとに作成）

読み解き 私たちの社会でも適用される内容はどれだろう。

チェック　プロイセン改革

- 農民解放令
- 地方行政改革…市民自治の導入
- 国内関税の撤廃
- 軍制改革…徴兵による国民軍創出
- 教育改革…ベルリン大学の創設

ナポレオン軍に敗れたプロイセンでは、国制改革のために**シュタイン**や**ハルデンベルク**によって近代化改革が進められた。しかし、それは「上からの改革」であり、領主層（ユンカー）の特権は維持された。

A ナポレオン時代のヨーロッパ（1812年頃）

イギリス軍の進路
→ 地中海・エジプト遠征（1798）
→ スペイン遠征（1808～09）
→ ロシア軍の進路
→ 連合軍の進路
大陸封鎖線（1806）
1804年のフランス帝国
1812年までの獲得
フランス帝国治下の諸国
フランス帝国に従属した諸国
ライン同盟の境界
フランスの同盟諸国

ナポレオンの進路
→ 第１次イタリア遠征（1796～97）
→ エジプト遠征（1798～99）
→ 第２次イタリア遠征（1800）
→ ドイツ・オーストリア遠征（1805～06）
→ スペイン遠征（1807～08）
→ ロシア遠征（1812）
→ エルバ島脱出（1815）
→ セントヘレナへ配流（1815）
▲ 主な民族運動発生地
● 主要条約締結地
× 主な戦場

1806 大陸封鎖令（ベルリン勅令）
1813 ライプツィヒの戦い（諸国民戦争）
1807 ティルジット条約
1815 ワーテルローの戦い
1802 アミアンの和約
1805 アウステルリッツの三帝会戦
1805 トラファルガーの海戦
1812.9.7 ボロディノ
1812.9.14入城 1812.10.19退却 モスクワ

デンマーク・ノルウェー王国　スウェーデン王国　フィンランド　大ブリテン＝アイルランド連合王国（イギリス王国）　オランダ王国　プロイセン　ワルシャワ大公国　ロシア帝国　ライン同盟　オーストリア帝国　フランス帝国　スイス　ポルトガル王国　スペイン王国　イタリア王国　教皇領　ナポリ王国　サルデーニャ王国　シチリア王国　オスマン帝国　セントヘレナ（英）

4 ナポレオンの没落

→❽**「1808年５月３日」**（ゴヤ筆） スペインで起きた抵抗運動に対してフランス軍は武力で弾圧しようとしたが、**スペイン民衆のゲリラ戦**は続き、フランス軍は1814年に撤退した。

読み解き
1 白い服の男性は誰を象徴しているだろう。
2 その意図は何だろう。

→❾**白シャツの男の手に描かれた聖痕** 十字架に磔にされたイエスの手の傷を象徴している。

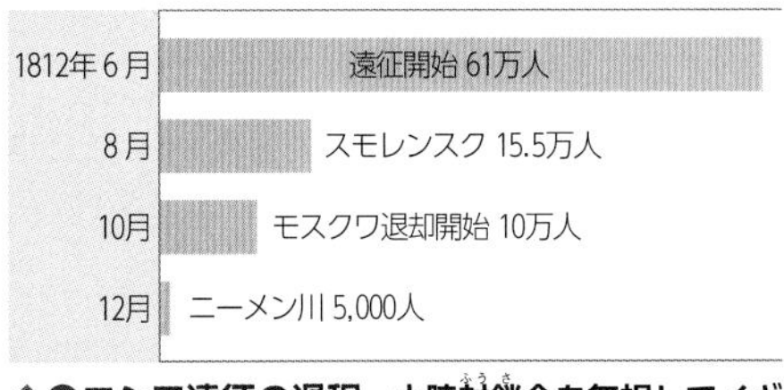

↑**Ⓒロシア遠征の過程** **大陸封鎖令を無視してイギリスと通商を続けるロシア**に対してナポレオンは遠征を行った。ロシア軍は退却しながら**モスクワ**など主要都市を放火、ナポレオン軍は物資が得られないうえ、冬の寒さ（「冬将軍」）にも耐えられずに撤退した。

歴史のスパイス ベートーヴェンはナポレオンを称えて「ボナパルト」と名づけた交響曲を作曲したが、皇帝即位の報を聞いて失望し、曲名を「英雄」へ変更した。

ラテンアメリカ諸国の独立

	年代・出来事	ヨーロッパの動き
征服と植民	16〜17世紀　銀鉱山開発 17〜18世紀　砂糖プランテーション開発 植民者・先住民・黒人奴隷間の混血	本国による植民地統治
植民地の独立	1804　**ハイチ、フランスより独立** 1810　メキシコでイダルゴの独立運動開始 1811　パラグアイ独立 1816　アルゼンチン独立 1818　チリ独立 1819　大コロンビア独立(コロンビア・ベネズエラ・エクアドル) 1821　メキシコ・ペルー独立 1822　**ブラジル、ポルトガルより独立** ナポレオン戦争中に本国から亡命していたポルトガル王家の王子が残り、独立を宣言して帝政となる。 1823　中央アメリカ連邦独立(コスタリカ・グアテマラ・ホンジュラス・ニカラグア・エルサルバドル) 1825　ボリビア独立	ナポレオン戦争 ウィーン体制の干渉失敗 ↑ **カニング外交**[イギリス] **モンロー教書**(1823)[アメリカ]
対立と抗争	1830　大コロンビア解体 1844　ドミニカ、ハイチから分離独立 1846　**アメリカ＝メキシコ戦争**(〜48) →メキシコはカリフォルニアを割譲 1858　メキシコ、**フアレス大統領**(〜72)	**ナポレオン3世のメキシコ出兵**(1861〜67)
アメリカの膨張	1877　メキシコでディアスの独裁開始 1889　第1回**パン＝アメリカ会議** ブラジルで共和革命 1898　**アメリカ＝スペイン戦争**で キューバがアメリカの支配下 →アメリカの保護国として独立(1902) 1903　パナマ、コロンビアから独立 米、パナマと運河条約調印 1910　**メキシコ革命**(〜17) 1914　**パナマ運河開通**➲P.287 (大土地プランテーションの発展 モノカルチャーの進展)	工業化の進展 ↓ 食料・工業用原料の需要増大

資料から読み解く　独立の比較

文献①　トゥサン＝ルヴェルチュールの呼びかけ(1793)

同胞、友人諸君。私はトゥサン＝ルヴェルチュールである。諸君はおそらく私の名前を知っているだろう。私は<u>復讐</u>に着手した。私は自由と平等が[フランス領]サン＝ドマング[ハイチ]に君臨することを望んでいる。私はその実現のために働く。同胞諸君、われらのもとに結集し、同じ大義のためにともに闘おう。

(歴史学研究会編『世界史史料7』岩波書店)

→❶**トゥサン＝ルヴェルチュール**(1743〜1803)　フランス革命を受け、**フランス領サン＝ドマング(ハイチ)**で起きた、黒人奴隷による蜂起の指導者。最後は捕らえられてフランスで獄死するが、反乱軍はフランス軍を撃退し、**ハイチは1804年にラテンアメリカ最初の独立国かつ最初の黒人共和国となった。**

支配層	ペニンスラール(本国から派遣された白人)	官吏、軍人、教会関係者
	↓差別	
支配層	クリオーリョ(植民地生まれの白人)	大農園主、鉱山主、大商人
被支配層	メスティーソ(白人と先住民の混血)	小作農、小売商、職人、鉱山労働者
被支配層	ムラート(白人と黒人の混血) 黒人と先住民の混血 インディヘナ(先住民)	鉱山労働などの過酷な労働
被支配層	アフリカ出身の黒人	プランテーションでの労働

←ⓐ**植民地時代のラテンアメリカの社会構造**　混血の進行により、多様な社会階層が形成された。その中で**クリオーリョ**が**アシエンダ制**(大農園経営)で地位を高め、独立運動の中心となった。しかし、メスティーソやムラート、先住民などは、**独立後も地主であるクリオーリョに支配された。**

↓ⓑ**環大西洋圏の地域別奴隷輸入数**(1601〜1867)

(棒グラフ:1601-1700、1701-1800、1801-1866 ／ ブラジル、スペイン領、フランス領カリブ ／ 0　50　100　150　200(万人))

読み解き

1. ①の下線部の「復讐」とは何だろう。
2. 南米の独立はどのような人たちが主体だろう。
3. 南米とハイチの独立は何が異なっているだろう。

←❷**シモン＝ボリバル**(1783〜1830)　1810年より独立運動を指導し、コロンビア・エクアドル・ベネズエラを解放。ボリビアという国名は彼の名にちなむ。

←❸**サン＝マルティン**(1778〜1850)　アルゼンチン出身のクリオーリョ。**アルゼンチンの独立**を指導した後、**チリを解放**。ペルーへ侵入して独立を宣言した後、引退。

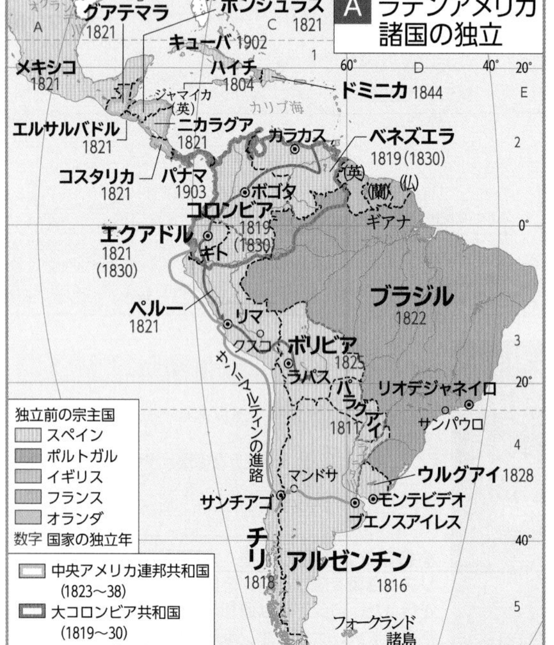

メキシコの歴史

独立と混乱の時代
- 1821　スペインから独立
- 1836　テキサスがメキシコから独立宣言
- 1846　**アメリカ＝メキシコ戦争**(〜48)
  →ニューメキシコ・カリフォルニアを割譲

フアレス政権(1853〜72)
- 自由主義政策…教会財産の没収、土地改革の推進
- 1861　**ナポレオン3世のメキシコ出兵**(〜67)
  →オーストリア皇帝の弟マクシミリアンを皇帝につける
  →アメリカの反対と民衆の抵抗で失敗

ディアスの独裁(1877〜80、84〜1911)
- 米英資本の導入→工業化の進展と経済格差の拡大

メキシコ革命(1910〜17)　ディアス政権を打倒
- マデロ政権(1911〜13)…土地改革は不徹底のまま国内革命派の抗戦
- ↓ ウエルタ政権(1913〜14)…農民派(**サパタ**やビリャ)と地主派(カランサ)が組んで権力を奪還。アメリカも干渉
- ↓ カランサ政権(1917〜20)…メキシコ憲法制定(1917)　労働権の確立、土地所有権の国家への帰属など

- カルデナス政権(1934〜40)…農地改革や石油産業の国有化

↑❹**イダルゴ**(1753〜1811)　自らはクリオーリョ層の司祭だが、**インディヘナやメスティーソを率いてスペインからの独立運動**を主導した。反乱は鎮圧され、独立はそのクリオーリョ支配層により実現したが、現在でもメキシコ独立の象徴的存在である。

→❺**サパタ**(1879〜1919)　**ディアスの独裁政権**に対して、**ビリャ**とともに農民反乱を率いた農民指導者。二人は暗殺されたが、現在も庶民からの人気は高い。

歴史のスパイス　ボリバルはラテンアメリカの地域統合をめざして1826年にパナマ会議を主催したが、ペルーからのボリビア独立、大コロンビアの分裂を受けて、失意のうちに死亡した。

ナショナリズム

チャレンジする前に!

19世紀のヨーロッパでは、フランス革命やナポレオン戦争を通じてヨーロッパ各地でナショナリズムが高揚した。ナショナリズムとは「国民国家」の建設をめざす思想・運動であり、「国民(ネイション)は共通の属性を持つ均質な存在であり、その一体性は歴史的連続性と文化的同質性によって根拠づけられる」という理念によって支えられる。現実には文化や言語、民族性などが多様であったため、領域内の人々を「国民」として一体化させるために統合が促進された。このページでは、そうしたナショナリズムに文化が密接に関連していたことや、国民統合のあり方を見ていく。一方で、統合から「排除」された場合や「独自性が拒絶」された人々の存在にも注意を払う必要もある。

文献 ① 「最後の授業」

『みなさん、私が授業をするのはこれが最後です。**アルザスとロレーヌの学校では、ドイツ語しか教えてはいけないという命令が、ベルリンから来ました**……新しい先生が明日見えます。今日はフランス語の最後のおけいこです、どうかよく注意してください。』……フランス語の最後の授業!……それだのに私はやっと書けるくらい!ではもう習うことはできないのだろうか!……それから、アメル先生は、フランス語について、つぎからつぎへと話を始めた。フランス語は世界じゅうでいちばん美しい、いちばんはっきりした、いちばん力強い言葉であることや、ある民族がどれいとなっても、その国語を保っているかぎりは、そのろう獄のかぎを握っているようなものだから、私たちのあいだでフランス語をよく守って、決して忘れてはならないことを話した。……『みなさん、』と彼は言った。『みなさん、私は……私は……』しかし何かが彼の息を詰まらせた。彼は言葉を終ることができなかった。そこで彼は黒板の方へ向きなおると、白墨を一つ手にとって、ありったけの力でしっかりと、できるだけ大きな字で書いた。『フランスばんざい!』

(ドーデー著、桜田佐訳『月曜物語』岩波書店)

読み解き

1 なぜアメル先生は下線部のようなことをいったのだろう。
2 なぜドーデはこのような小説を書いたのだろう。

➔❶**ドーデ**(1840～97) フランスの小説家ドーデが1873年に発表した「最後の授業」では、プロイセン=フランス戦争に敗北した後のアルザス地方の学校の一場面が描かれる。なお、この地域ではドイツ語の方言ともいえるアルザス語が話されていた。

1 ナショナリズムと文化

文化・芸術は時にナショナリズムを高揚させることがある。また、ナショナリズムにインスピレーションを受けて作品がつくられることもある。ロマン主義は民族の伝統や歴史を重視し、感情に訴えかける作風などナショナリズムと結びつきが強かった。

↗❷**バイロン**(1788～1824) イギリスの詩人。ギリシア独立戦争(➲P.249)に義勇兵として参加したが、現地で病死した。彼にとってこの戦争は、異教徒に対するキリスト教徒の聖戦、古代ギリシア文明の栄光の再生という意味を持っていた。

←❸**ドラクロワ「キオス島の虐殺」** ロマン派の代表的画家ドラクロワの作品。ギリシア独立戦争中のオスマン帝国によるギリシア人虐殺の悲劇をドラマチックに描き、ギリシアの救援を訴えた。ルーヴル美術館蔵、1824年、417×354cm

文献 ② ショパンの手紙

いかに多くの人民を欺瞞してきた保守官どもとともに、抑圧された[ポーランドの]人民が屍と化したことか。……おお、神よ、汝はおわすや。神はおわすも、復讐せず!神よ、あなたはこのロシヤ人どもの犯罪をあきるほどごらんになったのではないでしょうか……それともあなた自身がロシヤ人なのですか?

(アーサー=ヘドレイ編、小松雄一郎訳『ショパンの手紙』白水社)

←❹**ショパン**(1810～49) ポーランドの作曲家。七月革命(➲P.249)の影響で起きた祖国ポーランドの独立運動が弾圧された悲報を旅行中に聞き、深い悲しみと怒りから練習曲「革命」を作曲した。

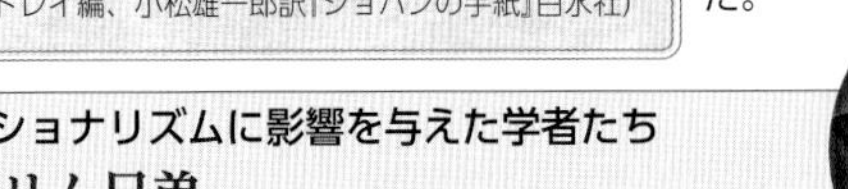

ナショナリズムに影響を与えた学者たち

グリム兄弟

(兄ヤーコプ[1785～1863]、弟ヴィルヘルム[1786～1859])

ランケ(1795～1886)➲P.6

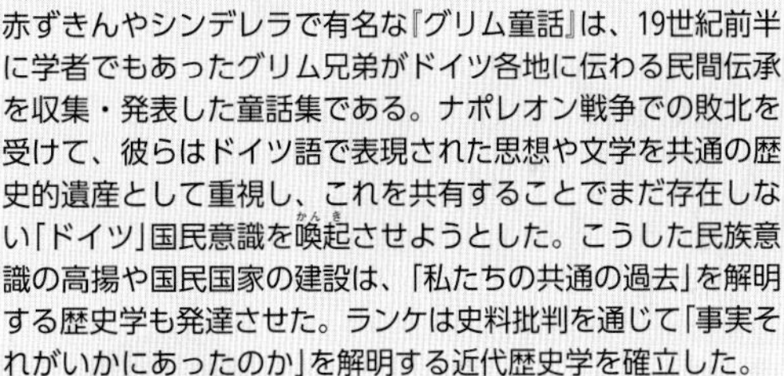

赤ずきんやシンデレラで有名な『グリム童話』は、19世紀前半に学者でもあったグリム兄弟がドイツ各地に伝わる民間伝承を収集・発表した童話集である。ナポレオン戦争での敗北を受けて、彼らはドイツ語で表現された思想や文学を共通の歴史的遺産として重視し、これを共有することでまだ存在しない「ドイツ」国民意識を喚起させようとした。こうした民族意識の高揚や国民国家の建設は、「私たちの共通の過去」を解明する歴史学も発達させた。ランケは史料批判を通じて「事実それがいかにあったのか」を解明する近代歴史学を確立した。

↑❺**グリム兄弟**

↑❻**ランケ**

2 国民の統合

↑❼**三色旗** 国旗や国歌はしばしば国民統合・ナショナリズム高揚の象徴として機能する。三色旗は1789年のバスティーユ襲撃の翌日に、ラ=ファイエットがパリの色である青と赤に王家の色である白を加え、国民衛兵の帽章の色としたことに始まる。革命の象徴として1794年に制定された。

文献 ③ フランス国歌「ラ=マルセイエーズ」

……たて、祖国の子ら、今こそ栄光の日は来たぞ!われらに向かって暴虐の血生臭い旗がひるがえる!きこえるか、野に山に、あの暴虐どもの吼えるのが。やつらはすでにわれらの腕にせまり、われらの子、われらの妻を殺そうとしている!武器をとれ、市民たち!君らの部隊をつくれ!すすめ!すすめ!けがれた血でわれらの畝を潤そう!

文献 ④ バレール[①]によるフランス語教育についての演説(1794)

言語を民衆化すべきである。野蛮な国民のただなかに洗練された国民をつくるかのような、言語の貴族政を打破しなければならない。我々は政府、諸法、習慣、風俗、服装、商業、そして思考さえも変革した。それゆえそれらの**日々の道具である言語を変革しよう**。……市民諸君、自由な人民の言語は唯一であり、全人民にとって同一であるべきだ。

①フランス革命期の政治家(河野健二編『資料フランス革命』岩波書店)

読み解き

1 なぜ下線部のようなことが主張されたのだろう。
2 国民国家にとって「国語」とはどのような存在だろう。

文献 ⑤ フィヒテ「ドイツ国民に告ぐ」(1807～08)

すべての場所でドイツ魂が燃え上がり、決断と行動へと駆りたてるであろうことを願うのです。……祖国が外国との交流において没落を免れることができ、また自ら充足して、**いかなる隷属にも甘んじない**自己をふたたび獲得することができるのは、このドイツという共通の特性だけなのです。……私が予告しておいた救済手段というのは、次のようなことであることが明らかになってきます。すなわち、……一般的、国民的なものとしては存在しなかったような自己を育成することであり、また以前の生命が失われ、外国の生命の附加物になってしまった国民をまったく新しい生命をもつように教育することです。……

(フィヒテ著、石原達二訳『ドイツ国民に告ぐ』玉川大学出版部)

読み解き

1 下線部はどの国への隷属を意味しているのだろう。
2 なぜ、フィヒテはこのような講演を行ったのだろう。

↓❽**フィヒテ**(1762～1814) プロイセンの大学教授で、ナポレオン軍に敗北後のベルリンで「ドイツ国民に告ぐ」と題した連続公演を行った。

まとめの考察

❶現代社会や私たちの身の回りでナショナリズムのシンボルと考えられる事例にはどのようなものがあるだろう。
❷統合から排除された人々の存在や「複数の国民性」を持つ場合など、「国民国家」の枠組みでは説明できない事例や課題を考えてみよう。

ウィーン体制

1 ウィーン体制下のヨーロッパ

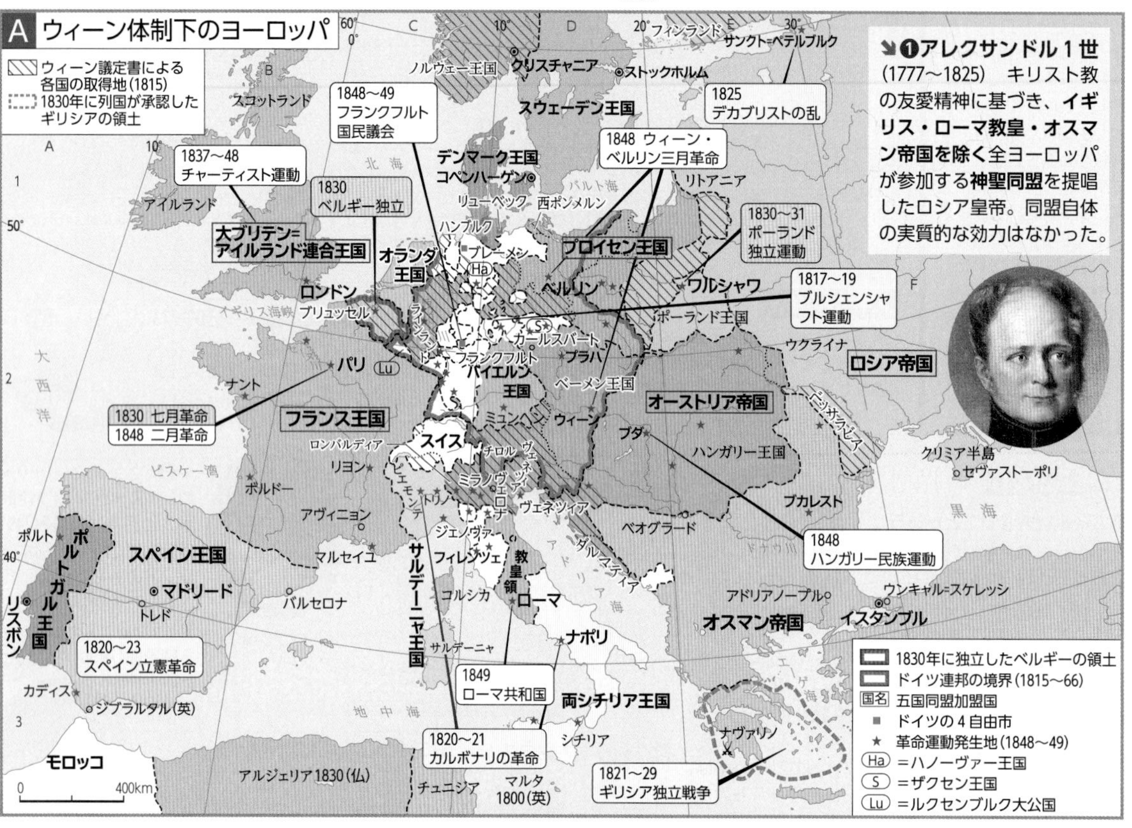

➘❶アレクサンドル1世(1777〜1825) キリスト教の友愛精神に基づき、**イギリス・ローマ教皇・オスマン帝国を除く**全ヨーロッパが参加する**神聖同盟**を提唱したロシア皇帝。同盟自体の実質的な効力はなかった。

↑❷タレーラン(1754〜1838) フランスはナポレオンを生み出した国として難しい立場でウィーン会議に参加した。代表のタレーランは**正統主義**を主張し、フランス料理をふるまうなどの社交術も駆使して会議を巧みに乗り切った。

文献① タレーランのフランス国王書簡(1814)

[プロイセン]国王は[ロシア]皇帝に、ポーランド問題①で皇帝を支持することを誓いました。このプロイセンの態度の変化は、メッテルニヒ氏とカースルレー卿②をいたく狼狽させました。……私はメッテルニヒ氏が彼が認めている以上の譲歩をプロイセンに対して行うことでプロイセンの協力をとりつけたのではないかと疑っておりましたので、**プロイセンがオーストリアとイギリスから離れたのは、むしろ我が国にとって良いことではないかと考えております。**

①ロシア皇帝がポーランド王を兼ね、事実上支配下に置いたこと。
②イギリスの政治家
(歴史学研究会編『世界史史料6』岩波書店)

読み解き タレーランはなぜ下線部のように思ったのだろう。

↑❸ウィーン体制(風刺画) ナポレオン戦争後、ヨーロッパ秩序再建のため、**オーストリア外相メッテルニヒの主導でウィーン会議が開催**された。会議はヨーロッパをフランス革命以前の状態に戻すべきだとする**正統主義と大国間の勢力均衡を原則**として進められた。しかし、各国の利害が対立して討議はまとまらず、**「会議は踊る、されど進まず」**と風刺された。

文献② メッテルニヒの回想(1830)

私[メッテルニヒ]は共通の平和を維持するために、ヨーロッパの主要国の団結を強固にする以外に何も考えたことはなかった。同盟の基礎、スローガン、日日の関心は、すべての国の真の独立を尊重すること、すべての国との友好関係を保持し、オープンな議論を望むことで、重大な問題が平和と安全を脅かす時にはいつでも、すべての国の権利を尊重し、合法的な存在を持つすべてを尊重することだ。

(塚本哲也『メッテルニヒ』文藝春秋)

←❹メッテルニヒ(1773〜1859) **オーストリアの外相・宰相**。ウィーン会議を主導して、ナポレオン戦争後の秩序再建を図り、自由主義やナショナリズムの動きを弾圧した。1848年の失脚後はイギリスへ亡命。

読み解き
1 メッテルニヒにとってウィーン体制の目的は何だったのだろう。
2 メッテルニヒとその政策をどのように評価すればいいのだろう。

B ウィーン議定書による領土・体制変更

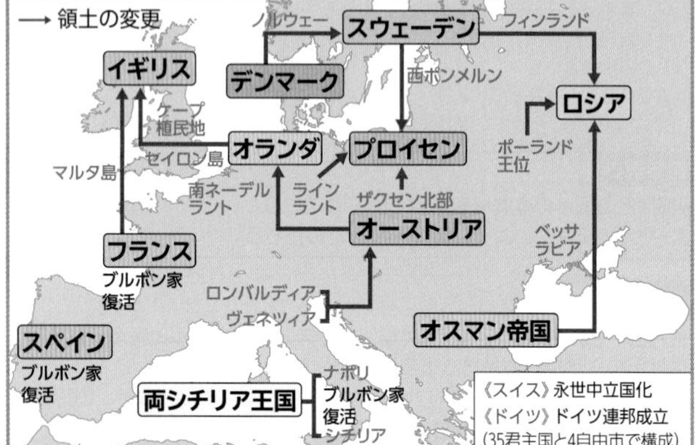

解説 南ネーデルラント P.221

中世に毛織物業で繁栄したが、その富と位置のために強国の争奪の対象となり、何度か帰属国が変わってきた。1830年には、七月革命に呼応した自由主義者やカトリックの運動により、オランダからベルギーとして独立した。この国名は、ゲルマン系フラマン人とラテン系ワロン人が混在する当時の状況をふまえ、中立性を重視して、現存しないケルト系部族名に由来するローマ時代の属州名「ベルギカ」にちなんで選ばれた。

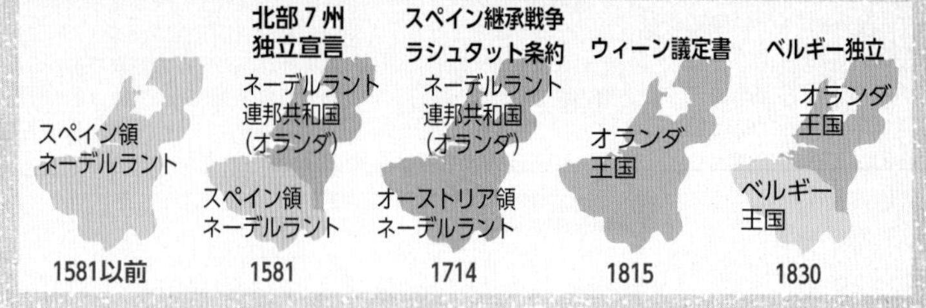

歴史のスパイス ナポレオンのエルバ島脱出の報を聞いた各国は慌てて合意の形成を急ぎ、ウィーン議定書が調印された。

2 ウィーン体制の推移

	ウィーン体制	自由主義・ナショナリズムの運動×失敗
成立	1814〜15 **ウィーン会議**	
	→1815. 6 ウィーン議定書	
	1815. 9 **神聖同盟**発足	
	1815.11 **四国同盟**発足	
	1818 アーヘン列国会議で仏が参加し**五国同盟**に	第1波 1817〜19 ブルシェンシャフト運動(独)×
	1819 カールスバート決議	→1817 ヴァルトブルクの祭典(独)
	1821 オーストリア軍派遣	→1820〜21 **カルボナリの革命運動**(伊)×
	1822 ヴェロナ会議 →フランス軍出兵	→1820〜23 スペイン立憲革命(リエーゴら)×
動揺	1822 イギリス外相カニング、独立容認	→1810年代〜20年代 **ラテンアメリカの独立運動**➡P.246
	1823 **モンロー教書**	1821〜29 **ギリシア独立戦争**
	1825 ニコライ1世の鎮圧	→1825 **デカブリストの乱**(露)×➡P.258
	1830 **七月王政**成立 ←	**フランス七月革命(1830)** 第2波
		1830 **ベルギーの独立**
	1831 ロシア軍鎮圧	→1830〜31 **ポーランド独立運動**×
	1831 オーストリア軍鎮圧	→1831 カルボナリの革命運動×
		1831 青年イタリア結成
	1834 ドイツ関税同盟発足	1832 **イギリス第1回選挙法改正**
崩壊	1848 **第二共和政**成立 ←	**フランス二月革命(1848)** 第3波
	1848 メッテルニヒ失脚 ←	1848 **ウィーン三月革命**
		1848 **ベルリン三月革命**
	1848 オーストリア軍鎮圧	→1848 ベーメン民族運動×
	1848 オーストリア軍鎮圧	→1848 ロンバルディアの騒乱×
	1849 オーストリア・ロシア軍鎮圧	→1848 **ハンガリー民族運動**×
	1849 オーストリア軍勝利	1848〜49 サルデーニャの対オーストリア戦争(敗北)×
	1849 プロイセン王のドイツ皇帝就任拒否 ←	1848〜49 **フランクフルト国民議会**
	1849 フランス軍鎮圧	→1849 ローマ共和国成立×

➡❺「民衆を導く自由の女神」(ドラクロワ筆) 中央で三色旗を掲げた自由の女神が、バリケードを乗り越え、民衆を戦いへと駆り立てている。
ルーヴル美術館蔵、1831年、260×325cm

読み解き
1 どのような階級が革命に参加しているだろう。
2 この絵画は七月革命をどうとらえているだろう。

⬇ⓐ1848年の変革(諸国民の春)

⬆❻ルイ＝フィリップの風刺画＊(ドーミエ筆、1831)

読み解き 七月王政を民衆はどのような視線で見ていたのだろう。

ヨーロッパ

3 七月革命と二月革命

＊選挙法改正を求める改革宴会も禁止された。

七月革命(1830)		二月革命(1848)
ブルボン朝ルイ18世・**シャルル10世**の貴族重視政策 →産業資本家や都市民衆の不満	原因	七月王政の金融資本家優遇政策 →中小資本家や労働者の不満
ティエール・ラ＝ファイエット(自由主義者)➡P.239	指導者	ラマルティーヌ(共和主義者)・**ルイ＝ブラン**(社会主義者)
七月勅令(選挙法の改悪など) →パリ市民の武装蜂起 →シャルル10世、英に亡命	経過	ギゾー内閣による改革派の弾圧＊ →産業資本家・労働者の蜂起 →ルイ＝フィリップ、英に亡命
七月王政(立憲王政) ●国王**ルイ＝フィリップ** ●銀行家・大資本家の支配	新政体	**第二共和政** ●国立作業場をめぐる対立 →労働者の蜂起(**六月蜂起**) →**ルイ＝ナポレオン**、大統領就任
●産業革命が本格化 ●産業資本家の台頭	結果	●社会主義的改革失敗 ●ウィーン体制の崩壊
ベルギーの独立、**ポーランド**・ドイツ・イタリアで民衆蜂起	影響	ウィーン・ベルリンで**三月革命**、ヨーロッパ各地で民族運動

⬅❼フランクフルト国民議会 二月革命の影響を受け、ドイツでもナショナリズムと自由主義が高まりを見せた。フランクフルトで開かれた議会にはドイツ各邦から選ばれた議員が集まり、ドイツ統一と憲法制定を話し合った。

資料から読み解く 諸国民の春

フランスで二月革命が起こると、ヨーロッパ各地に自由主義や独立・統一を求める革命運動が波及した。一連の運動は「諸国民の春」ともいわれた。

文献③ フリードリヒ＝ヴィルヘルム4世の手紙(1848)

私は、私をして皇帝に推戴するために行われる__かの選挙__への諸侯の同意を欲しないし、__かのドイツ皇帝の王冠__も望んでいない。……王冠は、それがたとえ諸侯の同意を伴うものであっても、革命の種となるべく仕込まれた会議が鋳込むそのような王冠(1830年から48年の間の内戦時に、ルイ＝フィリップに与えられた王冠のように)では決してあってはならず……神の恩寵によって作られた王冠でなければならないものです。
(ヴォルフガング＝イェーガー他編著、中尾光延監訳『ドイツの歴史【現代史】』明石書店)

文献④ ドイツ国家にオーストリアを組み入れるか否かについての議会討論(1848)

私は、民族性という原則は、国家を打ち立てるための唯一の可能性ではないと考えます。私は、各民族の平等という原則も、国家を打ち立てるための原則であると考えます。そして二つの原則を比べるとき、私は排除という原則に対して、一つの国家の中での各民族の平等という原則に、より気高く、偉大で、人間性に添ったものとしての優位を与えることに一瞬でも躊躇したくないと言わざるを得ません。オーストリアが連邦国として ドイツに加わることが不可能であるならば、国家間の同盟という形が選ばれるべきです。
(ペーター＝ガイス他監修、福井憲彦他訳『ドイツ・フランス共通歴史教科書 【近現代史】』明石書店)

⬇❽フリードリヒ＝ヴィルヘルム4世 プロイセン国王(位1840〜61)。フランクフルト国民議会は彼を新たな「ドイツ皇帝」に選出しようとしていた。

読み解き
1 文献③の下線部「かの選挙」「かのドイツ皇帝の王冠」とは何だろう。
2 プロイセン王はなぜドイツ皇帝戴冠を拒否したのだろう。
3 1848年の現実(課題)は何だったのだろう。

歴史のスパイス ルイ＝フィリップはその容貌や政策への失望から「梨王」と揶揄され、盛んに風刺画の対象となった。

19世紀のイギリス・フランス(1)

1 19世紀のイギリス

➲P.236 ➲P.282

＊1802年以降、数回にわたって制定、1833年に初めて本格的な立法がなされた。

	「自由主義的改革」政策	外交政策
ジョージ3世	1807 奴隷貿易の禁止 1813 東インド会社(➲P.220, 229)のインド貿易独占権廃止	1801 アイルランド併合 1812 アメリカ＝イギリス(米英)戦争(～14)➲P.260 1815 ウィーン議定書➲P.248 →ケープ植民地など獲得
ジョージ4世	1824 団結禁止法廃止 1828 **審査法**(➲P.227)**廃止** 1829 **カトリック教徒解放法**	1822 カニング、外相に就任(～27) 1827 ギリシア独立戦争に介入➲P.258
ウィリアム4世	1832 **第1回選挙法改正** 1833 **工場法**＊ **奴隷制廃止** 東インド会社の中国貿易独占権廃止 1834 東インド会社の商業活動停止	1833 第1次エジプト＝トルコ戦争に介入➲P.268
ヴィクトリア	1846 **穀物法廃止**(←**コブデン・ブライト**らの運動)➲P.253 1849 **航海法廃止**	1840 第2次エジプト＝トルコ戦争に介入 **アヘン戦争**(～42)➲P.253, 274
	1851 ロンドンで第1回万国博覧会開催➲P.266	
		1854 クリミア戦争に参戦➲P.259 1856 **アロー戦争**(～60)➲P.275
	1858 **東インド会社解散**◀ 1867 第2回選挙法改正	1858 **インドを直轄領とする**➲P.270 1867 自治領カナダ連邦発足
	グラッドストン内閣(自由党)(1868～74) 1870 初等教育法、アイルランド土地法 1871 労働組合法	
	ディズレーリ内閣(保守党)(1874～80)	1875 スエズ運河会社株買収➲P.269 1877 インド帝国成立➲P.271 1878 キプロス島獲得
	グラッドストン内閣(自由党)(1880～85) 1881 アイルランド土地法 1884 第3回選挙法改正	1882 エジプト占領

解説 ジェントルマン

中世ヨーロッパの騎士たちは、封建社会の崩壊に伴い、地主として地域社会を支配する貴族・ジェントリに変化していった。産業革命以降、農村から都市に社会の中心が移ると、これらの支配階級に産業資本家も加わり、**独特の生活様式を共有する支配階層「ジェントルマン」**のイメージが確立していく。

2 自由主義的改革

↓ⓐイギリスの選挙法改正

	内閣(政党)	要 点	有権者国民比
改正前		貴族、上層市民、一部の中産者が独占	3%
第1回(1832)	グレー(ホイッグ党)	**産業資本家**、都市・農村の中産者に参政権。**腐敗選挙区の廃止**(144議席再配分)	4.5%
第2回(1867)	ダービー(保守党)	小市民、**都市労働者**に参政権 選挙区改正(46議席再配分)	9%
第3回(1884)	グラッドストン(自由党)	**農村・鉱山労働者**に参政権 小選挙区制採用、秘密投票制確立	19%
第4回(1918)	ロイド＝ジョージ(自由党)	**男性普通選挙権…21歳以上** **女性普通選挙権…30歳以上**＊	46%
第5回(1928)	ボールドウィン(保守党)	**21歳以上の男女普通選挙権**	62%
第6回(1969)	ウィルソン(労働党)	**18歳以上**の男女普通選挙権	71%

＊本人または夫が不動産を所有している女性に限って認められた。

➔❶第1回選挙法改正(風刺画) 産業革命や海外植民地による市場拡大により台頭した**産業資本家は、政治的権利を求め選挙法改正を要求**した。政界に進出した彼らは**自由貿易**など自由主義的改革を進めた。

読み解き
1 木は何を意味しているだろう。
2 切り倒そうとしている人たちと守ろうとしている人たちは何を表しているだろう。

↓ⓑ19世紀イギリスの二大政党

	保守党	自由党
前 身	**トーリ党**	**ホイッグ党**
支持層	貴族・地主・大資本家 中心地…バーミンガム	産業資本家・商人・労働者 中心地…マンチェスター
政 策	伝統的な諸制度の擁護 **保護貿易・植民地拡大** **アイルランド自治慎重**	諸制度改革 **自由貿易** **アイルランド自治推進**
代表的政治家	**ディズレーリ** ソールズベリ	パーマストン **グラッドストン**
現 在	労働党(1906年成立)とともに二大政党形成	第一次世界大戦後、労働党に取って代わられる

↑❷ディズレーリ

↑❸グラッドストン

3 アイルランド問題

1649 クロムウェルのアイルランド征服➲P.227
1801 イギリス、アイルランド併合
1823 オコンネル、カトリック協会設立
1829 **カトリック教徒解放法**(カトリック教徒の公職就任が可能に)
1845～47 ジャガイモの凶作で大飢饉。アメリカへの移民激増
1848 青年アイルランドの蜂起
1870 アイルランド土地法(小作権の保障)
1881 **アイルランド土地法**(土地購入権)
1905 **シン＝フェイン党結成**
1914 **アイルランド自治法成立**(実施延期)
1916 イースター蜂起
1922 **アイルランド自由国**(自治領)
1937 エールと改称(独立)
1949 **アイルランド共和国**(英連邦離脱)

↑ⓒアイルランドの歴史 クロムウェルは征服したアイルランドに対して強圧的な支配を行い、その**農民の多くはイギリスの不在地主の小作人**となった。

←❹オコンネル(1775～1847) アイルランド人政治家。**カトリック教徒解放法**の制定に尽力し、解放法の制定後はアイルランド独立運動にも関わった。

文献 ① 飢餓の状況についての報告書(1847)
スカル[アイルランド島最南端部]の村で出会う住民の4分の3は、骨と皮ばかりの人となり果てており、体力はすっかり萎え果てて、顔も体も哀れというしかない。彼らはことごとく乞食同然となっている。
(歴史学研究会編『世界史史料6』岩波書店)

↑❺アイルランドの飢饉(風刺画、1831)

読み解き
1 「ジャガイモ」が、どの国からどの国へ運ばれるのだろう。
2 この風刺画とアメリカへのアイルランド移民が増えたことをつなげて説明してみよう。

歴史のスパイス ジャガイモ飢饉と呼ばれた1845年から50年の間にアイルランドでは150万人が亡くなり、400万人以上が移民としてアメリカやオーストラリアなどへ渡った。

4 19世紀のフランス ➡P.244 ➡P.282

＊赤字は対外関係を示す

	年	出来事
復古王政	1814	ルイ18世即位(～24)
	1824	**シャルル10世**即位(～30)
	1830	アルジェリア出兵
七月王政	1830	**七月革命**➡P.249
		オルレアン家出身の**ルイ＝フィリップ**即位(～48)
第二共和政	1848	**二月革命**➡P.249
		臨時政府成立
		ルイ＝ブラン、**国立作業場**創設
		四月普通選挙→社会主義者敗北→**六月蜂起**→鎮圧
		ルイ＝ナポレオン、大統領に当選
	1851	**1851年クーデタ**
第二帝政	1852	**ナポレオン3世**即位(～70)
	1853	パリ市大改造
		クリミア戦争(～56)➡P.259
	1855	パリ万国博覧会
	1856	**アロー戦争**(～60)➡P.275
	1858	**インドシナ出兵**(～67)➡P.273
	1859	**イタリア統一戦争**➡P.254
	1861	**メキシコ出兵**(～67)➡P.246
	1870	**プロイセン＝フランス(普仏)戦争**
		→ナポレオン3世、スダンで降伏、退位
第三共和政	1870	国民防衛政府成立
	1871	**臨時政府**(ティエール首班)成立
		パリ＝コミューン成立←弾圧
		ドイツにアルザス・ロレーヌを割譲➡P.254
	1875	**第三共和政憲法**制定…三権分立、大統領制、二院制
	1881	チュニジアを保護国化
	1887	**ブーランジェ事件**(～89)
		仏領インドシナ連邦成立➡P.273
	1891	**露仏同盟**成立
	1894	**ドレフュス事件**(～99)➡P.309

❻政体変遷の風刺画

❼エッフェル塔

5 第二帝政

➡ⓓ**ボナパルティスム** ナポレオン3世は、ナポレオン崇拝の根強い農民の支持を得つつ、資本家と労働者の対立の間に立って**利害の異なる様々な階層から巧みに支持を得ることで、政権を維持した(ボナパルティスム)**。

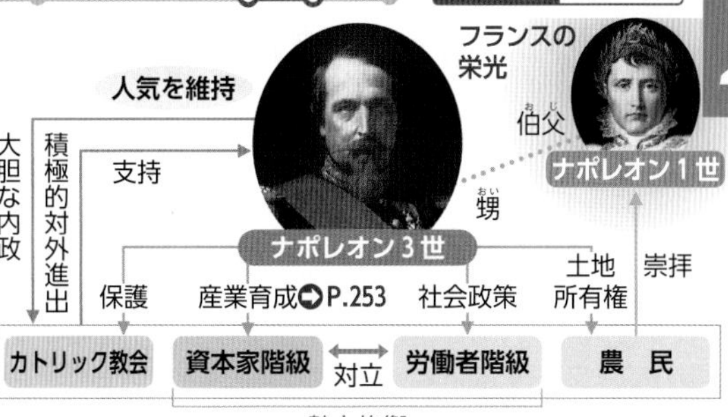

文献②『米欧回覧実記』(岩倉使節団の報告書)

ナポレオン3世は、**そのような危機**に際して選ばれて大統領となったのであった。就任後22年間、国内の平和を維持し、工業生産や貿易を次第に盛んにして富強を増し、人口100万人だったパリは、いまや180万人という繁栄振りである。
(久米邦武編著、水澤周訳『現代語訳 特命全権大使 米欧回覧実記3』慶應義塾大学出版会)

読み解き
1 下線部は何をさしているだろう。
2 使節団が注目しているナポレオンの業績は何だろう。

↑❽**スダンでのナポレオン3世の降伏** イタリア統一戦争時の行動や**スダンでの逮捕**などにより、伯父に比べて矮小化される傾向があったが、**近年は近代国家フランスの礎を築いた皇帝として再評価**されている。

Column パリの変化―パリ大改造と万博

19世紀半ばまでのパリは、狭く入り組んだ路地が治安悪化や物流の阻害を招き、下水道も未整備で不衛生な都市であった。**ナポレオン3世に任命されたセーヌ県知事オスマンはパリ大改造に着手し**、路地を取り壊して幅広い大通りを建設、上下水道を整備し、景観の統一も図った。このパリ市改造は皇帝の威信を高めるとともに、疫病の予防や物流の改善をもたらした。また、フランス革命時と違って、市民が入り組んだ路地にバリケードをつくれなかったため、パリ＝コミューンが簡単に鎮圧された理由の一つともなった。第三共和政下の1889年には、**革命100周年を記念するパリ万博のシンボルとして鉄骨製のエッフェル塔が建設**された。

❾凱旋門から放射状にのびる大通り

➡1871年2月、ドイツと仮講和条約を締結した臨時政府が国民衛兵の武装解除にとりかかると、パリの民衆は武装し**自治政府の樹立を宣言**した。臨時政府はドイツ軍の支援を受けてパリを攻撃し、激しい市街戦の後、自治政府を崩壊させた。

文献③コミューンの希望

労働者は団結し、労働を共有すべきです。……現代社会のもう一つの害悪は、何の努力もせずにただ酒を飲み楽しく過ごしている金持ちです。司祭や修道女と同様、彼らも根こそぎになくてはなりません。雇用主も、金持ちも、司祭もいなくなれば、私たちはもっと幸せになるでしょう。
(ペーター＝ガイス他監修、福井憲彦他訳『ドイツ・フランス共通歴史教科書【近現代史】』明石書店)

6 第三共和政

LA PRISE DE LA BASTILLE, par PAUL DE SÉMANT

←❿ブーランジェ事件の風刺画

読み解き
1「議会」を何に見立てて襲撃しようとしているだろう。
2 どのような人々がブーランジェ将軍を支持しているだろう。

↑⓫ゾラ(1840～1902)

文献④私は弾劾する(1898)

私はビヨ将軍を弾劾する。将軍はドレフュス無罪の確たる証拠を手にしながら、それを握りつぶした。……私は軍法会議を弾劾する。一度目の軍法会議は唯一の証拠を隠したまま被告に有罪判決を下すという、法に背く行為を行った。二度目の軍法会議は……一度目の会議での不法行為を命令に基づき覆い隠した。
(歴史学研究会編『世界史史料6』岩波書店)

↑⓬ドレフュス事件

➡⓭**レピュブリック(共和国)広場のマリアンヌ像** プロイセン＝フランス戦争敗北後のフランス第三共和政では、ドイツに対抗するため**「フランス革命」を「共通の記憶」としつつ国民統合を進めた。「ラ＝マルセイエーズ」**(➡P.247)が正式に国歌として、**「7月14日」**が国民の祝祭日として制定され、**革命を象徴する女神マリアンヌ**像が各地に建設された。

歴史のスパイス 1852年にフランス最初の百貨店「ボン＝マルシェ(お手頃価格で)」が開店するなど、第二帝政期には産業発展と同時に消費社会も到来した。➡P.283

19世紀のイギリス・フランス(2)

1 イギリスの植民地政策

解説 イギリスの植民地政策のキーワード

- **自由貿易帝国主義**…**圧倒的な経済力を背景に、自由貿易体制を強要することで対外的な拡張を図ろうとする**イギリスの政策。イギリスがラテンアメリカ諸国の独立を支持した裏には、同地域を自身の市場として取りこもうとする狙いがあった。また、自由貿易を拒絶された場合でも、アヘン戦争のように、武力行使によってこれを強要した。
- **五大自治領**…**カナダ、オーストラリア、ニュージーランド、ニューファンドランド、南アフリカ連邦の5地域**からなる。列強最大の植民地を減らすため、白人移民の多い地域を自治領とし、本国と同等の広範な権限を与えた。
- **非公式帝国**…独立後の南米諸国など、公的な植民地統治は行っていないが、自由貿易帝国主義の拡大を通じて経済・政治上の支配・従属関係にある地域。

A 19世紀イギリスの植民地政策

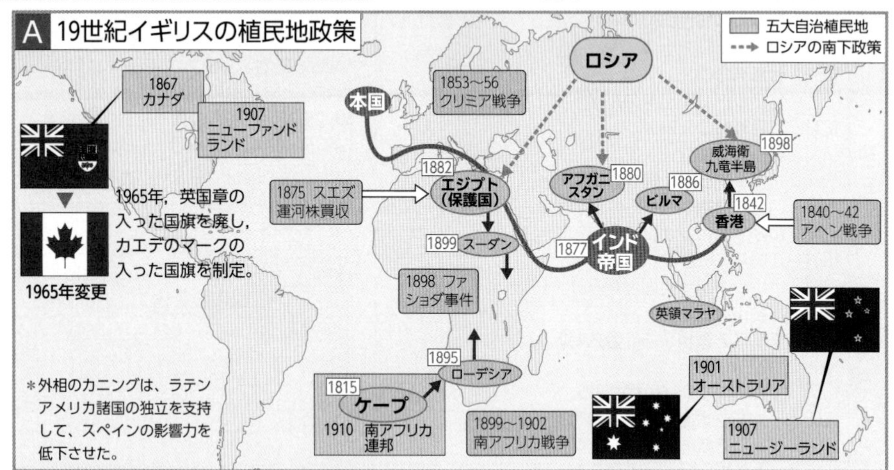

① 第2次英仏百年戦争に勝利したイギリスは、アメリカ合衆国の独立後、アジア・アフリカの植民地獲得に重点を移した。

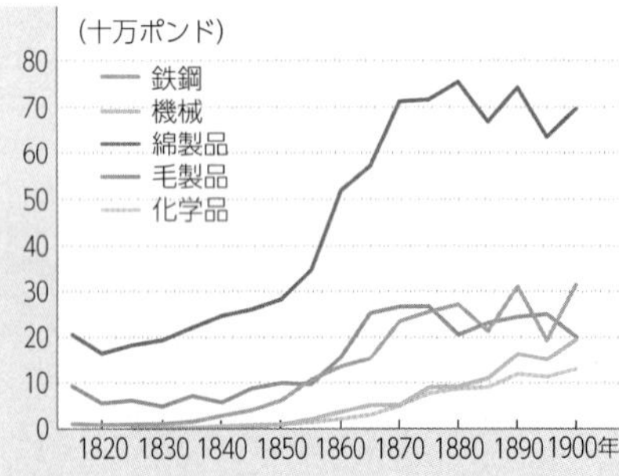

ⓐイギリスの輸出品目の変化

❶インド大反乱を描いた「パンチ」の風刺画(1857)

読み解き ❶のタイトルが「正義」と名づけられた理由は何だろう。

ヨーロッパの祖母 ヴィクトリア女王 (1819～1901)

ドイツのアルバート公と結婚し、四男五女に恵まれ、それぞれが他王家と婚姻関係を結んだため、「ヨーロッパの祖母」と呼ばれた。ドイツ皇帝**ヴィルヘルム2世**は孫、ロシア皇帝**ニコライ2世**は次女の娘婿である。

文献① 米欧回覧実記 イギリス編

綿花、羊毛、麻のたぐい、および鉄のたぐいに関する世界貿易は、全て英国の市場の景気に左右される。……とりわけインドの利益は最大である。米国人はこれを評して、「イギリス人はちっぽけな島に蟻のように集まっているが大きな畑をインドに持っており、年々インドの民の膏血を絞って肥え太っている。まるでレモンを絞るようで、力いっぱい絞ってもう一滴も出なくなるとやっと絞りやめる」と言っている。英国人が植民地を搾取する状態は、まさにこんな具合である。

(久米邦武編著、水澤周訳『現代語訳 特命全権大使 米欧回覧実記2』慶應義塾大学出版会)

2 フランスの植民地政策

文献② フェリー[①]の議会演説

われわれの大産業にますます欠けているものは、市場です。これ以上に、深刻なことはありません。ところで、この計画は植民地計画と緊密に結びついています。市場を探さなければならないのです。申し上げなければならない第二の点があります。問題の、人道主義的・啓蒙的側面です。すぐれた人種には、劣った人種を文明化する義務があります。……ヨーロッパの民族がこのすぐれた義務を崇高かつ誠実にはたすべきだと、私は考えます。

①第三共和政の政治家

(マリエル＝シュヴァリエ他監修、福井憲彦監訳『フランスの歴史 近現代史』明石書店)

読み解き どのような考え方が、植民地を建設する帝国主義を支えたのだろう。

B 19世紀フランスの植民地政策

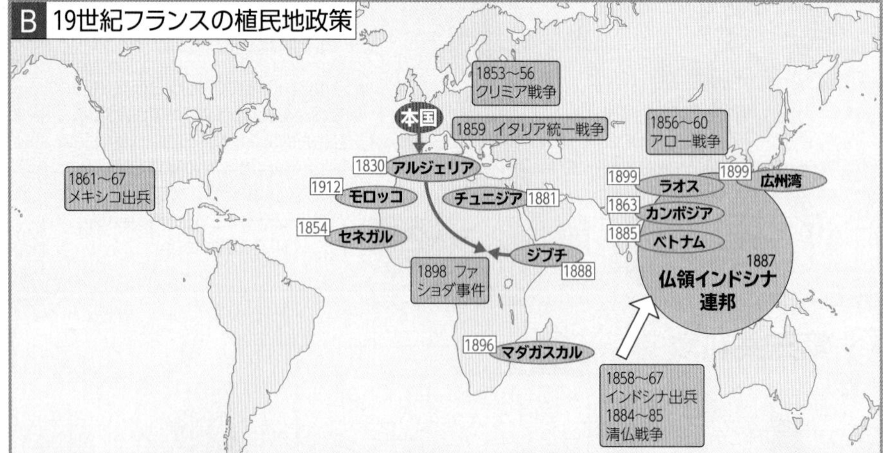

① 1763年のパリ条約までに「新大陸」やインドの植民地の大半を失ったフランスは、ナポレオン戦争後、東南アジア・アフリカの植民地帝国建設に乗り出した。

←❷パリ万博(1900)の「世界の塔」 19世紀後半だけで5回も行われたパリ万博では、植民地となった北アフリカや東南アジアの文化展示もみられた。多くの万博で植民地の人々がその生活スタイルとともに「展示」されるなど、万博は西洋中心の**帝国主義を可視化・再確認する場**でもあった。また、輸出品としてのワインの「格づけ」も、万博に合わせて始まった。

→❸皇帝マクシミリアンの処刑 **ナポレオン3世**は、フアレス政権下の**メキシコに出兵**し、ハプスブルク家のマクシミリアンを皇帝に据えたが、アメリカの反対と民衆の抵抗で失敗した。

歴史のスパイス 結婚式に花嫁が純白のドレスを着るのは、ヴィクトリア女王が広めたといわれる。

自由貿易と保護貿易

チャレンジする前に! 管理や規制を排除して自由な競争を求める自由貿易と、自国産業を守る保護貿易の対立は、21世紀の現在でもしばしば国際問題として表面化する。私たちの生活にも直結している自由貿易と保護貿易について、様々な資料から特徴や課題、歴史的展開を理解しよう。

❶TPPに反対するデモ(アメリカ、2016)

文献①「国富論」4編9章
優先と抑制の体系がすべて除去されれば、単純かつ明快な自然的自由の体系が自然に確立される。そこでは、正義の諸法を犯さないかぎり、すべての人が自分のやり方で利益を追求することができ、自分の労働と資本を使って、どの人、またはどの階層の人とも自由に競争することができる。
(堂目卓生『アダム・スミス』中央公論新社)

➔❷**アダム＝スミス**(1723〜90) 利潤を求める自由競争のもとで産業資本家が自分の利益のみを追求しても、**「見えざる手」によって経済や市場は調整され**、社会全体の利益も増進すると主張した。

1 イギリスの自由貿易

↑❸**世界の交通網を支配したイギリス** 自由貿易の拡大を支えたものの一つにイギリスによる交通網・海運網の支配がある。これはイギリスの船舶会社の宣伝ポスターである。

読み解き このポスターのどの部分に海運網の広がりが見て取れるだろう。

↑❹**「保護巨人」**(風刺画) 保守党の**ディズレーリ**(右)とダービー(左)が「保護貿易」と書かれた武器を持ち、兵士が「自由貿易」という棒で守っている城門に突撃しようとしている。

↑❺**「穀物法撤廃」**(風刺画)

読み解き 自由貿易のどのような利点を主張しているだろう。

文献②コブデンの演説(1846)
私は、この強大な(自由貿易の)原理がもたらす効果はいかなる人の研究でも夢想だにしなかったほど大きく広いものであると言い切るものです。この原理の成功によって得られる人類にとっての利益のうち物質的利益は最小のものにすぎないと私は確信しています。……私はこの成果は世界の表面を一変し、現行の政治体制とはうって変わった政治体制が導入されるに至ると確信します。私は大帝国や大陸軍や大海軍、そのような生命の破壊と労働の成果の荒廃のために用いられる諸物資といったことを志向する欲望や動機の消滅を確信します。
(歴史学研究会編『世界史史料6』岩波書店)

➔❻**コブデン**(1804〜65) **ブライトとともに、反穀物法同盟を結成**して保護貿易を批判し、自由貿易の推進を訴えた。

2 アヘン戦争をめぐる論争 ➲P.275

文献③グラッドストンの演説(1840)➲P.250
その起源においてこれほど正義に反し、この国を恒久的な不名誉の下に置き続けることになる戦争をわたくしは知らないし、これまで聞いたこともないと、明言できる。……そもそもイギリス国旗がイギリス人の精神をいつも高めることになるのはどうしてであろうか。それはイギリス国旗が常に正義の大義、圧政への反対、国民の諸権利の尊重、名誉ある通商の事業に結びついていたからこそであった。ところが今やその国旗は高貴な閣下の庇護の下で、悪名高い密貿易を保護するために掲げられているのである。……わたくしはアヘン戦争をどれだけ激しく弾劾しようと何の躊躇も感じない。同様な憤激をもってアヘン戦争を弾劾するのに何の躊躇も感じない。
(歴史学研究会編『世界史史料6』岩波書店)

文献④パーマストンの演説(1840)➲P.250
こうした人々(ロンドンの中国貿易に従事する商人たち)の利益こそが危機に瀕しており、こうした人々こそがこの問題にもっとも利害関心を持っているのである。こうした人々はわたくしの考えでは、概してイギリス政府に敵対的な人々である。にもかかわらずこの人々が、自発的に、政府の諸目的が遂行されなければ、中国におけるイギリスの通商は終焉を迎えるだろうと主張しているのである。……武力の示威が、さらなる流血を引き起こすことなしに、われわれの通商関係を再興するという願わしい結果をもたらすかもしれないと、すでに表明されている。このことにわたくしも心から同意するものである。
(歴史学研究会編『世界史史料6』岩波書店)

読み解き
1 貿易と武力行使に関する考えの相違についてまとめてみよう。
2「自由貿易」とは誰にとっての「自由」なのかを考えてみよう。

3 19世紀フランス・ドイツの経済

文献⑤ドイツ関税同盟を求める請願書(1819)➲P.254
ドイツ内の38の関税と通行税の境界線は、あたかも血液を他の部分に流れなくするために人体を部分ごとに止血してしまっているかのように、ドイツ内の交通を麻痺させてしまっている。……われわれはドイツ内部の関税と通行税を撤廃しドイツ連邦全体にひとつの関税線を作ることによってのみ、ドイツの商業と営業の身分、および生業にたずさわる身分全体を再び救済しうる……。……諸外国の関税線もまた、ドイツの繁栄を蝕む害虫である。それゆえ、われわれは、ドイツ連邦が武力によってではなく、ドイツ連邦全体の関税線によってわれわれを守ることこそ、ドイツ連邦の義務であると明言する。
(歴史学研究会編『世界史史料6』岩波書店)

読み解き
1 自由貿易主義を主張している部分と保護貿易を主張している部分を抜き出してみよう。
2 何を守るためにこのような関税同盟を結成したのだろう。

文献⑥ナポレオン3世の書簡(1860)➲P.251
以下の真理が叫ばれるようになって久しい。すなわち、商業が栄えるには交易手段を増やす必要があること。競争なき状態では工業は停滞し、価格が高止まりをつづけて消費が促されないこと。工業が繁栄せず資本が増大しなければ農業自体も未発達の状態にとどまること、である。このように国の繁栄においては、諸要素は互いに関連しつつ展開するものである。しかるに本質的な問題は、国家がどの程度までこうしたさまざまな利益を後押しすべきなのか、またそれら利益にどのような優先順位を付すべきなのか、ということである。
(歴史学研究会編『世界史史料6』岩波書店)

読み解き ナポレオン3世の経済政策を考えてみよう。

↑❼**ボン＝マルシェ百貨店のショーウィンドウ**(➲P.283) 1852年にフランス初のデパートがパリに誕生した。新たに生まれたデパートでは様々な種類の商品がきらびやかに展示され、既製品の生産や薄利多売により価格も従来より低かった(「ボン＝マルシェ」＝お手頃価格)。購買欲を刺激する仕組みにより、人々が消費を楽しむ時代に入った。こうした動きと貿易の拡大は相互に関連していた。

まとめの考察
❶19世紀の欧米でなぜ自由貿易が推進されたのだろう。
❷自由貿易の推進は何をもたらしたのだろう。
❸現代の自由貿易と保護貿易の対立の事例をあげてみよう。

254 イタリア・ドイツの統一

1 イタリア・ドイツの統一運動 ➡P.224, 249 ➡P.282

① ウィーン体制に対抗して、イタリア・ドイツでは自由主義的な「下からの統一」が始まったが、いずれも失敗した。
① 二月革命以降、イタリアではサルデーニャ主導で対外戦争による領土拡大がめざされる一方、ドイツではプロイセンによる「上からの統一」が進んだ。

イタリア		ドイツ
●ヴェネツィア・ロンバルディアはオーストリアの支配下	**1814〜1815 ウィーン会議**	●35の君主国と4自由市からなるドイツ連邦成立
●ナポリ王国にスペイン系ブルボン朝復活		中央機関…連邦議会(議長国はオーストリア)、事実上分裂状態
1820 **カルボナリ**の革命運動(ナポリ・ピエモンテ)→失敗・弾圧		1817 **ブルシェンシャフト運動**(〜19)→失敗・弾圧
1831 カルボナリの革命運動(モデナ・パルマ)→失敗・弾圧	**1830 七月革命**	1830 ザクセンなどで暴動
1831 **青年イタリア**結成(マッツィーニ指導)		1834 **ドイツ関税同盟**(➡P.253)発足→プロイセン中心の経済統合促進
1848 サルデーニャの対オーストリア戦争(〜49)→失敗・敗北	**1848 二月革命**	1848 **ウィーン三月革命**
1849 青年イタリア、**ローマ共和国**建設→失敗・敗北		1848 **ベルリン三月革命**→最終的には失敗
1849 **ヴィットーリオ＝エマヌエーレ2世**、サルデーニャ王に即位		1848 **フランクフルト国民議会**(〜49、➡P.249)→小ドイツ主義勝利
1852 **カヴール**、首相就任	**1853〜1856 クリミア戦争 ➡P.259**	→プロイセン王が帝位を拒否(下からの統一は挫折)
1855 クリミア戦争にサルデーニャ参戦		
→英仏の歓心を獲得、イタリアの国際的地位の向上		
1858 ナポレオン3世(➡P.251)とプロンビエールの密約		
→サヴォイア・ニース割譲と引き換えに統一運動へのフランスの支援を獲得		
1859 オーストリアと**イタリア統一戦争**→**ロンバルディア獲得**		
1860 フランスにサヴォイア・ニース割譲→**中部イタリア併合**		1861 プロイセン王**ヴィルヘルム1世**即位
1860 **ガリバルディ**、**両シチリア王国征服→サルデーニャ王に献上**		1862 **ビスマルク**首相就任、鉄血演説
1861 **イタリア王国**成立		1864 デンマーク戦争→**シュレスヴィヒ・ホルシュタイン獲得**
1866 プロイセンと同盟してオーストリア破る→**ヴェネツィア併合**	**1866 プロイセン＝オーストリア戦争**	1866 プロイセン勝利
		1867 **北ドイツ連邦**成立→ビスマルクは南ドイツ諸邦以外を統一
		→バイエルンは北ドイツ連邦に参加せず
		1867 **オーストリア＝ハンガリー帝国**成立➡P.256
1870 フランス軍の撤退に乗じローマ入城→**ローマ教皇領併合**	**1870〜71 プロイセン＝フランス戦争 →ナポレオン3世退位**	1870 南ドイツを併合
→イタリアと教皇は絶縁状態に(〜1929)➡P.301		
1871 **ローマに遷都**		1871 **ドイツ帝国**成立→**アルザス・ロレーヌ獲得**
「未回収のイタリア」(チロル・トリエステなど)残る		→バイエルンなどは帝国内の領邦となる
→第二次世界大戦まで影響が残る		

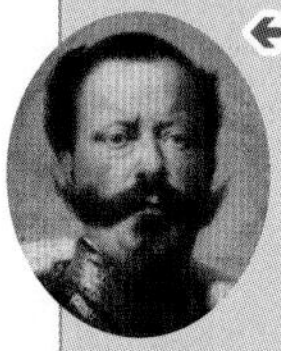

←❶ヴィットーリオ＝エマヌエーレ2世

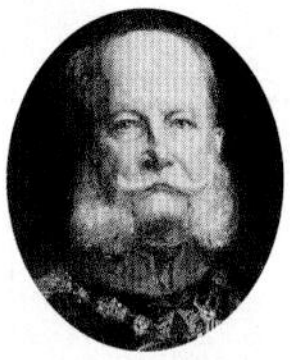

➡❷ヴィルヘルム1世

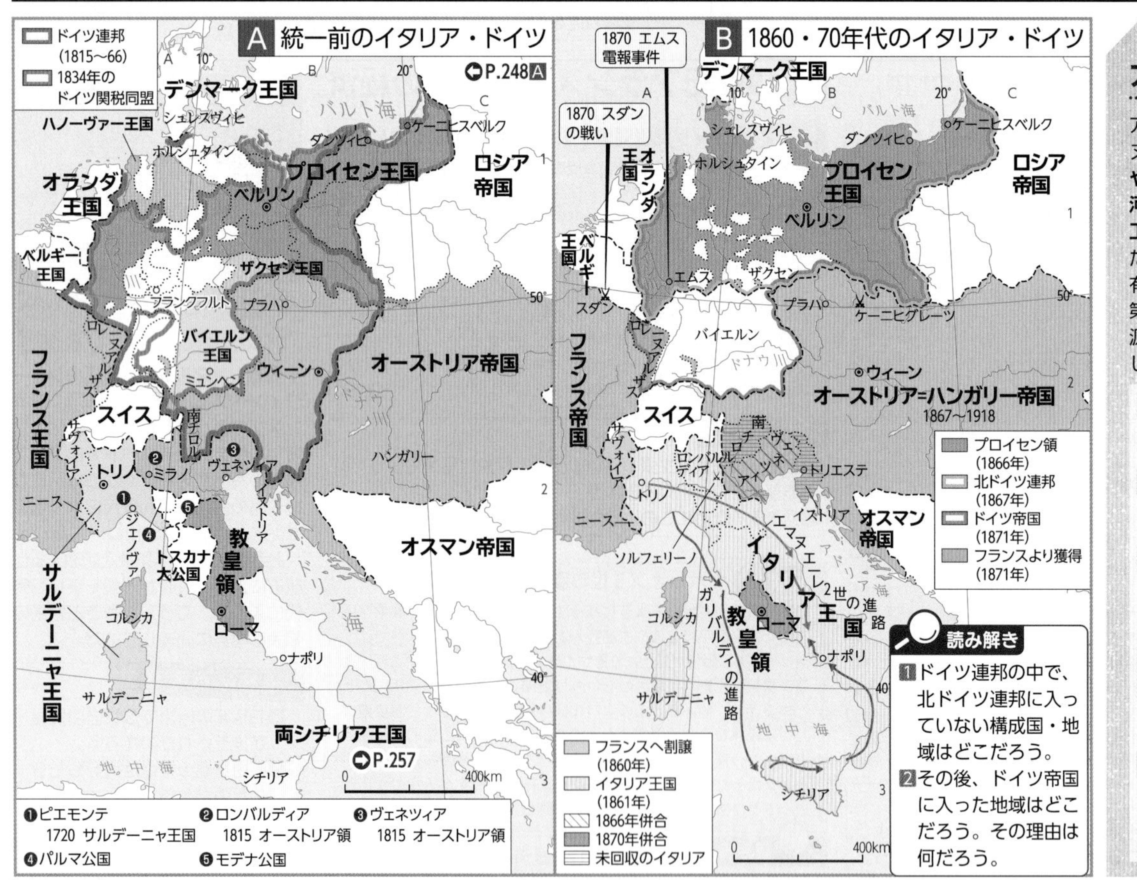

読み解き

1 ドイツ連邦の中で、北ドイツ連邦に入っていない構成国・地域はどこだろう。

2 その後、ドイツ帝国に入った地域はどこだろう。その理由は何だろう。

解説

アルザスとロレーヌ

アルザス(エルザス)・ロレーヌ(ロートリンゲン)は**石炭や鉄鉱石に恵まれ、運河や河川でドイツ・フランスの工業地域と結びついていた**ため、両国の間で激しい領有権争いが行われてきた。第二次世界大戦後には、資源の共同管理・利用をめざしてECSCが結成された。

フランク王国領
↓ メルセン条約
ドイツ(神聖ローマ帝国)領
↓ ウェストファリア条約
フランス(ブルボン朝)領
↓ ナポレオン戦争 ウィーン会議
フランス領(敗戦国だが領有を維持)
↓ プロイセン＝フランス戦争
ドイツ(ドイツ帝国)領
↓ ヴェルサイユ条約
フランス(第三共和政)領

歴史のスパイス 1870年代、イタリアがローマ教皇領を併合したため、教皇は「ヴァチカンの囚人」と自称してイタリア王国関係者を破門し、イタリアと断交した。

2 イタリアの統一

←❸ヴィットーリオ＝エマヌエーレ2世(右)を出迎えるガリバルディ(左) 1860年のこの会見を経て、翌年**サルデーニャ王国主導によるイタリア統一**が達成された。

イタリア統一の立役者 マッツィーニ、ガリバルディ、カヴール

マッツィーニはカルボナリに入党したが、後に**青年イタリアを結成し、ローマ共和国を指導**した。青年イタリア出身の**ガリバルディ**は千人隊(赤シャツ隊)を率いて**シチリア・ナポリを占領し、サルデーニャ王に献上**した。**カヴール**はサルデーニャの首相として、**立憲君主政を確立**した。

↑❹マッツィーニ (1805〜72)

↑❺ガリバルディ (1807〜82)

↑❻カヴール (1810〜61)

3 ドイツの統一

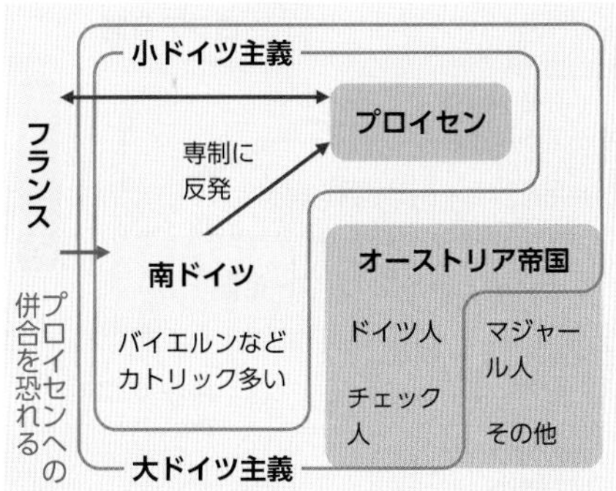

↑ⓐ大ドイツ主義と小ドイツ主義 1848年の**フランクフルト国民議会で小ドイツ主義が事実上勝利**し、プロイセン＝オーストリア戦争とプロイセン＝フランス戦争を通して現実化した。「統一ドイツ」から排除されたオーストリアは、**マジャール人との二重帝国**として存続していく。

文献 1 鉄血演説(1862)

たとえ軍備がわれわれの貧弱な身体にとって大きすぎるものとなりましょうとも、それがわれわれに有益であるかぎり、われわれはそれを身につける情熱をもつものであり、またあえてそうすることを好むのであります。ドイツの着眼すべき点は、プロイセンの自由主義ではなく、その軍備であります。……プロイセンの国境は、健全な国家のそれにふさわしいものではありません。言論や多数決によってはア**現下の大問題**は解決されないのであります。言論や多数決はイ**1848年および1849年の欠陥**でありました。ウ**鉄と血によってこそ問題は解決されるのであります**。

(『西洋史料集成』平凡社)

読み解き 下線部ア〜ウはそれぞれどういう意味だろう。

↑❼ビスマルク(1815〜98) ユンカー出身の政治家。ヴィルヘルム1世の電報を改ざんして国民感情を煽り(**エムス電報事件**)、**プロイセン＝フランス戦争**(普仏戦争)を勃発させた。その中で南ドイツのバイエルンを懐柔し、**ドイツ統一を達成**した。統一後のドイツでも帝国宰相として辣腕を振るった。

→❽ノイシュヴァンシュタイン城(右)と❾ルートヴィヒ2世(1845〜86)(左) **カトリック教国のバイエルン王国**は、プロテスタントで新興国のプロイセン主導のドイツ統一に反発していた。しかし、1864年に即位したルートヴィヒ2世は中世の騎士道物語(➡P.172)や城塞建築に夢中になるなど政治から逃避していた。ビスマルクはノイシュヴァンシュタイン城の築城資金を提供することで、**バイエルンの懐柔に成功**、ドイツ統一への道筋をつけた。なお、ルートヴィヒ2世は精神を病み、1886年に廃位され、その翌日には謎の死を遂げた。

ⓑドイツ帝国の機関

ドイツ皇帝(プロイセン王)―帝国宰相(プロイセン首相)
- プロイセン主導の体制
- 帝国宰相は皇帝に対し責任を負う
- 帝国宰相は下院に対しては責任を負わない

連邦参議院(上院) 22君主国と3自由都市の代表

帝国議会(下院) 男性普通選挙による

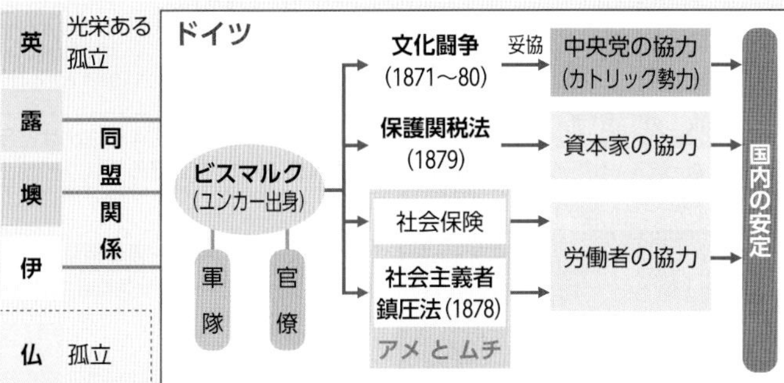

↑ⓒビスマルクの内政と外交

←⓫「文化闘争」(風刺画) 統一後のドイツでビスマルクのカトリック勢力弾圧に対して、カトリック勢力も対抗を続けた(**文化闘争**)。しかし、**社会主義者との対立からビスマルクは妥協**に転じ、「文化闘争」は終結した。右の人物はローマ教皇ピウス9世。チェスの駒は「破門」や「反カトリック条項」など、互いの「武器」を表している。

↑❿ドイツ帝国の成立(1871) プロイセン＝フランス戦争末期の1871年1月18日、フリードリヒ1世が王冠を受けた日の170周年記念を選び、**ヴェルサイユ宮殿鏡の間**でドイツ帝国の誕生が宣言された。

読み解き

1 この場所はフランスにとってどのような場所だろう。

2 この場所を使われたフランスはどのように感じただろう。

→⓬社会主義者鎮圧法の風刺画

読み解き ビスマルクが押しこめようとしているのは何だろう。その理由も考えてみよう。

ヨーロッパ

歴史のスパイス イタリア統一直後のローマはフランス軍が占領していたが、プロイセン＝フランス戦争の敗北によりフランスが撤退してイタリアが併合し、首都ローマが誕生した。

オーストリア＝ハンガリー帝国

➲P.224
➲P.300

① ナショナリズムの高揚による帝国解体の危機は、アウスグライヒによる二重帝国の成立によって回避された。
① パン＝ゲルマン主義とパン＝スラヴ主義の対立によって第一次世界大戦が勃発し、帝国は崩壊した。

1806 **ライン同盟**結成→**神聖ローマ帝国解体**、オーストリア帝国へ➲P.244
1814～15 **ウィーン会議**…メッテルニヒ主宰 ➲P.248
1815 **ドイツ連邦**成立…オーストリアは議長国に
1848 **ウィーン三月革命**→メッテルニヒ失脚
→ ハンガリーの民族運動（**コシュート**指導）／ベーメンのスラヴ民族会議／サルデーニャ王国の対オーストリア宣戦➲P.254
●フランツ＝ヨーゼフ１世（位1848～1916）の新絶対主義
1859 イタリア統一戦争（➲P.254）→敗北、ロンバルディア割譲
1866 **プロイセン＝オーストリア戦争**（➲P.254）→敗北、ドイツ連邦解体
1867 **オーストリア＝ハンガリー帝国**成立…**アウスグライヒ**による二重統治体制へ
1873 三帝同盟結成（墺・独・露）
1878 ベルリン会議…ボスニア・ヘルツェゴヴィナの管理権獲得
1879 ロシアが三帝同盟を離脱、独墺同盟結成
→パン＝ゲルマン主義とパン＝スラヴ主義の対立激化
1882 三国同盟結成（墺・独・伊）
1908 青年トルコ革命➲P.268
→ボスニア・ヘルツェゴヴィナを併合
1914 **サライェヴォ事件→第一次世界大戦**勃発➲P.293
1918 連合国に降伏→帝国解体

↗**❶コシュート**（1802～94）

➔**❷スメタナ**（1824～84） チェコ国民楽派の祖。交響詩「わが祖国」（「モルダウ」は第２曲）などを作曲し、チェコ人の民族意識を高揚させた。

➔**❸フランツ＝ヨーゼフ１世**（1830～1916）（左）と**❹皇后エリーザベト**（1837～98）（右） 18歳でオーストリア（のちに二重帝国）皇帝に即位。弟の**マクシミリアンはメキシコ皇帝に即位したが反乱軍により銃殺**、妻エリーザベトは無政府主義者に暗殺、甥の**フランツ＝フェルディナントはセルビア民族主義者に暗殺**されるなど、歴史の波に翻弄されながらも崩壊に向かうオーストリア帝国を最後まで支えた。

ハプスブルク家（オーストリア皇帝＝ハンガリー王）		
オーストリア帝国（ドイツ人中心）		ハンガリー王国（マジャール人中心）
政府 →	共通大臣・共通閣議	← 政府
帝国議会 →	共通議会	← 王国議会

↑**ⓐアウスグライヒ** 1867年、オーストリアが**ハンガリーに自治権を認めた協定**。「アウスグライヒ」とは「妥協」の意。マジャール人に自治権を与え、体制側に取り組むことで帝国解体を阻止しようとした。共通事項の外交・軍事・財政以外は独自に審議・決定をした。

↑**❺ウィーン市** 19世紀半ばに、ウィーンは都市の発展を阻害していた城壁を取り壊し、市域の拡大や公共建築物の建設などの大改造を行った。写真の広い道路はかつての城壁があった部分。コスモポリタン的な近代都市に生まれ変わったウィーンには多様な民族出身の才能が集まり、多文化が共存し、新たな価値観を生み出す**世紀末文化の中心都市**となった。その中でも民族的差異を越えた発想をするユダヤ人が多く活躍したが、それに対する反発から反ユダヤ主義思想も広がった。

➔**❻クリムト「接吻」** ウィーン分離派を立ち上げた**クリムト**の官能美に満ちた作品。19世紀末において合理的・科学的思考法への批判をこめた**退廃的・神秘的な様式**が流行した。「分離」とは芸術における伝統や権威からの離脱を意味する。

文献 ① コシュートのドナウ連邦構想（1862）

カルパチア山脈とドナウ川のあいだ、黒海からアドリア海のあいだにある諸国の、ア**どうみても独特の状況**が、一つの統一国家の形成を著しく困難にしている以上、イ**この地域に存在する古くからの歴史的諸国家が相互に一緒になり、連邦を形成するのが望ましい**。その連邦は「ドナウ連邦」と呼ぶことができるであろう。
（歴史学研究会編『世界史史料６』岩波書店）

読み解き
1 下線部アはどういう状況をさしているのだろう。
2 なぜコシュートは下線部イのような考えを持ったのだろう。

↓**ⓑ帝国内の民族構成比**（1910）

ドイツ人24.0%　マジャール人20.2　チェコ人13.2　ポーランド人10.0　ルテニア人8.0　クロアティア人6.4　ルーマニア人5.8　その他12.4

↓**ⓒハンガリー王国内の民族構成**（1910）

マジャール人48.1%　ルーマニア人14.1　ドイツ人9.8　スロヴァキア人9.4　クロアティア人8.8　セルビア人5.3　その他4.5

読み解き オーストリア帝国とハンガリー王国の民族構成比はどうなっているだろう。それはどのような課題をもたらすだろう。

ベルヴェデーレ宮殿オーストリア絵画館蔵、1907～08年、180×180cm

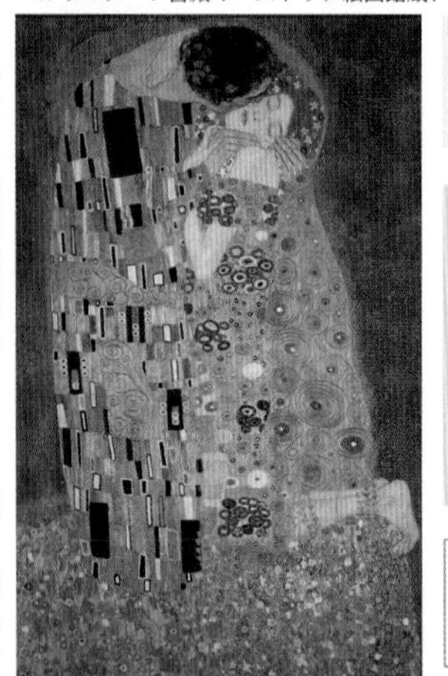

●多文化共存・自由主義の興隆
●ユダヤ人の活躍（マーラー、カフカ、フロイトなど）

×

●反ユダヤ主義の登場
→**ヒトラー**へ➲P.310

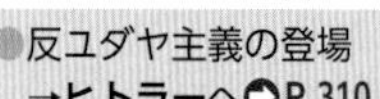

●ヘルツルらによる**シオニズム運動** ➲P.309

➔**❼ヘルツル**（1860～1904）

↓

自由主義の崩壊
一方、カレルギーによって欧州統合へ向かう動きも生まれる ➲P.348

↑**ⓓ世紀末ウィーンの状況とその後**

歴史のスパイス　オーストリア出身のヒトラーは画家をめざしてウィーンの美術学校を受験したが不合格で、その後第一次世界大戦へ従軍し、戦後に政治家へ転身した。

テーマ19 北欧・南欧の歴史

北欧3国			フィンランド（アジア系フィン人）
デンマーク	ノルウェー	スウェーデン	
8～11世紀 国家形成、3国ともカトリック受容 A			1300頃 スウェーデンに統合
1397 デンマークのマルグレーテ、**カルマル同盟**結成➡P.171 →**デンマーク連合王国**成立（3王国の国家連合）（～1523） B			
		1523 同盟から独立	
16世紀 3国ともルター派を受容			
クリスチャン4世（位1588～1648） ●**三十年戦争**に参加（1625～29）		**グスタフ＝アドルフ**（位1611～32）➡P.222 ●バルト海東岸地方を占領 ●**三十年戦争**に参加（1630～35） 1648 **ウェストファリア条約**で北ドイツ沿岸地方を領有→バルト帝国 C	
●スウェーデンと抗争続く →北方戦争に参加 ●ナポレオン戦争に参加		1700 **カール12世、北方戦争**（～21）➡P.226 1721 ニスタット条約でロシアにバルト海南岸を割譲 D	
1814～15 ウィーン会議 E			1809 ロシアの大公国となる
	1815 ノルウェー、スウェーデンに移譲 →同君連合	1866 二院制導入	
1864 **デンマーク戦争** →シュレスヴィヒ・ホルシュタインを失う ➡P.254	1905 独立 F		1917 独立 1939 ソ連＝フィンランド戦争（～40）
1940 ドイツの侵攻		●厳正中立を宣言	

1 北欧の歴史

➡❶「攻撃」（1889） ナショナリズムの高まりはロシア支配下のフィンランドにも波及した。自治権が要求されたが、ニコライ2世はロシア化政策を進めて弾圧を強めた。

読み解き 白い服の少女はフィンランドを、本は自治を象徴する。鷲はどこの国を象徴し、何をしようとしているだろう。

チェック 北欧三国の特徴

- ●**政治形態**…議会中心の立憲君主政→政治・経済の安定
- ●**内政**…国内改革に傾注→**福祉国家**への道
- ●**外交**…大国主導の国際政治に関与しない自主的な中立政策
  - 第一次世界大戦…3国とも中立維持
  - 第二次世界大戦 …**スウェーデンは中立**維持 デンマーク・ノルウェーはドイツ軍による占領 →レジスタンス運動の展開

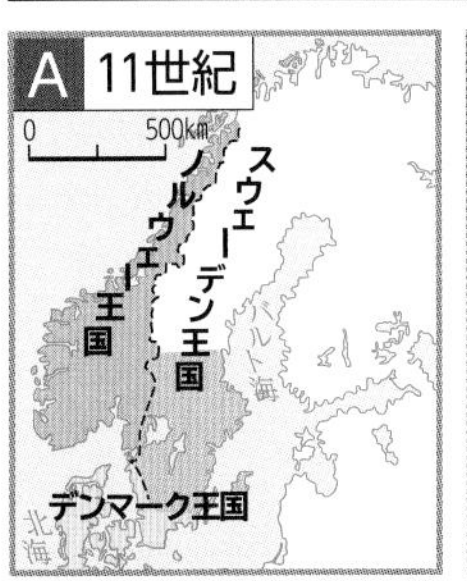

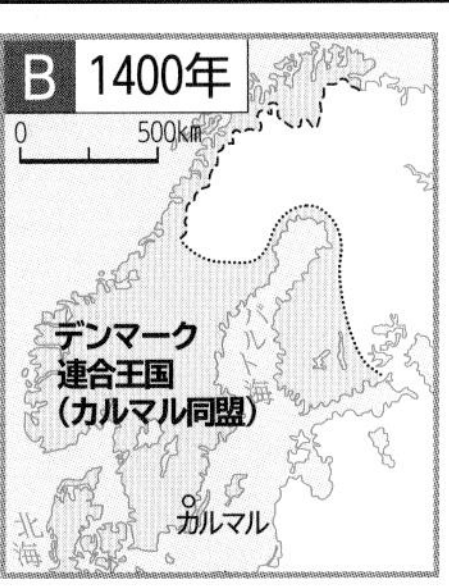

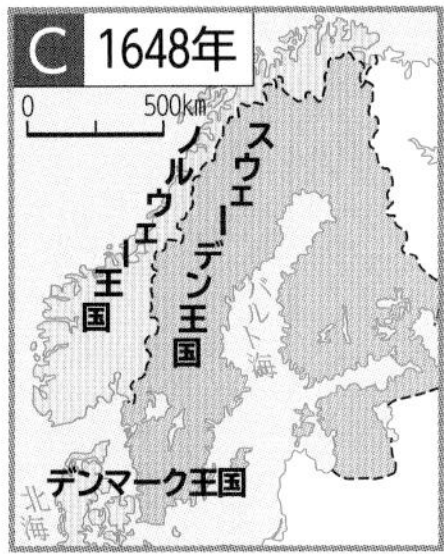

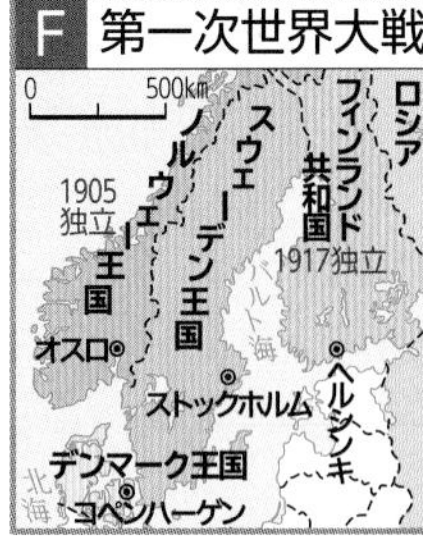

2 南欧の歴史

イベリア半島 ➡P.170	イタリア南部	
8世紀 イスラームの支配 →レコンキスタ開始➡P.163	9世紀 イスラーム勢力によるシチリア征服 1130 ノルマン人、**両シチリア王国**建国 →シチリア王国・ナポリ王国に分裂	
	シチリア	ナポリ
1143 **ポルトガル王国**成立		
1479 **スペイン王国**成立 1492 **レコンキスタ完了**	ノルマン人の王国 1194 シュタウフェン家（神聖ローマ皇帝家）	
1580 スペイン・ポルトガルの同君統治（～1640）	●**シチリアの晩鐘**（1282）→フランスのアンジュー家支配のシチリア島民による反乱を機にアラゴン王がシチリア王となり、ナポリ王国とシチリア王国に分裂	
1701 スペイン継承戦争（～13）➡P.223 1755 リスボン地震➡P.68	アラゴン家 ↓ スペイン＝ハプスブルク家	フランスのアンジュー家 1442
19世紀初頭 ナポレオンの支配 →スペイン反乱 1820 スペイン立憲革命（～23） 1860年代 スペイン王位継承問題 →プロイセン＝フランス（普仏）戦争 1898 アメリカ＝スペイン（米西）戦争 1910 ポルトガル、共和政宣言 1931 スペイン革命 →**スペイン内戦**（1936～39）➡P.311 1932 ポルトガルでサラザールの独裁（～68） 1939 スペインでフランコの独裁（～75）	●**スペイン継承戦争**（1701～13） オーストリア＝ハプスブルク家 1738 ブルボン家 ナポレオン ●ウィーン会議（1814～15） 1861 **イタリア王国成立**➡P.254 1922 ムッソリーニの独裁（～43）➡P.310 1946 共和政に移行➡P.344	

←❷**現在のスペイン国旗**（左）と❸**その中の紋章**（右） スペイン国旗の紋章は、中世の4王国、グラナダ、ブルボン王家の紋章からなる。

読み解き 国章にはスペインという国家のどのような特徴が表れているだろう。

資料から読み解く イタリア統一の課題

文献① ダゼリオ[①]『わが回想』（1867）

この半世紀、イタリアは単一の人民となり、国民となるために動揺し苦しんできた。イタリアはその領土を大部分、再征服した。外国勢力との闘いは首尾よくいったが、それが最大の困難ではなかった。……要するに一言で言えば、イタリアがなすべき第一のことは、自らの義務を達成することのできるイタリア人を形作ることであり、したがって、気高く強固な気質を形作ることである。

①イタリア統一に思想と政治面で影響を与えた作家・政治家。19世紀半ばにはサルデーニャ王国宰相も務め、近代化に努めた。

（歴史学研究会編『世界史史料6』岩波書店）

読み解き イタリア統一後の民族的・経済的課題は何だろう。また、その理由は何だろう。

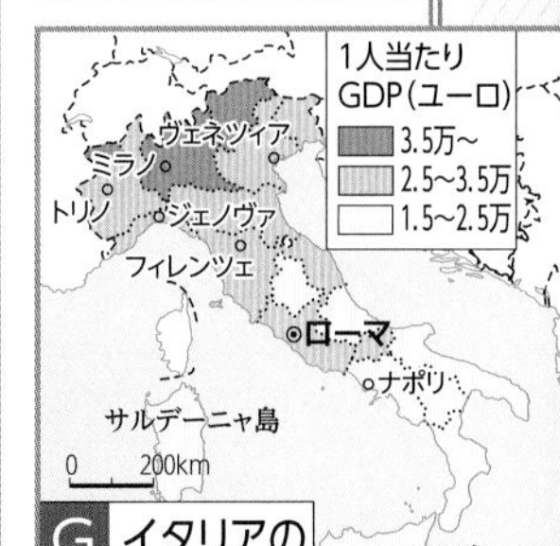

G イタリアの経済格差*

＊データは2020年のもの

歴史のスパイス スペインでは今もバスク語やカタルーニャ語などスペイン語とは異なる言語が各地で併用されている。

ロシアの対外進出と改革

1 ロシアの拡大と東方問題 ➲P.226 ➲P.282

★バルカン方面、▲中央アジア方面、■極東方面

皇帝	内政・外交	南下政策
イヴァン4世 (位1533～84) ➲P.226	●正式にツァーリの称号使用	▲1552 カザン＝ハン国併合 ▲1556 アストラハン＝ハン国併合 ■1581 **イェルマークのシベリア遠征** →シビル＝ハン国征服
ピョートル1世 (位1682～1725) ➲P.226	1703 サンクト＝ペテルブルク建設開始 ●西欧の技術・制度導入	▲●探検隊派遣 ■1689 **ネルチンスク条約** …外興安嶺・アルグン川を国境に ■1707 カムチャツカ領有 ●ベーリングの探検 ▲1717 ヒヴァ＝ハン国に敗北
		■1727 **キャフタ条約**…モンゴル方面での国境画定 ■1728 ベーリング海峡確認 ▲1735 オレンブルク要塞建設
エカチェリーナ2世(位1762～93) ➲P.226	●啓蒙専制君主 ●ポーランド分割(1772、93、95) 1773 プガチョフの乱(～75)	▲1774 キュチュク＝カイナルジャ条約…黒海北岸進出 ▲1792 クリミア半島獲得 ■1792 ラクスマンを日本に派遣➲P.48
アレクサンドル1世 (位1801～25)	1809 フィンランド領有 1815 **ウィーン会議**で領土拡大、**皇帝がポーランド王位を兼ねる**	■1804 レザノフを長崎に派遣 ▲1810 グルジア領有 ▲1813 北アゼルバイジャン獲得 ■1821 アラスカ領有 ★**ギリシア独立戦争**(～29)
ニコライ1世 (位1825～55)	1825 **デカブリストの乱** 1830 **ポーランド独立運動**(～31) ●インテリゲンツィアの活動(1840～50年代)	▲1828 **トルコマンチャーイ条約**…ガージャール(カージャール)朝からアルメニア獲得・治外法権獲得 ★1829 アドリアノープル条約 ★1831 **第1次エジプト＝トルコ戦争**(～33) ★1839 **第2次エジプト＝トルコ戦争**(～40) ★1840 ロンドン会議→五国海峡条約(協定)(1841) ■1847 **ムラヴィヨフ**を東シベリア総督に任命 ★1853 **クリミア戦争**(～56) ■1853 プチャーチンを長崎に派遣 ■1854 日露和親条約
アレクサンドル2世 (位1855～81)	1861 **農奴解放令** 1863 **ポーランド独立運動**(～64) ●**ナロードニキ運動**(1870～80年代) →ニヒリズム(虚無主義)・アナーキズム(無政府主義) →テロリズムの台頭 ↓ 1881 アレクサンドル2世暗殺	★1856 **パリ条約** ■1858 **アイグン条約**…黒竜江以北を獲得 ■1860 **北京条約**…沿海州を獲得 ▲1867 タルバガタイ条約…中央ユーラシアの国境画定 ■1867 アラスカをアメリカに売却 ▲1868 ブハラ＝ハン国保護国化 ▲1873 ヒヴァ＝ハン国保護国化 ■1875 **樺太・千島交換条約**…樺太をロシア、千島を日本に➲P.281 ▲1876 コーカンド＝ハン国併合 ★1877 **ロシア＝トルコ(露土)戦争**(～78) ★1878 **サン＝ステファノ条約→ベルリン会議**(ビスマルク調停)→**ベルリン条約**(1878) ▲1881 **イリ条約**…イリ地方の国境画定
アレクサンドル3世 (位1881～94)	1891 **露仏同盟**	■1891 **シベリア鉄道**着工
ニコライ2世 (位1894～1917) ➲P.296	●**ロシア社会民主労働党**(1898)、社会革命党(1901)結成 1905 **血の日曜日事件**	■1896 **東清鉄道敷設権**獲得 ■1898 旅順・大連租借 ■1904 **日露戦争**(～05)➲P.289

条約	戦争
アドリアノープル条約(1829)○ ●黒海と**ボスフォラス・ダーダネルス両海峡**自由通行権承認 ●ギリシアの独立承認	**ギリシア独立戦争** ギリシア ←→ オスマン帝国 英 仏 露 / エジプト
ウンキャル＝スケレッシ条約(1833)○ ●ロシア以外の外国軍艦のボスフォラス・ダーダネルス両海峡通行禁止	**第1次エジプト＝トルコ戦争** エジプト ←→ オスマン帝国 英 仏 墺 / 露
五国海峡条約(協定)(1841)× ●ウンキャル＝スケレッシ条約の破棄 ●外国軍艦の両海峡通行禁止	**第2次エジプト＝トルコ戦争** エジプト ←→ オスマン帝国 仏 / 英 露 普 墺
パリ条約(1856)× ●**黒海の中立化** ●両海峡の外国軍艦通行禁止(再確認) ●ドナウ川航行の自由 ●オスマン帝国の領土保全	**クリミア戦争** オスマン帝国 ←→ ロシア 英 仏 サルデーニャ
サン＝ステファノ条約(1878)○ ●**ルーマニア・セルビア・モンテネグロ**独立 ●ブルガリア自治公国の建設	**ロシア＝トルコ(露土)戦争** オスマン帝国 ←→ ロシア バルカンのギリシア正教徒
ベルリン条約(1878)× ●ブルガリアの領土縮小 ●イギリスが**キプロス領有** ●オーストリアに**ボスニア・ヘルツェゴヴィナ管理権**	

↑ⓐ**ロシアの南下政策の成否**(○×)

読み解き
1 ロシアの目的は何だろう。
2 ロシアの南下を警戒している国はどこだろう。

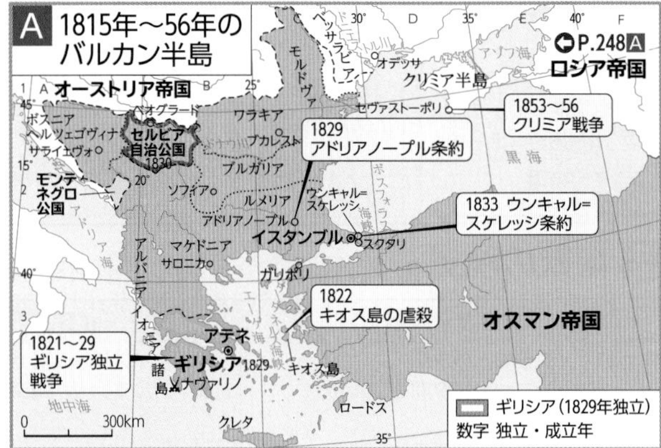

↑ギリシア独立戦争や第1次・第2次エジプト＝トルコ戦争において、**ロシアがバルカン半島方面に進出**しようとしたことで、オスマン帝国をめぐる列強の利害対立(**東方問題**)が悪化した。

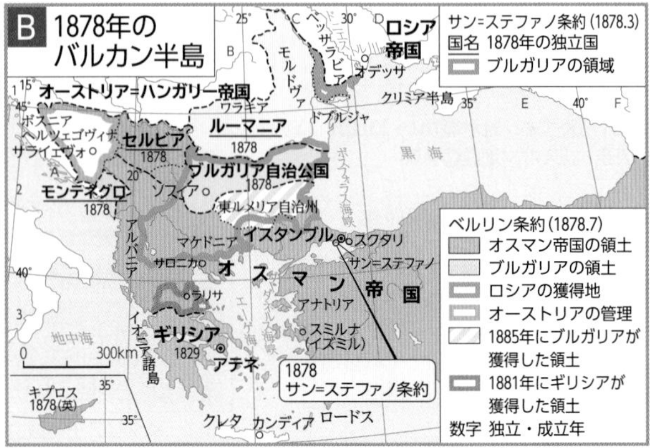

↑**ロシア＝トルコ(露土)戦争**で、ロシアはバルカン半島での勢力拡大に成功した(サン＝ステファノ条約)が、これを警戒する他の列強の反発を受けて**ベルリン会議**が開催され、バルカン方面での**ロシアの南下政策は失敗**した。

文献① ビスマルクの演説(1876)

東方問題は……他国に好まれ、また好まれうると同時に、自国の利害を少しも害わないような、特別に慎重なる政策を要求しているのである。……それ[ビスマルクの任務]は……最大の利害関係を有する3国とわれわれとの間にあるごとき友好関係が完全に、もしくはできうる限り完全に、この危機の中から生じうるよう、またわれわれがそれら3国のためにできるだけ配慮をすべく、活動することである。(『西洋史料集成』平凡社)

読み解き
1 下線部の3国とはどの国をさすだろう。地図Bもヒントに考えよう。
2 ビスマルクの狙いは何だろう。

歴史のスパイス ボスフォラス海峡は一番狭いところで幅が660mほどであり、陸上からの攻撃を避けての通航は困難である。

2 クリミア戦争

チェック クリミア戦争前後の国際体制の変化

戦前
- 列強体制（列強の協議による勢力均衡と平和の維持）
- 体制の中心はオーストリアとロシア（ヨーロッパの憲兵）の連携

↓

クリミア戦争　オーストリア中立、**ロシア敗北**
→両国の連携が崩れる

↓

戦後
- ロシアが黒海からアジア方面へ進出し、**英と対立**
- ロシアをはじめ各国が国内問題の解決に集中（＝列強体制の弛緩）
→国家統一をめざす戦争や紛争が多発（ドイツやイタリアなど）
- 敗戦により**後進性を痛感したロシアが国内改革へ**
- 南北戦争（➡P.261）による綿花不足を補うために中央アジアへ進出

C ロシアの東方進出

➡P.204A

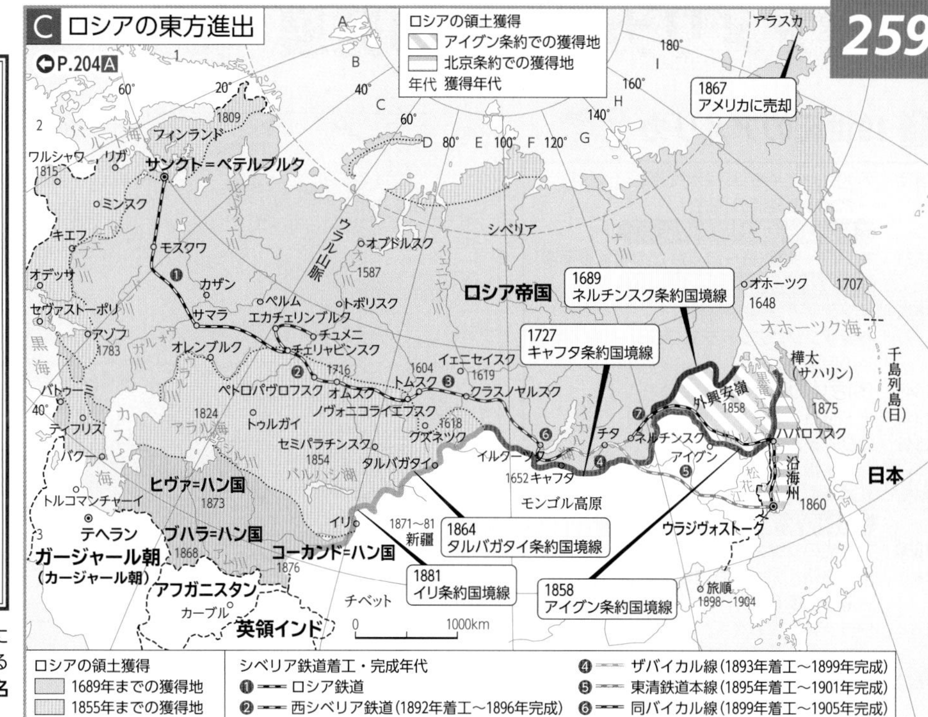

↓❶**クリミア戦争**　ナポレオン3世がエルサレムにおけるカトリックの特権をオスマン帝国に認めさせると、ロシアが異議を唱え、**ギリシア正教徒の保護を名目にオスマン帝国と開戦**した。

←❷**ナイティンゲール**（1820〜1910）**クリミア戦争に初の従軍看護師として参加**したイギリス人の看護師。その経験を生かし、国内看護制度や看護教育を整え、女性の社会進出にも貢献した。

文献② クリミア戦争とアジア

イギリスとフランスは、クリミア戦争が始まると、それに集中せざるをえず、本格的な対日交渉はできなくなっていた。……プチャーチンは、1854年3月にマニラにおいてクリミア戦争の開戦の情報に接することになった。ロシアは、英仏の軍事力を恐れて、本格的に対日交渉ができなくなり、結局はアメリカに対日交渉では先を越されることになった……クリミア戦争後、英露の対立はイランからインド方面へ移動し、ここに「グレート＝ゲーム」が本格的に始まった。……ロシアは、イランからインド方面においてイギリスと対立する一方、東アジアに再び進出し始めた。
（南塚信吾『「連動」する世界史』岩波書店）

読み解き クリミア戦争が日本やアジアに与えた影響は何だろう。

3 ロシアの国内改革

資料から読み解く 農奴解放令

←❸**農奴を賭けてゲームをするロシアの領主**（風刺画、1854）　札束のように農奴がくくられており、領主と農奴の関係を象徴的に表している。

読み解き
1 領主にとって農奴はどのような存在だろう。
2 農奴解放令は誰が、何のために行ったのだろう。
3 農奴解放が不徹底になった理由は解放令のどこに原因があるだろう。

文献③ 農奴解放に関するアレクサンドル2世の演説（1856）

朕が農民に自由を与えたがっているというような風評があるが、これは正しくない。……しかし不幸なことには、農民と地主とのあいだには、仇敵のような感情が存在している。こうして、すでに地主に対する不服従といった事件までがでてきているのである。おそかれはやかれ、そうした方向（農奴解放）に進まねばならぬというのが朕の確信である。諸氏らもまた朕と意見を等しくするものと思う。かくなるうえは、このことが下からおこるよりは、上からおこった方がはるかによいのである。……

文献④ 農奴解放令（1861）

新条例により、農奴は、自由な農村住民としての全き権利を、適時受領することになる。……この分与地を利用するにあたり、農民は……地主のために諸義務を果たさなければならず……一時的に義務負担者と称せられる。……農民は土地買戻しにより、地主への義務負担から解放され、まさしく自由な土地所有農民の身分となる。
（『西洋史料集成』平凡社）

↑❹**農奴解放令を発布するアレクサンドル2世**　これにより農奴は人格的自由を認められたが、土地の買い戻し金は地代の15〜20倍だった。

→❺**ヴォルガの舟ひき**
レーピン筆、サンクト＝ペテルブルク・ロシア美術館蔵

読み解き この絵画はロシアのどのような面を告発しているだろう。

文献⑤ 一革命家の思い出（1896）

それから5年後には、何千というロシアの青年たちの最良の人々が同じことをやっていたのだ。彼らの標語は「人民の中へ」であった。……かれらは……民衆の中にはいり民衆の生活をするにあるということを決めていった。青年たちは医者、その助手・教師・役場の書記、あるいは農業労働者・鍛冶屋・樵夫にさえなって村々にはいっていき、そこで農民たちと密接な生活をしようとした。
（木村尚三郎監修『世界史資料（下）』東京法令出版）

↓❻**ナロードニキの逮捕**　上からの改革に失望した知識人・学生（**インテリゲンツィア**）が「**ヴ＝ナロード（人民の中へ）**」を掲げ、下からの革命をめざして啓蒙活動を行った。しかし、**ナロードニキ**と呼ばれた彼らの活動は農民に支持されずに失敗。ナロードニキの一部は**テロリズム**に走り、皇帝アレクサンドル2世も暗殺された。

歴史のスパイス アレクサンドル2世が暗殺された現場には鎮魂のため「血の上の教会」という教会が建設された。

アメリカ合衆国の発展

1 19世紀のアメリカ

➡P.240 ➡P.282

1812 アメリカ＝イギリス(米英)戦争(～14)
→アメリカ経済の「独立」
モンロー(⑤任1817～25)
1823 **モンロー教書**(ヨーロッパとの相互不干渉)
ジャクソン(⑦任1829～37)
1830 **インディアン強制移住法**
●**ジャクソニアン＝デモクラシー**(白人中心の民主主義)
1845 「**明白な天命**(マニフェスト＝デスティニー)」が初めて使われる
1846 アメリカ＝メキシコ戦争(～48)
1848 **カリフォルニアで金鉱発見**
→**ゴールドラッシュ**
1854 共和党成立／日米和親条約➡P.275
リンカン(⑯任1861～65暗殺)
1860 共和党の**リンカン**、大統領選に勝利
1861 南部諸州、アメリカ連合国結成
→**南北戦争**(～65)
1861 フランスによる**メキシコ出兵**(～67)
→モンロー主義を背景に反発
1862 **ホームステッド法**…西部の開拓農民に公有地を無償分配
1863 **奴隷解放宣言**
●南北戦争終結後、北部の工業化が本格化
1869 **大陸横断鉄道開通**
北部と西部がつながり、大市場形成
1890 シャーマン反トラスト法…独占禁止法
フロンティアの消滅

拡大の背景

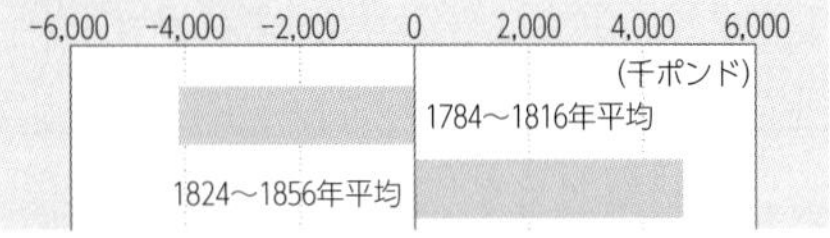

	-6,000 ～ 6,000 (千ポンド)
1784～1816年平均	
1824～1856年平均	

↑ⓐアメリカの対イギリス貿易収支

読み解き イギリスとの戦争が「第2の独立戦争」と評価される理由は何だろうか。

文献① モンロー教書[1](1823)

われわれはヨーロッパ列強間の諸戦争には、それがヨーロッパ諸国自身に関する事柄ならば、決して介入しなかったし、……われわれはいかなるヨーロッパ諸国の現存する植民地、もしくは属領に対しても、従来干渉しなかったし、また将来も干渉しないであろう。しかしながらすでに独立を宣言し、……またわれわれがその独立を……承認した諸政府に関して、これらを抑圧する目的あるいはその他の方法によりこれらの運命を左右せんとする……いかなるヨーロッパ諸国の干渉も、われわれは合衆国に対する非友誼的態度の表明としかみることができない。

①教書とは、大統領が連邦議会に対し、重要な政策の立法審議を勧告すること。演説や文書送付の形式で行われる

(『西洋史料集成』平凡社)

➡❶モンロー(1758～1831)

読み解き
1 モンロー教書に示された主張は、アメリカの領土拡大や経済発展にどのような影響を与えただろう。
2 南北戦争中に発生した、モンロー主義に挑戦するフランスの行動は何だろう。

A 合衆国の領土拡大

❶ メリーランド 1788　❷ デラウェア 1787　❸ ニュージャージー 1787　❹ コネティカット 1788　❺ ロードアイランド 1790　❻ マサチュセッツ 1788　❼ ヴァーモント 1791　❽ ニューハンプシャー 1788

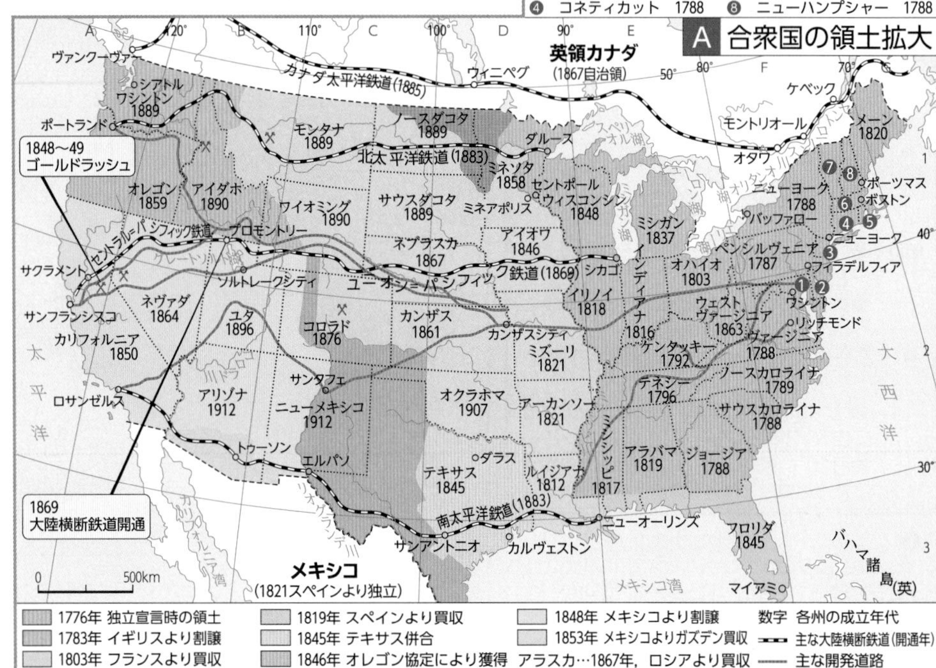

1776年 独立宣言時の領土　1783年 イギリスより割譲　1803年 フランスより買収　1818年 イギリスとの国境協定　1819年 スペインより買収　1845年 テキサス併合　1846年 オレゴン協定により獲得　1845～48年 メキシコより割譲　1848年 メキシコより割譲　1853年 メキシコよりガズデン買収　アラスカ…1867年，ロシアより買収　ハワイ…1898年，併合　数字 各州の成立年代　主な大陸横断鉄道(開通年)　主な開発道路　主な金鉱

資料から読み解く 発展の実態

➡❷**チェロキー族の「涙の道」**(移住させせられる先住民)　ジャクソンの強制移住法により、先住民はミシシッピ川以西の不毛な指定保留地に追いやられた。**白人の西部開拓は、先住民迫害の歴史**でもあった。➡P.262

➡❸**ジャクソン**(1767～1845)　初の西部出身の大統領。民主化を進展させる一方、先住民を抑圧した。

❹「**アメリカの進歩**」(1872)

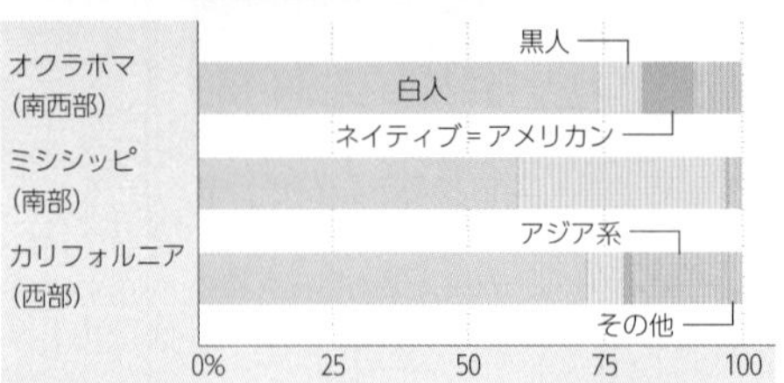

↑ⓑ**三つの州の人口構成**(2019)

読み解き
1 ❹に示されている、領土拡大を正当化するアメリカ人の主張はどのようなものだろう。
2 1の裏側で、どのような問題が起こりつつあっただろう。
3 ⓑで、カリフォルニア州のアジア系が増加した背景は何だろう。
4 ミシシッピ州で黒人が多い理由と、オクラホマ州でネイティブ＝アメリカンが多い理由も考えよう。

↓❺**ゴールドラッシュ時代の鉱山労働者**

歴史のスパイス　金鉱をめざして殺到したフォーティーナイナーズ(「49年組」)を背景に、カリフォルニアは西部で最も早く州に昇格した。

2 奴隷制をめぐる動き

ミズーリ協定(1820)
ミズーリ州を奴隷州として連邦に加盟させ、以後北緯36度30分(ミズーリ州の南端)以北に奴隷州をつくらない

1850年の協定
カリフォルニアは自由州として連邦に加盟させるが、ニューメキシコなどについては加盟の際の住民投票の結果によるものとする

カンザス＝ネブラスカ法(1854)
ミズーリ協定を廃止。ネブラスカ地方の連邦加盟に際しては、住民投票によって自由州・奴隷州を決定する

ドレッド＝スコット判決(最高裁判決)(1857)
奴隷は自由州に移住しても解放されない

ジョン＝ブラウンの反乱(1859)
急進的奴隷解放論者ジョン＝ブラウンがヴァージニア州で蜂起。捕らえられ絞首刑となる

奴隷解放宣言(1863)
現在反乱状態にある南部諸州の奴隷は、1863年1月1日をもって自由とするという宣言

綿繰り機は原綿から種子を取り除き、繊維を取り出す機械で、1793年に**ホイットニー**が原型を発明した。綿工業の効率化に貢献し、アメリカの綿花需要の増大、さらには**奴隷制プランテーション**の発達に影響を与えた。

❻綿繰り機

文献② 黒人からの訴えⅠ
(1852年の独立記念日の記念式典における演説)

市民の皆様、申し訳ないのですが、今日、ここで私が演説するように招かれた理由を、おたずねしてもよろしいでしょうか。……独立宣言に含まれる政治的自由と、生得の正義という偉大な原理は、私たちにも適用されているのでしょうか。……私はこの栄光の誕生日に含まれていません！　皆様の高貴な独立は、測り難い距離を示しています。今日、皆様は幸福のうちに歓喜しますが、その幸福は共有されていません。皆様の父祖が残してくれた、正義・自由・繁栄・独立の豊かな遺産は、皆様のなかで共有されていますが、私は入っていません。皆様に生命と癒しをもたらした日光は、私に鞭と死をもたらしています。この7月4日は皆様のものですが、私のものではありません。

(荒このみ編訳『アメリカの黒人演説集』岩波書店)

1850年の協定によって、北部では逃亡奴隷の取り締まりを強化する逃亡奴隷法が実施された。1852年に出版された**ストウ**の小説『**アンクル＝トムの小屋**』は、奴隷家族の悲劇を描いて北部の人々の人道的感情をかき立て、逃亡奴隷法や奴隷制反対の世論が高まった。

➔❽ストウ(1811～96)

➘❼『アンクル＝トムの小屋』のポスター

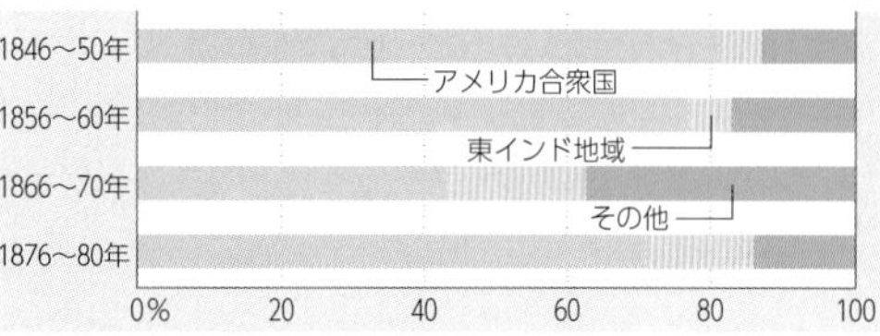

↑❸イギリスの原綿輸入相手の比率

読み解き 1866～70年だけ、イギリスの綿花(原綿)の輸入先が大きく変化する理由は何だろう。

3 南北戦争

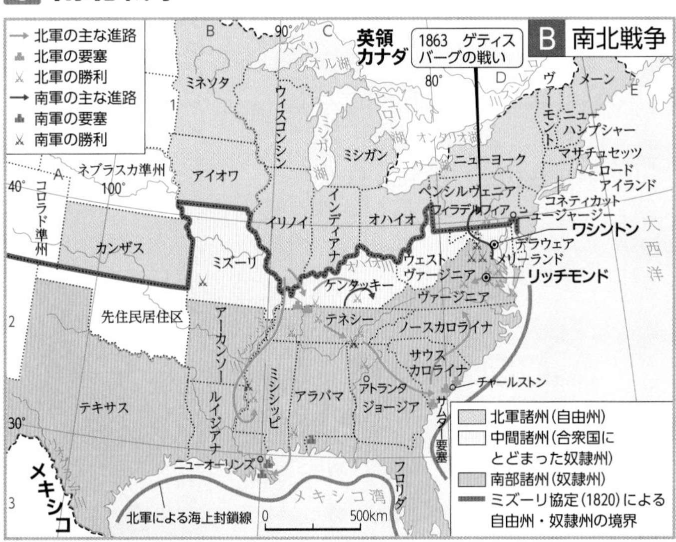

←❾1861年に描かれた風刺画(「ジェフィー＊の夢」)　ジェフィーの夢の中で、黒人がはしごを登り、天上からCOTTONと書かれた包みを船に落としている。
＊ジェファソン＝デヴィスのこと。

文献③ 黒人からの訴えⅡ
(1861年の奴隷制度反対協会での演説)

奴隷制度が関わるこの反乱は、特別な意味があるのです。……戦争開始時に比べて、最近になってもなお政府は、わずかしか奴隷制度反対に傾いていないのは事実です。国家の存続のために闘うかたわら、奴隷制度の首根っこを摑み、締めつけ、じきに息の根を止めねばなりません。**エジプト人にとってのファラオが、奴隷所有者にとってのジェファソン＝デヴィスです。私たちにとってエイブラハム＝リンカーンとその継承者ジョン＝C＝フリーモントが、イスラエル人にとってのモーセです。**

(荒このみ編訳『アメリカの黒人演説集』岩波書店)

読み解き 下線部の中で、南北戦争中の指導者がファラオやモーセに例えられている理由を説明してみよう。

読み解き
1. ❾にはNo North, No East, No Westと書かれている。この風刺画は南部のどのような考え方を批判しているのだろう。
2. COTTONを積んだ船は主にどこの国に行くのだろう。
3. リンカンが南北戦争中の1863年に奴隷解放宣言を出した意図について、国際的な視点から考えてみよう。

➘❹北部と南部の比較

			人口	農地	工場	国富	預金額	兵力
北部	〈18の自由州〉産業資本家による商工業が経済の中心	◆保護貿易 ◆連邦主義(集権) ◆共和党支持 ◆奴隷制反対	1,880万人	67%	81%	75%	74%	220万人
南部	〈15の奴隷州〉大農園主によるプランテーションが経済の中心	◆自由貿易 ◆州権主義(分権) ◆民主党支持 ◆奴隷制維持	1,220万人	33%	19%	25%	26%	80万人

戦争	戦死者数
独立戦争	1万2,000
南北戦争 Civil War	62万2,222
第一次世界大戦	11万2,432
第二次世界大戦	32万1,999
朝鮮戦争	5万4,246
ベトナム戦争	5万6,000

←❺合衆国の戦死者数

➔❿**リンカン**(1809～65)　ゲティスバーグの戦いは南北戦争中最大の激戦で、約3万5,000人の死者を出した。右は戦場跡での追悼式で行った演説の一節。

…government of the people, by the people, for the people, shall not perish from the earth.
…人民の、人民による、人民のための政治が、この地球上から消え去ることがあってはならないのである。
(1863年11月の「ゲティスバーグ演説」より)

文献④ 奴隷解放宣言(1863)

(反乱状態にある)州と一部地域において奴隷とされている者すべてに対して、これ以後は自由であると宣言し、アメリカ合衆国政府は、陸海軍当局も含めて、彼らの自由を承認し維持することを命じる。……こうした行為は正義に基づくものだと信じており、軍事的必要性を鑑みて合衆国憲法によっても正当性を保証されていると思うが、私はここに、これらの行為に対して、人類の思慮深い判断と、全能なる神の慈悲深い恩寵を祈るものである。

(歴史学研究会編『世界史史料7』岩波書店)

歴史のスパイス リンカンは南北戦争中に「双方とも同じ聖書を読み、相手と戦うのに神の助けを願った」と演説し、苦悩を表現した。

国民国家アメリカへの統合

1 南北戦争後のアメリカ合衆国

A フロンティアの西進

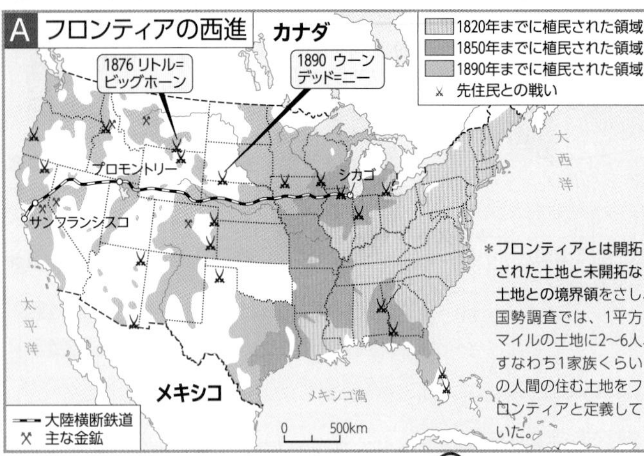

＊フロンティアとは開拓された土地と未開拓な土地との境界領をさし、国勢調査では、1平方マイルの土地に2～6人、すなわち1家族くらいの人間の住む土地をフロンティアと定義していた。

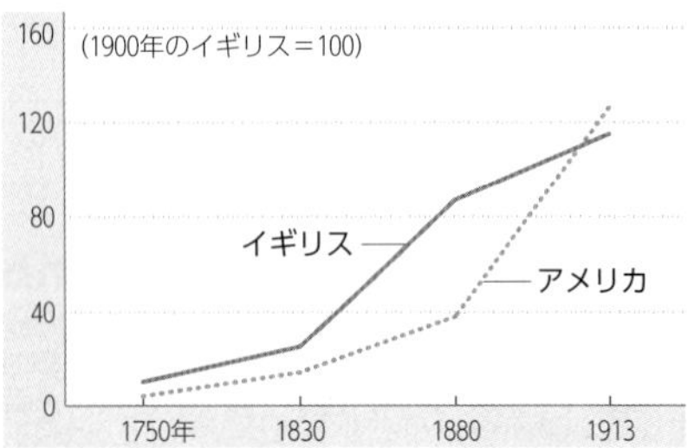

↑ⓑアメリカとイギリスの1人当たり工業生産高推移　南北戦争後のアメリカでは**北部の重化学工業化**が加速した。

読み解き
1 南北戦争中にホームステッド法が出された意味を、地図Aとあわせて考えてみよう。
2 アメリカの工業化が本格化するのはいつ頃だろう。また、その背景は何だろう。

チェック　北部・南部・西部の関係

西　部
開拓の進展＝牧畜業の繁栄
→世界最大の小麦生産地帯へ（**大陸横断鉄道**により東部市場と結びつく）
⇔**先住民の排除**

工業製品 ←（相互市場）→ 牛肉・小麦

北　部
工業化・都市化の進展
→独占企業の登場、労働運動の高まり（AFLの結成など）、**移民**の流入
⇔拝金主義、汚職の蔓延（「金ぴか時代」）

資本・工業製品 ↓　↑ 綿花・タバコ

南　部
旧農園主は没落、北部資本の支配下に置かれ**産業化が遅れる**（国内植民地化）
⇔白人小農民・新興産業資本家の台頭
＝白人の巻き返し→**黒人差別の復活**、黒人は**シェアクロッパー**へ

↑ⓐ**北部・南部・西部の関係**
鉄道の発達と有線電信の普及が広大なアメリカを一つに結びつけた。合衆国は**世界一の工業国**となり、西部は世界の穀倉地帯になった。

Take it quietly UNCLE ABE and I will draw it closer than ever!!
A few more stitches ANDY and the good old UNION will be mended!
アンドリュー＝ジョンソン
アンディ、もう少し縫ってくれ。もうすぐ、すばらしい連邦に戻るよ。

←❶**連邦の「修繕」に従事するリンカンとアンドリュー＝ジョンソン**（1865年の風刺画）　リンカン大統領は副大統領のアンドリュー＝ジョンソンとともに、南北戦争中から**南部の再建**と合衆国の復興に尽力していた。しかし、間もなくリンカンは暗殺された。

2 奴隷制廃止とその後

1863	**奴隷解放宣言**
1865	憲法修正第13条（奴隷制廃止）
1866	白人至上主義団体クー＝クラックス＝クラン（KKK）結成
1868	憲法修正第14条（州による市民権侵害の禁止）
1870	憲法修正第15条（黒人の投票権承認）
1896	連邦裁判所、「**分離すれども平等ならば合憲**」の判決
1909	全米黒人地位向上協会発足

① 「分離すれども平等」原則のもと、南部で施行された人種分離法（ジム＝クロウ法）により、黒人への政治的・経済的差別が続いた。

↓❷**非白人専用の待合室を示すバス停の看板**
人種分離はレストランやホテル、交通機関、公共施設など生活のあらゆる面に及んだ。

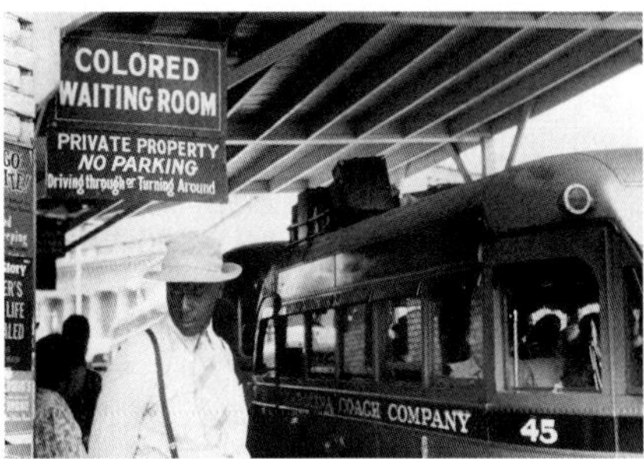

→❸**クー＝クラックス＝クラン**（KKK）　南北戦争後に南部で組織された白人至上主義団体。黒人や黒人支持の白人を襲撃した。

文献① シェアクロッパーとは

４年間にわたる南北戦争の戦火が止むと、南部のプランターは綿花生産を再開したが、プランターは解放奴隷に家族の自立という幻想を与えながら、プランテーションの経営そのものを奴隷制時代と同じ形態で維持する手法を発明した。……シェア＝クロッピング制度は、1950年頃までつづくのだが、この制度は、これまでの500エーカーかそれ以上のプランテーションを20～50エーカー程度の小さな農場に区分して、解放奴隷や貧しい白人に小作させる制度である。……普通の借地の場合には、地代が現物であれ貨幣であれ、小作人が借りるのは土地だけであり、何を栽培するかは、借地農の自由だったが、シェア＝クロッピング制度のもとで借地農は生産物を自由に決めることはできなかった。作物の決定だけではなく、作物の販売や生活必需品の購入も彼らは自由ではなかった。

（福田邦夫『貿易の世界史』筑摩書房）

3 発展の影で

→❹**ウーンデッド＝ニーの虐殺**　**フロンティア消滅**と同年（1890年）、米軍騎兵隊による先住民虐殺事件が起こった。

読み解き バッファローが乱獲された理由は何だろう。

←❺**積み上げられたバッファローの頭骨**

↓❻**大陸横断鉄道の開通**　1869年、東部と太平洋岸を結ぶ最初の大陸横断鉄道が開通した。建設には**アイルランドや中国からの移民**が重要な労働力となったが、この写真に中国人の姿はない。

読み解き ❻に、中国人が写っていないのはなぜだろう。

ユタ州プロモントリー（東西のレールがつながった場面）

国際的な分業体制と労働力の移動

1 19世紀以降の移民の流れ

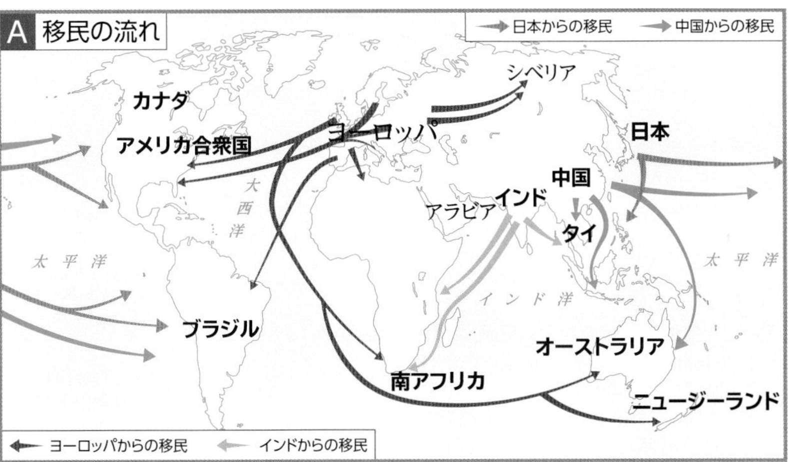

2 移民大国アメリカ

❶ニューヨークに向かう移民(1906)

❷自由の女神(ニューヨーク) 独立100周年を祝ってフランスが贈ったもので、1886年にリバティー島に建てられた。この像は、**アメリカの民主主義の象徴であり、自由の国アメリカに期待する移民を受け入れる像と解釈された。**

ⓐ著名なアメリカ移民とその子孫

アンドリュー＝カーネギー(スコットランド系、鉄鋼王)
ジョン＝F＝ケネディ(アイルランド系、第35代大統領)➡P.342
スティーヴン＝スピルバーグ(ユダヤ系、映画監督)
マドンナ(イタリア系、歌手)

❸カーネギー(1835〜1919) 鉄鋼業で成功し巨富を稼ぐ。大学やホールを建設するなど慈善家としても知られる。

資料から読み解く 労働力移動が生んだ「衝突」—アメリカの場合

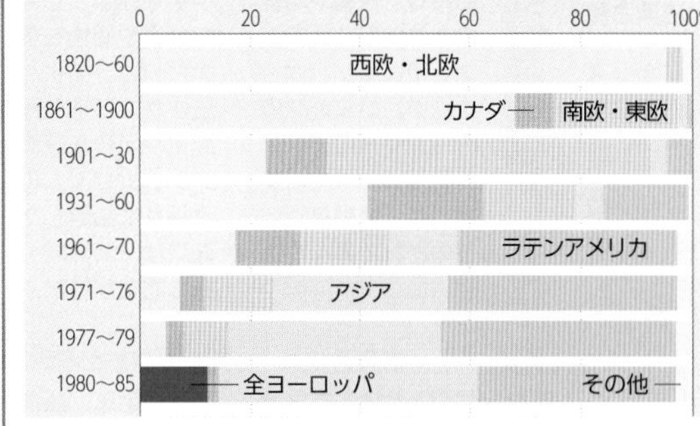

ⓑアメリカ合衆国への移民出身地域の変化

❹「フランスに帰る」という自由の女神(風刺画)

読み解き
1 ⓑの19世紀後半の移民出身地域の変化は、どのような背景で起こったのだろう。
2 ❹の自由の女神は、なぜ衣服の裾を上げているのだろう。
3 ❺の男性は、どこから来て、なぜ座りこんでいるのだろう。

❺Golden Gate of Libertyと書かれた門の前で座り込む男性(風刺画)

3 印僑・華僑と日本人移民

印僑と華僑 ➡P.194, ➡P.272

解説 印僑・華僑
インド系移民を印僑、中国系移民を華僑という。東南アジアでは、華僑や印僑がヨーロッパ勢力と現地の人々との間を結ぶ中間層としての地位を確立し、**国境を越えた独自の通商ネットワークを形成して、アジア間貿易(➡P.272)において重要な役割を果たした。**

❻ガンディー(1869〜1948)(左)と**❼孫文**(1866〜1925)(右) インド独立運動の指導者ガンディーは、南アフリカにおける印僑の権利を守る弁護士活動から民族意識にめざめ、**非暴力の抵抗運動**を展開した(➡P.305)。中国革命の指導者孫文は、華僑から資金援助を受け革命を推進した(➡P.290)。

日本人移民

1868	最初の移民がハワイへ(元年者)
1885	ハワイ王国への**官約移民**開始(〜1894、約3万人)
1900頃〜	アメリカ本土への移民が増える
1908	日米紳士協定発効(新規の移民を停止) ブラジル移民開始(〜1941)➡P.65
1924	アメリカが「**排日移民法**」制定
1941	日米開戦
1942	アメリカで日本人の強制収容始まる
1953	戦後初の移民、アメリカ・ブラジルに入国
1971	最後のブラジル移民船

(万人)
6 5 4 3 2 1 0
1881 85 91 98 1901 11 21 24 31 41 42年
85 第一回官約移民、ハワイへ
98 米、ハワイ併合
北米等
東南アジア
ラテンアメリカ
24 米、「排日移民法」成立
31 満洲事変勃発
中国東北地域
41 太平洋戦争開始

ⓒ日本人移民の移住先

❽日本人排斥を示す看板(アメリカ、1920) 日本人移民は、低賃金で長時間の労働に耐えることから、アメリカ人の職が奪われるという危機感が募った。排日運動は1900年頃から次第に強まり、**1924年には日本からの移民が禁止された**(「排日移民法」)。

JAPS KEEP MOVING
THIS IS A WHITE MAN'S NEIGHBORHOOD.

文献① 石川達三『蒼氓』[1] ➡P.313
「誰もな、楽に食べられる者だら、移民にゃあなんね。なあ」彼等はこうした諦めをもっていた。……それは貧乏と苦闘とに疲れた後の少しく棄鉢な色を帯びた、それだけに向う見ずな希望であった。最初この収容所に集まって来た時には、追わるる者、敗残者、堀内さんの言うように風の吹き溜りにかさかさと散り集まって来た落葉の様な淋しさや不安に沈黙していたけれども、かくも多勢の同志を得、日を逐うて親しくなり心強くなって行くにつれて、落葉の身を忘れて、……海外雄飛の先駆者、無限の沃土の開拓者のように自分達を幻想する事が出来るようになったのである。
①ブラジルへの移民を題材にした小説。1935年に第1回芥川賞を受賞した。
(石川達三『蒼氓』秋田魁新報社)

歴史のスパイス ハワイの日系2世であるダニエル＝イノウエは、アメリカ陸軍に従軍し、上院議員を半世紀近く務めた。

19世紀の欧米文化(1)

➲P.232，➲P.352

1 芸術・文化の潮流

●古典主義・ロマン主義は各分野で影響し合い流行。特徴も共通のものが多い。

芸術と文学の潮流	18世紀以前	古典主義	ロマン主義	写実主義	自然主義	象徴主義・耽美主義・後期(ポスト)印象派	20世紀以降
文学	フランス古典主義 / イギリス国民文学	古典主義 ギリシア・ローマ(古典古代)の文化を模範とし、**規範や均整のとれた形式美**を追求。市民層が台頭した結果、貴族趣味のロココやバロックに代わって現れた。美術では、格調高く均整のとれた画風が特徴	ロマン主義 **古典主義の形式主義に反発する形で生まれ、**中世を理想とし、人間の**感情や個性**を重視。ナポレオンによって抑圧された各地の民族の歴史や伝統を尊重し、**ナショナリズムの高揚と相互に影響**した。美術では、情熱的・幻想的な画風が特徴	写実主義 自然科学が勃興し、貧富の差など資本主義社会の問題点が表出すると、非現実的で空想的なロマン主義に反発する形で生まれた。**社会や人間の現実をありのままに表現**	自然主義 写実主義をさらに強調し、現実を**実証的・科学的**に捉え、激化する社会矛盾や人間性の悪も表現	**象徴主義** 表現の伝統形式を無視し、象徴的な表現を重視 / **耽美主義** 倫理的価値を無視し、美を最高の価値として追求	実存主義文学 / 社会主義リアリズム / 反ファシズム
美術	バロック→ロココ	(同上)	(同上)	自然主義 農村や自然を描写	印象派 **太陽光により変化する色彩を感覚的に表現**	**後期(ポスト)印象派** 印象派から派生。**さらに永久不変なものを描こうとした**	立体派(キュビスム) / 野獣派(フォーヴィスム) / 超現実主義(シュルレアリスム)
音楽	バロック音楽→古典派音楽	古典派 **調和と合理的な展開**を重視。ソナタ形式が発展し、交響曲が多くつくられた	ロマン派 個性や意志、**感情を強烈に表現**した楽曲が多い	国民楽派 **二月革命**の影響を受けた民族運動の展開と相互に影響し、**民族主義的な音楽を作曲**	**後期ロマン派** 古典的形式を脱却し、20世紀音楽へ通じる / 印象派 音そのものが持つ情感を重視		12音音楽 / 新古典主義

社会の動き：市民層の台頭＝文化の担い手へ / ナポレオン戦争 / ウィーン体制 / 七月革命 / 二月革命(諸国民の春) / イタリア統一戦争 / ドイツ統一 / 資本主義社会の問題が現れる / 科学技術の進歩・自然科学の発達 / 自由主義・ナショナリズム(国民主義・民族主義運動)の高まり

2 主な文芸家と作品

分野	潮流	人物	生没年	国	作品など
美術	古典主義	ダヴィド	1748〜1825	仏	「マラーの死」ナポレオンの宮廷画家 ➲P.244，245
		アングル	1780〜1867	仏	「オダリスク」「泉」
	ロマン主義	**ゴヤ**	1746〜1828	西	「1808年5月3日」➲P.245
		ドラクロワ	1798〜1863	仏	「民衆を導く自由の女神」➲P.249 「キオス島の虐殺」➲P.247
	写実主義	ドーミエ	1808〜79	仏	「ドン＝キホーテ」
		クールベ	1819〜77	仏	「石割り」
	自然主義	コロー	1796〜1875	仏	「シャルトル大聖堂」
		ミレー	1814〜75	仏	「晩鐘」「落穂拾い」
	印象派	**マネ**	1832〜83	仏	「草上の昼食」
		ドガ	1834〜1917	仏	「踊子」
		モネ	1840〜1926	仏	「睡蓮」「印象・日の出」➲P.77
		ルノワール	1841〜1919	仏	「浴女たち」
	後期(ポスト)印象派	**セザンヌ**	1839〜1906	仏	「ナポリの午後」
		ゴーガン	1848〜1903	仏	タヒチ島に移住 「タヒチの女」➲P.286
		ゴッホ	1853〜90	蘭	「アルルの跳ね橋」
	彫刻	ロダン	1840〜1917	仏	「考える人」

❶モネ

❷ゴッホ

分野	潮流	人物	生没年	国	作品など
文学	古典主義	**ゲーテ**	1749〜1832	独	『ファウスト』
		シラー	1759〜1805	独	『ヴィルヘルム＝テル』
	ロマン主義	**グリム兄弟** ➲P.247	兄1785〜1863 弟1786〜1859	独	『グリム童話集』
		バイロン	1788〜1824	英	『ドン＝ジュアン』
		ハイネ	1797〜1856	独	『歌の本』
		プーシキン	1799〜1837	露	『大尉の娘』
		ユゴー	1802〜85	仏	『レ＝ミゼラブル』
		ホーソン	1804〜64	米	『緋文字』
	写実主義	**スタンダール**	1783〜1842	仏	『赤と黒』
		バルザック	1799〜1850	仏	『人間喜劇』
		ゴーゴリ	1809〜52	露	『検察官』
		ディケンズ	1812〜70	英	『二都物語』
		フロベール	1821〜80	仏	『ボヴァリー夫人』
		ドストエフスキー	1821〜81	露	『罪と罰』
		トルストイ	1828〜1910	露	『戦争と平和』
	自然主義	トゥルゲーネフ	1818〜83	露	『父と子』
		イプセン	1828〜1906	ノルウェー	『人形の家』
		ゾラ➲P.251	1840〜1902	仏	『居酒屋』
		モーパッサン	1850〜93	仏	『女の一生』
		チェーホフ	1860〜1904	露	『桜の園』
	象徴主義	ボードレール	1821〜67	仏	象徴詩『悪の華』
		マラルメ	1842〜98	仏	『半獣神の午後』
	耽美主義	ワイルド	1856〜1900	英	『サロメ』
音楽	古典派	**ベートーヴェン**	1770〜1827	独	交響曲第9番
	ロマン派	**シューベルト**	1797〜1828	墺	「冬の旅」、交響曲「未完成」
		ショパン ➲P.247	1810〜49	ポーランド	練習曲「革命」、民族舞踊を使ったピアノ曲
		ヴェルディ	1813〜1901	伊	「アイーダ」「椿姫」
		ブラームス	1833〜97	独	「ドイツ・レクイエム」、交響曲第1番
	国民楽派	スメタナ	1824〜84	チェコ	「わが祖国」➲P.256
		チャイコフスキー	1840〜93	露	交響曲「悲愴」「白鳥の湖」
		ドヴォルザーク	1841〜1904	チェコ	交響曲「新世界より」
	後期ロマン派	リスト	1811〜86	ハンガリー	「ハンガリー狂詩曲」
		ワグナー	1813〜83	独	楽劇を創始
		マーラー	1860〜1911	独	交響曲「復活」
	印象派	ドビュッシー	1862〜1918	仏	「海」

❸ゲーテ

❹ユゴー

❺スタンダール

❻イプセン

❼ワグナー

←❽ロダン「考える人」 考えることは頭だけでなく、全身全霊をささげて行うものであるということを、ロダンは運動選手のような強靭な肉体で表現した。人間の内面の情念をとらえようとした作風は、現代彫刻に大きな影響を与えた。ロダン美術館蔵、1880年、高さ182cm

↗❾ドビュッシーの交響詩「海」の初版スコア(指揮者用の楽譜) 表紙に葛飾北斎の富嶽三十六景「神奈川沖浪裏」が使われている。

歴史のスパイス セザンヌはモネに対して「彼は眼である。しかし、なんという眼だろう！」と賞賛した。

3 古典主義から自然主義へ

↑⑩アングル「泉」　ギリシア彫刻に多くみられるポーズをとる古典主義絵画の典型。オルセー美術館蔵、1856年、163×80cm

↑⑪ドーミエが1870年に描いた風刺画　写実主義の画家として知られるドーミエは、多くの風刺画も残した。ここでは、フランスの作家ユゴーが亡命中に著した『懲罰詩集』(1853年刊行、フランスではしばらく禁書となった)を題材としている。

読み解き　⑪で『懲罰詩集』の下じきになって倒れている鷲は、何を表現しているのだろう。

Column 『レ＝ミゼラブル』とロマン主義

ユゴーは**第二帝政を批判**して亡命中の1862年に『レ＝ミゼラブル』を発表した。ナポレオン戦争後の激動のフランスを描く大作の後半の見所が、パリ市民がバリケードを築いて暴動を起こす場面である。

読み解き　⑫の映画の一場面とドラクロワの絵画(➡P.249)の共通点は何だろう。

←⑫映画「レ・ミゼラブル」(2012年製作・イギリス・アメリカ)

↑⑬ミレー「晩鐘」　農民の生活の中に崇高さが感じられる。オルセー美術館蔵、1857～59年、55.5×66cm

4 印象派と日本

チェック　印象派とは

- その瞬間の光を忠実にとらえて描く
- アトリエから出て戸外で描く(交通網の発展が背景)
- 色相環(右図)を意識し、筆触分割(文献①)することで、鮮やかに描く
- 保守的なアカデミック画派から疎外される

→印象派の名称はモネ「印象・日の出」に由来するが、ここには批判的な視線がふくまれている

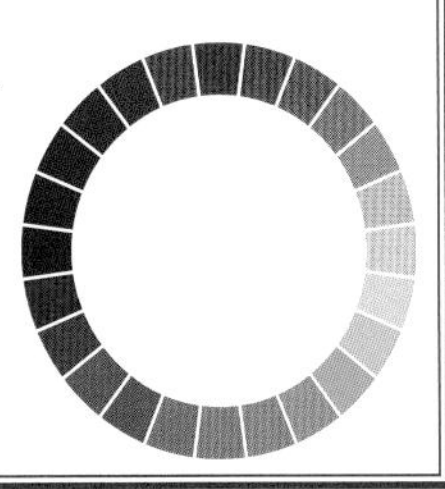

文献① 印象派の画法

モネはパレットの上で絵具を混ぜる代りに、画布の上に基本色の斑点を適当にあんばいして並べ、或る距離をおいて画面を眺める時、これらの斑点の反射光が、重なり合って網膜に映じ、真実の混色の効果をもたらす様そういう工夫を案出した。

(小林秀雄『近代絵画』新潮社)

↑⑮マネ「草上の昼食」　オルセー美術館蔵、1863年、208×264cm

↑⑯ルノワール「ムーラン＝ド＝ラ＝ギャレット」　印象派の代表的な作品。オルセー美術館蔵、1876年、131×175cm

↓⑰ゴッホ「星月夜」

ニューヨーク近代美術館蔵、1889年、73.7×92.1cm

ポーラ美術館蔵、1899年、88.6×91.9cm

↑⑭モネ「睡蓮」　モネの代表作で、100枚を超える作品が世界各地の美術館に現存している。

↓⑱モネ「ラ＝ジャポネーズ」

ボストン美術館蔵、1876年、232×142cm

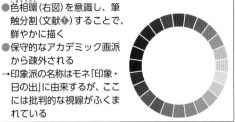

↑⑲ゴッホの模写「雨の大橋」

ゴッホ美術館蔵、1887年、73.3×53.8cm

読み解き　印象派の画家は同時代の日本絵画の影響を強く受けている。⑱のモネの絵画と⑲のゴッホの模写を見て、どのような日本絵画の影響を受けたのか、考えよう。

19世紀の欧米文化(2)

1 科学技術・探検 ➡P.77

分野	区分	人物	生没年	国	業績
自然科学	熱力学・光学	アンペール	1775～1836	仏	アンペアの法則
		オーム	1789～1854	独	オームの法則
		ファラデー	1791～1867	英	**電気分解の法則**
		マイヤー	1814～78	独	**エネルギー保存の法則**
		ヘルムホルツ	1821～94	独	エネルギー保存の法則
		マックスウェル	1831～79	英	光の電磁波説
		レントゲン	1845～1923	独	**X線発見**
		ピエール=キュリー	1859～1906	仏	放射性元素**ラジウム**の発見
		マリ=キュリー	1867～1934	ポ	（同上）
	化学	ドルトン	1766～1844	英	原子説
		アヴォガドロ	1776～1856	伊	分子説
		リービヒ	1803～73	独	有機化合物の元素分析法
	生物学	**ダーウィン**	1809～82	英	**進化論『種の起源』**
		メンデル	1822～84	墺	遺伝の法則
		パストゥール	1822～95	仏	狂犬病予防接種
		コッホ	1843～1910	独	**結核菌・コレラ菌**発見
発明	乗り物	**フルトン**	1765～1815	米	**蒸気船**の実用化(1807) ➡P.237
		スティーヴンソン	1781～1848	英	**蒸気機関車**の改良(1825) ➡P.237
		ダイムラー	1834～1900	独	ガソリン機関(1883)
		リリエンタール	1848～96	独	グライダー(1890)
		ディーゼル	1858～1913	独	ディーゼルエンジン(1897)
	通信	**モールス**	1791～1872	米	**電信機**発明(1837) ➡P.77
		ベル	1847～1922	米	**電話機**発明(1876)
		マルコーニ	1874～1937	伊	無線電信発明(1895)
	製造	グッドイヤー	1800～60	米	ゴムの硬化処理法(1839)
		ベッセマー	1813～98	英	製鋼ベッセマー法(1856)
		シーメンス	1823～83	独→英	製鋼シーメンス=マルタン法(1864)
		ノーベル	1833～96	スウェーデン	**ダイナマイト**発明(1866)
		ソルヴェー	1838～1922	ベルギー	アンモニア=ソーダ法(1863)
	生活関連	ウォーカー	？～1859	英	マッチ発明(1827)
		シンガー	1811～75	米	家庭用ミシン発明(1851)
		エディソン	1847～1931	米	**蓄音機**(1877)・**白熱電球**(1879)・活動写真(1893)など発明
		リュミエール兄弟	兄1862～1954 弟1864～1948	仏	映画(シネマトグラフ)発明(1895)
探検		タスマン	1603～59	蘭	タスマニア島、ニュージーランド到達(1642)
		クック	1728～79	英	太平洋方面探検
		フンボルト	1769～1859	独	南米探検、近代地理学の創始者
		リヴィングストン	1813～73	英	アフリカ内陸部探検
		リヒトホーフェン	1833～1905	独	中国内陸部探検
		スタンリー	1841～1904	英・米	アフリカ内陸部探検
		ヘディン	1865～1952	スウェーデン	内陸アジア探検
		ピアリ	1856～1920	米	北極点に初到達(1909)
		アムンゼン	1872～1928	ノルウェー	南極点初到達(1911)
		スコット	1868～1912	英	南極点到達(1912)、帰路遭難

↓❶**ベンツのガソリン自動車第1号** 19世紀初め、蒸気機関に比べはるかに軽量なガソリン機関の開発が進められ、1885年に**ダイムラー**が二輪車にこの機関を積んだ自動車を開発した。写真はダイムラーとほぼ同時期に**カール=ベンツ**が開発した三輪自動車。

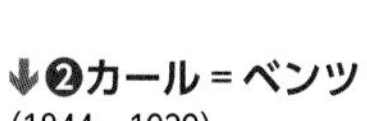

↓❷**カール=ベンツ** (1844～1929)

❸**第1回ロンドン万国博覧会の「水晶宮(クリスタル=パレス)」** 長さ約563m、幅約124mの建造物。

Column 万国博覧会(万博)の開催

諸国の科学技術の成果が発表される万国博覧会は、1851年に**ロンドンで初めて開催**された。その後各地で開催され、蓄音機や冷蔵庫など革新的な技術が多数展示された。一方で、万博は先進国が産業革命の成果である工業製品や巨大な建築物を展示して自国の**産業発展を誇示**し、**国威を高揚させる**場でもあり、建国行事とあわせて開催するなど国民統合のシンボルとしての役割も担った。

読み解き ❸の建造物の特徴は何だろう。また、なぜこのような建造物がつくられたのだろう。

↓ⓐ**19世紀の主な万国博覧会**

1851	**ロンドン**(世界初の国際博覧会) 鉄骨とガラスの建造物「水晶宮」登場
1855	**パリ(ナポレオン3世の国威発揚)**
1862	**ロンドン**(日本から幕府の遣欧使節団)
1867	**パリ**(日本初参加→**ジャポニスム** ➡P.265) ドイツからジーメンス電動機出品
1876	**フィラデルフィア**(アメリカ建国100周年) ミシン・タイプライターなど登場
1878	**パリ** エディソンの蓄音機等が話題に
1889	**パリ**(フランス革命100周年) エッフェル塔建設 ➡P.251
1893	**シカゴ**(アメリカ大陸到達400周年)
1900	**パリ** アール・ヌーヴォーが主流

↗❹**パリ万博へのツアー広告** トマス=クックは近代的なツアー旅行の創始者として知られる。彼は、万博を機に整備された鉄道などを利用して庶民を万博見物に動員し、旅行という新たな娯楽を提供した。

←❺**1867年のパリ万博に展示されたクルップ砲** 従来の青銅砲に代わるこの鋳鉄製の大砲は、プロイセン=フランス戦争でフランスを苦しめた。クルップ社はドイツ軍部と結び、ヒトラーからも特別待遇を受けた。

「発明王」**エディソン** (1847～1931)

エディソンは小学校に3カ月通っただけだが、新聞売りをしながら独学で実験を行い、生涯1,300を超える特許をとって**「発明王」**と呼ばれた。なお彼が発明した白熱電球の芯には、数千種類もの素材の中で最も寿命が長かった、京都から取り寄せた竹を炭化させたものが使われた。

天才とは1%のひらめきと99%の汗からなる

→❻**電話機の発明** 1876年、**ベル**が**電話機**を発明し、音声伝達が実用化された。1901年には、**マルコーニ**が大西洋横断**無線電信**に成功し、やがてこれを営業化した。彼は第一次世界大戦ではイタリアの軍事通信に協力、1920年代には大英帝国の無線電信網の設立に尽力した。

←❼**ノーベル賞のメダル** ノーベルは、ダイナマイトの発明などによって巨額の資産を得た。彼の死後、遺言に基づき彼の遺産を基金として**ノーベル賞**が創設された。

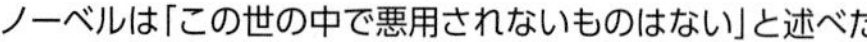

歴史のスパイス ノーベルは「この世の中で悪用されないものはない」と述べた。

2 哲学・社会主義・学術

分野	思想	人物	生没年	国	著作・事項
哲学	観念論	カント	1724〜1804	独	『純粋理性批判』◯P.233 『永遠平和のために』◯P.349
		フィヒテ	1762〜1814	独	「ドイツ国民に告ぐ」
		ヘーゲル	1770〜1831	独	『精神現象学』弁証法
		シェリング	1775〜1854	独	主客の同一性を探究◯P.247
	功利主義	ベンサム	1748〜1832	英	"最大多数の最大幸福"
		J.S.ミル	1806〜73	英	『論理学体系』
		スペンサー	1820〜1903	英	社会進化論を提唱
	実証主義	コント	1798〜1857	仏	社会学の祖
	世紀末思想	ショーペンハウエル	1788〜1860	独	厭世哲学
		ニーチェ	1844〜1900	独	『ツァラトゥストラはかく語りき』
	実存主義	キェルケゴール	1813〜55	デンマーク	『死に至る病』
	現象学	フッサール	1859〜1938	独	『純粋現象学』
社会主義思想	初期社会主義思想	サン＝シモン	1760〜1825	仏	『産業者の教理問答』
		オーウェン	1771〜1858	英	ニューハーモニー村 ◯P.238
		フーリエ	1772〜1837	仏	ファランジュ
		ルイ＝ブラン	1811〜82	仏	国立作業場
	唯物論・マルクス主義	フォイエルバッハ	1804〜72	独	『キリスト教の本質』
		マルクス	1818〜83	独	『資本論』
		エンゲルス	1820〜95	独	『空想から科学へ』
	無政府主義	プルードン	1809〜65	仏	『所有とは何か』
		バクーニン	1814〜76	露	マルクスと対立
経済学	古典派経済学	マルサス	1766〜1834	英	『人口論』
		リカード	1772〜1823	英	『経済学及び課税の原理』
	歴史学派経済学	F.リスト	1789〜1846	独	『国民経済学体系』ドイツ関税同盟成立に尽力
歴史学	近代歴史学	ギゾー	1787〜1874	仏	『ヨーロッパ文明史』
		ランケ	1795〜1886	独	史料批判『世界史概観』◯P.247
		ドロイゼン	1808〜84	独	『ヘレニズム史』
		モムゼン	1817〜1903	独	『ローマ史』
		ブルクハルト	1818〜97	スイス	『イタリア＝ルネサンスの文化』
		トライチュケ	1834〜96	独	『19世紀ドイツ史』 ◯P.211
	歴史法学	サヴィニー	1779〜1861	独	歴史法学の祖
		イェリング	1818〜92	独	『ローマ法の精神』

➔❽ベンサム　↑❾キェルケゴール　↓❿エンゲルス

文献①ダーウィンとスペンサー

進化の考え方を資本主義のイデオロギーと結びつけて「優れた者が劣った者を蹴落として、富を手にするのは当然だ」と考える人がいます。……そう考える人の頭のなかには、梯子型の進化の図があり、てっぺんには人間が立っているのでしょうが、……ダーウィンの理論には、優れたもの、劣ったものという概念は存在しません。……スペンサーが示したのは、社会は低次から高次へと進歩していくという単純な理論で、ダーウィンの進化論とは別物です。スペンサーの適者生存は先ほどの資本主義の話と同じで、梯子のてっぺんを目指していくための勝ち残り競争が前提となっています。対してダーウィンが唱えた「自然淘汰」は、環境に適応しているか否かが生存と繁殖にかかわるということであって、「目的や絶対軸」ではありません。

（長谷川眞理子『ダーウィン　種の起源（100分de名著）』ＮＨＫ出版）

↑⓫ダーウィンの風刺画

文献②ダーウィニズム批判

神のこらしめへの怖れを取り去ったすべての学説は、神に背こうとする者たちの心に同感をまねくことが確かである。ダーウィンの学説は、この点において、多数の迎合者を得るにことかかず、そのことがかれの体系をかくも大きな熱狂をもって迎えさせ、これほど多数の信奉者を集めさせた第一の、そして主な原因であることは、まったく疑いない。

（八杉龍一編訳『ダーウィニズム論集』岩波書店）

読み解き 文献②や⓫では、ダーウィンの進化論に対する批判的なまなざしが感じられる。どのような批判だろう。

歴史のスパイス　ニーチェは「神は死んだ」という言葉で、哲学の脱神話化を唱えた。

3 思想・学問の潮流 ◯P.232

18世紀：経験論・合理論 → 哲学／啓蒙思想・社会契約論 → 社会主義／重商主義・重農主義 → アダム＝スミス → 学術

19世紀

観念論　前世紀の流れをくむ ◯P.232

古典派経済学　前世紀の流れをくむ ◯P.232

資本主義の進展により社会的不平等が激化。その原因や対策など、新たな時代の社会のあり方を考える思想や学術が展開

ドイツ統一やイタリア統一など国民国家形成の動きにより、「国家」やそのあり方を強く意識した思想や学術が現れる

功利主義　個人の利害と一般の利害を合致させようと「最大多数の最大幸福」を主張し、民主主義の基礎理論となる

実証主義　経験によって確かめられた事実を重視。社会学に影響

世紀末思想

実存主義

←⓬ニーチェ

社会主義 ◯P.238，◯P.283　資本主義の進展による社会的不平等の解決には生産手段の公有と富の公正な分配が必要と主張

初期社会主義　労働者のためのニューハーモニー村や国立作業場を建設

↑「空想的社会主義」と批判

唯物論・マルクス主義　マルクスは唯物論を発展させ、歴史学や経済学まであわせて体系化。資本主義を分析し、人類の歴史を階級闘争の歴史として、労働者の団結と社会主義の実現を主張

無政府主義　国家を否定し、個人の自由をめざす。労働者の直接行動を重視

歴史学派経済学　普遍性を主張する古典派経済学を批判し、各国経済の独自性と歴史性を主張

近代歴史学　国家統一を進めたドイツでランケが確立。厳密な史料批判で歴史を記述（◯P.6）。国家を中心に据えた政治史が多い

歴史法学　一国家の法制はその国民固有の文化から生まれると主張

Column　オリンピックの歴史

「近代オリンピックの父」と呼ばれたクーベルタンは、プロイセン＝フランス戦争に敗れた祖国の将来のため、若者の教育にスポーツを取り入れようとした。彼は、1894年、パリで国際オリンピック委員会（IOC）を結成し、オリンピック復活を決議した。五輪のマークを考案したのも彼である。

←⓭クーベルタン（仏）（1863〜1937）

↓❻主なオリンピック　（　）内は参加国・地域数　青字は冬季

回	年	開催地	備考
1	1896	アテネ（14）	
2	1900	パリ（19）	＊女性初参加
5	1912	ストックホルム（28）	＊日本初参加
1	1924	シャモニー＝モンブラン（16）	
		―第一次世界大戦で中断―	
11	1936	ベルリン（49）	（第12回東京大会［1940］は中止）
		―第二次世界大戦で中断―	
15	1952	ヘルシンキ（69）	＊日本戦後初参加
18	1964	東京（93）◯P.332	＊アジア初の開催
11	1972	札幌（35）	
20	1972	ミュンヘン（121）◯P.325	
22	1980	モスクワ（80）	＊米・日などボイコット
23	1984	ロサンゼルス（140）	＊ソ連などボイコット
18	1998	長野（72）	
28	2004	アテネ（201）	
29	2008	北京（204）	
31	2016	リオデジャネイロ（206）	
32	2021	東京（205）◯P.332	

➔⓮ベルリンオリンピック（1936）　この大会は、**ゲルマン民族の優秀性とナチ＝ドイツの力を誇示する場**として利用された。しかし、アフリカ系アメリカ人のオーウェンスは、陸上4種目で金メダルを獲得し、ヒトラーの面目をつぶした。

オスマン帝国の衰退と西アジア

1 オスマン帝国とアジアの近代化

➲P.198, 200 ➲P.304

南下をめざすロシア / インドへのルートを狙うイギリス

オスマン帝国 国内の動き	オスマン帝国 対外関係	エジプト 対外関係	エジプト 国内の動き	イラン	日本➲P.274
●軍隊の近代化、イェニチェリ廃止	●バルカン半島や黒海沿岸で領土喪失 **ギリシア独立戦争**(1821～29) →ギリシア喪失	●**ナポレオン軍による占領**(1798～1801) 参戦(オスマン側)	●**総督ムハンマド＝アリーの近代化政策** ・西洋式軍隊創設 ・鉄道建設 ・灌漑(綿花増産)	1796 ガージャール(カージャール)朝成立 1828 トルコマンチャーイ条約(ロシア治外法権など)	1790 寛政異学の禁 1825 **異国船打払令**
	エジプト＝トルコ戦争(1831～33、39～40)				
1839 ギュルハネ勅令、**タンジマート**(恩恵改革)開始(～76) 1856 改革勅令(タンジマート前進)	**クリミア戦争**(1853～56)	●スーダン領有	●アメリカ南北戦争で綿花輸出増大	1848 バーブ教徒の乱(～50) 1856 イラン、アフガニスタン侵攻(～57、ロシア援助) →イギリス参戦で撃退	1842 異国船打払令緩和 1854 **日米和親条約** 1858 **日米修好通商条約** 1867 **大政奉還** 王政復古の大号令
1876 **ミドハト憲法** 1878 憲法停止 →専制政治復活	**ロシア＝トルコ(露土)戦争**(1877～78) →バルカン半島の領土縮小	1869 **スエズ運河開通** 1875 **イギリスがスエズ運河会社株を買収**	●急激な改革と運河建設により財政破綻へ	●アフガーニーのパン＝イスラーム主義	1885 内閣制度の創設
		ウラービー運動(1881～82)…軍人ウラービーの蜂起(反英の民族運動)		1891 タバコ＝ボイコット運動(～92)	1889 **大日本帝国憲法** 日清戦争(1894～95)
1889 エルトゥールル号を日本に派遣 1908 **青年トルコ革命**(憲法復活)	パン＝イスラーム主義の「利用」	1882 イギリスによる事実上の保護国化 ➔❶**ウラービー**(1841～1911)		1905 立憲革命(～11) 1907 英露協商	1904～05 **日露戦争**

2 オスマン帝国の衰退と改革

A オスマン帝国の領土縮小

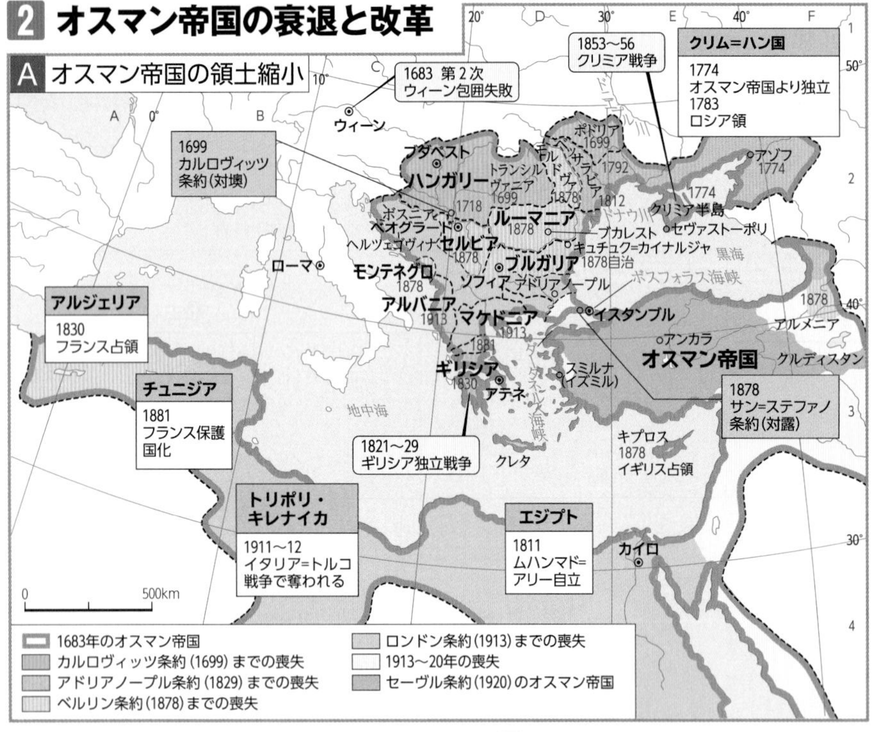

ⓐオスマン帝国の改革

マフムト2世
イェニチェリ廃止(軍隊の近代化)　初等教育の義務化

↓

タンジマート(恩恵改革)
- 背景：列強からの外圧／**ワッハーブ運動**の勃興、エジプトの離反
- 目標：ギュルハネ勅令で「**上からの近代化**」をめざす／イスラーム国家の枠内で非ムスリムの権利拡大
- 経過：**クリミア戦争**で英仏からの干渉が強まる／→改革前進　非ムスリムの権利を拡大　**西欧型法治国家に近づく**
- 結果：ヨーロッパからの製品流入で伝統産業破壊／→財政破綻へ／**ミドハト憲法制定(アジア初の憲法)**

↓

アブデュルハミト2世
ロシアとの戦争→**憲法停止**
パン＝イスラーム主義を利用して帝国維持を企図

➔❷**アブデュルハミト2世**(在位1876～1909)

↓

青年トルコ革命
ミドハト憲法復活　パン＝トルコ主義への傾斜

資料から読み解く オスマン帝国憲法

➔❸**ミドハト＝パシャ**(1822～84)
大宰相としてミドハト憲法を起草した。

読み解き

1. 大日本帝国憲法の条文(➲P.279)と類似している箇所を抜き出してみよう。
2. オスマン帝国はトルコ人・アラブ人などをふくむ多民族国家である。第8条で「オスマン人」という表現を用いた理由は何だろう。
3. この憲法で非ムスリムの権利はどのように規定されているだろう。

文献① オスマン帝国憲法(ミドハト憲法)(1876)

第3条　オスマン家の至高なるスルタン権はイスラームの偉大なカリフ権を有し、古来の方法に従ってオスマン家系の最年長男子に帰する。
第7条　国務大臣の任免、……外国との条約締結、宣戦布告および講和、陸海軍の統帥、……イスラーム法および法律の執行、……帝国議会の召集と停会、……は、スルタンの神聖な大権に属する。
第8条　オスマン国籍を有する者はすべて、いかなる宗教宗派に属していようとも例外なくオスマン人と称される。……
第11条　オスマン帝国の国教はイスラーム教である。この原則を遵守し、かつ国民の安全と公序良俗を侵さない限り、オスマン帝国領において認められるあらゆる宗教行為の自由、ならびに処々の宗教共同体に与えられてきた宗教的特権の従来通りの行使は、国家の保護の下にある。
第42条　帝国議会は、元老院と代議院という名の両議院でこれを構成する。
第62条　元老院議員の身分は終身である。……
(歴史学研究会編『世界史史料8』岩波書店)

歴史のスパイス　エルトゥールル号が和歌山沖で沈没し、乗員が救助されたことは、日本とトルコの友好関係を生んだ。

3 イスラーム諸王朝の抵抗

チェック 改革と抵抗の方向性

列強の進出 ←対抗

イスラーム世界の動き

西欧化・近代化
- オスマン帝国のタンジマート
- ムハンマド＝アリーの改革

パン＝イスラーム主義*
アフガーニーの役割が大きい
帝国主義打倒のためイスラームの連帯を説く
- エジプトのウラービー運動
- イランのタバコ＝ボイコット運動

＊パン＝イスラームの呼称は、運動の拡大を恐れた西欧側が使用し、後に一般化した

イスラーム復古主義

ワッハーブ運動

対抗→ 近代化に反対するウラマーやイェニチェリ　イスラーム諸王朝内の専制体制

解説 ワッハーブ運動

18世紀に始まった復古主義的イスラーム改革運動で、コーランやムハンマド(預言者)の教えに立ち返ることを重視した。豪族のサウード家と結びついて台頭し、現在のサウジアラビアにつながる。

ワッハーブ運動とサウード家の結びつき

1744頃	ワッハーブ王国成立
1818	ムハンマド＝アリーが征服
1823	王国再建(〜89)
1889	サウード家亡命➡P.304
1902	イギリスの支援で王国再建

パン＝イスラーム主義を広めた2人の改革家
アフガーニー(1838/39〜97)とムハンマド＝アブドゥフ(1849〜1905)

イラン出身の**アフガーニー**は、**パン＝イスラーム主義**を唱え、各地を回って**イスラームの連帯**と反帝国主義運動を訴えた。彼の影響を受けたエジプトの**ムハンマド＝アブドゥフ**は、**ウラービー運動**にも参加し、イスラーム法を合理的に再解釈して、20世紀のイスラーム改革思想に決定的方向づけを行った。

←❹アフガーニー(左)と❺ムハンマド＝アブドゥフ(右)

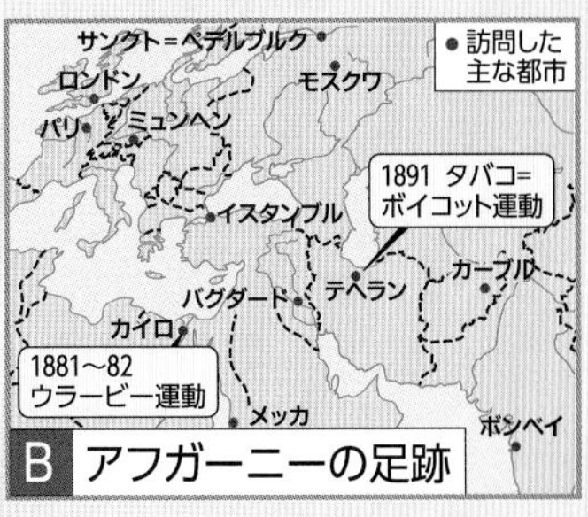

B アフガーニーの足跡

文献② アフガーニーの獄中からの手紙(1897)

私は、ア**自分の思想**のすべての種を、それを素直にうけいれる人民の心の中へ、まけばよかった！あの無能な主権者という、塩っからい不毛の土壌に、豊かな実りと恩恵をもたらす私の種を、むだにまいてはいけなかった。あの土壌にまいたものは、ついに実らなかった。……この年月、イ**私の善意の忠言も、なにひとつ東洋の支配者たちの耳にはしみ通っていかなかった**。……何はあれ私は私の尊敬する友がこの最後の私の手紙をペルシアの私の親友と同志の眼のまえにさし出して、つぎの挨拶の言葉を一語一語つたえて下さることをお願いする――君たちは、ウ**ペルシアで実を結んだ改革思想**の子供である。君たちは、ペルシア人をめざめさせるために、はげしくたち上ったのだ。投獄や虐殺をおそれるな！

(綿引弘『世界史を変えた100通の手紙』日本実業出版社)

読み解き
1 下線部ア・ウで言及されている思想とは、どのような内容だろう。
2 下線部イで言及されている東洋の支配者の中に入っていると思われる、オスマン帝国のスルタンは誰だろう。また、どんな統治を行っていたのだろう。

西アジア

4 エジプトの改革とイラン

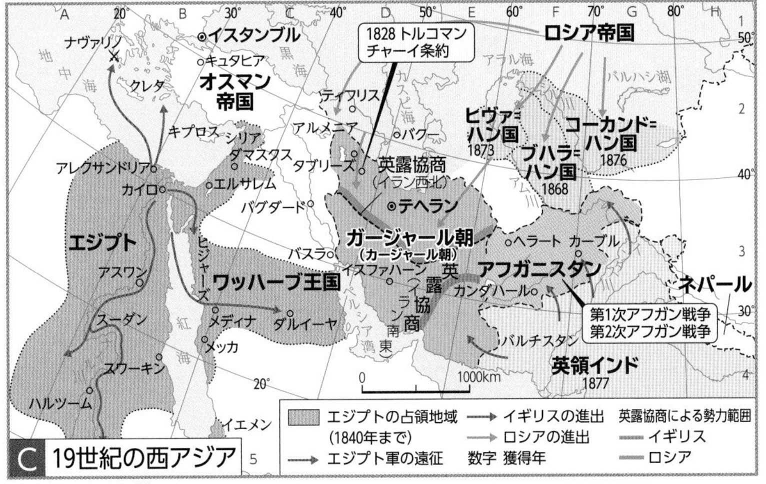

C 19世紀の西アジア

チェック エジプトの改革

背景	ナポレオン戦争でオスマン帝国の統治機構が崩壊 **ムハンマド＝アリーの権力掌握**
内容	マムルーク虐殺と**西洋式軍隊導入** →ワッハーブ王国やギリシア独立戦争への遠征 →宗主国オスマン帝国との戦争 **灌漑施設・鉄道・スエズ運河の建設**
結果	**国家財政の破綻と対英従属化** ウラービー運動の発生

←❻**ムハンマド＝アリー**(1769〜1849) 近代化政策を実施し近代エジプトの基礎を築いた。

↓❻イギリスとエジプトの貿易

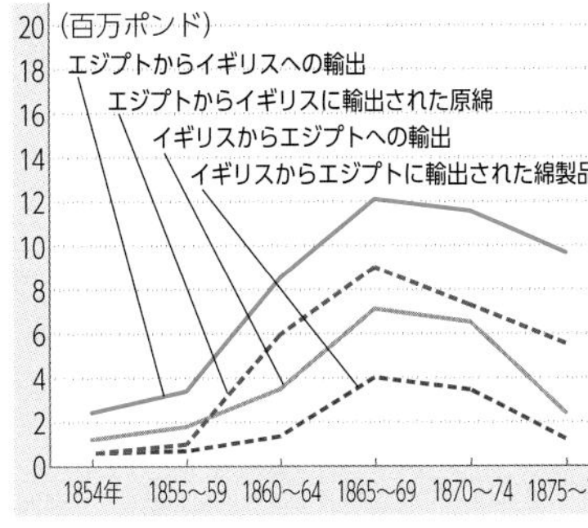

読み解き エジプトで行われた灌漑設備の充実は、エジプト経済にどのような影響を与えただろう。

スエズ運河建設

D スエズ運河

←フランス人**レセップス**によってスエズ運河が開通すると、ロンドン・ボンベイ間の航路は20,000kmから12,000kmに短縮された。地中海から**インドへのルートを確保したいイギリスは、この運河の利権獲得をめざし**、エジプトへの干渉を強めた。

読み解き ❼は運河をめぐるイギリスとエジプトの、どのような関係を示しているのだろう。

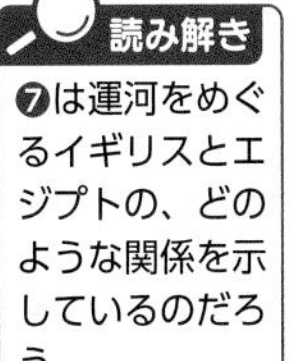

❼**スエズ運河に関する風刺画**(『パンチ』、1876)

イランの状況

ロシア - - → **アフガニスタン**
↓ 圧力
ガージャール(カージャール)朝
- 専制政治
- シーア派政権
- 列強に対しては弱体

保護国化でロシアに対抗
← 圧力 **イギリス**

バーブ教
セイエド＝アリー＝モハンマドが自らをバーブ*と称し、救世主の再臨とシーア派の改革を説く

イラン立憲革命
カージャール朝に対抗して、議会と憲法を成立させたが、英露協商など列強の干渉を呼び込み、挫折

タバコ＝ボイコット運動
ウラマーが中心となって、イギリス業者の利権独占に反発

＊アラビア語で「門」の意。転じて神と人間の仲介者を意味する。

歴史のスパイス 新島襄などの日本人は、セイロン島に流刑中のウラービーと会見した。

南アジアの植民地化

1 イギリスのインド支配

⊂P.202 ⊃P.305

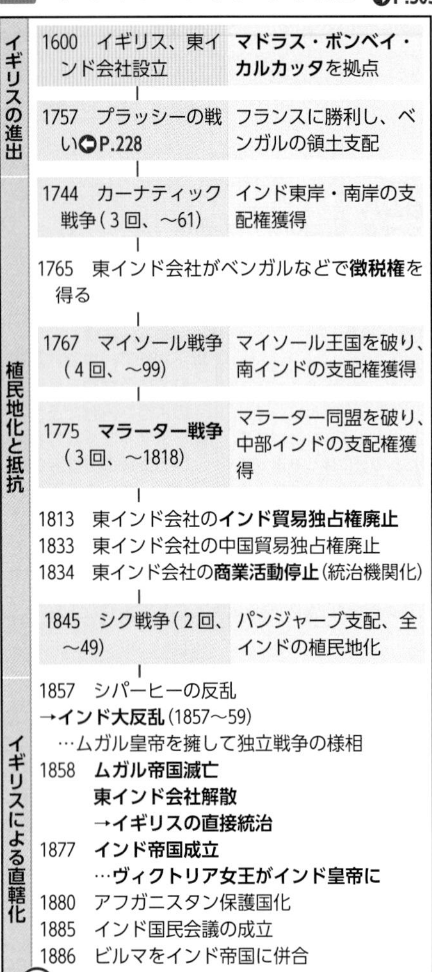

イギリスの進出	1600 イギリス、東インド会社設立	**マドラス・ボンベイ・カルカッタ**を拠点
	1757 プラッシーの戦い⊂P.228	フランスに勝利し、ベンガルの領土支配
植民地化と抵抗	1744 カーナティック戦争（3回、～61）	インド東岸・南岸の支配権獲得
	1765 東インド会社がベンガルなどで**徴税権**を得る	
	1767 マイソール戦争（4回、～99）	マイソール王国を破り、南インドの支配権獲得
	1775 **マラーター戦争**（3回、～1818）	マラーター同盟を破り、中部インドの支配権獲得
	1813 東インド会社の**インド貿易独占権廃止**	
	1833 東インド会社の中国貿易独占権廃止	
	1834 東インド会社の**商業活動停止**（統治機関化）	
	1845 シク戦争（2回、～49）	パンジャーブ支配、全インドの植民地化
イギリスによる直轄化	1857 シパーヒーの反乱 →**インド大反乱**（1857～59） …ムガル皇帝を擁して独立戦争の様相	
	1858 **ムガル帝国滅亡** **東インド会社解散** **→イギリスの直接統治**	
	1877 **インド帝国成立** **…ヴィクトリア女王がインド皇帝に**	
	1880 アフガニスタン保護国化	
	1885 インド国民会議の成立	
	1886 ビルマをインド帝国に併合	

A 18世紀後半のインド

カシミール、シク王国、パンジャーブ、デリー、ネパール、ラージプターナ、アワド、ブータン、バルチスタン、アグラ、ビハール、アッサム、シンド、ベンガル、ビルマ（コンバウン朝）、バローダ、シャンデルナゴル、マラーター同盟、カルカッタ、ディウ、スーラト、ダマン、オリッサ、アヴァ、ボンベイ、ハイデラバード、ヤナオン、ペグー、ゴア、マイソール、マドラス、ポンディシェリ、コーチン、トラヴァンコール、セイロン、コロンボ、アラビア海、ベンガル湾

1757 プラッシーの戦い／1775～1818（3回）マラーター戦争／1767～99（4回）マイソール戦争／1744～61（3回）カーナティック戦争

イギリスの植民地獲得：1766、1798　通商基地：●イギリス ■ポルトガル ●オランダ ■フランス　ムガル帝国、マラーター同盟、シク王国　0 600km

B 19世紀後半のインド

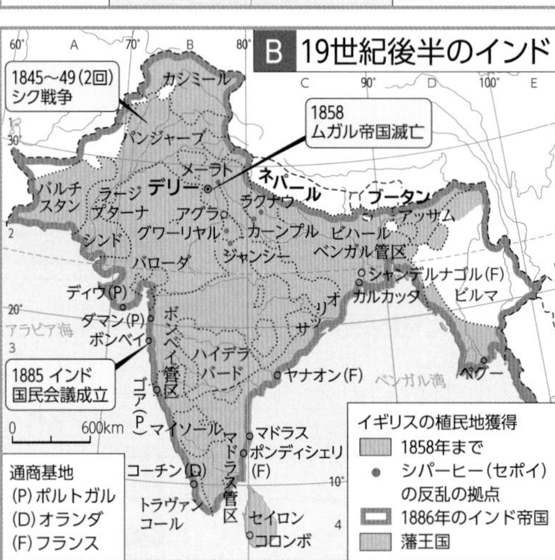

ⓐイギリスによる徴税制度の変遷
イギリス東インド会社、ベンガル・ビハール・オリッサの徴税権獲得（1765）

ザミンダーリー制
ベンガル総督 —地税↑↓土地所有権— ザミンダール（在地有力者）—地代↑— 農民
- 18世紀末以降導入
- インド東北部（ベンガル管区など）
- ザミンダールに土地所有権を認め、定額の地税を納入させた。

マイソール戦争（1767～99、4回）
マラーター戦争（1775～1818、3回）

ライヤットワーリー制
州政府 —地税↑↓土地所有権— 農民（ライヤット）
- 19世紀初頭以降導入
- 南インド（マドラス・ボンベイ管区など）
- 農民から直接徴税 ⇒導入後100年で地税収入は約3倍に

（万ポンド） 600／500／400／300／200／100　1770年 1790 1810 1830
イギリスよりアジアへ輸出された綿布
インドよりヨーロッパへ輸出された綿布

ⓑインド綿布とイギリス綿布　イギリス製綿織物の流入は**インドの伝統産業を崩壊させ**、19世紀に入る頃から、インドは**イギリスへの綿花供給地、イギリスの綿織物の市場**と化した。

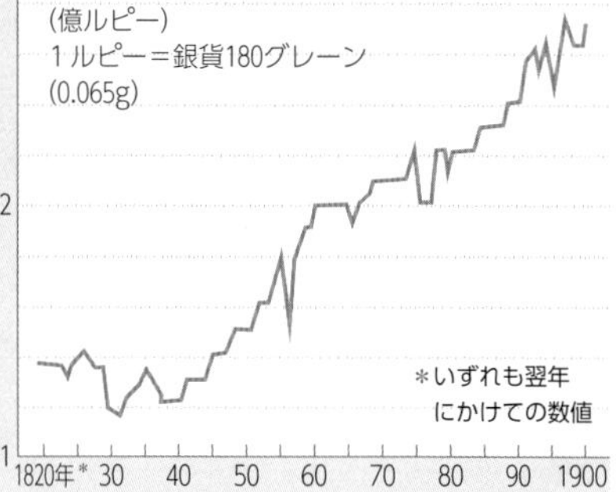

読み解き
1. インド植民地化の過程で、イギリス東インド会社の果たす役割が変化していく様子を整理しよう。
2. インド植民地化の過程で、鉄道の果たした役割について話し合ってみよう。

↑❶ダージリン＝ヒマラヤ鉄道　イギリスは綿花や茶などを港まで輸送するため、鉄道建設を急いだ。ヒマラヤ山系に位置するダージリンでも、曲がりくねった斜面を登る鉄道が活躍した。

インドの抵抗

↓❷インド大反乱　イギリス東インド会社のインド人傭兵（シパーヒー）が起こした反乱は、イギリス支配への不満の高まりを背景に、インド全土に拡大した。しかし、インド側の内部分裂やイギリス側の反撃によって反乱は鎮圧され、1858年には皇帝が廃位されて**ムガル帝国は名実ともに滅んだ。**

火薬　薬包（油紙）　弾丸

→❸実物の銃の薬包（左）**と❹その模式図**（右）　薬包をかみ切って火薬と弾丸を銃につめた。反乱のきっかけは、銃の薬包に、ムスリムが不浄視する豚とヒンドゥー教徒が神聖視する牛の油脂が使われている、という噂であった。

王妃から英雄へ
ラクシュミー＝バーイー
（？～1858）

インド人貴族の家系に生まれ、ジャンシーの藩王に嫁いで王妃となった。息子と藩王の死後、「嫡子なき王国は廃止・併合」という方針をとってイギリスがジャンシー藩王国を併合すると、シパーヒーの反乱に乗じて反英闘争に加わった。マラーター同盟の反乱グループと協力し、反英闘争の指導者の一人として奮戦したが、戦死した。

歴史のスパイス　ヒマラヤ山脈を望むダージリンは、茶の産地であると同時に避暑地としても有名になった。

2 インド社会の変化

チェック インド社会の変化
- 地税収奪とイギリス綿布の流入
  - ・インド農村部の疲弊と反英意識
- イギリスの統治機構の整備
  - ・カースト制度の「取りこみ」
    →カーストによる規制力の強化
  - ・英語教育普及とインド人官吏育成
    →インド系知識人の増加
    →民族運動やカースト批判の基盤

文献① インドの西欧型教育

わが政府［インド政庁］はインド人の知的向上を目指しており、それに用いられるべき資金があります。ただ一つの問題は、その最も有益な使い方が何であるかです。……インドのこの地の住民が通常話す言語は文学的、科学的情報を伝える語彙をもたず、加えてきわめて貧弱で粗野なため、……より高度の学問を追求する手段をもつ階層の人々を知的に向上させる仕事が、現状では彼らの土着語でない別の言語によってのみ効果をもちうるという点は、すべての方が認められるだろうと思われます。

（岩崎育夫『近代アジアの啓蒙思想家』講談社）

読み解き
1 インドの各地域の土着語ではない「別の言語」とは何だろう。
2 1を用いた教育とインド国民会議の設立は、どう結びついていただろう。

←❺**インド国民会議**(1885)　イギリスが**インド知識人層**の反英運動の高まりを防ぐために、安全弁として結成させた。当初はエリート層のみの参加にとどまり大衆的な組織ではなかったが、次第に反英闘争・独立運動の中心的存在に成長していった。

資料から読み解く 植民地支配とカースト制度

←❻**下位カーストに属するインドの人々**(19世紀後半)　イギリスは、**宗教やカーストにもとづいてインド人民を分類**し、統治機構に組み込んだ。この結果、カーストの規制力が強まった。➲P.111

文献② ネルーのカースト制度批判➲P.305

インドは、その宗教癖を減じて、科学に向かわねばならない。……カーストは過去において一定のグループにたいする圧迫を導き出したばかりではなく、……それは伝統主義に立脚した貴族主義的な考え方である。このような見解は、近代の諸条件や民主主義的理想に全面的に反対するものであるから、徹底的に改める必要がある。……インドは過去の多くのものを絶ち切って、それが現在を支配しないようにしなければならない。われわれの人生は、この過去の枯木によって行く手を塞がれている。死せるもの、任務を果しおえたものはことごとく退去しなければならない。

（岩崎育夫『近代アジアの啓蒙思想家』講談社）

読み解き
1 イギリスはカースト制度をどのように利用したのだろう。
2 同時期のインドでカースト批判が起こったのはなぜだろう。

↑❽**サティー**(寡婦殉死)　ヒンドゥー教の高位カーストの間では、夫に先立たれた妻が、遺体を焼く火に飛び込んで殉死する古い習慣があった。イギリス支配下のインドでは、これを禁止する運動が起こった。

←❼**ラーム＝モーハン＝ローイ**(1772〜1833)　サティー禁止に尽力し、インドの近代化に貢献した。

3 インド帝国の成立と周辺

➔❾**インド皇帝の帝冠を受けるヴィクトリア女王**(『パンチ』掲載の風刺画、1876年)　帝国主義的な政策を展開していたディズレーリと、ロシア皇帝に対抗して「国王」を超える称号を欲していたヴィクトリア女王の思惑が一致し、1877年にインド帝国が成立した。イギリス国王がインド皇帝を兼ねるシステムが採用されたが、実際の統治は副王＝インド総督が行った。

読み解き ディズレーリがインド帝国の成立を急いだ背景は何だろう。地図Cも見ながら考えよう。

イギリス本国
国王　大臣
インド
副王(インド総督)　州知事　県知事　下級官僚　直轄領(直接統治)　インド人民
内政権のみ付与
藩王国(間接統治)　藩王　在地有力王侯　インド人民

←ⓓ**インドの統治体制**　ムガル皇帝に抵抗していたマラーター同盟をはじめ、インドの有力王侯も次々とイギリスに敗れた。しかし、イギリスは彼らを**藩王国の君主としてインド統治に利用**し、地域の反英運動をおさえこんだ。

➔❿**「友達」にはさまれたアフガニスタン**(『パンチ』掲載の風刺画、1878)　アフガニスタン(中央の人物)の友達のふりをする熊(ロシア)とライオン(イギリス)。

C アフガニスタンとその周辺

ロシア帝国
ティフリス
バクー
ヒヴァ＝ハン国 1873
ブハラ＝ハン国 1868
コーカンド＝ハン国 1876
テヘラン
ガージャール朝（カージャール朝）
ヘラート
カーブル
アフガニスタン
カンダハール
英領インド 1877
英露協商による勢力範囲
0 1000km
→ イギリスの進出
→ ロシアの進出
数字 獲得年

読み解き ロシアとイギリスは、それぞれどのような理由でアフガニスタンを狙っていたのだろう。

←極東や中央アジアでのロシアの南下政策はイギリスとの対立を生み、「グレート＝ゲーム」と呼ばれた。しかし、ドイツの対外進出が顕著になると、イギリスはロシア・フランスとの協調に転じていった。

ビルマの歴史

1752　**コンバウン朝**成立
　タイやベンガルへの進出
→イギリスとの対立を深める
1886　**インド帝国に併合される**
→ビルマ人というまとまりを意識
　米や石油製品の輸出増加

➔⓫**マンダレーの王宮**　コンバウン朝の首都マンダレーは1885年にイギリス軍に占領され、翌年、ビルマ全土がインド帝国領となった。

歴史のスパイス　マハーラージャ(マハラジャ)は、インドの藩王国の君主に対する尊称の一つである。

東南アジアの植民地化

1 植民地化の動向

P.186
P.305

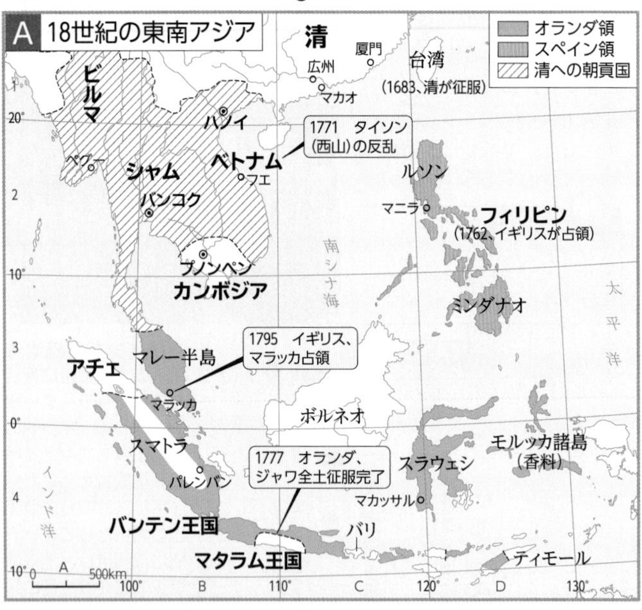

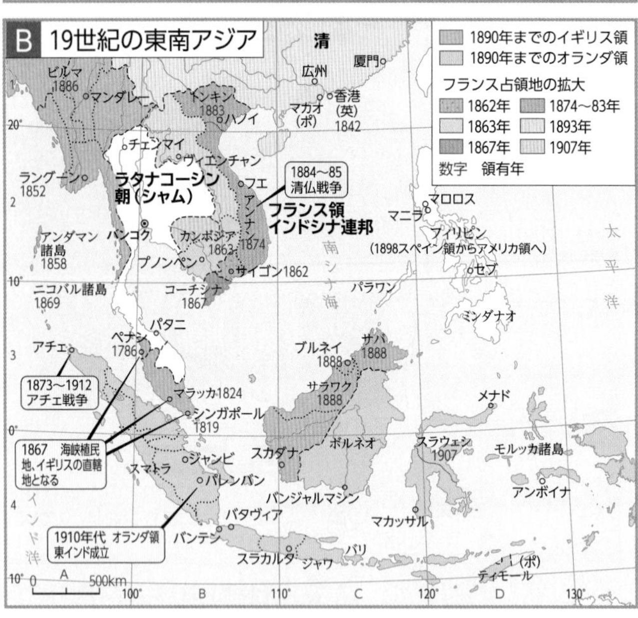

2 アジア間貿易

解説 アジア間貿易

東南アジアが欧米の植民地となった19世紀末にはアジア独自の地域間貿易網が形成され、列強植民地・日本・中国・シャム(タイ)などを経済的に結びつけた。各植民地では、**中国系移民の華僑やインド系移民の印僑(P.263)を利用した鉱山開発やプランテーション農園の経営が盛んとなり**、やがて華僑がヨーロッパ人と現地住民を結びつける中間層の地位を確立していった。同時に華僑は、国境を越えた**通商ネットワーク**を構築し、**アジア間貿易**で重要な役割を果たした。貿易の発展は軽工業の発展を促し、インドや中国における**民族資本の台頭**につながった。

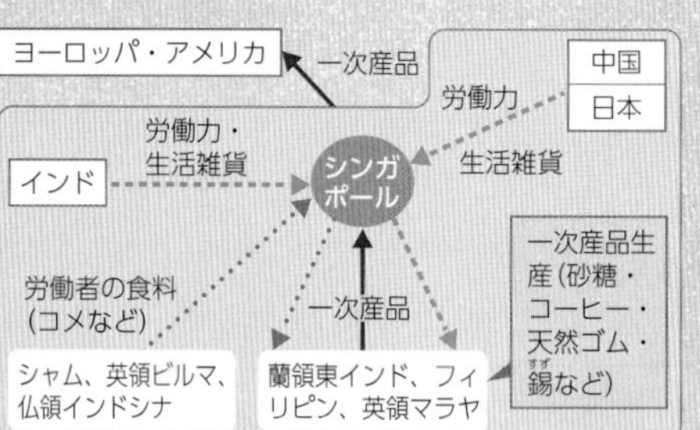

↑❶多言語で示された案内掲示板(シンガポール) シンガポールは**アジア間貿易の中核**となって繁栄し、マレーシアとともに多民族化・多宗教化が進んだ。

➔❷ラッフルズ(1781～1826) イギリス東インド会社はマレー半島南部に拠点を求め、1819年ジョホール王からシンガポールを買収し、1824年にイギリス領とした。ラッフルズは東インド総督などを歴任し、シンガポール獲得に大きな役割を果たした。

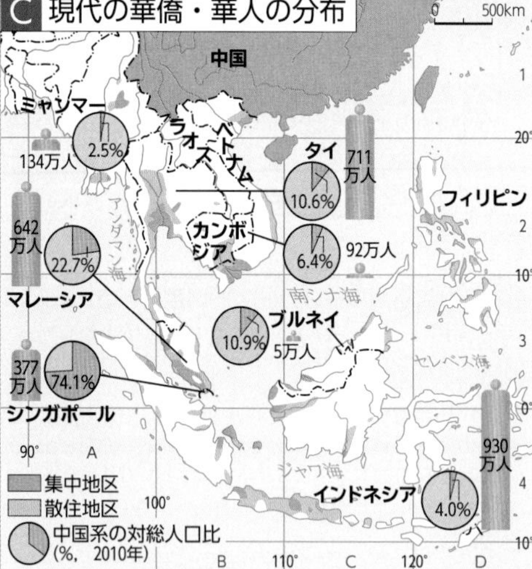

読み解き

1 シンガポールの4つの公用語は何だろう。
2 イギリスによるシンガポール植民地化以前に、この海域の要衝として各国が奪い合った港市はどこだろう。

資料から読み解く 独立を維持したタイ

文献① 在西欧のタイ王族・官吏からラーマ5世への意見具申書(1885)

3 シャム[タイ]の位置は、地理的に英仏両国の中間にあるので……大国間の ア緩衝国 として残ることができる可能性は高い。……

5 列強との友好条約も独立の助けとはならない。清国は各国と条約を締結しているが、現に イフランスに攻撃されている。

8 ……国際法は文明があり正義責任についての考えが同一で、法律や制度が似ている国の間にのみ適用されるものである。……日本は多大な利益と引き換えに、領事裁判権廃止を求めて条約改正に奔走した。その後、間違いに気づき、国家の制度を変え、西洋に近い法制の整備に努めた。……

(歴史学研究会編『世界史史料9』岩波書店)

読み解き

1 下線部アの具体的な意味は何だろう。
2 下線部イの具体的な意味は何だろう。具申書の出された1885年の出来事と、それ以前の類似する出来事を考えてみよう。
3 タイの近代化政策はどのようなものだっただろう。

←❸ラーマ4世(左、1804～68)**と❹ラーマ5世**(右、1853～1910) ラーマ5世は、父ラーマ4世の政策を継承し、タイの国内改革を進めた。

↓❺エメラルド寺院 ラタナコーシン朝の創始者チャクリー(ラーマ1世)が、国家と王家の守護寺として建設した。エメラルド寺院と王宮はともに、チャオプラヤ川と運河に挟まれたラタナコーシン島に位置し、この島名が王朝の名称として用いられている。

歴史のスパイス タイ最古のチュラロンコン大学の名称は、ラーマ5世の幼名からとられている。

3 マレーシア・インドネシア・インドシナ

赤字：反乱・抵抗

マレー半島(イギリスの侵略)	インドネシア(オランダの侵略)
1511　ポルトガルがマラッカ占領	ジャワ西端にバンテン王国(1526頃～1813)、中部ジャワにマタラム王国(1580頃～1755) 1602　**オランダ東インド会社設立** 1619　ジャワにバタヴィア(ジャカルタ)建設 1623　**アンボイナ事件** ➡P.229
1641　オランダがマラッカを奪う	1635　モルッカ諸島で香料生産統制始まる
1786　イギリス、ペナン島獲得 (1793　マカートニー、中国に来航 ➡P.274) 1795　イギリス、マラッカ占領 ナポレオン戦争 →イギリスの対中国貿易拡大 →イギリスのマレー半島進出本格化 (1816　アマースト、中国に来航) 1819　イギリス、**シンガポール買収**	1777　ジャワ全土征服完了 1811　イギリスがジャワ島占領(～16) 1821　スマトラでパドリ戦争(～37)
1824　英蘭条約(マレー半島・インドネシアにおける両国の勢力圏確定)	
→イギリス、オランダよりマラッカ獲得 1841　イギリス人ブルック、サラワク王国建設 1867　**ペナン・マラッカ・シンガポール**、イギリス直轄の**海峡植民地**となる 1896　イギリス、連合マレー諸州を結成 この頃、**イギリス領マラヤ***成立	1825　ジャワ(ディポヌゴロ)戦争(～30) 1830　ジャワで**強制栽培制度**実施(～70) 1873　スマトラ島でアチェ戦争(～1912) 1908　ジャワでブディ＝ウトモ結成 1912　イスラーム同盟(サレカット＝イスラム)結成 1910年代　**オランダ領東インド**成立

＊マレー半島の海峡植民地、連合マレー諸州、非連合諸州で構成されるイギリス植民地の総称

インドシナ(フランスの侵略)

1771	ベトナム、タイソン(西山)の反乱 →タイソン朝(～1802)
1802	**阮福暎**、シャムなどの援軍や仏人宣教師ピニョーの援助で**阮朝建国**(～1945)、越南を国号とする(1804)
1858	**仏越戦争**(～62)
1862	**サイゴン条約**(仏、コーチシナ東部3省獲得)
1863	**カンボジアを保護国化**
1873	劉永福の黒旗軍がフランスに抵抗
1883	**フエ条約**(ベトナムの保護国化)
1884	**清仏戦争**(～85)
1885	天津条約(清、ベトナムの宗主権放棄)
1887	**フランス領インドシナ連邦**成立
1893	ラオスを保護国化 →フランス領インドシナ連邦に編入(1899)
1904	維新会結成 } **ファン＝ボイ＝チャウ**の活動 ➡P.291
1905	**ドンズー運動**開始
1912	ベトナム光復会結成

⑥クアラルンプールの街角

その他 1.0%
インド系 6.8%
マレー系 69.6%　中国系 22.6%

⬆ⓐマレーシアの民族構成(2020)

読み解き
1 マレー系の人々の主な宗教は何だろう。
2 中国系・インド系が増加した理由は何だろう。

解説　強制栽培制度(政府栽培制度)

オランダ領東インド総督ファン＝デン＝ボスは1830年、ジャワで強制栽培制度を開始した。地元農民に**低賃金で栽培させたコーヒーやサトウキビ**などを植民地政府が独占販売し、その利益は**財政難に苦しむオランダ政府**の貴重な収入となった。開発により、ジャワでは人口増加がみられたが、住民の疲弊や飢饉を招いた地域もあった。

➡⑦**ファン＝デン＝ボス**(1780～1844)

⑧フエにある阮朝時代の王宮の内部

⬆⑨**ハノイ大劇場(オペラハウス)**(ベトナム)　1911年に完成したもの。

読み解き ベトナムに雰囲気の相違する建築物が混在する理由を、歴史的に考えてみよう。

4 フィリピン

1892　フィリピン民族同盟…穏健改革派
　指導者**ホセ＝リサール**
　カティプーナン…武装闘争派
　指導者ボニファシオ→**アギナルド**

1896　**フィリピン革命**
　フィリピン　v.s.　**スペイン**

⬇アメリカが独立支援を密約

1898　**アメリカ＝スペイン戦争** ➡P.287
　フィリピン(アギナルド)＋**アメリカ**
　v.s.
　スペイン

⬇アメリカ側勝利、アギナルドはマロロス共和国を樹立するがアメリカはこれを認めず

1899　**フィリピン＝アメリカ戦争**
→アメリカ、フィリピンでの宗主権確立

⑩**ホセ＝リサール**(1861～96)

⑪**アギナルド**(1869～1964)

文献② ホセ＝リサールの獄中の叫び

野を山をどよもす叫喚、激突のなかで、いくたりの若い命が捧げられたことでしょう、……死にざまと死に場所になんのえらぶところがありましょう。糸杉の倒れるごとく、白百合の萎むがごとく、月桂樹の手折られるがごとく――絞首台に、銃列に、白刃に、あるいは拷問台に。ああ、母のいます家と国とが叫ぶとき、この命、なんの惜しみがありましょう。
(『世界の国(4)東南アジアⅡ』講談社)

⬆フィリピン独立運動の初期指導者となったホセ＝リサールは若くして処刑されたが、彼の結成したフィリピン民族同盟に参加していたアギナルドが、スペインからの独立(マロロス共和国)を達成することとなった。

➡⑫**フィリピンの植民地支配に関する風刺画**(1899)
遠くに去って行く男性(スペイン)の手前で、星条旗の服を着た男性(アメリカ)につながれたラバまたは子馬(フィリピン)が暴れている。男性自身も「帝国主義」と書かれた樹木にロープでつながれている。

読み解き
1 暴れるラバはフィリピンのどのような状態を表しているだろう。
2 男性と樹木にロープが巻きついている表現から考えて、この風刺画はアメリカの植民地拡大をどのようにとらえているだろう。

歴史のスパイス　世界最大の花といわれるラフレシアは、ラッフルズの調査隊が「発見」して命名された。

1 19世紀前半の清と日本

清 ◯P.192，◯P.276

国内の動き

1757	ヨーロッパ貿易を広州1港に制限
1796	白蓮教徒の乱(～1804)
1839	林則徐、広州でアヘン没収
1843	洪秀全、拝上帝会結成

太平天国(1851～64)
1853 南京陥落、天京と改称
◆辮髪・纏足禁止
◆土地均分
●郷勇の反攻 …曾国藩の湘軍 李鴻章の淮軍
●常勝軍(ゴードン[英]ら)の協力
(1864 南京陥落)

●**洋務運動**(1860年代～90年代)

対外関係

1793	マカートニー(英)、自由貿易を要求
1816	アマースト(英)、自由貿易を要求
1840～42	**アヘン戦争**
1842	**南京条約**(対英)
1844	望厦条約(対米) 黄埔条約(対仏)
1856	アロー号事件
1856～60	**アロー戦争**
1858	アイグン条約(対露)
1858	天津条約(対英仏米露)→清、批准拒否。戦争再開
1860	**北京条約**(対英仏露)

日本 ◯P.50

対外関係

1792	ラクスマン(露)来航◯P.48
1804	レザノフ(露)来航
1807	フェートン号事件◯P.50
1837	モリソン号事件(米商船を砲撃)
1844	オランダ、開国勧告
1846	ビッドル(米)の浦賀来航
1853	**ペリー**(米)の浦賀来航◯P.52
1853	**プチャーチン**(露)の長崎来航
1854	ペリー再来航 →**日米和親条約**
1855	**日露和親条約**
1856	アメリカ総領事ハリス、下田着任
1858	**日米修好通商条約→安政の五カ国条約**(対蘭露英仏)

国内の動き

1825	**異国船打払令**
1833～39	天保の飢饉 →各地で一揆・打ちこわし
1837	**大塩の乱**
1839	蛮社の獄
1841	天保の改革(～43)
1842	**天保の薪水給与令**(遭難した船に限り給与認める)
1853	品川台場築造開始
1858	**安政の大獄**(～59)
1859	神奈川、長崎、箱館で貿易開始
1860	**桜田門外の変**
1862	文久の改革

→❶**井伊直弼**(1815～60)

2 アヘン戦争 ◯P.253

→❷**アヘン戦争の海戦**　清が**アヘンを没収・廃棄**したことからイギリスと清との間で戦争が始まったが、イギリスの海軍力と火器に圧倒された清の敗北に終わった。停戦協定締結後の1841年5月には、三元里の民衆が「平英団」を組織してイギリス軍を攻撃する事件も発生したが、清側がこれを解散させた。

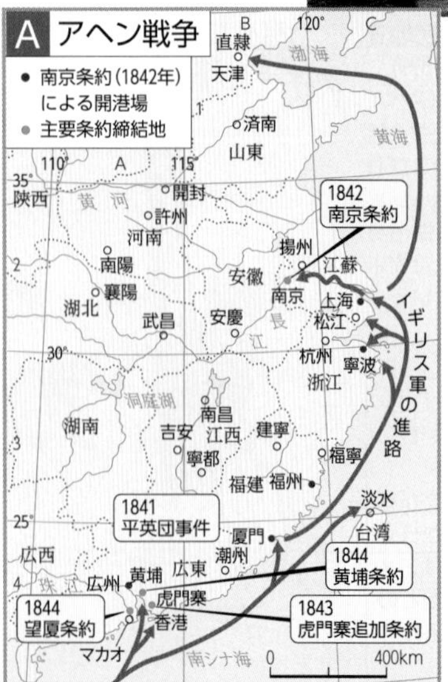

(百万ポンド・年平均)
1834-36　1844-46　1854-56
1820年　1840　1860
-8　-6　-4　-2　0

←ⓐ**イギリスの対中貿易収支**

文献② アヘン戦争後の対中貿易

西洋人は1842年の南京条約の締結にて、中国と条約に基づく関係に入ったと信じ、事態の改善を期待した。しかしあらゆる方面で劇的な変化はなく、期待は失望と化す。貿易・経済はその典型であった。**「3億の人間に着せてやらねばならぬ」とランカシャー産業資本が期待した市場開放と輸出増大は、まったく実現しなかったのである。**

(岡本隆司他編著『ハンドブック近代中国外交史』ミネルヴァ書房)

読み解き
1 下線部について、イギリスは何をどこに輸出したかったのだろう。
2 1が実現しなかった結果、列強はどのような手段をとったのだろう。

文献① 乾隆帝からジョージ3世へ(1793)

わが中国の物産は極めて豊かであり、もともと外国の物産によって物資の需給を保っているのではない。特に中国に産する茶・陶磁器・生糸は、西洋各国や貴国の必需物資であるので恩恵を与え、マカオに洋行①を開いて、必要な物資の供給をさせているのである。いま貴国の使節が、定められた規定額以上のものを要請しているのは、わが国が遠国の人々にも配慮し、世界の各国に恩恵を施していこうとする道に背くものである。わが国が世界の各国を統馭[統御]しようとするゆき方は、各国をみな平等の立場で扱っている。広東で貿易をするのは貴国だけではないのであるから、わずらわしいことを言ったり、実行しにくいことを願っても、それに従うわけにはいかない。

①中国の特権的商社

(木村尚三郎監修『世界史資料(上)』東京法令出版)

読み解き イギリスの使節は清にどのような貿易を求めたのだろう。また、清側はどのような貿易体制を維持したいのだろう。

資料から読み解く アヘンの広がり

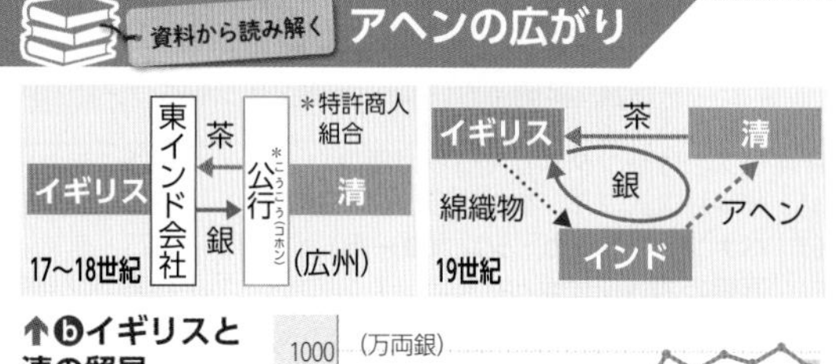

↑ⓑ**イギリスと清の貿易**

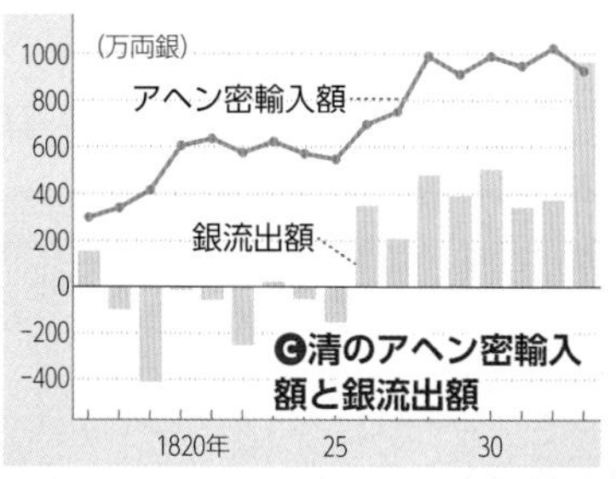

ⓒ**清のアヘン密輸入額と銀流出額**

読み解き アヘンの流入によって、中国の経済と社会にどのような悪影響が出たのだろう。

文献③ 林則徐の「英国国王に対する論告文稿」(1840)

→❸**林則徐**(1785～1850)

貴国はわが領内を距ること6、7万里、しかも船が競って貿易に来るのは、巨利を収めうるからにほかならない。中国の利をもって外夷を利しているからには、夷人の収める巨利はすべて華民が分け与えたものである。にもかかわらずかえって毒物によって華民を害するとは、その道理はいずこにあるのか。たとい夷人に害を与えんとの意志はなくとも、利を貪るのあまり他人の害を顧みぬとすれば、はたして良心はいずこにあるのか。貴国ではアヘンを厳禁しておられると聞く。これもとよりアヘンの害を了知しておられるからであろう。自国に害あるものを防ぐ以上は、他国にはなおさら害を及ぼしてはならないはずである。

(綿引弘『世界史を変えた100通の手紙』日本実業出版社)

文献④ 駐中国官吏エリオットからイギリス外相へ

中国側のこの恥ずべき挑発行為は、陛下の政府が過去に受けた一切の損害のつぐないを獲得すべき最良の機会を与えたものだと考えられます。許すべからざる暴行にたいする反応は迅速にして重大な打撃を与えることであり、……一つ一つの損失に対し、完全な賠償を要求することは文明の高尚な義務であります。……いうに足りない一権力が国際関係の正当な原則を破壊したことに対し、わが陛下は実に全キリスト教世界に対して、真理と正義のために、このような暴行に対して適切な裁決をなすべき責任を負うています。

(綿引弘『世界史を変えた100通の手紙』日本実業出版社)

読み解き
1 林則徐はアヘン反対の理由をどう述べているだろう。
2 エリオットの述べている「中国側のこの恥ずべき挑発行為」とは何だろう。
3 エリオットはどのような論理でアヘン貿易を正当化しているだろう。

歴史のスパイス　ケシから採取されるアヘンの効能と毒性については、プリニウス(◯P.104)の『博物誌』にも記述がみられる。

3 太平天国とアロー戦争

B 19世紀中頃の中国

太平天国の領域
1853〜57年
1857〜63年
→ 太平軍の進路

→ アロー戦争における英仏連合艦隊の進路
■ 天津・北京条約による開港場

1853 南京を占領し、天京と改称

1851 洪秀全挙兵

北京 天津 旅順 牛荘(営口) 芝罘(登州) 太原 山西 山東 甘粛 陝西 洛陽 開封 河南 江蘇 西安 淮軍 安徽 鎮江 上海 南京(天京) 杭州 常勝軍 成都 四川 漢口 武昌 重慶 九江 浙江 寧波 湘軍 長沙 湖南 貴州 江西 福州 福建 雲南 桂林 淡水 厦門 広西 広東 潮州(汕頭) 台湾 金田村 広州 台南 ハノイ マカオ 香港(英1842) 瓊州(海南) トンキン湾 0 500km

←対外戦争やアヘン流入による社会不安の中で、**キリスト教と結びついた太平天国**が勃興した。清の政府や八旗(正規軍)に代わって、**地方の自衛組織である郷勇**が台頭し、これを率いた**漢人官僚の発言力**も強まった。

↑❹**洪秀全**(1813〜64) 広東省花県の客家*出身で、科挙に4回失敗した。

*戦乱を避けて黄河流域から南部に移住した漢族の子孫。華僑にも客家出身が多い。

←ⓓ**太平天国の概要**

太平天国
1851 金田村で挙兵
1853 南京占領→天京と改称
●洪秀全の拝上帝会が母体
●「滅満興漢」を掲げる
●辮髪・纏足(➡P.179)廃止
●天朝田畝制度(未実施)
＝男女平等・土地均分を主張

←鎮圧

●**郷勇**
曾国藩の湘軍(湘勇)
李鴻章の淮軍(淮勇)など
●**常勝軍***
ウォード(米)
ゴードン(英)
*アロー戦争後、条約を締結した欧米列強が義勇軍として清側で参戦

←ⓔ**南京条約と北京条約**

南京条約(1842、対英)		北京条約(1860、対英仏露)
広州・厦門・福州・寧波・上海の5港	開港場	天津条約(1858)で承認した10港＋**天津**(全11港)
香港島の割譲	香 港	イギリスに九竜半島南部割譲
●**公行の廃止** ●多額の賠償金の支払い 虎門寨追加条約(1843) ・**領事裁判権の承認** ・**関税自主権の喪失** ・片務的最恵国待遇の承認	その他	●**天津条約**(1858)の批准 **外国公使の北京駐在** **キリスト教布教の自由** など ●多額の賠償金の支払い ●ロシアにウスリー川以東の沿海州を割譲

読み解き
南京条約の開港場と北京・天津条約の開港場を比較して、相違点を考えてみよう。

4 朝鮮の攘夷政策

Column 朝鮮の小中華思想

明の朝貢国であった朝鮮は**朱子学**を受容し、国学化した。満洲族の清が成立すると、朝鮮は政治的には朝貢を維持しながら、思想的には朱子学を中核に据え、清に並び立つ文明国としての矜持を強く主張するようになった。大院君の攘夷政策の背景にも、このような**小中華思想**がある。

←❺**大院君**(1820〜98)
高宗の実父。高宗の即位(1863)に伴って独裁的な権力を握り、**鎖国政策を維持**して欧米諸国や日本と対立を深めた。1873年に失脚し、当時開化派であった閔氏一族に政権が移行した。

洋夷①侵犯するに、戦いを非とするは則ち和なり 和を主とするは売国なり ①西洋

↑❻**斥和碑** 大院君は1871年、西洋との「和」を「斥ける」という攘夷の決意を表す石碑を朝鮮全土に建立した。

歴史のスパイス 太平天国軍の残存部隊の一部はベトナムの黒旗軍となり、フランスと戦った。

5 日本の開国

文献❺ 天保の薪水給与令(1842)

外国船が渡来してきたとき、迷うことなく打ち払いをおこなうべきことを<u>文政8年に命じられた</u>。ところが現在では……外国船であっても暴風にあい、漂流などして食料や薪水を求めるために渡来した場合、事情のわからないまま、ひたすら打ち払ってしまっては、すべての外国に対する適当な処置とはいえないとお考えになった。……
(『御触書天保集成』をもとに作成)

文献❻ オランダ国王の開国勧告(1844)

近年、イギリス国王が、清国の皇帝に対して軍隊を派遣して、激烈な戦争をおこなった理由については、わが国オランダの船が、毎年長崎に来航して上程する風説書を見られて、すでに知っていることと思います。……謹んで歴史を通して時の勢いというものを考えてみると、諸国の人民はすぐに相互に親しくなるもので、その勢いを人力では防ぎとめることはできない。……このように相互に通好する時代に臨んで、独りだけ国をとざして、諸国と親交しないというのは人の好むところではない。
(『通航一覧続輯』をもとに作成)

読み解き
1 下線部は具体的には何を示しているだろう。P.274の年表から探そう。
2 江戸幕府が❺のように態度を軟化させた背景について文献❻も参考に考えてみよう。

↓ⓕ**和親条約と修好通商条約**

日米和親条約(1854)		日米修好通商条約(1858)
①永世不朽の和親 ②**下田・箱館**開港 薪水・食料等提供 ③アメリカ漂流民への援助 ④片務的最恵国待遇 ほか	内 容	①**神奈川・長崎・新潟・兵庫**の開港*・江戸・大坂の開市 ②自由貿易 ③**領事裁判権**認める、居留地制 ④**協定関税(関税自主権の欠如)** ほか
英露蘭とも和親条約締結 ・**日露和親条約**…長崎も開港、択捉・ウルップ島間を国境と決定、樺太を雑居地と決定	他国との条約	蘭露英仏とも修好通商条約締結**(安政の五カ国条約)**

*神奈川は隣村の横浜、兵庫は神戸が開港場となった。横浜開港後、下田は閉鎖された。

←❼**桜田門外の変** 日米修好通商条約を天皇の許可(勅許)なく締結した幕府に批判が高まったが、**大老井伊直弼は批判者を弾圧**した。それに憤った者たちが井伊を暗殺する事件が生じた。
茨城県立図書館蔵(茨城県立歴史館保管)

公武合体

↓ⓖ**文久の改革**(1862)**の概要**

●参勤交代制の緩和
●将軍後見職の設置など、職制改革
●**洋式の陸海軍の編成**
●**留学生派遣**…榎本武揚、津田真道など ➡P.281

→❽**将軍徳川家茂の上洛**(部分) 1863年、朝廷と幕府の協力体制(公武合体)を築くため、家茂が上洛した。幕府の将軍の上洛は、約230年ぶりのことだった。江戸東京博物館蔵

東アジアの情勢と改革

1 東アジアの情勢(19世紀後半～20世紀初頭)

清 ➡P.288	朝鮮 ➡P.288	日本 ➡P.278
1860 北京条約 ●洋務運動(1860年代～90年代) ●同治中興(1862～74) …一時的安定 1864 太平天国滅亡	1863 高宗即位→父の大院君が実権を握る ➡P.275 1866 フランス艦隊との衝突事件 1871 アメリカ艦隊との衝突事件	1862 文久の改革➡P.275 1864 禁門の変 →第1次幕長戦争(長州征討) 1866 薩長同盟 第2次幕長戦争 1867 大政奉還 王政復古の大号令 1868 戊辰戦争(～69) 1871 廃藩置県➡P.278
1871 日清修好条規(対等条約)		➡P.280
	1873 高宗の親政布告 1875 江華島事件	1873 明治六年の政変 1874 台湾出兵➡P.280
	1876 日朝修好条規(日本に有利)	➡P.280
1881 イリ条約(対露) 1884 清仏戦争(～85) 1885 天津条約(対仏)	1882 壬午軍乱 1884 甲申政変 1894 甲午農民戦争	1877 西南戦争➡P.279 1879 琉球処分→琉球王国滅亡➡P.281 1889 大日本帝国憲法発布 1890 第1回帝国議会
1894～95 日清戦争(清の敗北、冊封・朝貢体制の崩壊)		
1895 下関条約		
●変法運動(1895～98) 1898 戊戌の政変 →変法運動失敗 1900 義和団戦争(～01)(➡P.288)→清、連合国に宣戦布告 1901 北京議定書	1895 閔妃殺害事件 1897 国号を大韓帝国と改称	●台湾での植民地経営開始 1895 三国干渉 ➡P.288

2 洋務運動

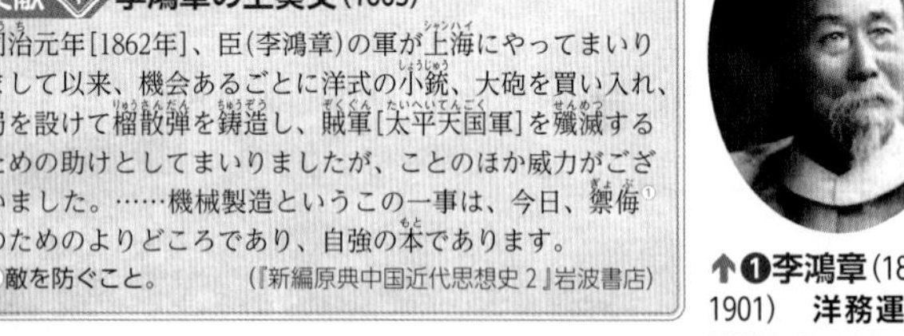

文献① 李鴻章の上奏文(1865)

同治元年[1862年]、臣(李鴻章)の軍が上海にやってまいりまして以来、機会あるごとに洋式の小銃、大砲を買い入れ、局を設けて榴散弾を鋳造し、賊軍[太平天国軍]を殲滅するための助けとしてまいりましたが、ことのほか威力がございました。……機械製造というこの一事は、今日、禦侮①のためのよりどころであり、自強の本であります。

①敵を防ぐこと。　(『新編原典中国近代思想史2』岩波書店)

↑❶**李鴻章**(1823～1901)　**洋務運動**を推進したのは、**李鴻章・曾国藩らの漢人科挙官僚**であった。

❷南京の兵器工場

❸清の北洋艦隊の主力艦「鎮遠」
資料提供:大和ミュージアム

読み解き

1 諸資料から考えて、洋務運動で最も重視されたことは何だったのだろう。

2 洋務運動でも変わらなかったことは何だろう。

3 洋務運動のキーワードとされる「中体西用」の意味を説明してみよう。

3 明治新政府の成立

↑❹**薩英戦争**　1862年に発生した生麦事件(薩摩藩士によるイギリス人殺傷)を受け、翌1863年にイギリス艦隊が鹿児島を襲撃した。尚古集成館蔵

↑❺**四国艦隊による下関砲台の占領**　1864年8月、英・仏・米・蘭の4カ国の艦隊が、長州藩の攘夷行動に対して攻撃。尊王攘夷派の一部は外国の軍事力には対抗できないことを悟った。横浜開港資料館蔵

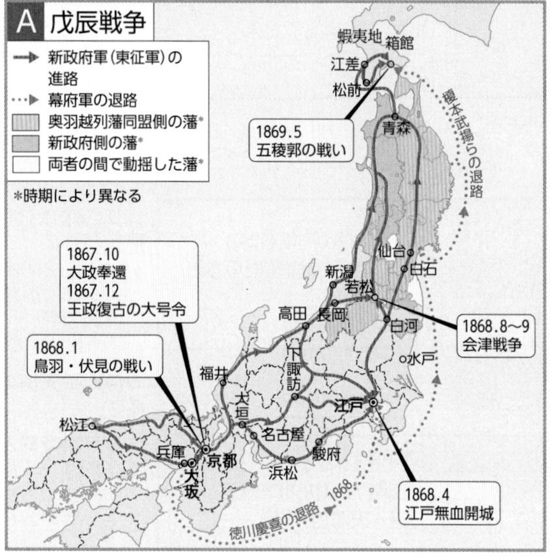

↑❻**徳川慶喜**(1837～1913)　倒幕運動が強まる中、朝廷に政権を返上する**大政奉還**が行われた。その後、慶喜に対する処分に憤った旧幕府軍と、薩摩藩・長州藩を中心とする新政府軍が1868年に**鳥羽・伏見で衝突**し、翌年まで続く**戊辰戦争**が始まった。

4 朝鮮と日本 ➡P.196

↓ⓐ壬午軍乱と甲申政変

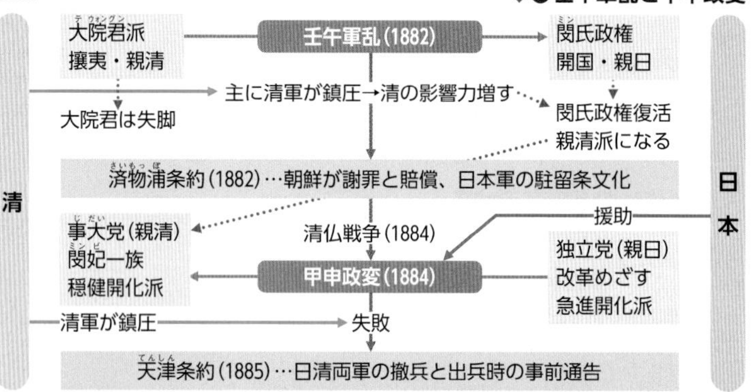

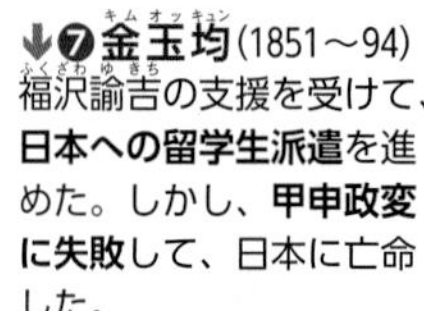

↓❼**金玉均**(1851～94)　福沢諭吉の支援を受けて、**日本への留学生派遣**を進めた。しかし、**甲申政変に失敗**して、日本に亡命した。

文献② 福沢諭吉の「脱亜論」(1885) ➡P.278

日本の国土はアジアの東のはしにあるが、その国民の精神はすでにアジアの見識の狭さから脱却し、西洋の文明に移っている。……現在の日本を発展させるには隣国の開明を待って共同してアジアを進歩させる余裕はない。それよりもアジアの仲間から抜けて西洋の文明国と共に行動し、西洋の中国・朝鮮に対処する方法も、隣国であるからといって特別の思いやりをかける必要はなく、ヨーロッパ人と同様のやり方で対処していくべきである。悪友と親しくつき合う者はその悪名を免れることができない。日本は心してアジアの悪友と絶交すべきである。

(『時事新報』をもとに作成)

読み解き この論説で、日本は中国・朝鮮にどのような態度で臨むべきと説かれているだろう。

歴史のスパイス　北洋艦隊の「鎮遠」は日清戦争後、日本海軍に引き渡され、日露戦争で使用された。

5 日清戦争

↑ⓑ**朝鮮をめぐる国際関係** 朝鮮に対し**宗主権を主張する清**と、朝鮮を勢力下におさめようとする日本が対立を深めていった。

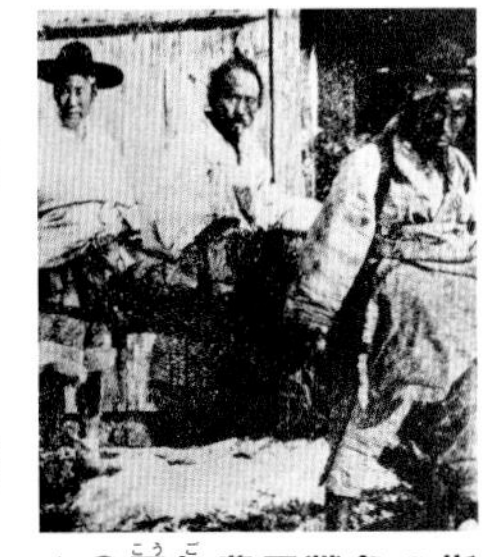

↑❽**甲午農民戦争の指導者全琫準** 地方官僚の暴政に対して決起した全琫準率いる農民軍は、政府軍と激しい攻防戦をくり広げた。政府との和約後、日本を撃退するため再び蜂起したが敗れた。

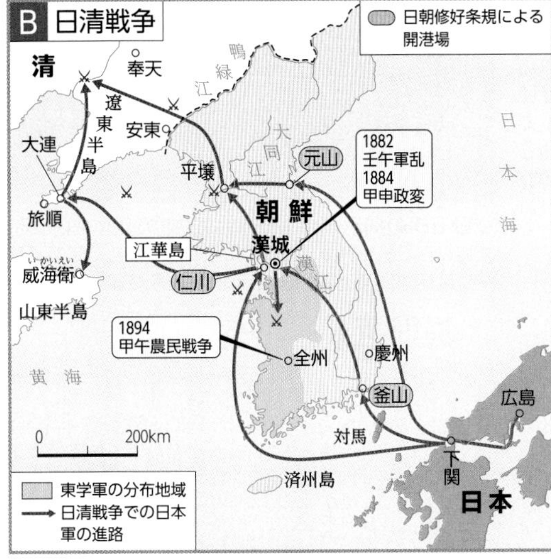

↑❾**日清戦争の風刺画**(ビゴー筆、1887) CORÉE(朝鮮)を釣ろうとしている日本と清の様子を、ロシアが眺めている。日清戦争の結果、**日本は朝鮮の「独立」を認めさせ**、朝鮮や満洲で勢力の拡大に成功していく。しかし、同地域を狙うロシアとの対立が深まり、**三国干渉**を招いたほか、**朝鮮の閔氏政権も親露的な政策を打ち出した**。

チェック 下関条約(1895年4月17日締結)の概要

日本側全権…伊藤博文・陸奥宗光
清側全権…李鴻章
①清は、**朝鮮が自主独立の国であること**を認める。
②清は、**遼東半島**＊、**台湾**、**澎湖諸島を日本に割譲**する。
③清は、**賠償金**2億両(3億1,000万円)を日本に支払う。
④清は、沙市・重慶・蘇州・杭州を開市・開港する。
＊後に三国干渉で返還。

6 変法運動

名称	洋務運動(1860～90年代)	変法運動(1895～98)
皇帝	同治帝	光緒帝
指導者	恭親王奕訢、曾国藩、李鴻章、左宗棠	康有為、梁啓超、譚嗣同
特徴	●「中体西用」 政治制度は維持 軍事・技術の西洋化 →北洋艦隊の編成や鉄道の敷設	●「変法自強」 明治維新がモデル 議会制をふくむ立憲君主政 ●科挙改革と近代学校制度の整備
結果	改革費用の頤和園改修費への流用などもあり、清仏戦争・日清戦争で限界が露呈	政治制度改革をふくむことを問題視した保守派(西太后ら、➡P.290)のクーデタ(戊戌の政変)で挫折

文献③ 康有為から光緒帝への上奏文 (1898)

日本もはじめは旧套を守り、攘夷を行なってきた点はわが国と同じでしたが、幕府が封建制をとってきた点はわが国と異なり、君主が祖業を守っておりましたから、変法はいっそう困難でした。しかるにたちまち変法に成功したのは、変法のはじめに進むべき方針が定まり、施策が理にかなっていたからであります。維新のはじめを考察してみますと、たいへん多くの問題がありますが、要点はつぎの3点があげられます。第一に、群臣に誓約せしめ、国是を定めたこと。第二に、対策所を設け、賢才を募集したこと。第三に、制度局を開いて憲法を定めたこと。その誓文は、万機を公論に決する、万国の良法を採用する、……
(綿引弘『世界史を変えた100通の手紙』日本実業出版社)

文献④ 康有為の漢詩(「戊戌八月国変の記事」)

歴歴維新夢	れきれきたり 維新の ゆめ
分明百日中	あきらかに 百日のうち
荘厳対宣室	おごそかに おことば あおぎしが
京痛起桐宮①	いたわしや 桐宮に とらわる
禍水②滔中夏③	わざわいの水 中夏に あふれ……

①光緒帝の監禁された場所 ②帝室を滅ぼすもののたとえ ③中華
(竹内実『岩波漢詩紀行辞典』岩波書店)

読み解き

1 漢詩に「維新夢」と記された改革で、康有為は何をモデルに、どのような政治体制をめざしたのだろう。
2 漢詩の「禍水」とは、誰のどのような行動を意味しているのだろう。

7 日清戦争後の中国

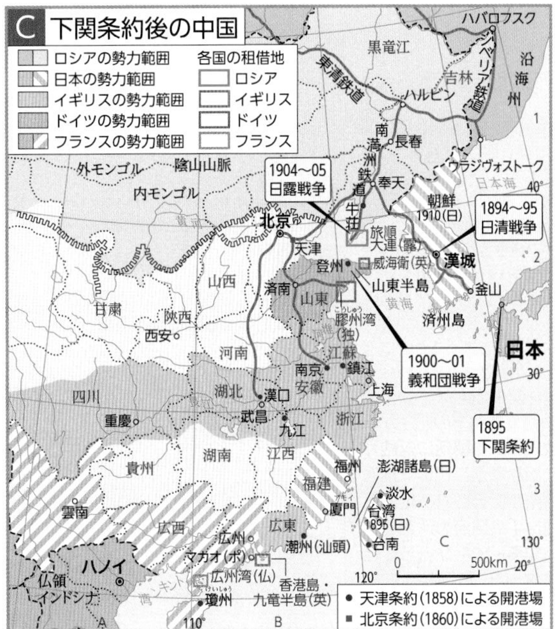

↑❿**中国分割の風刺画**(1898)

読み解き

1 列強は中国の何を分配しているのだろう。
2 この風刺画にアメリカが登場していないのはなぜだろう。

国名	租借地	租借年	期間	勢力範囲
ロシア	旅順・大連	1898	25年	万里の長城以北
ドイツ	膠州湾	1898	99年	山東半島
イギリス	威海衛・九竜半島	1898	25・99年	長江流域
フランス	広州湾	1899	99年	広東・広西・雲南
日本	遼東半島南部	1905	18年	福建・南満洲
アメリカ	1899年 ジョン＝ヘイの門戸開放通牒			

↑ⓒ**列強が獲得した租借地**

歴史のスパイス 日清講和交渉で伊藤博文からの様々な要求に対し、李鴻章は"You are too hungry."と述べ、場を和ませた。

明治新政府の改革

1 新政府の改革の開始

⮌P.276 ⮎P.280

1868	**五箇条の誓文**、五榜の掲示 政体書を公布 江戸を東京と改称 明治と改元、一世一元の制
1869	**版籍奉還**（諸藩主を知藩事に任命） **開拓使**設置⮎P.281
1870	**工部省**設置 大教宣布の詔（神道を国教化）
1871	新貨条例（貨幣制度の確立） **廃藩置県**
1872	**学制**発布　徴兵告諭 鉄道開通 富岡製糸場開業 国立銀行条例　太陽暦採用
1873	**徴兵令　地租改正条例** 内務省設置 秩禄奉還の法
1874	東京警視庁設置
1876	**廃刀令**　秩禄処分
1877	第１回内国勧業博覧会
1878	地方制度に関する三新法制定
1879	教育令

↑❶**小御所会議**（1867年12月９日）　王政復古の大号令発令当日の夜に京都御所内の小御所で開かれた。『小御所会議之図』東京大学史料編纂所蔵

文献①五箇条の誓文（1868）

一、広ク会議ヲ興シ、万機公論ニ決スヘシ
一、上下心ヲ一ニシテ、盛ニ経綸①ヲ行フヘシ
一、官武一途庶民ニ至ル迄各其志ヲ遂ケ、人心ヲシテ倦マサラシメン事②ヲ要ス
一、旧来ノ陋習③ヲ破リ、天地ノ公道④ニ基クヘシ
一、智識ヲ世界ニ求メ、大ニ皇基⑤ヲ振起スヘシ……

①国家を治め、ととのえること　②あきさせないようにすること　③悪習。ここでは攘夷運動をさす　④国際法のこと　⑤天皇政治の基礎

←新政府の基本方針が天皇の神誓という形で示された。原案で「列侯会議ヲ興シ」となっていた部分が改められ、**公議世論の尊重姿勢**がみられる。

❷❸慶應義塾福澤研究センター蔵

↑❷**福沢諭吉**（1838～1901）　明治時代に入ってからも政治や社会に関する情報や評論を発信し続け、日本の近代化に大きな影響を与えた。
⮌P.276

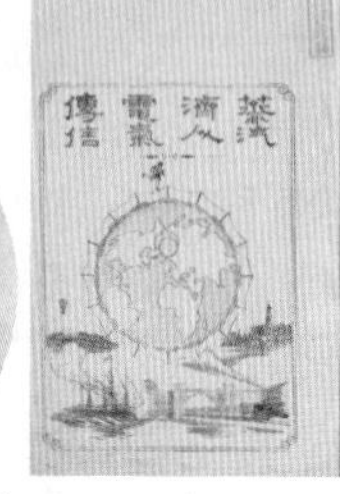

↑❸**福沢諭吉『西洋事情』**

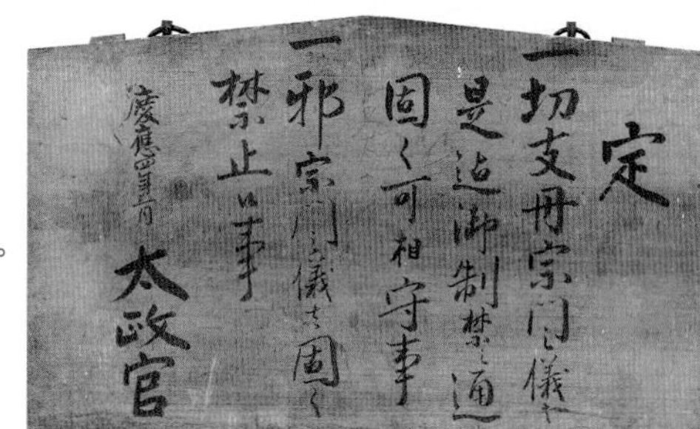

定
一切支丹宗門之儀ハ是迄御制禁之通固く可相守事
一邪宗門之儀ハ固く禁止之事
慶應四年三月
太政官

↑❹**五榜の掲示**（第３札）　誓文発表の翌日、旧来の習慣通り立て札（高札）で五榜の掲示が示された。こちらはキリスト教の禁止など**旧幕府の政策を引き継いでいた**。

2 国制の近代化

廃藩置県

文献②廃藩置県（1871）

私（明治天皇）が考えるに、新しい政治を始めるに際し、国内に人々を安定させ、国外に万国と対峙しようとするのなら、名と実がきちんと合い、政令が一致していなくてはならない。私が先に諸藩の版籍奉還の提案を受け入れ、新たに知藩事を明示、知藩事たちは、その職に従事した。しかし数百年の古い習慣が長く続き、名ばかりあって実がないものがある。これで、どのようにして人々を安んじ、万国と対峙できようか。私は深く嘆かわしく思う。よって今回、さらに藩を廃して県とする。これは、つとめて政治の無駄をなくして簡素化し、有名無実の弊害をなくし、政策や法令がばらばらになることがないようにするためである。（『法令全書』をもとに作成）

年	府県数
1871年７月	１使３府302県
1871年11月	１使３府 72県
1888年	１道３府 43県
現在	１都１道２府 43県

※１使は開拓使、３府は東京・大阪・京都

↑❸**府県数の推移**

↑幕藩体制下の藩主が**領地と領民を朝廷に返納した版籍奉還**に続いて**廃藩置県**が断行され、地方行政は**中央政府の派遣する府知事・県令**が行うこととなった。

徴兵制

文献③徴兵告諭（1872）

明治維新の大改革で、諸藩は領地を朝廷に返還し、明治４（1871）年になると昔の郡県制にもどった①。代々世襲で仕事もせずに暮らしていた武士は、その世襲の家禄をへらし、刀をさしていなくてもよいことになり、士農工商の四民にようやく自由な権利をもたせようとしている。これは上下の身分差をなくし、人権を平等にする方法で、とりもなおさず兵農を一体化する基である。

①廃藩置県のこと　（『法令全書』をもとに作成）

↑**国民皆兵の建前**のもと、満20歳以上の男性が徴兵された。政府は全国を６軍管区に分割して歩兵連隊を設置した。北海道では屯田兵（⮎P.281）が置かれた。

読み解き

1 徴兵制制定以前（江戸時代）の日本の軍事制度において武士と農民が果たしていた役割は何だろう。
2 徴兵制制定によって、1の状況はどのように変化しただろう。
3 フランスの徴兵制は革命中の1793年に制定された。これ以前のフランスの正規軍は、どのような形態だっただろう。日本と比較してみよう。⮌P.242

地租改正

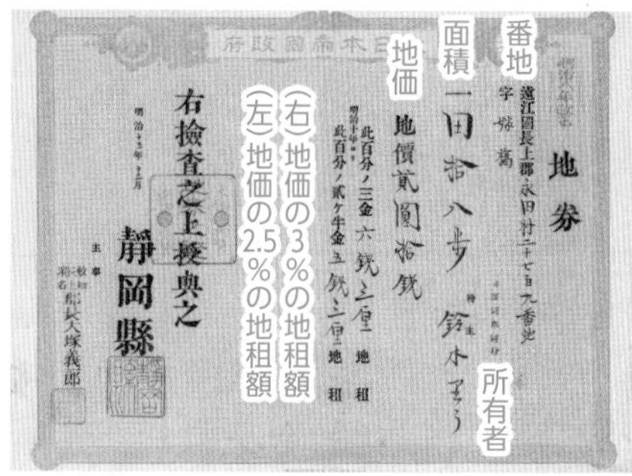

↑❺**地券**　土地の生産力を石高で表し、相応の年貢を大名（領主）に納める税制を改め、**土地の私的所有権を前提として、地価の３/100の地租を徴収**するシステムをつくった。国の歳入に占める地租の比率が高かったため地租税率は大きな政治的争点となった。

0 10 20 30 40 50 60 70 80 90 100(%)
1880年（明治13）　76.6%　5,526万円
1910年（明治43）　24.0　酒税　関税　その他　3億1,729万円
地租　所得税　砂糖消費税

↑❻**国税収入の内訳**

学制

❸**義務教育の就学率と通学率**

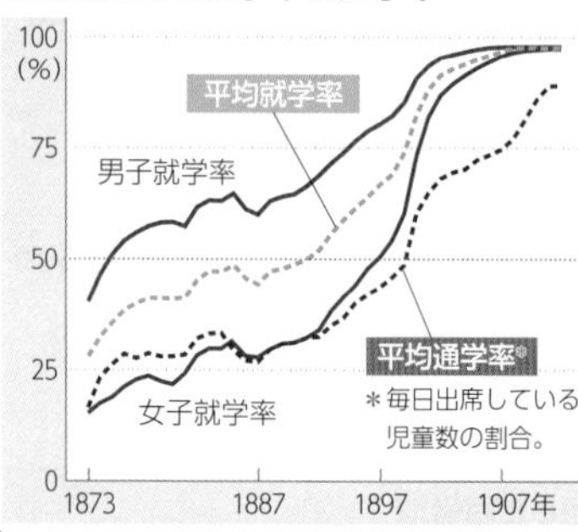

↓❻**台北帝国大学**　国制改革とともに教育制度の近代化も行われた。制度設計は初等義務教育から高等教育まで及び、戦前には国内の７つと台北・京城を合わせた９帝国大学も設置された。

殖産興業

1869	東京・横浜間に電信
1870	工部省設置
1871	郵便制度開始、新貨条例（円銭厘）
1872	新橋・横浜間の鉄道 富岡製糸場開業 国立銀行条例
1873	第一国立銀行設立 内務省設置
1877	第１回内国勧業博覧会
1880	工場払下概則
1881	農商務省設置

←工部省は**欧米の技術の導入を中心に官業を推進**し、内務省は国内各地の勧業・勧農をめざした。次第に、**民業育成方針**が明確となり、農商務省が両省の経済的諸事業を一括担当することとなった。

❼**横浜駅の陸蒸気**　神奈川県立歴史博物館蔵

歴史のスパイス　1903年の第５回内国勧業博覧会（大阪で開催）の跡地に、初代通天閣が建設された。

3 新政府への抵抗

金禄高	金禄高に乗ずる年数	公債受取人員(人)	1人平均
1,000円以上(藩主中心)	5.00～ 7.50	519 (0.2%)	60,527円
100円以上(上・中級士族)	7.75～11.00	15,377 (4.9%)	1,628円
10円以上(下級士族)	11.50～14.00	262,317 (83.7%)	415円
売買家禄	10.00	35,304 (11.3%)	265円
合計		313,517 (100%)	557円

↑ⓓ**金禄公債の階層別交付状況** 士族に支払われていた秩禄は廃止され、代わりに公債が交付された。下級士族の公債交付額は1人平均415円だが、現金で支払われる公債利子は年間で29円5銭、1日当たり8銭足らずで、当時の大工手間賃(日給40～45銭)と比較してもかなりの少額だった。

読み解き 西郷隆盛は士族のどのような不満を代弁したのだろう。

解説 征韓論

明治維新前後の日本は開国と近代化に追われながら、**東アジア内部での優位性**を求めていた。このような中で、攘夷政策をとる朝鮮に対する**征韓論**が強く主張されたが、岩倉使節団が帰国すると内政改革重視の方針が明確となり、**西郷隆盛・板垣退助らが政権を去った(明治六年の政変)**。征韓論の敗北によって**士族の不満のはけ口が失われ**、その後の政治動向に影響を与えた。

↑❽**西郷軍の熊本城攻撃** 1877年、西郷隆盛を首領とする鹿児島県士族らによる反乱が起こった(**西南戦争**)。
近藤樵仙筆『西南役熊本籠城』聖徳記念絵画館壁画

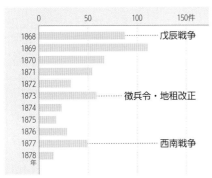

年	件数(グラフ: 0, 50, 100, 150件)	事項
1868		戊辰戦争
1869		
1870		
1871		
1872		
1873		徴兵令・地租改正
1874		
1875		
1876		
1877		西南戦争
1878		

←ⓔ**明治初期の農民一揆**
新政府に対して年貢減免や村役人交代を求める世直し騒動が1868～70年頃をピークに廃藩置県(1871)まで続いた。これ以後、**新政府の諸政策に対して新政府反対一揆が続発**した。

読み解き 明治期の農民一揆は、江戸時代の一揆とどのように違うだろう。

4 自由民権運動

	自由民権運動	政府側の動き(懐柔・弾圧)
士族民権	士族や農民の不満が高まる、	征韓論敗北(西郷・板垣の下野)
	1874 **民撰議院設立建白書** 1874 高知に立志社、大阪に愛国社設立	1875 板垣らが参議に復帰 **漸次立憲政体樹立の詔** 元老院・大審院設置 讒謗律・新聞紙条例
豪農民権	1877 立志社建白(国会開設要求) 1880 愛国社大会で**国会期成同盟**結成 ●**私擬憲法**の発表が相次ぐ 1881 板垣退助が自由党結成 1882 大隈が立憲改進党結成 板垣遭難	1877 地租軽減(2.5%)、西南戦争鎮圧 1880 集会条例 ●国会即時開設論の大隈重信と時期尚早論の伊藤博文が対立 1881 大隈罷免(**明治十四年の政変**) **国会開設の勅諭** 1882 立憲帝政党 集会条例改正
農民民権	●政府の弾圧に対する激化事件多発(福島事件・秩父事件など)	●板垣らの西欧外遊を支援 1885 内閣制度(薩長藩閥内閣)創設
大同団結	1886 大同団結運動(民権派再結集) 1887 **三大事件建白運動**	1887 保安条例 1888 大隈が外相就任 1889 **大日本帝国憲法**発布

文献④ 民撰議院設立建白書(1874)

私どもが謹んで現在の政権を動かしているところを考えると、上は天皇ではなく、下は人民でもない。ただ政府の役人のみが動かしている。……私たちは愛国の気持ちをおさえることはできない。そのため、国を救う方法を求めてみると、ただ天下の公議を開くことしかない。……今、民撰議院の設立の意見を拒む者は、一般の人々は勉強が足らず、無知であり、いまだ開明の域に達していないため、民撰議院の設立は尚早であるという。私どもが考えるところは、もし本当にそのように言われるのなら、すなわち学問を高め知識を深め早急に開明の域に進ませるには、民撰議院を立てるしかない。(『日新真事誌』をもとに作成)

文献⑤ 「東洋大日本国国憲按①」(1881)

第5条 日本の国家は日本人一人ひとりの自由の権利を損なう規則を作って実施することはできない。
第49条 日本人民は思想の自由を有する。
第70条 政府が国家の憲法に違反する時は、日本人民は政府に従わないことができる。
①植木枝盛が作成した私擬憲法

職名	氏名	出身
総理	伊藤博文	長州
外務	井上 馨	長州
内務	山県有朋	長州
大蔵	松方正義	薩摩
陸軍	大山 巌	薩摩
海軍	西郷従道	薩摩
司法	山田顕義	長州
文部	森 有礼	薩摩
農商務	谷 干城	土佐
逓信	榎本武揚	幕臣
書記官長	田中光顕	土佐
法制局長官	山尾庸三	長州

↑❶**第1次伊藤博文内閣の閣僚**(発足時)

読み解き
1 藩閥内閣が成立した背景は何だろう。
2 自由民権運動による批判にさらされた藩閥内閣は、どのような政策を進めたのだろう。

資料から読み解く 大日本帝国憲法

文献⑥ 大日本帝国憲法(1889年2月11日発布、1890年11月29日施行)

第1条 大日本帝国ハ万世一系ノ天皇之ヲ統治ス
第3条 天皇ハ神聖ニシテ侵スヘカラス
第4条 天皇ハ国ノ元首ニシテ統治権ヲ総攬シ此ノ憲法ノ条規ニ依リ之ヲ行フ
第5条 天皇ハ帝国議会ノ協賛ヲ以テ立法権ヲ行フ
第8条 天皇ハ公共ノ安全ヲ保持シ又ハ其ノ災厄ヲ避クル為緊急ノ必要ニ由リ帝国議会閉会ノ場合ニ於テ法律ニ代ルヘキ勅令ヲ発ス……
第11条 天皇ハ陸海軍ヲ統帥ス
第12条 天皇ハ陸海軍ノ編制及常備兵額ヲ定ム
第13条 天皇ハ戦ヲ宣シ和ヲ講シ及諸般ノ条約ヲ締結ス
第20条 日本臣民ハ法律ノ定ムル所ニ従ヒ兵役ノ義務ヲ有ス
第21条 日本臣民ハ法律ノ定ムル所ニ従ヒ納税ノ義務ヲ有ス
第28条 日本臣民ハ安寧秩序ヲ妨ケス及臣民タルノ義務ニ背カサル限ニ於テ信教ノ自由ヲ有ス
第29条 日本臣民ハ法律ノ範囲内ニ於テ言論著作印行集会及結社ノ自由ヲ有ス
第33条 帝国議会ハ貴族院衆議院ノ両院ヲ以テ成立ス
第34条 貴族院ハ貴族院令ノ定ムル所ニ依リ皇族華族及勅任セラレタル議員ヲ以テ組織ス
第35条 衆議院ハ選挙法ノ定ムル所ニ依リ公選セラレタル議員ヲ以テ組織ス(『法令全書』)

読み解き
1 第1条では、天皇をどのような存在であるとしているだろう。
2 第4・5条は、天皇をどのような存在であるとしているのだろう。この2つの条文は、この後の歴史にどのような影響を与えたのだろう。
3 第20・21・28・29条は「国民」についての記述だが、「国民」とは書かれていない。どのような用語でどのように記述されているだろう。
4 第5・33・34・35条より、「議会」はどのような存在であるとされたのだろう。
5 オスマン帝国憲法と類似する条文(内容)があれば、列挙してみよう。➲P.268
6 ❾から、選挙制度に対するどのような批判がわかるだろう。

→❾**投票風景**(風刺画)
投票所には警察官と地元有力者が立ち会った。有権者は直接国税を15円以上納める25歳以上の男性に限られたため、人口の約1.1%であった。

歴史のスパイス 初代文部大臣の森有礼は、英語の国語化を主張したことでも知られる。

明治初期日本の外交

1 外交使節団

P.278
P.288

池田使節団

読み解き 池田使節団と岩倉使節団の外見的な違いは何だろう。

←❶スフィンクスの前で写真を撮る池田使節団(1864) 既に開港していた横浜港の再封鎖を交渉するために派遣された使節団はスエズ運河・カイロを経由し、ナポレオン3世に謁見した。正使は池田長発であった。
所蔵：三宅立雄 協力／流通経済大学三宅雪嶺記念資料館

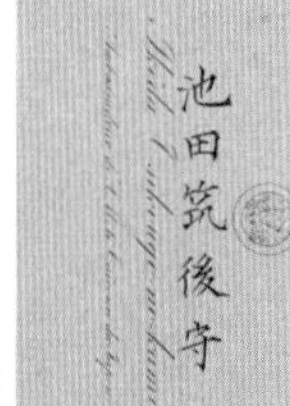

→❷正使池田長発の洋風の名刺

岩倉使節団

↓❸岩倉使節団

解説 岩倉使節団

1873年に派遣された使節団は政府の重鎮で構成されていた。**欧米諸国との条約改正交渉には失敗**したが、久米邦武の報告書『米欧回覧実記』でわかるように、使節団の実体験は、その後の日本に大きな影響を残した。**岩倉具視らは内政重視を唱えて征韓論をおさえ、伊藤博文は憲法の起草、大久保利通は殖産興業の本格化に向けて動く**こととなる。なお、使節団には**女性留学生**も同行しており、女子英学塾(後の津田塾大学)の創立者となる津田梅子などが活躍した。

A 岩倉使節団の行路

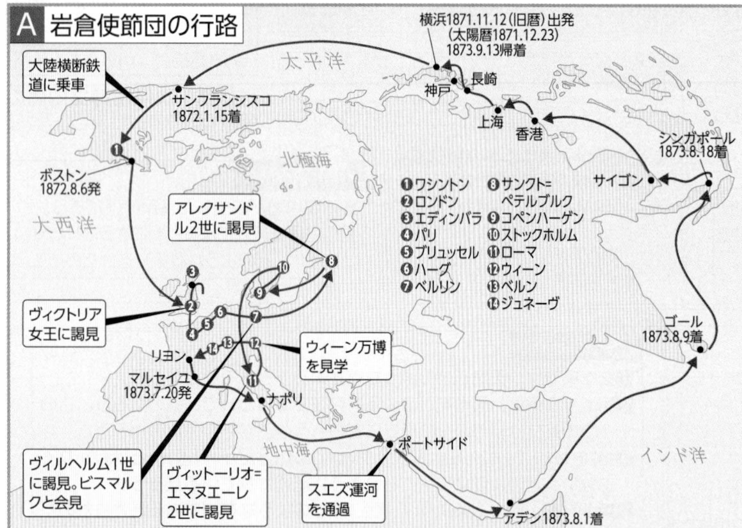

↓❹最初の女子留学生

文献① ビスマルクに謁見した使節団

夜、外務宰相ビスマルク侯より饗宴に招かれた。[以下ビスマルクの言葉]「……最近世界の各国では、みな親睦と礼儀をもって交流しているが、これは全く表向きのことであって、その裏で内心は強弱を競い、それぞれがあなどり合っている状況だ……かのいわゆる国際法は、列国の権利を保障する法律ではあるが、大国が利害を争う時、自分に利益がある時は、国際法に訴えて譲らず、もし不利になるようなら、(国際法ではなく)軍事力をもって訴える……。」(久米邦武『特命全権大使 米欧回覧実記』をもとに作成)

読み解き ビスマルクからの下線部の提言に沿うような、明治政府の対外政策をあげてみよう。

2 東アジアの中の日本

日清間の外交	日朝間の外交
1871 **日清修好条規**調印(対等条約) 台湾で琉球漂流民殺害事件 1873 日清間での外交交渉実施 1874 閣議で台湾出兵決定 木戸孝允、台湾出兵に反対し下野 **台湾出兵** 日清両国間互換条款調印	1870 朝鮮に国交を求め拒絶される →朝鮮への非難高まる(**征韓論**) 1873 閣議で西郷隆盛の朝鮮派遣決定 岩倉使節団帰国、**征韓論争** 朝鮮遣使を無期延期 **(征韓派敗北、西郷ら下野)** 1875 軍艦雲揚が釜山に入港し威嚇 **江華島事件** 黒田清隆を朝鮮に派遣 1876 **日朝修好条規**調印 日本、無関税特権の獲得

→❺台湾の先住民と写る西郷従道 1871年、琉球民が当時清の統治下にあった台湾に漂着し、原住民に殺害された。清は事件について、「台湾・琉球は清国領であるから国内問題」とする一方で、台湾原住民を「化外の民(統治が及んでいない人々)」と位置づけ、責任回避の態度をとった。この後日本は**台湾出兵**に踏み切り、清は日本軍の行動を義挙(正義のある行為)と認めた。

資料から読み解く 明治初期の日本外交

文献② 日清修好条規(1871)

第1条 今後、日清両国はますます友好をあつくし、天地と共につきることのないようにする。また、両国の領土においてもそれぞれの礼儀によって交際し、少しも侵略することなく、永久に安全を保障する。
第8条 両国の開港した地には、日清両国とも理事官(領事)を設置し、自国の商人・国民を取り締まる。財産・商業・公的事務などに関する事件はその領事の裁判にまかせ、互いに自国の法律で取り調べる。
(『日本外交年表竝主要文書』をもとに作成)

↑❻日朝修好条規の締結を要求するために進出した日本の軍艦 この写真から約20年前、日本は列強の軍艦を前に国を開き近代化への歩みを始めた。そして、今度は日本が同じ手段で朝鮮に接しようとした。

文献③ 日朝修好条規(1876)

第1款 朝鮮国は自主の邦(国)であり、日本国と平等の権利を保有している。これ以降、両国が和親の関係を実現していくためには、両国が互いに同等の礼儀で応接しあい、いささかも(相手を)侵し踏み入り、ねたみ嫌うことがないように……
第8款 今後、日本政府は、朝鮮国が指定した各貿易港に時機に応じて日本商人を監理する官吏を設置する。もし両国間に関係のある事件があった時は、その官吏がその地方の地方長官と会合協議して処理する。
第10款 日本国民が朝鮮国の指定する各居留地に滞在中に、もし罪科を犯し朝鮮国民と関係する事態となったら、全て日本側の審判によって判断する……
(『日本外交年表竝主要文書』をもとに作成)

読み解き

1 文献②の第1条に反するような日本側の行動をあげてみよう。
2 文献②の第8条は領事裁判権に関する条文である。一般的な不平等条約と異なるところはどこだろう。
3 文献③の第1款で「朝鮮は自主の邦」と記されているのはなぜだろう。朝鮮をめぐる国際秩序から考えよう。
4 文献③は日本と朝鮮とどちらに有利だろう。また、それはどこから読み取れるだろう。

歴史のスパイス 条約改正に失敗した岩倉使節団に対し、「条約は結び損い金は捨て国へ帰って何と岩倉」という狂歌が生まれた。

3 国境画定

日露間の外交

➡❼駐露公使時代の榎本武揚 ロシアは1860年に清から**沿海州**を獲得し、**樺太経営**に力を入れていた。一方、**日本は北海道開拓を優先**課題とし、樺太経営は財政的に困難となった。1875年、駐露公使榎本武揚とロシア外相ゴルチャコフとの間で**樺太・千島交換条約**が調印された。榎本は、幕末に5年弱オランダに留学し、海軍の運用術や国際法を学んだ。当時の日本で欧米流の外交交渉に最も精通していた。

小笠原諸島領有

➡❽19世紀に描かれた小笠原諸島(『ペリー提督日本遠征記』) 1593年、小笠原貞頼が発見したとされる小笠原諸島は「無人島」と称されていた。1827年にイギリスが領有を宣言して以後、アメリカも帰属を主張した。幕府は1861年に現地調査を行い、日本の領有を主張した。1876年、明治政府は米・英など諸国に領有権を通告した。

① 19世紀後半に日本がヨーロッパ諸国と外交関係を持つようになると、条約により国境の画定が行われるようになった。

チェック

日本の国境の画定
- **千島列島・樺太**
- ・日露和親条約(1855)
- →択捉島以南の千島列島獲得
- ・**樺太・千島交換条約**(1875)
- →千島列島全域獲得
- ・ポーツマス条約(1905)➡P.289
- →北緯50度以南の樺太獲得
- **琉球**
- ・江戸時代以来、琉球は日本と清に両属
- →1872年に琉球藩、1879年、沖縄県を設置して日本領に
- **台湾**
- **下関条約**(1895)で日本領に
- **朝鮮**
- 1910年、**韓国併合**➡P.289

4 琉球

1853	ペリー来航➡P.52
1854	**琉米修好条約**
1871. 7	琉球王国を鹿児島県に編入
1872. 9	**琉球藩設置**、藩王尚泰
1874	琉球、清に進貢船派遣
1875. 7	松田道之(内務大丞)、琉球藩に清との関係断絶を令達
1879. 3	首里城接収
4	**琉球藩を廃し、沖縄県設置(琉球処分)**
5	尚泰、東京移住
1879	旧慣温存政策実施
1899	土地整理事業(地租改正)開始 謝花昇『沖縄時論』発行 農民の海外移民始まる(ハワイ)

➡❿1922年の首里城 琉球王国の象徴で、国王が政務をとる場所だった。琉球処分後は、熊本鎮台分営所とされ、昭和期には沖縄神社拝殿となり、太平洋戦争の沖縄戦で焼失した。

外務省外交史料館蔵

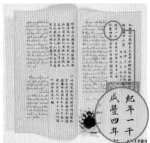

➡❾琉米修好条約 英文と漢文で書かれた琉米修好条約には「咸豊四年」の年号がみられる。

読み解き
1. 条約締結当時、琉球と清の間にはどのような関係があっただろう。
2. 1870年代の日本の琉球に対する政策は、1とどのように違っているだろう。

文献④ 琉球処分に関する達(1879)

旧藩王や官吏らが今回の処分を拒否し、首里城から退去せず、土地・人民・官簿などを引き渡さない場合は、その者を警察に拘引しても構わない。もし、反抗的な態度を露わにし、兇暴な行動に及んだ場合は、兵営から軍隊を出動させ処分を行う。(『秘書類纂』をもとに作成)

5 北海道

1869	**開拓使設置**、蝦夷地を北海道と改称
1874	**屯田兵制度**制定(1904屯田兵廃止)
1876	**札幌農学校**開校、札幌麦酒醸造所設立
1881	開拓使官有物払下げ事件
1882	札幌・函館・根室の3県を設置 手宮・札幌・幌内間に鉄道全通
1886	北海道庁を設置し、3県を統合
1897	支庁制を施行(19支庁)
1899	**北海道旧土人保護法**公布(1997年廃止)

読み解き 明治政府のアイヌ(➡P.65)に対する同化政策はどのような問題をふくんでいただろう。

アイヌ人口(左軸) 全道人口に占める比率(右軸)
(千人) 20 / 15 / 10 / 5 / 0 ― (%) 20 / 15 / 10 / 5 / 0
1873年 1903 1936 1972 2017

➡ⓐアイヌ人口と全道人口に占める比率

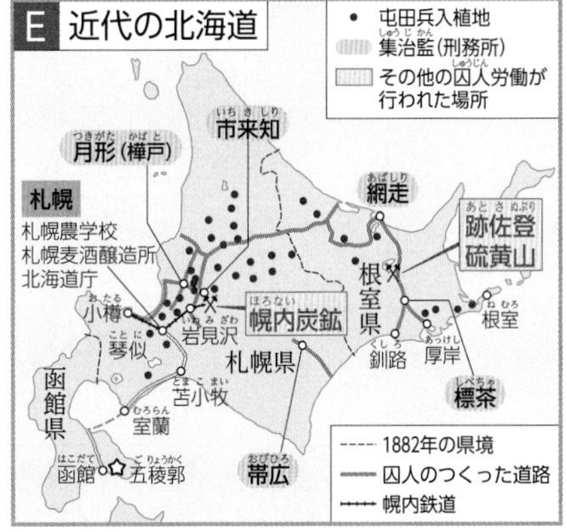

➡北海道の開拓は囚人労働と屯田兵によって進められた。1874年から30年間続く屯田兵制度には士族授産の側面もあり、対ロシア防備と農業開発を兼ねたものであった。➡P.5

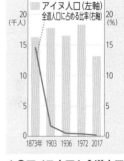

文献⑤ アイヌの教化

女たちは最近入れ墨が禁止されたので非常に悲しいと言っていた。……入れ墨が禁止されたので、神々が怒っているだろうということで、またこれがなければ結婚できないと言っていた。
(イサベラ=バード著、神成利男訳『コタン探訪記』北海道出版企画センター)

➡⓫アイヌの女性が施した伝統的な入れ墨(部分)

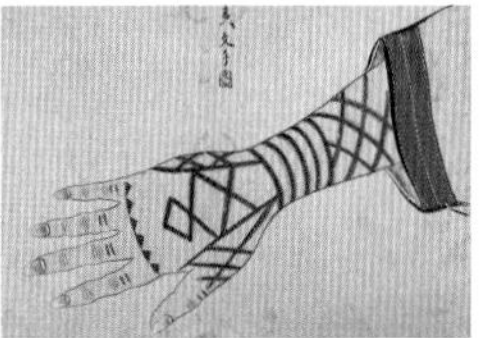

歴史のスパイス 尚泰は侯爵の地位を与えられ、帝国議会(貴族院)の議員となった。

帝国主義(1)

1 帝国主義 ➲P.228 ➲P.300, 302

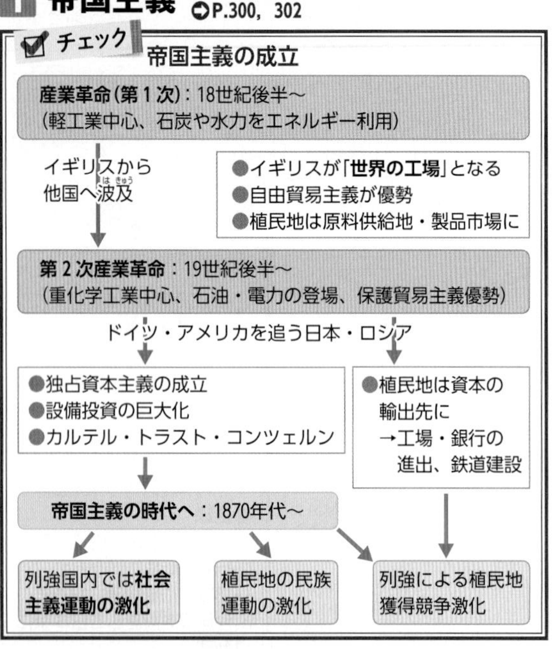

チェック
帝国主義の成立
産業革命(第1次):18世紀後半〜
(軽工業中心、石炭や水力をエネルギー利用)
イギリスから他国へ波及
●イギリスが「世界の工場」となる
●自由貿易主義が優勢
●植民地は原料供給地・製品市場に
第2次産業革命:19世紀後半〜
(重化学工業中心、石油・電力の登場、保護貿易主義優勢)
ドイツ・アメリカを追う日本・ロシア
●独占資本主義の成立
●設備投資の巨大化
●カルテル・トラスト・コンツェルン
●植民地は資本の輸出先に
→工場・銀行の進出、鉄道建設
帝国主義の時代へ:1870年代〜
列強国内では社会主義運動の激化
植民地の民族運動の激化
列強による植民地獲得競争激化

文献 ① レーニンの帝国主義論(1917) ➲P.296

帝国主義はその経済の本質の点で、独占的資本主義である。帝国主義の歴史上の位置は、すでにこの一事をもって決まっている。というのは、自由競争に立脚し、ほかならぬ自由競争を母胎として育つ独占は、資本主義体制から高次元の社会、経済体制へ至る過渡期の現象だからである。特に紙幅を割いて論ずる必要があるのは、主要な4種類の独占である。……

第一。独占は、生産の集中が非常に高度な発達段階に達したとき、それを母胎として成長を遂げた。……

第二。独占体に煽られて、重要な原料資源の獲得競争に拍車がかかった。……

第三。独占は銀行の中から成長する。銀行は、決済の仲介を生業とする地味な機関から、金融資本を独占する機関へと変身した。……

第四。独占は植民地政策の中から成長した。金融資本の登場により、植民地政策を促す旧来の多数の動機に新たな要素が加わった。原料資源、資本輸出、勢力圏をめぐる闘争がそれである。……

(レーニン著、角田安正訳『帝国主義論』光文社)

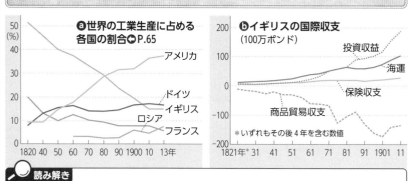

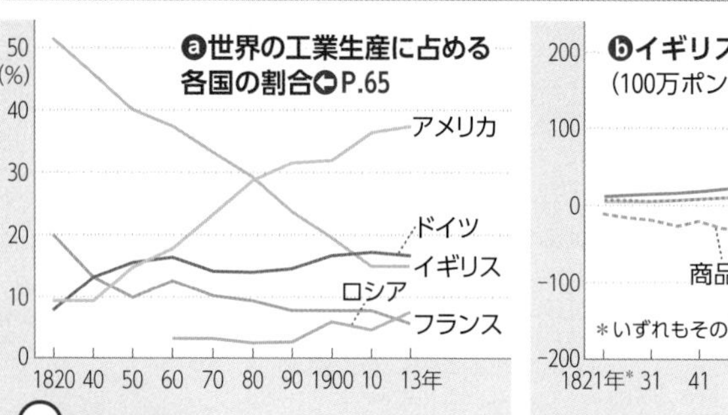

読み解き

1 イギリスの商品貿易収支が赤字化し、投資収益が伸びた背景は何だろう。

2 イギリスの経済的地位は「世界の工場」から、どのように変化したといえるだろう。

2 独占資本主義

ⓒ独占の三形態

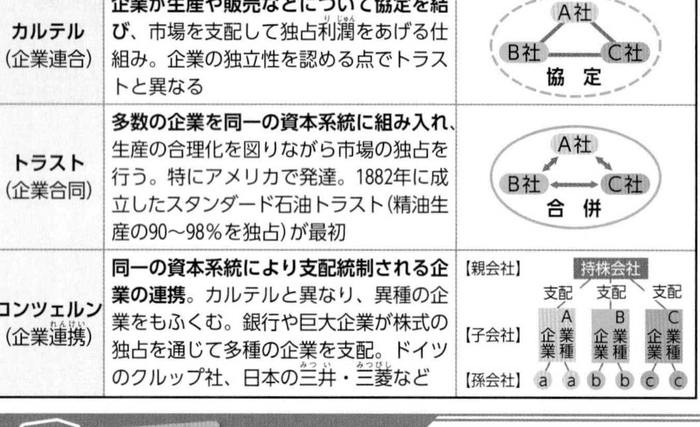

カルテル(企業連合)	**企業が生産や販売などについて協定を結び**、市場を支配して独占利潤をあげる仕組み。企業の独立性を認める点でトラストと異なる	A社・B社・C社 協定
トラスト(企業合同)	**多数の企業を同一の資本系統に組み入れ**、生産の合理化を図りながら市場の独占を行う。特にアメリカで発達。1882年に成立したスタンダード石油トラスト(精油生産の90〜98%を独占)が最初	A社・B社・C社 合併
コンツェルン(企業連携)	**同一の資本系統により支配統制される企業の連携**。カルテルと異なり、異種の企業をもふくむ。銀行や巨大企業が株式の独占を通じて多種の企業を支配。ドイツのクルップ社、日本の三井・三菱など	【親会社】持株会社 支配 支配 支配 【子会社】A企業種 B企業種 C企業種 【孫会社】a a b b c c

➔❷**議会を支配する独占資本**(風刺画) Aでは、民衆の入り口が封鎖されている。Bには、「独占(主義)者の独占(主義)者による独占(主義)者のための上院」とある。Cには、ふんぞり返るトラスト議員たちが描かれている。

資料から読み解く 日本の工業化

年	事項
1870	殖産興業政策(〜74)…官業育成
1880	工場払下概則…民業育成
1882	**日本銀行**設立
1883	**大阪紡績会社**操業
1885	**第1次企業勃興期**(〜89)…繊維産業・鉄道を中心に
1890	綿糸生産量が輸入量を超える
1894	**日清戦争**(〜95) ➲P.277
1895	**第2次企業勃興期**(〜97)…繊維産業・鉄道・銀行を中心に
1897	**金本位制**確立
1901	**官営八幡製鉄所**操業
1904	**日露戦争**(〜05) ➲P.289
1909	生糸輸出量世界1位 三井合名会社設立→三井・三菱・住友などの財閥形成進む

(産業革命:軽工業の成長 1885〜1895年代/重工業の成長 1897〜1909年代)

ⓓ日本と主要諸外国との貿易差額(1902〜11、単位:百万円)

先進国
- イギリス(1)鉄・機械器具類(23%)(2)綿製品(14%)(3)硫酸アンモニウム(6%) → 日本 693
- その他ヨーロッパ → 日本 11

後進国
- インド(1)綿花(68%)(2)米(20%)(3)ジュート(黄麻)(1%) → 日本 612
- アフリカ → 日本 30

日本 → 出超
- アメリカ(1)生糸(62%)(2)茶(10%)(3)羽二重(6%) 480
- その他の北アメリカ 30
- 中国(1)綿糸(35%)(2)石炭(9%)(3)綿織物(7%) 256
- その他のアジア 125
- オセアニア 32

入超 ← → 出超

*(1)(2)(3)は主要貿易品とその順位、( )内は全体に占める比率

鉱業	鉄鋼	電機・機械
64.4%	83.8%	58.5%

↑ⓔ**上位100社の総資産額に占める財閥3社の構成比**(1914)

読み解き

1 日本の貿易構造の特徴から、この時代の日本経済の弱点を考えてみよう。

2 日本の工業化の中で、政府や財閥の果たした役割を整理してみよう。

↓❸**八幡製鉄所**(1900) **日清戦争の賠償金**をもとに福岡県八幡村(現北九州市)に建設された。ドイツの技術を取り入れ、**中国の鉄鉱石**を用い、**九州筑豊の石炭**を燃料とした八幡製鉄所は、日本の重工業発展を大きく支えた。

歴史のスパイス 帝国主義時代の日本では零細な小作農が増加し、寄生地主制が成立していった。

3 国内の動向と社会主義

➔❻社会主義の系譜

	国内の状況
イギリス	●社会改革 1884　第3回選挙法改正(**農業・鉱山労働者に参政権**)➲P.250 1906　**労働党**…社会主義組織と労働組合が合流 　←**フェビアン社会主義**の影響 1911　国民保健法(労働党の協力)、**議会法**(**下院の優位**) ●アイルランド問題➲P.250 1905　シン＝フェイン党 1914　**アイルランド自治法**(実施は延期)
フランス	●不安定な政治状況←対独ナショナリズム・社会運動高揚 1887　**ブーランジェ事件**　　1894　**ドレフュス事件**➲P.251 ●第三共和政の安定 1901　**急進社会党**　　1905　政教分離法 ●社会主義の動き 1905　フランス社会党(**サンディカリスムに対抗**)
ドイツ	●社会主義勢力の動向 1890　ビスマルク辞任(➲P.284)、**社会主義者鎮圧法廃止** 1899　修正主義論争(**革命路線と議会主義の対立**) 1912　**ドイツ社会民主党**が第1党となる
ロシア	●社会的矛盾の拡大と革命 1898　ロシア社会民主労働党 →1903　**ボリシェヴィキとメンシェヴィキに分離** 1901　**社会革命党** 1905　**立憲民主党** 1905　血の日曜日事件➲P.296
アメリカ	●社会改革の動き 1886　**アメリカ労働総同盟**(**AFL**) 1890　**シャーマン反トラスト法** ●独占資本の形成 スタンダード石油、 　カーネギー➲P.263
日本	●上からの近代化 1889　大日本帝国憲法➲P.279 1901　**八幡製鉄所**操業開始 ●社会主義運動の台頭と弾圧 1901　社会民主党(即弾圧) 1906　日本社会党 1910　**大逆事件**

↓❹**モルガンとセオドア＝ローズヴェルト**(風刺画)
モルガンはアメリカを代表する金融財閥の一つ。

読み解き この時代のアメリカ政府と財閥の関係について、風刺画からわかることは何だろう。

「空想的社会主義」➲P.238
●労働者を直接救う手立てを考えた
●ルイ＝ブランの国立作業場
サン＝シモン、オーウェン、フーリエ

↓

無政府主義
個人の完全な自由と権力の全否定

→

「科学的社会主義」→マルクス主義
●資本主義の仕組みを分析、労働者の団結と階級闘争の必要性を説く
マルクス、エンゲルス➲P.238
『共産党宣言』(1848)、**『資本論』**(第1巻は1867)

←

古典派経済学
ヘーゲルの観念論
フォイエルバッハの唯物論

第1インターナショナル(1864〜76)…本部**ロンドン**
●マルクスの創立宣言、無政府主義との対立、労働者の国際的連携を模索
●パリ＝コミューン後の弾圧で解散に追い込まれる

↓

第2インターナショナル(1889〜1914)…本部**パリ**
●マルクス派(特にドイツ社会民主党)が主導
●ロシア社会民主労働党・イギリス労働党・フランス社会党も参加
1889　第1回メーデー　　1903分裂
1912　戦争反対決議
1914　第一次世界大戦勃発➲P.293
　→加盟政党が戦争支持に転換し崩壊

メンシェヴィキ➲P.296
●西欧型大衆政党
●ゆっくりとした改革をめざす

ボリシェヴィキ➲P.296
●レーニン主導の革命型政党
●一気に社会主義をめざす

ロシア革命の衝撃

社会民主主義
●労働組合や議会を通した漸進的改革
●資本主義から社会主義への平和的移行
●階級社会を打破するプロレタリア革命路線(共産主義)とは一線を画す
ドイツ社会民主党・イギリス労働党・フランス社会党

第3インターナショナル＝コミンテルン
(1919〜43)…本部**モスクワ**
●ロシア共産党(ボリシェヴィキが改称)が主導し、各国の共産党が参加
革命路線の堅持と共産党独裁体制の容認
1922　ソヴィエト社会主義共和国連邦成立
1929　スターリンがソ連の実権掌握
→一国社会主義へ

ファシズムの衝撃➲P.310

反ファシズム人民戦線
●コミンテルンの呼びかけに応じて、民主主義を擁護する勢力の結集
ブルム人民戦線内閣(フランス)・アサーニャ人民戦線内閣(スペイン)
1939　第二次世界大戦勃発➲P.314
1943　米英に協調してコミンテルン解散

↓

東西冷戦の時代へ

軍国主義のめばえ

さいたま市立漫画会館蔵

文献 ② ある経済学者の分析(1934)

英国資本主義は自由競争の祖国として現われ、独米資本主義は集中独占の本場として現われ、露日資本主義は軍事的農奴制的＝半農奴制的の典型国として現われ、いずれもそれぞれ、世界史的意義を画している。……維新政府の軍事装備は、日本資本主義生誕にとっては、二重の意味において必要であって、すなわち第一に、国内的に、旧徳川封建制隷役機構の変革によって零細耕作農奴から転化された所の、半隷農的零細耕作農民、半隷奴的賃銀労働者、これらの労役者層の抵抗を鎮静するために軍事設備が所要であり、また第二に、国外的に、先進資本主義諸国の侵略から自己を防衛するとともに同時にまた、中国朝鮮での市場獲得、鉄確保を強行するために軍事設備が所要であり、以上の二重の意味でそれは一個の至上命令であった。

(山田盛太郎『日本資本主義分析』岩波書店)

❺**貧国強兵**(風刺画)

読み解き
1 文献②の分析によると、日本の資本主義経済において軍隊の果たした役割は何だったのだろう。この著作が戦前発禁処分を受けていたことをふまえて考えよう。
2 ❺の「貧国強兵」の意味は何だろう。

Column 大衆社会の成立

19世紀末から第一次世界大戦までのヨーロッパの状況は「**ベル＝エポック**(フランス語でよき時代の意)」とも呼ばれる。科学技術の発展と植民地および国内から供給される工業製品によって**大衆の生活が大きく変化**し、近代スポーツや娯楽、印象主義や象徴主義の文化が華やかに開花した。

❻**19世紀のボン＝マルシェ百貨店(パリ)**➲P.253

←❼**パリのモンマルトル**
パリ北部に位置するモンマルトルにはベル＝エポックの時代から芸術家らが集った。

歴史のスパイス　ベル＝エポック期に開催された1900年のパリ万博では、100メートル級の大観覧車が公開され、話題となった。

帝国主義(2)

1 列強の海外進出

➡P.228 ➡P.300, 302

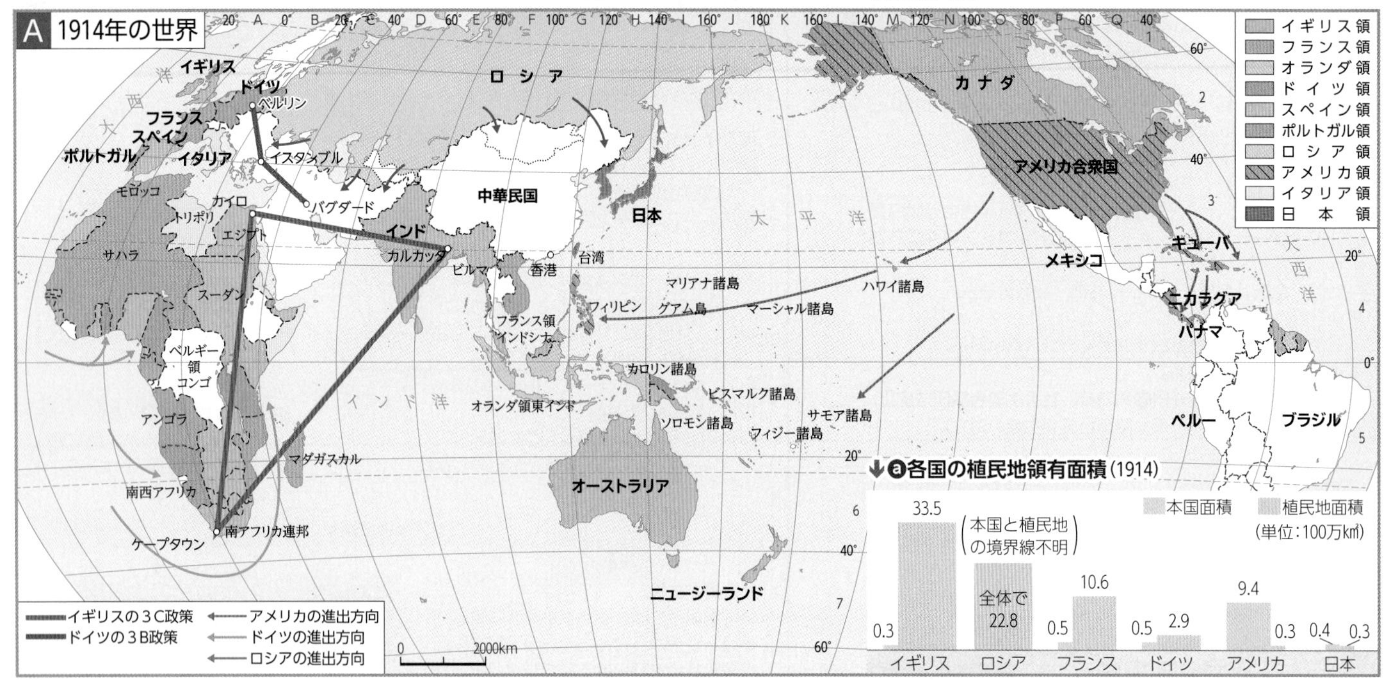

2 各国の動向

	特色	対外進出の状況
イギリス	●1870年代から**ディズレーリ**(首相)・**ジョゼフ=チェンバレン**(植民地相)のもとで推進 ●独占資本の形成は弱い ●「世界の工場」から「**世界の銀行**」へ ●**強力な海軍力**で植民地拡大→ドイツとの建艦競争 ●自治植民地の再編成 ●**3C政策(アフリカ縦断政策をふくむ)**	1875 **スエズ運河会社株買収** 1877 **インド帝国成立** 1882 エジプトを事実上の保護国化 1898 威海衛・九竜半島租借 **ファショダ事件** 1899 **南アフリカ戦争**(〜1902) 1910 南アフリカ連邦成立
フランス	●**1880年代**から**第三共和政**のもとで推進 ●イギリスに次ぐ第2の植民地帝国 ●銀行の資本力によって国内の余剰資本が海外投資へ(ヨーロッパの高利貸) ●ロシアへの資本投下が顕著 ●**アフリカ横断政策**や**インドシナ**進出	1881 チュニジア保護国化 1887 **フランス領インドシナ連邦**成立 1895 三国干渉 1898 **ファショダ事件** 1899 広州湾租借 1912 モロッコ保護国化
ドイツ	●**1890年代**から**ヴィルヘルム2世**が推進 ●ビスマルクの保護政策により**重化学工業発展** ●カルテルやコンツェルンの形成で生産力の急上昇 ●**世界政策=新航路政策**(**3B政策**をふくむ)	1895 三国干渉 1898 膠州湾租借 1899 バグダード鉄道敷設権獲得 1905 **第1次モロッコ事件** 1912 モロッコ保護国化
ロシア	●**1900年代**から**ニコライ2世**が推進 ●ツァーリズムのもと農民に対する搾取が続く ●未熟な資本主義で国内市場は狭い ●**フランス資本の導入**とシベリア鉄道建設 ●**極東進出**で日本と対立 ●伝統的な**南下政策**(バルカン半島へ)	1895 三国干渉 1898 旅順・大連租借 1904 **日露戦争**(〜05) →戦後はバルカン半島進出を強化 →パン=スラヴ主義を唱える
アメリカ	●**1890年代**から**マッキンリー**大統領などが推進 ●巨大な国内市場 →労働力の慢性的不足 →移民社会の光と影 ●**カリブ海政策**と太平洋進出(1890年**フロンティア消滅**以降)←モンロー主義の変質	1889 パン=アメリカ会議 ➡P.287 1898 **アメリカ=スペイン戦争**→グアム・フィリピンなど領有・ハワイ併合 1899/1900 門戸開放通牒 1901 キューバの保護国化 1914 **パナマ運河**開通
日本	●**1900年代**から軍国主義化と並行して進む ●**政府主導による資本主義の育成** →コンツェルン型の財閥との競合 ●天皇制を利用した政治権力と軍部の統率 ●**朝鮮・中国への進出**	1894 **日清戦争**(〜95) ➡P.288 1895 三国干渉(遼東半島返還) 1902 日英同盟 1904 **日露戦争**(〜05) 1905 桂・タフト協定 1910 **韓国併合**

歴史のスパイス ヴィルヘルム2世はイギリスのヴィクトリア女王の孫にあたる。

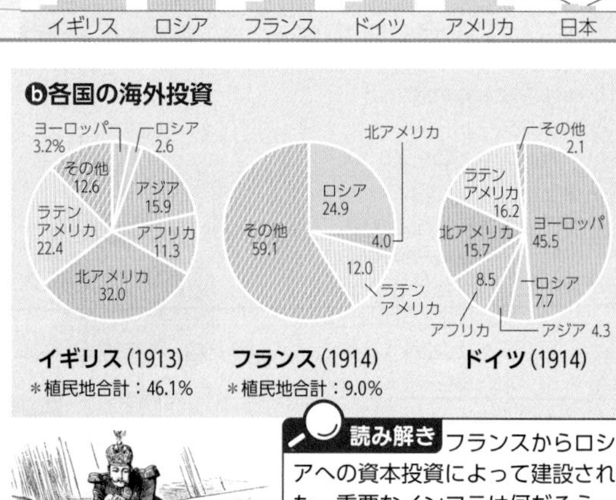

読み解き フランスからロシアへの資本投資によって建設された、重要なインフラは何だろう。

←❶ビスマルク宰相辞任の風刺画 ビスマルクは**ヴィルヘルム2世と政策面で対立**し、1890年に辞任した(風刺画は皇帝がビスマルクを「見送る」様子を描いている)。ビスマルク外交の終焉とともに**露仏同盟**が成立し、フランスからロシアへの資本投資が盛んとなった。

読み解き ヴィルヘルム2世の対外政策は、ビスマルクとどこが異なっているだろう。

読み解き バグダード鉄道の建設に対して、イギリスが警戒した理由は何だろう。

↘❷バグダード鉄道建設の風刺画 ドイツではビスマルクが引退した後、ヴィルヘルム2世による帝国主義政策が本格化し、**中東方面に勢力を拡大する3B政策でイギリスとの対立を強めた。**

BAGDAD RAILWAY
わなの存在に気づいたライオン(イギリス)

アフリカ分割

➲P.158, ➲P.340

分割前史	18世紀まで　奴隷供給地としてのアフリカ（主に西岸） ↓産業革命 18世紀末〜　原料供給地・製品市場としてのアフリカ ↓内陸部の探検、第２次産業革命 **資本輸出先・帝国主義的分割の舞台としてのアフリカ**
列強の進出	イギリス…**スエズ運河会社株買収**・エジプトを支配 フランス…アルジェリア・チュニジアを支配 ベルギー…スタンリーを派遣しコンゴを支配
「調停」	**ベルリン会議**（1884〜85）…**ビスマルク**が主催 ・ベルギーのコンゴ支配を認める ・先占権を確認→かえって分割が加速
国際関係の変化	1898　**ファショダ事件**で英仏が衝突寸前に 1899〜1902　**南アフリカ戦争**（イギリスの外交的孤立） ↓英仏が妥協し、ドイツの進出を抑制 1904　**英仏協商** →第１次**モロッコ事件**（ドイツの反発）（1905） 1906　アルヘシラス会議（英仏協調の確認） 1911　第２次モロッコ事件

←❶**ベルリン会議の風刺画**（「アフリカ」と書かれたケーキを分け合う列強）　会議では、アフリカ分割に関する原則がヨーロッパ列強間で確認された。

➔❷**ムハンマド＝アフマド**（1844頃〜85）　**マフディー**とはイスラーム世界で「導かれた者」または「**メシア（救世主）**」を意味する。ムハンマド＝アフマドは後者の意味のマフディーを称し、スーダンで反英運動を指導した。

↓❸**アフリカをめぐる英仏関係に関する風刺画**（19世紀末）

読み解き　イギリスとフランスが対立している。どこで何をめぐって対立しているだろう。

➔❹**アフリカをめぐる英仏関係に関する風刺画**（20世紀初頭）

読み解き　イギリス・フランスの結婚を邪魔している人物は誰だろう。また、なぜ邪魔したいのだろう。

A　アフリカ分割

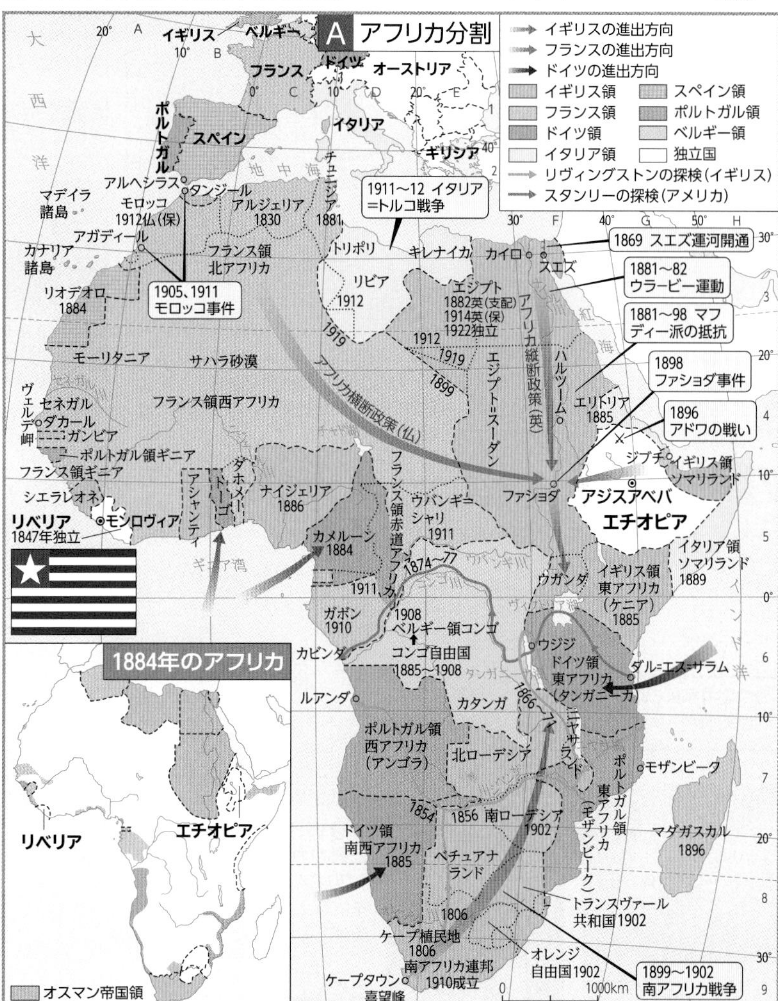

↓イギリスは、**ブール人（オランダ系移民の子孫）**の独立国で金やダイヤモンドが発見されると、この地域の併合を狙って戦端を開いた。南アフリカ戦争に加え、義和団戦争後のロシアの東アジア進出も明確化し、孤立主義の限界を感じたイギリスは、**日英同盟の締結**（➲P.288）を決断した。また、戦後、イギリス人とブール人は妥協し、**アパルトヘイトの基盤**が形成された。

B　南アフリカ戦争

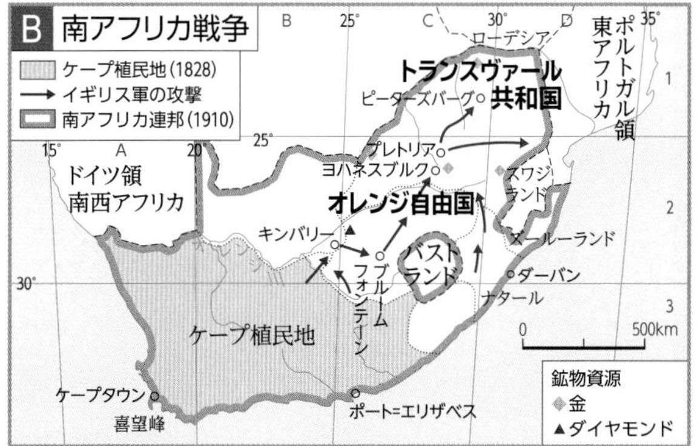

文献①　セシル＝ローズの言葉（1895）

世界は殆んどすべて分割されつくした。残されている地域も分割され、征服され、植民地化されようとしている。私は、君が夜空を仰ぎみる星について、私たちが決して到達することのできぬこの広大な世界について思いをめぐらすのだが、できることなら私は遊星をも併呑したい。私はしばしばこんな思いにとらわれるのだ。遊星があんなにはっきり見えるのに、あんなに遠いのを見ると、私は悲しくなるのだ。

（綿引弘『世界史を変えた100通の手紙』日本実業出版社）

↑❺**セシル＝ローズ**（1853〜1902）

➔❻**セシル＝ローズの風刺画**（『パンチ』、1892）　**ケープ植民地首相**。ケープタウンとカイロを結ぶ**アフリカ縦断政策**を唱えた帝国主義者。

歴史のスパイス　ローデシアはセシル＝ローズのもとでイギリスの支配下に入った地域で、「ローズの家」を意味する。

テーマ20 オセアニアの歴史

1 オセアニアの風土

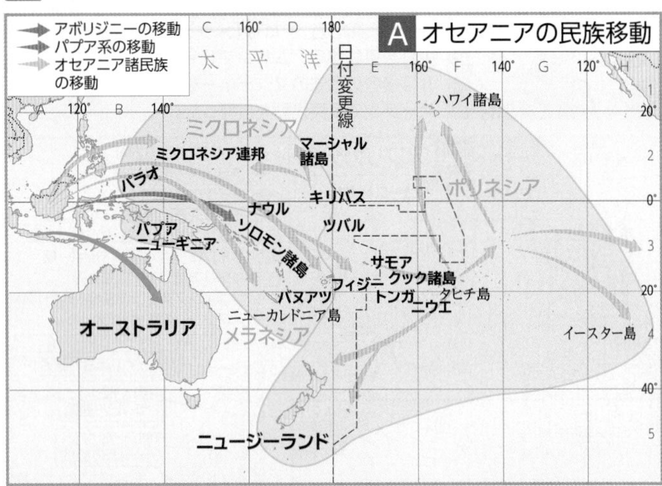

↑乾燥したオーストラリア大陸を除くと、太平洋の島々は熱帯性の気候に属し、降水にも恵まれている。火山活動とサンゴ礁で形成された島嶼に、オーストロネシア語族が長い時間をかけて広がっていった。

↑❶**オーストラリア**　オーストラリアの砂漠にそびえるウルル山(エアーズロック)は**アボリジニー**の聖地である。

↑❷**グアム**　観光地として有名なグアム島は、その戦略的重要性から、太平洋戦争の戦場となった。

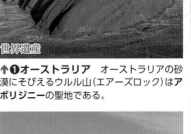

↑❸**ニュージーランド**　偏西風の影響を受けるニュージーランドには牧草地が広がる。

↑❹**イースター島**　モアイをつくったイースター島の人々は、森林破壊と部族紛争を経験した。

2 オーストラリアとニュージーランド

- オーストラリアに**アボリジニー**が渡来(約4万年前)
- ニュージーランドに**マオリ人**が渡来(14世紀)
- タスマン(17世紀)・クック(18世紀)の探検

19世紀半ば　イギリスの植民地となる
- オーストラリアでゴールドラッシュ(1851)
- 中国系移民の増加 →白豪主義へ(1901)

20世紀前半　両国がイギリス連邦内の自治植民地となる

❼**ゴールドラッシュの様子**

↑❺**アボリジニー**　オーストラリアの先住民。白人の移住によって、その生活は大きく変化した。

↓❻**マオリ人**　ニュージーランドの先住民。民族舞踊であるハカが有名である。

→❽**WHITE AUSTRALIA と書かれたメダル**　オーストラリアでは1901～73年まで、人種差別的政策がとられた。

読み解き　このメダルは何を意味しているのだろう。❼も参考に考えよう。

3 太平洋の島々

- ポリネシア人などの移住

16世紀　**マゼラン一行の航海**P.204
19世紀まで　欧米諸国の捕鯨・貿易基地
1898　アメリカ=スペイン(米西)戦争
　→**フィリピン・グアムがアメリカ領、**マリアナ諸島などがドイツ領に
1914　第一次世界大戦(～18)
　→ドイツ領の島々が**国際連盟委任統治領へ(日本の統治)**P.54

オルセー美術館蔵、1891年、69×91cm

→❾**ゴーガン「タヒチの女」**　フランス領タヒチに滞在中のゴーガンが描いた作品。ゴーガンは重厚な線と強烈な色彩の画風で知られる。P.264

歴史のスパイス　ゴーガンとゴッホは南フランスで共同生活を送ったことがあるが、長続きしなかった。

4 ハワイ

500頃　**ポリネシア人**の移住第一波
13世紀　ポリネシア人の移住第二波
1778　イギリスの**クック**がハワイに来航
1795　**カメハメハ朝**成立
- 貴族や司祭の権利を奪い、平民の地位を安定させる

1825　カメハメハ3世即位
- 国会の開設　● 捕鯨の振興
- アメリカからサトウキビ業者が流入(労働者として中国人や日本人も流入)P.263

1893　リリウオカラニ女王退位
1894　共和国に移行
1898　**アメリカによるハワイ併合**
1959　アメリカの50番目の州となる

↑❿**リリウオカラニ**(位1891～93)　ハワイ最後の女王で、名曲「アロハオエ」の作詞者。

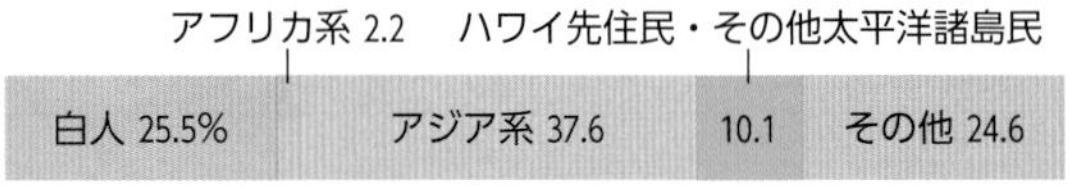

白人	アジア系	アフリカ系	ハワイ先住民・その他太平洋諸島民	その他
25.5%	37.6	2.2	10.1	24.6

↑ⓐ**ハワイの人口構成**(2019)　日本人移民がハワイに流入すると、日本語・ハワイ語・英語の融合した言語である「プランテーション＝ピジン」が成立し、現地で使用された。例えば、"Issho ni wai wai shinasai"は日本語・ハワイ語の融合で「一緒にお風呂に入りなさい」の意。"wai wai"はハワイ語で「風呂」を意味する。"Light tsuketemo ee?"は、日本語・英語の融合で「電気をつけてもいいですか？」の意。

文献① 写真花嫁(Picture Bride)

19世紀後半からはじまったアメリカ合衆国への日系移民は、大多数が労働目的の独身男性であった。……妻を娶るために日本に帰る渡航費用と時間的余裕のない多くの男性たちは、……日本にいる親戚に自分の写真と履歴を送り、親戚を通じて結婚相手を捜し求めた。男性の側でも花嫁候補となる女性の写真を受け取るが、お互いに直接顔を合わせる機会はない。結婚が正式に決まると、花婿は本人不在のまま代理人を立てて日本で結婚式と入籍を済ませる。花嫁はアメリカに渡り、移民管理局で入国手続きを終えた後、はじめて自分の夫である人の姿を目にするのである。

(佐藤清人「『写真花嫁』と『写真花嫁』 事実と虚構の間で」山形大学紀要 人文科学15-2、2003年)

太平洋分割とアメリカ

⇦P.282, ⇨P.302

1 太平洋の分割

A 太平洋の分割

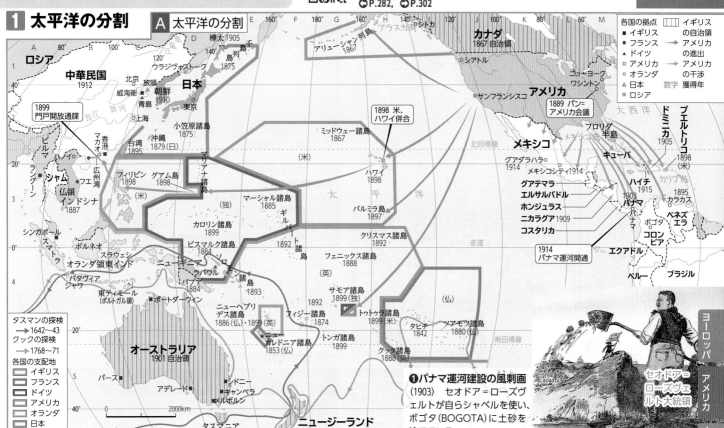

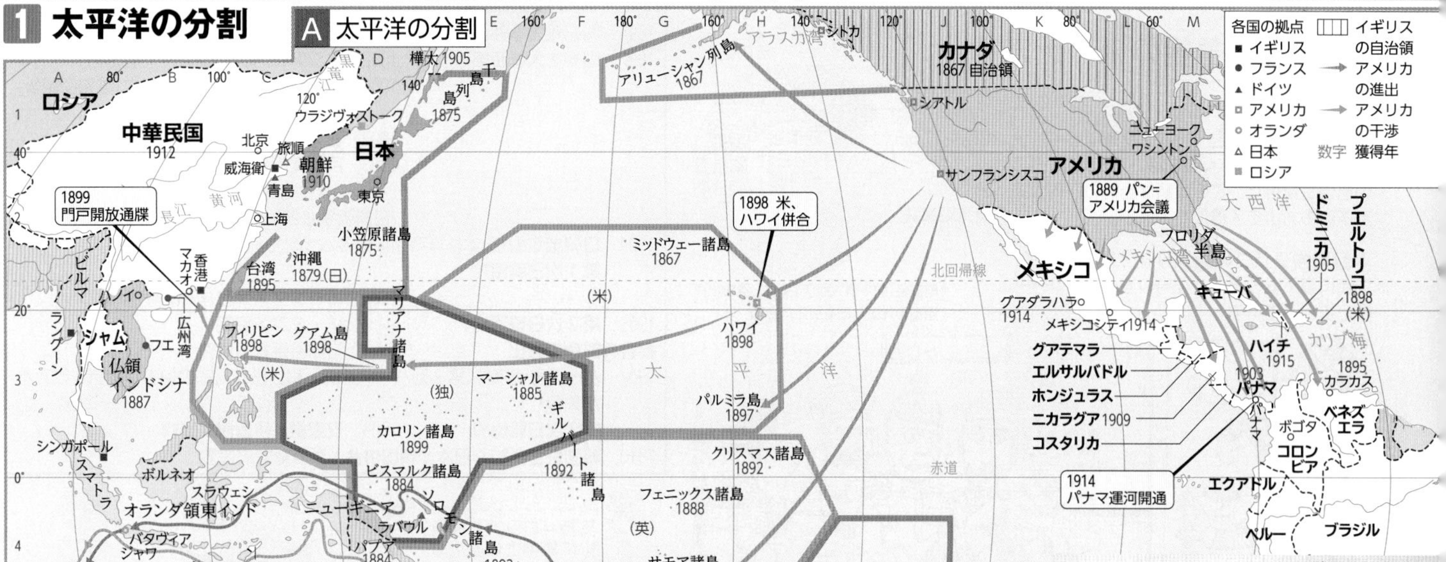

ロシア
中華民国 1912
北京 旅順 威海衛 青島 上海
1899 門戸開放通牒
朝鮮 1910
ウラジヴォストーク
樺太 1905
千島列島 1875
日本 東京
小笠原諸島 1875
沖縄 1879(日)
台湾 1895
香港 マカオ 広州湾
ビルマ ラングーン シャム ハノイ フエ
仏領インドシナ 1887
フィリピン 1898 グアム島 1898 (米)
マリアナ諸島
マーシャル諸島 1885 (独)
カロリン諸島 1899
ギルバート諸島 1892
ビスマルク諸島 1884
シンガポール スマトラ ボルネオ スラウェシ
オランダ領東インド ニューギニア
バタヴィア ジャワ ラバウル パプア 1884
ソロモン諸島 1893
東ティモール (ポルトガル領) ポートダーウィン
ニューヘブリデス諸島 1886(仏)・1899(英)
ニューカレドニア 1853(仏)
フィジー諸島 1874 1892
トンガ諸島 1899
サモア諸島 1899(独)
トゥトゥイラ諸島 1899(米)
フェニックス諸島 1888 (英)
クリスマス諸島 1892
パルミラ島 1897
ミッドウェー諸島 1867
1898 米、ハワイ併合
ハワイ 1898
(米) 太平洋
タヒチ 1842 ツアモツ諸島 1880(仏) (仏)
クック諸島 1888(英)
オーストラリア 1901 自治領
パース アデレード シドニー キャンベラ メルボルン
タスマニア 1825
ニュージーランド 1907 自治領
アリューシャン列島 1867
アラスカ湾 シトカ
カナダ 1867 自治領
シアトル サンフランシスコ
アメリカ
ニューヨーク ワシントン
1889 パン=アメリカ会議
大西洋
メキシコ グアダラハラ メキシコシティ 1914
フロリダ半島 メキシコ湾
キューバ ドミニカ 1905 プエルトリコ 1898(米)
ハイチ 1915 カリブ海
グアテマラ エルサルバドル ホンジュラス ニカラグア 1909 コスタリカ
パナマ 1903 パナマ
1914 パナマ運河開通
カラカス 1895 ベネズエラ ボゴタ コロンビア エクアドル ペルー ブラジル
北回帰線 赤道 南回帰線

各国の拠点
■ イギリス
● フランス
▲ ドイツ
□ アメリカ
○ オランダ
△ 日本
■ ロシア
イギリスの自治領
→ アメリカの進出
→ アメリカの干渉
数字 獲得年

タスマンの探検 → 1642〜43
クックの探検 → 1768〜71
各国の支配地
イギリス
フランス
ドイツ
アメリカ
オランダ
日本
ロシア

0 2000km

セオドア=ローズヴェルト大統領

❶パナマ運河建設の風刺画(1903)　セオドア=ローズヴェルトが自らシャベルを使い、ボゴタ(BOGOTA)に土砂を捨てている。

2 アメリカ外交の変化

チェック アメリカ外交の変遷

モンロー主義
●ヨーロッパとアメリカの相互不干渉
↓フロンティアの消滅
帝国主義的海外進出 ← 国益に沿うモンロー主義解釈
●棍棒外交、パナマ運河建設、海軍増強「穏やかに語り、棍棒を携えて進む」
↓●中南米市場の確保(ドル外交)
自由主義と資本主義の「輸出」をうたう
●ウィルソンの理想主義(宣教師外交)

↑❷モンロー主義の風刺画(1902)　アメリカがヨーロッパ諸国に対して、「縄張り」を主張している。

❸棍棒外交の風刺画(1904)

読み解き
1 大統領はどこで何を引っ張っているだろう。
2 ここで描かれた対外政策は、モンロー主義の意味をどのようにとらえているだろう。

読み解き ここで示されたウィルソンの外交方針はどのようなものだろう。

❹ウィルソン大統領の風刺画(1914)

3 アメリカの帝国主義

❺1900年頃に描かれた風刺画

読み解き
1 星条旗の服を着た男性(アメリカを象徴するキャラクター)が眺めている献立表に、CUBA STEAKやPORTORICO PIGが並んでいる。アメリカがこれらの地域を支配下に収めた経過を説明してみよう。
2 1のような海外進出政策を行った大統領(風刺画の右側に描かれている)は誰だろう。

文献 1 セオドア=ローズヴェルトの演説(1900)

私はいかなるときも膨張に賛成である。我が国の兵士が戦い血を流してきた地で、我が国の旗を引き下ろすことはしたくない……偉大な文明国の膨張は、常に、法と秩序と正義の勝利を意味する……フィリピンをフィリピン人に返すなら、アリゾナをアパッチ族に返さなければいけない……。

(有賀夏紀『アメリカの20世紀(上)』中公論新社)

日露戦争とその後

1 日清戦争後の東アジア

➲P.277, 280 ➲P.306

戦後の日本

➔**ⓐ賠償金の使途**　日本は遼東半島還付金の約4,500万円をふくむ総額3億6,500万円もの賠償金を得た。この金額は当時の日本の国家予算のおよそ4倍にものぼる。

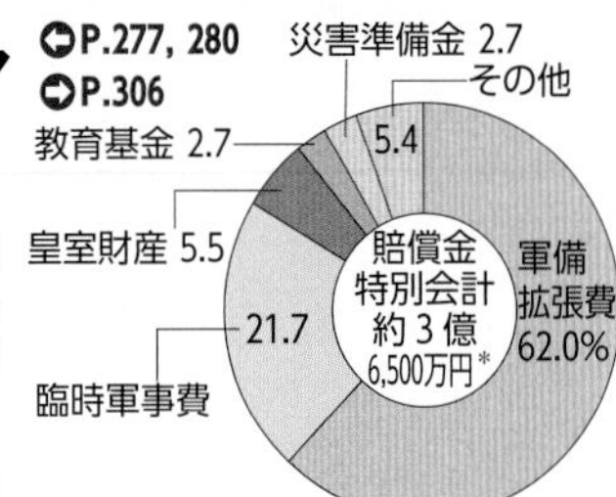

＊賠償金(約3億1,000万円)に、遼東半島返還の代償などを加えた金額。

➘**❶列強クラブの新入り**(ビゴー筆、1897)
洋装に高下駄の見慣れぬ男の登場にメンバーはとまどっている。

列強のメンバーは明確ではなく、オーストリア＝ハンガリー帝国を入れる説もある。

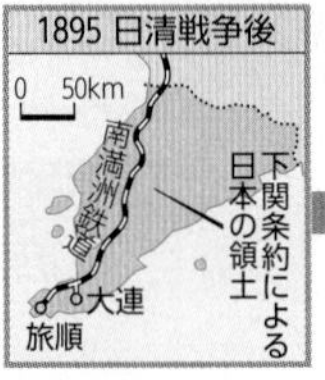

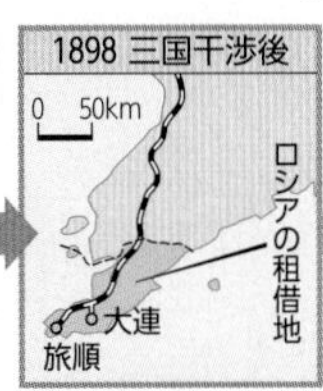

←**ⓑ遼東半島領有の変遷**　仏独露は「清の首都を圧迫し、極東の平和を乱す」ことを理由に、日本に遼東半島返還を迫った。

←**❷後藤新平**(1857〜1929)
日清戦争以後半世紀にわたり、日本による台湾統治が行われた。児玉源太郎とともに台湾経営にあたった後藤新平は、後に南満洲鉄道の総裁にも就任した。

←**❸旧台湾総督府**(台北市)
1911年起工、1919年竣工。現在は台湾総統府となっている。

義和団戦争

➘**❹共同出兵した8カ国連合軍の兵士たち**　**イギリスが南アフリカ戦争中**であったため、8カ国の中でも**日露が主力**となった。この後、中国東北部をめぐる両国の対立は激化した。

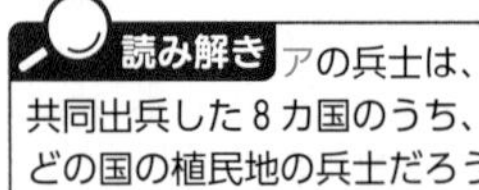

読み解き　アの兵士は、共同出兵した8カ国のうち、どの国の植民地の兵士だろう。

締結国　出兵8カ国をふくむ計11カ国
内容
- 反乱責任者に対する処罰
- 賠償金(4億5,000万両・39年払い。1860年の北京条約では英・仏に各800万両)
- **外国軍隊の北京駐兵権**
- **北京に外国公使館区域設定**
- 日・独への謝罪使の派遣

➚**ⓒ北京議定書の概要**

2 日露戦争への動き

朝鮮➲P.276	日本
1895　閔妃殺害事件	1895　露・仏・独による**三国干渉**
1897　国号を**大韓帝国**と改称	1898　ロシア、清より旅順・大連租借
	1900　清、列強8カ国に宣戦布告(**義和団戦争**、〜01)
	1902　**日英同盟協約**
	1903　戸水寛人ら東大7博士、政府へ建議書提出(主戦論)
	日露戦争(1904〜05)
1904　日韓議定書(日本は軍事用に必要な土地を収用できる)	
第1次日韓協約	1905　**ポーツマス条約**(日露講和条約)
1905　**第2次日韓協約**	桂・タフト協定
●**義兵闘争の激化**	日比谷焼打ち事件
1907　ハーグ密使事件(第2回ハーグ万国平和会議で高宗の使者が提訴を試みるが失敗)	
第3次日韓協約	1909　**安重根、伊藤博文暗殺**
1910　韓国併合条約→日本、**韓国併合**…朝鮮総督府設置	

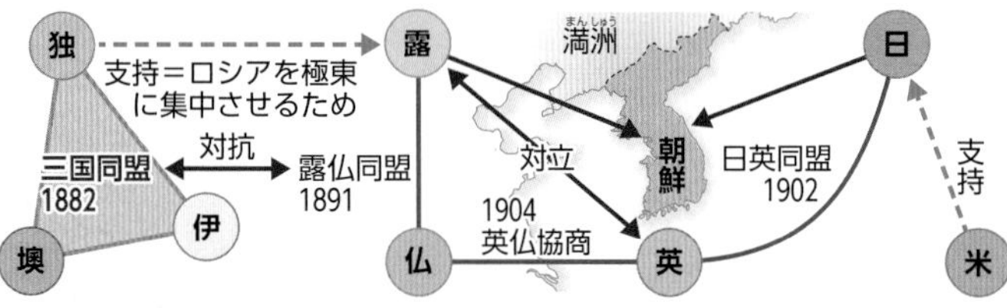

➚**ⓓ日露戦争時の国際関係**

資料から読み解く　日露戦争と国際社会

文献①　ヴィルヘルム2世からニコライ2世へ(1903)

われわれの極東における利益に結びついているということ、またもし形勢があやしくなって必要な場合には、ぼくの艦隊が君の艦隊を助ける命令を受けていることを欣快とする。ヨーロッパは君に感謝しなければならぬ。それは君がアジアに文化を植えつけるという仕事において、また、蒙古人と仏教の侵入にたいして、古いキリスト教的ヨーロッパ文化と十字架を守護する事業において、ロシアの使命がいかに偉大なものであるかをかくも速やかに了解したからだ。この大事業を引きうけた以上、君はヨーロッパが平和であり、そして背後の危険が君を脅威しないことを欲するであろう。ぼくがそれを考慮し、君が天から負わされた偉大な使命を遂行しているときに、ヨーロッパで背後から君に妨害し攻撃しようとする一切の者に抗争すべきはむろんのことだ。これはすべての者が教会でアーメンというほど争う余地のないことだ。（綿引弘『世界史を変えた100通の手紙』日本実業出版社）

➚日清戦争の頃から、**黄禍論と呼ばれる黄色人種に対する差別思想**が欧米諸国に広まった。黄禍論には、勢力を拡大し始めた**日本への警戒心を煽る**ことで、自国の立場を好転させる意図もあった。

①日英両国は清における利権をそれぞれ承認し、イギリスは韓国における日本の権益を認める。
②日英両国の一方が第三国と開戦した場合、もう一方の国は厳正中立を守る。
③敵対国に味方する国が出た場合、日英両国は共同して戦う。

➚**ⓔ日英同盟協約の主な内容**

文献②　ドイツ外交官の情勢分析(1903)

日本大使館の方でいかに否定しようとも、東アジアの軋轢にたいする確信は深まっている。現在のところイギリスが戦争にかかわる気分であるとはさらさら考えられない。どこもかしこもトランスヴァール戦争[①]の重苦しい財政負担に青息吐息で、軍司令部は信用を失ってしまい、崩壊に瀕したも同然の内閣は全く信用されていない。

①南アフリカ戦争➲P.285
（歴史学研究会編『世界史史料12』岩波書店）

読み解き

1 ヴィルヘルム2世はこの手紙(文献①)で、ロシアの目を極東に向けようとしている。それはなぜだろう。
2 日英同盟の締結当初(1902)の仮想敵国はどこだろう。
3 文献②で、ドイツは日露対立に関するイギリスの態度を、どのように分析しているだろう。

歴史のスパイス　風刺画家として有名なビゴーは日清戦争の際、イギリスのイラスト新聞紙の特派員になった。

3 日露戦争

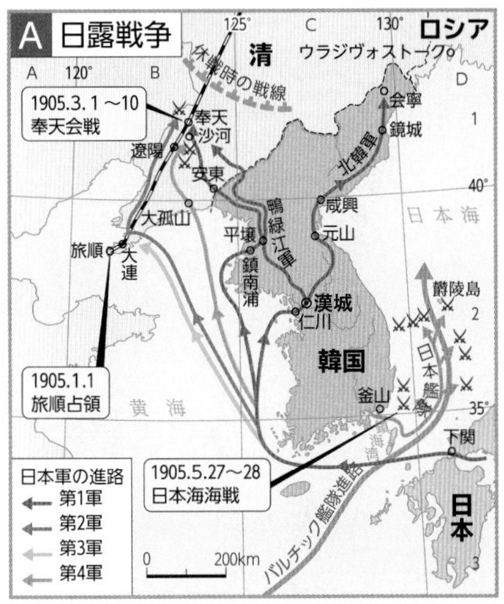

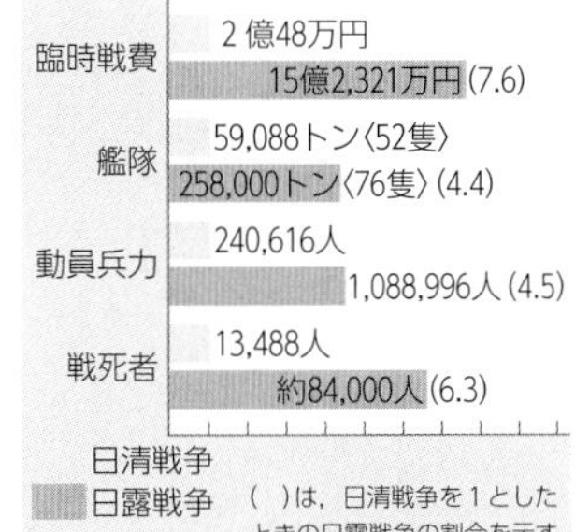

↑❻日清戦争と日露戦争の比較　仁川に入った日本艦隊がロシア艦隊を奇襲して日露戦争が始まった。世界最大の陸軍国ロシアと激しい地上戦が行われ、日本は兵力・弾薬ともに消耗し、ロシアも多数の捕虜・死傷者を出した。

ウィッテ　セオドア＝ローズヴェルト　小村寿太郎

↑❺ポーツマス条約の調印　日露講和会議は、**セオドア＝ローズヴェルト米大統領の斡旋**でポーツマスで開かれた。ロシア側の「一銭の金銭も一握の領土も渡さない」という方針と日本側の賠償金の要求が会議の争点になった。

文献 ③ ウィッテから小村寿太郎への発言（1905）

仮に日本軍が連戦連勝して、サンクト＝ペテルブルクかモスクワに侵攻することでもあれば、その時になって、ロシア国民は賠償金のことが話題になることを了解するし、私も貴公(小村寿太郎)の主張に応ずることになる。（『日本外交文書』をもとに作成）

読み解き

1 講和会議の結果、日本は戦勝国でありながら「あるもの」を獲得できなかった。「あるもの」とは何だろう。

2 1を要因の一つとして、東京で発生した暴動は何だろう。

チェック ポーツマス条約

①ロシアは韓国に対する日本の指導・監理権を承認
②ロシアは遼東半島南部(旅順・大連)の租借権を日本に譲渡
③ロシアは東清鉄道の支線(長春・旅順口間)に関する利権を日本に譲渡
④ロシアは北緯50度以南の樺太を日本に割譲

4 韓国の保護国化

チェック 韓国の保護国化

1904　第1次日韓協約
→日本主導の「**顧問政治**」
1905　ポーツマス条約
→日本の韓国に対する指導・監理権
1905　第2次日韓協約
→日本による**保護国化**、統監府設置
1907　第3次日韓協約
→統監の権限強化、**韓国軍の解散**

←初期の義兵闘争は、日清戦争後の閔妃殺害事件を機に起こった。中期以降は、日本の韓国保護国化に対する蜂起となった。

➔❻**安重根**(1879～1910)　1909年、伊藤博文をハルビンで暗殺した。

文献 ④ 伊藤博文から大韓帝国皇帝に対する発言[①]（1905）

陛下が様々な不満をお持ちのご様子は、じゅうぶんに承知しております。そのようにお考えならば、陛下に問いましょう。韓国はどうやって、今日まで生きながらえることができたのですか。韓国の独立は誰の功績でしょうか。これを問いたいのです。陛下は答えを承知のうえで、それでもなお、ご不満の言葉を並べておられるのですか。

①1905年の協約会議の場で出たもの　（『日本外交文書』をもとに作成）

読み解き

1 冒頭に「様々な不満」とあるが、大韓帝国皇帝は日本に対して、どんな不満を感じていたのだろう。

2 伊藤博文の発言の内容や表現から、当時の日本と大韓帝国の関係はどのようなものだったと推察できるだろう。

❼**朝鮮総督府**　当初、韓国統監府の建物を利用していたが、1926年、景福宮(朝鮮の王宮)の敷地内に新築移転された。

5 日露戦争後の国際関係

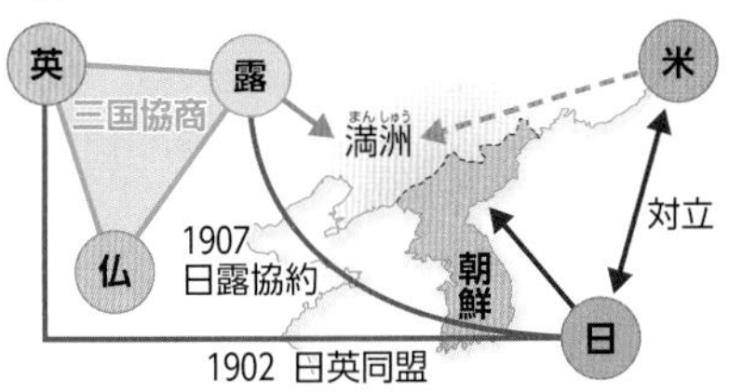

↑❽**日露戦争後の国際関係**　日露戦争後、日本はロシアと協調し、イギリスとも連携関係を続けたが、アメリカとの対立を深めた。

チェック 日露戦争後の日本外交

アメリカの満洲「進出」への警戒
→**日英同盟の継続、ロシアとの協調**
→日露協約で妥協を重ねる
満洲支配の深化
●拠点は**旅順・大連**
●中核は**南満洲鉄道**と撫順炭田
●**日本人入植者**の増加
●強力な陸軍部隊(**関東軍**)の配置

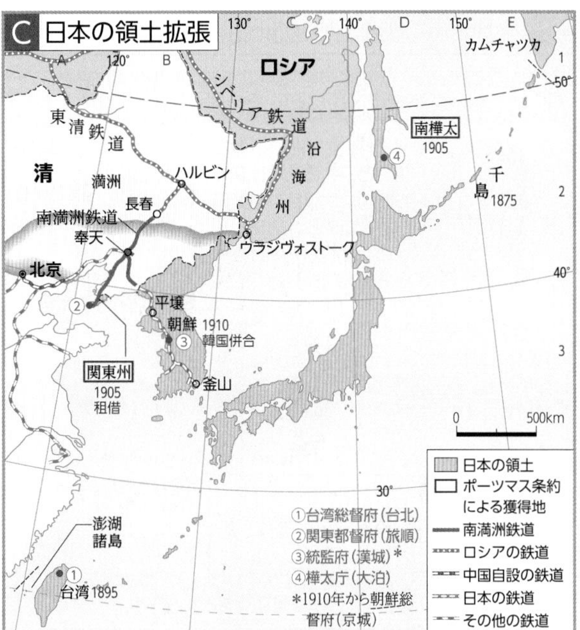

❽満鉄特急アジア号

ポーツマス条約(1905)
↓
桂・タフト協定(1905)
日本による韓国指導権、アメリカによるフィリピン支配の相互承認
↓
桂・ハリマン協定(1905)
南満洲鉄道の日米共同経営を模索→中止

↑❾**日米関係の推移**　中国分割に出遅れたアメリカは、**門戸開放政策**を通してアジアでの勢力拡大を図った。日露戦争後、満洲の権益やアメリカ国内における日本人移民排斥運動の高揚(➡P.263)をめぐって、両国の関係は悪化した。

歴史のスパイス　関東州の「関東」は、万里の長城の東端に位置する山海関よりも東側を意味する。

辛亥革命

↓ⓐ中国の外交原則の変容

中華帝国の伝統的自意識 ➡後見返し③
●朝貢…豊かな中国が周辺国に恩恵を与える
●冊封…周辺諸国を中華皇帝の臣下として扱う
→対等外交ではない

↓

アヘン戦争〜日清戦争の相次ぐ敗北
●朝貢国を失い、列強と直接対峙
●近代国際法の理念を受容

↓

冊封体制の崩壊後
●国家管理的な貿易から近代的な自由貿易体制へ
●総理衙門と外国公使を通した対等外交へ

1 列強進出と中国 ➡P.288 ➡P.306

チェック 改革の流れ

皇帝の六部直轄（**科挙官僚**が支える）
↓ 対外戦争と太平天国➡P.274
「**中体西用**」の**洋務運動**➡P.276
↓ 日清戦争敗北と変法運動失敗
義和団戦争による危機の深化
光緒新政（国体そのものの近代化）
●**憲法大綱発布** ●国会開設を公約
●西洋式の「新軍」 ●科挙の廃止
↓
軍隊を掌握する袁世凱の台頭
孫文らの革命運動（光緒新政を清朝延命策ととらえる）

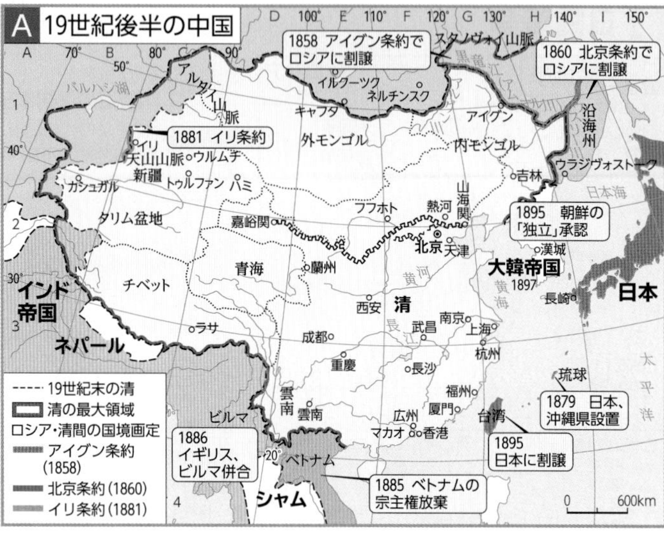

2 辛亥革命の展開

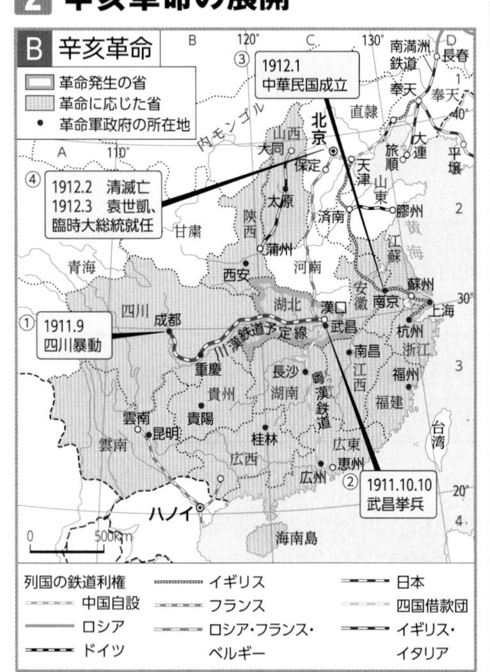

孫文ら改革派		清の動向		袁世凱	
1894.11	**孫文、ハワイで興中会結成**	1901	北京議定書	1901	李鴻章死去、北洋大臣就任
1903	黄興、華興会結成				
1904	蔡元培ら、光復会結成				
1905. 8	**孫文、東京で中国同盟会結成** ●**三民主義**…**民族の独立、民権の伸張、民生の安定** ●華僑(➡P.263)からの送金 ●立憲派*との対立 *康有為・梁啓超ら	1905. 9	科挙廃止		
		1908. 8	憲法大綱を発表し、国会開設公約（光緒新政）		
		11	**西太后死去、宣統帝（溥儀）即位**		
		1910	四国借款団成立		
1911. 9	**四川暴動**	1911. 5	幹線鉄道国有化（以後反対運動起こる）		↑❶袁世凱
10	**武昌挙兵**（**辛亥革命、第一革命**）				
		11	外モンゴルが独立宣言	1911.11	内閣総理大臣就任
1912. 1	南京で**中華民国成立** **孫文、臨時大総統就任**	1912. 2	**宣統帝退位、清滅亡**	1912. 3	臨時大総統就任、臨時約法公布
8	中国同盟会が他派を吸収して国民党結成（宋教仁が実権を握る）				
1913. 2	国会選挙、国民党勝利	1913	ダライ＝ラマ13世がチベットの独立を宣言		
7	**第二革命**（反袁世凱）失敗 →孫文日本に亡命			1913.10	大総統就任
				11	国民党解散命令
				1914. 1	国会を解散
1914. 7	孫文、東京で中華革命党結成	1915. 1	**日本から中国に二十一カ条要求**➡P.295	5	新約法公布
1915.12	**第三革命**（反帝政）			1915.12	**帝政復活**
				1916. 3	帝政取り消し
1917. 9	孫文、広州に広東軍政府樹立			6	死去

←❷**西太后**（1835〜1908） 同治帝の生母、あるいは光緒帝の伯母として**垂簾聴政**を行い、**変法運動を妨害**した（光緒帝を幽閉、➡P.277）。晩年は立憲改革に着手し、幼い溥儀の皇位継承を決めて死去した。

ラストエンペラー➡P.312
宣統帝（溥儀）（1906〜67）
2歳で即位するが、辛亥革命により退位。「満洲国」が建国されると執政、後に皇帝となる。日本の敗戦でソ連軍に捕らえられ、中国の政治犯収容所で「再教育」を受け、釈放後は庭師となり、一市民として生涯を終えた。

資料から読み解く 孫文をとりまく人々

←❸**孫文**（1866〜1925） 孫文と日本の交流は深く、1905年には東京で中国同盟会を結成し、総理となった。宮崎滔天・犬養毅らも彼を支援した。

→❹**梅屋庄吉**（1868〜1934） 映画会社「日活」の創業者。孫文の思想に共鳴し巨額の資金援助を行った。

読み解き
1 孫文が袁世凱に「去る」ことを求めた背景は何だろう。
2 孫文はどこからどのような支援を得て袁世凱に対抗しようと考えたのだろう。

↓文献①は国民党の宋教仁暗殺後の1913年7月、文献②は日本に亡命した翌年の1914年5月、文献③は中華革命党結成後の1914年8月に出されたもの。

文献① 孫文から袁世凱への勧告文（1913）
あなたには今日、辞任以外の方策は決してありません。以前は天下の重責を担うために現れ、現在は天下の災禍を収めるために去るならば、出処進退は公明正大であり、あなたに何の不満がありましょう。

文献② 孫文から大隈重信首相への書簡（1914）
私が思いますに、今日の日本は支那[中国]の革新を助けて、東アジアを難局から救うべきであり、支那は見返りに全国の市場を開放して、日本の商工業に利益をもたらすでしょう。……もし実行されれば、もとより日本は一躍イギリスの現在の地位にまで昇りつめて、世界第一の強国となり、また支那もそれによって領土を保全し、天然資源を大規模に開発して、大陸の富裕国家となることができます。

文献③ 孫文からアメリカの実業家への書簡（1914）
第一に、袁世凱がアメリカで調達を試みるかもしれない、あらゆる借款を阻止すべく、最善を尽くしてください。……第二に、戦闘終結後つまり革命成功後に、私の中国建設事業を助けてくれる誠実な人物を、あなたに探してほしいと思います。
（深町英夫編訳『孫文革命文集』岩波書店）

歴史のスパイス 第二次世界大戦後、中国政府の重鎮となる宋慶齢(➡P.306)は孫文の妻であり、梅屋庄吉の妻トクと親交があった。

資料にチャレンジ アジアの民族運動を考える

チャレンジする前に！ 日露戦争における日本の「勝利」とその後の対外膨張政策が、アジアの民族運動に与えた影響を中心に、植民地の人々の宗主国に対する向き合い方を考察してみよう。

文献① ファン＝ボイ＝チャウの文章

日露戦役[戦争]は実に私達の頭脳に、一新世界を開かしめたものということが出来ます。わが国民はフランス侵略以前には、ただ中華(支那)あるを知って居ったのみでありましたが、フランス觸以後はまたただフランス国あるを知るのみで、世界の変遷、風潮の推移如何のごときは、わが国民の夢想だもなさなかったところで……日露戦役以後、甲辰年間[1904年]、欧亜の競争、黄白人種の争闘はようやく私達の睡魔を驚かし、わが党志士がフランスに復仇し、ヴェトナム国光復を想うの熱誠気焔は一段と盛んになりました……

(岩崎育夫『近代アジアの啓蒙思想家』講談社)

文献② ファン＝ボイ＝チャウから日本政府への抗議(1909)

本年①10月に、日本国政府は越南国②の王族クオンデを国外に強制追放した由、仏人は彼を追捕中との報を得た。……彼は、本国においてのみならず貴国においても、万国公法に照らしても、なんらの罪を犯してはおらぬ。……彼はアジア人として、欧人の牛馬ドレイとなるのを拒否している。仏人が彼を追捕する理由は、ここにある。……しかるに、堂々たる大日本帝国が、強国文明を自任する日本が、この無罪有功の人物をあえて許さず。白人の傲慢を助長させるばかりである。悲しいことではないか。

①1909年 ②ベトナム (後藤均平『日本のなかのベトナム』そしえて)

1 ファン＝ボイ＝チャウが日本に期待を寄せた契機は何か。
2 ファン＝ボイ＝チャウが日本に失望した理由は何だろう。

➔❶ファン＝ボイ＝チャウ(1867～1940)

文献③ 1896年創刊の「独立新聞」の論説

朝鮮人民は独立ということを知らないので、外国人が朝鮮人を蔑んでも憤ることを知らず、朝鮮/大君主陛下におかれて清国の君に毎年使臣を送り、暦をもらって来て、公文に清国の年号を使い、朝鮮人民は清国に属する者と思いながらも、数百年間仇を討つ考えをせず属国のようにしていたので、その弱い心を考えれば、どうして可哀相な人生ではないだろうか。……そこで神様が朝鮮を可哀相に思われ、日本と清国が戦争した後に、朝鮮が独立国になり、今は朝鮮/大君主陛下におかれて、世界各国の帝王と同等になられ、それ故に朝鮮人民も世界各国の人民と同等になった。

(岩崎育夫『近代アジアの啓蒙思想家』講談社)

文献④ 1906年創設の大韓自強会の論説(1906)

国の独立はただ自強の如何にかかっている。我が韓はこれまで自強の術を講ぜず、人民は愚昧で、国力は衰え、遂に今日のように外国人の保護国となるような状況に至ったのは、自強の道に意を致さなかったためである。……教育が興らなければ民智が開かれず、産業が興らなければ国富を増やすことができない。すなわち、民智養国の道はただ教育産業の発達にあると言わねばならない……。内に祖国の精神を養い、外に文明の学術を呼吸することがすなわち今日時局の急務であり、これが自強会を発起する所以である。

(歴史学研究会編『世界史史料9』岩波書店)

読み解き

1 文献③に述べられている「独立」とは、何からの独立か。また、その独立をもたらした出来事は何だろうか。
2 文献④では「独立」の基礎は自強であると説かれている。考え方が変化した背景は何か。

➔❷尹致昊(1865～1945) 大韓自強会会長。

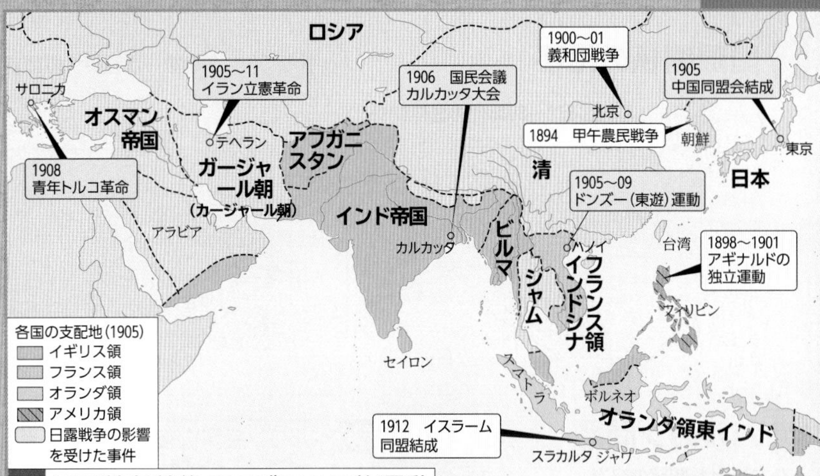

A 日露戦争前後のアジアの民族運動

➔❸カルティニ(1879～1904) インドネシアの女性運動の先駆者。特権階級であった彼女は、例外的に西欧の教育を受け、民族運動と女性教育運動に目覚めた。

➔❹子供たちのカルティニ・デイ カルティニの誕生日の4月21日は「カルティニの日」となり、その功績が称えられている。

読み解き 大韓帝国やベトナムの人々の日本に対する意識と比較して、文献⑤に示されたシンガポールの人々のイギリスに対する意識はどこが違っているだろう。

➔シンガポールで西欧型教育を受けた人々の中には反植民地意識の希薄な知識人層も多かったが、常に故郷中国に目を向ける「愛国華僑」と呼ばれる集団もいた。

文献⑤ シンガポールの民族意識(1899)

われわれ海峡華人は自由人である！憲法に則り英帝国を統治し、その旗の下に庇護されている多様なあらゆる民族を兄弟愛と調和の中に結びつける女王陛下の臣民であるという意味において、われわれは自由なのだ。議会が国王からもぎ取った権利と特権は、今や女王に忠誠を誓う者の生来の権利となっている。……われわれはイギリス臣民としてその権利を行使することを主張しなくてはならない。だがわれわれの主張がしかるべき権威に聞き入れられるには、英帝国の市民としてふさわしいことを自身の行動と活動によって証明しなくてはならない。

(歴史学研究会編『世界史史料9』岩波書店)

B ベンガル地方

←イギリスは1905年ベンガル分割令を出し、翌年には親英的な全インド＝ムスリム連盟を結成させた。このようなイギリスの統治政策に対し、インド国民会議はスワラージ(自治獲得)などを掲げて対抗した。

読み解き イギリスによるムスリムの支援が、独立後に残した影響を考えてみよう。

文献⑥ カーン博士の死亡記事(2021年10月10日)

パキスタン国営メディアによると、同国の核科学者アブドル＝カディール＝カーン博士が10日、首都イスラマバードの病院で死去した。……同国の核開発の中心人物だったカーン氏は、北朝鮮やイランに核技術を広げた「核の闇市場」を構築し、世界に核拡散の脅威をもたらしたとされる。……パキスタンのイムラン＝カーン首相は同日、ツイッターで「我々が核保有国家になるために重要な貢献を果たし、国民から愛された」と死を惜しんだ。

(朝日新聞)

読み解き パキスタンが核保有国となった経過と背景を考えてみよう。

まとめの考察

❶20世紀初頭の日本の対外政策が、アジアの民族運動に与えた影響を整理してみよう。
❷植民地支配の影響は独立後のアジア諸国にも残っている。具体例をあげてみよう。

第一次世界大戦(1)

1 国際関係の推移

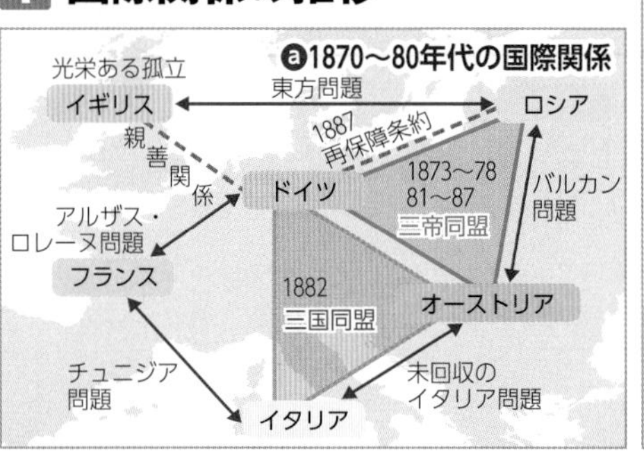

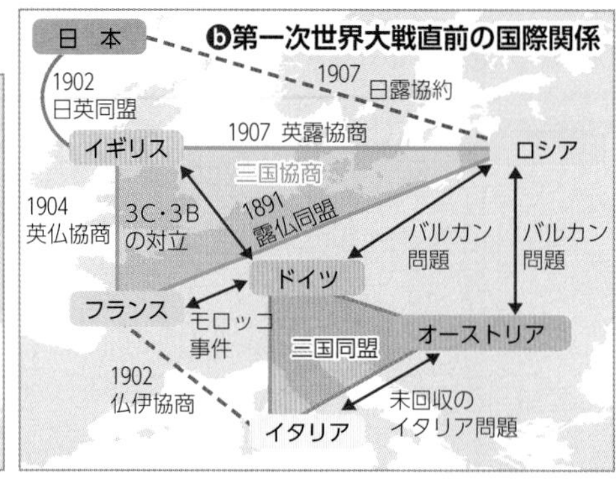

➡❶火薬庫バルカン　様々な利害が絡み合って緊張の高まったバルカン半島は、「ヨーロッパの火薬庫」と呼ばれた。

読み解き 列強は何が爆発するのをおさえこんでいるのだろう。

2 バルカン問題

⬇ⓒバルカン問題の経過　　スラヴ系国家

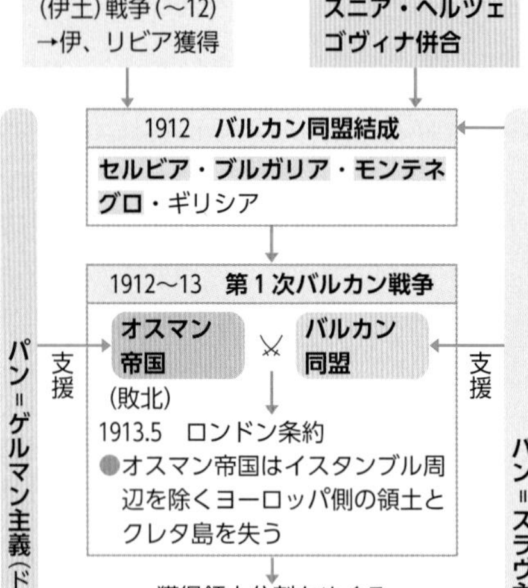
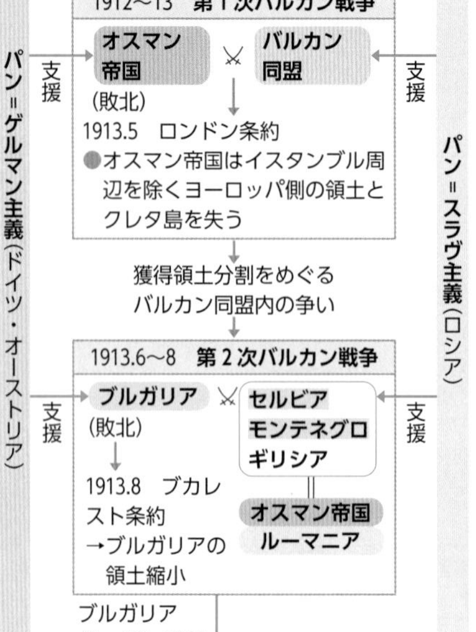

1878　ベルリン会議 ⊃P.258
- **セルビア**・**モンテネグロ**・ルーマニア(ラテン系)の独立、**ブルガリア自治公国**の成立
- ボスニア・ヘルツェゴヴィナはオーストリアの管理下
- オスマン帝国領になお多くの民族が混在

↓

1908　オスマン帝国で青年トルコ革命
→ブルガリア独立宣言、王政移行

↓

1911　イタリア＝トルコ(伊土)戦争(〜12)→伊、リビア獲得

1908　オーストリア、**ボスニア・ヘルツェゴヴィナ併合**

↓

1912　バルカン同盟結成
セルビア・**ブルガリア**・**モンテネグロ**・ギリシア

↓

1912〜13　第1次バルカン戦争
オスマン帝国 ⚔ **バルカン同盟**
(敗北)
1913.5　ロンドン条約
- オスマン帝国はイスタンブル周辺を除くヨーロッパ側の領土とクレタ島を失う

↓

獲得領土分割をめぐるバルカン同盟内の争い

↓

1913.6〜8　第2次バルカン戦争
ブルガリア ⚔ **セルビア**・**モンテネグロ**・**ギリシア**
(敗北)　　　＝**オスマン帝国**・**ルーマニア**
1913.8　ブカレスト条約
→ブルガリアの領土縮小

ブルガリア独・墺に接近

パン＝ゲルマン主義(ドイツ・オーストリア)　支援
パン＝スラヴ主義(ロシア)　支援

読み解き ブルガリアが独・墺に接近したのはなぜだろう。

A ベルリン会議直後のバルカン半島

B 第一次世界大戦直前のバルカン半島

文献①　オーストリア＝ハンガリー帝国の最後通牒[①](1913)

ハプスブルク帝国[オーストリア＝ハンガリー帝国]は、アルバニア国境に関する国際的取り決めをセルビアの有利になるよう修正することには、どのようなかたちであれ同意できないであろう。……ハプスブルク帝国政府の見解では、セルビア政府が、……アルバニアとなるべき一部の領土を占領している(セルビア軍)部隊の即時撤退を行なうことが不可欠である。ハプスブルク帝国政府は、セルビア政府が8日以内にアルバニア領からの撤退を行なうことを希望する。もしそれが実行されない場合には、ハプスブルク帝国政府は、遺憾ながら、われわれの要求実現のために適した手段を用いる必要性を考慮するであろう。

①第2次バルカン戦争後、セルビアに表明。セルビアはその後受諾。

(馬場優『オーストリア＝ハンガリーとバルカン戦争』法政大学出版局)

読み解き
1 オーストリア＝ハンガリー帝国がセルビアに求めたことは何だろう。
2 1の理由としてどのような背景が考えられるだろう。

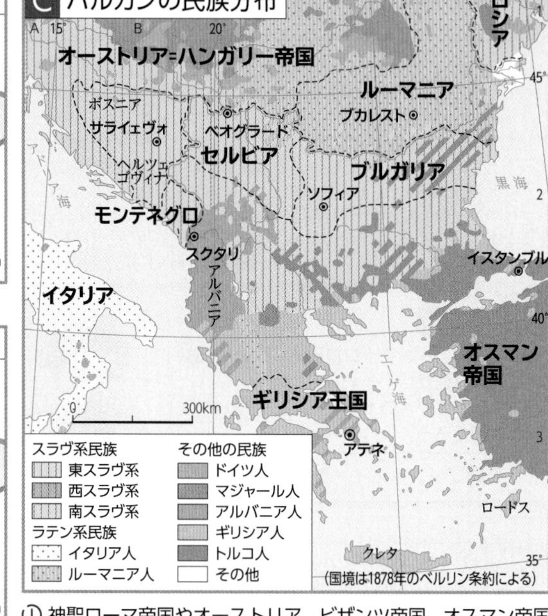

C バルカンの民族分布

① 神聖ローマ帝国やオーストリア、ビザンツ帝国、オスマン帝国の支配下で、複雑な宗教・民族構成が歴史的に形成された。

D バルカン戦争

① 半島をめぐり、ドイツの3B政策、ロシアの南下政策などの列強利害が衝突した。
① 複雑な宗教・民族構成と列強利害があいまって、ナショナリズムが高揚し、戦争となった。

歴史のスパイス　ステープラー(ホッチキス)は、機関銃の弾送りの仕組みにヒントを得て考案された。

3 第一次世界大戦

E 第一次世界大戦中のヨーロッパ

↑❷**サライェヴォ事件で逮捕されるセルビア人青年**　1914年6月28日、ボスニアのサライェヴォを訪問した**オーストリア帝位継承者フランツ＝フェルディナント夫妻**は、南スラヴ統一をめざす結社に属すセルビア人青年に暗殺された。

文献 ② オーストリア＝ハンガリー帝国外相ベルヒトルトの主張(1914.7.7)

ここ数年間の事柄は、……<u>両国間の現在の緊張状態</u>をただ強めていっただけであることを示している。(1908年のボスニア・ヘルツェゴヴィナ)併合危機での……帝国の成功も、アルバニアの創設という成功も、そして1913年秋の……最後通牒の結果のセルビアの譲歩も、現在の状況を何ひとつ変えなかった。

(馬場優『オーストリア＝ハンガリーとバルカン戦争』法政大学出版局)

読み解き ❷の事件の背景にあった下線部はどのような状況だろう。

		ヨーロッパ	東アジア⊃P.288	
1914	6. 28	**サライェヴォ事件**		
	7. 28	オーストリア、セルビアに宣戦 → **第一次世界大戦勃発**		
	8. 1	ドイツ、ロシアに宣戦		
	8. 3	ドイツ、フランスに宣戦		
	8. 4	ドイツ軍、中立国ベルギーに侵入		
	8. 4	イギリス、ドイツに宣戦		
	8. 26	**タンネンベルクの戦い**(～8.30)(独、露軍を撃破)	8.23	日本、ドイツに宣戦
	9. 5	**マルヌの戦い**(～9.12)(仏、独軍の進撃阻止)	10.	**日本軍、南洋群島占領**⊃P.54
	11. 11	オスマン帝国参戦(同盟国側)	11.	**日本軍、青島占領**
1915	4. 22	ドイツ軍、毒ガス使用	1.	**日本、中国に二十一カ条要求**(5. 中国大部分受諾)
	5. 7	ドイツ潜水艦、英船ルシタニア号撃沈		
	5. 23	イタリア参戦(連合国側)		
	10. 14	ブルガリア参戦(同盟国側)		
1916	2.	**ヴェルダン要塞攻防戦**(～12.)(ペタン仏将軍死守)	2.	日本艦隊、地中海に向けて出動
	5.	ユトランド沖海戦(～6.)		
	6.	**ソンムの戦い**(～11.)(連合軍反撃、独軍死守)	7.	第4次日露協約
1917	2. 1	ドイツ、**無制限潜水艦作戦**を宣言	1.	西原借款(～18、対段祺瑞内閣)
	3. 8	**ロシア二月(三月)革命**		
	4. 6	**アメリカ合衆国参戦**(連合国側)	8.	中国参戦(連合国側)
	11. 7	**ロシア十月(十一月)革命**		
	11. 8	レーニン「平和に関する布告」⊃P.296	11.	石井・ランシング協定調印
1918	1. 8	**ウィルソン、十四カ条**発表⊃P.298		
	3. 3	**ブレスト＝リトフスク条約**		
	9. 30	ブルガリア降伏	8.	**日本軍、シベリア出兵開始**(～22)⊃P.54
	10. 30	オスマン帝国降伏		
	11. 3	キール軍港で水兵の反乱→**ドイツ革命**		
	11. 4	オーストリア降伏		
	11. 10	ヴィルヘルム2世、オランダへ亡命		
	11. 11	**ドイツ、連合国と休戦協定** → **第一次世界大戦終結**		

文献 ③ ヴィルヘルム2世(独)からフランツ＝ヨーゼフ1世(墺)への書簡(1914.7.14)

私及び私の帝国は、私たちの間に古くから培われてきた友誼とわれわれの同盟義務に完全に忠実であること、また貴殿の側にお味方するであろうということをお伝えいたします。……私は……君主国の堅固な組織を攻撃の目標として巧みに選別する犯行の扇動者に対し、あらゆる力を駆使して立ち向かっていくことは、すべての文化国家の道徳的義務であるばかりでなく、文化国家を存立させるための掟と見做しています。私は、ロシアやセルビアの汎スラヴ主義者によって貴殿の国々やその結果として三国同盟に対しても掻き立てられたこのような煽動が与える脅威に目をつぶるわけにはいきません。

(ヴォルフガング＝イェーガー他編著、中尾光延監訳『ドイツの歴史【現代史】』明石書店)

読み解き ヴィルヘルム2世のどのような姿勢を伝えているだろう。

各国の参戦

THE NEW YORK HERALD.

THE LUSITANIA IS SUNK; 1,000 PROBABLY ARE LOST

➔❸**ルシタニア号沈没を伝えるニューヨークヘラルド紙**(1915)　アメリカでは、この事件以来反ドイツ感情が高揚、1917年の**無制限潜水艦作戦**の発動を受けて参戦が決意され、**孤立主義の転換点となった。**

文献 ④ ウィルソン(米)の対ドイツ宣戦教書(1917)

われわれは、……世界の究極的な平和とドイツ国民を含む世界の人々の解放のために、大小すべての国々の権利のために、そしてあらゆる土地の人々に、自らの生活と統治のあり方とを選択できる特権を与えるために戦うことを嬉しく思います。世界は民主主義にとって安全な場所とならねばなりません。

(歴史学研究会編『世界史史料10』岩波書店)

読み解き ウィルソンは参戦の目的をどのように正当化しているだろう。

☑チェック 諸国の参戦理由

イタリア
ロンドン秘密条約…未回収のイタリアを得ることを条件に連合国側で参戦

中国
参戦で、戦後の発言力向上(不平等条約改正、国権回収など)を企図

日本
英仏と秘密協定…海軍の地中海派遣と引き換えに山東権益継承・南洋群島統治を認めさせる⊃P.295

歴史のスパイス 反ドイツ感情が強まったアメリカではドイツ系の言葉が拒否され、例えば「ハンバーガー」は「リバティー＝サンドイッチ」などに改名された。

東アジア
西アジア
ヨーロッパ
アメリカ

1 総力戦

↓ⓐ大戦による被害

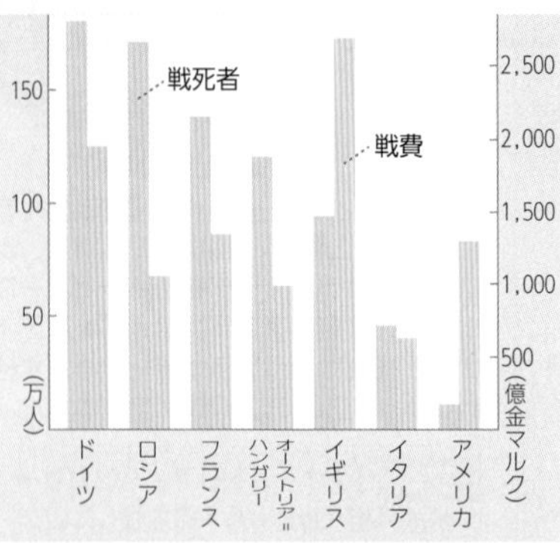

文献① ドイツの軍人ルーデンドルフの説く「総力戦」

［総力戦という］概念を最初に明確に打ち出したのはルーデンドルフであった。……彼は、19世紀のクラウゼヴィッツの『戦争論』の「戦争は他の手段をもってする政治の連続である」をもはや過去のものとして退け、これからの戦争は敵国民の総力を打倒することが目的であり、したがって「政治は戦争指導に奉仕すべき」で、自国民にも総力を要求する総力戦でなければならない、と説いた。 （木村靖二『第一次世界大戦』筑摩書房）

←❶**ルーデンドルフ**(1865〜1937) 大戦中ヒンデンブルク(1847〜1934)と組み、タンネンベルクの戦いで勝利。その後、事実上の軍事独裁を行った。

読み解き 文献①・❷から、総力戦とはどのような形態の戦争なのか、考えよう。

↑❷**総力戦の風刺画**(『パンチ』、1915)

文献② レマルク著『西部戦線異状なし』

僕はまだ若い。20歳の青年だ。けれどもこの人世から知りえたものは、絶望と死と不安と、深淵のごとき苦しみと、まったく無意味なる浅薄粗笨［考えが浅く、雑なこと］とが結びついたものとにすぎない。国民が互いに向き合わされ、逐い立てられ、何事も言わず、何事も知らず、愚鈍で、従順で、罪なくして殺し合うのを、僕は見てきた。__**この世の中のもっとも利口な頭が、武器と言葉とを発見して、戦争というものを、いよいよ巧妙に、いよいよ長く継続させようとするのを、僕は見てきた。**__……幾年のあいだ僕らのする仕事は、人を殺すことであった……人を殺すことが僕らの生活における最初の職務であった。

（レマルク著、秦豊吉訳『西部戦線異状なし』新潮社）

↑❸**兵士募集のポスター**(アメリカ、1917) 兵士不足を補うため、アメリカでも参戦後に選抜徴兵法が成立、2,400万人もの男性が登録した。

↑❹**軍需工場で働く女性**(イギリス) 出征男性に代わり、軍需工場、鉄道、郵便局など、それまで男性中心だった職場で働く女性が増加した。

↑❺**イギリス軍に動員されたインド兵** イギリス兵の4人に1人以上が本国以外(自治領や植民地)から動員された。

読み解き ❹・❺のような人員動員は、第一次世界大戦後それぞれどのような影響をもたらすだろう。

読み解き 下線部はこの大戦のどのような特徴を示唆しているだろう。

↑❻**映画「西部戦線異状なし」の一場面** 著者レマルク(1898〜1970)はドイツの小説家で、志願兵として第一次世界大戦に出征した。自身の体験をもとに、戦争の残酷さ、虚しさをリアルに描き、1930年にはアメリカで映画化された。ナチ党政権下のドイツで著書は焚書とされた。

チェック 第一次世界大戦の影響

- 政府への不満…**ロシア革命・ドイツ革命**勃発
- **植民地の独立機運の高まり**➡P.304, 306
  …インド、西アジア、東アジアなどでの運動
- **旧帝国の解体**
  …ドイツ、ロシア、オーストリア＝ハンガリー帝国が崩壊、オスマン帝国も共和政へ
- 社会主義国の誕生➡P.296
  …大戦末期の**ロシア革命→ソ連**
- **アメリカの繁栄**…国際的地位向上➡P.302
- 欧米各国で**女性参政権の拡大**➡P.59

→❼**戦時公債購入を呼びかけるポスター**(左イギリス、1915、右フランス、1915) 膨大な戦費調達のための公債発行は、国の借款を増大させ、物価を押し上げた。

POUR LA FRANCE
VERSEZ VOTRE OR
L'Or Combat Pour La Victoire

Column 新兵器の登場

第一次世界大戦は、従来の戦争と様相を異にし、総力戦となった。**塹壕**を掘って機関銃や大砲を打ち合う中で戦争は長期化し、打開策として**戦車**、**戦闘機**、**毒ガス**、**潜水艦**が開発され、犠牲者の数も飛躍的に増えた。

↑❾**ドイツ軍の潜水艦** 1917年、ドイツ軍によって行われた中立国船もふくむ**無制限潜水艦作戦はアメリカの参戦を招いた。**

←❽**イギリス軍の戦車** 塹壕を越えて攻撃するために開発され、ソンムの戦い(1916)で初めて使用された。

↓❿**毒ガスにより目を負傷したイギリス兵** 当初は催涙ガスが中心であったが、次第に殺傷力のあるものが開発された。

歴史のスパイス パリを中心に活躍したダンサーのマタ＝ハリ(1876〜1917)は、美貌を武器に連合軍の軍事機密を収集したとして、仏軍に逮捕され、銃殺刑に処せられた。

2 日本の参戦

文献③ 井上馨の提言(1914)

今回のヨーロッパの大禍乱①は、日本の国運の発展に対する大正新時代②の天祐③であり、日本はすぐに挙国一致の団結をして、この天祐を享受しなければならない。

①大騒動
②1912年に明治から大正に改元
③天の助け

(歴史学研究会編『日本史史料4』岩波書店をもとに作成)

→⑪**井上馨**(1836～1915) 元老の1人で、かつて外相・蔵相を務めた。

文献④ 参戦の目的(加藤高明外相の発言)(1914)

日本は現在、ア**同盟条約**の義務によって参戦しなくてはならない立場にはいない。……ただ一つは、イギリスからの要請に基づく同盟のよしみと、一つは、日本がこの機会にイ**ドイツの根拠地**を東洋から一掃して、国際的地位を一段と高める利益と、この2点から参戦を断行することが時宜を得た良策であると考える。

(伊藤正徳『加藤高明(下)』加藤高明伯伝記編纂委員会をもとに作成)

読み解き
1 下線部ア・イは何をさしているだろう。
2 加藤外相は参戦目的をどのように述べているだろう。
3 地図Aを参考に、日本が青島を占領した狙いについて考えよう。

日本の帝国主義を批判したジャーナリスト
石橋湛山(1884～1973)

日蓮宗僧侶の家に生まれる。その後記者となり、日本軍が青島を占領して間もなく、自由主義の立場に立つ経済雑誌『東洋経済新報』に「**青島は断じて領有すべからず**」と題する社説を執筆した。帝国主義政策による獲得物の放棄、軍備の撤廃、普通選挙の実現などを堂々と主張し続け、1940年に三国同盟が成立すると、日米戦争必至と見て警鐘を鳴らし続けた。戦後、第55代首相に就任するも、病のため2カ月で辞任した。

文献⑤ 青島は断じて領有すべからず(1914)

青島陥落が私の予想よりはるかに早かったのは、同時に戦争の不幸がまた意外に少なかったという意味で、国民とともに深く喜ぶところである。しかし、こうしてわが軍の手に入った青島は、結局どのように処分するのが最も得策とすべきだろうか。……この問題に対する私の立場はハッキリしている。「アジア大陸に領土を拡張すべきではない」「満洲もできるだけ早く放棄すべきである」というのは私のかねてからの持論である。さらに新たに中国の山東省の一角に領土を獲得するようなことは、害悪に害悪を重ね、危険に危険を加えるものであって、断じて反対せざるをえない。

(『石橋湛山全集』東洋経済新報社をもとに作成)

A 青島の占領

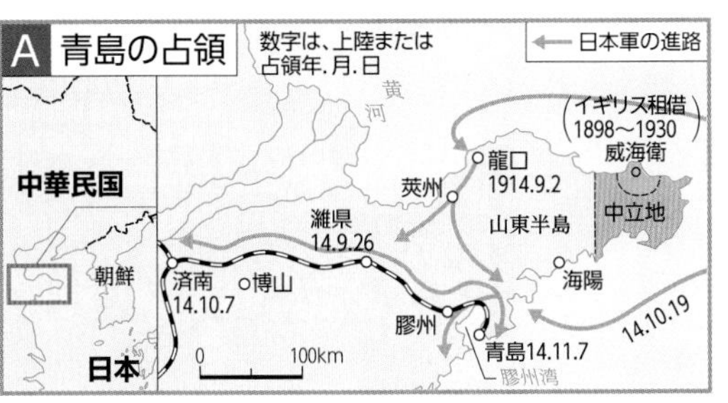

チェック 二十一カ条要求

第1号 **山東省のドイツ権益**の継承
第2号 **南満洲・東部内モンゴルにおける権益**の強化
第3号 **漢冶萍公司**(中国の製鉄会社)の日中合弁会社化
第4号 中国沿岸の不割譲の確認
第5号 中国政府の政治・財務および軍事顧問に日本人を雇用

大戦景気

ⓑ貿易額の推移

(億円) 第一次世界大戦／輸入／輸出／戦後恐慌／関東大震災／震災恐慌／大戦景気
1912年 14 16 18 20 22 24 26
(『明治大正国勢総覧』)

ⓒ小売米価の高騰

(円) (東京)深川正米平均相場／米騒動／第一次世界大戦
1912年 13 14 15 16 17 18 19 20

読み解き
1 大戦中・大戦後、日本の貿易はどう変化しただろう。
2 大戦末期、米価が急騰した理由は何だろう。

←⑫『**成金栄華時代**』(和田邦坊筆) 大戦景気では、船成金・株成金など短期間で金持ちになる「**成金**」と呼ばれる人々が続出した。
灸まん美術館蔵

↓ⓓ**造船業の発展** 大戦中、海運ブームと世界的な船舶不足から日本の**造船業は空前の活況を呈した**。

	1913年	1918年
造船業者数	5	52
造船工場数	6	57
造船台数	17	157
職工数	26,139	107,260
建造汽船総トン数	51,525	626,695

シベリア出兵

P.54

↑⑬**シベリア出兵の風刺画**(北沢楽天筆) 日本軍が白熊(ソヴィエト政権)にてこずる様子(Ⓐ)を、すでに撤兵した連合国の面々が暖炉の前でうかがっている姿(Ⓑ)を風刺している。
さいたま市立漫画会館蔵

読み解き Ⓒの絵は、日本のどのような行動を風刺しているだろう。

↑⑭**焼き打ちされた精米所**(岡山) 大戦景気による賃金上昇の一方、物価の高騰も激しく、多くの民衆は困窮した。特に、**シベリア出兵を見越した米穀商らの米の買占めによる米価急騰**は、富山県に始まる米騒動を全国各地に拡大させた。

文献⑥ 与謝野晶子「感冒の床から」(横浜貿易新聞)(1918.11.10)

米騒動の時には重立った都市で5人以上集まって歩くことを禁じました。伝染性の急劇な風邪の害は米騒動の一時的局部的の害とは異い、直ちに大多数の人間の健康と労働力とを奪うものです。政府はなぜ逸早くこの危険を防止する為に、大呉服店、学校、興行物、大工場、大展覧会等、多くの人間の密集する場所の一時的休業を命じなかったのでしょうか。

(紅野謙介他解説『文豪たちのスペイン風邪』皓星社)

Column 第一次世界大戦とスペイン風邪

第一次世界大戦には、世界各国から多くの兵士がヨーロッパ戦線に参戦した。アメリカで最初に表舞台に現れたとされる通称「スペイン風邪」(P.65)は、人員・物資の移動とともに、瞬く間に世界中に拡大。狭い塹壕や窮屈な兵舎・船内など過密で過酷な環境に置かれた兵士たちが次々罹患し、犠牲者は一気に激増した。直接ヨーロッパに派兵しなかった日本でも、地中海派遣の艦隊内をはじめ、国内の約43%の人々が感染したとされている。グローバル化の進展は歴史上、しばしば感染症拡大を引き起こした。ウイルスの拡大に国境はない。

↓ⓔ**スペイン風邪による推計死亡者数**(1918～19)

地域	推計死亡者数
世界全体	4,880万人～1億人
アジア	2,600～3,600万人
インド	1,850万人
中国	400～950万人
ヨーロッパ	230万人
アフリカ	238万人
南北アメリカ大陸	154万人
アメリカ	68万人
日本	39万人

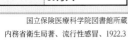

↓⑮**内務省衛生局が作成したポスター**(日本)

国立保険医療科学院図書館所蔵
内務省衛生局著、流行性感冒、1922.3

1 ロシア革命の経過 ➡P.258 ➡P.346

ツァーリズムの矛盾露呈	●資本主義の発展、外資導入による工業化 ●農奴解放令発布後も、農民の重い負担が残存 →労働者、農民の貧困・困窮 1904 日露戦争(～05、➡P.289)→戦況悪化、経済破綻
立憲帝政と改革の停滞	**第1次ロシア革命** 1905. 1 **血の日曜日事件** . 6 戦艦ポチョムキンの反乱 . 9 ポーツマス条約(日露戦争終結) .10 **十月宣言(勅令)**[ウィッテ起草] …国会(**ドゥーマ**)開設、普通選挙保障 1906. 7 **ストルイピン首相**の反動政治開始 …ミール解体、国会解散、選挙法改悪 1914. 7 **第一次世界大戦**→戦況悪化、経済破綻
二重権力	**二月革命(三月革命)[ロシア暦2月]** 1917. 3 **ペトログラード**で暴動 …ニコライ2世退位、臨時政府成立 1917. 4 **レーニン**帰国、**四月テーゼ**発表 . 5 臨時政府が戦争継続方針発表 . 7 **ケレンスキー**(社会革命党)が臨時政府首相に就任 . 9 コルニーロフ将軍の反革命蜂起 …ボリシェヴィキが鎮圧、主導権握る (二重権力状態)
ソヴィエト政権	**十月革命(十一月革命)[ロシア暦10月]** 1917.11 ボリシェヴィキ武装蜂起、臨時政府打倒 …「**平和に関する布告**」(**無併合・無償金・民族自決**) …「**土地に関する布告**」(地主の土地没収)
一党独裁	1917.11 憲法制定議会選挙 …社会革命党が第一党へ .12 チェカ(非常委員会)設置 1918. 1 レーニン、議会を解散 …**ボリシェヴィキの独裁体制**へ . 3 **ブレスト=リトフスク条約**でドイツと講和 ボリシェヴィキ、**ロシア共産党**と改称 **モスクワ**に首都移転
内戦	●**対ソ干渉戦争**(1918～22)、反革命軍と内戦 1919. 3 **コミンテルン(第3インターナショナル)**結成 1922. 2 チェカ廃止→国家保安局(GPU)設置
社会主義論争	. 4 ラパロ条約→ドイツがソ連承認 .12 **ソヴィエト社会主義共和国連邦成立**(ロシア・ウクライナ・ベラルーシ・ザカフカース) 1924 英・仏・伊がソ連承認 レーニン死去→社会主義論争 **トロツキー 世界革命論** ↔ **スターリン 一国社会主義論**
スターリン独裁	1929 トロツキー国外追放、ブハーリン失脚 …スターリン、実権掌握 1932 仏ソ不可侵条約締結 フィンランド・ポーランド・リトアニアと不可侵条約 1932 農村に飢饉発生(～33) 1933 **アメリカ、ソ連承認** 1934 **国際連盟加入**→国際社会復帰➡P.299 スターリンの独裁(個人崇拝、一党支配) …**大粛清**開始 1936 **スターリン憲法**制定 …労働者・コルホーズ農民・勤労インテリゲンツィアからなるソ連市民に平等な諸権利

ⓐロシアの政党の変遷 ➡P.283

- 1898 **ロシア社会民主労働党** → 1903 分裂
  - **ボリシェヴィキ**(多数派の意)
    - ●**レーニン**など少数の革命家の指導
    - ●一気に社会主義まで突き進む
  - **メンシェヴィキ**(少数派の意)
    - ●**マルトフ、プレハーノフ**ら
    - ●西欧型大衆政党
    - ●議会主義路線
    - ●まずブルジョワ革命をめざす
- 1870～80年代 **ナロードニキ** ➡P.259 → 1901 **社会革命党**(エス=エル)
  - ●農民を重視
  - ●帝政打倒をめざす
- 1905 **立憲民主党**(カデット)
  - ●ブルジョワ政党
  - ●立憲君主政をめざす

二月革命

- **ソヴィエト**
  - ●労働者・兵士が中心
  - ●戦争停止と革命の徹底をめざす
  - ●**レーニン**の指導で臨時政府に対抗
  - ●次第に**ボリシェヴィキ**が主導権
- ↔ 二重権力 ↔
- **臨時政府**
  - ●戦争継続をめざすが革命派の懐柔も図る
  - ●立憲民主党だけでなくメンシェヴィキや社会革命党も入閣
  - ●**ケレンスキー**を首相とする

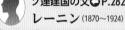

十月革命(社会主義革命)

共産党の一党独裁へ ↔ 内戦・戦争状態 ↔ **外国干渉軍**(シベリア出兵など) **国内の反革命軍**

⬆❶**血の日曜日事件** 日露戦争中の1905年1月、サンクト=ペテルブルクの民衆が生活の窮状や戦争中止を皇帝に訴えようと冬宮にデモ行進を行った。軍隊の発砲で多数の死傷者が発生、皇帝を信頼してきた国民に衝撃を与えた。

⬆❷**1917年3月8日国際婦人デーのデモ** 女性労働者たちが始めたパン要求のデモが、戦争反対・専制打倒のデモへと拡大した。

➡❸**ラスプーチン**(1864/65～1916) 皇太子アレクセイの血友病治療を名目に皇后に取り入り、第一次世界大戦中には政治にも介入した聖職者。反対派によって暗殺された。

ソ連建国の父 ➡P.282

レーニン(1870～1924)

ボリシェヴィキの指導者で、ソ連建国の父と評される。第一次世界大戦を帝国主義戦争と位置づけ、二月革命勃発を聞くと、亡命先のスイスからドイツ軍の用意した「封印列車」でロシアに戻った。**四月テーゼで「全ての権力をソヴィエトへ」と訴え**、十月革命で臨時政府を倒してソヴィエト政権樹立を宣言、「平和に関する布告」などを出し、ネップ採用まで革命運動を率いたが、脳溢血に倒れた。

文献 ① 平和に関する布告(1917)

すべての交戦諸民族とその政府に対して、公正で民主的な講和についての交渉を即時に開始することを提議する。……無併合(すなわち、他国の土地を略奪することも他の諸民族を強制的に統合することもない)、無賠償の即時の講和である。……政府が併合または他国の土地の略奪と理解しているのは、……強大な国家が弱小民族を統合することである。……その強制的な統合がいつ行われたか……あるいは強国の領域内に強制的にひきとめられる民族がどれだけ発展しているか遅れているか……さらに、その民族がヨーロッパに住んでいるか、遠い海外諸国に住んでいるかにもかかわりない。

(歴史学研究会編『世界史史料10』岩波書店)

読み解き この布告に対し、各国はどのような対応をとっただろう。

⬆❹**最後の皇帝ニコライ2世とその家族** 1918年7月、ニコライ2世は家族とともにボリシェヴィキに銃殺された。1991年に遺骨が発見され、1998年に本物と確認、改めて埋葬された。遺骨は1979年にも発見されていたが、旧ソ連政府がその影響を恐れ、秘密にしていたという。

⬆❺**ロシアの画家が描いた十月革命**(ボリス=クストディエフ筆、1920)

読み解き 群集の中を行く大男は、どのような勢力を表現しているだろう。

歴史のスパイス 1932～33年、ソ連における農業集団化・穀物の強制的徴発などを背景に、現在のウクライナ中心に大飢饉が発生した。ホロドモールとも呼ばれ、死者400～600万人といわれ

2 内戦・干渉戦争とその影響 ➡P.54

A 内戦と干渉戦争

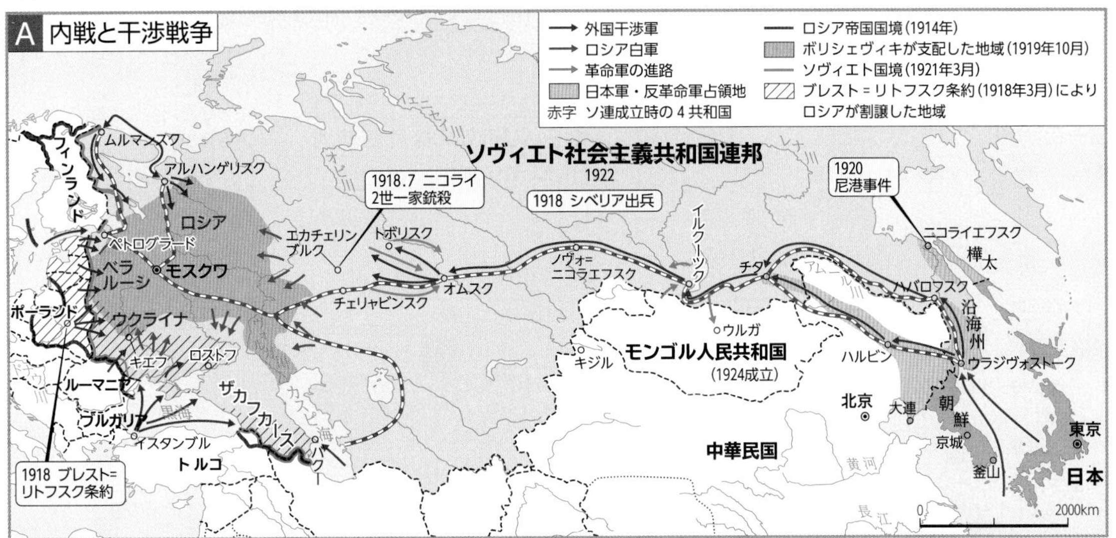

チェック 干渉戦争の目的とその後

◆**名目上の目的**
英仏米日は、赤軍と衝突したチェコスロヴァキア軍の救援・救出を唱えた

◆**真の目的**
ロシアの戦線離脱によってドイツの戦力が西部戦線に集中する可能性
→これを防ぎつつ、社会主義革命も阻止したい

◆**その後**
1920 日本以外の列強撤兵
1922 日本が撤兵開始
1925 日本が北樺太からも撤兵
→アメリカの対日不信感の増大

B ロシア革命の影響

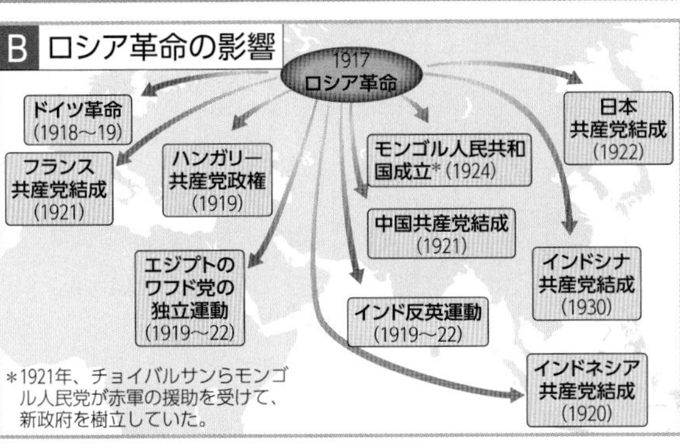

＊1921年、チョイバルサンらモンゴル人民党が赤軍の援助を受けて、新政府を樹立していた。

КОММ ІНТЕРН
ІІІ
第3インターナショナル万歳！
LONG LIVE THE THIRD COMMUNIST INTERNATIONAL!
VIVE LA TROISIÈME INTERNATIONALE COMMUNISTE!
EVVIVA IL TERZA INTERNAZIONALE COMMUNISTA!
ES LEBE DIE DRITTE KOMMUNISTISCHE INTERNATIONALE!

←❻**コミンテルンのポスター** コミンテルンは、世界革命をめざしたレーニンが創設した国際的な共産主義組織。**ロシア共産党を中心に、各国共産党を支部とする。** ➡P.283

↓ⓑ**ソ連の承認**
1922 ドイツ(ラパロ条約)
1924 イギリス(労働党)
フランス(左派連合)
イタリア
1925 日本(日ソ基本条約)
1933 アメリカ
→1934 ソ連、国際連盟加盟

読み解き アメリカがソ連を承認した外交的背景は何だろう。

鋼鉄の男 スターリン(1879〜1953)

スターリンはペンネームで「鋼鉄の男」の意味。レーニンの死後、**一国社会主義論**を展開し、**世界革命論**を主張するトロツキーと対立。その排除に成功すると、独裁体制を築き上げた。五カ年計画などの経済政策を進める一方、独裁批判に対して厳しい**大粛清**を実施、個人崇拝を強めていった。

←❽**トロツキー**(1879〜1940) 国外追放後、1940年にメキシコで暗殺された。

➡❼**スターリンによる「歴史の偽造」** 1920年に撮影された左の写真には、演壇の右にトロツキーとカーメネフが写っているが、2人が追放されてスターリンが独裁体制を固めると写真が修整され、2人は歴史から抹殺されてしまった。

文献② レーニンから妻への最後の手紙(1923)

トロツキーは……おそらく現在の中央委員会の中でもっとも有力な人であろう。しかし彼は、あまりにも大きい自信を誇示し、仕事の純粋に行政的な側面に過度の関心を示してきた。……スターリンはあまりにも粗暴である。この欠陥はわれわれだけの中では、またわれわれの中で党員を扱うには充分耐えていけるが、書記長にあっては耐えがたいものになる。
(綿引弘編『世界史を変えた100通の手紙』日本実業出版社)

3 革命後の経済政策

ⓒ**ソ連経済の成長**

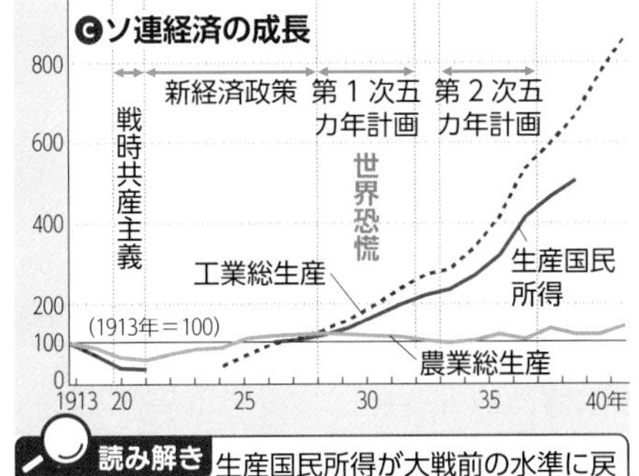

読み解き 生産国民所得が大戦前の水準に戻るのはいつだろう。

1918〜21 **戦時共産主義**
個人取引全面禁止、**企業国有化**、強制労働制、労働者の工場管理、食料配給制、**農産物の強制徴発**
↓生産力の減退、国民経済の荒廃、クロンシュタットの反乱

1921〜28 **新経済政策(ネップ)**
農産物の強制徴発廃止、**余剰生産物の自由販売**、私営中小企業の開設認可
↓国民経済の回復、**クラーク・ネップマン**の出現

1928〜32 **第1次五カ年計画**…国民経済の社会主義的改造
重工業の建設、農業の機械化と集団化(コルホーズ[集団農場]・ソフホーズ[国営農場]組織)
↓重工業国への転換、コルホーズ化の進展

1933〜37 **第2次五カ年計画**
搾取階層の一掃、社会主義建設の完了、技術的改造の完了

文献③ 1927年党大会での議論

ソヴィエト農業の生産性はあまりに低かった。……現在の土地の「細分性」――小規模農民2,500万世帯への土地の分割――が克服されないならば、機械化や農業経営の科学的方法によって生産性を向上させうると考えることはむつかしかった。理論的には、この克服はふたつの方法でなしえた。**ひとつは、「強力な」農民がより多くの土地と生産用具にたいするより多くの統制力とを獲得するように奨励する道(「資本主義的な」解決)であり、ひとつは、農業の集団的組織の道(「社会主義的な」解決)であった。**
(E＝H＝カー著、南塚信吾訳『ロシア革命の考察』みすず書房)

読み解き 下線部について、ソ連が選択した道はどちらだろう。

歴史のスパイス 言論統制が厳しかったソ連時代でも、世相を色濃く反映したアネクドートと呼ばれる風刺小話が口頭で語られた。ソ連崩壊後、活字化されたものも多い。

298 ヴェルサイユ体制とワシントン体制

1 ヴェルサイユ体制下のヨーロッパ

A ヴェルサイユ体制下のヨーロッパ

大西洋
北海
アイルランド
1921自治領
1922自由国
ダブリン
グレートブリテンおよび北アイルランド連合王国
エディンバラ
ロンドン
オランダ王国
アムステルダム
ベルギー王国
ブリュッセル
1919.1〜6
パリ講和会議
パリ
ヴェルサイユ
ナント
フランス共和国
ボルドー
リヨン
ザール地方
1919〜35
ベルン
ローザンヌ
ジュネーヴ
スイス
ポルトガル王国
リスボン
マドリード
スペイン王国
バルセロナ
バレアレス諸島
マルセイユ
コルシカ
サルデーニャ
1920.1.20
国際連盟成立
ジブラルタル
タンジール
アルジェ
アルジェリア
（フランス領）
モロッコ
（フランス保護領）
チュニス
チュニジア
（フランス保護領）
マルタ
（イギリス領）
シチリア
ノルウェー王国
オスロ
スウェーデン王国
ストックホルム
イエーテボリ
デンマーク王国
コペンハーゲン
フィンランド共和国
1917
レニングラード
タリン
エストニア
1918
ラトヴィア
1918
リガ
1923リトアニアに併合
メーメル
1923ポーランドに編入
リトアニア
1918
コヴノ
ダンツィヒ
東プロイセン
ミンスク
ハンブルク
ベルリン
ポズナニ
ポーランド回廊
ワルシャワ
ブレスト＝リトフスク
ポーランド共和国
1918
エッセン
ケルン
ヴァイマル
ドレスデン
ドイツ共和国
プラハ
チェコスロヴァキア共和国
1918
レンベルク
ソヴィエト連邦
キエフ
南チロル
ウィーン
オーストリア共和国
1918
ブダペスト
ハンガリー王国
トランシルヴァニア
ルーマニア王国
ベッサラビア
オデッサ
クリミア
セヴァストーポリ
黒海
ロカルノ
ストレーザ
ジェノヴァ
トリエステ
フィウメ
イストリア
ラパロ
サライェヴォ
ベオグラード
ブカレスト
ドブルジャ
セルブ＝クロアート＝スロヴェーン王国
（1929ユーゴスラヴィアと改称）
1918
ブルガリア王国
ソフィア
アルバニア
ローマ
ナポリ
イタリア王国
ギリシア王国
アテネ
ボスフォラス海峡
ダーダネルス海峡
イスタンブル
アンカラ
トルコ共和国
イズミル
（スミルナ）
クレタ
ロードス
（イタリア領）
キプロス
（イギリス領）
シリア
（フランス委任統治）
1920
イラク
（イギリス委任統治）
1921
レバノン
ベイルート
ダマスクス
0 500km

B パリ近郊の条約締結地

サン＝ジェルマン
ヌイイ
城壁
パリ
セーヌ川
トリアノン宮殿
セーヴル
ヴェルサイユ宮殿
0 10km

C ラインラント

ベルギー
ドイツ
ライン川
ラインラント
フランス
ルクセンブルク
ロレーヌ
アルザス
ザール

—— 第一次世界大戦前のドイツ帝国、オーストリア＝ハンガリー帝国およびロシア帝国の国境
- - - 第一次世界大戦後の国境
□ 新独立国
● 主要条約締結地
数字 独立年
セーヴル条約後のトルコ（1920.10.8）
ローザンヌ条約後のトルコ（1923.7.24）
1936年までの非武装地帯
国際管理地域
連合軍占領地域
カーゾン線
（1920年カーゾン提案のソヴィエト・ポーランドの停戦ライン）

↓ⓐウィルソンの十四カ条

①講和の公開、**秘密外交の廃止**
②公海の自由
③平等な通商関係の樹立
④**軍備縮小**
⑤植民地の公正な措置
⑥ロシアからの撤兵とロシアの自由選択
⑦ベルギーの主権回復
⑧アルザス・ロレーヌのフランスへの返還 P.254
⑨イタリア国境の再調整
⑩オーストリア＝ハンガリー帝国内の**民族自決**
⑪バルカン諸国の独立保障
⑫オスマン帝国支配下の民族の自治保障
⑬ポーランドの独立
⑭**国際平和機構の設立**

2 ドイツの戦後処理

←❶**ヴェルサイユ条約の調印**（1919） パリ講和会議には戦勝27カ国が参加したが、**ドイツやソ連の代表は会議に招かれることのないまま**調印の日を迎えた。調印日は、奇しくもサライェヴォ事件と同じ6月28日であった。

読み解き ヴェルサイユ宮殿での調印がドイツにとって屈辱的だったのはなぜだろう。

D ドイツの失った海外領土

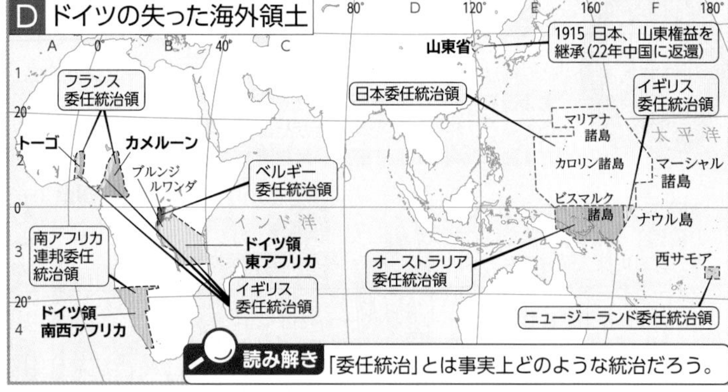

読み解き「委任統治」とは事実上どのような統治だろう。

資料から読み解く 戦後処理の理想と現実

EUROPEAN BABY SHOW
十四カ条

❷**困惑するウィルソン**（風刺画）

文献①ヴェルサイユ条約に対する経済学者ケインズの批判（1920）

この講和条約には、ヨーロッパの経済的な再建を目的とする決定は何ひとつ含まれていない。この条約には、戦争に敗れた中央同盟諸国をよき隣人とするためには何ひとつ、そして新ヨーロッパの国家体制をゆるぎないものにするためには何ひとつ、さらにロシアを救うためにも何ひとつ含まれていない。条約は、連合国同志間の経済的利益共同体を決して促進するものでもない。……［3者］は専ら別のことにかかわっていた。敵国の経済生活を全滅させようとするクレマンソー、よい商売をして、少なくとも1週間の間に形のある何がしかを本国に持ち帰ろうとするロイド＝ジョージ。大統領（ウィルソン）は、公正と権利の問題だけにかかずらわっていた。

（ヴォルフガング＝イェーガー他編著・中尾光延監訳『ドイツの歴史【現代史】』明石書店）

読み解き
1❷でウィルソンが困惑している理由は何だろう。
2この条約に対するケインズの問題意識はどのような点にあるだろう。

→ⓑ**ヴェルサイユ条約の主な内容**（15編440条、1919年6月）

1. **国際連盟の設立**（国際連盟規約）
2. **ドイツは全植民地と海外の一切の権利を放棄し、領土を割譲**（面積の13%、人口の10%を失う）
   ①**アルザス・ロレーヌ**をフランスへ
   ②**ポーランド回廊**をポーランドへ
   ③**ザール**は15年間国際連盟の管理下（炭田所有・採掘権はフランス、その後人民投票で帰属を決定）
   ④**ダンツィヒ**は自由都市として国際連盟管理
   ⑤**オーストリアとの合併禁止**
   ⑥ブレスト＝リトフスク条約の失効
3. **軍備制限**に関する内容
   ①陸軍10万、海軍1万5千に制限
   ②徴兵制禁止
   ③潜水艦・空軍の保有禁止
   ④**ラインラントの非武装化**、左岸は連合国が保障占領
4. **賠償金支払い**（総額は1921年5月1日以前に決定）

歴史のスパイス 日本は、パリ講和会議に総勢60名からなる全権団を送った。全権団には、近衛文麿や吉田茂、芦田均、松岡洋右といった、後に日本外交を担う人材も随行していた。

3 ヴェルサイユ体制の推移

1918. 1	ウィルソン、十四カ条発表
.11	第一次世界大戦の終結
1919. 1	パリ講和会議
. 6	ヴェルサイユ条約調印
. 8	ドイツでヴァイマル憲法成立
. 9	**サン＝ジェルマン条約**(対オーストリア)
.11	**ヌイイ条約**(対ブルガリア)
1920. 1	**国際連盟成立** ➡P.65
. 6	**トリアノン条約**(対ハンガリー)
. 8	**セーヴル条約**(対オスマン帝国)
1921. 4	ロンドン会議
.11	**ワシントン会議**(〜1922. 2) ◆米大統領ハーディング提唱➡P.302
1922. 4	ラパロ条約(ドイツ、ソ連を承認)
.10	ムッソリーニのローマ進軍➡P.301
.12	ソヴィエト社会主義共和国連邦成立
1923. 1	**フランス・ベルギー、ルール占領**
. 7	**セーヴル条約破棄、ローザンヌ条約調印**
.11	ヒトラーのミュンヘン一揆➡P.301
1924	英・仏・伊、ソ連を承認
. 8	**ドーズ案成立**
1925. 8	フランス、ルール占領解除
.12	**ロカルノ条約** ➡P.300
1926. 9	ドイツ、国際連盟加入
1927. 6	**ジュネーヴ軍縮会議** ◆米大統領クーリッジ提唱
1928. 8	**パリ不戦条約** ➡P.300
1929. 6	ヤング案発表
.10	ウォール街株価大暴落→**世界恐慌**➡P.308
1930. 1	**ロンドン会議** ◆英首相**マクドナルド**提唱 ●**ロンドン海軍軍縮条約**
1931. 6	フーヴァー＝モラトリアム発表
1932. 6	ローザンヌ会議
1933. 1	ナチ党政権(ヒトラー内閣)成立➡P.310
1933. 5	ナチ党政権、賠償金支払い打ち切りを宣言

赤字：ドイツの賠償問題➡P.300
▬：国際会議・国際協調の動き

条約の整理

◆**サン＝ジェルマン条約**(1919. 9 対オーストリア)
①**オーストリア＝ハンガリー帝国の解体**
②領内のポーランド、チェコ、セルブ＝クロアート＝スロヴェーン王国、ハンガリーの独立
③**トリエステ・イストリア・チロル(未回収のイタリア)をイタリアへ割譲**
④オーストリアとドイツの合併禁止

◆**ヌイイ条約**(1919.11 対ブルガリア)
①トラキアをギリシアへ割譲
②領土の一部をセルブ＝クロアート＝スロヴェーン王国へ割譲
③ドブルジャをルーマニアに返還

◆**トリアノン条約**(1920. 6 対ハンガリー)
①**オーストリアからの完全分離独立**
②スロヴァキアをチェコへ割譲
③クロアティアとボスニアをセルブ＝クロアート＝スロヴェーン王国へ割譲
④トランシルヴァニアをルーマニアへ割譲

◆**セーヴル条約**(1920. 8 **対オスマン帝国**)
①ダーダネルス海峡の非武装化と国際管理
②アルメニア・ヒジャーズ王国の独立
③**メソポタミアとパレスチナをイギリスの委任統治領とする**
④**シリアをフランスの委任統治領とする**
⑤オスマン帝国の軍備制限および外国の内政干渉権・治外法権
↓
◆**ローザンヌ条約**(1923. 7 **対トルコ**)[独立回復]
①トルコはイズミルや東トラキア、イスタンブルなどを回復
②トルコの軍備制限・**治外法権を全廃**

◆**ジュネーヴ軍縮会議**(1927)
①米・英・日３国の補助艦の保有制限
②米・英の対立により不成立

◆**ロンドン海軍軍縮条約**(1930)
①米・英・日が参加、仏・伊は途中脱退
②補助艦比率決定＝米10：英10：日７

4 国際連盟の成立 ➡P.65

c国際連盟の組織

常設国際司法裁判所 ハーグ(オランダ)
国際労働機関 ジュネーヴ(スイス)
総会　理事会
事務局 ジュネーヴ
●常任理事国…英・仏・伊・日
●非常任理事国
専門機関：交通・運輸　保健衛生　経済・財政

d主な国の動き

国	動き
アメリカ	(上院の反対により不参加)
ソ連	(当初除外) 34 〜 39(除名)
ドイツ	26 〜 33(脱退)
イタリア	〜 37(脱退)
日本	〜 33(脱退)
イギリス フランス	

1920年　1930　1940

❸新渡戸稲造(1862〜1933) 岩手県出身の教育者。1920年から７年、国際連盟の事務局次長を務めた。

文献② アメリカのロッジ上院議員の演説(1919)

われわれは、連盟が完全なものとなったあかつきには、事実上世界のすべての国家の領土的保全を保証するよう求められているのです。今日の段階でいえば、われわれはあの広大な大英帝国の各部分の領土的保全と政治的独立とを保障するのです。……私はアメリカをこれまでどおりにしておきたいのです。

(歴史学研究会編『世界史資料10』岩波書店)

読み解き ロッジは、国際連盟のどのような点を危惧しているだろう。

❹将来の戦争の種(風刺画)

読み解き ❹では、国際連盟のどのような点が「将来の戦争の種」と考えられているだろう。

5 ワシントン体制

eヴェルサイユ体制とワシントン体制

第一次世界大戦
- 敗戦国ドイツ
- 戦勝国中国：失望してヴェルサイユ条約に調印せず ←抗議
- 戦勝国日本：山東権益と南洋群島獲得

ヴェルサイユ体制
- 秘密外交の是認
- 弱体な国際連盟
- 中途半端な民族自決
- **イタリア**の領土的不満
- 対**ドイツ**復讐

ワシントン体制
- 四カ国条約
- 九カ国条約
- 海軍軍縮条約
- 日英同盟廃棄＝拡大した**日本**の勢力を警戒

→ 日独伊、ファシズム勢力に結集

fワシントン会議で締結された諸条約

ワシントン会議	**四カ国条約**(1921)	●米・英・日・仏 ●太平洋の現状維持 ●**日英同盟**(➡P.288)**廃棄**(1923)
	九カ国条約(1922)	●米・英・日・仏・伊・中・蘭・ベルギー・ポルトガル ●**中国の主権・領土の尊重、機会均等、門戸開放** ●石井・ランシング協定*廃棄(1923)
	海軍軍縮条約(1922)	●米・英・日・仏・伊 ●主力艦の保有比率決定＝米５：英５：日３：仏1.67：伊1.67

*アメリカは日本の中国における特殊権益を、日本はアメリカが主張する中国の領土保全・門戸開放を互いに認め合った、1917年の協定。

文献③ 四カ国条約(1921)

第１条　条約締結国は、太平洋海域におけるそれぞれの島嶼たる領土と島嶼たる統治領に関する各国の権利を相互に尊重することに合意する。……

(歴史学研究会編『世界史史料10』岩波書店)

文献④ 仏駐日大使クローデルの意見(1921)

もちろん日本は海軍軍備については、苦しい犠牲に同意しなければなりませんでした。日本は、イギリスとの同盟の価値について思い描いていた幻想がはかないものであったと思い知らされることでしょう。そしてどんな条約が結ばれようと、さまざまに枝分かれしたアングロサクソン・ファミリーが一体感をもてるとすれば、それは日本を抑えこむという一点であるということが、日本にはわかったことでしょう。

(『ポール＝クローデル著、奈良道子訳『孤独な帝国 1920年代』草思社)

読み解き クローデルは、どのような出来事に対する意見を述べているのだろう。

文献⑤ 九カ国条約(1922)

第１条　(1)中国の主権、独立、領土的ならびに行政的保全を尊重すること。
第３条　中国における門戸開放あるいは通商と産業に関する機会均等の諸原則をすべての国民により効率的に適用するために、中国以外の締約国は以下を求めず、また、各国の国民が以下のことを求めることを支持しないことを約定する。
(a)中国のいかなる地域においても通商上あるいは経済発展に関して、自己の利益のために、なんらかの一般的な優越的諸権利を確立することを主張するような合意。

(歴史学研究会編『世界史史料10』岩波書店)

大戦後のヨーロッパ

1 1920年代の西ヨーロッパ

➲P.282 ➲P.344

① 1920年代半ばの西ヨーロッパは、アメリカの経済力にも支えられて相対的に安定したが、ヴェルサイユ＝ワシントン体制に不満を持つ国々ではファシズムが生まれた。

イギリス	フランス	ドイツ	イタリア
1918 **第4回選挙法改正**(21歳以上の男性、30歳以上の女性) ➲P.250		1918 ドイツ革命→各地に労働者・兵士のレーテ(評議会)結成 ドイツ共産党成立 1919 スパルタクス団の蜂起(ほうき)→失敗	
1919 パリ講和会議			
1919 アイルランド国民議会による独立宣言 1920 アイルランド自治法成立➲P.250 1922 **アイルランド自由国**成立(成立当初は自治領→1937年、エールと改称し独立) 1924 **マクドナルド労働党内閣**→ソ連承認 1925 金本位制に復帰	1919 クレマンソー狙撃(そげき)される 1920 各地で労働争議 フランス共産党成立 1922 **ポワンカレ内閣** 1923 **ルール占領**(～25) 1924 左派連合内閣→ソ連承認 ●外相**ブリアン**の協調外交 **ロカルノ条約の概要** ①英・仏・独・伊・ベルギー・ポーランド・チェコスロヴァキアが参加 ②国境不可侵、ラインラントの永久非武装化	1919 エーベルト、大統領就任 **ヴァイマル憲法**制定 1920 **ナチ党**成立 右翼のカップ一揆(いっき) 1922 **ラパロ条約**→ソ連承認 1923 インフレーション激化 ミュンヘン一揆 **シュトレーゼマン首相、レンテンマルク発行** 1925 **ヒンデンブルク**、大統領就任	●フィウメなどの領有認められず→国民の不満 1919 戦闘ファッショ結成 サン＝ジェルマン条約(「未回収のイタリア」獲得) 1920 北イタリアで労働者による工場占拠、貧農による土地占拠 1921 イタリア共産党成立 **ファシスト党**結成 1922 **ローマ進軍→ムッソリーニ内閣** 1924 **フィウメ併合** ソ連承認
1925 ロカルノ条約(ドイツ外相シュトレーゼマンが提唱)			
1926 炭鉱スト、ゼネストに発展 1927 労働組合法制定 1928 **第5回選挙法改正**(男女普通選挙) 1929 マクドナルド労働党内閣(第2次)	1926 ポワンカレ挙国一致内閣 1928 フラン切り下げ **パリ不戦条約**(ケロッグ＝ブリアン条約)	1926 国際連盟加盟 **パリ不戦条約の概要** ①最初15カ国、後に63カ国参加 ②戦争の違法化	1926 アルバニアを保護国化 1929 **ラテラン条約**…ローマ教皇庁と和解、ヴァチカン市国成立

ドイツの賠償問題とその影響

文献 ① ヴェルサイユ条約(第231条)

ドイツおよびその同盟国の侵略による戦争の結果、連合国とその協調国およびそれらの国民にあらゆる損失と損害を生じさせたことに対し、ドイツとその同盟国が責任を有することを、連合国とその協調国政府は確認し、ドイツはこれを承認する。

(歴史学研究会編『世界史史料10』岩波書店)

1921 ロンドン会議

ドイツの賠償金額→1,320億金マルクに決定

↓ドイツ、支払い延期要求

- **ルール占領**
  フランスが、賠償金支払い遅延を理由にベルギーを誘って、ドイツ重工業の中心地へ進駐
- ドイツで破局的インフレーション発生
- **レンテンマルク**の発行(**シュトレーゼマン**独首相)

1924 ドーズ案

支払い緩和とアメリカ資本投下を決定

アメリカ →(民間投資)→ ドイツ →(賠償金支払い)→ イギリス・フランス →(戦債償還)→ アメリカ

1929 ヤング案

ドイツの賠償額が358億金マルクに軽減

1931 フーヴァー＝モラトリアム

賠償金・戦債償還の支払期限1年猶予(ゆうよ)

1932 ローザンヌ会議

ドイツの賠償額が30億金マルクに軽減

1933 ナチ党政権、賠償金支払いを一方的に破棄＝賠償金問題の事実上の消滅

1kgのライ麦パンの値段の推移

単位：マルク

1914.12.	0.32
1919.12.	0.80
1920.12.	2.37
1921.12.	3.90
1922.12.	163.15
1923. 1.	250
7.	3,465
8.	69,000
9.	1,512,000
10.	1,743,000,000
11.	201,000,000,000
12.	399,000,000,000

↑❶**札束で遊ぶ子ども** ルール占領に「消極的抵抗」(生産停止)で対抗したドイツ国内では**破局的インフレーション**が発生。**マルクの価値は大戦前の1兆分の1まで下落**した。

文献 ② ヴァイマル憲法(1919)

第1条 ドイツ国(らいく)は共和国である。国家権力は国民に由来する。

第22条 議員は、普通、平等、直接および秘密の選挙において、……満20歳以上の男女によって選出される。……

第48条 ……ドイツ国内において、公共の安全および秩序に著しい障害が生じ、またはそのおそれがあるときは、ライヒ大統領は、公共の安全および秩序を回復させるために必要な措置をとることができ、必要な場合には、武装兵力を用いて介入することができる。

(歴史学研究会編『世界史史料10』岩波書店)

読み解き この憲法が民主的とされる点、非民主的とされる点は何だろう。

戦間期の国際協調

↓❷**ケロッグ**(米国務長官、1856～1937)

↓❸**ブリアン**(仏外相、1862～1932)

↓❹**シュトレーゼマン**(独首相・外相、1878～1929)

1920年代後半の国際協調の流れを支え、いずれもノーベル平和賞を受賞した。

文献 ③ 独外相シュトレーゼマンの演説(1926)

<u>ドイツは今日、一方では数十年来変わることのない友情で結ばれた国々と、他方では先の世界大戦でドイツと敵対する陣営に属していた国々と肩を並べるにいたりました。</u>とりわけこの後者の諸国とドイツとが国際連盟において永続的で友好的な共同関係をつくりだすということは歴史的な意義をもつものであります。……国際連盟とドイツとの間には過去においてしばしば対立が生じました。これからは国際連盟においてわれわれが協力するようになる、その結果としてそうした諸問題の解決が容易になることを私は望んでいます。(牧野雅彦『ロカルノ条約』中央公論新社)

読み解き

1 下線部はどのような出来事を説明しているだろう。
2 下線部を発効の条件とした国際条約は何だろう。

文献 ④ 不戦条約(1928)

第1条 締約国は、国際紛争解決のために戦争に訴えることを非難し、かつ、その相互の関係において国家政策の手段として戦争を放棄することを、その各々の人民の名において厳粛(げんしゅく)に宣言する。

第2条 締約国は、相互間に発生する紛争または衝突の処理または解決を、その性質または原因の如何(いかん)を問わず、平和的手段以外で求めないことを約束する。

(歴史学研究会編『世界史史料10』岩波書店)

読み解き

1 この条約について、最初に協議した2カ国はどこだろう。
2 この条約の画期的な点はどこにあるだろう。

歴史のスパイス ドイツは2010年10月3日、第一次世界大戦の賠償金のうち最後まで残っていた利子約80億円を支払い、ようやく賠償金を完済した。

2 大戦後の国内対立

ドイツの左派

◆スパルタクス団の蜂起(1919)

➔❺ローザ＝ルクセンブルク(1871～1919)　大戦中、反戦運動を展開し、カール＝リープクネヒトとともにスパルタクス団を母体としたドイツ共産党を結成した。1919年の蜂起後、ともに惨殺された。

文献⑤ スパルタクス団の主張(1918)

あらゆる国々の資本家たちこそ諸国民殺害の真の張本人である。……世界戦争は社会に対してつぎの二者択一を迫っている。──資本主義を存続し、新しい戦争および混沌と無政府への急速な没落を迎えるか、または資本主義的搾取を廃止するか、の二者択一を。　(『西洋史料集成』平凡社)

読み解き スパルタクス団は何を主張しているだろう。

↓❻ヴァイマル共和国の風刺画(1924)

読み解き どのような状況を風刺しているだろう。

ドイツの右派

◆ナチ党成立(1920)→ヒトラー登場

↓❼ミュンヘン一揆　ヴェルサイユ条約・共和国批判で党勢を拡大したナチ党のヒトラーがクーデタを試みて失敗、投獄される。ヒトラーは獄中で『わが闘争』を書いた。

イギリスの左派

◆労働党政権→第1次マクドナルド内閣(1924)

↓ⓐイギリス各政党の議席数の変遷

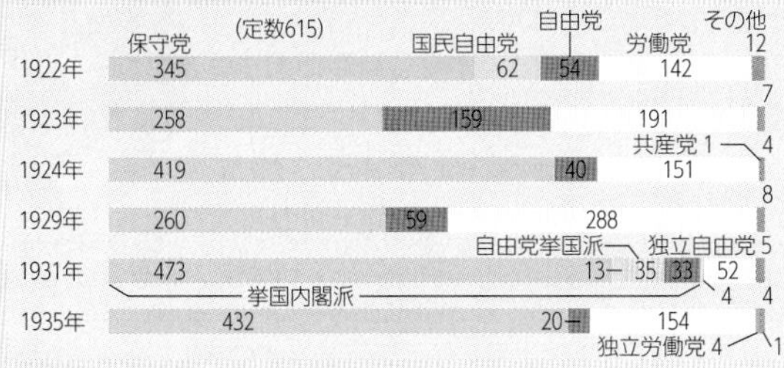

↑❽マクドナルド(1866～1937)　一貫して反戦の立場をとり、大戦後初の労働党内閣を組織した。1929年、第2次内閣組閣。

イタリアの右派

◆ファシスト党結成(1921)→ムッソリーニ登場

➔❾「ローマ進軍」　ムッソリーニは武装行動隊(「黒シャツ隊」)を動員して1922年に政権を握り、反左派勢力から支持を得た。また、1929年に国際的評価を高めるために教皇庁とラテラン条約を結んだ。

3 第一次世界大戦後の東ヨーロッパ

ポーランド
- 1918　独立→**ピウスツキ**、国家主席に就任
- 1920　**ソヴィエト＝ポーランド戦争**(～21)
- 1926　ピウスツキのクーデタ→独裁体制へ
- 1935　新憲法制定→ピウスツキ体制の成文化
- 1939　**ドイツ軍のポーランド侵攻**
- 1943　ワルシャワ＝ゲットーのユダヤ人蜂起
- 1944　ワルシャワ蜂起

←❿ピウスツキ(1867～1935)　ポーランドを独立に導き、**ポーランドに侵入したソ連を撃退**した「建国の父」として英雄視される。1926年には、クーデタを起こして実権を握った。

ハンガリー
- 1918　ハンガリー共和国成立
- 1919　クン＝ベーラ指導の**ハンガリー革命**→失敗
- 1920　王政回復(摂政にホルティ)→独裁体制へ
  トリアノン条約(領土が1/3に)
- ●1930年代からドイツ・イタリアに接近
- 1941　対ソ宣戦(枢軸国側で参戦)
- 1944　**ドイツ軍が占領**→ホルティ亡命

←⓫ホルティ(1868～1959)　共産主義政権樹立をめざしたハンガリー革命を弾圧して政権を奪取し、1944年まで摂政を務め、権威主義的な政治を行った。

チェコスロヴァキア
- 1918　独立→マサリク、大統領に就任
- 1935　ベネシュ、大統領に就任
- 1938　**ミュンヘン会談**
  →ドイツ、ズデーテン地方を併合
- 1939　**チェコスロヴァキア解体**

←⓬マサリク(1850～1937)　「チェコスロヴァキア建国の父」と称され、初代大統領となる。シベリア出兵をめぐる議論の最中の1918年に日本を訪れている。

↓ⓑ大戦後の東ヨーロッパ各国

国				
ポーランド	18 共和政	26 独裁		39 枢軸国が占領
チェコスロヴァキア	18 共和政			39 枢軸国が占領 / 39 枢軸国と同盟
ハンガリー	18	20 王政		40 枢軸国と同盟
ルーマニア	王政		38 独裁	41 枢軸国と同盟
ユーゴスラヴィア	王政	29 独裁		41 枢軸国が占領
ブルガリア	王政		35 独裁	41 枢軸国と同盟
アルバニア	共和政	28 王政(独裁)		39 枢軸国が占領
ギリシア	王政	24 共和政	35 王政	41 枢軸国が占領

解説 権威主義体制

議会制を完全には否定せず、個人に権限を集中させた独裁体制。ファシズムのように大衆運動による下からの権力掌握現象はみられず、明確な体制イデオロギーも持たない。

↓ⓒ全人口に占める農業従事者の割合

国	割合
アルバニア(1930)	80%
ユーゴスラヴィア(1931)	76%
ブルガリア(1926)	75%
ルーマニア(1930)	72%
ポーランド(1931)	60%
ハンガリー(1930)	51%
ギリシア(1928)	46%
チェコスロヴァキア(1930)	33%
フランス(1931)	29%
オーストリア(1934)	26%
ドイツ(1933)	20%

文献⑥ 東欧の独立国家

［民族自決に基づき国家を求める］「民族革命」によって生まれた東欧諸国は、均質な市民意識に支えられた「国民」のいない、多民族国家であったにもかかわらず、各国の政治エリートは西欧型の民主主義を制度として導入し、急速度で同質的な「国民国家」を建設しようとした。そのため、国民のあいだの亀裂がむしろ顕著になっただけでなく、各国のナショナリズムが前面に掲げられ、新生国家が相互に対立する傾向も強まった。「民族革命」の本質は多数民族の自決権に基づく国家建設であったため、少数民族問題の克服を困難にした。　(樺山紘一他編『岩波講座世界歴史23』岩波書店)

読み解き 民族自決に基づく東欧諸国の独立にはどのような矛盾が内包されていただろう。

A 第一次世界大戦後の東ヨーロッパ

大戦後のアメリカ

1 1920年代のアメリカ ➡P.282 ➡P.342

特徴	●大戦中に戦場とならず、物資・戦費を提供→戦後の繁栄 ●自動車普及・大衆消費社会の現出→アメリカ的生活様式 ●社会の保守化・復古主義→排外主義、治安悪化 ●産業構造の変化→農業不況
1913 民主党ウィルソン 1921	1919. 1 **禁酒法成立**(〜33、廃止) 6 ヴェルサイユ条約調印 1920. 3 上院、**ヴェルサイユ条約批准を否決→孤立主義** 5 サッコ・ヴァンゼッティ事件 8 女性参政権を規定(憲法修正第19条)➡P.59 ●クー＝クラックス＝クラン(ＫＫＫ)の台頭➡P.262 ●**ラジオ放送開始** ●Ｔ型フォードが自動車総売上台数の過半数
共和党ハーディング 1923	1921.11 アメリカ産児制限連盟設立 **ワシントン会議**(〜22)➡P.299 →ワシントン体制成立 ●農業不況始まる ●香水「シャネル５番」発売 ●ラジオの野球中継開始 1923 政府の汚職続発
共和党クーリッジ 1929	●『タイム』創刊 1924. 4 **ドーズ案**発表➡P.300 5 移民法(「排日移民法」)➡P.263 ●ボブヘアー流行 1925. 1 ワイオミング州で初の女性知事誕生 ●実用的テレビジョン発明 1927. 5 サッコとヴァンゼッティに死刑判決(８月処刑) ●リンドバーグ、大西洋無着陸横断飛行 ●トーキー映画開始 1928. 1 第６回パン＝アメリカ会議 8 **パリ不戦条約**(国務長官ケロッグ提唱)➡P.300 ●ディズニーアニメ映画始まる
共和党フーヴァー 1933	1929. 2 シカゴで聖ヴァレンタインデーの虐殺(ギャングの抗争) 6 **ヤング案**発表 10 **ニューヨークで株価大暴落→世界恐慌**➡P.308 ●ハリウッドで第１回アカデミー賞授与式 1931. 6 フーヴァー＝モラトリアム

❶ハーディング (1865〜1923)

❷クーリッジ (1872〜1933)

❸フーヴァー (1874〜1964)

債務国から債権国へ

↓ⓐ**大戦後の資金の流れ**

アメリカ合衆国：大戦前 37億ドルの債務国 → 大戦後 132億ドルの債権国

アメリカ合衆国 →投資→ ラテンアメリカ・カナダなど

アメリカ合衆国 →投資→ ヨーロッパ ／ ヨーロッパ →債務償還→ アメリカ合衆国

アメリカ合衆国 →借款→ ドイツ ／ ドイツ賠償金 →支払い→ ヨーロッパ

当時(1926年)のアメリカの大衆車であったＴ型フォードの値段は１台350ドルであった。

ヨーロッパ 対米債務(〜1920年、単位：億ドル)

国	債務	国	債務
イギリス	42.8	ベルギー	3.8
フランス	34.0	(ロシア	1.9)
イタリア	16.5	ポーランド	1.6

読み解き アメリカが対独借款供与を積極的に行った理由を考えよう。

↑**❹エンパイア＝ステート＝ビル** 高さ381mの102階建ての超高層ビルで、1931年に完成。繁栄するニューヨーク(マンハッタン)の摩天楼の代表となった。

車社会の到来

文献①ヘンリー＝フォード『わが人生と仕事』

組み立て方式を使うことで経済化が進み、他の部署にも応用された結果、今日、当社には熟練機械工が多数いても、彼らは自動車を製造することはしない。彼らは他の労働者が自動車製造をしやすくするための仕事をしているのだ。……一般の工場労働者は非熟練で当社にやってくる。……採用前の彼らに要求されるのは、自分が占める床面積の間接費を賄う分の仕事をこなす潜在能力をもつということだけだ。特に強壮な身体の持ち主である必要もない。……それらは体力だけを考えれば３歳の子どもでもできる。 (有賀夏紀他編『史料で読むアメリカ文化史４』東京大学出版会)

↑**❺フォード** (1863〜1947)

読み解き
1 フォードの生産方式が画期的だったのはどのような点だろう。
2 自動車の普及は、人々の生活をどのように変化させただろう。

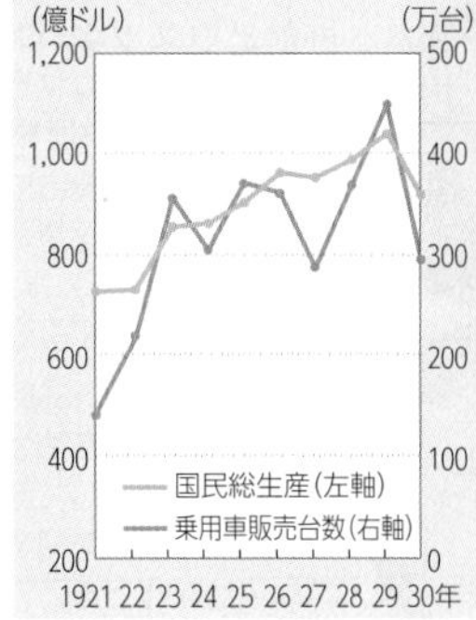

←ⓑ**アメリカの国民総生産と乗用車販売台数の推移** 1920年代のアメリカに世界初の大衆消費社会が現れた。自動車は瞬く間に大衆に行きわたり、都市の街路は車であふれ、**人々のライフスタイルを一変させた。**

↓**❻Ｔ型フォードの生産**

2 アメリカ的生活様式

↑**❼電化製品の普及** 都市では多くの家庭に電気がひかれ、電灯や暖房、冷蔵庫、洗濯機などが普及した。一方、農家への電気の普及はわずか９％であった。家電の普及は女性の働き方にも影響を与えた。

↓**❽ラジオ放送の開始** 1920年、ラジオの営業放送が開始され、即時性をもった新たなメディアが生まれた。ニュースのほか、ジャズ演奏やプロ野球中継に多くの人が耳を傾けた。

➡**❾コカ＝コーラの広告** 街角には広告があふれ、大衆消費社会における企業販売を支えた。コカ＝コーラはアメリカ的飲料の代表となり、世界中に広まった。

"Give and take
say I
Drink
Coca-Cola
Delicious and Refreshing

歴史のスパイス フォードは、自身が社主の新聞紙上で反ユダヤキャンペーンを展開。その内容は16カ国語に翻訳された。ヒトラーの執務室には彼の肖像が飾られていたといわれる。

3 社会の保守化

チェック 1920年代の排外主義

- 背景…移民の増加、黒人の都市部移住による社会問題発生
- 中心…**WASP**（白人でアングロ＝サクソン系のプロテスタント）の運動
  ↓
- KKKの再拡大➡P.262
- 反共的風潮
- **1924年移民法**…出身国別移民割り当て数設定、アジア系移民排除 ➡P.263

読み解き 事件の背景には、繁栄の裏で台頭したどのような風潮があったのだろう。

ヴァンゼッティ　サッコ

↑⑩**サッコとヴァンゼッティ　イタリア系移民で無政府主義者**であった２人は、1927年、証拠不十分のまま殺人罪で処刑された。アメリカ司法最大の冤罪事件ともいわれるが、司法的な無罪認定には至っていない。

➔⑪**禁酒法の成立**　第一次世界大戦中の禁酒主義者の活動や道徳意識の高揚を受け、1919年に酒類の製造・販売・輸入が禁止されたが、酒の密造に関わるギャングの活動を誘発し、社会は混乱した。写真は密造酒を捨てる役人。

文献② 常態への復帰

ハーディングはアメリカ国民の次第に増大する願望を正しく表現すると同時に、知らず知らずの中にアメリカ人の言葉に新らしい言葉を加えたのである。即ち彼は、「アメリカの現在必要とするものは英雄的行動ではなく療養である。売薬ではなく正常状態である。革命ではなく、復古である。外科手術でなく、安静である。」と言った。

（F＝L＝アレン著、福田実訳『米国現代史』改造社）

読み解き「正常状態」とはどのような状態だろう。

「暗黒街の帝王」アル＝カポネ（1899〜1947）

イタリア移民の子孫であったアル＝カポネは、禁酒法のもとでの酒の密造や販売、賭博などで巨利を得たギャングの首領。聖ヴァレンタインデーの虐殺など、他のギャング団との抗争に勝利を収め、シカゴの暗黒街に君臨した。1931年、禁酒法違反と脱税により有罪となり、８年間収監された。

4 大衆文化の興隆

↑⑫**ジャズの流行**　1920年代に入ると、ニューヨークはルイ＝アームストロングらの黒人ミュージシャンを迎えてジャズの本場となった。ユダヤ系ロシア移民の息子であるガーシュインは「ラプソディ＝イン＝ブルー」などジャズの要素を取り入れたクラシック音楽で人気を集めた。作家のフィッツジェラルドはこの時代の文化・世相をさして「ジャズ＝エイジ」と呼んだ。

Spi
St.Lo

↑⑬**伝説的なプロ野球選手ベーブ＝ルース**（左）と⑭**大西洋単独横断飛行に成功したリンドバーグ**（右）　アメリカでは、夢を追いかける人々と、自分の思いを彼らに重ね合わせる人々が交差し、ヒーローを誕生させた。

➔⑮**チャップリンの「黄金狂時代」**（1925年製作・米）　喜劇王チャップリンが初めて監督・主演した映画。写真は飢えから革靴をゆでて食べている場面。ロサンゼルスは晴天が多く映画ロケに適していたほか、西部劇の流行もあって、郊外のハリウッドは映画のメッカとなり、チャップリンらのスターを生んだ。

ミッキーマウスの生みの親 ディズニー（1901〜66）

貧しい少年期を経て、20歳の頃からアニメ作家を志した。ミッキーマウスやアヒルのドナルドなどのキャラクターで子どもたちの人気を集め、「白雪姫」や「ピノキオ」など古いヨーロッパの童話を題材にして大人たちの心もつかんだ。ディズニーのアニメ映画は、斬新なアイディアと愛らしいキャラクターによって大人気となり、全世界へと広まった。貧しい家庭出身のディズニーの成功は、アメリカン＝ドリームの典型であった。

アメリカ

資料から読み解く アメリカの産業構造の変化と農業不況

←ⓒ**農家負債と農産物価格の変容**

（億ドル）125／100／75／50／25／0　（ドル）2.5／2.0／1.5／1.0／0.5／0
農家の負債額の合計（左軸）
1ブッシェル*当たりの食用小麦価格（右軸）
1910年 15 20 25 30 35 40 45 50
＊1ブッシェル＝約35リットル

↓ⓓ**就業人口の割合に見るアメリカの産業構造の変化**

	農家	工業	商業	運輸・サービス業	営業・事務
1880年	51%	25	10	9	5
1920年	26	33	14	12	15

文献③ 大戦前後のアメリカ農村の実情

ヨーロッパが戦乱に荒れ始めてから、アメリカの農産物輸出は飛躍的に増大した。……農民は「戦えないのなら耕そう。食糧で戦争は勝てる」とせき立てられた。……農家は生産拡大のために耕地面積を広げ、農業機械を買い増した。……しかし、<u>戦争の終結とともに事態は一変し、農産物価格は直ちに下落し始めた</u>。もともと農産物は必需品である。価格が高くとも消費量を抑えることは難しく、逆に価格が下がってもそれほど大量に消費できるものではない。……それが、いま戦争中の増産努力によって農産物の供給が急増したところへヨーロッパの需要が消滅したのである。……後に残ったものは、今や不用になった大量の過剰生産能力と借金の山だった。

（林敏彦『大恐慌のアメリカ』岩波書店）

読み解き

1. 下線部について、その理由は何だろう。
2. 第一次世界大戦後、産業構造にはどのような変化がみられただろう。
3. 農業が不況に陥った要因についてまとめてみよう。

歴史のスパイス　女性参政権がアメリカで実現し（➡P.59）、女性が政治・経済・教育各分野に進出する一方、大胆な服装、派手な化粧の「フラッパー」と呼ばれる女性たちも登場した。

1 大戦後の西アジア

➲P.268 ➲P.320, 336

地域	年	事項
シリア・レバノン	1920	**仏委任統治領**（セーヴル条約）
	1926	レバノンとシリアが分離
	1936	シリアに自治権
	1943	レバノン共和国成立
	1946	シリア共和国成立・委任統治終了
トランスヨルダン	1920	**英委任統治領**（セーヴル条約）
	1921	ヨルダン川以東をハーシム家の王子に与え、国王とする
	1923	英保護領トランスヨルダン王国成立
	1946	委任統治終了・完全独立
パレスチナ	1920	**英委任統治領**（セーヴル条約）
		●これ以前のイギリスの秘密多重外交による協定で混乱
	1948	**イスラエル**建国宣言➲P.320
イラク	1920	**英委任統治領**（セーヴル条約）
	1921	ハーシム家のファイサルを王とし、王国成立
	1932	委任統治終了・完全独立
アフガニスタン	1880	イギリス保護領
	1919	**第3次アフガン戦争で独立**
イラン	1919	ガージャール朝（カージャール朝）にイギリス軍駐留、保護国化
	1925	**レザー＝ハーン、パフレヴィー朝を創始**
	1935	国号を「イラン」に改称
サウジアラビア	1744頃	第1次ワッハーブ王国成立（〜1818）
	1823	第2次ワッハーブ王国（〜89）
	1902	第3次ワッハーブ王国
	1926	**イブン＝サウード**、メッカの反乱軍を破り、ヒジャーズとネジドの王となる
	1932	**サウジアラビア王国樹立を宣言**
エジプト	1914	イギリスの保護国となる
	1919	ワフド党による反英独立運動
	1922	**ワフド党指導により独立**（スエズ運河駐兵権など英に特権）
	1936	**イギリス＝エジプト条約で完全独立**
カフカス	1920	アゼルバイジャン共和国成立
	1920	アルメニア共和国成立
	1921	グルジア共和国成立
	1922	3共和国により**ザカフカース連邦共和国成立→ソ連に編入**

A 第一次世界大戦後の西アジア

読み解き 地図Bの分割案はその後どうなったのか、地図Aを参考に考えよう。

イギリスの秘密外交

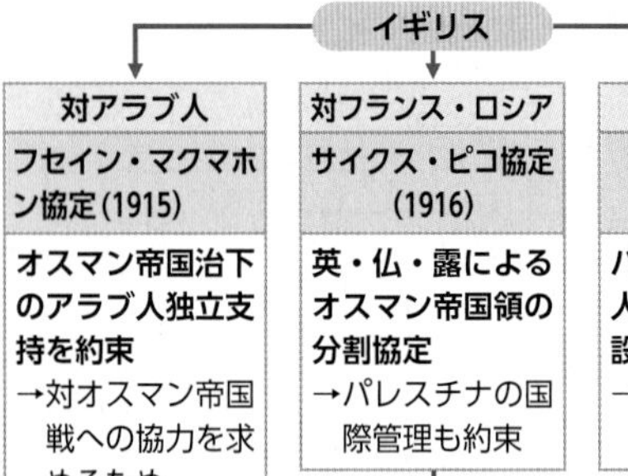

イギリス
対アラブ人
フセイン・マクマホン協定（1915）
オスマン帝国治下のアラブ人独立支持を約束
→対オスマン帝国戦への協力を求めるため
対フランス・ロシア
サイクス・ピコ協定（1916）
英・仏・露によるオスマン帝国領の分割協定
→パレスチナの国際管理も約束
対ユダヤ人
バルフォア宣言（1917）
パレスチナにユダヤ人の民族的郷土を建設することを支持
→ユダヤ系金融資本の協力を得るため

相互に矛盾→パレスチナ問題の発端 ➲P.320, 325, 338

B サイクス・ピコ協定のオスマン帝国領分割案

イスタンブル、アンカラ、黒海、ロシア、オスマン帝国、タブリーズ、アダナ、アレッポ、モスル、キプロス、ハマダーン、ベイルート、ダマスクス、地中海、バグダード、アレクサンドリア、エルサレム、カイロ、スエズ、バスラ、エジプト、アラビア、クウェート、0 1000km

仏統治領　英統治領　露統治領　仏勢力範囲　英勢力範囲　国際管理地域

文献① バルフォア宣言[1]（1917）

国王陛下の政府はパレスチナにおいてユダヤ人のための民族的郷土を設立することを好ましいと考えており、この目的の達成を円滑にするために最善の努力を行うつもりです。また、パレスチナに現存する非ユダヤ人諸コミュニティーの市民および信仰者としての諸権利、ならびに他のあらゆる国でユダヤ人が享受している諸権利および政治的地位が侵害されることは決してなされることはないと明確に理解されています。

[1] バルフォア英外相が、シオニスト連盟会長ロスチャイルドに宛てた書簡のかたちをとった政治文書

（歴史学研究会編『世界史史料10』岩波書店）

読み解き
1. 下線部はどこの国をさしているだろう。
2. この宣言の目的は何だろう。

トルコの近代化

アブデュルメジト1世（位1839〜61）
- 1839 ギュルハネ勅令 →**タンジマート（恩恵改革）**➲P.268 西欧化推進　非ムスリム平等化

アブデュルハミト2世（位1876〜1909）➲P.268
- 1876 **ミドハト憲法**発布（起草ミドハト＝パシャ）
- 1877 **ロシア＝トルコ（露土）戦争**（〜78）
- 1878 **ミドハト憲法停止**（専制復活）
- 1908 **青年トルコ革命**→皇帝専制打倒、憲法復活
- 1911 イタリア＝トルコ（伊土）戦争 →トリポリ・キレナイカ喪失
- 1912 バルカン戦争（〜13）
- 1914 **第一次世界大戦に同盟国側で参戦**（〜18）
- 1919 ギリシア＝トルコ戦争（〜22）
- 1920.5 ムスタファ＝ケマルがアンカラ政府樹立
- 8 **セーヴル条約**➲P.299

●**トルコ革命**（1922〜23）
- 1922 **スルタン制廃止**→オスマン帝国消滅
- 1923 **ローザンヌ条約**→軍備制限・治外法権撤廃➲P.299 **トルコ共和国宣言**（都アンカラ、大統領ケマル）
- 1924 **カリフ制廃止**、トルコ共和国憲法発布

ローマ字を教えるケマル

↑❶ムスタファ＝ケマル 第一次世界大戦の軍功により「パシャ」の称号を獲得。トルコ共和国の建国者であり、初代大統領（在任1923〜38）。1934年に議会から「**アタテュルク**（トルコの父）」の称号を贈られた。

文献② ムスタファ＝ケマルの演説（1925）

知識、科学および全面的に文明と向き合う今日、スーフィー[1]導師やその類の輩の導きによって、物質的、精神的幸福を追求するほど原始的な人間がトルコ文明社会に存在することを余は決して認めない。……最も正しい、最も真実の道は、文明の道である。

[1] 教団としてだけでなく、人々を社会的に統合する役割を担う組織。

（歴史学研究会編『世界史史料10』岩波書店）

チェック ケマルの近代化政策
- ●**女性解放**・女性参政権実施
- ●イスラーム暦廃止（太陽暦採用）
- ●**文字改革**（**ローマ字**国字化）

読み解き ケマルの考える「文明の道」とは何だろう。

サウジアラビア王国の成立

サウード家

↑❷イブン＝サウード（1880〜1953）

イブン＝サウード
メッカ・メディナを支配
1926 ヒジャーズ＝ネジド王国
↓
1932 **サウジアラビア王国**

ハーシム家

フセイン・マクマホン協定（1915）　英　支援

フセイン
1916 挙兵（アラブの反乱）
↓
ヒジャーズ王国　併合

ファイサル
1921 イラク国王となる
↓
1932 **イラク王国**完全独立

歴史のスパイス ムスタファ＝ケマルが世俗化を進めて以来、博物館として公開されてきたハギア＝ソフィア聖堂について、トルコ政府は2020年に再びモスクに戻すことを宣言した。

2 インドの独立運動 ➲P.270 ➲P.320, 333

イギリスの動き	インド
	1885 **インド国民会議**(ボンベイ)…穏健路線
1905 **ベンガル分割令** ヒンドゥー・イスラームの分離・分割支配 (1911撤回)➲P.291	ティラクらの急進派が台頭 1906 国民会議派カルカッタ大会 **英貨排斥・スワラージ**(自治獲得)・**スワデーシ**(国産品愛用)・**民族教育**の4綱領採択　議長ナオロージー **全インド＝ムスリム連盟結成**
第一次世界大戦	
1919 **ローラット法** アムリットサール事件 **1919年インド統治法**	1919 **ガンディー、非暴力の抵抗運動開始** (第1次サティヤーグラハ〈真理の掌握〉)(～22)
1922 ガンディー逮捕	●ヒンドゥー・イスラームの対立激化
1928～29 サイモン委員会 統治法改正調査	全国的な抵抗運動 1929 **ラホール大会**(ネルー指導) **完全独立(プールナ＝スワラージ)**決議
1930～32 英印円卓会議	1930 ガンディー「**塩の行進**」
1935 1935年インド統治法	第2次サティヤーグラハ開始
＊「イギリスはインドから立ち去れ」の意	1942 クウィット・インディア＊運動開始 1947 インド・パキスタン分離独立

C 第一次世界大戦後のアジア

文献③ 第一次世界大戦後のインド統治

戦後のインドは、怒りにもえて、むしろ戦闘的で、あまり希望にみちていたとはいえないけれども、やはり、なにかしら期待をもって待ちかまえていた。わずか数カ月以内に、それほど待ちに待ったイギリスの新政策の成果が、革命運動をとりしまる特別の法律を通過させる提案のかたちで示された。<u>自由をおしひろげるかわりに、弾圧を強化しようというのであった。</u>……たちまちのうちに国中で「暗黒法案」として知られるようになり、……この法案にたいする良く知られた要約は、「弁護不能、上告不可、証拠不要」というものだった。

(ネルー著、大山聰訳『父が子に語る世界歴史6』みすず書房)

←❸ネルー(1889～1964)　独立後のインド初代首相。理念を重視するガンディーとの意見衝突もあったが、関係は親密であった。ラホール大会(1929)では国民会議派議長に選出。

読み解き 下線部はイギリスのどのような施策をさしているだろう。

資料から読み解く ガンディーの抵抗運動

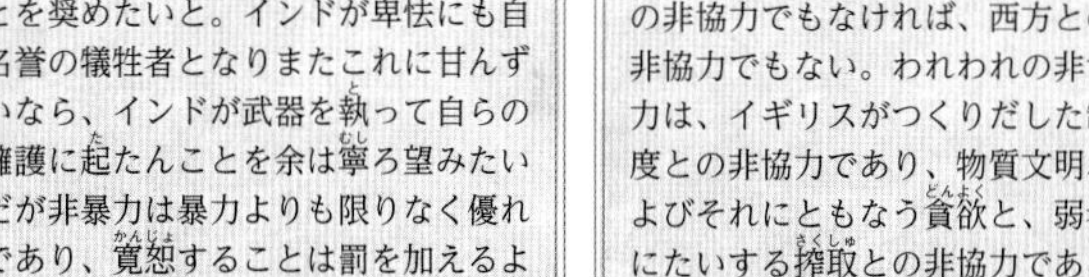

文献④ 剣の教義(1920)

余[ガンディー]はかく信ずる、卑怯と暴力との中、孰れかを一つだけ択ぶとすれば暴力を採ることを奨めたいと。インドが卑怯にも自己の不名誉の犠牲者となりまたこれに甘んずるくらいなら、インドが武器を執って自らの名誉の擁護に起たんことを余は寧ろ望みたいのだ。だが非暴力は暴力よりも限りなく優れたものであり、寛恕することは罰を加えるよりも遥かに男らしいということを信ずるものである。(ネール著、磯野勇三訳『ネール自伝(上)』角川書店)

文献⑤ ガンディーの考える敵

われわれの非協力は、イギリスとの非協力でもなければ、西方との非協力でもない。われわれの非協力は、イギリスがつくりだした制度との非協力であり、物質文明およびそれにともなう貪欲と、弱者にたいする搾取との非協力である。

(坂本徳松『人と思想「ガンジー」』清水書院)

糸車(チャルカー)

↑❹糸車(チャルカー)を使うガンディー　自ら手織り綿布をまとい、手紡ぎ・手織りを奨励して自らも実践した。

↑❺塩の行進　インド人による塩の生産自由化を求めて行進。イギリス当局は激しい暴力的弾圧を加えた。

読み解き
1 ガンディーは暴力についてどのように考えているだろう
2 ❹・❺のガンディーの行動は、何に対する訴えだろう。

3 東南アジアの民族運動 ➲P.272 ➲P.320, 334

読み解き 20世紀前半のどのような出来事が東南アジアの民族運動に影響を与えただろう。

英領ビルマ	タイ	仏領インドシナ	オランダ領東インド	フィリピン
●第一次世界大戦中、独立運動が活発化 1930 サヤ＝サンの反英農民暴動 **タキン党成立** 1935 1935年インド統治法で**インド帝国から分離** タキン党の独立運動→アウンサンら完全独立要求 1942 日本軍の侵攻 1944 反ファシスト人民自由連盟の抗日武装闘争	1873 **ラーマ5世**(チュラロンコン)のチャクリ改革(王国の制度改革) 1917 ドイツに宣戦 戦後、各国との不平等条約撤廃 1927 人民党誕生 1932 **タイ立憲革命**(議会開設) 1937 憲法制定し、立憲君主政に移行 1939 国号をシャムからタイに改称 1942 ピブーン首相、日本に協力し米英両国に宣戦布告 プリーディーら自由タイによる抗日運動	1904 **ファン＝ボイ＝チャウ**ら維新会結成→**ドンズー(東遊)運動**➲P.291 1907 ドンキン(東京)義塾結成 1912 ベトナム光復会(←維新会) 1925 ホー＝チ＝ミン、ベトナム青年革命同志会結成 1927 ベトナム国民党結成 1930 **インドシナ共産党(ホー＝チ＝ミン指導)成立** 1940 日本軍、北部仏印進駐 1941 ホー＝チ＝ミン、**ベトナム独立同盟**(ベトミン)を結成	1908 ブディ＝ウトモ結成(ジャワ人の民族主義団体) 1912 **イスラーム同盟(サレカット＝イスラム)結成** 1920 インドネシア共産党結成(アジア最初の共産党) 1927 **スカルノらインドネシア国民党結成** 1942 日本軍侵攻 1945 日本敗退後すぐスカルノらの独立宣言　以後オランダとの独立戦争	1892 フィリピン民族同盟結成 秘密結社カティプーナン結成 1898 **アメリカ＝スペイン戦争→アメリカ支配下** 1901 独立運動指導者**アギナルド**逮捕 1934 **アメリカ、10年後の独立を約束** 1942 日本軍侵攻 フクバラハップ(抗日人民軍)結成。抗日闘争

歴史のスパイス　『父が子に語る世界歴史』は、ネルーが、娘であるインディラ＝ガンディー(➲P.333)に宛てて、刑務所内で執筆した書簡をまとめたものである。

東南アジア　南アジア　西アジア

中国革命と朝鮮・日本

1 中国革命の進展と日本

➡P.288, 290 ➡P.312, 321

＊中華民国には、1917年から28年の北伐完了まで、北京政府と国民党による政府が併存していた。

共産党の動き	国民党の動き	軍閥と日本の動き
	1911.10 **辛亥革命** 1913. 7 第二革命	1912. 2 **清滅亡** 1913.10 袁世凱、大総統就任
	第一次世界大戦	
1917.11 ロシア革命 **新文化運動(文学革命)**	1914. 7 孫文、中華革命党結成 1915.12 第三革命 1917. 9 孫文、広東軍政府樹立＊	1915. 1 **二十一カ条要求** 1915 袁世凱、帝政企図 1916. 6 袁世凱死去、軍閥割拠へ
1919. 5 **五・四運動**	1919. 6 ヴェルサイユ条約調印拒否	
1919. 7 カラハン宣言(ソヴィエト政権が対中国不平等条約撤廃宣言) 1921. 7 **中国共産党結成** 陳独秀・李大釗	1919.10 **中華革命党、中国国民党に改組**	**安徽派** 段祺瑞 日本の支援 ⟷ **直隷派** 馮国璋 英米の支援 1920. 7 安直戦争(安徽派敗北) **奉天派** 張作霖 日本の支援
	1924. 1 国民党第1回全国代表大会 **「連ソ・容共・扶助工農」**	1922. 4 第1次奉直戦争(奉天派敗北) 1924. 9 第2次奉直戦争(直隷派敗北)
1924. 1 **第1次国共合作**	1925. 3 孫文死去	
1925. 5 **五・三〇運動**(上海)	. 7 **広州国民政府成立** 1926. 7 **北伐開始**(第1次)→	1924.11 **軍閥連合政権成立**
1927. 1 **武漢政府成立** →主席汪兆銘(国民党左派・共産党)	1927. 4 **蔣介石、上海クーデタ**(**浙江財閥**の支援) **南京国民政府成立**	1927. 3 日本で金融恐慌 . 5 日本、山東出兵(対北伐軍)
⟵1927. 7 **国共分離**⟶		
1927.10 毛沢東ら井崗山に根拠地建設	. 9 武漢政府合流 1928. 4 北伐再開(第2次) . 6 **北伐完了**	1928. 5 済南事件 . 6 **張作霖爆殺事件**

←❶李大釗

中国共産党		中国国民党
1921年、**コミンテルンの指導下に**上海で結成(初期の指導者：陳独秀)	**成立**	1919年、**孫文が中華革命党**(1914年に東京で結成)**を改組**
マルクス＝レーニン主義	**主張**	**三民主義**(民族・民権・民生)
労働者・農民／ソ連	**支持**	浙江財閥／アメリカ・イギリス

←ⓐ中国共産党と中国国民党

A 北伐時代の中国

← 国民革命軍の北伐路
← 日本軍侵入路
北方軍閥派
国民革命派

Column 浙江財閥と蔣介石

浙江財閥とは、上海を拠点とした浙江・江蘇両省出身の金融資本家集団の総称で、民族資本家の一つ。その一角を占める宋耀如には三人の娘がいた。三女の美齢が結婚したのは、宋家とその長女・次女の夫とのつながりを求めた蔣介石であった。浙江財閥の支援下に、蔣は上海クーデタにより共産党を排除し、南京に国民政府を樹立した。

↑❷蔣介石(1887〜1975)

↓❸宋家の三姉妹 長女靄齢の夫は国民政府財政部長の孔祥熙、次女慶齢の夫は孫文(➡P.290)。

新文化運動

＊刊行当初は「青年雑誌」、後に「新青年」へ改題

チェック 新文化運動(文学革命)
- **陳独秀**…『**新青年**』創刊
- **胡適**…『新青年』に「文学改良芻議」を寄稿して**白話文学**を提唱
- **魯迅**…『狂人日記』『阿Q正伝』
- **李大釗**…マルクス主義研究 →五・四運動を思想的に準備

←❹**陳独秀**(1879〜1942) 次第に共産主義に傾倒。1921年中国共産党を創設し、初代委員長を務めた。

↑❺『**青年雑誌**』＊(創刊号) 「民主と科学」を掲げて啓蒙活動を行った。

文献① 友人銭玄同と魯迅の問答

「もしかりに鉄の部屋があって、窓も戸もまったくなく、どうにもこわせないで、なかには熟睡しているひとたちが大勢いるとする。……いまきみが大声をだしてやや意識の戻った何人かを呼び起こし、この不幸な少数者に、救いのない臨終の苦痛を与えたとしたら、きみはかれらに済まないとおもわないかい？」
「しかし、幾人かがもう起きてしまったとすれば、その鉄の部屋をこわす希望がぜんぜんないとはいえんだろう」
そうだ、わたしにはわたしなりの確信があるとはいえ、希望ということになれば、それは抹殺できないのだ。……わたしはとうとう文章を書くことを承諾した。 (「吶喊」自序より)(片山智行『魯迅』中央公論新社)

読み解き 「鉄の部屋」とは何をさしているだろう。

←❻**魯迅**(1881〜1936) 日本に留学して医師をめざしていたが、中国民衆のためには精神の改造こそが急務であると痛感し、文学へと転じた。

五・四運動

文献② 北京学生界宣言(1919.5.4)

われらは日本人の密約の危険な条項の下で無実の罪で辱めを受け、恥辱の痛みをこらえており、日夜切望している山東問題、青島返還問題は、今すでに5カ国の共同管理となり、中日直接交渉の提議がなされようとしている。……講和会議が開幕した時、我らが願い、慶祝したのは、世界に正義・人道・公理があるということだったからではなかったか。青島を返還し、中日の密約や軍事協定およびその他の不平等条約を廃棄することは公理であり、すなわち正義である。

(歴史学研究会編『世界史史料10』岩波書店)

読み解き
1. 「公理」とは何をさしているだろう。
2. 中国がその後ヴェルサイユ条約調印を拒否したのはなぜだろう。

緊張する日中関係

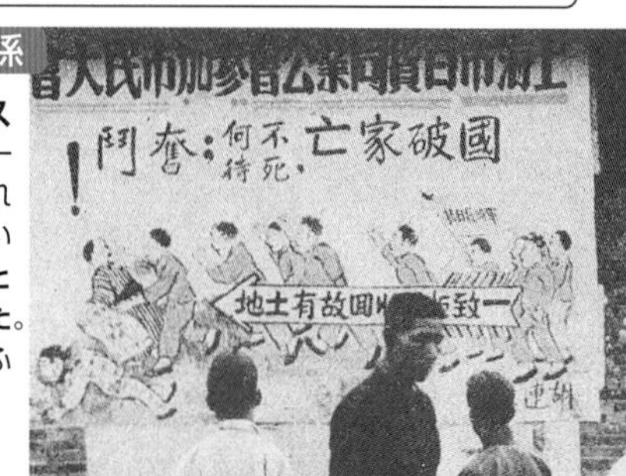

→❼**日貨排斥のポスター** 北伐による統一が進む中国では、これまで列強に奪われていた**利権を回収しようという声が大きくなった**。その対象には日本もふくまれていた。

→❽**張作霖爆殺事件** 満洲の占領をめざした関東軍は、軍閥の張作霖を謀略で爆殺した。息子の張学良(➡P.313)は、国民政府への合流を表明し、結果として国民政府の力が満洲にまで及ぶことになった。

2 朝鮮の三・一独立運動

➲P.289 ➲P.321

文献③ 三・一独立宣言(1919)

われらはここに我が朝鮮の独立国であることと朝鮮人の自主民であることを宣言する。……当初から民族的要求として出されたものではない両国併合の結果が、……姑息な威圧と差別的な不平等と統計数字上の虚飾の下で、利害相反する両民族の間に、永遠に和合することのできない怨恨の溝をますます深くさせている……

公約３章

1　今日われらのこの挙は、正義、人道、生存、尊栄のためにする民族的要求、すなわち自由の精神を発揮するものであって決して排他的感情に逸走してはならない……

(歴史学研究会編『世界史史料10』岩波書店)

「少女」の反日運動
柳寛順(1904*～1920)

ソウルでの三・一独立運動に参加した後、郷里の天安に戻って運動を続けた。その過程で両親を失い、自身も逮捕され、投獄された。西大門刑務所内でも独立を叫び続けたが、若くして獄死した。独立運動のシンボル的存在。

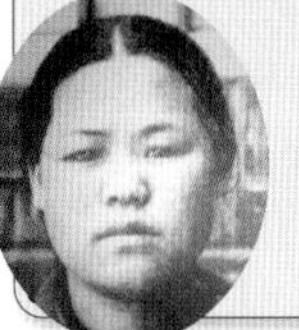

＊生年は諸説あり

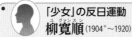

←ⓑ**朝鮮の米穀生産と日本への搬出量**

読み解き 朝鮮での生産高と朝鮮人の一人当たり消費量の関係には、日本側のどのような政策が影響したと考えられるだろう。

3 1920年代の日本社会

➲P.293 ➲P.312

	日本の動き	
1920. 1	**国際連盟に加盟**(常任理事国)	戦後恐慌
. 3	市川房枝ら新婦人協会結成➲P.58	
. 5	第１回メーデーの開催	
1921.10	友愛会が日本労働総同盟に改称	
.12	四カ国条約に調印(日英同盟廃棄明記)	
1922. 2	九カ国条約に調印	
. 3	全国水平社の結成	
. 4	日本農民組合の結成	
1923. 9	**関東大震災**の発生	震災恐慌
1924	第二次護憲運動	
1925. 1	『キング』創刊	
. 4	**治安維持法**の公布	
. 5	**普通選挙法**の公布	
	ラジオ放送開始	
1927. 5	第１次山東出兵(対北伐軍)	金融恐慌
1928. 6	張作霖爆殺事件	
. 6	治安維持法改正の公布(死刑罪など追加)	
1929	**世界恐慌** ➲P.308	
1930. 1	金解禁実施	昭和恐慌

関東大震災

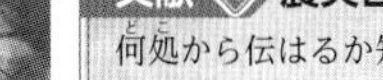

文献④ 震災日記に見える混乱

何処から伝はるか知らぬが、現場のことが手に取るやうに人々の口から伝はって来る。遂には朝鮮人が爆弾を投ずるのだと云ふ、不安な噂が伝はって来る。併し何うも風声鶴唳①らしいと私②は言って居た。……此の不意に起った災害を、鮮人[朝鮮人]が予知することが何で出来るものか、と私は言って聞かせた。倦み疲れて神経過敏になってゐる人達には、深く考へる余裕が無くなってしまってゐる。

①おじけづいた人が、ちょっとしたことにも驚き怖れること
②染川藍泉(1879～1934)、当時は十五銀行本店庶務課長

(歴史学研究会編『日本史史料４』岩波書店)

↑❾**関東大震災**(東京・日比谷)　1923年９月１日、相模湾を震源とするマグニチュード7.9の大地震が発生。政治・経済・社会は大混乱に陥り、「富士山爆発」「朝鮮人暴動」など様々な流言が飛び交った。死者・行方不明者合わせて10万人を超える日本史上最大の地震災害となった。

社会運動の広がり

文献⑤ 水平社宣言(1922)

全国に散在する我が特殊部落民よ団結せよ。……我々は、かならず卑屈なる言葉と怯懦なる行為によって、祖先を辱しめ人間を冒瀆してはならぬ。そうして人の世の冷たさが、何んなに冷たいか、人間を勦はる事が何んであるかをよく知ってゐる吾々は、心から人世の熱と光を願求礼讃するものである。水平社はかくして生れた。人の世に熱あれ、人間に光あれ。

(歴史学研究会編『日本史史料４』岩波書店)

↑京都岡崎公会堂に全国から被差別部落代表が集まり創立大会が開催された。佐野学の『特殊部落民解放論』に影響を受けた西光万吉らが中心となる。

↑⓭**第１回メーデー**(1920)　５月１日に開催される国際的な労働者の祭典メーデーが、1920年に日本で初めて開かれた。

日本の大衆文化

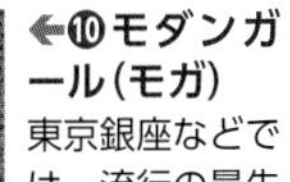

←❿**モダンガール(モガ)** 東京銀座などでは、流行の最先端を行く女性たちが現れた。

→⓫**『キング』創刊号**　万人向けの月刊娯楽雑誌として1925年１月創刊。1928年には150万部を記録するなど、多くの人に支持された。

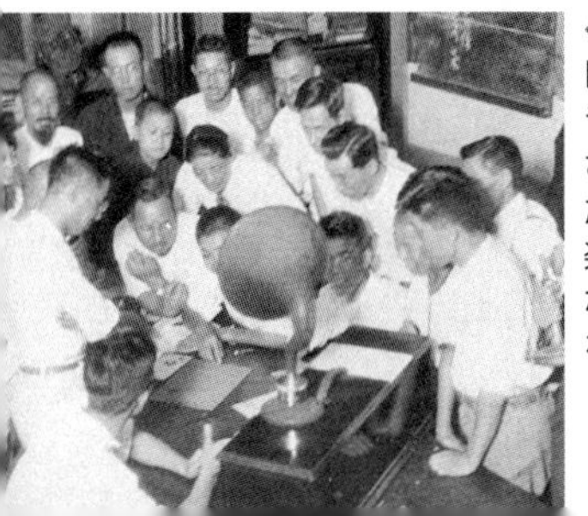

←⓬**ラジオ放送** 日本では1925年にラジオ放送が開始された。ニュースだけではなく、音楽やスポーツ実況など、新たな娯楽を人々に提供した。

文献⑥ 治安維持法(1925)

第１条　国体を変更させたり、私有財産制度を否定したりすることを目的として結社をつくり、または事情を知っていて加入した者は、10年以下の懲役または禁錮にする。(『官報』をもとに作成)

読み解き 治安維持法制定の背景について、同年に締結された条約や公布された法令などから考えよう。

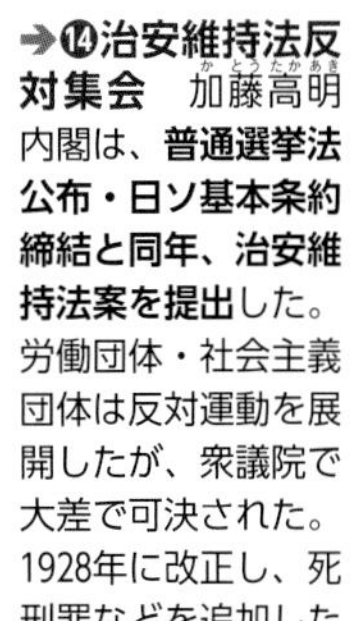

→⓮**治安維持法反対集会**　加藤高明内閣は、**普通選挙法公布・日ソ基本条約締結と同年、治安維持法案を提出**した。労働団体・社会主義団体は反対運動を展開したが、衆議院で大差で可決された。1928年に改正し、死刑罪などを追加した。

公布年	実施年	内閣	有権者の資格	
			直接国税	性別・年齢
1889	1890	黒田清隆	15円以上	男25歳以上
1900	1902	山県有朋	10円以上	男25歳以上
1919	1920	原敬	３円以上	男25歳以上
1925	1928	加藤高明	制限なし	男25歳以上
1945	1945	幣原喜重郎	制限なし	男女20歳以上
2015	2016	安倍晋三	制限なし	男女18歳以上

↑ⓒ**日本の選挙法改正**

文献⑦ 婦選獲得同盟宣言(1925)

普選案は予定通り、第50議会を通過した。そしてここに、国民半数の婦人は、25歳以下の男子、および「貧困により生活のため公私の救助を受け、または扶助を受ける」少数の男子とともに、政治の圏外に取り残された。我ら女性は、もはや我らが一個の国民として、国家の政治に参与することがいかに当然で、必要であるかの理由については語るまい。

(『婦選』をもとに作成)

読み解き 下線部についてどのような内容を批判しているだろう。

歴史のスパイス 産業構造の変化は女性の職域を広げ、タイピスト、事務員、電話交換手、バスガールなどの「職業婦人」が急増した。

世界恐慌

1 世界恐慌の発生

↓ⓐ世界恐慌の要因

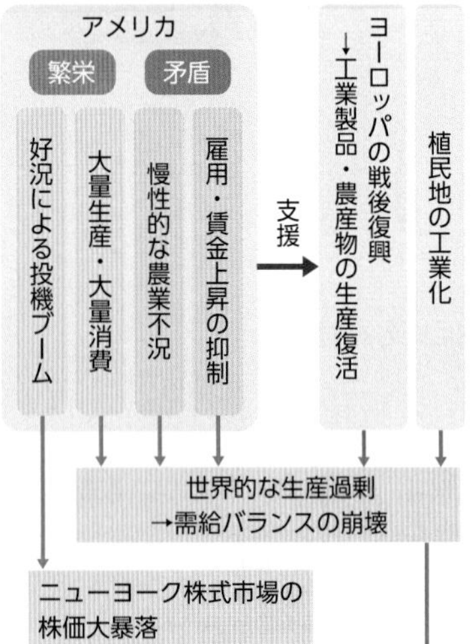

←❶混乱するウォール街　「暗黒の木曜日」と呼ばれた1929年10月24日の株価大暴落は、翌週も続き、金融不安が生じた。影響は世界中に拡大、資本主義国は対応をめぐり対立を深めた。

↑❷セントラルパークにできたバラック　無策な大統領を皮肉って「フーヴァー村」と呼ばれた。

	1927	1928	1929	1930
主要債権国からの資本輸出（単位：百万ドル）				
アメリカ	580	1,099	206	196
イギリス	386	569	574	112
フランス	503	237	-20	-252
主要債務国への資本輸入（単位：百万ドル）				
ドイツ	1,072	1,007	553	148

←ⓑ世界恐慌前後の主な資本の流れ

読み解き
1 ドイツの失業率が特に深刻化した背景を考えよう。
2 ソ連の工業生産が相対的に安定している理由は何だろう。

アメリカ　日本　イギリス　ソ連　ドイツ　(1929年＝100)
ナチ党政権獲得
金本位制停止
ニューディール開始

↑ⓒ各国の工業生産の推移

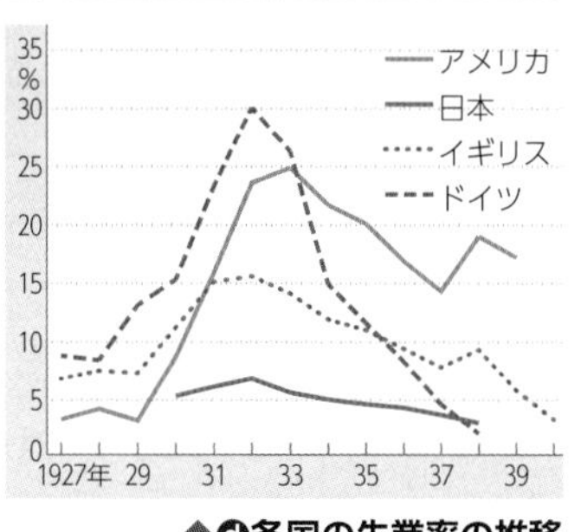

↑ⓓ各国の失業率の推移

文献① フーヴァーの大統領選挙戦演説（1932）

彼ら［野党］は様々な変更といわゆるニューディールを提案していますが、それらは私たちのもつアメリカのシステムの根本を破壊してしまうでしょう。……アメリカのシステム全体の基礎となる考え方は、人々を規制するのではなく、自由な人々が力を合わせるということです。……自由主義というのは一つの力であり、それは政治的自由が守られねばならないなら経済的自由も犠牲になってはならないという深い確信に由来するものです。

（ペーター＝ガイス他監修、福井憲彦他訳『ドイツ・フランス共通歴史教科書【近代史】』明石書店）

2 ニューディール

① 経済復興・社会保障面で一定の成果をあげる一方、1930年代末にもなお、948万人（17%）の失業者がいた。

開　始	1933年3月、民主党のフランクリン＝ローズヴェルト大統領が導入		
目　的	①銀行・通貨の統制　②企業・個人の救済　③農民の救済　④企業の統制と競争の公正化および労働者の地位向上　⑤社会政策の実施（修正資本主義を実践）		
基本方針	3R　Relief（救済）　Recovery（回復）　Reform（改革）		
救済復興政策	**社会政策**	**救済政策**	**外交政策**
農業調整法（AAA） 1933.5　過剰農産物を政府が買い上げて**農産物価格の下落を調整** →1936.1　違憲判決 **全国産業復興法（NIRA）** 1933.6　政府による**産業統制と労働条件の改善**規定→1935.5　違憲判決	**テネシー川流域開発公社（TVA）** 1933.5　**失業者の救済**と民間企業の電力独占を規制 **ワグナー法**（全国労働関係法） 1935.7　労働者の団結権・団体交渉権を認める **社会保障法**（1935.8） **産業別組織会議**（CIO）（1938.11）	**金本位制の停止** 1933.3　緊急銀行救済法 管理通貨制の導入 **緊急救済法** 1933.5　5億ドルの資金で貧窮者を救済	**善隣外交** ニカラグア・ハイチより撤兵 キューバの独立承認（1934.5） **ソ連の承認**（1933.11） フィリピンの10年後の独立承認（1934.5） 中立法（1935.8）

文献② ローズヴェルトの大統領就任演説（1933.4）

我々の最大かつ最優先の課題は人々をして仕事につかせることであります。……この課題に取り組むには、戦争時のように政府自身による直接雇用で達成される部分もあるでしょうし、また同時に、自然資源利用の拡大と再編のために緊急に必要なプロジェクトをなし遂げるべく雇用を創出することによって達成される部分もあるでしょう。……明らかに公的性格をもつ様々な機関に対する全国的な計画と監督を導入することで、それを下支えしてやることができます。……今日の前例のない課題に立ち向かう際にも行政権と立法権の通常の均衡が適切であれば良いでしょう。しかし、今までに例のない迅速な行動のために、この通常の均衡から一時的に離れることが必要になるかもしれません。

（ペーター＝ガイス他監修、福井憲彦他訳『ドイツ・フランス共通歴史教科書【近代史】』明石書店）

読み解き 文献❶と❷から、政府の立場のどのような違いが読み取れるだろう。

→❸ローズヴェルト（1882〜1945）　大統領就任後、ラジオを通じて直接、国民に方針を説明し（炉辺談話、➲P.65）、支持を伸ばした。アメリカ史上唯一4選を果たした。

3 恐慌下の主要国

経済的基盤の強い国（「持てる国」）
植民地や勢力圏を利用した経済ブロック

イギリス
- 1931　**マクドナルド挙国一致内閣**
  - 金本位制停止
  - **ウェストミンスター憲章（イギリス連邦成立）**
- 1932　オタワ会議でスターリング＝ブロック形成

フランス（金と外貨準備が多く恐慌の波及が遅い）
- 1934　フラン＝ブロック形成
- 1936　**ブルム人民戦線内閣**
  - 金本位制停止

アメリカ
- 1933　ニューディール開始
  - 金本位制停止

挑戦　宥和政策　不信感

経済的基盤の弱い国（「持たざる国」）
軍事的侵略と反共産主義のファシズム

ドイツ
ヒトラー政権、ヴェルサイユ体制打破
イタリア
ムッソリーニ政権、アルバニア・エチオピア侵略
日本
軍部台頭（五・一五事件と二・二六事件）
中国進出（「満洲国」建国）

対抗意識

ソ連…五カ年計画
- スターリンの独裁
- 恐慌の影響は小さい
- 人民戦線を提唱（コミンテルンの大会）

＊イギリスの旧自治領であるカナダはアメリカ＝ドルとの結びつきが強く、ドル地域に属した。

A ブロック経済

フラン＝ブロック　ドル地域　ドイツ経済圏　円ブロック　ポンド地域（スターリング・ブロック）

歴史のスパイス　大恐慌と自然の猛威に苦しみながらも、たくましく生き抜く農民の姿を描いたスタインベックの小説『怒りの葡萄』がアメリカでベストセラーとなり、映画化もされた。

資料にチャレンジ ユダヤ人

チャレンジする前に! 「ユダヤ」と聞いてどのような人々を思い浮かべるだろう。古代・中世には一般にユダヤ教を信奉する人々(=ユダヤ教徒)を意味し、キリスト教社会においては被差別者として構造的に定着していった。近代に入り「民族」の概念が登場したが、文献❶のように特定の人種や民族に分類できない集団でもある。信徒集団・民族集団いずれをとっても、長きにわたり各地で迫害されてきた歴史は否定できない。一方、共通の宗教、歴史により結びつくその統一性と、各地域・各時代で形成されてきたコミュニティーにおける多様性を、文献❷のようなグローバルな視点でとらえることはできないだろうか。

文献①イスラエルのユダヤ帰還法[①](1970改定)

第4条B　本法の趣旨では、「ユダヤ人」とは、ユダヤ人の母から生まれ、あるいはユダヤ教徒に改宗した者で、他の宗教の成員ではない者を意味する。

①国外のユダヤ人がイスラエルに移民することを認めるイスラエルの法律

(日本国際問題研究所ウェブページ)

文献②悲哀史観をこえて

ユダヤ人の歴史を把握するということは、理想的には、イランから地中海に至る[西]アジア、ヨーロッパ、北アフリカ、そして大西洋を越えて北アメリカに至るユダヤ人の歴史の舞台全体を把握するということである。ユダヤ人の歴史は、ユダヤ人自身が成し遂げたことと同様、これら多くの国々や文化の中で変化することで形成されてきたのである。

(R. Scheindlin, *A Short History of the Jewish People*, Oxford University Pressをもとに作成)

ユダヤ人の歴史

ヘブライ人の王国	前1500頃	ヘブライ人、カナーン(パレスチナ)に定住
	前1230頃	**モーセの出エジプト→「十戒」を授かる**➡P.85
	前1000頃	ヘブライ王国の**ダヴィデ王**、エルサレムに都を建設
	前960頃	ソロモン王、エルサレムに第一神殿建設
	前922頃	北の**イスラエル王国**と南の**ユダ王国**に分裂
異民族の支配	前586	ユダ王国、新バビロニア王国に滅ぼされる **→バビロン捕囚**(前586～前538)➡P.86
	前538	アケメネス朝のキュロス2世により解放される
	前515	エルサレムに第二神殿建設
	前63	ローマの将軍ポンペイウスによる征服 **→ローマの属州となる**
	前37	ヘロデ、ユダヤ王となる(～前4)
	後30	イエスの刑死➡P.106
	66	対ローマ反乱(～70)失敗、第二神殿焼失
離散(ディアスポラ)と迫害時代	132	対ローマ(ハドリアヌス帝)反乱(～135)が失敗 **→世界各地に離散(ディアスポラ)**
	6世紀	ユスティニアヌス帝、ユダヤ人の権利を否定
	589	西ゴート王国、ユダヤ人の権利を制限
	711	ウマイヤ朝、西ゴート王国を滅ぼしてユダヤ人を保護
	1215	**ラテラン公会議** …キリスト教徒とユダヤ人の共存を否定 ユダヤ人の服装規定を設ける
	1350頃	**黒死病の流行**(1347～50) →ドイツで大規模なユダヤ人迫害
	1391	スペインでユダヤ人の大量虐殺
	1492	スペイン、ユダヤ人に国外退去を命令
反ユダヤ主義とヨーロッパ脱出	17世紀	西ヨーロッパで富裕なユダヤ人の登場 →ドイツでユダヤ人の解放運動
	1791	フランスの国民議会、ユダヤ人に完全な市民権 →オランダ、イタリア、プロイセンへも波及
	1819	ドイツで反ユダヤ暴動
	1867	オーストリア、「基本法」により全市民に平等権
	1869	プロイセン、「寛容法」により全市民に平等権 パレスチナで最初の農業コロニー成立
	1881	ロシアで**ポグロム(反ユダヤ暴動)**発生 →多くのユダヤ人移民がアメリカへ
	1894	**ドレフュス事件**(～99)(フランス)➡P.251
	1897	第1回シオニスト会議(スイス・バーゼル)
	1917	レーニン、ユダヤ人保護政策 **バルフォア宣言**(イギリスがユダヤ人支持)➡P.304
	1935	ドイツでニュルンベルク法制定…市民はアーリヤ人に限る →多くのユダヤ人移民がアメリカ・パレスチナへ
	1938	**「水晶の夜」**事件、ドイツでユダヤ人への迫害開始
	1942	ヒトラー、「最終解決(ユダヤ人絶滅策)」を発表 **→強制・絶滅収容所の設置(アウシュヴィッツ**など**)**
	1943	ワルシャワのゲットーなどで、ユダヤ人の抵抗
	1945	連合軍により、強制・絶滅収容所のユダヤ人解放
	1947	国際連合、**パレスチナ分割案**を採択➡P.325, 338
	1948	**イスラエル建国宣言**(➡P.320)→第1次中東戦争

迫害・差別の歴史

文献③十字軍におけるユダヤ迫害

[1096年、]フランスの君侯と農民が最初に立ち上がり……聖都エルサレムへの道を切り開こうと……もくろんだ。彼らがいうには、「……われわれは十字架にかけられたお方[イエス]を信じない王国を征服するため、自らの身を危険にさらそうとしている。しかし、イエスを殺し、十字架にかけたのはユダヤ人だ」。……彼らは互いに話し合い……幼い者や乳飲み子にいたるまで、ユダヤ人を抹殺すると決意した。

(*Mainz Anonymous*[作者不詳のユダヤ人年代記]をもとに作成)

読み解き ユダヤ人に対する迫害・差別が生まれた理由、また、それらが増幅された背景は何だろう。

文献④高利貸しユダヤ人シャイロック

彼奴め、俺たち神の選民を憎みやがって、場所もあろうに商人たちの大勢集まったところで、この俺、そして俺の商売、ちゃんと正当なこの儲けを、高利と吐して悪態つきやがる。

(シェークスピア著、中野好夫訳『ヴェニスの商人』岩波書店)

➔❶「敵の背後には—ユダヤ人が」(1940)　ドイツ内閣発行の反ユダヤポスター。反ユダヤの雰囲気が濃いウィーンで青春時代をすごしたヒトラー率いるナチ党は、アウシュヴィッツ*やダッハウなど、ヨーロッパ各地に強制・絶滅収容所を設けた。強制労働・人体実験が行われ、多くの人々がガス室で殺された。

＊ポーランド語ではオシフィエンツィム。

各地域・各時代のユダヤ人

文献⑤「諸道と諸王国の書」[①]

ラーザニーヤ商人[ユダヤ人の商人グループ]たちはアラビア語、ペルシア語、ギリシア語、フランク語、スペイン語、スラブ語が話せる。彼らは西から東へ、東から西へ、海路や陸路を使って旅している。彼らは西方から、宦官、女奴隷、少年奴隷、綾織物、海狸(ビーヴァー)やテンやその他の獣の毛皮、刀剣などを運ぶ。……中国からの帰路に、彼らは、麝香[ムスク]、アロエ、樟脳、シナモン、その他の東洋の産物をもって、クルズム[スエズの対岸]まで戻ってくる。

①9世紀に書かれたアラビア語の地理書

(家島彦一他編『イスラム世界の人びと4』東洋経済新報社)

文献⑥オスマン帝国支配下の被保護民[①]として

スルタンはユダヤ人亡命者を拡大する帝国にとっての経済的資産とみなした。オスマン帝国は軍事・農業技術にすぐれていたが、商業や国際関係、言語能力にたけた人材が不足しており、スペイン出身のユダヤ人はそれら全てにすぐれていたからである。

①ジンミー。イスラム社会に居住する非ムスリムで、ゲットーのような強制的集住はない。

(R. Scheindlin, *A Short History of the Jewish People*, Oxford University Pressをもとに作成)

読み解き 文献❺・❻から各時代のユダヤ人のどのような姿が読み取れるだろう。

➔19世紀末以降、東欧、ロシアでの迫害を逃れ、多くのユダヤ人がアメリカに渡った。反ユダヤ主義が吹き荒れた時代もあったが、アメリカは今なおイスラエルに次ぐユダヤ人口を抱える。彼らは経済や文化、学問など各分野にすぐれた人材を輩出し、アメリカの発展に多大な貢献を果たした。

A 19世紀末のユダヤ系人口分布

まとめの考察

❶集団をカテゴリー化することで差別対象となる事例にはどのようなものがあるだろう。

❷ユダヤ人を「悲哀史観」でのみとらえることにより、どのような問題が生まれるだろう。

1 ファシズムの台頭 ➡P.300 ➡P.314

ⓐファシズム台頭までの流れ

- 第一次世界大戦 → 経済的打撃 →資本主義の危機 → 社会主義運動・労働運動の高揚
- 第一次世界大戦 → ロシア革命 → 社会主義運動・労働運動の高揚
- 社会主義運動・労働運動の高揚 → 社会主義革命に対する恐怖 従来の社会秩序崩壊への不安 → 反共主義の高揚 → ファシズム
- 世界恐慌 → 失業者の激増・労働運動の激化 → ファシズム／共産主義
- ファシズム ↓弾圧 共産主義

➡❶ナチ党のヒトラー(右、1889～1945)とファシスト党のムッソリーニ(左、1883～1945)

	ドイツのファシズムの動き		イタリアのファシズムの動き		社会民主主義・共産主義などの動き➡P.283
1919	ミュンヘンでドイツ労働者党結成	1919	ミラノで**ムッソリーニ**が戦闘ファッショ結成	1919	**コミンテルン**(第3インターナショナル)結成
1920	**国民(国家)社会主義ドイツ労働者党(ナチ党)と改称**				ドイツでスパルタクス団蜂起→失敗➡P.301
		1921	ムッソリーニが戦闘ファッショを改組して**ファシスト党**結成		ドイツでヴァイマル憲法制定➡P.300
				1921	イタリア共産党創立
		1922	**ファシスト党の「ローマ進軍」**➡P.301	1922	スターリンが書記長に就任➡P.296
1923	ヒトラー、ミュンヘン一揆に失敗➡P.301		ムッソリーニのファシスト党内閣成立		**ソヴィエト社会主義共和国連邦成立**
	→ヒトラー逮捕(獄中で『わが闘争』を書く)	1924	**フィウメ併合**	1924	**イギリスでマクドナルド労働党内閣**➡P.301
		1926	一党独裁の法制化		フランスで左翼連合勝利→社会党参加内閣
		1928	ファシスト大評議会が国家最高機関となる	1929	イギリスで第2次マクドナルド労働党内閣
1932	**ナチ党、総選挙で第1党となる**	1929	**ラテラン条約で教皇庁と和解**➡P.300	1931	スペインのブルボン朝アルフォンソ13世亡命
1933	ヒトラー、首相に就任(ヒトラー内閣成立)		→ヴァチカン市国成立		→共和政成立(政教分離や土地改革)
	国会議事堂放火事件→全権委任法成立				
	国際連盟脱退				
1934	**ヒトラー、総統に就任**			1934	ソ連でスターリンによる**大粛清**始まる
1935	ザール編入 **再軍備宣言** 英独海軍協定	1935	ストレーザ戦線(仏英伊、独に対抗)	1935	仏ソ相互援助条約
1936	**ロカルノ条約破棄→ラインラント進駐**		**エチオピア侵入**(1935)**→併合**(1936)		コミンテルン第7回大会
	スペイン内戦介入		**スペイン内戦介入**		→**人民戦線**(反ファシズム統一戦線)提唱
	四カ年計画発表			1936	**スペインで人民戦線内閣**(大統領アサーニャ)
	侵略行為による国際的孤立→独伊の接近				→フランコ将軍がモロッコで反乱
					スペイン内戦(1936～39)
1936	**ベルリン＝ローマ枢軸**				→独伊、フランコ政権承認→ゲルニカ爆撃(1937)
1937	**日独伊三国防共協定**				**フランス人民戦線内閣**(首相ブルム)
					ソ連で**スターリン憲法**制定
1938	**オーストリア併合**	1937	**国際連盟脱退**	1937	スペインの人民戦線政府バルセロナ移転
	ミュンヘン会談でズデーテン地方獲得				
1939	チェコスロヴァキア解体	1939	アルバニア併合	1939	英仏がフランコ政権承認
	独ソ不可侵条約→ポーランド侵攻				スペイン内戦は**フランコ側の勝利**で終結

➡❷ファスケス　斧の周囲に棒を束ねたもの。古代ローマにおける執政官らの権威の標章。ファシズムの語源ともなった「ファッショ(イタリア語で束や集団の意)」は、これに由来する。

文献① ナチ党宣伝部長ゲッベルスの演説(1933)

プロパガンダの秘密は、食い込もうとする対象に、まったくそれと気づかせずにプロパガンダの理念をたっぷりしみこませることだ。プロパガンダには当然ある意図があるが、それを賢明かつ巧妙に隠蔽し、対象がそれにまったく気づかないように行われなければならない。

(ペーター＝ガイス他監修、福井憲彦他訳『ドイツ・フランス共通歴史教科書』明石書店)

読み解き ナチ党はプロパガンダをどのように利用しようとしただろう。

文献② ナチ支配下の日常生活

私たちは、ナチスが政権掌握してしまったからには、事態はもうこれ以上好転しないだろうということを知っていました。……SA[突撃隊]の暴挙がくりひろげられるのをうろたえ、なすすべもなく眺めていました。そうしたやり方にどう対処していったらいいか全然わからなかったのです。……たしかに貧困の危機が去ったことを単純に喜んでいる女性も多くいました。彼女たちはただほんのわずかな望みにしがみついたのです。……父は、私たちといっしょにはじめから公然と、ナチスの政権獲得がどんな影響を及ぼすかについて話し、政権獲得が私たちの公私にわたる希望をぶち壊してしまうだろうと言っていたのです……。

(シュッデコプフ編、香川檀他訳『ナチズム下の女たち』未來社)

読み解き このような民衆の声や行動が大きな世論とならなかったのはなぜだろう。

➡❸ナチ党によるニュルンベルク党大会　ナチ党の集会は、団結を表現できるよう入念に計画・演出された。1934年、ヒトラーはSA(突撃隊)幹部を粛清し、個人独裁を確立した。ヴァイマル共和国の黒赤金の国旗に対し、ナチ党の鉤十字旗は黒白赤で構成されている。

⬅❹国民車　ヒトラー政権は**アウトバーン**(自動車専用道路)の建設を全国的に推進した(➡P.77)。また、1937年には、ドイツ語で「国民車」を意味するフォルクスワーゲン社を国策会社として設立した。しかし再び大戦が勃発すると軍用車製造が優先された。

➡❺われらの最後の希望ヒトラー　1932年の大統領選挙のナチ党の選挙ポスター。ヒトラーはヒンデンブルクに次ぐ第2位の票を獲得した。

1924年12月	45	131	88	103	14
1928年5月	54	153	78	73	12
1930年9月	77	143	87	41	107
1932年7月	89	133	97	37	230 →ナチ党、第1党となる
1932年11月	100	121	90	52	196 →ヒトラー、首相就任(33.1)
1933年3月	81	120	92	52	288 →全権委任法(33.3)

(議席数) 0 200 400 600

凡例：ナチ党／国家人民党／中央党／社会民主党／共産党

⬆ⓑドイツの国会選挙結果(1924～33)

2 ファシズム勢力の対外進出

↓1918年に独立を宣言したチェコスロヴァキアはドイツやオーストリア国境に近いドイツ人居住地域を領土に収めた。チェコ周辺部を取り巻くこの地域はモラヴィア北部の山地名をとって**ズデーテン地方**と呼ばれた。1938年にドイツはこの地域の割譲を要求、**ミュンヘン会談**(➡P.314)が開かれたが、英仏は宥和政策をとり、ドイツの要求が認められた。

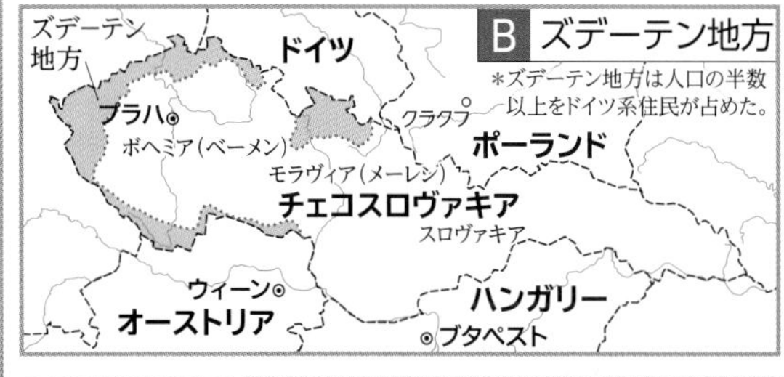

→❻**国際連盟で救援を訴えるエチオピア皇帝** イタリアの侵略に対し、エチオピアは国際連盟に提訴、初めて経済制裁が決議されたが、石油が禁輸対象から外れたため不徹底に終わった。1936年にイタリアに併合された。

3 スペイン内戦

→❼**フランコ**(1892〜1975)

1929　世界恐慌
↓
1931　王政崩壊→共和政成立(スペイン革命)
　　左派と右派の対立による政情不安
↓
1936〜39　スペイン内戦

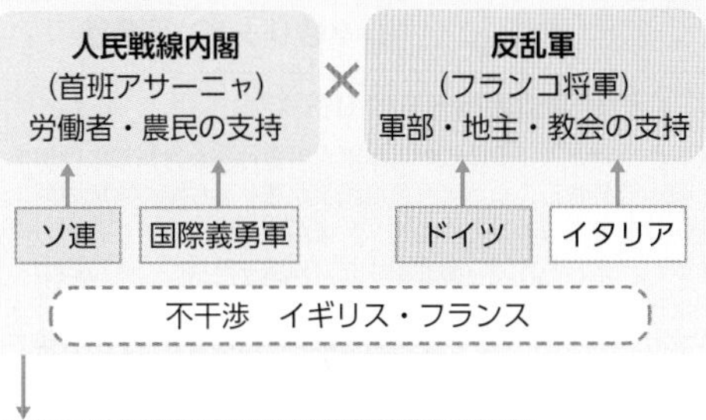

↓
1939　反乱軍勝利、フランコの独裁(〜75)

文献③ ブルム(仏)の演説(1936)

スペイン国内で軍事競争がいったん始められてしまったら、それはヨーロッパ全体に、今日の状況下でのヨーロッパに、どのような結果をもたらすでしょうか。……われわれがこうした考えに至ったことに驚かないでいただきたい。スペインのためにも平和のためにも、おそらく良い結果が保証されうる解決策は、一つの国際協定の締結にかかっています。つまり、すべての大国に対して、中立維持——これは何もしないという意味ではありません——を義務づけるのではなく、その代わりにあらゆる武器の提供を留保し、戦争物資のスペインへの輸出を禁止する協定の締結であります。
(ペーター＝ガイス他監修、福井憲彦他訳『ドイツ・フランス共通歴史教科書【近現代史】』明石書店)

読み解き フランコ側が勝利を収めた理由について、各国がとったそれぞれの立場をふまえて考えよう。

4 ファシズム国家の接近

文献④ コミンテルン第7回大会の決議(1935)

労働者階級とそのあらゆる獲得物にとって、すべての勤労者とその基本的権利にとって、諸国民の平和と自由にとっての最大の脅威であるファシズムの脅威に直面して、共産主義インターナショナル第7回大会は声明する。労働者階級の統一闘争戦線を実現することは、現在の歴史的段階における国際労働運動の当面の主要任務である、と。(歴史学研究会編『世界史史料10』岩波書店)

読み解き
1 この決議では何を脅威としているだろう。
2 スペインやフランスでは具体的にどのような動きが現れただろう。

→❽**日独伊三国防共協定を祝う日本の人々**(1937) 1936年11月には日独防共協定が結ばれ、1937年11月にはイタリアが参加した。世界的に孤立しつつあった日本では、各地で祝賀会が開かれた。

読み解き 「防共」とはどのような意味だろう。

5 ファシズムへの批判

ソフィア王妃芸術センター蔵、1937年、349×776cm

↑❾「**ゲルニカ**」(ピカソ筆)　**ピカソは、1937年にドイツ軍の爆撃を受けたバスク地方のゲルニカの惨状に対する抗議・怒りをこめてこの作品を制作**。同年開催のパリ万博スペイン館に展示された。

→❿**ヘミングウェー**(1899〜1961) 1940年に、**スペイン内戦の体験をもとに小説『誰がために鐘は鳴る』を出版**した。1954年、ノーベル文学賞受賞。

歴史のスパイス　ナチ党支配下で行われたベルリンオリンピック(1936)は、初めて現地から実況中継された。前畑秀子の金メダルなどがラジオを通じて伝えられた。

満洲事変から日中戦争へ

1 1930年代の日中関係 ➡P.306 ➡P.315, 321

国内の動き

中国の動き		日本の動き
共産党の動き	国民党の動き	
1927. 7 国共分離		1928. 4〜5 第2次・第3次山東出兵
	1928. 6 北伐の完了	6 張作霖爆殺事件
	12 張学良、国民政府に合流	1930. 4 ロンドン海軍軍縮条約
←❶毛沢東(1893〜1976)		統帥権干犯問題(条約の調印が天皇の統帥権をおかすものと批判される)
		1931. 9 柳条湖事件→満洲事変(〜33)
中華ソヴィエト共和国臨時政府(1931、瑞金)(主席…毛沢東)	←国民政府による共産党掃討作戦	1932. 2〜9 リットン調査団
		3 「満洲国」建国宣言
		5 五・一五事件
		9 日満議定書
1934.10 長征開始		1933. 2 国際連盟脱退を通告
1935. 8 八・一宣言(抗日統一戦線提唱)		5 塘沽停戦協定
		1935. 2 天皇機関説問題
1936.10 長征終了→延安を拠点	1936.12 西安事件(張学良、蒋介石を監禁)	1936. 2 二・二六事件
		11 日独防共協定
1937. 9 第2次国共合作		1937. 7 盧溝橋事件→日中戦争へ
	1937.11 国民政府、重慶に遷都	11 日独伊三国防共協定
		12 日本軍、南京占領
		1938. 1 第1次近衛声明
		4 国家総動員法公布

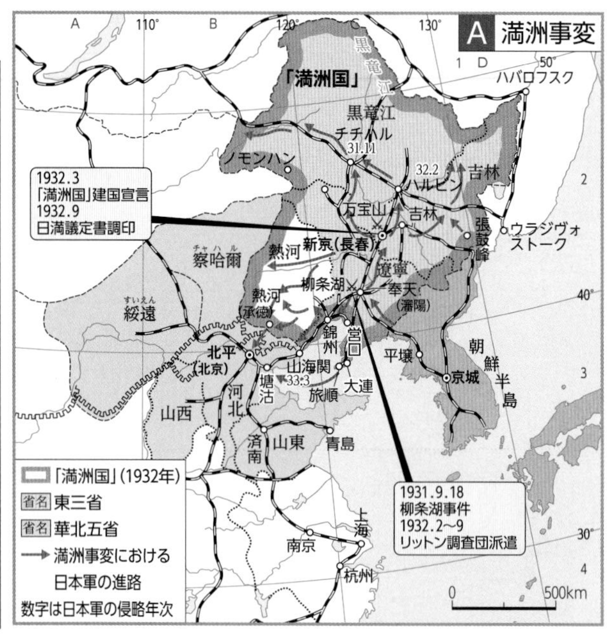

2 満洲事変と軍部の台頭

守れ満蒙＝帝國の生命線

日本民族の血と汗の結晶！特殊権益

満洲事變導火線

何故日本は起つた？

権益蹂躪と排日

←❷「満蒙の危機」(東京日日新聞、1931年10月27日) 日露戦争以降、日本は満洲における権益を拡大し、南満洲鉄道の守備など担う**関東軍が力を伸ばした。**蒋介石率いる国民政府によって、特殊権益が脅かされることを恐れた関東軍は満洲事変を起こした。政府は不拡大方針をとるも軍部は暴走、「満蒙は日本の生命線」であるとして、満洲事変は正当化されていった。

文献① リットン報告書(1932)

9月18日午後10時から10時半の間に、鉄道線路上またはその付近で爆発があったのは疑いない。しかし鉄道に対する損傷はもしあったとしても長春より南下してくる列車の定刻到着の障害となるものではないので、それだけで軍事行動を正当化することはできない。同夜における先述の日本軍の行動は、正当な自衛手段と認めることはできない。……右の理由により、現在の政権は純粋に自発的な独立運動によって出現したと考えることはできない。

(『日本外交文書』をもとに作成)

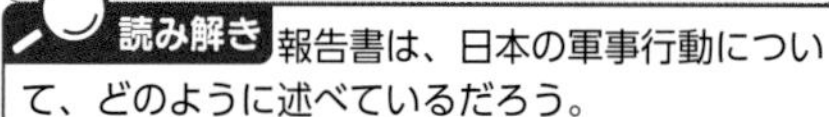

読み解き 報告書は、日本の軍事行動について、どのように述べているだろう。

↑❸リットン調査団

↑❹「満洲国」執政就任式 清の最後の皇帝(宣統帝)溥儀(➡P.290)が満洲国執政に就任したが、国家建設の主導権は日本の軍部や官僚が握っていた。

←❺「満洲国建国ポスター」 国旗の色が五族協和を表している。

B 満洲における日本の利権

(黒羽清隆『日中15年戦争(上)』)

文献② 国際連盟脱退通告文(1933)

柳条湖事件当時およびその後の日本軍の軍事行動を自衛権の行使でないと誤って判断し、また事件前の緊張状態や事件後の事態の悪化が中国側の責任であることを見逃し、東洋における新たな紛糾の原因を作った。その一方で、満洲国成立の真相を無視し、かつ同国を承認した日本の立場を認めず、東洋の事態安定の基礎を破壊しようとするものである。……**ここに日本は平和を維持するための方法、特に東洋平和確立の根本方針について、国際連盟と全くその所信の違うことを確認した。**

(『日本外交年表竝主要文書』をもとに作成)

読み解き 下線部について、具体的にどのように違うと日本側は表明しているだろう。

→❻二・二六事件(1936) 陸軍内部では、国家改造をめぐって皇道派と統制派が対立した。1936年2月、皇道派青年将校らがクーデタを起こし、政府要人らを殺害した。事件は鎮圧されたが、**陸軍は政府への発言力を強めた。**

Column 満洲開拓と移民

満洲事変以降、経済的大打撃をこうむった農村の救済など社会的矛盾の解決、満洲国の日本人増加などを目的として多くの移民が満洲へ送出された。1936年、広田弘毅内閣は20年間で100万戸移住を国策として推進することを決定したが、日中戦争が始まり、移民数確保が困難となると、対ソ防衛・開拓推進のため、武装した10代の若者らも満蒙開拓青少年義勇軍として送出された。終戦間際のソ連の対日参戦(➡P.316)により、満洲も戦場となり、多くの人々が犠牲となった。戦後の残留日本人問題などの起源ともなる。

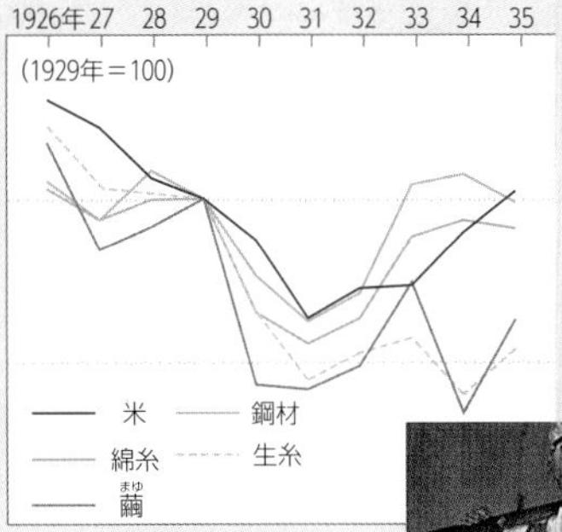

1926年 27 28 29 30 31 32 33 34 35
(1929年＝100)
150 100 50
米　鋼材　綿糸　生糸　繭

↑ⓐ農産物価格の推移

拓け満洲の大沃野
満蒙開拓青少年義勇軍
東亜省

➡❼満蒙開拓青少年義勇軍のポスター(1945)

文献③ 農業移民の見た衝撃

一番苦労したのは、買収した後、家屋から現地の人を移転することでした。……出て行かんと県から2、3名来て、町の警察に言うもんだけん、町の警察がワット来ておいて、「早よう出ろ、早よう早よう早よ」と追い出しよったです。

(『岩波講座日本通史18』岩波書店)

文献④ 赤塚不二夫と満洲

日本って島国だから息苦しい。そうすると冒険心を持った連中で、大陸に渡って一旗揚げようじゃないかっていう人がいたんだ。男でも女でも。女性は満州[満洲]に行って、料亭で働いたりカフェで働いたりして、いい男見つけて……。ボクのおふくろがそうだった。……おやじが「八路軍がきた！」って叫ぶんだ。……そのときに、バァーと出ていく。二重窓の出窓があって、そこにね、いつも手榴弾一個とピストルが置いてあるんだ。……そういう極限状況でおやじもおふくろも生きていた。32、3歳だったと思う。

(中国引揚げ漫画家の会編『ボクの満州　漫画家たちの敗戦経験』亜紀書房)

3 日中戦争へ

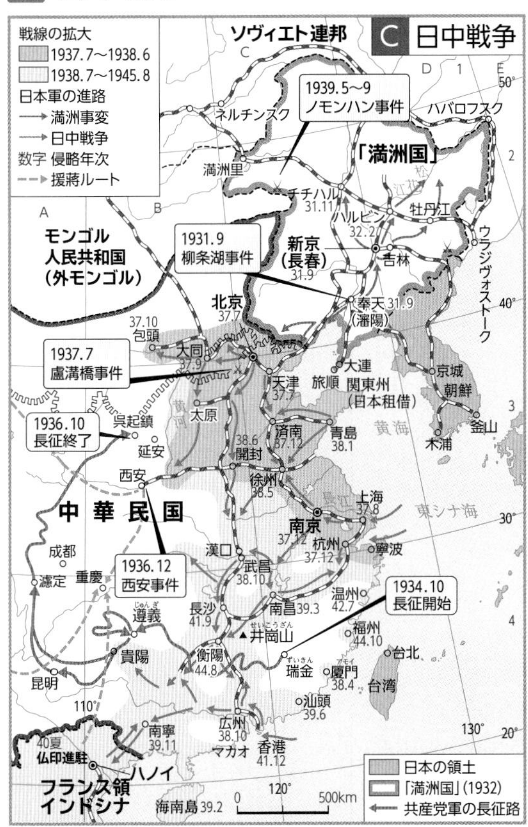

➡❽長征　撤退を始めた瑞金の中華ソヴィエト政府は、行先もはっきりしないまま1万2,500kmの大移動を続けた。この過程で**毛沢東が権力を強化していった**。

文献⑤ 八・一宣言(1935)

今に至っても我が同胞の抗日救国の事業が勝利すべくして勝利を得られない原因は、一方では日本侵略者と<u>蔣賊</u>が内外から挟撃するからであり、他方では各種の抗日反蔣勢力相互の間にさまざまな誤解やわだかまりが存在し、一致団結できないからである。……みんな立ち上がれ！日本侵略者と蔣賊の幾重にもわたる圧迫を打ち破り、勇敢に、ソヴェト[ソヴィエト]政府および東北各地の抗日政府とともに全中国の統一的国防政府を組織せよ。

(歴史学研究会編『世界史史料10』岩波書店)

読み解き　下線部は何をさしているだろう。

文献⑥ 第1次近衛声明(1938)

日本政府は南京攻略後、国民政府に最後の反省の機会を与えるため、今日まで待っていた。しかし国民政府は日本の真の気持ちを理解せず、抗戦を計画し、国内的には人民の苦しみを察知せず、対外的には東亜全体の平和を考えない。だから<u>**日本政府は以後、国民政府を相手とせず**</u>、日本と真に協力する新興中国政府の成立発展を待ち、この政府と国交を調整し、新しい中国の建設に協力する。

(『日本外交年表竝主要文書』をもとに作成)

読み解き　下線部は事実、どのようなことを宣言しているだろう。

←❾盧溝橋事件　1937年7月7日、北京郊外の盧溝橋付近で日中両軍が武力衝突した。

↑❿「近衛の決断」(風刺画)

中国の20世紀を生きる 張学良(1901〜2001)

父の張作霖が関東軍の謀略で爆殺されると(➡P.306)、遼寧・吉林・黒竜江省の実権を受け継いだ。1936年には**蔣介石を監禁して一致抗日を迫り(西安事件)、国共合作に寄与**したが、その後、1980年代まで台湾の国民党政府によって軟禁状態に置かれ、1993年にようやくハワイ移住が認められた。中国共産党は彼を国共合作の立役者として高く評価しており、2001年の葬儀には、江沢民国家主席(当時)も花輪をささげた。

戦時体制の強化

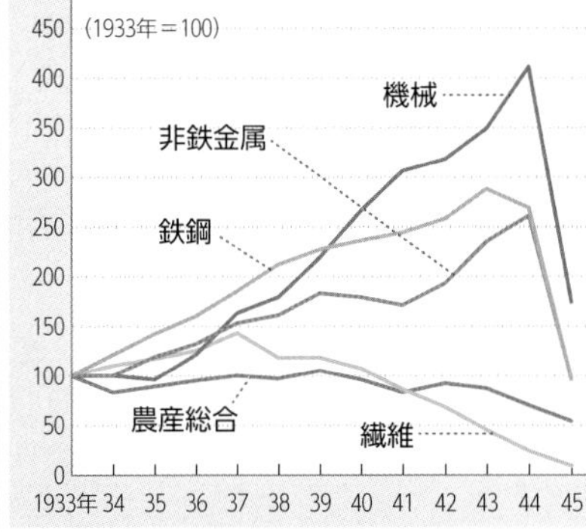

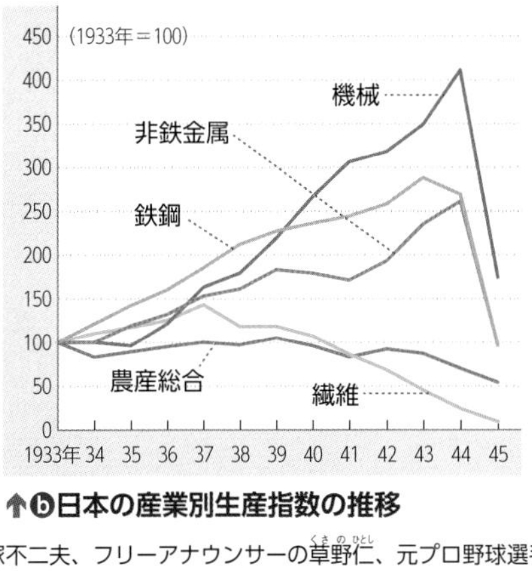

↑ⓑ日本の産業別生産指数の推移

文献⑦ 国家総動員法(1938)

第4条　政府は戦時にあたり、国家総動員上の必要ある場合は、勅令の規定によって、帝国臣民を徴用して総動員業務[①]に従事させることができる。
……

①生産・運輸・金融・衛生・教育等9種類の業務

(『官報』をもとに作成)

➡⓫石川達三(➡P.263)「生きてゐる兵隊」の冒頭　中国戦線を取材した小説。軍の威信を失墜させるとして発禁処分となった。

歴史のスパイス　指揮者の小澤征爾、漫画家の赤塚不二夫、フリーアナウンサーの草野仁、元プロ野球選手の板東英二など、満洲に生まれた著名人は数多い。

1 第二次世界大戦直前の国際関係

←ⓐ第二次世界大戦直前の国際関係

イギリス ― ポーランド ← 1939.9 侵攻 ― ソ連
1939.8 英仏対ポーランド援助条約
1939.9 侵攻(ドイツ→ポーランド)
1939.8 独ソ不可侵条約
1941.4 日ソ中立条約
フランス
ドイツ
1937.11 日独伊三国防共協定
1940.9 日独伊三国同盟
イタリア ― 日本

ABCD包囲陣

アメリカ	America
イギリス	Britain
中　国	China
オランダ	Dutch

→❶ミュンヘン会談*(1938.9)の風刺画

読み解き

1 背後の地図はどの地域を示しているだろう。
2 この会議に呼ばれなかったアの人物は誰だろう。

*この会議には、チェコスロヴァキアの代表も召集されていない。

2 第二次世界大戦中のヨーロッパ①

⊃P.310 ⊃P.318

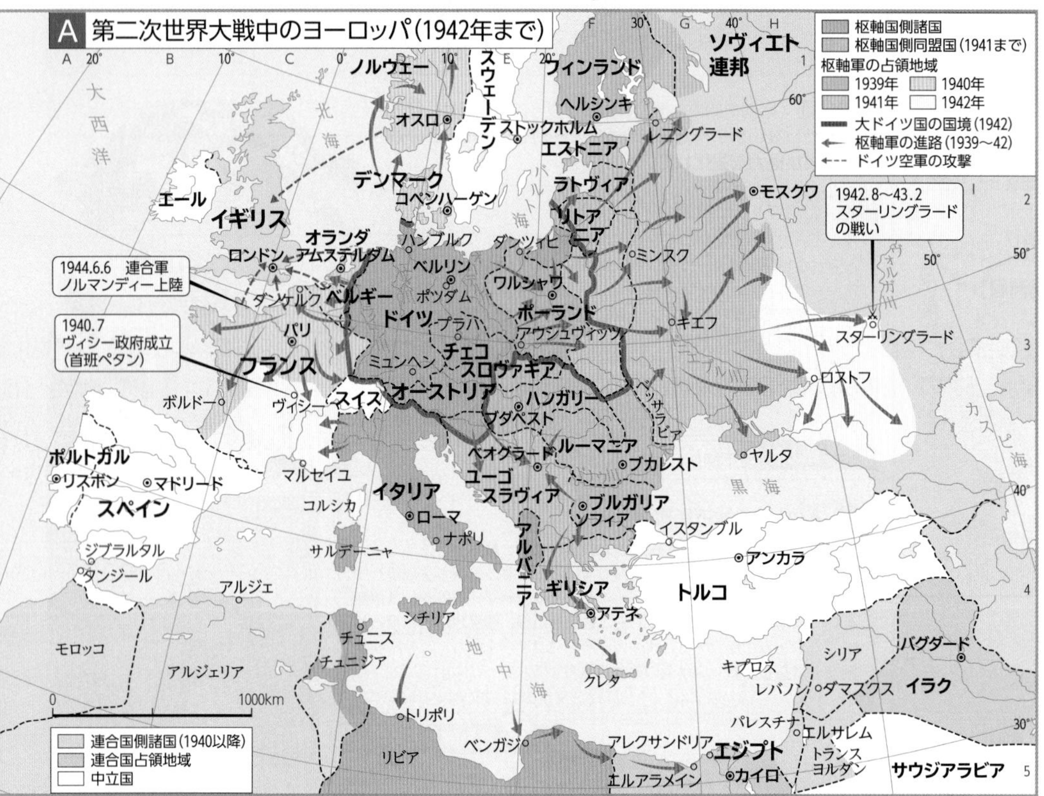

		ヨーロッパ戦線⊃P.316	
1939.	8	**独ソ不可侵条約**	ドイツの攻勢
	9	**独、ポーランド侵攻** →英仏、独に宣戦 **第二次世界大戦勃発** ソ連、ポーランド侵攻	
	11	ソ連＝フィンランド戦争	
1940.	4	独、デンマーク・ノルウェー侵入	
	5	独、蘭・ベルギー侵入 英仏軍、ダンケルク撤退	
	6	**伊、英仏に宣戦** 独、**パリ占領** **ド＝ゴール**、自由フランス政府組織	
	7	南仏にペタン首班の**ヴィシー政府**成立	
	8	ソ連、バルト3国併合	
	9	独、ロンドン空襲開始	
1941.	3	米、武器貸与法成立	
	4	独、バルカン半島侵入	
	6	独、ソ連侵入(**独ソ戦**開始)	
	7	ユーゴスラヴィアで、パルチザン運動	
	8	**大西洋憲章**(米・英)	
	12	独伊、米に宣戦	
1942.	8	スターリングラードの戦い始まる	
	11	連合軍、北アフリカに上陸	
1943.	2	独、**スターリングラード**で敗北	
	7	連合軍、シチリア上陸 伊、ムッソリーニ失脚。バドリオ政権成立	
	9	**伊、無条件降伏**	連合国の反攻
	11	**テヘラン会談**	
1944.	6	**連合軍、ノルマンディーに上陸**	
	8	連合軍、パリを解放	
1945.	2	**ヤルタ会談**	
	5	ソ連軍、ベルリン占領 **→独、無条件降伏**	
	7	**ポツダム会談**	

文献① 独ソ不可侵条約秘密議定書 (1939.8)

1. バルト諸国(フィンランド、エストニア、ラトヴィア、リトアニア)に帰属する領域において、領土的、政治的な変更を為す場合には、リトアニアの北方境界が同時にドイツとソ連の勢力圏の境界となる。……
2. ……両国の利益にとってポーランド国家の独立維持が望ましいとするか、或いはこの国家は分割されるべきかの問題は、今後の政治的展開の経過に従って初めて解決されうるものとする。
3. 南東ヨーロッパに関しては、ソ連のベッサラビアでの利益が重視される。この領域に関しては、ドイツ側は完全な政治的無関心を表明する。

(ヴォルフガング＝イェーガー他編著・中尾光延監訳『ドイツの歴史【現代史】』明石書店)

読み解き

1 この条約が世界を驚かせた理由は何だろう。
2 この議定書に基づいて、両国はどのような軍事行動をとっただろう。

↓❷ドイツ軍のパリ占領(1940.6)　フランスではペタンを首班とする対独協力政府がヴィシーに組織された。

シャンゼリゼを行進するドイツ軍

解説 レジスタンス

ファシズムの支配に対する抵抗運動。イタリアやフランス、ユーゴスラヴィアなどで展開された。

文献② ド＝ゴール将軍の呼びかけ (1940.6)

私、ド＝ゴール将軍は目下ロンドンにいるが、イギリスにいる、あるいはイギリスにやってくる、武装していても、武装していなくても、すべての将校や兵士たちに、私と協力することを要求したい。……何が起きようとも、フランスの抵抗の炎を消してはならないし、また、消えないだろう。

(ペーター＝ガイス他監修、福井憲彦他訳『ドイツ・フランス共通歴史教科書【近現代史】』明石書店)

→❸ド＝ゴール (1890～1970)

↓❹ロンドン空襲(1940)　ドイツ軍の空襲を受け、地下鉄構内に避難したロンドン市民。

歴史のスパイス　独ソ不可侵条約の秘密議定書は、戦後その存在が明らかになり、グラスノスチにおいてソ連はその存在を認めた。

3 太平洋戦争*

＊近年、東アジア・東南アジアをふくめた戦争という意味で、「アジア太平洋戦争」という呼称も使われる。

➔❺日ソ中立条約を締結したソ連のスターリン(左)と日本の松岡洋右(右)(1941.4)

読み解き

地図A・Bなども参考に、日ソ両国の思惑について考えよう。

➔❻**日米交渉** ローズヴェルト大統領と親交のあった野村吉三郎を駐米大使に任命し、**米国務長官ハルとの交渉**にあたらせたが、最終的に戦争を回避することはできなかった。

➔❼**真珠湾攻撃** 1941年12月8日、ハワイの真珠湾に停泊する米太平洋艦隊を日本海軍が爆撃した。この奇襲攻撃にアメリカ側は強く反発。「リメンバー・パールハーバー」の標語のもと、日本との戦争に踏み切った。

アジア・太平洋戦線➲P.317

1939. 5	ノモンハン事件(日本軍とソ連軍衝突)	日中戦争継続
1940. 1	日米通商航海条約失効	
. 3	**汪兆銘**、南京に中華民国国民政府樹立	
. 9	日、**仏領インドシナ北部に進駐** **日独伊三国同盟**	日米開戦→日本の攻勢
1941. 4	**日ソ中立条約** 日米交渉開始	
. 7	日、仏領インドシナ南部に進駐	
. 8	米、日本への石油輸出を禁止	
. 11	米、ハル＝ノート提示	
. 12	日、マレー半島に上陸 **日、ハワイの真珠湾を攻撃** **太平洋戦争の勃発**	
1942. 1	日、マニラ占領	
. 2	日、シンガポール占領	
. 6	**ミッドウェー海戦**(日、敗北)	
. 8	米、ガダルカナル島に上陸	連合国の反攻
1943. 2	日、ガダルカナル島から撤退	
. 5	アッツ島玉砕	
. 11	東京で大東亜会議	
1944. 3	日、インパール作戦	
. 6	米、サイパン島上陸	
. 10	米、レイテ島上陸	
1945. 1	米、ルソン島上陸	
. 3	硫黄島玉砕	
. 4	米、**沖縄本島上陸**開始	
. 8	**広島に原爆投下**(6日) **ソ連、対日宣戦**(8日) **長崎に原爆投下**(9日) 日、**ポツダム宣言受諾**(14日) 昭和天皇、終戦の詔書を発表(15日)	
. 9	日、降伏文書調印(2日)	

❽泰緬鉄道(タイ)

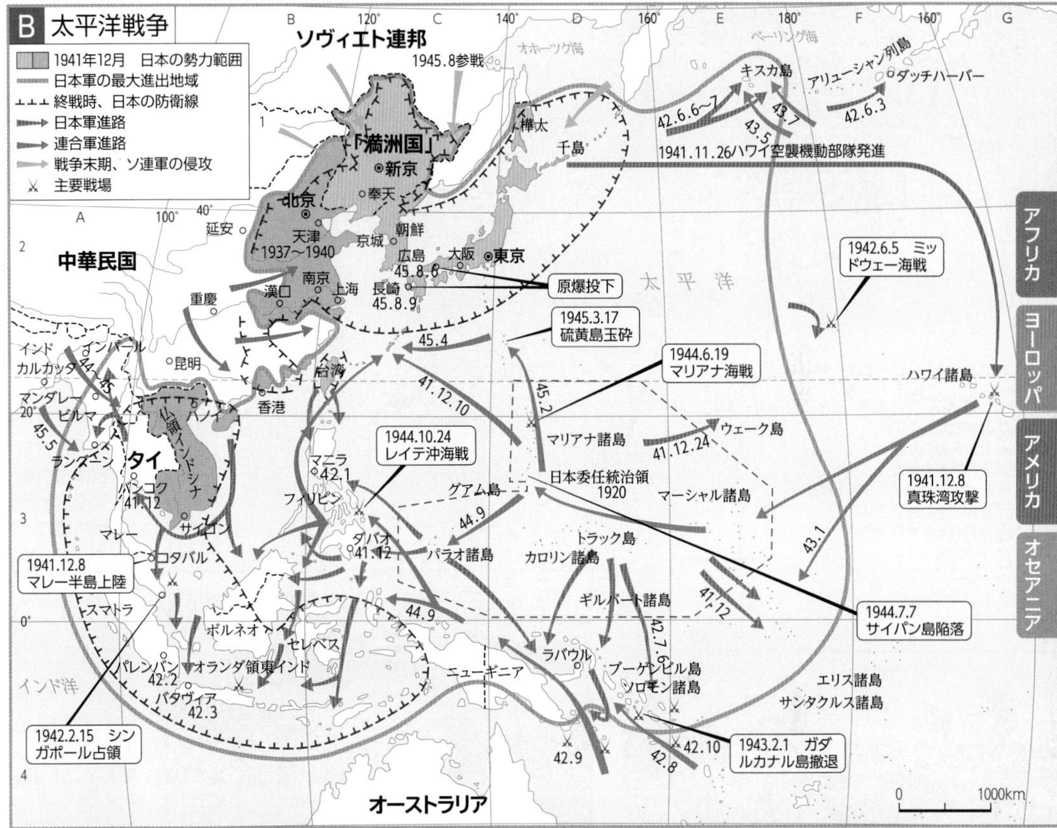

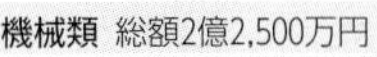

機械類 総額2億2,500万円	アメリカ 66.2%、ドイツ 24.9%、その他 8.9%
石油 総額3億5,200万円	アメリカ 76.7%、オランダ領東インド 14.5%、その他 8.8%
鉄類 総額3億8,500万円	アメリカ 69.9%、中国 15.6%、インド 7.5%、その他 7.0%

↑❻日本の軍需物資国別輸入割合(1940)

資料から読み解く 日本の軍政支配と大東亜共栄圏

文献③ 日本の東南アジア軍政支配(南方占領地行政実施要項)(1941)

第一 方針

占領地に対してはさしあたり軍政を実施し治安の回復、**重要国防資源**の急速獲得及び作戦軍の自活確保に資す。占領地領域の最終的帰属並びに将来に対する処理に関しては別に定めるものとする。

第二 要領

2 ……占領地において開発または取得した重要国防資源はこれを中央の物動計画に織り込むものとし、作戦軍の現地自活に必要なものは右配分計画に基づきこれを現地に充当することを原則とする。

(歴史学研究会編『世界史史料10』岩波書店をもとに作成)

文献④ 東条英機首相の演説(1942)

大東亜共栄圏建設の根本方針は、実にわが国建国の大精神に由来するものであり、大東亜の各国家及び各民族に、それぞれの地をおさめさせ、帝国を核心とする道義に基く共存共栄の秩序を確立しようとしていることにあるのです。

(吉田裕『アジア・太平洋戦争』岩波書店をもとに作成)

読み解き

1 文献③の下線部は具体的に何をさしているだろう。

2 日本側の軍政方針にはどのような矛盾があるだろう。また、支配の実態とどのような相違があるだろう(➲P.54)。

東太平洋の敵根拠地を強襲

ミッドウエー沖に大海戦

アリユーシャン列島猛攻

陸軍部隊も協力要所を奪取

米空母二隻撃沈

わが二空母、一巡艦に損害

太平洋の戦局此一戦に決す

➔❾**ミッドウェー海戦の戦果を報じる新聞記事**(朝日新聞、1942.6.11) 日本は主力航空母艦4隻を失い大敗、太平洋戦争における戦局の転換点となったが、国民に向けては日本軍が勝利したように伝えている。

歴史のスパイス 1938年に駐米大使となった胡適は、日本が真珠湾攻撃を行った時もワシントンに駐在しており、ハルと幾度も会見し、アメリカの対日政策に大きな影響を与えた。

1 第二次世界大戦中のヨーロッパ②

A 1942〜45年のヨーロッパ

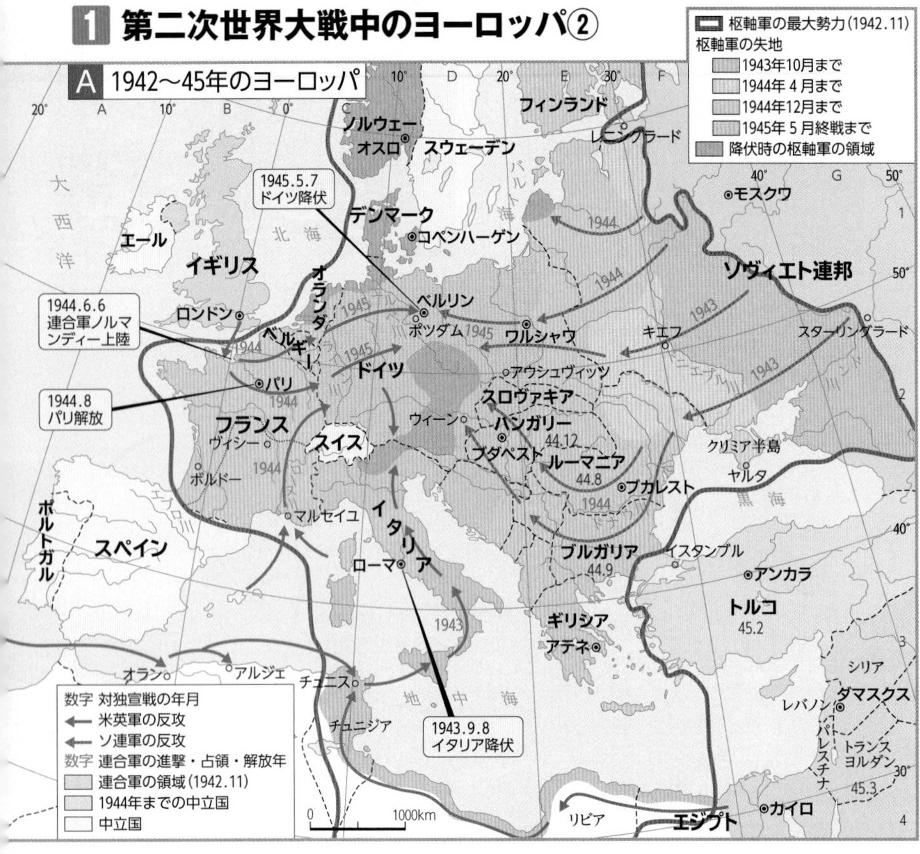

↓ⓐ連合国の首脳会談

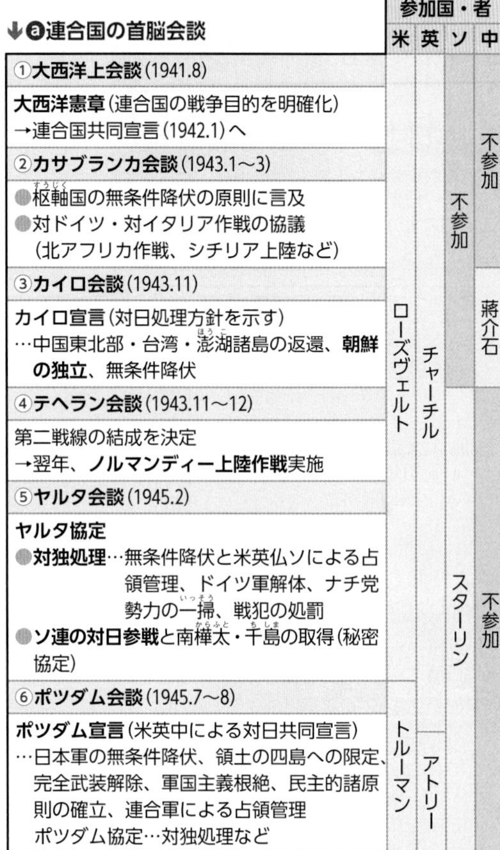

会談	米	英	ソ	中
①**大西洋上会談**(1941.8) **大西洋憲章**(連合国の戦争目的を明確化) →連合国共同宣言(1942.1)へ	ローズヴェルト	チャーチル	不参加	不参加
②**カサブランカ会談**(1943.1〜3) ●枢軸国の無条件降伏の原則に言及 ●対ドイツ・対イタリア作戦の協議(北アフリカ作戦、シチリア上陸など)	ローズヴェルト	チャーチル	不参加	不参加
③**カイロ会談**(1943.11) カイロ宣言(対日処理方針を示す) …中国東北部・台湾・澎湖諸島の返還、**朝鮮の独立**、無条件降伏	ローズヴェルト	チャーチル	不参加	蔣介石
④**テヘラン会談**(1943.11〜12) 第二戦線の結成を決定 →翌年、**ノルマンディー上陸作戦**実施	ローズヴェルト	チャーチル	スターリン	不参加
⑤**ヤルタ会談**(1945.2) **ヤルタ協定** ●**対独処理**…無条件降伏と米英仏ソによる占領管理、ドイツ軍解体、ナチ党勢力の一掃、戦犯の処罰 ●**ソ連の対日参戦**と南樺太・千島の取得(秘密協定)	ローズヴェルト	チャーチル	スターリン	不参加
⑥**ポツダム会談**(1945.7〜8) **ポツダム宣言**(米英中による対日共同宣言) …日本軍の無条件降伏、領土の四島への限定、完全武装解除、軍国主義根絶、民主的諸原則の確立、連合軍による占領管理 ポツダム協定…対独処理など	トルーマン	アトリー	スターリン	不参加

↑❶**スターリングラードの戦い** 1942年8月、ドイツ軍がソ連南部のスターリングラードに突入し、1戸の家を奪い合うほどの激戦が始まった。しかしソ連の猛攻と飢えや寒さのため、翌年2月ついにドイツ軍は降伏した。

↑❷**ノルマンディー上陸作戦** 1944年6月6日、アイゼンハワーの指揮する連合軍は、ドイツ軍の必死の抵抗をはね返し、北フランスのノルマンディー海岸に上陸した。以後連合軍は、フランスなどドイツの占領地を解放しつつ東に向かって進撃した。

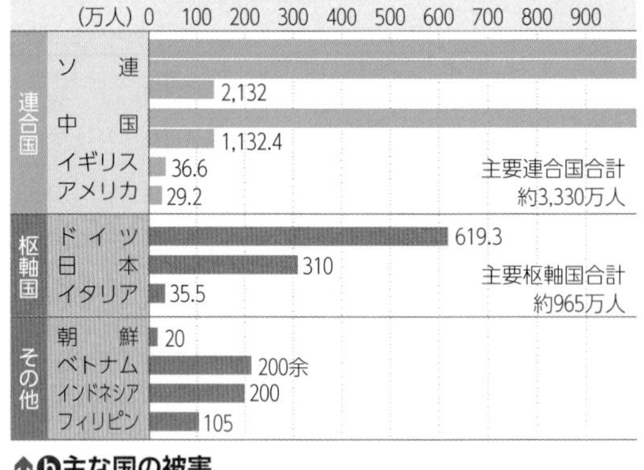

↑ⓑ**主な国の被害**

資料から読み解く ソ連の対日参戦

↓❸**ヤルタ会談** 会談中、ソ連軍が解放した東欧諸国の扱いについて英ソの対立が顕著となり、米英ソ3国間の協調体制は以後急速に崩壊に向かった。会談後の4月、ローズヴェルトは終戦を待たず死去した。

文献① ヤルタ協定(1945.2)

ソヴェト[ソヴィエト]連邦、アメリカ合衆国およびイギリス3大国の指導者たちは、ドイツが降伏しヨーロッパにおける戦争が終結したのち、2ないし3カ月後にソヴェト連邦が以下の条件により連合国の側に立って対日戦争に参加すべきことに合意した。
第1条 外モンゴルの現状は維持される。
第2条 1904年の日本による背信的攻撃によって侵害された旧ロシアの諸権利は回復されなければならない。……
第3条 クリル諸島(千島列島)はソヴェト連邦に引き渡されなければならない。
……

(歴史学研究会編『世界史史料10』岩波書店)

文献② ソ連の対日参戦布告(1945.8)

日本兵力の無条件降伏に関する、本年7月26日付けのアメリカ合衆国、イギリス及び中国の3国の要求は日本によって拒否された。このため、極東の戦争に関し、日本政府からソ連に対してなされた調停方法の提案は、すべての根拠を失うものである。……連合国は、戦争終結の時間を短縮し、犠牲の数を減らし、かつ全世界における速やかな平和の確立に貢献するため、ソ連政府に対し、日本という侵略者との戦争に参加するよう申し出たのである。……ソ連政府は、連合国の提案を受理し、本年7月26日付けの連合国宣言に加入した。

(木村尚三郎監修『世界史資料(下)』東京法令出版をもとに作成)

読み解き

1 下線部は何をさしているだろう。
2 ソ連の対日参戦の目的を、どのように述べているだろう。
3 これらの出来事は、戦後の日露関係にどのような課題を残しただろう。

歴史のスパイス 戦時中は気象情報を秘匿する気象管制がしかれ、ノルマンディー上陸作戦でも気象情報が勝敗を左右した。

2 日本の国民生活の変容

戦時下の女性

「大東亜戦皇国婦女皆働之図(秋冬の部)」
靖國神社遊就館蔵

↑❹皇国婦女皆働の図(1944)　女性画家44名による合作。銃後を国民皆で支えるという総力戦思想が浸透した一方、家庭を守る女性との考えも根強く、未婚女性のみが動員された。米英では既婚女性も動員された。

文献③ 女子勤労挺身隊への勧誘新聞広告(1944)

敵国アメリカの女、イギリスの女が何百人という風に軍需生産に従事しており、彼らの多くは徴用によって兵器の製造に従事しているのです。……敵国アメリカ、イギリスの女性があなた方に、いや日本女性に戦いを挑んでいるのです。あなた方日本女性がどうして気楽にいられましょうか。……古き因習や習慣を思い切って飛び越えて、晴れ着を縫ったその手で飛行機の翼を縫わねばなりません。

(山室建徳編『大日本帝国の崩壊』吉川弘文館をもとに作成)

戦時下の子ども・学生

→❻学童疎開　1944年から終戦までに約45万の学童が地方に疎開し、集団生活を送った。

↑❺明治神宮外苑での学徒出陣壮行会(1943.10)　1943年9月、政府は兵力不足を補うため、文科系大学生の徴兵猶予取り消しを決定、学生を軍に召集した。

文献④ 決戦教育措置要綱(1945.3)

第2　措置

1　全学徒を、食糧増産、軍需生産、防空防衛、重要研究、その他直接決戦に緊急を要する業務に総動員する。

2　右目的達成のため、**国民学校初等科をのぞき、学校における授業は昭和20年4月1日から昭和21年3月31日までの期間、原則としてこれを停止する。**

(国立公文書館ウェブページをもとに作成)

読み解き　下線部の理由は何だろう。

生活の窮乏

文献⑤ 経済統制の闇(1943)

「星、碇、顔、闇、列①」の世の中だ。世の中は星にいかりに闇に顔。馬鹿者のみが行列に立つという歌が流行している。

①「星」は陸軍、「いかり」は海軍、「顔」は官庁・大企業をさす

(清沢洌『暗黒日記Ⅰ』評論社)

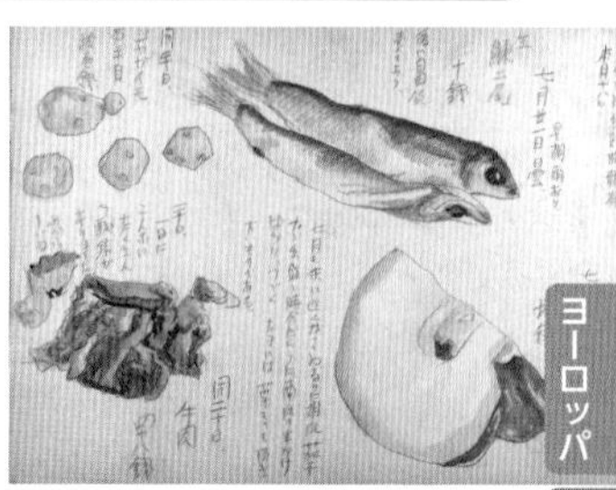

→❼配給物絵日記　版画家の小泉癸巳男は妻と二人分の配給品を日々記録した。食料不足がいよいよ深刻化する様子がうかがえる。昭和館蔵

3 戦争終結へ

文献⑥ ポツダム宣言(1945.7)

6　日本国民を世界征服に着手するよう欺き、誤り導いた人々の権力と影響力は永遠に排除されなければならない。無責任な軍国主義が世界から放逐されるまで平和、安全、正義をもたらす新しい秩序の樹立は不可能であるとわれわれは主張するからである。

7　このような新秩序が確立され、日本の戦争遂行能力が破壊されたという確証が提示されるまで、連合国が指定する日本領土内の諸地域が、われわれがここに記す基本的な目的を達成するため占領下に置かれるものとする。

13　われわれは日本政府に対して、ただちに全日本軍の無条件降伏を宣言し、……適切かつ十全に保証された措置をとることを要求する。日本にとってそれ以外の選択肢は迅速かつ完膚なき破壊のみである。

(歴史学研究会編『世界史史料10』岩波書店)

Column 沖縄戦

1945年3月26日、アメリカ軍の慶良間諸島への上陸・占領をもって沖縄の地上戦が始まった。日本軍は兵力不足を補うために一般住民を地上戦に動員したが、その中には中学校や女学校の生徒もふくまれていた(鉄血勤皇隊・ひめゆり学徒隊)。激烈な戦闘で、一般住民をふくむ県民12万人が犠牲となったが(「沖縄県援護課資料」)、この中には戦時体制下の日本軍による教育・指導や訓練の影響などを受けて、「集団自決」に追いこまれた人たちもいた。

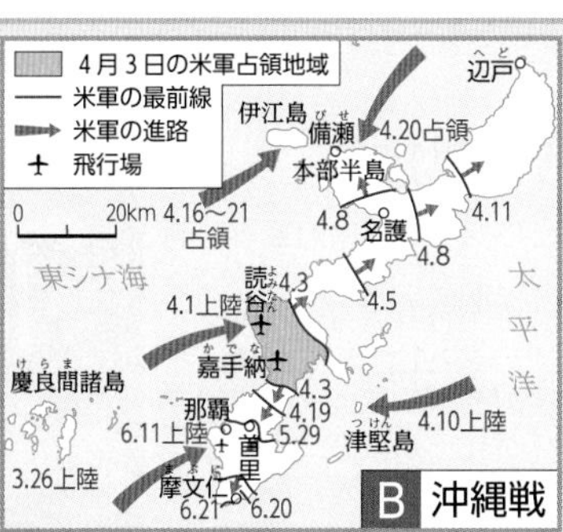

B 沖縄戦

❽ガマ(洞窟)を攻撃するアメリカ兵

原爆投下

→❾原爆を投下された広島　1945年8月6日午前8時15分、テニアン島から飛び立った米軍機B29エノラ＝ゲイ号が原子爆弾を投下、甚大な被害をもたらした。

読み解き　原爆を生んだ科学、原爆投下による多大な犠牲は、大戦後、どのような影響をもたらすことになるだろう。

文献⑦ ニューヨークタイムズ記事(1945.9.5)

原爆はいまでも瓦礫が一面に散乱し、真っ平らになった広島で一日に100人の命を奪っている。この町で8月6日、人類史上はじめて宇宙の力を破壊手段として利用した秘密兵器が使われたのだ。……広島に足を踏み入れるということは、恐るべき信じがたい光景に打ち震えて身動きできない体験をするということだ。大戦中、アメリカの技術、科学の天才たちが空の要塞B29と原爆の発明という形で成し遂げた偉業の究極の証しが、ここ広島にある。広島の運命がインディアナポリス、ワシントン、あるいはニューヨークで再現されることのないよう、わが国の防衛、攻撃両用の空軍力を保持し完璧なものにする必要性に疑念を持つ者の眼を開かせるのに、広島は決定的な証拠の役を果たすに違いない。

(有賀夏紀他編『史料で読むアメリカ文化史4』東京大学出版会)

終戦

文献⑧ 日本から見た終戦

8月15日　……12時、時報。君ガ代奏楽。詔書の御朗読。やはり戦争終結であった。君ガ代奏楽。つづいて内閣告諭。経過の発表。──遂に敗けたのだ。戦いに破れたのだ。

(高見順『敗戦日記』文藝春秋)

❿終戦を知った朝鮮半島の人々

文献⑨ 樺太・日ソ国境戦闘地域における通信中隊隊員鈴木孝範の回想(1945)

8月15日　……直ちに壕内の通信所に行き、心せくままにレシーバーを耳にした。……南方方面における情報として、スマトラ、ジャワなどにおける終戦通達と、それによる現地軍の対応などについての情報が報道されており、終戦の事実を認識せざるを得なかった。……連隊としては、停戦交渉に入ることはせず、……戦闘を継続することになった。

(川島真他編『資料で読む世界の8月15日』山川出版社)

読み解き　8月15日を終戦記念日とすることに、どのような問題があるだろう。

国際秩序の再建と戦後処理

1 国際連合とブレトン＝ウッズ体制

↓ⓐ国際連盟と国際連合の比較⬅P.299

国際連盟（本部：ジュネーヴ）		国際連合（本部：ニューヨーク）
1920年発足。原加盟国42カ国 **アメリカ不参加、ソ連の加盟遅延**	加盟国	1945年発足。原加盟国51カ国 五大国は米・英・ソ（現ロシア）・中*・仏
総会、理事会（常任理事国：英・仏・伊・日）、事務局、常設国際司法裁判所、国際労働機関	主要機関	総会、**安全保障理事会**（五大国が常任理事国で、**拒否権**を持つ）、事務局、経済社会理事会、国際司法裁判所、信託統治理事会
全会一致（加盟国の全部の同意が必要）	表決手続	多数決（安全保障理事会は、常任理事国のうち1国でも拒否権を行使すれば、議決できない）
国際紛争が発生した場合、理事会の報告後、3カ月間は戦争に訴えることを禁止	戦争の禁止	安全保障理事会による軍事行動（**国連平和維持軍**）と加盟国の自衛権行使以外は禁止
経済封鎖（通商上、金融上の関係を断絶し、違約国の国民との交通を禁止する）	制裁措置	経済、交通、通信および外交関係の断絶 安全保障理事会による国連平和維持軍の派遣

＊1971年、中華民国から中華人民共和国に

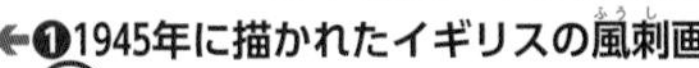
←❶1945年に描かれたイギリスの風刺画

読み解き
1 UNITED NATIONSとは何をさすのだろう。
2 なぜみな違うスポーツの格好をしているのだろう。
3 スターリンの持つラグビーボールには、「RUSSIAN GAME（ロシアのやり方）」と書かれている。第二次世界大戦後の国際秩序はその後どのような構造となったのだろう。

読み解き
1 1970年まで、1990年まで、それ以降の拒否権の発動状況の特徴は何だろう。
2 拒否権を発動する背景は何だろう。

Column 拒否権の功罪

拒否権の意義は大国の足並みをそろえることで、安保理の決定に実効性を持たせる点にある。しかし、**実際には、国連の機能不全を生み出すこともあった**。また、拒否権の行使以前の段階として理事国に圧力をかけ、採決そのものを阻止する事例もみられる。五大国がどのような出来事に関して拒否権を発動したか、P.349などを参考に調べてみよう。

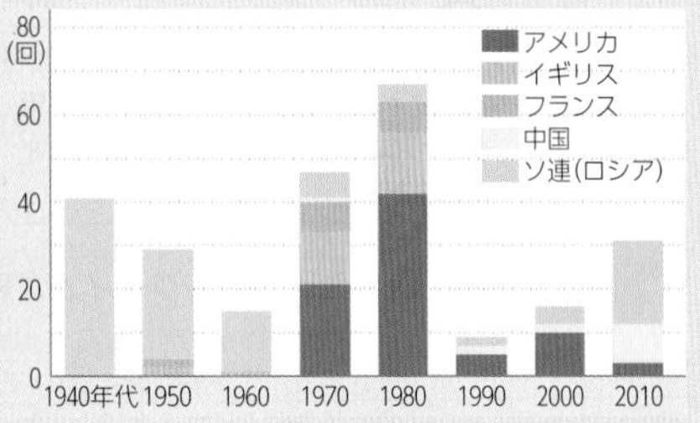

→ⓓ拒否権の発動回数

文献① 国際連合憲章（1945）⬅P.65

われら連合国の人民は、われらの一生のうちに二度まで言語に絶する悲哀を人類に与えた戦争の惨害から将来の世代を救い、基本的人権と人間の尊厳及び価値と男女及び大小各国の同権とに関する信念をあらためて確認し、正義と条約その他の国際法の源泉から生ずる義務の尊重とを維持することができる条件を確立し、一層大きな自由の中で社会的進歩と生活水準の向上とを促進すること並びに、このために、寛容を実行し、且つ、善良な隣人として互に平和に生活し、国際の平和及び安全を維持するためにわれらの力を合わせ、共同の利益の場合を除く外は武力を用いないことを原則の受諾と方法の設定によって確保し、すべての人民の経済的及び社会的発達を促進するために国際機構を用いることを決意して、これらの目的を達成するために、われらの努力を結集することに決定した。

（国際連合広報センターウェブページ）

↓ⓑ国際連合の組織

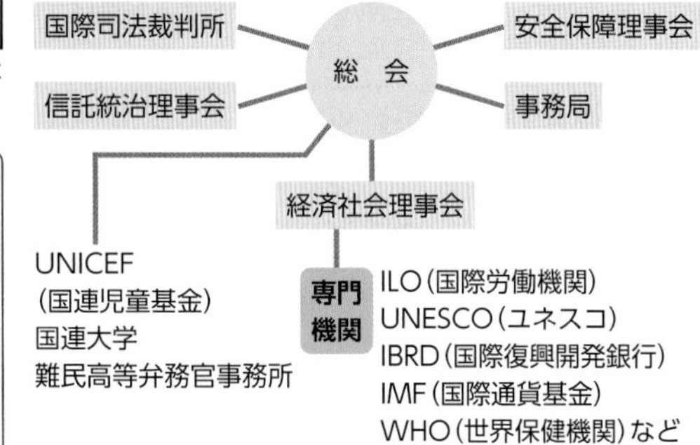

↓ⓒブレトン＝ウッズ体制

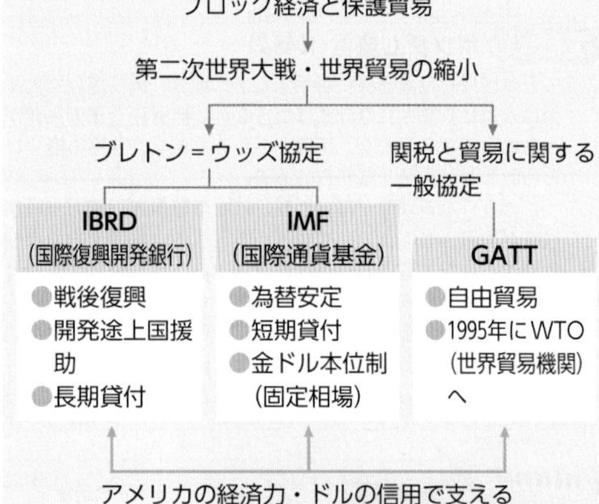

2 世界人権宣言

↓❷エレノア＝ローズヴェルト

国連人権委員会の委員長として、世界人権宣言の起草を推進した。世界人権宣言は、法的拘束力を持たないが、各国の国内法などに少なからぬ影響を与えている。1948年の第3回国連総会で採択された。

文献② 世界人権宣言（1948）

人類社会のすべての構成員の固有の尊厳と平等で譲ることのできない権利とを承認することは、世界における自由、正義及び平和の基礎であるので、

人権の無視及び軽侮が、人類の良心を踏みにじった野蛮行為をもたらし、言論及び信仰の自由が受けられ、恐怖及び欠乏のない世界の到来が、一般の人々の最高の願望として宣言されたので、

人間が専制と圧迫とに対する最後の手段として反逆に訴えることがないようにするためには、法の支配によって人権保護することが肝要であるので、

……すべての人民とすべての国とが達成すべき共通の基準として、この世界人権宣言を公布する。

第1条　すべての人間は、生れながらにして自由であり、かつ、尊厳と権利とについて平等である。人間は、理性と良心とを授けられており、互いに同胞の精神をもって行動しなければならない。

（国際連合広報センターウェブページ）

3 戦後処理

→❸ニュルンベルク国際軍事裁判

（1945～46）　連合軍は、大戦中から、枢軸国側の侵略行為や残虐行為に対する制裁を行うことで合意していた。そして国際軍事裁判条例により、A項「平和に対する罪」、B項「通例の戦争犯罪」、C項「人道に対する罪」が国際法上の犯罪と規定された。ニュルンベルク国際軍事裁判では、ナチ党指導者22名が裁かれ、12名が死刑を宣告された。

←❹東京裁判（極東国際軍事裁判）（1946～48）　極東国際軍事裁判では、戦前・戦中の指導者28名をA級戦犯として審理し、7名が死刑となった。A級戦犯は、BC級犯罪も同時に訴追されるのが一般的だった。

歴史のスパイス　BC級戦犯の裁判は、戦争犯罪の被害を受けた国ごとに法廷が開設された。なお、A級・B級・C級に犯罪の軽重はない。

冷戦の開始

1 冷戦の開始

↓ⓐ1945〜55年の概観

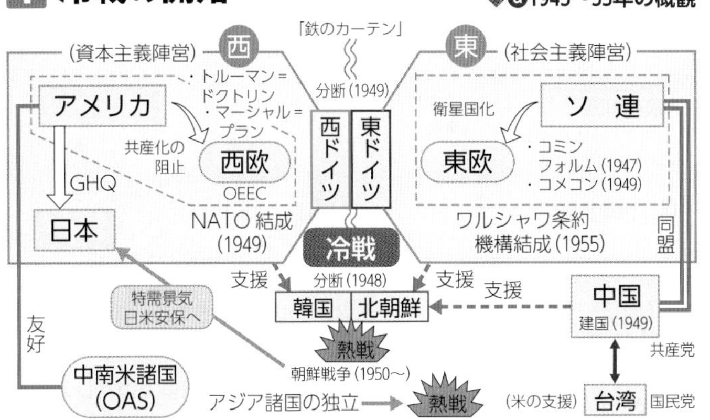

解説 「鉄のカーテン」演説

1946年3月5日にアメリカのミズーリ州フルトンで前イギリス首相チャーチルが行った演説。彼は、演説で**ソ連を中心とする社会主義国家の閉鎖性を非難した。**

文献① 「鉄のカーテン」演説(1946)

バルト海のシュテティン[シュテッティン]からアドリア海のトリエステまで、ヨーロッパ大陸をまたぐ鉄のカーテンが下りてしまった。その線の向こう側に、中・東欧の古き諸国の首都が並んでいる。……これらすべての有名な諸都市、そしてその周辺の人々は、私がソヴェト[ソヴィエト]の圏域と呼ばねばならないものの中に位置し、……ますます強まるモスクワのコントロール下にあるのだ。（歴史学研究会編『世界史史料11』岩波書店）

↑❶**演説を行うチャーチル**(1874〜1965)

「鉄のカーテン」とは、東西両陣営の緊張状態を表した比喩であるが、こうした境界は、1961年のベルリンの壁構築などにより現実化した。

2 大戦後のヨーロッパ

文献② トルーマンの特別教書(1947)

ほとんど全ての国は、二つの生活様式の中から一つを選ばなければならない。……第一の生活様式は、多数者の意思に基づき、自由な諸制度、代議政体、自由な選挙、……そして政治的抑圧からの自由によって特徴づけられている。第二の生活様式は、多数者を力で強制する少数者の意思に基づいている。それはテロと抑圧、統制された出版と放送、形ばかりの選挙……などによって成り立っている。私は、武装した少数者や外部からの圧力によって企てられた支配に抵抗している自由な諸国民を援助することこそ、アメリカ合衆国の政策でなければならないと信ずる。（歴史学研究会編『世界史史料11』岩波書店）

読み解き この教書に基づきトルーマンが行った共産主義の進出を阻止する政策は何だろう。具体的にどこの国を支援するためにアメリカは軍事支出をしただろう。

←❷**トルーマン**(1884〜1972)

(億ドル) 30 25 20 15 10 5

イギリス　フランス　西ドイツ　イタリア　オランダ　ベルギー*　その他

＊ルクセンブルクをふくむ

↑ⓑ**マーシャル＝プランによる国別の援助額**

読み解き

1 マーシャル＝プランの受け皿として設立された組織は何だろう。

2 なぜアメリカはマーシャル＝プランをヨーロッパ諸国に示したのだろう。

3 西欧諸国は受け入れたが、東欧諸国・ソ連はどのように対処しただろう。

チェック コミンフォルムとコメコン

トルーマン＝ドクトリンやマーシャル＝プランに対抗して、ソ連が東欧各国を勢力下に収め、その結束を高めようと結成

● **コミンフォルム**…ソ連共産党の統率のもと、ヨーロッパの主要共産党が情報交換・連携を行うための組織

● **コメコン**…経済協力機構、東欧外からモンゴル・キューバ・ベトナムも加盟

※**ユーゴスラヴィア**はコミンフォルム脱退(1948)など、独自の動きを見せた

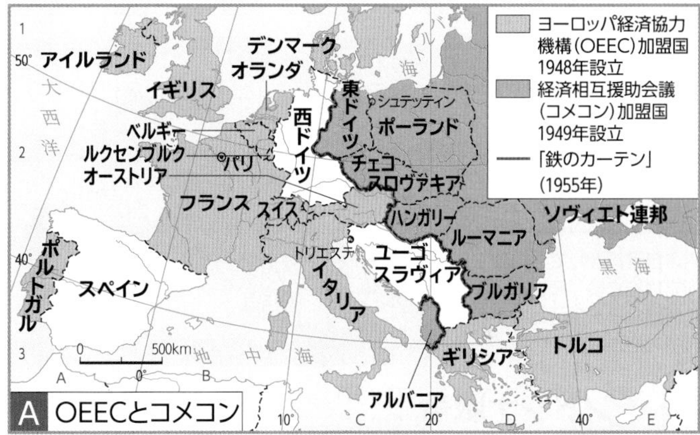

A OEECとコメコン

ドイツとベルリンの分割占領

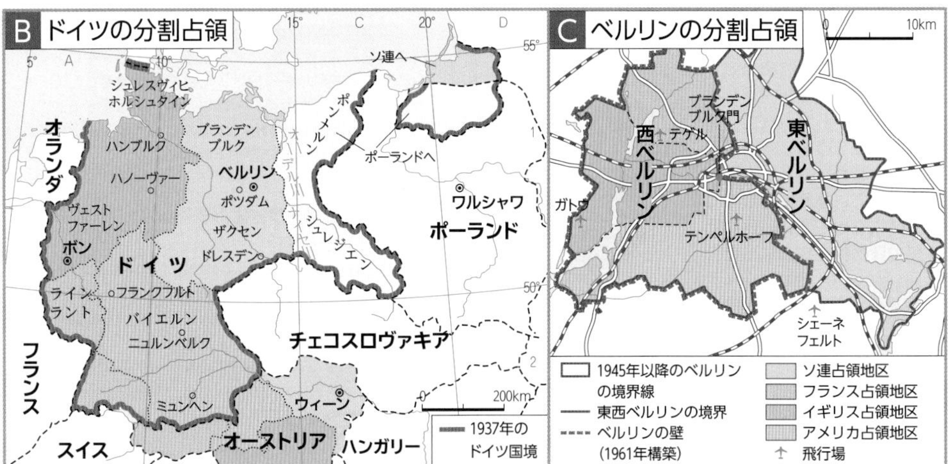

① ドイツ・オーストリアはそれぞれ米英仏ソの4カ国で分割占領された。ベルリンも同じ4カ国で分割管理されたが、ソ連の占領地区と他の3カ国の占領地区との分断が進んだ。ポーランドは東プロイセンをソ連と分割、オーデル・ナイセ川以東を得て領土を拡大した。なおオーストリアは1955年に永世中立国となった。

↑❸**ベルリン封鎖** 1948年6月、ドイツの西側占領地区で**通貨改革**が行われると、ソ連は西ベルリンへの陸上交通路を遮断した。アメリカは物資を西ベルリンに空輸して対抗し、1949年5月にソ連は封鎖を解除した。その後ドイツは分断国家となったが、東側の政治・経済体制を嫌って1960年までに数百万人の人々が西ベルリン経由で西側世界に亡命した。そこで東ドイツ政府は、ソ連の支持のもと、1961年にベルリンの壁を構築した。

歴史のスパイス 「冷たい戦争」という言葉は、1947年にアメリカのジャーナリスト、ウォルター＝リップマンが著書のタイトルに使ったことに始まる。

冷戦とアジア諸国の独立の始まり

1 アジアの独立

イスラエルの独立とパレスチナ難民の発生
➡P.323

➔❶イスラエル建国を宣言するベングリオン首相(1948)

国連のパレスチナ分割決議を受けて、イスラエルは建国を宣言したが、アラブ諸国との間で第1次中東戦争が起こった。

➔❷第1次中東戦争でのパレスチナ難民

インドとパキスタンの分離独立 ➡P.333

➔❸**インド・パキスタンの分離独立**(1947) 宗教問題を根幹とする対立から、ヒンドゥー教徒主体のインドとムスリム主体のパキスタンがイギリス連邦内の自治領として分離独立した。対立は独立後も続き、**カシミール問題**などを主因とする3度の戦争を経験した。

解説 カシミール問題

インド・パキスタン分離独立後、カシミール藩王国の帰属をめぐって生じた一連の問題。インドへの帰属を決定したヒンドゥー教徒の藩王とそれに反対するムスリム住民との対立に、インド・パキスタン両国が介入して**印パ戦争**に発展した。現在も未解決である。

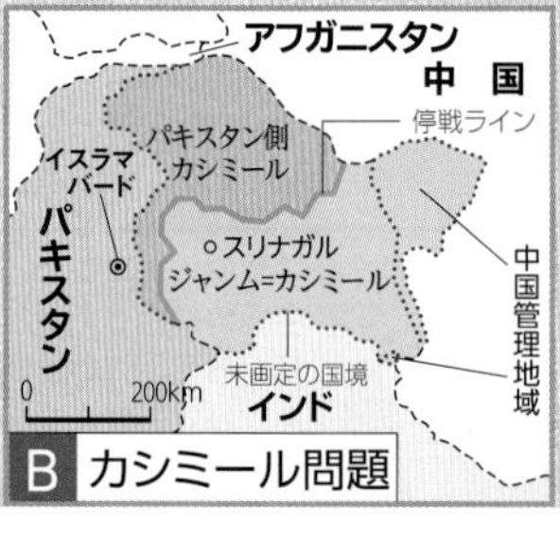

B カシミール問題

2 インドシナ戦争 ➡P.305 ➡P.335

1887.10	仏領インドシナ連邦成立
1930. 2	インドシナ共産党 結成 ↓ ホー＝チ＝ミン創設
1941. 5	ベトナム独立同盟(ベトミン) 結成 ↓
1945. 9	ベトナム民主共和国 独立宣言 ホー＝チ＝ミン国家主席 首都：ハノイ
1946.12	←― インドシナ戦争(～54) ―→ フランス
1949. 6	ベトナム国 ← フランス支援 主席バオダイ 首都：サイゴン
1954. 5	ディエンビエンフーの戦い (仏軍敗北)
. 7	ジュネーヴ休戦協定調印 (北緯17度線：南北ベトナムの境界)

➔❹**ディエンビエンフーの戦い** フランスは空挺部隊を降下させディエンビエンフーを占領した。それに対しベトナム民主共和国軍は包囲攻撃し、激しい戦闘の末1954年5月7日にフランス軍を降伏させた。翌8日からジュネーヴ会議が開かれ、7月に休戦が成立。フランスのインドシナ支配は終わった。

ベトナム建国の父 ホー＝チ＝ミン(1890～1969)

1930年のインドシナ共産党結成以来、生涯を民族国家建設にささげた。41年、ベトナム独立同盟を組織して反仏・反日闘争を指導し、45年にはベトナム民主共和国の独立を宣言した。**インドシナ戦争・ベトナム戦争を通じて、国家主席として先頭に立って闘い、民族団結の象徴的存在となった。**

文献① ジュネーヴ休戦協定(1954年7月20日)

第1条 暫定軍事境界線を画定し、両当事者の軍隊をその両側に、ベトナム人民軍は境界線の北側に、フランス連合軍は境界線の南側に、それぞれ撤収後に再集結する。暫定軍事境界線は、付属地図に示すとおり[1]に定める。同時に、境界線の両側に、それから最大限で5キロメートルの幅で非武装地帯を設け、これを緩衝地帯として、戦闘行為の再発をまねくいっさいの事件を回避する。

① 北緯17度線に沿って境界線は設定された。

(歴史学研究会編『世界史史料11』岩波書店)

文献② ジュネーヴ会議最終宣言(1954年7月21日)

11 会議は、カンボジア、ラオス、ベトナムにおける平和の再建と強化に関するすべての問題を解決するために、フランス政府が、カンボジア、ラオス、ベトナムの独立、主権、統一、領土保全を尊重するという原則を基調とする、という、フランス政府の宣言に留意する。

(歴史学研究会編『世界史史料11』岩波書店)

読み解き

1 ジュネーヴ休戦協定後、アメリカが東南アジアで結成した組織は何だろう。
2 アメリカはジュネーヴ会議には参加したが、休戦協定の調印は拒否した。その理由は何だろう。

歴史のスパイス ベトナムでのフランス軍は外人部隊(外国人志願兵で構成される正規部隊)が主力で、帰郷が困難な元ドイツ軍人や戦犯逃れのため入隊した元ナチス親衛隊などもいた。

3 戦後の東アジア ➲P.330

中華人民共和国の建国

←❺中華人民共和国建国を宣言する毛沢東　国共内戦に勝利を収めた毛沢東(1893～1976)は、1949年10月、中華人民共和国を樹立し、その最高指導者に就任した。

→❻土地改革で公文書を焼く人々　土地改革法により、1950～52年にかけて、全国で大地主から土地が没収され耕作農民に与えられた。

朝鮮戦争

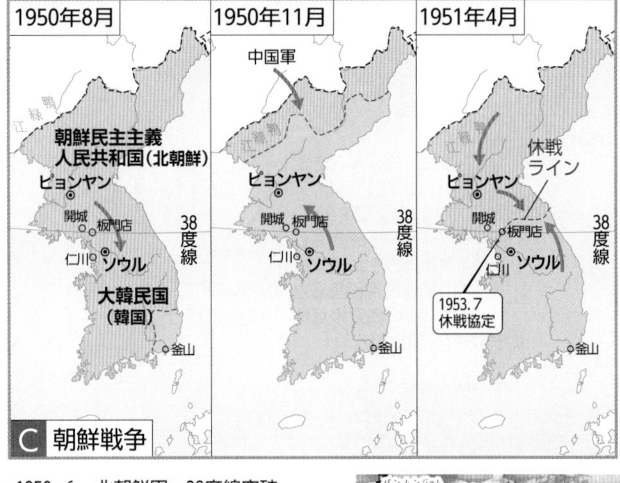

C 朝鮮戦争

1950. 6	北朝鮮軍、38度線突破
10	**国連軍**、38度線を突破。北朝鮮に侵入。中国国境まで進出
10	**中国軍**、鴨緑江を越えて朝鮮戦線に出動
1951. 1	北朝鮮・中国軍、38度線を越えて南下。ソウル占領
3	国連軍、ソウル奪回 →戦線は38度線付近で膠着
7	休戦会談開始(開城)
10	休戦会談再開(板門店)
1953. 7	**休戦協定成立**(板門店)

❽板門店の休戦ライン
韓国
北朝鮮

北朝鮮軍の南下を機に朝鮮戦争が始まると、国連安全保障理事会はソ連代表が欠席する中、**アメリカ軍を主体とする国連軍派遣を決定**した。一方、**中華人民共和国は軍隊を派遣し**、ソ連は参戦こそしなかったが北朝鮮を援助した。戦いは一進一退をくり返し、1953年に休戦協定が結ばれた。

↑❼38度線を越える国連軍

読み解き
1 朝鮮戦争は、アジア・太平洋地域におけるアメリカの政策にどのような影響を与えただろう。
2 朝鮮戦争は、日本の政治や経済にどのような影響を与えただろう。

4 日本の独立

占領下の国民生活は困難を極め、仮設のバラックで雨をしのぐ人も少なくなかった。また、中国東北部や樺太など、海外からの引揚げも困難を極めた。

❾闇市(東京・新橋)　戦後の物資不足の中、国の配給制度も滞り、各都市の焼け跡や駅前広場には青空市場と呼ばれた闇市ができた。

↓❿朝鮮特需にわく日本の工場　朝鮮戦争に伴い、アメリカ軍から軍事物資の緊急注文を受けた日本の経済は、戦前の水準を回復し、高度経済成長の基礎を築いた。

↓ⓐ対日占領政策の転換

終戦直後の占領政策　①非軍事化　②民主化

冷戦の本格化・東アジアの共産化

占領政策の転換…米陸軍長官ロイヤルの演説が始まり
①**政治の安定化**…反共の防壁に　→**レッドパージ**
②**経済の復興**…日本経済の自立化
→**経済安定九原則**(1948.12)…予算の均衡、徴税強化、資金貸出制限、賃金安定化、物価統制、貿易改善、物価割当改善、増産、食料集荷改善
→**ドッジ＝ライン**(1949.3)…超均衡予算の実施(財政支出の削減)、単一為替レートの設定
→**シャウプ勧告**(1949.9)…税制改革実施(直接税中心主義、累進所得税制)
③**再軍備**　→警察予備隊の設置(1950)

文献③ サンフランシスコ平和条約(1951)

第1条　(a)日本国と各連合国との戦争状態は、……この条約が……効力を生ずる日に終了する。
第3条　日本国は、北緯29度以南の南西諸島(琉球諸島及び大東諸島を含む。)、孀婦岩の南の南方諸島(小笠原群島……を含む。)並びに沖の鳥島及び南鳥島を合衆国を唯一の施政権者とする信託統治制度の下におくこととする国際連合に対する合衆国のいかなる提案にも同意する。……
第6条　(a)連合国のすべての占領軍は、この条約の効力発生の後なるべくすみやかに、且つ、いかなる場合にもその後90日以内に、日本国から撤退しなければならない。但し、この規定は……[日本と他国との間に結ばれた協定に基づく]外国軍隊の日本国の領域における駐とん又は駐留を妨げるものではない。
(『法令全書』)

読み解き　インド・ビルマ・ユーゴスラヴィアは会議に招請されながらも不参加だった。その理由を調べよう。

D 平和条約規定による日本領

平和条約規定による日本領 / 敗戦前の日本領
ソ連(現ロシア)　樺太(サハリン)　千島列島　国後島　択捉島　色丹島　歯舞群島　北方領土問題
中華人民共和国　朝鮮民主主義人民共和国　大韓民国　竹島問題　日本海　黄海　東シナ海　対馬　東京　日本　太平洋　八丈島　伊豆諸島
尖閣諸島問題　尖閣諸島　澎湖諸島　台湾　沖縄　琉球諸島(1972復帰)　ロノ島　種子島　奄美群島(1953復帰)　北大東島　ラサ島(沖大東島)(1972復帰)　硫黄島　父島　聟島　母島　小笠原諸島(1968復帰)　火山諸島(硫黄諸島)(1968復帰)　南鳥島(1968復帰)
0　1000km

↑日本は朝鮮の独立を認め、台湾・南樺太・千島列島を放棄した。なお現在、ロシアとの北方領土問題、韓国との竹島問題、また中国が領有を主張している尖閣諸島をめぐる問題もある。

E 復帰直後の沖縄の米軍基地

 日本では、戦中・戦後の国家統制経済下で、衣類などと物々交換して食料を求めるために、都市から近郊農村へ「買出し」に行く人々もいた。

テーマ21 現代史のまとめ

1 現代の概観

＊アジア・アフリカ・ラテンアメリカ

時期	アメリカ大統領	年	資本主義陣営	両陣営	社会主義陣営
冷戦の激化	トルーマン	1945	**米、原爆保有**➲P.65	**国際連合発足** ➲P.318	東欧に人民民主主義政権(1945～48)
		1946	**「鉄のカーテン」演説**➲P.319		
		1947	**トルーマン＝ドクトリン**➲P.319		
			マーシャル＝プラン ←→		**コミンフォルム**結成(～56)
		1948	西ヨーロッパ連合条約 ←→		チェコスロヴァキアでクーデタ
			西ドイツで通貨改革 →	**ベルリン封鎖(～49)** ➲P.319	
		1949	**北大西洋条約機構(NATO)**		**経済相互援助会議(コメコン)**
			ドイツ連邦共和国成立 ←		→ドイツ民主共和国成立
					中華人民共和国成立　ソ連、原爆保有
		1950			**中ソ友好同盟相互援助条約**(～80)
				朝鮮戦争(～53) ➲P.321	
		1951	太平洋安全保障条約(ANZUS)		
雪どけ	アイゼンハワー	1953	米韓相互防衛条約	朝鮮休戦協定	スターリン死去
		1954	SEATO	**ジュネーヴ会議(インドシナ休戦)** ➲P.320	
		1955	西ドイツ、NATO加盟 ←	**ジュネーヴ四巨頭会談**	
			METO ←→		**ワルシャワ条約機構**
		1956			**スターリン批判**➲P.346
					ポーランド・ハンガリーで反ソ暴動
		1958	仏、ド＝ゴール政権(第五共和政)➲P.344		
		1959		フルシチョフ訪米、キャンプ＝デーヴィッド会談	
					キューバ革命➲P.343
再緊張		1960	U2型機事件		**中ソ論争公然化**
	ケネディ	1961		**ベルリンの壁構築** ➲P.319	
		1962		**キューバ危機** ➲P.325	
		1963		部分的核実験禁止条約 ➲P.351	
多極化と緊張緩和	ジョンソン	1964	仏、中国を承認		フルシチョフ失脚
		1965		**ベトナム戦争本格化(75終結)** ➲P.335	
		1966	仏、NATO軍事機構脱退		**中国、文化大革命開始**(～76)➲P.330
		1967	**ヨーロッパ共同体(EC)発足**		
		1968		核拡散防止条約(NPT) ➲P.351	チェコ事件
	ニクソン	1971	米、金・ドル交換停止(ドル＝ショック)		中国、国連加盟(代表権獲得)
		1972		米中共同声明・東西ドイツ基本条約	
				SALT I(米ソ戦略兵器制限交渉)	
		1973	拡大EC発足	**ベトナム和平協定**	
				東西ドイツ国連加盟	
			石油危機←第4次中東戦争➲P.328		
		1975	第1回先進国首脳会議(サミット)➲P.328		
	カーター	1979		米中国交正常化・SALT II	**ソ連、アフガニスタン侵攻**
		1980			ポーランドに「連帯」設立
	レーガン	1983	米のグレナダ侵攻		
		1985			ゴルバチョフ書記長就任
		1986			→**ペレストロイカ**開始
		1987		中距離核戦力(INF)全廃条約 ➲P.346	
冷戦後	ブッシュ(父)	1989		➲P.326 **マルタ会談・東欧の民主化(ベルリンの壁崩壊)** ➲P.345	
					ルーマニア革命(チャウシェスク失脚)
					中国で天安門事件➲P.330
		1990		**東西ドイツの統一**	
		1991	湾岸戦争に多国籍軍派遣➲P.337		コメコン解散
					ワルシャワ条約機構解体
				START I(戦略兵器削減条約)	
					ソ連解体←独立国家共同体(CIS)成立
		1992	マーストリヒト条約調印	中・韓国交樹立	
	クリントン	1993		START II調印(米・ロ)	
			ヨーロッパ連合(EU)発足		チェコ・スロヴァキア両共和国に分離
		1994	NAFTA成立　EEA発足		ロシア軍、チェチェン侵攻
		1999	EU11カ国通貨統合		NATO軍、ユーゴ空爆
	ブッシュ(子)	2001	9.11テロ➲P.337		中国、WTO加盟
		2008	世界的金融危機		
	オバマ	2014			ロシアによるクリミア半島「編入」➲P.348
		2015	アメリカ、キューバと国交回復		
	トランプ	2020	イギリス、EU離脱➲P.348		
	バイデン	2022			ロシアによるウクライナ侵攻➲P.348

ソ連・ロシア指導者	年	AALA諸国＊	区分
スターリン		➲P.320	アジア諸国の独立
	1946	**インドシナ戦争**(～54)	
	1947	インド・パキスタン分離独立➲P.320	
	1948	イスラエル建国→**第1次中東(パレスチナ)戦争**➲P.325	
		大韓民国・朝鮮民主主義人民共和国成立	
	1951	イラン石油国有化	アジア・アフリカ諸国の台頭
		リビア独立	
	1952	エジプト革命	
	1954	周恩来・ネルー会談**(平和五原則)**	
フルシチョフ	1955	**バンドン(AA)会議(平和十原則)**➲P.325	
	1956	エジプト、スエズ運河国有化宣言→**第2次中東(スエズ)戦争**➲P.325	
	1957	ガーナ独立宣言	
	1960	**「アフリカの年」**	非同盟主義(第三世界)・南北問題・民族紛争
	1961	**第1回非同盟諸国首脳会議**➲P.325	
	1963	アフリカ統一機構(OAU)	
ブレジネフ	1967	**第3次中東戦争**	
		東南アジア諸国連合(ASEAN)➲P.335	
	1973	**第4次中東戦争**	
	1975	**ベトナム戦争終結**	
	1976	ベトナム社会主義共和国成立	
	1979	**イラン革命**➲P.337	
		エジプト＝イスラエル平和条約調印➲P.338	
	1980	**イラン＝イラク戦争**	
	1982	フォークランド戦争	
		イスラエル、レバノン侵攻	
ゴルバチョフ	1986	フィリピンで政変	
	1990	イラク、クウェート侵攻→**湾岸戦争**(91)	
	1991	南アフリカ共和国、アパルトヘイト諸法全廃	
		南北朝鮮国連加盟	
		ユーゴスラヴィア内戦激化	
エリツィン	1993	**イスラエルとPLO、暫定自治協定に調印**	
	1994	南アフリカ共和国大統領にマンデラ➲P.340	
	1998	インドとパキスタンが核実験➲P.333	
	2000	韓国・北朝鮮首脳会談➲P.332	
プーチン	2002	アフリカ連合(AU)	
	2003	**イラク戦争**➲P.337	
メドヴェージェフ	2010	アラブの春	
	2011	シリア内戦	
プーチン	2014	「イスラーム国(IS)」樹立	

年	日本の動向
1946	日本国憲法公布
1948	東京裁判(極東国際軍事裁判)終わる➲P.318
1951	サンフランシスコ平和条約調印➲P.321
	日米安全保障条約調印
1953	奄美群島返還
1954	第五福竜丸事件➲P.56
1955	第1回原水爆禁止世界大会
1955	**55年体制**の成立
1956	**日ソ共同宣言**
	国連に加盟
1960	日米新安全保障条約調印
1964	OECDに正式加盟
	東京オリンピック➲P.332
1965	**日韓基本条約**調印
1967	非核三原則表明
1968	小笠原返還
1970	日本万国博覧会開催
	日米安保条約自動延長
1971	環境庁発足
1972	沖縄返還
	日中国交正常化
1973	変動相場制へ移行
	石油危機
1978	**日中平和友好条約調印**
1980	モスクワオリンピック不参加を決定
1987	東京株式市場大暴落
1989	昭和から平成に改元
1991	自衛隊の掃海艇をペルシア湾へ派遣
1992	PKO協力法案可決
1993	55年体制の崩壊
	コメの部分開放決定
1995	阪神・淡路大震災
1997	消費税5%に引き上げ
1998	日韓共同宣言
2002	サッカー・ワールドカップ日韓共同開催
	日朝首脳会談➲P.332
2009	民主党政権成立
2011	東日本大震災➲P.351
2019	平成から令和に改元
2021	東京オリンピック➲P.332

2 現代の日本 ➡P.321 ➡P.332

独立回復と日米安保

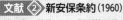

↑❶サンフランシスコ平和条約　1951年、日本はソ連などを除く48カ国と平和条約に調印し、翌年主権を回復した。➡P.321

文献① 日米安全保障条約(1951)

第1条　平和条約及びこの条約の効力発生と同時に、アメリカ合衆国の陸軍、空軍及び海軍を日本国内及びその附近に配備する権利を、日本国は、許与し、アメリカ合衆国は、これを受諾する。この軍隊は、極東における国際の平和と安全の維持に寄与し、並びに、……日本国における大規模の内乱及び騒じょうを鎮圧するため日本国政府の明示の要請に応じて与えられる援助を含めて、外部からの武力攻撃に対する日本国の安全に寄与するために使用することができる。

(日本外交主要文書・年表)

文献② 新安保条約(1960)

第3条　締約国は、個別的に及び相互に協力して、継続的かつ効果的な自助及び相互援助により、武力攻撃に抵抗するそれぞれの能力を、憲法上の規定に従うことを条件として、維持し発展させる。

第4条　締約国は、……日本国の安全又は極東における国際の平和及び安全に対する脅威が生じたときはいつでも、いずれか一方の締約国の要請により協議する。

(日本外交主要文書・年表)

↑❷新安保闘争　1960年、日米安全保障条約の改定をめぐって大規模な反対闘争が起こり、国会周辺には連日30万人を超えるデモ隊が押し寄せた。

読み解き 大規模な反対闘争が起こったのはなぜだろう。文献❶・❷の違いもふまえて考えよう。

アジアとの関係回復と高度経済成長

相手国	調印年	協定の内容
ビルマ	1954	賠償2億ドル、事業投資、発電所建設など
フィリピン	1956	賠償5億5,000万ドルなど
インドネシア	1958	賠償2億2,308万ドル、ダム建設、製紙工場、紡績工場など
南ベトナム	1959	賠償3,900万ドル、発電所建設、灌漑など

↑ⓐ戦後賠償の内容　東南アジア諸国とは、第二次世界大戦の賠償規模などをめぐって交渉が難航したものの、徐々に関係回復が進んだ。韓国とも日韓基本条約(1965)によって国交を樹立した。

↑❸日本万国博覧会の開催(大阪、1970)　1964年の東京オリンピック(➡P.332)と1970年開催の万博は、高度経済成長の象徴であった。街の景観や人々の暮らしも一変した。

→❹日中国交正常化　1972年、米中の和解を受け、田中角栄首相が北京で日中共同声明に調印し、国交正常化が実現した。台湾の国民政府との外交関係は断絶した。

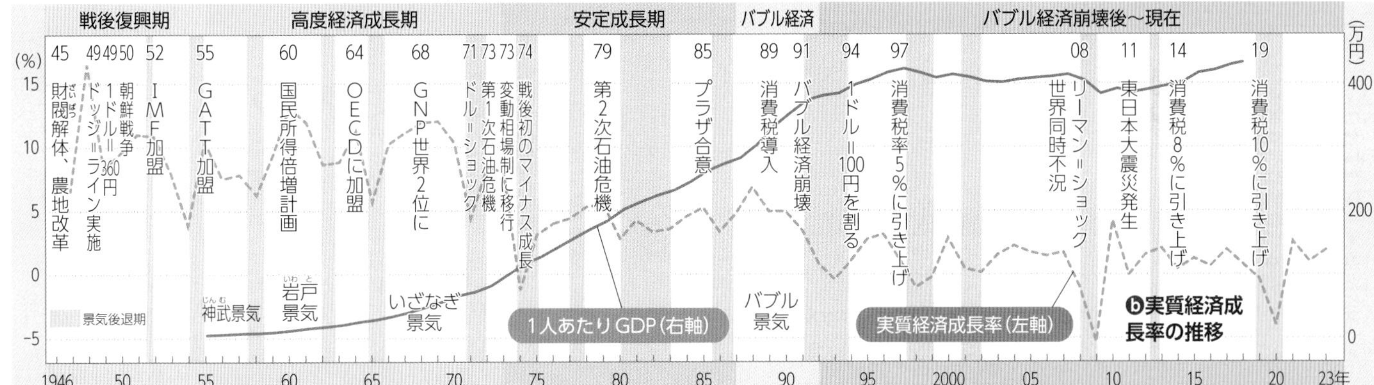

ⓑ実質経済成長率の推移

1990年代以降の日本

↑❺細川内閣の成立(1993)　1993年、自由民主党は総選挙で大敗し、自民以外の8党派からなる細川護熙内閣が誕生した。こうして、38年間続いた自由民主党の長期政権は崩壊した(55年体制の崩壊)。

↓ⓒ日本の人口推移と都市化・高齢化の進行(推計)　日本では、都市部で過密による住環境の悪化や交通渋滞などが課題となる一方、農村部では産業の停滞や医療・教育機関の縮小・撤退などが問題となっている。

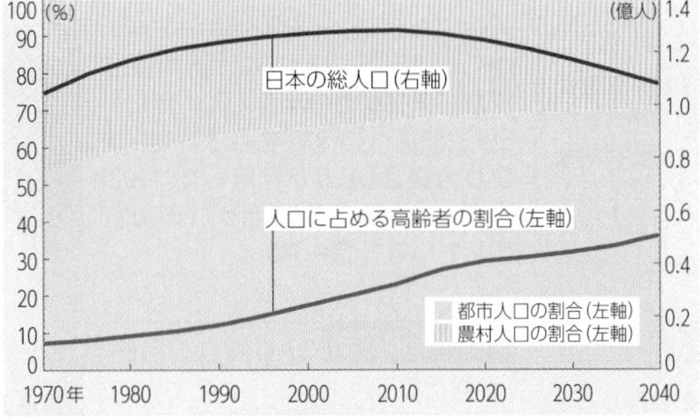

↑❻閑散とした成田空港(2020)　新型コロナウイルス感染症は、中国から日本をふくむ世界各国へと急速に拡大し、2020年3月11日、WHOはパンデミック(世界的な大流行)を宣言した。感染拡大によって移動が制限され、航空機の発着や利用客は急減した。

テーマ㉒ 国際機構の形成と平和への模索(1)

20世紀後半から21世紀にかけて、世界の紛争はどのように解決されてきたのだろう。また、それぞれの解決方法には、どのような課題があるのだろう。

1 集団安全保障

↙ⓐ勢力均衡と集団安全保障

勢力均衡

同盟　A B C　対立　同盟　D E F

同じ利害を持つグループ同士が、それぞれ同盟をつくる。両者の力のバランスをとることで平和を保とうとするが、お互いの不信感から軍拡競争に陥りやすい。

集団安全保障　❶侵略 ❷協力 ❸制裁

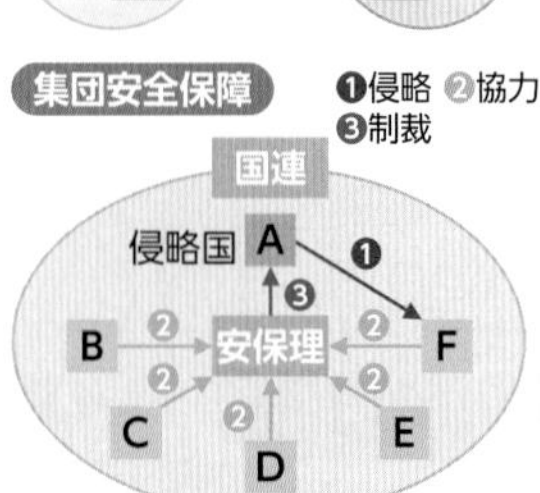

利害が異なる国も全て同じ組織を構成する。例えば、A国がF国を侵略した場合、ほかの全ての国々がA国を制裁する。

勢力均衡に代わる安全保障体制として提唱された集団安全保障の考え方は、国際連盟から国際連合に引き継がれ強化された。しかし、東西冷戦下、国連の活動は様々な困難に直面した。➲P.349

	国連憲章上の根拠	具体例
国連憲章において予定された(本来の)国連軍	国連憲章第7章 ●軍事的措置(第42条) ●特別協定が必要(第43条)	実行例なし。変則的なものとして、1950年の朝鮮への国連軍
PKO(国連平和維持活動)	国連憲章上の規定なし ●総会または安保理の決議により組織	国連カンボジア暫定機構、国連東ティモール暫定行政機構など
多国籍軍	国連憲章上の規定なし ●安保理の決議により組織	湾岸戦争、ボスニア・ヘルツェゴヴィナなどへ派遣

↑ⓑ国際連合の安全保障機能

解説 核抑止論

米ソ両国は、相手から大規模な核攻撃を受けた場合、相手国を確実に破壊できる報復用の核戦力として、見つかりにくい潜水艦発射弾道ミサイル(SLBM)を整備した。その結果、米ソは互いに報復を恐れ先制核攻撃に踏み切りにくくなった。こうしたなか、1960年代後半に「相互確証破壊(MAD)」と呼ばれる核戦略理論が提唱された。これは、**相手国に第一撃をかけても、相手国が報復能力を確実に持つ場合、お互いに核兵器を使用せず、戦争を防止できる**という考えである。核兵器の開発競争は、こうした核抑止論を背景に行われてきた。

2 東西両陣営の安全保障体制

太平洋安全保障条約(ANZUS) 1951
オーストラリア・ニュージーランド・アメリカ

日米安全保障条約　1951
米台相互防衛条約　1954〜79
米韓相互防衛条約　1953
米比相互防衛条約　1951

米州機構(OAS) 1948
アメリカと中南米20カ国で結成
現在35カ国

中ソ友好同盟相互援助条約　1950〜80

東南アジア条約機構(SEATO) 1954〜77
米・仏・英・オーストラリア・ニュージーランド・タイ・フィリピン・パキスタン

中央条約機構(CENTO) 1959〜79
バグダード条約機構(METO)からイラクが脱退。イラン・トルコ・パキスタン・イギリス〔イラン革命で解体〕

北大西洋条約機構(NATO)　1949
イギリス・イタリア・ベルギー・オランダ・ルクセンブルク・アメリカ・カナダ・ノルウェー・デンマーク・アイスランド・ポルトガル・フランス(66年軍事機構脱退、2009年復帰)，後にギリシア・トルコ・西ドイツ・スペインが加盟（加盟国は冷戦終結前まで）

ワルシャワ条約機構　1955〜91
ソ連・ブルガリア・ハンガリー・ポーランド・東ドイツ・チェコスロヴァキア・ルーマニア・アルバニア(68年脱退)

アメリカ　カナダ　キューバ　ソヴィエト連邦　トルコ　パキスタン　タイ　フィリピン　オーストラリア
サンディエゴ　バンゴー　キングズベイ　ワシントン　グロトン　バーミューダ　ケフラビク　ホーリーロック　ラジェス　トレホン　ロタ　シゴネラ　ダハラク島　シェムヤ　ペトロパヴロフスク　ウラジヴォストーク　チタ　オムスク　ポリヤルヌイ　モスクワ　デラジュニャ　沖縄　クラーク空軍基地　スービックベイ

—— アメリカの対ソ連包囲網
米ソの大陸間弾道ミサイル
米ソのミサイル潜水艦基地
米ソの空軍基地
米ソの海軍基地/施設(水上艦船)
• 米ソのミサイル発射基地
アメリカ及び同盟関係国
ソ連及び同盟関係国

3 アジア・アフリカ諸国の独立後の動きと地域連携の動き

文献① 国連総会における植民地独立付与宣言(1960)

世界の人民があらゆる形態の植民地主義の終焉を熱烈に望んでいることを認め、植民地主義の継続が国際経済協力の発展を阻害し、従属下にある人民の社会的、文化的および経済的発展を妨げ、普遍的平和という国際連合の理想に反するものであることを確信し、……近年、多数の従属地域が自由と独立を達成したことを歓迎し、いまだ独立を達成していない従属地域において自由に向けた動きがますます強まっていることを認め、全ての人民は完全な自由、主権の行使およびその国土の保全に対する不可譲の権利を有することを確信して、あらゆる形態の植民地主義を速やかにかつ無条件に終わらせる必要があることを厳粛に宣言する。

（歴史学研究会編『世界史史料11』岩波書店）

↑植民地独立の正当性を示し、アジア・アフリカの独立を後押しした。

➔❶**アフリカ統一機構(OAU)の発足**(1963)　アフリカでは、1950年代後半から次々と植民地が独立し、中でも1960年には17の新興国が生まれた(**「アフリカの年」**)。2002年にはEU型機構への改組をめざして、**アフリカ連合(AU)**が発足した。2021年現在、全独立国と「西サハラ」が加盟している。➲P.340

読み解き　OAU設立の目的は何だろう。

歴史のスパイス　核抑止論は、イギリスのチャーチル首相が述べた「恐怖の均衡」という考えに基づいている。

4 イスラエルの建国と中東戦争

➡P.309 ➡P.338

1948. 5 **イスラエル建国宣言**←アメリカの支援 ➡P.320

1948〜49 第1次中東戦争（パレスチナ戦争）

契機…アラブ軍のパレスチナ侵入（1948.5）
- イスラエル軍の勝利、領土拡大
- ヨルダン、エジプトの領土拡大
- **パレスチナ難民発生**（約100万人） ➡P.320

1949. 5 イスラエル、国連に加盟
1956. 7 エジプト大統領ナセル、**スエズ運河国有化**宣言

1956.10 第2次中東戦争（スエズ戦争）

契機…イスラエル、英・仏軍、シナイ半島に侵入（1956.10）
- 英・仏に対する国際世論の非難高まる
- 米・ソは戦争に反対→国連緊急軍の創設
- エジプト、スエズ運河国有化の達成

1964. 5 **パレスチナ解放機構（PLO）**結成
1967. 6 エジプト軍によるアカバ湾封鎖

1967.6 第3次中東戦争（六日戦争）

契機…イスラエル軍、エジプト軍を奇襲（1967.6）
- イスラエル、領土拡大→新たな難民発生（約100万人）
- 国連安保理の調停で休戦

◆パレスチナ＝ゲリラ、活動活発化
1968. 1 アラブ石油輸出国機構（OAPEC）結成
1969. 2 アラファト、PLO議長に就任
1972. 5 テルアヴィヴ空港乱射事件
9 ミュンヘンオリンピック選手村襲撃事件

1973.10 第4次中東戦争（十月戦争）

契機…アラブ軍の先制攻撃（第3次での失地回復）（1973.10）
- OAPEC**石油戦略**発動 ➡P.328
- イスラエルとアラブ、初めての直接交渉

アラブの英雄 ナセル（1918〜70）

エジプトの軍人・政治家。早くから反英民族運動に加わり、第二次世界大戦後には親英的な国王や議会への不満から、**盟友ナギブとともに、自由将校団を率いてエジプト共和国を樹立**した。その後、1954年にナギブを排除し、1956年に国民投票で大統領に就任。アスワン＝ハイダム建設のため、**イギリス資本による経営が続くスエズ運河の国有化を強行し、第2次中東戦争を誘発**した。国連緊急総会決議がなされるなど国際世論も高まり、英・仏軍を撤退させることに成功した。

←アスワン＝ハイダムの建設について、当初はアメリカも資金を援助する予定であったが、アメリカのイスラエルへの武器援助に対抗してナセルがソ連から武器を輸入するなど、ソ連寄りの姿勢を見せたので、アメリカがダム建設費用の援助を拒否した。世界銀行もアメリカに同調し、当初約束していた融資を撤回した。

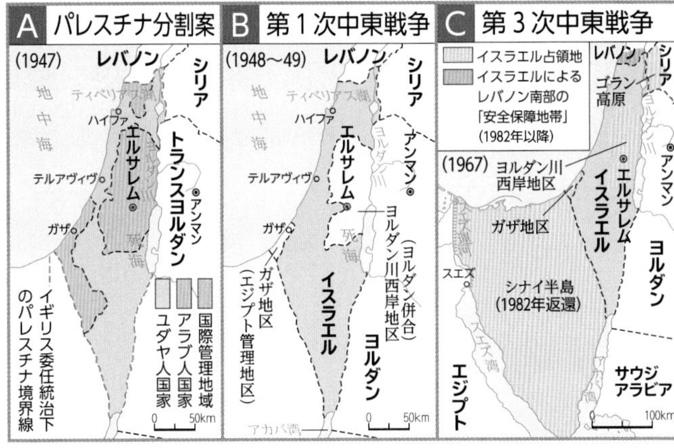

←1947年11月、ユダヤ人国家とアラブ人国家にパレスチナを分割し、エルサレムは国連管理下に置くとする**パレスチナ分割案**が国連総会で決議された。ユダヤ側はこれを受け入れイスラエルを建国（➡P.320）、アラブ側はこれを拒否し第1次中東戦争に突入した。

読み解き イスラエルの領土はどのように変化しているだろう。

5 平和共存から多極化へ

平和十原則

① 基本的人権・国連憲章の尊重
② 全ての国の主権と領土保全の尊重
③ 全ての人種・諸国家・諸国民の平等の承認
④ 内政不干渉
⑤ 国連憲章に基づく個別的・集団的自衛権の保障
⑥ いかなる国も他国に圧力をかけないこと
⑦ 侵略行為・侵略の脅威によって他国の政治的独立を侵さないこと
⑧ 国際紛争の平和的解決
⑨ 相互の利益と協力の推進
⑩ 正義と国際義務の尊重

←❷**アジア＝アフリカ会議**（バンドン会議） 1955年4月に開催された**史上初のアジア・アフリカ新興独立国の首脳会議**で、日本・中国をふくむ29カ国の代表が参加した。この会議は**全ての植民地主義や帝国主義に反対する平和十原則を宣言**した。

→❸**第1回非同盟諸国首脳会議** 1961年、ティトー・ナセルらの呼びかけにより、「東西緊張の緩和」を目標に、**東西両陣営に属さない25カ国の首脳がユーゴスラヴィアのベオグラードに結集**。今日、参加国は100を超える。

キューバ危機をこえて

1961. 5 社会主義を宣言

キューバ危機（1962.10）

1962.10.22 ケネディ政権、キューバにおけるソ連ミサイル基地の存在を公表
10.24 アメリカによる海上封鎖開始
↓米ソの直接交渉
10.28 ソ連のフルシチョフ、ミサイル撤去を発表

1963. 8 米・英・ソ、**部分的核実験禁止条約（PTBT）調印**（中・仏参加せず）
→多極化へ

↑**米ソの正面衝突の危機が高まり、全世界の人々が息をのんだが、米ソの直接交渉の結果、ソ連はミサイルを撤去した**。このキューバ危機後に**部分的核実験禁止条約**が結ばれた。

文献② ケネディ大統領のフルシチョフ首相宛書簡（1962）

これまでベルリンをはじめとする国際問題について、我々は議論と意見交換を行ってきました。……私が、キューバで一定の事態が生じれば、アメリカは自国および同盟国の安全を守るためあらゆる行動をとると公式に声明したのは、貴国政府がキューバにかんして誤った判断を下すのを避けるためです。……キューバでは、長距離ミサイル基地を含む攻撃的兵器システムの配備が急速に進められています。アメリカは、この西半球の安全への脅威を除去する決意であると申し上げなければなりません。同時に、わが国がとっている行動は、西半球諸国の安全への脅威を取り去るうえで必要最小限のものであることを指摘しておきたいと考えます。しかし、最小限の対応しかとっていないという事実によって、貴下がいかなる誤解もされないよう強く望みます。

（歴史学研究会編『世界史史料11』岩波書店）

歴史のスパイス キューバ危機後、ワシントン・モスクワ間に米ソ両首脳を直接結ぶ政府専用の電信電話回線（通称「ホットライン」）が設置された。

6 多極化の進展

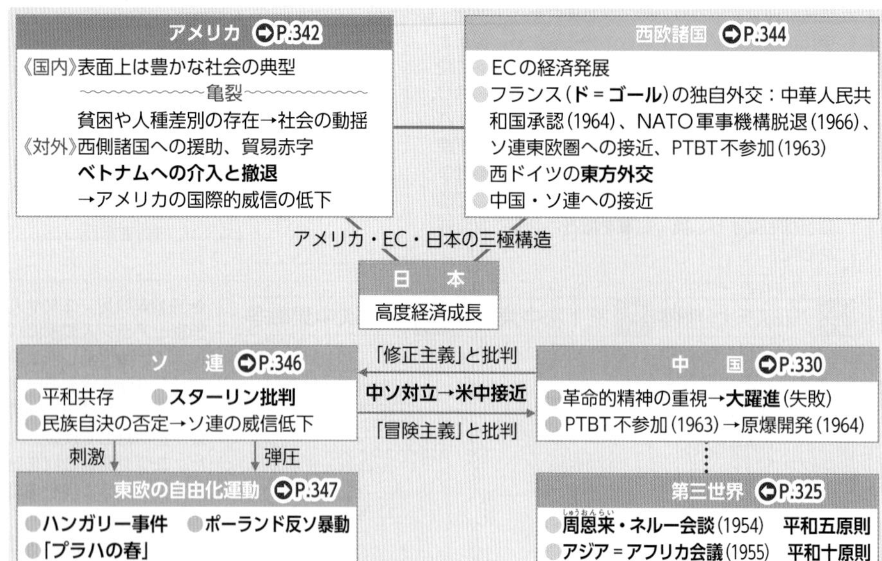

文献① 欧州経済共同体設立条約(ローマ条約)(1957)

ヨーロッパ諸国民の絶えずいっそう緊密化する連合の基礎を確立することを決意し、共同の行動を通じてヨーロッパを分断する障壁の撤廃により、これらの国々の経済的社会的進歩を確保することを決意し、これら諸国民の生活水準と雇用を粘り強く改善することを努力の主要目標とし、現存する障壁を撤廃するには、安定的拡大、貿易の均衡、公正な競争を保障するための協調的な行動を必要としていることを認識し、加盟各国の経済の一体化をより強固にすることと、地域間の格差と条件不利益地域の遅れの縮小により、調和的発展を確保することに腐心し、共通貿易政策の恩恵により、貿易の制限の漸進的撤廃に寄与することを希望し、共通貿易政策の恩恵により、貿易の制限の漸進的撤廃に寄与することを希望し、ヨーロッパと海外諸国とを結ぶ連帯を強固とすることを欲し、国連憲章の原則に従いこれらの諸国の繁栄の発展を保証することを願望し、こうした資源の集合体の設置により、平和と自由をゆるぎなく遵守することを決意し、理想を共有するヨーロッパの他国の民にこうした努力に参加するよう呼びかけ、欧州経済共同体の創設を決定した。

(歴史学研究会編『世界史史料11』岩波書店)

読み解き こうした動きに対して、イギリスはどのように対処しただろう。

7 冷戦の終結と地域紛争の頻発

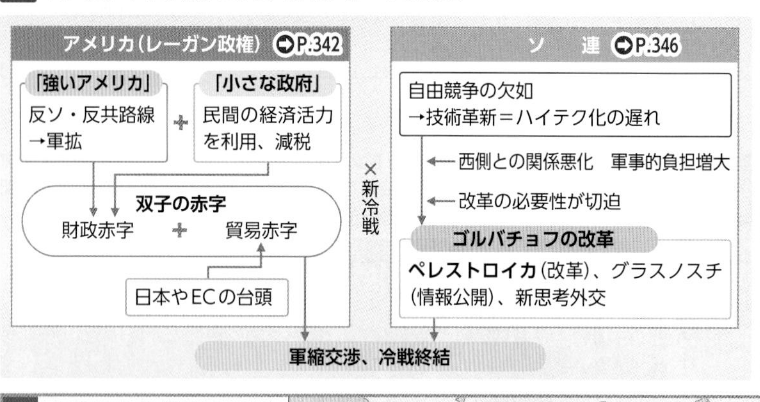

←アメリカ側の双子の赤字の問題や、ソ連経済の不振とそれに続くゴルバチョフの改革を背景として、米ソ間の冷戦は終わりを告げた。

↗**①マルタ会談** 1989年12月、地中海のマルタで行われた米ソ首脳会談。ゴルバチョフの新思考外交や、同年の東欧諸国における民主化の進展、ベルリンの壁崩壊などが契機となって開催された。会談では、世界の情勢に両国が協調してあたることが確認され、**冷戦に終止符が打たれた**。

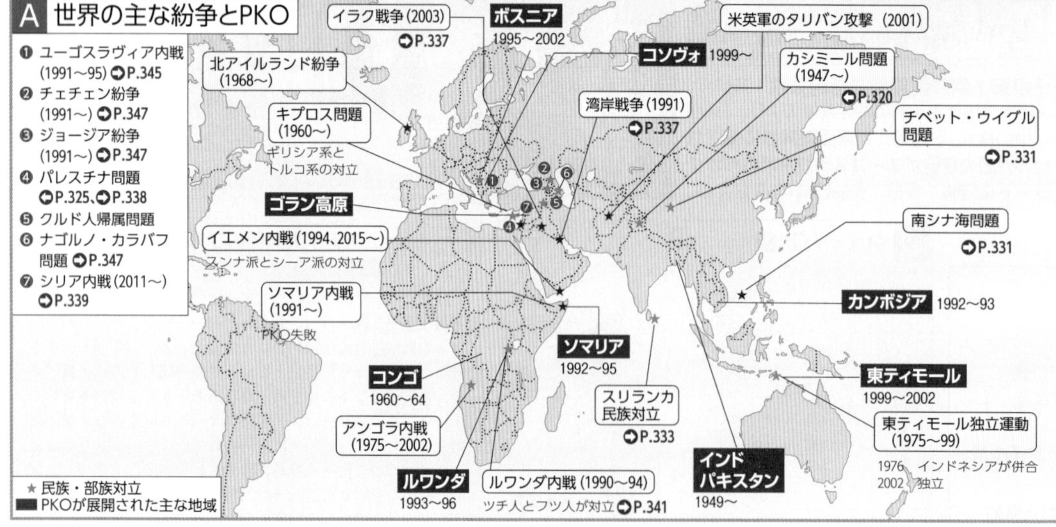

↑**②国連平和維持活動** 民主化の支援や紛争解決を目的として、国連の平和維持活動(PKO)が行われ、各国から要員が派遣された。

読み解き 冷戦終結後、東西対立によりおさえつけられていた地域紛争や民族紛争が表面化したといわれる。冷戦下ではなぜこうした紛争がおさえられていたのだろう。

P.318以降などほかのページを参考に、紛争解決の取組と課題について探究しよう。

- 国際連盟と国際連合との共通点と相違点は何だろう。
- 冷戦下の紛争解決と冷戦後の紛争解決との共通点と相違点は何だろう。
- 紛争とその背景にある経済や社会の変化との間に関連性はあるだろうか。

歴史のスパイス 周恩来・ネルー会談で確認された平和五原則(領土・主権の相互尊重、相互不可侵、相互の内政不干渉、平等互恵、平和共存)は、その後の第三世界に大きな影響を与えた。

科学技術の高度化と知識基盤社会

20世紀の科学技術の高度化は知識の価値を変貌させ、21世紀の知識基盤社会（Knowledge-Based Society）の成立を促した。科学技術の集大成ともいえる宇宙開発は、どのように政治・経済・社会の変化と関わって展開してきただろう。

1 冷戦と宇宙探査の歴史

1957	ソ連で世界最初となる人工衛星スプートニク１号打ち上げ
1961	ソ連のガガーリン、人類初の宇宙飛行を行う
1967	ソ連の有人宇宙船「ソユーズ１号」帰還失敗
1969	アメリカのアポロ11号、人間の月面着陸に成功
1981	アメリカ、スペースシャトル「コロンビア」打ち上げ
1984	アメリカ、宇宙ステーション計画発表
1986	アメリカ、スペースシャトル「チャレンジャー」爆発事故 ソ連、宇宙ステーション「ミール」打ち上げ（2001年廃棄）
1993	ロシアが国際宇宙ステーション（ISS）に参加

↓❷アポロ11号の月面着陸（1969）　ソ連の「偉業」に対し、ケネディ政権下のアメリカは大いに焦り、NASAを設立し、人類を月に送るアポロ計画を発表した。この計画は結実し５回にわたって月面に人が立った。

←冷戦下の米ソ対立を背景に始まった宇宙開発競争は、冷戦終結で終了した。しかし、その後も今日まで宇宙開発は世界各国で続けられ、その目的は、調査研究や安全保障だけでなく、商業分野をふくむ多様なものとなった。

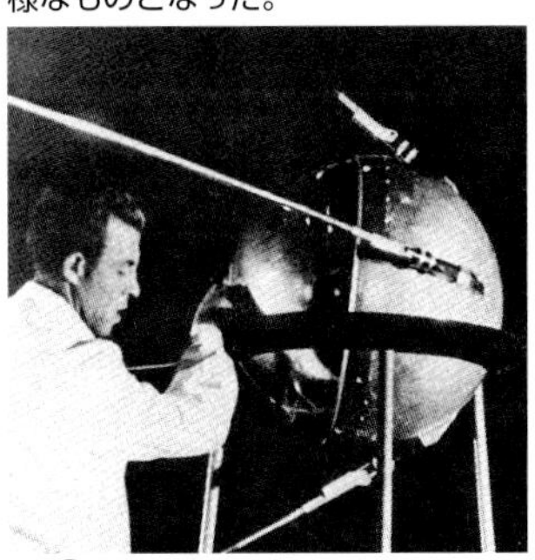

←❶スプートニク１号　世界初の人工衛星。冷戦期の宇宙開発競争において先手をとったのはソ連であった。

読み解き 様々な犠牲を払いながらも、冷戦下で米ソ宇宙開発競争が行われたのはなぜだろう。

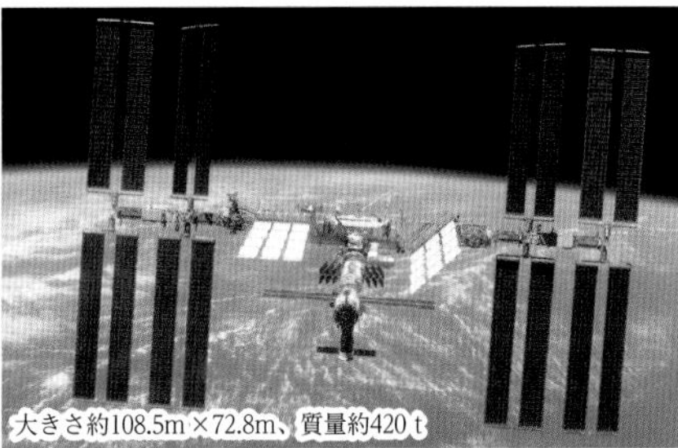

↑❸国際宇宙ステーション（ISS）　アメリカやロシア、日本など15カ国が参加。宇宙空間の特殊な環境を利用した実験・研究や、地球・天体の観測プロジェクトが進められている。

宇宙開発競争の拡大

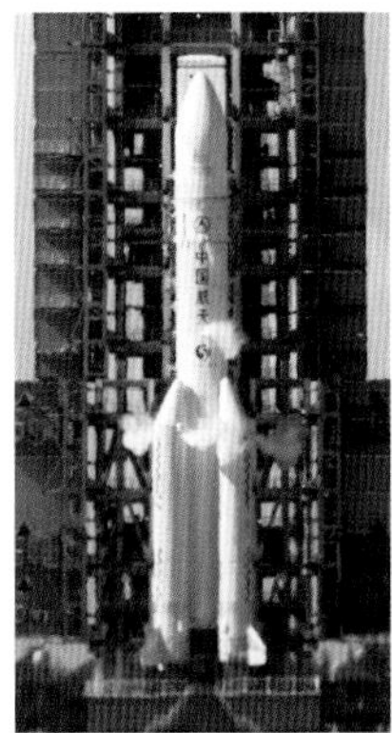

↑❹中国の火星探査機　冷戦終結後、経済力を高めた中国は、宇宙開発を加速化させ、有人宇宙飛行、月面着陸、火星探査と次々に成功させ、独自の宇宙ステーション建設も行っている。

↓❺日本のはやぶさ　小惑星からサンプルを持ち帰る技術の確立を目的に、2003年に日本が打ち上げた無人探査機。2010年に帰還を果たし、世界で初めて小惑星イトカワとの往復に成功した。日本の宇宙開発は、宇宙航空研究開発機構（JAXA）が中心となってきたが、2008年の宇宙基本法制定以降は内閣の宇宙開発戦略本部などが主導している。

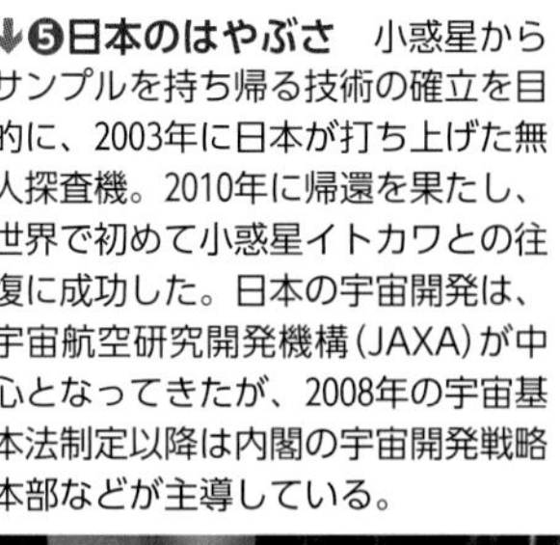

←❻ISSに接続するスペースX社のクルードラゴン　スペースX社は、2011年民間企業として初めて有人宇宙飛行を成功させた。また、世界で初めて商用ロケットの再使用に成功し、打ち上げコストの半減にも成功している。

Column ヨーロッパの宇宙開発と知識基盤社会

「コペルニクス計画」とは、欧州各国や欧州宇宙機関（ESA）が保有する地球観測衛星が取得した画像を、EUの農業政策や漁業政策、環境政策、PKO活動などの安全保障政策に活用する計画である。「ガリレオ計画」は、米国のGPSのみに頼るのではなく、それを代用できて既存システムと互換性のある民生システムを導入すべきであるとの考えの下、世界に開かれた初の商用衛星航法システムの構築をめざしている。両計画では、ESAとEUの補完的な関係が成立しており、これまでの欧州各国、ESAに加え、EUも主体となり宇宙政策を推し進めていくという「オール・ヨーロッパ」の体制ができつつある。

❼「ガリレオ計画」

読み解き

1 知識基盤社会の移行に必要な政治的・経済的施策は何だろう。

2 ヨーロッパはなぜ「オール・ヨーロッパ」で独自の宇宙開発を始めたのだろう。

文献① 欧州評議会のリスボン戦略（2000）

未来への道

5　EUはこの日、次の10年の新たな戦略目標として、より良き就業機会とより広汎な社会的結束をともなう持続可能な経済成長を実現するために、世界で最も競争力がありダイナミックな知識基盤経済を実現することを掲げる。この目標を達成するには、次のような全般的戦略が必要である。

──知識基盤社会への移行を準備する。これは、情報社会と研究開発に対するより効果的な政策と、競争力と技術革新の強化に向けた構造改革過程の促進、そして域内市場の完成により実現される。

──人的資本に投資し、社会的排除とたたかうヨーロッパ社会モデルを近代化する。

──適切なマクロ経済政策群を適用することによって、健全な経済展望と成長予想を持続する。

（歴史学研究会編『世界史史料12』岩波書店）

P.318以降などほかのページを参考に、知識基盤社会の展開と課題について探究しよう。

- 原子力の利用…冷戦期や冷戦後における兵器などの軍事面や発電などの民生面での原子力の利用、核兵器や原子力発電の世界諸国への広がりとそれらをめぐる国内的・国際的な動きなど
- 医療技術・バイオテクノロジーと生命倫理…医療の量的拡大や質的向上の変遷、遺伝子操作等のバイオテクノロジーの展開やバイオテクノロジーを利用した緑の革命が世界経済に与えた影響など
- 人工知能と労働の在り方の変容…計算機・コンピュータの発達、1950年代以降の人工知能研究の進展など
- 情報通信技術の発達と知識の普及…情報手段・マスメディアの変遷や、インターネット・携帯電話・携帯情報端末の世界的な普及など➡P.73

歴史のスパイス　知識基盤社会とは、新しい知識・情報・技術が政治・経済・文化をはじめ社会のあらゆる領域での活動の基盤として飛躍的に重要性を増す社会をさす。

テーマ24 経済のグローバル化と格差の是正

20世紀半ばから21世紀にかけて、グローバル化に向かう世界経済はどのように展開し、経済活動に伴う地域間や国内の経済格差はどのように解決を模索されてきたのだろうか。

1 先進国の経済動向と途上国への開発援助競争

文献① 世界貿易の発展

戦後の輸出成長率には地域間格差がめだち、日本、西欧がもっとも高く、これらにつぐのはアメリカであり、発展途上国は最低にとどまった。従来の世界貿易が、先進国と途上国のあいだで一次産品と工業製品の交換というかたちで展開される傾向があったのにたいし、第二次世界大戦後には先進国間貿易が成長の軸になった。戦後の貿易は、たとえば衣料品や自動車のように異なった商標(ブランド)の製品が先進国相互のあいだで輸入されたり、中間製品と完成品とのあいだでおこなわれる取引など、産業部門内貿易という新しい傾向を含んでいた。

(石見徹『国際経済体制の再建から多極化へ』山川出版社)

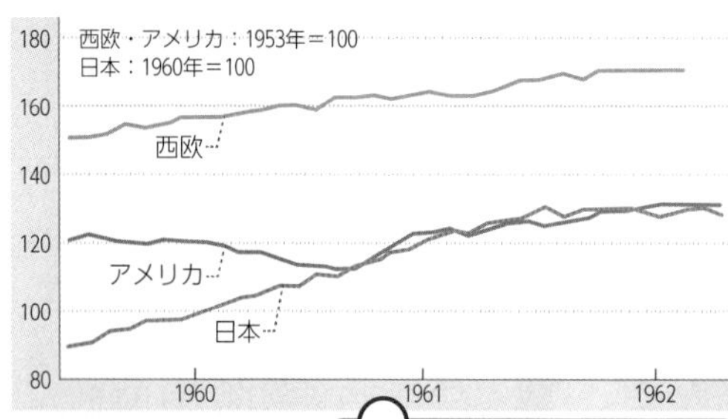

↑ⓐ**主要工業地域の工業生産指数**　日本の**高度経済成長**を支えた要因の一つとして、高い貯蓄率に支えられた豊富な資金が銀行から融資に投資され、民間の活発な設備投資につながったことなどがあげられる。

読み解き

1. 第二次世界大戦前と比較して戦後の世界貿易の特徴は何だろう。
2. 1960～62年に、西欧の工業生産指数が高い理由は何だろう。
3. こうした先進国の経済成長に対し、開発途上国はどのような動きを見せたのだろう。

↓ⓑ**東西両陣営による開発途上国への二国間援助**(単位：百万ドル)

	1961年	1965年	1970年	1975年
西側陣営*	4,713	5,519	6,219	11,265
東側陣営**	845	586	573	2,774

＊開発援助委員会加盟17カ国　＊＊ソ連・東欧７カ国

脱植民地化を果たした第三世界への経済援助は、**政治体制(資本主義か共産主義か)が援助対象国の選択基準**となっていた。

→ⓒ**アメリカ合衆国の貿易収支の推移**　ベトナム戦争への本格的介入が開始された1965年頃から**貿易収支は悪化し始めた。1971年、ニクソンは金・ドルの兌換を停止し、1973年には変動相場制に移行した。**こうしてパクス＝アメリカーナの経済的基盤は崩れた。

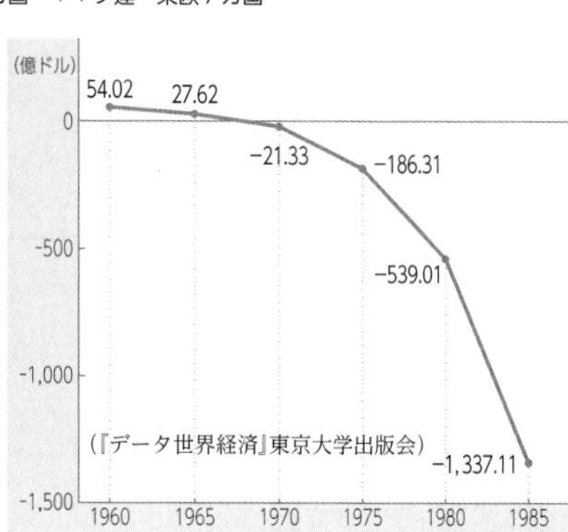

2 国際経済体制の転換

金ドル本位制(固定相場制)
基軸通貨ドル＝金に兌換

↓

対外援助支出の増加
西ドイツ・日本の経済成長
ベトナム戦争による戦費負担

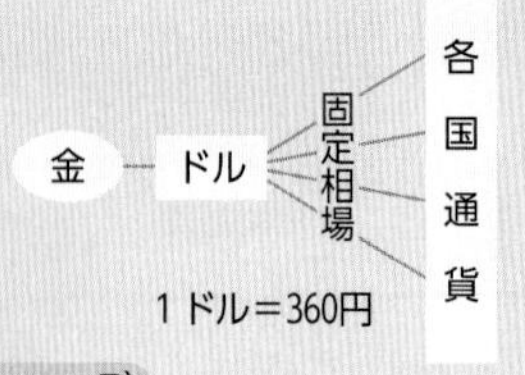

1ドル＝360円

↓

ドル＝ショック(第2次ニクソン＝ショック)
1971.8　金・ドル兌換停止、ドルの切り下げ
＝**ブレトン＝ウッズ体制崩壊**(1ドル＝308円)
1973　変動相場制へ移行…各国通貨の価値は、各国為替市場における需要・供給の状態に任せて変動

↓

石油危機(オイル＝ショック)
西側先進国の動揺・不況とインフレの進行(スタグフレーション)

↓

先進国首脳会議(サミット)(1975)
アメリカ、ドル高と「双子の赤字」
日米貿易摩擦

プラザ合意(1985)…日米英仏西独(G5)の財務相会議で、ドル高是正のため協調して為替介入することに合意
急激なドル安

ルーブル合意(1987)…G7(G5・イタリア・カナダ)の財務相・中央銀行総裁会議で、ドル安の行き過ぎをおさえるために、為替レートの調整を行うことに合意
冷戦終結
通貨危機の発生

第23回サミット(1997)…正式にロシアも参加し、主要国首脳会議と呼ばれるようになる
新興国の台頭
世界金融危機の発生

G20による金融サミット(2008)

(単位：ドル、1バレル[158.9L]当たりの価格)
1973年10月第4次中東戦争 第1次石油危機
1979年1月イラン革命 第2次石油危機
1980年9月 イラン＝イラク戦争
1990年8月 イラクのクウェート侵攻
2001年9月 9.11テロ
2003年3月 アメリカ主導のイラク攻撃開始
2021年のアメリカの物価に合わせ調整した原油価格
原油価格

↑ⓓ**石油価格の変遷**　1973年に**第4次中東戦争**が始まると、**石油輸出国機構(OPEC)**は原油価格の21%引き上げを発表し、同時に**アラブ石油輸出国機構(OAPEC)**が産油制限と親イスラエル国に対する石油禁輸措置をとったため先進国を中心に経済が混乱し、深刻な不況に陥った。このような石油戦略は1979年の**イラン革命**の際にも発動され、第2次石油危機を引き起こした。

→❶**石油の禁輸措置を決定したOAPEC閣僚会議**(1973年10月)　アラブ産油国は、石油を政治的な武器とする**石油戦略**を打ち出した。

←❷**第1回先進国首脳会議(サミット)**(ランブイエ、1975)　石油危機後の世界的不況の中で、フランスのジスカールデスタン大統領の提唱によって開催された。以来、ほぼ毎年開催され、**世界経済の構造的な危機克服のために、相互協力と調整を図る場となっている。**

読み解き

1. なぜ1970年代に先進工業国では経済成長に陰りが見えてきたのだろう。その中でなぜ日本の経済が成長を続けることができたのだろう。
2. アメリカの経済力の低下に伴い、国際経済体制の維持はどのように行われるようになったのだろう。

歴史のスパイス　G20とは、G7、EU、もともとのBRICS5カ国(➡P.329)をはじめとする新興国、アフリカ連合(AU)が参加する枠組みである。

3 発展途上国の動向と資源ナショナリズムの動き

●**エネルギー革命**(1950年代)
主要エネルギーが石炭から石油へ
↓ **メジャー(国際石油資本)**による支配
(石油市場のシェアの大部分を支配する欧米の巨大企業)
●**産油国による資源ナショナリズムの高まり**
1960年　**OPEC(石油輸出国機構)**結成
1968年　**OAPEC(アラブ石油輸出国機構)**結成
↓産油国による油田の国有化が進む
●**二度にわたる石油危機(オイル＝ショック)**
第４次中東戦争(1973年)、イラン革命(1979年)
↓産油国による原油価格の大幅引き上げ
1973年　**第１次石油危機(オイル＝ショック)**
1979年　**第２次石油危機(オイル＝ショック)**
→先進国は中東への石油依存を改め、**省エネルギー**技術の開発を促進
→2000年代以降、サウジアラビアやロシア、中国などの国営石油会社が台頭。OPEC・OAPECの影響力低下

↓❺資源ナショナリズム

OPEC結成(1960)
メジャー(国際石油資本)が産油国の了承なしに原油価格を引き下げたことに対して、イラン・イラク・クウェート・サウジアラビア・ベネズエラの産油国が反発し、結成。現在の加盟国は14カ国。

「天然資源に対する恒久主権」宣言(1962)
独立後、相次いで国連に加盟した開発途上国は国連総会における発言力を高めた。その成果の一つとして出された宣言。

OAPEC結成(1968)
第３次中東戦争でOPECが反イスラエルに結集しなかったことから、反イスラエルのサウジアラビア・クウェート・リビアの３カ国が結成。基本的にはOPECを補完する立場をとる。現在の加盟国は10カ国。

NIEO(新国際経済秩序)樹立宣言(1974)
1970年代前半の資源ナショナリズムの高まりを背景に、国連第６回特別総会(国連資源特別総会)でNIEO(New International Economic Order)樹立が宣言され、天然資源の恒久主権の確立や一次産品の価格安定化などにより、先進国に有利な国際経済秩序を変革しようとした。

参加国	194カ国(国連加盟国＋ヴァチカン)が加盟(2022年現在)。日本は設立時より加盟
組織	総会…ほぼ４年に１回開催(このほかに貿易開発理事会が毎年１回開催)
これまでの主な活動内容	第１回総会(1964)　開催地：ジュネーヴ 初代事務局長が報告書を提出し、GATTによる自由貿易体制への不満を表明。この報告に基づき、貿易や援助に関する目標が設定された。 第２回総会(1968)　開催地：ニューデリー 開発途上国の製品に対する一般特恵関税の設定や、一次産品のための価格安定などを決議 第３回総会(1972)　開催地：サンティアゴ 先進国のGNP(現在はGNI)の0.7％をODAにあてるという目標を決議。

←❻**UNCTAD(国連貿易開発会議)**
開発途上国の貿易、投資、開発の機会を最大化し、南北問題を解決することを目的に、国連総会の常設機関として設立された。本部はジュネーヴ(スイス)にある。

4 アジア・ラテンアメリカ諸国の経済成長と南南問題

解説 南北問題と南南問題

1950年代後半から、開発途上国を「南」、先進工業国を「北」として、南北間の経済格差を原因とする様々な問題が生じた(**南北問題**)。当初は、「北」の開発援助などにより「南」の経済が発展すれば問題は解決すると考えられたが、国際経済の秩序は変わらず、むしろ経済活動の進展によりかえって南北間の格差が広がり、環境破壊ももたらされた。一方、1970年代後半になると、資源ナショナリズムにより地位を高めた中東の産油国や、低コストを生かして製品輸出を盛んにした東アジア・東南アジアの**NIES**と貧困の深刻な**後発開発途上国(LDC)**との間の格差が顕著になった(**南南問題**)。こうした国際的な経済格差と資源獲得をめぐる国際対立が、今日世界での紛争の背景になっている。

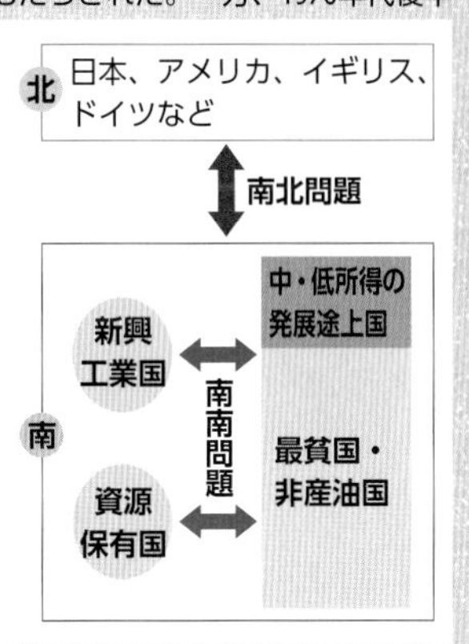

チェック NIESとBRICS

●**NIES**…開発途上国のうち、1970年代の石油危機後も、低賃金労働と通貨安・原油安・金利安の「３低現象」を背景に高い経済成長率を維持した国と地域(新興工業経済地域)をいう。韓国・台湾・香港・シンガポールはアジアNIESと呼ばれた。
●**BRICS***…ブラジル・ロシア・インド・中国・南アフリカのこと。広大な国土面積、豊富な天然資源、労働力の源泉となる膨大な人口を有し、今後高い経済成長率が期待される。

＊2024年にイランやエジプトが加わるなど新興国の関心を集めており、先進国中心の国際体制に不満を持つ「グローバルサウス」の国際協議体としての意味も持つようになってきた。

5 経済のグローバル化

ヨーロッパ連合(EU)(27)
フランス、ドイツ、イタリア、ベルギー、オランダ、ルクセンブルク、アイルランド、デンマーク、ギリシア、スペイン、ポルトガル、オーストリア、フィンランド、スウェーデン、エストニア、ラトヴィア、リトアニア、ポーランド、チェコ、スロヴァキア、ハンガリー、スロヴェニア、マルタ、キプロス、ブルガリア、ルーマニア、クロアティア
北米自由貿易協定(NAFTA)*(3)
アメリカ、カナダ、メキシコ
南米共同市場 MERCOSUR(6)
アルゼンチン、ウルグアイ、パラグアイ、ブラジル、ベネズエラ、ボリビア
アジア太平洋経済協力(APEC)(21)
日本、韓国、中国、(台湾)、(香港)、シンガポール、インドネシア、タイ、マレーシア、フィリピン、ブルネイ、アメリカ、カナダ、メキシコ、チリ、オーストラリア、ニュージーランド、パプアニューギニア、ロシア、ベトナム、ペルー
東南アジア諸国連合(ASEAN)(10) ASEAN自由貿易地域(AFTA)
マレーシア、インドネシア、フィリピン、シンガポール、タイ、ブルネイ、ベトナム、ラオス、ミャンマー、カンボジア

A 地域的経済統合 ＊2020年には、NAFTAにかわって、アメリカ・メキシコ・カナダ協定(USMCA)が発効した。

↑ヒトやモノ、カネ、情報が国境を越え、地球規模で活発に駆けめぐるグローバリゼーションの動きは、情報通信技術の発展などに支えられつつ、冷戦後にいっそう加速した。

↑❸**自走式ロボットが導入された「アマゾン」の倉庫**
オンラインショッピングサイト「アマゾン」は、巨大倉庫に多種多様な商品をとりそろえることで、日本でも急速に売り上げを拡大した。しかし、倉庫での集荷作業などアルバイトの過酷な労働環境は日本を含む各国で問題視されてきた。近年、こうした作業にロボットを導入して、さらなるコスト削減を図る試みもみられる。

読み解き
1 アマゾンはどこの国で生まれた企業だろう。
2 アルバイトを最大限に活用したコスト削減によって利益を得るのは誰だろう。
3 経済のグローバル化によってもたらされた利点は何だろう。また問題点は何だろう。

P.318以降などほかのページを参考に、格差是正の取組と課題について探究しよう。

視点
●先進国による経済援助や経済の成長がみられた地域の特徴は何だろう。
●諸地域間の経済格差や各国内の経済格差の特徴は何だろう。
●経済格差と政治や社会の変化との間にはどのような関連性があるのだろう。

歴史のスパイス　現在、後発開発途上国(LDC)の多くは、サハラ以南のアフリカ諸国によって占められている。LDCのリストは、３年に一度見直しが行われる。

東アジアの動き(1)

1 中華人民共和国の動向 P.312

＊趙紫陽

時期	国家主席	党主席・総書記	首相	最高実力者	年月	内政	年月	対外関係
内戦					1946. 6	国共内戦開始	1945. 9	日本、降伏文書に調印
					1949. 9	人民政治通商会議		
復興と国家建設	国家主席 毛沢東	党主席 毛沢東	首相 周恩来		.10	**中華人民共和国成立** P.321 首都：北京		
					1950. 6	土地改革法公布 P.321	1950. 2	**中ソ友好同盟相互援助条約**
					1953. 1	**第1次五カ年計画開始**		
					1954. 9	中華人民共和国憲法公布	1954. 6	周恩来・ネルー会談（平和五原則）P.326
					1958. 1	第2次五カ年計画開始		
大躍進とその挫折					. 8	**大躍進　人民公社**成立 …農業・工業の急速な発展をめざす	1959. 3	チベット反乱→ダライ＝ラマ14世、インド亡命
	劉少奇						1960.	**中ソ論争公然化**（平和共存をめぐる対立）
							. 7	ソ連技術者の引き揚げ
							1962.10	中印国境紛争
文化大革命					1964.10	第1回原爆実験に成功		
					1966.	**プロレタリア文化大革命開始**		
					1967. 6	第1回水爆実験に成功		
					1968.10	劉少奇除名（1969.11　獄死）		
	（空席）				1969. 4	林彪副主席を毛沢東の後継者に規定	1969. 3	**珍宝島（ダマンスキー島）で中ソ国境紛争**
					1971. 9	林彪、クーデタを図って失敗（逃亡中に死去）	1971.10	**国連代表権獲得**（台湾、国連脱退）
					1975. 1	新憲法発布、「**四つの現代化**」（農業・工業・国防・科学技術）を提示	1972. 2	**ニクソン大統領訪中**、米中共同声明
							. 9	田中首相訪中、**日中共同声明調印、日中国交回復** P.323
					1976. 1	**周恩来首相死去**		
			華国鋒		. 4	天安門事件（第1次）→鄧小平失脚		
					. 9	**毛沢東死去**		
		華国鋒			.10	**四人組**（江青・王洪文・張春橋・姚文元）**逮捕**		
改革・開放政策					1977. 7	鄧小平復活		
					. 8	文化大革命の終了を宣言		
				鄧小平（最高実力者）	1978. 3	新憲法公布（「四つの現代化」を目標に）	1978. 8	**日中平和友好条約**
					1979. 7	深圳など4都市が経済特区に指定	1979. 1	**米中国交樹立**
							. 2	**中越国境紛争**
							. 4	中ソ友好同盟相互援助条約不延長決定
					1980. 2	劉少奇の名誉回復		
			趙紫陽		. 9	農業生産責任制		
		総書記 胡耀邦			1981. 6	華国鋒、党主席辞任、胡耀邦が就任 「歴史決議」で文革を否定		
	李先念				1982. 9	党主席制度廃止、総書記が最高指導者に		
					.12	新憲法採択	1984.12	**香港の返還に関する中英共同声明**
					1985. 6	**人民公社の解体終了、郷政府樹立**		
	楊尚昆	趙＊	李鵬		1989. 5	**天安門事件**（第2次）	1989. 5	**ゴルバチョフ訪中**
		江沢民			1990. 4	香港基本法公布		
					1992.12	社会主義市場経済論採択	1992. 8	中韓国交樹立
	江沢民		朱鎔基		1997. 2	鄧小平死去	1997. 7	**香港返還**
							1999.12	ポルトガル、マカオ返還
							2001.12	世界貿易機関（WTO）加盟
	胡錦濤	胡錦濤	温家宝				2008. 3	チベット反政府暴動
							. 8	北京オリンピック
	習近平	習近平	李克強		2012.11	習近平総書記就任		
					2013. 3	習近平が国家主席に、李克強が首相に就任 「一帯一路」構想表明	2015.12	アジアインフラ投資銀行（AIIB）発足
					2020. 7	香港国家安全維持法	2022. 2	冬季北京オリンピック

読み解き 中国がソ連と対立する背景には、ソ連のどのような動きが関連しているだろう。

読み解き 中国がニクソン訪中を受け入れた理由は何だろう。

2 社会主義体制の成立と混乱

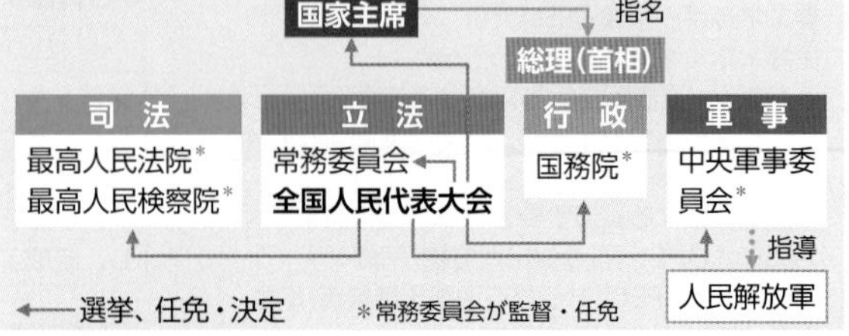

↑ⓐ**中国の政治体制**　憲法に「共産党の指導」が明記されており、共産党は政府機関や裁判所、軍隊などあらゆる組織に支部を設置し、その組織を「指導」する形で影響力を行使している（**一党支配**）。

→❶**大躍進の際に建設された土法炉**　粗末な製鉄炉で生産された鉄鋼は使い物にならず、食料生産も停滞し、自然災害にも見舞われて、1,500～4,000万人の餓死者を出す大失敗となった。

↑❷**プロレタリア文化大革命**　毛沢東は、劉少奇や鄧小平らを「資本主義への道を進む実権派（走資派）」と呼び、彼らから権力を奪うために文革を主導した。

読み解き 当時毛沢東は、アメリカ・ソ連に対してどのような姿勢をとっていただろう。

3 中ソ対立から米中接近へ

文献 1 中ソ国境紛争についての中国政府の声明（1969）

中国政府は、中ソのあいだには和解できない原則上の意見の相違があること、中ソのあいだの原則上の闘争は長期にわたってつづくことを、いまだかつてかくしたことがない。だが、このことで、中ソ両国が平和共存の五原則にもとづく国家関係の正常化をさまたげられるべきではない。中国政府は一貫して、中ソ境界問題は平和的に解決すべきであり、たとえ一時的には解決できなくても、境界の現状を維持すべきで、絶対に武力にうったえてはならない、と考えてきた。中ソ両国には、境界問題のために戦争をしなければならぬいかなる理由もない。

（木村尚三郎監修『世界史資料（下）』東京法令出版）

←❸**ニクソン訪中**　1972年2月、ニクソン大統領はアメリカ大統領として初めて中国を訪問し、その後、1979年には米中間で国交が樹立された。

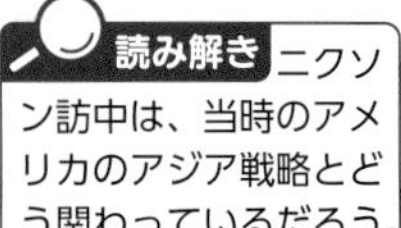

読み解き ニクソン訪中は、当時のアメリカのアジア戦略とどう関わっているだろう。

歴史のスパイス　1972年、日中国交正常化に伴い、日中友好の証として、中国から日本へ2頭のジャイアントパンダ（カンカン・ランラン）が初めて贈られた。

4 改革開放政策への転換

←❹**天安門事件**(第２次) 1989年、改革派の胡耀邦前総書記の死去を契機に、北京の天安門広場で学生たちが民主化要求のデモを起こすと、人民解放軍による武力弾圧が行われ、多数の死傷者が出た。以後も民主化運動やチベットなど少数民族への弾圧が続き、中国政府による人権侵害への批判が国内外で起こった。

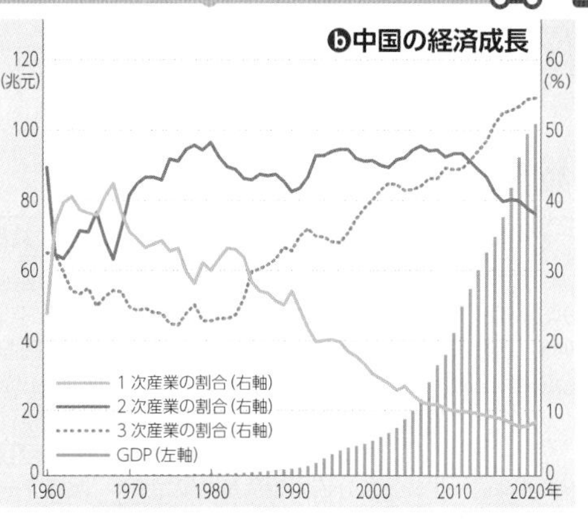

読み解き
第３次産業の発展には、どのような政治的背景があったのだろう。

↘❺**鄧小平**(1904〜97) 二度の失脚を乗り越え、最高実力者となった。「四つの現代化」を引き継ぎ、**改革・開放路線**を定着化させた。一方、民主化運動には強硬路線をとった。

5 大国化の道

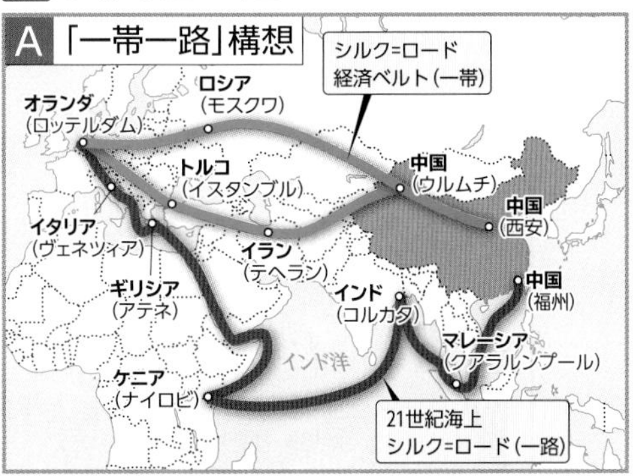

南シナ海では、近年、実効支配を進める中国と領有権を主張する国々との争いが活発化している。中国はまた、**アジアインフラ投資銀行(AIIB)**の創設や**「一帯一路」**構想、管轄海域の提唱などを通じて、欧米主導の国際秩序に対抗する姿勢を強めている。

←❻**習近平**(1953〜) 2013年より国家主席。要職を兼任し、集権化を進める一方、香港の民主化運動を弾圧。ユーラシアをつなぐ経済圏構想「一帯一路」を提唱。

↓❼**「逃亡犯条例」改正に抗議する香港の人々** 香港の人々は**一国二制度**の下、中国本土とは異なる高度な自治を享受してきた。しかし、若者を中心としたさらなる民主化要求の高まりに対して、2020年７月、中央政府は香港への統制を強化する香港国家安全維持法を制定した。これにより一国二制度の根幹が揺らいでいる。

6 現代中国の諸問題

ウイグル問題

❽**治安当局に抗議するウイグル人女性**

2009年、新疆ウイグル自治区で大規模な反政府暴動が起き、多くの犠牲者が出た。2014年以降、政府は取り締まりを強化し、ウイグル人を強制収容所に送って思想教育を行ったり、強制労働をさせたりしているとの疑いがある。そのため国際人権問題となり、新疆綿を使用しない企業もでてきているが、中国ではこうした企業に対する不買運動が起こった。

読み解き 中国がウイグルへの締めつけを強めるのはなぜだろう。

チベット問題 P.136, 193

① 中国は、1965年のチベット自治区設置以来、資源開発と並行して漢人の移住とチベット人の同化を進め、これに反発する活動を抑圧してきた。

7世紀 **ソンツェン=ガンポの統一**、**吐蕃**成立
●**チベット仏教**の成立
15世紀 **ツォンカパ**、**黄帽派**を創始
17世紀 **ダライ=ラマ**が最高権威者となる
1720 清の康熙帝、**チベットを藩部**とする
1951 **中華人民共和国に編入**される→**ダライ=ラマ14世**による独立運動呼びかけ
1959 ダライ=ラマ14世、**インドに亡命政府**樹立
1965 チベット、中国の自治区となる
1989 ダライ=ラマ14世、ノーベル平和賞受賞
2006 ラサと青海省西寧間に鉄道が開通
2008 反政府暴動 中国軍による弾圧
→人権問題として国際世論の批判

↓❾**ダライ=ラマ14世**(1935〜) チベット仏教の最高指導者。中国政府に対し、外交・防衛を除く全てをチベット人が決める高度な自治権獲得を訴えている。

台湾問題 P.193

① 台湾を一つの省と位置づけ、香港やマカオのように「一国二制度」を主張する中華人民共和国に対し、台湾は「一国二政府」を主張している。

1624〜61 オランダ統治期
1661〜83 鄭氏政権統治期
1683 **清、鄭氏政権を倒し、翌年、台湾を福建省に編入**
1874 日本、台湾出兵P.280
1895 日清戦争後の**下関条約により日本に割譲**
1945 **日本降伏**
→中華民国に編入
1947 反国民党蜂起→弾圧
●本省人と外省人の対立の契機
1949 国共内戦に敗れ、**国民政府が台湾に移転**
1971 **台湾、国連の中国代表権失う**
●日本・アメリカと断交
1975 蔣介石死去
1988 国民党の**李登輝**、総統就任
1996 初の総統直接選挙で李登輝就任
2000 民主進歩党(民進党)の**陳水扁**、総統就任
2008 国民党の**馬英九**、総統就任
2010 中台経済協力枠組み協定締結
2012 馬英九総統再選
2016 民進党の**蔡英文**、総統就任
2020 蔡英文総統再選
2024 **賴清徳**総統就任

↑❿**初の総統直接選挙で当選した李登輝**(1996) 蔣介石以来続いていた外省人優勢の国民党政権において、1988年、李登輝が**本省人として初めて総統になった**。以降、台湾の外交政策も柔軟になった。

チェック
外省人と本省人
外省人…1945年以降、大陸から移住した人々やその子孫
本省人…17世紀以降、大陸から移住した人々の子孫

←⓫**賴清徳**(1959〜) 蔡英文の後継者として2024年の総統選で当選。台湾独立派と目され、対中政策の動向が注目される。

歴史のスパイス 中国の民主化を訴えていた劉暁波は、2010年に国家政権転覆扇動罪により投獄されたが、同年、ノーベル平和賞を受賞した。その後も解放されず2017年に死去した。

東アジアの動き(2)

1 朝鮮半島と日本の動向 →P.288, 321

日本	北朝鮮(朝鮮民主主義人民共和国)	韓国(大韓民国)
	1945 北緯38度線を境界に米ソによる南北分割占領	
1946 日本国憲法公布	1946 朝鮮労働党結成	
	1948 **朝鮮民主主義人民共和国成立** **金日成**(首相:48〜72、主席:72〜94)	1948 **大韓民国成立** **李承晩**(任1948〜60)
1951 サンフランシスコ平和条約・日米安全保障条約→P.323	1950〜53 **朝鮮戦争**→P.321	
1956 日ソ共同宣言、国連に加盟		1953 米韓相互防衛条約
1960 日米新安全保障条約→P.323	1961 ソ連・中国と友好協力相互援助条約調印	1961 軍事クーデタ **朴正熙**(任1963〜79)
1964 OECDに正式加盟 東京オリンピック	**●1960年代後半、主体思想確立**	1965 **日韓基本条約**
1965 日韓基本条約		1973 金大中事件
1970 日本万国博覧会→P.323		1979 朴正熙大統領暗殺
1972 沖縄返還/日中国交正常化		1980 光州事件(民主化運動を軍が弾圧) **全斗煥**(任1980〜88)
1973 石油危機→P.328		1983 ラングーン爆弾テロ
1978 日中平和友好条約		1987 大韓航空機爆破事件
1980 モスクワオリンピック不参加を決定		**盧泰愚**(任1988〜93)
	1988 ソウルオリンピックに不参加	1988 ソウルオリンピック開催
		1990 ソ連と国交樹立
1991 自衛隊の掃海艇をペルシア湾へ派遣	1991 **南北朝鮮、国連同時加盟**	
1992 PKO協力法案可決→P.56	1993 核拡散防止条約(NPT)からの脱退宣言	1992 中国と国交樹立 **金泳三**(任1993〜98)
1995 阪神・淡路大震災	**金正日**(総書記:1997〜2011)	**●軍事政権から文民政権の時代へ** **金大中**(任1998〜2003)
1998 日韓共同宣言		●「太陽政策」
	2000 **南北首脳会談**	
2002 日朝首脳会談	2002 **日朝首脳会談**	2002 サッカーW杯(日韓共催)
	2003 NPTからの脱退宣言	**盧武鉉**(任2003〜08)
	2003 **六カ国協議**	
	2006 核実験実施(その後も数回実施)	
	2007 **南北首脳会談**	
2011 東日本大震災 2015 安全保障関連法成立 2016 米オバマ大統領広島訪問	**金正恩**(朝鮮労働党第一書記:2012〜16、朝鮮労働党委員長:16〜21、朝鮮労働党総書記:21〜)	**李明博**(任2008〜13) **朴槿恵**(任2013〜17) **文在寅**(任2017〜22) 2018 ピョンチャンオリンピック
	2018 **南北首脳会談**	
2020 新型コロナウイルス感染症の流行により緊急事態宣言発出	2018 米朝首脳会談(トランプ・金正恩)	
2021 東京オリンピック		**尹錫悦**(任2022〜)

↑❶金日成　↑❷李承晩　↑❸朴正熙　→❹尹錫悦

文献① 韓国の経済発展

1970年代の「石油危機」の時代に、日本は「重厚長大」型経済から「軽薄短小」型経済への構造転換をはかったが、その過程でプラント輸出や製造工場の海外移転――これは、日本国内では「産業の空洞化」と呼ばれる現象を引きおこした――などの形態で、旧式の製造技術をアジアNIESに移転させた。アジアNIESは、これらの技術を駆使し、また新たな技術につくりかえながら、他方では、工業化資金を「オイル・ダラー」で膨張したユーロ市場などから調達しながら、造船、鉄鋼、自動車などの「重厚長大」型製造業を急速に発展させた。そしてアジアNIESは、自国の低賃金ゆえに安価な生産コストで済んだこれらの製造業品を、不況と失業に悩み、それゆえに安価な製品にたいする需要が大きかったアメリカ、カナダなどに積極的に輸出した。

(室井義雄『南北・南南問題』山川出版社)

読み解き

1 韓国はどこから資本や技術を得たのだろう。

2 韓国の経済発展は、貿易構造のどのような変化によるものだろう。

↑❾**南北首脳会談** 2000年6月、韓国の金大中大統領(1925〜2009)は北朝鮮を訪問し、金正日総書記(1942〜2011)と朝鮮半島分裂後初の南北首脳会談を行ったが、その後も南北関係は一進一退の状態が続いた。

↑❿**日朝首脳会談** 2002年、ピョンヤンで初開催された。金正日総書記は「日本人拉致事件」の国家関与を認め謝罪したが、不透明な部分が多く問題を残した。

↑⓫**軍事パレード** 北朝鮮は、こうしたパレードや核実験・ミサイル開発を通じて、相手国に対して自国の要求を通そうとする「瀬戸際外交」を展開している。

Column オリンピックから読み解く歴史

オリンピックの時代背景を探究すると、その国のありようやその時代の出来事と密接な関連があることがわかる。

❺**東京オリンピックの開会式**(1964)

↓❼**ソウルオリンピックの開会式**(1988)

↑❽**ピョンチャンオリンピックの開会式で合同入場する韓国・北朝鮮選手団**(2018)

←❻**東京オリンピックの閉会式**(2021) 新型コロナウイルス感染症拡大のため延期され無観客開催となった。

読み解き

1 日本が2回にわたり東京にオリンピックを招致した歴史的背景は何だろう。

2 冷戦下ソウルでオリンピックが開かれた意義は何だろう。

3 ピョンチャンオリンピック後、南北関係はどう変化しただろう。

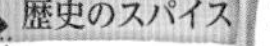

歴史のスパイス　2002年のサッカーワールドカップ日韓共催を機に、日本では「韓流ブーム」が起き、韓国でも日本大衆文化の規制緩和が進んだ。

南アジアの動き

年	インド連邦（ヒンドゥー教徒主体）	パキスタン（ムスリム主体）
1947	英・アトリー内閣、インド独立法制定→インド・パキスタン分離独立（ともに英連邦内の自治領） P.320	
	首相ネルー（～64）	総督ジンナー（～48）
	カシミール帰属をめぐり武力衝突 **第１次インド＝パキスタン戦争**（～49）	
1948	ガンディー暗殺される	
1950	**インド、憲法を制定し共和国となる**（英連邦より分離）	
1954	**周恩来・ネルー会談（平和五原則）**	
1955	アジア＝アフリカ会議 P.325	
1956		**パキスタン＝イスラーム共和国成立**
1959	チベット反乱→ダライ＝ラマ14世、インドに亡命 P.331	
	中印国境紛争（～62）	
1961	第１回非同盟諸国首脳会議	
1965	第２次インド＝パキスタン戦争	
1966	**インディラ＝ガンディー**、首相に就任（～77、80～84）	
1971	インド、東パキスタンを支援→	東パキスタン独立宣言
	第３次インド＝パキスタン戦争	
1974	**インド、核実験成功**	**バングラデシュ人民共和国として独立**
1984	インディラ＝ガンディー、シク教徒により暗殺。ラジブ＝ガンディー、首相就任（～89）	
1991	ラジブ＝ガンディー、タミル人により暗殺	
	インド・パキスタン、核実験を強行	
2004	シン、シク教徒として初めて首相就任（～2014）	

スリランカ

1948	イギリス連邦内の自治領として独立
1956	シンハラ語のみを公用語とするなど「シンハラ人優遇政策」→民族対立の発生
1972	スリランカ共和国として完全独立 憲法から「少数派保護の条項」をほとんど削除
1976	タミル人の分離独立運動開始
1983	民族対立の激化により内戦開始
2009	政府軍がタミル人武装組織を壊滅させ、内戦が終結

スリランカは16世紀以降、ポルトガル、オランダ、次いでイギリスの植民地とされた。戦後独立を果たした。

チェック　シンハラ人とタミル人

●**シンハラ人**
紀元前483年に北インドから上陸したアーリヤ系の民族といわれる（主に上座部仏教徒、人口比70％以上を占める多数派）

●**タミル人**
主に南インドに住むドラヴィダ系の民族（主にヒンドゥー教徒、人口比２割程度の少数派）。紀元前２世紀中頃にセイロン島北部に到来したり、イギリス植民地時代に紅茶などのプランテーション労働者として強制移住させられたりして定住

➡ⓑスリランカ内戦（1983～2009）　シンハラ人とタミル人の民族対立の背景には、イギリス植民地時代に少数派のタミル人を優遇した「分割統治」が行われたことがある。

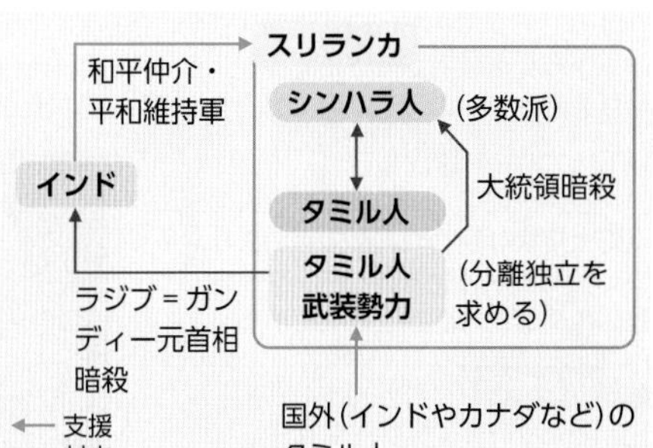

歴史のスパイス　バングラデシュとは「ベンガル人の国」という意味である。

インド

➡❶インディラ＝ガンディー（1917～84）　ネルーの娘で、二度にわたってインド首相（在任1966～77、80～84）を務めた。「緑の革命」と呼ばれる食糧の自給自足によって、欧米からの自立を目指した。シク教徒の分離独立運動を弾圧し、その急進派に暗殺された。

⬅❷モディ（1950～）　インドの首相（在任2014～）。モディが属するインド人民党は、ヒンドゥー教至上主義を掲げていたが、2004年の選挙で国民会議派に敗北後、経済成長を最優先する政策を前面に打ち出し、「全国民とともに」という表現で反イスラーム色を薄めることに努めた結果、第１党の座に返り咲いた。

➡ⓐインドをめぐる国際関係（冷戦期）

アメリカ ↔（冷戦）ソ連 ↔（中ソ対立）中国
中国 → インド：国境・チベット問題
パキスタン ↔ インド：カシミール紛争
パキスタン：バングラデシュ独立をめぐり対立
インド → バングラデシュ：独立支援
インド ↔ スリランカ：タミル人問題（ⓑ）
— 友好関係　↔ 対立

インドの経済発展

タタ商会は、1870年代にボンベイでの紡績業から始まり、独立後のインドで、製鉄、電力通信、IT、不動産・レジャーなどを幅広く扱う大財閥に成長した。また、1990年代以降、インドではICT産業が飛躍的発展を遂げた。

⬆❸タタ商会の人々

読み解き　インドでICT産業が発展した理由を考えよう。（着目点…言語・地理・社会制度など）

➡❹ICT企業で働く人々

解説　中印国境問題

ヒマラヤ山系の国境について中国・インド双方が主張する国境線が大きく異なり、1962年に武力衝突に発展した。その後、インドの対ソ接近、パキスタンの対中接近、中ソ関係悪化が始まった。80年代以降、両国の経済協力関係強化や国境問題に関する協議が進んだが、2020年には中印両軍が国境付近の係争地で衝突し、45年ぶりに死者が出る事態となった。対立の背景にはチベット問題がある。

A 中印国境問題
（地図：中華人民共和国　中国が実効支配　インドが実効支配　パキスタン　カシミール　ネパール　ブータン　インド　0　600km　中国の主張する国境線　インドの主張する国境線）

パキスタン

文献①　バングラデシュの独立①（1971）

これは私の最後のメッセージとなるかもしれない。本日、バングラデシュは独立した。私はバングラデシュの人々に要請する。あなた方がどこにいようと、あなた方が何を持とうと、最後の瞬間まで、占領軍に抵抗を続けるように。このバングラデシュの土地からパキスタン占領軍の最後の一兵が追い出され、最終的な勝利が達成されるまで、あなた方の闘いは続けられなければならない。

①自治権闘争指導者シェイク＝ムジブル＝ラフマンによる独立宣言

（歴史学研究会編『世界史史料11』岩波書店）

読み解き
1 ラフマンはベンガル地方出身であった。インドとパキスタンは、宗教問題から分離独立したが、バングラデシュがパキスタンから独立した理由は何だろう。
2 この独立宣言後どのような経緯で独立を果たしただろう。

⬅❺ブットー（1953～2007）　**イスラーム諸国における初の女性首相**。元首相の父が設立したパキスタン人民党の総裁となり、1988～90年と93～96年の２回首相となったものの、2007年に暗殺された。

➡❻パキスタンにおける核開発　1998年、バジパイ政権下のインドが２回目の核実験を行うと、これに反発したパキスタンもその２週間後に初の核実験を成功させた。

東南アジアの動き

1 東南アジア諸国の動向 P.305

( )内は旧宗主国

＊「ミャンマー」という呼称は、1989年にビルマの軍事政権が一方的に決めたもので、アウンサンスーチーら民主化勢力は「ビルマ」の呼称を使用している。

タイ	フィリピン	マレーシア・シンガポール	インドネシア	カンボジア・ラオス・ベトナム	ミャンマー＊
1945　第二次世界大戦終結					
	1946 **フィリピン独立**(米) 1951 米比相互防衛条約		1945 独立宣言→オランダとの戦争(〜49) 1949 **インドネシア独立**(蘭) **スカルノ大統領**(〜67)	1946 **インドシナ戦争**(〜54) 1953 **ラオス独立**(仏) **カンボジア独立**(仏) 1954 ジュネーヴ休戦協定	1948 **ビルマ連邦共和国独立**(英)
1954　東南アジア条約機構(SEATO)結成					
1955　第1回アジア＝アフリカ会議			**1955　第1回アジア＝アフリカ会議(バンドン会議)** P.325**→第三世界の形成**		
	➔❶**マルコス** 1965 マルコス政権(〜86)	1957 **マラヤ連邦独立**(英) 1963 **マレーシア連邦結成** 1965 **シンガポール**、マレーシア連邦から分離独立	1965 国連脱退(〜66) 1965 九・三〇事件→翌年、**スハルト**実権掌握	1965 北爆開始 ➔❺**シハヌーク**(カンボジア国王 位45〜70、93〜2004)	1962 社会主義化(ネウィン政権、〜88)
1967　東南アジア諸国連合(ASEAN)結成					
1992 文民政権成立	1986 ピープル＝パワー革命…マルコス、ハワイに亡命→コラソン＝アキノ政権(〜92)	➔❷**リー＝クアンユー**(シンガポール首相、任65〜90)	1968 スハルト大統領(〜98) ➘❸**スカルノ**(左)**と**❹**スハルト**(右)	1975 **ベトナム戦争終結** 1975 ラオス人民民主共和国成立 1979 **カンボジア内戦**(〜91) 1993 **カンボジア王国**再建	⬆❻**ネウィン** 1988 軍事クーデタ 1989 ミャンマーと改称
1997　アジア通貨危機					
2006 軍事クーデタ 2017 新憲法発布	2003 政府とモロ・イスラム解放戦線(MILF)との間で停戦合意→バンサモロ暫定自治政府が発足(2019)		2002 **東ティモール独立**		2011 軍政から民政への移管 2021 国軍によるクーデタ

2 独立後の東南アジア諸国

➔❼**マハティール**

開発独裁

開発独裁は、東南アジアを中心とする開発途上国で、1960年代後半以降にみられる体制である。国外の共産主義勢力の脅威に対抗するため、軍や特定政治集団が独裁的政治体制を採用し、同時に外資の導入による経済開発を行って、「将来の豊かさ」で国民の支持をとりつける。従来は、開発独裁の強権的側面や貧富の差を拡大させたデメリットに注目が集まっていたが、インフラ整備や農地改革などの形で、経済開発の利益の一部が、国民に還元された国もあった。

主な長期政権

- **リー＝クアンユー**(シンガポール首相)在任1965〜90
- **スハルト**(インドネシア大統領)在任1968〜98
- **マルコス**(フィリピン大統領)在任1965〜86
- **マハティール**(マレーシア首相)在任1981〜2003、2018〜20

フィリピン

文献1 ピープル＝パワー革命[1](1986)

巨大な戦車にフォルクスワーゲンで立ち向かうフィリピン人たち。ロザリオを手に持ち祈りをもって武装車両を迎える修道女と司祭たち。厳しい表情の兵士たちに花を贈りマルコスのために戦わないよう懇願する子供たち。同胞のフィリピン人を粉砕しようとやって来たタンクを、人々は腕を組んで阻止したのだ。……フィリピン人は政治的自由だけでなく誇りを取り戻した。抑圧から解放されただけでなく人間としての尊厳を取り戻した。名誉だけでなく世界からの尊敬を取り戻したのである。

[1]『フィリピン＝デイリー＝インクワイアラー』社説

(歴史学研究会編『世界史史料11』岩波書店)

⬆❽**コラソン＝アキノ** 1986年の選挙で勝利を収め、第7代大統領に就任。

カンボジア

1953 カンボジア王国成立
1970 ロン＝ノルのクーデタ、シハヌーク追放。米軍、カンボジアへ侵攻
1975 クメール＝ルージュ(**ポル＝ポト派**)がプノンペン解放
→ポル＝ポト政権樹立(民主カンプチア)(1976)…中国の支援下で急進的な共産主義化、住民を大量虐殺
1978 ベトナム軍の侵攻
→カンボジア人民共和国(**ヘン＝サムリン政権**)成立(1979)
カンボジア内戦(1979〜91)
1982 民主カンプチア連合政府結成
1989 ベトナム軍がカンボジアから撤退
1992 **国連カンボジア暫定統治機構**設立
1993 総選挙で暫定政府→カンボジア王国(国王シハヌーク)

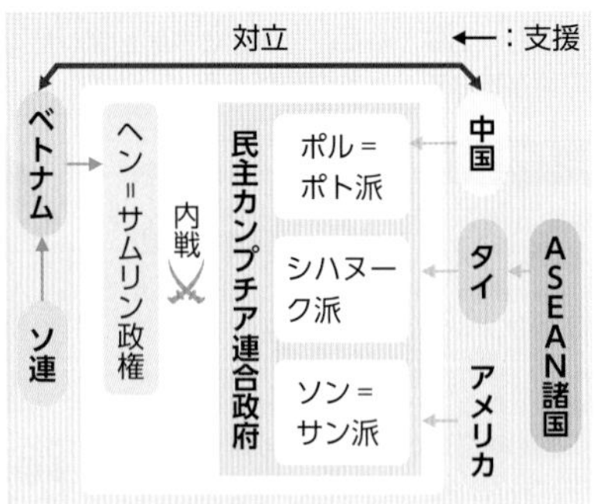

⬆ⓐ**内戦の構図**　ベトナムは1978年、自国に逃亡していたヘン＝サムリンを支援してカンボジアに侵攻し、新政権を樹立させたが、これに反発する勢力との間で激しい内戦となった。

➔❾**ポル＝ポト派による大量虐殺**　1976年に政権を握ったポル＝ポト派は、**都市住民の農村への強制移住など急進的な共産主義政策を断行**した。また反対派を虐殺し、3年間に約150万人の犠牲者を出した。

ミャンマー

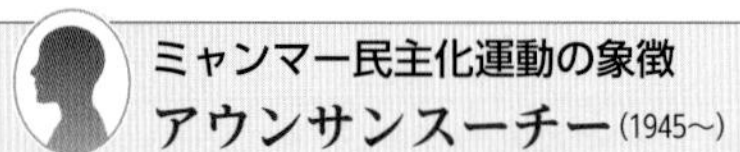

ミャンマー民主化運動の象徴
アウンサンスーチー(1945〜)

ビルマ独立運動の指導者アウンサンの娘。1988年にミャンマーの民主化を唱えて立ち上がった。翌年自宅に軟禁されたが、自宅から大衆を指導し続け、1991年にはノーベル平和賞を受賞した。2010年に軟禁が解かれて政治活動を再開し、2012年の選挙で国会議員に当選した。2015年の総選挙で成立した政権の一員となったが、2021年の軍事クーデタで再び軟禁された。

Column ミャンマーの民主化と軍事クーデタ

独立後のミャンマーでは、何度か形式的に民政移行が行われたが、実際は軍が政権を掌握してきた。軍が民主化の進展を望まない背景には、イギリス統治時代の分割統治に起因する少数民族問題がある。

➔❿**ロヒンギャ難民**　ロヒンギャは、ミャンマー西部に住むイスラーム系の人々。2017年以降大規模な暴力や人権侵害により、多くのロヒンギャが難民としてバングラデシュに避難し、国際的な問題となっている。

読み解き なぜミャンマーの人々はロヒンギャを排斥するのだろう。

歴史のスパイス　ミャンマーでは政府も軍も国民もロヒンギャを「民族」として認めず、「バングラデシュからの不法移民集団」とみなし抑圧している。

3 ベトナムの動向 (➡P.320)

1955.10	**ベトナム共和国**（ゴ＝ディン＝ジエム大統領）	アメリカ支援（ケネディ）
1960.12	**南ベトナム解放民族戦線**	
1963.11	軍部クーデタ（南）→ジエム政権崩壊	
1964. 8	トンキン湾事件　←ベトナム戦争（～75）→	
1965. 2	**北爆開始**	ジョンソン
.10	反戦運動高まる（米）	
1968. 1	テト攻勢（解放戦線の大攻勢）	
. 3	米軍によるソンミ村虐殺事件	
. 5	**パリ和平会談**開始	
.10	北爆停止	
1969. 6	南ベトナム臨時革命政府樹立	ニクソン
. 9	ホー＝チ＝ミン死去	
1970. 2	ニクソン＝ドクトリン（米）	
1972. 4	北爆開始	
1973. 1	**ベトナム（パリ）和平協定調印**	
. 3	**ベトナム撤兵完了**（米）	
1975. 4	**サイゴン陥落**	
1976. 4	南北ベトナム統一選挙実施	
. 7	**ベトナム社会主義共和国** 成立　首都：ハノイ　中国系住民の大量難民化	
1978.12	ベトナム軍カンボジア侵攻（ヘン＝サムリン派支持）	
1979. 1	ベトナム軍プノンペン占領	
. 2	**中越戦争**（領土・国境問題、カンボジア問題、中国の対米接近などを背景）	
1986.12	**ドイモイ**（刷新）政策始まる	
1989. 9	ベトナム軍、カンボジアから撤退	
1995. 7	ASEANに加盟	
1995. 8	アメリカとの国交正常化	
2007. 1	WTOに正式加盟	

（1964.8～1975：中国・ソ連が軍事援助）

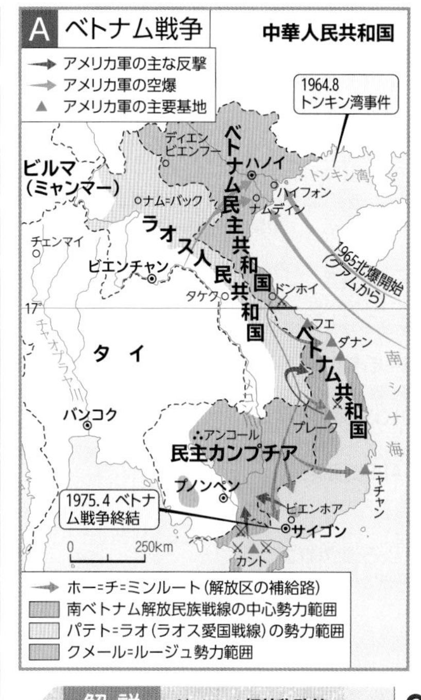

ⓑベトナム戦争の被害

（万人）
北ベトナム・南ベトナム解放民族戦線：死者 97.7／負傷者 130
アメリカ側：南ベトナム政府軍 死者 16.3／負傷者 43.6、米軍 死者 5.6／負傷者 30.4

- 米軍がベトナムに投下した爆弾総量…**1,150万t**
  米軍が第二次世界大戦で使用した爆弾総量…350万t
- アメリカの戦費総額…**1,500億ドル**

⑪「安全への逃避」（沢田教一撮影、1965、ピューリッツァー賞受賞） 戦場となったベトナムの民衆は村を焼かれ、親兄弟を失い、大きな犠牲を強いられた。

解説 ドイモイ（刷新）政策

1986年に**社会主義型市場経済へと移行したベトナムが採用した経済政策**。企業の自主経営権拡大や対外開放政策が進められ、ベトナム経済は1990年代以降急速に回復した。

ⓒベトナムの実質GDPの推移

（兆ドン）0～5,000　1980年～2020

4 地域的経済統合の進展

ASEANの歩み

1967	**反共主義の政治連合として結成**
1984	ブルネイ加盟
1995	ベトナム（社会主義共和国）が加盟 **→地域的経済連合へ**
1997	ミャンマー・ラオスが加盟
1999	カンボジアが加盟 →「アセアン10」
1993	ASEAN自由貿易地域（AFTA）発足
1994	ASEAN地域フォーラム（ARF）発足
1997	**アジア通貨危機**…タイのバーツの為替レートが暴落したことに端を発する経済危機
2005	東アジア首脳会議（EAS）発足
2015	ASEAN経済共同体（AEC）発足

ASEAN地域フォーラム（ARF）
- **東アジア首脳会議（EAS）** アメリカ・ロシア
  - **東アジア地域包括的経済連携（RCEP）** インド・ニュージーランド・オーストラリア
    - **ASEAN＋3** 日本・中国・韓国
      - **東南アジア諸国連合（ASEAN）** マレーシア・インドネシア・フィリピン・シンガポール・タイ・ブルネイ・ベトナム・ラオス・ミャンマー・カンボジア
- カナダ、パプアニューギニア、北朝鮮、モンゴル、パキスタン、東ティモール、バングラデシュ、スリランカ、欧州連合（EU）

ⓓ地域的経済統合の構造　ASEAN経済共同体（AEC）により現在の加盟国の域内関税はほぼゼロとなっている。中国とは、両地域にまたがるサプライチェーンの構築や自由貿易協定（FTA）、「一帯一路」(➡P.331)を通じ政治経済関係強化が拡大している。ARFを通じて欧米諸国との関係も深めている。

文献② EUとASEANの違い

地域統合がもっとも進んでいるのがEUであり、第一段階の経済協力、第二段階の経済統合を経て、現在、第三段階の政治統合の中途にある。第三段階にまで至ったことは、2016年のイギリスのEU離脱決定のように、今後いくつかの曲折はあるだろうが、最終段階である第四段階の国家統合を視野に入れていることはまちがいないと思われる。……東南アジアにとり望ましい地域統合は、第三段階の政治統合や、第四段階の国家統合ではなく、第一段階と第二段階の経済分野や社会分野に限定した統合ということになる。東南アジアの地域統合がヨーロッパと異なるかたちになっているのは、東南アジア諸国の協調意識が希薄だからではなく、地域諸国が多様だという基本構造（原型）に見合ったものとみるべきなのである。

（岩崎育夫『入門東南アジア近現代史』講談社）

読み解き EUとASEANは、それぞれどのような方向性をめざしているだろう。

SIGNING CEREMONY ASEAN COMMUNITY
KUALA LUMPUR, MALAYSIA | 22 NOVEMBER 2015

⑫ASEAN経済共同体発足署名式に臨むASEAN首脳（クアラルンプール、2015）　マレーシアのナジブ首相は「我々はASEAN成立の父たちの期待を凌駕した。なぜなら多様性の中に力を見出したからである」と興奮気味に語ったといわれる。

Column アジア通貨危機

1997年、タイの通貨バーツの変動相場制への移行に端を発し、東アジア・東南アジア諸国に波及した通貨危機をいう。この結果、アジア各国の経済成長率が一気に鈍化した。こうした通貨危機は、メキシコ（1994年）、ロシア（1998年）などでも起こっている。その要因の一つは、**欧米の機関投資家が投機目的の投資を引き上げたことであり、こうした金融のグローバル化によるマイナス面に対し、各国が協調して国際金融取引を監視する必要性が指摘されている。**

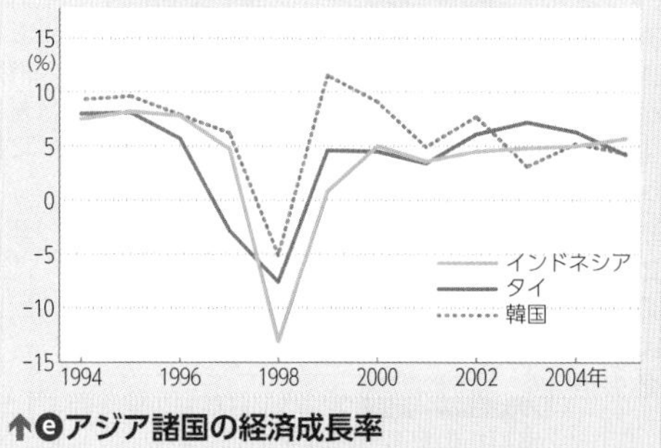

ⓔアジア諸国の経済成長率

歴史のスパイス　東南アジアの呼称は、第二次世界大戦中に連合国軍がスリランカのコロンボに「東南アジア総司令部」を置いたことから、それ以降広く使われるようになった。

1 西アジアの動向 ➲P.304

エジプト	その他のアラブ諸国	イラク	イラン	アフガニスタン
1945 アラブ連盟結成				
1948 第1次中東戦争(**パレスチナ戦争**、〜49)→イスラエルの勝利、領土拡大				
1952 **エジプト革命**(ナギブ・ナセルらが国王追放)			51 モサデグ首相、アングロ=イラニアン石油会社国有化	
1953 エジプト共和国宣言 1956 **ナセル**、大統領就任 **スエズ運河国有化宣言**		55 **バグダード条約機構**(METO、中東条約機構)成立	53 パフレヴィー2世派のクーデタ→モサデグ失脚	
1956 第2次中東戦争(**スエズ戦争**)→英・仏・イスラエル軍撤兵				
1958 アラブ連合共和国成立(エジプト・シリア合邦→61 シリア離脱)		58 **イラク革命**→METO崩壊	59 **中央条約機構(CENTO)成立**	
	1960 **石油輸出国機構(OPEC)発足** 61 クウェート独立 64 **パレスチナ解放機構(PLO)結成**		●**白色革命**(パフレヴィー2世による近代化、ホメイニ追放)	64 アフガニスタン王国、新憲法施行↔改革派とイスラーム主義者との対立激化
1967 第3次中東戦争→イスラエル領土拡大				
	1968 **アラブ石油輸出機構(OAPEC)発足**			73 改革派クーデタ→共和政へ移行、イスラーム主義者や共産主義者弾圧
1970 ナセル死去 →**サダト**、大統領就任	75 レバノン内戦(〜76)			
1973 第4次中東戦争→OAPECによる石油戦略⇒第1次石油危機➲P.328				78 クーデタ→親ソ政権成立
1979 エジプト=イスラエル平和条約調印 1981 サダト大統領暗殺 →**ムバラク**、大統領就任		79 サダム=フセイン、大統領就任(〜2003)	79 **イラン革命**(ホメイニ、実権掌握)→CENTO解体 →**第2次石油危機**	79 **ソ連軍の侵攻** →反政府ゲリラ勢力との内戦本格化
		80 **イラン=イラク戦争**(〜88)		89 **ソ連軍撤退完了**→内戦続く
1982 **イスラエル、シナイ半島返還**	93 **パレスチナ暫定自治協定調印** 2000 シリア、アサド大統領就任	90 クウェートに侵攻 91 **湾岸戦争** 03 **イラク戦争** 06 イラク新政府発足	2002 核開発疑惑浮上 05 アフマディネジャド、大統領就任	96 **タリバン**政権成立 01 アメリカで9.11テロ →米・英軍の攻撃→政権崩壊 04 カルザイ政権成立
2010末〜 **「アラブの春」**(アラブ諸国における民衆蜂起)				
2011 ムバラク政権崩壊 2012 モルシ大統領(ムスリム同胞団系)就任	11 シリア、内戦状態に		13 ロウハニ、大統領就任	
	2014 **「イスラーム国(IS)」**、国家樹立宣言			
2013 国防相エルシーシらのクーデタ→選挙でエルシーシ勝利、大統領就任(14〜)		17 「イスラーム国(IS)」掃討の終結を宣言	15 イラン核合意(6カ国[米・英・仏・独・ロ・中]と) →18 米離脱 21 ライースィ、大統領就任	21 アメリカ軍撤退 タリバン、カブールを制圧・復権

←❶**パフレヴィー2世**(位1941〜79)

2 アフガニスタンの動向

←❷**ソ連軍の戦車を奪った反政府ゲリラ** アフガニスタン内戦では、ゲリラ闘争に参加した人々は自らムジャヒディン(「ジハードを行う戦士」の意)と名のった。アメリカやパキスタンは反政府ゲリラ組織を支援し、後のテロリストを育てる結果を招いた。

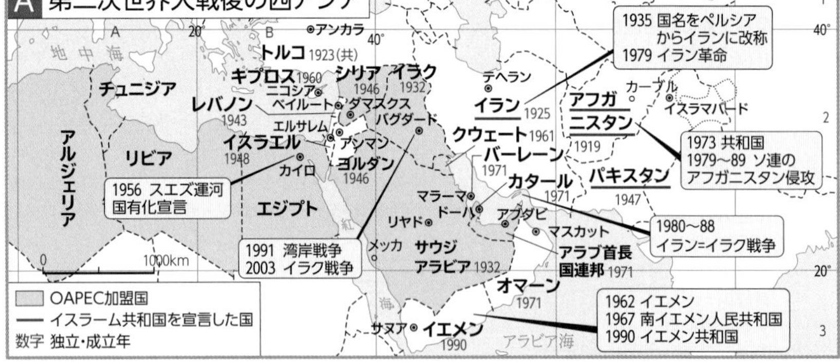

文献① タリバンへの参加を呼びかけるファトワー(意見書)(1995)

偉大なる神は以下の如く述べた。「アッラーとその使徒に戦いをいどみ、地上に頽廃を播き散らして歩く者どもの受ける罰としては、殺されるか」①騒擾に手を尽くす圧政者たちやその協力者たちは、人々から無理やり金銭や財産を奪う野盗同然である。……不信心(者)や圧政への協力者が居座り続けるなら、……この圧政者や害為す者の殺害はどうなりましょうか。その御方はこう答えた、その殺害は合法である。……その者たちの殺害は法に則るのみならず、善行・報われるべきことだから。

①『コーラン』からの引用

(歴史学研究会編『世界史史料12』岩波書店)

読み解き こうしたタリバンの主張の背景には欧米の進出がある。19世紀以降どのような国々がアフガニスタンに攻めこんだのだろう。

➔❸**バーミヤンの仏像** 2001年3月、アフガニスタンを実効支配するイスラーム原理主義勢力タリバンによって破壊された。バーミヤン渓谷の文化的景観と古代遺跡群は、2003年、世界遺産に登録された(危機遺産)。

読み解き タリバンはなぜ仏像を破壊したのだろう。

➘❹**アフガニスタンから撤退するアメリカ軍**(2021) 9.11テロ後、アメリカ政府は事件の首謀者をウサマ=ビンラディンと断定し、彼を匿っているとして、アフガニスタンを攻撃してタリバン政権を崩壊させ、新政府を樹立した。しかし、武装組織などは各地でアメリカや新政府に対するテロ行為を継続した。アメリカは現地部隊の規模縮小を進め、2020年にタリバンと和平合意し、翌年には撤退。再びタリバンがアフガニスタンを支配した。

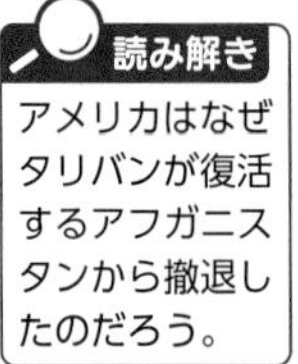

アメリカはなぜタリバンが復活するアフガニスタンから撤退したのだろう。

歴史のスパイス タリバンとは「神学生」の意味で、パキスタン北部の難民キャンプのマドラサで教育を受けたパシュトゥン人の学生を中心に、1994年に結成された。

3 イランの動向

↑❺**石油国有化法案を発表するモサデグ**　モサデグは1951年にイランの首相となり、**イギリス資本の石油会社を国有化**するなど民族主義的政策をとったが、**英米の支持を得た国王パフレヴィー2世派のクーデタにより失脚した。**

↓❻**イラン革命の指導者ホメイニ**　パフレヴィー2世の急激な近代化政策は、貧富の差を拡大させた。1978年、ホメイニ指導による反体制運動が激化し、1979年に国王は亡命した。

文献②　イラン＝イスラーム共和国憲法(1979)

第1条　イラン政体はイスラーム共和制である。コーランの正義の確信に基づき、イマーム[指導者]・ホメイニー[ホメイニ]の指導下で闘われたイスラーム革命に続き、……国民投票で98.2%の支持で承認された体制である。

第5条　「時代の主」[1]の隠れの間、国の統治・指導権は時代状況に通じ、勇気、理性、行政能力を有し、国民大多数から指導者として尊敬される法学者に委ねられる。……

①救世主として再臨すると信じられているシーア派第12代イマーム、ムハンマド＝アル ムンタザル(868〜？)の称号。

(歴史学研究会編『世界史史料11』岩波書店)

読み解き　イラン革命により、イランの政体はどう変わったのだろう。

↑❼**イスファハンで監視装置を設置するIAEAの査察官**　2002年、イランにウラン濃縮など核開発疑惑が浮上した。2015年に米・英・仏・独・ロ・中6カ国と、イランが核開発を大きく制限する見返りに経済制裁を緩和するイラン核合意が結ばれたが、2018年にアメリカが離脱、再び核兵器開発の懸念が高まっている。

4 イラクの動向

イラン＝イラク戦争(1980〜88)

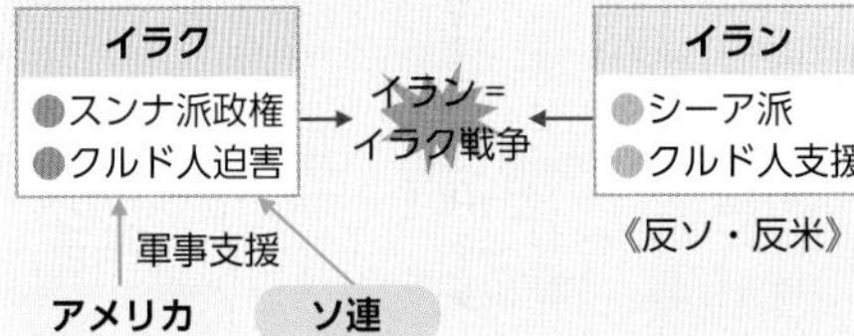

湾岸戦争(1991)

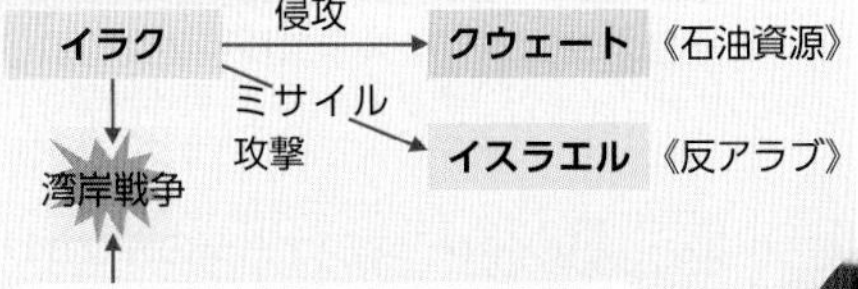

イラク戦争(2003)

↓❿**フセイン**
(1937〜2006)

↑❽**イラン＝イラク戦争**　イラク軍によるイラン領への攻撃をきっかけに始まった。都市部へのミサイル攻撃、化学兵器の使用、ペルシア湾でのタンカー攻撃と、戦火はペルシア湾全域に拡大した。湾岸の石油資源に依存する国々に危機感を与えた。

↑❾**湾岸戦争**　1990年8月のイラクのクウェート侵攻に対して、アメリカをはじめとする多国籍軍が攻撃し、サウジアラビアなどのアラブ諸国も多国籍軍に協力してイラクを敗北させた。写真は、対空砲火の閃光に染まるバグダード上空。

↑⓫**イラク戦争**　2003年、米英軍がイラクを攻撃し、**フセイン政権を打倒**した。攻撃は、フランスやドイツ、ロシアなどが反対する中、日本をふくむ「有志連合」諸国の支持を得て行われたが、攻撃の理由の一つとされた大量破壊兵器は存在しなかった。

5 大戦後のイスラーム諸国とアメリカ

1953	イランで国王派クーデタ→親米路線
1955	**バグダード条約機構**(METO、反共軍事同盟)結成
1958	**イラク革命**、イラクのMETO脱退
1959	METOに代わり、中央条約機構(CENTO)発足
1979	**イラン革命**…アメリカ支援の独裁体制に対する革命→CENTO解体、アメリカによるイラン敵視政策の開始
1979	**アフガニスタン内戦**(〜2001)→アメリカ、反政府ゲリラを支援
1980	**イラン＝イラク戦争**(〜88)→アメリカ、イラクと国交を回復し、全面支援
1991	**湾岸戦争**→中東におけるアメリカの影響力拡大
2001	**9.11テロ**→アメリカ・イギリス軍のアフガニスタン攻撃(「テロとの戦い」)
2003	**イラク戦争**勃発
2006	イラク新政府発足、フセイン処刑
2011	イラクからアメリカ軍完全撤退

チェック　アメリカの中東政策の原則
- ソ連の封じ込め(冷戦期)
- イスラエルに対する支援
- 石油資源の確保

↓ⓐ**アメリカの中東政策の変化**

間接的な中東政策
トルコやイラン、サウジアラビアなどを協力者として媒介させる

↓ **イラン革命**(1979)、**ソ連消滅**(1991)

直接的な関与を強化
価値観の押しつけやイスラエル寄りの姿勢が、ムスリムの反米感情を高める

↓

中東情勢の泥沼化・国際社会の分裂

→⓬**炎上する世界貿易センタービル**　2001年9月11日、テロリストにハイジャックされた2機の旅客機が、ニューヨークの世界貿易センタービルにある2つのビルに相次いで激突し、ビルは炎上・倒壊した(犠牲者は約3,000人)。ブッシュ大統領(子)はただちに「テロとの戦い」を宣言し、アフガニスタンやイラクへの軍事行動を開始したが、世界各国の同意を得ないその単独行動主義(ユニラテラリズム)は、国際社会に亀裂を生んだ。

歴史のスパイス　9.11テロでは、ワシントンの国防総省ビルにも、ハイジャックされた航空機が突っこみ犠牲者が出た。

中東の混乱とテロリズムの拡散

1 中東戦争後のパレスチナ ➡P.325

1974. 10	アラブ首脳、PLOをパレスチナ人民の代表として承認
. 11	国連総会、パレスチナ人民の民族的権利承認と、PLOにオブザーバーの資格を与える決議採択
1975. 9	レバノン内戦(～76.10)
1977. 11	**エジプト大統領サダト、イスラエル訪問**
1978. 9	キャンプ＝デーヴィッド合意
1979. 3	**エジプト＝イスラエル平和条約**調印
1982. 4	イスラエル、シナイ半島をエジプトに返還
1985. 2	イスラエル、レバノン南部から撤退
1987. 12	イスラエル占領地でインティファーダ(民衆蜂起)開始
1988. 11	パレスチナ民族評議会、パレスチナ国家樹立宣言
1991. 1	**湾岸戦争**(～2月)
1993. 9	**パレスチナ暫定自治協定**調印
1994. 5	パレスチナ暫定自治発動
. 10	ヨルダン＝イスラエル平和条約調印
1995. 11	ラビン・イスラエル首相暗殺される
2000. 9	イスラエルの右派リクード党のシャロン党首がユダヤ教とイスラーム双方の聖地訪問 →イスラエルとパレスチナの衝突が激化
2001. 3	イスラエルでシャロン政権発足
2003. 4	ブッシュ米大統領、中東和平ロードマップ発表
2004. 11	アラファトPLO議長死去
2005. 1	パレスチナ自治政府議長に**アッバス**就任
. 8	イスラエル、ガザ地区から撤退開始
2006. 3	**ハマス(対イスラエル強硬派)**単独のパレスチナ自治政府内閣発足
. 11	イスラエルがガザ地区に侵攻
2007. 6	ハマスがガザ地区を制圧 →ハマスと**ファタハ(対イスラエル穏健派)**の対立 ⇒**パレスチナ自治政府の分裂**
2008. 6	ハマス・イスラエル間で半年間の停戦合意
. 12	ハマス・イスラエル双方が攻撃を再開
2009. 3	イスラエルで**ネタニヤフ**政権発足(～21)
2011. 4	ハマスとファタハ和解合意
2012. 11	**パレスチナ自治政府、国連の「オブザーバー国家」に格上げ**
2014. 6	パレスチナ自治政府に統一内閣発足 ⇒**パレスチナ自治政府の分裂解消**
2014. 7	イスラエル、ガザ侵攻
2017. 12	トランプ米大統領、エルサレムをイスラエルの首都と承認
2020. 9	UAE・バーレーンなどがイスラエルと国交正常化
2021. 5	イスラエル、ガザ攻撃
2023. 10	ハマスによるイスラエル攻撃 イスラエルによるガザ侵攻開始

読み解き イスラエルはなぜ何度もガザに攻撃を加えているのだろう。

解説 パレスチナ人 ➡P.309

19世紀末以降、シオニズム運動により多くのユダヤ人がパレスチナに移住し、先住のアラブ人と対立していた。1948年のユダヤ人によるイスラエル建国以後、４次にわたって中東戦争が戦われ、その間、**多くのアラブ人がパレスチナを追われて難民となり(➡P.320)、残った者も占領地住民として国家の枠組みから弾き出された**。やがて彼らは「パレスチナ人」と強く自覚するようになり、居住地への帰還とパレスチナ人国家建設をめざして闘争を展開した。

↑❶**エジプト＝イスラエル平和条約調印** 1978年にキャンプ＝デーヴィッド合意が発表され、翌年調印された。PLOやアラブ諸国はいっせいに反発し、1981年にサダト大統領が暗殺された。

文献① インティファーダの呼びかけ(1988)

我が人民の栄誉あるインティファーダを継続するために、あらゆる場所で団結し闘う我が同胞たちの意志を絶やさぬために、民族的大義のために命を捧げた同胞や投獄された兄弟たちへの忠誠ゆえに、占領がもたらす国外追放・大量逮捕・外出禁止・家屋破壊などの弾圧政策を断固拒否せんとするわれわれの意志表明のために、そしてわれわれの革命と勇敢なる我ら人民の一層の団結と連帯のために、最後に我が人民の唯一正当な代表PLOの、英雄的なインティファーダを断固維持せよとの呼びかけに応えて、われわれは以下のように訴える。……

戦闘に臨む諸君と様々な場所で人民委員会メンバーとして活動する諸君に告げる。行動計画に正確に従うように。また我が人民に対して、特に貧しい家族に対しては極力支援の手を差し伸べるように。ともに手を取り合って声高らかに繰り返そう。「占領打倒、自由なアラブ・パレスチナ万歳!」 (歴史学研究会編『世界史史料11』岩波書店)

文献② パレスチナ暫定自治協定(1993)

イスラエル政府と、パレスチナ人民を代表するPLOチーム……は、数十年の対決と闘争に終止符を打ち、お互いの正当な政治的権利を認め合うときが来たことに同意する。そして、平和のうちに共存し、お互いを尊重し、安全を保障し、合意された政治的手続きを踏んで、公正な、永続する全面的な平和の取り決めと歴史的妥協を達成するために努力するときが来たことを認める。よって、双方の当事者は、以下の諸原則に同意する。 (歴史学研究会編『世界史史料12』岩波書店)

読み解き その後イスラエルとパレスチナの関係は、どのような経緯をたどっただろう。年表を参考にまとめよう。

A 1995年時点のパレスチナ

レバノン　シリア　ゴラン高原(イスラエルが占領)　ヨルダン川西岸地区　地中海　ガザ地区　アンマン　エルサレム　イスラエル　ヨルダン　スエズ運河　シナイ半島　スエズ湾　エジプト　サウジアラビア　0 100km

■パレスチナ自治政府が管理　■パレスチナ自治政府・イスラエルが管理　□イスラエルが管理

0 50km　テルアヴィヴ　地中海　エルサレム　ガザ地区　イスラエル　ヨルダン川西岸地区　ヨルダン　死海　パレスチナ自治区

パレスチナ暫定自治政府は、PLOの主要勢力であるファタハが主導してきた。しかしインティファーダ以降、**ハマス**が勢力を拡大し、2006年の立法評議会選挙ではハマスが圧勝した。その後ガザ地区を実効支配している。

チェック パレスチナで対立が続く原因

● **エルサレムの管理問題**

イスラエル側…第３次中東戦争で併合した東エルサレムをふくめ「分割できない永遠の首都」として堅持する姿勢

パレスチナ側…東エルサレムを将来の独立国家の首都と想定

● **難民問題**

450万以上ともいわれるパレスチナ難民への補償やその帰還には、かなりの困難が予想される

● **双方に強硬派が存在**

イスラエル側では極右政党がパレスチナ人の排除などを主張し、パレスチナ側ではムスリム同胞団を母体として設立されたハマスなどが自爆テロを行っている

↓ⓐ**パレスチナをめぐる国際情勢** イスラエルは建国以来、アメリカと密接な関係にある。この背景にはヨーロッパから移住した多数のユダヤ系の人々の存在がある。**アメリカには、ユダヤロビーが形成され、政治に多大な影響力を及ぼしてきた。**一方、シリアやイランと近い関係にあるロシアや中国は、アメリカへの対抗意識もあって、反イスラエル的な外交政策をとっている。

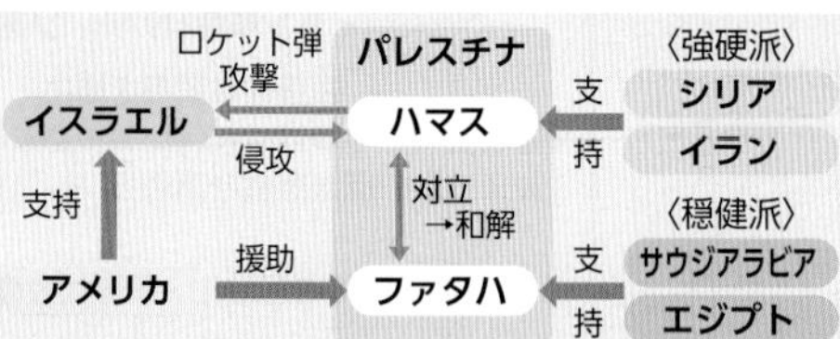

↑❷**分離壁** イスラエルは、ユダヤ人入植地をテロから守るという名目で長大な壁を建設している。これに対し、国際司法裁判所は違法との判断を示した。

歴史のスパイス パレスチナという地名は、「ペリシテ人(「海の民」の一派といわれる)の土地」を意味するヘブライ語が語源となっている。

2「アラブの春」

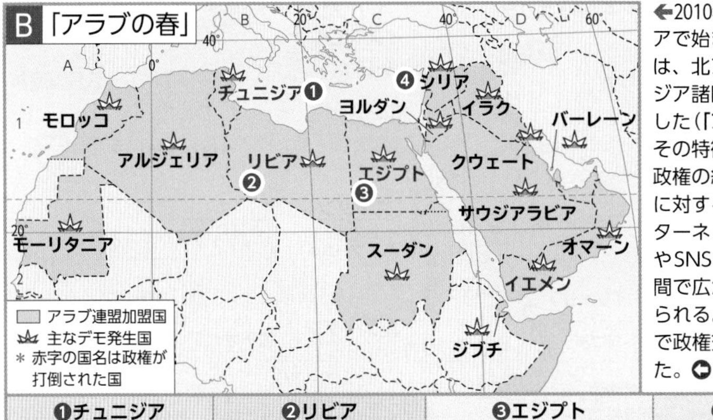

←2010年末にチュニジアで始まった変革の嵐は、北アフリカ・西アジア諸国に一気に波及した(**「アラブの春」**)。その特徴として、長期政権の経済政策や汚職に対する不満が、インターネットのニュースやSNSを通じて若者の間で広がった点があげられる。結果、4カ国で政権交代が達成された。P.73

❶チュニジア	❷リビア	❸エジプト	❹シリア
ベン＝アリ大統領(在任23年)	カダフィ大佐(在任42年)	ムバラク大統領(在任30年)	アサド大統領(2000年就任)
反体制デモの拡大に加えて、軍部が政権から離反。2011年、ベン＝アリ大統領がサウジアラビアに亡命。その後、暫定政府が発足	反体制派とカダフィ大佐側との戦闘が長期化。NATOは反体制派への支援のためリビアを空爆。2011年、カダフィ政権崩壊	大規模な反体制派デモが起こり、2011年、ムバラク大統領辞任。2012年に選挙でムスリム同胞団系のモルシが当選したが、2013年、クーデタで解任	イスラーム・アラウィ派のアサド大統領がスンナ派やクルド人などによる民主化デモを弾圧。内戦状態となった

←❸**政権打倒を叫ぶデモ参加者**(チュニジア) チュニジアでは、露店商の若者が役人に商品を没収され、焼身自殺したという事件をきっかけに、政府の経済雇用政策への批判が高まり、大規模な民主化運動が起こって、独裁政権が打倒された。この動きは国を代表する花にちなんで**「ジャスミン革命」**と呼ばれる。

クルド人問題

クルド人は、トルコやイラク、イラン、シリアなどにまたがる地域に住む、独立国家を持たない最大の民族である。

クルド人
- 人口…推定2,000〜3,000万人
- 宗教…スンナ派イスラーム
- 言語…クルド語(インド＝ヨーロッパ語族)

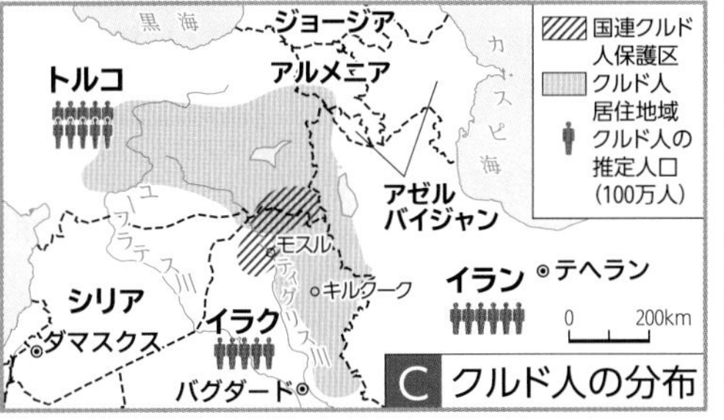

C クルド人の分布

イスラーム原理主義

イスラームを現代に復興させようとする、大衆的な基盤を持つ社会運動。9.11テロなど、紛争や事件の背後には「イスラーム原理主義」があると考えられがちであるが、イスラーム社会に根づいている運動の主流は、学校やモスクの建設、ボランティアによる社会貢献活動など、穏健な路線であり、「テロ」や「破壊」は一部の過激派によるものである。

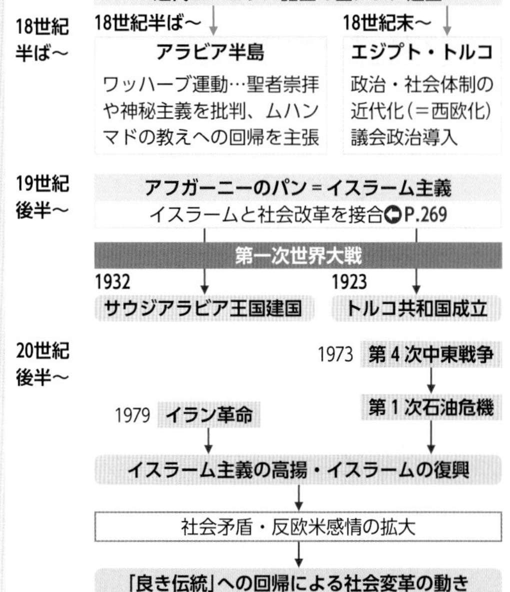

↑ⓑ**イスラーム復興の動き**(18世紀末〜20世紀後半)

チェック イスラーム主義組織
- **ムスリム同胞団**…エジプトを中心とした、スンナ派のイスラーム主義組織。1928年に秘密結社として設立。合法・非合法をくり返しながら勢力拡大。「アラブの春」後、一時政権を握るが、軍によるクーデタで非合法化。
- **ヒズボラ**…レバノンなど中東各地に存在するシーア派系組織で「神の党」を意味する。レバノンでは1982年に設立され、イランの支援を受けイスラエルに武力攻撃を行う一方、国内では合法的政治活動も展開。
- **ハマス**P.338　**タリバン**P.336

3 シリア内戦と難民問題

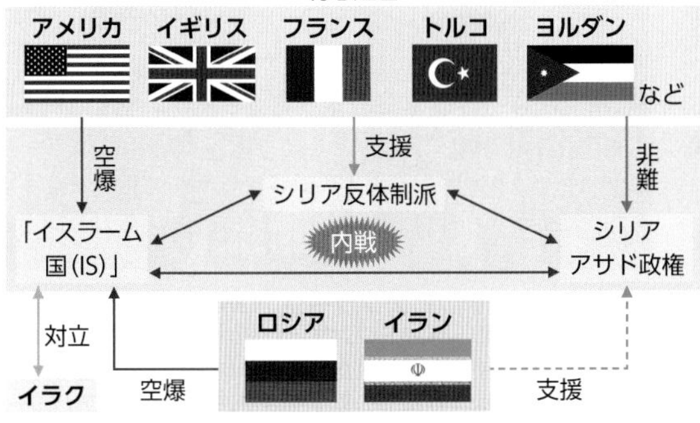

↑ⓒ**対立の構図** シリアでは、「アラブの春」の影響を受け、2011年以降、アサド政権と反体制派の間で武力衝突が続いている。一方イラクでも、2003年のフセイン政権崩壊後、シーア派政権が成立した。さらに「イスラーム国(IS)」の台頭や諸国の介入により混迷が深まり、シリアを中心に紛争や迫害を逃れ難民となる人々が急増した。

↓❹**シリア難民が脱ぎ捨てた救命胴衣**(ギリシア・レスボス島)

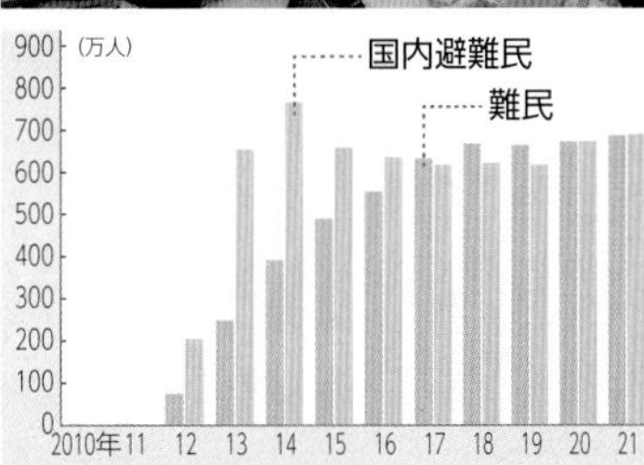

←ⓓ**シリアからの難民数の推移**

読み解き シリア難民はどこに向かったのだろう。それに伴う問題は何だろう。

解説

「イスラーム国(IS)」

イラク戦争後、イラクのスンナ派旧政権幹部を取り込む形で活動を活発化していったイスラーム過激派組織(ISIL)が、「アラブの春」やシリア内戦の混乱に乗じてイラク北西部やシリア北東部に勢力を拡大。2014年には「イスラーム国(Islamic State)」の樹立を宣言し、バグダディがカリフを僭称した。クルド人など少数民族の弾圧や人質の処刑などの残虐行為をくり返す同組織に対し、当事国やアメリカ中心の有志連合などが武力制裁を行い、急速に衰えた。

歴史のスパイス 「ジャスミン革命」という言葉は、地域を越えた情報共有によって反独裁民主化要求がもたらす政治変動全体をさす言葉としても用いられた。

西アジア

アフリカの動き

1 アフリカの動向 ⊂P.285

		( )内は旧宗主国
1951. 12	**リビア独立**(伊)	
1953. 6	エジプト共和国宣言	
1954. 11	アルジェリア民族解放戦線(FLN)、武装蜂起開始。アルジェリア戦争拡大へ(～62.3)	
1956. 1	**スーダン独立**(英)	
. 3	**モロッコ・チュニジア独立**(仏)	
. 7	**エジプト、スエズ運河国有化宣言**	
1957. 3	**ガーナ独立**(英)(エンクルマ指導)	
1958. 10	**ギニア独立**(仏)(セク＝トゥーレ指導)	
1960.	**「アフリカの年」** カメルーン(仏)、コンゴ(ベルギー)、ソマリア(伊・英)、ナイジェリア(英)など17カ国が独立	
. 1	アスワン＝ハイダム建設開始(70年完成)	
. 7	**コンゴ動乱**(～65)	
1961. 2	ルムンバ(コンゴ初代首相)殺害される	
1962. 3	エヴィアン協定→アルジェリア戦争終結	
. 7	**アルジェリア独立**(仏)	
1963. 5	**アフリカ統一機構(OAU)設置**⊂P.324	
1965. 11	**ローデシア独立宣言**	
1966. 2	エンクルマ、クーデタで失脚	
1967. 5	**ナイジェリア内戦**(ビアフラ戦争、～70)	
. 10	第1回開発途上国閣僚会議、アルジェ憲章採択	
1969. 9	リビア＝クーデタ(王政打倒、カダフィ実権掌握)	
1974. 9	エチオピア革命(帝政廃止)	
1975. 6	**モザンビーク独立**(ポルトガル)	
. 11	**アンゴラ独立**(ポルトガル)	
1980. 4	**ジンバブエ独立**	
1990. 3	**ナミビア独立**(南ア共和国より)	
. 10	ルワンダ内戦(～94)	
1991. 1	ソマリア内戦始まる	
1993. 5	エリトリア独立(エチオピアより)	
1998. 8	コンゴ民主共和国内戦	
2002. 7	アフリカ連合(AU)発足	
2010. 12	**「アラブの春」**始まる⊂P.339	
2011. 7	**南スーダン独立**(スーダンより)	

文献 ① アフリカ統一機構憲章(1963)

エチオピアの首都に集まった私たちアフリカ諸国の国家元首・政府首脳は、……諸国の主権と領土保全そして独立を擁護し強化し、あらゆる形態の新植民地主義に反対して戦うことを決意し、アフリカの全般的進歩に貢献し、……この憲章に同意する。

第2条

1、機構は以下の目的をもつ。

(a)アフリカ諸国の統一と連帯を促進すること、

(b)アフリカ諸国民のよい生活を達成するために協力と努力を調整し強化すること、

(c)主権・領土保全および独立を防衛すること、

(d)アフリカからあらゆる形態の植民地主義を根絶すること、そして

(e)国際連合憲章と世界人権宣言を十分尊重して国際協力を促進すること。

(歴史学研究会編『世界史史料11』岩波書店)

読み解き 新植民地主義とはどのようなものだろう。

➔❶**エンクルマ(ンクルマ)**(1909～72)

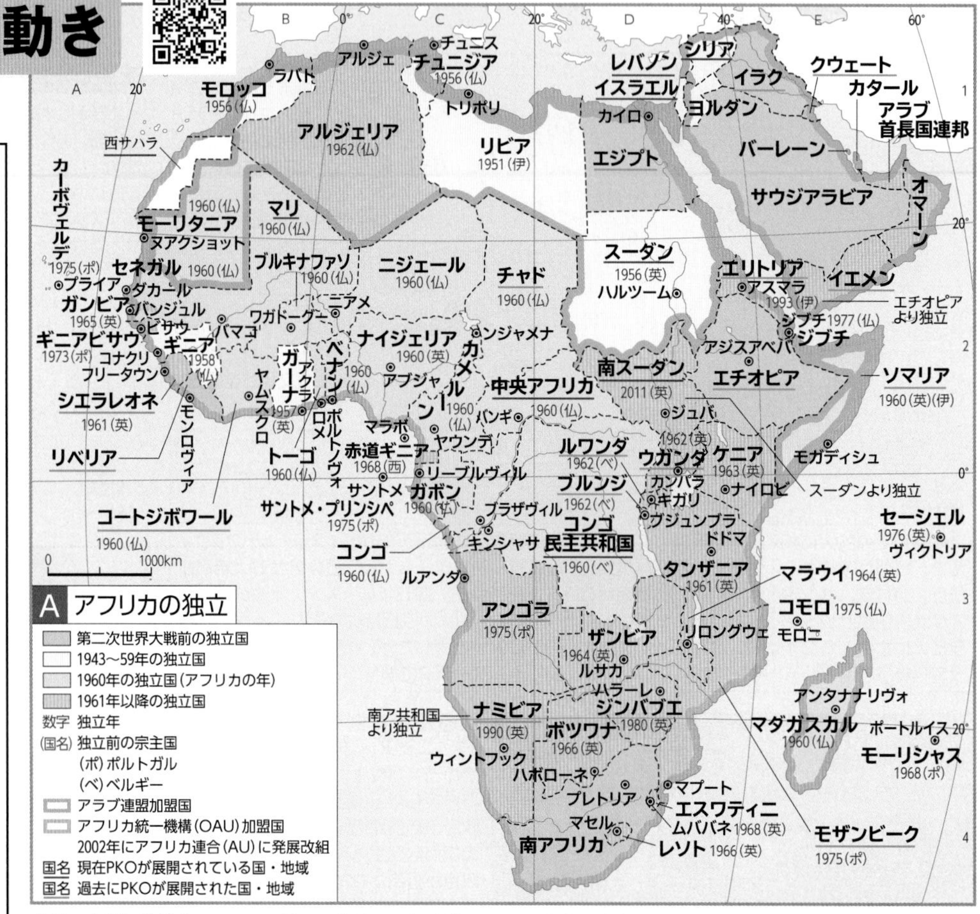

↑第二次世界大戦後、アフリカ諸国は相次いで旧宗主国からの独立を達成した。

南アフリカ共和国ーアパルトヘイトの撤廃

1652	オランダがケープ植民地建設 →オランダ系移民(ブール人)入植
1815	イギリス、ケープ植民地領有
	南アフリカ戦争(1899～1902) ⊂P.285
1910	**南アフリカ連邦成立**(英自治領)
1911	鉱山労働法(最初の人種差別法)
1912	**アフリカ民族会議(ANC)結成**
1913	先住民土地法
1948	国民党政権により**アパルトヘイト政策強化**
1961	イギリス連邦を脱退、共和国となる
1962	ANC黒人指導者マンデラを逮捕
1976	ソウェト(ヨハネスブルク郊外の黒人居住地)蜂起
1985	欧米諸国、南アフリカへの経済制裁開始
1990	ANC合法化、マンデラ釈放
1991	**デクラーク大統領、アパルトヘイト諸法全廃**
1993	暫定評議会発足、白人支配に終止符
1994	**マンデラ、大統領に就任**(～99)
2010	サッカーW杯(アフリカ初の開催)

➔ⓐ**人種別人口構成**(1970)

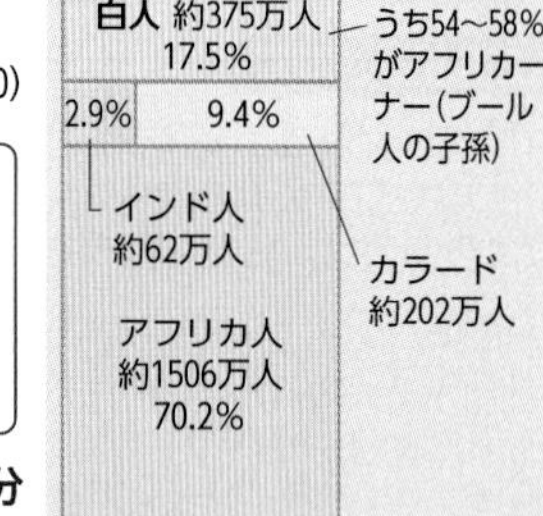

読み解き イギリスが南アフリカに進出した理由から、アパルトヘイトが実施された歴史的背景を考えよう。

↓❷**白人用と非白人用に分かれた公衆トイレ**(1985)

←❸**マンデラとデクラーク** 1980年代後半から国際世論のアパルトヘイトに対する批判が強まり、貿易制限などの経済制裁も行われた。1989年に大統領に就任したデクラークは、27年間の獄中生活を送っていた反アパルトヘイト運動の指導者マンデラを釈放して黒人との対話を進め、**1991年には人口登録法、集団地域法、先住民土地法を撤廃**した。1994年、全ての人種が参加した選挙でマンデラが大統領に選ばれ、白人支配に終止符が打たれた。2人は1993年にノーベル平和賞を受賞した。

デクラーク
マンデラ

歴史のスパイス エンクルマは、新植民地主義打倒の旗手として「アフリカのネルー」と呼ばれたが、1966年にクーデタで失脚した。

2 多発する紛争

国境に分断された民族

西サハラ紛争
ダルフール紛争
スーダン内戦（1983～2005）
ソマリア内戦
ナイジェリア内戦（1967～70）
ルワンダ内戦（1990～94）
コンゴ動乱（1960～65）
アンゴラ内戦（1975～2002）
―― 国境
―― 民族境界
□ 紛争中
―― 停戦中または解決済
0　1000km

読み解き 国境と民族境界が一致しないのはなぜだろう。

コンゴ動乱

➔❹捕らえられたルムンバ コンゴ（旧ザイール、現コンゴ民主共和国）*は**ルムンバの指導の下でベルギーから独立**したが、地下資源（銅・コバルト）を狙うベルギーの企業と残留ベルギー軍の支援を受けて、**南部のカタンガ州が分離独立を図った。国連軍派遣を要請した初代首相のルムンバは、反対派に捕らえられ殺害された。**

＊1960 コンゴ共和国→67 コンゴ民主共和国→71 ザイール共和国→97 コンゴ民主共和国

ナイジェリア内戦（ビアフラ戦争）

➔❺ナイジェリア内戦の構図 イボ人が多く住んでいた東部州では石油が発見されて工業化が進み、他地域との経済格差が広がった。北部での度重なるイボ人への迫害を受けて、1967年、東部州はビアフラ共和国として分離独立をめざした。しかし、イギリスとソ連に支援された連邦軍がこれを包囲したため食料・武器が底をつき、ビアフラ側は敗北した。ビアフラ側の犠牲は、戦死・餓死あわせて200万人に及ぶとされる。

ナイジェリア連邦（1960、独立）
ハウサ人（イスラーム）　イボ人（キリスト教）
連携
ヨルバ人（イスラーム・キリスト教）
1967 分離独立めざす
フランス　支援　→ ビアフラ共和国

ルワンダ内戦

↑❺ルワンダ難民 ルワンダでは、農耕を主とする多数派フツ人と牧畜を主とする少数派ツチ人との間で、激しい内戦が起こった。ツチ人が大量に虐殺され、報復を恐れたフツ人も近隣諸国へ逃げ、難民となった。背景には、ベルギーによるツチ人優遇の植民地支配や人口急増による民族内の土地や権利争いなどもあった。

文献② ケニア国連大使による国連安保理演説（2022）

ケニア、そしてほとんどすべてのアフリカの国々は、近代帝国の終焉によって生まれました。私たちの国境は、私たち自身で引いたものではありませんでした。それらは、ロンドン、パリ、リスボンといった遠い宗主国で引かれました。彼らは、それまでのアフリカ諸国のあり方を顧みず、バラバラに分断したのです。今日、アフリカには、それぞれの国々の国境を越えて、歴史的、文化的、言語的な深い絆を共有する同胞たちが住んでいます。独立をする際、もし私たちが、民族的、人種的、宗教的アイデンティティに基づいて建国することを選択していたら、何十年も経った今もなお、私たちは血なまぐさい戦争をくり広げていたことでしょう。しかし、私たちは宗主国から受け継いだ国境を受け入れることに合意しました。そして、アフリカ大陸での政治的・経済的・法的な統合を追い求めていくことにしたのです。……私たちは、アフリカ統一機構と国連憲章の規則に従うことを選びました。それは国境に満足しているからではなく、私たちが平和の中で築かれる「もっと大きな何か」を望んだからです。（国際連合ケニア共和国政府代表部ウェブページをもとに作成）

読み解き
1 アフリカ諸国は、なぜ宗主国が引いた国境を受け入れたのだろう。
2 ケニア大使が主張したアフリカの理想に対し、批判的な意見もある。アフリカ諸国の独立後の歴史をふまえて考えよう。

↑❻南スーダンにおける自衛隊のPKO活動（2013） スーダンでは1956年にイギリス・エジプトから独立する際、分離・独立を求める南部と北部との間で内戦が勃発した。以来、2011年の南スーダン独立まで約半世紀にわたる長い紛争が続いた。現在も西部のダルフール地方や南スーダンとの国境地帯に紛争地域を抱える。写真提供：陸上自衛隊

3 アフリカの課題と未来

順位	国名	値	順位	国名	値
最高位グループ			**中位グループ**		
1	スイス	0.967	120	モロッコ	0.698
7	ドイツ	0.950	128	イラク	0.673
10	オーストラリア	0.946	134	インド	0.644
20	アメリカ	0.927	137	キリバス	0.628
24	日本	0.920	146	ケニア	0.601
56	ロシア	0.821	157	シリア	0.557
高位グループ			**低位グループ**		
75	中国	0.788	161	ナイジェリア	0.548
77	メキシコ	0.781	161	ルワンダ	0.548
78	イラン	0.780	164	パキスタン	0.540
89	ブラジル	0.760	170	スーダン	0.516
110	南アフリカ	0.717	176	エチオピア	0.492
113	フィリピン	0.710	192	南スーダン	0.381

↑Ⓒ人間開発指数（HDI）（2022） 人間開発指数（HDI）とは、保健（平均寿命）、教育（就学率）、所得（一人あたりのGNI）の観点から社会の豊かさの平均的成果を測るための指標で、国連開発計画（UNDP）が発表している。

文献③ アフリカの経済発展

アフリカが経済成長の可能性を見せつけたのが、携帯電話であった。総務省の「情報通信白書」（2015年）によれば、2014年時点でのアフリカ全体の携帯電話加入者は8億9,100万人だ。2003年末時点では5,200万人だったので、11年で約17倍増である。アフリカ全体での携帯電話の人口普及率（人口に占める利用者の割合）も2014年末で実に84.7%に及ぶ。2003年末の8.6%と比べると雲泥の差である。ここまで爆発的な普及となった要因は、ネットワーク整備が必要な固定電話と異なり、携帯電話の場合には基地局整備にかかる投資コストが相対的に低かったことにある。さらに、携帯電話は文字が読めない層でも利用できたことが大きかった。携帯電話の普及は、銀行口座を持たない人が金融取引を行うことができる「モバイル送金」が広がるなど、さまざまな分野で産業革新や生活の向上につながっている。

（河合雅司『世界100年カレンダー』朝日新聞出版）

読み解き 日本や中国は、どのような形でアフリカとのつながりを強化しているだろう。

合言葉は「もったいない」
ワンガリ＝マータイ
（1940～2011）

ケニア出身の女性環境保護活動家。ナイロビ大学教授となり、1977年からグリーン＝ベルト運動として植林活動を行い、民主化や持続可能な開発の推進に取り組んだ。**2004年に環境分野の活動家としては史上初のノーベル平和賞を受賞した。**アフリカ人女性としても史上初である。2005年3月、国連での演説で日本語の「もったいない」を環境保全の合言葉として紹介した。

提供：毎日新聞社

歴史のスパイス アフリカにおける紛争に対し、国連は多くの平和維持活動（PKO）を行ってきた。1988年、国連平和維持要員にノーベル平和賞が授与された。

アメリカの動き

1 アメリカ合衆国の動向 ➲P.302

○数字は代数　…民主党　…共和党

大統領	国内問題	外交問題
㉝トルーマン (任1945～53) ➲P.319	47 タフト＝ハートレー法制定 49 **フェアディール政策**(～52) 50 マッカーシズム	**〈封じ込め政策〉** 47 **トルーマン＝ドクトリン** 47 **マーシャル＝プラン** 50 朝鮮戦争(～53) ➲P.321
㉞アイゼンハワー (任1953～61)	54 共産党非合法化 ●黒人解放運動の高揚 59 ハワイが50番目の州に昇格	**〈巻き返し政策〉** 59 キャンプ＝デーヴィッド会談 59 フルシチョフ訪米 61 キューバと断交
㉟ケネディ (任1961～63)	61 **ニューフロンティア政策** 62 アポロ計画➲P.327 63 ワシントン大行進 **ケネディ暗殺事件**	**〈進歩のための同盟〉**結成 62 **キューバ危機** ➲P.325 63 **部分的核実験禁止条約**
㊱ジョンソン (任1963～69)	64 **公民権法**成立 ●ベトナム反戦運動 68 キング牧師暗殺 **〈偉大な社会〉**	65 **ベトナム戦争介入**(～73)、**北爆**開始 ➲P.335 68 北爆停止
㊲ニクソン (任1969～74) ➲P.330	71 **金・ドル兌換停止** ➲P.328 73 **ウォーターゲート事件発覚**	72 **中華人民共和国訪問** ➲P.330 SALT Ⅰ調印 73 **ベトナム和平協定**
㊳フォード (任1974～77)	➲P.328	75 ベトナム問題不介入宣言 75 第1回先進国首脳会議(サミット)➲P.328
㊴カーター (任1977～81)	79 スリーマイル島原子力発電所事故	**〈人権外交〉** 78 **エジプト＝イスラエル平和条約仲介** ➲P.338 79 **米中国交正常化** ➲P.330
㊵レーガン (任1981～89) ➲P.346	レーガノミクス政策 **〈小さな政府〉** 81 スペースシャトル打ち上げ成功 87 株価大暴落「暗黒の月曜日」	**〈強いアメリカ〉** 83 グレナダ侵攻 84 ロサンゼルスオリンピック(東側諸国ボイコット) 85 プラザ合意 87 **INF全廃条約調印**
㊶ブッシュ(父) (任1989～93) ➲P.326	89 初の黒人知事当選(ヴァージニア州) 92 ロサンゼルス暴動	89 **マルタ会談**➲P.326 パナマ侵攻 91 **湾岸戦争**➲P.337
㊷クリントン (任1993～2001)	●巨額の財政赤字解消 ●「ITバブル」 …重化学工業からIT・金融中心へ	93 パレスチナ暫定自治協定調印➲P.338 94 北米自由貿易協定(NAFTA)締結 95 ベトナムと国交樹立 99 パナマ運河返還
㊸ブッシュ(子) (任2001～09)	01 9.11テロ➲P.337 ●新保守主義・新自由主義的経済政策 ●単独行動主義➲P.337 08 リーマン＝ショック	01 テロへの報復(アフガニスタン侵攻) 03 **イラク戦争**➲P.337

❶トルーマン

❷ケネディ

❸ジョンソン

❹ニクソン

❺カーター

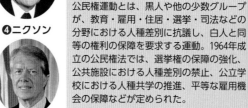

❻レーガン

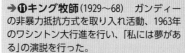

❼ブッシュ(父)

❽クリントン

❾ブッシュ(子)

解説 マッカーシズム

1950年代前半のアメリカで広まった反共運動。ソ連の原爆実験成功や中華人民共和国建国を背景として、1950年、共和党上院議員マッカーシーが、政府内に共産主義に同調する者がいるとして告発したことにちなみ、この名で呼ばれる。チャップリンら映画関係者や学者まで攻撃の対象となり、アメリカ社会を恐怖に陥れた。

➡❿マッカーシー(1909～57)

文献 ① アメリカの軍産複合体[1](アイゼンハワーの告別演説)(1961)

前回の世界紛争まで、アメリカ合衆国には兵器産業というものがなかった。……しかし現在では、緊急事態が起こるたびに即席の国防体制をつくるような危険を冒すことは許されない。われわれは大規模な恒常的兵器産業を作り出さざるを得なくなっているのである。……巨大な軍事的組織と大規模な兵器産業のこのような結びつきは、アメリカでは初めての経験である。……われわれの労働、資源、生活のすべてが、つまりは社会の構造そのものがそこに含まれているのである。政治を議するにあたってわれわれは、軍産複合体が、好むと好まざるとにかかわらず、不当な影響力を手中にするのを防がなければならない。……このような結びつきの重みが、われわれの自由や民主主義的な手続きを脅かすようなことのないようにしなければならない。……産業と軍部からなる巨大な防衛機構をわれわれの平和的な手法と目的にうまく合致させて、安全保障と自由を共存させることができるのは、自覚のある知的な市民のみである。

①アイゼンハワーが初めて用いた言葉で、軍部と産業が一体となって構成する軍需生産体制のこと

(歴史学研究会編『世界史史料11』岩波書店)

読み解き アイゼンハワーは、軍産複合体がどうなることに危惧を抱いているのだろう。

公民権運動

公民権運動とは、黒人や他の少数グループが、教育・雇用・住居・選挙・司法などの分野における人種差別に抗議し、白人と同等の権利の保障を要求する運動。1964年成立の公民権法では、選挙権の保障の強化、公共施設における人種差別の禁止、公立学校における人種共学の推進、平等な雇用機会の保障などが定められた。

➡⓫キング牧師(1929～68)　ガンディーの非暴力抵抗方式を取り入れ活動、1963年のワシントン大行進を行い、「私には夢がある」の演説を行った。

←⓬フラワーチルドレン(アメリカ、1967)　アメリカ国内では、徴兵カードを焼き、鎮圧に出動した兵士の持つ銃口に花をさすなど**反戦運動が高まりをみせ、社会体制そのものを動揺させた。**

Column カウンターカルチャーの広まり

1960～70年代にかけて、アメリカの若者は既成の大人の価値観に反発し、独自の価値を主張し始めた。この動きは、ファッションや映画、音楽、演劇から女性解放運動(ウーマン＝リブ、➲P.59)、政治運動にまで及び、**カウンターカルチャー(大人文化に対抗する若者文化)**をつくりだしていった。若者の中には、大量消費を中心とした物質主義に疑問を持ち、ヒッピーと呼ばれる生活スタイルを実践する者も現れた。

↑⓭ウッドストック音楽祭(1969)　このロックフェスティバルには、約50万人の若者が集まり、互いに愛することや平和への気持ちをわかちあった。

歴史のスパイス　キング牧師は、1964年にノーベル平和賞を受賞したが、1968年に暗殺された。

2 分断されるアメリカ合衆国

大統領	年	出来事
44オバマ(任2009～17)	09	オバマ、プラハで核兵器廃絶の演説
	10	医療保険制度改革(オバマケア)
	11	イラクから撤退
	15	キューバと国交回復
45トランプ(任2017～21)	17	TPP協定からの離脱表明 **パリ協定(◀P.69)からの離脱表明** **エルサレムをイスラエルの首都と認定**◀P.338
	18	対中関税導入 **イランとの核合意からの離脱表明** 在イスラエル大使館をエルサレムに移転 初の米朝首脳会談◀P.332
	19	**中距離核戦力(INF)全廃条約からの離脱表明**→条約失効
	20	パリ協定から正式に離脱
46バイデン(任2021～)	21	**パリ協定に復帰** アフガニスタンから撤退◀P.336
	22	ロシアがウクライナに侵攻◀P.348

⑭オバマ

⑮トランプ

⑯バイデン

	民主党(Democratic Party)	共和党(Republican Party)
政策	●自由や多様性を尊重するリベラルな立場 ●外交では国際協調主義をとる ●平等を重視し、社会福祉政策を進め「大きな政府」をめざす傾向が強い	●伝統や規律を重んじる保守主義的な立場 ●外交では孤立主義をとり強硬姿勢を示す ●自由を重視し、市場主義をとり「小さな政府」をめざす傾向が強い
支持基盤	当初 南部の農園主や西部の小農民 現在 北東部や西部の大都市民、黒人・ヒスパニックなどをふくむ移民労働者 ◆金融資本との結びつきが強い	当初 東部の産業資本家や中西部の自営農民 現在 中西部・南部農村地帯の保守層や福音派キリスト教徒などの白人 ◆軍需産業との結びつきが強い

⬇ⓐアメリカにおける人口構成の変化

21世紀半ばまでに白人人口は総人口の半数以下になると予測されている。

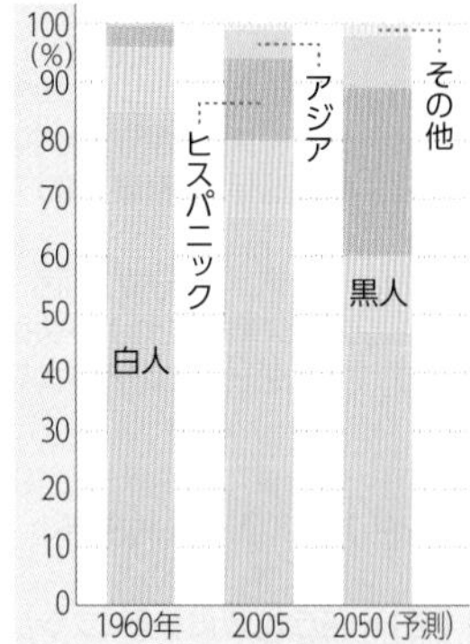

読み解き 人口構成の変化に対応して、二大政党はどう対処しようとしているだろう。

3 ラテンアメリカの動き

A 20世紀後半以降のラテンアメリカ

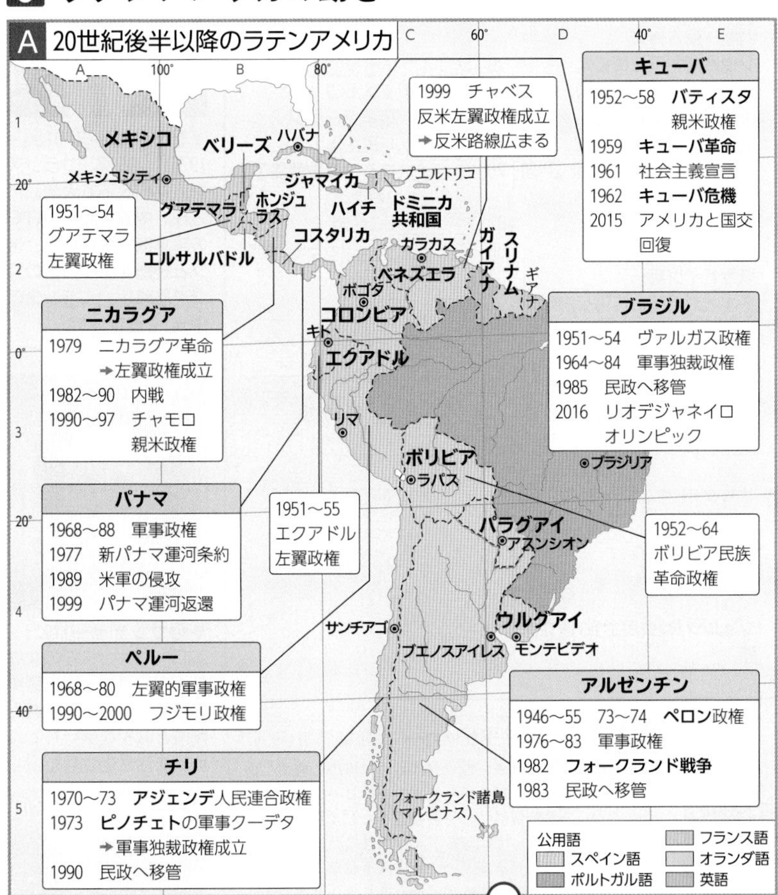

⬆革命運動は、キューバ以外ではアメリカの支援を受けた軍事独裁政権によっておさえられたが、それらの諸国では**グローバリズムと新自由主義的な経済政策により貧富の差が拡大**し、各地に**反米左翼政権**が成立した(ブラジル・アルゼンチン・ウルグアイ・ボリビア・チリなど)。しかし、その後深刻な経済不況にみまわれる中、政権の腐敗や独裁化が問題となっている。2019年には、ブラジルでは国益と経済成長の優先を掲げたボルソナーロが大統領に就任し、ボリビアでも初の先住民出身の大統領だったモラレスが政権を追われた。

読み解き アメリカはなぜチリのピノチェトの軍事クーデタを支援したのだろう。

⬅⑲アジェンデ(1908～73) 1970年にチリの大統領に就任。同政権は、民主的選挙によって成立した世界初の社会主義政権。

アメリカ合衆国		ラテンアメリカ		
●リオ協定(1947) ●米州機構(OAS)(1948) →アメリカの影響力強化(資本投下、政治・軍事的支援)	支援→	大土地所有者・資本家の成長	→	**人民主義政権** ペロン政権(アルゼンチン)など
			→	**軍事独裁政権** バティスタ政権(キューバ)など
	←対立→	反米民族主義者・社会改革の活発化	→	**左翼政権** ニカラグア、グアテマラなど
	←対立→			

⬆ⓑアメリカとラテンアメリカ諸国の関係(1950～70年代)

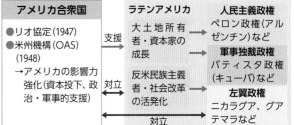

➔⑰ペロン(1895～1974) アルゼンチンの軍人。第二次世界大戦後に大統領となり、産業の国有化や工業化を進めたが、財政の悪化を招き、1955年に軍部のクーデタで失脚。1973年に再び大統領に選出されたが、翌年心臓発作で死去した。

キューバ革命

⬆⑱キューバ革命 キューバは、**アメリカ＝スペイン戦争を契機として1902年に独立**したが、プラット条項(アメリカの干渉を認めたキューバ憲法内の規定、1934年撤廃)やアメリカ資本への経済的従属などを背景に、**アメリカの事実上の保護国となっていた**。1952年以降は、**アメリカの支持を受けたバティスタが独裁をしいたが、1959年、カストロらの指導する革命によって倒された**。カストロは、農地改革やアメリカ系資産の没収や産業の国有化を進め、1961年に**社会主義宣言**を行った。

アルゼンチン生まれの革命家 チェ＝ゲバラ(1928～67)

メキシコ亡命中の**カストロ**と出会い、彼とともにキューバにわたって、**バティスタ政権打倒**のためゲリラ戦を展開した。その後、ボリビアで革命に着手したが、1967年、政府軍に殺害された。「チェ」は、独特の口癖(くちぐせ)に由来する愛称。

歴史のスパイス 民主党のシンボルカラーは青で、キャラクターがロバである。これに対して、共和党のシンボルカラーは赤で、キャラクターがゾウとなっている。

アメリカ

ヨーロッパの動き

1 西側諸国の動向 ➡P.300 ➡P.348

イギリス	フランス	ドイツ(西ドイツ)	その他の国々
1945 **アトリー**(労働党)内閣 1946 重要産業国有化(～49) 1950 中国承認 1951 チャーチル(保守党)内閣 1952 核兵器保有(原爆実験) 1955 イーデン(保守党)内閣 1956 スエズ戦争に介入→失敗 1957 マクミラン(保守党)内閣	46 第四共和政憲法制定 **第四共和政**発足(～58) 54 アルジェリア駐留軍の反乱(独立戦争の開始)	45 四カ国分割管理 48 **ベルリン封鎖**(～49) ➡P.319 49 ボン基本法制定 **ドイツ連邦共和国**成立 **アデナウアー**(キリスト教民主同盟)連立内閣 54 パリ協定 55 主権回復、**NATO加盟** ソ連との国交回復 56 再軍備、徴兵制実施	46 イタリア 王政廃止(ヴィットーリオ＝エマヌエーレ3世退位)、共和政に移行 47 スペイン フランコが終身国家主席となる 49 イタリア NATO加盟 52 ギリシア NATO加盟 55 オーストリア オーストリア国家条約締結(永世中立国化)
	1958 **EEC(ヨーロッパ経済共同体)発足**		
1959 英ソ不可侵条約締結 1963 EEC加盟に失敗(フランスの反対) 1964 ウィルソン(労働党)内閣	58 第五共和政憲法制定 **第五共和政**発足(～現在) 59 **ド＝ゴール**初代大統領就任 60 核兵器保有 62 **アルジェリア独立** 64 中国承認 66 **NATO軍事機構脱退**	61 東ドイツが**ベルリンの壁構築** 63 エアハルト(キリスト教民主同盟)連立内閣 66 キージンガー(キリスト教民主同盟)連立内閣	59 キプロス キプロス共和国独立協定 63 キプロス キプロス紛争
	1967 **EC(ヨーロッパ共同体)発足**		
1967 ポンド切り下げ 1969 **北アイルランド紛争**始まる 1970 ヒース(保守党)内閣 1973 EC加盟 1974 第2次ウィルソン内閣 1976 キャラハン(労働党)内閣 1979 **サッチャー**(保守党)内閣 1982 **フォークランド戦争** 1984 サッチャー訪中、香港返還に関する中英共同宣言調印 1990 メージャー(保守党)内閣	68 **五月革命**(反ド＝ゴール運動) 69 ポンピドゥー大統領(共和国連合) 74 ジスカールデスタン大統領(独立共和派) 75 第1回先進国首脳会議(サミット) ➡P.328 81 **ミッテラン**大統領(社会党)	69 **ブラント**(社会民主党)連立内閣→**東方外交** 70 ソ連と武力不行使協定 西独・ポーランド条約 72 **東西ドイツ基本条約** 73 東西ドイツ国連加盟 74 シュミット(社会民主党)連立内閣 82 コール(キリスト教民主同盟)連立内閣 89 **ベルリンの壁崩壊** 90 **東西ドイツ統一** 92 ネオ＝ナチ非合法化を決定	69 イタリア 中国承認 73 アイルランド デンマーク EC加盟(拡大EC) 73 ギリシア 軍事クーデタ 74 ポルトガル 民主化 75 スペイン **フランコ独裁終了**(ブルボン朝復活) 81 ギリシア EC加盟 86 スペイン ポルトガル EC加盟
	1993 **EU(ヨーロッパ連合)発足**		
1997 ブレア(労働党)内閣 香港を中国に返還 1998 **北アイルランド和平合意** 1999 スコットランド議会設立 2005 ロンドン同時テロ 2007 ブラウン(労働党)内閣 2010 キャメロン(保守党)内閣 2016 メイ(保守党)内閣 2019 ジョンソン(保守党)内閣 2020 イギリス、EU離脱 2022 トラス(保守党)内閣 スナク(保守党)内閣 2024 スターマー(労働党)内閣	95 シラク大統領(共和国連合) 核実験再開強行(～96)	93 難民流入規制(憲法改正) 94 新憲法(ドイツ連邦基本法)制定 98 シュレーダー(社会民主党)連立内閣	95 オーストリア スウェーデン フィンランド EU加盟
	1999 **EU11カ国通貨統合**		
	07 サルコジ大統領(国民運動連合) 09 NATO軍事機構に復帰 12 オランド大統領(社会党) 15 パリ同時テロ 17 マクロン大統領(共和国前進)	05 メルケル(キリスト教民主同盟)連立内閣 21 ショルツ(社会民主党)連立内閣	02 スイス 国連加盟

↑❸**アデナウアー**(1876～1967) キリスト教民主同盟党首。**西ドイツの「奇跡」の経済復興**を成し遂げたが、東ドイツと対立を深め、東西ドイツの分裂が固定化した。

↑❹**ド＝ゴール**(1890～1970) 1959年、フランス第五共和政下で大統領に就任。**中国承認、NATOの軍事機構脱退など、米ソと距離を置く独自の外交を展開し、「フランスの栄光」を追求**した。➡P.314

↑❺**サッチャー**(1925～2013) イギリス初の女性首相。鉄道など国有企業の民営化と社会福祉費の削減と減税を強行して、経済を活性化させた。

↑❻**メルケル**(1954～) ドイツ初の女性首相。16年におよぶ長期政権を維持し、世界的金融危機や難民問題など、様々な難題に向き合った。

↓❶**パリの五月革命** 1968年5月、パリ大学ナンテール分校に始まる学生の反乱は、フランス全土に波及し、やがて100万人を超える労働者のストライキに発展した。**ド＝ゴールは最大の危機に陥り**、6月の総選挙では勝利を収めたものの、**翌年の国民投票に敗れて辞職**した。

↑❷**ワルシャワ・ゲットー跡でひざまずくブラント** ブラントは西ドイツの社会民主党の指導者。それまでの冷戦外交路線を転換して**ソ連・東ドイツ・ポーランドとの和解に積極的な東方外交を展開**し、ヨーロッパの緊張緩和を推進した。

文献 ① ヴァイツゼッカー*大統領演説(1985)

1945年5月8日はヨーロッパにおいて極めて重要な歴史的意義を担った日であります。……ヨーロッパは二つの異った政治体制への分裂の道をたどりだしました。……戦いが終わって40年、ドイツ民族はいまなお分断されたままであります。……壁に囲まれたヨーロッパが、国境越しに心からの和解をもたらすことはできません。国境がたがいを分け隔てるものではない大陸でなくてはなりません。第二次大戦の結末はまさにそのことをわれわれに告げております。5月8日が、すべてのドイツ人を結びつける史上最後の日付であり続けることはない、と確信しております。

(ヴァイツゼッカー著、永井清彦訳・解説『新版 荒れ野の40年』岩波書店)

読み解き

1 下線部は何の日だろう。
2 ドイツおよびヨーロッパは、第二次世界大戦後、どのような歴史を歩んだだろう。

＊西ドイツ、次いで統一ドイツの大統領を務めた。

歴史のスパイス サッチャーは「鉄の女(淑女)」、メルケルは「自由民主主義の最後の守り手」とも称された。

2 東側諸国の動向

➲P.301
➲P.348

東ドイツ	ポーランド	チェコスロヴァキア	ハンガリー	ルーマニア	その他の国々
1945 ソ連軍により占領 1948 ベルリン封鎖➲P.319 1949 ドイツ民主共和国成立 1953 東ベルリン反ソ暴動	45 ソ連軍により解放 挙国一致内閣成立 52 人民共和国成立	44 ソ連軍により解放 48 共産党のクーデタにより親ソ政権成立	45 ソ連軍により解放 49 人民共和国成立 53 **ナジ＝イムレ**首相	45 ソ連軍により解放 47 人民共和国成立	46 アルバニア・ブルガリア人民共和国成立 48 コミンフォルム、ユーゴ共産党を除名
1956 フルシチョフのスターリン批判➲P.346					
1961 **ベルリンの壁構築** 1971 **ホーネッカー政権** 1972 東西ドイツ基本条約 1973 東西ドイツ国連同時加盟	56 **ポズナニで反ソ暴動** **ゴムウカ**政権(～70) 80 **自主管理労組「連帯」**(ワレサ議長)発足 81 戒厳令公布(～83) 82 「連帯」非合法化	68 **ドプチェク**政権成立 **「プラハの春」** →ソ連による軍事介入 77 ハヴェルら「憲章77」発表	56 **ブダペストで反ソ暴動(ハンガリー事件)** →ソ連の軍事介入、ナジ＝イムレ失脚	65 **チャウシェスク**書記長就任、社会主義共和国に改称 67 西ドイツと国交回復 74 チャウシェスク、初代大統領に就任	61 アルバニア中ソ論争で中国を支持、ソ連と断交→コメコン脱退(62) 68 アルバニアワルシャワ条約機構脱退
1989 東欧諸国の民主化進展(東欧革命)					
1989 ホーネッカー退陣 西側への出国自由化、**ベルリンの壁崩壊** 1990 **ドイツ連邦共和国に編入**	89 「連帯」合法化 89 総選挙で「連帯」圧勝 90 **ワレサ、大統領に就任**(～95) 93 旧共産党系政党、選挙で大勝 99 NATO加盟 04 EU加盟	89 非共産党主導内閣成立 「ビロード革命」 **ハヴェル、大統領に就任**(～2003) 93 **チェコとスロヴァキアに分離** 99 チェコ、NATO加盟 04 スロヴァキア、NATO加盟。チェコ・スロヴァキア、EU同時加盟	89 社会主義放棄、複数政党容認 99 NATO加盟 04 EU加盟	89 **ルーマニア革命、チャウシェスク処刑** 90 共産党一党独裁体制崩壊 99 NATO加盟 07 EU加盟	89 ブルガリア共産党一党独裁体制崩壊 90 アルバニア複数政党制導入 91 ユーゴスラヴィア内戦勃発 ●ブルガリア・スロヴェニア(04)、アルバニア・クロアティア(09)、NATO加盟 ●スロヴェニア(04)・ブルガリア(07)、クロアティア(13)、EU加盟

自立を求める動き(1950～70年代)

文献② 二千語宣言[1] (1968)

戦後、人々の大きな信頼を享受した共産党は、しだいにこの信頼を捨てて、その代りに役職を手に入れ、ついにすべての役職を手に収めてそれ以外は何物も、もはやもたなくなった。……共産党における状態は、国家における同様な状態の模範となり原因となった。党が国家と結びついていたために、党は、行政権力から距離を保つ利点を失う結果となった。国家および諸経済組織の活動は、批判されることがなかった。……多くの労働者が、自分たちが支配していると考えていた間に、特別に育成された党および国家機構の職員の階層が労働者の名において支配していた。

[1] 作家ヴァツリークが起草し「プラハの春」支持を強く打ち出した、改革運動を象徴する文書。

(笹本駿二他編『ドキュメント現代史10』平凡社)

読み解き 東欧の人々が求めていた社会主義とはどのようなものだったのだろう。

↓❼**ドプチェク**(1921～92) 1968年、チェコスロヴァキアでは、**ドプチェク**第一書記が**「人間の顔をした社会主義」**を掲げ、「プラハの春」と呼ばれる自由化・民主化を求める改革を指導した。これに対し、ソ連はワルシャワ条約機構軍を侵攻させ、改革を押しつぶした。

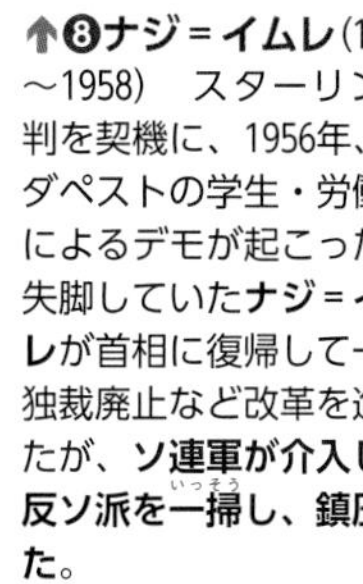

↑❽**ナジ＝イムレ**(1895～1958) スターリン批判を契機に、1956年、ブダペストの学生・労働者によるデモが起こった。失脚していた**ナジ＝イムレ**が首相に復帰して一党独裁廃止など改革を進めたが、**ソ連軍が介入して反ソ派を一掃し、鎮圧した。**

ユーゴスラヴィア問題

A 現在の民族分布

↑ユーゴスラヴィアでは、オスマン帝国の支配下でイスラームに改宗した人々のことをムスリム人と呼んだ。モザイク状の民族分布のため、ユーゴスラヴィア解体後の紛争では、民族浄化が行われるなど民族対立が激化した。

民主化の達成(1980年代)

←❾**ベルリンの壁崩壊** ゴルバチョフによる改革の影響を受け、ベルリンの壁は、1989年11月に撤去され、翌1990年10月、**東ドイツが西ドイツに編入される形でドイツ統一が実現**した。東西ドイツの境界にあったブランデンブルク門は、今日、統一ドイツの象徴となっている。

←❿**ワレサ**(1943～) ポーランド・グダンスク造船所の電気工であったワレサは、1980年に結成された**自主管理労働組合「連帯」**の議長となり、民主化運動を指導し、共産主義政府の弾圧に抵抗した。1983年にノーベル平和賞受賞。1990年大統領就任。

←⓫**ハヴェル**(1936～2011) 反体制派の劇作家。1989年に「市民フォーラム」を結成し、平和的なデモとストにより共産党政権を無血で崩壊させた(**ビロード革命**)。1993年のチェコとスロヴァキアの分離後はチェコの大統領を2003年まで務めた。

旧ユーゴの指導者 ティトー(1892～1980)

第二次世界大戦中、対独パルチザン闘争を展開。戦後、王政を廃止して臨時政府を樹立した。**「1つの政党、2つの文字、3つの宗教、4つの言語、5つの民族」**と形容される複雑なユーゴスラヴィアを、卓越した統治力とカリスマ性によってまとめあげ、**西側諸国ともソ連とも一線を画した非同盟路線を採用して激動の時代を乗り切った。**ティトーの死後、東欧民主化の波を受けたユーゴスラヴィアでは、連邦内の各共和国が相次いで独立を宣言し、内戦が勃発した。

歴史のスパイス ユーゴスラヴィアとは、「南スラヴの国」という意味。

ソ連・ロシアの動き

1 ソ連の動向 ◀P.298 ▶P.348

スターリン	1947	**コミンフォルム**(共産党情報局)結成
	1948	コミンフォルムからユーゴスラヴィアを除名 ベルリン封鎖(～49)◀P.319
	1949	**コメコン**(経済相互援助会議)創設 原爆保有を宣言
	1950	中ソ友好同盟相互援助条約(～80)
	1953	**スターリン死去**→集団指導体制へ
フルシチョフ	1955	**ワルシャワ条約機構成立**(東欧8カ国友好協力相互援助条約締結)
	1956	**フルシチョフ、スターリン批判** コミンフォルム解散　平和共存路線
	1957	大陸間弾道ミサイル(ICBM)・人工衛星スプートニクの打ち上げ成功◀P.327
	1958	フルシチョフ、首相兼任
	1959	フルシチョフ訪米、アイゼンハワーとキャンプ＝デーヴィッド会談
	1962	**キューバ危機**◀P.325
	1964	**フルシチョフ解任**
ブレジネフ	1964	**ブレジネフ**、書記長就任 コスイギン、首相就任(～80)
	1968	**チェコ事件**(「プラハの春」に軍事介入)◀P.345
	1969	ダマンスキー島(珍宝島)で**中ソ国境紛争**◀P.330
	1972	SALT Ⅰ調印
	1979	SALT Ⅱ調印　アフガニスタン侵攻◀P.336
	1980	モスクワオリンピック(西側諸国ボイコット)
	1982	ブレジネフ死去→アンドロポフ、書記長就任
	1984	チェルネンコ、書記長就任
ゴルバチョフ	1985	**ゴルバチョフ**、書記長就任(～91)
	1986	チョルノービリ(チェルノブイリ)原子力発電所事故 ●**ペレストロイカ**(改革)、グラスノスチ(情報公開)、新思考外交を推進
	1987	中距離核戦力(INF)全廃条約調印
	1988	アフガニスタン撤退(～89)
	1989	**マルタ会談**(冷戦終結)◀P.326
	1990	ゴルバチョフ、大統領に就任(～91)
	1991	**コメコン解散、ワルシャワ条約機構解体** 保守派クーデタ(反ゴルバチョフ)失敗 共産党解散 **独立国家共同体(CIS)結成、ソ連消滅**

↑❶スターリン(1878～1953)

↑❷フルシチョフ(1894～1971)

➔❸ブレジネフ(1906～82)　社会主義全体を守るためには主権の制限も許されるとする制限主権論(ブレジネフ＝ドクトリン)を掲げ、チェコスロヴァキアに軍事介入を行った。

文献② ソ連における歴史の見直し(ゴルバチョフ書記長の演説)(1987)

われわれは、70年のソヴェト[ソヴィエト]史の一年一年を尊重しなければならない。党はつらい出来事について語った。われわれは今日、それらをバラ色に描こうというつもりはない。ここでも、ゆるぎない社会主義的な真実の法則が効力を有している。……ありのままに歴史を見なければならない。誤りも、奇酷なことも、あらゆることがあったが、それでも国は前進した。工業化と農業集団化の時代を取り上げてみよう。それは実生活であり、現実である。成果も誤りも、すべての矛盾も含めて、それは国民が歩んできた道である。　(歴史学研究会編『世界史史料12』岩波書店)

↓❹シベリアの集団労働施設(1943)　スターリン体制下のソ連は、シベリアや中央アジアへの大規模な強制移住を行い、人々に集団労働を強いた。特に大規模な例として、第二次世界大戦期のカフカスやクリミアからの強制移住がある。

↑❺カティンの森事件の犠牲者　1943年4月、ソ連に侵入したドイツ軍が、スモレンスク近郊のカティンの森でポーランド将兵4,321名の虐殺死体を発見したと発表した。当初ソ連は、ナチ＝ドイツの謀略と発表したが、1990年になってソ連側が捕虜を処分したものと認めた。

文献① スターリン批判(1956)

スターリンは「人民の敵」という概念を作りました。……この概念のおかげで、……革命的法秩序のいっさいの規範を無視した最も過酷な弾圧手段を用いることができるようになったのです。……彼は説得と教育というレーニンの方法を棄て去ったのです。つまり彼はイデオロギー闘争に対して行政的強制、大量弾圧、テロルの方法を用いたのであります。彼はこのような方法を懲罰機関の助けを借りてますます大規模かつ執拗に用いるようになりましたが、……一人の人間の横暴はその他の人たちの横暴の出現をうながし、それを許しました。何千という人たちの大量逮捕と流刑、裁判や正常な審理を経ない処刑などによって、危険のただよう雰囲気、逃れられない不安、そして恐怖さえ生まれました。　(志水速雄『スターリン批判』講談社)

←1956年2月、ソ連共産党第20回大会で、**フルシチョフ第一書記はスターリンの個人崇拝と大量粛清を批判する秘密報告を行った**。同年6月、アメリカがその内容を発表し、各国の共産党は大きな衝撃を受けた。

読み解き スターリン批判は、ソ連社会および東欧や中国などの社会主義体制の国々にどのような影響を与えただろう。

➔❻チョルノービリ(チェルノブイリ)原子力発電所事故　1986年、ソ連(現ウクライナ)の原子力発電所で炉心が溶融し、火災と爆発が起こった。周辺には高線量の放射性物質が拡散したが、ソ連政府が事故を公表しなかったため、周辺に住む人々は避難できず被曝した。この事件を機にグラスノスチが進展した。▶P.351

←❼中距離核戦力(INF)全廃条約　1987年の署名、88年の発効後、91年にはINF廃棄が完了した。後のSTARTへの道を開いた点でも画期的な条約であった。

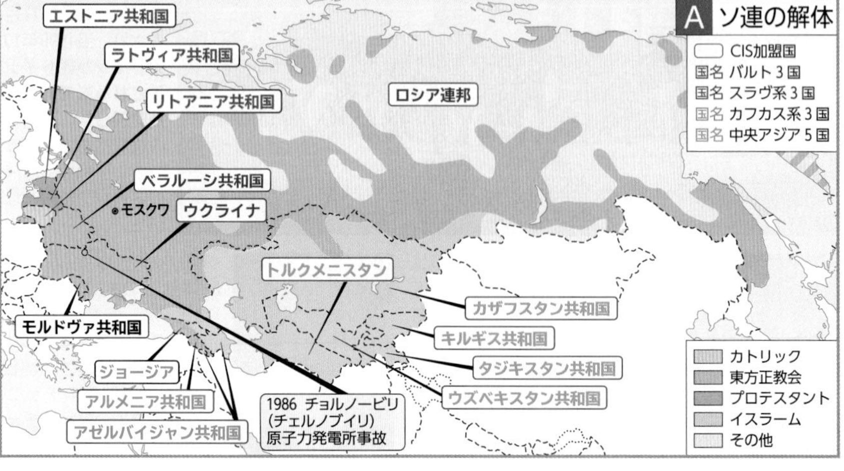

歴史のスパイス ゴルバチョフは、ペレストロイカによるソ連の改革を進めるとともに、東欧諸国の民主化を擁護したことなどにより、1990年にノーベル平和賞を受賞した。

2 ソ連解体後のロシアと周辺諸国

1991. 7	**エリツィン、**ロシア連邦共和国大統領に就任
.12	**独立国家共同体(CIS)**成立、ソ連消滅
1993. 1	第2次戦略兵器削減条約(START Ⅱ)調印
.12	ジョージア、CISに加盟 ロシア、新憲法採択
1994.12	**ロシアの第1次チェチェン侵攻**(～96)
1997. 5	NATO・ロシア基本条約調印
. 6	ロシア、サミットに初めて正式参加
1998. 8	ロシア財政危機
1999. 9	**ロシアの第2次チェチェン侵攻**
2000. 5	**プーチン**が大統領に就任(～2008)
2001. 7	中ロ善隣友好協力条約調印
2002.10	チェチェン武装勢力、モスクワの劇場占拠
2003.11	ジョージアで政変、シュワルナゼ大統領辞任
2004. 5	チェチェンのカディロフ大統領暗殺
. 9	チェチェン武装勢力、北オセチア共和国の学校を占拠、人質児童多数死亡
.12	ウクライナで政変、大統領選挙で不正発覚
2005. 3	キルギスで政変、アカエフ大統領国外脱出
. 5	ウズベキスタンで反政府暴動
2006. 7	サンクト＝ペテルブルクでサミット開催
2008. 5	**メドヴェージェフ**が大統領に、プーチンが首相に就任
. 8	ジョージアとロシアが武力衝突(南オセチア紛争) ジョージア、CISを脱退
2012. 5	プーチンが大統領に、メドヴェージェフが首相に就任
. 8	WTOに加盟
2014. 2	ウクライナで政変、親EU派の新政権発足
. 3	ロシアがクリミア半島を「編入」➲P.348
2018. 3	ロシア大統領選挙でプーチン再選
2022. 2	ロシア、ウクライナに侵攻➲P.348

ロシア国旗の変遷

帝政ロシアの国旗
ピョートル1世が作成

ソ連の国旗
星は全プロレタリアートの団結、鎌とハンマーは農民と労働者を表す

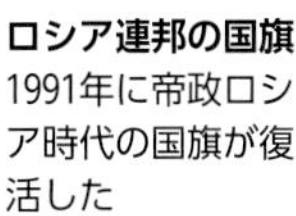

ロシア連邦の国旗
1991年に帝政ロシア時代の国旗が復活した

←❽エリツィン(1931～2007)
ロシア連邦初代大統領。1991年8月の保守派によるクーデタに断固反対し、ゴルバチョフに代わって実権を握った。1999年末、プーチンを後継者に指名して引退した。

←❾プーチン(1952～)
2000年から権力を握り、経済・財政の安定化を達成する一方、「強いロシアの再建」を掲げ、体制に批判的な政治運動家やメディア、チェチェンなどの民族運動を弾圧した。2020年の改憲により2036年までの続投が可能になり独裁色を強めている。

ロシア経済の動向

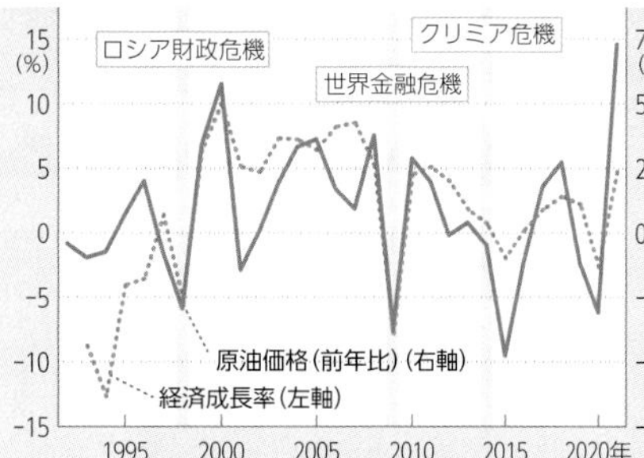

＊WTIとはWest Texas Intermediateの略。ニューヨークの先物取引所に上場される原油で、国際的な原油価格の指標の一つ。

←ⓐロシアの経済成長率とWTI原油＊価格伸び率の推移　長きにわたって、ロシア最大の輸出相手国はオランダであったが、2017年には中国が最大の輸出相手国となった。2014年のクリミア危機以降、欧米諸国との関係が悪化し、中国との関係をさらに深めている。

読み解き ロシア経済の特徴は何だろう。

3 多発する民族紛争

読み解き ロシアはなぜチェチェンなどカフカス地方の諸民族の独立を認めないのだろう。

B カフカス地方の民族分布

カスピ海
ロシア
北オセチア・アラニア共和国
チェチェン共和国
ダゲスタン共和国
イングシェチア共和国
アブハジア自治共和国
南オセチア自治州
黒海
トビリシ
ジョージア
アジャール自治共和国
バクー
ACG油田
アルメニア
アゼルバイジャン
エレバン
ナゴルノ・カラバフ自治州

ロシア人　アルメニア人　ジョージア人
オセット人　チェチェン人　その他　主なパイプライン

ⓘ 複数の民族が国境をまたいでモザイク状に居住しているカフカス地方では、紛争が多発し、不安定な情勢が続いている。

ロシア国旗を広げるロシア軍兵士(2000年グロズヌイ)

↑❿ロシアの第2次チェチェン侵攻　カフカス地方や中央アジアに多数居住するムスリムは、宗教を禁じる共産主義の方針で、ソ連時代に弾圧を受けた。ムスリム住民の割合が多いチェチェンが1991年、ロシア連邦からの独立を宣言すると、二度にわたり紛争が生じた(1994～96、99～)。2009年に大規模な戦闘は終結し、チェチェン共和国はロシア連邦に残留したが、現在も緊張状態が続いている。

文献 ③ 国境なき医師団　ノーベル平和賞受賞スピーチ(1999)

チェチェン、そしてグロズヌイの人びとは、今日まで3カ月以上もロシア軍の無差別爆撃を耐え忍んでいます。彼らにとって人道援助は事実上ありません。グロズヌイを出ることができないのは病人や高齢者、弱った人びとなのです。今日、皆様が私たちにくださる栄誉ある賞は、危機的な状況に置かれた人びとの尊厳を尊重するものです。そして皆様は人間の尊厳に対して行う私たちの個々の対応を評価してくださったのです。私は今日ここに声を大にして訴えます。ロシア大使閣下に、そして大使閣下を通じてエリツィン大統領に、無防備な市民を襲うチェチェンでの爆撃を止めるようにと。紛争や戦争が国家の問題だとしても、人道的な法を侵すこと、戦争のもたらす罪、人間性に背いた行為は、この社会に生きる私たちすべてを苦しめるものなのです。

(国境なき医師団ウェブページ)

政府を支持するジョージアの人々(2008)
STOP RUSSIA

←⓫ジョージア紛争　ジョージア領内北部の南オセチアには、キリスト教徒のオセット人が多く居住しており、1991年のジョージア独立直後からロシア連邦内の北オセチア共和国への併合を求めていた。2008年、独立を求める南オセチア自治州に対し、ジョージア軍が攻撃を行うと、南オセチアへの支援を称するロシアとジョージアとの間で武力衝突が起きた。アメリカは、黒海に軍艦を派遣するなどしてロシアの動きを牽制したが、ロシア軍はジョージア国内に駐留し、南オセチアとアブハジアをジョージアから分離させた。

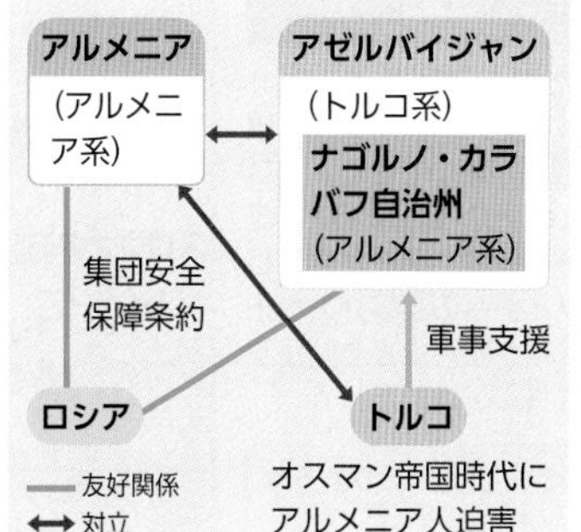

←ⓑナゴルノ・カラバフ紛争の構図　旧ソ連時代にアゼルバイジャン内にアルメニア人が多数を占めるナゴルノ・カラバフ自治州が設置されたが、1980年代後半以降、彼らがアルメニアへの編入を求め紛争となった。2023年にアゼルバイジャンが軍事制圧し、アルメニア系住民の多くは同地から追われた。

歴史のスパイス イスラーム(シーア派)が主流のアゼルバイジャンに対し、アルメニアはキリスト教徒が多数を占める。

ヨーロッパとロシアの課題

1 ヨーロッパ統合の歩み

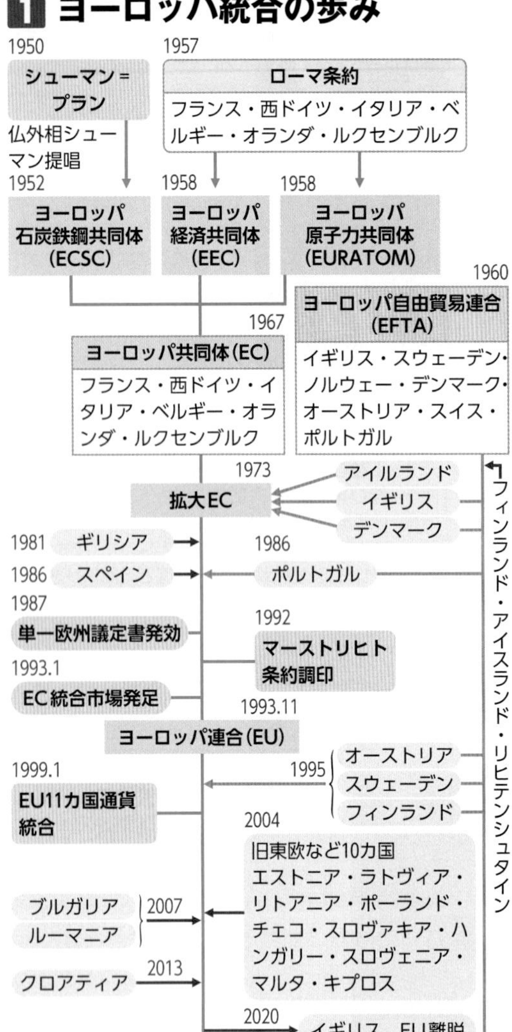

文献① 「国民国家の復活」が起きている？

ナポレオンやヒトラーなどによって、ヨーロッパを一つの大きな文化に統一しようとした試みは、これまでもすべて失敗に終わりました。現在のヨーロッパは完全な崩壊状態にあります。実はEUが国民国家を超えたコンセプトを提示したことは、一度もありません。ほとんどの国が経済上、事実上の関係でつながっている弱い構造です。……何が理由であれ、古き良き19世紀の歴史が戻ってきています。こうした動きは、EU離脱を進めるイギリス[①]だけでなく、EUのあちこちで起きています。フランスも例外ではありません。ヨーロッパの国民国家は、本当の意味でその地位を捨てたことはありません。ドイツとフランスは、たとえばアメリカのミズーリ州とノースダコタ州が協力するような形で協力したことはない、ということです。19世紀はヨーロッパの最盛期でした。地球の覇者として非常に成功していたのです。①2020年離脱
(マルクス＝ガブリエル著、大野和基訳『世界史の針が巻き戻るとき』PHP研究所)

読み解き 著者は、EUとアメリカ合衆国とでは、どこが違うと考えているだろう。

A 2016年のイギリスの国民投票結果

0 200km
スコットランド 62.0% 38.0%
北アイルランド 55.8% 44.2%
イングランド 46.6% 53.4%
ウェールズ 47.5% 52.5%
離脱が過半数を占めた地域　赤字：離脱派の割合
残留が過半数を占めた地域　青字：残留派の割合

↑イギリスでは、2016年に行われた国民投票でEU離脱(「ブレグジット」)が決定してからも、その是非をめぐる議論が続いたが、2020年1月31日、正式に離脱した。これによりイギリス独自の通商交渉などが可能になったが、外国資本の撤退など経済への影響が懸念される。

2 NATOの拡大

読み解き NATO拡大はロシアの外交政策にどう影響しただろう。

B NATOの拡大

P.324
**1955年に西ドイツがNATO加盟
NATO加盟国
原加盟国*(1949)
冷戦終結まで
冷戦終結後
*他にアメリカ・カナダを加えた12ヵ国
フィンランド　スウェーデン　ロシア　北海　イギリス　ベラルーシ　ポーランド　ドイツ**　ウクライナ　大西洋　フランス　黒海　ポルトガル　スペイン　イタリア　トルコ　地中海　ギリシア
0 500km
(2024年9月現在)

↓ⓐNATOへの加盟年

1949	アイスランド・アメリカ・イタリア・イギリス・オランダ・カナダ・デンマーク・ノルウェー・フランス・ベルギー・ポルトガル・ルクセンブルク
1952〜90	ギリシア・トルコ(1952)・西ドイツ(1955)・スペイン(1982)
1999	チェコ・ハンガリー・ポーランド
2004	エストニア・スロヴァキア・スロヴェニア・ブルガリア・ラトヴィア・リトアニア・ルーマニア
2009	アルバニア・クロアティア
2017	モンテネグロ
2020	北マケドニア
2023	フィンランド
2024	スウェーデン(2024年9月現在)

3 ウクライナ・クリミア問題

↑❶**クリミアの議会を占拠したロシア軍兵士**(2014)　ウクライナでは、2004年の民主化(オレンジ革命)以来、親EUか親ロシアかをめぐる政治の混乱が続いてきた。2014年に親ロシア政権が崩壊し、親EU政権が誕生すると、クリミア半島などロシア系住民の多い地域でデモが発生した。2014年3月、ロシアはウクライナへの軍事介入を正式決定。クリミア半島は、ロシア軍が議会などを制圧する中、「住民投票」を経てロシアに「編入」された。

読み解き ウクライナをめぐっては、どのような国々や勢力が争った歴史があるだろう。

←❷**ウクライナに侵攻するロシア軍**(2022)　クリミア半島「編入」後、ウクライナ東部でもロシアへの編入を求めて暴動が起こり、2014年6月にはウクライナ新政権との間で内戦状態に陥った。2015年に停戦合意が成立したが、2022年にロシアはウクライナに軍事侵攻し全面戦争となった。

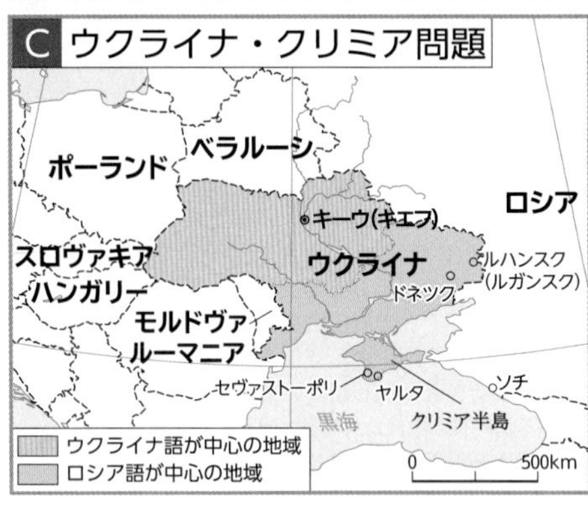

↑❸**日本の国会でオンライン演説を行うウクライナのゼレンスキー大統領**　SNSを駆使して国際世論にも訴えかけ、国連安保理や各国議会でもオンライン演説を行うなど情報戦略を進めた。

歴史のスパイス　パン＝ヨーロッパ主義を唱え、「EUの父」ともいわれるクーデンホーフ＝カレルギー(1894〜1972)は、日本人を母に持ち、東京で生まれた。

チャレンジする前に！　2度に及ぶ世界大戦の惨禍を経て設立された国際連合は、国際平和と人々の共生のために尽力してきた。しかし、その歩みは苦難に満ちたものだった。2代目事務総長ハマーショルドの「国連は人類を天国へ連れて行くためでなく地獄から救うために創られた機関である」という言葉の意味を考えよう。

➔フランスの聖職者サン＝ピエール（1658～1743）は、『永久平和草案』を著し、国家連合による平和を構想した。この平和論の影響を受けたドイツの哲学者カントは、1795年に発表した『永遠平和のために』で、国際平和組織を設立する必要性を訴え、「永遠平和は空虚な理念ではなく、われわれに課せられた使命である。」と記した。

文献①　カント『永遠平和のために』（1795）

「平和連合」とでも名づけるような特別の連合がなくてはならない。これは「平和条約」とはべつのものであって、平和条約は一つの戦争を終わらせるだけであるが、平和連合は、あらゆる戦争を永遠に終わらせることをめざしている。……ただ戦争しかない無法な状態から脱出するには、理性によるかぎり、つぎの方法しかないだろう。関係する国々が個々の人間と同じように、その野蛮な（無法な）自由を捨て、公的な強制に従い、そのうえで一つの（おのずと増大する）諸民族の合一国家をつくる。それがいずれは地上のすべての民族を包括する。だが、民族はいずれも、みずからの国際法の理念によって一般命題では正しいことでも、具体的な適用にあたってはまちがいとして却ける。そのため「一つの世界共和国」という積極的な理念に代わり、消極的な代替物が生まれるだけだろう。戦争を抑え、持続しながら拡大する連合という消極的な方法だけが法に逆らう敵対関係をさしとめる。しかし、いつなんどき破れるかもしれない危険はたえずはらんでおり、ヴェルギリウスにあるとおり、「狂乱を門に閉じこめても、血なまぐさい咆哮はやむことがない」のである。

（カント著、池内紀訳『永遠平和のために』集英社）

青下線は緊急特別総会

事務総長（出身国）	在任中の主な出来事
	1945　国際連合成立（10.24）
リー（ノルウェー）在任1946～52	1946　ソ連が初の拒否権行使 1950　朝鮮戦争をめぐって「平和のための結集」決議採択
ハマーショルド（スウェーデン）在任1953～61	1956　ハンガリー事件 スエズ戦争 1960　コンゴ動乱→PKO派遣
ウ＝タント（ビルマ）在任1961～71	1967　中東問題（1980年代以降もたびたび緊急特別総会が開催されている） 1971　中華人民共和国に国連の代表権（台湾追放）
ワルトハイム（オーストリア）在任1972～81	1973　東西ドイツ加盟 1978　第1回国連軍縮特別総会 1980　アフガニスタン問題 1981　ナミビア問題
デクエヤル（ペルー）在任1982～91	1982　イスラエル制裁問題 1987　安保理、イラン・イラク戦争停戦決議採択 1988　PKOにノーベル平和賞 1990　韓国・北朝鮮加盟 1990　安保理、イラクに対する武力行使を容認
ガリ（エジプト）在任1992～96	1992　安保理、ソマリアへ多国籍軍（UNITAF）派遣を決定、その保護下でPKO活動→和平構築に失敗 1995　旧敵国条項削除を決議
アナン（ガーナ）在任1997～2006	2001　国連とアナンにノーベル平和賞
潘基文（韓国）在任2007～16	2009　北朝鮮の核実験に対する政策決議
グテーレス（ポルトガル）在任2017～	2017　相次いで弾道ミサイル事件を実施する北朝鮮に対する国連安保理制裁決議 2021　ロシアのウクライナ侵攻

←ⓐ国連加盟国の推移

読み解き　それぞれの時期にどの地域が増えているだろう。その歴史的な背景は何だろう。

←❶緒方貞子（1927～2019）　1991年、初の女性、初の日本人として国連難民高等弁務官（UNHCR）に就任。2001年には、アマルティア＝セン＊とともに人間の安全保障委員会の共同議長となった。

＊所得分配の不平等と貧困・飢餓の研究が評価され、1998年にアジア人初のノーベル経済学賞を受賞した。

文献②　国際連合憲章（1945）

第10条　総会は、この憲章の範囲内にある問題若しくは事項又はこの憲章に規定する機関の権限及び任務に関する問題若しくは事項を討議し、並びに、第12条に規定する場合を除く外、このような問題又は事項について国際連合加盟国若しくは安全保障理事会又はこの両者に対して勧告をすることができる。

第12条　1　安全保障理事会がこの憲章によって与えられた任務をいずれかの紛争又は事態について遂行している間は、総会は、安全保障理事会が要請しない限り、この紛争又は事態について、いかなる勧告もしてはならない。

第24条　1　国際連合の迅速且つ有効な行動を確保するために、国際連合加盟国は、国際の平和及び安全の維持に関する主要な責任を安全保障理事会に負わせるものとし、且つ、安全保障理事会がこの責任に基く義務を果すに当って加盟国に代って行動することに同意する。

（国際連合広報センターウェブページ）

読み解き　紛争の平和的解決に向け、総会と安全保障理事会とはどのような関係にあるだろう。

文献③　「平和のための結集」決議（1950）

安全保障理事会が国際的な平和と安全の維持に対する主要な責任を遂行することの重要性並びに全員一致の追求及び拒否権の使用の抑制に関する常任理事国の義務を再確認し、安全保障理事会がその責任……をすべての加盟国に代わって遂行することに失敗したことは、憲章に基づく国際の平和及び安全の維持に関する加盟国の義務及び国際連合の責任を免ずるものでないことを認識し、……平和に対する脅威、平和の破壊又は侵略行為があると思われる場合において、安全保障理事会が、常任理事国の全員一致を得られなかったために国際の平和及び安全の維持に関するその主要な責任を遂行しえなかったときは、総会は、国際の平和及び安全を維持し又は回復するための集団的措置を執るように加盟国に対し適当な勧告を行なう目的をもって、直ちにその問題を審議すべきことを決議する。

（植木俊哉他編『国際条約集』有斐閣）

←朝鮮戦争勃発後、安全保障理事会はソ連の拒否権行使によって機能不全に陥った。これに対しアメリカなどの提案により、「平和のための結集」決議が採択された。

読み解き　総会は加盟国に対してどのようなことができるようになっただろう。

文献④　人間開発報告書（1994）

「人間の安全保障」という考え方は単純ではあるが、21世紀の社会に大変革をもたらすカギとなるのではないか。「人間の安全保障」の基本概念を考察するに当たって4つの特徴に注目したい。

・「人間の安全保障」は世界共通の問題である。
・「人間の安全保障」を構成する要素は、相互依存の関係にある。
・「人間の安全保障」を強化するには、後手の介入よりも早期予防のほうがやさしい。
・「人間の安全保障」は人間中心でなければならない。

……「人間の安全保障」には主要な側面が二つあるといえよう。まず飢餓や病気、抑圧など慢性的な脅威からの脱却、次に家庭、職場、地域社会など日常の生活様式が突然に破壊されて困らないように保護することである。……「人間の安全保障」には二つの主要な構成要素がある。恐怖からの自由と、欠乏からの自由である。

（『人間開発報告書』1994年）

まとめの考察

❶戦争で禁止される手段・方法や戦争の禁止について規定されてきた歴史的経緯を見た時、これからの国際社会においてどのような平和や共生へのルールづくりが行われるべきなのだろう。

以下の視点を参考に探究しよう。

視点　戦争に関わる取決めの変化を読み取り、現在の紛争解決の在り方に至る経緯を理解するため、ヨーロッパを中心に、次の転換点以降の戦争に関わる取り決めなどに関する資料を収集・分析しよう。

①中世以前の国際法が存在しなかった時代の戦争
②17世紀のウェストファリア条約によるヨーロッパの主権国家成立以降の戦争
③万国（ハーグ）平和会議・第一次世界大戦後の国際機構の成立

資料にチャレンジ 福祉国家形成の歴史的経緯と課題

チャレンジする前に!　ヴァイマル憲法(➡P.300)で社会権(生存権)が規定されて以降、国家は資本主義の発展に伴い発生した社会問題(失業や独占の弊害、所得格差など)を経済政策の実施や社会保障制度の整備により積極的に解決し、国民に最低限度の生活を保障することを目的とする「福祉国家」の概念が広まった。一方、政府は国防・治安維持・個人の財産と自由の保障といった必要最小限の任務のみ行うとする「夜警国家」という考え方もある。

➡ⓐ政府の経済的役割の変遷

18世紀	19世紀	20世紀		21世紀
資本主義の成立➡ 小さな政府の主張 アダム＝スミス	資本主義の問題発生 ●恐慌の発生 ➡失業問題 ●貧富の差の拡大 ➡労働問題 ⬇ 社会主義の思想 マルクス	修正資本主義 大きな政府の主張 ケインズ ➡ロシア革命で実現 ソ連建国(1921)	➡ 財政赤字増大 ➡ 小さな政府への回帰 フリードマン ➡弊害の増大、労働意欲低下 ソ連崩壊(1991)	再び格差拡大 福祉国家の再評価 スティグリッツ ➡市場経済へ

文献① ベヴァリッジ報告(1942)

20　本計画の中心部となる社会保険制度のもとでは、労働年齢に達しているあらゆる市民が自らの必要とする保障に応じてそれぞれにふさわしい階層のもとで拠出を行う。

303　社会保険の6原則――社会保障の中心的手段として以下で述べられている社会保険制度は、次の6つの基本原則を体現する。
均一額での最低必要を満たす給付、均一額での拠出、行政責任組織の統一、給付の適切性、包括性、階層区分

311　必要性の8主要因――社会保障を必要とする主要因には次の8つがある。……失業、労働不能、(有給雇用に従事していない人々の)生計手段の喪失、退職、婚姻をめぐるさまざまな必要性、葬祭費用、児童、疾病・廃疾

(歴史学研究会編『世界史史料10』岩波書店)

読み解き　ベヴァリッジが示した社会保障制度の特徴は何だろう。

文献② 英労働党マニフェスト(1950)

社会主義はパンのみにあらず。経済的な安定と、資本主義の奴隷化をもたらす物質的なくびきからの解放が最終ゴールではない。それらはより大きな目標、つまり、より思いやりがあり、より知的で、より自由で、より協同的で、進取の気性により富んだ、そして文化的により豊かになる人間の進化を達成するための手段である。それらは、個々人の完全で、自由な発展というより偉大な目標を達成するための手段である。すべての職業とあらゆる生活領域を代表する男女から成るわれわれ労働党員は、人間のより優れた創造力すべてを解き放つことを駆動力とするコミュニティの創造に着手した。われわれは、すべての市民が、享受すべき権利と同様に、遂行すべき義務を有すると信じている。……労働党としては、完全雇用が新しい社会の隅の首石であることを宣言する。

(歴史学研究会編『世界史史料11』岩波書店)

読み解き　労働党の社会主義の目標は何だろう。

文献③ サッチャーの考える社会観(1987)

あまりにも多くの子どもや大人たちが、もし自分たちに問題があれは、それに対処するのは政府の仕事だと思いこまされた時代を過ごしてきたように思います。「私は困っている。援助金が得られるだろう!」「私はホームレスである。政府は私に家をさがさなければならない!」こうして、彼らは自分たちの問題を社会に転嫁しています。でも社会とは誰のことをさすのでしょうか。社会などというものは存在しないのです。存在するのは、個々の男と女ですし、家族です。そして、最初に人びとが自分たちの面倒をみようとしないかぎりは、どんな政府だって何もできはしないのです。自分で自分の世話をするのは私たちの義務です。それから、自分たちの隣人の面倒をみようとするのも同じように義務です。人生は互恵的な営みであるにもかかわらず、人びとは、義務も果たさずに、あまりにも権利のことばかりを念頭においてきました。最初に義務を果たさないならば、権利などというものは存在しないのです。

(歴史学研究会編『世界史史料11』岩波書店)

読み解き

1 サッチャーは「自助・共助・公助」のどれを強調しているだろう。
2 サッチャーは、首相としてどのような政策を進めただろう。

福祉国家の3つのレジーム

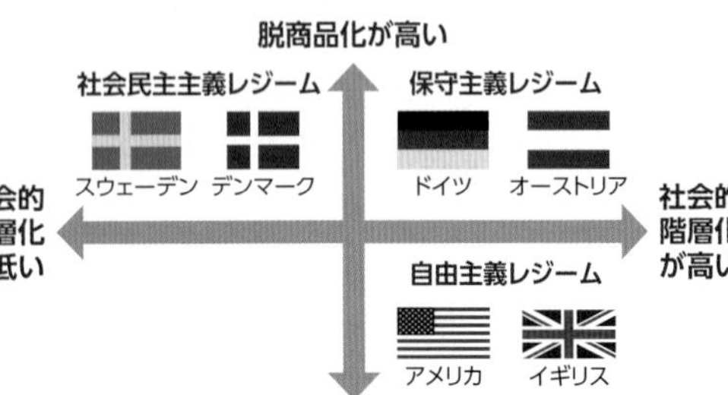

●**社会的階層化**…広範な社会的連帯のもとに、国民の全員が平等に福祉を受けられるかどうかの指標。福祉の供給が職業ごとに異なる場合は階層化が高い。
●**脱商品化**…国民が労働による賃金の有無にかかわらず社会的に認められた一定水準の生活を維持できるかどうかの指標。労働力を「商品」と考える。労働力を安売りしなければ生きていけない社会は脱商品化が低い。

●**社会民主主義的レジーム**…国が子どもや高齢者の社会的ケアの責任を引き受けており、福祉が手厚く男女ともに労働力を安売りしなくてよい。つまり、**脱商品化が進んでおり階層化が低い。**
●**保守主義的レジーム**…福祉は手厚いが保険制度に基づいており平等より公平を重んじる。福祉の供給は職業ごとに行われている。つまり、**脱商品化は進んでいるが、階層化が高い。**
●**自由主義的レジーム**…福祉は生活保護など最低限のものに限られ、生命保険など市場から私的に購入することが求められるため、働く意欲をなくすことがほとんどない。つまり、**脱商品化が進んでおらず、階層化が高い。**

文献④ 日本型福祉国家は存在するか

日本は、これら三つのすべてのレジームの要素を組み合わせているように思える。日本は、雇用の拡大と完全雇用とに驚くほど強くコミットしているという点では、社会民主主義モデルと共通している。家族主義や、地位によって分立した社会保険については、保守主義モデルと共通している。残余主義や、私的な福祉に強く依存することでは、自由主義レジームと共通している。それならばここで、日本型モデルは諸レジームのハイブリッドであるという点でユニークである、と結論づけて良いものだろうか。多様な要素が組み合わさって、日本型福祉国家レジームをして他のレジームとは質的に異なった一類型――「福祉資本主義の第四の世界」――としているのであろうか。

(アンデルセン著、岡沢憲芙他訳『福祉資本主義の三つの世界』ミネルヴァ書房)

文献⑤ SDGsの目標1 あらゆる場所で、あらゆる形態の貧困に終止符を打つ(2015)

世界の貧困率は2000年以来、半分以下に低下したものの、開発途上地域では今でも10人に1人が、1日1ドル90セントという国際貧困ライン未満で家族と暮らしています。……貧困とは、単に持続可能な生計を確保するための所得と資源がないことではありません。貧困は飢餓や栄養不良、教育その他基本的サービスへのアクセスの制約、社会的差別と排除、さらには意思決定への不参加など、数多くの形を取って表れます。経済成長を包摂的なものとすることで、持続可能な雇用を提供し、平等を促進しなければなりません。社会保障制度を導入し、災害が多い国での被害の軽減に役立てるとともに、大きな経済的リスクに対する支援を提供する必要があります。こうした制度は、災害時に予期せぬ経済的損失に見舞われた人々による対応の強化に資するほか、最終的には最貧地域で極度の貧困に終止符を打つことにも役立つでしょう。

(国際連合広報センターウェブページ)

まとめの考察

❶貧困や経済格差の是正に向けた歴史上の取り組みを見た時、これからどのような福祉国家の仕組みが望まれるのだろうか。

以下の視点を参考に探究しよう。

視点　貧困の考え方の変化を読み取り、現在の福祉国家の考え方に至る経緯を理解するため、以下の観点などに関する資料を収集・分析しよう。

①中世ヨーロッパのキリスト教精神に依拠した慈善の考え方
②中世イスラームの喜捨(救貧税)
③個人に貧困の矯正を求めた17世紀以降のヨーロッパの救貧制度
④産業革命を経て変化した貧困対策
⑤貧困の対策を国家に求めた19世紀後半以降の社会保障制度

資料にチャレンジ 原子力利用の歴史的経緯と課題

チャレンジする前に!

原子力をめぐる理論と技術の成果は、19世紀末以降、理論物理学がたどり着いた、際立った科学上の「進歩」であった。しかし、その成果は、原爆などの核兵器を生み、また民生利用の原子力発電所でも事故による放射能汚染が起きるなど、「進歩」という言葉では説明できない、多くの犠牲を伴った。

赤字：多国間、青字：米ソ[ロ]間、下線：民間
＊ノーベル賞受賞者[組織]　数字は受賞年

1942	アメリカ、原子爆弾製造のためのマンハッタン計画
1945	オッペンハイマー、原子爆弾製造
	米、最初の原爆実験 ➡P.65
	広島・長崎に原子爆弾投下
1949	ソ連、最初の原爆実験
1952	米、最初の水爆実験 / 英、最初の原爆実験
1953	ソ連、最初の水爆実験
1954	米、ビキニ水爆実験(第五福竜丸被曝)
1955	ラッセル＝アインシュタイン宣言
	アメリカで原子力発電による電力を使用
	第１回原水爆禁止世界大会(広島)
1957	国際原子力機関(IAEA)＊設立 ＊2005
	パグウォッシュ会議(核軍縮問題に関する科学者らによる会議)
1958	米科学者ポーリング＊、核実験根絶を訴え１万人以上の科学者が署名した請願書を国連に提出 ＊1962
1960	仏、最初の原爆実験
1962	キューバ危機→核戦争の危機
1963	米英ソ、部分的核実験禁止条約に調印
1964	中国、最初の原爆実験
1967	佐藤栄作＊首相、非核三原則表明 ＊1974
1968	核拡散防止条約(NPT)調印(56カ国)
1972	米ソ、第１次戦略兵器制限交渉(SALT Ⅰ)調印
1974	インド、最初の原爆実験
1979	米ソ、SALT Ⅱ調印
1987	米ソ、中距離核戦力(INF)全廃条約調印
1989	マルタ会談→冷戦の終結
1991	米ソ、第１次戦略兵器削減条約(START Ⅰ)調印
1993	米ロ、START Ⅱ調印
1996	国連、包括的核実験禁止条約(CTBT)採択
1997	米、初の未臨界核実験
1998	インド・パキスタンが核実験強行
2002	米ロ、戦略核兵器削減条約(モスクワ条約)調印
2006	北朝鮮、最初の核実験(その後数回実施)
2007	核兵器廃絶国際キャンペーン(ICAN)＊発足 ＊2017
2009	オバマ＊米大統領、核兵器廃絶の演説(プラハ) ＊2009
2010	米ロ、新START調印
2017	国連、核兵器禁止条約採択(2021年発効)
2019	中距離核戦力(INF)全廃条約失効
2022	核兵器禁止条約第１回締約国会議(ウィーン)
2023	「核軍縮に関するＧ７首脳広島ビジョン」発出

文献⑤ チョルノービリ(チェルノブイリ)原発事故の報告(1986)

政府の資料によれば、事故は第４号発電ユニットの作業棟の一つで起こり、原子炉建屋の建造物の一部が崩壊して、若干の放射性物質が漏れ出した。残りの三つの発電ユニットは停止しており、正常な状態で稼動の準備をしている。事故の際に２名が犠牲となった。事故後の処理をするために、緊急措置が講じられた。現在では、発電所とその隣接地域の放射線の状態は安定しており、被害者には必要な医療援助がおこなわれている。原子力発電所の団地と近隣の３居住区の住民は避難した。チェルノブイリ原子力発電所と周辺地域の放射線の状態には、絶えず監視がおこなわれている。

(歴史学研究会編『世界史史料11』岩波書店)

読み解き 実際の様子はどうだったのだろう。➡P.346

文献① ニューヨークタイムズ紙の記事「新時代到来」(1945.8.7)

ワシントン、８月６日。ホワイトハウスと陸軍省は本日、TNT火薬２万トンに相当する……原子爆弾が広島に投下されたと発表した。大統領トルーマンによるこの厳粛な発表によって、今世紀における重要な科学的発見のうちの一つが達成されたこと、そして文明の進歩に絶大な影響力を及ぼしうる「原子力の時代」が目前に迫っていることが明らかとなった。

(The New York Timesウェブページをもとに作成)

読み解き

1 文献①で示された内容は何だろう。
2 文献②で、原爆が「世界中に轟音をとどろかせた」とは何をさすのだろう。

文献② ニューヨークタイムズ紙の社説「世界中に轟音がとどろいた」(1945.8.7)

広島に投下された原爆の轟音は、何百マイルも離れた人間の耳だけでなく、道徳的には世界中に轟音をとどろかせたのである。原爆の持つ意味は、良くも悪くも多方面に及ぶため、私たちがその意味を頭で思い描くことができるようになるまでに、数カ月はかかるだろう。……というのも、科学における革命と戦争における革命が、同じ日に起こったからである。……しかし、[政府による原爆についての]驚くべき発表が私たちに当惑をもたらす一方で、一つの結論が明らかになった。文明や人類は、[科学だけではなく]政治思想の面でも革命を達成できなければ、生き残ることはできないであろう。

(The New York Timesウェブページをもとに作成)

文献③ 「平和のための原子力」(アイゼンハワー米大統領の演説)(1953)

原爆(投下)という暗い背景を持つ米国としては、力を誇示することのみを望むのではなく、平和への願望と期待をも示したいと望んでいる。来たるべき数カ月間は、重大な決断を多々伴うだろう。それらの決断は、この総会で、世界各国の首都や軍司令部で、統治者であれ統治される側であれ、あらゆる場所の人々の心の中で、こうした活動を脅威から脱出させ平和へと主導する決断となってほしいと願う。そうした極めて重大な決断を下すに当たり、米国は、恐ろしい原子力のジレンマを解決し、この奇跡のような人類の発明を、人類滅亡のためではなく、人類の生命のために捧げる道を、全身全霊を注いで探し出す決意を、皆さんの前で、ということは世界の前で、誓うものである。

(アメリカンセンターJAPANウェブページ)

文献④ ラッセル＝アインシュタイン宣言(1955)

私たちはこの会議に、そしてこの会議を通じて、世界の科学者、および一般の人々に対して、以下の決議に賛同するよう呼びかけます。

「私たちは、将来起こり得るいかなる世界戦争においても核兵器は必ず使用されるであろうという事実、そして、そのような兵器が人類の存続を脅かしているという事実に鑑み、世界の諸政府に対し、世界戦争によっては自分たちの目的を遂げることはできないと認識し、それを公に認めることを強く要請する。また、それゆえに私たちは、世界の諸政府に対し、彼らの間のあらゆる紛争問題の解決のために平和的な手段を見いだすことを強く要請する。」

(日本パグウォッシュ会議ウェブページ)

←日本初のノーベル賞受賞者である湯川秀樹もふくめ、11名の著名な科学者がこの宣言に署名している。

読み解き

1 この宣言がきっかけとなり、世界の科学者が、科学者の立場から戦争と平和に関する諸問題を討議するために創設された会議は何だろう。
2 この宣言で科学者たちが世界の諸政府に求めていることは何だろう。

チェック NPTとCTBT

＊インド・パキスタン・イスラエルはNPTを批准していない。

NPT(核拡散防止条約)
1968年署名、70年発効。米・ロ・英・仏・中以外の国の核兵器保有を禁止。
問題点　５カ国のみ核保有を認めている点で不平等との批判がある。インド・パキスタン・北朝鮮が核を保有しており、イラン・イスラエルなど核保有を疑われている国もある＊。

CTBT(包括的核実験禁止条約)
1996年採択。大気圏中や水中、地下、宇宙空間をふくむあらゆる空間における核実験による爆発を禁止。
問題点　未臨界実験が可能。米・中・インド・イスラエルなどが批准しておらず未発効

↓❶福島第一原子力発電所事故(2011)　東日本大震災による大津波で大きな被害を受け、広範囲に放射性物質が飛散した。この事故は周辺住民に長期間の避難生活や移転を強いるなど様々な影響を及ぼし、原発の是非をふくめ科学技術のあり方を再考することが求められるようになった。

まとめの考察

❶科学技術の発達が歴史上もたらしてきた光と影を見た時、これから人類はどのように科学との関係を考えるべきだろう。

以下の視点を参考に探究しよう。

視点　科学者らの思想が社会に与えた影響や近代以降の科学技術の発達がもたらしてきた生活の変化を読み取り、20世紀以降の工業化の進展による経済発展や生活の利便性の向上について理解するため、近代の科学革命以降の思想における転換点となった重要な人物とその功績などに関する資料を収集・分析しよう。

20世紀以降の文化

1 科学技術の発達

読み解き 電子機器の発達は、私たちの労働環境をどのように変えただろう。

化学・医療技術・バイオテクノロジー	電子機器の発達	メディアの変遷
1928 フレミング(英)、ペニシリンの発見 1953 ワトソン(米)、クリック(英)、DNA二重らせん構造を提唱 1994 アメリカで遺伝子組換え農作物販売開始 1996 クローン羊ドリーの誕生 2003 ヒトゲノム(遺伝子)解読完了 2006 山中伸弥(日)、iPS細胞の開発	1940頃 アメリカでコンピュータの完成 1946 アメリカでトランジスタの開発 1958 アメリカで集積回路(IC)の開発 1981 アメリカでパーソナル=コンピュータ(PC)発売 2006 ディープラーニング発明 2010～ ビッグデータの収集環境が整備 AI(人工知能)の発展加速	1920 アメリカで世界最初のラジオ放送➡P.303 1928 テレビジョン実験放送開始(米) 1954 カラーテレビ放送開始(米) 1963 日米間の衛星放送成功(ケネディ暗殺) 1990 インターネットの普及加速 2004 Facebook設立。SNS(ソーシャル=ネットワーキング=サービス)が広まる 2007 Apple、携帯電話とインターネットと携帯型デジタル音楽プレイヤーを統合したスマートフォン(iPhone)発表

読み解き 医療技術やバイオテクノロジーの発達によりもたらされたものは何だろう。また、どのような問題を引き起こしただろう。

2 20世紀以降の諸文化

米：アメリカ合衆国、伊：イタリア、印：インド、英：イギリス、墺：オーストリア、西：スペイン、ソ：ソ連、独：ドイツ、中：中国、日：日本、仏：フランス

分野	人物	生没年	業績
哲学	ジェームズ(米)	1842～1910	プラグマティズムの発展『心理学原理』
	デューイ(米)	1859～1952	プラグマティズムの大成『民主主義と教育』
	ベルクソン(仏)	1859～1941	『創造的進化』生の哲学
	B.ラッセル(英)	1872～1970	『西洋哲学史』反核運動➡P.351
	シュペングラー(独)	1880～1936	『**西洋の没落**』
	ヤスパース(独)	1883～1969	『哲学』
	ハイデッガー(独)	1889～1976	『存在と時間』フランクフルト学派
	サルトル(仏)	1905～80	『嘔吐』『存在と無』実存主義の代表
	レヴィ-ストロース(仏)	1908～2009	社会人類学者『構造人類学』構造主義
	フーコー(仏)	1926～84	『言葉と物』構造主義
	サイード(米)	1935～2003	『オリエンタリズム』ポストコロニアル理論
社会学	**M.ヴェーバー**(独)	1864～1920	『プロテスタンティズムの倫理と資本主義の精神』
心理学	**フロイト**(墺)	1856～1933	『精神分析学入門』精神分析学・深層心理学の創始
	ユング(スイス)	1875～1961	精神医学者、人間の性格類型
経済学	レーニン(ソ)➡P.296	1870～1924	『帝国主義論』正統マルクス主義
	ヒルファーディング(独)	1877～1941	改良主義的マルクス主義、独占資本主義を解明
	ケインズ(英)	1883～1946	『雇用・利子及び貨幣の一般理論』**近代経済学**確立
	シュンペーター(墺)	1883～1950	近代経済学派、限界効用説の完成
音楽	シェーンベルク(墺)	1874～1951	「グレの歌」ナチ党に追われ米に亡命
	ラヴェル(仏)	1875～1937	「ボレロ」印象主義音楽の代表者
	バルトーク(ハンガリー)	1881～1945	「管弦楽のための協奏曲」
	ストラヴィンスキー(ソ)	1882～1971	「火の鳥」新古典主義的音楽
	ガーシュイン(米)	1898～1937	「スワニー」ジャズと古典音楽を結合
	ショスタコーヴィッチ(ソ)	1906～75	交響曲第５番「革命」
自然科学	**アインシュタイン**(独)	1879～1955	「特殊相対性理論」発表
	チャドイック(英)	1891～1974	中性子の発見
	フェルミ(伊)	1901～54	原子核分裂の連鎖反応の実験成功
	ハイゼンベルク(独)	1901～76	量子力学の基礎確立
	湯川秀樹(日)	1907～81	中間子の存在を予想
	サハロフ(ソ)	1921～89	ソ連水爆の父、人権運動でノーベル平和賞
発明	ライト兄弟(米)➡P.77	兄1867～1912 弟1871～1948	初の飛行機飛行に成功
	フォード(米)➡P.302	1863～1947	ベルトコンベア方式による自動車の大量生産
	ベアード(英)	1888～1946	実用的テレビジョンを発明
	ワトソン=ワット(英)	1892～1973	レーダーの実用化に成功
美術	**マティス**(仏)	1869～1954	野獣派の代表。鮮明な色彩と単純明快な線による独自の構成美を確立
	ピカソ(スペイン)➡P.65	1881～1973	立体派を創始。超現実主義を取り入れ、独自の画風を確立「ゲルニカ」➡P.311
	ブラック(仏)	1882～1963	野獣派から出て、立体派を形成
	シケイロス(メキシコ)	1896～1974	革命のための壁画運動
	ダリ(西)	1904～89	超現実主義の代表
	ガウディ(西)	1852～1926	曲線構造とタイル装飾を用いた独特の作風
	ル=コルビュジエ(仏)	1887～1965	モダニズム建築の巨匠「国立西洋美術館」

野獣派(フォーヴィスム)…奔放な色彩により、自己の内的生命を大胆に描写
立体派(キュビスム)…物体の構成を総体的に表現しようと試みる
表現主義…色彩を強調し、形態を誇張、主観的意志の表現を重視
超現実主義(シュルレアリスム)…フロイトの影響。内部意識の表出を主眼とする

分野	人物	生没年	業績
文学	**バーナード=ショー**(英)	1856～1950	劇作家。フェビアン協会に参加
	タゴール(印)	1861～1941	『ギーターンジャリ』詩人
	ロマン=ロラン(仏)	1866～1944	『ジャン=クリストフ』反戦・反ファシズム
	ゴーリキー(ソ)	1868～1936	『どん底』『母』社会主義リアリズム創始
	アンドレ=ジイド(仏)	1869～1951	『狭き門』
	プルースト(仏)	1871～1922	『失われた時を求めて』
	トーマス=マン(独)	1875～1955	『魔の山』ナチ党政権下、米に亡命
	ヘルマン=ヘッセ(独)	1877～1962	『車輪の下』
	魯迅(中)➡P.306	1881～1936	『狂人日記』『阿Q正伝』
	ジョイス(アイルランド)	1882～1941	『ユリシーズ』
	カフカ(チェコ)	1883～1924	『変身』実存主義文学の先駆
	ローレンス(英)	1885～1930	『チャタレー夫人の恋人』
	コクトー(仏)	1889～1963	『恐るべき子供たち』詩人・心理小説家
	老舎(中)	1889～1966	『駱駝祥子』文化大革命で迫害死
	パール=バック(米)	1892～1973	『大地』
	フォークナー(米)	1897～1962	『響きと怒り』『サンクチュアリ』
	レマルク(独)	1898～1970	『西部戦線異状なし』➡P.294『凱旋門』
	ヘミングウェー(米)	1899～1961	『誰がために鐘は鳴る』➡P.311
	川端康成(日)	1899～1972	『雪国』『伊豆の踊り子』
	スタインベック(米)	1902～68	『怒りの葡萄』(世界恐慌が題材)
	ショーロホフ(ソ)	1905～84	『静かなるドン』(ロシア革命が題材)
	カミュ(仏)	1913～60	『異邦人』『**ペスト**』
	ソルジェニーツィン(ソ)	1918～2008	『収容所群島』スターリン体制を批判
	大江健三郎(日)	1935～2023	『ヒロシマ=ノート』

←❶**ピカソ** スペイン出身。立体派を創始し、その後も古典主義、超現実主義と生涯にわたり独創的な画風に挑戦し、20世紀美術に多大な影響を与えた。

←❷**ダリ** フロイトの『夢判断』を読み、「偏執狂的批判的方法」と称する技法を発見した。超現実主義の代表的画家。

←❸**ダリ「内乱の予感」** フィラデルフィア美術館蔵、1936年、100×99cm

→❹**サグラダ=ファミリア**(スペイン・バルセロナ) 曲線構造とタイル装飾を用いた独特の作風で知られる。建築家ガウディの代表作。1882年に着工。彼の残した簡単なデッサンをもとに現在も建築が進む。高さ120m

3 ポップカルチャーの時代

20世紀は大衆文化の時代といわれ、ラジオやテレビなどを通じて、同時に多数の人が音楽や映像を享受した。

音楽

←❺**ビートルズ**　イギリスのリヴァプール出身。1960年代にアメリカなど世界各地を席巻したロックバンド。「愛こそすべて(All You Need Is Love)」というメッセージが若者の行動原理を変え、自己表現することの大切さを世界中に広めた。

映像

←❻**映画「ひまわり」のポスター**　戦争によって引き裂かれた夫婦の悲哀に満ちた行く末を描く。冷戦期に、ソ連で撮影された初めての西側作品で、エンディングのひまわり畑のシーンは、当時ソ連の一部であったウクライナのキーウ(キエフ)近郊で撮影された。

美術

←❼**ウォーホル「キャンベルのスープ缶」**　大量生産・大量消費社会を生み出したアメリカを象徴するキャンベルのスープ缶。ウォーホルは、大衆に親しまれるものをモチーフにシルクスクリーン技法で作品を量産し、芸術とは貴重なものという伝統的な芸術観へのアンチテーゼを示した。

1990年代以降の動向

双方向性を持つ**インターネットの普及**により、文化の担い手は、一部の専門家だけではなく、全ての人々に開かれるようになってきた。

→❽**初音ミクのライブ**(ロサンゼルス)　バーチャルアイドルとしてキャラクターづけがなされたボーカル音源で、メロディや歌詞の入力により歌を歌わせることができる。YouTubeなどの動画配信システムの普及により、こうした創作活動を世界中の人々に発信することが誰にでもできるようになった。

→❾**バンクシー「風船を持った少女」**　イギリス出身の匿名ストリートアーティスト。反戦や難民問題など、政治的メッセージをふくんだ作品は世界中から支持を得ている。

読み解き　この絵はどこに描かれたものだろう。

Column 世界に広がる日本のポップカルチャー

日本のマンガは、世界でも人気が高い。また、マンガのキャラクターの衣装などをまねて変装を楽しむコスプレも日本のポップカルチャーとして世界中に広まった。書籍だけでなく、それに関わる映像(アニメ、映画)、音楽、ゲーム等複数のメディアにまたがり制作・流通を担う「コンテンツ産業」の動向も世界で注目されている。

⑩イギリスの書店で売られる日本の漫画

⑪世界コスプレサミット2019

4 20世紀の歴史学と私たちの歴史

ピレンヌ(ベルギー)	1862～1935	『ヨーロッパ世界の誕生』社会経済史
マイネッケ(独)	1862～1954	『歴史主義の成立』精神史と政治史を統合
マルク＝ブロック(仏)	1886～1944	フェーブルとともに『社会経済史年報(アナール)』創刊、社会史⊃P.6
トインビー(英)	1889～1975	『歴史の研究』世界史を有機的に体系化
E＝H＝カー(英)	1892～1982	『歴史とは何か』
ブローデル(仏)	1902～85	『地中海』社会史概念の強調、アナール学派
ウォーラーステイン(米)	1930～2019	近代世界システム論⊃P.219
ギンズブルク(伊)	1939～	『チーズとうじ虫』マイクロヒストリー
リン＝ハント(米)	1945～	『なぜ歴史を学ぶのか』

→⓭**コスプレをして「オリジナル世界史図表」づくりを行う高校生**　歴史も他の文化と同じく、一部の歴史家のものではない。私たち一人ひとりが歴史の主体である。文献①を参考に、これからも歴史を探究していこう。⊃P.9, 248

←⓬**トインビー**　21ないし23の文明がそれぞれ発生・成長・繁栄・死の過程をくり返すという類型的把握によって、ヨーロッパ中心主義でなく、複数の文明が並行する多元的な世界史を提示した(文明史観)。

解説　社会史と「新しい」文化史

社会史は、政治史中心の従来の歴史学を批判し、社会学や人類学など学際的な視点も取り入れ、見過ごされていた民衆の生活文化や社会全体の「集合記憶」などに目を向けるべきことを訴え、歴史の全体的な把握をめざした。その影響を受け、美術・音楽・文学だけではなく、文化を過去の総体としてとらえる「新しい」文化史も広まった。

文献① ヴァイツゼッカー大統領の演説(1985)⊃P.344

過去に目を閉ざすものは結局のところ現在にも盲目となります。……人間は何をしかねないのか――これをわれわれは自らの歴史から学びます。でありますから、われわれは今や別種の、よりよい人間になったなどと思い上がってはなりません。道徳に究極の完成はありえません……これからも人間として危険にさらされつづけるでありましょう。しかし、われわれにはこうした危険を繰り返し乗り越えていくだけの力がそなわっております。……若い人たちは、たがいに敵対するのではなく、たがいに手をとり合って生きていくことを学んでいただきたい。……自由を尊重しよう。平和のために尽力しよう。公正をよりどころにしよう。正義については内面の規範に従おう。……及ぶかぎり真実を直視しようではありませんか。

(ヴァイツゼッカー著、永井清彦訳・解説『新版　荒れ野の40年』岩波書店)

読み解き　私たちは何のために歴史を学ぶのだろう。

歴史のスパイス　YouTubeは、2007年から閲覧者の多い動画投稿者に対して広告収入を付与するシステムを導入し、YouTuberも生まれた。

年号数字は在位年を示す
○数字・□数字は即位順を示す

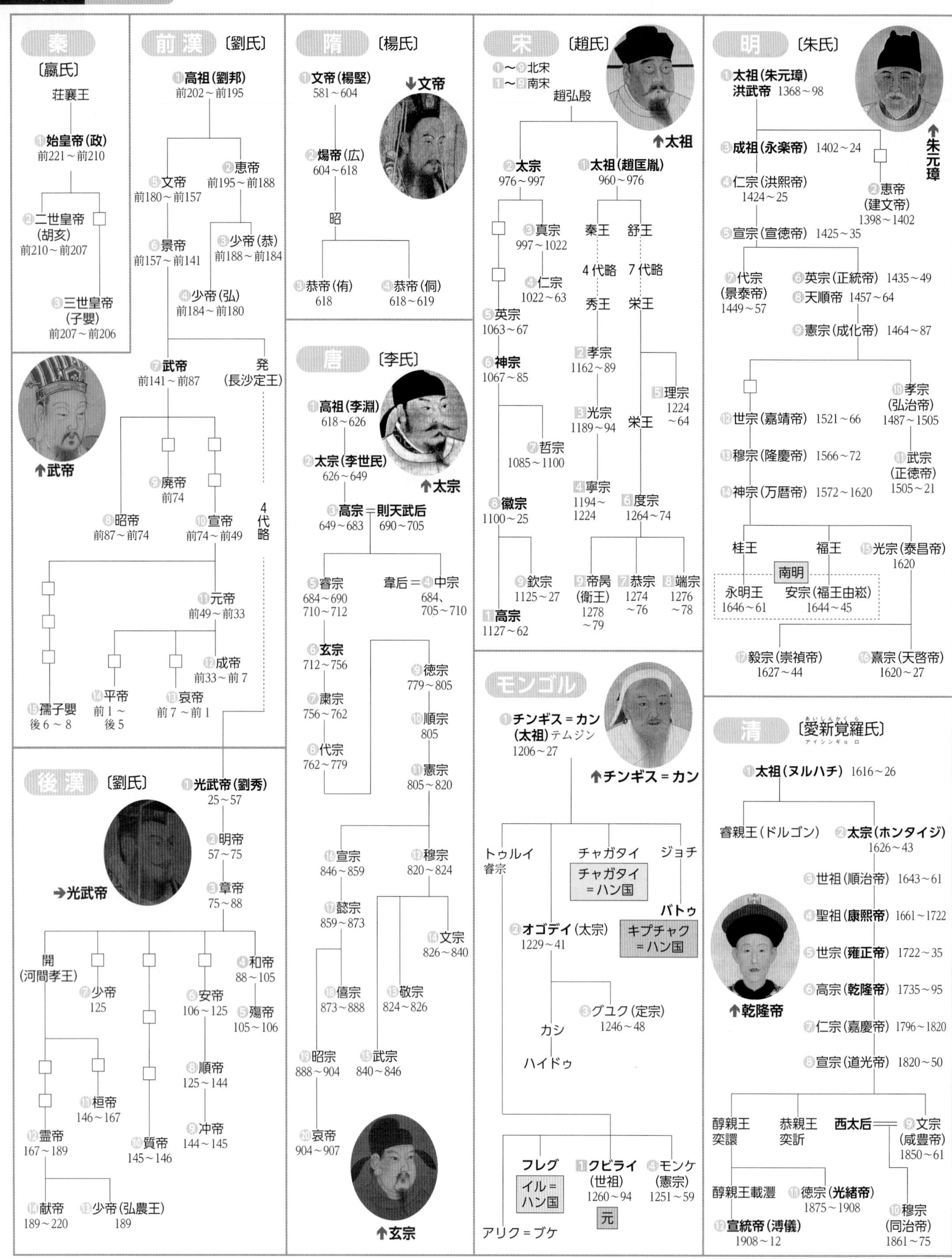

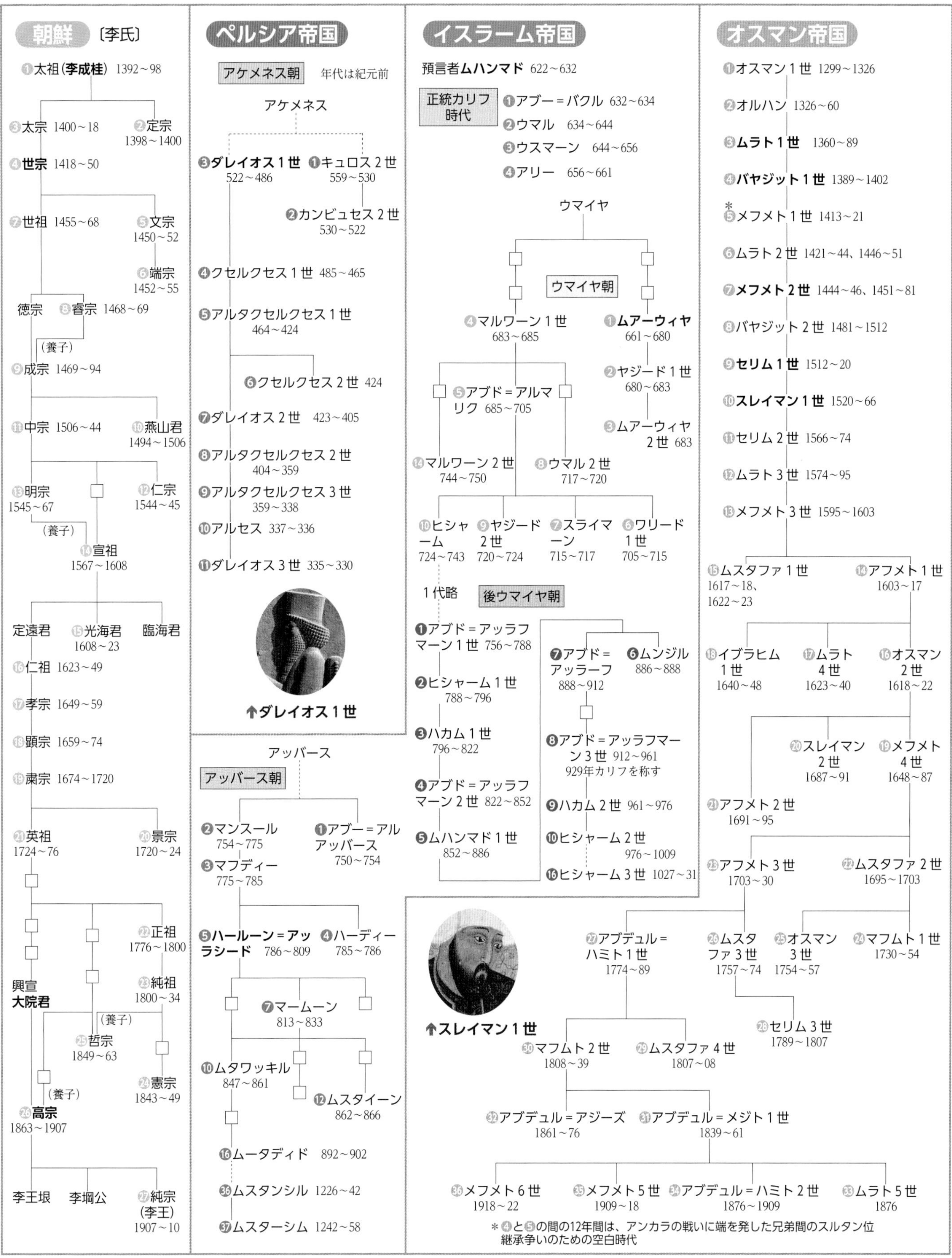
朝鮮〔李氏〕
①太祖(李成桂) 1392～98
③太宗 1400～18
②定宗 1398～1400
④世宗 1418～50
⑦世祖 1455～68
⑤文宗 1450～52
⑥端宗 1452～55
徳宗
⑧睿宗 1468～69
(養子)
⑨成宗 1469～94
⑪中宗 1506～44
⑩燕山君 1494～1506
⑬明宗 1545～67
⑫仁宗 1544～45
(養子)
⑭宣祖 1567～1608
定遠君
⑮光海君 1608～23
臨海君
⑯仁祖 1623～49
⑰孝宗 1649～59
⑱顕宗 1659～74
⑲粛宗 1674～1720
㉑英祖 1724～76
⑳景宗 1720～24
㉒正祖 1776～1800
興宣大院君
㉓純祖 1800～34
(養子)
㉕哲宗 1849～63
㉔憲宗 1843～49
(養子)
㉖高宗 1863～1907
李王垠
李堈公
㉗純宗(李王) 1907～10
ペルシア帝国
アケメネス朝
年代は紀元前
アケメネス
❸ダレイオス1世 522～486
❶キュロス2世 559～530
❷カンビュセス2世 530～522
❹クセルクセス1世 485～465
❺アルタクセルクセス1世 464～424
❻クセルクセス2世 424
❼ダレイオス2世 423～405
❽アルタクセルクセス2世 404～359
❾アルタクセルクセス3世 359～338
❿アルセス 337～336
⓫ダレイオス3世 335～330
↑ダレイオス1世
アッバース
アッバース朝
❷マンスール 754～775
❶アブー＝アルアッバース 750～754
❸マフディー 775～785
❺ハールーン＝アッラシード 786～809
❹ハーディー 785～786
❼マームーン 813～833
❿ムタワッキル 847～861
⓬ムスタイーン 862～866
⓰ムータディド 892～902
㊱ムスタンシル 1226～42
㊲ムスターシム 1242～58
イスラーム帝国
預言者ムハンマド 622～632
正統カリフ時代
❶アブー＝バクル 632～634
❷ウマル 634～644
❸ウスマーン 644～656
❹アリー 656～661
ウマイヤ
ウマイヤ朝
④マルワーン1世 683～685
①ムアーウィヤ 661～680
②ヤジード1世 680～683
⑤アブド＝アルマリク 685～705
③ムアーウィヤ2世 683
⑭マルワーン2世 744～750
⑧ウマル2世 717～720
⑩ヒシャーム 724～743
⑨ヤジード2世 720～724
⑦スライマーン 715～717
⑥ワリード1世 705～715
1代略
後ウマイヤ朝
❶アブド＝アッラフマーン1世 756～788
❼アブド＝アッラーフ 888～912
❻ムンジル 886～888
❷ヒシャーム1世 788～796
❸ハカム1世 796～822
❽アブド＝アッラフマーン3世 912～961
929年カリフを称す
❹アブド＝アッラフマーン2世 822～852
❾ハカム2世 961～976
❺ムハンマド1世 852～886
❿ヒシャーム2世 976～1009
⓰ヒシャーム3世 1027～31
オスマン帝国
①オスマン1世 1299～1326
②オルハン 1326～60
③ムラト1世 1360～89
④バヤジット1世 1389～1402
＊⑤メフメト1世 1413～21
⑥ムラト2世 1421～44、1446～51
⑦メフメト2世 1444～46、1451～81
⑧バヤジット2世 1481～1512
⑨セリム1世 1512～20
⑩スレイマン1世 1520～66
⑪セリム2世 1566～74
⑫ムラト3世 1574～95
⑬メフメト3世 1595～1603
⑮ムスタファ1世 1617～18、1622～23
⑭アフメト1世 1603～17
⑱イブラヒム1世 1640～48
⑰ムラト4世 1623～40
⑯オスマン2世 1618～22
⑳スレイマン2世 1687～91
⑲メフメト4世 1648～87
㉑アフメト2世 1691～95
㉓アフメト3世 1703～30
㉒ムスタファ2世 1695～1703
㉗アブデュル＝ハミト1世 1774～89
㉖ムスタファ3世 1757～74
㉕オスマン3世 1754～57
㉔マフムト1世 1730～54
㉘セリム3世 1789～1807
↑スレイマン1世
㉚マフムト2世 1808～39
㉙ムスタファ4世 1807～08
㉜アブデュル＝アジーズ 1861～76
㉛アブデュル＝メジト1世 1839～61
㊱メフメト6世 1918～22
㉟メフメト5世 1909～18
㉞アブデュル＝ハミト2世 1876～1909
㉝ムラト5世 1876
＊④と⑤の間の12年間は、アンカラの戦いに端を発した兄弟間のスルタン位継承争いのための空白時代

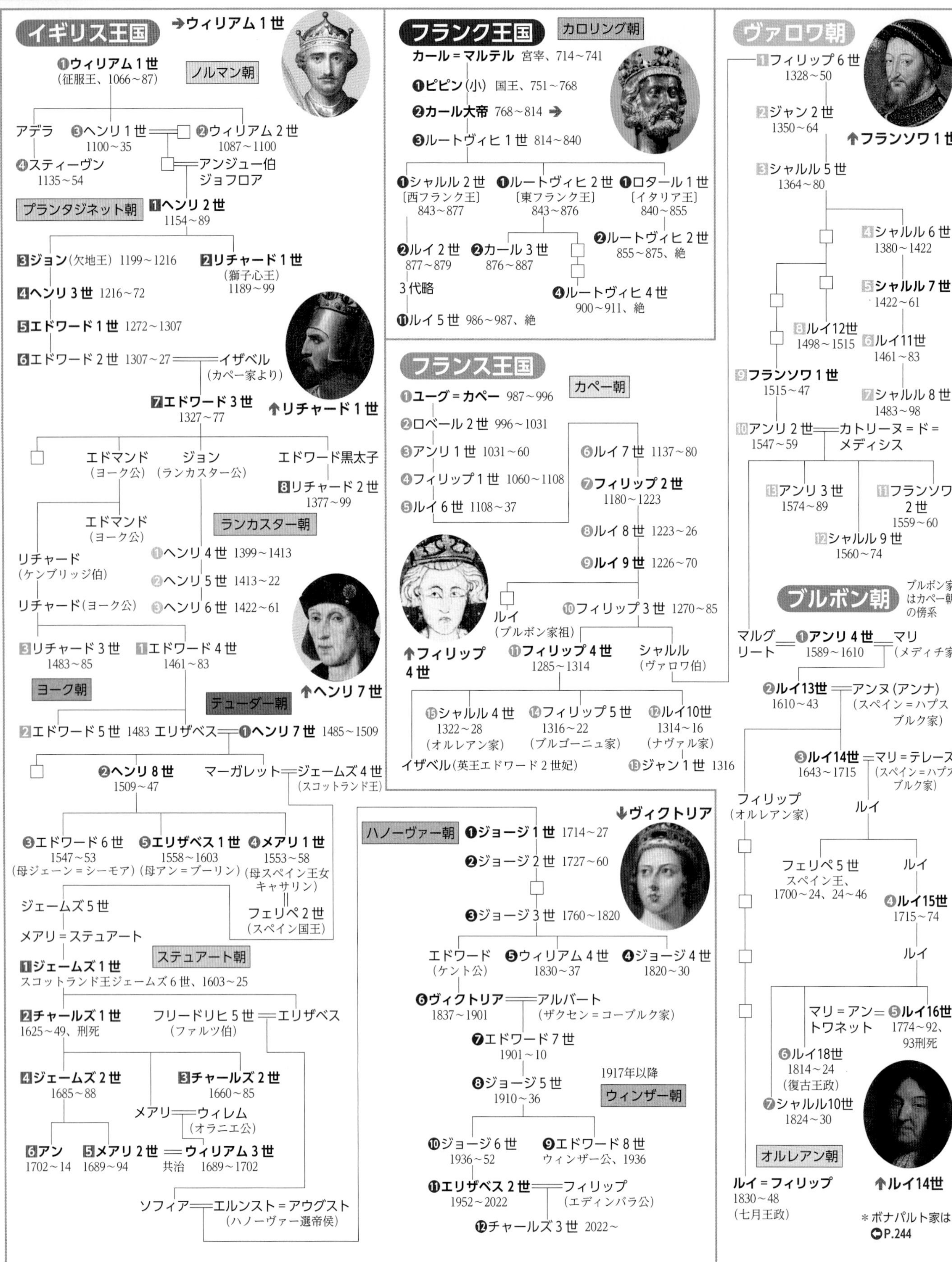
イギリス王国
➔ウィリアム１世
❶ウィリアム１世（征服王、1066～87）
ノルマン朝
アデラ
❸ヘンリ１世 1100～35
❷ウィリアム２世 1087～1100
❹スティーヴン 1135～54
アンジュー伯ジョフロア
プランタジネット朝
1ヘンリ２世 1154～89
3ジョン（欠地王）1199～1216
2リチャード１世（獅子心王）1189～99
4ヘンリ３世 1216～72
5エドワード１世 1272～1307
6エドワード２世 1307～27
イザベル（カペー家より）
7エドワード３世 1327～77
↑リチャード１世
エドマンド（ヨーク公）
ジョン（ランカスター公）
エドワード黒太子
8リチャード２世 1377～99
エドマンド（ヨーク公）
ランカスター朝
リチャード（ケンブリッジ伯）
①ヘンリ４世 1399～1413
②ヘンリ５世 1413～22
リチャード（ヨーク公）
③ヘンリ６世 1422～61
3リチャード３世 1483～85
1エドワード４世 1461～83
↑ヘンリ７世
ヨーク朝
テューダー朝
2エドワード５世 1483
エリザベス
❶ヘンリ７世 1485～1509
❷ヘンリ８世 1509～47
マーガレット
ジェームズ４世（スコットランド王）
❸エドワード６世 1547～53（母ジェーン＝シーモア）
❺エリザベス１世 1558～1603（母アン＝ブーリン）
❹メアリ１世 1553～58（母スペイン王女キャサリン）
フェリペ２世（スペイン国王）
ジェームズ５世
メアリ＝ステュアート
ステュアート朝
1ジェームズ１世 スコットランド王ジェームズ６世、1603～25
2チャールズ１世 1625～49、刑死
フリードリヒ５世（ファルツ伯）
エリザベス
4ジェームズ２世 1685～88
3チャールズ２世 1660～85
メアリ
ウィレム（オラニエ公）
6アン 1702～14
5メアリ２世 1689～94
ウィリアム３世 1689～1702
共治
ソフィア
エルンスト＝アウグスト（ハノーヴァー選帝侯）
フランク王国
カロリング朝
カール＝マルテル 宮宰、714～741
❶ピピン（小）国王、751～768
❷カール大帝 768～814 ➔
❸ルートヴィヒ１世 814～840
❶シャルル２世〔西フランク王〕843～877
❶ルートヴィヒ２世〔東フランク王〕843～876
❶ロタール１世〔イタリア王〕840～855
❷ルートヴィヒ２世 855～875、絶
❷ルイ２世 877～879
❷カール３世 876～887
3代略
❹ルートヴィヒ４世 900～911、絶
⓫ルイ５世 986～987、絶
フランス王国
カペー朝
❶ユーグ＝カペー 987～996
❷ロベール２世 996～1031
❸アンリ１世 1031～60
❹フィリップ１世 1060～1108
❺ルイ６世 1108～37
❻ルイ７世 1137～80
❼フィリップ２世 1180～1223
❽ルイ８世 1223～26
❾ルイ９世 1226～70
ルイ（ブルボン家祖）
❿フィリップ３世 1270～85
↑フィリップ４世
⓫フィリップ４世 1285～1314
シャルル（ヴァロワ伯）
⓯シャルル４世 1322～28（オルレアン家）
⓮フィリップ５世 1316～22（ブルゴーニュ家）
⓬ルイ10世 1314～16（ナヴァル家）
イザベル（英王エドワード２世妃）
⓭ジャン１世 1316
ヴァロワ朝
1フィリップ６世 1328～50
2ジャン２世 1350～64
↑フランソワ１世
3シャルル５世 1364～80
4シャルル６世 1380～1422
5シャルル７世 1422～61
8ルイ12世 1498～1515
6ルイ11世 1461～83
9フランソワ１世 1515～47
7シャルル８世 1483～98
10アンリ２世 1547～59
カトリーヌ＝ド＝メディシス
13アンリ３世 1574～89
11フランソワ２世 1559～60
12シャルル９世 1560～74
ブルボン朝
ブルボン家はカペー朝の傍系
マルグリート
❶アンリ４世 1589～1610
マリ（メディチ家）
❷ルイ13世 1610～43
アンヌ（アンナ）（スペイン＝ハプスブルク家）
❸ルイ14世 1643～1715
マリ＝テレーズ（スペイン＝ハプスブルク家）
フィリップ（オルレアン家）
ルイ
フェリペ５世 スペイン王、1700～24、24～46
ルイ
❹ルイ15世 1715～74
ルイ
マリ＝アントワネット
❺ルイ16世 1774～92、93刑死
❻ルイ18世 1814～24（復古王政）
❼シャルル10世 1824～30
オルレアン朝
ルイ＝フィリップ 1830～48（七月王政）
↑ルイ14世
＊ボナパルト家は ➲P.244
↓ヴィクトリア
ハノーヴァー朝
❶ジョージ１世 1714～27
❷ジョージ２世 1727～60
❸ジョージ３世 1760～1820
エドワード（ケント公）
❺ウィリアム４世 1830～37
❹ジョージ４世 1820～30
❻ヴィクトリア 1837～1901
アルバート（ザクセン＝コーブルク家）
❼エドワード７世 1901～10
❽ジョージ５世 1910～36
1917年以降
ウィンザー朝
❿ジョージ６世 1936～52
❾エドワード８世 ウィンザー公、1936
⓫エリザベス２世 1952～2022
フィリップ（エディンバラ公）
⓬チャールズ３世 2022～

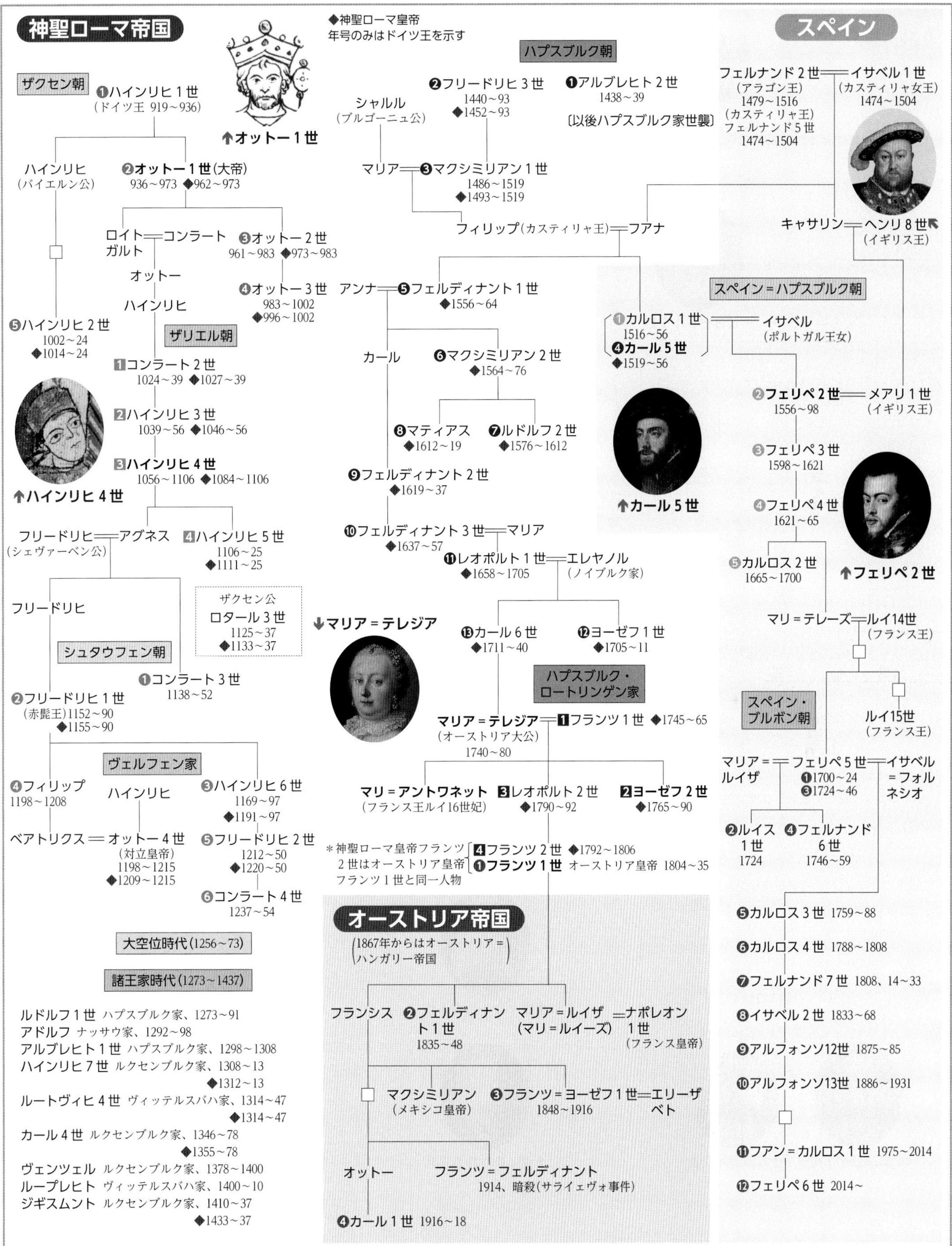

神聖ローマ帝国
◆神聖ローマ皇帝
年号のみはドイツ王を示す
ザクセン朝
❶ハインリヒ1世
（ドイツ王 919～936）
↑オットー1世
ハインリヒ
（バイエルン公）
❷オットー1世(大帝)
936～973 ◆962～973
ロイトガルト＝コンラート
❸オットー2世
961～983 ◆973～983
オットー
ハインリヒ
❹オットー3世
983～1002
◆996～1002
❺ハインリヒ2世
1002～24
◆1014～24
ザリエル朝
■1コンラート2世
1024～39 ◆1027～39
■2ハインリヒ3世
1039～56 ◆1046～56
■3ハインリヒ4世
1056～1106 ◆1084～1106
↑ハインリヒ4世
フリードリヒ＝アグネス
（シェヴァーベン公）
■4ハインリヒ5世
1106～25
◆1111～25
フリードリヒ
ザクセン公
ロタール3世
1125～37
◆1133～37
シュタウフェン朝
❶コンラート3世
1138～52
❷フリードリヒ1世
（赤髭王）1152～90
◆1155～90
ヴェルフェン家
❹フィリップ
1198～1208
ハインリヒ
❸ハインリヒ6世
1169～97
◆1191～97
ベアトリクス＝オットー4世
（対立皇帝）
1198～1215
◆1209～1215
❺フリードリヒ2世
1212～50
◆1220～50
❻コンラート4世
1237～54
大空位時代(1256～73)
諸王家時代(1273～1437)
ルドルフ1世 ハプスブルク家、1273～91
アドルフ ナッサウ家、1292～98
アルブレヒト1世 ハプスブルク家、1298～1308
ハインリヒ7世 ルクセンブルク家、1308～13
◆1312～13
ルートヴィヒ4世 ヴィッテルスバハ家、1314～47
◆1314～47
カール4世 ルクセンブルク家、1346～78
◆1355～78
ヴェンツェル ルクセンブルク家、1378～1400
ループレヒト ヴィッテルスバハ家、1400～10
ジギスムント ルクセンブルク家、1410～37
◆1433～37
ハプスブルク朝
❷フリードリヒ3世
1440～93
◆1452～93
❶アルブレヒト2世
1438～39
〔以後ハプスブルク家世襲〕
シャルル
（ブルゴーニュ公）
マリア＝❸マクシミリアン1世
1486～1519
◆1493～1519
フィリップ（カスティリャ王）＝フアナ
アンナ＝❺フェルディナント1世
◆1556～64
カール
❻マクシミリアン2世
◆1564～76
❽マティアス
◆1612～19
❼ルドルフ2世
◆1576～1612
❾フェルディナント2世
◆1619～37
❿フェルディナント3世＝マリア
◆1637～57
⓫レオポルト1世＝エレヤノル
◆1658～1705
（ノイブルク家）
↓マリア＝テレジア
⓭カール6世
◆1711～40
⓬ヨーゼフ1世
◆1705～11
ハプスブルク・ロートリンゲン家
マリア＝テレジア＝■1フランツ1世 ◆1745～65
（オーストリア大公）
1740～80
マリ＝アントワネット
（フランス王ルイ16世妃）
■3レオポルト2世
◆1790～92
■2ヨーゼフ2世
◆1765～90
＊神聖ローマ皇帝フランツ2世はオーストリア皇帝フランツ1世と同一人物
■4フランツ2世 ◆1792～1806
❶フランツ1世 オーストリア皇帝 1804～35
オーストリア帝国
（1867年からはオーストリア＝ハンガリー帝国）
フランシス
❷フェルディナント1世
1835～48
マリア＝ルイザ
（マリ＝ルイーズ）
＝ナポレオン1世
（フランス皇帝）
マクシミリアン
（メキシコ皇帝）
❸フランツ＝ヨーゼフ1世＝エリーザベト
1848～1916
オットー
フランツ＝フェルディナント
1914、暗殺（サライェヴォ事件）
❹カール1世 1916～18
スペイン
フェルナンド2世＝イサベル1世
（アラゴン王）
1479～1516
（カスティリャ王）
フェルナンド5世
1474～1504
（カスティリャ女王）
1474～1504
キャサリン＝ヘンリ8世
（イギリス王）
スペイン＝ハプスブルク朝
❶カルロス1世
1516～56
❹カール5世
◆1519～56
＝イサベル
（ポルトガル王女）
↑カール5世
❷フェリペ2世＝メアリ1世
1556～98
（イギリス王）
❸フェリペ3世
1598～1621
❹フェリペ4世
1621～65
❺カルロス2世
1665～1700
↑フェリペ2世
マリ＝テレーズ＝ルイ14世
（フランス王）
スペイン・ブルボン朝
ルイ15世
（フランス王）
マリア＝ルイザ＝フェリペ5世＝イサベル＝フォルネシオ
❶1700～24
❸1724～46
❷ルイス1世
1724
❹フェルナンド6世
1746～59
❺カルロス3世 1759～88
❻カルロス4世 1788～1808
❼フェルナンド7世 1808、14～33
❽イサベル2世 1833～68
❾アルフォンソ12世 1875～85
❿アルフォンソ13世 1886～1931
⓫フアン＝カルロス1世 1975～2014
⓬フェリペ6世 2014～

ロシア

イヴァン3世
(モスクワ大公)
1462～1505

↑イヴァン3世

ロマノフ朝

①**ミハイル＝ロマノフ** 1613～45

②アレクセイ 1645～76

③フョードル3世 1676～82

↑ピョートル1世

④イヴァン5世 1682～89

⑥エカチェリーナ1世 1725～27 ＝ ⑤**ピョートル1世(大帝)** 1682～1725 ＝ エウドキヤ

アレクセイ

⑦ピョートル2世 1727～30

⑧アンナ＝イヴァノヴナ 1730～40

⑨イヴァン6世 1740～41

⑩エリザヴェータ 1741～62

アンナ ＝ カール＝フリードリヒ (ホルシュタイン＝ゴトープ公)

⑫**エカチェリーナ2世** 1762～96 ＝ ⑪ピョートル3世 1761～62、殺害

⑬パヴェル1世 1796～1801

↑エカチェリーナ2世

⑮ニコライ1世 1825～55

⑭**アレクサンドル1世** 1801～25

コンスタンティン

オルガ (ギリシア王ゲオルク1世妃)

⑯**アレクサンドル2世** 1855～81、暗殺

⑰アレクサンドル3世 1881～94

⑱**ニコライ2世** 1894～1917、刑死

↑ニコライ1世

↑ニコライ2世

プロイセン＝ドイツ

ホーエンツォレルン家

フリードリヒ1世
ブランデンブルク選帝侯
1415～40

(7世の孫)ジギスムント
1608～19

フリードリヒ＝ヴィルヘルム
大選帝侯、1640～88

①フリードリヒ1世
プロイセン王、1701～13

②フリードリヒ＝ヴィルヘルム1世
1713～40

③**フリードリヒ2世**
1740～86(大王)

④フリードリヒ＝ヴィルヘルム2世
1786～97

⑤フリードリヒ＝ヴィルヘルム3世
1797～1840

↑**フリードリヒ2世**

⑥フリードリヒ＝ヴィルヘルム4世
1840～61

1⑦**ヴィルヘルム1世**
プロイセン王 1861～88
ドイツ皇帝 1871～88

2フリードリヒ3世
1888

3**ヴィルヘルム2世**
1888～1918

↑ヴィルヘルム1世

↑ヴィルヘルム2世

ローマ教皇

(主なローマ教皇のみ)

～64？	ペテロ
440～461	**レオ1世**
590～604	**グレゴリウス1世**
741～752	ザカリアス
752	ステファヌス2世
772～795	ハドリアヌス1世
795～816	**レオ3世**
827～844	グレゴリウス4世
847～855	レオ4世
858～867	ニコラウス1世
872～882	ヨハネス8世
914～928	ヨハネス10世
955～964	**ヨハネス12世**
985～996	ヨハネス15世
1012～24	ベネディクトゥス8世
1024～32	ヨハネス19世
1032～44	ベネディクトゥス9世
1048～54	レオ9世
1054	**東西教会の分裂確定**
1059～61	ニコラウス2世
1061～73	アレクサンデル2世
1073～85	**グレゴリウス7世**
1088～99	**ウルバヌス2世**
1099～1118	パスカリス2世
1130～43	インノケンティウス2世
1145～53	エウゲニウス3世
1159～81	アレクサンデル3世
1181～85	ルキウス3世
1198～1216	**インノケンティウス3世**
1216～27	ホノリウス3世
1227～41	グレゴリウス9世
1294～1303	**ボニファティウス8世**
1303～04	ベネディクトゥス11世
1309～77	**教皇のバビロン捕囚**
1305～14	クレメンス5世
1316～34	ヨハネス22世
1370～78	グレゴリウス11世
1378～1417	**教会大分裂(大シスマ)**
1378～89	ウルバヌス6世
1417～31	マルティヌス5世
1447～55	ニコラウス5世
1492～1503	アレクサンデル6世
1503～13	ユリウス2世
1513～21	**レオ10世**
1522～23	ハドリアヌス6世
1523～34	クレメンス7世
1534～49	パウルス3世
1550～55	ユリウス3世
1566～72	ピウス5世
1572～85	グレゴリウス13世
1605～21	パウルス5世
1700～21	クレメンス11世
1769～74	クレメンス14世
1800～23	ピウス7世
1831～46	グレゴリウス16世
1846～78	ピウス9世
1878～1903	レオ13世
1922～39	ピウス11世
1939～58	ピウス12世
1958～63	ヨハネス23世
1978～2005	**ヨハネ＝パウロ2世**
2005～13	ベネディクト16世
2013～	フランシスコ

ローマ帝国

(主なローマ皇帝のみ)

元首政(プリンキパトゥス)

前27～後14	**アウグストゥス**	
14～37	ティベリウス	
37～41	カリグラ	
41～54	クラウディウス	
54～68	**ネロ**	
68～69	ガルバ	
69	オト	
69～79	ウェスパシアヌス	
79～81	ティトゥス	
81～96	ドミティアヌス	
96～98	**ネルウァ**	五賢帝
98～117	**トラヤヌス**	五賢帝
117～138	**ハドリアヌス**	五賢帝
138～161	**アントニヌス＝ピウス**	五賢帝
161～180	**マルクス＝アウレリウス＝アントニヌス**	五賢帝
180～192	コンモドゥス	
193～211	セプティミウス＝セウェルス	
211～217	カラカラ	

〈軍人皇帝時代〉
マクシミヌス～カリヌス、50年間に26人の皇帝が廃立した

235～238	マクシミヌス
244～249	フィリップス＝アラブス
249～251	デキウス
253～260	ウァレリアヌス
270～275	アウレリアヌス
283～285	カリヌス

専制君主政(ドミナトゥス)

284～305	**ディオクレティアヌス**
286～305	マクシミアヌス
305～306	コンスタンティウス1世
305～311	ガレリウス
306～312	マクセンティウス
306～337	**コンスタンティヌス1世**
308～324	リキニウス
310～313	マクシミヌス＝ダイア
337～340	コンスタンティヌス2世
337～350	コンスタンス1世
361～363	ユリアヌス
379～395	**テオドシウス1世**

↑マルクス＝アウレリウス＝アントニヌス

↑コンスタンティヌス

主要国元首表

(2024年 9 月現在)

アメリカ合衆国大統領

代数	在職期間	大統領名	党派
①	1789～97	**ワシントン**	フェデラリスト
②	1797～1801	J.アダムズ	フェデラリスト
③	1801～09	**ジェファソン**	リパブリカン
④	1809～17	マディソン	リパブリカン
⑤	1817～25	**モンロー**	リパブリカン
⑥	1825～29	J.Q.アダムズ	リパブリカン
⑦	1829～37	**ジャクソン**	民主党
⑧	1837～41	ヴァン＝ビューレン	民主党
⑨	1841[1]	W.ハリソン	ホイッグ
⑩	1841～45	タイラー	ホイッグ
⑪	1845～49	ポーク	民主党
⑫	1849～50[2]	テーラー	ホイッグ
⑬	1850～53	フィルモア	ホイッグ
⑭	1853～57	ピアース	民主党
⑮	1857～61	ブキャナン	民主党
⑯	1861～65[3]	**リンカン**	共和党
⑰	1865～69	A.ジョンソン	民主党
⑱	1869～77	グラント	共和党
⑲	1877～81	ヘイズ	共和党
⑳	1881[4]	ガーフィールド	共和党
㉑	1881～85	アーサー	共和党
㉒	1885～89	クリーヴランド	民主党
㉓	1889～93	B.ハリソン	共和党
㉔	1893～97[5]	クリーヴランド	民主党(再任)
㉕	1897～1901[6]	**マッキンリー**	共和党
㉖	1901～09	**T.ローズヴェルト**	共和党
㉗	1909～13	タフト	共和党
㉘	1913～21	**ウィルソン**	民主党
㉙	1921～23[7]	ハーディング	共和党
㉚	1923～29	クーリッジ	共和党
㉛	1929～33	フーヴァー	共和党
㉜	1933～45[8]	**F.ローズヴェルト**	民主党
㉝	1945～53	**トルーマン**	民主党
㉞	1953～61	**アイゼンハワー**	共和党
㉟	1961～63[9]	**ケネディ**	民主党
㊱	1963～69	L.ジョンソン	民主党
㊲	1969～74[10]	**ニクソン**	共和党
㊳	1974～77	フォード	共和党
㊴	1977～81	カーター	民主党
㊵	1981～89	**レーガン**	共和党
㊶	1989～93	G.ブッシュ	共和党
㊷	1993～2001	クリントン	民主党
㊸	2001～09	G.W.ブッシュ	共和党
㊹	2009～17	オバマ	民主党
㊺	2017～21	トランプ	共和党
㊻	2021～	バイデン	民主党

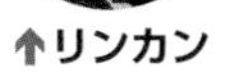

↑ワシントン　↑リンカン　↑バイデン

＊1951年、憲法修正第22条により大統領の 3 選が禁じられる

❶1841年 3 月、就任 1 カ月で肺炎のため死亡

❷1850年 7 月、日射病または食中毒のため死亡

❸1865年 4 月、 2 期目の就任後、観劇中に狙撃され死亡

❹1881年 9 月、政敵に撃たれて死亡

❺前回の選挙で敗れたものの復帰。 1 期おいて 2 度大統領になった唯一の人物

❻1901年 9 月、 2 期目の 8 カ月で暗殺される

❼1923年 8 月、旅行中に病気で急死

❽1945年 4 月、 4 期目に脳出血で死亡

❾1963年11月、遊説中、テキサス州ダラスで暗殺される

❿1974年 8 月、ウォーターゲート事件で引責辞任

イギリス首相

(現在の元首はチャールズ 3 世)

在職期間	首相名	党派
1721～42	**ウォルポール**	ホイッグ党
〈13代省略〉		
1783～1801	**ピット(小)**	トーリ党
1801～04	アディントン	トーリ党
1804～06	ピット(小)(再任)	トーリ党
1806～07	グレンヴィル	ホイッグ党
1807～09	ポートランド(再任)	
1809～12	パーシヴァル	トーリ党
1812～27	リヴァプール	トーリ党
1827	**カニング**	トーリ党
1827～28	ゴドリッチ	トーリ党
1828～30	ウェリントン	トーリ党
1830～34	グレー	ホイッグ党
1834	メルボーン	ホイッグ党
1834～35	ピール	保守党
1835～41	メルボーン(再任)	ホイッグ党
1841～46	ピール(再任)	保守党
1846～52	ラッセル	ホイッグ党
1852	ダービー	保守党
1852～55	アバディーン	連立
1855～58	パーマストン	ホイッグ党
1858～59	ダービー(再任)	保守党
1859～65	パーマストン(再任)	自由党
1865～66	ラッセル(再任)	自由党
1866～68	ダービー(三任)	保守党
1868	**ディズレーリ**	保守党
1868～74	**グラッドストン**	自由党
1874～80	ディズレーリ(再任)	保守党
1880～85	グラッドストン(再任)	自由党
1885～86	ソールズベリ	保守党
1886	グラッドストン(三任)	自由党
1886～92	ソールズベリ(再任)	保守党
1892～94	グラッドストン(四任)	自由党
1894～95	ローズベリ	自由党
1895～1902	ソールズベリ(三任)	保守党
1902～05	バルフォア	保守党
1905～08	キャンベル＝バナマン	自由党
1908～16	アスキス	自由党
1916～22	**ロイド＝ジョージ**	連立
1922～23	ロー	保守党
1923～24	ボールドウィン	保守党
1924	**マクドナルド**	労働党
1924～29	ボールドウィン(再任)	保守党
1929～31	マクドナルド(再任)	労働党
1931～35	マクドナルド(三任)	挙国連立
1935～37	ボールドウィン(三任)	挙国連立
1937～40	**チェンバレン**	挙国連立
1940～45	**チャーチル**	挙国連立
1945～51	アトリー	労働党
1951～55	チャーチル(再任)	保守党
1955～57	イーデン	保守党
1957～63	マクミラン	保守党
1963～64	ヒューム	保守党
1964～70	ウィルソン	労働党
1970～74	ヒース	保守党
1974～76	ウィルソン(再任)	労働党
1976～79	キャラハン	労働党
1979～90	**サッチャー**	保守党
1990～97	メージャー	保守党
1997～2007	ブレア	労働党
2007～10	ブラウン	労働党
2010～15	キャメロン	連立
2015～16	キャメロン(再任)	保守党
2016～19	メイ	保守党
2019～22	ジョンソン	保守党
2022	トラス	保守党
2022～24	スナク	保守党
2024～	スターマー	労働党

↑ウォルポール

↑ディズレーリ

↑グラッドストン

↑スターマー

フランス大統領

(第五共和政)

1959～69	**ド＝ゴール**
1969～74	ポンピドゥー
1974～81	ジスカールデスタン
1981～95	ミッテラン
1995～2007	シラク
2007～12	サルコジ
2012～17	オランド
2017～	マクロン

↑マクロン

ドイツ首相

(ドイツ連邦共和国、現在の元首はシュタインマイヤー大統領)

1949～63	**アデナウアー**
1963～66	エアハルト
1966～69	キージンガー
1969～74	**ブラント**
1974～82	シュミット
1982～98	コール
1998～2005	シュレーダー
2005～2021	メルケル
2021～	ショルツ

↑ショルツ

ソ連共産党書記長

(1966年以前は第一書記)

1922～53	**スターリン**
1953～64	**フルシチョフ**
1964～82	**ブレジネフ**
1982～84	アンドロポフ
1984～85	チェルネンコ
1985～91	**ゴルバチョフ**＊

＊1990～91には初代大統領も務める

↑ゴルバチョフ

ロシア連邦大統領

1991～99	エリツィン
2000～08	プーチン
2008～12	メドヴェージェフ
2012～	プーチン

↑プーチン

中華人民共和国国家首席・首相

在職期間	国家主席名	在職期間	首相名
1954～59	**毛沢東**＊	1954～76	周恩来（しゅうおんらい）
1959～68	**劉少奇**（りゅうしょうき）		
〈1975～82	廃止〉	1976～80	華国鋒（かこくほう）
1983～88	**李先念**（りせんねん）	1980～87	趙紫陽（ちょうしよう）
1988～93	楊尚昆（ようしょうこん）	1988～98	李鵬（りほう）
1993～2003	江沢民（こうたくみん）	1998～2003	朱鎔基（しゅようき）
2003～13	胡錦濤（こきんとう）	2003～13	温家宝（おんかほう）
2013～	習近平（しゅうきんぺい）	2013～23	李克強（りこくきょう）
		2023～	李強（りきょう）

＊1949～54は中央人民政府主席

↑毛沢東　↑劉少奇　↑習近平

＊赤文字は人名を示す。
＊複数のページで扱った用語は、関連度の高いページを青文字で示した。

カ

キ

ク

ケ

コ

ナ

ニ

ヌ

ネ

ノ

ハ

ヒ

フ

写真・資料提供者一覧(敬称略・五十音順)

アイノア、青木書店、明石書店、秋田魁新報社、朝日出版社、朝日新聞社、朝日新聞出版、飛鳥園、飛鳥寺、アフロ、安倍文殊院、アマナイメージズ、アムステルダム国立美術館、荒井雅子、飯高伸五、石上神宮、嚴島神社、出光美術館、茨城県立図書館、茨城県立歴史館、岩波書店、ウイングスP・E/宮﨑一雄、内田雄二、永青文庫、NHK出版、エンデルレ書店、大阪市立東洋陶磁美術館、大阪府弥生文化博物館、大谷大学博物館、大月書店、大原美術館、大村次郷、億岐家宝物殿、沖縄県立芸術大学附属図書・芸術資料館/鎌倉芳太郎撮影、沖縄県立博物館、沖縄総合図書、小沢尚(小沢尚設計計画室)、オハイオ州立大学図書館、改造社、外務省外交史料館、学研プラス、KADOKAWA、神奈川県立歴史博物館、河出書房新社、韓国国立中央博物館、観音寺(滋賀・山東町)、気象庁、汲古書院、九州大学出版会、灸まん美術館、教王護国寺(東寺)、共同通信社、京都大学学術出版会、京都服飾文化財団、宮内庁三の丸尚蔵館、宮内庁正倉院事務所、呉市、群馬県立自然史博物館、慶應義塾大学出版会、慶應義塾福澤研究センター、慶應義塾大学メディアセンター、勁草書房、ゲッティイメージズ、皓星社、講談社、豪徳寺、光文社、弘文堂、広隆寺、粉河寺、国文学研究資料館、国立科学博物館/馬場悠男、国立公文書館、国立国会図書館、国立保健医療科学院図書館、国立歴史民俗博物館、さいたま市立漫画会館、サイマル出版会、佐賀県、佐賀県立九州陶磁文化館、さきたま史跡の博物館、産業技術総合研究所地質調査総合センター、三元社、三省堂、滋賀大学経済学部附属史料館、CCCメディアハウス、時事通信フォト、静岡浅間神社、シーピーシー・フォト、島根県立古代出雲歴史博物館、清水書院、集英社、小学館、相国寺承天閣美術館、尚古集成館、商船三井、松伯美術館、昭和館、真正極楽寺、新潮社、新評論、センペンバンカ、草思社、総務省、素材辞典、大英図書館、大成建設、高岡市立博物館、玉川大学出版部、筑摩書房、知泉書館、中央公論新社、中華書局、中近東文化センター、中尊寺、鳥影社、津田塾大学津田梅子資料室、天理大学附属天理図書館、東海大学情報技術センター、東京大学出版会、東京大学史料編纂所、東京大学法学部附属明治新聞雑誌文庫、東京美術、東京法令出版、唐招提寺、刀水書房、東洋経済新報社、東洋文庫、図書印刷同朋舎、凸版印刷株式会社印刷博物館、内閣府、長崎歴史文化博物館、名古屋大学出版会、奈良県立橿原考古学研究所、新渡戸記念館、日本アラブ協会、日本銀行金融研究所貨幣博物館、日本近代文学館、日本実業出版社、日本聖書協会、日本ハラール協会、日本郵船歴史博物館、根津美術館、野町和嘉、芳賀ライブラリー、BAKU斉藤、白水社、白鶴美術館、白帝社、函館市中央図書館、橋本雄/九州国立博物館、PHP研究所、PIXTA、美術同人社、美術の森、PPS通信社、平等院、評論社、平山郁夫シルクロード美術館、広島大学原爆放射線医科学研究所、FERNDALE EDITIONS、風響社、フォトライブラリー、福岡市埋蔵文化財センター、藤井斉成会有鄰館、藤原書店、プレスポート、文藝春秋、平凡社、便利堂、法政大学出版局、法藏館、法隆寺、北海道出版企画センター、北海道大学出版会、ボルティモア・ウォルターズ美術館、毎日新聞社、毎日新聞社MOTTAINAI事務局、マグナム・フォト、松浦市教育委員会、美斉津洋夫、みすず書房、ミネルヴァ書房、MIHO MUSEUM、宮城県図書館、三宅立雄/流通経済大学三宅雪嶺記念資料館、未来社、明治書院、明治神宮外苑聖徳記念絵画館、メトロポリタン美術館、文殊社、靖国神社遊就館、山川出版社、山口県文書館、大和ミュージアム、悠書館、郵政博物館、有斐閣、ユニフォトプレス、横浜開港資料館、横浜美術館、吉川弘文館、陸上自衛隊、リトン、リーベル出版、龍谷大学図書館、鹿苑寺、早稲田大学図書館、ワールド・フォト・サービス

神戸市立博物館所蔵　Photo：Kobe City Museum / DNPartcom(p.13①、p.44①、p.46②)、ColBase　https://colbase.nich.go.jp/(p.21④、p.31②、p.35②、p.44③、p.46①、p.50④、p.66⑤・⑦、p.134⑨、p.179⑩、p.197⑭、p.354武帝)、静嘉堂文庫美術館所蔵　静嘉堂文庫美術館/DNPartcom(p.179⑪)、大英博物館所蔵　© The Trustees of the British Museum c/o DNPartcom(p.159⑧)、東京藝術大学所蔵　画像提供：東京藝術大学/DNPartcom(p.135⑩)、東京国立博物館所蔵　Image: TNM Image Archives(p.281⑪)、東京都江戸東京博物館所蔵　画像提供：東京都江戸東京博物館 / DNPartcom(p.197⑬、p.275⑧)、福岡市博物館所蔵　画像提供：福岡市博物館 / DNPartcom(p.15①、p.185⑥)、画像提供：福岡市博物館 / DNPartcom蓮尾正博氏作成(p.33②)、ポーラ美術館所蔵　画像提供：ポーラ美術館 / DNPartcom(p.265⑭)、The Moviestore Collection Ltd/ユニフォトプレス(p.127⑧、p.265⑫)、Harvest of Endurance Scroll: A History of the Chinese in Australia, 1788–1988. Artist Mo Xiangyi, assisted by Wang Jingwen, with researcher Mo Yimei. Ink on paper, mounted on silk and paper. (c) Australia China Friendship Society. National Museum of Australia(p.286⑦)、© 2022 - Succession Pablo Picasso - BCF(JAPAN)(p.65④、p.311⑧)、© Salvador Dalí, Fundació Gala-Salvador Dalí, JASPAR Tokyo, 2022 E4978 (p.352③)、© 2022 The Andy Warhol Foundation for the Visual Arts, Inc. / NY & JASPAR, Tokyo E4978 (p.353⑦)
平成12年度外務省委託研究「中東基礎資料調査ー主要中東諸国の憲法ー」報告書(2001年3月31日)(p.309文献①)、国際連合広報センター　https://www.unic.or.jp/info/un/charter/text_japanese/(p.349文献②)、国際連合広報センター　https://www.unic.or.jp/files/Goal_01.pdf(p.350文献⑤)

オリエント / ヨーロッパ世界 / イスラーム諸王朝 / 南アジア世界 / 東アジア世界 / 古代アメリカ

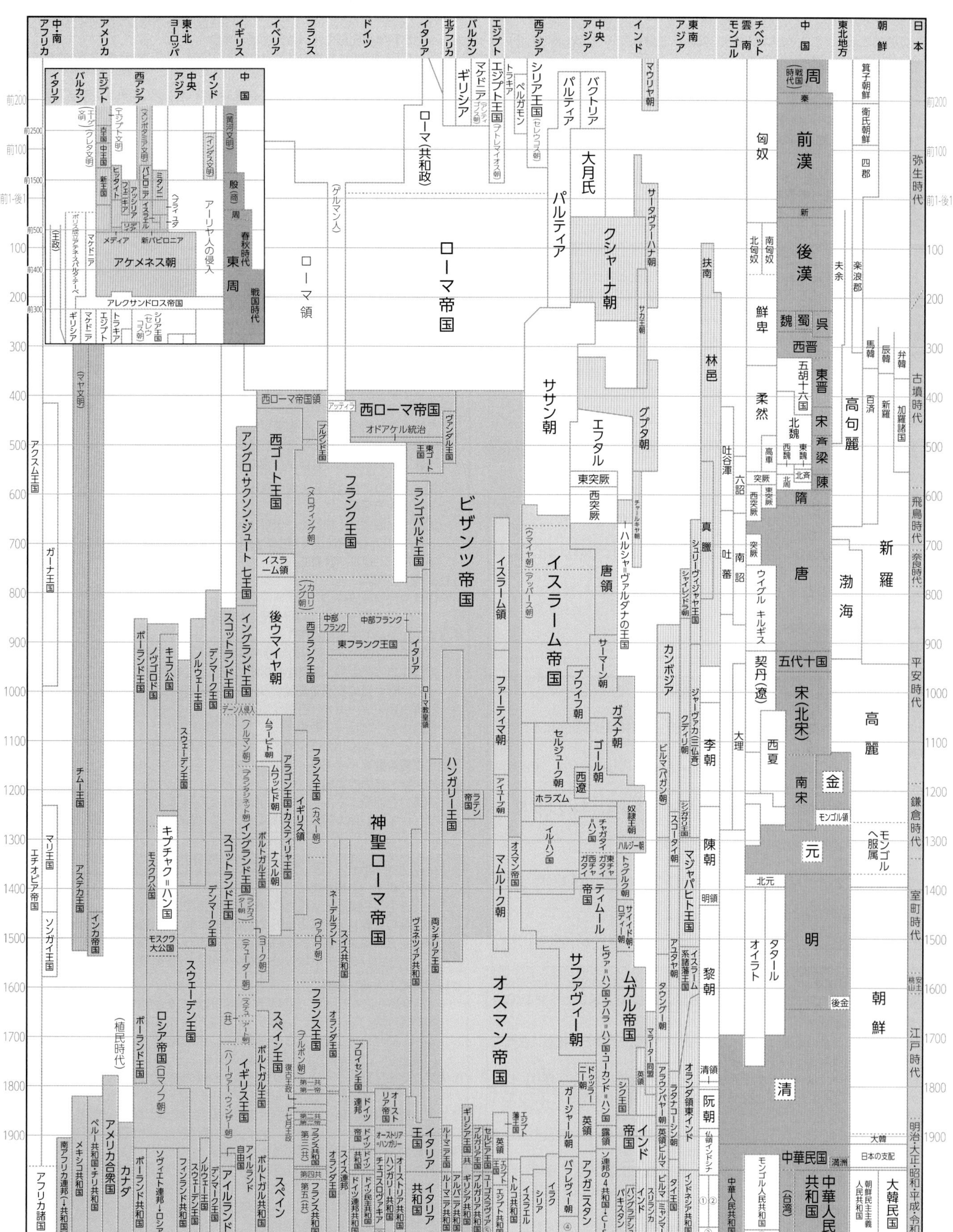

①ベトナム共和国②ベトナム民主共和国③ベトナム社会主義共和国④イラン＝イスラーム共和国⑤スロヴェニア／クロアティア／ボスニア・ヘルツェゴヴィナ／マケドニア／セルビア／モンテネグロ⑥チェコ／スロヴァキア⑦モンゴル国

欧米文化史のまとめ

古代ギリシア P.96

特徴
◆奴隷制によりポリス市民は労働から解放→自由な思索と議論の発達
◆合理的な精神・科学的な態度を重視

●哲学の発達…弁論術の職業教師(ソフィスト)の登場
ソクラテス、プラトンが市民や国家の理想像を追求
●自然哲学の発達…タレスやピタゴラスらが万物の根源を追求
●詩や演劇の発達(人間中心の文化)
…ホメロス、ヘシオドス、アイスキュロス・ソフォクレス・エウリピデス(三大悲劇詩人)、アリストファネス(喜劇)、サッフォー(女性詩人)
●後のヨーロッパ文化への影響
…イスラーム王朝を経由したアリストテレスの学問が中世ヨーロッパに影響

▼

ヘレニズム P.96

特徴
◆アレクサンドロスの東方遠征により、ギリシア文化とオリエント文化が融合
◆ポリスの衰退により、ポリスの枠にとらわれない思想が登場

●感情や性格をダイナミックに表現した彫刻…「サモトラケのニケ」、「ラオコーン」
●世界市民主義や個人主義の高揚…エピクロス派(快楽主義)、ストア派(禁欲主義)
●自然科学の発達…アレクサンドリアのムセイオンが学問の中心
エウクレイデス(幾何学)、アルキメデス(数学・物理学)、エラトステネス(子午線の長さを測定)
●ギリシア語(コイネー)の発達…ギリシア語がヘレニズム世界の共通語へ

▼

ローマ P.104

特徴
◆思想と美術はギリシアとヘレニズムの強い影響
◆実用的な文化・学問の発展

●文学・哲学の発達…ウェルギリウス(『アエネイス』)、キケロ(弁論術)、セネカ・エピクテトス(ストア派)
●土木・建築・法律の発達…コロッセウム、水道橋、『ローマ法大全』(東ローマ帝国)
●歴史学・地理学の発達…ポリビオス、タキトゥス(『ゲルマニア』)、リウィウス(『ローマ建国史』)、プルタルコス(『対比列伝』)
●ラテン語・ローマ字の拡散
●キリスト教の普及(帝国後期)

▼

中世 P.172

特徴
◆キリスト教の強い影響
◆東西交流の進展により、ビザンツ・イスラーム王朝から学問が流入

●神学・スコラ学の発展(=「哲学は神学の婢」)
…アウグスティヌス(『神の国』)、トマス=アクィナス(『神学大全』)、アベラール(唯名論)、アンセルムス(実在論)
●多様なキリスト教会建築…ビザンツ様式、ロマネスク様式、ゴシック様式
●カロリング=ルネサンス(9世紀)
…カール大帝が学芸を奨励、アルクインを宮廷に招く
●12世紀ルネサンス
…イベリア半島やシチリアなどを経由してビザンツ・イスラーム王朝から学問・文化が流入
●騎士道文学の発展…『ローランの歌』、『アーサー王物語』
●大学の設立…ボローニャ(法)、パリ(神学)、サレルノ(医)、オクスフォード(神学)

▼

ルネサンス P.210

特徴
◆古代ギリシア・ローマを模範に、人間らしい生き方を追求(ヒューマニズム)

●イタリア=ルネサンス
…経済的繁栄、商業の復活によるイスラーム・ビザンツ世界との接触、古代ローマの史跡残存などを背景に開始
ダンテ(『神曲』)、ボッカチオ(『デカメロン』)、ボッティチェリ(『春』)、レオナルド=ダ=ヴィンチ(万能人)、ミケランジェロ(『最後の審判』)、ラファエロ
●各国のルネサンス
…ルネサンスはヨーロッパ各地に波及。特に、経済的繁栄・商業発展の著しいネーデルラントで早期にルネサンスが開始
ファン=アイク兄弟(蘭)、ブリューゲル(蘭)、エラスムス(蘭)、チョーサー(英)、トマス=モア(英)、シェークスピア(英)、ラブレー(仏)、セルバンテス(西)、デューラー(独)
●科学技術の発展…グーテンベルクが活版印刷を改良、羅針盤・火薬の改良

▼

17〜18世紀 P.232

特徴
◆自然科学の発展に伴い合理主義が発達
◆主権国家間の抗争や海外進出の影響を受け、政治思想が発達(啓蒙思想や社会契約説など)
◆重商主義の行きづまりを経て、イギリス産業革命が近代資本主義経済学を準備
→重商主義から重農主義、自由主義経済学(古典派経済学)へ
◆絶対王政の確立で宮廷文化が隆盛
◆商工業の発展により市民文化が登場

●科学革命…ガリレイ(望遠鏡の改良)、ニュートン(万有引力の法則)
●近代合理主義の発達…フランシス=ベーコン、デカルト、カント
●国家や社会に関する考察(=政治思想)の発達
…ボシュエ(王権神授説)、グロティウス(自然法)、ホッブズ・ロック(社会契約説)
●啓蒙思想の登場…モンテスキュー、ヴォルテール、ルソー
●経済学…コルベール(重商主義)、ケネー・テュルゴー(重農主義)、アダム=スミス(古典派経済学、『諸国民の富(国富論)』)
●華やかな宮廷美術…バロック(豪壮壮麗、17世紀)、ロココ(繊細優美、18世紀)
●市民文化…風刺文学、集団肖像画、コーヒーハウス

▼

19世紀 P.264

特徴
◆市民革命の進展で貴族が没落、宮廷文化が衰退→市民が文化の担い手へ
◆ジャコバン派の恐怖政治やナポレオンの大陸支配により、革命を支えた啓蒙主義・合理主義への懐疑が生まれる
→自由主義やナショナリズムが高揚し、文化にも影響
◆産業・資本主義の発展が社会の矛盾を生み、社会主義思想が登場

●調和・均整のとれた古典主義の流行…ダヴィド(ナポレオンの宮廷画家)
●ロマン主義の高揚
…民族・地域の文化や歴史、伝統、個人の感情を重視
ドラクロワ(「民衆を導く自由の女神」)、バイロン(詩人、ギリシア独立戦争に参加)、ショパン(練習曲「革命」)
●社会科学の発展
…国家や民族を重視
ランケ(近代歴史学)、リスト(歴史学派経済学、ドイツ関税同盟の結成に尽力)
●写実主義や自然主義の流行
…非現実的なロマン主義への反動として、人間社会や自然をありのままに考察・描写する写実主義、現実を科学的に観察して社会批判を試みる自然主義、さらに色彩や光の表現を重視する印象派が登場
写実主義…クールベ(「石割り」)
自然主義…ミレー(「晩鐘」)
印象派…モネ(「印象・日の出」)、ルノワール(「ムーラン=ド=ラ=ギャレット」)
●社会主義の登場…オーウェン、マルクス
●自然科学・技術の発展
…電気や石油のエネルギー化、自動車などの開発
ダーウィン(『種の起源』)、パストゥール(細菌学)、ノーベル、エディソン

▼

20世紀 P.352

特徴
◆自然科学の発展と実用化
◆交通手段や情報通信技術の発達、大量生産技術の発展
◆二度の大戦や恐慌により近代的価値観に対する懐疑と相対化が生じる
◆ロシア革命や中華人民共和国の成立によって、マルクス主義の影響が強まり、プロレタリア文学など各方面へ影響(ソ連崩壊とともに影響力低下)

●科学技術の大幅な進展
…生活を豊かにする反面、軍事利用や環境破壊、倫理的問題などの課題も抱える
相対性理論(アインシュタイン)、飛行機(ライト兄弟が発明)、原子力エネルギーの開発、人工衛星、ロケット開発、宇宙開発、ヒトゲノムの解析、医学の進歩(ペニシリンによる抗生物質の製造など)、IT革命
●大衆文化の発展…ジャズ・ロック音楽・映画の流行、既存の体制への反抗としてカウンターカルチャーの流行、ポップカルチャーの登場
●大量消費社会の到来…人々の生活や自然環境の変革、環境保護運動の進展
●経済学…マルクス主義経済学、ケインズ(近代経済学の転換)、新自由主義
●個人の感情や非合理的感情の高まりの意識
…哲学：ニーチェ(「神の死」「超人」)、シュペングラー(『西洋の没落』)、サルトル(実存主義)、デューイ(プラグマティズム)、レヴィ-ストロース(構造主義)
美術：ピカソ(キュビスム)、ダリ(超現実主義)
心理学：フロイト(精神分析学)

中国王朝の変遷

王朝変遷（後1　100　200　300　400　500）

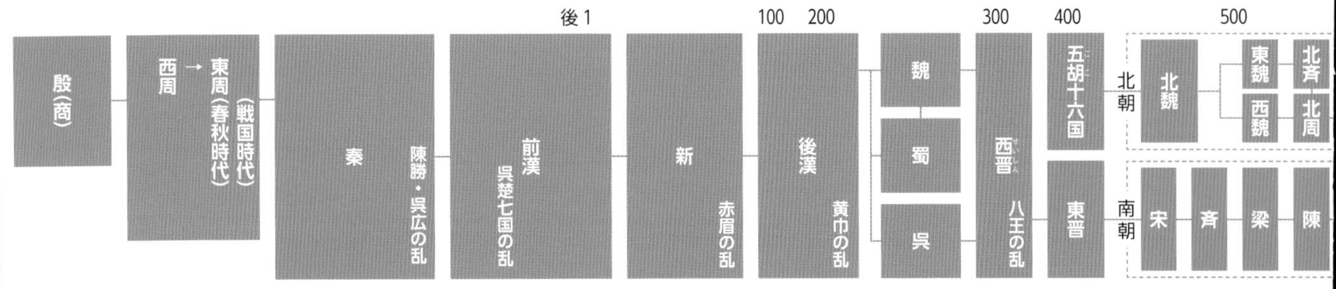

- 華北：殷(商) ― 西周→東周(春秋時代)(戦国時代) ― 秦（陳勝・呉広の乱） ― 前漢（呉楚七国の乱） ― 新（赤眉の乱） ― 後漢（黄巾の乱） ― 魏・蜀・呉 ― 西晋（八王の乱） ― 五胡十六国 ― 北朝：北魏 ― 東魏→北斉／西魏→北周
- 華中・華南：… 西晋 ― 東晋 ― 南朝：宋 ― 斉 ― 梁 ― 陳

王朝	殷(商)	西周・東周	秦	前漢	新	後漢	魏	西晋・東晋	北魏(北朝) 南朝
年代	前16世紀～ 前11世紀	前11世紀～前770 前770～前256	前221統一～前206	前202～後8	8～23	25～220	220～265	265～316 317～420	439統一～534(439～581) 420～589
首都	大邑商	**鎬京** **洛邑**	**咸陽**	**長安**	長安	**洛陽**	洛陽	洛陽 **建康**	**平城→洛陽** **建康**
建国者・皇帝（○数字は代数）	①湯王	①武王〔西周〕 ①平王〔東周〕	①**始皇帝**(政)	①高祖(**劉邦**) ⑥景帝 ⑦**武帝**	**王莽**	①**光武帝** (**劉秀**)	①文帝 (**曹丕**)	①武帝〔西晋〕 (**司馬炎**) ①元帝〔東晋〕 (司馬睿)	①拓跋珪〔北魏〕 ③**太武帝**〔北魏〕 ⑥**孝文帝**〔北魏〕
統治体制　中央官制	祭政一致	六官 (礼政一致)	丞相 大尉 御史大夫 九卿	丞相 大尉(大司馬) 御史大夫 九卿	三公 六官	三公 九卿	三公 九卿	三公 九卿	五省〔北魏〕
統治体制　地方	方伯制	**封建制**	**郡県制** 什伍の制	**郡国制** ↓ **郡県制**		州郡県	州郡県	州郡県	州郡県 **三長制**〔北魏〕
官吏登用法				**郷挙里選**		郷挙里選	**九品中正**	九品中正	九品中正〔北魏〕
兵制									府兵制〔西魏〕
土地制度		井田制		限田法 (実施されず)	井田制 (実施されず)		**屯田制**	占田・課田法 〔西晋〕	**均田制**〔北魏〕
税制			租(田税) 賦(人頭税)	田租・算賦 口賦・徭役				戸調式〔西晋〕 土断法〔東晋〕	租調役制〔北魏〕
内乱・政争　民衆反乱			陳勝・呉広の乱	**呉楚七国の乱**	赤眉の乱	党錮の禁 黄巾の乱		**八王の乱**〔西晋〕 永嘉の乱〔西晋〕	侯景の乱〔梁〕
社会経済		**鉄製農具** **牛耕**	度量衡統一	**均輸・平準** **塩・酒・鉄の専売**				江南の開発	
貨幣	貝貨	**青銅貨幣**	**半両銭**	五銖銭					
文化	**甲骨文字** 金文	**諸子百家** 『**詩経**』・『**楚辞**』	**焚書・坑儒** 文字の統一	**五経博士設置** 『**史記**』		**製紙法**改良 **訓詁学** 『説文解字』 『**漢書**』 **太平道**	神仙思想・老荘思想の流行(**清談**の流行・竹林の七賢) 道教・仏教の流行(**石窟寺院**・**寇謙之**・渡来僧・渡印僧) **六朝文化**(**王羲之**・**顧愷之**・**陶淵明**・昭明太子) 『**斉民要術**』・『**水経注**』・『**傷寒論**』		

欧米政治史のまとめ

※近代以前に現代と同じ国境や国民国家が存在しているわけではないが、ここでは便宜上現代の国家名とそこに相当する地域で通史をまとめている。

アメリカ合衆国

先史時代〜ヨーロッパ来航以前

約1万5000年前から、アジア系の人々が当時陸続きであったベーリング海峡を渡り南下、定住

▼

ヨーロッパの植民地時代

17世紀以降、ヨーロッパ諸国が植民地を建設、特に英仏の対立が激化し、**フレンチ＝インディアン戦争**(1755〜63)に勝利した英の優位が確立

▼

イギリス本国と対立、独立戦争へ

印紙法(1765)や**茶法**(1773)で本国イギリスへの反発が高まり、**独立戦争**(1775)へ
→**パリ条約**(1783)で独立

▼

建国期から領土拡大

●合衆国**憲法制定**(1787)など建国期を経て、西部開拓が進められる(**「明白な天命」**)
●先住民迫害(インディアン強制移住法など)の発生

▼

南北戦争(1861〜65)

奴隷制度をめぐり、南北の対立開始
→**ミズーリ協定**(1820)や**カンザス＝ネブラスカ法**(1854)が制定する中で対立が激化→**南北戦争**へ

▼

海外への進出

大陸横断鉄道開通(1869)などにより**フロンティアが消滅**(1890)
→カリブ海政策の推進。米西戦争や門戸開放通牒で太平洋・中国大陸への進出も加速

▼

第一次世界大戦

協商国側で第一次世界大戦に参戦
→**ウィルソン**が**十四カ条**を発表(1918)するが、**国際連盟**には不参加

▼

戦間期

●交戦国との貿易で巨額の利益を獲得
→戦後の1920年代は世界経済の中心として繁栄
●1929年に株価が暴落＝**世界恐慌**始まる
→F.**ローズヴェルト**大統領の**ニューディール**政策

▼

第二次世界大戦

●日本のアジア進出を警戒し、**太平洋戦争**勃発
●ヨーロッパ戦線にも**連合国**として参戦

▼

第二次世界大戦後(冷戦期)

●**大西洋憲章**(1941)、**ブレトン＝ウッズ会議**(1944)、**ポツダム会談**(1945)に基づき、戦後の国際政治・経済秩序を主導
●**ソ連**(**社会主義**陣営)との対立＝**冷戦**の開始
→**資本主義**陣営(**西側**諸国)の中心に
●**キューバ危機**(1962)、**ベトナム戦争**介入(1965〜73)、金・ドル兌換停止などで影響力が次第に低下
●国内の人種差別問題→**公民権法**成立(1964)
●軍縮の進展、ソ連の影響力低下
→**マルタ会談**(1989)で冷戦が終結

▼

冷戦後

ソ連消滅後、唯一の超大国へ
→9.11テロやイラク戦争以降に主導権を喪失し始め、中国との対立も激化

ロシア

ノルマン人の侵入(9世紀)

ノルマン人が国家(**ノヴゴロド国・キエフ公国**)建設
→次第にスラヴ化、**ギリシア正教**を受容

▼

モンゴルの支配(13〜14世紀)＝タタールのくびき

▼

モスクワ大公国(1328〜1613)

●**イヴァン3世**がモンゴルから自立
●**イヴァン4世**が**ツァーリズム**の基礎を確立、**シベリア**遠征

▼

ロマノフ朝(1613〜1917)

ヨーロッパの強国へと発展

●**ピョートル1世**が西欧の制度・技術を導入、シベリア方面とバルト海へ進出し領土を拡大
●啓蒙専制君主**エカチェリーナ2世**の改革
→プガチョフの反乱(1773〜75)以降、農奴制を強化、**ポーランド分割**で西方へ領土拡大

南下政策と東方問題〜第一次世界大戦

●ナポレオンのロシア遠征を撃退
●**南下政策**の推進
→**クリミア戦争**(1853〜56)に敗北
→バルカン半島で南下政策が頓挫
●**アレクサンドル2世**が**農奴解放令**(1861)発布、近代化をめざすが、**ナロードニキ運動**は弾圧
●中央アジアではイギリスとの対立により、極東では**日露戦争**(1904〜05)により、南下政策が挫折
→再びバルカン半島へ
→**パン＝ゲルマン主義**と**パン＝スラヴ主義**の対立
●**血の日曜日事件**→第1次ロシア革命
●ドイツ・オーストリアと対立
→**露仏同盟・英露協商**を結び、第一次世界大戦に協商国側で参戦

ロシア革命

●**二月革命**(1917)
→**十月革命**で**ボリシェヴィキ**が権力掌握
→**ソヴィエト連邦**の成立へ(1922)
●**ブレスト＝リトフスク条約**(1918)で単独講和

▼

ソヴィエト連邦(1922〜1991)

ソヴィエト連邦の発展

●対ソ干渉戦争(1918〜22)
→戦時共産主義から**ネップ**(新経済政策)へ転換
●**コミンテルン**結成→各国共産党へ影響を及ぼす
●**スターリン**が独裁体制を確立、**第1次五カ年計画**で世界恐慌を克服
●第二次世界大戦開始
→不可侵条約を破りドイツが侵攻
→**連合国**側として参戦

第二次世界大戦後(冷戦期)

●**冷戦**開始→**社会主義**陣営(**東側**諸国)の中心に
●**フルシチョフのスターリン批判**(1956)
→雪どけ、一方で東側諸国の自由化は阻止・弾圧
●中国との対立(中ソ国境紛争)、**アフガニスタン侵攻**、チョルノービリ(チェルノブイリ)原発事故による影響力低下

冷戦の終結とソ連の崩壊

●**ゴルバチョフ**による**ペレストロイカ**、**グラスノスチ**、新思考外交→**マルタ会談**で冷戦が終結
●**独立国家共同体**(**CIS**)結成＝ソ連の消滅(1991)
●プーチンによる強権的政治へ(2000〜)

イギリス

ローマ時代〜ノルマン朝成立

ローマ属州ブリタニア成立(1世紀)
→**アングロ＝サクソン七王国**(**ヘプターキー**)建設(449)
→**イングランド王国**として統一(9世紀)
→**デーン人**(ノルマン人)侵入、デンマーク王**クヌート**による一時的征服

▼

ノルマン朝(1066〜1154)

ノルマンディー公ウィリアムの**ノルマン＝コンクェスト**
→**ウィリアム1世**として王朝創始

▼

プランタジネット朝(1154〜139

●**ヘンリ2世**が王に即位、大陸に領土を保有
→**ジョン王**がフィリップ2世に敗れて大部分を喪失
●**百年戦争**開始(1339〜1453)

議会政治の基礎確立

マグナ＝カルタ(1215)、**シモン＝ド＝モンフォールの議会**(1265)、**模範議会**(1295)など

▼

ランカスター朝・ヨーク朝(1399〜1485)

バラ戦争(1455〜85)により大貴族没落

▼

テューダー朝(1485〜1603)

絶対王政とイギリス国教会の成立

ヘンリ8世が絶対王政を確立、国王至上法(1534)を制定＝**イギリス国教会**成立
→**メアリ1世**によるカトリック復活
→**エリザベス1世**が統一法を発布、国教会体制確立

海外への進出

イギリス東インド会社設立(1600)→海外進出本格化

▼

ステュアート朝(1603〜1714)

イギリス憲政の発達

●**ピューリタン革命**(1642〜49)、共和政(**クロムウェル**の独裁)、**王政復古**、**名誉革命**(1688〜89)を通じてイギリス議会政治が確立
●**大ブリテン王国**の成立(1707)

▼

ハノーヴァー朝(1714〜1917)

ウォルポール内閣のもとで責任内閣制が成立

自由主義改革の進展

審査法廃止(1828)やカトリック教徒解放法(1829)、第1回選挙法改正(1832)、穀物法廃止(1846)など

帝国主義の時代

●18世紀以降の**産業革命**の進展→**「世界の工場」**へ
→市場と原料供給地確保のため海外進出
●**アヘン戦争**(1840〜42)→中国(清)へ進出
●インド大反乱(1857)を鎮圧→**インド帝国**が成立
●**アフリカ縦断政策・3C政策**で列強と対立
→孤立政策を転換し、**英仏協商**や**日英同盟**を締結
→ドイツとの対立から第一次世界大戦へ

▼

ウィンザー朝(1917〜)

●選挙権の拡大、初の**労働党**内閣の成立
●世界恐慌→**スターリング＝ブロック**結成
●ナチ＝ドイツと対立→第二次世界大戦勃発

第二次世界大戦後

●アトリー(労働党)内閣が社会福祉制度を充実
●経済の停滞→サッチャー(保守党)内閣による改革
●EUから離脱(2020)

フランス

ローマ時代～西フランク王国

カエサルの**ガリア**遠征(前１世紀)でローマ勢力下に
→ゲルマン人の移動、西ローマ帝国滅亡(後476)
→**フランク王国**建国(481)
→**ヴェルダン条約**(843)、**メルセン条約**(870)
→**西フランク王国**成立

カペー朝(987～1328)

- 12世紀後半以降、王権・領土を拡大
- **教皇のバビロン捕囚**(1309～77)や**アヴィニョン**教皇庁設立によってローマ教皇と対立

ヴァロワ朝(1328～1589)

- **百年戦争**(1339～1453)
- **フランソワ１世**が皇帝カール５世と対立
- **ユグノー戦争**(1562～98)で宗教対立激化

ブルボン朝(1589～1792) 絶対王政の確立

- **ナントの王令**(1598)→ユグノー戦争終結
- **ルイ14世**の時代に絶対王政が最盛期を迎える
- **ナントの王令廃止**(1685)、対外戦争→国力低下

フランス革命・第一共和政(1789～1804)

王政廃止・第一共和政成立→**ジャコバン派**の独裁
→テルミドールのクーデタにより**総裁政府**成立

ナポレオン時代・第一帝政(1799～1814)

ブリュメール18日のクーデタ(1799)で**ナポレオン**が政権を掌握し、後に皇帝に即位(1804)
→ヨーロッパ各地を征服・支配

復古王政(1814～1830)

ワーテルローの戦いでナポレオンが敗北、追放
→ルイ18世が即位してブルボン朝復活、ヨーロッパ秩序再建のため**ウィーン会議**開催

七月王政(1830～1848)

七月革命(1830)→**ルイ＝フィリップ**即位

第二共和政(1848～1852)

二月革命(1848)、臨時政府成立→**第二共和政**成立

第二帝政(1852～1870)

- **ルイ＝ナポレオン**、皇帝即位(**ナポレオン３世**)
→内政強化・国威発揚、対外戦争を積極的に推進
- **プロイセン＝フランス戦争**に敗北
→ナポレオン３世退位、臨時政府成立

第三共和政(1870～1940)

- **パリ＝コミューン**鎮圧、**第三共和政**成立
→ブーランジェ・ドレフュス事件後に共和政が安定
- 露仏同盟・英仏協商を結んでドイツと対立
→協商国側として第一次世界大戦に参戦
- 第二次世界大戦中、ドイツによる占領
→**ド＝ゴール**が亡命政府樹立、連合国により解放

第二次世界大戦後(第四共和政、1946～58)

インドシナ戦争、**アルジェリア戦争**→宗主国の地位動揺

第五共和政(1958～)

- **ド＝ゴール**が大統領に就任し、独自外交を展開
- **五月革命**(1968)→ド＝ゴール退陣

ドイツ

ローマ時代～東フランク王国

カエサルのガリア遠征(前１世紀)でローマ勢力下に
→ゲルマン人の移動、西ローマ帝国滅亡(後476)
→**フランク王国**建国(481)
→**ヴェルダン条約**(843)、**メルセン条約**(870)
→**東フランク王国**成立

神聖ローマ帝国(962～1804)

オットー１世が戴冠(962)＝**神聖ローマ帝国**成立

イタリア政策と叙任権闘争

- 歴代皇帝の**イタリア政策**により国内は分裂
- **叙任権闘争**(教皇と皇帝の対立)の展開
→**カノッサの屈辱**(1077)、**ヴォルムス協約**(1122)で終結

領邦の分立とハプスブルク家の支配

- **金印勅書**(1356)→皇帝権の弱体化
- 15世紀以降、**ハプスブルク家**が皇帝位を世襲
→**カール５世**が皇帝権強化をめざすが挫折

宗教対立と帝国の弱体化

- **九十五カ条の論題**(1517)→宗教対立が激化
→**アウクスブルクの和議**でプロテスタント公認
- **三十年戦争**(1618～48)
→**ウェストファリア条約**で帝国の権威低下

プロイセンの台頭

プロイセン王国が軍事国家として台頭
→**フリードリヒ２世**が領土を拡大、強国化

ドイツ統一への動き

- **ライン同盟**(1806)→**神聖ローマ帝国消滅**
→ハプスブルク家はオーストリア帝国皇帝として存続
- ドイツ統一への動き→**フランクフルト国民議会**(失敗)
→プロイセンの首相**ビスマルク**による鉄血政策
→**プロイセン＝フランス戦争**、**ドイツ帝国**成立

ドイツ帝国(1871～1918)

- ビスマルクのもとで内政が安定、外交ではフランスの孤立化・英露墺との提携を推進
- **ヴィルヘルム２世**による**世界政策**・**３Ｂ政策**
→英仏との対立激化、第一次世界大戦へ

ヴァイマル共和国(1919～33)

- **ドイツ革命**→**ヴァイマル共和国**成立
- 多額の賠償や**ルール占領**によって経済が混乱
→**シュトレーゼマン**により国内安定・国際協調
→世界恐慌後、**ナチ党**が台頭

ナチ党の独裁時代(1933～45)

ナチ党の一党独裁体制確立
→ヴェルサイユ条約破棄、第二次世界大戦開始
→**スターリングラードの戦い**、**ノルマンディー上陸作戦**
→無条件降伏

第二次世界大戦後(東西ドイツの分裂)

米英仏ソによる分割占領、**ベルリン封鎖**
→**ドイツ連邦共和国**と**ドイツ民主共和国**に分裂(1949)

ドイツ連邦共和国(西ドイツ)

- アデナウアー内閣のもとで経済復興
- **ブラント**による**東方外交**→東側諸国との協調
- **ベルリンの壁崩壊**→東西ドイツ統一(1990)

イタリア

都市国家ローマの建国・共和政ローマ

ラテン人が都市国家**ローマ**建設(前753)
→エトルリア人の王を追放し、**共和政**成立(前509)

身分闘争とローマ社会の変化

- 身分闘争→**ホルテンシウス法**(前287)で終結
- **ポエニ戦争**以後、地中海に進出し領土拡大
→**ラティフンディア**の発展→中小農民の没落

内乱の１世紀(前２～前１世紀)

第１回**三頭政治**、**カエサル**の独裁、第２回三頭政治を経て、**オクタウィアヌス**が権力掌握、元老院より**アウグストゥス**の称号を受ける(前27)

帝政(元首政、前27～後284)

「**ローマの平和**」(～180)、特に**五賢帝**時代に最盛期
→**軍人皇帝時代**(235～284)

帝政(専制君主政、284～476)

- **ディオクレティアヌス帝**が四帝分治制を採用
- **コンスタンティヌス帝**がビザンティウムに遷都(コンスタンティノープルに改称)
→**帝国の東西分裂**(395)
- ゲルマン人の移動、**西ローマ帝国滅亡**(後476)

中世のイタリア半島

- ゲルマン人諸国家の乱立(６～８世紀)
- **ピピンの寄進**(754/756)→ローマ教皇領成立
- 諸国・都市共和国の分立
→神聖ローマ皇帝による**イタリア政策**
→**教皇党(ゲルフ)**と**皇帝党(ギベリン)**の抗争

中世(北部～中部)

- **十字軍**による東方貿易の進展
→北イタリア都市が経済発展(商業の復活)
→**ロンバルディア同盟**結成
- **イタリア＝ルネサンス**始まる(14～16世紀)
- フランスと神聖ローマ帝国の対立
→**イタリア戦争**(1494～1559)
- ナポレオンによる支配(18世紀末～19世紀初頭)

中世(南部)

ノルマン人の進出→**両シチリア王国**成立(12世紀)

イタリア統一への動き(19世紀)

- 国民主義・自由主義の高揚
→**カルボナリ**・**青年イタリア**による統一運動挫折
→**サルデーニャ王国**が統一の中心へ
- イタリア統一戦争(1859)→**イタリア王国**成立

イタリア王国(1861～1946)

- ローマ教皇領併合(1870)
- 三国同盟締結(1882)後、帝国主義政策を展開
→エチオピア侵攻(アドワの戦いで敗北)、イタリア＝トルコ戦争
- 第一次世界大戦では三国同盟を無視、「**未回収のイタリア**」をめぐり対立するオーストリアに宣戦

ファシズムの時代

ムッソリーニが**ローマ進軍**(1922)で権力を掌握
→ドイツと接近(ベルリン＝ローマ枢軸)
→第二次世界大戦に参戦
→ムッソリーニ解任、無条件降伏(1943)

第二次世界大戦後(イタリア共和国、1946～)

- 王政廃止、共和政へ
- 西側陣営に属し、NATOやECに加盟

国史のまとめ

儒学の展開

儒家(春秋・戦国時代)
- **孔子**…仁、礼、徳治主義、『**春秋**』
- **孟子**…**性善説**、王道政治、『**孟子**』
- **荀子**…**性悪説**、礼治主義、『**荀子**』

董仲舒の献策で**五経博士**設置

訓詁学(漢～唐)
- 五経重視、文字の解釈中心
- **鄭玄**〔漢〕
- **孔穎達**〔唐〕…『**五経正義**』

『五経正義』が科挙のテキストに

宋学(宋以降)
- **四書**重視、宇宙の原理・人間の本質・政治での実践重視
- 元・明・清の正統学問
- 周敦頤〔北宋〕…『太極図説』
- **朱熹(朱子)**〔南宋〕…**宋学**大成、**性即理**、**理気二元論**、**大義名分論**、『**四書集注**』

陸九淵〔南宋〕…宋学を批判、心即理

洪武帝が朱子学官学化
永楽帝の命で『**四書大全**』『**五経大全**』『**性理大全**』編纂

考証学(明末～清中期)
- 史学・文学重視、確実な文献を典拠、宋学・陽明学を批判
- **黄宗羲**〔明末清初〕…『**明夷待訪録**』
- **顧炎武**〔明末清初〕…『**日知録**』
- **銭大昕**〔清〕…『**二十二史考異**』

陽明学(明以降)
- 認識と実践を重視
- **王守仁(王陽明)**〔明〕…心即理、**知行合一**、致良知、『**伝習録**』
- 李贄(李卓吾)〔明〕…陽明学左派

公羊学(清末期)
- 『春秋』公羊伝を正統、儒学を実際の政治に反映させることを重視
- **康有為**〔清末〕…**変法運動**

↓❶孟子(左)と❷荀子(右)

四書五経 ➲P.126
- **四書**
  大学、**中庸**、**論語**、**孟子**
- **五経**
  易経、**書経**、**詩経**、**礼記**、**春秋**

科挙で暗記するテキスト・字数
- 四書…計5万3,005字
- 五経…計37万8,281字
- その他…計18万9,920字
- 合計…62万1,206字

➔❸王守仁

➔❹黄宗羲(左)と❺康有為(右)

2 中国史上の首都と重要都市

A 中国史上の首都

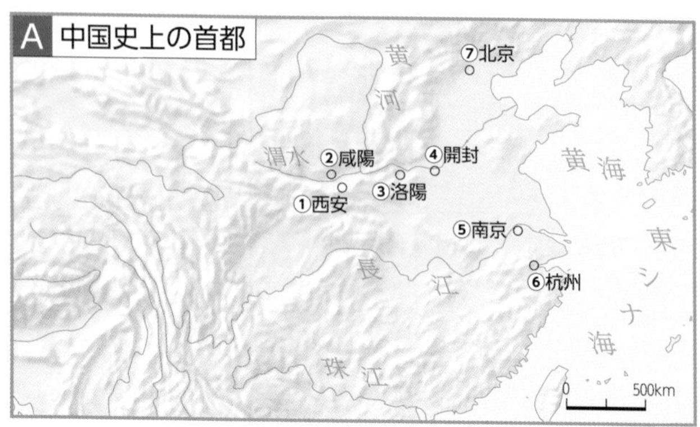

番号	首都名	王朝名	特徴
①	鎬京	西周	現西安の近郊。前770年、洛邑に遷都
	長安	前漢	現西安の近郊。新も都を置く
		唐	現西安。最盛期には人口100万を超える国際都市。シルク＝ロードの終着点として、西域からの文化流入の窓口となる
	大興城	隋	現西安。漢以来の長安城の南東に新都を建設
②	咸陽	秦	戦国時代からの都。始皇帝が阿房宮を建設
③	洛邑	東周	現洛陽。鎬京より遷都
	洛陽	後漢	華北と西方を結ぶ要衝。三国の魏も都を置く
		西晋	滅亡直前の313年に長安へ遷都
		北魏	孝文帝が漢化政策の一つとして平城より遷都。郊外で竜門石窟の建立を始める
		後唐	後晋が建国されると都は再び開封へ
④	開封	五代*	後梁が初めて都を置く。大運河と黄河の結節点に位置する交通の要所
		北宋	*後唐除く
⑤	建康	南朝	長江下流域の要衝。三国の呉も都を置く(建業)
	金陵	明	北京遷都後は南京と呼ばれた
⑥	臨安	南宋	現杭州。大運河の始発点
⑦	大都	元	現北京。遊牧世界と農耕世界の中継点にあたる要所
	北京	明	永楽帝が金陵(南京)より遷都
		清	順治帝時代の清が李自成の乱を駆逐して入城、遷都

3 支配層の変遷

- **漢**　**豪族**…小農民の土地を兼併した大土地所有者が郷挙里選で官職を得る

▼

- **魏晋南北朝**　**門閥貴族**…九品中正(九品中正法)によって代々高級官僚を出す家柄が形成

▼

- **隋・唐**　門閥貴族…蔭位の制による
  ↓
  科挙官僚(則天武后以降)
  - 貴族は唐末五代に没落

▼

- **宋・元**　**形勢戸**(士大夫)…新興地主層
  官戸…形勢戸が科挙に合格
  - 元代でも地主層が支配層

▼

- **明・清**　官僚・大地主・大商人
  - 地方社会では**郷紳**(➲P.194)が台頭

4 江南開発の歴史

新石器時代	長江流域では、下流域の河姆渡遺跡や良渚遺跡など、**稲作を基盤とした文明**が栄えていたことが明らかになってきた➲P.119
春秋・戦国	長江流域に楚・呉・越が建国され、中国文化圏に入る➲P.121
三国・東晋・南朝	●孫権が建業(南京)に都を置き**呉**を建国。これにより江南開発が進展 ●**建康**(南京)に都を置いた**東晋**の建国により移住者が急増。貴族たちは土地開拓を進め、荘園を経営。東晋・宋は土断法により人民の把握に努める➲P.130
隋・唐	経済的に重要性が増した江南と政治・軍事上の要地の華北を結ぶため、**煬帝が大運河を建設**(➲P.132)。江南の水田開発がさらに進行、茶・漆など商品作物栽培も始まる。経済の中心が次第に江南へ移動。
宋	高宗が**臨安**(杭州)を都を置き**南宋**を建国(➲P.176)。江南の開発が進展、**茶の栽培**が盛んになり、喫茶が普及、重要な輸出品となる。農業技術の進展により長江下流域が穀倉地帯となり、南宋の頃には「**蘇湖熟すれば天下足る**」といわれた。➲P.178
元	元は中国の社会には介入せず、江南では佃戸を用いた大土地所有制が発展。江南から華北への物資輸送のため、**大運河が整備され海運も発達**。➲P.182
明	江南は経済の中心地となり、長江デルタの農村では副業として、綿花や桑、麻などの商品作物栽培や、綿織物・絹織物の生産が盛んとなる。長江中流域(湖広＝湖北・湖南)では水田開発が進み、「**湖広熟すれば天下足る**」といわれるようになった。➲P.194
清	大土地所有制のもとで農業生産が発展。米作は湖広がその中心。蘇州の絹織物、松江の綿織物のほか、湖南などで茶の栽培が盛んとなり、明末に伝来した落花生・タバコなども栽培される。

王朝変遷

600 700 800 900 1000 1100 1200 1300 1400 1500 1600 1700 1800 1900

華北 / 華中・華南

隋 — 唐(安史の乱・黄巣の乱) — 五代 / 十国 — 北宋 — 靖康の変 — 金 / 南宋 — 元(紅巾の乱) — 明 — 李自成の乱 — 清(白蓮教徒の乱・太平天国) — 辛亥革命 — 中華民国(国共内戦) — 中華人民共和国

		隋	唐	北宋・南宋	元	明	清	中華民国	中華人民共和国
王朝		**隋**	**唐**	**北宋・南宋**	**元**	**明**	**清**	**中華民国**	**中華人民共和国**
年代		581～618	618～907	960～1127 1127～1279	1271～1368	1368～1644	1616～1912	1912～1949	1949～
首都		大興城	**長安**	**開封**〔北宋〕 **臨安**〔南宋〕	**大都**	金陵(南京) ↓ **北京**	瀋陽(盛京) ↓ **北京**	**南京** ↓ 北京	北京
建国者・皇帝		①文帝(**楊堅**) ②**煬帝**	①高祖(**李淵**) ②太宗(**李世民**) ③**高宗** **則天武后**〔周〕 ⑥**玄宗** ⑨徳宗	①太祖〔北宋〕(**趙匡胤**) ⑥**神宗**〔北宋〕 ⑧**徽宗**〔北宋〕 ⑨欽宗〔北宋〕 ①高宗〔南宋〕	①世祖 (**クビライ**)	①洪武帝(**朱元璋**) ③**永楽帝** ⑥正統帝 ⑭**万暦帝**	①**ヌルハチ** ②ホンタイジ ④**康熙帝** ⑤**雍正帝** ⑥**乾隆帝** ⑪光緒帝 ⑫宣統帝	**孫文** ↓ 袁世凱	主席…**毛沢東** 首相…**周恩来**
統治体制	中央官制	三省六部 御史台	**三省六部** 御史台	中書門下省 三司・六部 枢密院 御史台	中書省 六部 枢密院 御史台	内閣 六部 五軍都督府 都察院	内閣 **軍機処** 六部 都察院		
	地方	州県制	道州県制 六**都護府** 十**節度使**	路府州県 保甲法	行中書省 路府州県	布政司(省) 府州県 **里甲制**	省府州県 里甲制(保甲制)	省県	省県
官吏登用法	官吏	**科挙**	**科挙**	科挙 (**殿試**の追加)〔北宋〕	科挙 (**一時停止**)	科挙	科挙 (1905年廃止)		
兵制		**府兵制**	**府兵制** ↓ **募兵制**	募兵制 (禁軍・廂軍)	軍戸制	**衛所制**	**八旗** **緑営** **郷勇**〔清末〕	国民革命軍	紅軍 ↓ 人民解放軍
土地制度		**均田制**	**均田制** ↓ 荘園制	**佃戸制**	佃戸制	佃戸制	佃戸制 **天朝田畝制度** 〔太平天国〕		
税制		**租調庸制**	**租調庸制** ↓ **両税法**	両税法	両税法	両税法 ↓ **一条鞭法**	一条鞭法 ↓ **地丁銀**		
内乱・政争			武韋の禍 **安史の乱** 黄巣の乱	方臘の乱〔北宋〕 **新法党・旧法党**の党争 〔北宋〕	**ハイドゥの乱** 紅巾の乱	**靖難の役** 鄧茂七の乱 **東林**・非東林の党争 **李自成の乱**	**三藩の乱** 白蓮教徒の乱 太平天国 義和団戦争	国共内戦	
社会経済		**大運河建設**	行・市 **市舶司**設置	行・作発達 **占城稲**導入 **「蘇湖熟すれば天下足る」** **市舶司**設置	**駅伝制(ジャムチ)** 綿花栽培 大運河改修	**山西商人・徽州商人** **会館・公所** **「湖広熟すれば天下足る」** 家内制手工業発達 海禁政策	商品作物栽培 稲の二期作 **広州**一港限定 **公行**貿易		
貨幣		新鋳五銖銭	開元通宝 飛銭	**交子・会子**	**交鈔**	**銀**の流通	銀の流通増大	法幣	
文化			『**五経正義**』 **玄奘・義浄** 外来宗教(**祆教・景教・マニ教・回教**) 唐詩盛行(**李白・杜甫・白居易**) **顔真卿** **唐宋八大家**	宋学(**朱子**) **陸九淵** **青磁**・白磁 **院体画**(**徽宗**)・**文人画** **唐宋八大家** **詞**・雑劇 三大発明(**火薬・羅針盤・印刷術**)	元曲(『**西廂記**』・『**琵琶記**』・『**漢宮秋**』) 『水滸伝』・『西遊記』・『三国志演義』の原型完成 **授時暦** **パクパ(パスパ)文字**	朱子学官学化・**陽明学** 実学の発達(『**本草綱目**』・『**天工開物**』・『**農政全書**』) 四大奇書 **イエズス会宣教師**(『**坤輿万国全図**』・『**崇禎暦書**』)	大編纂事業(『**古今図書集成**』・『**康熙字典**』・『**四庫全書**』) **考証学** 『**紅楼夢**』・『**儒林外史**』・『**聊斎志異**』 イエズス会宣教師	新文化運動